Standards der Personaldiagnostik

Standards der Personaldiagnostik

von

Uwe Peter Kanning

Göttingen · Bern · Toronto · Seattle · Oxford · Prag

Dr. phil. Uwe Peter Kanning, geb. 1966. 1987-1993 Studium der Psychologie, Pädagogik und Soziologie in Münster. 1993-1994 Studium an der University of Kent at Canterbury, England, als Stipendiat des DAAD. Ab 1994 DFG-Promotionsstipendium. 1997 Promotion. Seit 1997 Wissenschaftlicher Mitarbeiter, seit 1999 Akademischer Rat am Psychologischen Institut IV und Mitarbeiter in der Beratungsstelle für Organisationen (BfO) der Universität Münster.

Bibliografische Information Der Deutschen Bibliothek

Die Deutsche Bibliothek verzeichnet diese Publikation in der Deutschen Nationalbibliografie; detaillierte bibliografische Daten sind im Internet über <http://dnb.ddb.de> abrufbar.

Wiedergegeben mit Erlaubnis des DIN Deutsches Institut für Normung e.V. Maßgebend für das Anwenden der DIN-Norm ist deren Fassung mit dem neuesten Ausgabedatum, die bei der Beuth Verlag GmbH, Burggrafenstr. 6, 10787 Berlin, erhältlich ist.

© 2004 Hogrefe Verlag GmbH & Co. KG
Göttingen · Bern · Toronto · Seattle · Oxford · Prag
Rohnsweg 25, 37085 Göttingen

http://www.hogrefe.de
Aktuelle Informationen · Weitere Titel zum Thema · Ergänzende Materialien

© 2004 Beuth Verlag GmbH
Berlin · Wien · Zürich
Burggrafenstraße 6, 10787 Berlin
http://www.beuth.de

Das Werk einschließlich aller seiner Teile ist urheberrechtlich geschützt. Jede Verwertung außerhalb der engen Grenzen des Urheberrechtsgesetzes ist ohne Zustimmung des Verlages unzulässig und strafbar. Das gilt insbesondere für Vervielfältigungen, Übersetzungen, Mikroverfilmungen und die Einspeicherung und Verarbeitung in elektronischen Systemen.

Umschlagbild: © Getty Images
Druck: AZ Druck und Datentechnik GmbH, Kempten
Printed in Germany
Auf säurefreiem Papier gedruckt

ISBN 3-8017-1701-1
ISBN 3-410-15912-6

Vorwort

Der Schlüssel zum Erfolg eines jeden Unternehmens liegt in der Qualifikation der Mitarbeiter. Autos bauen sich ebenso wenig von allein wie sich Versicherungen von selbst verkaufen oder Kredite eigenständig vermitteln. Es sind immer Menschen, die sich technische Innovationen ausdenken und umsetzen, dem Kunden begegnen und die alltägliche Arbeit verrichten. Wenn Unternehmen Gewinn erwirtschaften oder in Konkurs gehen, dann nicht in erster Linie, weil marktpolitische Rahmenbedingungen sie dazu treiben, sondern weil die Unternehmensführung mehr oder weniger gut in diesen Rahmenbedingungen wirtschaftet. Schätzungen zufolge kann der Leistungsunterschied zwischen dem besten und dem schwächsten Mitarbeiter einer Organisation selbst dann noch bis zu 100 % betragen, wenn beide über die gleiche formale Qualifikation verfügen und die gleichen Aufgaben bearbeiten (Weuster, 1994). Zu Recht investiert man daher viele Milliarden in die Auswahl und Weiterbildung des Personals. Jahr für Jahr müssen in Deutschland allein mehr als 25 Millionen Auswahl- und Platzierungsentscheidungen getroffen werden (Wottawa, 2000).

Vor diesem Hintergrund kommt der Personaldiagnostik eine zentrale Bedeutung für den wirtschaftlichen Erfolg eines jeden Unternehmens zu. Mit Hilfe diagnostischer Methoden gilt es, die besten Mitarbeiter für das Unternehmen zu finden und sie ihren Kompetenzen und Neigungen entsprechend optimal zu platzieren. Die Personaldiagnostik hilft bei der Analyse von Schwachstellen und definiert den Entwicklungsbedarf eines Unternehmens im Hinblick auf die Qualifikation des Personals sowie grundlegendere Strukturen und Prozesse der Organisation. Darüber hinaus dient sie der Evaluation von Personal- bzw. Organisationsentwicklungsmaßnahmen und legt damit die Basis für einen effektiven Einsatz der Ressourcen. Der wirtschaftliche Nutzen einer anspruchsvollen Personaldiagnostik ist mithin offensichtlich und wurde vielfach empirisch belegt.

Doch wie ist es um die Praxis der Personaldiagnostik in deutschen Unternehmen (und Behörden) tatsächlich bestellt? Schaut man einmal hinter die Kulissen, so bietet sich einem viel zu oft ein Bild des Grauens. Das Personal wird nach Gutdünken der Verantwortlichen ausgewählt und platziert, wobei die Entscheidungsträger außer ihrer eigenen Meinung kaum stichhaltige Argumente für oder gegen einen Kandidaten vorzubringen wissen. Personal- und Organisationsentwicklungsmaßnahmen werden ohne Bedarfsanalyse nach dem Gießkannenprinzip eingesetzt. Allzu gern orientiert man sich dabei an modischen Strömungen, Bestsellern der Ratgeberliteratur oder prominenten Trainergurus. Eine systematische Evaluation derartiger Maßnahmen ist noch immer die Ausnahme. Auf wissenschaftliches Know-how wird nur in Ausnahmefällen zurückgegriffen. Daher entsteht eine große Diskrepanz zwischen den Investitionen, die man z.B. in der Entwicklung und Produktion neuer Produkte tätigt und dem Niveau der Personaldiagnostik. Während man im ersten Bereich ganz selbstverständlich wissenschaftliche Fachkompetenz gezielt sucht, geht man ihr im zweiten Bereich fast schon aus dem Weg. Ohne Übertreibung darf man wohl davon ausgehen, dass jedes Jahr Milliarden zum Fenster hinausgeworfen werden (vgl. Wottawa, 2000), da die vorhandenen Potentiale einer wissenschaftlich fundierten Personaldiagnostik nicht hinreichend genutzt werden.

Die Ursachen für diesen volks- und betriebswirtschaftlichen Missstand sind zweigeteilt. Zum einen versteht es die Wissenschaft kaum, ihre mitunter seit Jahrzehnten etablierten Erkenntnisse „an den Kunden zu bringen" (Kanning, 2001). Zum anderen fehlt auf Seiten der Organisationen oft das Problembewusstsein. In den folgenden Kapiteln wollen wir diesen Problemen begegnen, indem wir die Leser mit der wissenschaftlich fundierten Personaldiagnostik vertraut machen. Sie orientiert sich an den Methoden und Forschungsergebnissen der empirischen Psychologie. Die Erkenntnisse werden in einer auch für Nicht-Psychologen verständlichen Sprache erläutert, wobei jeweils die praktische Umsetzung im Vordergrund steht. Zu diesem Zweck werden in Form der sog. „Standards" konkrete Handlungsanweisungen für die Praxis gegeben. Sie können als Checkliste zur Neuentwicklung diagnostischer Instrumente oder zur Analyse vorhandener Produkte und Dienstleistungen eingesetzt werden. Dabei gehen wir weit über die DIN 33430 – die in ihrem vollständigen Wortlaut im Anhang abgedruckt ist – hinaus.

Die Standards der Personaldiagnostik richten sich an alle Berufsgruppen, die schon heute Personalverantwortung tragen oder dies in Zukunft beabsichtigen. Hierzu zählen z.B. Wirtschaftswissenschaftler, Juristen, Ingenieure, Pädagogen, Psychologen und Studierende der jeweiligen Disziplinen.

Zum Schluss bleibt der Dank an diejenigen, die das Vorhaben in der einen oder anderen Weise hilfreich begleitet haben. Vor allen anderen ist – wie immer – Frau Margret Unger zu nennen, die – wie immer – Myriaden von Tippfehlern aufgedeckt hat. Sie wurde hierbei von Frau Dipl.-Psych. Birgit Schulze Willbrenning und Herrn Dipl.-Psych. Stefan Hofer ebenso charmant wie tatkräftig unterstützt. Frau Dipl.-Psych. Petra Gelléri hat tapfer bei der Literaturbeschaffung geholfen und dürfte inzwischen zu einer wahren Expertin für das undurchdringliche Dickicht der münsterischen Bibliotheken herangereift sein. Frau cand. psych. Anka Thorey erwies sich als große Hilfe bei der letzten, der allerletzten und der endgültig allerletzten Durchsicht des Manuskriptes.

Münster, im Sommer 2004   Uwe Peter Kanning

Inhaltsverzeichnis

1.	**Was ist Personaldiagnostik?**	11
1.1	Vier Aufgabenfelder der Personaldiagnostik	12
	1.1.1 Personalauswahl	15
	1.1.2 Personalplatzierung	18
	1.1.3 Personalentwicklung	19
	1.1.4 Organisationsentwicklung	23
	1.1.5 Exkurs: Potentialanalyse	28
1.2	Was wird mit Hilfe der Personaldiagnostik gemessen?	32
	1.2.1 Einstellungen	33
	1.2.2 Kompetenzen	36
	1.2.3 Verhalten	44
	1.2.4 Verhaltenskonsequenzen	48
1.3	Fazit	49
1.4	Vertiefende Literatur	51

2.	**Von Menschenkennern und anderen Mythen**	53
2.1	Nur ein erfahrener Personaldiagnostiker ist ein guter Personaldiagnostiker	53
2.2	Der ideale Personaldiagnostiker ist ein Menschenkenner	58
2.3	Die bisherige Praxis hat sich bewährt	71
2.4	Die Ergebnisse der wissenschaftlichen Diagnostik sind beliebig verfälschbar und daher wertlos	76
2.5	Fazit	87
2.6	Vertiefende Literatur	88

3.	**Back to the roots – Grundformen der Personaldiagnostik**	89
3.1	Befragen	92
3.2	Beobachten	102
3.3	Testen	115
3.4	Exkurs: Computergestützte Diagnostik	123
3.5	Fazit	130
3.6	Vertiefende Literatur	132

4.	**Basics – Messtechnische Grundlagen der Personaldiagnostik**	133
4.1	Reduzierung der Komplexität	133
4.2	Quantifizierung des Qualitativen	136
	4.2.1 Auszählen richtig gelöster Aufgaben	140

		4.2.2 Checklistentechnik 141
		4.2.3 Rankingtechnik 145
		4.2.4 Ratingtechnik 151
4.3	Messfehler 158
4.4	Fazit 161
4.5	Vertiefende Literatur 161

5.	**Gut gemeint ist nicht gut gemacht –**
	Allgemeine Qualitätskriterien der Personaldiagnostik 163
5.1	Objektivität 164
5.2	Zuverlässigkeit 173
5.3	Gültigkeit 182
5.4	Normierung 196
5.5	Effizienz 205
5.6	Ethik 214
5.7	Fazit 218
5.8	Vertiefende Literatur 219

6.	**Stein auf Stein – Der Prozess der Personaldiagnostik** 221
6.1	Aufgabendefinition 224
6.2	Anforderungsanalyse 226
6.3	Auswahl der Untersuchungsmethoden 239
6.4	Auswahl und Konstruktion der Messinstrumente 248
6.5	Datenerhebung 257
6.6	Datenauswertung 262
6.7	Entscheidungsfindung 268
6.8	Intervention 286
6.9	Evaluation 292
6.10	Fazit 305
6.11	Vertiefende Literatur 307

7.	**Viele Wege führen nach Rom –**
	Standards für spezifische Methoden der Personaldiagnostik 309
7.1	Analyse von Bewerbungsunterlagen 314
		7.1.1 Bewerbungsmappe und Lichtbild 316
		7.1.2 Anschreiben 319
		7.1.3 Lebenslauf 323
		7.1.4 Ausbildungszeugnisse 327
		7.1.5 Arbeitszeugnisse und Referenzen 330
		7.1.6 Standards 341
7.2	Internet Recruitment 350
7.3	Tests 360
		7.3.1 Klassische Leistungstests 360
		7.3.2 Computergestützte Problemlöseszenarien 365

Inhaltsverzeichnis 9

	7.3.3 Situative Tests	371
7.4	Fragebögen	379
	7.4.1 Persönlichkeitsfragebögen	379
	7.4.2 Integritätsfragebögen	387
	7.4.3 Biographische Fragebögen	392
	7.4.4 360°-Beurteilung	399
7.5	Interview	407
	7.5.1 Interview als soziale Situation	409
	7.5.2 Aufgaben des Interviewers	411
	7.5.3 Fragen	414
	7.5.4 Strukturierung	417
	7.5.5 Standards	421
7.6	Arbeitsprobe	424
7.7	Assessment Center	433
	7.7.1 Ablauf und Struktur	437
	7.7.2 Übungen	450
	7.7.3 Funktionsträger	464
	7.7.4 Abwandlungen des klassischen Assessment Centers	474
	7.7.5 Standards	475
7.8	Mitarbeiterbefragung	479
7.9	Exkurs: Ungeeignete Methoden	490
	7.9.1 Deutung von Gesichtsausdruck, Schädelform und Körperbau	491
	7.9.2 Projektive Verfahren	495
	7.9.3 Graphologie	498
	7.9.4 Namenspsychologie	502
7.10	Fazit	503
7.11	Vertiefende Literatur	504

8.	**Personaldiagnostik auf den Punkt gebracht**	505
8.1	DIN 33430	505
8.2	Zum Status quo der Personaldiagnostik	510
8.3	Aufgaben für die Zukunft	515
8.4	Vertiefende Literatur	519

Glossar 521

Literatur 539

Anhang: DIN 33430 567

Stichwortverzeichnis 593

Verzeichnis der Standards 597

Personenverzeichnis 599

1. Was ist Personaldiagnostik?

Viele Menschen verorten die *Diagnostik* allein in der Medizin. Mit Hilfe eines Gesprächs, der genauen Beschreibung einer Symptomatik, vor allem aber durch den Einsatz verschiedenster Instrumentarien versucht die Medizin, Störungen des gesundheitlichen Wohlbefindens auf den Grund zu gehen. Ist der Status quo der gesundheitlichen Situation eines Menschen erst einmal definiert, müssen in einem zweiten Schritt geeignete Interventionen gefunden werden, mit deren Hilfe sich der aus dem Lot geratene Organismus in einen akzeptablen Zustand zurückführen lässt. Dabei leistet die Diagnostik bei der Auswahl erfolgversprechender Interventionsmaßnahmen unverzichtbare Dienste, denn je nach Art der vorliegenden Störungen führen ganz unterschiedliche Behandlungsstrategien zum Ziel. Die Diagnostik liefert mithin Hilfestellungen bei der Lösung praktischer Probleme des medizinischen Alltags. Sie hilft dabei, eine Problemsituation genau zu eruieren und aus der Vielzahl denkbarer Handlungsalternativen diejenigen auszuwählen, welche den größten Erfolg versprechen.

Ganz ähnlich verhält es sich mit der *Personaldiagnostik*. Auch hier geht es um Hilfestellungen bei der Lösung alltäglicher Probleme. Die Aufgaben liegen jedoch nicht im gesundheitlichen Bereich, sondern im beruflichen Kontext. Im Zentrum des Vorgehens stehen immer (potentielle) Mitarbeiter eines Unternehmens[1], deren Kompetenzen, Potentiale, Motive, Verhaltensweisen, Einstellungen etc. es zu untersuchen gilt. Typische Aufgaben, bei deren Lösung die Personaldiagnostik helfen kann, sind die Personalauswahl, die Personalplatzierung sowie die Personal- und Organisationsentwicklung. Steht z.B. die Besetzung einer neuen Stelle an, so hilft die Personaldiagnostik dabei, aus einer Vielzahl der Bewerber diejenigen auszuwählen, die hinsichtlich ihrer fachlichen, sozialen oder sonstigen Kompetenzen die besten Voraussetzungen für eine erfolgreiche Zusammenarbeit mitbringen. Plant ein Unternehmen die Weiterbildung der eigenen Mitarbeiter, so ist es gut beraten, wenn es sich auch in diesem Fall der Personaldiagnostik bedient. Mit Hilfe einschlägiger Methoden stellt man zunächst einmal den Weiterbildungsbedarf fest. Nach Abschluss der Entwicklungsmaßnahme kann dann unter Anwendung der gleichen Methoden festgestellt werden, ob und inwieweit die Intervention den erhofften Erfolg gebracht hat.

So wie jedes größere Unternehmen eine *Personal*abteilung besitzt, in der *Personal*referenten arbeiten, denen ein *Personal*chef vorsteht, so betreibt auch jedes Unternehmen in irgendeiner Form *Personal*diagnostik. Dies gilt für alle Organisationen, angefangen beim kleinen Handwerksbetrieb, der alle drei Jahre einen neuen Auszubildenden einstellt bis hin zum internationalen Konzern mit hunderttausenden von Mitarbeitern. Meist verwendet man vor Ort allerdings nicht explizit den Begriff der Personaldiagnostik. Dies ist nicht weiter schlimm. Vordergründig betrachtet handelt

---

[1] Aus Gründen der sprachlichen Vereinfachung werden wir im Folgenden häufig nur von „Unternehmen" sprechen. Unsere Ausführungen beziehen sich aber ebenso auf alle Nonprofit-Organisationen wie z.B. Krankenhäuser, Schulen oder Behörden.

es sich ja nur um ein Label. In dem Sinne, in dem wir in den nachfolgenden Kapiteln den Begriff der Personaldiagnostik verstehen, ist er jedoch sehr viel mehr als nur ein Sammelbegriff für alle möglichen diagnostischen Methoden. Wir sprechen von Personaldiagnostik, wenn wir diagnostische Verfahren meinen, deren Entwicklung und Anwendung *vor dem Hintergrund wissenschaftlicher Erkenntnisse* erfolgt. Wenn sich beispielsweise ein Personalreferent ohne irgendeine Vorbereitung in ein Einstellungsgespräch begibt, seiner Intuition folgend irgendwelche Fragen stellt und am Ende eine Entscheidung aus dem Bauch heraus trifft, dann ist dies ein Vorgehen, das sicherlich nicht die Bezeichnung „Personaldiagnostik" verdient. Bei diesem Beispiel handelt es sich um einen Extremfall unseriösen Vorgehens, mit dem man weder den Interessen des Unternehmens dient noch den Bewerber als Menschen ernst nimmt. In abgemilderter Form werden wir jedoch im Alltag unentwegt auf zumindest suboptimale Praktiken stoßen. Wottawa (2000) kommt in einer konservativen Schätzung zu dem Schluss, dass sich in der deutschen Wirtschaft jährlich mehr als 30 Milliarden Euro einsparen ließen, wenn man nur einige grundlegende Prinzipien wissenschaftlich fundierter Personaldiagnostik in der Praxis berücksichtigen würde. Warum dies dennoch kaum geschieht, liegt einstweilen im Verborgenen. Im Kapitel 2 diskutieren wir einige Gründe. Ein wichtiger Grund, auf den wir allerdings schon an dieser Stelle hinweisen wollen, liegt in der mangelnden Kenntnis der einschlägigen Forschung und methodischer Prinzipien. Viele Personalverantwortliche werden gar nicht wissen, dass es seit Jahrzehnten insbesondere in der akademischen, d.h. naturwissenschaftlich geprägten Psychologie (vgl. Kanning, 2001) intensive Forschungsbemühungen zur Optimierung personaldiagnostischer Methoden und Instrumentarien gibt. Mitarbeiter oder Führungskräfte mit einer fundierten personaldiagnostischen Ausbildung sind in den Personalabteilungen deutscher Unternehmen eher die Ausnahme denn die Regel. Diesem Missstand treten wir mit dem vorliegenden Buch entgegen, indem wir grundlegende Kenntnisse vermitteln.

> Die Personaldiagnostik stellt Prinzipien, Methoden und Messinstrumente für diagnostische Aufgaben im Personalwesen – z.B. für die Personalauswahl – bereit. Sie greift dabei zurück auf *wissenschaftliche* Methoden und Forschungsergebnisse der akademischen Psychologie.

1.1 Vier Aufgabenfelder der Personaldiagnostik

Wie bereits erwähnt, ist der Anwendungsbereich der Personaldiagnostik sehr groß. Er umfasst sowohl die Personalauswahl, Personalplatzierung und Personalentwicklung als auch Teile der Organisationsentwicklung. Was bedeutet das aber im Einzelnen? In Anlehnung an Rosenstiel (2000) bzw. Jäger (1995) können wir vier zentrale Aufgabenfelder der Personaldiagnostik unterscheiden (vgl. Abbildung 1-1).

Eine Aufgabe, die wohl den meisten Menschen gleich in den Sinn kommt, wenn sie die Bezeichnung „Personaldiagnostik" hören, ist die Auswahl von Bewerbern. In der Tat stellt die *Personalauswahl* wahrscheinlich das größte Anwendungsfeld dar. Unabhängig von der Frage, ob es um eine Personalauswahl in einem kleinen, mittelständischen oder großen Unternehmen geht, ob wir uns im produzierenden Sektor oder auf dem Gebiet der Dienstleistungen bewegen, die Ausgangsbedingungen der Personalauswahl sind fast immer die gleichen. Auf der einen Seite gibt es eine begrenzte Menge von Arbeitsplätzen, die mit geeignetem Personal besetzt werden sollen. Auf der anderen Seite steht eine Anzahl von Bewerbern, die in der Regel die Menge der offenen Stellen deutlich übersteigt. Ziel der Personaldiagnostik Situation ist es, aus der Gruppe der Interessenten diejenigen zu identifizieren, die am besten zu den fraglichen Arbeitsplätzen passen.

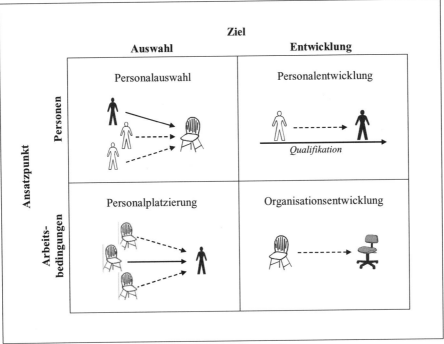

Abbildung 1-1: Aufgabenfelder der Personaldiagnostik

Die zweite Aufgabe der Personaldiagnostik ist aus der Sicht der Mitarbeiter eines Unternehmens sehr viel angenehmer als die Personalauswahl. Bei der *Personalplatzierung* kehren sich nämlich die Verhältnisse um: einem einzelnen Kandidaten stehen mehrere offene Stellen gegenüber. Erneut geht es um die Frage der Passung zwischen den Eigenschaften des Menschen auf der einen und den Anforderungen eines Arbeitsplatzes auf der anderen Seite. Diesmal sucht man jedoch zu den Fähigkeiten und Fertigkeiten des Mitarbeiters einen möglichst optimal zugeschnittenen Arbeitsplatz. In der Praxis tritt eine solche Situation z.B. nach Abschluss von Traineeprogrammen ein, wenn entschieden wird, an welchem Arbeitsplatz ein bestimmter Trainee in Zukunft tätig werden soll.

Ein völlig anderes Aufgabenfeld stellt die *Personalentwicklung* dar. Auch hier ist der Ansatzpunkt der Mensch. Im Gegensatz zur Personalauswahl geht es bei der Personalentwicklung nicht in erster Linie darum, Menschen nach ihren Fähigkeiten und Fertigkeiten zu unterscheiden. Ziel ist vielmehr die Veränderung derselben. Wenn beispielsweise in einem großen Unternehmen Trainings zur Steigerung der sozialen Kompetenzen von Führungskräften durchgeführt werden, so möchte man damit die Qualifikationen der Organisationsmitglieder so weit verbessern, dass sie den Anforderungen des Arbeitsplatzes besser gewachsen sind. Die Aufgabe der Personaldiagnostik ist in diesem Zusammenhang zweigeteilt. Zum einen muss im Vorfeld des Trainings diagnostiziert werden, welche Mitarbeiter welchen Weiterbildungsbedarf aufweisen, zum anderen kann nach dem Training mit denselben Methoden der Lernerfolg gemessen werden. Die Personaldiagnostik hilft insofern auf unterschiedliche Weise bei der Optimierung von Maßnahmen zur Personalentwicklung.

Das vierte Aufgabenfeld der Personaldiagnostik liegt in der *Organisationsentwicklung*. Hierbei geht es um Veränderung von Arbeitsplätzen, Produktionsprinzipien, Organisationsstrukturen oder Entscheidungsprozessen innerhalb eines Unternehmens. Damit reagiert man z.B. auf neue Technologien oder auf Schwachstellen in der Organisation. Im günstigsten Falle sind Organisationsentwicklungsmaßnahmen mit einer Verbesserung der Arbeitsbedingungen verbunden, da die Merkmale der Arbeitsplätze an die Bedürfnisse der Mitarbeiter angepasst werden. Stellt man beispielsweise fest, dass die Arbeitszufriedenheit in einer bestimmten Abteilung des eigenen Unternehmens besonders niedrig ausfällt und dies noch dazu mit einer vergleichsweise geringen Produktivität einhergeht, so kann dies u. a. an den Arbeitsbedingungen liegen. Die natürliche Konsequenz einer solchen Situation ist die Modifikation der Arbeitsbedingungen. Möglicherweise muss man sich Gedanken über veränderte Entscheidungsprozesse innerhalb von Arbeitsgruppen, über technische Veränderungen oder – im Extremfall – über einen Austausch der Vorgesetzten machen. Wie auch immer die Maßnahmen im Einzelnen aussehen werden, der Personaldiagnostik kommt im Prozess der Organisationsentwicklung immer eine Schlüsselfunktion zu. In unserem Beispiel hilft sie dabei, das Problem als solches aufzudecken. Mit Hilfe personaldiagnostischer Methoden wird zunächst einmal die Zufriedenheit der Mitarbeiter gemessen und in einen Zusammenhang zur Produktivität gebracht. Vor dem Hintergrund einer ausführlichen Problemanalyse erfolgt dann in einem zweiten Schritt die Einleitung von Gegenmaßnahmen, deren Erfolg wiederum mit personaldiagnostischen Instrumenten evaluiert werden kann.[2]

> Die Personaldiagnostik wird nicht nur zur Personalauswahl, sondern auch bei der Personalplatzierung sowie der Personal- und Organisationsentwicklung eingesetzt. Eine effiziente Arbeit in diesen Feldern ist ohne wissenschaftlich fundierte Personaldiagnostik kaum zu realisieren.

In den folgenden Abschnitten werden wir die vier Aufgabenfelder näher beschreiben. Zum einen wird sich dabei zeigen, wie vielfältig die Anwendungsmöglichkeiten der Personaldiagnostik sind, zum anderen wird deutlich, wie wichtig für jedes Unternehmen eine qualitativ hochwertige Personaldiagnostik ist.

---

[2] Als fünftes Aufgabenfeld könnte man an dieser Stelle die Leistungsbeurteilung anführen, die regelmäßig – meist einmal im Jahr – durch den Vorgesetzten vorgenommen wird. Da sie zumindest langfristig sehr oft zur Platzierung, Personal- oder Organisationsentwicklung herangezogen wird, behandeln wir sie im Folgenden nicht als eigenständiges Anwendungsfeld der Personaldiagnostik.

1.1.1 Personalauswahl

Die Funktion der Personaldiagnostik in der Personalauswahl ist für jedermann offensichtlich. Bewerber sollen dahingehend beurteilt werden, ob sie die notwendigen Qualifikationen für eine erfolgreiche Bewältigung beruflicher Aufgaben mitbringen. Die Bewerber kommen meist von außerhalb, können sich aber ebenso gut aus der Gruppe der Mitarbeiter rekrutieren. Letzteres ist in größeren Unternehmen durchaus üblich. Wenn beispielsweise die Stelle eines Abteilungsleiters neu besetzt werden muss, sind viele Unternehmen sehr viel mehr an organisationsinternen als an externen Bewerbern interessiert. Die organisationsinternen Bewerber haben den Vorteil, dass sie mit der Kultur des Unternehmens bereits vertraut sind und oft schon sehr genau wissen, worauf sie sich einlassen (Moser, 1995). Daher ist auch die Fluktuation nach einer Einstellung interner Bewerber geringer (Moser, 1995). Externe Bewerber bieten demgegenüber den Vorteil des unvoreingenommenen Blicks auf die Routinen des Unternehmens und verfügen daher über ein besonderes Potential zur Innovation.

Neben der Frage der Vertrautheit der Bewerber mit dem Unternehmen ist vor allem das *quantitative Verhältnis zwischen Bewerbern und offenen Stellen* von Bedeutung. Im Allgemeinen übersteigt die Anzahl der Bewerber bei weitem die Zahl der offenen Stellen. Dies ist für das Unternehmen von Vorteil, weil hierdurch die Wahrscheinlichkeit ansteigt, dass sich unter den Bewerbern besonders qualifizierte Personen befinden. Schwierig wird es, wenn sich genau so viele Menschen bewerben, wie offene Stellen existieren. Nun kann eine Auswahl im engeren Sinne nicht mehr erfolgen. Will man nicht einzelne Stellen unbesetzt lassen – und dies verbietet sich meist aus wirtschaftlichen Gründen –, geht es nun nur noch darum, die Bewerber den Arbeitsaufgaben zuzuordnen, die sie am besten bewältigen können. Im Extremfall muss man nach dem Prinzip der Schadenminimierung vorgehen und bei der Besetzung denjenigen auswählen, der im Vergleich zu seinen Konkurrenten am wenigsten „nicht geeignet" ist. Dies ist natürlich für beide Seiten keine angenehme Situation. Wer möchte schon gern nur deshalb eingestellt werden, weil die Mitbewerber noch weniger geeignet waren als man selbst? Zudem läuft man bei solchen Entscheidungen Gefahr, dass sie sich langfristig als nicht haltbar erweisen.

Aus der Perspektive des Unternehmens wird man also immer daran interessiert sein, dass es deutlich mehr Interessenten als offene Stellen gibt. Gerade kleinere, unbekannte Unternehmen, die noch dazu auf hoch spezialisierte Fachleute angewiesen sind, haben damit bisweilen ein Problem. In manchen Regionen ist es schwierig, selbst Auszubildende für weniger attraktive Berufe zu finden. In solchen Situationen kommt das *Personalmarketing* ins Spiel. Mit Hilfe des Personalmarketings versucht man, möglichst viele, potentiell geeignete Kandidaten auf das eigene Unternehmen aufmerksam zu machen (vgl. Moser & Zempel, 2001; Thiele & Eggers, 1999). Doch selbst eine sehr große Anzahl von Bewerbern bietet keine Gewähr dafür, dass man sich am Ende auch für die Richtigen entscheidet. In Abbildung 1-2 haben wir die potentiellen Probleme der Auswahlentscheidung einmal graphisch dargestellt. Angenommen, wir haben eine einzige Stelle zu besetzen und 10 Interessenten. Wenn nun alle Bewerber über die gewünschten Qualifikationen verfügen, so benötigt man im Grunde genommen gar kein anspruchsvolles Personalauswahlverfahren. Im Gegenteil, jeder Aufwand würde völlig unnötige Kosten verursachen, da man schon allein durch eine Zufallsauswahl einen geeigneten Kandidaten finden dürfte. In der Realität wird diese Situation eher selten vorkommen. Völlig unrealistisch ist sie aber nicht. Denken wir hier nur einmal an berufliche Tätigkeiten, für die nur sehr geringe Qualifikationen benötigt werden. Da kann es schon einmal vorkommen, dass alle Bewerber hinreichend qualifiziert sind. Im zweiten und dritten Beispiel (Abbildung 1-2) wäre eine Zufallsauswahl weitaus gewagter. Mit nur 50- bzw. 10-prozentiger Wahrscheinlichkeit würde man in diesen Fällen per Zufall einen geeigneten Kandidaten finden. Bei anspruchvollen Tätigkeiten wird die Quote der Geeigneten sehr viel niedriger liegen. Je geringer die Quote ausfällt, desto wertvoller ist ein qualitativ gutes Personalauswahlverfahren, da Zufallsentscheidungen nicht mehr zum Ziel führen. Dies gilt umso mehr, wenn es sich um hochbezahlte Mitarbeiter handelt.

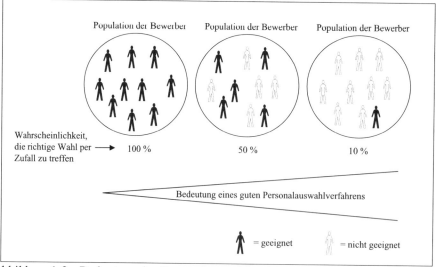

Abbildung 1-2: Bedeutung des Personalauswahlverfahrens in Abhängigkeit von der Qualifikation der Bewerber

Der Wert eines Personalauswahlverfahrens ergibt sich also aus den Rahmenbedingungen der Auswahlentscheidung. Nun wäre es naiv anzunehmen, dass jede Auswahlprozedur automatisch zu richtigen Entscheidungen führt. Jedes Vorgehen – auch ein sehr aufwändiges und kostspieliges – birgt die Gefahr von Fehlentscheidungen in sich. Wir können zwei zentrale Fehlerarten unterscheiden (Amelang & Zielinski, 1997; Fisseni, 1997; siehe Abbildung 1-3). Ein *Fehler der ersten Art* liegt vor, wenn ein Kandidat, der objektiv geeignet ist, durch das Auswahlverfahren als nicht geeignet identifiziert wird. Beim *Fehler zweiter Art* erscheint ein Bewerber geeignet, obwohl dies objektiv nicht zutrifft. Beide Fehler sind für das Unternehmen – und meist auch für die Kandidaten – von Übel, allerdings spielen hier die Rahmenbedingungen eine moderierende Rolle. Befindet sich das Unternehmen in der glücklichen Lage, mehr geeignete Kandidaten identifiziert zu haben als tatsächlich eingestellt werden, so kann man mit dem Fehler der ersten Art recht gut leben. Hat man jedoch weniger geeignete Kandidaten als offene Stellen identifiziert, wird der gleiche Fehler zu einem gewichtigen Problem. Der Fehler der zweiten Art – also die Einstellung eines objektiv nicht geeigneten Bewerbers – ist in jedem Falle ein Problem. Es wird umso größer, je bedeutsamer die besetzte Stelle ist. Für ein Unternehmen mit 100.000 Produktionsarbeitern ist es leicht zu verkraften, wenn man einige Dutzend Fehlentscheidungen vom Typ 2 auf der Produktionsebene getroffen hat. Die gleiche Fehlentscheidung auf der Ebene der Bereichsleiter oder gar des Geschäftsführers kann hingegen eine existentielle Bedrohung darstellen. Alles in allem ist man gut beraten, beide Fehler im Blick zu behalten.

		Bewerber ist objektiv...	
		nicht geeignet	geeignet
Einschätzung des Bewerbers als ...	nicht geeignet	✓ richtige Entscheidung	🔔 Fehler 1
	geeignet	🔔 Fehler 2	✓ richtige Entscheidung

Abbildung 1-3: Systematische Fehler bei Personalauswahlentscheidungen

Da prinzipiell jedes Personalauswahlverfahren entsprechende Fehlentscheidungen produzieren kann, ist es besonders wichtig, schon bei der Planung, aber auch bei der praktischen Durchführung reflektiert vorzugehen und grundsätzliche Methodenstandards einzuhalten. Im weiteren Verlauf unserer Abhandlung werden wir zahlreiche Standards vorstellen, mit deren Hilfe die Gefahr von Fehlentscheidungen reduziert werden kann. Die wissenschaftlich fundierte Personaldiagnostik erfüllt in diesem Zusammenhang mehrere Aufgaben. Zum einen wird mit Hilfe wissenschaftlich Methoden im Vorfeld der eigentlichen Auswahlentscheidung ermittelt, über welche Merkmale ein zukünftiger Stellenplatzinhaber verfügen soll. Zum zweiten stellt die Personaldiagnostik konkrete Messinstrumente sowie das Know-how zur Entwicklung und Anwendung neuer Instrumentarien zur Verfügung, mit deren Hilfe sich die relevanten Merkmale der Bewerber erfassen lassen. Darüber hinaus liefert die Forschung methodisches Know-how zur Evaluation eines Auswahlverfahrens. Aus den Evaluationsergebnissen lassen sich Hinweise zur Optimierung des Verfahrens ableiten (vgl. Abschnitt 6.7).

Im Rahmen der Personalauswahl hilft die Personaldiagnostik bei der *Reduzierung von Fehlentscheidungen*. Eine wissenschaftlich fundierte Personaldiagnostik ist umso wichtiger, je geringer die Wahrscheinlichkeit einer Zufallsauswahl geeigneter Kandidaten ist und je bedeutsamer die zu treffenden Personalentscheidungen für das Unternehmen sind. Die Personaldiagnostik liefert Methoden zur *Anforderungsanalyse*, zur *Messung der Merkmale von Bewerbern* sowie zur *Evaluation* von Personalauswahlverfahren.

1.1.2 Personalplatzierung

Bei der Personalplatzierung kehrt sich das quantitative Verhältnis zwischen Bewerbern und Arbeitsplätzen um. Einem einzelnen Kandidaten stehen mehrere offene Stellen gegenüber. Ziel der Bemühungen ist es, für den Kandidaten solche Arbeitsbedingungen auszuwählen, die am besten zu seinem Merkmalsprofil – also seinen Persönlichkeitseigenschaften, Fertigkeiten Einstellungen etc. – passen.

Dies ist u.a. eine zentrale Aufgabe der *Berufsberatung*. Im Zuge der Berufsberatung wird beispielsweise untersucht, ob ein Schüler nach Abschluss seiner Schullaufbahn eher einen technischen Beruf ergreifen soll oder sich im Besonderen für soziale Aufgaben eignet. Wurde eine Berufsausbildung bereits abgeschlossen, geht es um die Zuweisung eines ganz konkreten Arbeitsplatzes. Zwar ist die Menge potentiell geeigneter Arbeitsplätze nach einer abgeschlossenen Ausbildung weitaus kleiner als vor der Ausbildung, doch auch in dieser Situation unterscheiden sich die Arbeitsbedingungen mitunter ganz erheblich. Ein Kfz-Schlosser, der in einer kleinen Tankstelle arbeitet, muss nicht nur Autos reparieren, sondern auch Kunden in einer verständlichen Sprache beraten können und freundlich sein. Wäre er hingegen in einer großen Vertragswerkstatt angestellt, würde die Kundenbetreuung durch einen eigens für diesen Zweck geschulten Meister erfolgen. Je größer die Werkstatt ist, desto wichtiger wird es, dass unser Kandidat mit anderen Kollegen im Team zusammenarbeiten kann. Aus der Sicht des Ratsuchenden erweist es sich bei der Berufsberatung als störend, dass die Entscheidung immer auch stark durch den Arbeitsmarkt beeinflusst wird. So wäre es z.B. wenig sinnvoll, einem Abiturienten ein Lehramtsstudium zu empfehlen, wenn in den nächsten zehn Jahren nicht auch mit einer nennenswerten Nachfrage nach entsprechend qualifizierten Personen zu rechnen ist.

Größere Unternehmen und Behörden stehen oft vor ähnlichen Aufgaben wie die klassische Berufsberatung. In den eigenen Reihen gibt es qualifizierte Mitarbeiter, denen man einen möglichst passgenauen Arbeitsplatz zuweisen möchte. Dies liegt sowohl im Interesse der Mitarbeiter als auch im Interesse der Organisation. Mitarbeiter, die entsprechend ihrer Fähigkeiten und Interessen eingesetzt werden, werden mehr leisten und gleichzeitig zufriedener sein. Ähnlich wie in der Berufsberatung muss man jedoch auch bei der organisationsinternen Personalplatzierung Kompromisse eingehen. Oft wird es nicht möglich sein, allen Mitarbeitern einen passgenauen Arbeitsplatz zuzuweisen. Das Ziel ist daher eher eine möglichst weitgehende Passung zwischen den Merkmalen der Mitarbeiter und den Merkmalen ihrer beruflichen Tätigkeit. Dabei kommt es nicht selten zu Überschneidungen mit den Aufgabenfeldern der Personal- und Organisationsentwicklung. Lässt sich für einen Mitarbeiter z. Zt. keine zufrieden stellende Passung erzielen, so kann man einerseits versuchen, die Merkmale der Mitarbeiter zu verändern (Personalentwicklung) oder andererseits die Arbeitsbedingungen an die Merkmale der Mitarbeiter angleichen (Organisationsentwicklung).

Die Aufgaben der *Personaldiagnostik* im Zuge der Personalplatzierung sind zunächst zweigeteilt. Zum einen muss mit Hilfe diagnostischer Instrumente ermittelt werden, welche besonderen Anforderungen die zur Auswahl stehenden Arbeitsplätze an die Merkmale eines Mitarbeiters stellen (Anforderungsanalyse), zum anderen müssen die Merkmale des Kandidaten erfasst werden. Aus einem Vergleich zwischen beiden Informationen ergibt sich dann die Lösung der Aufgabe. Im günstigsten

Fall lässt sich ein Arbeitsplatz benennen, der optimal zu den Merkmalen des Kandidaten passt. Eine weitere Aufgabe der Personaldiagnostik kann darin bestehen, den Erfolg der Stellenzuweisung langfristig zu evaluieren. Dabei stellt man sich die Frage, inwieweit die getroffene Entscheidung richtig war. Aus den Ergebnissen der Evaluation lassen sich Verbesserungsvorschläge für zukünftige Entscheidungsprozeduren ableiten.

> Im Rahmen der Personalplatzierung reduziert die Personaldiagnostik die Wahrscheinlichkeit von Fehlentscheidungen, indem sie Methoden zur *Anforderungsanalyse*, zur *Messung der Merkmale des Kandidaten* und zur *Evaluation* der getroffenen Entscheidungen bereitstellt. Durch die Evaluation ermöglicht die Personaldiagnostik eine *Optimierung zukünftiger Entscheidungen*.

1.1.3 Personalentwicklung

Im Zuge der *Personalentwicklung* sollen die Kompetenzen der Organisationsmitglieder so verändert werden, dass die Mitarbeiter den Anforderungen eines bestimmten Arbeitsplatzes möglichst gut gewachsen sind. Die Bedeutung der Personalentwicklung lässt sich u.a. an den getätigten Investitionen der deutschen Wirtschaft ablesen. Sie lagen im Jahr 1998 bei umgerechnet knapp 25 Milliarden Euro (Weiß, 2000). Die Methoden, mit denen Veränderungsprozesse forciert werden, sind sehr vielfältig. Sie reichen von einfachen Lehrveranstaltungen, die Faktenwissen vermitteln, über unterschiedlichste Beratungsangebote bis hin zu Trainings, in denen spezifische Verhaltensweisen, wie etwa ein freundlicher Umgang mit Kunden, erlernt wird (Holling & Liepmann, 2003; Sonntag & Schaper, 2001; Sonntag, Stegmaier, 2001). Im Wesentlichen lassen sich vier Gründe für die Implementierung einer Personalentwicklungsmaßnahme denken (vgl. Abbildung 1-4).

Ein erster Grund liegt in der Veränderung der Arbeitsplätze selbst. Früher oder später wird in jedem produzierenden Unternehmen eine neue Technologie eingeführt. Computerarbeitsplätze sind durch die kontinuierliche Weiter- und Neuentwicklung diverser Softwarepakete inzwischen schon fast im Jahresrhythmus einer regelmäßigen Innovation ausgesetzt. Und auch solche Arbeitsplätze, in denen man direkt mit Menschen umgehen muss, verändern sich – wenn auch weitaus langsamer – da die Werte der Gesellschaft und mit ihnen die Erwartungshaltungen von Kunden, Kollegen, eigenen Mitarbeitern oder Auszubildenden einem Wandel unterworfen sind (Rosenstiel, 1998). In all diesen Fällen reichen die bisherigen Qualifikationen der Stellenplatzinhaber früher oder später nicht mehr aus, um den neuen Aufgaben vollends gewachsen zu sein. In der Konsequenz wird eine Nach- oder Umschulung der Organisationsmitglieder notwendig.

Nicht weniger häufig ist der Grund für die Personalentwicklungsmaßnahme ein Arbeitsplatzwechsel. Eine spezifische Schulung der Mitarbeiter ist oftmals notwendig, wenn sie in eine andere Abteilung des Unternehmens versetzt werden (horizontale Veränderung) oder in der Hierarchie des Unternehmens aufsteigen (vertikale Veränderung). In beiden Fällen hängt der Schulungsbedarf u.a. davon ab, wie stark sich der neue Arbeitsplatz vom alten unterscheidet. Dies ist insbesondere bei vertikalen Veränderungen zu bedenken. Ein hervorragender Sachbearbeiter gibt noch lange keine gute Führungskraft ab. In aller Regel verlangen beide Funktionen von den Stelleninhabern sehr unterschiedliche Fähigkeiten und Fertigkeiten.

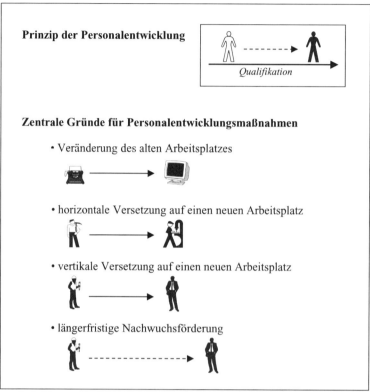

Abbildung 1-4: Personalentwicklung

Ein vierter und letzter Grund für Personalentwicklungsmaßnahmen liegt in der langfristigen Nachwuchsförderung. Viele Unternehmen rekrutieren ihre Führungskräfte bevorzugt aus den eigenen Reihen. Wenn z.B. Abteilungsleiter vor ihrer Berufung das Unternehmen bereits in vielen unterschiedlichen Funktionen kennen gelernt haben, weisen sie einen gewissen „Stallgeruch" auf. Nicht selten werden sie von ihren Mitarbeitern deshalb mehr geschätzt als ein Quereinsteiger. Verfolgt ein Unternehmen eine solche Strategie der Führungskräfterekrutierung, so muss man sich schon frühzeitig mit der Frage beschäftigen, welcher Mitarbeiter von heute eine Führungskraft von morgen sein könnte. Dies ist nicht nur eine Frage der Personalauswahl, sondern auch eine der Personalentwicklung, gilt es doch, frühzeitig die Potentiale einzelner Mitarbeiter zu erkennen und ihre Entfaltung in solche Bahnen zu lenken, die besonders erfolgversprechend sind. Hierhinter steht die empirisch abgesicherte Erkenntnis, dass es „die geborene Führungskraft" nicht gibt (Neuberger, 1995; v. Rosenstiel, 2001). Erfolgreiche Führung bedeutet immer eine Anpassung des Führungsstils an die Spezifika der jeweiligen Situation, die durch die Rahmenbedingungen des Unternehmens sowie die Merkmale der zu führenden Menschen bestimmt wird. So würden wahrscheinlich die meisten erfolgreichen Manager bei dem Versuch, eine Altenpflegestation oder ein Kinderheim zu leiten, gnadenlos scheitern, sofern sie sich nicht schnell kontextangemessene Führungsstrategien aneignen können.

Welche Rolle spielt nun aber die *Personaldiagnostik* im Rahmen der Personalentwicklung? Stellen wir uns einmal die folgende Situation vor: In der Personalabteilung eines großen Kaufhauskonzerns reift die Idee, man müsse die Verkäuferinnen und Verkäufer in Zukunft alle fünf Jahre einer Schulung unterziehen. Ziel der Maßnahme soll eine verbesserte Kundenorientierung des Personals sein. Da man davon ausgeht, dass einmal gelernte Verhaltensideale im Verkaufsalltag mit der Zeit immer mehr verloren gehen, erscheint eine regelmäßige Nachschulung wichtig. Wie geht man nun aber vor? Zunächst ist zu entscheiden, wer die Schulung durchführen soll. Kann dies durch Mitarbeiter der Personalabteilung erfolgen oder sollte man lieber auf die Kompetenzen externer Anbieter zurückgreifen? Überdies muss geklärt werden, welche Inhalte in einem solchen Training vermittelt werden sollen. Entscheidet man sich für einen externen Anbieter, so muss die Personalabteilung oft nur einen geringen Aufwand betreiben. In den meisten Fällen wird man sich vor Unternehmensberatungen, die Komplettpakete anbieten, kaum retten können. Und in der Tat entscheidet man sich in der Praxis oft für solch ein Komplettpaket, bei dem man selbst nur noch einige eigene Vorstellungen einbringen muss. In den folgenden Monaten werden Hunderte von Mitarbeitern geschult. Berücksichtigt man neben den reinen Trainingskosten auch die Kosten, die durch den Ausfall der Trainingsteilnehmer am Arbeitsplatz entstehen, so kommen schnell gewaltige Summen zustande. Früher oder später taucht dann natürlich die Frage auf, ob das Geld auch sinnvoll investiert wurde. Spätestens an dieser Stelle kommt die Personaldiagnostik ins Spiel. Im einfachsten Falle befragt man die Trainingsteilnehmer nach ihrer Einschätzung der Trainingseffektivität. Sind die Mitarbeiter unter dem Strich der Meinung, dass sich die Maßnahme gelohnt hat, so kann der verantwortliche Personalreferent schon ein wenig beruhigter schlafen. Von einer differenzierten Betrachtung der Kosten und Nutzen ist man allerdings noch weit entfernt.

Die Einsatzmöglichkeiten der Personaldiagnostik in dem soeben skizzierten Praxisbeispiel sind sehr vielfältig. Es beginnt bereits bei der Frage, ob überhaupt ein Training benötigt wird – der *Feststellung des Entwicklungsbedarfs* (vgl. Holling & Liepmann, 2003; Sonntag, 1999a). Zwar erscheint die Annahme plausibel, dass eine regelmäßige Nachschulung von Vorteil ist. Ob aber tatsächlich ein hinreichender Bedarf besteht, der die Investition von vielleicht mehreren hunderttausend Euro rechtfertigt, lässt sich so ohne weiteres vom Schreibtisch des Personalchefs aus kaum beurteilen. Niemand – auch nicht der engagierteste Mitarbeiter der Personalabteilung – ist in der Lage, die Kompetenzen aller Mitarbeiter einzuschätzen. Die Personaldiagnostik soll die Entscheidungen auf ein empirisch abgesichertes Fundament stellen. In unserem Beispielfall würde man eine Mitarbeiterbefragung und zusätzlich eine Kundenbefragung durchführen. Die Mitarbeiterbefragung gibt Aufschluss über den Trainingsbedarf aus Sicht der Mitarbeiter. Man ist gut beraten, die Ergebnisse einer solchen Befragung ernst zu nehmen, schließlich sind die Mitarbeiter selbst in gewisser Weise Experten für ihren Arbeitsplatz. Auch darf man mit einer erhöhten Motivation zukünftiger Trainingsteilnehmer rechnen, wenn diese erkennen können, dass ein Training nicht nur „am grünen Tisch" entwickelt wurde, sondern tatsächlich die Wünsche der Menschen vor Ort aufgreift. Die Kundenbefragung deckt demgegenüber Defizite auf, die Mitarbeiter selbst nicht wahrnehmen oder nicht offen äußern wollen. Ferner hilft sie bei der Abschätzung längerfristiger Veränderungen der Kundenwünsche. Über die beschriebenen Möglichkeiten zur Befragung der Mitarbeiter und Kunden hinaus wird der Personalentwicklungsbedarf auch auf der Basis von Leistungsmessungen definiert. Dies ist z.B. bei Nachwuchsführungskräften der Fall. Dabei wird der Kandidat, der in fünf Jahren einmal eine Führungsaufgabe im Unternehmen wahrnehmen könnte, beispielsweise in einem Assessment Center untersucht. Die hier gewonnenen Erkenntnisse über die Stärken und Schwächen des Kandidaten dienen zur Entwicklung eines individuellen Fortbildungsplans. Trotz der offensichtlich sehr großen Bedeutung, die der Personaldiagnostik bei der Feststellung des Personalentwicklungsbedarfs zukommt, soll an dieser Stelle nicht verschwiegen werden, dass keineswegs immer eine aufwändige empirische Erhebung zur Bestimmung des Entwicklungsbedarfs zwingend notwendig ist. Wird beispielsweise in einem produzierenden Unternehmen eine neue Maschine angeschafft, so versteht es sich von allein, dass die Arbeiter eine Schulung oder zumindest doch eine Einweisung benötigen.

Personaldiagnostische Methoden helfen nicht nur dabei festzustellen, ob überhaupt ein Entwicklungsbedarf besteht, sie können auch zur *Spezifizierung der Weiterbildungsinhalte* herangezogen werden (vgl. Holling & Liepmann, 2003; Sonntag, 1999a). In unserem Kaufhausbeispiel ist dies offensichtlich. Natürlich fragt man die Mitarbeiter und Kunden nicht einfach danach, ob sie Veränderungen wünschen. Viel interessanter ist die Frage, welche Veränderungen dies im Einzelnen sein sollen. Ähnlich verhält es sich im Beispiel der Förderung von Nachwuchsführungskräften. Das Assessment Center liefert konkrete Hinweise auf Stärken und Schwächen in spezifischen Verhaltensbereichen. So mag der eine Kandidat Schwierigkeiten mit der Strukturierung komplexer Aufgaben haben, während ein anderer Defizite im Bereich der sozialen Kompetenzen aufweist. Den Prinzipien einer effizienten Personalentwicklung folgend würde man beide Kandidaten unterschiedlichen Entwicklungsmaßnahmen zuführen.

Hat man sich vor dem Hintergrund der gewonnenen Erkenntnisse für eine bestimmte Entwicklungsmaßnahme entschieden bzw. eine auf den spezifischen Bedarf zugeschnittene Maßnahme neu entwickelt, so übernimmt die Personaldiagnostik nun die Aufgabe der *Evaluation* (vgl. Holling & Gediga, 1999; Holling & Liepmann, 2003). Mit Hilfe personaldiagnostischer Methoden möchte man herausfinden, inwieweit die eingesetzte Maßnahme von Erfolg gekrönt war. Im einfachsten Falle fragt man die Trainingsteilnehmer nach ihrer Meinung. Dies ist sicherlich besser als gar keine Evaluation. Gleichwohl ist das Kriterium, für das sich das Unternehmen interessiert, in der Regel anspruchsvoller. Natürlich ist es wichtig, dass auch die Trainingsteilnehmer die Maßnahme positiv bewerten, viel entscheidender ist jedoch die Frage, ob sich tatsächlich etwas im beruflichen Alltag verändert. Im Kaufhausbeispiel möchte man z.B. langfristige Veränderungen der Kundenzufriedenheit erreichen. Daher müssen auch die Kunden erneut befragt werden. Im Falle der Förderung des Führungsnachwuchses müssen die Teilnehmer der Trainingsmaßnahme das Assessment Center erneut durchlaufen. Hat sich die Maßnahme tatsächlich gelohnt, so sollte sich auch ein entsprechender Leistungsfortschritt im Assessment Center belegen lassen. Gerade bei der Planung und Durchführung von Evaluationsmaßnahmen wird die Nähe der Personaldiagnostik zum wissenschaftlichen Arbeiten besonders deutlich. Im Grunde genommen geht man bei der Evaluation nach den gleichen methodischen Prinzipien wie in der psychologischen Grundlagenforschung vor. Auch die mathematischen Verfahren, die dabei zum Einsatz kommen, sind die gleichen. Eine aussagekräftige Evaluation setzt mithin ein gehöriges Maß an Fachkompetenz voraus.

Die Evaluation ermöglicht Aussagen über den Nutzen einer Personalentwicklungsmaßnahme. Im Nachhinein weiß man also, ob sich eine bestimmte Maßnahme aus Sicht der Teilnehmer bzw. aus Sicht des Unternehmens gelohnt hat oder nicht. Eine solche Information ist u.a. für die Zukunft wichtig, erleichtert sie doch die Entscheidung, ob man die Maßnahme ein weiteres Mal einsetzen soll. Gestaltet man das methodische Vorgehen bei der Evaluation entsprechend sorgfältig, so lassen sich darüber hinaus weitergehende Aussagen treffen. So könnte z.B. untersucht werden, ob ein eintägiges Training nicht genau so effektiv ist wie ein 1,5-tägiges Training, ob spezifische Module der Maßnahme einen differentiellen Einfluss auf den Erfolg der Prozedur nehmen oder ob sich der Nutzen der Maßnahme durch eine sorgfältigere Vorauswahl der Teilnehmer steigern ließe. In diesem Falle bedient man sich der Personaldiagnostik zum Zwecke der *Optimierung* der Personalentwicklungsmaßnahme. Weiß man um die skizzierten Effekte, so können zukünftige Maßnahmen effizienter gestaltet werden.

Im Rahmen der Personalentwicklung hilft die Personaldiagnostik bei der *Feststellung des Entwicklungsbedarfs*, der *Spezifizierung der Weiterbildungsinhalte*, der *Evaluation* der eingesetzten Maßnahmen sowie der *Optimierung* zukünftiger Interventionen. Die Personaldiagnostik ist somit unverzichtbarer Bestandteil einer effizienten Personalentwicklung.

1.1.4 Organisationsentwicklung

Die Organisationsentwicklung reagiert auf veränderte gesellschaftliche und wirtschaftliche Rahmenbedingungen oder Missstände innerhalb des Unternehmens (vgl. Abbildung 1-5). Die Organisation soll so verändert werden, dass sie effizienter arbeiten kann. Die Entwicklungsmaßnahmen sind sehr vielgestaltig und reichen von der Neustrukturierung eines Unternehmens, über Modifizierungen der Entscheidungsprozesse (z.B. Einsetzung von Qualitätszirkeln; Antoni, 1996a) bis zu Veränderungen einzelner Arbeitsplätze (z.B. Einführung neuer Maschinen oder Gruppenarbeit; Antoni, 1996a, 1996b). *Während man bei der Personalentwicklung eine Optimierung auf der Seite der Organisationsmitglieder vornimmt, setzt die Organisationsentwicklung an Strukturen und Prozessen der Organisation selbst an*[3].

---

[3] Wir verwenden die Begriffe „Personalentwicklung" und „Organisationsentwicklung" betont trennscharf. In der einschlägigen Literatur geschieht dies meist nicht. So zählt man z.B. die Einführung von Gruppenarbeit einmal zur Personal- ein andermal zur Organisationsentwicklung. Ebenso wird erstere

Mitunter ist die Personalentwicklung eine besonders schwierige Aufgabe. Während es noch vergleichsweise leicht ist, den Mitarbeitern eines Unternehmens berufsrelevantes Faktenwissen beizubringen, fällt die Veränderung konkreten Verhaltens oft schwer. Dies gilt insbesondere dann, wenn es sich um routinierte Abläufe handelt und die Trainingsteilnehmer selbst keine hohe Veränderungsmotivation in sich tragen. Besonders augenfällig wird das Problem z.B, wenn es um die Sicherheit am Arbeitsplatz geht. Viele Maßnahmen, die für den einzelnen Arbeiter einen oft nur geringfügigen Mehraufwand bedeuten – wie etwa das Tragen von Schutzkleidung, die Einhaltung von Sicherheitsabständen oder die Durchführung von Sicherheitskontrollen – werden in der Praxis schlichtweg nicht umgesetzt. Fast nie mangelt es an dem notwendigen Wissen oder gar den Fertigkeiten der Betroffenen. Das Problem liegt in der Motivation. Will man in einer solchen Situation nicht mit Sanktionen arbeiten und die Mitarbeiter ständig überwachen, muss man einen völlig anderen Weg gehen. Nicht die Menschen, sondern die Arbeitsplätze müssen so verändert werden, dass trotz mangelnder Motivation weniger Unfälle geschehen. Ganz ähnlich verhält es sich, wenn es um die Steigerung der Produktivität, eine Verringerung kontraproduktiven Verhaltens oder um Verbesserung in den Bereichen Arbeitszufriedenheit und Leistungsmotivation geht. Meist ist es viel leichter und effektiver, Arbeitsplätze und ihre Rahmenbedingungen zu verändern als die Menschen vor Ort zu einer Veränderung ihrer Verhaltensroutinen zu bewegen. Alle zielgerichteten Veränderungen des Arbeitsplatzes sowie der Arbeitsumgebung, die zu einer besseren Passung zwischen Arbeit und Mensch betragen, können wir unter dem Begriff der *Organisationsentwicklung* zusammenfassen.

Die Organisationsentwicklung kann auf ganz unterschiedlichen Ebenen eines Unternehmens ansetzen. Sehr weitreichende Maßnahmen widmen sich grundlegenden Entscheidungsstrukturen und Kommunikationsprozessen des Unternehmens. Spezifische Maßnahmen haben demgegenüber einzelne Arbeitsplätze im Blick. Dabei ziehen Organisationsentwicklungsmaßnahmen nicht selten auch Aktivitäten auf dem Gebiet der Personalentwicklung nach sich. Führt man beispielsweise in der Produktion Teilautonome Arbeitsgruppen ein, so mag man damit dem Bedürfnis vieler Mitarbeiter nach mehr Verantwortung und Selbstständigkeit entgegenkommen. Die veränderten Arbeitsplätze stellen aber auch höhere Anforderungen an jedes Gruppenmitglied. Während zuvor jeder Arbeiter nur eine sehr überschaubare Tätigkeit ausführen musste, erwartet man nun von ihm, dass er in der Gruppe flexibel unterschiedlichste Arbeitsschritte übernehmen kann. Überdies verlangen die engere Zusammenarbeit der Kollegen sowie die Selbstorganisation der Gruppe den Gruppenmitgliedern Kompetenzen im Sozialverhalten ab, die bislang eine eher untergeordnete Rolle gespielt haben. Personalentwicklungsmaßnahmen helfen den Betroffenen bei der Bewältigung der gestiegenen Anforderungen.

Ausgangspunkt für eine Organisationsentwicklungsmaßnahme sind meist wirtschaftliche Gründe (vgl. Abbildung 1-5). Im Vergleich zu konkurrierenden Unternehmen erweisen sich die eigene Organisation oder einzelne Abteilungen derselben als wenig effizient, was dazu führt, dass man sich Gedanken über grundlegende organisationale Strukturen, Entscheidungsprozesse oder Produktionsbedingungen ma-

---

manchmal als Sonderform der letzteren verstanden (Elke, 1999; Neumann, Edwards & Rajau, 1989; Richter, 1995). Dieser Sprachverwirrung wollen wir uns nicht anschließen.

chen muss. Ebenso kann aber auch eine besonders gute Positionierung des Unternehmens am Markt Organisationsentwicklungsprozesse auslösen. Expandiert das Unternehmen sehr schnell, werden schon bald Veränderungen in der Organisationsstruktur notwendig. Eine Konsequenz wäre z.B. die Bildung neuer Hierarchieebenen. Hierdurch wird die Anzahl der direkten Mitarbeiter, die ein Vorgesetzter zu führen hat, überschaubar gehalten.

Eng verbunden mit den wirtschaftlichen Gründen sind Schwachstellen im Unternehmen, die sich nicht unmittelbar in wirtschaftlichen Kennzahlen, sondern zunächst in *Konflikten am Arbeitsplatz* ausdrücken (Glasl, 1990; Regnet, 2001). Jenseits aller zwischenmenschlichen Probleme, die immer entstehen, wenn Menschen aufeinander treffen, können Konflikte am Arbeitsplatz ein Hinweis für ungünstige Arbeitsbedingungen sein. Ist die Leistung der Abteilung B maßgeblich davon abhängig, dass die Abteilung A ihr gut zuarbeitet, verfügen die Mitarbeiter der Abteilung A aber nur über unzureichende Ressourcen, um die Leistung rechtzeitig und zufrieden stellend zu erbringen, so sind Konflikte bereits vorprogrammiert. In einem solchen Fall wird man sich Gedanken über die Arbeitsorganisation bzw. die Menge und Qualität der zur Verfügung stehenden Ressourcen machen müssen. Neben offen zu Tage tretenden Konflikten kann eine geringe Arbeitszufriedenheit als Indikator für Missstände gewertet werden. Sowohl bei offenen Konflikten als auch im Falle geringer Arbeitszufriedenheit bedarf es jedoch zunächst einer detaillierten Analyse der Ursachen, ehe eine gezielte Intervention in Angriff genommen werden kann.

Abbildung 1-5: Organisationsentwicklung

Die Organisationsentwicklung kann aber auch als Reaktion auf grundlegende technologische Veränderungen resultieren. Oft zwingt allein der technologische Fortschritt zu einer Anpassung der Produktionsbedingungen, anderenfalls würde man die Existenz des Unternehmens aufs Spiel setzen. Neben rein technischen Veränderungen sollte man in diesem Zusammenhang an die zunehmende Komplexität vieler beruflicher Aufgaben denken. Vor hundert Jahren hat das Wissen von Erfindern wie Gottlieb Daimler oder Carl Benz noch völlig ausgereicht, um ein ganzes Auto zu konzipieren. Heute ist die Aufgabe derart komplex geworden, dass hierzu Hunderte von Menschen mit sehr spezifischem Expertenwissen benötigt werden. Sehr oft übersteigt die Expertise der einzelnen Mitarbeiter einer Abteilung bei weitem die Fachkompetenz des Vorgesetzten. In einer solchen Abteilung wird man zwangsläufig einen kooperativeren Führungsstil pflegen müssen. Anordnungen von „oben nach unten" sind kaum sinnvoll, wenn die eigentliche Fachkompetenz „unten" und nicht „oben" in der Unternehmenshierarchie anzutreffen ist. Die Führungskraft wird mehr und mehr zum Koordinator, was wiederum Auswirkungen auf die Arbeitsplätze jedes einzelnen Mitarbeiters hat.

Langfristig betrachtet kann ferner der gesellschaftliche Wandel eine Organisationsentwicklung forcieren. Ein gutes Beispiel hierfür liefert die Veränderung der deutschen Gesellschaft seit dem zweiten Weltkrieg. Das höhere Bildungsniveau breiter Bevölkerungsschichten und die damit einhergehende Emanzipation von kirchlichen und weltlichen Autoritäten führen zu Verschiebungen in den Normen und Werten. Dies wiederum zieht eine Veränderung vieler Arbeitsplätze nach sich. An Universitäten benoten z.B. die Studierenden die didaktischen Leistungen ihrer Professoren. Plötzlich sieht sich der Hochschullehrer realen Arbeitsanforderungen gegenüber gestellt, die bislang bestenfalls auf dem Papier existierten. Mitarbeiter von Stadtverwaltungen sind gezwungen, den Bürger nicht mehr länger als Bittsteller zu betrachten, sondern in ihm den Kunden zu sehen, der sein Recht als Auftraggeber einer Dienstleistung selbstbewusst einfordert. Mehr als jemals zuvor rücken somit die sozialen Kompetenzen in das Zentrum der Arbeitsanforderungen für städtische Angestellte (vgl. Kanning & Walter, 2003). Gleiches gilt für das Verhältnis von Vorgesetzten und Mitarbeitern in Unternehmen. Hier spielt nicht zuletzt das gewachsene Mitspracherecht der Arbeitnehmer eine wichtige Rolle. All diese Variablen führen letztlich zu veränderten Entscheidungsprozessen und Arbeitsplätzen.

Die Einsatzmöglichkeiten der *Personaldiagnostik* im Prozess der Organisationsentwicklung sind vergleichbar mit denen, die wir bereits im Abschnitt „Personalentwicklung" beschrieben haben. Auch bei der Organisationsentwicklung helfen diagnostische Methoden, wie z.B. die Mitarbeiterbefragung oder objektivierte Leistungsmessungen, Defizite in der bisherigen Arbeitsorganisation aufzudecken. Überdies kann auf der Basis der gewonnen Erkenntnisse ein Teil der Maßnahmen im Vorhinein spezifiziert werden. Neben der Feststellung, dass generell ein Bedarf zur Organisationsentwicklung besteht, erfährt man also, welche Art von Veränderung besonders viel Erfolg versprechen dürfte. Wurden daraufhin konkrete Maßnahmen zur Organisationsentwicklung ergriffen, kann mit Hilfe personaldiagnostischer Instrumente das Vorgehen evaluiert werden. Die gewonnenen Erkenntnisse liefern darüber hinaus Hinweise zur Optimierung zukünftiger Maßnahmen.

Verdeutlichen wir uns all dies noch einmal an einem Beispiel. In einer Stadtverwaltung gehen zunehmend Beschwerden über die städtischen Angestellten des Bauamtes ein. Viele Bürger berichten, dass sie nicht korrekt behandelt werden. Bei telefonischen Anfragen von Bürgern reagieren die Beamten unfreundlich, können keine qualifizierte Auskunft geben oder vertrösten sie auf eine spätere Problemlösung. Schriftliche Eingaben bleiben oft wochenlang unbeantwortet. In Einzelfällen scheinen Briefe sogar vollständig verschwunden zu sein. In einer ersten Diagnosephase versuchen die Verantwortlichen der Stadt, den Ursachen auf den Grund zu gehen. Zunächst werden die Bürger, die eine Beschwerde eingereicht haben, eingehend befragt. Anschließend führt man Gespräche mit den Angestellten des Bauamtes. Ein Großteil der Vorwürfe ließ sich bestätigen. Die Mitarbeiter berichten von massiven Engpässen, weil die Stelle eines Mitarbeiters, der in Rente gegangen ist, nicht neu besetzt wurde. Hinzu kommt der Ausfall einer weiteren Kollegin, die sich im Mutterschaftsurlaub befindet. Zu allem Überfluss wurde vor einem viertel Jahr eine neue Software eingeführt, die auf den veralteten Rechnern nicht stabil läuft. Schon oft ist es deshalb zu Datenverlusten gekommen. Während man vor der Diagnosephase die Ursachen für die genannten Probleme wahrscheinlich spontan der mangelnden Kundenfreundlichkeit der Angestellten zugeschrieben hätte, erscheint die Situation nun in einem völlig anderen Licht. Die Ursachen liegen vor allem in den Arbeitsbedingungen. Denkbare Maßnahmen zur Organisationsentwicklung wären in diesem Fall z.B. die Einstellung einer zusätzlichen Kraft oder die Anschaffung leistungsstärkerer Computer. Steht hierzu nicht genügend Geld zur Verfügung, könnte man zumindest für die Dauer des Mutterschaftsurlaubs eine Mitarbeiterin aus einem anderen Amt abziehen. Notfalls ließe sich zudem die alte Software auf den Rechnern installieren bis die notwendigen Mittel zur Anschaffung neuer Geräte zur Verfügung stehen. Nach der Einleitung entsprechender Maßnahmen kommt erneut die Diagnostik zum Einsatz. Die wiederholte Befragung von Kunden und Mitarbeitern wird zeigen, inwieweit die erhofften Verbesserungen eingetreten sind. Lassen sich keine weiteren Probleme feststellen, ist an dieser Stelle die Organisationsentwicklungsmaßnahme abgeschlossen. Oftmals werden aber nach der ersten Intervention nicht alle Mängel beseitigt sein. In diesem Fall hilft die Diagnostik bei der Suche nach weiteren Ansatzpunkten zur Optimierung des Vorgehens. In unserem Beispiel ist es nicht ganz unwahrscheinlich, dass neben den Veränderungen der Arbeitsbedingungen auch eine Personalentwicklungsmaßnahme hilfreich wäre, denn bei genauerer Betrachtung lassen sich durchaus auch Verhaltensdefizite der Mitarbeiter entdecken. So hätten sie z.B. gegenüber den Bürgern um Verständnis werben können. Auch bei starker Arbeitsbelastung und ungünstigen Rahmenbedingungen kann man terminliche Absprachen einhalten. Aus Sicht des Kunden ist es besser, einen Termin zu vereinbaren, der eine Woche länger auf sich warten lässt, als den Bürger zweimal zu enttäuschen, weil man von unrealistisch kurzen Bearbeitungszeiträumen ausgegangen ist.

Im Rahmen der Organisationsentwicklung kann die Personaldiagnostik bei der *Feststellung des Entwicklungsbedarfs*, der *Spezifizierung der Maßnahmen*, ihrer *Evaluation* sowie zur *Optimierung* der Maßnahmen eingesetzt werden. Die Personaldiagnostik fördert somit eine effiziente Organisationsentwicklung.

1.1.5 Exkurs: Potentialanalyse

Die Potentialanalyse stellt eine Mischform der vier grundlegenden Aufgabenfelder der Personaldiagnostik dar. Die Personalauswahl bezieht sich immer auf den Status quo eines Bewerbers. Es wird untersucht, über welche Kompetenzen ein Bewerber zum gegenwärtigen Zeitpunkt verfügt. Decken sich die Merkmale des Bewerbers mit den Anforderungen, die der Arbeitsplatz an ihn stellen würde, so spricht dies für eine Einstellung. Nicht selten treibt einen bei der Personalauswahl aber auch noch ein anderes Ziel. Man möchte nicht nur wissen, was der Bewerber heute leisten kann, sondern zu welchen Leistungen er in vielleicht fünf oder zehn Jahren fähig wäre. Dies ist eine Aufgabe für die Potentialanalyse (vgl. Abbildung 1-6). Sie spielt vor allem bei Nachwuchsführungskräften eine wichtige Rolle, denn man kann natürlich nicht erwarten, dass ein 25-jähriger Hochschulabsolvent – gewissermaßen aus dem Stand heraus – eine hervorragende Führungskraft ist. Ist das Unternehmen daran interessiert den Führungsnachwuchs im eigenen Haus heranzubilden, muss man wissen, bei welchen Bewerbern sich die Investitionen lohnen, welche Bewerber also das Potential zur Führungskraft in sich tragen.

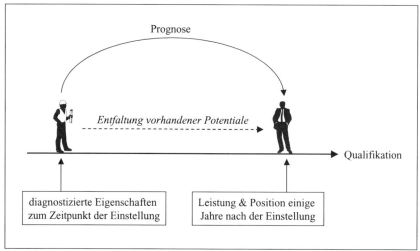

Abbildung 1-6: Prinzip der Potentialanalyse

Die Potentialanalyse ist jedoch keineswegs ausschließlich dem Aufgabenfeld der Personalauswahl zuzuschreiben. Sie spielt ebenso bei der Personalplatzierung eine wichtige Rolle. Ist man sich sicher, dass ein Mitarbeiter zu Höherem berufen ist, so wird man ihn frühzeitig auf eine Position setzen wollen, die einer Entfaltung seiner Potentiale förderlich ist. Werden im Unternehmen Stellen frei, auf denen man sich gut weiterqualifizieren kann, sucht man unter den Mitarbeitern diejenigen aus, für die eine entsprechende Platzierung den größten Nutzen verspricht.

Darüber hinaus berührt die Potentialanalyse die Personal- und Organisationsentwicklung. Die Potentialentfaltung wird über die Jahre hinweg durch unterschiedlichste Schulungsmaßnahmen unterstützt. Auf der Basis der Eingangsdiagnostik wird zu diesem Zweck ein individueller Entwicklungsplan ausgearbeitet. Er legt fest, in welchen Bereichen ein besonderer Trainingsbedarf besteht und wie er zu erfüllen ist. Im Verlaufe der Zeit helfen regelmäßige Diagnosen dabei, die Entwicklungsfortschritte zu dokumentieren und etwaigen Nachschulungsbedarf zu erkennen. Begleitet wird all dies im günstigsten Falle von Organisationsentwicklungsmaßnahmen. Der Arbeitsplatz wird im Hinblick auf das Ziel einer Potentialenfaltung optimiert. Man erwartet also nicht, dass jemand von allein zur Führungskraft „heranreift", sondern unterstützt den Prozess durch gezielte Fördermaßnahmen.

Der Potentialanalyse kommt somit in vielen Unternehmen eine sehr wichtige Funktion zu. Leider ist die Umsetzung einer anspruchsvollen Potentialanalyse mit vielen Problemen verbunden (vgl. Kanning & Holling, in Druck).

Ein erstes Problem ergibt sich aus der Tatsache, dass die Entwicklung eines Menschen grundsätzlich nur sehr schwer prognostiziert werden kann, denn sie hängt nicht nur von ihm allein, sondern auch von vielen Umgebungsfaktoren ab. So mag z.B. ein Erfolg versprechender Mitarbeiter in eine private Krise geraten, weil seine Frau gestorben ist und er deshalb in seinem Leben plötzlich völlig andere Prioritäten setzt. Er entwickelt sich mithin in eine ganz andere Richtung – anders auch, als er es selbst vielleicht für möglich gehalten hätte. Je länger der Zeitraum ist, über den hinweg eine Prognose angestellt werden soll, desto schwieriger ist die Aufgabe, da mit zunehmender Zeitspanne immer mehr unvorhersehbare Ereignisse eintreten können. Ein weiteres Problem betrifft die Veränderung der Arbeitswelt. Im Laufe der Jahre verändern sich oftmals die Anforderungen, die ein und derselbe Arbeitsplatz an den Arbeitsplatzinhaber stellt. Ursachen hierfür sind z.B. technologische oder gesellschaftliche Veränderungen (s.o.). Könnte man diese Veränderungen vorhersehen, so würden heute vielleicht andere Potentiale wichtig erscheinen. Insgesamt darf man sich von Potentialanalysen somit keine Wunder versprechen. Sie können nicht die Zukunft vorhersagen. Gleichwohl gibt es viele Belege dafür, dass mit Hilfe fundierter Instrumentarien sehr nützliche Prognosen getroffen werden können (z.B. Jansen & Stoop, 2001; Sarges, 1996; Schmidt & Hunter, 1998; siehe auch Abschnitt 6.9).

Ungeachtet dieser grundsätzlichen Probleme gibt es mehrere Möglichkeiten einer Potentialanalyse. Die Unterschiede liegen nicht in der Auswahl des Messinstrumentes – im Prinzip lassen sich alle personalpsychologischen Instrumentarien (vgl. Kapitel 7) zur Potentialanalyse einsetzen – als vielmehr in der empirischen Absicherung der Aussagen. Jede fundierte Potentialanalyse setzt voraus, dass man die Diagnoseinstrumente im Rahmen einer empirischen Studie dahingehend untersucht, inwieweit sie tatsächlich Prognosen erlauben.

Die einfachste Variante ist gleichzeitig diejenige, die in der Praxis noch am häufigsten anzutreffen ist. Nehmen wir einmal an, es ginge im Rahmen der Potentialanalyse darum, die Führungseignung von Hochschulabsolventen einzuschätzen. Im Rahmen einer Untersuchung würde man nun im eigenen Unternehmen herausfinden, in welchen Merkmalen sich erfolgreiche Führungskräfte von weniger erfolgreichen oder langjährigen Mitarbeitern ohne Führungsaufgaben unterscheiden. In der Potentialanalyse werden anschließend nur diejenigen Merkmale untersucht, die eine deutliche Differenzierung ermöglicht haben. Dabei konfrontiert man den Bewerber mit Aufgaben, die sein derzeitiges Leistungsniveau übersteigen. Je näher einer der Bewerber dem Merkmalsprofil erfolgreicher Führungskräfte kommt, desto größer erscheint sein Potential. Genau genommen haben wir es hierbei jedoch mit einem sehr reduzierten Potentialbegriff zu tun. Man weiß lediglich, dass die Bewerber den erfolgreichen Führungskräften mehr oder weniger ähnlich sind. Ob sie die Differenzen in den folgenden Jahren ausgleichen werden, ist nicht bekannt. Auch weiß man nicht, wie groß die maximal zulässige Differenz ist. Kann ein Bewerber eine Differenz von 3 Punkten auf einer 10-stufigen Skala noch ausgleichen oder dürfen es maximal zwei Punkte sein? In der Praxis behilft man sich hierbei mit einer pragmatischen Lösung und stellt einfach diejenigen ein, die die geringste Abweichung aufweisen.

Die zweite Variante ist deutlich aufwändiger. Im Idealfall liegen Messungen zu den Merkmalen der Führungskräfte aus früheren Jahren vor. Nun berechnet man im Nachhinein, mit welchen Merkmalsausprägungen die Leistung der Führungskräfte vorhergesagt werden kann. Den derzeitigen Bewerbern wird ein umso größeres Führungspotential bescheinigt, je stärker sie in ihren Eigenschaften mit dem Merkmalsprofil erfolgreicher Führungskräfte übereinstimmen. Sehr oft werden solche Daten im Unternehmen allerdings nicht zu finden sein. Auch stellt sich die Frage, ob die Merkmalsausprägungen, die vor fünf oder zehn Jahren den Führungserfolg prognostizieren konnten, dies auch heute noch können. Alternativ könnte man eine Längsschnittstudie durchführen. Die Ergebnisse aller Bewerber, die neu eingestellt werden, müssen dazu gespeichert werden. Nach einigen Monaten oder Jahren, wird berechnet, welche Merkmalsprofile besonders erfolgreiche Mitarbeiter von weniger erfolgreichen unterscheiden (vgl. Abschnitt 5.3). Der zentrale Nachteil dieser Methode liegt in der mitunter langen Wartezeit. Für große Unternehmen, die ohnehin jedes Jahr viele neue Mitarbeiter einstellen, dürfte dies kein Problem sein, weil die Daten ohnehin anfallen und nur einmal ausgewertet werden müssten.

Beide Varianten prognostizieren die Entwicklung des einzelnen Bewerbers anhand der Befunde, die man durch die Untersuchung größerer Stichproben gewonnen hat. Im Grunde genommen geht man also davon aus, dass sich der Einzelne so entwickeln wird, wie dies der „durchschnittliche Mitarbeiter" in der Vergangenheit getan hat. Aufgrund der Untersuchungen weiß man, dass ein bestimmter Wert auf einer Merkmalsdimension, wie z.B. Intelligenz, mit einer gewissen Wahrscheinlichkeit dazu führt, dass der Bewerber in Zukunft die Aufgaben einer Führungskraft erfolgreich wahrnehmen kann. Über die individuelle Veränderungsfähigkeit des Bewerbers weiß man hingegen nichts. Verdeutlichen wir uns das Problem an einem einfachen Beispiel (vgl. Abbildung 1-7). Drei Bewerber A, B und C haben auf einer Merkmalsdimension (z.B. Organisationsfähigkeit) die gleiche Ausprägung. Dennoch können sie sich in Zukunft sehr unterschiedlich entwickeln. Bewerber A würde sich ohne jede Fördermaßnahme des Unternehmens sehr stark weiterentwickeln, die Fördermaßnamen können diesen Prozess deutlich verstärken. Bei Bewerber B ist die eigene Entwicklungsmöglichkeit ähnlich groß, weitere Fördermaßnahmen würden jedoch ins Leere laufen. Bewerber C hat bereits sein gesamtes Potential ausgeschöpft. Hier gibt es kaum noch Entwicklungsmöglichkeiten. Allein aufgrund der einmaligen Untersuchung der Organisationsfähigkeit im Laufe des Personalauswahlverfahrens (schwarzer Balken in Abbildung 1-7), kann man diese Unterschiede nicht feststellen. Die Bewerber erscheinen alle gleich geeignet, obwohl sie ein sehr unterschiedliches Potential in sich tragen. Noch deutlicher wird das Problem, wenn wir uns Bewerber D anschauen. Er weist einen deutlich schlechteren Ausgangswert als seine Konkurrenten auf. Dennoch hat er ein viel größeres Entwicklungspotential und wäre unter der Voraussetzung einer optimalen Förderung der beste Kandidat.

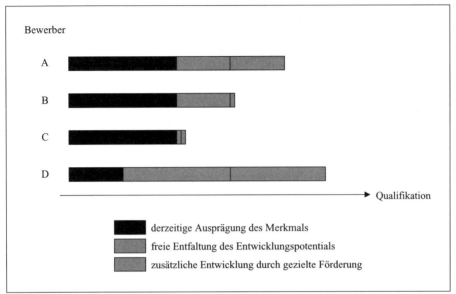

Abbildung 1-7: Hypothetische Entwicklungsverläufe von Bewerbern

Einiges spricht mithin dafür, die individuelle Entwicklungsfähigkeit direkt zu messen. Dabei könnte man wie folgt vorgehen (siehe Abbildung 1-8): In einem ersten Schritt erfasst man den Status quo. Anschließend erhält der Kandidat eine Rückmeldung über seinen Leistungsstand und die Möglichkeit sich zu verbessern. Dies kann z.B. durch eine Aufklärung über bessere Verhaltensstrategien, die Lektüre von Fachliteratur oder ein kurzes Training geschehen. Anschließend durchläuft er erneut dieselben Diagnoseinstrumente. Ein Vergleich zwischen beiden Messungen ermöglicht eine Abschätzung der individuellen Entwicklungsmöglichkeiten. Hätte man mit Bewerber C und B diesen Test durchgeführt, so hätte man feststellen können, dass B ein sehr viel größeres Entwicklungspotential aufweist als C. Versuche mit derartigen „Lernfähigkeitstests" führten bislang jedoch nicht zu besseren Prognosen (vgl. Guthke & Wiedl, 1996; Wiedl & Guthke, 2003). Allerdings wäre es verfrüht, die Methodik deshalb schon ad acta zu legen. Viel hängt davon ab, wie die Lernphase gestaltet und die berufliche Realität in der Untersuchung realitätsgetreu abgebildet wird. Auch mag der Lernzeitraum häufig zu kurz sein. Unternehmen, die Trainee-Programme durchführen, könnten zu Beginn und zum Ende des Programms eine entsprechende Messung vornehmen und so zu weitaus besseren Einschätzungen der Potentialentwicklung kommen. Nach wie vor bleibt aber das Problem, dass man erst dann die Grenze des individuellen Potentials kennt, wenn keine Entwicklung mehr zu beobachten ist. Sofern sich der Mitarbeiter noch entwickelt, weiß man nicht, wie weit das Potential reicht. Vielleicht ist kurz darauf Schluss, vielleicht trägt der Mitarbeiter aber auch noch sehr viel mehr Potential in sich. Dies erkennt man erst, indem man ihn weiterhin fördert und ihn so Schritt für Schritt an seine Grenzen heranführt.

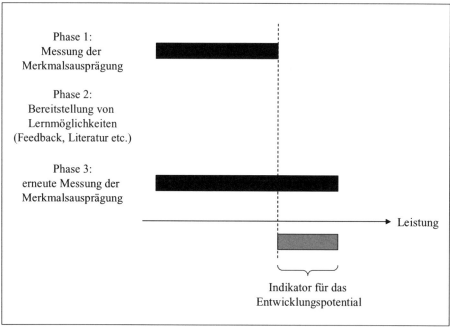

Abbildung 1-8: Abschätzung des individuellen Entwicklungspotentials

> Mit Hilfe der Potentialanalyse soll das Entwicklungspotential einer Bewerbers oder Mitarbeiters abgeschätzt werden. Die Potentialanalyse ist eng verknüpft mit Fragen der Platzierung sowie der Personal- und Organisationsentwicklung. Alle derzeit zur Verfügung stehenden Methoden liefern bestenfalls eine grobe Abschätzung des Potentials. Dennoch lassen sich auch schon mit den heute zur Verfügung stehenden Methoden wirtschaftlich nützliche Prognosen des beruflichen Erfolgs anstellen.

1.2 Was wird mit Hilfe der Personaldiagnostik gemessen?

Wie in den vorangestellten Abschnitten deutlich wurde, sind die Einsatzmöglichkeiten der Personaldiagnostik sehr breit angelegt. Im Kern geht es immer um eine differenzierte Betrachtung menschlichen Verhaltens mit seinen Antezedenzien und Konsequenzen (vgl. Abbildung 1-9). Selbst dann, wenn wir im Vorfeld der Personalauswahl herausfinden wollen, welche spezifischen Anforderungen ein Arbeitsplatz an einen zukünftigen Mitarbeiter stellt, geht es im Grunde genommen um menschliches Verhalten. Wir analysieren, welche Verhaltensweisen zu einem gewünschten Ziel führen und welche nicht. Allerdings interessiert man sich oft weniger für das konkrete Verhalten eines Menschen in einer Arbeitssituation als vielmehr für die

Einstellungen und Kompetenzen, die dem Verhalten und den daraus resultierenden Konsequenzen zugrunde liegen. Gegenstand der Personaldiagnostik sind mithin Einstellungen, Kompetenzen, Verhaltensweisen sowie Verhaltenskonsequenzen.

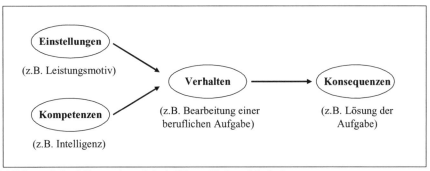

Abbildung 1-9: Allgemeines Modell beruflichen Verhaltens

1.2.1 Einstellungen

Neben den Kompetenzen eines Menschen bilden seine Einstellungen eine wichtige Basis des Verhaltens (vgl. Bierhoff, 2000; Bohner, 2002). Ein Mensch kann noch so kompetent sein, wenn er nicht auch eine positive Einstellung zu seiner beruflichen Arbeit hat, wird niemals eine Spitzenleistung resultieren. Umgekehrt reicht eine positive Einstellung nicht zur Spitzenleistung, wenn die notwendigen Kompetenzen nicht vorhanden sind. Vergleichbar zu einem Sportler, der bei der Olympiade nur dann eine Medaille erringen kann, wenn er einerseits eine sehr starke Leistungsmotivation und andererseits weit überdurchschnittliche Fähigkeiten und Fertigkeiten in sich trägt, hängen auch weniger spektakuläre Verhaltensweisen, wie wir sie im beruflichen Alltag beobachten können, letztlich sowohl von den Einstellungen als auch von den Kompetenzen des Handelnden ab. Während die Kompetenzen die Basis des beruflich erfolgreichen Handelns darstellen, geben die Einstellungen der Kompetenzanwendung eine Richtung und bestimmen darüber, wie stark sich der Mensch für die Erreichung eines Ziels einsetzt. Ein Mitarbeiter im Vertrieb muss selbstverständlich über fachliche Kompetenzen verfügen, damit er seine Ware dem Kunden gegenüber auch mit den richtigen Argumenten und Strategien vertreten kann. Steht er einem besonders kritischen Kunden gegenüber so ist es seine positive Einstellung gegenüber der beruflichen Leistung, die ihn zu einem besonders engagierten und beharrlichen Arbeitsverhalten treibt. Überdies stellen Einstellungen einen wichtigen Motor für die Aneignung neuer Kompetenzen dar. Wenn der Vertriebsmitarbeiter eine starke, positive Einstellung zur beruflichen Leistung in sich trägt, will er selbst auch eine entsprechende Leistung erbringen und steht Maßnahmen der Personalentwicklungen, die ihn mit den geeigneten Kompetenzen versorgen können, weitaus aufgeschlossener gegenüber als ein Kollege, für den der berufliche Erfolg keinen besonderen Wert darstellt.

Einstellungen sind immer durch *drei Komponenten* gekennzeichnet (Bierhoff, 2000; Mummendey, 1995). Zunächst einmal beruhen sie auf einem bestimmten *Wis-*

sen über den Gegenstand der Einstellung. Wenn ein Mitarbeiter beispielsweise eine sehr positive Einstellung gegenüber der beruflichen Karriere hat, so ist dies mit dem Wissen verbunden, dass beruflicher Aufstieg in aller Regel mit materiellen Vorteilen verbunden ist und meist auch gesellschaftliches Ansehen nach sich zieht. Ob das der Einstellung zugrunde liegende Wissen objektiv betrachtet richtig ist oder nicht, spielt dabei erst einmal keine Rolle. Entscheidend ist, dass der Betroffene selbst an die Richtigkeit seines Wissens glaubt oder die Richtigkeit zumindest nicht in Frage stellt. Einstellungen drücken ferner immer *Werthaltung* aus. Dem einen erscheint ein beruflicher Aufstieg das wertvollste im Leben, während ein anderer das berufliche Fortkommen anderen Lebensbereichen (Familie, Sport, Urlaub etc.) unterordnet. Derartige Werte entstehen immer unter dem direkten oder indirekten Einfluss anderer Menschen. Direkte Formen der Einflussnahme stellen beispielsweise die Erziehung im Elternhaus, Gespräche mit Freunden sowie alle Formen der schulischen und beruflichen Ausbildung dar. Eine indirekte Beeinflussung läuft z.B. über Literatur und Kunst. Die für die Personaldiagnostik wichtigste Komponente einer Einstellung ist ihr Bezug zum *Verhalten*. Einstellungen regen Verhalten an, geben ihm eine Richtung und sind dafür verantwortlich, dass man sich mit mehr oder minder großer Leidenschaft einer Sache hingibt. Genauso gut tragen sie aber auch zu einem ausweichenden Verhalten, ja sogar zu einer „Blockierung" des Verhaltens bei. So mag mancher Mitarbeiter des öffentlichen Dienstes im Laufe seines Lebens die Überzeugung gewonnen haben, dass sich Leistung in seinem Berufsfeld schlichtweg nicht lohnt. Im Ergebnis wird über das unbedingt notwendige Maß hinaus kein leistungsbezogenes Verhalten resultieren.

Die wohl wichtigsten Einstellungen, die im Rahmen der personaldiagnostischen Praxis Bedeutung haben, sind Berufsinteressen, Leistungsmotivation und Arbeitszufriedenheit. Berufsinteressen geben dem Verhalten eine Richtung und sind dafür verantwortlich, dass ein Mitarbeiter sich aus eigenem Antrieb einer bestimmten beruflichen Aufgabe zuwendet (Rolfs, 2001). Sie stellen insofern eine Art „Basismotivation" dar. Die Leistungsmotivation entscheidet maßgeblich darüber, wie stark sich der Mitarbeiter für die Lösung beruflicher Aufgaben einsetzt, beharrlich ist und sich ggf. auch durch Rückschläge nicht beirren lässt (Nerdinger, 1995; Schuler & Prochaska, 2001). Die Arbeitszufriedenheit ist eine Reaktion des Mitarbeiters auf die Inhalte und den Erfolg seiner beruflichen Tätigkeit sowie die Arbeitsbedingungen (Neuberger & Allerbeck, 1978). Wie die beiden anderen Einstellungen nimmt sie Einfluss auf das berufliche Engagement und die Leistung des Mitarbeiters (vgl. Weinert, 1998). Schauen wir uns im Folgenden die drei Einstellungen etwas genauer an.

Im Rahmen der Berufsberatung interessiert man sich für ein sehr breites Spektrum *beruflicher Interessen* des Ratsuchenden. So misst z.B. der Allgemeine Interessen-Struktur-Test (Eder & Bergmann, 1999) u.a. das Interesse an praktisch-technischer, intellektuell-forschender, sozialer oder künstlerischer Arbeit. Ziel der Diagnose ist es, für den Ratsuchenden eine berufliche Ausbildung oder einen Arbeitsplatz zu finden, der möglichst gut zu seinen Interessen passt. In der Personalauswahl interessiert man sich ebenfalls für die Interessen der Probanden, um eine möglichst gute Passung zwischen den Merkmalen des Bewerbers und den Anforderungen eines bestimmten Arbeitsplatzes erzielen zu können (person-job-fit). Es reicht nicht aus, dass der Mitarbeiter die nötigen Fähigkeiten und Fertigkeiten zur erfolgreichen Bewältigung einer beruflichen Aufgabe mitbringt, er muss sich auch für die Aufgabe interessieren. Anderenfalls wird er kaum bereit sein, seine Kompetenzen effektiv einzusetzen (vgl. Villanova, Bernardin, Johnson & Dahmus, 1994). Untersucht man die Interessen der Mitarbeiter eines Unternehmens, so kann dies vor dem Hintergrund einer Platzierungsentscheidung oder im Rahmen von Personal- bzw. Organisationsentwicklungsmaßnahmen geschehen. Bei der Platzierung sucht man innerhalb des Unternehmens einen bestimmten Arbeitsplatz, der sich weitgehend mit den Interessen des Mitarbeiters deckt. Bei Personal- und Organisationsentwicklungsmaßnahmen liefert die Messung der Interessen wichtige Informationen zur Planung von Interventionen. In der Personalentwicklung könnte man den – sicherlich sehr anspruchsvollen – Versuch unternehmen, neue Interessen bei den Mitarbeitern zu wecken. Im Erfolgsfalle ließe sich auf diesem Wege eine bessere Passung zwischen der Arbeitsrealität und den Merkmalen der Mitarbeiter erreichen. Gerade bei älteren oder wenig flexiblen Mitarbeitern dürfte dies jedoch oft ein vergebliches Bemühen sein. Sehr viel Erfolg versprechender ist demgegenüber der entgegengesetzte Weg: Die Arbeitsrealität wird an die Interessen der Mitarbeiter angepasst (Organisationsentwicklung). Ein Beispiel hierfür liefert die Einführung von flexiblen Arbeitszeiten, die es den Mitarbeitern ermöglicht, ihre Freizeitinteressen mit den Verpflichtungen der beruflichen Tätigkeit in Einklang zu bringen (Wagner, 1995).

Im Bereich der Motive interessiert man sich in der Personaldiagnostik insbesondere für die *Leistungsmotivation* von Bewerbern oder Mitarbeitern (z.B. Nerdinger, 1995; Schuler & Prochaska, 2001). Geht es um einen sozialen Beruf, so stehen „soziale Motive" wie etwa das Bedürfnis, anderen Menschen helfen zu wollen, im Zentrum des Interesses. Beide Motive bilden eine wichtige Basis des leistungsbezogenen Verhaltens. Eine höhere Motivation geht mit einer höheren Bereitschaft zur Investition und Anstrengung einher. Darüber hinaus wird eine Person umso mehr Rückschläge als Herausforderung zum verstärken Engagement begreifen, je motivierter sie ist. Geht es um Fragen der Personalauswahl und -platzierung, so ist der Nutzen der Motivationsmessung offensichtlich. Jeder Arbeitgeber möchte gern besonders stark motivierte Mitarbeiter haben. Allerdings kann eine sehr starke Motivation unter bestimmten Arbeitsbedingungen auch von Nachteil sein. Erlebt der neu eingestellte oder platzierte Mitarbeiter nach einiger Zeit, dass er seine hohen Ambitionen an seinem Arbeitsplatz nicht umsetzen kann, so mag dies das Ende einer motivierten Zusammenarbeit bedeuten. Sofern der Arbeitsmarkt ihm die Möglichkeit bietet, wird er sich früher oder später eine neue Arbeitsstelle suchen. Aus wirtschaftlichen, aber auch aus ethischen Erwägungen verbietet es sich somit, immer nur Ausschau nach den maximal motivierten Kandidaten zu halten. Ein Unternehmen, das dem maximal Motivierten de facto nichts Adäquates bieten kann, sollte sich besser mit weniger motivierten Mitarbeitern bescheiden oder aber die Rahmenbedingungen der Arbeitstätigkeit entsprechend modifizieren. Dies ist eine Aufgabe der Organisationsentwicklung. In einem ersten Schritt müssen hier die Motive der Mitarbeiter im Zusammenspiel mit den spezifischen Arbeitsbedingungen analysiert werden. Der zweite Schritt dient dann der Veränderung der Arbeitsbedingungen, so dass die Bedürfnisse der Mitarbeiter möglichst gut durch ihre berufliche Tätigkeit befriedigt werden können. Hierzu zählt z.B. die Einführung transparenter, leistungsbezogener Vergütungs- und Belohnungssysteme ebenso wie die Entwicklung von Förderplänen (Frey & Osterloh, 2002). Letzteres bildet einen Brückenschlag zur Personalentwicklung, mit deren

Hilfe man weitere Motive wecken und motiviertes Verhalten fördern möchte. Eine Schlüsselfunktion kommt dabei immer den Vorgesetzten zu, die entsprechend geschult werden müssen.

Neben Berufsinteressen und Leistungsmotivation ist die *Arbeitszufriedenheit* von größerer Bedeutung für die Personaldiagnostik. Zunächst werden die Mitarbeiter danach gefragt, inwieweit sie mit unterschiedlichen Aspekten ihrer beruflichen Tätigkeit, wie z.B. dem Verhalten der Vorgesetzten, der Zusammenarbeit mit den Kollegen, dem Belohnungssystem oder der Arbeitsorganisation zufrieden sind (Büssing & Bissels, 1998; Giegler, 1985; Neuberger & Allerbeck, 1978). Die gewonnenen Erkenntnisse können dann zur Neuplatzierung unzufriedener Mitarbeiter oder zur Personal- bzw. Organisationsentwicklung genutzt werden. Neben der Arbeitszufriedenheit kann überdies auch die Kundenzufriedenheit von Interesse sein (Groß-Engelmann, 1999; Simon & Homburg, 1998). Mangelnde Kundenzufriedenheit liefert wichtige Hinweise auf notwendige Interventionen, also etwa eine Schulung der betroffenen Mitarbeiter oder ggf. auch eine Neuplatzierung ungeeigneter Kandidaten. Überdies kann sie indirekt Einfluss auf die Arbeitszufriedenheit der Mitarbeiter nehmen (Stock, 2001).

> Gemeinsam mit den Kompetenzen bilden Einstellungen eine wichtige Grundlage beruflichen Verhaltens. Einstellungen basieren auf Wissen, bringen Werthaltungen des Menschen zum Ausdruck und geben dem Handeln Richtung sowie Intensität. In der Personaldiagnostik interessiert man sich primär für *Berufsinteressen*, *Leistungsmotivation* und *Arbeitszufriedenheit*.

1.2.2 Kompetenzen

Die Kompetenzen sind eine wichtige Voraussetzung der beruflichen Leistung. Je nach Art und Ausprägung versetzen sie einen Menschen in die Lage, bestimmte berufliche Aufgaben lösen zu können. So überrascht es nicht, wenn den Kompetenzen eine große Bedeutung in der Personaldiagnostik zukommt. Bei der Personalauswahl und -platzierung lauten die wichtigsten Fragen: Welche Kompetenzen sind bei einem Bewerber bzw. einem Mitarbeiter vorhanden? Wie stark sind sie ausgeprägt? Welche Bedeutung haben die Kompetenzen für die zu erwartende Leistung des (potentiellen) Mitarbeiters? Steht nicht die Personalauswahl bzw. -platzierung sondern die Personal- oder Organisationsentwicklung im Zentrum des Interesses, so verändern sich die Fragen: Genügen die Kompetenzen eines Mitarbeiters, um gegenwärtige und zukünftige Arbeitsaufgaben bewältigen zu können? Mit welchen Mitteln lassen sich die Kompetenzen erfolgreich fortentwickeln? Wie muss der Arbeitsplatz und seine Umgebung verändert werden, damit ein Mitarbeiter seine vorhandenen Kompetenzen optimal einsetzen kann?

Die Bezeichnung „Kompetenz" kann als ein Sammelbegriff für unterschiedlichste Merkmale eines Menschen verstanden werden (vgl. Abbildung 1-10). Hierzu zählen zunächst einmal allgemeine *Fähigkeiten* wie z.B. Intelligenz, feimotorisches Geschick oder Durchsetzungsstärke. Derartige Fähigkeiten bilden sich in einem Wechselspiel zwischen den genetischen Anlagen des Individuums und den Umweltbedingungen aus, in denen der Mensch aufwächst (Trautner 1992). Vereinfacht ausgedrückt, kann man sich diesen Entwicklungsprozess wie folgt vorstellen: Am Anfang steht eine bestimmte, genetisch festgelegte Begabung oder Disposition, die sich im Laufe des Lebens mehr oder weniger stark entfalten kann. Inwieweit eine Entfaltung stattfindet, hängt von den Umgebungsbedingungen ab, die eher förderlich oder behindernd wirken können. So macht es beispielsweise einen großen Unterschied, ob ein Kind mit einer hohen intellektuellen Begabung in einer Familie aufwächst, in der beide Elternteile Lehrer oder aber ungelernte Arbeiter sind (vgl. Holling & Kanning, 1999). Die Wahrscheinlichkeit für eine besonders gute Förderung ist in der ersten Familie weitaus größer als in der zweiten. Wie groß die Bedeutung genetischer Faktoren in diesem Zusammenhang ist, lässt sich trotz jahrzehntelanger Forschung nur schwer abschätzen. Medienberichten, denen zufolge man ein Intelligenz-Gen oder ein Aggressions-Gen gefunden haben will, sind in keinem Falle so zu verstehen, dass die Umweltfaktoren keine Rolle mehr spielen würden. Sie zeigen lediglich an, dass man die genetische Komponente nicht mehr länger als abstraktes Konstrukt fassen muss, sondern sie eines Tages auch im Organismus verorten kann. Wenn selbst im Bereich der Pflanzenwelt den Umweltfaktoren eine entscheidende Bedeutung für die Entwicklung des Lebewesens zukommt – man denke z.B. an die Bedeutung der Sonneneinstrahlung, der Temperatur, der Bodenverhältnisse, der Menge hilfreicher oder schädigender Insekten –, so gilt dies für den weitaus komplizierter strukturierten Entwicklungsprozess des Menschen allemal. Die Genetik allein vermag nicht viel zu erklären oder zu prognostizieren.

Die Fähigkeiten können in weniger abstrakte *Fertigkeiten* und in *Wissen* überführt werden. Dies geschieht durch den Einfluss der Schule und in beruflichen Ausbildungen ebenso wie im Privatleben. So können drei Menschen mit einer hohen intellektuellen Fähigkeit durchaus unterschiedliche Fertigkeiten entwickeln. Während der eine hohe Fertigkeiten im Bereich der Mathematik ausbildet, mag ein anderer sich zu einem herausragenden Kriminologen entwickelt haben. Ein dritter hat seine Fähigkeiten möglicherweise überhaupt nicht in berufsrelevante Fertigkeiten transformiert, sondern erfreut sich daran, ein hervorragender Schachspieler zu sein.

Der Begriff der Kompetenz umfasst alle Fähigkeiten, Fertigkeiten und das Wissen eines Menschen (Kanning, 2003a), wobei im Rahmen der Personaldiagnostik die *berufsrelevanten* Facetten der Kompetenzen im Zentrum des Interesses stehen. Angesichts der unübersehbaren Vielzahl der Kompetenzen eines Menschen muss im Vorfeld einer personaldiagnostischen Maßnahme untersucht werden, welche Merkmale von besonderer Relevanz für eine bestimmte berufliche Tätigkeit sind. Dies bedeutet jedoch nicht, dass man sich immer nur für ganz spezifische, arbeitsplatzbezogene Fertigkeiten, die z.B. für die Bedienung einer Maschine wichtig sind, interessieren sollte. Auch die Messung der von ihrer Natur her abstrakteren Fähigkeiten ist meist sinnvoll. Dies gilt vor allem in zwei Fällen: zum einen, wenn berufsrelevante Fertigkeiten und Fachwissen noch gar nicht hinreichend ausgebildet werden konnten (Auswahl von Auszubildenden, Trainees etc.), zum anderen, wenn mit Veränderungen der beruflichen Aufgaben gerechnet werden muss (technologischer Fortschritt, Aufstieg eines Mitarbeiters im Unternehmen etc.). Im ersten Falle ist die Messung spezifischer Kompetenzen kaum sinnvoll. Im zweiten Fall kann man nur schwer abschätzen, welches Wissen bzw. welche Fertigkeiten in fünf oder zehn Jahren relevant sein werden. In beiden Situationen ist es sinnvoll, sich (u.a.) auf die Fähigkeiten der Kandidaten zu konzentrieren, denn sie können als ein *Potential* zur Aneignung neuen Wissens und neuer Fertigkeiten interpretiert werden. Ist z.B. damit zu rechnen, dass in Zukunft ein bestimmter Arbeitsplatz mehr und mehr technisiert wird, so kann eine Messung der allgemeinen Intelligenz der Bewerber hilfreich sein. Je intelligenter sie sind, desto leichter sollte ihnen später die Aneignung technischen Wissens fallen.

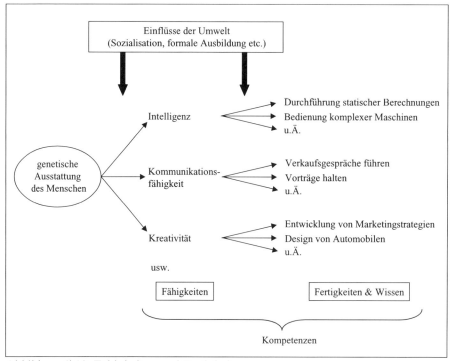

Abbildung 1-10: Fähigkeiten und Fertigkeiten

Das unterschiedliche Abstraktionsniveau spiegelt sich in der Personaldiagnostik auch in der Definition der Kompetenzen wider (vgl. Abbildung 1-11). Im einfachsten, ja geradezu banalen Falle fragt man danach, ob ein Mitarbeiter in der Lage ist, eine konkrete berufliche Aufgabe erfolgreich zu bewältigen. Ist eine Kassiererin im Supermarkt fähig, einen Stornovorgang richtig abzuwickeln und benötigt dazu keine Unterstützung durch den Marktleiter oder durch Kollegen, so besitzt sie offenkundig die Kompetenzen zur Lösung dieser Aufgabe. Ebenso verfügt ein Lehrer, der in den Deutschaufsätzen seiner Schützlinge alle Rechtschreibfehler identifizieren kann, über hinreichende Kompetenzen zur Rechtschreibkorrektur. Würde man sich im Rahmen der Personaldiagnostik für derartig konkrete Aufgabenlösungen interessieren, so wäre die Arbeitsprobe das bevorzugte Diagnostikum. Man schaut dabei, ob der Kandidat das gestellte Problem lösen kann oder nicht. Löst er es, so erscheint er als kompetent. Löst er es nicht, so wird ihm Inkompetenz bescheinigt. Kompetenz in diesem wenig abstrakten Sinne wird also definiert als die *Fertigkeit und das Wissen zur Lösung einer ganz konkreten Aufgabe.*

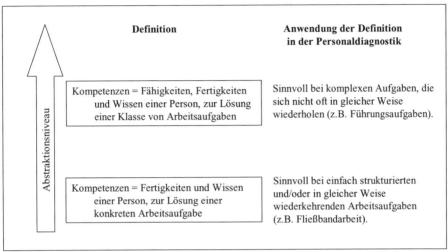

Abbildung 1-11: Der Kompetenzbegriff

So einfach und auf den ersten Blick bestechend dieses Prinzip auch sein mag, sehr schnell stößt man doch an seine Grenzen. In den allermeisten Praxisfällen interessiert man sich nicht nur für die Kompetenz zur Lösung einer einzelnen, konkreten Aufgabe. Sehr viele Arbeitsplätze sind durch eine große Aufgabenvielfalt gekennzeichnet. Hinzu kommt, dass oftmals die einzelne Aufgabe nicht jedes Mal in exakt der gleichen Art und Weise auftritt. Der Lehrer in unserem Beispiel muss nicht nur Rechtschreibfehler in einem Deutschaufsatz finden können. Er muss seine Arbeit selbst organisieren, Konflikte zwischen Schülern schlichten, Lerninhalte didaktisch ansprechend aufbereiten, mit Eltern, Kollegen und Vorgesetzten kommunizieren, stressresistent sein, sich selbst motivieren und vieles, vieles mehr. Nun könnte man im Prinzip für jede dieser Aufgaben eine Arbeitsprobe konzipieren und überprüfen, ob ein Bewerber über hinreichende Kompetenzen zur Lösung jeder Aufgabe verfügt. Dies wäre praktisch vielleicht noch gerade umsetzbar, sofern die Menge der Aufgaben überschaubar bleibt. Schaut man jedoch genau hin, so stellt man fest, dass es sich nicht um einzelne Aufgaben, sondern um Aufgabentypen handelt. Während die Verkäuferin im Supermarkt bei der Stornoprozedur immer wieder exakt die gleichen Arbeitsschritte durchlaufen muss, unterscheiden sich z.B. die Elterngespräche eines Lehrers ganz erheblich voneinander. Es ist ein großer Unterschied, ob er den Eltern nur Positives über ihren Sprössling berichten kann oder sie auch mit unangenehmen Informationen konfrontieren muss, ob die Eltern ihm wohlgesonnen sind oder ihn ablehnen, ob die Eltern zu aggressiven Problemlösungen neigen oder Probleme sachlich lösen. Bei der Beantwortung der Frage, ob ein bestimmter Lehrer in Zukunft erfolgreiche Elterngespräche führen wird, hilft es mithin nur bedingt, wenn man über eine Arbeitsprobe feststellen konnte, dass er ein konkretes Gespräch sehr gut geführt hat. In diesem und ähnlichen Fällen ist man nicht nur an sehr spezifischen, sondern an sehr viel abstrakteren Kompetenzen interessiert. Es geht um die *Fähigkeiten, Fertigkeiten und um das Wissen zur Lösung einer ganzen Klasse von Aufgaben*[4].

An der Bewältigung einer beruflichen Aufgabe sind wahrscheinlich immer *mehrere Kompetenzen* beteiligt. Dies gilt insbesondere für komplexe Arbeitstätigkeiten. Ein Kundenberater muss im Verkaufsgespräch z.B. über Fachwissen verfügen, redegewandt sein, die Bedürfnisse und Reaktionen des Kunden richtig einschätzen und noch dazu sein eigenes Verhalten zielgerichtet kontrollieren können. Verschiedene berufliche Aufgaben unterscheiden sich dahingehend, welche Kompetenzen in welchem Ausmaß erfolgsrelevant sind. Auch wenn immer im Einzelfall zu klären ist, welche spezifischen Kompetenzen von Belang sind, so lassen sich doch auf einer übergeordneten Betrachtungsebene *vier Kompetenzbereiche* unterscheiden (z.B. Kauffeld, Grote und Frieling, 2000; siehe Tabelle 1-2).

Da sind zunächst die *Fachkompetenzen* zu nennen. Sie beziehen sich im Kern auf eine formale Ausbildung wie etwa einen Schulabschluss, eine abgeschlossene Lehre, ein Studium oder ein erfolgreich absolviertes Fortbildungsseminar. Darüber hinaus kann ein Mitarbeiter Fachkompetenzen auch außerhalb solch formaler Ausbildungsgänge durch ein Selbststudium oder durch die alltägliche Ausübung des Berufes (Berufserfahrung) erwerben. Die Fachkompetenzen umfassen neben reinem Faktenwissen auch Verhaltensstrategien (deklaratives vs. prozedurales Wissen; Anderson, 2001) und Fertigkeiten. Ein Chemiker lernt im Studium eben nicht nur, wie bestimmte Stoffe miteinander reagieren (Faktenwissen), er weiß, wie Experimente durchzuführen sind (Verhaltensstrategien) und kann sie im Labor praktisch umsetzen (Fertigkeiten). All dies dient explizit zur Lösung beruflicher Probleme. Fachkompetenzen bilden in vielen Berufen das Fundament des beruflichen Erfolgs. Allerdings gibt es nicht wenige berufliche Tätigkeiten, die nur geringe Fachkompetenzen erfordern, die man sich zudem schnell aneignen kann (z.B. Bedienung in einem Eiscafé).

Der zweite Kompetenzbereich umfasst die *Methodenkompetenzen*. Sie sind weitaus weniger spezifisch für einen konkreten Arbeitsplatz und sind nicht nur das Ergebnis einer formalen Ausbildung. Die Methodenkompetenzen beziehen sich auf Fähigkeiten zur flexiblen Lösung (neuartiger) Problemsituationen. Es geht dabei sowohl um die Strukturierung einer Problemaufgabe als auch um die Planung sowie die Umsetzung von Lösungsschritten. Auch hierzu benötigt man Wissen, Verhaltensstrategien und ggf. auch Fertigkeiten zur Umsetzung der Strategien. Während man alltägliche Probleme des Berufsalltags oft schon allein durch die routinierte Anwendung der Fachkompetenz bewältigen kann, benötigt man Methodenkompetenz vor allem für solche Aufgaben, die sich der Routine entziehen. Denken wir hier z.B. einmal an einen Manager, der ein neues Werk seines Konzerns in Afrika aufbauen soll. Mit Sicherheit wird er nicht unvorbereitet in die Situation gehen, sich spezifisches Wissen über Land und Leute angeeignet haben und auch von seinem Fachwissen, das er in den Jahren zuvor im Mutterkonzern erworben hat, profitieren können. Ebenso sicher ist aber auch, dass er mit vielen völlig neuen Problemen konfrontiert

---

[4] Der alltagssprachliche Kompetenzbegriff, wonach jemand kompetent ist, der eine bestimmte Entscheidungsbefugnis besitzt, spielt in der Personaldiagnostik keine Rolle. Ein Ministerialdirigent mag zwar eine hohe Entscheidungsbefugnis besitzen, ob er aber auch über die notwendigen Kompetenzen zur richtigen Entscheidungsfindung verfügt, steht auf einem anderen Blatt.

wird, an die er zuvor nicht einmal gedacht hat. Verfügt er über eine hohe Methodenkompetenz, so findet er auch in angemessener Zeit Methoden zur Problembewältigung. Die Wege, die er dabei einschlägt, sind flexibel und ebenso vielschichtig wie sich die Probleme voneinander unterscheiden. In einem Fall mag es hilfreich sein, erfahrene Mitarbeiter zu einem kreativen Problemlöseteam zusammenzufassen, während man in einem anderen Fall einheimische Experten ausfindig machen muss. Methodenkompetenz fördert somit auch die Aneignung neuer Kompetenzen.

Der dritte Kompetenzbereich – der sogenannten *sozialen Kompetenzen* – rückt seit einigen Jahren mehr und mehr in das Zentrum einer breiten öffentlichen Aufmerksamkeit (Kanning, 2003a; 2004). Hierfür sind nicht nur Moden auf dem Markt der populärwissenschaftlichen Literatur verantwortlich, wie sie z.B. durch das Konzept der „emotionalen Intelligenz" (Goleman, 1995) begründet wurden, sondern auch gesellschaftliche Veränderungen, die wir bereits in Abschnitt 1.1.4 angesprochen haben. Wenn Führungskräfte über weniger Fachkompetenz verfügen als ihre Mitarbeiter, so erfordert dies einen Wandel im Führungsverhalten. Die zunehmende Verbreitung der Teamarbeit lässt das zwischenmenschliche Miteinander der Kollegen zu einem zentralen Faktor der wirtschaftlichen Effizienz werden. Überdies fordern auch die Bürger in stärkerem Maße eine Kundenorientierung nicht nur bei Unternehmen, sondern auch bei Behörden. Fachkompetenz allein reicht schon lange nicht mehr aus, um all diesen neuen, zusätzlichen Aufgaben gewachsen zu sein. Die sozialen Kompetenzen regeln das zwischenmenschliche Miteinander. Wer in hinreichendem Maße über soziale Kompetenzen verfügt, der ist in der Lage, seine eigenen Interessen (bzw. die seines Auftraggebers) gegenüber den Interessen anderer Menschen durchzusetzen. Dabei wählt er allerdings Mittel, die sozial akzeptiert werden (Kanning, 2002a, 2003a). So liegt es z.B. im Interesse des Vorgesetzten, dass in Zeiten personeller Engpässe Mitarbeiter Überstunden ableisten. Nicht immer trifft dieses Anliegen auf Akzeptanz bei den Arbeitnehmern. Die Kunst sozial kompetenter Führung besteht nun darin, einen Ausgleich der Interessen zu finden, mit dem beide Seiten gut leben können. Die Schwierigkeit der Aufgabe liegt weniger im Fachlichen als vielmehr im Bereich des zwischenmenschlichen Verhaltens. Sanktionsandrohungen führen vielleicht kurzfristig zum Ziel, langfristig verbaut man sich damit aber die Möglichkeiten zur Kooperation. Im Idealfall führt der Einsatz sozialer Kompetenzen zu einer akzeptablen Interessenbefriedigung für alle beteiligten Parteien. Fragt man danach, welche Kompetenzen es im Einzelnen sind, die ein effizientes Sozialverhalten fördern, so stößt man auf eine gewaltige Anzahl unterschiedlichster Kompetenzen. Kanning (2002a, 2002b) findet in einem Literaturüberblick, in dem er die wichtigsten Publikationen auswertet, mehr als 100 soziale Kompetenzen. Sehr oft handelt es sich allerdings um Synonyme. Hierzu zählt die kognitive Verarbeitung von Informationen (z.B. die Fähigkeit, sich in andere Menschen hineinzudenken), die Motivation (z.B. Bereitschaft, sich für andere Menschen einzusetzen) sowie das Verhalten (z.B. Kommunikationsstrategien zur Durchsetzung eigener Interessen). Tabelle 1-1 listet einige der wichtigsten sozialen Kompetenzen auf, die in verschiedenen Kompetenzkatalogen genannt werden.

Tabelle 1-1: Ausgewählte soziale Kompetenzen

Buhrmester et al. (1988)	Schuler und Barthelme (1995)	Kanning (2002b)
- Fähigkeit zur Initiierung von Interaktionen und Beziehungen - Durchsetzungsfähigkeit - Preisgabe persönlicher Informationen gegenüber anderen - emotionale Unterstützung anderer Menschen - Konfliktlösefähigkeit	- kommunikative Kompetenz - Kooperations- und Koordinationsfähigkeit - Teamfähigkeit - Konfliktfähigkeit - Interpersonale Flexibilität - Rollenflexibilität - Durchsetzung - Empathie - Sensibilität	- Mitarbeiterführung - soziale Wahrnehmung (Auseinadersetzung mit anderen, Reflexion eigenen Verhaltens) - Kontrolle des eigenen Verhaltens - Durchsetzungsfähigkeit - soziale Orientierung (sich für andere einsetzen, tolerant sein) - Kommunikationsfähigkeit

Der vierte und letzte Kompetenzbereich bezieht sich auf die sog. *Selbstkompetenzen*. Wie der Name bereits verrät, geht es hierbei nicht vordergründig um berufliche Aufgaben oder das Zusammenleben mit anderen Menschen, sondern um die Auseinandersetzung mit der eigenen Person. Zu den Selbstkompetenzen zählt die Bereitschaft des Mitarbeiters, sich kritisch mit dem eigenen Verhalten auseinander zu setzen, das eigene Verhalten bewusst zu steuern und ggf. Entwicklungen zu initiieren. Die Selbstkompetenzen umfassen mithin Aspekte des Selbstmanagements (Kanfer, Reinecker & Schmelzer, 2000; Reinecker, 1998). Die Bedeutung der Selbstkompetenzen für das berufliche Leben ergibt sich bereits aus unseren Schilderungen des gesellschaftlichen Wandels. Wenn sich die Anforderungen der Arbeitsplätze verändern, dann müssen sich auch in irgendeiner Form die Mitarbeiter verändern. Gerade bei anspruchsvolleren Tätigkeiten, wie z.B. Führungsaufgaben oder dem Umgang mit Kunden, wird man diese Veränderungen selbst durch hervorragende Personalentwicklungsmaßnahmen nur dann erreichen können, wenn jeder Trainingsteilnehmer an sich selbst arbeitet. Es ist nicht möglich, Verhaltenstrainings gegen die Einsicht der Trainingsteilnehmer zum Erfolg zu führen. Spätestens dann, wenn es um die Frage geht, ob ein Trainingsteilnehmer die Lerninhalte auch in seinem Berufsalltag umsetzt, kommt der Selbstkompetenz die letztlich entscheidende Bedeutung zu. Da der Trainer oder sein Vorgesetzter nicht kontinuierlich den Transfer der Trainingsinhalte „überwachen" kann, ist man darauf angewiesen, dass der Trainingsteilnehmer sein eigenes Verhalten kritisch reflektiert und bewusst steuert. Doch auch jenseits aller notwendigen Veränderungsprozesse sind die Selbstkompetenzen wichtig. Man denke z.B. an einen Kundenberater, der auf einen sehr unsympathischen, arroganten Kunden trifft und sich ihm gegenüber dennoch freundlich und zuvorkommend verhalten muss. Oder denken wir an eine Führungskraft, die sich immer wieder fragen muss, ob sie alle Mitarbeiter auch unabhängig von persönlichen Sympathien fair beurteilt und behandelt. Selbstkompetenzen werden im Gegensatz zu Fachkompetenzen nicht für eine bestimmte berufliche Arbeitstätigkeit erworben. Sie stellen eher übergreifende Aspekte der Persönlichkeit dar.

Tabelle 1-2: Vier Kompetenzbereiche

Kompetenzbereich	zentrale Facetten	Entwicklung	besonders wichtig	Beispiele
Fachkompetenz (Routineaufgaben fachlich bewältigen können)	- Wissen - Verhaltensstrategien - Fertigkeiten	- in Ausbildungen gezielt erworben - im Beruf angeeignet - trainierbar	- wenn ungelernte/ unerfahrene Kräfte nicht eingesetzt werden können	- alle Berufe
Methodenkompetenz (insb. neuartige Probleme kreativ bewältigen können)	- Wissen - Verhaltensstrategien - Fertigkeiten	- in Ausbildung erworben - trainierbar	- bei sich verändernden Aufgaben - bei Aufgaben mit geringer Strukturierung - bei Aufgaben ohne Standardlösung	- akademische Berufe - EDV-Berufe
Soziale Kompetenz (mit Menschen umgehen können)	- Kognitionen - Motivationen - Verhaltensweisen	- durch Sozialisation erworben - z.T. im Beruf angeeignet - trainierbar	- wenn man mit anderen Menschen interagieren muss	- Führungsaufg. - Teamarbeit - Kundenkontakt
Selbstkompetenz (sich selbst steuern können)	- Selbstdiagnostik - Verhaltenssteuerung	- durch Sozialisation erworben - trainierbar	- zur Selbstkontrolle - zum Transfer von Trainingsinhalten	- Führungsaufg.

Die Kompetenzen bilden eine zentrale Basis des beruflichen Verhaltens und der daraus resultierenden Leistung. Der Kompetenzbegriff bezieht sich auf Fähigkeiten und Fertigkeiten sowie das Wissens eines Menschen. Neben der Fachkompetenz kommt den Methodenkompetenzen, den sozialen Kompetenzen sowie den Selbstkompetenzen eine große Bedeutung zu. Die drei zuletzt genannten sind umso wichtiger, je unstrukturierter die beruflichen Aufgaben werden, je schneller sie sich verändern und je stärker sie mit sozialen Interaktionen verbunden sind.

1.2.3 Verhalten

Das berufliche *Verhalten* eines Mitarbeiters ist immer in eine bestimmte Arbeitsumgebung eingebettet. Manch einer arbeitet ständig in einem Team mit anderen Kollegen zusammen, ein anderer ist bei der Verrichtung seiner Arbeit besonders starken Lärmbelästigungen ausgesetzt und ein Dritter kann nur dann zum Ziel kommen, wenn eine komplexe Maschine reibungslos funktioniert. All diese Faktoren nehmen neben den individuellen Kompetenzen des Einzelnen Einfluss auf das Verhalten des Menschen am Arbeitsplatz. Abstrahieren wir von den konkreten Arbeitsbedingungen des Einzelnen, so lassen sich vier Arten von *Einflussfaktoren der Arbeitsbedingung* unterscheiden (vgl. Abbildung 1-12).

Da ist zunächst einmal der *Inhalt der Arbeitsaufgabe*, der im Zentrum der beruflichen Tätigkeit steht. Die Arbeitsinhalte können mehr oder weniger einfach bzw. komplex sein. Eine einfache Aufgabe, wie z.B. das Zusammenschieben der Einkaufswagen im Supermarkt, kann von nahezu jedem Menschen erfolgreich ausgeführt werden. Je komplexer die Aufgabe wird, umso stärker ist man jedoch auf bestimmte Fachkompetenzen angewiesen, die in einem Studium oder einer Berufsausbildung vermittelt wurden. Die Arbeitsinhalte können die einzelnen Arbeitsschritte sehr stark festschreiben oder aber dem Mitarbeiter größere Freiräume ermöglichen. Steht der Betreffende an einer Maschine, die Bleche zu Dosen walzt, so besitzt er selbst kaum einen Entscheidungsspielraum. Die Handlungen werden vom Rhythmus der Maschine vorgegeben. Demgegenüber ist ein Mitarbeiter aus der Designabteilung sehr viel freier. Für ihn zählt, dass bis zu einem bestimmten Zeitpunkt ein neuer Entwurf fertig wird. Auf welchem Wege er dieses Ziel erreicht, bleibt weitgehend seiner eigenen Entscheidung überlassen. Überdies unterscheiden sich Arbeitsinhalte dahingehend, wie stark sie körperliche und intellektuelle Ressourcen erfordern. Man denke in diesem Zusammenhang nur einmal an die Tätigkeit eines Bauarbeiters im Vergleich zu der des Baustatikers. Es lassen sich sicherlich noch viele weitere Dimensionen finden, die zur Differenzierung verschiedener Arbeitsinhalte geeignet sind. Für unser Ziel der Illustration können wir uns mit den genannten Beispielen bescheiden.

Eng verknüpft mit den Arbeitsinhalten sind die *Arbeitswerkzeuge*. Werkzeuge sind im weitesten Sinne all jene Hilfsmittel, die ein Mitarbeiter benötigt, um seinen Arbeitsauftrag erfüllen zu können, also z.B. Maschinen, Computer, Büromaterialien, Handwerkszeug oder Kommunikationsgeräte. Die Arbeitswerkzeuge unterscheiden sich jedoch nicht nur in ihrer Art, sondern auch hinsichtlich der Qualität. So kann man ohne Zweifel auch mit einem einfachen Textverarbeitungsprogramm eine einigermaßen ansprechende Overheadfolie herstellen. Stünde den Mitarbeitern jedoch ein modernes Graphikprogramm zur Verfügung, so würden sie – entsprechende Bedienungskompetenzen einmal vorausgesetzt – schneller zu weitaus ansprechenderen Resultaten kommen. Die Qualität der Wergzeuge nimmt dabei auch Einfluss auf die Arbeitszufriedenheit. Wer sich ständig mit veralteten, schlecht funktionierenden und vielleicht sogar gefährlichen Werkzeugen herumärgern muss, wird wohl nicht besonders viel Freude an seiner Arbeit haben.

In vielen Berufen spielen *physikalische Umgebungsfaktoren* wie Lärm, Temperatur, Luftfeuchtigkeit oder Lichtverhältnisse eine sehr wichtige Rolle (vgl. Frieling & Sonntag, 1999; Ulich, 2002). Wer heute im Steinkohlebergbau tätig ist, muss nicht unbedingt eine schwerer körperliche Arbeit verrichten als ein Bauarbeiter, da die körperliche Kraft inzwischen weitestgehend durch die Kraft von Maschinen ersetzt wurde. Dennoch ist die Arbeit unter Tage sehr viel anstrengender, weil die physikalischen Umgebungsfaktoren deutlich ungünstiger sind. Mehrere hundert Meter tief in der Erde arbeitet man ganzjährig in einem feuchtwarmen Klima. Müssten die Bergarbeiter die gleichen Aufgaben in einem angenehmeren Klima ausführen, so wären sie sicherlich weniger schnell erschöpft und könnten letztlich pro Zeiteinheit mehr produzieren. Doch auch der Büroarbeitsplatz wird durch physikalische Umgebungsfaktoren determiniert. Viele Computerarbeitsplätze sind nicht hinreichend gut gestaltet, so dass ungünstig einfallendes Licht zu Blendungen führt, die oftmals wiederum Kopfschmerzen nach sich ziehen. Viele Menschen, die in klimatisierten Räumen arbeiten, klagen über trockene Luft, surrende Geräusche und permanente Luftbewegungen, die sie u.a. in ihrer Konzentrationsfähigkeit beeinträchtigen. Die großen Lärmbelästigungen in Fabrikhallen sind offensichtlich und erschweren die unmittelbare Kommunikation zwischen den Arbeitern. Empfindlichere Gemüter können sich schon durch das Summen von Neonröhren gestört fühlen.

Neben allen technischen und physikalischen Bedingungen kommt den *sozialen Einflussfaktoren* eine nicht minder große Bedeutung zu (vgl. Glasl, 1990; Regnet, 2001). Die sozialen Einflussfaktoren beziehen sich auf Kollegen, eigene Mitarbeiter, Vorgesetzte, Auftragnehmer oder Kunden, mit denen eine Person in irgendeiner Weise direkt oder über ein Medium kommunizieren muss. Selbst dann, wenn eine Telefonistin völlig allein in einem Callcenter arbeiten würde, wäre sie täglich an sehr vielen Interaktionen beteiligt. Diese sind zwar sehr formaler Natur und laufen vermittelt über das Medium Telefon ab. Dennoch handelt es sich immer um Sozialkontakte, die das Verhalten der Telefonistin beeinflussen können. Wird sie von einem der Kunden beleidigt verhält sie sich bei den nachfolgenden Kunden möglicherweise von vornherein unfreundlich. Es gibt wahrscheinlich keine berufliche Tätigkeit, bei der soziale Kontakte gänzlich zu vermeiden wären. Selbst ein freier Uhrmacher im Einmannbetrieb muss irgendwann einmal Kontakt zu Kunden oder Zulieferfirmen aufnehmen. Die Arbeitsplätze unterscheiden sich allerdings hinsichtlich Art, Häufigkeit und Intensität, mit der Sozialkontakte auftreten. Ein Fußballtrainer und eine Verkäuferin sind in ähnlichem Maße während der gesamten Arbeitszeit in Interaktionen mit anderen Menschen involviert. Die Art dieser Interaktionen unterscheidet sich jedoch grundlegend. Demgegenüber nimmt ein Schulpsychologe pro Tag nur zu vergleichsweise wenigen Menschen Kontakt auf, wobei jedoch die Intensität der Begegnungen um vieles größer ist. Die sozialen Faktoren nehmen sowohl auf das Wohlbefinden als auch auf die Leistung des Mitarbeiters Einfluss. Ein extremes Beispiel liefert das Phänomen des Mobbings (Neuberger, 1999; Zapf, 1999). Unter

Mobbing verstehen wir eine große Bandbreite von Aktionen, die alle ein gemeinsames Ziel haben: ein bestimmter Mitarbeiter soll durch ständigen Terror soweit verletzt werden, dass er schlechte Leistungen bringt und ggf. von allein den Arbeitsplatz räumt. Zu diesem Zwecke verbreitet man Gerüchte über den Kollegen, lacht ihn aus, beschimpft ihn, beschädigt seinen Arbeitsplatz oder treibt in ähnlicher Weise ein übles Spiel. Ist das Mobbing erst einmal in vollem Gange bleibt oft kein anderer Weg, als das Opfer in eine andere Abteilung zu versetzen. In sehr seltenen Fällen kommt es sogar zum Suizid. Weitaus weniger dramatisch, wenn auch gleichsam prägend für das berufliche Verhalten des Mitarbeiters ist der Führungsstil der Vorgesetzten oder besser gesagt, die Passung zwischen dem Führungsstil des Vorgesetzten und den Bedürfnissen der Mitarbeiter (vgl. Neuberger, 1995). Während so mancher Mitarbeiter vielleicht sogar froh ist, wenn ihm sein Vorgesetzter auf Schritt und Tritt sagt, was er als nächstes tun soll, dürfte es viele andere Mitarbeiter geben, die sich hierdurch eingeengt fühlen und eher einen delegierenden, partizipativen Führungsstil bevorzugen.

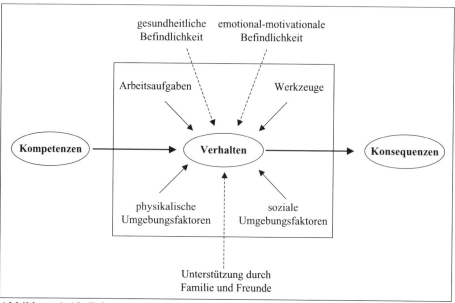

Abbildung 1-12: Faktoren, die das Arbeitsverhalten beeinflussen können

Alle Faktoren, die wir bisher angesprochen haben, sind ureigenster Bestandteil der beruflichen Arbeitsbedingungen. Das Verhalten am Arbeitsplatz wird darüber hinaus natürlich auch durch Faktoren beeinflusst, die im privaten Leben der Mitarbeiter angesiedelt sind. In Abbildung 1-12 sind die wichtigsten Faktoren aufgeführt. Neben der *gesundheitlichen* und *emotional-motivationalen Befindlichkeit* des Mitarbeiters ist vor allem die *Unterstützung*, die er durch Familie und Freunde erfährt, von Belang. Eine mangelnde Unterstützung erweist sich gerade bei Berufen, in denen viele Überstunden oder Schichtdienste anfallen als großes Problem. Ein Polizist oder eine Krankenschwester, die keine Unterstützung im privaten Umfeld finden, werden ständig in Konflikte hineingezogen. Im Extremfall bleibt da nur noch der Ausweg, einer privaten oder beruflichen Neuorientierung.

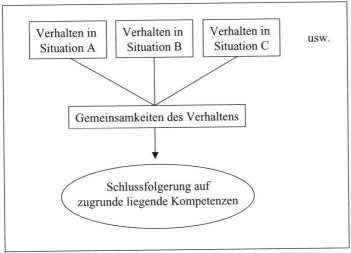

Abbildung 1-13: Schlussfolgerung von Verhalten auf Kompetenzen

Beschäftigt man sich im Rahmen der Personaldiagnostik mit dem arbeitsbezogenen Verhalten, so kann dies aus mehreren Gründen geschehen. Im Zuge der Anforderungsanalyse möchte man herausfinden, welches Verhalten zum Erfolg am Arbeitsplatz führt und welches nicht. Zu diesem Zweck untersucht man das Verhalten von erfolgreichen und weniger erfolgreichen Mitarbeitern und vergleicht es miteinander. Ähnlich geht man vor, wenn es um die Analyse eines bestimmten Problems geht. Hat man beispielsweise festgestellt, dass die Arbeitszufriedenheit oder Produktivität in einer bestimmten Abteilung unbefriedigend ausfällt, so untersucht man neben den Arbeitsbedingungen auch das Verhalten der Abteilungsmitglieder und vergleicht beides mit den Ergebnissen anderer Abteilungen. Bei Fragen der Personalauswahl, Personalplatzierung und -entwicklung möchte man gern wissen, inwieweit bestimmte Personen ein dem Arbeitsplatz angemessenes Verhalten zeigen. Gerade bei der Personalauswahl interessiert man sich allerdings weitaus mehr für die dem Verhalten zugrunde liegenden Kompetenzen. Gäbe es nun keinerlei Einflussfaktoren von Seiten der Arbeitsumgebung sowie des Privatlebens, so wäre dieser Rückschluss vom Verhalten auf die zugrunde liegenden Kompetenzen recht einfach. Man müsste nur das Verhalten des Bewerbers in einer einzelnen Arbeitsaufgabe beobachten und könnte daraus Aussagen über seine Kompetenzen ableiten. Da es jedoch zahlreiche Einflussfaktoren gibt, ist ein direkter Schluss vom beobachteten Verhalten auf die Kompetenzen des Mitarbeiters nicht möglich. Betrachten wir z.B. einen Bewerber, der in der Präsentationsaufgabe eines Assessment Centers weitestgehend versagt. Sein Vortrag weist keine überzeugende Struktur auf und der Kandidat wirkt noch dazu sehr unruhig und stottert. Können wir in einem solchen Fall abgesicherte Aussagen über die Präsentationsfertigkeiten des Bewerbers ziehen? Nicht wirklich – wir können nur sagen, dass er an genau dieser Aufgabe gescheitert ist. Eine Generalisierung der Aussage über viele verschiedene Präsentationen hinweg wäre nur dann möglich, wenn wir das fehlerhafte Verhalten in mehreren verschiedenen Situationen beobachten konnten. Möglichweise ist das Scheitern des Kandidaten auf das spezifische Thema der Präsentation, unprofessionelles Verhalten der AC-Beobachter oder eine momentane Unpässlichkeit des Kandidaten zurückzuführen. Zeigt der Bewerber das gleiche Verhalten in sehr unterschiedlichen Situationen, so filtern wir aus den Einflüssen der unterschiedlichsten Faktoren die individuellen Kompetenz heraus (vgl. Abbildung 1-13). Dies ist ein zentrales Prinzip der Personaldiagnostik. Abgesicherte Aussagen über Kompetenzen eines Menschen sind nur dann möglich, wenn wir ein Verhalten in mehreren unterschiedlichen Situationen beobachten konnten.

> Das Arbeitsverhalten des Menschen hängt neben Einstellungen und Kompetenzen von zahlreichen Umgebungsfaktoren ab. Will man die zugrunde liegenden Kompetenzen entdecken, so muss man im Rahmen der Personaldiagnostik nach den Gemeinsamkeiten des Verhaltens in unterschiedlichen Situationen suchen.

1.2.4 Verhaltenskonsequenzen

Neben Einstellungen, Kompetenzen und Arbeitsverhalten sind die Konsequenzen des Verhaltens Gegenstand der Personaldiagnostik. Am Ende des Arbeitsprozesses steht immer eine *Leistung*, die mehr oder weniger positiv ausgeprägt sein kann. Solange die Leistung den Erwartungen des Unternehmens entspricht, interessiert man sich in der Regel nicht für all die vielen Variablen die letztlich zu dem gewünschten Ergebnis führen. Die Personaldiagnostik trägt mit unterschiedlichsten Instrumenten zu einer möglichst objektiven Messung der erbrachten Leistung bei (vgl. Marcus & Schuler, 2001; Schuler, 1991a). Dies ist eine besonders wichtige Aufgabe, die im Alltag oft unterschätzt wird. Zwar lassen sich in vielen Arbeitskontexten einfache Maße der Leistung definieren – hierzu zählt etwa die Menge produzierter Güter pro Zeiteinheit –, in den meisten Berufsfelder ist die Aufgabe aber sehr viel schwieriger. So wäre es sicherlich nicht besonders klug, die Leistung eines Bibliothekars an der Menge der ausgeliehenen Bücher oder die Leistung eines Personalchefs an der Anzahl der neu eingestellten Mitarbeiter zu messen. Unabhängig von den Spezifika der Leistungsmessung im Einzelfall wird an dieser Stelle schon deutlich, dass Leistungsmessungen immer mit Wertentscheidungen verbunden sind. Sie sind insofern auch ein wichtiger Bestandteil der Unternehmenskultur. Definiert ein Versicherungsunternehmen die Leistung der Mitarbeiter ausschließlich über die Anzahl abgeschlossener Verträge, so werden die Mitarbeiter ihr Verhalten daran ausrichten. In der Konsequenz dürfte die Anzahl der Kunden, die sich übers Ohr gehauen fühlt, deutlich größer sein im Vergleich zu einem Unternehmen, in dem die Leistungsmessung über Befragungen zur Kundenzufriedenheit erfolgt. Bei der Leistungsmessung ist zwischen Maximalleistung und Durchschnittsleistung zu unterscheiden. Die *Maximalleistung* ist diejenige Leistung, die eine Person unter optimalen Rahmenbedingungen bei gleichzeitig hoher Motivation erbringt. Dies ist in der Regel bei der Personalauswahl gegeben. Die *Durchschnittsleistung* fällt demgegenüber deutlich ab. Sie ergibt sich bei der Betrachtung des alltäglichen Verhaltens über viele Situationen hinweg. Es ist illusorisch anzunehmen, dass Mitarbeiter ihre Maximalleistung über einen langen Zeitraum hinweg im Alltag zeigen können, dagegen sprechen sowohl suboptimale Arbeitsbedingungen, verminderte Motivation als auch gesundheitliche Gründe. Wer quasi immer „im roten Bereich" seiner eigenen Belastungsfähigkeit arbeitet, wird früher oder später mit gesundheitlichen Problemen zu kämpfen haben.

Weitere wichtige Verhaltenskonsequenzen, für die man sich im Rahmen der Personaldiagnostik interessiert, sind die *Arbeitszufriedenheit* sowie die *Kundenzufriedenheit* (Groß-Engelmann, 1999; Stock, 2001). Ähnlich wie bei der Leistungsmessung interessiert man sich zunächst einmal nur für die Ermittlung des Status quo. Die Frage nach den Ursachen taucht in der Regel erst dann auf, wenn man mit den Ergebnissen der Messung nicht zufrieden ist, die Arbeits- oder Kundenzufriedenheit also zu wünschen übrig lässt. In diesem Fall muss man mit diagnostischen Methoden tiefer in die Materie eindringen und z.B. die Erwartungen der Betroffenen, die Arbeitsplatzbedingungen sowie das konkrete Arbeitsverhalten unter die Lupe nehmen (z.B. Walter & Kanning, 2003).

> Auf der Ebene der Verhaltenskonsequenzen dient die Personaldiagnostik vor allem zur Messung der beruflichen *Leistung* sowie der *Arbeits- und Kundenzufriedenheit*. Stellt man in diesen Bereichen Defizite fest, so bedarf es einer tiefergehenden personaldiagnostischen Analyse auf der Ebene des Verhaltens bzw. der Arbeitsbedingungen.

1.3 Fazit

Die Aufgaben der psychologischen Diagnostik im Personalwesen sind weitaus vielfältiger als dies auf den ersten Blick scheinen mag. Sie reichen weit über die bloße Personalauswahl hinaus. In Abbildung 1-14 haben wir die Aufgaben noch einmal im Überblick zusammengestellt.

Die Personaldiagnostik liefert zunächst einmal Methoden und Instrumente zur Analyse des Status quo. Hierzu zählen die Anforderungsanalyse, die Bestimmung des Weiterbildungsbedarfs und generell auch die Entdeckung von Schwachstellen jeglicher Art. Auf der Basis der gewonnenen Erkenntnisse können Interventionsmaßnahmen spezifiziert werden. Das personaldiagnostische Fachwissen hilft in diesem Falle z.B. bei der Auswahl und Konstruktion qualitativ hochwertiger Messinstrumente der Personalauswahl. In der eigentlichen Interventionsphase kommen personaldiagnostische Instrumente zur Personalauswahl und -platzierung zum Einsatz. Geht es um die Entwicklung des Personals so könnten diagnostische Kompetenzen z.B. an Führungskräfte oder Mitarbeiter vermittelt werden (vgl. Kanning, Hofer & Schulze Willbrenning, 2004). Im Zuge der Organisationsentwicklung hilft personaldiagnostisches Know-how bei der Konstruktion objektivierter Leistungsbeurteilungssysteme oder der Durchführung von Zielsetzungsmaßnahmen (vgl. Holling, Jütting & Nienaber, 1999). Im Anschluss an die Intervention empfiehlt sich in jedem Falle eine Evaluation. Durch den Einsatz personaldiagnostischer Instrumente kann geklärt werden, inwieweit die Interventionsmaßnahmen erfolgreich waren. Wurden alle Ziele in befriedigendem Maße erreicht, so ist an dieser Stelle der Prozess beendet. Nicht selten wird man jedoch feststellen, dass eine Nachbesserung notwendig ist. Die Personaldiagnostik unterstützt in diesem Falle die Ableitung von Maßnahmen zur Optimierung der Interventionsstrategien.

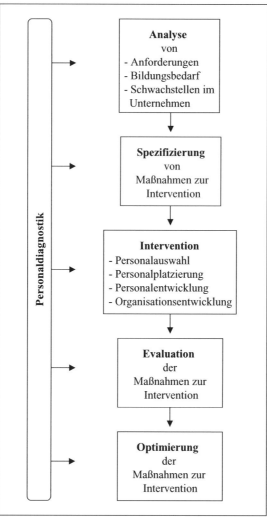

Abbildung 1-14: Aufgaben der Personaldiagnostik im Überblick

Die Vielfalt der Personaldiagnostik spiegelt sich ferner in der Bandbreite der zu messenden Sachverhalte wider. Hier geht es um Interessen, Motive, Arbeits- und Kundenzufriedenheit, Fachkompetenzen, Methodenkompetenzen, soziale Kompetenzen, Selbstkompetenzen und berufsbezogene Verhaltensweisen mitsamt ihrer Konsequenzen. Die personaldiagnostische Arbeit ist komplex und für jede Organisation von elementarer Bedeutung.

1.4 Vertiefende Literatur

Kanning, U. P. (2003). Diagnostik sozialer Kompetenzen. Göttingen: Hogrefe.

Kanning, U. P. & Holling, H. (Hrsg.). (2002). Handbuch personaldiagnostischer Instrumente. Göttingen: Hogrefe.

Rosenstiel, F.v. & Lang-von Wins, T. (Hrsg.). (2000). Perspektiven der Potentialbeurteilung. Göttingen: Verlag für Angewandte Psychologie.

Schuler, H. (2000). Psychologische Personalauswahl. Göttingen: Verlag für Angewandte Psychologie.

Sonntag, K. (Hrsg.). (1999). Personalentwicklung in Organisationen. Göttingen: Hogrefe.

2. Von Menschenkennern und anderen Mythen

So manch ein alter Hase aus der Personalabteilung wird sich die Frage stellen, ob die Personaldiagnostik zu Recht ein Gegenstand der psychologischen Forschung ist. Nicht wenige meinen, dass erfolgreiche Personaldiagnostik vor allem eine Frage der Intuition sei. Zudem wird der Erfahrung der Verantwortlichen ein besonders hoher Stellenwert zugeschrieben. Was man demzufolge benötigt, sind nicht etwa Studien, aufwändige Instrumentarien und erst Recht keine Standards, die den Entscheidungsträgern Fesseln anlegen, sondern jemand, der „das richtige Gespür" für andere Menschen mitbringt, jemand der über „Menschenkenntnis" verfügt. Die Entwicklung sowie der Einsatz wissenschaftlich fundierter Verfahren erscheint aus dieser Perspektive als Ressourcenverschwendung, die bestenfalls der Arbeitsbeschaffung für Psychologen dient. Gern wird an psychologischen Methoden – insbesondere an Fragebögen – kritisiert, dass sie allzu durchschaubar seien und ihre Ergebnisse daher leicht zu verfälschen wären. Andere Methoden – wie etwa das Assessment Center – erscheinen manch einem wiederum als „black box", als ein undurchschaubares Vorgehen, bei dem mit einer gewissen Willkür Entscheidungen gleichsam herbeigezaubert werden. Im folgenden Kapitel wollen wir verdeutlichen, warum diese und ähnliche Argumente gegen eine wissenschaftlich fundierte Personaldiagnostik einer rationalen Grundlage entbehren.

2.1 Nur ein erfahrener Personaldiagnostiker ist ein guter Personaldiagnostiker

Sichten wir die Stellenanzeigen in beliebigen Zeitungen oder im Internet, so fällt ein Phänomen unmittelbar ins Auge. Fast unabhängig von der Art der zu besetzenden Stelle bevorzugen Unternehmen Mitarbeiter, die über Berufserfahrung verfügen. Hierhinter steckt offenbar der Gedanke, dass sich berufserfahrene Bewerber schneller in das Alltagsgeschäft einarbeiten, gängige Arbeitsprozesse routiniert absolvieren und über ein breites Wissen zur Lösung unvorhergesehener Probleme verfügen. Dies gilt für Sekretärinnen, Techniker oder Manager ebenso wie für die Mitarbeiter von Personalabteilungen. Offenbar spiegelt sich in diesem Phänomen ein allgemeines gesellschaftliches Denken, dass Erfahrung immerzu mit Kompetenz assoziiert oder gar gleichsetzt. Aber ist dieser Schluss tatsächlich gerechtfertigt? Einige wahre Begebenheiten aus der Beratungspraxis lassen uns daran zweifeln:

Vor einigen Jahren kontaktierte ein mittelständisches Unternehmen die Beratungsstelle für Organisationen der Universität Münster. Das Problem des Unternehmens lag im Bereich der Personalauswahl. Auf die ausgeschriebenen Stellen für Außendienstmitarbeiter meldeten sich nur recht wenige Interessenten. Unter den ausgewählten Bewerbern erwiesen sich nach Ablauf eines Jahres mehr als 80 % als ungeeignet, was letztlich zu einer Entlassung der neuen Mitarbeiter führte. Nach vielen Monaten des Rätselratens entschloss man sich schließlich in der Führungsetage zu einer professionellen Beratung. Zum Gesprächstermin reisten der Geschäftsführer, der Personalchef sowie der Vertriebsleiter an. Allein dies dokumentiert die große Bedeutung des Problems. Wohl niemand, der der Szene beiwohnen durfte, konnte Zweifel an der sehr umfassenden Berufs- und Lebenserfahrung der Herren haben. Hier mögen gut und gerne 70 Jahre Berufserfahrung zusammengekommen sein. Nachdem die Verantwortlichen mehr als zwei Jahre zwischen hektischer Betriebsamkeit und Ratlosigkeit schwankend dem immer größer werdenden Personalproblem mehr oder minder zugesehen hatten, waren sie nun selbst zu der Erkenntnis gekommen, dass der Schlüssel zur Lösung u.a. in einer Anforderungsanalyse liegen könnte. Bislang wussten sie offenbar nicht, über welche Eigenschaften ein erfolgreicher Außendienstmitarbeiter verfügen muss und hatten sich in ihren Auswahlgesprächen nahezu ausschließlich von der eigenen Intuition leiten lassen. Nun sollte ein neuer Anfang gewagt werden. Zu diesem Zwecke haben die Verantwortlichen lange diskutiert, welches denn das wichtigste Merkmal sein könnte, in dem sich erfolgreiche Außendienstmitarbeiter von wenig erfolgreichen unterscheiden. Ihre Resümee war ebenso einfach wie einfältig: Den besten Bewerber erkennt man nach Meinung der berufserfahrenen Experten an seinem Sternkreiszeichen (!). Der fähigste Außendienstmitarbeiter ist demzufolge ein Skorpion. Vergisst man einen Moment lang, dass die drei Herren überaus wichtige Personalentscheidungen treffen, die das Leben und die Biographie anderer Menschen massiv beeinflussen, so könnte man über diese Begebenheit vielleicht noch lachen.

Doch es gibt noch schlimmere Beispiele angewandter Berufserfahrung. In der Personalabteilung eines internationalen Konzerns werden zur Personalauswahl u.a. Interviews eingesetzt. Nach einer grundlegenden Überarbeitung der vorhandenen Instrumente sollen die Interviewer einer Schulung unterzogen werden. Für die Konzeptionierung des Trainings sowie die Auswahl eines Trainers ist eine Arbeitsgruppe der Personalabteilung zuständig, die aus zwei Mitarbeiterinnen und einer Führungskraft besteht. Alles in allem dürfte sich die Berufserfahrung der Verantwortlichen auf mindestens 25 Jahre summieren. Bei der Suche nach einem externen Trainer stößt man auf einen Vertreter der seit 50 Jahren eigentlich schon ausgestorben geglaubten Spezies der Psychophysiognomen. Die Psychophysiognomie ist eine Jahrhunderte alte Pseudowissenschaft, die die Persönlichkeit eines Menschen anhand der Schädelform und der Gesichtszüge deutet. Eine besondere Hochkonjunktur erlebte die Psychophysiognomie in der Zeit des Nationalsozialismus und wurde hier zu einer Säule der vorherrschenden Rassenideologie. Die Entscheidungsträger des Unternehmens waren von der Idee, dass man jeden Bewerber sogleich durchschauen kann, wenn man nur sein Äußeres richtig zu deuten vermag, offensichtlich sogleich fasziniert und überlegten ernsthaft die Interviewer entsprechend schulen zu lassen. Nur mit sehr großer Mühe gelang es, den Verantwortlichen diese absurde, ja geradezu menschenverachtende Idee auszureden.

Die Liste einschlägiger Beispiele ließe sich noch weiter fortführen. Nahezu jeder Personal- oder Unternehmensberater dürfte von vergleichbaren Begebenheiten berichten können. Vier der sechs Verantwortlichen aus unseren Beispielen haben Führungspositionen inne, in denen sie nahezu tagtäglich die Fähigkeiten und Fertigkeiten anderer Menschen beurteilen müssen und dennoch kann man sich der Eindrucks nur schwer erwehren, dass sie von Personaldiagnostik so gut wie nichts verstehen. Keiner von ihnen dürfte jedoch größere Schwierigkeiten haben, wenn er selbst auf der Suche nach einer neuen Anstellung wäre. Zumindest wird die mangelnde diagnostische Fachkompetenz kaum ein Hindernis darstellen. Wer auf zehn oder zwanzig Jahre Berufserfahrung zurückblickt, dem wird allzu gern automatisch eine sehr hohe Fachkompetenz bescheinigt. Im Zweifelsfalle kann er sich darauf verlassen, dass diejenigen, die ihn einstellen, viel zu oft auch nicht mehr von der Materie verstehen als er selbst.

Unsere Beispiele verdeutlichen sehr eindrucksvoll einen Sachverhalt, der eigentlich eine Binsenweisheit sein sollte. Berufserfahrung und Fachkompetenz sind zwei eigenständige Merkmale einer Person, die keineswegs immer Hand in Hand gehen. Von der Berufserfahrung lässt sich nicht so ohne weiteres auf die fachliche Kompetenz schließen. Dies gilt für Mitarbeiter der Personalabteilung wie für jeden anderen Menschen. Ebenso falsch wäre es jedoch, Berufserfahrung als völlig irrelevant anzusehen. Die Realität ist komplexer als sie auf den ersten Blick erscheint. In Abbildung 2-1 haben wir einige hypothetische Beziehungen zwischen der Erfahrung und der kompetenzbedingten Leistung eines Mitarbeiters graphisch dargestellt.

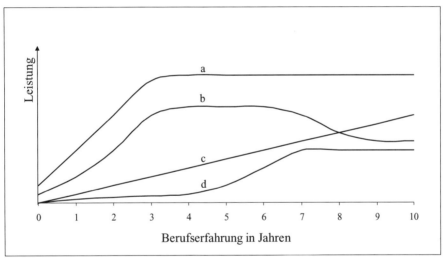

Abbildung 2-1: Hypothetische Beziehungen zwischen Berufserfahrung und Leistung

Denkt man nicht lange nach, so ist man dazu geneigt, eine streng lineare Beziehung zwischen der beruflichen Erfahrung und der Leistung eines Mitarbeiters anzunehmen (Kurve c in Abbildung 2-1). Je länger der Kfz-Mechaniker Autos repariert und je häufiger der Personalberater Einstellungsgespräche geführt hat, desto größer ist die Qualität ihrer Arbeit. Zwischen dem vierten und sechsten Jahr der Berufserfahrung ist der Leistungsgewinn genau so groß wie zwischen dem achten und zehnten Jahr. Folgt man diesem Modell, so sollte man in der Personalauswahl vor allem nach den „alten Hasen" Ausschau halten – je älter, desto besser. Vielleicht gibt es berufliche Tätigkeiten, bei denen eine solche Annahme sogar zutrifft, für die allermeisten Berufe dürfte sie allerdings kaum Gültigkeit besitzen.

Besonders häufig verläuft der Leistungszuwachs wohl eher im Sinne der Kurve a. In den ersten Jahren der beruflichen Tätigkeit nach der Ausbildung sammelt der Berufsanfänger wichtige Erfahrungen, die ihm ein schnelles und reibungsloses Agieren im beruflichen Feld ermöglichen. Er wird mit immer wiederkehrenden Problemen konfrontiert, die er zwar aus seiner Ausbildung nicht kannte, die aber so oft bewältigt werden müssen, dass sie ihm schon bald keine Probleme mehr bereiten. Nach wenigen Jahren hat er alles gelernt, was für die erfolgreiche Erfüllung seiner Aufgaben vonnöten ist. Die alltägliche Arbeit ist durch Routinetätigkeiten geprägt, die er nahezu fehlerlos ausführen kann. In der Folge wird nun aber auch kein weiterer Lernerfolg eintreten. Wer immer wieder mit den gleichen Aufgaben konfrontiert wird, die routiniert gelöst werden können, wird keine neuen Kompetenzen aufbauen. Der Mitarbeiter hat somit ein Kompetenz- und Leistungsplateau erreicht, bei dem weitere Berufsjahre keinen zusätzlichen Gewinn versprechen. Dies hat Konsequenzen für die Personalauswahl. Folgt die Entwicklung dem Verlauf der Kurve a, so ist es zwar entscheident, ob wir einen Berufsanfänger oder einen Bewerber mit 3 Jahren Berufserfahrung einstellen. Ob der Bewerber darüber hinaus 10 oder 15 Jahre Berufserfahrung hat, ist hingegen unwichtig. Übertragen auf die Qualifikation des Personaldiagnostikers bedeutet dies, dass weniger Jahre Berufserfahrung für eine sehr gute Leistung vollständig ausreichend sind. Der „alte Hase" wüsste nicht mehr als sein relativ junger Kollege.

Denkbar ist aber auch eine Entwicklung im Sinne der Kurve d. In den ersten Jahren wird der Berufseinsteiger mit sehr vielen neuen Aufgaben konfrontiert, die ihn fast überfordern. Die Aufträge sind derart vielfältig, dass in dieser Zeit nur ein sehr langsamer Anstieg der Kompetenz bzw. der Leistung zu verzeichnen ist. So wird allmählich ein Fundament gelegt, auf dem in den folgenden Jahren ein starker und kontinuierlicher Anstieg der Kompetenz und Leistung zu verzeichnen ist. Nach einigen weiteren Jahren stellt sich die Routine ein, so dass kein weiterer Kompetenzzuwachs zu verzeichnen ist.

Eine vierte Möglichkeit beschreibt die Kurve b. In den ersten Jahren der Berufstätigkeit steigt die Kompetenz und Leistung des Mitarbeiters sehr stark an. Da er immer wieder mit neuen herausfordernden Aufgaben konfrontiert wird und sich ihnen stellt, kann er sich kontinuierlich verbessern. Nach drei Jahren ist jedoch ein Plateau erreicht. Die anfallenden Aufträge sind immer wieder die gleichen und können ohne große Anstrengung routiniert erledigt werden. Routine ist einerseits von Vorteil, weil sie dem Mitarbeiter die Arbeit erheblich erleichtert und schneller zu guten Resultaten führt. Auf der anderen Seite birgt sie aber auch die Gefahr der Nachlässigkeit in sich. Während der Berufsanfänger sein eigenes Handeln immer wieder kritisch reflektiert und von seinen Kollegen sowie von Vorgesetzten Rückmeldungen über die Qualität seiner Arbeit erhält, ist dies bei erfahrenen, langjährigen Mitarbeitern weitaus weniger der Fall. Arbeitet man dann noch in einem Bereich, in dem die Qualität der eigenen Arbeit nicht offen zu Tage tritt, so kann das Leistungsniveau auch wieder sinken. Denken wir z.B. an einen Personalchef, der über zwanzig Jahre hinweg Einstellungsgespräche geführt hat. Eine systematische Evaluation der Auswahlentscheidungen wird in den wenigsten Unternehmen vorgenommen, so dass, die wahre Qualität seiner Arbeit nur sehr schwer einzuschätzen ist. Solange nicht gravierende Fehlentscheidungen auftreten, wird er sich seiner Kompetenz sicher sein. Eine kritische Reflexion seiner Arbeit wird weder von anderen an ihn herangetragen noch ist er selbst daran interessiert. Im Gegenteil, er glaubt alles schon mal gesehen zu haben und Menschen nach wenigen Minuten zutreffend einschätzen zu können. In der Folge wird er immer nachlässiger und trifft voreilige Entscheidungen, die jedoch als solche nicht erkannt werden, weil keine Evaluation erfolgt. Überdies immunisiert ihn die Führungsposition zumindest graduell gegenüber der Kritik anderer. Folgt die Entwicklung unseres Personalberaters der Kurve b, so sollten wir den mäßig erfahrenen Bewerber einem alten Hasen vorziehen oder aber dafür sorgen, dass auch alte Hasen nicht allzu leicht den Versuchungen der gefälligen Selbstüberschätzung unterliegen.

Welche der vier Kurven auf die meisten Personalverantwortlichen zutrifft, ist nicht bekannt. Übertragen wir die Ergebnisse der Metaanalyse von Quinones, Ford und Teachout (1995) auf den Personalbereich, so sind jedoch große Zweifel an einem Modell des stark kontinuierlichen Anstiegs der Kompetenz und Leistung angebracht. Quinones et al. (1995) konnten zeigen, dass die bloße Dauer der Berufserfahrung eine deutlich schlechtere Vorhersage der zukünftigen Leistung eines Mitarbeiters ermöglicht im Vergleich zur Vielfalt der im Beruf gesammelten Erfahrungen. Wer 15 Jahre lang immer wieder die gleichen Aufgaben zufriedenstellend bearbeitet, ist kaum kompetenter oder leistungsfähiger als sein Kollege, der erst seit 5 Jahren dieselbe Tätigkeit ausführt. Beide Mitarbeiter haben kaum Gelegenheit, ihre Kompetenzen weiter zu entwickeln. Wer sich hingegen über viele Jahre hinweg immer wieder mit neuen Aufgaben auseinandersetzen muss, ist zur Weiterentwicklung fast schon gezwungen.

Es soll hier nicht behauptet werden, dass Berufserfahrung gänzlich unbedeutend oder gar schädlich sei. Gleichzeitig wollen wir aber vor den Gefahren eines naiven Glaubens an die Berufserfahrung warnen. Wer mehr Berufserfahrung hat, ist nicht automatisch fähiger als ein weniger erfahrener Kollege. Neben der Frage, ob man sich im Laufe der Zeit immer weiterentwickelt hat, an einem Entwicklungspunkt stehen blieb oder gar Abbauprozessen anheim gefallen ist, muss die Frage nach der Selbst- und Fremdreflexion gestellt werden. Eine zunehmende Berufserfahrung verbreitet oft ein Gefühl großer Sicherheit mitunter auch der Selbstüberschätzung. Da zunehmende Berufserfahrung häufig mit einem Aufstieg in der Unternehmenshierarchie verbunden ist, mangelt es nicht selten an wertvollen Hinweisen oder gar Korrekturen von außen.

Berufserfahrung ist nur dann von Vorteil, wenn sie mit einem Aufbau wertvoller Kompetenzen einhergeht. Weder die Dauer noch die Häufigkeit mit der eine Tätigkeit ausgeführt wird bedingt die Expertise, sondern allein die Menge der dabei tatsächlich genutzten Lernchancen. Auch die längste Erfahrung nützt nichts, wenn grundlegende Fachkompetenzen nicht vorhanden sind. Dies gilt keineswegs ausschließlich für den Beruf der Personaldiagnostiker, wenngleich wir das Problem an diesem Beispiel besonders leicht verdeutlichen können. Wer aufgrund mangelnder Kenntnis einen schlechten Test zur Personalauswahl oder -platzierung ausgewählt hat, kann diesen Fehler auch durch hundertfache Anwendung des Verfahrens nicht ausgleichen. Wer nicht weiß, worauf es bei der Entwicklung eines Assessment Centers ankommt, der kann es beliebig oft durchführen und dennoch wird es nicht besser werden. Wer sich im Einstellungsgespräch allein auf seine Intuition verlässt und nicht bereit ist, sich mit den wissenschaftlichen Erkenntnissen der Interviewmethode auseinanderzusetzen, ist nach zehn Jahren zwar reich an Erfahrungen, führt deshalb aber keine aussagekräftigeren Einstellungsgespräche als ein Berufsanfänger.

> Berufserhfahrung führt nicht zwingend zu einer qualitativ hochwertigeren Leistung. Nicht selten geht sie mit einer mangelnden Reflexion im Hinblick auf das eigene Verhalten einher. Eine noch so große Berufserfahrung des diagnostischen Personals kann evtl. vorhandene Mängel in der fachlichen Ausgestaltung der personaldiagnostischen Methoden nicht kompensieren.

2.2 Der ideale Personaldiagnostiker ist ein Menschenkenner

Neben dem großen Glauben an die Berufserfahrung gibt es den Mythos vom Menschenkenner. Der Menschenkenner ist nicht unbedingt ein berufserfahrener Mitarbeiter, wohl aber jemand, der sich in seinem Leben mit vielen anderen Menschen auseinandergesetzt hat. Aufgrund seiner Lebenserfahrung soll er nicht nur einiges über die Natur des Menschen wissen, sondern auch das einzelne Individuum nach kurzer Zeit richtig einschätzen können. Da er auch scheinbar alle Techniken der Selbstinszenierung durchschauen kann, gilt er als ein besonders wertvoller Diagnostiker. Glaubt man an diesen Mythos, so kann man getrost auf aufwändige Instrumentarien, Evaluationsstudien und dergleichen verzichten. Für eine umfassende Diagnose würde ein einfaches Gespräch von wenigen Minuten Dauer voll und ganz genügen. Der Schlüssel zum Erfolg liegt dabei nicht in einer differenzierten und wohl begründeten Analyse, sondern in einer „ganzheitlichen", intuitiven Eindrucksbildung.

Was ist von dieser – oft unausgesprochenen – Konzeption des idealen Personaldiagnostikers zu halten? Ein Blick in die psychologische Forschung zur Wahrnehmung und Urteilsbildung lässt den Menschenkenner als eine fragwürdige Illusion erscheinen. Seit mehr als einhundert Jahren beschäftigt sich die Forschung in unterschiedlichen Disziplinen der Psychologie mit der Frage, wie Menschen Informationen aus ihrer Umwelt aufnehmen, speichern und so kognitiv verarbeiten, dass Erkenntnisse und Schlussfolgerungen resultieren. In unzähligen Studien konnte immer wieder die massive Fehleranfälligkeit der menschlichen Urteilsbildung empirisch belegt werden. Der Mensch ist weit davon entfernt, seine Umwelt und damit auch seine Mitmenschen objektiv wahrzunehmen und zu beurteilen. Die Fehler und Verzerrungen treten nicht per Zufall und in beliebiger Form auf, sondern sind systematisch in der Funktion des Informationsverarbeitungssystems angelegt (vgl. Kanning, 1999). Dabei ist eines der größten Probleme, dass er sich dieser Defizite in der Regel nicht bewusst wird. Selbst dann, wenn er von der Richtigkeit seiner Schlussfolgerungen überzeugt ist, können grundlegende Fehler vorliegen (Hoffrage, 1993). Die subjektive Gewissheit ist somit kein geeignetes Wahrheitskriterium. Eine ausführliche Darstellung der systematischen Fehler und Verzerrungen der Informationsverarbeitung im Allgemeinen und der Personenbeurteilung im Besonderen würde den Rahmen unserer Diskussion bei weitem sprengen. Wir beschränken uns daher im Folgenden auf die Skizzierung grundlegender Phänomene.[5]

---

[5] Der interessierte Leser sei an dieser Stelle auf einige umfassendere Werke hingewiesen: Dörner (1989), Hell, Fiedler und Gigerenzer (1993), Kanning (1999), Kanning, Hofer und Schulze Willbrenning (2004).

Das Problem beginnt bereits bei der Aufnahme von Informationen durch unsere Sinnesorgane. Die bloße Menge der Informationen, die auf unseren Organismus in jeder Minute des Lebens einwirkt ist so immens groß, dass eine vollständige Aufnahme und Verarbeitung aller Informationen den Organismus schlichtweg überfordern würde. Wahrnehmungsprozesse sind daher grundsätzlich selektiv (siehe Abbildung 2-2), d.h. die Informationenmenge wird nach unterschiedlichen Kriterien gefiltert. Nur ein vergleichsweise kleiner Anteil hält Einzug in das Bewusstsein und kann somit Gegenstand einer reflektierten Analyse werden (vgl. Becker-Carus, 1981; Gazzaniga, Ivry & Magnum, 1998). Für die Praxis der Personaldiagnostik bedeutet dies, dass Informationen, die z.B. der Interviewer im Einstellungsgespräch ausblendet, später nicht zur Begutachtung des Bewerbers herangezogen werden können. Es stellt sich nun die Frage, nach welchen Kriterien die Informationen selektiert werden.

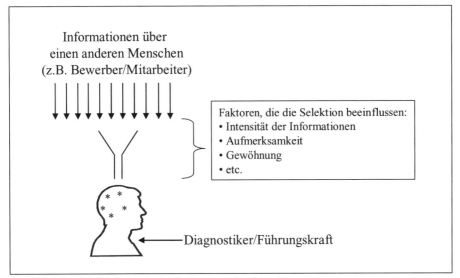

Abbildung 2-2: Selektivität der bewussten Wahrnehmung

Die entscheidenden Einflussfaktoren liegen sowohl in der Person des Bewerbers als auch in der Person des Interviewers. Informationen, die aufgrund ihrer Intensität besonders herausgehoben sind, werden auch leichter bewusst wahrgenommen. Man denke hier etwa an eine sehr laute durchdringende Stimme eines Bewerbers, eine auffällig kleine oder große Gestalt, ausnehmend hübsche oder hässliche Gesichtszüge. Positiv selektiert werden des Weiteren solche Informationen, auf die der Diagnostiker seine Aufmerksamkeit gelenkt hat. Konnte er beispielsweise in den Bewerbungsunterlagen eine Unstimmigkeit erkennen, die er nun im Gespräch aufklären möchte, so schenkt er den relevant erscheinenden Informationen besondere Aufmerksamkeit und übersieht zugleich solche Informationen, die er von vornherein für weniger relevant erachtet hat. Die Aufmerksamkeit hängt wiederum mit der aktuellen körperlichen Verfassung des Diagnostikers zusammen. Ein überarbeiteter, müder Diagnostiker, der sich in Gedanken schon mit dem nächsten Termin beschäftigen muss, wird weitaus weniger aufmerksam sein können als ein ausgeruhter Kollege, der sich voll und ganz dem Interviewer zuwenden kann. Eine weitere wichtige Variable stellt die Vorerfahrung des Interviewers dar. Informationen, die in vielen Interviews immer wieder auftauchen werden leichter übersehen als ungewöhnliche Informationen, die der bisherigen Erfahrung widersprechen. Verfügen zwei Interviewer über unterschiedliche Erfahrungshintergründe, so haben sie sich an verschiedene Informationen gewöhnt und selektieren daher auch bevorzugt unterschiedliche Informationen.

Häufig schließt sich die Urteilsbildung nicht unmittelbar an die Informationssammlung an. Dies ist besonders häufig bei Regelbeurteilungen durch Vorgesetzte der Fall. Die über einen langen Zeitraum gesammelten Informationen werden erst nach vielen Monaten in ein zusammenfassendes Urteil integriert. Doch auch schon bei kürzeren Zeiträumen zwischen Informationssammlung und Urteilsbildung treten Phänomene des Vergessens bzw. des selektiven Erinnerns auf (Abbildung 2-3).

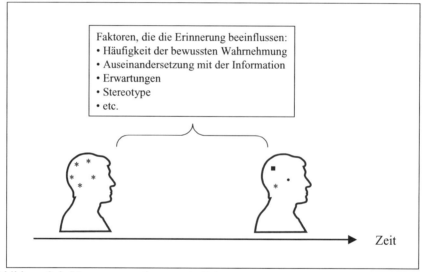

Abbildung 2-3: Vergessen und verzerrte Erinnerung

Besonders gut werden solche Informationen erinnert, die der Diagnostiker häufig bewusst wahrgenommen oder mit denen er sich intensiver auseinander gesetzt hat (Craik & Lockhart, 1972). In der Konsequenz bedeutet dies, dass besonders herausstechende Merkmale eines Bewerbers, die vielleicht objektiv betrachtet keinen diagnostischen Wert im Hinblick auf die Vorhersage beruflicher Leistungen besitzen, im Gedächtnis des Diagnostiker überrepräsentiert sind. Umgekehrt werden Informationen, die der Interviewer aufgrund eigener Gewöhnung kaum noch bewusst zur Kenntnis nimmt, in seiner Erinnerung unterrepräsentiert sein. Als besonders problematisch erweist sich das Phänomen der verzerrten Erinnerung. Während beim Vergessen bestimmte Informationen komplett eliminiert werden, kommt es beim verzerrten Erinnern zu einer „Verfälschung" der Gedächtnisinhalte. Wenn wir uns nicht mehr genau erinnern können, so werden die Lücken oftmals durch Erwartungen oder Stereotype gefüllt, ohne dass wir uns der somit vorgenommenen Verfälschung bewusst wären (Fiske & Taylor, 1991). „Erinnert" wird in diesem Falle nicht, was sich tatsächlich ereignet hat, sondern was uns plausibel erscheint. So mag z.B. die AC-Leistung eines Bewerbers, der eine sehr eindrucksvolle Biographie vorgelegt hat, im Nachhinein überschätzt werden, weil in diesem Fall eine überdurchschnittliche Leistung im Assessment Center einfach plausibler ist als ein mäßig gutes Abschneiden.

Die Probleme, die bei der Informationsaufnahme und der Erinnerung auftreten können, werden in den Abbildungen 2-2 bzw. 2-3 nur grob skizziert. Schauen wir uns zum besseren Verständnis der Gefahren einer unreflektierten Alltagsdiagnostik im Folgenden noch einige spezifische Fehler und Verzerrungen der Personenbeurteilung an.

Begegnen wir einem fremden Menschen, so können wir bereits nach weniger als einer Minute einen ersten Eindruck ausbilden (Henss, 1998). Verantwortlich hierfür ist die blitzschnelle *Verarbeitung nonverbaler Informationen*, also Mimik, Gestik, Körperhaltung und -bewegung (vgl. Argyle, 1996; Forgas, 1987; Frey, 1997). Die Geschwindigkeit, mit der wir einen anderen Menschen einschätzen, sagt jedoch nichts darüber aus, wie zutreffend die Einschätzung ist. Dem Beurteilenden mag es als wertvolle Intuition erscheinen. Aus der Sicht den Beurteilten ist es oft nicht viel mehr als reine Willkür. In Abbildung 2-4 haben wir einige der üblichen kurzschlussartigen und meist unbewussten Deutungsmuster zusammengetragen. So konnte z.B. Sczesny und Stahlberg (2002) finden, dass Bewerbern, die ein herbes Parfüm aufgelegt hatten, in einem simulierten Einstellungsinterview mehr Führungskompetenz unterstellt wurde, als Menschen, die eher ein süßlicher Geruch umwehte. Dies galt gleichermaßen für Frauen und Männer. Der Effekt lässt sich auch zeigen, wenn Bewerbungsunterlagen entsprechend parfümiert wurden. Ein eher maskuliner Körperbau (groß, breite Schultern) führt ebenfalls dazu, dass der fraglichen Person mehr Führungseigenschaften zugeschrieben werden. Auch hierbei ist es unwichtig, ob der Bewerber ein Mann oder eine Frau ist (Sczesny & Stahlberg, 2002). Kanning und Leisten (2004) belegen die völlige Ausblendung der verbalen Äußerungen von AC-Bewerbern in der Kompetenzeinschätzung, wenn die AC-Beobachter viele Einschätzungen gleichzeitig vornehmen müssen. Offenbar lassen sich nonverbale Informationen besonders leicht, ohne großen kognitiven Aufwand verarbeiten (Forgas, 1999; Paivio, 1986) und fließen daher auch bevorzugt in unser Urteil ein. Mehrere sozialpsychologische Studien belegen denn auch die Dominanz nonverbale Signale bei der Urteilsbildung (Argyle, Alkema & Gilmour, 1971; Argyle, Salter, Nicholson, Williams & Burgess, 1970; Burnett & Motowidlo, 1998; Mehrabian & Weiner, 1967). Nicht genug, das derartige Kurzschlussdeutungen offenbar zum Kulturgut gehören und leicht in unsere Urteilsbildung einfließen, manch einer liest gar fragwürdige Ratgeberliteratur, die ihm vorgaukelt, es gebe eindeutige Interpretationsschlüssel, mit deren Hilfe man die Persönlichkeit oder verborgene Beweggründe eines Gesprächspartners anhand der nonverbalen Botschaften entschlüsseln könne (siehe Molcho, 1997). Empirische Belege für die Gültigkeit der Deutung werden von den Autoren selbstverständlich nicht mitgeliefert, was weniger eine Nachlässigkeit darstellt als vielmehr darauf zurückzuführen ist, dass es derartige Belege überhaupt nicht gibt. Die Deutungen entstammen allein der Phantasie des Autors. Dies hält den naiven

Leser natürlich nicht davon ab, entsprechende Deutung künftig bewusst vorzunehmen. Hier wird gewissermaßen der Beobachtungsfehler zur Methode erhoben. Absurder geht es kaum. Gleichwohl dürfen wir nicht fordern, dass nonverbale Informationen grundsätzlich aus der Personenbeurteilung verbannt werden sollten. Sie sind ein wichtiger Bestandteil der Kommunikation, können als Ausdruck der Persönlichkeit eines Menschen verstanden werden (vgl. Borkenau & Liebler, 1992), und mit der beruflichen Leistung in Verbindung stehen (Burnett & Motowidlo, 1998; Motowidlo & Burnett, 1995). Das Problem liegt allein darin, abgesicherte Indikatoren für Kompetenzen und Leistungen zu finden. In der professionellen Personaldiagnostik sollte man die Sache also offensiv angehen und auf der Basis empirischer Studien explizit definieren, welche nonverbalen Merkmale eines Kandidaten wie zu bewerten sind.

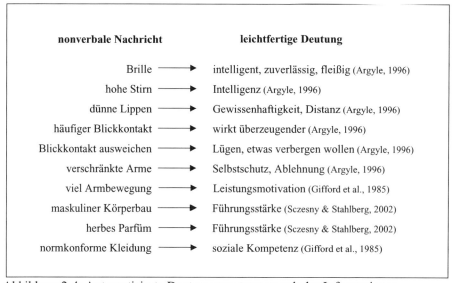

Abbildung 2-4: Automatisierte Deutungsmuster nonverbaler Informationen

Eine systematische Urteilsverzerrung, die besonders häufig durch nonverbale Informationen ausgelöst wird ist der sog. *Halo-Effekte* (Thorndike, 1920; „halo" = engl. „Heiligenschein"). Würden wir eine fremde Person objektiv betrachten, so müssten wir erkennen, dass sie über eine große Vielzahl unterschiedlicher Eigenschaften verfügt. Hierzu zählen neben Aspekten des äußeren Erscheinungsbildes vielfältige Persönlichkeitsmerkmale und Interessen (Abbildung 2-5, linke Seite). In unserer spontanen Wahrnehmung greifen wir ein Merkmal heraus, das besonders leicht zu erfassen ist, wie etwa das Aussehen einer Person. Zum Halo-Effekt kommt es, wenn wir das fragliche Merkmal nicht für sich allein stehen lassen, sondern ausgehend von der Bewertung dieses Merkmals andere Eigenschaften beurteilen (Abbildung 2-5 rechte Seite). Das einzelne Merkmal strahlt nun wie ein „Heiligenschein" über die gesamte Persönlichkeit der beurteilten Person aus. Attraktive Personen werden beispielsweise bevorzugt als intelligent oder sozial verträglich eingeschätzt (Niketta, 1993). Hierbei liegt eindeutig eine verzerrte Personenbeurteilung vor, denn die physische Attraktivität korreliert natürlich nicht wirklich bedeutsam mit der Intelligenz oder der sozialen Verträglichkeit des Menschen. Dabei muss sich die Attraktivität keineswegs nur auf das Aussehen beziehen. Ähnlich Effekte lassen sich beispielsweise auch im Hinblick auf die wahrgenommene Attraktivität der Stimme belegen (Berry, 1990).

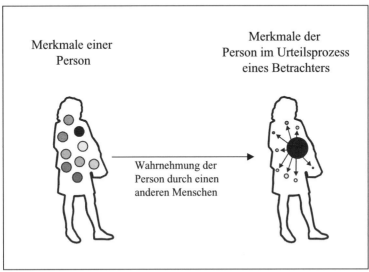

Abbildung 2-5: Halo-Effekt

Halo-Effekte können zudem nicht nur im positiven, sondern auch im negativen Sinne auftreten. In diesem Fall überstrahlt eine unvorteilhafte Ausgangsbewertung alle übrigen Merkmale der Person. In einer Studie von Halpert, Wilson und Hickmann (1993) konnte z.B. belegt werden, dass schwangere AC-Teilnehmer in vielen Leistungsbereichen, die überhaupt nichts mit der Schwangerschaft zu tun haben (Fachkompetenz, verbale Ausdrucksstärke, Fachwissen etc.) negativer eingeschätzt werden als nicht-schwangere Kandidaten. Wahrscheinlich kennen alle Leser den Halo-Effekt aus ihrem eigenen Leben und sind ihm auch selbst schon oft erlegen. Da die allermeisten Personenbeurteilungen im privaten Alltag für den Beurteilten keine weitreichenden Konsequenzen nach sich ziehen, ist dies auch nicht weiter schlimm. Bedenklich stimmen jedoch Halo-Effekte in der professionellen Personaldiagnostik. Schuler und Berger (1979) legten in einer Untersuchung 80 Führungskräften Bewerbungsunterlagen vor, die entweder das Foto einer attraktiven oder einer unattraktiven Person beinhalten. Wie zu erwarten war, wurde ein und dasselbe Material in Abhängigkeit von der vermeintlichen Attraktivität des Bewerbers unterschiedlich beurteilt. Die attraktiven Bewerber schnitten dabei signifikant besser ab als unattraktive. Zu vergleichbaren Ergebnissen gelangen Marlowe, Schneider und Nelson (1996) im Hinblick auf die Leistungs- und Entwicklungsbeurteilung imaginärer Mitarbeiter durch Manager eines Finanzdienstleistungsunternehmens. Interessanterweise zeigte sich, dass die Berufserfahrung der Manager keinen durchgängig positiven Einfluss auf die Qualität der Personenbeurteilung hatte. Hosoda, Stone-Romero und Coats

(2003) konnten in einer Metaanalyse keine Unterschiede zwischen Managern und berufsunerfahrenen Studenten finden. Beide bewerten attraktive Menschen durchgängig positiver als unattraktive. Unabhängig von der Frage, wer die Bewertung vornimmt, zeigen sich positive Beurteilungseffekt für attraktive Menschen im Hinblick auf vielen berufsrelevanten Variablen, wie z.B. Beförderungsentscheidungen, Einschätzung des Entwicklungspotentials, aktive Förderung eines Mitarbeiters oder die Auswahl eines Mitarbeiter als Arbeitspartner (Hosoda et al., 2003). Dabei ließen sich weder bei den Beurteilern noch bei den zu beurteilenden Personen Geschlechterunterschiede belegen. Bedenkt man überdies, dass der Halo-Effekt nicht nur durch einen visuellen oder auditiven Eindruck, sondern auch durch eine markante Information in den Bewerbungsunterlagen (z.B. Studium an einer Eliteuniversität) oder ein Gerücht ausgelöst werden kann, so wird das ganze Ausmaß des Problems deutlich. Wer als Diagnostiker einfach nur seiner Alltagswahrnehmung oder seiner Menschenkenntnis vertraut, erliegt allzu leicht dem Halo-Effekt. Eine wahrhaft professionelle Diagnostik verlangt nach einer ausgefeilten Methodologie gepaart mit einer beständigen Reflexion des eigenen Handelns.

Die Beurteilung anderer Menschen ist meist auch mit der Suche nach Ursachen für ein bestimmtes Verhalten verbunden, denn es macht einen großen Unterschied, ob z.B. eine mäßige Leistung in einem Intelligenztest oder einer Arbeitsprobe auf stabile Defizite des Probanden oder auf eine Ablenkung von außen zurückzuführen ist. Der Prozess der Ursachensuche wird in der Psychologie als *Attribution* bezeichnet. Die Attributionsforschung beschäftigt sich mit der Frage, wie Menschen zu Ursachenzuschreibungen gelangen und welche Fehler ihnen dabei unterlaufen. Zu den am besten dokumentierten Fehlern gehört der sog. *„fundamentale Attributionsfehler"* (Ross, 1977). Er besagt, dass wir bei der Beurteilung anderer Menschen dazu neigen, die Ursachen für ihr Handeln, ihre Leistung oder ihre Missgeschicke vor allem in der Person und nicht etwa in der Umwelt anzusiedeln (vgl. Abbildung 2-6). Wer z.B. in einem Einstellungsinterview schlechte Ergebnisse erzielt, wird hierfür allein verantwortlich gemacht. Ob sich der Interviewer adäquat verhalten hat, wird hingegen nicht eruiert. Besonders beliebt sind dabei stabile, internale Ursachen, also solche Gründe, die nicht nur in der Person des Probanden liegen, sondern zudem über die Zeit hinweg kaum Veränderungen erfahren. Die mangelnde Leistung eines Bewerbers in einem Testverfahren führt man demzufolge eher auf dauerhafte Leistungsdefizite denn auf eine vorübergehende Konzentrationsschwäche zurück. Gleiches gilt für die Interpretation positiver Leistungen. In der Konsequenz neigen wir in der alltäglichen Urteilsbildung, bei der wir den Automatismen unserer Informationsverarbeitung folgen zu einer systematischen Fehleinschätzung anderer Menschen. Interessanterweise fallen Attributionen im Hinblick auf unser eigenes Verhalten sehr viel differenzierter aus. Doch auch sie sind nicht frei von systematischen Verzerrungen. So neigen wir z.B. dazu, die Gründe für eine gute Leistung in unseren eigenen Fähigkeiten oder unserer Anstrengungsbereitschaft zu sehen, während weniger gute Leistungen auf äußere Umstände zurückgeführt werden. Eine positiv absolvierte Prüfung erscheint uns nur folgerichtig, weil wir ja über hervorragende Eigenschaften verfügen. Für negative Prüfungsergebnisse machen wir hingegen den Prüfer, den viel zu schwierigen Prüfungsstoff oder den Zufall verantwortlich (vgl. Abbildung 2-6). Diese systematisch verzerrte Ursachenzuschreibung wird als *selbstwertdienliche Attribution* bezeichnet (Blaine & Crocker, 1993; Tennen & Affleck, 1990). Selbstwertdienliche Attributionen stehen in der Tradition weiterer Strategien, die Menschen einsetzen, um für sich selbst und anderen gegenüber ein positives Bild von der eigenen Person aufbauen und aufrechterhalten zu können (Kanning, 2000, 2003b). Auch wenn derartige Strategien eine positive Funktion für die psychische und physische Gesundheit des Menschen haben, so tragen sie doch sicherlich nicht zu einer objektiven Betrachtung der eigenen Person bei. Mehr noch, sie erschweren es, eigene Fehler als solche zu erkennen und ihnen wirksam entgegenzutreten. Beide sowohl der fundamentale Attributionsfehler als auch die selbstwertdienliche Attribution müssen wir mithin im Blick behalten, wenn wir eine qualitativ hochwertige Personaldiagnostik anstreben.

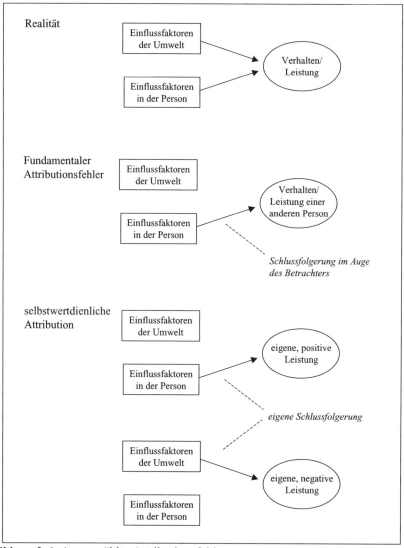

Abbildung 2-6: Ausgewählte Attributionsfehler

Dies gilt auch für das Phänomen der *erwartungsgeleiteten Urteilsbildung* (Brunner & Postman, 1951; Lilli & Frey, 1993). Oftmals haben wir bereits Erwartungen, sog. „Hypothesen" ausgebildet, bevor wir anderen Menschen begegnen. Der Personaldiagnostiker hat beispielsweise zuvor die Bewerbungsunterlagen gelesen und sich einen ersten Eindruck verschafft, ehe er den Bewerber im Einstellungsinterview persönlich kennen lernt. In Abhängigkeit von derartigen Vorinformationen, aber auch vor dem Hintergrund der eigenen Erfahrungen und allgemeiner Stereotype bildet er bestimmte Erwartungen über die Merkmale des Kandidaten aus und untersucht diese z.B. in einem Einstellungsgespräch auf ihre Gültigkeit. Ein besonders lückenhafter Lebenslauf lässt ihn vielleicht erwarten, dass es sich um einen weniger leistungsfähigen Kandidaten handelt. Bei Männern rechnet er möglicherweise mit einer hohen Durchsetzungsfähigkeit, während er bei einer Bewerberin besondere Stärken im kommunikativen Bereich antizipiert. Derartige Hypothesen stellen für sich genommen noch kein Problem der Personenbeurteilung dar. Explizit formulierte Hypothesen können durchaus ein wichtiger Bestandteil der professionellen Personaldiagnostik sein, da sie eine zielgerichtete Auswahl und Konstruktion geeigneter Messinstrumente ermöglichen. Folgen wir jedoch unreflektiert den Automatismen unserer Urteilsbildung, so führen Hypothesen häufig zu einer verzerrten Personenbeurteilung. Anders als im wissenschaftlich gesteuerten Prozess werden Hypothesen im Alltag nicht nüchtern auf ihren Realitätsgehalt hin überprüft. Stattdessen neigen wir dazu, die Umwelt zugunsten einer Bestätigung unserer Hypothesen tendenziell verzerrt wahrzunehmen (Abbildung 2-7).

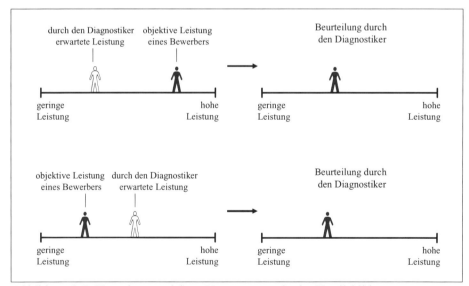

Abbildung 2-7: Hypothesengeleitete Verzerrungen in der Urteilsbildung

Wer von vornherein einen mäßig geeigneten Bewerber erwartet, wird mit sehr viel größerer Wahrscheinlichkeit auch zu einer negativen Bewertung des Kandidaten gelangen als jemand, der eine positive Erwartung hat. Wer aufgrund gängiger Stereotype oder eigener Erfahrungen bei Frauen und Männern mit unterschiedlichen Stärken und Schwächen rechnet, wird diese auch sehr viel eher wahrnehmen als jemand, der keine Unterschiede erwartet. Im Zuge der hypothesengeleiteten Urteilsbildung wird die Realität im Wahrnehmungsprozess an die Erwartungen angeglichen, obwohl die Urteilsbildung eigentlich allein durch die Faktenlage bestimmt sein sollte. Mehrere Untersuchungen belegen die Bedeutung, die Erwartungen nicht nur für die Urteilsbildung, sondern auch für das Verhalten des Urteilenden besitzen. Ein Klassiker in diesem Forschungsfeld ist die Studie von Rosenthal und Jacobson (1971). Sie konnten zeigen, dass die Lernerfolge von Schülern unter anderem davon abhängen, ob die Lehrer an die Entwicklungsfähigkeit eines Schülers glauben. In einem Täuschungsexperiment haben sie Lehrer glauben gemacht, einzelne Schüler würden in den folgenden Monaten einen besonders großen Lernfortschritt erzielen. Nach einigen Monaten zeigten genau diese Schüler tatsächlich eine deutliche Leistungssteigerung, obwohl sie – was die Lehrer natürlich nicht wussten – von den Forschern nur per Zufall ausgewählt wurden.

Werden falsche Hypothesen bestätigt, so führt dies nicht nur zu einer Fehleinschätzung, sondern auch zu einer Verstärkung der Hypothese. Wer beispielsweise von Frauen ein sozial verträglicheres Verhalten erwartet als von Männern und diese Hypothese bereits in mehreren Einstellungsgesprächen bestätigen konnte, wird in Zukunft erst recht von der Richtigkeit der Annahme überzeugt sein und sie bei zukünftigen Einstellungsgesprächen erneut einsetzen. Auf diesem Weg entsteht eine Art Teufelskreislauf, der auch für die Aufrechterhaltung von Vorurteilen verantwortlich ist: Eine Hypothese wird durch eine verzerrte Realitätswahrnehmung bestätigt. Die Bestätigung festigt die Hypothese. Sie wird nun mit großer Wahrscheinlichkeit auch in Zukunft wieder herangezogen und bestätigt. Je häufiger eine Hypothese diesen Kreis durchläuft, desto resistenter wird sie gegenüber den realen Fakten. Subjektiv ist sich der Diagnostiker von Mal zu Mal immer sicherer, die richtigen Erwartungen, „den richtigen Riecher" zu haben, da er die Verzerrung als solche nicht erlebt. Im Zweifelsfalle deklariert man eine aufgetretene Abweichung als Ausnahme von der Regel und kann die Hypothese somit retten.

Erwartungen müssen jedoch nicht schon vor der ersten Begegnung mit einem anderen Menschen existieren. Auch der sprichwörtlich „erste Eindruck" kann zur Ausbildung einer spontanen Erwartung führen. Ältere Untersuchungen zeigen, dass den Informationen, die wir als erstes über einen Menschen erhalten, bei der Beurteilung dieser Person ein besonderes Gewicht zukommt (Asch, 1946; Anderson, 1965). Dies ist im Wesentlichen auf eine Angleichung der später aufgenommenen Informationen an die spontan ausgebildete Erwartung zurückzuführen (Gawronski, Alshut, Grafe, Nespethal, Ruhmland & Schulz, 2002). Auch in diesem Fall versucht der Urteilende offenbar seine Erwartung gegenüber den später aufgenommenen Fakten zu verteidigen. Bormann (1982) konnte zeigen, dass der erste Eindruck keine signifikante Aussage über die berufliche Leistungsfähigkeit eines Menschen ermöglicht. Gleichwohl mag er per Zufall auch einmal richtig sein. Dennoch eignet er sich natürlich nicht als Methode der professionelle Personaldiagnostik, schließlich weiß man nicht, wann dieser Zufallstreffer eintritt und wann nicht. Wer sich vom ersten Eindruck leiten lässt, könnte ebenso gut würfeln oder eine Münze werfen.

Das Phänomen der hypothesengeleiteten Urteilsbildung wirft ein interessantes Licht auf die Erfahrungswerte des Menschenkenners. Da er allein seinen Eingebungen und seiner Lebenserfahrung vertraut, mangelt es ihm an Korrekturmöglichkeiten. Umso leichter verfestigen sich Hypothesen, die dann mehr und mehr die Urteilsbildung dominieren und subjektiv als Wahrheit erlebt werden.

Nun könnte man annehmen, dass sich die soeben skizzierten Phänomene der verzerrten Urteilsbildung zumindest der Tendenz nach durch den Einsatz von mehreren Diagnostikern ausräumen ließen. Im Prinzip ist diese Idee richtig. Allerdings führt eine solche Maßnahme nur dann zu einer objektiveren Betrachtung der Probanden, wenn die Beurteilungen unabhängig voneinander erfolgen und jeder einzelne Betrachter nicht in gleicher Weise den Verzerrungen unterliegt. Würde man beispielsweise in einem Assessment Center drei Beobachter einsetzen, die alle die gleichen Erwartungen an einen bestimmten Bewerber ausgebildet haben, so dürfte dies eine systematische Urteilsverzerrung nicht reduzieren, sondern eher noch verstärken, wenn sich die Beobachter zwischen den Übungen über den Bewerber austauschen.
Unzählige sozialpsychologische Untersuchungen gehen der Frage nach, inwieweit sich Menschen in ihrer Meinungsbildung und ihrem Verhalten beeinflussen lassen. Die Befundlage ist im Grunde genommen bedrückend, stellt sie doch unser Bild von einem autonomen, selbstbestimmten Individuum mehr als in Frage. Vereinfacht ausgedrückt zeigt sich durchgängig eine sehr leichte und auch sehr weitgehende Beeinflussbarkeit, ohne dass den Betroffenen dies immer bewusst wäre. *Soziale Beeinflussung* ist eine alltägliche Begleiterscheinung unseres Lebens (Cialdini, 2002) und geht u.a. von Autoritäten (Bandura, 1971; Milgram, 1988), Mehrheitsmeinungen (Asch, 1951) und Gruppenmitgliedschaften (Tajfel, 1978) aus (Paulus, 1989; Avermaet, 2002). Betrachten wir zur Verdeutlichung einmal den Urteilsprozess in einem Assessment Center, bei dem sich die Beobachter ständig untereinander austauschen. Sehr schnell wird deutlich, wer hier eine Minderheitenposition einnimmt und vielleicht sogar allein gegen den Rest der Gruppe einen bestimmten Bewerber besonders positiv oder negativ beurteilt. Selbst dann, wenn er nicht sogleich seine Meinung völlig ändert und auf die Mehrheitsmeinung überschwenkt, ist die Wahrscheinlichkeit für eine zumindest graduelle Angleichung seiner Meinung an die Mehrheitsposition sehr groß. Anderenfalls muss er damit rechnen, dass die Gruppe ihn weniger schätzt, ihm aus dem Weg geht oder ihm auch weniger subtil zu verstehen gibt, dass seine Position einer Korrektur bedarf. Die Gefahr der Beeinflussung ist umso mehr gegeben, wenn der Vorgesetzte oder andere Autoritäten die Mehrheitsposition vertreten.
Die soziale Einflussnahme ist jedoch nicht nur eine Frage des „Drucks von außen". In Situationen der Unsicherheit suchen wir die Einflussnahme geradezu. Festinger (1954) beschreibt dieses Phänomen in seiner Theorie der sozialen Vergleichsprozesse. Er geht davon aus, dass Menschen im Allgemeinen bestrebt sind, ihre eigenen Meinungen auf ein abgesichertes Fundament zu stellen. In vielen Fällen geschieht dies über die Suche nach unwiderlegbaren Fakten. Wer beispielsweise den Preis für einen bestimmten Gebrauchtwagen als weit überhöht erlebt, könnte diese Meinung über das Internet validieren. Hier findet er ohne Schwierigkeiten Angebote zu mehr als zehn weitestgehend identischen Fahrzeugen und kann deren Preise miteinander vergleichen. In sehr vielen Fällen liegen solch unwiderlegbare Fakten jedoch nicht vor. Daher greift das Individuum auf den sog. „sozialen Vergleich" zurück und orientiert sich schlichtweg an den Meinungen anderer Menschen, die als

kompetent oder wichtig angesehen werden. Im Zweifelsfalle gleicht die Person ihre eigene Meinung an die der anderen an und verschafft sich somit das angenehme Gefühl, eine zutreffende Position zu vertreten. Die Forschung zeigt, dass der Vergleich mit anderen so beliebt ist, dass er oftmals selbst dann zum Einsatz kommt, wenn eine Validierung über unwiderlegbare Fakten prinzipiell möglich wäre (Klein, 1997; Miller, 1977).

Wir sehen, die soziale Beeinflussbarkeit hat in gewissen Grenzen für den Einzelnen durchaus etwas Positives. Sie ist nicht zuletzt eine notwendige Bedingung für die Entstehung von sozialen Gebilden, vom kleinen Verein bis hin zu komplexen Gesellschaften, da Gemeinschaft immer auch einen gewissen Konsens und eine zumindest geringfügige Homogenität voraussetzt. Die Prozesse der Beeinflussung fördern Konsensus und Homogenität. In der Personaldiagnostik führen sie den Einsatz mancher Methoden aber leicht ad absurdum. Wenn die Urteilsbildung in einem Entscheidungsgremium primär durch die Meinung einer Autorität dominiert wird oder Minderheiten gar kein Gehör mehr finden, werden offensichtlich finanzielle Ressourcen verschwendet. Wer als Mitglied eines Entscheidungsgremiums keinen Einfluss auf das Ergebnis nehmen kann, ist letztlich überflüssig.

Werfen wir in diesem Zusammenhang einen kurzen Blick auf das Phänomen der Gruppenpolarisation (Stoner, 1961; Überblick: van Avermaat, 2002), das die Beeinflussungsproblematik in Einscheidungsgruppen sehr gut verdeutlicht. Nehmen wir einmal an, in einem Assessment Center würden drei Beobachter zur Beurteilung eines Bewerbers eingesetzt (vgl. Abbildung 2-8). Jeder der drei schätzt die Leistungsfähigkeit des Kandidaten unterschiedlich ein. Während der erste Beobachter eine mittel gute Leistung erkennt, gibt der zweite eine etwas schlechtere, der dritte Beobachter hingegen eine etwas bessere Bewertung ab. Zur Integration der drei Bewertungen könnte man einen mathematischen Mittelwert berechnen. Im Ergebnis würde man dem Bewerber eine mittelgute Leistungsfähigkeit bescheinigen (linke Hälfte in Abbildung 2-8). Alternativ hierzu könnte man die Beobachter auch bitten, ihre Beurteilungen frei zu diskutieren und anschließend ein Konsensurteil zu fällen. Mit großer Wahrscheinlichkeit würde die zweite Vorgehensweise zu einem vom Mittelwert abweichenden Urteil führen. In unserem Beispiel weicht die Beurteilung nach oben ab (rechte Hälfte in Abbildung 2-8). Ebenso gut wäre aber auch eine Abweichung nach unten möglich. Die Größe der Abweichung zwischen dem Ergebnis des berechneten Mittelwertes der Einzelurteile und dem Ergebnis einer Konsensentscheidung beschreibt die Größe der Gruppenpolarisation. Das Phänomen der Gruppenpolarisation besagt, dass Konsensentscheidungen in Gruppen extremer ausfallen als der mathematische Mittelwert der Einzelurteile der Gruppenmitglieder. Auf den ersten Blick ist dieses vielfach belegte Phänomen überraschend, glaubt man doch gemeinhin, dass Diskussionsgruppen zu einer Reduzierung extremer Entscheidungen beitragen. Dies wird oft auch der Fall sein. In kleinen Entscheidungsgruppen ist jedoch häufig das Gegenteil der Fall, wenn sich z.B. zu Beginn der Diskussion die Vertreter extremer Positionen wortgewaltig Gehör verschaffen und nachfolgend der gesamten Diskussion ihren Stempel aufdrücken. Einen ähnlichen Einfluss können Autoritäten ausüben, die ihren Führungsanspruch durchsetzen und abweichende Meinungen unterdrücken. Derartigen Prozessen muss man im Assessment Center oder in anderen Entscheidungsgruppen entgegentreten, ansonsten ist der Einsatz von mehreren Entscheidungsträgern überflüssig oder im Extremfall sogar schädlich. Wir werden auf dieses Problem noch einmal zurückkommen, wenn es um die Frage geht, wie man in der Beobachterkonferenz eines Assessment Centers Gruppenpolarisationen vermeiden kann.

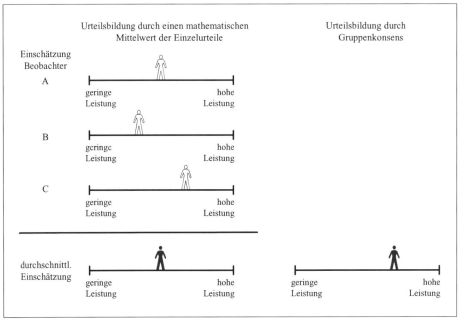

Abbildung 2-8: Das Phänomen der Gruppenpolarisation

Eine weitere wichtige Quelle verzerrter Urteilsbildung stellen die *Emotionen* des Urteilenden dar. Zahlreiche Untersuchungen belegen einen großen Einfluss der Emotionen (Überblick: Bless & Fiedler, 1999). Interessanterweise sind die Effekte positiver und negativer Stimmung nicht spiegelbildlich. Während positive Stimmung ein weniger elaboriertes Denken fördert, trägt eine moderat negative Stimmung eher zu einem differenzierteren Denken bei. Personen, die sich in guter Stimmung befinden, setzen sich weniger intensiv mit den Argumenten anderer Menschen auseinander und lassen sich verstärkt von „Oberflächlichkeiten", wie z.B. der Attraktivität des Gegenübers blenden (Bless, Bohner & Schwarz, 1992). Auch greifen sie eher auf Stereotype zurück, wenn es um die Beurteilung anderer Menschen geht (Bodenhausen, Kramer & Süsser, 1994). All dies mag damit zusammenhängen, dass gutgelaunte Menschen ein besonderes Vertrauen in den Einsatz von Heuristiken setzen.

Unser kleiner Ausflug in die Forschung zu Fehlern und Fallen der menschlichen Urteilsbildung hat eins verdeutlicht, wer blind auf Intuition, Lebenserfahrung oder andere wohlklingende Urteilsprinzipien vertraut, ist meist schlecht beraten. Die Informationsverarbeitung des Menschen ist nicht nur nicht fehlerfrei, zahlreiche Fehler sind vielmehr bereits vorprogrammiert. Sie sind nicht das Ergebnis einer individuellen Nachlässigkeit oder gar Böswilligkeit, sondern treten systematisch auf. Vor diesem Hintergrund muss die Forderung nach einer völlig objektiven Beurteilung anderer Menschen letztlich als Utopie erscheinen. Dennoch ist es sinnvoll, Schritte zur Annäherung an das unerreichbare Ziel zu unternehmen. Auch wenn man den Idealzustand einer völlig fehlerfreien Diagnose niemals erreichen kann, erweisen sich doch schon graduelle Verbesserungen als wirtschaftlich lohnend (vgl. Kapitel 5). Überdies kommt den Bemühungen um eine möglichst unverfälschte Diagnose eine große ethische Bedeutung zu (vgl. Kapitel 5). Schließlich hängen von den Ergebnissen mitunter sehr weitreichende Entscheidungen über die Einstellung, die Beförderung oder auch die Entlassung eines Menschen ab. Alle Prinzipien und Methoden der wissenschaftlich fundierten Personaldiagnostik dienen dem Ziel, den systematischen Fehlern und Fallen der unreflektierten Urteilsbildung zu begegnen und ihren Einfluss möglichst weitgehend zu eliminieren. Wer dem Mythos des Menschenkenners anhängt, ignoriert leichtfertig die Natur der menschlichen Informationsverarbeitung und wird damit weder seinem Unternehmen einen Gefallen tun, noch wird er gegenüber den Probanden seiner „Untersuchung" ethisch verantwortlich handeln.

> In der Funktion unseres Informationsverarbeitungssystems sind zahlreiche Fehler und Verzerrungen der Urteilsbildung angelegt. Sie stellen keine willentliche oder gar böswillige Fehlleistung dar. Vielmehr treten sie in der Regel ohne das Wissen der Handelnden auf. Daher erleben Menschen ihre Urteile auch dann als subjektiv richtig, wenn sie objektiv falsch oder verzerrt sind. Das Prinzip „Menschenkenner" ignoriert derartige Gefahrenquellen. Es steht im Gegensatz zu den Bemühungen der professionellen Personaldiagnostik, die sich gegen die Fehler und Verzerrungen der menschlichen Urteilsbildung aktiv zur Wehr setzt.

2.3 Die bisherige Praxis hat sich bewährt

Nicht selten trifft man in Personalabteilungen auf ein ausgeprägtes Selbstbewusstsein im Hinblick auf die Qualität der eigenen Arbeit. Die eingesetzten Methoden werden als bewährt, die erbrachten Leistungen als hervorragend eingeschätzt bzw. dargestellt. Die Ursache hierfür sieht man zum einen in der Qualifikation und Erfahrung, zum anderen in der hohen Motivation der Mitarbeiter. Zu diesem positiven Selbstbild mag eine Kultur des positiven Denkens bzw. der positiven Selbstdarstellung beitragen. Nach außen hin erscheint jedes Unternehmen als geradezu perfekt – hierfür sorgen die Experten der PR-Abteilungen. Nach innen spiegelt sich die „PR-Kultur" im Denken und Handeln der Organisationsmitglieder wider. Schwächen des Unternehmens darf man gegenüber dem direkten Vorgesetzten oder gar der Geschäftsführung nicht zugeben. Zu groß ist die Frucht, dass aus einer kritischen Auseinandersetzung mit den spezifischen Stärken und Schwächen der eigenen Abteilung oder vielleicht auch der eigenen Person negative Konsequenzen erwachsen. Eine solche Haltung ist in gewisser Weise verständlich, drückt sich hierin doch u.a. ein grundlegendes Bedürfnis der Menschen nach positiver Wertschätzung aus. Menschen sind nicht nur bestrebt, sich selbst positiv zu bewerten und von anderen positiv bewertet zu werden, sie bedienen sich auch zahlreicher Strategien, um diese Ziele erreichen zu können (Kanning, 2000, 2003b). Trotz aller Nützlichkeit für das Individuum, birgt die „PR-

Kultur" eine Gefahr in sich. Defizite und Fehlentwicklungen werden als solche nicht rechtzeitig erkannt und können demzufolge auch nicht frühzeitig bereinigt werden.

Die skizzierte Problematik dürfte sich in allen Geschäftsbereichen sehr vieler Organisationen finden lassen. Die alltägliche Personaldiagnostik, bildet insofern keine unrühmliche Ausnahme, sondern ist eher als ein Beispielfall zu verstehen. In einem Interview, das der Referent für betriebliche Personalpolitik der Bundesvereinigung deutscher Arbeitgeber, Rainer Schmidt-Rudloff im September 2002 der Zeitschrift „Management Seminare" (Heft 59, September 2002) gegeben hat, wehrt sich der Verbandsvertreter gegen die damals gerade publizierte DIN 33430 zur Eignungsdiagnostik. Mit der DIN 33430 sollen einige grundlegende Standards der Personaldiagnostik bundesweit etabliert werden. Aus der Sicht des Verbandsvertreters ist eine solche Norm überflüssig, da sich seiner Meinung nach die in den Unternehmen eingesetzten Verfahren bewährt haben. Mehr noch, er glaubt, dass der Einsatz entsprechender Standards zu einer Abwertung subjektiver Auswahlkomponenten (Menschenkenntnis und Erfahrung) führt, die er für eine wichtige Voraussetzung erfolgreicher Personaldiagnostik hält. Den zweiten Punkt der Argumentation haben wir bereits diskutiert (Abschnitt 2.1 und 2.2). Natürlich soll die Norm zu einer Abwertung subjektiver Entscheidungskomponenten beitragen. Hierin liegt jedoch keine Gefahr, sondern vielmehr ein Potential zur Optimierung der personaldiagnostischen Realität. Das erste Argument ist nicht minder naiv als das zweite. Jeder, der sich etwas intensiver mit dem personaldiagnostischen Alltag vieler Unternehmen auseinandersetzt, kann unzählige Beispiele für eine Praxis liefern, die man alles andere als „bewährt" bezeichnen möchte. Hierzu bedarf es nicht einmal der besonders kritischen Perspektive des Wissenschaftlers. Viele Defizite sind so eklatant, dass sie sich auch dem völligen Laien sofort erschließen sollten. Hierzu einige Beispiele:

In einem internationalen Konzern des produzierenden Gewerbes wird der Führungsnachwuchs u.a. mit Hilfe eines Assessment Centers ausgewählt. Bei den Teilnehmern handelt es sich ausschließlich um Berufsanfänger mit Hochschulabschluss. Einer der Bewerber erscheint zum Assessment Center mit einem ungewöhnlichen Bekleidungsaccessoire. Statt einer Krawatte trägt er einen amerikanischen „Halsschmuck", den man hierzulande vor allem mit Cowboys in Verbindung bringt. Es handelt sich um ein Art Schleife aus Lederriemen mit verchromter Schnalle. Die meisten europäischen Zeitgenossen (und so auch der Autor dieser Zeilen) werden diese Maskerade eher als einen stilistischen fauxpas empfinden. Dennoch sollte wohl kaum jemand ernsthaft die Qualifikation des Bewerbers allein aufgrund eines Bekleidungsmerkmals in Frage stellen. Schließlich handelt es sich hierbei um ein äußerst leicht zu veränderndes Merkmal. Man müsste den Bewerber nur darauf aufmerksam machen, dass im Unternehmen ein bestimmter Dresscode herrscht, an den auch er sich bitte halten soll. Die verantwortlichen AC-Beobachter waren offenbar anderer Meinung. Der Kandidat wurde abgelehnt. Einige Wochen später tritt derselbe Bewerber in einer anderen deutschen Niederlassung des Unternehmens erneut zu einem AC an. Diesmal wahrt er die Konvention und siehe da, der Kandidat besteht das AC erfolgreich und wird als Nachwuchsführungskraft in das Traineeprogramm des Unternehmens aufgenommen.

Im selben Unternehmen ereignet sich bei einem anderen Assessment Center erneut ein merkwürdiger Vorfall. Sinn des Assessment Centers ist es, das Verhalten eines Bewerbers in mehreren voneinander unabhängigen, aber berufsrelevanten Situationen beobachten und bewerten zu können. Hierzu greift man auf unterschiedlichste Übungen zurück, die relevante Ausschnitte des Berufslebens simulieren sollen (Kleinmann, 1997, 2003). Die Qualität der Methode hängt u.a. davon ab, ob die eingesetzten Beobachter geschult wurden und sich an bestimmte Verfahrensregeln halten. So dürfen sich die Beobachter während des Assessment Centers z.B. nicht über ihre Bewertungen austauschen. Die Bewertungskriterien werden zuvor für alle Beobachter verbindlich festgelegt. Erst nachdem alle Übungen absolviert wurden, sollte die abschließende Entscheidung gefällt werden, indem sehr viele Informationen zu einem Gesamturteil integriert werden. In dem besagten Unternehmen ist einer der Beobachter, ein Abteilungsleiter, offenbar nicht in der Lage oder nicht bereit, sich an derartige Regeln zu halten. Nach wenigen Übungen bricht er selbstherrlich das Assessment Center ab und entscheidet, dass alle Kandidaten ungeeignet seien. Die Meinung der übrigen fünf Beobachter interessiert ihn nicht. Ohne sein Urteil anhand der Auswahlkriterien zu begründen und ohne die eigenen Bewertungen gegen die Bewertungen der übrigen Beobachter abzugleichen, werden alle 12 Bewerber kurzerhand nach Hause geschickt. Eine solche Diagnostik nach dem Gutsherrenprinzip ist weder für das Unternehmen sinnvoll noch gegenüber den Bewerbern ethisch zu vertreten. Wenn einer von sechs Beobachtern allein entscheidet, dann sind offensichtlich fünf Personen und die hiermit verbundenen Kosten überflüssig. Dennoch würden wir natürlich nicht dafür plädieren, das AC in Zukunft nur mit einem Beobachter durchzuführen, sondern den cholerischen Vorgesetzten besser zu schulen oder – falls er sich als lernresistent erweisen sollte – nicht mehr mit derartigen Aufgaben zu beauftragen.

In einer großen Organisation des öffentlichen Dienstes durchlaufen Jahr für Jahr viele Hundert Bewerber ein umfangreiches Auswahlverfahren. Neben einem Intelligenztest und einer Messung der Konzentrationsfähigkeit werden mehrere Persönlichkeitsmerkmale mit unterschiedlichen Methoden erfasst. Am Ende wird über alle Ergebnisse ein arithmetischer Mittelwert berechnet. So verfahren die Verantwortlichen bereits seit mehr als 10 Jahren. Bis dahin ist niemandem aufgefallen, dass bei einem solchen Vorgehen einzelne Werte einander kompensieren können. Wer eine geringe Intelligenz aufweist, kann diesen Makel durch einen hohen Wert im Bereich der Durchsetzungsfähigkeit ausgleichen. Wer zu aggressiven Konfliktlösungen neigt, aber über eine hohe Konzentrationsfähigkeit verfügt, erscheint im Resultat genauso geeignet wie ein Mitbewerber, der in beiden Bereichen mittlere Punktwerte erzielt. Hinzu kommt, dass manche Merkmale zweifach erfasst werden und dann in der Gesamtentscheidung mit einem doppelten Gewicht zu Buche schlagen. All dies war keineswegs beabsichtigt, sondern hat sich nur aus der Unachtsamkeit der Verantwortlichen ergeben.

Unsere Beispiele illustrieren, dass die personaldiagnostische Praxis vieler Organisationen durchaus verbesserungsbedürftig ist. Oftmals sind es kleine, ja geradezu banale Fehler, die sich ohne großen Aufwand korrigieren ließen. Sie bleiben allerdings oft über viele Jahre unentdeckt. Möglicherweise werden die Verantwortlichen und ihre Mitarbeiter im Laufe der Zeit „betriebsblind", nehmen sich nicht die nötige Zeit zur Entwicklung und Überprüfung ihrer Vorgehensweise oder verfügen schlichtweg nicht über die notwendigen Qualifikationen. Doch verlassen wir nun den Bereich des Anekdotischen und fragen uns einmal nach den grundlegenden Defiziten, die wir in vielen Organisationen antreffen (siehe Abbildung 2-9).

> - Es werden keine oder nur unzureichende Anforderungsanalysen durchgeführt.
> - Es werden keine oder nur unzureichende Bedarfsanalysen durchgeführt.
> - Es mangelt an methodischem Know-how zur angemessenen Beurteilung von Messinstrumenten und Methoden, die auf dem Markt angeboten werden.
> - Bei der Umsetzung sinnvoller Methoden orientiert man sich vor allem an Plausibilitätsbetrachtungen und unternehmensinternen Traditionen.
> - Bei der Auswahl von Personal- oder Organisationsentwicklungsmethoden orientiert man sich primär an Moden.
> - Die Notwendigkeit zur Evaluation wird nicht erkannt.
> - Es mangelt an methodischem Know-how zur Durchführung von Evaluationsstudien.
> - Evaluation erfolgt nach dem Augenscheinprinzip.

Abbildung 2-9: Häufig anzutreffende Defizite der personaldiagnostischen Praxis

Oft werden *keine oder nur unzureichende Anforderungsanalysen* durchgeführt. In der Konsequenz weiß man nicht, ob diejenigen Personenmerkmale, die mit einem Messinstrument erfasst werden, für die berufliche Leistung auch tatsächliche relevant sind. Statt empirische Studien durchzuführen, verlässt man sich sehr oft allein auf Plausibilitätsbetrachtungen. Nicht alle wichtigen Merkmalsdimensionen müssen jedoch plausibel und leicht zu erkennen sein.

Das gleiche Problem trifft auf *Bedarfsanalysen* zu. Wer keine sorgfältige Bedarfsanalyse durchführt, weiß nicht, welche Personal- oder Organisationsentwicklungsmaßnahmen im konkreten Falle wirklich notwendig sind. Ein sinnvoller Einsatz der finanziellen und personellen Ressourcen ist daher häufig nicht gewährleistet. Auf der einen Seite werden den Mitarbeitern wichtige Entwicklungsmaßnahmen vorenthalten, während auf der anderen Seite die Mitarbeiter nach dem Gießkannenprinzip mit Maßnahmen überschüttet werden, die für sie keinen Gewinn versprechen.

In vielen Personalabteilungen *gibt es niemanden, der über das notwendige Know-how zu einer tiefer gehenden Beurteilung diagnostischer Methoden und Instrumente verfügt*. In der Konsequenz können die Verfahren, die ihnen beispielsweise Unternehmensberatungen anbieten, nicht adäquat auf ihre Stärken und Schwächen hin untersucht werden. Wer nicht genau weiß, worauf bei der Auswahl zu achten ist, der kann aber auch nicht die richtigen Fragen stellen oder die angebotenen Produkte selbst auf ihre Qualität hin untersuchen.

An die Stelle einer anspruchsvollen Auseinandersetzung mit der Materie treten *Plausibilitätsbetrachtungen oder unternehmensinterne Traditionen*. Zu den trügerischen Plausibilitätsbetrachtungen gehört beispielsweise die implizite Überzeugung, ein etabliertes Verfahren sei auch immer ein gutes Verfahren. Wenn die meisten Nutzer so denken, spielt die Qualität eines Verfahrens über kurz oder lang gar keine Rolle mehr. Für den Anbieter genügt der Hinweis, dass Dutzende von Unternehmen, sein Instrumentarium erfolgreich anwenden damit immer mehr Firmen zugreifen. Ein entsprechend gutes Marketing vorausgesetzt, wird das Produkt schnell zum Selbstläufer. Vergleichbar zu einer Lawine, die immer schneller den Berghang hinabrast und zunehmend größere Schneemassen mit in die Tiefe reißt, nutzen bald immer mehr Kunden das Produkt und verhelfen ihm somit zu einem immer größeren Renommee. Ähnlich verhält es sich mit der Annahme, dass namhafte Unternehmensberatungen bessere Produkte anbieten als weniger bekannte Konkurrenten. Die Sicherheit einer solchen Heuristik führt schnell zu kostspieligen Fehlentscheidungen. Da gibt es beispielsweise den Fall einer sehr großen deutschen Unternehmensberatung, die einem Kunden für etwa 5000 Euro eine Postkorbübung für ein Assessment Center verkauft. Der Postkorb wurde an einem Tag von einem Psychologiepraktikanten entwickelt, der zuvor noch nie eine solche Aufgabe übernommen hat und dies auch nicht im Studium lernen konnte. Wir können mit Sicherheit davon ausgehen, dass dem Käufer dieser kleine Betrug nicht aufgefallen ist, weil er blind auf das Image der Unternehmensberatung vertraut und selbst auch gar nicht wüsste, worin sich ein besonders guter Postkorb von einem weniger guten oder einem schlechten unterscheidet. Auch ist es beliebt, sich auf die Traditionen innerhalb des eigenen Unternehmens zu berufen. Nach den Prinzipien „Das haben wir schon immer so gemacht." und „Wir haben nur gute Erfahrungen damit gesammelt." verfährt man einfach weiter wie bisher. Ein Assessment Center oder ein Einstellungsinterview, das von Anfang an grundlegende Defizite aufweist, wird auch durch dutzendfache Wiederholung nicht besser. Mangelt es an einer kritischen Evaluation der Vorgehensweise, treten die Fehler nicht offen zu Tage. So verfestigt sich nach und nach ein Missstand, der als solcher nicht erkannt wird.

Nicht viel anderes verhält es sich bei der Auswahl von Personal- oder Organisationsentwicklungsmaßnahmen. Hinzu kommt hier allerdings der *Einfluss von Moden* im Entwicklungsgeschäft. Das Entscheidungsprinzip bleibt jedoch dasselbe. Als gut erscheint, was sich in irgendeiner Weise auf dem Markt etabliert hat.

Alle genannten Defizite müssten sich nach einiger Zeit eigentlich in der Qualität der Produkte niederschlagen. Wäre es so einfach, dann könnte jedes Unternehmen von allein merken, dass Fehlentscheidungen vorliegen und müsste sich nur noch auf die Suche nach den Ursachen begeben. Leider ist es in der Personaldiagnostik sehr oft nicht so leicht. Personaldiagnostische Defizite und ihre Konsequenzen liegen im Verborgenen und treten von allein kaum zu Tage. So werden Fehler bei der Personalauswahl und -platzierung meist nur in Extremfällen deutlich, wenn man sich von einem Mitarbeiter trennen muss. Selbst dann ist es aber fraglich, ob man nach ein oder zwei Jahren der Anstellung die Ursachen überhaupt noch in der Personaldiagnostik sucht. Wer die Qualität der Personaldiagnostik gezielt hinterfragen und steigern möchte, muss daher selbst gezielte Schritte zur Evaluation unternehmen. Dies wiederum scheitert häufig daran, dass die *Notwendigkeit nicht erkannt* wird und die Verantwortlichen *nicht über das notwendige Know-how zur Durchführung empirischer Evaluationsstudien verfügen*. Falls es dennoch zu Evaluationsbemühungen kommt, gibt man sich mit dem Augenschein zufrieden, was – wie gerade erläutert wurde – nur zur Aufdeckung der größten Fehlentscheidungen führt.

Fassen wir unsere Analyse zusammen, so kommen wir zu dem Schluss, dass vieles im Argen liegt. Wo immer die Ursachen für die skizzierten Probleme liegen mögen, von einer rundum bewährten Praxis der Personaldiagnostik kann nur jemand reden, der nicht so genau hinschaut. Selbst dort, wo kompetent gearbeitet wird gibt es immer noch Potentiale zur Verbesserung. Wottawa (2000) schätzt die jährlichen Verluste, die in der deutschen Wirtschaft allein durch Defizite in der Personaldiagnostik hervorgerufen werden, auf mehr als 30 Milliarden Euro. Bedenken wir weiterhin, dass die Leistungsspanne zwischen einem erstklassigen und einem schlechten Mitarbeiter, die beide in derselben Funktion tätig sind, bis zu 100 % betragen kann (Weuster, 1994), so wird der wirtschaftliche Nutzen einer guten Personaldiagnostik deutlich. Wer einem naiven „weiter so" das Wort redet, wirft bereits verlorenem Geld oft noch weiteres hinterher und spielt ein zynisches Spiel mit den betroffenen Menschen, seien es nun Bewerber oder Mitarbeiter.

> Die alltägliche Praxis der Personaldiagnostik in vielen Unternehmen ist weit davon entfernt, perfekt zu sein. Aus der Tatsache, dass „der Laden irgendwie läuft" kann nicht auf ein bereits ausgeschöpftes Potential zur Verbesserung der eingesetzten Methoden geschlossen werden. Der hohe Stellenwert, den die Personaldiagnostik für das Wohlergehen des Unternehmens sowie der Organisationsmitglieder besitzt, lässt eine allzu große Nachlässigkeit, gepaart mit Ignoranz gegenüber den Prinzipien der wissenschaftlich fundierten Diagnostik, als groben Fehler erscheinen.

2.4 Die Ergebnisse der wissenschaftlichen Diagnostik sind beliebig verfälschbar und daher wertlos

In den vorangestellten Abschnitten haben wir einige grundlegende Defizite der personaldiagnostischen Praxis vieler Unternehmen aufgedeckt. Die Defizite ergeben sich nicht nur aus dem mangelnden Know-how, sondern auch aus einer weit verbreiteten Skepsis gegenüber den Methoden der wissenschaftlichen Personaldiagnostik. Ein zentraler Kritikpunkt betrifft die Verfälschbarkeit der Messergebnisse.

In der Tat stoßen wir in allen diagnostischen Situationen auf das Problem der sozial erwünschten Selbstdarstellung: Die untersuchten Personen sind im Allgemeinen bestrebt, einen positiven Eindruck zu erzeugen (Überblick: Leary, 1995; Mummendey, 1995) und sind mitunter dabei auch erfolgreich (Ellis, West, Ryan & DeShon, 2002). Hinter derartigen Bemühungen stecken zwei allgemeine Bedürfnisse: Zum einen fördert die erfolgreiche Selbstdarstellung eine positive Bewertung der Person, wodurch das Bedürfnis nach Herstellung, Verteidigung, Aufrechterhaltung und Ausbau positiver Selbstwerte bedient wird (Kanning, 2000; Kanning & Schnitker, in Druck). Zum anderen mehren solche Bewertungen den Einfluss der Person im sozialen Kontext (Tedeschi, Lindskold & Rosenfield, 1985). Wer von anderen akzeptiert, gemocht oder gar idealisiert wird, hat weitaus mehr Möglichkeiten, in sozialen Situationen seine eigenen Interessen zu verwirklichen als jemand, der vielleicht sogar Ablehnung erfährt.

Auf den ersten Blick ist mancher Betrachter dazu geneigt, die Selbstdarstellung als etwas Verwerfliches abzutun: Hier versucht ein Mensch, anderen etwas vorzumachen, er manipuliert den Eindruck, den sie sich von ihm verschaffen und instrumentalisiert Mitmenschen zur Verwirklichung seiner eigenen Ziele. Kurzum, er ist nicht ehrlich, sondern berechnend, ja geradezu hinterlistig. Dies ist jedoch nur die eine

Seite der Medaille. Die Fähigkeit zur Selbstdarstellung repräsentiert auch soziale Kompetenz. Jemand, der sich anderen gegenüber erfolgreich darstellt, ist nicht nur sensibel für die Ansprüche eines spezifischen sozialen Kontextes, er kann sein eigenes Verhalten auch kontrollieren. Ob er diese Fähigkeiten zum Vorteil oder Nachteil seiner Mitmenschen einsetzt, ist keineswegs von vornherein determiniert. Denken wir nur einmal an eine Mutter, die ihrem schwer erkrankten Kind Mut macht, obwohl sie selbst Angst hat. Ähnlich verhält es sich bei zahllosen Begegnungen im Alltag, in denen wir uns anderen Menschen gegenüber freundlich und respektvoll verhalten, obwohl wir sie nicht mögen oder übel gelaunt sind. Die Fähigkeit zur Selbstdarstellung ist ein wichtiger Baustein des friedfertigen Miteinanders. Gleichzeitig schützt sie die Privatsphäre des Handelnden vor der Außenwelt. Wer nicht möchte, dass andere allzu viel über die eigenen Gefühle und Gedanken erfahren, der kann sich durch eine erfolgreiche Selbstpräsentation vor den „Nachstellungen" des sozialen Kontextes „in Sicherheit bringen". Insgesamt betrachtet verhält es sich mit dem sich selbst darstellenden Verhalten also wie mit jedem anderen Verhalten. Je nach Perspektive und Situation scheint es uns einmal legitim, ein andermal von Übel zu sein. Dabei dient ein selbstdarstellendes Verhalten keineswegs nur dazu, andere Menschen zu täuschen. Mehrere Untersuchungen zeigen, dass entsprechende Techniken auch dann eingesetzt werden, wenn keine Person, die man täuschen könnte, anwesend ist. In diesem Falle dient die Selbstdarstellung offenbar dazu, ein durch die eigene Person positiv bewertetes Selbstbild zu konstruieren bzw. aufrechtzuerhalten (Greenwald & Breckler, 1985; Snyder, 1985).

Aus der Perspektive des Diagnostikers, der einen möglichst unverfälschten Blick auf die Merkmale des Individuums anstrebt, ist die Tendenz zur sozial erwünschten Selbstdarstellung ein unerwünschtes Phänomen, dem es zu begegnen gilt. Allerdings stellt sich das Problem in Abhängigkeit von der eingesetzten diagnostischen Methode (vgl. Kapitel 3) sehr unterschiedlich dar. So bleiben einem Bewerber bei *Leistungstests* nur die Möglichkeiten, sich auf die Leistungsaufgaben vorzubereiten und sich in der Prüfungssituation anzustrengen. Die Grenzen der vorteilhaften Selbstpräsentation werden durch die tatsächlich vorhandenen Kompetenzen gezogen. Kaum jemand wird allein durch Vorbereitung oder Anstrengung seinen wahren Intelligenzquotienten im Testergebnis deutlich verbessern können. Und selbst dann reflektiert das bessere Testergebnis auch ein höheres Leistungsniveau. Schließlich war der Proband in der Lage die Aufgaben korrekt zu lösen. Ähnlich sieht es aus, wenn Methoden der *Verhaltensbeobachtungen* zum Einsatz kommen. Ein gewisses schauspielerisches Talent vorausgesetzt, ist es zwar möglich, das Ergebnis der Bewertung zu eigenen Gunsten zu beeinflussen. Wer jedoch z.B. im Assessment Center in der Lage ist, sich als teamfähig, rhetorisch brillant oder durchsetzungsfähig darzustellen, der verfügt auch tatsächlich über entsprechende Kompetenzen, anderenfalls könnte er das gewünschte Verhalten überhaupt nicht zeigen. Selbst dann, wenn er diese Kompetenzen im Alltag nicht zum Einsatz bringt, ist er immer noch kompetenter, als jemand der nicht einmal dann, wenn er sich maximal bemüht, ein entsprechendes Verhalten zeigen könnte. Für das Unternehmen stellt sich jetzt „nur" noch die Frage, wie man den Kandidaten dazu motiviert, seine Kompetenzen im Alltag auch tatsächlich einzusetzen. Dies ist aber keine Frage der Personaldiagnostik, sondern eine grundlegende Aufgabe für das Führungspersonal bzw. die Personal- und Organisationsentwicklung. Eine Verfälschung der Messergebnisse im eigentlichen Sinne liegt bei der Verhaltenbeobachtung ebenso wenig vor, wie beim Testen. Die Bewerber strengen sich in der diagnostischen Situation lediglich mehr an als im Alltag. Dies ist allgemein bekannt und letztlich kein schwerwiegendes Problem. Ein wenig anders sieht es hingegen aus, wenn wir weder Leistungstests noch direkte Verhaltensbeobachtungen einsetzen, sondern uns auf die *Selbstbeschreibung* der Kandidaten verlassen. Bei schriftlichen Verfahren zur Selbstbeschreibung ist die Selbstdarstellung relativ leicht möglich. Hier muss man nicht einmal ein guter Schauspieler sein. Es reicht, wenn man erkennt, welche Antwort jeweils vorteilhaft ist und sein Kreuz in der Antwortskala entsprechend setzt. Dennoch wäre es falsch, davon auszugehen, dass diagnostische Informationen überwiegend oder gar ausschließlich die Fähigkeit des Probanden zur Selbstdarstellung reflektieren. Zum einen wird es wohl nur wenige Menschen geben, die in diagnostischen Situationen ausschließlich lügen, zum anderen gibt es zahlreiche Optionen, mit deren Hilfe das Ausmaß der Verzerrung reduziert werden kann. Es völlig zu eliminieren dürfte jedoch nur in bestimmten Szenarien – beispielsweise, wenn der Proband selbst ein starkes Interesse an einer korrekten Beurteilung hat – gelingen. Im Durchschnitt beziffert sich das Ausmaß der durch Selbstdarstellung erzeugten Varianz auf etwa eine halbe Standardabweichung (Viswesvaran & Ones, 1999).

Wie begegnet man nun aber der Tendenz zur verfälschten Selbstpräsentation in diagnostischen Situationen? Diese Frage kann in Abhängigkeit vom Kontext der Diagnose sowie der eingesetzten Verfahren sehr unterschiedlich beantwortet werden (vgl. Abbildung 2-10).

Die einfachste Variante besteht darin, *keinerlei Gegenmaßnahmen zu ergreifen*. Dies ist sinnvoll, wenn von vornherein nicht davon auszugehen ist, dass sich die Probanden sozial erwünscht verhalten wollen, was z.B. bei anonymen Mitarbeiter- oder Kundenbefragungen der Fall ist. In den allermeisten personaldiagnostischen Situationen kann man von einer solchen Bereitschaft zur „Ehrlichkeit" kaum ausgehen. Dies gilt sowohl für die Personalauswahl als auch für die Personalentwicklung. Bei der Personalauswahl ist es oft von existentieller Bedeutung, einen möglichst positiven Eindruck zu hinterlassen. Nicht viel anders sieht es bei diagnostischen Maßnahmen im Rahmen der Personalentwicklung aus, wenn es z.B. darum geht, Erfolg versprechende Mitarbeiter für eine karrieredienliche Schulungsmaßnahme auszuwählen oder im Anschluss an die Maßnahme die Lernfortschritte der Teilnehmer festzustellen. Eine Ausnahme liegt vor, wenn die Selbstdarstellungskompetenz selbst ein Leistungsmerkmal der Kandidaten darstellt (vgl. Diemand & Schuler, 1991; Moser, Galais & Kuhn, 1999; Nicholson & Hogan, 1990). Mehrere Untersuchungen zeigen, dass Bewerber, die sich sozial erwünscht präsentieren, innerhalb der Rangordnung der Kandidaten weiter oben stehen als solche, die dies nicht tun (Christiansen, Goffin, Johnston & Rothstein, 1994; Ellingson, Sackett & Hough, 1999; Hough, 1998). Sofern Erstere später am Arbeitsplatz erfolgreicher sind als Letztere, ist hierin kein Problem zu sehen. Selbstdarstellung wäre dann in erster Linie nicht als eine Täuschung des Gegenübers, sondern vielmehr als eine soziale Kompetenz zu begreifen. Denken wir nur einmal an einen Außendienstmitarbeiter, an Unternehmensberater oder Servicemitarbeiter. Jeder der Kontakt zu Kunden unterhält, kann von einer ausgeprägten Fähigkeit zur Selbstdarstellung profitieren (vgl. Moser et al., 1999). Sie ist ein Prädiktor beruflichen Erfolgs. Lässt sich für einen bestimmten Beruf eine solche

Interpretation bestätigen, so könnte man auf Maßnahmen zur Beseitigung oder Kontrolle sozial erwünschter Selbstdarstellung verzichten (Marcus, 2003a, 2003b). Allerdings stellt sich dann die Frage, ob es in diesem Fall nicht besser wäre, die Selbstdarstellung (Mummendey, 1995; Tedeschi, Lindskold und Rosenfield, 1985) explizit zu erfassen (Kanning 2003c, 2003d). Schließlich stellt sie in diesen Fällen eine wichtige Anforderungsdimension dar, die es wie jede andere verdient, mit Sorgfalt diagnostiziert zu werden. Nur eine explizite Erfassung ermöglicht schließlich die Überprüfung der Gütekriterien (vgl. Kapitel 5). Eine weiter Begründung für den Verzicht auf Gegenmaßnahmen ergibt sich, wenn die Tendenz zur sozial erwünschten Selbstdarstellung nachweislich keinen Einfluss auf die Validität eines Verfahrens nimmt, was in mehreren Metaanalyse belegt werden konnte (Ones und Viswesvaran, 1998; Ones, Viswesvaran & Reiss, 1996; Viswesvaran, Ones & Hough, 2001). Diemand und Schuler (1998) zeigen dies z.B. für ein Potentialanalyseverfahren auf. Personaldiagnostische Methoden können in der Tat auch dann wirtschaftlich nützlich sein, wenn keinerlei Maßnahmen zur Kontrolle der Selbstdarstellung unternommen werden (vgl. Kapitel 5.5). Allerdings stellt sich die Frage, ob die Aussagekraft der Verfahren nicht noch weiter ansteigt, wenn man eine wirksame Kontrolle vornimmt. Verzichtet man auf Gegenmaßnahmen, so erhält man im Zuge der Diagnose keine unverfälschten Informationen über die Ausprägung der interessierenden Kompetenzen, da wahrscheinlich alle erhobenen Daten mehr oder minder stark durch die Selbstdarstellung beeinflusst werden. In welchem Ausmaß dies im Einzelfall geschieht und wie stark die Fähigkeit zur Selbstdarstellung des jeweiligen Probanden ist, bleibt im Verborgenen. Ein solches Vorgehen folgt mithin einem sehr pragmatischen Prinzip. Wenn man insgesamt eine gute Prognose der beruflichen Leistungen eines Bewerbers erzielen kann, nimmt man gewissermaßen in Kauf, dass die eigentlich interessierenden Merkmale nur „verunreinigt" gemessen werden können. Was zählt ist nicht die Information, wie hoch beispielsweise die Ausprägung der Dimension „Durchsetzungsfähigkeit" bei einem bestimmten Bewerber tatsächlich ist, sondern ob der gemessene Wert – was immer er auch im Einzelnen repräsentieren mag – nützlich ist. Eine solche Perspektive ist aus rein pragmatischer Sicht legitim (Marcus, 2003a, 2003b). Letztlich vermag sie allerdings nicht so recht zu befriedigen, möchte man doch gern Gewissheit haben, dass beispielsweise die Skala „Durchsetzungsfähigkeit" auch möglichst unverfälscht die Durchsetzungsfähigkeit des Kandidaten abbildet. Hinzu kommt, dass die metaanalytischen Befunde zur fehlenden Validitätsminderung (Ones und Viswesvaran, 1998; Ones, Viswesvaran & Reiss, 1996; Viswesvaran, Ones & Hough, 2001) keineswegs so eindeutig sind, wie es auf den ersten Blick scheint (vgl. Kanning, 2003d). Die Ergebnisse könnten auch darauf zurückzuführen sein, dass das in einer diagnostischen Situation gemessene Selbstdarstellungsverhalten etwas qualitativ anderes darstellt als sozial erwünschtes Verhalten im Beruf. So belegen z.B. Viswesvaran, Ones und Hough (2001) in einer Metaanalyse, dass die häufig eingesetzten persönlichkeitsbezogenen Selbstdarstellungsskalen weder positiv noch negativ mit der beruflichen Leistungsfähigkeit korrelieren. Mit anderen Worten, die Kontrollskalen messen ein Merkmal, das irrelevant ist. Infolge dessen führt der Einsatz solcher Skalen nicht zur erhofften Validitätssteigerung. Kanning (2003d) äußert den Verdacht, dass die gebräuchlichen Skalen zwar ein allgemeines Persönlichkeitsmerkmal, nicht aber das akute Verfälschungsverhalten erfassen, für das man sich eigentlich interessiert. Ob und inwieweit die Validität eines

Personalauswahlverfahrens durch verfälschte Angaben gemindert wird, ist somit noch nicht zweifelsfrei geklärt. Bedenken wir weiterhin, dass sich die Rangreihenfolge der Bewerber in Abhängigkeit von der Bereitschaft zur Selbstdarstellung verschiebt (Christiansen, Goffin, Johnston & Rothstein, 1994; Ellingson, 1999), so spricht einiges gegen eine Strategie des Nichtstuns. Die nachfolgend beschriebenen Maßnahmen unternehmen daher allesamt den Versuch, das Ausmaß der sozial erwünschten Selbstdarstellung zu reduzieren oder explizit zu erfassen.

- Verzicht auf Gegenmaßnahmen, wenn die sozial erwünschte Selbstdarstellung die Validität steigert

- Auswahl von Messinstrumenten mit geringer Anfälligkeit gegenüber der sozial erwünschten Selbstdarstellung

- Instruktion der Probanden
  - Anonymität zusichern
  - Bitte um ehrliche Antwort
  - Hinweis auf Kontrollskalen
  - Warnung vor Schwierigkeiten bei der Selbstdarstellung

- Messung sozial erwünschter Selbstdarstellung in der diagnostischen Situation
  - „Lügenitems"
  - mehrstufige Skalen
  } cut off/Verrechnung

- Konstruktion weniger anfälliger Items
  - geringe Transparenz
  - forced choice

- Eliminierung besonders anfälliger Items

- Kombination mehrerer Methoden zur Erfassung und/oder Reduzierung sozial erwünschter Selbstdarstellung

- (Zusätzlicher) Einsatz von Methoden die weniger anfällig sind (z.B. Leistungstests)

Abbildung 2-10: Umgang mit dem Problem der sozial erwünschten Selbstdarstellung

Eine zweite Möglichkeit, mit dem Phänomen der sozialen Erwünschtheit umzugehen, besteht darin, durch eine spezielle *Instruktion der Probanden* die Bereitschaft zur verzerrten Selbstdarstellung zu reduzieren. Im einfachsten Falle sichert man den Probanden *Anonymität* zu. Hierhinter steckt der Gedanke, dass dort, wo es kein Publikum gibt, vor dem sich eine sozial erwünschte Selbstdarstellung lohnen könnte, selbige auch ausbleibt. Gleichwohl wird die Tendenz zur Selbstdarstellung durch Anonymitätszusicherung nur reduziert, nicht aber gänzlich eliminiert. Letzteres wäre schon vor dem Hintergrund der Tatsache, dass einschlägige Techniken auch allein zur Konstruktion eines privaten Selbstbildes herangezogen werden (Greenwald & Breckler, 1985; Snyder, 1985), nicht anders zu erwarten. In der Forschung ist die Zusicherung der Anonymität leicht zu realisieren und gehört schon aus Gründen des Datenschutzes zur Routine der empirischen Forschung. In der Praxis ist ein solches Vorgehen nur in Ausnahmefällen möglich, etwa wenn es um groß angelegte Mitarbeiterbefragungen geht. Dabei interessieren letztlich nicht die Daten des Einzelnen, sondern lediglich die auf der Ebene von Gruppen aggregierten Ergebnisse. Immer dann, wenn Einzelfalldiagnostik betrieben wird, scheidet die Option der Anonymitätszusicherung aus. Gleiches gilt, wenn völlige Anonymität objektiv nicht möglich ist, wie z.B. bei der Durchführung von Interviews. Hier bleibt bestenfalls die Möglichkeit einer Anonymitätszusicherung im Hinblick auf bestimmte Personenkreise. So könnte man etwa bei der Durchführung von Interviews zur Mitarbeiterbefragung den Organisationsmitgliedern zusichern, dass die Ergebnisse nur in aggregierter Form an die Unternehmensleitung weitergereicht werden. Gegenüber dem Interviewer besteht zwangsläufig keine Anonymität. Eine andere Möglichkeit der Instruktion spricht das Problem der sozial erwünschten Selbstdarstellung explizit oder implizit an und *bittet die Probanden, so ehrlich wie möglich zu antworten*. Eine solche Instruktion kann zusätzlich zur Anonymitätszusicherung erfolgen oder sie ersetzen, sofern eine anonyme Datenerhebung nicht möglich ist. Der Erfolg dieser Option hängt vor allem davon ab, inwieweit es gelingt, die Probanden davon zu überzeugen, dass sie sich mit einer verzerrten Selbstdarstellung nur Schaden zufügen würden. Zwar kann man auch hier argumentieren, dass es niemandem nützt, wenn er durch geschönte Angaben einen Arbeitsplatz erhält, der einen letztlich überfordert. Dies werden viele Bewerber aber nicht so ohne weiteres glauben. Zumal wenn der Arbeitsmarkt für sie ungünstig ist, erscheint es verständlich, dass man erst einmal irgendeine Anstellung sucht, auch wenn man längerfristig den Arbeitsplatz wieder wechseln muss. Fruchtbarer ist da schon eine *Instruktion, die auf Kontrollmöglichkeiten* hinweist. In diesem Falle klärt man den Kandidaten darüber auf, dass im diagnostischen Verfahren auch solche Items enthalten sind, die die Tendenz zur sozial erwünschten Selbstdarstellung erfassen. Die Instruktion veranlasst den Probanden im günstigsten Falle zu einer weniger verzerrten Selbstdarstellung, weil er eine Aufdeckung entsprechender Strategien fürchtet. Gerade für einen Bewerber dürfte es sich extrem nachteilig auswirken, wenn der Diagnostiker von ihm den Eindruck eines unseriösen Selbstdarstellers gewinnt. Selbst außerhalb der Praxis, in Laborexperimenten, in denen den Teilnehmern keine ernsthaften Konsequenzen drohen, führen derartige Instruktionen zu Teilerfolgen (Goffin & Woods, 1995). Das eindrucksvollste Beispiel liefern hier die Untersuchungen zum sog. „Bogus-Pipeline-Paradigma" (Brackwede, 1980; Jones & Sigall, 1971). Den Versuchspersonen wird dabei durch eine aufwändige Apparatur der Eindruck vermittelt, man habe eine Art Lügendetektor entwickelt, der alle unwahren Antworten aufdecken könne. Im Vergleich zu Kontrollgruppen, die keiner entsprechenden Manipulation ausgesetzt waren, äußern die Versuchspersonen deutlich mehr sozial unerwünschte Einstellungen und Eigenschaften (Brackwede, 1980; Mummendey, 2003). Eine weitere, eher ungewöhnliche Variante der Instruktionsmethode *informiert die Probanden über die Schwierigkeiten bei der Verfälschung der Ergebnisse*. Kanning (in Druck b) spricht in der Instruktion zu einem computergestützten Personalauswahlverfahren die Bewerber explizit auf das Problem des sozial erwünschten Antwortverhaltens an. Dabei wird betont, dass die Betroffenen zum einen nicht genau wissen, welches Verhalten von der Organisation gewünscht wird und zum anderen wohl kaum über mehrere hundert Items hinweg eine konsistente positive Selbstdarstellung betreiben können. Der Versuch, durch taktisches Antwortverhalten die Chancen auf eine Einstellung zu vergrößern, könnte sich mithin auch gegen den Bewerber wenden. Im schlimmsten Falle hätte ein ehrliches Antwortverhalten zur Einstellung geführt, während eine „stümperhafte" (d.h.

fehlgeleitete, überzogene oder inkonsistente) Selbstpräsentation die Zurückweisung des Kandidaten zur Folge hat. Bewerber, die dieses reale Problem verstanden haben, sollten sich weniger leichtfertig verhalten und in geringerem Maße eine sozial erwünschte Darstellung zeigen. Die Ergebnisse von Kanning und Kuhne (under review) bestätigen diese Annahme.

Neben den vielfältigen Möglichkeiten, über die Instruktion Einfluss zu nehmen, gibt es in der Psychologie eine jahrzehntelange Tradition, die individuelle *Tendenz zur sozial erwünschten Selbstdarstellung direkt zu messen*. Der Einsatz entsprechender Skalen beschränkt sich auf Verfahren zur Selbstbeschreibung, wobei diese Einschränkung keineswegs in der Natur der Methode liegt. Die Skalen sind entweder in standardisierte Persönlichkeitsfragebögen integriert (z.B. Eysenck, 1983; Fahrenberg, Hampel & Selg, 1999) oder werden als eigenständiges Messinstrument einem anderen Verfahren beigefügt (z.B. Crowne & Marlow, 1960). Die gewonnene Information kann in verschiedener Weise genutzt werden (Hough, 1998). Eine Möglichkeit besteht darin, einen Cut-Off festzulegen. Demzufolge wären Angaben des Probanden dann nicht mehr ernst zu nehmen, wenn die Erwünschtheitsskala einen bestimmten Wert überschritten hat. Bei einem zu hohen Erwünschtheitswert würde man einen Bewerber ablehnen, bei einer Mitarbeiterbefragung die Daten des Probanden nicht weiter berücksichtigen. Alternativ hierzu könnte man auch den Versuch unternehmen, die Darstellungstendenz aus den Daten gewissermaßen „herauszurechnen" (vgl. Christiansen, Goffin, Johnston & Rothstein, 1994). Auf der Basis entsprechender Voruntersuchungen können die Punktwerte des Probanden in Abhängigkeit von den Ergebnissen der individuellen Erwünschtheitsmessung gemindert werden. Prinzipiell lassen sich zwei verschiedene Skalenarten zur Abschätzung der Selbstdarstellungstendenz unterscheiden. Die eine Skalenart arbeitet mit sog. „Lügenitems", während die zweite klassische Items zur Selbstbeschreibung einsetzt. *Lügenitems* beschreiben eher extreme Formen gesellschaftlich erwünschten Verhaltens (vgl. Tabelle 2-1). Der Proband muss die Items mit Hilfe einer dichotomen Antwortskala („ja" vs. „nein" oder „stimmt" vs. „stimmt nicht") bearbeiten, wobei die Items in der Regel so gepolt sind, dass die Antwort „ja" bzw. „stimmt" als Lüge gewertet wird (vgl. Amelang & Bartussek, 1970). Über die gesamte Lügenskala hinweg wird die Anzahl der Lügen aufsummiert. Verdeutlichen wir uns dieses Prinzip anhand der in Tabelle 2-1 wiedergegebenen Beispielitems. Eine Person, die angibt, noch nie ihre Eltern angelogen zu haben, für jedermann ein Vorbild zu sein und sich vor jedem Essen die Hände zu waschen, erscheint eher unglaubwürdig. Je häufiger sie entlang einer Reihe vergleichbarer Items angibt, solche Formen erwünschten Verhaltens zu zeigen, umso unglaubwürdiger ist sie. Zwar ist es vorstellbar, dass manche Personen wahrheitsgemäß einzelne Items mit „ja" beantworten, dass dies auch bei fünf, zehn oder mehr vergleichbaren Items der Fall wäre, ist hingegen unwahrscheinlich. Wichtig für die Konstruktion entsprechender Skalen ist es, sowohl den Bezugsrahmen zur Definition des sozial erwünschten Verhaltens im Auge zu halten – nicht in allen Gesellschaftsgruppen ist es z.B. sozial erwünscht, ein Vorbild zu sein – als auch empirisch zu überprüfen, ob eine Ja-Antwort bei einem bestimmten Item tatsächlich nur selten vorkommt. Wenn beispielsweise 80 % der Probanden in einer für die anvisierte Fragestellung relevanten Stichprobe unter Zusicherung der Anonymität angeben, die Eltern nie angelogen zu haben, so ist das Item wenig geeignet. Offenbar beschreibt das Item keine extreme, sondern sehr viel eher eine weit verbreitete Form sozial erwünschten Verhaltens. Die zweite Art der Erwünschtheitsskalen arbeitet mit *mehrstufigen Selbsteinschätzungsitems*. Auf einem abstrakten Analyseniveau wird erfasst, inwieweit der Proband im Allgemeinen sozial erwünschte Verhaltensweisen präferiert. Die Skalen messen ein Persönlichkeitsmerkmal, nicht aber die aktuelle Bereitschaft eines Probanden fehlerhafte Angaben zu machen. Anschließend wird von der Ausprägung des Persönlichkeitsmerkmals auf die Bereitschaft zur verfälschenden Selbstdarstellung geschlossen: Wer im Allgemeinen, zur Selbstdarstellung neigt, wird – so glaubt man – auch beim Ausfüllen eines Fragebogens eher beschönigende Angaben machen. Dieser Schluss ist ein wenig gewagt, denn unser Verhalten ist nicht zu 100 % durch die Persönlichkeit determiniert. Selbst dann, wenn jemand stark zur Selbstdarstellung neigt, weiß man nicht, wie ehrlich er in der konkreten Situation ist. Die klassischen „Lügenskalen" bieten hier weitaus mehr Interpretationssicherheit, weil sie unmittelbar das aktuelle Antwortverhalten hinterfragen. Für welche Kontrollskala man sich im Einzelfall auch entscheiden mag, sicher ist, dass allein durch Kontrollskalen das Problem nicht gelöst werden kann. Dies gilt vor allem dann, wenn die Probanden die Kontrollskalen als solche erkennen und sich bei der Beantwortung der Items so verhalten, dass die wahre Tendenz zur sozial erwünschten Antwort unterschätzt wird.

Tabelle 2-1: Itemtypen zur Messung sozial erwünschten Antwortverhaltens

	„Lügenitems"	mehrstufige Selbstbeschreibungsitems
Beispielitems	„Ich habe noch nie meine Eltern angelogen." „Ich bin stets ein Vorbild für andere Menschen." „Vor jedem Essen wasche ich mir die Hände."	„Manchmal zweifele ich an meinen Fähigkeiten, im Leben Erfolg zu haben." „Gelegentlich bin ich neidisch auf andere, die Glück haben." „Bei Gelegenheit habe ich schon einmal jemanden ausgenützt."
Skalierung der Antwort	dichotom: „ja" vs. „nein"	mehrstufige Zustimmungs-Ablehnungsskala

Eine völlig andere Herangehensweise stellt die *Forced-Choice-Technik* dar (Edwards, 1953), die sowohl bei Instrumenten zur Selbstbeschreibung als auch bei Skalen zur Fremdbeschreibung Anwendung finden kann. Hierbei wird der Versuch unternommen, bereits auf der Ebene der Items eine sozial erwünschte Selbstdarstellung zu erschweren: Im Falle der Selbstbeschreibung wird den Probanden eine Reihe von Verhaltensweisen präsentiert, unter denen sie diejenigen auswählen sollen, die ihre eigenen Einstellungen und Verhaltensorientierungen am besten repräsentieren. Im Rahmen einer Voruntersuchung wurde zunächst die soziale Erwünschtheit aller Verhaltensweisen überprüft, so dass in der Endversion des Verfahrens immer solche Verhaltensweisen in einem Auswahlitem gebündelt werden, die in gleicher Weise erwünscht oder nicht erwünscht sind. In der Konsequenz ist es für den Kandidaten nun nicht mehr möglich, diejenige Alternative zu präferieren, die besonders erwünscht ist. Allerdings unterscheiden sich die angebotenen Alternativen hinsichtlich der Punktwerte, die für eine Auswahl vergeben werden. Auch diese Information ist für den Probanden nicht offensichtlich, was eine gezielte Selbstdarstellung zusätzlich erschwert. Da die Probanden nicht wissen, wie welche Verhaltensalternative tatsächlich bewertet wird und noch dazu mit allgemeinen gesellschaftlichen Wertmaßstäben nicht weiter kommen – alle Alternativen sind hinsichtlich der sozialen Erwünschtheit parallelisiert – bleibt ihnen nicht viel anderes übrig, als ehrlich zu antworten. Die tatsächliche Bewertung der Antwortalternativen fußt im besten Falle auf einer empirischen Erhebung. Wird das Verfahren zur Personalauswahl eingesetzt, so könnte man z.B. die Alternativen hinsichtlich ihrer prognostischen Validität für den Berufserfolg gewichten. Der Nachteil der Forced-Choice-Methode liegt vor allem im Konstruktionsaufwand. Hinzu kommt, dass die Items leicht auch Unmut hervorrufen, da den Probanden mitunter schwirige Entscheidungen abverlangt werden. Der Nutzen der Forced-Choice-Methode zur Reduzierung sozial erwünschten Antwortverhaltens ist gut belegt (Bernadin & Beatty, 1984). Allerdings beträgt der Effekt nicht 100 % und ist vor allem dann eingeschränkt, wenn sich die Konstruktionsstichprobe sehr deutlich von der Anwendungsstichprobe unterscheidet (Lammers & Frankenfeld, 1999). In diesem Fall kann es zu Abweichungen in der Wahrnehmung der sozialen Erwünschtheit der Verhaltensweisen kommen, so dass die Bewerber entgegen allen Bemühungen dennoch erkennen können, welche Alternative aus der Sicht der Organisation die beste ist.

Eine Methode, die ebenfalls auf der Ebene der Items ansetzt und weitaus weniger aufwändig ist, wird von Mummendey (2003) vorgeschlagen. Sie bezieht sich auf die Konstruktion von *Items mit geringer Transparenz*. Erkennt der Proband bei einem Item eindeutig, welches Merkmal gemessen werden soll, ist hiermit bereits eine gute Grundlage für die sozial erwünschte Beantwortung des Items gelegt. Intransparente oder besser gesagt „weniger transparente" Items verschleiern demgegenüber die Absicht des Diagnostikers. Mummendey (2003, S. 173) gibt die folgenden Beispiele: „Ich halte mich für einen wenig kontaktfreudigen Menschen." (transparentes Item) und „Ich schließe nicht leicht neue Bekanntschaften." (weniger transparentes Item). Hofmann und Kubinger (2001) berichten über die Entwicklung sog. „objektiver Persönlichkeitsfragebögen", die bestimmte Merkmale, wie z.B. die Leistungsmotivation der Probanden, weitgehend verdeckt messen. Dabei werden die Probanden nicht mehr um eine Selbsteinschätzung gebeten. Das Merkmal wird stattdessen unmittelbar aus dem Arbeitsverhalten abgeleitet. Holtgraves, Eck und Lasky (1997) weisen auf die Möglichkeit hin, Fragen so zu formulieren, dass der Proband auch bei sozial unerwünschtem Verhalten gegenüber dem Diagnostiker „sein Gesicht nicht verlieren" kann. Derartige Items müssen z.B. eine Entschuldigung für das unerwünschte Verhalten beinhalten (Beispiel: „Ich komme häufig zu spät, weil andere mich aufhalten."). Unabhängig von den Details des Vorgehens gilt es natürlich immer, die Validität des resultierenden Fragebogens im Blick zu halten. Niemandem ist mit einem Messinstrument gedient, das völlig resistent gegenüber der verzerrten Selbstdarstellung ist, gleichzeitig aber das eigentliche Ziel der Messung verfehlt. Letztlich wird man auch durch Maßnahmen zur Reduzierung der Transparenz das Problem sozial erwünschten Antwortverhaltens nur im Ansatz in den Griff bekommen. Werden schon bei der Formulierung solche Items vermieden, die geradezu zur Antwortverzerrung einladen, kann zumindest das Schlimmste verhindert werden.

Liegt bereits ein Itempool vor, gilt es im Zuge der Testkonstruktion *Items mit hoher Anfälligkeit für die sozial erwünschte Selbstdarstellung zu eliminieren*. Im Zentrum des Vorhabens steht dabei die Untersuchung der einzelnen Items, die auf recht unterschiedlichem Wege erfolgen kann. Im einfachsten Falle bedient man sich der subjektiven Bewertung durch den Itemkonstrukteur. Anspruchsvoller wäre demgegenüber – vergleichbar zur Forced-Choice-Methode – die Befragung einer größeren Anzahl von Experten. Eine dritte Methode nähert sich dem Problem auf experimentellem Wege (Überblick: Mummendey, 2003). Dazu werden die noch nicht ausgewählten Items verschiedenen Untersuchungsgruppen vorgelegt. Die eine Gruppe wird aufgefordert, sich bei der Beantwortung der Fragen möglichst vorteilhaft darzustellen („fake good"), während je nach Design die verbleibenden Probanden die Items wahrheitsgemäß oder im Sinne einer sozial unerwünschten Selbstdarstellung („fake bad") bearbeiten sollen. Alternativ ließe sich auch ein Vergleich zwischen Probanden in einer Bewerbungssituation und solchen, die sich in einer anonymen Untersuchungssituation befinden, anstellen. Eine weitere Variante würde statt der Bewerbungssituation mit dem Bogus-Pipeline-Paradigma arbeiten. In jedem der experimentellen Ansätze geht es darum, durch einen Vergleich des Antwortverhaltens der Gruppen, diejenigen Items zu identifizieren, die besonders anfällig sind, bei denen sich also ein signifikant unterschiedliches Antwortverhalten zwischen den Gruppen belegen lässt. Entsprechende Items werden eliminiert. Voraussetzung für diese Methode ist allerdings, dass von Beginn an genügend Items vorliegen.

Besonders erfolgversprechend erscheint eine *Kombination mehrerer Strategien*. Kanning (2003c, in Druck b) setzt beispielsweise gleichzeitig drei Methoden ein. Zunächst werden die Bewerber durch die Instruktion auf die Schwierigkeiten einer konsistent positiven Selbstdarstellung hingewiesen. Gleichzeitig wird appelliert, so ehrlich wie möglich zu antworten, da sich hierdurch die Chancen auf eine positive Beurteilung erhöhen, zumal in das Verfahren eine Kontrollskala eingebaut ist. Die zweite Maßnahme stellt die schon in der Instruktion erwähnte Kontrollskala (Lügenitems) dar. Als dritte Methode kommt bei einem Teil der Items die Forced-Choice-Technik zum Einsatz.

Grundsätzlich besteht die Möglichkeit, auch durch die *Auswahl der diagnostischen Methode*, dem Problem der Selbstdarstellung zu begegnen. Wir sind auf diesen Sachverhalt bereits eingegangen. Besonders leicht dürften es Selbstdarsteller haben, wenn sie lediglich aufgefordert sind, sich selbst zu beschreiben, wie dies in gängigen Persönlichkeitsfragebögen der Fall ist. Doch auch innerhalb der Gruppe der Selbstbeschreibungsinstrumente gibt es Unterschiede. So erweisen sich z.B. biographische Fragebögen als vergleichsweise resistent (Becker & Coquitt, 1992). Dies gilt vor allem für solche Items, die einen eindeutigen historischen Bezug haben und zumindest prinzipiell durch objektive Fakten zu überprüfen wären. Schwieriger wird Selbstdarstellung auch, wenn Verhalten tatsächlich gezeigt werden muss (Verfahren zur Verhaltensbeobachtung). Die größten Probleme bereiten den Probanden Leistungstests. Im Falle der Selbstbeschreibung könnte man zusätzlich zu den bereits diskutierten Techniken Fremdbeurteilungsskalen einsetzen. Dies ist natürlich nur dann sinnvoll, wenn die befragten Personen zum einen über hinreichende Informationen über die zu beschreibende Person verfügen und zum anderen selbst kein starkes Motiv zur Verfälschung der Ergebnisse aufweisen. Die Ergebnisse von Verhaltensbeobachtungen sind nur durch solche Probanden verfälschbar, die zum einen korrekt einschätzen, welches Verhalten erwünscht ist und zum anderen diese Vorstellung auch in die Tat umsetzen können. Verdeckte Verhaltensbeobachtungen, bei denen der Proband nicht weiß, dass er beobachtet wird, entziehen dem Individuum die

Grundlage zur Selbstdarstellung. Allerdings lassen sie sich in der Praxis – nicht zuletzt aus ethischen Gründen – oft nicht realisieren. Leistungstests stellen eine weitere gute Möglichkeit dar, den Einfluss der Selbstdarstellung zu reduzieren. Zwar wird sich auch hier der interessierte Kandidat möglichst stark anstrengen, er kann in der Prüfungssituation jedoch kaum mehr leisten als seine real vorhandenen Fähigkeiten ihm dies erlauben.

Insgesamt betrachtet stehen uns mithin viele Methoden zur Verfügung, mit denen man dem Problem der Selbstdarstellung begegnen kann. Es ist keineswegs so, dass die Ergebnisse psychometrischer Messungen bis zur Wertlosigkeit verfälscht wären. In der Praxis sind die beschriebenen Strategien allerdings oftmals nicht bekannt oder werden daher nicht eingesetzt.

> Auch wissenschaftlich fundierte Methoden sind keinesfalls perfekt. Ein Problem liegt in der willentlichen Verfälschung der Ergebnisse durch die Probanden. Aus mehreren Gründen ist dies jedoch kein überzeugendes Argument gegen den Einsatz entsprechender Verfahren:
> 1. Die Alternativen, also naive, unreflektierte Methoden sind nicht minder anfällig.
> 2. Das Problem stellt sich bei verschiedenen Methoden (Leistungstests, Verhaltensbeobachtung, Selbstbeschreibung) in unterschiedlichem Umfang.
> 3. Die Verfahren bringen selbst dann nachweislich wirtschaftlichen Nutzen, wenn keine Kontrollmaßnahmen eingesetzt werden (vgl. Abschnitt 5.5).
> 4. Die Forschung bietet ein reichhaltiges Methodenarsenal, mit dem wir das Ausmaß der willentlichen Verfälschung eindämmen können, wenn wir dies denn möchten.

Die Frage nach der Verfälschbarkeit diagnostischer Befunde ist im Übrigen zu trennen von der Frage der *Trainierbarkeit*. Während die Verfälschung einer Lüge nahekommt, führen Trainings zu einer tatsächlichen Leistungssteigerung. Mehrere Untersuchungen zeigen, dass Ergebnisse von Leistungstests durch ein Training verbessert werden können (Fay, 1992; Wottawa & Amelang, 1985). Gleicher gilt für Interviews (Maurer, Andrews, Solamon & Troxtel, 2001). Kelbetz und Schuler (2002) konnten zeigen, dass die wiederholte Teilnahme an ein und demselben Assessment Center zu einer Leistungssteigerung beitragen kann. Wer gelernt hat, wie man sich erfolgreich im Assessment Center verhält, verfälscht jedoch nicht die Ergebnisse, sondern hat sich bestimmte soziale Fertigkeiten angeeignet, die sich potentiell auch günstig auf sein Verhalten am Arbeitsplatz auswirken können.

Gezielte Bewerbertrainings laufen häufig unter dem Deckmantel des Gutmenschentums (vgl. Hossiep, Paschen & Mühlhaus, 2000). Auf der einen Seite stehen die bösen Unternehmen und Diagnostiker, die durch ihre Untersuchungsmethoden sozialstrukturelle Ungleichheit unterstützen indem sie den Zugriff auf attraktive, einflussreiche und hochdotierte Arbeitsplätze für Bildungseliten reservieren. Auf der anderen Seite stehen Autoren der „Testknacker-Literatur", die sich für diskriminierte Minoritäten einsetzen. Einmal abgesehen von der Heuchelei, die hinter einer solchen Argumentation steht – schließlich „bereichern" sich die Autoren solcher Literatur selbst an den Bedürftigen, die viel tausendfach ihre Bücher kaufen – führt sie auch geradewegs in die Irre. Die Ergebnisse von Wottawa und Amelang (1985) sowie Fay

(1992) zeigen, dass derartige Trainings eher zu einer Akzentuierung der bestehenden Unterschiede beitragen, als dass sie die Unterschiede nivellieren könnten. Besonders leistungsfähige Probanden profitieren in stärkerem Maße von den Übungen und bauen demzufolge oft ihre Vorteile gegenüber den leistungsschwächeren Konkurrenten noch aus. Zumindest verändert sich die Rangreihe der Kandidaten, die ein Training durchlaufen haben nicht. Die Trainings tragen offenbar vor allem dazu bei, dass die Probanden ein besseres Verständnis für die Aufgabenstellung und eine größere Routine im Umgang mit bestimmten Leistungsitems entwickeln. Dies hilft ihnen dabei, ihre vorhandenen Kompetenzen effektiver einzusetzen. Im Gegensatz zu einem Persönlichkeitstest, bei dem der Kandidat einfach eine sozial erwünschtere Antwort ankreuzt, haben wir es in diesem Fall also mit einem echten Lernprozess zu tun, dessen Ergebnis die tatsächlichen Eigenschaften des Probanden reflektiert. Für Unternehmen kann dies zu einem Problem werden, wenn nun sehr viele Probanden die testbezogenen Kriterien erfüllen, weil sie aufgrund eines Trainings ihre Leistung entsprechend steigern konnten. Die Kosten des gesamten Diagnoseprozesses steigen an, weil mehr Kandidaten für die dem Testverfahren nachgeordneten Prozeduren (z.B. Interview oder Assessment Center) bereit stehen. Doch auch dieser Gefahr ist man nicht schutzlos ausgeliefert. So könnte man sich beispielsweise stärker an der Rangfolge und nicht ausschließlich an der absoluten Ausprägung der Testergebnisse orientieren. Statt alle Kandidaten zum Vorstellungsgespräch einzuladen, die einen bestimmten Testwert überschritten haben, schaut man sich nur die 20 Besten derjenigen an, die die Mindestanforderungen erfüllen. Auch könnte man direkt die Mindestanforderungen heraufsetzen. Für größere Unternehmen mag die Entwicklung eigener Leistungstests lohnend sein, deren Items nicht bekannt sind und die daher auch nicht eins zu eins gelernt werden können.

2.5 Fazit

Die professionelle Personaldiagnostik ist eine anspruchsvolle Aufgabe, die nicht durch Berufs- oder Lebenserfahrung, sondern durch die Anwendung wissenschaftlicher Methoden und Prinzipien am besten bewältigt werden kann. Dabei stehen Berufs- und Lebenserfahrung natürlich nicht in jedem Falle einer seriösen Diagnostik im Wege, gleichwohl verführen sie uns dazu, der eigenen Urteilsbildung unkritisch zu folgen. In unzähligen Studien belegt die Forschung die Fehleranfälligkeit unserer Urteilsbildungen. Während sich der naive Diagnostiker den Automatismen seiner Informationsverarbeitung hingibt und sich in sehr wichtigen Entscheidungssituationen genauso verhält wie in einer beliebigen Alltagssituation, versucht die wissenschaftlich fundierte Personaldiagnostik den skizzierten Problemen aktiv entgegenzutreten. Sie bedient sich dabei wissenschaftlicher Methoden und Prinzipien. Die Umsetzung wissenschaftlichen Denkens in der betrieblichen Praxis ist in allen technischen und betriebswirtschaftlichen Bereichen ganz selbstverständlich. Die Personaldiagnostik gilt vielerorts hingegen noch als ein Arbeitsfeld, das notfalls jeder Mitarbeiter „mit gesundem Menschenverstand" erfolgreich beackern kann. Dies muss sich ändern, will man einerseits die eingesetzten Ressourcen besser nutzen und andererseits auch ethisch vertretbar handeln.

Bei der Anwendung wissenschaftlicher Methoden und Prinzipien in der alltäglichen Personaldiagnostik geht es immer um graduelle Verbesserungen, um Optimierung. Es wird nicht behauptet, dass in den Personalabteilungen bislang alles falsch gemacht worden wäre und dass der Einsatz der Wissenschaft alle Probleme auf einen Schlag zu lösen vermag. Dies sieht man schon daran, dass viele Methoden, die seit Jahrzehnten in der Praxis angewandt werden (Interviews, Assessment Center etc.) auch in der wissenschaftlich fundierten Diagnostik ihren festen Platz haben. Sie werden nicht durch völlig andere Verfahren ersetzt, sondern in Bezug auf Entwicklung, Durchführung und Auswertung optimiert. Auch wissenschaftlich fundierte Methoden haben natürlich ihre Grenzen, da das aktuelle wissenschaftliche Know-how immer nur eine Etappe auf dem Weg der Erkenntnis darstellt (vgl. Kanning, 2001). Dennoch gibt es keine sinnvolle Alternative zur Anwendung der gegenwärtigen Erkenntnisse. Wollte man auf die ultimative Problemlösung warten, die keinen Platz für Fehlentscheidungen lässt, man würde auf ewig untätig bleiben. Bei aller Unvollkommenheit der bisherigen Erkenntnisse und Methoden, die uns die Forschung zur Verfügung stellt, ist sie um Lichtjahre besser als das, was so manch naiver Menschenkenner und erst Recht alle Graphologen und Psychophysiognomen dieser Welt zusammen leisten. Ihren Nutzen können wissenschaftlich fundierte Methoden allerdings nur dann entfalten, wenn die Personalverantwortlichen über das notwendige Wissen verfügen und es auch zur Anwendung bringen. Die Standards, die in den nachfolgenden Kapiteln beschrieben werden, vermitteln das grundlegende Know-how für eine fundierte Diagnostik und sind als ein Instrumentarium zur Lösung praktischer Probleme zu verstehen. Die Orientierung an den Standards hilft bei der Absicherung der grundlegenden Personalentscheidungen in den Feldern der Personalauswahl, -platzierung und -entwicklung sowie der Organisationsentwicklung.

2.6 Vertiefende Literatur

Dörner, D. (1989). Die Logik des Mißlingens: Strategisches Denken in komplexen Situationen. Reinbek: Rowohlt.

Kanning, U. P. (1999). Die Psychologie der Personenbeurteilung. Göttingen: Hogrefe.

Kanning, U. P. (2001). Psychologie für die Praxis: Perspektiven einer nützlichen Forschung und Ausbildung. Göttingen: Hogrefe.

Kanning, U. P., Hofer, S. & Schulze Willbrenning, B. (2004). Professionelle Personenbeurteilung: Ein Trainingsmanual. Göttingen: Hogrefe.

3. Back to the roots – Grundformen der Personaldiagnostik

Wer Personaldiagnostik betreiben möchte hat die Qual der Wahl. Aus Forschung und Praxis sind sehr viele unterschiedliche Methoden und Messinstrumente bekannt, unter denen ein geeignetes Verfahren erst einmal gefunden sein will. Von der richtigen Entscheidung hängt sehr viel ab, denn nicht jedes Verfahren ist für jede Anwendung in gleicher Weise gut geeignet. Im vorliegenden Kapitel wollen wir uns zunächst einmal mit den Grundformen personaldiagnostischer Methoden auseinandersetzen, als da sind: Befragen, Beobachten und Testen. Auf die vielfältigen Erscheinungsformen dieser Methoden gehen wir in Kapitel 7 im Detail ein.

Wie die Bezeichnung unschwer erkennen lässt, arbeitet die erste Methode mit dem Mittel der Frage. In mündlicher oder schriftlicher Form werden einem einzelnen Menschen oder auch einer Gruppe von Personen *Fragen gestellt*, deren Beantwortung einen diagnostischen Wert in sich trägt (Mummendey, 2003; Tränkle, 1983). Möchte man beispielsweise etwas über die Arbeitszufriedenheit der Mitarbeiter eines Unternehmens erfahren, so ist die direkte Befragung der Betroffenen die Methode der Wahl. Ebenso gut könnte man sich bei einem Vorgesetzten nach den Fähigkeiten und Fertigkeiten seiner Mitarbeiter erkundigen, wenn man auf der Suche nach Teilnehmern für ein innerbetriebliches Programm der Nachwuchsförderung wäre. Im ersten Fall geht es um Einstellungen, im zweiten um Kompetenzen. Doch auch die beiden verbleibenden Gegenstandsbereiche der Personaldiagnostik – das Verhalten sowie die Verhaltenskonsequenzen (siehe Kapitel 1) – lassen sich mit Hilfe der Befragungsmethode erfassen (Abbildung 3-1). In einem Einstellungsgespräch wird der Bewerber nicht selten mit einem Problem aus dem Berufsalltag konfrontiert und muss im Detail beschreiben, wie er sich in der fraglichen Situation verhalten würde. Verhaltenkonsequenzen spielen bei jeder Personalauswahl eine Rolle, wenn man sich für schulische Leistungen, Ausbildungs- oder Arbeitszeugnisse interessiert. Auch hierbei läuft eine Befragung ab, wenngleich auf einem sehr indirekten Wege. Im Grunde genommen fragt das Unternehmen Ausbilder oder ehemalige Arbeitgeber des Bewerbers nach den Konsequenzen des Leistungsverhaltens. Man möchte wissen, inwieweit das Verhalten des Bewerbers zu mehr oder weniger guten Leistungen geführt hat. Für die genaue Beschreibung des Verhaltens selbst interessiert man sich nicht. Eine solche Befragung erfolgt nicht explizit. Da die Bewerber wissen, dass sich zukünftige Arbeitgeber für derartige Informationen interessieren, legen sie der Bewerbung von allein die notwendigen Materialien bei und beantworten somit Fragen, die zuvor niemand ausdrücklich gestellt hat.

Die zweite Grundform personaldiagnostischer Methoden bezieht sich unmittelbar auf das Verhalten eines Menschen. Auf dem Wege der *Beobachtung* kann ein Verhalten detailliert analysiert und anschließend bewertet werden (Überblick: Grewe & Wentura, 1997). Beobachtungen des Mitarbeiterverhaltens laufen im Berufsalltag oftmals „so nebenbei" ab und fließen später beispielsweise in Beurteilungsgespräche ein. Der diagnostische Wert einer solch unsystematischen Vorgehensweise ist meist nicht besonders hoch. Will man wahrhaft aussagekräftige Daten sammeln, so ist eine systematische Methodik vorzuziehen, bei der unter klar definierten Bedingungen das Verhalten des Probanden durch geschultes Personal beobachtet und nach verbindlichen Kriterien bewertet wird. Verwirklicht wird dieses Ideal einer diagnostisch anspruchsvollen Beobachtung im Assessment Center oder in Arbeitsproben. Darüber hinaus bieten vor allem Interviews eine Möglichkeit zur systematischen Verhaltensbeobachtung. Alle genannten Methoden arbeiten mit Fremdbeobachtungen. Das Verhalten des Probanden wird dabei aus der Perspektive anderer Menschen betrachtet. Weitaus seltener treffen wir auf systematische Selbstbeobachtungen. Dennoch ist auch die systematische Selbstbeobachtung eine wichtige Informationsquelle der Personalarbeit. Hilft sie doch z.B. im Rahmen des Coaching bei der Reflexion und Veränderung des eigenen Verhaltens (Rauen, 2001).

Die dritte Grundform personaldiagnostischer Methoden erscheint vielen Menschen als die ureigenste Form psychologischer Personaldiagnostik. Die Rede ist vom *Testen* (Lienert & Raatz, 1998; Rost, 1996). Testverfahren wie etwa Intelligenz- oder Konzentrationstests beziehen sich primär auf intellektuelle Fähigkeiten und Fertigkeiten. Die Probanden werden mit verschiedenen Aufgaben konfrontiert, die es der Reihe nach zu lösen gilt. Jede Aufgabe kann entweder richtig oder falsch gelöst werden, wobei die Festlegung der richtigen bzw. falschen Lösungen eindeutig ist. Die Gesamtleistung eines Probanden ergibt sich aus der Menge der richtig gelösten Antworten. Derartige Testverfahren kommen vor allem bei der Auswahl von Bewerbern zum Einsatz. Sie zielen immer auf die Messung der Verhaltenskonsequenzen. Man möchte sehen, welche Leistung ein Proband unter bestimmten Rahmenbedingungen erbringen kann. Nicht selten erfolgt dabei ein direkter Vergleich mit der Leistung anderer Menschen.

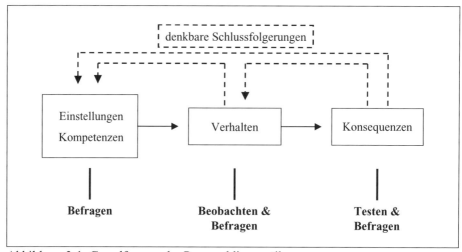

Abbildung 3-1: Grundformen der Personaldiagnostik

In der Praxis der Personaldiagnostik interessiert man sich oft nicht nur für ein konkretes Verhalten, das eine Person zeigt oder die Konsequenzen, die aus diesem Verhalten erwachsen sind, sondern möchte etwas über die zugrunde liegenden Fähigkeiten und Fertigkeiten sowie die Einstellungen des Menschen erfahren. Tiefergehende Informationen über den Bewerber oder Mitarbeiter sind für die längerfristige Personalplanung von großer Bedeutung. Zum einen verraten sie etwas über die Bandbreite der Aufgaben, mit denen der Mitarbeiter in Zukunft betraut werden könnte, zum anderen helfen sie dabei, sein Entwicklungspotential abzuschätzen. Wissen wir über einen Bewerber, der soeben eine Arbeitsprobe erfolgreich absolviert hat, dass er eine bestimmte Maschine richtig bedienen kann, so können wir lediglich Aussagen über sein Verhalten und die daraus erwachsenden Konsequenzen treffen. Solange es nur um die Frage geht, ob der Bewerber für die Bedienung der fraglichen Maschine geeignet ist oder nicht, ist die vorliegende Information völlig ausreichend. Die Realität vieler Unternehmen bringt es jedoch mit sich, dass ein Mitarbeiter oftmals flexibel auf mehreren Arbeitsplätzen eingesetzt wird. Die Menge der unterschiedlichen Tätigkeiten ist dabei viel zu groß, als dass man jede Aufgabe mit einer eigenen Arbeitsprobe simulieren könnte. Oft weiß man zum Zeitpunkt der Einstellung auch gar nicht, wie sich die Arbeitsaufgaben in den nächsten fünf oder zehn Jahren verändern werden. Das bloße Wissen darüber, dass ein Bewerber zum jetzigen Zeitpunkt ein adäquates Arbeitsverhalten an den Tag legt, hilft daher kaum bei der langfristigen Prognose seiner Leistung. Weiß man hingegen etwas über die grundlegenden Kompetenzen und Einstellungen des Kandidaten, so ist man bereits einen Schritt weiter. Eine Einschätzung der grundlegenden Kompetenzen, die auch in Zukunft für ein erfolgreiches Verhalten an unterschiedlichsten Arbeitsplätzen von Bedeutung sein werden, ist weitaus leichter möglich als die exakte Beschreibung zukünftiger Tätigkeiten. Es spricht mithin einiges dafür, nicht nur auf Verhalten und Verhaltenskonsequenzen zu schauen, sondern sich von vornherein auch für die grundlegenden Kompetenzen und Einstellungen zu interessieren.

Nach den bisherigen Ausführungen könnte man den Eindruck gewinnen, dass ausschließlich die Methode der Befragung Aufschluss über grundlegende Einstellungen und Kompetenzen gibt, während man bei der Anwendung der Verhaltensbeobachtung lediglich Informationen über konkrete Verhaltensweisen erhält und mit Hilfe psychometrischer Tests nur etwas über die Konsequenzen eines Verhaltens erfährt. Dieser Eindruck ist falsch. Auch mit den Methoden des Beobachtens und Testens lassen sich grundlegende Aussagen treffen. Da Leistung das Ergebnis eines bestimmten Verhaltens ist und das Verhalten wiederum auf bestimmte Einstellungen und Kompetenzen fußt, sind unter gewissen Bedingungen Rückschlüsse möglich. Wenn wir wissen, welche Verhaltensweisen zwingend notwendig sind, um eine bestimmte Leistung erzielen zu können, so können wir von der Messung der Verhaltenskonsequenzen auf das zugrunde liegende Verhalten schließen (vgl. Abbildung 3-1). Das Gleiche gilt für Einstellungen und Kompetenzen. Von Verhaltenkonsequenzen oder Verhaltensweisen kann auf Einstellungen und Kompetenzen geschlossen werden, sofern bekannt ist, inwiefern Letztere eine wichtige Voraussetzung für Erstere darstellen. Je weniger stark eine Leistung z.B. durch betriebliche Rahmenbedingungen oder den Zufall beeinflusst wird, desto eher ist sie das Ergebnis bestimmter Kompetenzen.

Bedenken wir darüber hinaus, dass es in der personaldiagnostischen Arbeit viele Fragestellungen gibt, bei denen man sich ausschließlich für Verhalten oder Verhaltenskonsequenzen interessiert (z.B. in der Personalentwicklung), so wird deutlich, dass die Methoden der Verhaltensbeobachtung und des Testens in jedem Falle eine Existenzberechtigung haben. Mehr noch, selbst dann, wenn es ausschließlich um die Diagnose von Kompetenzen geht, sollte man sich nicht auf Befragungen beschränken. Jede Methode hat ihre spezifischen Vor- und Nachteile. Daher verspricht gerade die Kombination unterschiedlicher Methoden eine besonders fundierte Diagnose.

Es können drei Grundformen personaldiagnostischer Methoden unterschieden werden: *Befragen*, *Beobachten* und *Testen*. Hinter jeder Grundform verbergen sich unterschiedliche Möglichkeiten zur *Ausgestaltung* eines allgemeinen Prinzips. Jede Methode hat spezifische Vor- und Nachteile. Im Anwendungsfall hilft eine *Kombination* unterschiedlicher Methoden dabei, die Nachteile wechselseitig auszugleichen.

3.1 Befragen

Die Befragung ist eine universell einsetzbare Methode, die gleichermaßen zur Erfassung von Einstellungen, Kompetenzen, Verhaltensweisen und Verhaltenskonsequenzen herangezogen werden kann (s.o.). Das Grundprinzip ist sehr einfach und entstammt ebenso wie die Beobachtung unserem alltäglichen Leben. Um etwas über die Merkmale eines Menschen – seine Einstellungen, Fähigkeiten, Fertigkeiten etc. – in Erfahrung zu bringen, stellen wir dem Betroffenen oder anderen Menschen, die über ihn Auskunft geben können, gezielte Fragen. Aus den Antworten auf diese Fragen erschließen wir die interessierenden Merkmale (siehe z.B. Mummendey, 2003; Tränkle, 1983).

Damit aus dieser alltäglichen Befragungsroutine eine diagnostische Methode wird, sind verschiedene Punkte zu berücksichtigen (siehe z.B. Mummendey, 2003; Schuler, 2002). Vor der Durchführung muss geklärt sein, welche Fragen Aufschluss über die fraglichen Merkmale geben („Validität", siehe Kapitel 5). Fast nie gibt man sich mit einer einzigen Frage zufrieden, sondern erfasst jedes Merkmal über mehrere Fragen. Hierdurch steigt die Zuverlässigkeit der Messung („Reliabilität", vgl. Kapitel 5). Im Anschluss an die Befragung werden alle Antworten nach zuvor festgelegten Regeln analysiert und bewertet (Lienert & Raatz, 1998; Rost, 1996). Gilt es, mehrere Menschen hinsichtlich ihrer Antworten miteinander zu vergleichen, so müssen alle die gleichen Fragen gestellt bekommen. Sofern dabei mehrere Interviewer eingesetzt werden, müssen sie sich in gleicher Weise verhalten. Sind für alle Probanden die Bedingungen der Befragung und Auswertung der gewonnenen Daten gleich, so sprechen wir von einem *standardisierten* Vorgehen (vgl. Kapitel 4).

Während wir uns im Alltag bei der Befragung anderer Menschen weitestgehend von unseren aktuellen Eingebungen und kaum hinterfragten Erfahrungen leiten lassen, erfordert eine ernst zu nehmende, personaldiagnostische Befragung mithin ein sehr überlegtes Vorgehen. Nicht wenige Einstellungsgespräche und Fragebögen sind weit davon entfernt, ein personaldiagnostisches Instrumentarium zu sein. Zwar ähneln sie dem äußeren Anschein nach einem wissenschaftlich fundierten Vorgehen,

Grundformen der Personaldiagnostik

bei genauerer Betrachtung offenbaren sich jedoch schnell große Defizite. Es ist nicht geklärt, welche Fragen überhaupt zum Ziel führen und nach welchen Kriterien die Fragen ausgewertet werden. Selbst gestrickten Fragebögen wurden nicht hinsichtlich teststatistischer Gütekriterien (Kapitel 5) untersucht. Oft wird ein Merkmal mit nur einer Frage erfasst, wobei übersehen wird, dass hierdurch die Fehleranfälligkeit der Datenerhebung sehr stark ansteigen kann. Mitunter werden unterschiedlichen Bewerbern völlig verschiedene Fragen gestellt, obwohl die Personen anschließend miteinander verglichen werden. Viel zu häufig ist das eingesetzte Personal nicht hinreichend geschult, so dass die Ergebnisse eines Interviews massiv durch die Person des Interviewers beeinflusst werden können.

> Die personaldiagnostische Befragung ist durch ein systematisches und überlegtes Vorgehen gekennzeichnet. Verbindliche Regeln legen den Ablauf sowie die Auswertung der Ergebnisse fest. Dabei kommen wissenschaftliche Prinzipien zum Einsatz. Hierin unterscheidet sich die personaldiagnostische Befragung grundlegend von alltäglichen Befragungen im privaten Bereich und von laienhaften Befragungen in der beruflichen Praxis.

Abbildung 3-2 gibt einen Überblick über die verschiedenen Dimensionen hinsichtlich derer die Befragungsmethode variieren kann. Wir unterscheiden in diesem Zusammenhang formale, strukturelle und qualitative Aspekte.

```
formale Aspekte
  • Ort der Befragung
  • Dauer der Befragung
  • technische Hilfsmittel
  • Kosten

strukturelle Aspekte
  • Befragung von Individuen vs. Gruppen
  • Erfassung von Selbstbild bzw. Fremdbild

qualitative Aspekte
  • Inhalt der Befragung
  • schriftliche vs. mündliche Befragung
  • Anzahl der Interviewer/Zuhörer
  • Standardisierung des Vorgehens
  • Schulung des diagnostischen Personals
```
Abbildung 3-2: Variationen der Befragungsmethode

Die formalen Aspekte beziehen sich zunächst einmal auf den *Ort* einer Befragung. Interviews mit Bewerbern finden mitunter am Telefon, meist allerdings in Form eines persönlichen Gespräches in den Räumlichkeiten des Unternehmens oder in einem Hotel statt. Telefoninterviews dienen nur zur Vorauswahl der Kandidaten. Da Anfahrt oder Übernachtungskosten nicht anfallen, sind sie wesentlich günstiger als ein klassisches Interview. Ein Nachteil der Telefoninterviews liegt vor allem in der fehlenden Möglichkeit zur Beobachtung des Bewerberverhaltens. Schriftliche Befragungen können entweder am Arbeitsplatz, zu Hause oder in eigens dafür vorgesehenen Räumlichkeiten durchgeführt werden. Die ersten beiden Varianten kommen bevorzugt im Rahmen von Mitarbeiterbefragungen zum Einsatz, während die beiden zuletzt genannte eher der Personalauswahl und Platzierung vorbehalten ist.

Die *Dauer* von Telefoninterviews ist in der Regel geringer als die herkömmlicher Befragungen, da es lediglich um die Klärung grundlegender Fragen geht. Ein durchschnittliches Interview dauert in etwa 60 Minuten. Die Dauer schriftlicher Befragungen liegt im Bereich zwischen 15 und 60 Minuten. Bei längeren Befragungen sind Pausenzeiten einzukalkulieren, da ansonsten die Konzentrationsfähigkeit der Probanden das Antwortverhalten beeinflusst.

Bei der Durchführung und Auswertung einer mündlichen Befragung können unterschiedliche *technische Hilfsmittel* eingesetzt werden. In Interviews ermöglichen Video- oder Tonbandaufzeichnungen eine besonders sorgfältige Auswertung, da man sich das Interview ggf. mehrfach anschauen kann. Für die befragten Personen dürfte eine Aufzeichnung allerdings den Prüfungscharakter der Datenerhebung zumindest in den ersten Minuten deutlich erhöhen. Auch stellt sich hier ggf. die Frage des Datenschutzes. Sehr viel unproblematischer ist hingegen der Einsatz des Computers bei schriftlichen Befragungen. Zum einen ermöglicht er den Einsatz multimedialer Items (Text, Bilder, Ton, Filme), zum anderen erfolgt die Auswertung extrem schnell und maximal objektiv.

Befragungen unterscheiden sich des Weiteren hinsichtlich der *Kosten*, die sie verursachen. In der Regel sind mündliche Befragungen kostspieliger als der Einsatz von Fragebögen, sofern Letztere nicht erst in einem aufwendigen, empirischen Prozess neu entwickelt werden müssen. Ein Fragebogen kann von vielen Personen gleichzeitig ausgefüllt werden. Auf Seiten des Unternehmens muss man bestenfalls einen Diagnostiker zur Beantwortung etwaiger Rückfragen bereitstellen. Erfolgt die schriftliche Befragung überdies per Computer, so bindet die Auswertung der Befragung kaum nennenswerte Ressourcen. Interviews sind ungleich kostenintensiver. Bei jeder einzelnen Befragung benötigt man über die gesamte Zeit hinweg einen Mitarbeiter, der die Rolle des Interviewers übernimmt. Will man das Urteil des Interviewers zudem absichern, so kommt eine weitere Person hinzu, die dem Geschehen als stiller Beobachter folgt. Im Anschluss an die Befragung müssen die Ergebnisse ausgewertet und ggf. diskutiert werden. Während ein Personalreferent an einem Tag möglicherweise hundert schriftliche Befragungen durchführen kann, würde man für die gleiche Anzahl Interviews leicht zehn Mitarbeiter benötigen, die jeweils mehrere Tage hintereinander im Einsatz wären. Die Kostenrelation verschiebt sich jedoch zugunsten des Interviews, wenn nur vergleichsweise wenige Interviews durchgeführt werden müssen und keine schriftliche Alternative zur Verfügung steht, denn die Neuentwicklung eines messtechnisch anspruchsvollen Fragebogens kostet Zeit und Geld. Die Neuentwicklung lohnt sich nur dann, wenn der Fragebogen später in großer Stückzahl eingesetzt wird.

Auf struktureller Ebene ist zu unterscheiden, ob sich die Befragung an *einzelne Personen oder Personengruppen* richtet (Kanning, 2003a). Im Rahmen der Personauswahl oder der Personalplatzierung interessiert man sich ausschließlich für die Antworten einzelner Menschen. Demgegenüber stehen bei Mitarbeiterbefragungen die

Antworten ganzer Arbeitsgruppen im Zentrum des Interesses (Borg, 2000). Doch auch dann, wenn es um Gruppen geht, befragt man in den allermeisten Fällen jedes Gruppenmitglied einzeln. Bei Mitarbeiterbefragungen erhält beispielsweise jeder Mitarbeiter einen eigenen Fragebogen, den er allein ausfüllt. Anschließend werden die Daten in den Computer eingegeben und auf der Ebene von Abteilungen, Arbeitgruppen o.Ä. so ausgewertet, dass die durchschnittliche Meinung der Befragten zum Ausdruck kommt. Hiervon sind Gruppenbefragungen abzugrenzen, bei denen mehrere Menschen in einem Raum zusammenkommen und in einer Diskussion ein gemeinsames Urteil finden. Der Vorteil der Gruppenbefragungen liegt in der Dynamik, die aus der Diskussion erwachsen kann. Der Austausch unterschiedlicher Meinungen mag mitunter einen kreativen Prozess anregen, an dessen Ende im günstigsten Falle eine weitaus fundiertere und vielschichtigere Idee steht, als dies eine isolierte Befragung jedes einzelnen Gruppenmitgliedes erbracht hätte. Gruppenbefragungen sind somit vor allem dann sinnvoll, wenn es darum geht, Verbesserungsvorschläge und innovative Ideen zu generieren. Die Vorteile der Gruppenbefragung macht man sich z.B. im Rahmen von Qualitätszirkeln zu Nutze (Bungard, 1992). Gruppenbefragungen bergen jedoch auch Nachteile in sich. So können sich die Gruppenmitglieder in ihrer Meinung gegenseitig stark beeinflussen. Ist man an der unverfälschten Meinung jedes einzelnen Mitarbeiters interessiert – z.B. wenn es um die Beurteilung des Verhaltens der Vorgesetzten geht – sollte man jedes Mitglied einzeln befragen.

Die allermeisten Befragungen beziehen sich auf Merkmale der unmittelbar befragten Person. Erfasst wird das *Selbstbild* der Probanden, indem man die Betroffenen nach ihren Einstellungen, ihren Verhaltensorientierungen und dergleichen fragt. Ebenso interessant kann jedoch auch das *Fremdbild* der Probanden – also das Urteil, welches sich andere Menschen über die betreffende Person gebildet haben – sein. Die klassische Form des Fremdbildes finden wir in der Personalarbeit bei der Regelbeurteilung durch Vorgesetzte oder auch bei der Abfassung von Arbeitszeugnissen. In selteneren Fällen erfragt man das Urteil von Arbeitskollegen oder Kunden (Schuler, 1991a; Scherm & Sarges, 2002). Der Vorteil der Selbstbeurteilung liegt vor allem in der größeren Datenfülle, auf die man zurückgreifen kann. Der Handelnde weiß letztlich viel mehr über sich als die ihn umgebenden Personen. Dies gilt insbesondere für Prozesse, die in seinem Inneren ablaufen, also für Wünsche, Werte, Gedanken etc. Allerdings ist keineswegs sicher, ob der Proband derartige Prozesse bewusst zur Kenntnis nimmt. Hinzu kommt das Phänomen des sozial erwünschten Antwortverhaltens (vgl. Kap. 2). Insbesondere Bewerber werden nicht daran interessiert sein, negative Informationen über sich selbst preiszugeben. Die Fremdbeschreibung beschränkt sich demgegenüber zwangsläufig immer nur auf einen kleinen Ausschnitt aus dem Leben der beurteilten Person, da Vorgesetzte, Kollegen oder Kunden nur in ausgewählten Situationen mit ihr zusammentreffen. Da es sich bei den Befragten fast niemals um Menschen handelt, die in der Wahrnehmung und Beurteilung anderer Personen geschult wurden, unterliegt ihre Urteilsbildung vielen systematischen Fehlern und Verzerrungen der Personenbeurteilungen (Kanning, 1999). Es ist daher dringend zu empfehlen, die Urteile von mehreren unabhängig voneinander urteilenden Personen einzuholen. Für die Personalentwicklung ist der direkte Vergleich zwischen Selbst- und Fremdbild von besonderem Reiz. Dies geschieht beispielsweise im Zuge der sog. 360°-Beurteilung (Scherm & Sarges, 2002). Jeder Mitarbeiter wird dabei von allen relevanten Personen beurteilt, mit denen er beruflich zu tun hat (Vorgesetzte, Kollegen, Kunden, Mitarbeiter). Anschließend werden die Ergebnisse reflektiert und auf diesem Wege Veränderungsprozesse im individuellen Verhalten sowie im Miteinander in der Gruppe angestoßen.

Im Zentrum der qualitativen Aspekte stehen zunächst einmal die *Inhalte* der Befragung. Wir haben bereits angesprochen, dass verschiedene Einstellungen, Kompetenzen, Verhaltensweisen oder Konsequenzen eines Verhaltens Gegenstand der Befragung sein können. Welche Einstellungen etc. dies im Einzelfall sind, ergibt sich z.B. aus der Anforderungsanalyse, aus einer aktuellen Problemlage oder den Zukunftsvisionen eines Unternehmens (vgl. Kapitel 1). Die Nützlichkeit der Ergebnisse einer Befragung hängt ganz entscheidend davon ab, inwieweit man zuvor genau ermittelt hat, welche Informationen überhaupt von Interesse sind. Wer an dieser Stelle nachlässig handelt, um beispielsweise Kosten zu sparen, wird hierfür später mitunter einen hohen Preis zahlen müssen. Stellt man erst nach der Datenerhebung fest, welche wichtigen Informationen fehlen, muss man erneut zur Tat schreiten und eine zusätzliche Befragung durchführen. Sorgfältige Vorüberlegungen beantworten auch die Frage nach dem notwendigen Grad der Differenzierung.

Befragungen können in *mündlicher oder in schriftlicher Form* erfolgen. Das Interview – also die mündliche Variante der Befragung – wird von den Beteiligten in der Regel als angenehm bzw. sinnvoll erlebt (Schuler, Frier & Kaufmann, 1993), möglicherweise weil es dem Befragten die Möglichkeit zur differenzierten Selbstdarstellung gibt. Die diagnostische Situation des Gespräches ähnelt alltäglichen Situationen und vermittelt daher ein höheres Maß an Sicherheit als schriftliche Befragungen. Auch bietet das Interview auf beiden Seiten die Chance, unklare Äußerungen des Gegenübers durch Rückfragen abzusichern. Versteht es der Interviewer darüber hinaus, eine zwischenmenschlich angenehme Atmosphäre herzustellen, tritt der Prüfungscharakter, der einer Befragung leicht anhaftet, in den Hintergrund. Dem gegenüber steht das Problem der Beeinflussung. Der Interviewer kann durch die Art und Weise, wie er die Fragen stellt und auf Antworten reagiert, das Verhalten seines Gegenübers – beabsichtigt oder nicht – in die eine oder andere Richtung lenken. Das Ergebnis der Befragung hängt mithin nicht allein von der interviewten Person, sondern auch von der Person des Interviewers ab. Bei der schriftlichen Befragung besteht diese Gefahr nicht. Zwar versuchen viele Probanden auch bei einer schriftlichen Befragung sozial erwünschte Antworten abzugeben (vgl. Kapitel 2), sie werden hierin jedoch nicht unsystematisch durch den Diagnostiker beeinflusst. Die Items im Fragebogen sind für alle Probanden immer die gleichen, während der Interviewer sich im schlimmsten Falle in Abhängigkeit von der Antwort oder seiner Sympathie für einen Probanden sehr unterschiedlich verhält. Ein weiterer Vorteil der schriftlichen Befragung liegt in den vergleichsweise geringen Kosten (s.o.).

In den meisten Fällen werden Interviews nur von einem einzigen Interviewer durchgeführt und anschließend ausgewertet. Verzichtet man auf eine Aufzeichnung der Aussagen des Gesprächspartners, so ist die Aufgabe des Interviewers sehr anspruchsvoll. Er muss nicht nur Fragen stellen und dem Gesprächsverlauf folgend reagieren, sondern auch die Antworten behalten, ggf. notieren und dabei stets sozial kompetent agieren. Sehr viel leichter wird die Aufgabe, wenn man *mehrere Interviewer bzw. Zuhörer* einsetzt. Im Regelfall handelt es sich um maximal zwei Personen mit vorgegebener Rollenverteilung. Entweder stellen beide nacheinander Fragen, während der Verbleibende zuhört oder aber einer von beiden übernimmt dauerhaft die Rolle des Interviewers, wobei die zweite Person ausschließlich die Funktion des stillen Beobachters ausfüllt. Setzt man zwei Interviewer ein, so ist jeder der beiden in der Lage, aufmerksam zuzuhören und wichtige Informationen schriftlich festzuhalten, während der jeweils andere redet. Der Nachteil eines solchen Vorgehens dürfte eindeutig in der Unbehaglichkeit der sozialen Situation liegen. Wird der Proband abwechselnd von zwei Interviewern befragt, so ähnelt die Situation einem Kreuzverhör. Wesentlich angenehmer ist es für den Probanden, wenn stattdessen durchgängig ein Interviewer das Gespräch leitet und eine zweite Person als Zuhörer anwesend ist. Generell verfolgt man dabei das Ziel, die Beurteilung auf eine objektiviertere Basis zu stellen. Nach dem Prinzip „vier Ohren hören mehr als zwei" können sich Interviewer und Zuhörer in ihrer Urteilsbildung ergänzen. Gleichzeitig fungiert der Zuhörer als ein Korrektiv für den Interviewer. Nach Abschluss des Gespräches kann der Zuhörer dem Interviewer ein Feedback geben und somit zu einer Optimierung und Standardisierung der Befragungssituation beitragen. Gerade bei längeren Interviews, von deren Ausgang sehr viel abhängt, wird sich daher auch der höhere finanzielle Aufwand lohnen, der mit dem Einsatz zweier Personen verbunden ist.

Befragungen unterscheiden sich mitunter erheblich im Grad der *Standardisierung* des Vorgehens (vgl. Schuler 2002). Eine hohe Standardisierung liegt vor, wenn allen Probanden, die an der Befragung teilnehmen, exakt die gleichen Fragen gestellt werden und auch die Kriterien zur Durchführung, Auswertung und Interpretation der Messung verbindlich festgeschrieben sind. Jede Aufweichung entsprechender Regeln geht mit einer Verringerung der Standardisierung einher. Den höchsten Grad der Standardisierung erreichen computergestützte Befragungen, bei denen nicht nur die Durchführung, sondern auch die Auswertung und Interpretation rechnergestützt abläuft. Dass dabei allen Probanden die gleichen Fragen gestellt werden, versteht sich von allein. Interviews, die im Rahmen wissenschaftlicher Studien durchgeführt werden, weisen nicht selten eine ähnlich hohe Standardisierung wie Persönlichkeitsinventare oder Interessenfragebögen auf. Das andere Extrem bilden Einstellungs- oder Mitarbeitergespräche, bei denen der Interviewer vor dem Gespräch bestenfalls einige Themen festgelegt hat und sich ansonsten von situativen Eingebungen oder den Äußerungen seines Gegenübers leiten lässt. Die gewonnenen Informationen werden dann subjektiv gedeutet. Der Vorteil einer hohen Standardisierung liegt in der guten Vergleichbarkeit der diagnostischen Situation. Wie bei einem psychologischen Testverfahren sind die Bedingungen für alle Teilnehmer identisch, so dass keiner bevorzugt oder benachteiligt wird. Der Diagnostiker hat bei einem solchen Vorgehen keinerlei Möglichkeit, das Ergebnis willentlich oder unwillentlich zu beeinflussen. Der Nachteil einer hohen Standardisierung ist vor allem in der fehlenden Flexibilität zu sehen. Manch ein Proband versteht eine Frage nicht beim ersten Mal und benötigt eine Erläuterung. Bei einer anderen Person wäre eine Nachfrage dringend notwendig, damit man ihre Aussagen richtig einordnen kann. Erläuterungen oder Rückfragen sind in einem völlig standardisierten Interview nicht erlaubt. Bedenkt man Vor- und Nachteile, so entscheidet man sich in der personaldiagnostischen Praxis zu Recht für einen Weg zwischen diesen beiden Extremformen, dem wissenschaftlichen Interview auf der einen Seite und dem völlig unstrukturierten Gespräch auf der anderen. Geläufig ist in diesem Zusammenhang der Begriff des „halbstandardisierten Interviews": Der Interviewer orientiert sich in der Gesprächsführung an einem zuvor durchdachten Leitfaden, so dass bei allen Probanden die gleichen Themen in derselben Reihenfolge angesprochen werden. In der Formulierung der Fragen passt sich der Interviewer jedoch dem Gesprächspartner sowie der jeweiligen Situation an und stellt ggf. „eigenmächtig" Nachfragen, um einen Sachverhalt tiefer ergründen zu können. Das Procedere der Auswertung und Interpretation läuft dann wiederum auf der Basis verbindlicher Regeln ab. Bei der Festlegung des Standardisierungsgrades darf man niemals das Ziel der Befragung aus dem Auge verlieren. Geht es um die Personalauswahl, ist die Standardisierung sehr viel wichtiger, als bei einem Mitarbeitergespräch zur Formulierung von Arbeitszielen.

Je standardisierter eine Befragung abläuft, desto einfacher ist die Arbeit des Diagnostikers. Stellen wir uns den Extremfall einer computergestützten Befragung vor, bei der die Ergebnisse rechnergestützt ausgewertet und interpretiert werden. Die Aufgabe des Diagnostikers beschränkt sich in diesem Fall auf eine kurze Einweisung bzw. Verabschiedung der Probanden sowie auf einige technische Handgriffe. Im Grunde genommen benötigen wir für diese Aufgabe kein anspruchsvolles diagnostisches Wissen. Die Erhebung könnte ebenso gut durch eine Sekretärin, einen Praktikanten oder einen Ägyptologen erfolgen. Ganz anders sieht es natürlich aus, wenn es um die Planung und Durchführung eines Interviews geht (vgl. Kapitel 7). Sinkt der Grad der Standardisierung ab, so gewinnt die *Schulung des diagnostischen Personals* zunehmend an Bedeutung. Je mehr Einfluss und Einscheidungsfreiheit ein Interviewer hat, desto wichtiger ist es, dass er um Fehler der Urteilsbildung weiß, sein eigenes Verhalten bewusst reflektiert und steuert (Kanning, 1999; Kanning, Hofer & Schulze Willbrenning, 2004). So muss er beispielsweise erkennen, wenn er in einem halbstandardisierten Interview Gefahr läuft, sich von Erwartungen, Sympathie, Vorurteilen o.Ä. leiten zu lassen. Mehr noch, er muss sich aktiv gegen derartige Verzerrungen zur Wehr setzen. Hinzu kommt, dass jedes Interview – auch jenseits der skizzierten Gefahren – höhere Anforderungen an das Sozialverhalten und das Selbstmanagement des Diagnostikers stellt als etwa ein Fragebogen. Eine Schulung der eingesetzten Kräfte ist im Falle des Interviews somit immer anzuraten. Selbst dann, wenn es sich um erfahrene Interviewer handelt, kann eine Nachschulung sinnvoll sein, wenn beispielsweise ein neues Auswahlinterview eingeführt wird. Die Nachschulung gibt noch einmal die Möglichkeit, eingeschliffene Routinen zu hinterfragen und das Verhalten mehrerer Interviewer die parallel eingesetzt werden, aufeinander abzustimmen.

Wir haben gesehen, dass die Methoden der Befragung in sehr unterschiedlicher Gestalt auftreten können. Zwei Befragungen zum gleichen Thema können letztlich völlig unterschiedlich ausfallen. Abstrahieren wir nun wieder ein klein wenig von den diversen Formen der Ausgestaltung der Methode und fragen uns, welche Vorteile und Nachteile die Befragung – auch in Abgrenzung zu den beiden übrigen Grundformen der Personaldiagnostik – im Allgemeinen mit sich bringt (siehe Abbildung 3-3).

Als Vorteil der Befragungsmethode gegenüber der Verhaltensbeobachtung fällt zunächst einmal der *eher geringe Aufwand* ins Auge. Systematische Verhaltensbeobachtungen benötigen recht viel Zeit, da es für die meisten Fragestellungen nicht ausreicht, das Verhalten in einer einzigen Situation zu beobachten. Neben mehreren geschulten Beobachtern müssen ggf. Rollenspieler und Requisiten bereitgestellt werden. Mit Hilfe eines Fragebogens oder im Interview kann ein Proband sehr viel schneller über sein Verhalten berichten, als dass er es life vor einem Beobachtergremium zeigen könnte. Der Vorteil der Befragungsmethode ist besonders groß, wenn Fragebögen zum Einsatz kommen, da sich hierbei mit sehr geringem Personalaufwand zeitgleich mehrere Probanden auf einmal befragen lassen. Viele Testverfahren können im Gegensatz hierzu nur im Einzeltest durchgeführt werden, so dass sich – wie beim Interview – immer ein Diagnostiker um einen Probanden kümmern muss. Bei sehr großen Stichproben ist daher die schriftliche Befragung meist die kostengünstigste Option.

Mündliche Befragungen genießen sowohl bei den Mitarbeitern der Personalabteilungen als auch bei den Probanden eine besonders *hohe Akzeptanz* (Schuler et al., 1993). Gehen wir einmal davon aus, dass der Interviewer sein Handwerkszeug versteht, so kann eine angenehme zwischenmenschliche Atmosphäre entstehen, die weitaus weniger Prüfungscharakter besitzt als die systematische Verhaltensbeobachtung oder der klassische Leistungstest. Insofern ähnelt die Interviewsituation alltäglichen Interaktionen und wird als natürlicher erlebt. Hinzu kommt, dass die Probanden zumindest subjektiv den Eindruck haben, dass sie sich differenzierter darstellen können. Während man bei einem Fragebogen Einstellungen oder Verhaltensorientierungen lediglich durch ein Kreuz auf einer Antwortskala dokumentiert, besteht im Interview die Möglichkeit, die eigene Antwort zu erläutern.

Die Beobachtungsmethode besitzt dabei ein sehr viel breiteres *Anwendungsspektrum* als die beiden übrigen Grundformen der Personaldiagnostik (vgl. Abbildung 3-1). Es können nicht nur Kompetenzen und Einstellungen, sondern auch Verhaltensweisen und Verhaltenskonsequenzen erfragt werden.

Überdies ermöglicht die Befragungsmethode eine kostengünstige *Erfassung des Alltagsverhaltens* der Probanden. Will man beispielsweise etwas über das Privatleben des Probanden oder sein Verhalten in natürlichen Alltagssituationen wissen, sind Testverfahren von vornherein ausgeschlossen. Fremdbeobachtungsverfahren sind nur dann praktisch umsetzbar, wenn es sich um berufliche Tätigkeiten handelt und der Proband bereits Mitglied des Unternehmens ist. Doch selbst dann haben wir es meist nur mit unsystematischen Beobachtungen durch Kollegen oder Führungskräfte zu tun. Bei externen Bewerbern muss man sich mit Arbeitszeugnissen zufrieden geben, deren Qualität oft unergründlich ist (Weuster, 1994).

Nur die Befragungsmethode gibt Aufschluss über die *subjektive Sicht des Probanden*. Gerade im Rahmen von Personalentwicklungsmaßnahmen ist man an dieser Sichtweise besonders interessiert. So dürfte beinahe jede Fortbildungsmaßnahme davon profitieren, wenn man zuvor die Mitarbeiter nach ihren Wünschen und Ideen befragt. Beschäftigt man sich mit Führungsverhalten oder der Zusammenarbeit in Arbeitsgruppen, so ist die Selbstwahrnehmung der Mitarbeiter – im Kontrast zur Fremdwahrnehmung ihres Verhaltens durch Kollegen, Mitarbeiter etc. (Scherm & Sarges, 2002) – eine wichtige Grundlage der Weiterentwicklung. Ganz ähnlich verhält es sich mit vielen Fragen der Organisationsentwicklung. Neben wirtschaftlichen Zahlen wie Produktivität oder Absentismusrate, interessiert man sich für die subjektive Sicht der Mitarbeiter auf ihr Unternehmen bzw. ihren Arbeitsplatz. Die Methode der Wahl ist dabei eindeutig die mündliche oder schriftliche Befragung.

Vorteile ↓	Nachteile ↓
• geringer Aufwand bei der Durchführung	• mittlerer bis großer Aufwand bei der Neuentwicklung fundierter Instrumente
• hohe Akzeptanz mündlicher Befragungen bei Interviewern und Interviewten	• große Einflussmöglichkeiten für Interviewer
• sehr breites Anwendungsspektrum	• Anfälligkeit für die sozial erwünschte Selbstdarstellung
• Informationen über Alltagsverhalten können kostengünstig erfasst werden	• Anfälligkeit des Interviews für systematische Fehler der Personenbeurteilung
• die subjektive Sichtweise des Probanden kann ermittelt werden	

Abbildung 3-3: Zentrale Vor- und Nachteile der Befragungsmethode

Während die Durchführung der Befragung mit geringem Aufwand verbunden ist, *erfordert die Neuentwicklung weitaus größere Bemühungen*. Dies gilt insbesondere für Fragebogeninstrumente. Im Gegensatz zur weit verbreiteten Meinung vieler Laien besteht ein Fragebogen keineswegs aus einer Sammlung von Fragen, die sich irgendjemand am grünen Tisch ausgedacht hat. Fundierte Instrumente sind das Ergebnis einer aufwändigen, empirisch geleiteten Konstruktionsprozedur, bei der aus einem größeren Pool potentiell geeigneter Items Schritt für Schritt die Fragen mit der besten Messqualität herausgefiltert werden (vgl. Kapitel 6). Nicht ganz so aufwändig gestaltet sich die Konstruktion eines Interviewleitfadens. Doch auch hier empfiehlt es sich, zunächst einmal in Probedurchläufen Erfahrungen mit dem Instrument zu sammeln, ehe es im „Ernstfall" eingesetzt wird. In beiden Fällen, sowohl bei der Entwicklung eines Fragebogens als auch bei der Konstruktion eines Interviews, kann man mehr oder weniger viele Ressourcen investieren. Die Intensität der Bemühungen hängt letztlich vom Verwendungszweck des Verfahrens ab. Soll lediglich ein Stimmungsbild in der Belegschaft eines Unternehmens erhoben werden, so begnügt man sich meist mit der Zusammenstellung einiger Fragen, deren Messqualität bestenfalls nach der Datenerhebung empirisch hinterfragt wird. Geht es stattdessen um Personalauswahl- oder Platzierungsentscheidungen, so lohnen sich auch umfangreiche Voruntersuchungen. Die Entwicklung von Befragungsinstrumenten ist insofern nicht in jedem Falle aufwändiger als die Entwicklung von Tests oder Verfahren der Verhaltensbeobachtung.

Interviews weisen gegenüber allen anderen Instrumenten der Personaldiagnostik eine ganz entscheidende Schwachstelle auf. *Der Interviewer kann durch sein Verhalten maßgeblich Einfluss auf das Ergebnis der Befragung nehmen*. Dies gilt sowohl für die Durchführung als auch für die Auswertung der Befragung. So mag er sich z.B. gegenüber einem Kandidaten, der ihm sympathisch ist, besonders freundlich und hilfreich verhalten. Muss er nach dem Interview Punktwerte vergeben, so besteht die Gefahr einer allzu nachsichtigen bzw. positiv verzerrten Bewertung. Personen, die der Beobachter ablehnt oder die ihm gleichgültig sind, sind demgegenüber im Nachteil. Oftmals geschieht die Einflussnahme ganz subtil und ohne böse Absicht. Ziel einer jeden Diagnostik ist es allerdings, dass die Ergebnisse maximal durch die Merkmale des Probanden und minimal durch die Person des Diagnostikers beeinflusst werden. Der Einfluss des Interviewers lässt sich zwar durch eine Schulung des Personals und die Festlegung eindeutiger Verfahrensregeln zurückdrängen, gleichwohl bleiben dem Diagnostiker immer noch weitaus mehr subtile Einflussmöglichkeiten im Vergleich zu schriftlichen Befragungen oder Testverfahren.

Sofern die gewonnenen Daten auf Selbstbeschreibungen der Probanden beruhen, eröffnet die Befragungsmethode umfangreiche Möglichkeiten zur *sozial erwünschten Selbstdarstellung* (vgl. Mummendey, 1995, 2003; Ones, Viweswaran & Reiss, 1996). Gerade in Bewerbungssituationen sind die Kandidaten geneigt, sich selbst möglichst gut zu verkaufen und dabei die Realität ggf. ein wenig zu ihren Gunsten verzerrt darzustellen. Fragebögen und Interviews machen es ihnen besonders leicht, dieser Neigung nachzugeben, da nur sehr unvollkommen überprüft werden kann, inwieweit die Angaben der Wahrheit entsprechen. Zwar stellt die psychologische Forschung mehrere Mittel zur Eindämmung des Problems bereit (vgl. Kapitel 2), im Vergleich zu Testverfahren schneidet die Befragung bei diesem Kriterium jedoch schlechter ab.

In Interviews wird nicht selten das Prinzip der Befragung mit dem der Beobachtung vermischt. Der Interviewer protokolliert nicht nur die Antworten seines Gesprächspartners, sondern interpretiert und bewertet auch dessen Verhalten in der Gesprächssituation. Dies wiederum hat zur Folge, dass potentiell alle *Fehler der Personenbeurteilung* (Kanning, 1999; Kanning, Hofer & Schulze Willbrenning, 2004) auftreten können. Hierin unterscheidet sich das Interview nicht von der Verhaltensbeobachtung, wohl aber deutlich von Fragebögen und Testverfahren. Der Schlüssel zur Lösung des Problems liegt in einer guten Schulung des diagnostischen Personals. Überdies empfiehlt sich der Einsatz zusätzlicher Beobachter, die unabhängig vom Interviewer das Verhalten des Probanden bewerten.

Wir werden in Kapitel 7 noch ausführlicher der Frage nachgehen, welche Regeln bei der Konstruktion anspruchsvoller und aussagekräftiger Befragungen zu beachten sind. Schon jetzt lassen sich jedoch einige *grundlegende Standards* formulieren.

Unabhängig davon, ob die Befragung mündlich oder schriftlich erfolgt, darf die Diagnose niemals nur allein auf einer einzelnen Frage basieren. Würde man nur eine Frage stellen, von deren Beantwortung später vielleicht abhängt, ob ein Bewerber als extravertiert oder sozial ängstlich eingestuft wird, so müsste man mit einer sehr großen Unsicherheit der Diagnose leben müssen. Eine einzelne Frage kann allzu leicht aufgrund einer momentanen Unaufmerksamkeit des Probanden oder einer unglücklichen Formulierung falsch beantwortet werden. Stellt man hingegen zu ein und derselben Thematik mehrere Fragen, ist die Wahrscheinlichkeit für derartige Fehlereinflüsse weitaus geringer. Um nicht missverstanden zu werden, es geht nicht um die Frage, ob in einem Interview oder einem Fragenbogen insgesamt gesehen mehr als eine Frage gestellt wird – dies geschieht selbstverständlich immer. Es geht vielmehr darum, dass ein einzelner Themenbereich des Interviews oder des Fragebogens durch mehrere Items abgedeckt wird.

Die Regeln zur Durchführung der Befragung (Reihenfolge, Inhalt, Formulierung der Items, Dauer der Befragung etc.) müssen für alle beteiligten Personen, also für alle Probanden und ggf. auch für alle eingesetzten Diagnostiker eindeutig und verbindlich festgelegt sein. Hierdurch wird der Einfluss des einzelnen Diagnostikers auf das Ergebnis der Befragung zurückgedrängt. Gleichzeitig gewährleistet man eine hohe Vergleichbarkeit der gewonnenen Daten, was insbesondere in der Personalauswahl von großer Bedeutung ist. Naturgemäß laufen schriftliche Befragungen ohnehin sehr standardisiert ab. Bei Interviews ist dies schon deutlich schwieriger, aber dennoch unverzichtbar. Eine Ausnahme stellen Interviews dar, die im eigentlichen Sinne keinen diagnostischen Wert besitzen, also z.B. Mitarbeitergespräche, die der Zielvereinbarung dienen.

Das Regelwerk einer Befragung richtet sich nicht nur auf die Durchführung, sondern auch auf die Auswertung und Interpretation der gewonnenen Daten. Auch hier gilt, dass ohne Ansehen der Person nach den gleichen Prinzipien vorgegangen werden muss. Ein und dieselbe Äußerung eines Kandidaten muss unabhängig von der Person des Diagnostikers zu derselben Bewertung führen.

Alle bisher genannten Punkte verdeutlichen, dass gerade das Interview eine sehr anspruchsvolle Aufgabe für den Diagnostiker darstellt. Infolgedessen ist eine Schulung der Interviewer unabdingbar. Die Schulung bezieht sich sowohl auf allgemeine Techniken der mündlichen Befragung – die im Grunde genommen für jedes Interview Gültigkeit besitzen – als auch auf die Spezifika eines neu entwickelten Interviews. Es reicht mithin nicht aus, sich darauf zu verlassen, dass ein allgemein ausgebildeter Diagnostiker die Interviews adäquat meistern wird. Kommt den Ergebnissen des Interviews eine große Bedeutung zu, so sollten auch erfahrene Interviewer das Procedere mindestens einmal im Probedurchlauf absolviert haben, ehe sie zur Tat schreiten. Werden parallel zueinander mehrere Interviewer eingesetzt, die beispielsweise eine größere Menge von Bewerbern befragen sollen, ist eine speziell auf das neue Verfahren bezogene (Nach-)Schulung ohnehin notwendig, denn nur so kann auch tatsächlich eine abgestimmte und einheitliche Vorgehensweise aller Beteiligten gewährleistet werden.

Standards
der Befragungsmethode

- Die Diagnose basiert immer auf mehreren Fragen zur selben Thematik.
- Die Befragung erfolgt für alle Probanden und Diagnostiker nach den gleichen Regeln.
- Die Auswertung und Interpretation der gewonnenen Daten erfolgt für alle Probanden und Diagnostiker nach den gleichen Regeln.
- Interviewer werden für ihre Aufgaben speziell geschult.

3.2 Beobachten

Die Methode des Beobachtens bezieht sich ganz unmittelbar auf das sichtbare Verhalten eines Menschen (Grewe & Wentura, 1997; Kanning, 2003a). Beobachtungen erfolgen im beruflichen Alltag durch viele unterschiedliche Personen wie z.B. Kollegen, Vorgesetzte, Kunden oder eigene Mitarbeiter und natürlich auch durch die handelnden Personen selbst. Dabei geht es meist nicht um eine systematische Diagnostik. Die Beobachtung anderer Menschen ist vielmehr Ausdruck unseres natürlichen Verhaltens im beruflichen und privaten Leben. Eine professionelle Beobachtung unterscheidet sich in vielen Punkten von unseren alltäglichen Beobachtungen anderer Menschen. So umfasst sie beispielsweise nicht nur das „Hinschauen", sondern auch die Kategorisierung in wichtige und unwichtige Informationen, die Protokollierung der wichtigen Informationen und schließlich Bewertung. All dies erfolgt nach zuvor festgelegten Kriterien und Regeln. Im Dienste der Personaldiagnostik erfüllt die Verhaltensbeobachtung zweierlei Aufgaben. Zum einen geht es darum, das Verhalten eines Menschen in arbeitsrelevanten Situationen zu beschreiben, zum anderen möchte man oft auch auf die dem Verhalten zugrunde liegenden Einstellungen und Kompetenzen des Menschen schließen (vgl. Abbildung 3-1).

> Die personaldiagnostische Beobachtungsmethode unterscheidet sich grundsätzlich von unsystematischen Alltagsbeobachtungen. Das Vorgehen ist zielgerichtet und bewusst selektiv im Hinblick auf ganz bestimmte Informationen. Die Beobachter müssen das Verhalten des Probanden kategorisieren, protokollieren und anschließend bewerten. Bei all diesen Aufgaben helfen ihnen Kriterien und Verhaltensregeln, die vor der Beobachtung verbindlich festgelegt wurden.

Vergleichbar zur Befragungsmethode bieten sich uns viele unterschiedliche Möglichkeiten zur Ausgestaltung der Beobachtungsmethode (z.B. Bortz & Döring, 1995; Friedrichs, 1985; Greve & Wentura, 1997). Erneut unterscheiden wir formale, strukturelle und qualitative Aspekte (vgl. Abbildung, 3-4).

Zu den auffälligsten formalen Merkmalen einer Verhaltensbeobachtung gehört der Einsatz *technischer Hilfsmittel*. Da man nicht nur an den verbalen Äußerungen der Probanden, sondern auch an ihrem sichtbaren Verhalten interessiert ist, beschränkt man sich bei den technischen Hilfsmitteln sinnvollerweise nicht auf Tonbandaufzeichnungen, sondern entscheidet sich für eine Videodokumentation. Die Aufzeichnung ermöglicht eine besonders sorgfältige Analyse des Geschehens, da man sich das Verhalten bei Bedarf wiederholt anschauen kann. Wichtige Informationen können so nicht verloren gehen. Ein weiterer Vorteil besteht darin, dass mehrere Beobachter das Verhalten zu unterschiedlichen Zeitpunkten einschätzen können. Es ist somit nicht notwendig, dass viele Personen zur gleichen Zeit anwesend sind. Jeder Beobachter kann sich das Verhalten dann anschauen, wenn er die nötige Zeit und Muße findet. Durch die Videodokumentation gewinnt die Beobachtungssituation an Natürlichkeit, denn der Proband steht lediglich einer Kamera und nicht einem Beobachtergremium aus vielleicht vier oder fünf Personen gegenüber. Trotz all dieser Vorteile setzt man in der personaldiagnostischen Praxis Videoaufzeichnungen nur sehr selten ein. Zum Teil mag dies an datenschutzrechtlichen Schwierigkeiten liegen. Selbstverständlich müssen die Probanden ihr Einverständnis für die Aufzeichnung erklären. Auch muss überzeugend sichergestellt sein, dass die Aufzeichnungen später vernichtet werden. All dies sind Hürden, die sich sehr leicht nehmen lassen. Der eigentliche Grund für die geringe Verbreitung der Videodokumentation liegt wohl eher in ihrem Aufwand. Meist bleibt in der alltäglichen Arbeit schlichtweg nicht die Zeit für eine sehr intensive Auseinandersetzung mit dem Verhalten der Probanden. Eine Ausnahme bilden bestenfalls Verhaltenstrainings, in denen häufig Videoaufzeichnungen zur systematischen Analyse und schrittweisen Verhaltensveränderung eingesetzt werden. Dennoch sollte man auch in der klassischen Personalauswahl nicht völlig auf die Videodokumentation verzichten. Ökonomisch wird sie wohl vor allem dann sein, wenn es um die Besetzung von sehr wichtigen, hochdotierten Positionen geht.

formale Aspekte
- technische Hilfsmittel
- Kosten

strukturelle Aspekte
- Selbst- bzw. Fremdbeobachtung
- Beobachtungskategorien
- Ort der Beobachtung (natürlicher vs. künstlicher Kontext)

qualitative Aspekte
- Dauer der Beobachtung
- Systematik der Beobachtung
- teilnehmende vs. nicht-teilnehmende Beobachtung
- offene vs. verdeckte Beobachtung
- Anzahl der Beobachter
- Schulung der Beobachter

Abbildung 3-4: Variationen der Beobachtungsmethode

Damit ist bereits der Bogen zum zweiten formalen Aspekt gespannt. Wie jede diagnostische Methode, so unterscheiden sich natürlich auch die Varianten der Verhaltensbeobachtung hinsichtlich der *Kosten*, die sie verursachen. Die Bandbreite möglicher Kosten ist sehr groß. Vergleichen wir nur einmal die völlig unsystematische Verhaltensbeobachtung eines Vorgesetzten im Arbeitsalltag mit den Aufwendungen eines Assessment Centers. Alltagsbeobachtungen verursachen nahezu keine Kosten, da sie ohnehin anfallen. Immer dann, wenn der Vorgesetzte mit seinen Mitarbeitern zusammenkommt, kann er deren Verhalten beobachten. Ob diese Beobachtungen besonders aussagekräftig sind, steht auf einem anderen Blatt Papier. Im Vergleich hierzu ist das Assessment Center sehr kostspielig. Der Proband wird über ein, zwei Tage hinweg in verschiedenen Situationen von mehreren Personen betrachtet. Neben der reinen Durchführung hat bereits die Entwicklung des Verfahrens größere Kosten verursacht. Einem seriösen Assessment Center liegt beispielsweise eine Anforderungsanalyse zugrunde. Überdies wurden die Beobachter einer zumindest eintägigen Schulung unterzogen. Wie immer gilt es dabei natürlich, Kosten und Nutzen gegeneinander abzuwägen. Wir werden auf diesen Punkt noch ausführlicher zu sprechen kommen (vgl. Kapitel 5).

Ein wichtiger struktureller Aspekt der Beobachtungsmethode betrifft die Frage, wer eigentlich die Beobachtung vornimmt. Wir können zwischen *Selbst- und Fremdbeobachtung* unterscheiden (Kanning, 2003a). Der Regelfall der Personaldiagnostik ist die Fremdbeobachtung. Dabei wird das Verhalten des Probanden von einem oder mehreren Diagnostikern systematisch wahrgenommen, protokolliert und bewertet. Der große Vorteil der Fremdbeobachtung gegenüber der Selbstbeobachtung liegt in der größeren Objektivität. Im Gegensatz zum Probanden erliegt der professionelle Diagnostiker nicht der Versuchung, das Ergebnis in eine bestimmte Richtung zu verfälschen. Auch sollte er aufgrund seiner Ausbildung weniger leicht den systematischen Fehlern der Personenbeurteilung erliegen. Geht es um die Personalauswahl, so kommt der Fremdbeobachtung mithin zu Recht eine herausgehobene Bedeutung zu. Doch auch die Selbstbeobachtung kann eine wichtige diagnostische Funktion erfüllen. Dies ist zum einen immer dann der Fall, wenn man an einem Vergleich zwischen dem Selbstbild des Probanden und dem Fremdbild des Diagnostikers interessiert ist. Zum anderen ist die Selbstdiagnose eine wichtige Voraussetzung für ein erfolgreiches Selbstmanagement (Kanfer, Reinecker & Schmelzer, 1996; Reinecker, 2000). Beides kann in der Personalentwicklung von großer Bedeutung sein. Will man Verhaltensveränderungen in Gang bringen, so ist es wichtig, dass die Trainingsteilnehmer selbst die Notwendigkeit zur Veränderung sehen. Die Selbstbeobachtung kann einen Prozess der kritischen Selbstreflexion anstoßen und somit den Weg zur Verhaltensveränderung ebnen. Wurden neue Verhaltensweisen im Training erlernt, so werden sie oft im Arbeitsalltag nicht adäquat umgesetzt, weil die Trainingsteilnehmer sich nicht hinreichend aktiv um eine Veränderung bemühen. Letztlich handelt es sich um ein Defizit im Selbstmanagement. Mit einer systematischen Selbstbeobachtung kann diesem Problem begegnet werden. So könnte man z.B. mit Hilfe der Tagebuchmethode (s.u.) die Mitarbeiter dazu anhalten, jeden Tag oder einmal in der Woche ihr Verhalten dahingehend kritisch zu hinterfragen, ob sie die Trainingsinhalte umgesetzt haben. Die Selbstbeobachtung ist dabei erneut der Schlüssel zur Verhaltensveränderung. Das eigene Verhalten wird zunächst beobachtet und nach bestimmten Kriterien bewertet. Anschließend setzt sich der Mitarbeiter konkrete Ziele für eine verbesserte Umsetzung der Trainingsinhalte, deren Verwirklichung schließlich im nächsten Beobachtungszyklus überprüft wird.

In struktureller Hinsicht unterscheiden sich verschiedene Beobachtungsmethoden auch in den zugrunde gelegten *Beobachtungskategorien* (Friedrichs, 1985). Jede Verhaltensbeobachtung geht zwangsläufig mit einer Kategorisierung des Verhaltens einher. Der Beobachter muss z.B. entscheiden, ob ein bestimmtes Verhalten in den Interessensbereich der Diagnose fällt oder nicht. Ist Ersteres der Fall, so wird das Auftreten des Verhaltens protokolliert. Nicht interessierende Verhaltensweisen fallen demgegenüber der Selektion anheim und finden in der später vorzunehmenden Diagnose keine Berücksichtigung. So interessiert man sich im Rahmen einer Bewerberauswahl vielleicht für die verbalen Fähigkeiten eines zukünftigen Rundfunksprechers und blendet dabei bewusst die nonverbale Kommunikation der Bewerber aus. Die Kategorisierung – also die Unterscheidung zwischen relevanten und nicht relevanten Verhaltensweisen – erleichtert die Arbeit des Beobachters ungemein, da er von vornherein viele unwichtige Informationen ausblenden kann. Will man das Geschehen vollständig protokollieren, so empfiehlt sich eine Videoaufzeichnung. Doch auch in diesem Fall wird man später nicht alle Verhaltensäußerungen des Probanden diagnostisch verarbeiten. Zum einen ist die Informationsfülle viel zu groß, zum anderen ist man nicht wirklich an jeder noch so marginalen Information interessiert. Die zentrale Grundlage für eine anspruchsvolle Beobachtung liegt mithin in der möglichst exakten Definition der Beobachtungskategorien. Je nach Fragestellung können die Kategorien mehr oder minder abstrakt ausfallen. In der Grundlagenforschung interessiert man sich vielleicht für die Bewegung der Gesichtsmuskulatur oder die Dauer des Augenkontakts zwischen zwei Personen, was einem sehr geringen Abstraktionsniveau entspricht. Im Vergleich hierzu richtet man in einem Assessment Center die Aufmerksamkeit ggf. darauf, welcher Bewerber in einer Gruppendiskussion als erster das Wort ergreift oder ob jemand einen fünfminütigen Vortrag zu einem beliebigen Thema halten kann, ohne dabei nervös zu wirken. Die Festlegung des Abstraktionsniveaus ergibt sich aus der zugrunde liegenden Fragestellung, also der Zielrichtung der angestrebten Diagnose. Man kann somit nicht sagen, dass ein bestimmtes Abstraktionsniveau generell richtig oder falsch wäre.

Beobachtungen können in einem *natürlichen oder in einem künstlichen Kontext* stattfinden. Arbeitszeugnisse oder Regelbeurteilungen basieren immer auf Beobachtungen in natürlichen Arbeitskontexten. Der Proband ist während der Beobachtung in sein alltägliches Arbeitsgeschehen involviert, so dass die gewonnene Information eine hohe Repräsentativität im Hinblick auf das durchschnittliche Arbeitsverhalten haben sollte. In der Realität sind derartige Beobachtungen jedoch meist sehr unsystematisch und wenig reflektiert. Sie laufen parallel zu den eigentlichen Arbeitsaufgaben der Beobachter ab, was die Qualität der gewonnenen Erkenntnisse mindert. Beobachtungen in künstlichen Kontexten sind demgegenüber methodisch sehr viel ausgereifter. Bei einer Arbeitsprobe oder in einem Assessment Center müssen sich die Beobachter um nichts anderes als um die Diagnose des Probandenverhaltens kümmern. Sie gehen ebenso gezielt wie systematisch vor und wurden für diese Aufgaben ausgebildet. Beobachtungen in künstlichen Settings weisen daher in der Regel eine höhere Messqualität auf. Allerdings nimmt man dabei in Kauf, dass die Probanden sich bewusst möglichst positiv präsentieren, denn im Unterschied zu Beobachtungen am Arbeitsplatz sind sich die Betroffenen darüber im Klaren, zu welchem Zeitpunkt ihr Verhalten kritisch unter die Lupe genommen wird. Beobachtungen in künstlichen Situationen erfassen daher weniger das Alltagsverhalten als vielmehr ein maximales Leistungsverhalten, sofern die Probanden hinreichen motiviert sind. Dabei bedeutet „künstlich" natürlich nicht, dass man völlig absurde Situationen kreiert, die im Leben so niemals vorkommen würden. Man bemüht sich vielmehr darum, die Realität in den entscheidenden Punkten möglichst gut zu simulieren (Schuler, 2000a). Des Weiteren bieten künstliche Settings die Möglichkeit zur gezielten Manipulation der Situation. Wie in einem Experiment lassen sich einzelne Variablen in der Untersuchungssituation verändern und die Reaktionen des Probanden hierauf systematisch erforschen. Diesen Umstand macht man sich z.B. oft in Verhaltenstrainings zu Nutze, wenn die Rollenspielmethode gleichermaßen zur Diagnose und zur Verhaltensveränderung eingesetzt wird (Fliegel, Groeger, Künzel, Schulte & Sorgatz, 1998). Schritt für Schritt übt der Proband neue Verhaltensmuster in sich verändernden Rollenspielen ein. Dabei steigert man zum einen systematisch die Schwierigkeit der Situation und nähert sich damit zum anderen der Alltagswirklichkeit immer stärker an. Im Rahmen der Personalauswahl nutzt man die Manipulierbarkeit der künstlichen Situation zunächst einmal dazu, möglichst konstante Untersuchungsbedingungen zu schaffen. Alle Probanden durchlaufen exakt die gleichen Übungen, so dass eine faire Gleichbehandlung der Bewerber gewährleistet ist. Die Leistungen der Probanden lassen sich so untereinander besser vergleichen. Darüber hinaus bietet sich natürlich auch in der Personalauswahl eine systematische Variation der Bedingungen für jeden Kandidaten an. Ein simuliertes Gespräch mit einem Kunden (Rollenspieler) könnte z.B. mehrere Phasen beinhalten. Zunächst bemüht sich der Kunde, sein Gegenüber zu provozieren, lässt sich von ihm nach wenigen Minuten beruhigen und zeigt sich schließlich gegen Ende des Rollenspiels sogar kompromissbereit. Im natürlichen Kontext müsste man wohl lange vergeblich warten, bis sich eine solche Situation per Zufall einstellen würde. Hinzu kommt, dass eine Beobachtung in natürlichen Arbeitssituationen letztlich nur mit solchen Probanden durchzuführen ist, die als feste Mitarbeiter oder im Rahmen der Probezeit bereits im Unternehmen arbeiten.

Zu den qualitativen Aspekten gehört in gewisser Weise die *Dauer der Beobachtung*. Je mehr Zeit zur Beobachtung bleibt, desto besser sind die Ausgangsbedingungen für eine sorgfältige Analyse des Verhaltens. Allerdings kann man nicht sagen, dass die Qualität der Beobachtung zwangsläufig mit ihrer Dauer ansteigt. Eine kurze, systematische Beobachtung dürfte verlässlichere Befunde liefern als eine länger währende, unsystematische Beobachtung.

Der wichtigste qualitative Aspekt einer Verhaltensbeobachtung betrifft die *Systematik* des Vorgehens (siehe etwa Bortz & Döring, 1995; Friedrichs, 1985). Da Verhaltensbeobachtungen aufgrund der Komplexität des Gegenstandes auf der einen Seite und den nur sehr beschränkten Kapazitäten des menschlichen Informationsverarbeitungssystems auf der anderen Seite zwangsläufig immer selektiv sind, muss im Vorfeld der professionellen Beobachtung geklärt werden, welches Verhalten bzw. welche Aspekte des Verhaltens von besonderem Interesse sind (s.o. „Beobachtungskategorien"). Eine solchermaßen explizit betriebene Selektivität stellt ein zentrales Kriterium der systematischen Beobachtung dar. Sie grenzt sich damit deutlich von der modischen Forderung nach einer „ganzheitlichen" Betrachtung des Individuums ab. Ganzheitlichkeit ist eine Utopie, die kein Diagnostiker verwirklichen kann. Auch stellt sich in diesem Zusammenhang die Frage, ob menschliches Verhalten in wirklich bedeutsamem Maße besser zu verstehen wäre, wenn statt 10 Dimensionen vielleicht 150 Dimensionen in die Diagnose einfließen würden. Effizienter ist es, nur diejenigen Dimensionen zu berücksichtigen, denen eine nennenswerte Bedeutung zukommt. Neben der Definition des genauen Beobachtungsgegenstandes werden bei einer systematischen Verhaltensbeobachtung räumliche und zeitliche Rahmenbedingungen der Datenerhebung, die Art der Protokollierung sowie die Regeln zur Auswertung und Interpretation der Befunde festgelegt (Bortz & Döring, 1995). Die systematische Beobachtung zeichnet sich mithin durch eine hohe Standardisierung des Vorgehens aus. Trotz der methodischen Vorteile, die eine systematische Beobachtung mit sich bringt, ist die unsystematische Beobachtung nicht grundsätzlich abzulehnen. Im Rahmen von Bedarfsanalysen zur Planung von Personal- oder Organisationsentwicklungsmaßnahmen hilft sie z.B. dabei, Schwachstellen im Unternehmen aufzudecken. Dabei kann sie als kostengünstige Ergänzung zur systematischen Verhaltensbeobachtung fungieren: In einem ersten Schritt diente die unsystematische Beobachtung zur Identifizierung von wichtigen Schwachstellen, die anschließend mit Hilfe eines kostspieligeren aber systematischen Vorgehens tiefergehend untersucht werden. Verhaltensbeobachtungen am Arbeitsplatz sind nahezu immer sehr viel weniger systematisch angelegt als Beobachtungsverfahren, die mit künstlichen Settings arbeiten.

Beobachtungen können mehr oder minder *teilnehmend* ablaufen. Meist wird vereinfachend zwischen teilnehmender und nicht teilnehmender Beobachtung unterschieden (z.B. Bortz & Döring, 1995; Friedrichs, 1985). Eine eindeutig teilnehmende Beobachtung liegt vor, wenn der Diagnostiker selbst aktiv in das zu beobachtende Geschehen involviert ist. Oft interagiert er dabei direkt mit dem Probanden. Ein klassisches Beispiel der teilnehmenden Beobachtung stellt die Schule dar, in der die Lehrerin durch die Gestaltung des Unterrichts, durch Lob und Tadel, Ermunterung oder Zurückweisung von Wortbeiträgen in starkem Maße auf das Verhalten der Schüler Einfluss nimmt. Hinzu kommt, dass sich die Lehrkraft aufgrund ihrer Aktivitäten im Unterricht nicht voll und ganz auf die Beobachtungsaufgabe konzentrieren kann. Die Beobachtung des Mitarbeiterverhaltens durch Vorgesetzte ist zumindest im Ansatz mit ähnlichen Problemen behaftet. Der Vorgesetzte ist selbst ein Bestandteil der Arbeitsumgebung und nimmt als solcher maßgeblichen Einfluss auf das Erleben und Verhalten seiner Mitarbeiter. Derart teilnehmende Beobachtungen erfüllen kaum die Anforderungen, die wir an ein anspruchsvolles Diagnostikum stellen. Dies gilt insbesondere für die mangelnde Objektivität. Indirekt bewertet der Vorgesetzte zu einem gewissen Teil auch immer sein eigenes Verhalten, wenn es eigentlich allein um seinen Mitarbeiter gehen sollte. Im Gegensatz hierzu kann sich der nicht teilnehmende Beobachter voll und ganz auf seine diagnostischen Aufgaben konzentrieren. Eine nicht teilnehmende Beobachtung finden wir in der Personaldiagnostik z.B. bei der Arbeitsprobe oder im Assessment Center. Werden auch im Interview Verhaltensbeobachtungen durch den Interviewer angestellt, so handelt es sich hingegen um eine teilnehmende Beobachtung. Nicht teilnehmenden Beobachtungen ist aufgrund der größeren Objektivität sowie der geringeren Gefahr einer Überforderung des Beobachters eindeutig der Vorzug zu geben. Im Rahmen der betrieblichen Regelbeurteilung lassen sie sich allerdings kaum verwirklichen.

Beobachtungen können ferner *offen oder verdeckt* gestaltet sein (Bortz & Döring, 1995). Eine offene Verhaltensbeobachtung liegt vor, wenn die Probanden sich darüber im Klaren sind, dass sie beobachtet werden. Dies gilt insbesondere für diagnostische Situationen wie Interviews oder Assessment Center, die eigens zum Zwecke der Diagnostik gestaltet werden. Im beruflichen Alltag ist die Verhaltensbeobachtung eher ein wenig versteckter. Gleichwohl wissen die Mitarbeiter, dass ihr Vorgesetzter seine Beobachtungen, die er überwiegend beiläufig macht, in Regelbeurteilungen oder Arbeitszeugnisse einfließen lässt. Verdeckte Beobachtungen im strengen Sinne, bei denen der Proband nicht einmal auf die Idee kommt, dass sein Verhalten betrachtet wird, verbieten sich in der Personaldiagnostik aus ethischen Gründen. Völlig verdeckte Beobachtungen (z.B. durch Einwegspiegel) findet man nur gelegentlich in der Forschung, bei psychotherapeutischen Sitzungen oder psychiatrischen Diagnosen. Der potentielle Nachteil einer offenen Beobachtung ist in der Reaktivität der Methode zu sehen. Weiß der Proband um die Beobachtung seines Verhaltens, so wird er versucht sein, sich in einer bestimmten Art und Weise – im Regelfall möglichst positiv – zu präsentieren. Dabei vermittelt er ein Bild von sich, das mit seinem Verhalten in alltäglichen Arbeitssituationen nur bedingt zu tun hat.

Eine Beobachtung kann durch *einen einzigen oder durch mehrere Beobachter* vorgenommen werden. Der Einsatz mehrerer Beobachter bietet den Vorteil, dass die Beurteilung des Verhaltens auf eine breitere Basis gestellt wird. Mögliche Beobachtungsfehler des Einzelnen lassen sich so kompensieren. Wenn mehrere Probanden gleichzeitig betrachtet werden sollen, was beispielsweise im klassischen Assessment Center der Fall ist, müssen mehrere Beobachter schon allein deshalb eingesetzt werden, weil die Aufgabe anders gar nicht zu bewältigen wäre. Der Nachteil einer solchen Praxis liegt vor allem in den höheren Personalkosten, die sich jedoch schnell amortisieren, wenn die Qualität der Personalentscheidungen entsprechend steigt.

Ein zentrales Qualitätskriterium einer jeden Verhaltensbeobachtung ist die *Schulung der Beobachter*. Eine professionelle Personaldiagnostik kann nur gewährleistet werden, wenn sich das diagnostische Personal auch professionell verhält. Hierzu zählt beispielsweise eine kritische Reflexion der eigenen Beurteilungsfehler, ein aktives Bemühen um Objektivität sowie das Einhalten von vereinbarten Bewertungskriterien und Verfahrensregeln. Viele Assessment Center kranken daran, dass als Beobachter Führungskräfte dienen, die auf diese Aufgabe nicht adäquat vorbereitet wurden. Die Annahme, dass ein Vorgesetzter qua Funktion automatisch auch schon für die Beobachterrolle qualifiziert ist, kann nur als naiv gewertet werden. Die Rolle des Beobachters in einer systematischen Verhaltensbeobachtung unterscheidet sich grundlegend von alltäglichen Beobachtungen, die nahezu immer völlig unsystematisch ablaufen. Mehrere Ziele eines Beobachtertrainings ergänzen einander (vgl. Kanning, Hofer & Schulze Willbrenning, 2004; Lievens, 2001; Woehr & Huffcutt, 1994): Zum einen geht es schlicht darum, dass die Beobachter mit dem technischen Ablauf des Verfahrens ihren eigenen Aufgaben, dem Protokollierungs- und Bewertungsprocedere vertraut gemacht werden. Zum anderen sollen sie das Beobachten sowie den Umgang mit den bereitgestellten Materialien praktisch einüben, damit in der Echtsituation alles möglichst reibungslos verläuft. Dies geschieht beispielsweise durch den Einsatz von Videofilmen, die das Verhalten potentieller Probanden darstellen. Hinzu kommt, dass auch der Einsatz der Bewertungskriterien eingeübt werden muss. Durch einen Vergleich der Bewertungsergebnisse unterschiedlicher Trainingsteilnehmer, die alle die gleiche Person beobachten sollten, lässt sich die Beobachterübereinstimmung ermitteln (Grewe & Wentura, 1997; Wirtz & Caspar, 2002). Je geringer die Beobachterübereinstimmung ausfällt, desto mehr muss noch in die Überarbeitung des Verfahrens bzw. in die Schulung der Beobachter investiert werden. Erfahrungsgemäß ist in einem Beobachtertraining sehr viel Überzeugungsarbeit zu leisten, damit sich diagnostisch kaum oder gar nicht vorgebildete Beobachter, auf das Verfahren einlassen. Viele Beobachter sind aus dem Alltag gewohnt, sich primär von ihren Erfahrungen, Stimmungen, Intuitionen u.Ä. leiten zu lassen. All dies ist in der diagnostischen Situation nicht erwünscht. Das Verständnis für die Restriktionen einer professionellen Verhaltensbeobachtung lässt sich vor allem durch eine intensive Auseinandersetzung mit den Fehlern der Personenbeurteilung wecken (Kanning, 1999; siehe auch Kapitel 2). Die Beobachter werden dabei mit empirisch gut abgesicherten Forschungsergebnissen konfrontiert, die ihnen eine kritische Haltung zur eigenen Urteilsbildung vermitteln. Gleichzeitig sollten sie durch Selbstreflexion und praktische Übungen erfahren, wie leicht sie selbst Erwartungseffekten, Stereotypen, Prozessen der sozialen Einflussnahme oder einem Halo-Effekt unterliegen (Kanning et al., 2004).

Die angeführten Beobachtungsformen lassen sich untereinander kombinieren. Tabelle 3-1 gibt einen Überblick über die Vielgestaltigkeit der Methoden, die sich aus der Kombination ergeben. Allerdings schließen sich manche Kombinationen zwangsläufig aus. So kann etwa eine Selbstbeobachtung niemals verdeckt ablaufen. Aus der Perspektive der Forschung stellt sich eine nicht teilnehmende, verdeckte und systematische Fremdbeobachtung, an der mehrere geschulte Beobachter beteiligt sind, als Idealfall dar. Sehen wir einmal von dem Kriterium der verdeckten Beobachtung ab, so lässt sich dieses Ideal in der Praxis durchaus verwirklichen.

Tabelle 3-1: Beobachtungsmethoden im Überblick

Systematik	Schulung	Anzahl Beob.	Selbstbeobachtung								Fremdbeobachtung							
			n. teilnehmend				teilnehmend				n. teilnehmend				teilnehmend			
			offen		verdeckt		offen		verdeckt		offen		verdeckt		offen		verdeckt	
			n	k	n	k	n	k	n	k	n	k	n	k	n	k	n	k
system.	s	m	-	-	-	-	-	-	-	-			-	-			-	-
	s	e	-	-	-	-	-	-	-	-			-	-			-	-
	o	m	-	-	-	-	-	-	-	-			-	-			-	-
	o	e	-	-	-	-	-	-	-	-			-	-			-	-
unsystem.	s	m	-	-	-	-	-	-	-	-			-	-			-	-
	s	e	-	-	-	-	-	-	-	-			-	-			-	-
	o	m	-	-	-	-	-	-	-	-			-	-			-	-
	o	e	-	-	-	-	-	-	-	-			-	-			-	-

Erläuterung: n = natürliche Umgebung; k = künstliche Umgebung; o = ohne Schulung der Beobachter; s = Schulung der Beobachter; m = mehrere Beobachter; e = ein Beobachter; Beobachtungsmethoden, die mit einem „-" gekennzeichnet sind, lassen sich praktisch nicht durchführen.

Wir sind bereits darauf eingegangen, dass der Selbstbeobachtung mit Hilfe der *Tagebuchmethode* in der Personalentwicklung eine wichtige Funktion bei der Förderung des Selbstmanagements zukommen kann. Gleichwohl fristet sie in der personaldiagnostischen Fachliteratur ein eher stiefmütterliches Dasein. Um dieses Defizit auszugleichen, nehmen wir an dieser Stelle einen kleinen Exkurs vor (siehe auch Baumann, Laireiter & Thiele, 1994; Wilz & Brähler, 1997). Abbildung 3-5 verdeutlicht das vielgestaltige Erscheinungsbild der Tagebuchmethode. Welches die beste Umsetzung der Optionen darstellt, ist in jedem Anwendungsfall aufs Neue zu entscheiden.

Baumann et al. (1994) unterscheiden vier Dimensionen der Ausgestaltung einer Tagebuchmethode (vgl. Abbildung 3-5). Die erste Dimension „Gegenstand" definiert, was überhaupt das Thema der Selbstbeobachtung sein soll. Die Kategorien variieren hinsichtlich des Inhalts sowie der Komplexität. Beobachtet werden können ganze Interaktionen mit anderen Menschen oder sehr spezifische Gefühle und Gedanken sowie mehr oder minder globale Verhaltensweisen. Bei der Bestimmung des Beobachtungsgegenstandes lässt man sich von der übergeordneten Fragestellung leiten. So könnte man beispielsweise schauen, ob ein bestimmtes Verhalten, das in einem Training eingeübt wurde, auch im beruflichen Alltag erfolgreich umgesetzt werden kann. Eine klare Definition dessen, was beobachtet werden soll, ist bei der Tagebuchmethode genau so wichtig, wie bei jeder anderen Verhaltensbeobachtung. Je weniger klar die Aufgabe definiert ist, desto größer ist der Einfluss subjektiver Selektionsmechanismen.

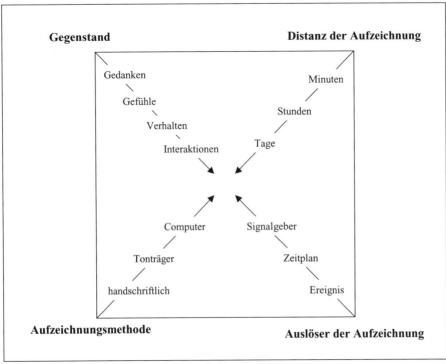

Abbildung 3-5: Dimensionen der Tagebuchmethode

Die zweite Dimension bezieht sich auf die zeitliche Distanz zwischen dem Ereignis – also z.B. einer Interaktion mit dem Vorgesetzten – und der Protokollierung desselben. Die Bezeichnung „Tagebuchmethode" deutet bereits darauf hin, dass die Probanden meist am Ende des Tages eine Protokollierung des Geschehens vornehmen. Es sind durchaus aber auch kürzere oder längere Zeiträume möglich. Geht es z.B. um eine möglichst exakte Protokollierung eines ganz bestimmten Verhaltens, das vielleicht nur einmal pro Tag auftritt (z.B. Visite in einem Krankenhaus oder tägliche Teambesprechung in einer Redaktion), sollte die Protokollierung unmittelbar nach dem Ereignis stattfinden. Ein solches Vorgehen bietet sich auch an, wenn das Ereignis nicht jeden Tag stattfindet. Ist man weniger an sehr detaillierten Protokollen interessiert, so kann der Zeitraum zwischen dem Ereignis und der Protokollierung auch deutlich länger als einen Tag ausfallen. Mitunter soll der Proband dann das Verhalten in mehreren Situationen, die etwa im Laufe der vergangenen Woche aufgetreten sind, zusammenfassen. Hierbei muss man sich jedoch darüber im Klaren sein, dass die Verhaltensbeobachtung nun mehr und mehr in eine allgemeine Selbstbeschreibung übergeht. Der Proband generalisiert über viele Ereignisse, wobei Informationen hinsichtlich der situativen Rahmenbedingungen, das Verhalten spezifischer Interaktionspartner u.Ä. auf der Strecke bleiben. Je mehr Zeit zwischen dem Ereignis und der Protokollierung liegt, desto größer wird zudem der Einfluss des Vergessens bzw. des selektiven Erinnerns sein.

Dimension drei bezieht sich auf die Aufzeichnungsmethode. Die gängigste Form der Aufzeichnung ist die des handschriftlichen Protokolls. Der Proband skizziert auf einem vorgefertigten Protokollbogen – dem eigentlichen Tagebuch – das interessierende Verhalten. Ergänzend hierzu können Beurteilungsskalen vorliegen, auf denen er sein Verhalten unmittelbar bewerten soll. Ist man ausschließlich an einer völlig freien Protokollierung interessiert, kann alternativ ein Diktiergerät oder ein anderer Tonträger verwendet werden. Überdies kommen nicht selten tragbare Minicomputer zum Einsatz, was sich insbesondere bei zeitnahen Protokollierungen als vorteilhaft erweist. Über die Auswahl einer bestimmten Aufzeichnungsmethode entscheidet neben den finanziellen Ressourcen vor allem die Technikfreundlichkeit der Probanden. Eine computergestützte Protokollierung ist besonders effektiv, wenn die Daten später ohnehin per Computer verarbeitet werden sollen. Auf diesem Wege erspart man sich eine gesonderte Dateneingabe.

Die vierte und letzte Dimension bezieht sich auf die Fragen, wie oft eine Aufzeichnung erfolgen soll. Meist orientiert man sich an inhaltlichen Kriterien: Immer dann, wenn ein bestimmtes, zuvor definiertes Ereignis eintritt, muss der Proband kurz darauf oder am Abend ein Protokoll anfertigen. Gebräuchlich sind aber auch Zeitkriterien. In der klassischen Form der Tagebuchmethode muss an jedem Abend eine Aufzeichnung erfolgen. Eine solche feste Zeitvorgabe kann selbstverständlich auch kürzere oder längere Zeitabschnitte (wöchentlich, stündlich) vorsehen. Ob die Protokollierung durch Ereignisse oder einen Zeitplan vorgegeben wird, hängt wiederum von den inhaltlichen Zielen der Selbstbeobachtung sowie der Häufigkeit der interessierenden Ereignisse ab. Tritt ein Ereignis sehr häufig pro Tag auf, kann der Proband unmöglich jede Begebenheit aufzeichnen. Man denke hier nur einmal an die Abwicklung eines Geschäfts durch eine Verkäuferin in einem großen Kaufhaus. Ziel der Tagebuchmethode ist dann vielmehr eine Zufallsauswahl der Ereignisse. Dabei hilft ein elektronischer Zeitgeber, den der Proband bei sich trägt. Per Zufall gibt das Gerät mehrfach am Tag ein akustisches Signal von sich und fordert den Probanden dadurch zur Aufzeichnung des zuletzt erlebten kritischen Ereignisses auf (vgl. Reiss & Wheeler, 1991).

Auch die Beobachtungsmethode weist mehrere Vor- und Nachteile auf. Abbildung 3-6 fasst die wichtigsten Punkte zusammen.

Der wichtigste Vorteil der Beobachtungsmethode gegenüber der Befragung oder dem Testen liegt vor allem in der Tatsache, dass das *Verhalten* in mehr oder minder komplexen Situationen ganz *unmittelbar erfasst* werden kann. Man muss sich nicht auf Berichte über das Verhalten beschränken, sondern holt es selbst in die diagnostische Situation hinein. Der Zugang zum Verhalten ist ungefiltert und konkret. Immer dann, wenn es in der Personaldiagnostik um soziale Kompetenzen, um den Umgang mit Mitarbeitern, Kunden oder Kollegen geht, ist die Beobachtung daher eine sehr wichtige Methode.

Vorteile ↓	Nachteile ↓
• Verhalten kann unmittelbar erfasst werden • eher geringer Konstruktionsaufwand • Alltagsverhalten kann beliebig fein analysiert werden	• vergleichsweise großer Durchführungsaufwand bei systematischen Fremdbeobachtungen • Anfälligkeit die für sozial erwünschte Selbstdarstellung • Anfälligkeit für systematische Fehler der Personenbeurteilung

Abbildung 3-6: Zentrale Vor- und Nachteile der Beobachtungsmethode

Im Vergleich zu Testverfahren und standardisierten Fragebögen geht die *Konstruktion* eines Beobachtungsinstrumentariums *mit eher geringem Aufwand* einher. Zwar muss man sich im Vorfeld gründlich überlegen, was denn konkret beobachtet werden soll, in welchen Situationen die Probanden agieren müssen und nach welchen Kriterien die anschließende Bewertung erfolgt, aufwändige empirische Untersuchungen zur Auswahl einzelner Items fallen jedoch weg.

Interessiert man sich insbesondere für das alltägliche Verhalten in natürlichen Situationen, kann die Beobachtungsmethode *sehr differenzierte Informationen* liefern. Bei einer reinen Befragung taucht häufig das Problem auf, dass die Probanden über routiniertes Verhalten nur wenig detailliert berichten können. Schließlich liegt es in der Natur des automatisierten Verhaltens, dass es weitgehend ohne eine bewusste Kontrolle abläuft (Bargh & Chartrand, 1999). Arbeitet man hingegen mit der Methode der systematischen Verhaltensbeobachtung, tritt dieses Problem nicht auf, da sowohl bei der Selbst- als auch bei der Fremdbeobachtung die Aufmerksamkeit ganz gezielt auf ausgewählte Prozesse gerichtet wird.

Ein deutlicher Nachteil der Beobachtungsmethode liegt im *Durchführungsaufwand*, sofern man systematisch vorgeht und sich nicht auf Selbstbeobachtungen des Verhaltens beschränkt. Besonders deutlich wird dies im Assessment Center, wenn mehrere geschulte Beobachter über ein bis drei Tage hinweg mehrere Probanden in verschiedenen Übungen beobachten. Ein solches Vorgehen lässt sich am Arbeitsplatz kaum realisieren.

Da systematische Verhaltensbeobachtungen schon allein aufgrund des großen Durchführungsaufwandes immer offen ablaufen müssen, besteht die Gefahr, dass sich die Probanden nicht mehr natürlich verhalten. Insbesondere in Personalauswahlsituationen werden sie sich zumindest der Tendenz nach *im Sinne der sozialen Erwünschtheit darstellen* (Hough, 1998; Sagado, 1997). Allerdings wird das Problem einer solchen Selbstdarstellungstendenz eher überschätzt. Wie wir in Kapitel 2 bereits offen gelegt haben, gibt es bislang keine empirischen Belege dafür, dass sich sozial erwünschtes Verhalten zwangsläufig negativ auf die Validität personaldiagnostischer Verfahren auswirkt (Barrick & Mount, 1996; Ones, Viswesvaran & Reiss, 1996). Darüber hinaus dokumentiert eine erfolgreiche Selbstdarstellung, dass der Proband prinzipiell in der Lage ist, das gewünschte Verhalten zu zeigen. Er verfügt mithin über gewisse Potentiale, die allerdings nicht immer im Alltag in vollem Umfang entfaltet werden. Hierin unterscheidet sich der Bewerber allerdings nicht von allen übrigen Menschen. Kaum ein Mitarbeiter wird dauerhaft an der oberen Grenze seiner Leistungsfähigkeit arbeiten und immer alle Ressourcen ausschöpfen.

Unsystematische Beobachtungen unterliegen in besonderer Weise der Gefahr, dass die Ergebnisse durch unterschiedlichste *Fehler der Personenbeurteilung* verzerrt sein können (Dörner, 1989; Kanning, 1999). Abhilfe schafft hier eine sorgfältige Schulung des eingesetzten Personals sowie eine entsprechende Gestaltung des Beobachtungssettings (Kanning et al. 2004). So müssen die Beobachtungskategorien gleichermaßen sinnvoll und leicht zu handhaben sein. Jeder Beobachter muss ausreichend Zeit für seine Aufgabe erhalten und darf nicht kognitiv überfordert werden. Ferner hilft der Einsatz von mehreren unabhängigen Beobachtern dabei, etwaige Verzerrungen des Einzelnen zu kompensieren.

Aus unseren Ausführungen lassen sich mehrere grundlegende *Standards* für die Gestaltung einer anspruchsvollen Beobachtungsmethode ableiten. Wir gehen nachfolgend vom Regelfall einer Fremdbeobachtung aus. Das Ziel der Verhaltensbeobachtung kann in der Messung des sichtbaren Verhaltens selbst oder in der Analyse der dahinter liegenden Kompetenzen des Menschen liegen. Ist Letzteres der Fall, reicht die Beobachtung des Verhaltens in einer einzelnen Situation nicht aus. Eine Schlussfolgerung von dem Verhalten auf die Kompetenzen des Handelnden ist nur dann möglich, wenn man das Verhalten in mehreren unterschiedlichen Situationen betrachtet. Nur auf diesem Weg lassen sich die Einflüsse der Umwelt von den Fähigkeiten und Fertigkeiten des Einzelnen trennen (vgl. Kapitel 1).

Vor allem dann, wenn von der Beobachtung wichtige Entscheidungen abhängen (Einstellung, Beförderung etc.), ist ein systematisches Vorgehen unabdingbar. Im Vorfeld der eigentlichen Datenerhebung muss festgelegt werden, welche Verhaltenskategorien beobachtet und nach welchen Kriterien bewertet werden sollen. Das Beobachtungssetting sowie der Ablauf der Untersuchung müssen sorgfältig geplant sein. Die Festlegungen gelten verbindlich für alle Beobachter.

Ein weiteres wichtiges Kriterium einer qualitativ hochwertigen Beobachtung ist die Anzahl der Beobachter. Schon der Einsatz eines zweiten Beobachters mindert erheblich die Gefahr, dass die Befunde durch Beobachtungsfehler, Sympathie oder Antipathie, Erwartungen u.Ä. beeinträchtigt werden. Eine wichtige Voraussetzung hierfür ist, dass die Beobachter unabhängig voneinander zu ihrem Urteil finden und sich nicht gegenseitig beeinflussen. Muss ein sehr komplexes Geschehen wie z.B. die Leistung eines Bewerbers in einer Gruppendiskussion beurteilt werden, ergibt sich die Notwendigkeit zum Einsatz mehrerer Beobachter fast von allein, weil ein einzelner mit der Aufgabe überfordert wäre. Damit die Beobachter sich voll und ganz auf ihre Aufgabe konzentrieren können, stehen sie als unbeteiligte Zuschauer außerhalb des eigentlichen Geschehens.

Eine anspruchsvolle Verhaltensbeobachtung hat nur auf den ersten Blick viel mit alltäglichen Beobachtungen anderer Menschen zu tun. Je komplexer die Aufgabe und je wichtiger eine korrekte Diagnose ist, desto bedeutsamer wird die Schulung der Beobachter. Die Beobachter müssen lernen, ihre eigene Urteilsbildung zu hinterfragen und sich an vereinbarte Spielregen halten. Mehr noch, ein gutes Beobachtertraining gibt den Funktionsträgern die Möglichkeit, das Beobachten, Protokollieren und Bewerten aktiv einzuüben.

Standards
der Beobachtungsmethode

- Interessiert man sich für die dem Verhalten zugrunde liegenden Kompetenzen, so wird das Verhalten eines Probanden in mehreren, voneinander unabhängigen Situationen betrachtet.
- Die Beobachtung erfolgt systematisch, d.h. für alle Beobachter und Probanden sind das Beobachtungssetting, die Beobachtungskategorien sowie das genaue Procedere der Beobachtung und Bewertung des Verhaltens verbindlich festgelegt.
- Es werden mehrere Beobachter eingesetzt, die unabhängig voneinander arbeiten.
- Die Beobachter nehmen nicht aktiv am Geschehen teil.
- Die Beobachter werden für ihre Aufgaben zuvor speziell geschult.

3.3 Testen

Die Methode des Testens bezieht sich auf die Messung von Verhaltenskonsequenzen. Dabei geht es um die Leistung, die ein Kandidat in einer Prüfungssituation zeigt. Bei der Intelligenzmessung interessiert man sich z.B. dafür, ob ein Bewerber eine durchschnittliche oder überdurchschnittliche kognitive Leistung erbracht hat. Die Leistung selbst ermöglicht einen Rückschluss auf das zugrunde liegende Verhalten bzw. die dem Verhalten zugrunde liegenden Kompetenzen und Einstellungen des Menschen (vgl. Abbildung 3-1). Allerdings sind derartige Schlussfolgerungen nur unter bestimmten Bedingungen möglich. Verdeutlichen wir uns diesen Sachverhalt einmal an einem Beispiel: Würde man einem Bewerber eine einzige Rechenaufgabe vorlegen und anschließend überprüfen, ob er die Aufgabe gelöst hat oder nicht, wäre man ohne weiteres in der Lage, dem Berwerber eine bestimmte Leistung zu bescheinigen. Welches Verhalten letztlich zu dem Ergebniss geführt hat, lässt sich nur indirekt erschließen. Wahrscheinlich hat der Proband übliche Rechenoperationen durchgeführt. Denkbar wäre aber auch, dass er das Ergebnis schlichtweg erraten hat. Bedenken wir diese beiden Möglichkeiten, so wird deutlich, dass wir in diesem Fall nicht wirklich etwas über die Kompetenzen oder die Leistungsmotivation erfahren, denn wenn das Ergebnis auch durch bloßes Raten zustande gekommen sein kann, setzt die Lösung der Aufgabe nicht zwingend eine bestimmte Kompetenz voraus. Ähnlich sieht es aus, wenn die Aufgabe nicht gelöst wurde. Auch in diesem Fall wissen wird nicht, ob es an der mangelnden Kompetenz, an fehlender Anstrengung oder vielleicht auch nur an einer Ablenkung des Kandidaten lag. Wie kann man einer solchen Interpretationsunsicherheit entgehen? Vergleichbar zu einer anspruchsvollen

Befragung oder Beobachtung muss man mehr als nur eine Information einholen. Im Testverfahren wird der Proband daher mit vielen Aufgaben konfrontiert, die zudem so gestaltet sind, dass man nur mit einer geringen Wahrscheinlichkeit per Zufall zu einem richtigen Ergebnis kommt (vgl. Lienert & Raatz, 1998; Rost, 1996). Hat ein Bewerber in einem Test 20 Aufgaben richtig gelöst, können wir davon ausgehen, dass er über die notwendigen Kompetenzen verfügt, eine hinreichende Motivation vorhanden war und auch das Arbeitsverhalten den Anforderungen entsprach. Wurden viele Aufgaben nicht gelöst, so ist die Ursache zunächst nicht klar. Interessiert man sich für die Ursachen – was weniger für die Personalauswahl und -platzierung, wohl aber für die Personal- und vielleicht auch für die Organisationsentwicklung von Bedeutung sein kann –, sind weitergehende Untersuchungen vonnöten.

Testverfahren sind durch ein sehr standardisiertes Vorgehen gekennzeichnet. Die Probanden werden mit mehreren Leistungsaufgaben konfrontiert. Die Auswahl der Aufgaben erfolgt vor dem Hintergrund empirischer Voruntersuchungen anhand bestimmter mathematischer Kriterien. So wird beispielsweise im Vorfeld geprüft, ob die Aufgaben im Hinblick auf den ungefähren Leistungsstand der Probanden nicht zu leicht oder zu schwer sind. Aufgaben, die von fast allen oder keinem Probanden gelöst werden, besitzen nur eine sehr eingeschränkte Aussagekraft (vgl. Liener & Raatz, 1998). Ein weiteres zentrales Merkmal von Testverfahren – in dem sich der Test übrigens vom Fragebogen unterscheidet – ist die eindeutige Differenzierung zwischen objektiv richtigen und falschen Aufgabenlösungen[6]. Für eine richtige Antwort erhält der Proband später einen Punkt. Die Bearbeitung erfolgt vergleichbar zu einer Klassenarbeit in einem vorgegebenen Zeitrahmen. Alle Aufgaben, die der Proband in der vorgesehenen Zeit nicht bearbeiten kann, gelten als nicht gelöst. Dabei wurden die Aufgaben meist der Schwierigkeit nach geordnet: die leichten zu Beginn und die schwierigsten ganz zum Schluss. Auch ein solchen Vorgehen wäre für Fragebogeninstrumente sehr unüblich. Im Zuge der Auswertung werden alle Punkte zu einem Gesamtergebnis verrechnet. Die Durchführungsbedingungen sowie die Vorgehensweise bei der Auswertung und Interpretation der Daten ist für alle Probanden und Diagnostiker einheitlich geregelt. Ähnlich wie standardisierte Fragebögen sind Testverfahren im Handel erhältlich, können bei entsprechenden Methodenkenntnissen aber auch vom Anwender neu entwickelt werden. Dabei ist zu bedenken, dass Testverfahren niemals für die Gesamtpopulation aller Menschen entwickelt werden. Sie richten sich immer an einem bestimmten Leistungsniveau aus. So gibt es z.B. unterschiedliche Intelligenztests für Kinder, intellektuell normal begabte und hoch begabte Erwachsene.

Die personaldiagnostische Methode des Testens weist kaum Gemeinsamkeiten mit alltäglichen Formen der Personenbeurteilung auf. Die Probanden werden in einer sehr kontrollierten Prüfungssituation mit Leistungsaufgaben konfrontiert, wobei es eindeutig richtige und falsche Lösungen gibt, die meist unter Zeitdruck bearbeitet werden müssen. Die einzelnen Aufgaben wurden aufgrund verschiedener mathematischer Kriterien ausgewählt.

---

[6] Mitunter wird der Begriff des Tests auch sehr ausufernd verwendet. Demnach fallen auch alle Persönlichkeitsfragebögen unter den Testbegriff, sofern sie standardisiert ablaufen und nach den Verfah-

Wie bei den beiden vorangestellten Grundformen der Personaldiagnostik, wollen wir nun nach den wichtigsten Variationen der Testmethode fragen. Erneut unterscheiden wir formale, strukturelle und qualitative Aspekte (vgl. Abbildung 3-7).

Tests laufen immer in einer eigens dafür geschaffenen Prüfungssituation ab. Im Gegensatz zum Fragebogen, der z.B. auch zu Hause ausgefüllt werden kann, oder der (unsystematischen) Verhaltensbeobachtung, die oft unmittelbar im Arbeitsalltag abläuft, erfolgt die Testung in einem geschützten Raum, der Störungen ausschließt und somit die Basis für ein konzentriertes Arbeiten legt.

Testverfahren unterscheiden sich zunächst einmal hinsichtlich der *Dauer*. Konzentrationstests, die sich primär für die kurzzeitige Konzentrationsfähigkeit des Probanden interessieren (z.B. d2, Brickenkamp, 2002; FAIR, Moosbrugger & Oehlschlägel, 1996), nehmen den Probanden nur wenige Minuten in Anspruch. Umfangreiche Intelligenztests, wie etwa der BIS (Jäger, Süß & Beaducel, 1997) oder der IST 2000 (Amthauer, Brocke, Liepmann & Beaducel, 1999), können leicht auch zwei Stunden dauern.

formale Aspekte
- Dauer der Testung
- technische Hilfsmittel
- Kosten

strukturelle Aspekte
- Speed- vs. Power-Tests
- sprachgebundene vs. sprachfreie Tests
- Antwortformat

qualitative Aspekte
- Inhalt
- empirische Qualitätskriterien

Abbildung 3-7: Variationen der Testmethode

Die allermeisten Testverfahren verzichten weitestgehend auf den Einsatz *technischer Hilfsmittel* und laufen nach dem Prinzip der Paper-Pencil-Tests ab (Brähler et al., 2002; Kanning & Holling, 2002): Der Kandidat erhält ein Testheft oder einen Testbogen mit der Instruktion und den Aufgaben. Anschließend bearbeitet er die Aufgaben und trägt sein Ergebnis mit einem Stift in den Ergebnisbogen ein. Der Diagnostiker ermittelt mit einer Auswertungsfolie die erreichte Punktzahl. Neuere Testverfahren laufen oft vollständig computergestützt ab. Dies reduziert den Auswertungsaufwand ganz erheblich. Hinzu kommt, dass praktisch keine Auswertungsfehler auftreten können. In Abschnitt 3.4 gehen wir noch ausführlicher auf die Möglichkeiten der Computertechnologie ein. Unabhängig von den beiden genannten Varianten kann eine Testung auch in einem Interview erfolgen. Hierzu liest der Interviewer

---

rensregeln der klassischen oder probabilistischen Testtheorie entwickelt wurden. Dieser Praxis schließen wir uns nicht an.

eine Frage vor und bewertet die Antwort des Probanden einfach dahingehend, ob sie richtig oder falsch war. Auch manche Intelligenztests arbeiten mit dieser Methode (z.B. HAWIE, Tewes, 1991).

Die *Kosten* der Testung hängen maßgeblich vom Einsatz des Computers ab. Computergestützte Verfahren sind teurer als ihre rein papiergestützten Vorfahren. Die notwendige Investition wird jedoch durch die Möglichkeit zur gleichzeitigen Untersuchung mehrerer Probanden ein wenig kompensiert. Hinzu kommt die Kostenersparnis durch die verkürzte Testauswertung. Allerdings lassen sich auch zahlreiche Paper-Pencil-Tests in Gruppen bearbeiten.

In struktureller Hinsicht kann zwischen *Speed- und Power-Tests* unterschieden werden. Seinem Namen entsprechend geht es beim Speed-Test vor allem um die Geschwindigkeit, mit der Leistungsaufgaben gelöst werden (Lienert & Raatz, 1996). Die Aufgaben sind dabei sehr leicht, so dass jeder Proband sie fehlerfrei lösen könnte, wenn man ihm hierzu genügend Zeit ließe. Ziel der Untersuchung ist es, herauszufinden, wie viele der Aufgaben ein Proband unter Zeitdruck lösen kann und inwieweit er sich hierin von anderen Menschen unterscheidet. Speed-Tests werden bevorzugt zur Messung der Konzentrationsfähigkeit eingesetzt. Abbildung 3-8 zeigt zur Verdeutlichung das Itemformat aus dem Aufmerksamkeits-Belastungs-Test d2 (Brickenkamp, 2001). Die Aufgabe der Probanden ist recht einfach. Sie bearbeiten eine Buchstabenreihe von links nach rechts. Jeder Buchstabe ist mit einem oder mehreren Stichen versehen. Der Proband muss nun immer den Buchstaben d herausfinden und ihn durchstreichen, sofern er mit genau zwei Strichen versehen ist. Streicht er einen anderen Buchstaben oder ein d mit mehr bzw. weniger als zwei Strichen an, so gilt dies als Fehler. Nach dieser Regel müssen nun nacheinander 14 Buchstabenzeilen bearbeitet werden. Für jede Zeile stehen 20 Sekunden zur Verfügung. Der Power-Test interessiert sich demgegenüber nicht für die Geschwindigkeit, sondern für den Inhalt der Leistung. Daher steht dem Probanden weitaus mehr Zeit zur Verfügung als bei einem Speed-Test. Die Aufgaben eines solchen Testverfahrens sind deutlich schwieriger und heterogener. Sie werden der Schwierigkeit nach geordnet, angefangen bei der leichtesten Aufgabe. Ein Proband beginnt mit dem ersten Item und arbeitet sich Schritt für Schritt zu immer schwierigeren Aufgaben vor. Der Test wird beendet, sobald er mehrere Aufgaben hintereinander nicht lösen konnte. Das genaue Kriterium für den Abbruch wurde zuvor auf der Basis empirischer Studien so festgelegt, dass weitgehend ausgeschlossen werden kann, dass eine Person, die beispielsweise die Aufgaben 10, 11 und 12 falsch gelöst hat, die Aufgabe 13 oder 15 richtig lösen könnte. Viele Intelligenztests arbeiten mit einer Mischung aus Speed und Power. In diesem Fall sind die Aufgaben der Schwierigkeit nach geordnet, zusätzlich gibt es aber eine Zeitbegrenzung.

```
 ||    || |  || |  |    |    |    || |    |    | |
 d  p  d  d  p  p  d  d  d  p  d  p  p  d  p  p  p  d  d
 ||| |    | |    |    | | || || ||   || | ||  |    |
```

Abbildung 3-8: Itemformat aus dem d2-Test (Brickenkamp, 2001)

Testverfahren können mehr oder weniger *sprachgebunden* ablaufen. Die allermeisten Testverfahren setzen nicht nur Grundkenntnisse der deutschen Sprache voraus, sondern arbeiten aktiv mit der Sprache. In Abbildung 3-9 finden sich verschiedene Itembeispiele. Das erste Beispiel ist offensichtlich ohne eine gute Kenntnis der deutschen Sprache nicht zu lösen. Es geht darum, Relationen zwischen Begriffen zu erkennen. Der Proband muss herausfinden, welcher der in der Klammer stehenden Begriffe sich zum Begriff „Kuh" in gleicher Weise verhält wie der Begriff „Welpe" zum Begriff „Hund". Da zwischen Hund und Welpe ein Erwachsenen-Kind-Verhältnis besteht, ist die richtige Lösung „Kalb", denn das Kalb ist das Kind einer Kuh. Das zweite Item verzichtet völlig auf Sprache und arbeitet nur mit Zahlen. Die abgebildete Zahlenreihe soll sinnvoll ergänzt werden. Da zwischen zwei benachbarten Zahlen von links nach rechts immer ein Anstieg um 2 erfolgt, ist die richtige Lösung 20. Beispiel Nr. 3 setzt weder Sprache noch Rechenkünste voraus sondern arbeitet ausschließlich mit graphischen Elementen. Im ersten Schritt wird eine geometrische Figur vorgestellt. Ihr folgen vier weitere sehr ähnliche Figuren. Die Aufgabe des Probanden besteht darin, aus den vier Figuren diejenige zu identifizieren, die nicht durch eine Drehung, sondern durch eine Kippung der ersten entstanden sein kann. Die richtige Lösung wäre in unserem Beispiel die Antwort c. Wir sehen, verschiedene Itemformate sind mehr oder weniger sprachgebunden. Ganz ohne Sprache kommt jedoch kein Test aus, denn der Proband muss zumindest die Instruktion verstehen können. Insofern ist die Verwendung „sprachfreier Test" für Items der zweiten und dritten Kategorie ein wenig irreführend. Testverfahren, die vergleichsweise wenig Sprachverständnis voraussetzen sind immer dann interessant, wenn Personen getestet werden sollen, die der deutschen Sprache nur bedingt mächtig sind. Im Vergleich zu deutschen Probanden wären sie sonst im Nachteil. In diesem Zusammenhang ist auch die Bezeichnung „kulturfairer Test" zu sehen. Ein kulturfairer Test verzichtet auf solche Items, bei denen die Probanden einer bestimmten Kultur gegenüber Vertretern einer anderen im Vorteil wären. Dies bezieht sich nicht nur auf den Gebrauch der Sprache, sondern auch auf kulturelles Wissen. So kann man z.B. nicht unbedingt damit rechnen, dass ein Europäer um die Begrüßungsrituale asiatischer Manager weiß (vgl. Thomas, 1996). In der personaldiagnostischen Praxis können derartige Überlegungen z.B. in der Personalauswahl relevant werden, wenn man bei der Vergabe von Ausbildungsplätzen Intelligenztests mit Deutschen und Einwanderern durchführt.

Testverfahren unterscheiden sich nicht nur in der Art der verwendeten Items, sondern – damit einhergehend – auch in ihrem *Antwortformat*. Wir können zwischen offenen und geschlossenen Antwortformaten unterscheiden. Ein freies Antwortformat findet sich in der Abbildung 3-9 im zweiten Beispiel. Die Probanden müssen selbständig eine Antwort generieren und sie auf dem Antwortbogen protokollieren oder in den Computer eingeben. Das erste Beispiel in der Abbildung 3-9 repräsentiert im Vergleich hierzu ein geschlossenes Antwortformat, bei dem aus einer Reihe vorgegebener Alternativen die richtige ausgewählt werden muss (multiple choice). Geschlossene Antwortformate haben den Nachteil, dass die Probanden die richtige Antwort erraten können. Allerdings sinkt die Wahrscheinlichkeit einer richtigen Zufallsantwort mit steigender Anzahl der Antwortalternativen. Bedenkt man überdies, dass das Testergebnis nicht nur über ein oder zwei, sondern über sehr viele Items hinweg berechnet wird, so hält sich die Gefahr eines verfälschten Ergebnisses bei den meisten Tests in Grenzen. Offene Antwortformate sind diesbezüglich deutlich sicherer. Zwar kann der Proband hierbei auch raten, die Menge der Alternativen, die er in seinem Kopf generieren kann, dürfte jedoch weitaus größer sein als die Menge üblicherweise vorgegebener Antwortalternativen bei geschlossenen Items. Warum wählt man also nicht immer geschlossene Formate? Die Antwort ist sehr einfach. Viele Leistungsitems lassen sich ohne Antwortvorgaben kaum oder nur mit vergleichsweise großem Auswertungsaufwand realisieren. So würde die Auswertung beim ersten Beispiel in Abbildung 3-9 sehr viel mehr Zeit in Anspruch nehmen, weil manche Probanden Lösungen generieren, über deren Richtigkeit sich mitunter streiten lässt. Graphische Items von der Art des dritten Beispiels sind mittels offener Antworten nicht zu realisieren.

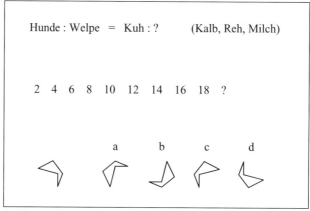

Abbildung 3-9: Klassische Intelligenzitems

Im Hinblick auf die Qualität eines Testverfahrens variieren verschiedene Instrumente vor allem in ihrem *Inhalt*. Dabei ist ein bestimmter Testinhalt selbstverständlich nicht von vornherein mehr oder weniger sinnvoll. Die Bewertung ergibt sich erst aus der Passung zwischen den Inhalten des Verfahrens und dem Ziel, das mit seiner Anwendung verfolgt werden soll. Wer sich beispielsweise für die sozialen Kompetenzen seiner Bewerber interessiert, wäre sehr schlecht beraten, wenn er einen Intelligenztest einsetzen würde (vgl. Kanning, 2003a). Aber auch innerhalb einer Klasse von Testverfahren gibt es inhaltlich sehr unterschiedliche Instrumente. Wer einen Intelligenztest einsetzen möchte sollte also nicht zum erstbesten Instrument greifen, sondern sich intensiver mit den Inhalten auseinandersetzen. So fragt beispielsweise der Hamburg Wechsler Intelligentest (Tewes, 1991) lebenspraktisches Wissen ab und unterscheidet sich darin deutlich von allen übrigen Standardverfahren. Allerdings darf man sich nicht nur vom Augenschein leiten lassen. In vielen Untersuchungen hat sich beispielsweise der Intelligenztest – trotz oder gerade wegen seines sehr abstrakten Charakters – für die Vorhersage des beruflichen Erfolgs als überaus nützlich erwiesen (Schmidt & Hunter, 1998). In jedem Falle ist den Ergebnissen empirischer Untersuchungen, welche die Nützlichkeit eines Verfahrens bestätigen, der Vorrang vor dem bloßen Augenschein einzuräumen. Der weitaus überwiegende Teil der Testverfahren bezieht sich auf abstrakte, intellektuelle Fähigkeiten. Diese Einschränkung liegt jedoch nicht in der Natur der Sache, sondern ist durch die Forschungstradition begründet. Mehrere Verfahren übertragen denn auch die Prinzipien des Testens auf ganz andere Anwendungsfelder wie etwa die Messung sozialer Kompetenzen (Bastians & Runde, 2002; Kanning, 2003a, 2003c).

Der wichtigste Hinweis auf die Qualität eines Testverfahrens ergibt sich aus den *empirischen Qualitätskriterien*, die wir in Kapitel 5 vorstellen werden. An dieser Stelle nur soviel: eine Testentwicklung ist nicht allein von der Kreativität des Konstrukteurs abhängig. Die Formulierung der Items ist lediglich der erste in einer langen Reihe von Schritten, mit deren Hilfe die guten von den schlechten Items getrennt werden. Mathematische Kennzahlen verraten dem eingeweihten Leser eines Testmanuals, für welchen Personenkreis und für welche Fragestellung der Test in besonderer Weise geeignet ist und wie groß der zu erwartenden Messfehler ausfällt. Doch hierzu später mehr.

Welches sind nun die Vorzüge und Nachteile der Testmethode? Abbildung 3-10 fasst die wesentlichen Punkte zusammen. Testverfahren laufen *vollständig standardisiert* ab. Ohne Ansehen der Person werden alle Probanden der gleichen Prozedur unterzogen. Die Regeln zur Durchführung und Auswertung sind leicht umzusetzen und gewährleisten somit eine hohe Objektivität der Messung.

| **Vorteile** | **Nachteile** |
↓	↓
• vollständig standardisiertes Vorgehen	• hoher Konstruktionsaufwand bei der Neuentwicklung
• eher geringe Durchführungskosten	
• keine Anfälligkeit für sozial erwünschtes Antwortverhalten	• eher geringe Akzeptanz in Bezug auf den Einsatz bei Führungskräften
• keine Anfälligkeit für Fehler der Personenbeurteilung	

Abbildung 3-10: Zentrale Vor- und Nachteile der Testmethode

Die *Durchführungskosten* sind insbesondere im Vergleich zur systematischen Verhaltensbeobachtung eher gering. Auch wenn die Anschaffungskosten computergestützter Verfahren über denen klassischer Paper-Pencil-Tests liegen, lohnt sich die Investition meist aufgrund der Einsparungen bei den Personalkosten. Mehrere Personen können gleichzeitig getestet werden. Die Auswertung läuft auf Knopfdruck in Sekundenschnelle.

Ein weiterer Vorteil ergibt sich aus der fehlenden Anfälligkeit der Ergebnisse für die *Tendenz zur sozial erwünschten Selbstdarstellung*. Zwar wird jeder Proband in einer für ihn wichtigen Testsituation motiviert sein, sein Bestes zu geben und daher sein Leistungsmaximum präsentieren, niemand ist jedoch in der Lage, über sein Maximum hinauszugehen. Wer die Aufgaben löst, ist offensichtlich fähig, sie zu lösen.

Wurde der Test sorgfältig konstruiert, so ist überdies die Wahrscheinlichkeit zufällig richtiger Antworten sehr gering.

Aufgrund der vollständigen Standardisierung des Procederes entziehen sich Testverfahren dem Problem der systematischen *Fehler der Personenbeurteilung*. Die Beurteilung entsteht nicht im Kopf des Diagnostikers, sondern ist dem Verfahren selbst inhärent.

Auf der Seite der Nachteile fallen die hohen *Konstruktionskosten*, die bei einer Neuentwicklung entstehen würden, ins Gewicht. Jede Entwicklung eines anspruchsvollen Tests setzt den Einsatz speziell geschulten Personals zwingend voraus. Die Entwicklung wird erfahrungsgemäß mindestens einige Monate in Anspruch nehmen und mehrere empirische Untersuchungen erfordern.

Sofern es um die Messung der kognitiven Leistungsfähigkeit geht, genießen Testverfahren aufgrund der eindeutigen Unterscheidung in richtige und falsche Lösungen im Allgemeinen ein recht hohes Ansehen. Bei der Auswahl von Auszubildenden oder Piloten stellt kaum jemand die Sinnhaftigkeit von kognitiven Leistungstests in Frage. Geht es jedoch um höhere Positionen, so wendet sich das Blatt schnell. Kaum ein Manager dürfte bereit sein, vor seiner Neueinstellung einen Intelligenztest über sich ergehen zu lassen und dies unabhängig von der Frage, ob ein solcher Test eine hohe Aussagekraft besitzt.

Aus unseren Ausführungen lassen sich einige grundlegende Standards für die Methode des Testens ableiten.

Standards
der Testmethode

- Es werden immer mehrere Items eingesetzt, über die hinweg ein bestimmtes Merkmal des Probanden erfasst wird.
- Für jedes Item liegt ein verbindlicher Lösungsschlüssel vor, der richtige bzw. falsche Antworten definiert.
- Die Auswahl der Items erfolgt auf der Basis empirischer Studien nach bestimmten mathematischen Kennwerten.
- Die Durchführung und Auswertung des Testverfahrens läuft vollständig standardisiert ab.

Da die Lösung oder Nicht-Lösung eines einzelnen Items in starkem Maße durch Zufallseinflüsse bestimmt sein kann, arbeiten Testverfahren immer mit vielen Items. Der Testwert ergibt sich dabei aus der Summe der richtig gelösten Aufgaben. Erfasst ein Test mehr als nur ein Merkmal, werden für jedes Merkmal mehrere Items formuliert. Dabei gehört es zu den Grundprinzipien der Testmethode, dass ein verbindlicher Lösungsschlüssel vorliegt. Die Auswahl der Aufgaben erfolgt – vergleichbar zum standardisierten Fragebogen – auf der Basis empirischer Studien. Nachdem in einem ersten Schritt zunächst eine größere Anzahl potentiell geeigneter Items konstruiert wurde, untersucht man in mehreren folgenden Schritten, welche von ihnen die besten mathematischen Kennwerte erzielen (vgl. Kapitel 5, 6). Untrennbar verbunden mit der Testmethode ist ferner die vollständig standardisierte Durchführung und Auswertung des Verfahrens. Sie lässt sich besonders leicht durch einen Einsatz des Computers gewährleisten.

3.4 Exkurs: Computergestützte Diagnostik

Angesichts der wachsenden Bedeutung der Computertechnologie wollen wir an dieser Stelle einen Exkurs vornehmen und uns mit den Möglichkeiten und Grenzen ihrer Nutzung im Bereich der Personaldiagnostik auseinandersetzen. Wie bereits deutlich wurde, handelt es sich bei der computergestützten Diagnostik nicht um eine eigenständige Grundform der Personaldiagnostik, sondern um ein Medium, das gleichermaßen zur Befragung und Testung von Probanden eingesetzt werden kann.

Seit mehr als zehn Jahren erfreut sich die computergestützte Diagnostik einer zunehmenden Verbreitung. Dies hat zum einen sicherlich mit der Verfügbarkeit leistungsstarker und gleichzeitig kostengünstiger Rechner, zum anderen aber auch mit einem allgemeinen gesellschaftlichen Wandel zu tun. Der Computer ist aus unserer Welt nicht mehr wegzudenken. Kinder wachsen heute so selbstverständlich mit der neuen Technologie auf, dass wir den Umgang mit dem Computer inzwischen ohne Übertreibung zu den grundlegenden Kulturtechniken zählen dürfen. Doch nicht nur das Argument des „Alltäglichen" begründet den Einsatz des Computers in der Diagnostik, er bringt auch handfeste Vorteile mit sich. Im Folgenden wollen wir zunächst die verschiedenen Möglichkeiten der computergestützten Diagnostik vorstellen, ehe in einem zweiten Schritt die Vor- und Nachteile zu diskutieren sind. Abschließend gehen wir näher auf die Möglichkeiten der multimedialen Diagnostik ein, die insbesondere für die Messung sozialer Kompetenzen von Belang sind.

Die *Möglichkeiten des Computereinsatzes* in der Diagnostik sind vielfältig (Überblick: Jäger, 1990; Kubinger, 1993), wobei die real vorhandenen Verfahren diese Möglichkeiten in sehr unterschiedlichem Maße nutzen (vgl. Abbildung 3-11). Im einfachsten Falle dient der Computer lediglich zur Auswertung der auf herkömmlichem Wege erhobenen Daten. So werden beispielsweise bei Anwendung des personaldiagnostischen Testverfahrens „Multidirektionales Feedback" (MDF; Fennekels, 1999) zunächst Fragebögen unter Mitarbeitern und Führungskräften eines Unternehmens ausgeteilt. Mit deren Hilfe beschreiben die Vorgesetzten sowie die jeweiligen Mitarbeiter das Führungsverhalten. Anschließend gibt der Untersuchungsleiter die Daten zur Analyse in ein Computerprogramm ein. Die Ergebnisse des MDF ermöglichen einen Vergleich zwischen Selbstbild und Fremdbild des Führungspersonals. Der Computer vereinfacht dabei ganz erheblich die Auswertung und rechtfertigt somit den Aufwand der manuellen Dateneingabe. Dies gilt auch für Verfahren, in denen kein Paper-Pencil-Test zum Einsatz kommt, wenn also z.B. eine Vielzahl von Daten, die im Laufe eines Personalauswahlverfahrens angefallen sind, nach komplexen Algorithmen verrechnet werden müssen.

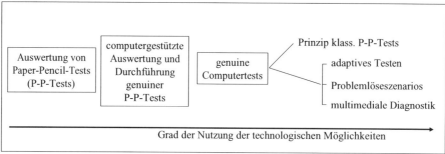

Abbildung 3-11: Möglichkeiten computergestützter Diagnostik

Bei einem weitergehenden Einsatz der Technologie erfolgt bereits die Datenerhebung mit Hilfe des Rechners. Zu unterscheiden ist dabei zwischen Verfahren, die ursprünglich als Paper-Pencil-Version vorlagen und solchen, die von vornherein über den Computer ablaufen. Im ersten Fall macht man sich vor allem die Möglichkeit zur schnelleren Datenauswertung zu Nutze. Im Vergleich zum herkömmlichen Paper-pencil-Vorgehen erspart man sich die Auszählung der Rohwertpunkte per Hand bzw. die Eingabe der Rohdaten in den Computer. Stattdessen gibt der Proband seine Antworten direkt in den Rechner ein. Die anschließende Auswertung ist dann nur noch eine Frage von wenigen Sekunden. Die gleichen Vorteile besitzt der originäre Computertest (Kubinger, 1993, 1995), der gar nicht erst als Papierversion entwickelt wurde. Die Computerisierung bestehender Paper-Pencil-Tests ist heute immer noch das häufigste Vorgehen und wird beispielsweise von großen Testanbietern innerhalb ihrer computergestützten Testsysteme praktiziert (z.B. Brühl & Winckel, 2002; Gaschok, 2002). Der Anwender genießt dabei den Komfort, aus einer Vielzahl von Skalen am Computer die jeweils relevanten auszuwählen, sie seinen Probanden zu präsentieren und anschließend auch noch die Auswertung über den PC abwickeln zu können. Die Anschaffung zahlreicher Einzeltests sowie die Auswertung per Hand entfällt somit.

Wurde das Verfahren von Beginn an für die Computeranwendung konzipiert, bieten sich zahlreiche Optionen der Computertechnologie an, die in der Praxis allerdings nur vergleichsweise selten vollständig genutzt werden. Nur wenige Verfahren nutzen z.B. die Möglichkeit einer adaptiven Messung (Meijer & Nering, 1999; Rost, 1996). Beim adaptiven Vorgehen orientiert sich die Auswahl der Items, die ein Proband bearbeiten muss, an seinem eigenen Leistungsniveau bzw. an der individuellen Ausprägung der zu messenden Merkmale. Verdeutlichen wir uns das Vorgehen am Beispiel eines Intelligenztests: Bei einem klassischen Test bearbeitet im Prinzip jeder Proband die gleichen Aufgaben. Auch derjenige, der besonders intelligent ist, muss zunächst die leichten Aufgaben bewältigen, ehe er zu den für ihn eigentlich relevanten Items im oberen Leistungsbereich vorstößt. Umgekehrt muss jemand mit geringer Intelligenz mehr oder minder viele Aufgaben bearbeiten, die ihn eigentlich überfordern. Arbeitet das Verfahren nach dem Prinzip des adaptiven Testens, so werden zunächst einige leichtere Aufgaben appliziert. In Abhängigkeit von der erbrachten Leistung des Individuums (richtige vs. falsche Lösung) folgen dann eher leichtere oder schwerere Aufgaben. Nachdem auch diese bearbeitet wurden, schließen sich wiederum nur leistungsangemessene Items an und so fort, bis zum Ende der Messung. In der Konsequenz muss jeder Proband nur eine vergleichsweise kleine Teilmenge der im Computer vorrätigen Items bearbeiten, was sich vor allem auf die Motivation der Kandidaten positiv auswirken dürfte. Erfüllt der Test überdies die hohen Anforderungen der probabilistischen Testtheorie (Rost, 1996), so kann sich die Auswahl der relevanten Items zudem sehr präzise an dem geschätzten Personenparameter des individuellen Probanden orientieren. Nach jedem bearbeiteten Item berechnet der Computer, wie genau der Personenparameter – also die reale Merkmalsausprägung des Kandidaten – auf der Basis der bisherigen Ergebnisse geschätzt werden kann und wählt dann solche Items zur Bearbeitung aus, denen eine besonders hohe Diagnostizität zugeschrieben werden kann. Die Diagnostizität eines Items ist besonders hoch, wenn es für den Probanden nicht eindeutig zu leicht oder zu schwer, sondern auf seine Leistungsfähigkeit genau zugeschnitten ist. Ein solches Vorgehen ist ohne den Einsatz des Rechners kaum realisierbar.

Neben dem adaptiven Testen bietet der Computer die Möglichkeit zur Simulation komplexer Systeme (Kersting, 1999). In sog. Problemlöseszenarien werden miteinander vernetzte Problemsituationen präsentiert, die entweder ein reales Szenario in vereinfachter Form simulieren oder aber eine in sich geschlossene künstliche Aufgabenwelt darstellen. Hierzu gehören z.B. neben der rechnergestützten Umsetzung der Postkorbaufgabe (Fennekels, 1995; Roest, Scherzer, Urban, Gangl, & Brandstätter, 1989) auch Simulationen wirtschaftlicher Prozesse (Funke, 1993; Kersting, 1999). In beiden Fällen geht es um die Messung kognitiver Fertigkeiten. Im Falle des Postkorbes soll sich der Proband in die folgende Situation versetzen: Er ist Mitarbeiter eines Unternehmens und muss ohne fremde Hilfe die liegen gebliebene Post bearbeiten (Weiterleiten an Kollegen und Vorgesetzte, Termine setzen oder verschieben, Anfragen nach Priorität ordnen u.Ä.). Die einzelnen Schriftstücke (Briefe, Notizen zu Telefonanrufen und e-mails, Rechnungen, das Organigramm des Unternehmens, sein eigener Terminkalender etc.) stehen auf dem PC zur freien Verfügung. Während der Bearbeitung des Postkorbes können zusätzliche Informationen über den Rechner eingereicht werden, was die Möglichkeit zu einer interaktiven Auseinandersetzung mit den Reaktionen des Probanden ermöglicht. In sehr viel stärkerem Maße wird die Interaktionsfähigkeit des Computers bei Simulationen wirtschaftlicher Prozesse genutzt. Hier muss der Proband in einer vorgegebenen Zeit z.B. ein imaginäres Unternehmen führen. Dabei werden hintereinander mehrere Jahreszyklen simuliert, wobei der Rechner einerseits bestimmte Problemsituationen „erschafft" (Streik der Mitarbeiter, starke Umsatzeinbußen u.Ä.) und andererseits auf die Problemlösestrategien des Probanden (Erhöhung der Löhne, Senkung der Preise etc.) reagiert. Derartige Szenarien sind ohne den Einsatz des Computers nur äußerst umständlich zu realisieren.

Eine weitere Form genuiner Computertests stellt die multimediale Diagnostik dar. Der Begriff „multimedial" bezieht sich in diesem Zusammenhang auf den gleichzeitigen Einsatz mehrerer Informationsarten innerhalb eines diagnostischen Verfahrens. Der Kandidat wird nicht nur mit dem geschriebenen Wort, sondern auch mit (bewegten) Bildern und Tönen konfrontiert (siehe Etzel, 1999; Kanning, 2003b, in Druck b). Das Verhalten des Probanden wird über die Tastatur und/oder ein Mikrophon eingefangen. Multimediale Verfahren bieten weitaus mehr Möglichkeiten zur realitätsnahen Simulation als Fragebögen oder Interviews. Kanning, Greve, Hollenberg und

Stein (under review) untersuchen beispielsweise interaktive multimediale Items, die zumindest in der sozialen Validität herkömmlichen Items überlegen scheinen.

Von *multimedialer Diagnostik* sprechen wir, wenn im Rahmen eines computergestützten Verfahrens gleichzeitig mehrere Informationsarten bzw. Medienkanäle eingesetzt werden. Im Einzelnen handelt es sich dabei um Texte, Zeichnungen, Graphiken, Fotografien, Töne, Sprache, Computeranimationen, Zeichentrickfilme sowie naturalistische Filmsequenzen. Bislang kommen in keinem einzigen Instrument all diese Informationsarten gleichzeitig zur Anwendung. Die meisten Verfahren arbeiten allein mit dem geschriebenen Wort (z.B. Fennekels & D'Souza, 1999) oder setzen überdies Computeranimationen ein (Kersting, 1999). Eine Ausnahme bildet das sehr komplexe personaldiagnostische Verfahren pro facts (Etzel, 1999, 2002), in dem die Probanden neben Zeichentrickbildern und Animationen auch mit Texten und Sprache konfrontiert werden. Etzel (1999, 2002) arbeitet nach dem Prinzip *situativer Items* (vgl. Latham, Saari, Pursell & Campion, 1980; McDaniel, Morgeson, Finnegan, Campion & Braverman, 2001; Weekley & Jones, 1997): Dem Probanden werden zunächst mehr oder minder realistische Situationen aus dem Berufsalltag geschildert. Anschließend erfragt man, wie er sich seiner Meinung nach in einer solchen Situation verhalten würde, welche Einstellungen er zu dem geschilderten Sachverhalt hat oder welche Gedanken ihm durch den Kopf gehen würden. Im Gegensatz zum klassischen Persönlichkeitsfragebogen wird bei situativen Items immer der direkte Bezug zu einer konkreten Situation hergestellt. Die Abstraktion auf die dem Verhalten zugrunde liegenden Persönlichkeitsmerkmale erfolgt nicht bei jedem Item durch den Probanden selbst (Beispiel: „Im Allgemeinen bin ich leicht aus der Ruhe zu bringen."), sondern erst über die Betrachtung des „Verhaltens" in mehreren Situationen. Die Methode der situativen Items ist keineswegs an den Einsatz des Computers gebunden und wird beispielsweise auch erfolgreich in Interviews eingesetzt (Schuler, 1992, 2001). Die Vorteile der situativen gegenüber den nicht-situativen Items sollten zum einen in der größeren Realitätsnähe, zum anderen in einer höheren Akzeptanz durch die Probanden liegen. Die Realitätsnähe der Items ermöglicht bei personaldiagnostischen Verfahren einen direkten Bezug zu Arbeits- und Anforderungsanalysen. Mit einer größeren Akzeptanz auf Seiten der Probanden ist zu rechnen, weil sich ihnen der praktische Sinn der Aufgaben unmittelbar erschließt.

Die Frage des Alltagsbezugs der diagnostischen Instrumente führt uns zu einer wichtigen Unterscheidung, die auf Motowidlo, Dunnette und Carter (1990) zurückgeht. Die Autoren differenzieren zwischen sog. „low-fidelity-" und „high-fidelity-" Simulationen. Bei jedem Item lässt sich eine Stimuluskomponente von einer Responsekomponente unterscheiden. Die Stimuluskomponente wird durch die eigentliche Aufgabe dargestellt, während sich die Responsekomponente auf das Procedere der Aufgabenbearbeitung bezieht. Im einfachsten Falle eines Fragebogenitems wird der Proband mit einem geschriebenen Statement konfrontiert (Stimulus). Anschließend kann er meist auf einer mehrstufigen Skala durch ein Kreuz angeben, wie stark er der fraglichen Aussage zustimmt (Response). Motowidlo et al. (1990) sprechen von einer low-fidelity Simulation, wenn sowohl die Stimulus- als auch die Responsekomponente eine sehr große Distanz zum realen Leben aufweisen. Dies ist bei dem beschriebenen Beispiel der klassischen Fragebogenitems ohne Zweifel der Fall. Im realen Leben wird man weder mit Statements konfrontiert noch hat man nur die

Möglichkeit, auf die Umwelt ausschließlich unidimensional durch das Ankreuzen auf einer Skala zu reagieren. Genau genommen liegt hier nicht einmal eine Simulation im eigentlichen Sinne vor. Den anderen Extrempol repräsentierten high-fidelity Simulationen. Hierbei weisen sowohl die Stimulus- als auch die Responsekomponente einen sehr hohen Realitätsbezug auf, was z.B. für die Methode des Assessment Centers gilt. Die Kandidaten werden einer Situation ausgesetzt, in der sie reagieren müssen. Übertragen wir diese Differenzierung auf den Bereich der multimedialen Diagnostik sozialer Kompetenzen, würde eine high-fidelity-Simulation im besten Falle mit naturalistischen Videofilmen arbeiten und dem Probanden die Möglichkeit geben, in freier Rede Stellung zu beziehen. Noch besser wäre es, wenn sich darüber hinaus Interaktionen simulieren ließen. Dies wäre z.B. möglich, wenn in Abhängigkeit von den Antworten des Probanden passende Filmsequenzen eingespielt würden, die ein Reagieren des Gegenübers simulierten. Die Konstruktion entsprechender Verfahren ist so aufwändig, dass bislang kaum Instrumente existieren, die in diese methodische Richtung gehen. So arbeitet z.B. der Computertest von Kanning (2003b) zur Messung sozialer Kompetenzen u.a. mit Videosequenzen, die den Bewerber mit realistischen Situationen aus dem Berufsalltag konfrontieren (Stimulus). Auf der Seite der Responsekomponente wird allerdings mit herkömmlichen Zustimmungsskalen gearbeitet. Schuler, Diemand und Moser (1993) verzichten ebenso wie Stricker (1982) auf den Einsatz des Computers und präsentieren in ihrem Auswahlverfahren Videofilme über ein Fernsehgerät. In beiden Verfahren können die Probanden in freier Rede antworten, was eine sehr gute Realisierung des high-fidelity-Gedankens auf der Seite der Responsekomponente darstellt. Die Auswertung der qualitativen Daten erfolgt durch ein Gremium aus geschulten Beobachtern, wodurch die Kosten der Testanwendung im Vergleich zu einem reinen Computertest allerdings ansteigen. Diesem Problem begegnen Anbar und Raulin (1994), indem sie die Probanden in ihrem Test freie Antworten über die Tastatur eingeben lassen, die anschließend vom Computer nach bestimmten Stichworten durchsucht und ausgewertet werden. Ob dabei Videofilme oder lediglich Computeranimationen als Stimulusmaterial dienen, ist nicht eindeutig.

Angesichts des recht hohen Konstruktionsaufwandes stellt sich die Frage, inwieweit die plausiblen Annahmen hinsichtlich der Vorteile multimedialer Diagnostik auch tatsächlich zu belegen sind. Bislang liegen nur wenige Erkenntnisse vor. Eine Studie, in der ein direkter Vergleich zwischen computergestützter, multimedialer Diagnostik auf der einen Seite und einer computerisierten Form eines herkömmlichen Paper-Pencil-Tests auf der anderen Seite vorgenommen wurde, spricht eindeutig für die erste Variante (Richman-Hirsch, Olson-Buchanan & Drasgow, 2000). Aus der Sicht der Probanden besitzt der multimediale Test eine höhere Augenscheinvalidität und findet insgesamt mehr Akzeptanz als die einfache Computerversion des gleichen Paper-Pencil-Tests. Mehr noch, letztere führt nicht einmal zu besseren Beurteilungen als der Originaltest, bei dem vollständig auf einen Computereinsatz verzichtet wurde. Zu ähnlichen Ergebnissen kommen Chan und Schmitt (1997), die noch dazu zeigen können, dass das Abschneiden im Paper-Pencil-Test signifikant durch die Lesefähigkeit der Probanden beeinflusst wird, was für den videobasierten Paralleltest in ihrer Studie nicht galt. Allerdings wurden beide Testversionen ohne Computereinsatz appliziert. Motowidlo et al. (1990) zeigen demgegenüber, dass low-fidelity-Simulationen, bei denen ohne Computereinsatz rein sprachlich gebundene, situative Items zum Einsatz kamen, bereits zu guten Validitätswerten führen. Ein Vergleich mit einer multimedialen Variante der gleichen Items fehlt jedoch in dieser Studie. Die Ergebnisse von Funke und Schuler (1998) deuten schließlich an, dass die Validität situativer Items vor allem von der Gestaltung der Responsekomponente abhängt. Während der Einsatz der Videotechnik keinen Einfluss auf die kriterienbezogene Validität der verwendeten situativen Items hatte, konnte die Validität durch die Möglichkeit offener Antworten deutlich gesteigert werden. Auch in dieser Studie wurde auf den Einsatz des Computers verzichtet. Die Antworten mussten durch ein Expertengremium ausgewertet werden. Zurzeit stellt sich die Erkenntnislage mithin wie folgt dar: Die Nutzung multimedialer Diagnostik geht vor allem mit einer vergleichsweise großen Akzeptanz und Augenscheinvalidität bei den Probanden einher. Ein Gewinn in der kriterienbezogenen oder prognostischen Validität ist bislang nicht belegt, wenngleich es mehrere Beispiele für an sich valide, videogestützte Verfahren gibt (z.B. Dalession, 1994; Schiff, Arnone & Cross, 1994; Weekley & Jones, 1997). Darüber hinaus zeigte sich mehrfach bei situativen Items – ähnlich wie bei Problemlöseszenarien (Funke, 1993) – ein messtechnisches „Problem". Die Homogenität der Skalen ist meist sehr gering (vgl. Kanning, 2003, in Druck b; Smiderle et al., 1994; Schuler et al., 1993), was in der Natur der Sache liegt. Reale Situationen sind nun einmal multidimensional und dies gilt selbstverständlich auch für das Verhalten in derartigen Situationen. Insofern ist die innere Konsistenz auch kein sinnvolles Kriterium zur Bewertung situativer Items, da man durch ihren Einsatz doch gerade eine größere Realitätsnähe erzielen möchte.

Insgesamt gesehen steckt die Forschung zur multimedialen Diagnostik noch in den Anfängen. Untersuchungen zu spezifischen Komponenten multimedialer Diagnostik (z.B. Filme vs. Zeichentrickanimationen) fehlen völlig.

Der Einsatz des Computers in der Diagnostik ist mit einer Reihe von Vorteilen, aber auch mit mehreren potentiellen Problemen verbunden (siehe auch Kubinger, 1995). Die *Vorteile der computergestützten Diagnostik* liegen zunächst im bereich der *Ökonomie*. Gerade die Durchführung adaptiver Testverfahren führt zu einer deutlichen Verkürzung der Bearbeitungszeit, was insbesondere wenn viele Probanden durch das Verfahren geschleust werden sollen, einen großen Vorteil darstellen kann. Gleiches gilt unabhängig von der Anwendung adaptiver Techniken für die Auswertung computergestützter Verfahren.

In leistungsbezogenen Verfahren kann über die üblichen Informationen hinaus (Anzahl gelöster Items) das *Antwortverhalten* weitaus differenzierter als in klassischen Paper-Pencil-Tests betrachtet werden. So ist es z.B. möglich, die Bearbeitungszeiten für jedes Item zu registrieren oder etwaige Korrekturen des Probanden aufzudecken.

Betrachten wir die klassischen Gütekriterien, so ist vor allem hinsichtlich der *Durchführungs- und Auswertungsobjektivität* (Kapitel 5) mit positiven Begleiterscheinungen zu rechnen. Sowohl bei der Durchführung als auch bei der Auswertung wird ein Höchstmaß an Standardisierung gewährleistet. Der Diagnostiker hat kaum noch Möglichkeiten, die Ergebnisse zu beeinflussen. Flüchtigkeitsfehler, die bei klassischen Testverfahren leicht einmal bei der Auswertung per Schablone entstehen können, unterlaufen dem Rechner nicht.

Die Nutzung des Computers ist nicht mit Verbesserungen der *Reliabilität und Validität* eines Verfahrens verbunden (Kubinger, 1993). Ob und inwieweit ein Test reliabel und valide ist, hängt letztlich von den Spezifika der Testkonstruktion, nicht aber von den eingesetzten Medien ab. Eine Ausnahme bildet jedoch die Augenscheinvalidität bzw. die soziale Validität. Sofern mit multimedialen Simulationen gearbeitet wird, sollte sich dies positiv auf die wahrgenommene Realitätsnähe des Verfahrens auswirken (vgl. Kanning, Grewe, Hollenberg & Stein, under review).

Computergestützte Verfahren vermitteln den Probanden den Eindruck, dass sie es mit einem innovativen Unternehmen zu tun haben. Dieser *Imagegewinn* sollte sich vor allem bei jungen Menschen, die mit der Computertechnologie aufgewachsen sind, positiv bemerkbar machen. Gleiches gilt für Unternehmen, die am „neuen Markt" positioniert sind. Schon heute wickeln viele große Unternehmen die Vorauswahl der Bewerber über das Internet ab (vgl. Abschnitt 7.2; Konradt & Sarges, 2003; Schwertfeger, 2001).

Als *nachteilig* erweisen sich beim computergestützten Testen die *höheren Kosten*, die einerseits mit der Anschaffung der Rechner, andererseits mit dem Erwerb der Software verbunden sind. Insbesondere bei Gruppentestungen macht sich die Anzahl der notwendigen Rechner schnell in den Kosten bemerkbar. Werden jedoch viele Testungen durchgeführt, sollten sich die höheren Anschaffungskosten aufgrund der ökonomischeren und objektiveren Durchführung und Auswertung bald bezahlt machen.

Im Vergleich zu Paper-Pencil-Verfahren ist bei Computertests mit höheren *Entwicklungskosten* zu rechnen. Kommen Filmszenen zum Einsatz, so ergeben sich die höheren Kosten schon allein aus der vergleichsweise aufwändigen Itemkonstruktion. Unabhängig von der konkreten Ausgestaltung der Items entstehen in jedem Falle Kosten für die Programmierung.

Ein zentrales Problem ergibt sich bei Leistungstests, wenn bestehende *Paper-Pencil-Verfahren ohne weitergehende Untersuchungen auf den Computer* übertragen wird. Da sich die Durchführungsbedingungen gegenüber dem Originaltest ganz erheblich verändert haben, ist nicht auszuschließen, dass auch die Itemkennwerte (Aufgabenschwierigkeit und Trennschärfe, vgl. Kapitel 6) hiervon betroffen sind. Gleiches gilt für die Normierung. Hätte man von Anfang an die Items in einer Computerversion untersucht, wären vielleicht ganz andere Items ausgewählt worden. Auch können die veränderten Durchführungsbedingungen zu Verschiebungen in der Normierung führen. In der Konsequenz empfiehlt sich daher zumindest im Nachhinein eine empirische Überprüfung des Testverfahrens sowie der Normen. All dies gilt für einfache Textitems, wie sie in allen Fragebögen zur Selbstbeschreibung Verwendung finden, weitaus weniger, da sich hier kaum etwas ändert. Während graphische Items aus Leistungstests auf dem Monitor subjektiv oder auch objektiv anders erscheinen, ist dies bei Texten weniger zu erwarten bzw. letztlich für das Antwortverhalten kaum relevant. Besonders deutlich wird der Unterschied zwischen Papier- und Computerversion, wenn wir Tests mit Zeitvorgaben betrachten (vgl. Abbildung 3-8). Rein motorisch ist das Ankreuzen auf einem Testbogen etwas anderes als die Bedienung einer Tastatur. Dies wird zwangsläufig mit veränderten Reaktionszeiten einhergehen, was für Selbstbeschreibungsfragebögen ohne Relevanz, bei Aufmerksamkeits- und Konzentrationstests hingegen von zentraler Bedeutung ist.

Komplexe Computersimulationen haben häufig den Nachteil, dass die *Teststruktur sowie die Auswertungsprinzipien im Verborgenen bleiben.* So sind z.B. bei den Postkörben „PC-Office" (Fennekels, 1995) die Auswertungsprinzipien aufgrund des Testmanuals nicht zu erschließen. Dies wiederum hat zur Folge, dass der Anwender sich nicht entscheiden kann, ob er mit der Art der Messung übereinstimmt oder nicht. Überdies fällt das Feedback an den Probanden schwer, wenn man ihm nicht erklären kann, wie sein Testergebnis eigentlich zustande gekommen ist.

Ein weiterer Nachteil ergibt sich möglicherweise für *ältere Probanden* bzw. solche mit geringerem *Bildungsniveau.* Auf sie mag der Rechner zunächst wenig motivierend wirken, weil sie mit Computern weniger vertraut sind und daher möglicherweise eine längere Eingewöhnungszeit benötigen. Insbesondere bei Leistungstests ist dieser Umstand von besonderer Relevanz. Denken wir nur einmal an einen Konzentrationstest, bei dem ein Proband im schlimmsten Falle nur deshalb schlechter abschneidet, weil er im Umgang mit der Tatstatur oder der Computermaus kaum vertraut ist. Voruntersuchungen der Testentwickler könnten hier Klarheit verschaffen, inwieweit der konkrete Test von diesem Problem betroffen ist.

Betrachten wir die computergestützte Diagnostik zusammenfassend, so lässt sich festhalten, dass die Chancen der Technologie heute bei weitem noch nicht genutzt werden. Dies gilt insbesondere für die Verwendung situativer Items und multimedialer Technologie. Die Vorteile liegen in der Durchführungs- und Auswertungsobjektivität sowie deren Ökonomie. Hierzu kommt eine hohe Akzeptanz und ggf. ein Imagegewinn für die den Test einsetzende Organisation. Die vergleichsweise höheren Entwicklungskosten sind im Einzelfall gegen den zu erwartenden Nutzen aufzurechnen. Sie dürften vor allem dann gerechtfertigt sein, wenn das Verfahren sehr häufig, z.B. als Screeningverfahren für die Bewerberauswahl, eingesetzt wird. Auch gilt es, die nicht zu unterschätzenden Personalkosten, die mit zahlreichen alternativen Diagnostika wie etwa dem Interview oder dem Assessment Center verbunden sind, in Betracht zu ziehen.

> Die Möglichkeiten der computergestützten Diagnostik sind sehr vielfältig. Sie reichen von der computergestützten Durchführung und Auswertung bis hin zur Interpretation von Tests und Fragebögen. Eine Besonderheit stellen multimediale Verfahren dar. Bislang werden die Potentiale der Computertechnologie in der Personaldiagnostik bestenfalls im Ansatz genutzt.

3.5 Fazit

Die drei Grundformen der Personaldiagnostik erscheinen in der Praxis in sehr unterschiedlichem Gewand, da jede von ihnen eine große Variationsbreite aufweist. Bei der Auswahl und Entwicklung eines diagnostischen Instrumentariums ist es wichtig, diejenige Variation auszuwählen, die am besten zu den Zielen der geplanten Untersuchung passt. Dass dabei auch materielle Rahmenbedingungen zu berücksichtigen sind, ist offensichtlich. So wird z.B. aus Kostengründen kaum ein Unternehmen bereit sein, zweitägige Assessment Center mit 1000 Bewerbern durchzuführen.

Jede Methode hat ihre Stärken und Schwächen, so dass wir nicht von vornherein einer Methode den Vorzug gegenüber allen anderen geben können. Bei groß angelegten, mehrstufigen Diagnoseprozessen, die etwa im Rahmen der Personalauswahl auftreten können, greift man aus diesem Grund zu einer Kombination mehrerer Methoden. Im günstigsten Fall können die Vorteile der verschiedenen Methoden somit kumulieren, wobei gleichzeitig die Nachteile wechselseitig kompensiert werden.

Die Befragungsmethode lässt sich nahezu immer einsetzen und gibt u.a. einen Einblick in das Selbstkonzept der Probanden. Fragebogenuntersuchungen gehören zu den besonders kostengünstigen Verfahrensweisen, mit denen man große Personengruppen bewältigen kann. Die Beobachtungsmethode ermöglicht demgegenüber eine detaillierte Analyse des tatsächlichen Verhaltens in realen Situationen. Sie ist vor allem dann wichtig, wenn das Sozialverhalten der Probanden untersucht werden soll. Testverfahren wiederum ermöglichen eine besonders objektive Erfassung insbesondere kognitiver Leistungen.

Abbildung 3-12: Personaldiagnostische Methoden im Überblick

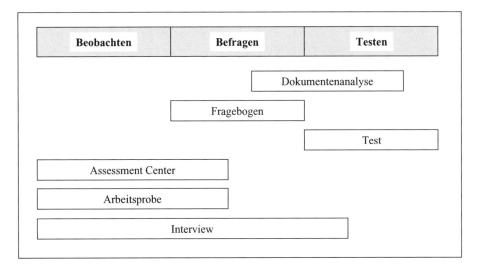

Betrachten wir einzelne personaldiagnostische Methoden, so fällt auf, dass manche von ihnen verschiedene Grundformen der Diagnostik integrieren (vgl. Abbildung 3-12). Die Dokumentenanalyse – also z.B. die Sichtung der Bewerbungsunterlagen mitsamt Anschreiben, Zeugnissen und Referenzen – stellt eine Mischung aus Befragen und Testen dar. Die Befragung erfolgt zwar nicht explizit, doch weiß der Bewerber in etwa, welche Informationen das Unternehmen interessieren und liefert sie aus eigenem Antrieb. Zeugnisse, aber auch Angaben über bestimmte Ausbildungen, Berufserfahrungen oder das Alter des Bewerbers können im Sinne eines Testverfahrens ausgewertet werden, sofern im Unternehmen klare Cut-Off-Werte definiert wurden. So mag für eine bestimmte Position in einem Unternehmen ein Jurastudium oder ein Höchstalter gelten. Wer die entsprechende Ausbildung nicht aufweisen kann oder zu alt ist, hat die „Testaufgabe" nicht zufrieden stellend „gelöst" und wird daher zurückgewiesen. Noch vielfältiger ist der Einsatz der Interviewmethode. Einstellungsinterviews beschränken sich nicht nur auf die Anwendung der Befragungsmethode, sondern ermöglichen auch eine direkte Beobachtung des Interaktionsverhaltens der Bewerber. Darüber hinaus kann man den Kandidaten im Sinne eines Testverfahrens mit Leistungsaufgaben konfrontieren, für die zuvor richtige bzw. falsche Lösungen festgelegt wurden. Arbeitsproben und Assessment Center sind primär den Beobachtungsmethoden zuzuordnen. Prinzipiell ist es jedoch auch möglich, sich bei den Probanden in der Befragungsmethode nach ihrem eigenen Erleben zu erkundigen. Dies ist z.B. von Interesse, wenn die Fähigkeit zur Selbstreflexion untersucht werden soll.

3.6 Vertiefende Literatur

Fisseni, H.-J. (1997). Lehrbuch der psychologischen Diagnostik. Göttingen: Hogrefe.

Jäger, R. S. & Petermann, F. (1995). Psychologische Diagnostik: Ein Lehrbuch (3., korrigierte Aufl.), Weinheim: Beltz.

Schuler, H. (2002). Das Einstellungsinterview. Göttingen: Verlag für Angewandte Psychologie.

4. Basics - Messtechnische Grundlagen der Personaldiagnostik

Unabhängig davon, welche personaldiagnostische Methode wir einsetzen, ob ein Verfahren eigens neu entwickelt oder als standardisiertes Instrument erworben wurde, ob wir die skizzierten Standards vollständig umsetzen konnten oder nicht, eins ist gewiss, bei jeder wissenschaftlich fundierten Personaldiagnostik werden die Merkmale der untersuchten Probanden auf irgendeine Weise in Zahlenwerte transformiert. Durch ein Testverfahren wird beispielsweise die Intelligenz eines Menschen in einem Intelligenzquotienten ausgedrückt, ein Zahlenwert, der sich in der Regel zwischen 70 und 130 Punkten bewegt. Persönlichkeitsfragebögen erlauben eine differenzierte Betrachtung zahlreicher Eigenschaften, deren Ausprägung ebenfalls durch Punktwerte – meist in einem Bereich zwischen einem und fünf Punkten – beschrieben wird. Ganz ähnlich verfährt man im Interview oder im Assessment Center. Diese Transformation menschlicher Merkmale in Zahlen bezeichnen wir als *Messung* (Bortz & Döring, 1995).

Viele Menschen beschleicht bisweilen ein ungutes Gefühl, wenn die Vielgestaltigkeit und Lebendigkeit des menschlichen Seins so scheinbar mir nichts, dir nichts in eine Zahl gegossen wird. Bleibt dabei nicht die Individualität des Einzelnen auf der Strecke? Degradiert man einen Bewerber oder Mitarbeiter nicht zu einer bloßen Nummer zwischen zwei Aktendeckeln? Ist es überhaupt möglich, Motive, Einstellungen, Fähigkeiten und Fertigkeiten auch nur annähernd adäquat durch Zahlen auszudrücken? Diese und ähnliche Fragen stellen sich nicht nur Laien stellen. Auch manch ein Personalreferent begegnet der wissenschaftlich fundierten Personaldiagnostik in diesem Punkt mit großer Skepsis. Im nun folgenden Kapitel wollen wir die Grundlagen der Messmethodik erläutern. Es soll verdeutlicht werden, warum der Gebrauch von Zahlenwerten notwendig ist, inwiefern die Werte fehlerbehaftet sein können und welche Möglichkeiten es gibt, zu sinnvoll interpretierbaren Zahlen zu gelangen.

> Im Zuge einer personaldiagnostischen Untersuchung werden die Merkmale eines Menschen (Einstellungen, Kompetenzen, Verhaltensweisen und erzielte Konsequenzen) in Zahlenwerte transformiert. Dieser Prozess wird als *Messung* bezeichnet. Die Zahlenwerte drücken aus, wie stark ein bestimmtes Merkmal ausgeprägt ist.

4.1 Reduzierung der Komplexität

Jede personaldiagnostische Messung vermag die wahre Komplexität eines Menschen nur in sehr reduzierter Weise abzubilden. Aus den Bewerbungsunterlagen lassen sich vielleicht fünf bis zehn verwertbare Informationen ableiten. Im Assessment Center beschränkt man sich auf einige wenige Dimensionen. Bei sorgfältiger Vorgehensweise ermöglicht die Personaldiagnostik jedoch ein Ausmaß an Differenziertheit und Aussagekraft, das weit über unsere Alltagsbeurteilungen anderer Menschen hinaus reicht. Führen wir uns zur Verdeutlichung dieses Sachverhaltes einmal das folgende Beispiel vor Augen.

In einem mittelständischen Unternehmen soll die Stelle eines Personalreferenten neu besetzt werden. Unter den Bewerbern befindet sich Herr V. Menschen, die Herrn V kennen, wissen, dass er über sehr vielfältige Merkmale verfügt. In der Schule und im späteren Studium hat er sich immer für unterschiedliche Fächer interessiert, geht in seiner Freizeit mehreren Hobbys nach und ist überdies Vater von drei Kindern im Grundschulalter. Er spielt zwei Instrumente und ist kunstinteressiert. Dabei kennt er sich insbesondere in der Schule des Surrealismus gut aus. Seine Persönlichkeit weist viele Facetten auf. So sanft und einfühlsam er im Kreise seiner Familie auch sein mag, er versteht es doch, unter Kollegen seine Interessen mit großem Nachdruck erfolgreich zu vertreten. Insgeheim plagen ihn aber Ängste im Hinblick auf seine gesundheitliche Verfassung. Herr V ist im Grunde genommen recht leistungsorientiert, doch entfaltet er seine Fähigkeiten und Fertigkeiten nur in den Gebieten zur vollen Blüte, die ihn wirklich interessieren. Vom äußeren Erscheinungsbild macht Herr V nicht viel her. Dennoch fühlt sich immer wieder die eine oder andere Kollegin von ihm angezogen, was schon oft zu Konflikten mit seiner Ehefrau geführt hat. Derartigen Problemen steht das Paar weitgehend hilflos gegenüber, wenngleich sie sich trotz erheblicher Differenzen bislang immer wieder zusammenraufen konnten. Dabei ist es Herrn V besonders wichtig, dass die Streitigkeiten den Kindern nicht zu Ohren dringen. Es ließen sich sicherlich noch viele Dinge über Herrn V sagen. Würde er sich selbst umfassend beschreiben, so könnte er mit Leichtigkeit mehrere Dutzend Seiten mit Text füllen. Wie viel wüsste aber wohl jemand über Herrn V zu berichten, der ihn kaum kennt, ihn vielleicht als Nachbarn zwei- oder dreimal im Hausflur getroffen hat? Welchen Eindruck hat sich die Kassiererin im Supermarkt von Herrn V gebildet, die ihm jeden Samstagmorgen begegnet und dabei einige wenige Sätze mit ihm wechselt? Ihre Charakterisierungen ließen sich wohl ohne Schwierigkeiten auf einem halben Blatt Papier unterbringen. Die Beurteilungen anderer Menschen im Alltag sind oft vom Prinzip der reduktionistischen Personenbeurteilung (Kanning, 1999) gekennzeichnet. Aus der Vielzahl der Merkmale eines Menschen werden nur wenige zur Beurteilung herangezogen. Viele Merkmale sind natürlich gar nicht bekannt, wie z.B. die Eheprobleme des Herrn V. Doch auch aus der Menge der prinzipiell verfügbaren Informationen findet nur ein kleiner Anteil Eingang in das Bild, das wir uns von einem Fremden oder flüchtig bekannten machen. Besonders offensichtlich wird dieses Prinzip, wenn wir soziale Stereotype verwenden und eine Person allein oder doch primär aufgrund ihrer Zugehörigkeit zu bestimmten Bevölkerungsgruppen charakterisieren.

Die Personaldiagnostik liegt irgendwo zwischen den Extremen. Auch die umfangreichste Diagnostik würde Herrn V nicht annähernd so vielschichtig darstellen, wie es der Realität entspricht. Gleichzeitig wird schon ein halbwegs gutes Verfahren zu einer Betrachtung führen, die differenzierter ist als die des Nachbarn oder der Kassiererin im Supermarkt. Nun könnte man bedauern, dass die Personaldiagnostik den Menschen nur sehr reduziert betrachtet und so mancher Zeitgenosse wird dies aus prinzipiellen Erwägungen heraus vielleicht auch tun. Führt man sich jedoch den Sinn der Personaldiagnostik vor Augen, so erscheint eine Reduzierung nicht nur zweckmäßig, sondern geradezu zwingend geboten. Es ist schlichtweg nicht die Aufgabe der Personaldiagnostik, den Menschen in all seinen Facetten zu „durchleuchten". Die Diagnostik ist niemals Selbstzweck, sondern Mittel zum Zweck. Dieser Zweck – also z.B. die Auswahl eines Bewerbers für eine bestimmte Aufgabe – ist es, der den Grad der differenzierten Betrachtung bestimmt. Für die meisten beruflichen Tätigkeiten dürfte es beispielsweise völlig unerheblich sein, ob Herr V sich in Sachen Surrealismus gut auskennt, ob er ein Instrument spielt oder wie oft er sich mit seiner Frau streitet. Mehr noch, Herr V würde sich zu Recht dagegen wehren, wenn die Personalabteilung den Versuch einer extrem vielschichtigen Betrachtung seiner Person unternehmen würde. Das Schlagwort von der „Ganzheitlichkeit" ist in der Personaldiagnostik mithin völlig fehl am Platze. Selbst dann, wenn eine ganzheitliche Betrachtung möglich wäre – und vieles spricht dagegen (Kanning, 2001) – so wäre sie weder im Interesse der Probanden noch im Interesse des Unternehmens. Je mehr Variablen eingehend untersucht werden, umso tiefer dringt man in die Privatsphäre des Probanden ein. Gleichzeitig steigen die Kosten der Prozedur, da umfangreichere Messinstrumente, längere Interviews und Assessment Center etc. zum Einsatz kommen müssten. Sowohl aus ethischen als auch aus ökonomischen Gründen liegt somit das Ziel der Personaldiagnostik lediglich in der *Erfassung* tatsächlich *relevanter Personenmerkmale* (vgl. Abbildung 4-1).

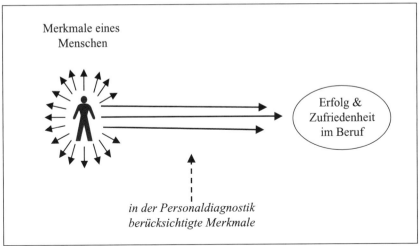

Abbildung 4-1: Prinzip der zielgerichteten Reduzierung der Komplexität in der Personaldiagnostik

Bei Fragen der Personalauswahl und Platzierung hilft die Anforderungsanalyse dabei, die relevanten Personenmerkmale von den weniger relevanten zu trennen (vgl. Abschnitt 6.2). Schwieriger wird die Aufgabe, wenn eine Problemsituation im Unternehmen explorativ untersucht werden soll. Steigt beispielsweise seit einigen Monaten die Menge der Kundenbeschwerden stark an und haben darüber hinaus einige Kunden die Beziehung zum Unternehmen gekündigt, so kommen hierfür viele Ursachen in Frage. Auf der Basis von Plausibilitätsbetrachtungen, Forschungsergebnissen und ersten Interviews wird man den Bereich der potentiell relevanten Variablen zunächst einmal einschränken, ehe man in einem zweiten Schritt die relevant erscheinenden Variablen eingehender untersucht.

> Jede Diagnose geht mit einer *reduzierten Abbildung der wahren Komplexität* eines Menschen einher. Diese Reduzierung ist kein Makel der Diagnostik, sondern ihr ureigenstes Ziel. In der wissenschaftlich fundierten Personaldiagnostik erfolgt die Reduzierung *bewusst und zielgeleitet*.

4.2 Quantifizierung des Qualitativen

Im Rahmen der Personalauswahl interessieren sich viele Unternehmen in erster Linie für eine grobe Kategorisierung in geeignete und nicht geeignete Bewerber. Ähnlich könnte es bei der Planung von Personalentwicklungsmaßnahmen aussehen, wenn man lediglich wissen möchte, welcher Mitarbeiter an einer Trainingsmaßnahme teilnehmen sollte und welcher nicht. Auch wenn man zunächst einmal an solch groben Unterscheidungen zwischen verschiedenen Personengruppen interessiert ist, so dürfte das Unternehmen in den meisten Fällen jedoch gut beraten sein, wenn es nicht schon von vornherein auf eine differenziertere Messung der Merkmale potentieller bzw. tatsächlicher Mitarbeiter verzichtet. Abbildung 4-2 verdeutlicht das Problem.

Angenommen, es bewerben sich sechs Personen auf eine Stelle. Bei einer *kategorialen Messung* würde man sich für eine sehr grobe Betrachtung nach dem Ja-Nein-Prinzip entschließen und die Bewerber in zwei Gruppen einteilen. Ein Interviewer, der ein Einstellungsgespräch führt, würde also beispielsweise gar nicht erfassen, wie durchsetzungsfähig, redegewandt oder fachlich kompetent jeder Kandidat ist, sondern ausschließlich entscheiden, ob die Durchsetzungsfähigkeit, Redegewandtheit und die fachliche Kompetenz insgesamt betrachtet hinreichend ausgeprägt war oder nicht. Ist die Datenerhebung abgeschlossen und wurde zudem – was oft passiert – kein Protokoll erstellt, so ist im Nachhinein keine differenziertere Betrachtung mehr möglich. Hat man nun zwei Kandidaten, die beide geeignet sind, identifiziert, obwohl nur einer eingestellt werden kann, steht man vor einem Problem. Sicherlich wird man zu einer Entscheidung gelangen können. Die Frage ist allerdings, wie fundiert diese Entscheidung ausfällt. Allzu leicht mag nun Sympathie, die Stimmung des Entscheidungsträgers oder schlichtweg der Zufall den Ausschlag geben. Dergleichen ist weder für das Unternehmen noch für die Bewerber wünschenswert. Hinzu kommt, dass jegliche Informationen für gezielte Personalentwicklungsmaßnahmen, die sich z.B. an eine Einstellung anschließen könnten fehlen. Aus der Information, dass jemand nicht hinreichend qualifiziert ist, lässt sich noch nicht präzise ableiten, welche Fähigkeiten und Fertigkeiten in welchem Maße aufgebaut werden müssen. Sollen mehrere Menschen trainiert werden, so ist es sinnvoll, sie nach Leistungsgruppen zusammenzufassen, damit leistungsschwache Trainingsteilnehmer nicht überfordert werden bzw. leistungsstarke Mitarbeiter sich nicht langweilen müssen. Ohne eine differenzierte Messung ist eine solche Einteilung nicht möglich. Fehlen genauere Informationen, so kann man Personalentwicklung nur noch nach dem „Gießkannenprinzip" betreiben. Alle bedürftigen Mitarbeiter werden demzufolge der gleichen Maßnahme unterzogen. Effektiv oder gar effizient kann man ein solches Vorgehen nur schwerlich nennen.

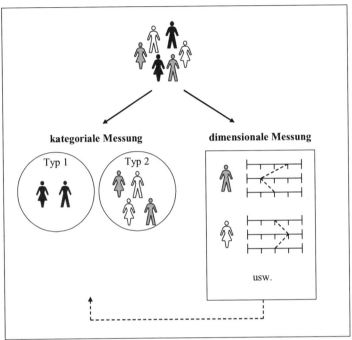

Abbildung 4-2: Dimensionale und kategoriale Messung

Hätte man sich stattdessen gleich für eine *dimensionale Messung* entschieden, gäbe es derartige Probleme kaum. Unter sechs Bewerbern wird es aller Wahrscheinlichkeit nach keine zwei geben, die in der absoluten Ausprägung der interessierenden Merkmalsdimensionen vollkommen übereinstimmen. Differenzierte Informationen für die Personalentwicklung liegen nach einer dimensionalen Messung in fast jedem Falle vor. Ist man dennoch an kategorialen Informationen interessiert, lässt sich jede dimensionale Messung mit Leichtigkeit in eine kategoriale Betrachtung transformieren (s.u.). Die Umkehrung gilt nicht. Informationen, die man in der Phase der Messung nicht differenziert erhoben hat, sind verloren, es sei denn, man ist bereit, die Messung zu wiederholen. Die dimensionale Messung wird überdies der Qualität der meisten Personenmerkmale weitaus eher gerecht als die kategoriale Messung. Würde man beispielsweise die intellektuelle Leistungsfähigkeit eines Menschen rein kategorial abbilden, so könnte man den Probanden nur als „intelligent" oder „nicht-intelligent" kennzeichnen. Im Hinblick auf seine Leistungsmotivation würde er „motiviert" oder „nicht motiviert" erscheinen. Zwar gibt es Personenmerkmale, bei denen aus der Perspektive des Unternehmens eine kategoriale Messung ausreichend ist – z.B. interessiert es ein Unternehmen, ob ein Bewerber einen Führerschein besitzt oder nicht –, für die allermeisten Merkmale dürfte dies jedoch nicht der Fall sein.

Zusammenfassend sprechen mithin sowohl pragmatische, als auch inhaltliche Gründe in den meisten Anwendungsfällen eindeutig für eine dimensionale Messung.

Nun stellt sich allerdings die Frage, wie feinstufig eine dimensionale Abbildung der Merkmale sein sollte und wie eine solche Abbildung technisch zu bewerkstelligen ist. Die Frage nach dem *Grad der Differenzierung* einer Messung lässt sich nicht allgemeingültig beantworten. Eine Antwort ergibt sich allein vor dem Hintergrund der konkreten Aufgabenstellung. Hier hilft eine Anforderungs- oder Bedarfsanalyse weiter. Geht es beispielsweise um die Auswahl oder Weiterbildung von Telefonistinnen in einem Callcenter, ist man an sehr viel differenzierteren Informationen über die kommunikativen Kompetenzen interessiert als im Falle eines Bibliothekars. In beiden Berufen spielt die Sprache zweifellos eine wichtige Rolle. Im Falle der Telefonistinnen können sich jedoch schon recht feine Kompetenzunterschiede spürbar auf den beruflichen Erfolg auswirken. Infolgedessen ist hier eine differenzierte Messung sinnvoll.

Die dimensionale Messung ist zwangsläufig mit einem Phänomen verbunden, das für die wissenschaftlich fundierte Diagnostik so kennzeichnend ist wie kaum ein zweites: Es wird nahezu immer mit *Zahlen* gearbeitet. Aus der qualitativen Information, dass ein Bewerber eine Arbeitsprobe mehr oder weniger geschickt bewältigt hat, wird ein Zahlenwert, der den Grad seiner Geschicklichkeit ausdrückt. Gleiches gilt für Einstellungen und Persönlichkeitsmerkmale, die mit Hilfe eines Fragebogens erfasst werden, ebenso wie für Leistungstests, Interviews oder Assessment Center. Im Zuge der Messung transformieren wir qualitative Informationen in quantitative Informationen (= Zahlenwerte). In diesem Zusammenhang spricht man auch von „Quantifizierung". Der Einsatz von Zahlenwerten erweist sich in der Praxis der Personaldiagnostik in vielfältiger Weise als nützlich (vgl. Abbildung 4-3).

- Der Gebrauch von Zahlen erzwingt klare Entscheidungen.
- Die Bewertungsmaßstäbe müssen zwangsläufig explizit definiert werden.
- Zahlenwerte erleichtern die Kommunikation im Hinblick auf Präzision und Ökonomie.
- Zahlenwerte ermöglichen Berechnungen und damit eine empirisch gestützte Entwicklung und Evaluation diagnostischer Verfahren.

Abbildung 4-3: Nützlichkeit von Zahlenwerten in der Personaldiagnostik

Ein wichtiger Vorteil ist darin zu sehen, dass die Messung in gewisser Weise zu einer klaren Entscheidung zwingt. Während man sich bei rein sprachlichen Beschreibungen und Bewertungen menschlicher Merkmale leicht in einem Wortnebel der Indifferenz verirren oder verbergen kann muss man bei der Quantifizierung letztlich Farbe bekennen. Am Ende eines wie auch immer gearteten Abwägungsprozesses steht die Festlegung, ob eine bestimmte Leistung, eine Kompetenz oder eine Einstellung mit vielleicht drei oder vier Punktwerten charakterisiert wird. Es ist nicht möglich, durch schwammige Formulierungen o.Ä. eine fehlende Entscheidung zu verschleiern. Dabei geht es selbstverständlich nicht darum, irgendeinen Zahlenwert zu generieren, der eine fragwürdige Qualität besitzt. Ist der Beurteilende schlichtweg nicht in der Lage, eine Entscheidung zu treffen, weil er beispielsweise nicht über hinreichende Informationen verfügt, kann er dies durch eine entsprechende Zahl dokumentieren. Auch in diesem Fall zwingt der Einsatz von Zahlenwerten dazu, eine Position zu beziehen – selbst wenn es die Position ist „Ich kann keine Bewertung in die eine oder andere Richtung vornehmen.". Es ist in jedem Fall besser eine schlechte Beurteilungsgrundlage offen einzugestehen, als sie vor sich selbst und anderen zu verbergen. Möglicherweise lassen sich hieraus Hinweise für eine Verbesserung des Diagnostischen Verfahrens – wie z.B. eine Veränderung der Fragen im Interview – ableiten.

Da die Zahlenwerte – anders als sprachliche Begriffe – nicht von vornherein eine inhaltliche Bedeutung besitzen, muss ihnen eine Bedeutung zugewiesen werden. Dies wiederum zwingt zu einer expliziten Auseinandersetzung mit möglichen Bewertungskriterien. Anders ausgedrückt, während jeder von uns bei einer rein sprachlichen Beschreibung und Bewertung sein eigenes Bezugssystem einsetzen kann, muss im Vorfeld der Messung eine solches System erst definiert werden. Besonders offensichtlich wird dies, wenn wir uns einmal die Beurteilungen im Assessment Center oder im Interview anschauen. Selbst dann, wenn in zwei getrennt voneinander entwickelten Verfahren jeweils die Merkmalsdimension „Teamfähigkeit" erfasst wird, bedeutet der Punktwert 3 nicht automatisch das Gleiche. Je nachdem, wie viele Punktwerte überhaupt zu vergeben sind (drei, fünf oder vielleicht auch zehn), drückt die Zahl 3 eine sehr unterschiedliche Ausprägung derselben Kompetenz aus. Im ersten Fall würde ein Kandidat, der den Punktwert 3 erhält, über eine maximale Merkmalsausprägung verfügen, während derselbe Zahlenwert im dritten Fall im unteren Teil der Messlatte angesiedelt wäre. Hinzu kommt, dass je nach Arbeitsfeld die Teamfähigkeit sehr unterschiedlich definiert werden kann und muss, denn in einem Rettungswagen bedeutet Teamfähigkeit inhaltlich etwas anderes als in einer Werbeagentur. Vor diesem Hintergrund wird die Bedeutung einer möglichst eindeutigen Definition der Zahlenwerte verständlich. Nun könnte man einwenden, dass dieser Aufwand gar nicht notwenig wäre, da berufserfahrene AC-Beobachter oder Interviewer ohnehin die gleiche Sprache sprechen. Sie sollten gewissermaßen intuitiv wissen, welche Merkmalsausprägung mit welchem sprachlichen Begriff zu belegen ist. Diese Überlegung entspricht schlichtweg nicht der Realität. Auch berufserfahrene Personen verwenden dieselben Begriffe unterschiedlich. Die Unterschiedlichkeit im Sprachgebrauch nehmen wir im Alltag meist nicht zur Kenntnis und auch im diagnostischen Prozess würde sie allzu leicht untergehen, wären da nicht die Zahlenwerte, die uns zu einer klaren und für alle Beteiligten verbindlichen Definition der Bewertungsmaßstäbe veranlassen würde.

Die Zahlenwerte erleichtern die Kommunikation. Zum einen wurde im Vorfeld festgelegt, welche Inhalte hinter einer bestimmten Zahl stehen, so dass alle Beteiligten „dieselbe Sprache sprechen", zum anderen kann die Information nun sehr viel ökonomischer ausgetauscht werden. Insbesondere in größeren Unternehmen sind an der Personaldiagnostik mitunter sehr viele Menschen beteiligt. Man denke in diesem Zusammenhang etwa an Referenten, die Bewerbungsunterlagen sichten, an die Beobachter im Assessment Center oder an Interviewer. Die Informationen müssen häufig zwischen verschiedenen Menschen ausgetauscht werden. Gäbe es keine Zahlenwerte, so müsste man immer wieder vergleichsweise umfangreiche Beschreibungen austauschen, die noch dazu in irgendeiner Form sprachlich vereinheitlicht wurden. Sind die Zahlenwerte einheitlich definiert, kann die Kommunikation viel schneller und mit weitaus weniger Aufwand erfolgen.

Alle bisher genannten Punkte sind ohne Zweifel sehr gewichtige Argumente für den Einsatz von Zahlenwerten in der Personaldiagnostik. Es ließen sich aber auch kostspielige und unhandliche Lösungen finden, mit denen man den skizzierten Nachteilen des Sprachgebrauchs ohne Zahlenwerte begegnen könnte. Natürlich kann man sehr präzise sprachliche Kategorien definieren und austauschen. Entscheidungen lassen sich ggf. auch ohne den Einsatz von Zahlenwerten forcieren. Zwar liegen alle genannten Vorteile in der Natur der quantitativ orientierten Diagnostik, wenn man aber unbedingt wollte, Geld, Zeit und Mühen keine Rolle spielen würden, könnte man all diese Standards sicherlich auch ohne Zahlenwerte erreichen. Der wichtigste Grund, der für eine Quantifizierung spricht, ist allerdings mit einer rein sprachgebundenen Diagnostik niemals zu relativieren. Zahlenwerte ermöglichen Berechnungen und liefern damit die Grundlage für eine empirisch abgesicherte Entwicklung und Evaluation wissenschaftlich fundierter Verfahren. In den folgenden Kapiteln werden wir mehrere Standards der Personaldiagnostik vorstellen, die ohne den Einsatz von Zahlenwerten weder einzuhalten noch zu überprüfen wären. Sie sind für die begründete Auswahl von Aufgaben für Leistungstests und Fragebögen ebenso wichtig wie für die Überprüfung der Qualität von Interviews oder Assessment Centern. Neben anderen Standards bilden derartige Berechnungen den Kern einer fundierten Personaldiagnostik.

> Die Transformation menschlicher Merkmale in Zahlenwerte bringt für die Personaldiagnostik grundlegende Vorteile mit sich. Sie liefert u.a. die Basis für eine wissenschaftlich fundierte Konstruktion und Evaluation personaldiagnostischer Verfahren.

Wie lässt sich nun aber eine Messung menschlicher Merkmale technisch bewerkstelligen? In Kapitel 3 haben wir bereits grundlegende Methoden der Personaldiagnostik kennen gelernt, die alle auf dem Prinzip der Quantifizierung aufbauen. Dabei können vier unterschiedliche Techniken zum Einsatz kommen, die sich alle aus der psychologischen Forschung ableiten lassen: die bloße Auszählung richtig gelöster Aufgaben, die Checklisten-, die Ranking- sowie die Ratingtechnik.

4.2.1 Auszählen richtig gelöster Aufgaben

Das einfachste Prinzip wird bei der Methode des Testens angewendet. Ein Proband wird mit einer Reihe von Aufgaben konfrontiert, die er entweder richtig oder falsch lösen kann. Die eigentliche Messung besteht darin, *die Anzahl der richtig gelösten Aufgaben auszuzählen*. In Abhängigkeit von der Leistungsfähigkeit des Probanden entsteht so ein mehr oder weniger großer Zahlenwert. Der potentiell erreichbare Maximalwert ergibt sich aus der Anzahl der eingesetzten Aufgaben. Besteht der Test aus 10 Aufgaben, so wird die Merkmalsausprägung in eine Zahl transformiert, die sich zwischen 0 (keine Aufgabe gelöst) und 10 (alle Aufgaben gelöst) bewegt. Unterschiedliche Merkmalsqualitäten müssen durch jeweils spezifische Aufgabentypen erfasst werden (vgl. Abschnitt 3.3). So würde man z.B. niemals nur einen einzigen Aufgabentyp zur Messung der Intelligenz einsetzen, da die Intelligenz ein sehr vielschichtiges Merkmal darstellt. Die wahre Komplexität der intellektuellen Leistungsfähigkeit eines Menschen wird erst dann deutlich, wenn man eine Messung unterschiedlicher Intelligenzformen vornimmt. Doch auch hierbei gilt, was wir bereits in der Einleitung zum vorliegenden Kapitel gesagt haben. In der Personaldiagnostik geht es nicht darum, möglichst viele Merkmale eines Mitarbeiters oder Bewerbers zu messen. Ziel der Diagnose ist vielmehr eine möglichst gute Messung derjenigen Merkmale, die für die Beantwortung der aktuellen Fragestellung von herausgehobener Bedeutung sind. Die Summe der richtig gelösten Aufgaben kann nur dann sinnvoll interpretiert werden, wenn sich die Aufgaben auf ein gemeinsames Merkmal beziehen.

Standards
der Auszähltechnik

- Es liegt eine eindeutige Definition richtiger bzw. falscher Lösungen der Aufgaben vor.
- Es ist sichergestellt, dass die Aufgaben, über die hinweg die Lösungen summiert werden, eine gemeinsame Merkmalsdimension repräsentieren.

4.2.2 Checklistentechnik

Eng verwandt mit dem bloßen Auszählen richtig gelöster Aufgaben ist die *Technik der Checklisten* (siehe etwa Schuler, 1991b), die vor allem in der Verhaltensbeobachtung, z.B. bei Interviews, Arbeitsproben oder im Assessment Center Verwendung findet. Ebenso denkbar ist der Einsatz von Checklisten in der Regelbeurteilung, wenn ein Vorgesetzter am Ende eines Jahres die Leistungen jedes Mitarbeiters einschätzen muss. Abbildung 4-4 gibt zwei Beispiele für den Einsatz der Checklistentechnik: In einem Assessment Center wurde eine Gruppendiskussion durchgeführt. Das Verhalten eines jeden Bewerbers wird mit Hilfe einer Checkliste beschrieben und anschließend bewertet. Die Checkliste definiert all jene Verhaltensweisen, die in der Übung beobachtet werden sollen. Alle nicht interessierenden Verhaltensweisen werden in der Diagnose ausgeblendet. Die Aufgabe des Beobachters ist recht einfach. Während der Übung hakt er eine bestimmte Verhaltensweise ab, sobald sie sichtbar wird (linke Hälfte in Abbildung 4-4). Zeigt der Proband ein Verhalten nicht, so bleibt eine Protokollierung aus. Handelt es sich bei allen Verhaltensweisen um solche, die das Unternehmen positiv bewertet, ergibt sich durch das Zusammenzählen der Häkchen ein Zahlenwert, der die Leistung des Probanden dokumentiert. Je höher die Punktzahl ausfällt, desto positiver wird er beurteilt.

dichotome Einstufung		Häufigkeitsauszählung	
bringt eigene Ideen ein	✓	bringt eigene Ideen ein	ͱͱͱ
versucht zu überzeugen	✓	versucht zu überzeugen	ǀǀ
hört aufmerksam zu		hört aufmerksam zu	
geht auf Ideen anderer ein	✓	geht auf Ideen anderer ein	ǀ
macht Kompromissvorschläge	✓	macht Kompromissvorschläge	ǀ
lässt andere nicht ausreden		lässt andere nicht ausreden	
äußert sich abfällig über andere		äußert sich abfällig über andere	
setzt sich autoritär durch	✓	setzt sich autoritär durch	ǀ

Abbildung 4-4: Checklistentechnik

Die Checklistentechnik beruht auf dem *Prinzip des Auszählens*: Nachdem zuvor bestimmte Bewertungskriterien festgelegt wurden, wird einfach ausgezählt, wie viele Kriterien eine bestimmte Person erfüllt, bzw. wie oft ein bestimmtes Kriterium im Verhalten der Person beobachtet werden konnte.

Unser Beispiel ist schon ein wenig komplexer angelegt. Es werden nicht nur positive Verhaltensweisen („bringt neue Ideen ein"), sondern auch negative („lässt andere nicht ausreden") aufgelistet. Die Summe der vergebenen Häkchen würde in diesem Fall nicht zu einem sinnvoll interpretierbaren Wert führen. Infolgedessen müssen positive und negative Vorzeichen berücksichtigt werden: Für jede positive Verhaltensweise bekommt der Kandidat einen Punkt, für jede negative einen Punkt Abzug (vgl. Abbildung 4-5). Das Spektrum der Zahlenwerte, die ein Proband in unserem Beispielfall erreichen kann, erstreckt sich mithin von –3 bis +5, da die Liste drei negative und fünf positive Verhaltensweisen umfasst. Ein Extremwert von –3 käme zustande, wenn ein Proband ausschließlich negative Verhaltensweisen an den Tag legen würde. Das andere Extrem (5 Punkte) wäre nur dann möglich, wenn der Kandidat alle positiven und keine negativen Verhaltensweisen zeigt. Sinnvoll ist das beschriebene Vorgehen allerdings nur dann, wenn sichergestellt ist, dass positive und negative Verhaltensweisen einander tatsächlich kompensieren können. Dies ist oftmals, aber keinesfalls immer gegeben. Ein Verkäufer, der einen Kunden beschimpft, weil dieser kein passendes Geld vorlegt, kann dies z.B. nicht durch ein freundliches „Guten Morgen" kompensieren. Hinzu kommt, dass auch innerhalb der positiven bzw. negativen Verhaltensweisen nicht alle aufgelisteten Punkte gleichermaßen positiv oder negativ sein müssen. So mag es für eine konkrete berufliche Aufgabe sehr viel wichtiger sein, dass der Mitarbeiter eigene Ideen in eine Diskussion einbringen kann, als dass er in der Lage ist, Kompromissvorschläge zu machen.

Eine Lösung für beide Probleme bietet die Gewichtung der Verhaltensweisen (siehe etwa Schuler, 1991b). Verhaltensweisen, die besonders wichtig und/oder schwer zu kompensieren sind, werden demzufolge nicht nur mit einem, sondern vielleicht mit zwei oder drei Punkten belegt (vgl. Abbildung 4-5). Je nach Gewichtung könnte somit das Spektrum der in unserem Beispiel prinzipiell erreichbaren Zahlenwerte auch deutlich unter –3 bzw. über +5 liegen.

		Punktwerte	Gewichtung	gewichtete Punktwerte
bringt eigene Ideen ein	✓	+1	3	+3
versucht zu überzeugen	✓	+1	1	+1
hört aufmerksam zu			1	
geht auf Ideen anderer ein	✓	+1	2	+2
macht Kompromissvorschläge	✓	+1	1	+1
lässt andere nicht ausreden			1	
äußert sich abfällig über andere			3	
setzt sich autoritär durch	✓	-1	2	-2
			3	5

Abbildung 4-5: Auswertungsoptionen der Checklistentechnik

Noch komplexer wird die Checklistentechnik, wenn man statt dichotomer Einstufungen die Häufigkeit eines Verhaltens berücksichtigt (rechte Hälfte in Abbildung 4-4). Während beim dichotomen Vorgehen allein danach gefragt wird, ob ein Verhalten aufgetreten ist oder nicht, interessiert man sich bei der Häufigkeitsauszählung auch für die Frage, wie oft das fragliche Verhalten gezeigt wurde. Vergleichen wir das rechte und linke Beispiel in Abbildung 4-4, so wird der Informationsgewinn der Häufigkeitsauszählung deutlich. Nach der dichotomen Einstufung erscheint der Kandidat in einem überwiegend positiven Licht. Allerdings lässt sich kaum sagen, wie stark das autoritäre Verhalten die positiven Merkmale negativ überlagert. Hier bringt die Häufigkeitsauszählung mehr Klarheit. Eine autoritäre Interessendurchsetzung wurde nur ein einziges Mal beobachtet und tritt im Vergleich zu den vielen positiven Verhaltensweisen im Sinne eines „Ausrutschers" eindeutig in den Hintergrund. Wir sehen, die Checklistentechnik ist weitaus komplexer als es auf den ersten Blick scheint. Sie reicht von der einfachen Aussage, ob ein Verhalten aufgetreten ist oder nicht, über die Differenzierung zwischen positiven und negativen Verhaltensweisen und

Häufigkeitsauszählungen bis hin zu einer gewichteten Punktevergabe, die mit allen genannten Optionen kombiniert werden kann.

Die Vorteile der Checklistentechnik liegen in der einfachen Handhabung, einer klaren Definition der Bewertungskriterien sowie der schnellen Urteilsfindung. Diese Vorteile führen jedoch nur dann auch zu einer nützlichen Messung, wenn grundlegende Standards eingehalten werden. Die Nützlichkeit einer Checkliste steht und fällt mit der Auswahl der Verhaltenweisen. Hat man objektiv wichtige Verhaltensweisen nicht in die Liste aufgenommen oder zu gering gewichtet, so sie grundsätzlich in Frage gestellt. Die Basis für die Auswahl der Verhaltensweisen bieten die verschiedenen Methoden der Anforderungsanalyse (vgl. Abschnitt 6.2), wie z.B. die Methode der Kritischen Ereignisse (Flanagan, 1954).

Es ist sicherlich nicht immer sinnvoll alle interessierenden Verhaltensweisen auf einer einzigen Merkmalsdimension abzubilden. In entsprechenden Fällen sollte man nicht davor zurückschrecken, mehrere Checklisten zu konstruieren. Dies erleichtert auch die Kommunikation über die Ergebnisse der Messung. So ist es beispielsweise für einen Bewerber weitaus hilfreicher, wenn er eine differenzierte Rückmeldung erhält. Ähnliches gilt für die Personalentwicklung.

Die einzelnen Verhaltensweisen müssen darüber hinaus möglichst klar und eindeutig formuliert sein. Nur so kann gewährleistet werden, dass die Anwender auch tatsächlich das beurteilen, für das man sich interessiert. Je schwammiger die Formulierungen ausfallen, desto größer ist der Einfluss subjektiver Verzerrungen der Urteilsbildung.

Ebenfalls wichtig für die Anwender ist die Länge der Listen. Hier gilt es, im Zweifelsfall einen Kompromiss zwischen den Wünschen der Checklisten-Entwickler und den kognitiven Kapazitäten der Anwender zu treffen. Niemandem ist mit einer Liste gedient, die zwar alle 50 wichtigen Verhaltensweisen beinhaltet, die aber in der Praxis kein Anwender mehr seriös handhaben kann. Je mehr Verhaltensweisen aufgenommen werden, desto schwieriger wird die Aufgabe.

In jedem Falle muss man sich über etwaige Kompensationsmöglichkeiten einzelner Verhaltensweisen Gedanken machen. Ein stumpfes Zusammenzählen der Häkchen einer Liste ist meist nicht angebracht. Hier helfen Gewichtungen der einzelnen Verhaltensweisen weiter. Sie lassen sich durch Plausibilitätsbetrachtungen oder besser noch durch empirische Untersuchungen (z.B. mit Hilfe von Regressionsanalysen) herleiten.

Wie auch immer die Verrechnungsmodalitäten im Einzelnen aussehen mögen. Selbstverständlich müssen sie für jeden Anwendungsfall die gleiche Gültigkeit besitzen. Der Anwender darf die Prinzipien nicht nach Gutdünken verändern. Nur so kann sichergestellt werden, dass für jeden Probanden die Messung nach den gleichen Kriterien erfolgt.

Wie jede diagnostische Methode, so verlangt schließlich auch der Einsatz von Checklisten eine gewisse Schulung der Anwender. Da die Handhabung und Auswertung der Checklisten in der Regel recht einfach ist, kann man sich mit einer vergleichsweise kurzen Einweisung begnügen.

Messtechnische Grundlagen der Personaldiagnostik

Standards
der Checklistentechnik

- Die Auswahl der Verhaltensweisen ist (empirisch) fundiert; die Liste umfasst alle wichtigen Verhaltensweisen.
- Falls notwenig, werden für verschiedene Merkmalsdimensionen auch unterschiedliche Checklisten formuliert.
- Die Verhaltensweisen sind eindeutig definiert.
- Die Liste ist nicht zu lang, so dass sie den Anwender nicht kognitiv überfordert.
- Etwaige Gewichtungen sind überzeugend begründbar, im besten Falle empirisch fundiert.
- Der Verrechnungsmodus zur Auswertung der Messung ist für alle Beteiligten verbindlich festgelegt.
- Der Anwender wird in den Gebrauch und ggf. auch in die Auswertung der Checkliste eingeführt.

4.2.3 Rankingtechnik

Eine völlig andere Herangehensweise repräsentiert die *Rankingtechnik*. Sie basiert auf der Rangordnung (engl. „ranking") verschiedener Elemente hinsichtlich der Ausprägung eines bestimmten Merkmals (vgl. Bortz & Döring, 1995; Schuler, 1991b). Bei den Elementen handelt es sich in der Personaldiagnostik fast immer um Bewerber oder Mitarbeiter, die in ihrer Leistung miteinander verglichen und anschließend in eine Rangreihenfolge gebracht werden (vgl. Abbildung 4-6). Ebenso gut ließen sich aber auch die verschiedenen Merkmale eines Probanden hinsichtlich ihrer Ausprägung ordnen (vgl. Abbildung 4-6).

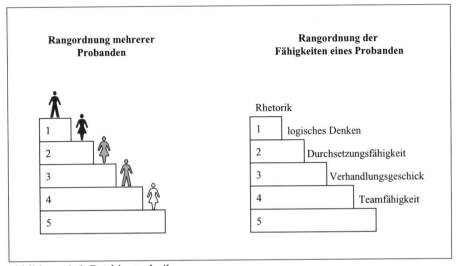

Abbildung 4-6: Rankingtechnik

Im zweiten Falle interessiert man sich für eine Differenzierung der Stärken und Schwächen des Kandidaten, eine Information, die u.a. für die Personalentwicklung von Bedeutung sein kann. Doch bleiben wir bei dem weitaus üblicheren Fall der Rangordnung von Personen. In der Praxis spielt die Rangordnung von Personen beispielsweise bei der Regelbeurteilung eine wichtige Rolle. Der Vorgesetzte bringt einmal im Jahr seine Mitarbeiter so in eine Rangreihe, dass der beste Kandidat auf den Rangplatz 1 gesetzt wird. Ihm folgt auf Rangplatz 2 der Zweitbeste und so fort bis hin zum letzten Rangplatz. Die Anzahl der Rangplätze ergibt sich aus der Anzahl der zu beurteilenden Personen.

> Die Rankingtechnik beruht auf dem *Prinzip des Vergleichens*: In der Regel werden mehrere Personen (z.B. Mitarbeiter) hinsichtlich der Ausprägung eines bestimmten Merkmals (z.B. Produktivität) miteinander verglichen und anschließend in einer *Rangreihenfolge* geordnet. Je höher der Rangplatz einer Person, desto stärker ist das Merkmal bei ihr ausgeprägt.

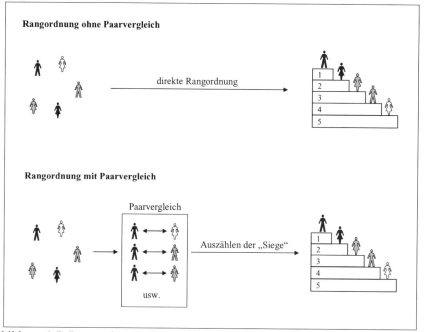

Abbildung 4-7: Rangordnung mit und ohne Paarvergleich

Sofern es sich nur um wenige Mitarbeiter (oder Bewerber) handelt, ist die Aufgabe meist einfach. Der Vorgesetzte bringt die Kandidaten entweder in einem Zug in eine Rangreihe oder er entscheidet zunächst, welcher Mitarbeiter auf den ersten und welcher auf den letzten Platz gehört. Anschließend müssen die verbleibenden Probanden geordnet werden. Wenn nun aber viele Personen zu beurteilen sind oder die Leistungsunterschiede z.T. sehr gering ausfallen, ist die Aufgabe weitaus schwieriger. In diesem Fall behilft man sich mit der Methode des *Paarvergleichs* (Backhaus, Erichson, Plinke & Weiber, 1994; Bortz & Döring, 1995; vgl. Abbildung 4-7). Statt gleichzeitig mehrere Kandidaten auf einmal zu beurteilen, vergleicht man immer nur zwei Personen untereinander. Dabei muss jeweils entschieden werden, welche Person auf einem höheren Rangplatz stehen sollte. Insgesamt betrachtet ist die Aufgabe des Beurteilers nicht besonders komplex. Wichtig ist nur, dass jeder Proband mit jedem anderen Probanden verglichen wird. Allerdings steigt die Anzahl der notwendigen Vergleiche mit zunehmender Gruppengröße sehr schnell an. Reichen in einer Gruppe von drei Personen (A, B, C) noch drei Paarvergleiche aus (A-B, A-C, B-C), so sind in einer Fünfergruppe bereits zehn Vergleiche notwendig (A-B, A-C, A-D, A-E; B-C, B-D, B-E; C-D, C-E, D-E). Die Rangordnung für die gesamte Gruppe ergibt sich aus der Auszählung der „Siege" eines jeden Kandidaten. Derjenige, der in den Paarvergleichen am häufigsten für sich entschieden hat, erhält in der Gesamtgruppe den Rangplatz 1.

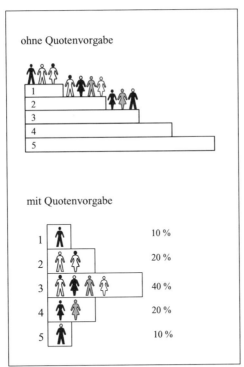

Abbildung 4-8: Mehrfachbesetzung gleicher Rangplätze

Rankingverfahren unterscheiden sich dahingehend, inwieweit sie die *mehrfache Besetzung eines einzelnen Rangplatzes* zulassen. In der Praxis wird es nicht selten vorkommen, dass zwei Mitarbeiter oder Bewerber die gleichen Leistungen erbringen und von daher auch in der Rangordnung denselben Platz einnehmen sollten. Lässt man die mehrfache Besetzung einzelner Plätze zu, so spiegelt sich hierin im Grunde genommen nur die Alltagsrealität wider. Würde man auf einer strengen Rangordnung bestehen, bei der jeder Platz nur von einem Kandidaten ausgefüllt werden darf, käme es in vielen Fällen zu einer verzerrten Abbildung der Realität. Auf der einen Seite ist eine Mehrfachbesetzung von Rangplätzen mithin zu begrüßen, auf der anderen Seite eröffnet sie dem Beurteilenden jedoch die Möglichkeit, sich vor klaren Entscheidungen zu drücken. Denken wir in diesem Zusammenhang einmal an einen Vorgesetzten, der ein sehr enges, vielleicht auch privates Verhältnis zu seinen Mitarbeitern pflegt. Bei der jährlich anstehenden Regelbeurteilung wird es ihm sicherlich emotional schwer fallen, seinen Mitarbeitern unterschiedliche Rangplätze zuzuweisen. Besteht für ihn nun die Möglichkeit einer unbegrenzten Mehrfachbesetzung gleicher Rangplätze, so kann er allen Mitarbeitern in gleicher Weise positive Beurteilungen zukommen lassen (vgl. Abbildung 4-8 obere Hälfte).

Von einer wirklichen Leistungsbeurteilung kann man in unserem Beispielfall kaum noch sprechen. Das Verfahren wird ad absurdum geführt. Einen Ausweg liefert die Vorgabe von Verteilungsquoten, die der Beurteiler einhalten muss. Derartige Quoten werden z.B. in der Regelbeurteilung bei der Polizei eingesetzt. Dem Vorgesetzten wird zum einen die Möglichkeit gegeben, Rangplätze mehrfach zu besetzen, zum anderen darf er dies jedoch nur in eingeschränktem Maße tun. In unserem Beispiel (Abbildung 4-8 untere Hälfte) orientiert sich die Quotenvorgabe an der Normalverteilung (vgl. Abschnitt 5.4). Es wird davon ausgegangen, dass der überwiegende Teil der Menschen Leistungen erbringt, die im mittleren Bereich des Leistungsspektrums angesiedelt sind. Zu den beiden Extremen hin nimmt die Häufigkeit kontinuierlich ab. Im Beispielfall führt diese Überlegung zu einer symmetrischen Quotenvorgabe. Der Beurteiler muss die Kandidaten so auf die Rangplätze verteilen, dass 40 % im Mittelfeld liegen. Jeweils 10 % der Kandidaten müssen dem ersten bzw. dem letzten Rangplatz zugeteilt werden. Eine solche Quotenvorgabe stellt einen Kompromiss zwischen dem Extrem einer restriktiven Einfachbesetzung und einer zügellosen Mehrfachbesetzung der Rangplätze dar. Die symmetrische Quotenvorgabe ist dabei nur eine von vielen denkbaren (vgl. Schuler, 1991b). Welche Quotierung im praktischen Anwendungsfall sinnvoll ist, muss im Einzelfall entschieden werden.

Die *Vorteile* der Rangordnung liegen auf der Hand (vgl. Abbildung 4-9). Sofern die Bewertungskriterien eindeutig formuliert wurden, ist die Handhabung der Rankingtechnik sehr einfach. Dies gilt insbesondere für den Paarvergleich, der bei der Beurteilung größerer Personengruppen gute Dienste leisten kann. Überdies erzwingt die Technik klare Entscheidungen, sofern einer ausufernden Mehrfachbesetzung der Rangplätze Grenzen gesetzt sind.

Neben diesen Vorteilen birgt die Rankingtechnik jedoch auch eine Reihe von (potentiellen) *Nachteilen* (vgl. Abbildung 4-9). Zwar erfährt man, wie die Ausprägung eines bestimmten Merkmals in Relation zu anderen Personen zu beurteilen ist, über die absolute Ausprägung der Merkmale eines Probanden erfährt man jedoch nichts. Entweder wurde diese Information von vornherein niemals erhoben oder aber sie tritt durch die Form der Datenaggregation in den Hintergrund. Zwei Beispiele mögen das Problem verdeutlichen: In einer Bewerbungssituation wurden 10 Kandidaten untersucht und anschließend in eine Rangreihe gebracht. Es liegen zwei offene Stellen vor, so dass man sich dazu entschließt, den Bewerbern, die auf Rangplatz 1 und 2 liegen, ein Einstellungsangebot zu unterbreiten. Betrachten wir ausschließlich die Ranginformation, so wissen wir zwar, dass die beiden unter allen Bewerbern die Besten waren, wir wissen aber nicht, ob sie auch tatsächlich über hinreichende Qualifikationen verfügen. Im Extremfall sind alle zehn Kandidaten ungeeignet. Zwar ist der Einäugige unter den Blinden bekanntlich der König, doch hilft solch ein Einäugiger dem Unternehmen recht wenig, wenn man zur Bewältigung der anstehenden beruflichen Aufgaben einen Zweiäugigen benötigt. Ähnlich sieht es im Falle der Personalentwicklung aus. Die Information, dass die Mitarbeiter C und A die besten Leistungen in der Arbeitsgruppe erzielen, sagt nicht, dass sie von einer bestimmten Weiterbildung nicht mehr profitieren könnten. Schließlich wäre es möglich, dass sie nur deshalb so gut abschneiden, weil ihre Kollegen noch viel schlechtere Leistungen erbringen. Der hohe Rangplatz verschleiert in diesem Fall die Tatsachen, dass de facto alle Mitarbeiter der Abteilung geschult werden müssten.

Aufgrund der fehlenden Information über die absolute Merkmalsausprägung lassen sich keine Aussagen über die Größe der Unterschiede zwischen den Probanden machen. Zwar weiß man, dass der Rangplatz 1 eine höhere Merkmalsausprägung dokumentiert als der Rangplatz 2. Man weiß jedoch nicht, wie groß der Unterschied ist. Er kann sehr groß oder auch verschwindend gering sein. Denken wir wieder an die Personalauswahl, so wird deutlich, welche Probleme hieraus erwachsen können. Ist der absolute Unterschied zwischen den ersten beiden Rangplätzen sehr gering, so ist es letztlich nicht entscheidend, ob Kandidat A oder B eingestellt wird. Stellt A deutlich höhere Lohnforderungen als B, kann es durchaus sinnvoll sein, B vorzuziehen, obwohl er nur auf Rangplatz 2 liegt. Dies ist der Fall, wenn beide Rangplätze sehr eng beieinander liegen. Ist der Leistungsunterschied zwischen beiden Personen hingegen sehr groß, wird man die höheren Lohnkosten gern in Kauf nehmen. Die natürliche Verteilung der Merkmalsunterschiede mehrerer Personen bringt es mit sich, dass die Abstände zwischen den Rangplätzen in aller Regel unterschiedlich groß sein werden. So könnte es z.B. sein, dass zwischen Rangplatz eins und zwei ein sehr geringer Leistungsunterschied besteht, beide Probanden sich aber sehr deutlich von Rangplatz drei abheben.

Die Tatsache, dass die absoluten Abstände zwischen den Rangplätzen ungleich oder doch zumindest nicht bekannt sind, führt zu einem mathematischen Problem. Die meisten mathematischen Prozeduren gehen davon aus, dass die Abstände zwischen zwei Zahlenwerten eindeutig definiert sind. Der Abstand zwischen 2 und 3 ist genau so groß wie der zwischen 4 und 5 oder 1 und 2. Ist diese Gleichabständigkeit (Äquidistanz) nicht gegeben, dürfen bestimmte mathematische Prozeduren nicht durchgeführt werden. Dies gilt bereits für die Berechnung eines herkömmlichen Mittelwertes (arithmetisches Mittel; vgl. Bortz, 1999).

Hinzu kommt, dass die Bewertung eines Kandidaten auf einem sehr instabilen Bezugssystem aufbaut. Würde man z.B. in einer Gruppe von vielleicht sechs Bewerbern im Assessment Center zwei Kandidaten gegen andere Personen austauschen, können sich leicht die Rangplätze aller übrigen verschieben. Die Rangordnung ist als Bewertungsinstrument also nur dann sinnvoll, wenn man an einer globalen Einschätzung der Kompetenzen interessiert ist und sich dabei auf eine überschaubare Gruppe von Personen bezieht, die als ein sinnvolles Bezugssystem dienen kann. In der Praxis könnte dies z.B. vorkommen, wenn es darum geht, aus einer Gruppe von drei Teamleitern einen zukünftigen Abteilungsleiter zu rekrutieren, wobei die neue Position zum einen unbedingt besetzt werden muss und dies zum anderen mit einem ehemaligen Teamleiter aus dem eigenen Unternehmen geschehen soll.

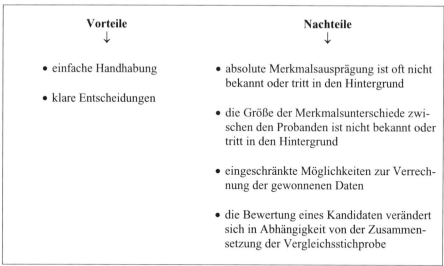

Abbildung 4-9: Vor- und Nachteile der Rankingtechnik

Viele Situationen des personaldiagnostischen Alltags sind so gestaltet, dass eine reine Rangordnung zu wenige Informationen für sinnvolle Entscheidungen bereitstellt (s.o.). Einen Ausweg liefert die Kombination der Rankingtechnik mit der Ratingtechnik. Letztere beschäftigt sich mit der absoluten Messung von Merkmalsausprägungen. So wird beispielsweise für jeden Bewerber das absolute Ausmaß seiner kognitiven Leistungsfähigkeit, seiner Leistungsmotivation und anderer Kompetenzen unabhängig von den Merkmalen der Konkurrenten bestimmt (s.u.). Liegen diese Informationen erst einmal vor, kann man sie bündeln und die Bewerber insgesamt in eine Rangreihe bringen.[7] Je nachdem wie viele offene Stellen zur Verfügung stehen, unterbreitet man – den Rangplätzen folgend von oben nach unten – den Bewerbern ein Einstellungsangebot. Lehnt einer von ihnen das Angebot ab, rücken alle verbleibenden einen Rangplatz nach oben. So schreitet man weiter voran, bis alle offenen Stellen mit den besten verfügbaren Kandidaten besetzt sind. Bei Bedarf kann jederzeit auf die Ergebnisse der vorangestellten Untersuchungen zurückgegriffen werden. Somit sind Informationen über absolute Merkmalsausprägungen und die absoluten Unterschiede zwischen den Kandidaten prinzipiell verfügbar. Treten neue Bewerber hinzu, ändert sich zwar die Rangordnung, nicht aber die absolute Bewertung eine jeden Kandidaten.

Worauf ist nun bei der Anwendung der Rankingtechnik im Besonderen zu achten? Zunächst einmal müssen die Merkmalsdimensionen möglichst eindeutig definiert

---

[7] Auf die Möglichkeiten zur Integration vielgestaltiger Informationen zu einem solchen Gesamturteil gehen wir in Kapitel 6 näher ein.

werden, damit der Beurteiler überhaupt weiß, nach welchen Kriterien er die Probanden vergleichen soll. Müssen sehr viele Personen miteinander verglichen werden, ist der Beurteiler schnell überfordert, was fehlerhafte Einstufung zur Folge hat. In diesem Fall hilft die Methode des Paarvergleichs dabei, die kognitive Belastung des Beurteilers spürbar zu senken. Je folgenschwerer die Ergebnisse der Rankingprozedur sind (z.B. Entscheidung über Beförderungen), desto eher lohnt sich der Einsatz von mehreren Beurteilern. Die Beurteiler sollten für ihre Aufgabe gesondert beschult sein. Da die Umsetzung der Rankingtechnik vergleichsweise einfach ist, lässt sich dies mit geringem Aufwand realisieren. Darüber hinaus müssen die Beurteiler ihre Urteile unabhängig voneinander fällen, so dass Absprachen sowie unbeabsichtigte Beeinflussungen verhindert werden. Handelt es sich um personaldiagnostische Fragen, bei denen die absolute Ausprägung eines Merkmals von Belang ist, reicht der alleinige Einsatz der Rankingtechnik nicht aus. Hier empfiehlt sich z.B. der zusätzliche Rückgriff auf Testergebnisse oder Ratingverfahren.

> **Standards**
> der Rankingtechnik
>
> - Die interessierenden Merkmalsdimensionen sind eindeutig definiert.
> - Sind viele Personen in eine Rangreihe zu bringen, so werden Paarvergleiche durchgeführt.
> - Bei bedeutsamen Entscheidungen kommen mehrere geschulte Beurteiler zum Einsatz, die ihr Urteil unabhängig voneinander fällen.
> - Interessiert man sich auch für die absolute Ausprägung der Merkmale, so werden ergänzend andere Diagnosemethoden herangezogen.

4.2.4 Ratingtechnik

Die vierte Messtechnik, die wir vorstellen wollen, ist diejenige, die in Forschung und Praxis die größte Verbreitung gefunden hat. Bei der Ratingtechnik wird die Ausprägung einer Merkmalsdimension direkt auf eine mehrstufige Skala übertragen (Bortz, 1999; Bortz & Döring, 1995). Dabei werden den verschiedenen Merkmalsausprägungen Zahlenwerte zugeordnet. Hierzu ist es weder notwendig, dass einzelne Verhaltensäußerungen ausgezählt werden noch bedarf es eines direkten Vergleiches mit anderen Personen. Die Beurteilung wird entweder von der interessierenden Person selbst oder von anderen Menschen – wie etwa Vorgesetzten oder professionelle Beobachtern – im Assessment Center vorgenommen.

> Die Ratingtechnik entspricht einer *unmittelbaren Abbildung* einer Merkmalsdimension auf einer mehrstufigen Messdimension. Die Abbildung erfolgt aufgrund einer Einschätzung der Merkmalsausprägung durch den Probanden selbst (z.B. mit Hilfe eines Fragebogens) oder durch andere Personen (z.B. Beobachter).

Auch wenn das Prinzip der ummittelbaren Einschätzung (engl. „rating") immer gleich bleibt, unterscheiden sich die eingesetzten Skalen mitunter erheblich (vgl. Bortz & Döring, 1995; Mummendey, 2003). Abbildung 9-10 gibt einen Überblick über verschiedene Ratingskalen, die z.T. in standardisierten Messinstrumenten Verwendung finden.

Zunächst fällt auf, dass Ratingskalen *mehr oder weniger fein abgestuft* sein können. Im Freiburger Persönlichkeitsinventar (FPI-R; Fahrenberg, Hampel & Selg, 2001) begnügt man sich mit einer dichotomen, also zweistufigen Differenzierung, während das Leistungsmotivationsinventar (LMI; Schuler & Prochaska, 2001) und die Qualitative Führungsstilanalyse (QFA; Fennekels, 1995) mit siebenstufigen Skalen arbeiten. Nur äußerst selten wird man auf eine noch feinere Abstufung treffen. Der Grund liegt in der mangelnden Differenzierungsfähigkeit der Beurteiler. Zwar ist es rein technisch ohne weiteres möglich, eine 10- oder gar 15-stufige Skala zu konstruieren, die Menschen, die die Skala anwenden müssen, werden aber nicht mehr in der Lage sein, entsprechend fein zu unterscheiden. Während die beiden Endpunkte der Skala sowie die mittlere Position noch recht leicht zu definieren sind, ist eine sinnvolle Unterscheidung der Stufen 4 und 5 oder 12 und 13 kaum möglich. Würde man solche Skalen einsetzen, würden entsprechende Stufen nur noch per Zufall angekreuzt werden. Eine inhaltliche Entsprechung in der Ausprägung des einzuschätzenden Merkmals ließe sich nicht feststellen. Allerdings kann man hieraus nicht schließen, dass eine möglichst geringe Stufenanzahl anzustreben wäre. Dichotome Abstufungen haben sicherlich den Vorteil, dass sie von jedermann leicht anzuwenden sind. Gleichwohl ist die gewonnene Information sehr wenig differenziert[8]. In der Praxis wählt man daher oft einen Kompromiss und verwendet überwiegend 4- oder 5-stufige Skalen. Die Festlegung der Skalenstufen hängt jedoch nicht nur von der Differenzierungsfähigkeit der Beurteiler ab. Manche Merkmalsdimensionen tragen die Skalenstufen gewissermaßen schon in sich. Die Rede ist von sog. „diskontinuierlichen" (oder „diskreten") Merkmalsdimensionen (vgl. Bortz & Döring, 1995). Während beispielsweise das Alter oder die Intelligenz eines Menschen in der Natur ohne jede Abstufung vorkommen, gilt dies für das Geschlecht oder den Schulabschluss eines Probanden nicht. Es ist nur eine Konvention, dass wir das Alter in Jahren oder die Intelligenz in Intelligenzpunkten messen. De facto gibt es bei solch kontinuierlichen Merkmalen keine wahrhaft natürlichen Kategorien. So ließe sich beispielsweise das Alter auch in Millisekunde oder noch feiner unterteilen. Bei den diskontinuierlichen Merkmalen verhält es sich anders. Sie weisen gewissermaßen natürliche Kategorien auf: weiblich vs. männlich, Hauptschul- vs. Realschul- vs. Gymnasialabschluss. In diesen Fällen ist die Festlegung der Skalenstufen sehr einfach, sie ergibt sich quasi von allein aus der interessierenden Merkmalsdimension.

Ratingskalen können unipolar oder bipolar gestaltet sein. Bei unipolaren Skalen bewegt sich die Abstufung ausgehend von einem Nullpunkt entweder in die positive oder in die negative Richtung. Bipolare Skalen erstrecken sich im Vergleich hierzu sowohl in den positiven als auch in den negativen Bereich. Ein eindeutiges Beispiel für eine unipolare Skala liefert der QFA (Abbildung 4-10). Die Probanden sollen

---

[8] Bei dichotomen Skalen kann eine feinere Differenzierung erzielt werden, indem man mehrere Items zur Messung einer Merkmalsdimension einsetzt und anschließend die Anzahl der Ja-Antworten auszählt.

angeben, inwieweit ihr Vorgesetzter bereit ist, gemeinsame Spielregeln aufzustellen. Der natürliche Nullpunkt wird durch die Stufe „nie" repräsentiert. Der Vorgesetzte kann nicht weniger als niemals zur Aufstellung gemeinsamer Regeln bereit sein. Alle übrigen Stufen der Skala beziehen sich daher auf die unterschiedlich starke Bereitschaft des Vorgesetzten, entsprechende Regeln aufzustellen. Beispiele für bipolare Skalen stellen die Stimmungsskala sowie die Skala zur Arbeitszufriedenheit dar. Hier kann die Einschätzung über den Nullpunkt hinaus in zwei entgegengesetzte Richtungen gehen. Zur Unterstreichung der Bipolarität werden hin und wieder auch Plus- und Minuszeichen verwendet. Eine siebenstufige, bipolare Skala würde sich dann von –3 bis +3 erstrecken.

Eng verbunden mit der Frage nach der Anzahl der Stufen ist die Frage, ob man eine geradzahlige oder ungeradzahlige Abstufung wählen sollte. Ungeradzahlige Abstufungen, wie etwa im Teamklimainventar (TKI; Brodbeck, Anderson & West, 2001), stehen in dem Ruf, ein indifferentes Antwortverhalten zu fördern (vgl. Mummendey, 2003). Dies trifft jedoch nur auf bipolare Skalen zu. Bei ungeradzahligen, bipolaren Skalen kann der Proband die neutrale Mittelposition ankreuzen und sich hierdurch vor einer Entscheidung in die eine oder andere Richtung drücken (vgl. Zufriedenheitsskala in Abbildung 4-10). Allerdings darf man nicht ohne weiteres von einer solchen Einstufung darauf schließen, dass der Proband einer Entscheidung ausweicht. Schließlich ist es ja durchaus möglich, dass er tatsächlich weder zufrieden noch unzufrieden ist. Unipolare, ungeradzahlige Skalen sind von dem skizzierten Problem nicht betroffen, da die mittlere Stufe keineswegs Indifferenz ausdrückt (vgl. Abbildung 4-10, TKI).

Unabhängig davon, ob eine Ratingskala uni- oder bipolar ist, kann die Polaritätsrichtung variieren. In den meisten Beispielen in Abbildung 4-10 liegt der positive Pol rechts von Nullpunkt bzw. vom negativen Pol der Skala. Eine Ausnahme bildet z.B. das Bochumer Inventar berufsbezogener Personenbeschreibung (BIP; Hossiep & Paschen, 2003). Je stärker das fragliche Merkmal ausgeprägt ist, desto weiter links muss der Proband ankreuzen. Eine verbindliche Regelung für die Frage, ob eine hohe Ausprägung des Merkmals eher durch das linke oder rechte Ende der Skala markiert sein sollte, besteht nicht. Betrachten wir die allgemeinen Konventionen unseres Kulturkreises, so spricht jedoch einiges dafür die positive Ausprägung der Skala nach rechts zu legen. Schließlich verläuft der Zahlenstrahl oder auch die vertikale Achse in Koordinatensystemen immer von links nach rechts. Links wird eine geringe und rechts eine hohe Zahl platziert. Der Anfang einer geschriebenen Zeile liegt ebenfalls auf der linken und nicht auf der rechten Seite.

Der wohl augenfälligste Punkt, in dem sich Ratingskalen voneinander unterscheiden, ist ihre graphische Gestaltung. Abbildung 4-10 vermittelt einen Einblick in die Vielfalt der Gestaltungsmöglichkeiten. Neben Kreisen und Kästchen kommen Linien, Zahlen und Wörter zum Einsatz. Eine systematische Forschung zu Vor- und Nachteilen bestimmter Graphikelemente existiert nicht. Man orientiert sich stattdessen weitgehend an ästhetischen Gesichtspunkten. Eine Besonderheit stellt das letzte Beispiel in Abbildung 4-10 dar. In dieser sehr selten verwendeten Skalenform verzichtet man vollständig auf eine vorgegebene Abstufung. Der Proband setzt irgendwo auf der Linie sein Kreuz. Im Zuge der Auswertung wird dann mit einem Lineal der Abstand vom linken Pol der Skala gemessen und als Skalenwert protokolliert. Abgesehen von der umständlichen und fehleranfälligen Auswertungsprozedur ist eine solche Skala nicht zu empfehlen, da sie vergleichbar zu Skalen mit besonders vielen Abstufungen eine hohe Anfälligkeit für Zufallseinflüsse besitzt.

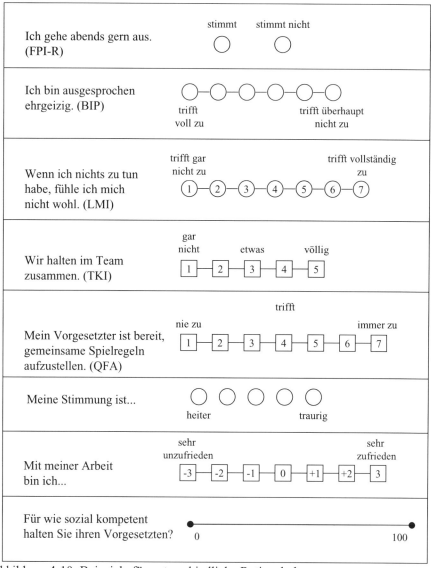

Abbildung 4-10: Beispiele für unterschiedliche Ratingskalen

Ratingskalen unterscheiden sich des Weiteren in der Eindeutigkeit, mit der bestimmte Stufen der Skala definiert sind. Zwar weisen fast alle der in Abbildung 4-10 dargestellten Alternativen Umschreibungen ausgewählter Stufen auf, manche Umschreibungen lassen jedoch einen sehr viel größeren Interpretationsspielraum als andere.

Messtechnische Grundlagen der Personaldiagnostik 155

Dies trifft insbesondere auf mittlere Skalenstufen zu. Vergleichsweise eindeutig sind Formulierungen, wie „nie", „gar nicht" oder „immer". Ganz anders sieht es mit den Begriffen „etwas" oder „teils/teils" aus. Werden Ratingskalen zur Fremdbeschreibung in Interviews oder Assessment Centern eingesetzt, ist eine möglichst eindeutige Definition der Skalenstufen erwünscht. Nur so kann sichergestellt werden, dass die Kandidaten von mehreren Beobachtern nach den gleichen Kriterien bewertet werden. Die Methode der Wahl sind sog, verhaltensverankerte Ratingskalen (vgl. Abbildung 4-11).

Auftreten

①	②	③	④	⑤
tritt seinem Gegenüber ängstlich entgegen		tritt seinem Gegenüber zurückhaltend entgegen		tritt seinem Gegenüber selbstbewusst entgegen

Auftreten

①	②	③	④	⑤
tritt seinem Gegenüber ängstlich entgegen		tritt seinem Gegenüber zurückhaltend entgegen		tritt seinem Gegenüber selbstbewusst entgegen
tritt seinem Gegenüber unfreundlich und verschlossen entgegen		tritt seinem Gegenüber neutral und unverbindlich entgegen		tritt seinem Gegenüber freundlich und offen entgegen

Abbildung 4-11: Beispiele für verhaltensverankerte Ratingskalen zur Fremdbeobachtung

Sie beinhalten konkrete Verhaltensbeschreibungen, die einen Skalenpunkt und letztlich auch die gesamte Skala definieren. In Abbildung 4-11 haben wir zwei Varianten wiedergegeben. Beiden Fällen beziehen sich auf die Einschätzung der Dimension „Auftreten" in einem Assessment Center. Die Skalen könnten z.B. in einer Rollenspielübung eingesetzt werden. Der Unterschied zwischen beiden Fällen besteht darin, dass im zweiten Beispiel die Dimension in zwei Subdimensionen geteilt wurde. Die Beobachter sollen gleichzeitig auf ein selbstsicheres und auf ein freundliches Auftreten achten. Für jede Subdimension wird zunächst ein getrenntes Urteil abgegeben. Hierzu muss der Beobachter in die zugehörige Schiene ein Kreuz setzen. Im Anschluss daran erfolgt die Einschätzung im Hinblick auf die übergeordnete Dimension, indem der Mittelwert über die Einschätzung der Subdimensionen gebildet wird. Die Verhaltensverankerungen können mehr oder weniger abstrakt ausfallen. Je konkreter sie sind, desto leichter ist die Einschätzung des fraglichen Sachverhaltes. Allerdings interessiert man sich in der Praxis der Personaldiagnostik meist für abstraktere Merkmalsdimensionen und nicht für singuläre Handlungen. In der Konsequenz müsste man eigentlich sehr viele konkrete Subdimensionen konstruieren, über die später ein Mittelwert gebildet werden kann. Da dies aber sehr aufwändig ist und allzu viele Verhaltensanker den Beobachter leicht überfordern, bietet sich eine Kompromisslösung an. Die Verhaltensanker weisen dann – wie in unserem Beispiel – ein mittleres Abstraktionsniveau auf.

Bei verhaltensverankerten Skalen wird deutlich, warum ein bestimmter Kandidat z.B. fünf und ein anderer nur drei Punkte erhalten hat. Dies kommt einerseits der Beurteilungsobjektivität zugute (Benson, Buckley & Hall, 1988; Stoskopf, Glik, Baker, Ciesla & Cover, 1992), andererseits ermöglicht es ein fundiert begründetes Feedback an den Probanden. Die Wege zur Entwicklung verhaltensverankerter Skalen sind sehr unterschiedlich. Sie reichen von einer bloßen Definition der Skalenpunkte durch eine Person oder ein Expertengremium bis hin zu aufwändigeren empirischen Studien (vgl. Champion, Green & Sauser, 1988; Latham & Wexley, 1977; Smith & Kendall, 1963).

Die Bandbreite der Gestaltung von Ratingskalen ist – wie wir gesehen haben – überaus groß. Abbildung 4-12 fasst die entscheidenden Kriterien, hinsichtlich derer sich Ratingskalen unterscheiden können, noch einmal zusammen.

- Selbst-/Fremdeinschätzung
- Anzahl der Skalenstufen
- Skalen mit oder ohne neutralen Mittelpunkt
- uni- vs. bipolare Skalen
- Polarisierungsrichtung (rechts/links, links/rechts)
- graphische Gestaltung (Zahlen, Kreise, Linien etc.)
- mit/ohne Verhaltensverankerung

Abbildung 4-12: Gestaltungsoptionen der Ratingtechnik

Wahrscheinlich ist gerade die Vielfalt der Gestaltungsmöglichkeiten eine wichtige Ursache für die weite Verbreitung der Ratingtechnik. Es gibt jedoch noch eine Reihe weiterer *Gründe, die für den Einsatz von Ratingskalen sprechen.*

Sehen wir einmal von verhaltensverankerten Ratingskalen ab, so ist die Konstruktion von Ratingskalen nur mit geringem Aufwand verbunden. Ein weiterer Vorteil liegt in der leichten Handhabung der Skalen durch die Probanden.

Neben derart pragmatischen Gesichtspunkten sprechen mehrere methodische Überlegungen für den Einsatz von Ratingskalen. Der wichtigste Grund liegt in der Unmittelbarkeit der Abbildung einer Merkmalsdimension. Die Skala repräsentiert genau das, was mit Hilfe der Messung erzielt werden soll. Eine Merkmalsdimension wird unmittelbar in eine numerische Skala transformiert. Dabei ermöglicht die Art der Quantifizierung den Einsatz vielfältigster Rechenoperationen, die sowohl für die Entwicklung als auch für die Evaluation komplexer Messinstrumente von existenzieller Bedeutung sind (vgl. Abschnitt 6.9). Überdies kann die Ratingtechnik mit allen übrigen Techniken kombiniert werden. Die Menge richtig gelöster Aufgaben in einem Leistungstest lässt sich als eine Häufigkeitsskala abbilden, die dieselbe Funktion wie eine Ratingskala erfüllt. Je größer die Leistung eines Kandidaten ausfällt, desto höher ist auch sein Wert auf der Skala. Analog verhält es sich bei der Checklistentechnik. Auch hier lassen sich die gewonnenen Häufigkeiten als Skala abbilden. Der Einsatz von Ratingskalen in der Personalauswahl liefert die Basis für eine Rangordnung, bei der die Unterschiede zwischen verschiedenen Rangplätzen genau benannt werden. Hierdurch gleichen die Ratingskalen ein zentrales Problem der einfachen Rangordnungstechnik aus.

Fassen wir nun die wichtigsten Punkte, die beim Einsatz der Ratingtechnik zu bedenken sind, zusammen. Die Anzahl der Stufen einer Skala ist nicht völlig beliebig. Sie orientiert sich zum einen an der Differenzierbarkeit des einzuschätzenden Merkmals, zum anderen an der Differenzierungsfähigkeit derjenigen Personen, die die Einschätzung vornehmen müssen. Eine Merkmalsdimension, die sich sinnvollerweise nur grob in verschiedene Ausprägungen unterteilen lässt, sollte nicht auf einer sehr fein abgestuften Skala abgebildet werden. Geht es z.B. um die Einschätzung der Produktivität eines Bankangestellten, der in einer kleinen Filiale für die Vergabe von Großkrediten zuständig ist, so mag eine fünfstufige Skala voll und ganz ausreichen. Je nach Umfeld wird er nicht einmal die Möglichkeit haben, pro Jahr fünf solcher Kredite zu vergeben. Überdies muss bei der Festlegung der Stufenanzahl bedacht werden, dass die einschätzenden Personen nicht beliebig fein differenzieren können. In den meisten Fällen markiert eine siebenstufige Skala die obere Grenze.

Verbindliche Regeln zur graphischen Gestaltung gibt es nicht. Dennoch ist sie keineswegs beliebig. Die Skala soll von den Anwendern möglichst korrekt mental abgebildet werden können. Die graphische Gestaltung der Skala kann diesen Prozess unterstützen. Eine sinnvolle Unterstützung liegt vor, wenn beispielsweise der bipolare Charakter einer Skala durch negative und positive Zahlenwerte unterstrichen wird.

Sofern die Skalen zur Verhaltensbeobachtung eingesetzt werden, ist die verhaltensverankerte Ratingskala das Instrument der Wahl. Verhaltensverankerte Skalen definieren die Stufen der Skala durch Verhaltensbeschreibungen. Hierdurch wird gewährleistet, dass die Beobachter mit dem gleichen Bewertungssystem arbeiten.

Auch wenn die meisten Skalen nahezu selbsterklärend sind, müssen die Probanden in den Gebrauch und das diagnostische Personal in die Auswertung der Skalen eingeführt werden.

**Standards
der Ratingtechnik**

- Die Anzahl der Skalenstufen orientiert sich an der Differenzierbarkeit des einzuschätzenden Merkmals.
- Die Anzahl der Skalenstufen orientiert sich an der Differenzierungsfähigkeit der Personen, die die Einschätzung vornehmen müssen.
- Die graphische Gestaltung unterstützt die mentale Abbildung der Skala.
- Dient die Skala der Verhaltensbeobachtung, so werden verhaltensverankerte Skalen verwendet.
- Der Anwender wird in den Gebrauch der Skala eingeführt.

4.3 Messfehler

Jede Messung geht zumindest potentiell mit mehr oder minder großen Messfehlern einher. Dies ist in der Personaldiagnostik nicht anders als in der Medizin oder der Physik. Die Frage ist nur, wie groß die Messfehler sind bzw. inwieweit man sie in den Griff bekommt. In Abbildung 4-13 haben wir die wichtigsten Fehlerquellen zusammengefasst. Sie beziehen sich auf den Probanden, dessen Merkmale untersucht werden sollen, den Diagnostiker sowie auf Merkmale des Messinstrumentes selbst.

Auf der Seite der *Probanden* lassen sich drei potentielle Fehlerquellen ausmachen. Ein jeder von uns unterliegt bestimmten Schwankungen in der Tagesform. Hier machen Bewerber, Mitarbeiter oder Kunden, die einer personaldiagnostischen Untersuchung unterzogen werden, keine Ausnahme. Zur Tagesform gehört das physische und psychische Wohlempfinden eines Probanden. Wer mit Kopfschmerzen oder Angst zu einem Bewerbungsgespräch erscheint, wird in irgendeiner Weise verzerrte Messergebnisse produzieren, wohl meist zum eigenen Nachteil. Daneben spielt die Motivation der Probanden eine wichtige Rolle, die zwar von der Tagesform beeinflusst wird, aber dennoch nicht vollständig in ihr aufgeht. Mit Motivation meinen wir in diesem Zusammenhang die Bereitschaft des Probanden, in der anstehenden Leistungssituation sein Bestes zu geben bzw. bei Befragungen optimal mitzuarbeiten. Natürlich wird diese Motivation durch Prüfungsängste oder gesundheitliche Schwierigkeiten in Mitleidenschaft gezogen. Aber auch unabhängig von derartigen Aspekten der Tagesform kann die Motivation mehr oder weniger groß sein. Entscheidet hierfür ist u.a. das Ziel, das der Proband mit der Teilnahme an der Untersuchung verfolgt. Viele Mitarbeiterbefragungen dienen Zwecken, die für die Mitarbeiter oft nicht transparent sind. Nicht wenige Mitarbeiter haben schon mehrfach einen Fragebogen ausgefüllt und später nie etwas über die Ergebnisse erfahren. Infolgedessen dürfte die Motivation dieser Mitarbeiter, sich engagiert an einer erneuten Befragung zu beteiligen, entsprechend gering sein (Borg, 2000). Ähnlich verhält es sich mit Bewerbern, die nicht wirklich eine Anstellung in den fraglichen Unternehmen anstreben oder nicht an die Seriosität der eingesetzten Messinstrumente glauben („soziale Validität", Schuler, 2000a). Überdies können zeitlich stabile Merkmale des Probanden, die gar nicht im Zentrum des diagnostischen Interesses stehen, die Messung beeinträchtigen. Denken wir hier z.B. an die Lesefähigkeit eines Probanden, die indirekt sein Abschneiden in einem Intelligenztest oder auch in einem Fragebogen beeinflusst. Wer die Aufgabenstellung bzw. die einzelnen Items nicht vollständig oder nur sehr langsam lesen kann, ist bei derartigen Verfahren im Nachteil. Entweder werden die Aufgaben nicht richtig verstanden und daher falsche Antworten abgegeben oder aber die Prozedur dauert zu lange, so dass die zur Verfügung stehende Zeit für eine sorgfältig Bearbeitung nicht mehr ausreicht. Ein ähnliches Problem kann bei AC-Teilnehmern auftreten, die sich schlecht konzentrieren können. Sie schneiden im AC schlechter ab, weil sie die Aufgaben nicht detailliert genug erfasst haben. Aus der Sicht des Unternehmens können derartige Fehler mehr oder weniger gravierend sein. Geht es um eine Leistungsmessung im Rahmen der Personalauswahl, so wird man mit einem schlechten Abschneiden des Bewerbers aufgrund mangelnder Konzentrationsfähigkeit oder dergleichen noch recht gut leben können, denn letztlich ist man an der absoluten Leistung und nicht an den verursachenden Variablen interessiert. In der Personalentwicklung sieht dies schon ganz anders aus. Hier möchte man herausfinden, worauf eine mangelnde Leistungsfähigkeit zurückzuführen ist, damit entsprechende Defizite in Angriff genommen werden können.

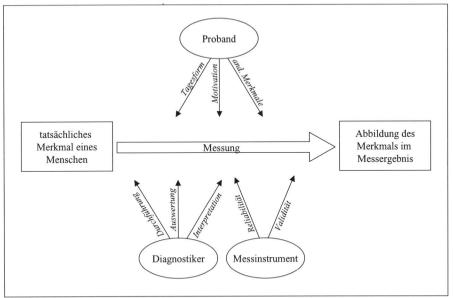

Abbildung 4-13: Potentielle Fehlerquellen einer Messung

Neben der Person des Probanden, dessen Merkmale untersucht werden sollen, kann der *Diagnostiker* Einfluss auf das Ergebnis der Messung nehmen. Seine Einflussmöglichkeiten betreffen die Durchführung, Auswertung und Interpretation der gewonnenen Resultate. Dabei hängen die Einflussmöglichkeiten u.a. von der Art des eingesetzten Messinstrumentes ab. Nahezu keine Einflussmöglichkeiten liefern vollständig computergestützte Testverfahren (vgl. Abschnitt 3.4). Ganz anders sieht es bei Interviews aus. Der Diagnostiker kann mehr oder weniger freundlich sein, den Probanden mehr oder weniger stark durch indirekte Hinweise oder offensichtliche Hilfestellungen bei der Bewältigung der anstehenden Aufgaben beeinflussen. Nach der Datenerhebung muss der Diagnostiker die Rohdaten in irgendeiner Weise zu Gesamtwerten aggregieren (vgl. Abschnitt 6.7). Geschieht dies rein mathematisch, so können hierbei Rechenfehler auftreten. Erfolgt die Auswertung eher durch Einschätzungen oder auf der Basis von Diskussionen, ist der Spielraum für willentliche oder unbewusste Verzerrungseffekte sehr groß. Das Gleiche gilt für die Interpretation der Daten im Rahmen der Personalauswahl. Die Entscheidungsprozedur kann sehr standardisiert ablaufen oder dem Diagnostiker einen größeren Entscheidungsspielraum lassen. Wir sehen, die verzerrenden Einflüsse, die vom diagnostischen Personal ausgehen, hängen in starkem Maße von den Spezifika des eingesetzten Instrumentariums ab. Doch selbst wenn entsprechende Regelungen zur Eindämmung getroffen wurden, bleiben dem diagnostischen Personal in den meisten Verfahren immer noch weitreichende Möglichkeiten. So entscheiden sie oft selbst darüber, wie strikt die Verfahrensregeln eingehalten werden. Auch ist zu erwarten, dass nicht alle in gleichem Maße ihre Urteilsbildung kritisch reflektieren und sich aktiv um Objektivität bemühen. Die Lösung der skizzierten Problematik liegt zum einen in der Konstruktion der eigentlichen Messinstrumente (vgl. Kapitel 6), zum anderen in der Auswahl und Schulung der Diagnostiker. Beide Strategien greifen Hand in Hand. Je besser abgesichert das diagnostische Instrumentarium gegen entsprechende Einflüsse ist, desto weniger Aufwand muss man bei der Auswahl und Schulung des Personals betreiben. Da es in aller Regel einfacher ist, die Arbeitsbedingungen als die arbeitenden Menschen zu verändern, sollte an der sorgfältigen Konstruktion der Instrumentarien nicht gespart werden.

Wie bereits deutlich wurde, kommt den *Merkmalen des Messinstrumentes* eine sehr wichtige Bedeutung zu. Dies geschieht auf indirektem und direktem Wege. Auf indirektem Wege nimmt das Messinstrument, vermittelt über Probanden und Diagnostiker, Einfluss auf die Genauigkeit der Messung. Halten die Probanden das Messinstrument für nicht aussagekräftig oder fürchten sich gar vor ihm, beeinträchtigt dies die Messgenauigkeit ebenso wie ein Verfahren, das dem Diagnostiker völlig freie Hand bei der Durchführung, Auswertung und Interpretation lässt. Eine direkte Verzerrung der Messergebnisse durch das eingesetzte Instrumentarium liegt z.B. vor, wenn die Items schlichtweg nicht in der Lage sind, das fragliche Merkmal adäquat zu messen. Interessiert man sich beispielsweise für die Durchsetzungsfähigkeit eines Bewerbers, erfasst mit Hilfe eines Fragebogen aber die Selbstsicherheit des Kandidaten und setzt diese mit seiner Durchsetzungsfähigkeit gleich, so kommt es zu einer fehlerhaften Messung des eigentlich interessierenden Merkmals. Zwar hat die Durchsetzungsfähigkeit des Probanden mit sehr großer Wahrscheinlichkeit etwas mit seiner Selbstsicherheit zu tun, vollständig deckungsgleich sind beide Merkmale aber gewiss nicht. Im Ergebnis bildet die Messung also nur teilweise das interessierende Merkmal ab. Eine weitere Form der direkten Beeinflussung der Messergebnisse durch ein unzulängliches Messinstrument liegt vor, wenn über mehrere Items ein Mittelwert gebildet wird, obwohl sie zu sehr unterschiedlichen Merkmalsdimensionen gehören. In diesem Fall wird gewissermaßen „alles in einen Topf geworfen", wobei man im Ergebnis fälschlicherweise davon ausgeht, eine singuläre Merkmalsdimension gemessen zu haben. Die Möglichkeiten, dass ein Messergebnis durch unterschiedlichste Fehlereinflüsse in die eine oder andere Richtung verfälscht wird, sind – wie wir gesehen haben – nicht gerade gering. Sie sind in erheblichem Maße dafür verantwortlich, dass unsere Prognosen der beruflichen Leistungsfähigkeit eines Bewerbers zwar wirtschaftlich überaus nützlich, aber keinesfalls perfekt sind (vgl. Abschnitt 5.5). Gegen die allermeisten der angesprochenen Fehler kann man sich zur Wehr setzen. Dies gilt insbesondere für die Fehler die vom Diagnostiker und vom Messinstrument selbst ausgehen. Das Ausmaß der Fehleranfälligkeit einer Messprozedur lässt sich empirisch ermitteln. So kann z.B. untersucht werden, welche Beobachtungsskalen zu einer möglichst hohen Beobachterübereinstimmung führen. Ebenso wichtig sind Validitätsstudien, die belegen, inwiefern ein Instrument tatsächlich das Merkmal zu messen versteht, das es eigentlich messen sollte (vgl. Abschnitt 5.3). Entsprechende Untersuchungen legen die Basis für zielgerichtete Verbesserungen. Trotz aller Bemühungen wird man aber niemals völlig ausschließen können, dass es in einer konkreten Messung zu Verzerrungen kommt. In der Personaldiagnostik wird dieser Umstand in der sog. „klassischen Testtheorie" formuliert. Man geht davon aus, dass prinzipiell jede Messung durch einen mehr oder minder geringen Messfehler verunreinigt ist (z.B. Rost, 1996). Das Ausmaß des Messfehlereinflusses wird durch die Berechnung der Reliabilität bestimmt (vgl. Abschnitt 5.2). Gemeinsam mit Berechnungen zur Validität erhält man Aufschluss darüber, wie gut eine bestimmte diagnostische Prozedur in der Lage ist, die interessierenden Merkmale des Probanden abzubilden.

4.4 Fazit

Personaldiagnostische Untersuchungen gehen nahezu immer mit einer Quantifizierung qualitativer Merkmalsausprägungen einher. Die Merkmale eines Mitarbeiters oder Bewerbers werden dabei so in Zahlenwerte transformiert, dass die Zahlen die Ausprägung einer bestimmten Einstellung oder Kompetenz, eines Verhaltens oder einer Verhaltenskonsequenz abbilden. Hierbei ist unbedeutend, ob es im Kern tatsächlich um die Diagnose individueller Merkmalsausprägung geht oder aber – wie etwa bei Mitarbeiterbefragungen – lediglich aggregierte Daten interessieren. Die Transformation von qualitativen Merkmalen in Zahlenwerte ist kein Selbstzweck. Sie bringt zahlreiche praktische Vorteile mit sich. Mehr noch, ohne eine Quantifizierung wären grundlegende Standards der Personaldiagnostik, die sich an den Forschungsprinzipien der akademischen Psychologie (vgl. Kanning, 2001) orientieren, schlichtweg nicht umsetzbar.

Wir haben mehrere verschiedene Messtechniken kennen gelernt, die unterschiedliche Wege beschreiten. Keines der Verfahren führt von allein zu qualitativ hochwertigen Erkenntnissen. Auch wenn die Techniken auf den ersten Blick bisweilen simpel erscheinen, erfordert eine nutzenbringende Umsetzung der Technik in der alltäglichen Personaldiagnostik, die Einhaltung so manchen Standards, der sich dem unbedarften Betrachter von allein nicht erschließt. Nicht selten werden wir in der Praxis auf mittelmäßige oder gar schlechte Umsetzungen einer Messtechnik stoßen, weil die fraglichen Standards nicht beherzigt wurden bzw. nicht einmal bekannt waren.

Wir müssen davon ausgehen, dass jede Messung zumindest potentiell mit einem mehr oder minder großen Messfehler kontaminiert ist. Die Quellen derartiger Messfehler sind in den Probanden, im Verhalten des Diagnostikers sowie in den eingesetzten Untersuchungsmethoden und Instrumentarien zu lokalisieren. Ziel einer professionellen Personaldiagnostik muss es sein, die Fehlerquellen als solche zu erkennen und die potentiell auftretenden Fehler und Verzerrungen so gering wie möglich zu halten.

4.5 Vertiefende Literatur

Bortz, J. & Döring, N. (1995). Forschungsmethoden und Evaluation für Sozialwissenschaftler. Berlin: Springer.

Jäger, R. S. & Petermann, F. (1995). Psychologische Diagnostik: Ein Lehrbuch (3., korrigierte Aufl.), Weinheim: Beltz.

Lienert, G. & Raatz, U. (1998). Testaufbau und Testanalyse (6. Aufl.). Weinheim: Psychologie Verlags Union.

Mummendey, H. D. (2003). Die Fragebogenmethode. Göttingen: Hogrefe.

Schuler, H. (Hrsg.). (1991). Beurteilung und Förderung beruflicher Leistung. Stuttgart: Verlag für Angewandte Psychologie.

5. Gut gemeint ist nicht gut gemacht – Allgemeine Qualitätskriterien der Personaldiagnostik

Stellen wir uns einmal die folgende Situation vor: In einem Interview, das zur Personalauswahl dient, sitzen einem einzelnen Bewerber zwei Mitarbeiter des Unternehmens gegenüber, die ihm abwechselnd Fragen stellen. Alle Bewerber interessieren sich für eine Ausbildung im kaufmännischen Bereich eines großen Kreditunternehmens. Die Kandidaten, die zum Bewerbungsgespräch erscheinen, haben bereits mit positivem Ergebnis einen Leistungstest absolviert. Ebenso haben alle bei der Sichtung der Bewerbungsunterlagen gut abgeschnitten. Die Interviewer orientieren sich bei der Auswahl der Fragen an den Informationen aus den Bewerbungsunterlagen und ebenso an ihrer langjährigen Erfahrung. Da sehr viele Gespräche geführt werden müssen, wechselt das Personal des Öfteren. Insgesamt kommen daher 6 Interviewer zum Einsatz, die in diversen Kombinationen die Gespräche führen. Da nicht genau festgelegt wurde, welche Fragen den Kandidaten gestellt werden sollen, gestalten sich die Interviews sehr unterschiedlich. Bei manchen Kandidaten wird besonderer Wert auf die Exploration ihres Allgemeinwissens gelegt, da die Interviewer den Schulnoten bzw. dem Schulabschluss nur wenig Vertrauen schenken. Andere Bewerber sehen sich wiederum mit sog. situativen Fragen konfrontiert. Der Gesprächsführer schildert zunächst eine Situation aus dem Berufsalltag – z.B. einen schwierigen Kunden, der sich in der Schalterhalle lautstark über den schlechten Service der Bank beschwert – und bittet die Bewerber einzuschätzen, wie sie sich in einer solchen Situation verhalten würden. Nach Abschluss des Interviews setzen sich die beiden Mitarbeiter des Unternehmens zu einem etwa halbstündigen Gespräch zusammen und entscheiden abschließend, ob dem Bewerber ein Angebot unterbreitet werden soll oder nicht. Der Ablauf dieser Gesprächsrunde hängt wiederum ganz entscheidend davon ab, wer das Interview führte. Während das eine Interviewerteam im Verlaufe des Gespräches viele Notizen angefertigt hat, die nun Schritt für Schritt analysiert werden, verlassen sich die Kollegen auf ihre allgemeine Menschenkenntnis und Berufserfahrung. Sie schätzen die Kandidaten eher global ein, ohne sich um die Details einzelner Antworten zu kümmern.

Alle Mitarbeiter der Bank verwenden offensichtlich die gleiche personaldiagnostische Methode, um die Eignung der Bewerber zu überprüfen und dennoch dürfte die Qualität der getroffenen Entscheidungen sehr ungleich ausfallen. Je nach Zusammensetzung des Interviewerteams werden die Bewerber mit unterschiedlichen Fragen konfrontiert und die Antworten anschließend auf verschiedenen Wegen zu einem Gesamturteil integriert. Hätte man ein und denselben Kandidaten nacheinander von drei Teams befragen lassen, so wären mit hoher Wahrscheinlichkeit voneinander abweichende Charakterisierungen des Bewerbers entstanden, die möglicherweise einmal zur Einstellung und ein andermal zur Ablehnung geführt hätten. Nun wird kaum jemand bestreiten, dass die Interviewmethode im Prinzip ein sehr taugliches Mittel zur Feststellung der Eignung eines Bewerbers ist und dennoch sehen wir, dass die Methode im selben Anwendungskontext zu abweichenden Entscheidungen führen kann.

Was wir am Beispiel der Interviewmethode kurz skizziert haben, gilt für jede personaldiagnostische Methode. Je nach Ausgestaltung resultieren vielfältigste Messinstrumente, die ihre Aufgaben mehr oder weniger gut erfüllen und dies unabhängig von der Frage, ob sie zur Auswahl, Platzierung, Personal- oder Organisationsentwicklung dienen. Assessment Center, Testverfahren oder Fragebögen können ebenso wie Interviews mehr oder weniger gut gestaltet sein. Wer sich in seinem Unternehmen für eine prinzipiell geeignete Methode entschieden hat, kann leider nicht davon ausgehen, dass sie auch zwangsläufig zum Erfolg führt.

Im vorliegenden Kapitel wollen wir daher der Frage nachgehen, welche grundlegenden Qualitätskriterien personaldiagnostischer Methoden zu unterscheiden sind, woran man die Qualität einer Methode erkennt und wie man einen möglichst hohen Qualitätsstandard gewährleisten kann (siehe auch Fisseni, 1997; Häcker, Leutner, Amelang, 1998; Jäger & Petermann, 1995; Kubinger, 1995; Lienert & Raatz, 1998; Schuler, 2002). Die genannten Kriterien beziehen sich auf alle Methoden, die wir in der personaldiagnostischen Praxis antreffen.

5.1 Objektivität

Das erste Qualitätskriterium einer jeden personaldiagnostischen Methode haben wir in den Kapiteln 3 und 4 bereits flüchtig kennen gelernt – es geht um die Objektivität. Das Ergebnis einer personaldiagnostischen Untersuchung kann mehr oder weniger stark durch das diagnostische Personal beeinflusst werden. Vergleichen wir nur einmal einen computergestützten Intelligenztest mit einem Interview, so wird dieser Sachverhalt schnell deutlich. Bei einem vollständig computergestützten Verfahren sind die Einflussmöglichkeiten denkbar gering, ja im Grunde genommen nicht vorhanden. Ganz anders sieht es beim Interview aus. In manchen Interviews denkt sich der Interviewer die Fragen allein aus und wird nicht gezwungen, allen Probanden die gleichen Fragen zu stellen. Doch selbst dann, wenn die Items identisch sind, kann er sich dem Probanden gegenüber z.B. mehr oder weniger freundlich verhalten, ihm in einer Bewerbungssituation Mut machen oder ihn ängstigen etc.

Selbstredend ist es nicht im Sinne der Personaldiagnostik, wenn das Ergebnis der Untersuchung maßgeblich durch das diagnostische Personal beeinflusst wird. Man ist ja gerade daran interessiert, die Kompetenzen und Einstellungen der Probanden, ihr Verhalten sowie die Verhaltenskonsequenzen möglichst unverfälscht zu erfassen. Wichtige Entscheidungen, wie etwa die Einstellung oder Zurückweisung eines Bewerbers, können nur dann fundiert getroffen werden, wenn die Diagnostik die Merkmale der Probanden möglichst zutreffend abbildet. Vor diesem Hintergrund erscheint die Objektivität als ein grundlegendes Qualitätskriterium der Personaldiagnostik. Die Objektivität eines Verfahrens ist umso größer, je weniger das diagnostische Personal die Ergebnisse beeinflussen kann. Dabei ist es unerheblich, ob die Beeinflussung beabsichtigt oder unbeabsichtigt, bewusst oder unbewusst erfolgt, denn jede Beeinflussung führt zu einer Verfälschung der Ergebnisse. Allerdings gehen wir im Regelfall davon aus, dass wir es mit professionellem Personal zu tun haben, das nicht bewusst oder gar willentlich zu einer Verfälschung der Befunde beiträgt. Den-

Allgemeine Qualitätskriterien der Personaldiagnostik

noch wird man in der Praxis hier und da auch schwarze Schafe finden. Für unsere Betrachtung der Objektivität ist es zudem weniger wichtig, ob eine unerwünschte Beeinflussung tatsächlich erfolgt oder nicht. Entscheidend ist vielmehr, ob und inwieweit sie erfolgen könnte. Im diagnostischen Alltag wird man sich nur selten die Zeit nehmen, die Beeinflussung des Messergebnisses im Detail zu untersuchen. Daher ist es wichtig, die Verfahren so zu konstruieren, dass eine nennenswerte Beeinflussung von vornherein sehr unwahrscheinlich ist.

Nun könnte man einwenden, dass eigentlich jede Form der personaldiagnostischen Untersuchung eine Beeinflussung des Probanden darstellt, schließlich reagiert der Proband auf Items oder Situationen, denen er ganz gezielt ausgesetzt wurde. Dies ist ohne Zweifel richtig. Sieht man einmal von verdeckten Verhaltensbeobachtungen in Alltagssituationen ab, so arbeitet jede diagnostische Maßnahme in irgendeiner Form mit „Stimuli", auf die ein Bewerber oder Mitarbeiter reagiert. Solch ein Stimulus kann z.B. durch ein Fragebogenitem, eine Frage im Interview, ein Rollenspiel im Assessment Center repräsentiert sein. Eine solche Form der Einflussnahme ist nicht schädlich, sondern ureigenster Bestandteil einer Untersuchung. Ohne derartige „Beeinflussungen" wäre eine systematische Personaldiagnostik schlichtweg unmöglich. Wer keine Fragen stellt, kann auch keine Antworten erhalten. Umso wichtiger ist es, dass die Auswahl der „Stimuli" nicht willkürlich, sondern wohl durchdacht und möglichst empirisch fundiert erfolgt. Hierzu trägt u.a. die Anforderungsanalyse bei (siehe Kapitel 6). Die Objektivität bezieht sich auf andere Formen der Einflussnahme, die keineswegs zielführend sind. Es geht um die Subjektivität des Diagnostikers, um Willkür oder formale Fehler bei der Berechnung eines Testergebnisses. Bei einem objektiven Verfahren ist es gleichgültig, ob die Untersuchung durch den Diagnostiker A oder seinen Kollegen B durchgeführt wird. Jeder Proband wird ohne Ansehen seiner Person gleich behandelt. Die Objektivität eines Verfahrens legt die Grundlage für eine faire und nützliche Personaldiagnostik.

> Die Objektivität einer personaldiagnostischen Untersuchung ist umso größer, je weniger das Ergebnis einer Messung durch das diagnostische Personal beeinflusst wird. Ein Verfahren, das nicht objektiv ist, kann nur per Zufall zu fairen und nützlichen Ergebnissen führen.

Betrachten wir den Prozess einer personaldiagnostischen Untersuchung, so lassen sich mehrere verschiedene Phasen unterscheiden, auf die wir in Kapitel 6 ausführlich eingehen werden. Im Zusammenhang mit dem Thema Objektivität interessieren uns nur diejenigen Phasen, in denen das diagnostische Personal unmittelbar bezogen auf den Probanden aktiv wird. Dies sind die Phasen der Untersuchungsdurchführung, der Ergebnisauswertung sowie der Ergebnisinterpretation (vgl. Abbildung 5-1). In jeder der drei Phasen kann das diagnostische Personal mehr oder weniger objektiv agieren. Es ergeben sich somit drei Objektivitätsbegriffe: die Durchführungs-, die Auswertungs- sowie die Interpretationsobjektivität.

Die *Durchführung* einer personaldiagnostischen Untersuchung beginnt in vielen Fällen bereits bei der Begrüßung der Probanden. Eine Ausnahme bilden schriftliche Mitarbeiterbefragungen oder Dokumentenanalysen, bei denen man die Probanden nicht zu Gesicht bekommt. Erscheint ein Bewerber zu einem Einstellungsinterview, so kann man ihn freundlich und wohlwollend empfangen. Ist der Diagnostiker übel gestimmt, findet den Bewerber von Beginn an unsympathisch und ist nicht in der Lage, sich hinreichend zu kontrollieren, so wird sich dies negativ auswirken. Im ersten Falle hat man bereits durch die Begrüßung die Basis für einen offenen Austausch der Informationen gelegt, während man im zweiten Falle den Bewerber möglicherweise ängstigt oder gegen sich aufbringt. Wird der Kandidat A freundlich und wohlwollend, der Kandidat B hingegen kühl und vielleicht sogar abschätzig begrüßt, so ist die Durchführungsobjektivität des Verfahrens reduziert. Eine missglückte Begrüßungszeremonie kann man im Verlaufe eines längeren Gespräches oder einer Arbeitsprobe sicherlich noch ausgleichen. Umso wichtiger ist es dann aber, dass die weiteren Untersuchungsbedingungen für alle Kandidaten konstant gehalten werden. Dies bedeutet z.B., dass den Probanden die gleichen Fragen gestellt und die gleichen Hilfestellungen angeboten werden. Auch sollten die räumlichen Bedingungen der Untersuchungen möglichst ähnlich sein. Es darf nicht vorkommen, dass der eine Proband einen Fragebogen ungestört in einem ruhigen Raum ausfüllen darf, während ein anderer die Aufgabe auf einem belebten Flur oder in einem Großraumbüro bearbeiten muss. Die Durchführungsobjektivität bezieht sich mithin auf die *Rahmenbedingungen*, die den Verlauf einer personaldiagnostischen Untersuchung beeinflussen können. Zu den Rahmenbedingungen zählt u.a. das Verhalten des Diagnostikers im unmittelbaren Kontakt mit den Probanden. Eine hohe Durchführungsobjektivität erreichen wir durch eine überlegte und zielgerichtete Gestaltung des Untersuchungssettings, wobei der Konstanthaltung der Rahmenbedingungen die entscheidende Bedeutung zukommt. Nun wird man zu Recht anmerken, dass eine hundertprozentige Konstanthaltung sämtlicher Durchführungsbedingungen praktisch kaum zu verwirklichen ist. Niemand kann beispielsweise das Wetter konstant halten, obwohl das Wetter vielleicht Einfluss auf die Stimmung der Probanden und damit indirekt auf ihr Verhalten nimmt. Auch können verschiedene Bewerber objektiv identische Rahmenbedingungen subjektiv unterschiedlich erleben. So mag ein und derselbe Diagnostiker selbst dann, wenn er sich allen Bewerbern gegenüber gleich verhält, von manchen Bewerbern als arrogant und unnahbar, von anderen hingegen als sachlich und fair wahrgenommen werden. Hier spielen die individuellen Bezugssysteme, Vorlieben und Abneigungen der Probanden eine wichtige Rolle. Die Konstanthaltung ist somit letztlich ein Ziel, das immer nur unvollkommen erreicht werden kann. Dennoch ist es sinnvoll, viel Energie in eine möglichst weitgehende Zielerreichung zu investieren. Dabei ist zu bedenken, dass nicht alle Variablen, die auf das Verhalten der Probanden Einfluss nehmen können in gleicher Weise relevant sind. Das Wetter dürfte beispielsweise weitaus weniger bedeutsam sein als die Freundlichkeit des Diagnostikers oder eine gleichbleibend ruhige Arbeitsatmosphäre. Es gilt somit, die wichtigen von den weniger wichtigen Variablen zu trennen und die Kräfte auf die wichtigen Variablen zu konzentrieren. Bei der Planung der Untersuchungsbedingungen kann es hilfreich sein, sich einen durchschnittlichen Kandidaten vorzustellen. Sicherlich wird der durchschnittliche Kandidat z.B. positiv auf eine freundliche Begrüßung reagieren. Was im Allgemeinen als eine freundliche Begrüßung angesehen wird, ergibt sich aus den gängigen Kulturstandards, die wir in unserem alltäglichen Leben realisieren. Andere Variablen ergeben sich schlichtweg aus den Spezifika der

Methode und sind oftmals sehr leicht konstant zu halten. Man denke hier z.B. an die Items eines Persönlichkeitsfragebogens oder die Aufgaben in einem Leitungstest.

An die Durchführung der Untersuchung schließt sich die *Auswertung* an. In Abhängigkeit von den eingesetzten Verfahren bedient man sich dabei unterschiedlicher Methoden. Besonders leicht ist die Auswertung bei standardisierten Fragebögen und Testverfahren. In Leistungstests ermittelt man die Summe der richtig gelösten Aufgaben, während bei Fragebögen die Häufigkeiten bestimmter Antworten oder das durchschnittliche Antwortverhalten berechnet wird (vgl. Kapitel 4). Dabei helfen Auswertungsschablonen oder Computerprogramme. Ähnlich standardisiert kann man bei der Auswertung von Dokumenten, wie etwa Bewerbungsunterlagen, vorgehen. Die Unterlagen werden nach zuvor festgelegten Kriterien systematisch durchsucht und bewertet. Kommen Interviews oder Assessment Center zum Einsatz, so bedient man sich meist der Ratingtechnik. Den Antworten sowie dem Verhalten der Probanden wird auf einer mehrstufigen Skala ein bestimmter Punktwert zugeschrieben, der die Ausprägung des jeweiligen Merkmals dokumentieren soll. Ebenso wie die Durchführung, kann auch die Auswertung mehr oder weniger objektiv ablaufen. Allerdings ist eine hohe Auswertungsobjektivität in den allermeisten Fällen sehr leicht zu realisieren. Müssen lediglich Auszählungen und Berechnungen vorgenommen werden, hilft im Regelfall eine kurze Schulung des diagnostischen Personals. Wer ganz sicher gehen möchte, dass keine Fehler unterlaufen, der lässt den Auswertern die nötige Zeit und Ruhe für ihre Aufgabe, überprüft die Auswertung durch einen zweiten Auswerter oder setzt computergestützte Verfahren ein. Muss der Diagnostiker die Antworten bzw. das Verhalten der Probanden selbst einschätzen, ist die Aufgabe sehr viel anspruchsvoller. Hier ist in jedem Falle eine aufwändigere Schulung des Personals notwendig. Im Vorfeld müssen möglichst eindeutige Kriterien für die Zuordnung eines bestimmten Punktwertes festgelegt werden. Im eigentlichen Training wird dann die Prozedur der Einschätzung an praktischen Beispielen eingeübt. Darüber hinaus empfiehlt sich der Einsatz von mehreren Diagnostikern, die zunächst unabhängig voneinander ein Urteil fällen, ehe sie die Ergebnisse zusammentragen und sich auf eine abschließende Bewertung einigen (vgl. Kapitel 7). Alles in allem ist eine akzeptable Auswertungsobjektivität mithin ohne weiteres mit vertretbarem Aufwand realisierbar.

Nach der Auswertung der Daten folgt die *Interpretation*. Im Falle der Personalauswahl geht es um die Frage, ob die gemessenen Merkmale eines Kandidaten den Einstellungskriterien genügen. Bei Mitarbeiterbefragungen zur Ermittlung des Personal- oder Organisationsentwicklungsbedarfs muss entschieden werden, ob und wenn ja, welcher Entwicklungsbedarf vorliegt. In all diesen Fällen geht es um eine Einordnung der Befunde. Die Interpretation bereitet dabei den Weg für anschließende Interventionen, also z.B. die Einstellung eines Bewerbers oder die Durchführung einer Entwicklungsmaßnahme (vgl. Kapitel 6). Bei vollständig standardisierten Tests und Fragebögen helfen statistische Normen bei der Interpretation (vgl. Abschnitt 5.4). Sie ermöglichen einen direkten Vergleich zwischen den Merkmalsausprägungen eines einzelnen Probanden und den Merkmalsausprägungen großer Stichproben. Durch den Einsatz normierter Werte lässt sich beispielsweise feststellen, ob ein Bewerber im Vergleich zu Menschen gleichen Alters und gleicher Schulbildung über eine eher durchschnittliche oder überdurchschnittliche Intelligenz verfügt. Für Unternehmen sind allerdings organisationsinterne Interpretationsmaßstäbe viel interessanter. Wurden im Vorfeld entsprechende Untersuchungen durchgeführt, könnte man die Leistungen eines Bewerbers mit den Leistungen erfolgreicher Mitarbeiter vergleichen und somit einen sehr wertvollen Bezugsrahmen schaffen. Handelt es sich nicht um Bewerber, sondern um Mitarbeiter des Unternehmens, ließen sich die Daten zur Feststellung des Entwicklungsbedarfs heranziehen. Fehlen Vergleichsdaten, so kann zumindest der Vergleich mit einem Anforderungsprofil erfolgen (vgl. Kapitel 6). Ein solches Profil definiert, über welche Merkmalsausprägungen ein Mitarbeiter verfügen sollte. Neben diesen quantitativen Interpretationshilfen darf natürlich auch die inhaltliche Deutung der Befunde nicht zu kurz kommen. Von einem standardisierten Fragebogen oder Testverfahren sollte man erwarten, dass die gemessenen Merkmale und bestimmte Merkmalsausprägungen auch inhaltlich im Manual erklärt werden. Überdies helfen explizite Interpretationsbeispiele bei der Deutung der Ergebnisse. Ähnliche Interpretationshilfen lassen sich für jedes Instrumentarium entwickeln. Je eindeutiger eine Interpretationshilfe die Bewertung der Messergebnisse ermöglicht und je leichter sie zu handhaben sind, desto größer ist die Interpretationsobjektivität des Verfahrens.

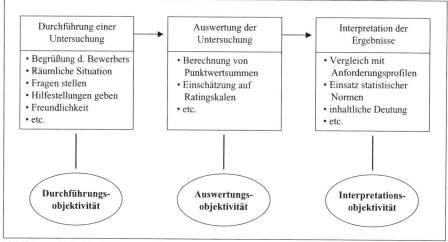

Abbildung 5-1: Drei Formen der Objektivität

Es stellt sich nun die Frage, ob eigentlich alle personaldiagnostischen Methoden in gleicher Weise objektiv sind bzw. sein könnten. Die Einschätzung der allgemeinen Objektivität unterschiedlicher Diagnoseverfahren fällt nicht ganz leicht, da jede Methode einen gewissen Gestaltungsspielraum lässt (vgl. Kapitel 7). Je nach Nutzung dieser Gestaltungsspielräume kann ein Interview eine sehr geringe oder aber eine hohe Objektivität aufweisen. Trotz dieser Tatsache wollen wir zumindest eine grobe Einschätzung der allgemeinen Objektivität wagen. In Abbildung 5-2 wird diese Einschätzung zusammenfassend wiedergegeben.

Allgemeine Qualitätskriterien der Personaldiagnostik

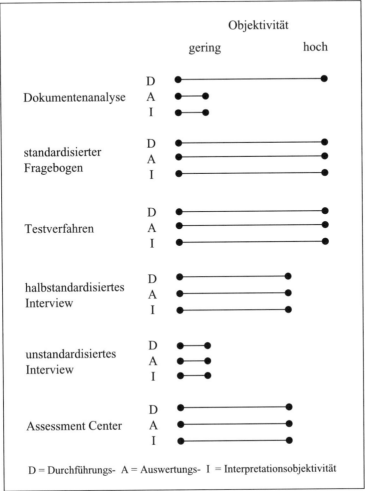

Abbildung 5-2: Grobe Einschätzung der Objektivität verschiedener Methoden

Beginnen wir mit der *Dokumentenanalyse*. Im Falle der Personalauswahl müssen verschiedene Dokumente wie etwa Anschreiben, Lebensläufe, Zeugnisse und Referenzen analysiert werden. Die Dokumentenanalyse bildet die Grundlage für die Vorauswahl der Bewerber. Dabei dürften wir insgesamt betrachtet nur selten eine hohe Objektivität erzielen. Verantwortlich hierfür ist zum einen die mangelnde Sorgfalt bei der Analyse der Dokumente. Untersuchungen zeigen, dass sich die Verantwortlichen zur Sichtung der Bewerbungsunterlagen meist nur wenige Minuten Zeit nehmen und dabei formale Kriterien (z.B. die Länge des Anschreibens oder die Art des Bewerbungsfotos) eine übermächtige Rolle spielen (Kreuscher, 2000; Machwirth, Schuler & Moser, 1996). Zum anderen wird die Aussagekraft der Bewerbungsunterlagen dahingehend überschätzt, dass man Informationen über grundlegende Persönlichkeitseigenschaften oder Einstellungen in die Unterlagen hineindeutet. Doch wie sieht es im Hinblick auf die verschiedenen Objektivitätsarten aus? Die Durchführungsobjektivität ist zwangsläufig hoch, da die Dokumente – und damit die Rohdaten – außerhalb des Einflussbereiches der Diagnostiker entstehen. Prinzipiell ließe sich auch ohne weiteres eine hohe Auswertungsobjektivität erzielen, sofern man sich ausschließlich auf die Sammlung eindeutiger Fakten (Protokollierung von Abschlüssen, Lebensdaten, Familienstand etc.) beschränken würde. In dem meisten Fällen begnügt man sich allerdings nicht mit den Fakten, sondern schätzt die Persönlichkeit des Bewerbers ein. Hierzu deutet man den sprachlichen Ausdruck oder die Schlüssigkeit der Argumente im Anschreiben, interpretiert die Ereignisse des Lebenslaufs oder setzt sich mit der Qualität des Bewerbungsfotos auseinander (vgl. Kapitel 7). Verbindliche oder gar inhaltliche Auswertungsschlüssel existieren nicht. Letztlich bleibt der Diagnostiker mit seinem subjektiven Erleben völlig allein. Mehr noch, das Ergebnis der Deutung jeder einzelnen Information wird nicht einmal formal protokolliert. Ähnlich schlecht ist es um die Interpretation der „Daten" bestellt. Auch existieren häufig keine Regeln, die Aufschluss über die Beziehung zwischen bestimmten Informationen und der Eignung eines Bewerbers geben könnten. Der Prozess der Auswertung ist nicht mehr von der Interpretation der Daten zu trennen. Alle ursprünglich einmal vorhandenen Informationen gehen in einer vielleicht gut gemeinten, letztlich jedoch recht willkürlichen Deutung unter. Der Diagnostiker dürfte kaum in der Lage sein, die Sinnhaftigkeit seines Vorgehens überzeugend zu belegen. Ganz anders sieht es aus, wenn wir *standardisierte Fragebögen und Testverfahren* betrachten. Alle drei Formen der Objektivität sind hier im Vergleich zu den übrigen Verfahren der Personaldiagnostik im Regelfall recht hoch ausgeprägt. Dies gilt insbesondere für computergestützte Verfahren. Hält man sich bei der Durchführung und Auswertung an die im Manual vorgegebenen Regeln, kann immer eine gleichbleibend hohe Objektivität erzielt werden. Überdies ermöglichen statistische Normen und Interpretationsbeispiele eine objektivere Interpretation. Fragebogeninstrumente, die zur Mitarbeiter- oder Kundenbefragung eingesetzt werden, teilen die hohe Durchführungs- und Auswertungsobjektivität von vollständig standardisierten Persönlichkeitsfragebögen. Im Hinblick auf die Interpretationsobjektivität kann es jedoch sehr deutliche Unterschiede geben. Statistische Normen oder auch nur Interpretationsbeispiele existieren in der Regel nicht. Vergleichswerte müssen selbst generiert werden. Ist die Untersuchungsstichprobe hinreichend groß, könnte man mehrere Teilstichproben bilden und verschiedene Abteilungen des Unternehmens z.B. hinsichtlich der Arbeitszufriedenheit oder des Teamklimas miteinander vergleichen. Auf diesem Wege bildet man ein unternehmensinternes Bezugssystem zur Interpretation der Daten. Aus methodischer Sicht ist eine hohe Interpretationsobjektivität also auch bei selbst entwickelten Fragebögen durchaus realisierbar.

Die *Interviewmethode* bietet sehr viele Möglichkeiten zur Ausgestaltung (vgl. Kapitel 7). Wir können zwischen halbstandardisierten und unstandardisierten Verfahren unterscheiden. Unstandardisierte Verfahren besitzen – wie bereits die Bezeichnung verrät – nur eine geringe Objektivität, da die Untersuchung massiv durch den Diagnostiker beeinflusst wird. Dies gilt für alle drei Formen der Objektivität. Beim unstandardisierten Interview denkt sich der Interviewer die Fragen selbst aus und darf jedem Kandidaten unterschiedliche Frage stellen. Diese Praxis ist gerade in kleineren Unternehmen noch stark verbreitet. Da keine Anforderungsanalyse vorliegt, verlässt man sich auf das „Gespür" oder die „Menschenkenntnis" des Interviewers. Belege dafür, dass der Diagnostiker tatsächlich über die gewünschten Fähigkeiten verfügt, bleibt man freilich schuldig. Stattdessen schließt man (naiv) von der Berufserfahrung oder der hierarchischen Position des Diagnostikers auf seine fachliche Qualifikation. Die Phasen der Durchführung, Auswertung und Interpretation gehen fließend ineinander über. Regeln zur Beurteilung der gewonnen Informationen fehlen ebenso wie Interpretationshilfen. Ganz anders sieht es bei halbstandardisierten Interviews aus. Hier regeln Interviewleitfäden die Gesprächsthemen, ohne dass jedoch der genaue Wortlaut der Fragen immer vorgeschrieben wäre. Jeder Diagnostiker muss mit allen Probanden die fraglichen Themen besprechen. Zur Auswertung stehen Beurteilungsskalen bereit. Im günstigsten Falle erfolgt die Interpretation der Befunde vor dem Hintergrund eines expliziten Bezugssystems, also z.B. auf der Basis von Anforderungsprofilen oder empirisch gewonnenen Vergleichswerten. Besonders positiv wirkt sich der Einsatz eines zweiten unabhängigen Beobachters aus. Hierdurch kann die Subjektivität des Einzelnen zumindest teilweise kompensiert werden. Insgesamt betrachtet fällt die Interviewmethode in der Objektivität hinter standardisierte Fragebögen und Testverfahren zurück. Letztlich bleibt ein Interview immer eine soziale Situation, in der das diagnostische Personal durch Freundlichkeit, die Art und Weise, in der Fragen gestellt werden, oder nonverbale Reaktionen auf die Antworten des Probanden dessen Verhalten potentiell beeinflussen kann. Die eingesetzten Auswertungs- und Interpretationshilfen lassen zudem weitaus mehr Spielräume als ein Leistungstest.

Ganz ähnlich verhält es sich mit der Methode des *Assessment Centers*. Auch das Assessment Center ist eine soziale Situation, in der die AC-Beobachter vor allem durch nonverbale Reaktionen differentiellen Einfluss auf das Verhalten einzelner Kandidaten nehmen können. Zwar verhalten sich professionelle Beobachter betont zurückhaltend und nehmen während des Assessment Centers keinen direkten Kontakt zu den Probanden auf, die potentiellen Einflussmöglichkeiten sind aber dennoch vergleichsweise hoch. Die Datensammlung und Auswertung erfolgt immer durch viele Personen, was bei regelgeleitetem Vorgehen der Objektivität zugute kommt. Allerdings muss auch hier betont werden, dass die Potentiale der Methode in der Anwendungspraxis oft nicht hinreichend genutzt werden. Gleiches gilt für die Interpretation der Daten. Der Einsatz von Anforderungsprofilen oder anderweitigen Vergleichswerten könnte die Interpretation auf ein durchaus zufriedenstellendes Maß heben. Ob diese Möglichkeiten in der Praxis auch immer genutzt werden, steht auf einem anderen Blatt Papier (siehe auch Kapitel 7).

Was ist nun aber zu tun, damit eine möglichst hohe Objektivität personaldiagnostischer Untersuchung erzielt werden kann? Ganz entscheidend ist, dass sowohl die Durchführung der Untersuchung als auch die Auswertung und Interpretation der Daten regelgeleitet erfolgt. Die Regeln schränken den Handlungsspielraum des diagnostischen Personals ganz bewusst und zielgerichtet ein. Es geht nicht darum, einfach irgendwelche Regeln aufzustellen, die Regeln müssen sinnvoll sein. So ist z.B. die Verwendung von statistischen Normen zur Dateninterpretation an sich ein taugliches Mittel zur Steigerung der Objektivität. Wenn diese Normen aber auf die untersuchte Personengruppe nicht zugeschnitten sind, ist ihr Einsatz wenig sinnvoll (s.u.).

Die Sinnhaftigkeit der aufgestellten Regeln sollte hin und wieder hinterfragt werden. Bei Bedarf ist eine Modifizierung vorzunehmen. Dies gilt auch für statistische

Normen, die sich erfahrungsgemäß im Laufe der Jahre verändern. In der DIN 33430 wird eine Überprüfung der Normen in einem achtjährigen Rhythmus vorgeschlagen. Bestimmte Auswertungsregeln erweisen sich vielleicht erst im alltäglichen Routineeinsatz als wenig praktikabel und sollten daher gerade in der Anfangszeit nach ihrer Einführung kritisch unter die Lupe genommen werden.

Die Regeln sind in der Praxis natürlich nur dann effektiv, wenn sie auch tatsächlich von jedem Diagnostiker und in Bezug auf jeden Probanden in gleicher Weise eingesetzt werden. Es ist daher notwendig, dass die Einhaltung der Regeln überprüft wird, um auch über Jahre hinweg einen gleichbleibenden Qualitätsstandard gewährleisten zu können. Selbst dann, wenn nach der Einführung neuer Regeln alles optimal läuft und das Personal hervorragend motiviert ist, schleichen sich im Laufe der Zeit gern Fehler ein. Entweder sind diese Veränderungen, die das Personal vor Ort vornimmt, begründet – dann sollten die Regeln entsprechend modifiziert werden – oder aber sie sind nur Ausdruck von mangelnder Sorgfalt. In diesem Fall muss auf die Einhaltung der Regeln gedrängt werden.

Dies ist u.a. eine Frage der Schulung des diagnostischen Personals. Eine Schulung findet zunächst einmal bei der Einführung eines neuen Regelwerkes statt. Sie dient der praktischen Einübung, dem Umgang mit Interviewleitfäden, der Durchführung von Interviews, der Verwendung von Ratingskalen und Anforderungsprofilen etc. Da die Regeln die Freiheit des Diagnostikers stark einschränken, werden sie wohl nicht gleich von Beginn an auf freudige Zustimmung stoßen. Die Schulung der Diagnostiker dient daher auch der Begründung und dem Verständnis der Regeln. Nur dann, wenn das Personal die Sinnhaftigkeit der Regeln verstanden hat, wird es sich auch aus eigenem Antrieb für ihre Verwirklichung einsetzen. Ergibt die Evaluation des Diagnostikerverhaltens Defizite im Umgang mit den Regeln, so muss die Schulung nachgeholt bzw. intensiviert werden.

Sieht man einmal von standardisierten Tests und Fragebögen ab, erweist sich der Einsatz mehrerer Diagnostiker als hilfreich. Voraussetzung ist jedoch, dass die Diagnostiker unabhängig voneinander arbeiten und erst zum Schluss ihre Ergebnisse in ein gemeinsames Urteil einfließen lassen (vgl. Kapitel 6).

Standards
zur Gewährleistung einer objektiven Personaldiagnostik

- Es liegen verbindliche Regeln zur Durchführung, Auswertung und Interpretation einer Untersuchung vor.
- Die Regeln sind inhaltlich begründet und sinnvoll.
- Die Sinnhaftigkeit der Regeln wird regelmäßig überprüft.
- Die Regeln gelten verbindlich für das gesamte diagnostische Personal und alle Probanden.
- Das diagnostische Personal wird in der Umsetzung der Regeln geschult und bei Bedarf nachgeschult.
- Die Einhaltung der Regeln wird überprüft.
- Es werden mehrere unabhängige Diagnostiker eingesetzt.

5.2 Zuverlässigkeit

Jede personaldiagnostische Messung ist mehr oder minder stark durch Messfehler verunreinigt. Im Kapitel 4 sind wir auf grundlegende Fehlerquellen eingegangen. Sie liegen sowohl in der Person des Probanden (z.B. aktuelle Tagesform) als auch in der Umgebung (z.B. Verhalten des diagnostischen Personals). In der sog. „Klassischen Testtheorie" (Gulliksen, 1950; Lienert & Raatz, 1998) geht man nun davon aus, dass sich jedes Messergebnis additiv aus der wahren Merkmalsausprägung der untersuchten Person und einem Messfehler[9] zusammensetzt (vgl. Abbildung 5-3). Würde man die Intelligenz eines Bewerbers messen, könnte als Ergebnis z.B. ein Intelligenzquotient von 113 Punkten resultieren. Nehmen wir einmal an, die tatsächliche Intelligenz des Probanden läge bei 110, so würde der Messfehler genau 3 Punktwerte betragen. In diesem Falle ist der Messfehler so gering, dass wir ihn in den meisten personaldiagnostischen Fragestellungen schlichtweg ignorieren könnten. Ob ein Kandidat in der Intelligenzmessung einen Wert von 110 oder 113 Punkten erreicht, mag zwar für manch ein Forschungsprojekt relevant sein, geht es jedoch um Fragen der Personalauswahl oder -platzierung, ist der Unterschied viel zu gering, als dass er letztlich ausschlaggebend sein wird. So weit, so gut könnte man denken. Doch das Phänomen des Messfehlers ist durchaus auch für den Alltag der Personaldiagnostik von Bedeutung. Abbildung 5-3 verdeutlicht das Problem.

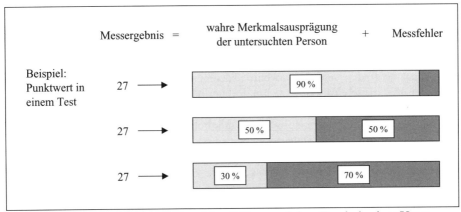

Abbildung 5-3: Beziehung zwischen Messfehlern und dem Ergebnis einer Untersuchung

Hier finden wir drei Beispiele. In jedem Beispiel wurde ein Leistungstest durchgeführt, der zu demselben Punktwert führt. Im ersten Fall spiegelt dieser Punktwert zu 90 % die wahre Merkmalsausprägung der untersuchten Person und nur zu 10 % einen Messfehler wider. Im zweiten Beispiel ist das Verhältnis schon weitaus ungünstiger. Das Messergebnis ist zu 50 % auf Messfehler zurückzuführen. Eine solches Messergebnis ist im personaldiagnostischen Alltag nicht mehr sinnvoll zu interpretie-

---
[9] Messfehler treten übrigens nicht nur in der Personaldiagnostik auf, sondern gehören auch zum Alltag physikalischer oder medizinischer Messungen (Lienert & Raatz, 1998).

ren und somit wertlos. Damit haben wir aber keineswegs den schlimmsten Fall skizziert. Denkbar ist auch eine Messung, in der die Fehler sogar dominanter sind als das eigentlich interessierende Merkmal. In unserem dritten Beispiel spiegelt das Untersuchungsergebnis nur noch zu 30 % die eigentlich interessierende Merkmalsausprägung des Probanden wider. Das Ergebnis wird fast vollständig durch unerwünschte Fehlereinflüsse determiniert.

Natürlich ist jedes Unternehmen an einer möglichst fehlerfreien Messung der interessierenden Merkmale seiner Bewerber oder Mitarbeiter interessiert, denn je größer der Messfehler ausfällt, desto ungenauer wird die Messung und desto weniger aussagekräftig sind letztlich auch die Ergebnisse der gesamten Untersuchung. Untersuchungen, die in starkem Maße durch Messfehler verunreinigt sind, führen sehr viel häufiger zu Fehlentscheidungen als Untersuchungen, bei denen der Messfehlereinfluss gering ist. Wie die Beispiele aus Abbildung 5-3 verdeutlichen, können wir das Ausmaß der Verunreinigung allerdings nicht am Ergebnis der Messung ablesen. In unseren Beispielen resultiert dreimal derselbe Punktwert, obwohl sich die Qualität der einzelnen Messungen extrem voneinander unterscheidet. An dieser Stelle tritt nun das Qualitätskriterium der *Zuverlässigkeit* – im Fachjargon auch *Reliabilität* genannt – auf den Plan.

Die Reliabilität eines Messinstrumentes macht eine Aussage darüber, inwieweit das Ergebnis der Messung durch Fehlereinflüsse kontaminiert ist. Ausgedrückt wird die Reliabilität durch eine Kennzahl, die auf empirischem Wege ermittelt werden muss. Diese Kennzahl wird als *Reliabilitätskoeffizient* bezeichnet. Die Ausprägung der Kennzahl bewegt sich zwischen 0 und 1, wobei die Ausprägung „0" bedeutet, dass das Messergebnis ausschließlich durch Messfehler determiniert wird. Ein solches Messinstrument ist selbstredend völlig wertlos und wird in der Praxis (hoffentlich) nicht zu finden sein. Umgekehrt bedeutet eine Ausprägung von „1", dass es keinerlei Messfehlereinfluss gibt. Ein Reliabilitätskoeffizient von 1 ist zwar wünschenswert, kommt in der Realität niemals vor. Das Ziel einer jeden Personaldiagnostik muss es jedoch sein, so weit wie möglich an einen Wert von 1, also an eine vollends unverfälschte Messung der Personenmerkmale heranzureichen. Je nachdem, wie die Reliabilität berechnet wurde (s.u.), sind Werte oberhalb von 0.7 ebenso realistisch wie akzeptabel (Liener & Raatz, 1998).

> Die Reliabilität (Zuverlässigkeit) eines personaldiagnostischen Verfahrens macht eine Aussage darüber, inwieweit das Ergebnis der Messung durch Messfehler verunreinigt ist. Sie wird ausgedrückt durch einen mathematischen Kennwert, den sog. „Reliabilitätskoeffizienten". Je größer die Reliabilität (bzw. der Reliabilitätskoeffizient), umso geringer ist der Fehlereinfluss und umso unverfälschter wird das interessierende Merkmal eines Menschen in der Untersuchung erfasst.

Wie erfährt man nun aber etwas über das Ausmaß der Zuverlässigkeit eines Messinstrumentes? In jedem Falle muss die Reliabilität im Rahmen einer Untersuchung auf empirischem Wege ermittelt werden. Sofern man einen vollständig standardisierten Fragebogen oder Test auf dem freien Markt erwirbt, kann man damit rechnen, dass sich im Manual des Verfahrens die fraglichen Angaben finden. Seriöse Anbieter liefern Informationen über die Reliabilität des Verfahrens ganz selbstverständlich mit. Verfahren, die naturgemäß nicht als vollständig standardisiertes Instrument im Handel zu erwerben sind (Interviews, Assessment Center, Dokumentenanalyse etc.) erfordern eine Untersuchung vor Ort. So könnte man beispielsweise ein neu konzipiertes Assessment Center zunächst im Probedurchlauf durchführen und anhand der gewonnenen Daten die Reliabilität überprüfen. Ähnlich geht man bei den übrigen Verfahren vor. Ist ein mehrmaliger Probedurchlauf nicht möglich, sollte man zumindest im Nachhinein die Reliabilität berechnen. Die hierzu notwendigen Daten fallen beim ersten Einsatz ohnehin an, müssen also nur noch entsprechend analysiert werden.

Dies gilt allerdings nicht für sämtliche Formen der Reliabilität. Die Zuverlässigkeit kann auf unterschiedlichem Wege ermittelt werden. In Abbildung 5-4 werden die drei wichtigsten Formen der Reliabilität skizziert.

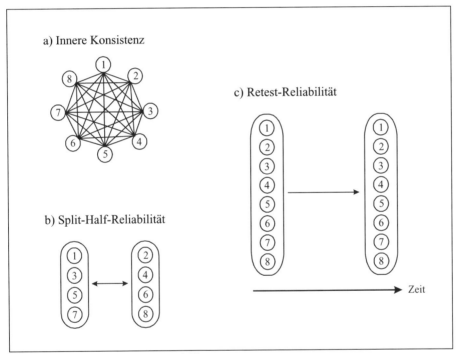

Abbildung 5-4: Formen der Reliabilität

Verdeutlichen wir uns die Unterschiede an einem einfachen Beispiel. Zur Messung der Durchsetzungsfähigkeit hat die Personalabteilung unseres Unternehmens einen Selbstbeschreibungsfragebogen entwickelt, der allen Bewerbern, die sich als Nachwuchsführungskraft vorstellen, vorgelegt wird. Der Fragebogen besteht aus insgesamt acht Items. Eine erste Form der Reliabilität, die ohne großen Aufwand ermittelt werden kann, ist die sog. *Innere (bzw. interne) Konsistenz* der Skala. Da alle acht Items zur Messung ein und desselben Merkmals dienen, sollten die Antworten der Probanden auf den einzelnen Items auch nicht sehr weit auseinander liegen. Anders ausgedrückt, die verschiedenen Items sollten ein in sich konsistentes Gebilde darstellen. Zur Berechnung der Inneren Konsistenz benötigt man eine größere Stichprobe (ab ca. 50 Personen), die in ihrer Zusammensetzung der Personengruppe, die später den Fragebogen bearbeiten soll, möglichst ähnlich ist. An eine solche Stichprobe kommt man recht schnell, wenn man im Rahmen der Fragebogenentwicklung den Fragebogen einfach in den laufenden Auswahlverfahren verteilt, ohne dass er hier jedoch schon zur Auswahlentscheidung herangezogen würde. Die Daten der Probanden werden anschließend in den Computer eingegeben und mit einem geeigneten Statistikprogramm analysiert. Als Maß der Inneren Konsistenz hat sich das sog. „Cronbachs Alpha" etabliert. Der Zahlenwert bewegt sich – wie oben beschrieben – zwischen 0 und 1, wobei ein Wert ab 0.7 als akzeptabel gilt.

Ganz ähnlich geht man bei der Berechnung der *Split-Half-Reliabilität* vor. Während man bei der Analyse der Inneren Konsistenz das Verfahren in so viele Elemente zerlegt wie Items existieren, begnügt man sich bei der Split-Half-Reliabilität mit einer Aufteilung in zwei Elemente. Die Items des Verfahrens werden daher in zwei Gruppen eingeteilt. Wenn alle Items unverfälscht das gleiche Merkmal messen, sollte auch ein hoher Zusammenhang zwischen der ersten und der zweiten Hälfte der Items bestehen. Die Höhe des Zusammenhangs wird durch einen Reliabilitätskoeffizienten ausgedrückt, der genau so zu interpretieren ist wie Cronbachs Alpha. Vorsicht ist allerdings bei der Berechnung der Split-Half-Reliabilität geboten, wenn die Items eines Leistungstests untersucht werden. Die meisten Leistungstests sind so aufgebaut, dass die Schwierigkeit der Aufgaben ansteigt. Würde man nur einfach die ersten 50 % der Aufgaben mit den letzten 50 % vergleichen, würden zwangsläufig niedrige Werte resultieren. Naturgemäß werden die schwierigeren Aufgaben zu einem weitaus geringeren Grade gelöst als die leichten. In diesem Fall sollte man daher – wie in unserem Beispiel angegeben – die ungeradzahligen Items in eine Gruppe und die geradzahligen Items in eine zweite Gruppe einteilen. Auf diesem Wege entstehen zwei recht gut vergleichbare Testhälften. Wohlbemerkt, die Aufteilung der Items in Gruppen erfolgt lediglich im Rahmen der Berechnung am Computer. Die Probanden bearbeiten immer den gesamten Test oder Fragebogen.

Die Berechnung der dritten Reliabilitätsart ist im Vergleich zu den beiden übrigen deutlich aufwändiger. Mit Hilfe der *Retest-Reliabilität* wird untersucht, inwieweit das Verfahren über die Zeit hinweg das gleiche Merkmal unverfälscht misst. Liefert das Instrument z.B. eine zeitlich unverfälschte Messung der Durchsetzungsfähigkeit unserer Probanden, so sollte es unerheblich sein, ob der Fragebogen heute, in drei Wochen oder in einem halben Jahr ausgefüllt wird. Dies gilt natürlich nur für solche Merkmale, die keinen zeitlichen Schwankungen unterworfen sind, also etwa für Persönlichkeitsmerkmale oder die Intelligenz. Ganz anders sieht es bei der Konzentrationsfähigkeit aus. Hier ist die Berechnung der Retest-Reliabilität nicht sinnvoll, da das Merkmal sehr großen situativen Schwankungen ausgesetzt ist. Zur Analyse der Retest-Reliabilität wird denselben Probanden der Fragebogen zu zwei Messzeitpunkten vorgelegt. Der Abstand zwischen beiden Messungen orientiert sich zunächst einmal daran, für welchen Zeitraum man sich interessiert. Nachdem die Daten in den Computer eingegeben wurden, berechnet man den Zusammenhang zwischen den Ergebnissen der ersten und der zweiten Messung. Je größer der zeitliche Abstand zwischen beiden Messungen ist, desto geringer ist in der Regel der Reliabilitätskoeffizient. Dementsprechend sind die absoluten Werte auch unterschiedlich zu interpretieren. Erzielt unser Fragebogen über einen Zeitraum von zwei Wochen hinweg eine Reliabilität von 0.6, so ist dies eher wenig. Bezogen auf ein Intervall von zwei Jahren wäre der gleiche Wert ein mehr als akzeptables Ergebnis. An dieser Stelle wird ein Problem deutlich, das die Verbreitung der Retest-Reliabilität in der Praxis einschränkt. Eine Untersuchung der Retest-Reliabilität dauert immer mindestens genau so lange wie der Zeitraum zwischen der ersten und der zweiten Erhebung. Auch ist damit zu rechnen, dass über die Zeit hinweg immer mehr Probanden aus der Stichprobe „verloren" gehen, weil sie beispielsweise nicht mehr auffindbar sind. Da man in der Praxis meist nicht so lange auf die Ergebnisse warten möchte, bezieht sich der Koeffizient fast immer nur auf wenige Wochen oder Monate. Eine Untersuchung mit natürlichen Bewerbern ist praktisch nicht umzusetzen, da die Probanden nicht über mehrere Wochen oder gar Monate hinweg dem Unternehmen zur Verfügung stehen. Daher begnügt man sich bei der Analyse z.B. mit festen Mitarbeitern des Unternehmens.

All unsere Beispiele bezogen sich auf klassische Fragebogen oder Testinstrumente, da sich die Prinzipien hier besonders leicht verdeutlichen lassen. Das Qualitätskriterium der Reliabilität gilt aber selbstverständlich auch für alle übrigen Verfahren. Um sie rechnerisch bestimmen zu können, muss man lediglich die skizzierten Prinzipien auf das fragliche Instrument übertragen. So könnte man z.B. bei Assessment Centern, Interviews oder Arbeitsproben die *Bebachterübereinstimmung* berechnen (Wirtz & Caspar, 2002).

Wir haben zu Beginn unserer Ausführungen bereits darauf hingewiesen, dass die Reliabilität eines Messinstrumentes eine Aussage über die Genauigkeit der Messung ermöglicht. Wurde ein Reliabilitätskoeffizient ermittelt, kann nun mit Hilfe einiger Berechnungen, die wir an dieser Stelle nicht im Detail vorstellen wollen, die Messgenauigkeit einer einzelnen Messung konkret berechnet werden. Stellen wir uns zur Verdeutlichung wieder einmal einen Bewerber vor, dessen Intelligenz mit Hilfe eines Leistungstests ermittelt wurde. Im Ergebnis erzielt der Kandidat einen Wert von 113. Nun wissen wir bereits, dass dieser Wert die tatsächliche Merkmalsausprägung des Kandidaten aufgrund der zu erwartenden Messfehler nur ungefähr widerspiegelt. Nehmen wir einmal an, der eingesetzte Test habe eine Reliabilität von .95, so können wir davon ausgehen, dass der Test die tatsächliche Intelligenz recht zutreffend abbildet. Jedenfalls ist das Ergebnis sehr viel genauer als die Messung mit einem Test, der eine Reliabilität von nur .70 aufweist. Wie genau die Messung aber im Einzelnen ist, können wir aus dem Reliabilitätkoeffizienten noch nicht erschließen. Kennt man die Reliabilität eines Messinstrumentes und verwendet zudem standardisierte Normen (s.u.) – was in der Intelligenzmessung absolut üblich ist –, kann das sog. *Vertrauensintervall* berechnet werden. Abbildung 5-5 verdeutlicht das Ergebnis einer solchen Berechnung für unseren Beispielfall. Verfügt der Test über eine Reliabilität von .95, so können wir aufgrund der Berechnung des Vertrauensintervalls feststellen, dass die wahre Intelligenz des Kandidaten mit einer 95-prozentigen Wahrscheinlichkeit in einem Intervall zwischen 106 und 119 liegt. Beträgt die Reliabilität hingegen nur 0.70, ist das Intervall entsprechend größer, da auch die Fehlerabfälligkeit der Messung größer ist. In diesem Fall könnten wir die wahre Intelligenz des Kandidaten nur äußerst ungenau lokalisieren. Sie läge mit 95-prozentiger Wahrscheinlichkeit irgendwo im Bereich zwischen 97 und 129 Punkten.

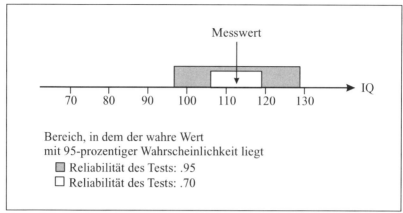

Abbildung 5-5: Bedeutung der Reliabilität für die Genauigkeit der Diagnose

In diesem Beispiel wurde deutlich, dass es sich beim Qualitätskriterium der Reliabilität nicht um ein weltfremdes Konzept handelt, das sich irgendwelche Forscher an der Universität ausdenken, um den Diagnostikern in der Praxis das Leben schwer zu machen. Die Reliabilität ist vielmehr von zentraler Bedeutung für die alltägliche Personaldiagnostik. Erst wenn man um die Reliabilität weiß, kann man die Genauigkeit der Messung einschätzen. Gemeinsam mit der Kenntnis anderer Qualitätskriterien – allen voran der Validität (s.u.) – ermöglicht die Kenntnis der Reliabilität eine Gesamteinschätzung des eingesetzten Verfahrens. Nur dann, wenn man sich sicher sein kann, dass das Instrumentarium über eine hinreichende Qualität verfügt, kann man mit ruhigem Gewissen auf der Basis der gewonnen Daten personalbezogene Entscheidungen treffen.

Wie lässt sich nun aber eine möglichst hohe Reliabilität gewährleisten? Der erste wichtige Punkt betrifft die *Anzahl der Items*. Beziehen wir uns auf solche Messfehler, die im Sinne der klassischen Testtheorie per Zufall auftreten, können wird davon ausgehen, dass sie nicht bei jedem Item in der gleichen Richtung und Intensität auftreten. Kombiniert man mehrere Items zu einer gemeinsamen Skala – was üblich ist –, so ist die Wahrscheinlichkeit hoch, dass sich die Fehlereinflüsse ganz oder zumindest doch teilweise wechselseitig kompensieren. Abbildung 5-6 erläutert das Problem und stellt gleichzeitig den Idealfall einer Lösung dar. Wir sehen in unserem Beispielfall fünf Items, die ein und dieselbe Merkmalsdimension (z.B. Teamfähigkeit) messen. Auf der linken Seite ist die wahre Merkmalsausprägung der untersuchten Person im Hinblick auf jedes einzelne Item abgebildet. Nehmen wir an, die Items müssten auf einer siebenstufigen Skala zur Selbsteinschätzung beantwortet werden. Beim ersten Item wäre die objektiv richtige Antwort 3 Punkte. Beim zweiten und dritten Item jeweils 5 Punkte usw. Bei jedem einzelnen Item tritt nun ein Messfehler auf, der in unserem Beispielfall aus didaktischen Gründen übertrieben groß dargestellt wird. Einmal führt der Messfehler zu einer Überschätzung der Merkmalsausprägung um zwei Punktwerte (Item 1 und 4), ein andermal bewirkt er eine Unterschätzung um ein oder zwei Punktwerte (Item 2, 3 und 5). Würde man die

Allgemeine Qualitätskriterien der Personaldiagnostik

Teamfähigkeit des Probanden nur mit einem einzigen Item erfassen, so würde der zugehörige Messfehler vollständig auf das Messergebnis durchschlagen. Setzt man hingegen mehrere Items ein, besteht die Chance einer wechselseitigen Kompensation der Messfehler, denn Über- und Unterschätzungen der wahren Merkmalsausprägung können sich gegenseitig ausgleichen, wenn wir über mehrere Items hinweg einen Mittelwert berechnen. Im Idealfall kommt es zu einer vollständigen Kompensation, so dass keine Verunreinigung des zusammenfassenden Messergebnisses mehr vorliegt. Die Reliabilität einer solchen Messung würde einen Wert von 1.0 erreichen. In Abbildung 5-6 wird dieser Idealfall sichtbar, wenn wir den Mittelwert der fünf Items betrachten. Der Mittelwert der wahren Merkmalsausprägung beträgt 4 Punkte. Obwohl jedes einzelne Item mit einem mehr oder minder großen Messfehler belegt ist, resultieren im Mittelwert der fünf einzelnen Messergebnisse wiederum 4 Punkte. Die Messfehler haben sich gegenseitig aufgehoben. Da die Messfehler, von denen hier die Rede ist, per Zufall auftreten, steigt die Wahrscheinlichkeit einer möglichst weitgehenden wechselseitigen Kompensation der Fehler mit der Anzahl der eingesetzten Items an. Bisweilen fragen sich Laien, warum psychologische Testverfahren oder Fragebögen immer so umfangreich sind. Mit ähnlichen Items wird mehrfach dasselbe Merkmal erfasst. Abbildung 5-6 liefert die Begründung für diese Praxis. Je mehr Items eingesetzt werden, desto größer ist die Chance auf ein möglichst zuverlässiges, fehlerbereinigtes Untersuchungsergebnis. Allerdings ist die Beziehung zwischen der Anzahl der Items und dem erwünschten Korrektureffekt nicht streng linear. In der Regel zahlt es sich aus, ein Merkmal über fünf und nicht nur mit zwei Items zu messen. Auch wird man oft noch einen spürbaren Reliabilitätsgewinn bei 15 Items feststellen können. Irgendwann ist allerdings eine Grenze erreicht, bei der eine Aufstockung der Items nicht mehr ökonomisch ist. Es lohnt sich schlichtweg nicht, 30 weitere Items in den Fragebogen aufzunehmen, um die Reliabilität von .87 auf vielleicht 0.88 zu steigern. Dabei muss man immer auch an den Probanden denken. Wenn man 20 oder 40 Items bearbeiten muss, die alle sehr ähnlich sind, wirkt sich dies nicht gerade motivierend aus.

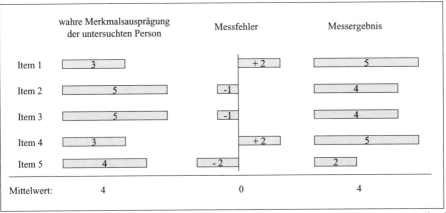

Abbildung 5-6: Kompensation zufälliger Messfehler durch Berechnung von Mittelwerten

Die wechselseitige Kompensation der Messfehler funktioniert nur bei solchen Fehlern, die per Zufall auftreten, also im Prinzip bei jedem Item und zu jeder Zeit anders ausgeprägt sein können. So könnte ein Diagnostiker dem Bewerber z.B. aus einer plötzlichen Eingebung heraus bei der Lösung einer einzelnen Intelligenzaufgabe ein wenig mehr Hilfestellung geben als es sonst üblich ist. Systematische Fehler wirken sich oftmals aber auch auf alle Items in gleicher Weise aus. Wenn beispielsweise ein Proband in einem Intelligenztest nur deshalb schlecht abschneidet, weil er eine eingeschränkte Lesefähigkeit aufweist und die Items nicht schnell genug begreift, so ist dies weniger ein Problem der Reliabilität als vielmehr der Validität (s.u.). Das Ergebnis spiegelt dann eben nicht nur die Intelligenz des Probanden wider, sondern ist systematisch konfundiert mit einem anderen Merkmal. Zwar drückt das Ergebnis der Untersuchung nun nicht mehr das interessierende Merkmal in Reinform aus, das was der Test letztlich erfasst hat, kann aber durchaus zuverlässig bemessen worden sein. Bei einem gleichbleibenden Einfluss der Lesefähigkeit wird man auch eine hohe Innere Konsistenz oder Retest-Reliabilität erzielen können. Problematisch wird es, wenn die Fehler nicht per Zufall, aber auch nicht völlig gleichbleibend auftreten. Sind beispielsweise manche Items in unserem Leistungstest sprachgestützt und andere nicht, so sind einige Items von dem Einfluss der Lesefähigkeit betroffen, andere hingegen nicht. Dies wird auf die Reliabilität Einfluss nehmen. Derartige Einflüsse können im Rahmen der Testkonstruktion untersucht und berücksichtigt werden. In unserem Beispielfall wäre es z.B. möglich, vollständig auf sprachgebundene Items zu verzichten oder sprachgebundene und nicht sprachgebundene Items in getrennten Skalen auszuwerten. Im ersten Fall würde man also die besonders fehleranfälligen Items eliminieren, im zweiten Fall die Fehlerquelle neutralisieren. Liegt die Quelle derartiger Fehler beim diagnostischen Personal, muss die Objektivität der Messung verbessert werden.

Eine hohe Reliabilität wird erzielt, wenn die Items, über die hinweg ein Mittelwert gebildet wird, auch inhaltlich gut zueinander passen. In der Forschung wird hierfür der Begriff der *Homogenität* verwendet. Die Homogenität einer Itemmenge lässt sich mit dem mathematischen Verfahren der Faktorenanalyse überprüfen. Mehr noch, mit Hilfe der Faktorenanalyse können gezielt solche Items eliminiert werden, die nicht hinreichend gut zu den übrigen Items passen. Homogene Skalen weisen eine höhere Innere Konsistenz und Split-Half-Reliabilität auf als nicht homogene Skalen. Allerdings können in bestimmten Fällen auch nicht homogene Skalen sinnvoll sein. Geht es um die Messung eines sehr komplexen Merkmals, das sich erst aus dem Zusammenspiel mehrerer einzelner Merkmale ergibt, und interessiert man sich nicht für die exakte Erfassung der einzelnen Merkmale, so haben wir es mit einem heterogenen Messinstrument zu tun. Ein Beispiel für diesen Fall liefert das Konzept der sozialen Kompetenz. Die soziale Kompetenz eines Menschen ist nicht ein singuläres Persönlichkeitsmerkmal, sondern vielmehr ein Sammelbegriff für zahlreiche Kompetenzen wie etwa die Fähigkeit, sich in andere Personen hineinzudenken oder auf andere Menschen zugehen zu können (Kanning 2002a, in Druck a). Interessiert man sich in der Personaldiagnostik lediglich für die Frage, ob ein Proband in sehr unterschiedlichen Situationen ein sozial kompetentes Verhalten zeigen kann, ohne dass man etwas Konkretes über die dem Verhalten zugrunde liegenden Kompetenzen erfahren möchte, könnte man z.B. einen videogestützten Test entwickeln (vgl. Kanning, 2003b; in Druck b). Darin wird der Proband mit unterschiedlichen Szenen aus dem Berufsalltag konfrontiert und soll jeweils angeben, wie er sich in einer solchen Situation verhalten würde. Auf der Basis eines bestimmten Bewertungsschlüssels werden anschließend Punktwerte vergeben. Derartige Skalen, die sich aus situativen Items zusammensetzen, haben in der Regel eine geringe Homogenität (Kanning, 2003a; Schuler et al., 1993; Smiderle, Perry & Cronshaw, 1994). Dennoch können sie zuverlässige und nützliche Erkenntnisse liefern. In diesem Fall ist die Innere Konsistenz oder die Split-Half-Reliabilität, die auf die Beurteilung homogener Skalen abzielen, kein sinnvolles Maß der Reliabilität. Das passende Maß ist die Retest-Reliabilität.

Die Zuverlässigkeit einer Messung hängt nicht nur von „formalen" Kriterien der Konstruktion und Auswahl einzelner Items ab. Ebenso wichtig sind die Durchführung sowie die Auswertung und Interpretation der gewonnenen Daten. Die Items eines Testverfahrens können noch so sorgfältig konstruiert und ausgewählt sein. Wenn der Kandidat bei der Bearbeitung der Aufgaben abgelenkt wird oder wenn ggf. der Testleiter die Aufgabenstellung nicht richtig erklärt, kann keine zuverlässige Messung resultieren. Diese Überlegungen führen zu der Erkenntnis, dass die *Objektivität* eines Verfahrens eine wichtige Voraussetzung für eine reliable Messung darstellt. Das diagnostische Personal darf nicht in differentieller Weise Einfluss auf das Ergebnis der Untersuchung nehmen können. Alle Probanden werden nach den gleichen Prinzipien untersucht, wobei die Prinzipien selbstredend für alle eingesetzten Diagnostiker verbindlich sind.

Generell gilt, dass die *Reliabilität eines Messinstrumentes empirisch überprüft* werden muss. Die zuvor genannten Maßnahmen bilden eine wichtige Voraussetzung für die Durchführung einer zuverlässigen Messung. Aus der Tatsache, dass entsprechende Maßnahmen ergriffen wurden, kann allerdings nicht ohne weiteres auf eine hohe Reliabilität geschlossen werden. Welche Formen der Reliabilität geprüft werden können, haben wir bereits diskutiert. Nach der DIN 33430 wird eine Analyse der Inneren Konsistenz, sowie der Split-Half-Reliabilität erwartet. Die Retest-Reliabilität ist zu empfehlen, wenn es sich um Merkmale handelt, die über einen längeren Zeitraum hinweg stabil ausgeprägt sein sollten. Handelt es sich um Untersuchungsmethoden, bei denen Menschen als „Messinstrument" eingesetzt werden – dies ist bei jedem Interview sowie in der Verhaltensbeobachtung der Fall –, wird die Reliabilität über die Beobachterübereinstimmung ermittelt (vgl. Wirtz & Caspar, 2002).

Standards
zur Gewährleistung einer zuverlässigen (reliablen) Personaldiagnostik

- Es werden mehrere Items zur Messung ein und desselben Merkmals eingesetzt.
- Es werden nur solche Items in einer Skala zusammengefasst, die inhaltlich zusammengehören. Dies wird mit Hilfe mathematischer Analysen überprüft.
- Fehler, die das Ergebnis einzelner Items einer Skala in systematischer Weise bedeutsam beeinflussen, werden eliminiert oder neutralisiert. Ist dies nicht möglich, werden die Items eliminiert.
- Es wird eine hohe Objektivität der Messung gewährleistet.
- Die Reliabilität eines Messinstrumentes wird empirisch überprüft. Die Auswahl der geeigneten Maße erfolgt nach inhaltlichen Gesichtspunkten.

5.3 Gültigkeit

Niemand wird ernsthaft behaupten, dass ein klassischer Persönlichkeitsfragebogen in der Lage wäre, die Intelligenz eines Bewerbers oder die Reputation eines Außendienstmitarbeiters zu ermitteln. Woher wissen wir aber, dass er tatsächlich bestimmte Persönlichkeitsmerkmale misst? Was macht uns so sicher, dass ein Intelligenztest die kognitive Verarbeitungskapazität eines Menschen und nicht etwa seine Kreativität oder Ausdauer erfasst? Können wir uns sicher sein, dass ein bestimmtes Auswahlverfahren in der Lage ist, die berufliche Leistungsfähigkeit eines Bewerbers vorherzusagen? Alle diese Fragen führen uns zu einem Konzept, das neben der Objektivität und der Reliabilität zu den drei wichtigsten Qualitätskriterien eines personaldiagnostischen Verfahrens zählt: die Gültigkeit oder auch „*Validität*".

Die Validität eines Verfahrens macht eine Aussage darüber, inwieweit das Instrumentarium tatsächlich dasjenige Merkmal eines Menschen erfassen kann, zu dessen Messung es entwickelt wurde. Auf den ersten Blick klingt dies vielleicht ein wenig spitzfindig. Kann man nicht einfach davon ausgehen, dass ein Intelligenztest Intelligenz und ein Persönlichkeitsfragebogen die Persönlichkeit eines Kandidaten misst? Ganz so einfach ist es nicht. Bei manchen Verfahren ist die Validität offensichtlich gegeben und bedarf keiner gesonderten Untersuchung. Dies gilt z.B. für Arbeitsproben. Interessiert man sich für die PC-Kenntnisse einer Bürokraft und konfrontiert den Bewerber im Rahmen eines Auswahlverfahrens mit entsprechenden Aufgaben aus dem Berufsalltag (Tabellenkalkulation, Erstellung einer Präsentation, fehlerfreies Abtippen eines diktierten Briefes etc.), wird niemand ernsthaft die Validität in Frage stellen. Die Arbeitsprobe misst ganz offensichtlich die Fertigkeiten der Bewerber im Umgang mit Office-Programmen. Ganz anders sieht die Situation aus, wenn wir die Analyse von Bewerbungsunterlagen oder die Fragen aus so manchem Einstellungsinterview betrachten. Will man sicher gehen, dass die gemessenen Kriterien tatsächlich wichtige Indikatoren der beruflichen Leistungsfähigkeit eines Bewerbers darstellen, so bedarf es einer empirischen Untersuchung. Nur dann, wenn die Validität eines personaldiagnostischen Verfahrens gewährleistet ist, lassen sich fundierte Entscheidungen treffen. Letztlich nützt eine noch so objektive und reliable Messung nichts, wenn das Verfahren die interessierenden Merkmale nicht auch gültig erfassen kann. So dürfte beispielsweise der Einsatz eines computergestützten Intelligenztests, der ohne Zweifel eine sehr hohe Objektivität aufweist und bei sorgfältiger Entwicklung auch eine hohe Reliabilität besitzt, für die Prognose der beruflichen Leistung völlig ungeeignet sein, wenn die Leistung der Mitarbeiter letztlich in keinem bedeutsamen Zusammenhang zu ihrer Intelligenz steht. Die Messung der Intelligenz wäre in diesem Fall überflüssig.

> Die Validität (Gültigkeit) eines personaldiagnostischen Verfahrens macht eine Aussage darüber, inwieweit das Verfahren in der Lage ist, diejenigen Merkmale eines Menschen zu messen, zu deren Messung es entwickelt wurde. Es gibt mehrere Möglichkeiten, die Validität zu ermitteln. Bei fast allen Formen der Validität wird die Güte des Verfahrens durch einen mathematischen Kennwert („Validitätskoeffizienten") ausgedrückt.

Allgemeine Qualitätskriterien der Personaldiagnostik 183

Die psychologische Diagnostik bietet mehrere Ansätze zur Überprüfung der Validität. Je nach Art der Überprüfung werden unterschiedliche Validitätsbegriffe verwendet (s.u.). Vergleichbar zur Reliabilität wird auch die Validität jedoch fast immer durch einen mathematischen Kennwert – eine „Korrelation" – ausgedrückt (vgl. Abbildung 5-7).

```
Art des                                    Korrelationskoeffizient
Zusammenhangs


Je größer A, desto größer B  }
Je kleiner A, desto kleiner B }  ------>   > 0


Je größer A, desto kleiner B  }
Je kleiner A, desto größer B  }  ------>   < 0


kein Zusammenhang             }
zwischen A und B              }  ------>   = 0


Unabhängig von der Richtung des Zusammenhangs gilt:
Je stärker der Zusammenhang zwischen A und B ist, desto stärker
weicht der Korrelationskoeffizient von Null ab.
```

Abbildung 5-7: Interpretation von Korrelationskoeffizienten

Korrelationen spiegeln den Zusammenhang zwischen zwei Variablen wieder. Sie bewegen sich – 1.0 und + 1.0, wobei beide Extremwerte in der Realität nur selten vorkommen. Ein positiver Wert bedeutet, dass zwischen zwei Variablen ein gleichgerichteter Zusammenhang vorliegt (vgl. Abbildung 5-7). Positive Korrelationen bestehen z.B. zwischen Bildungsabschluss und Einkommen. Je höher der Bildungsabschluss, desto höher ist in der Regel auch das Einkommen. Ebenso gilt die Aussage: „Je geringer der Bildungsabschluss, desto geringer das Einkommen". Da das Einkommen eines Menschen aber nicht zu 100 Prozent durch den Bildungsabschluss vorhergesagt werden kann – viele Akademiker verdienen beispielsweise weniger als ein ungelernter Arbeiter in der Automobilindustrie oder als Profifußballspieler, die oft nicht gebildeter sind als ungelernte Arbeiter – bleibt der Korrelationskoeffizient unter dem Höchstwert von + 1.0. Negative Korrelationen drücken einen gegenläufigen Zusammenhang aus: Je höher das Einkommen eines Menschen ist, desto weniger Freizeit stehen ihm meist zur Verfügung bzw. „je geringer das Einkommen, desto mehr Freizeit". Auch gibt es natürlich sehr viele Ausnahmen von der Regel, so dass der Korrelationskoeffizient deutlich unter einem Wert von – 1.0 bleibt. Besteht zwischen zwei Variablen keinerlei Zusammenhang – z.B. zwischen Merkmalen der Handschrift und dem Berufserfolg –, so resultiert eine Korrelation von Null. Je höher der Zahlenwert ausfällt, desto größer ist die Übereinstimmung. Korrelationen von 1.0 sind in der Realität der angewandten Forschung völlig unrealistische Erwartungen. Dies gilt keineswegs nur für die Psychologie. So beträgt z.B. die Korrelation zwischen der Sonneneinstrahlung (Tagestemperatur) und der Nähe zum Äquator 0.60, zwischen Geschlecht und der Kraft in den Armen 0.55 und zwischen Geschlecht und Körpergröße 0.67 (Meyer, Finn, Eyde, Kay, Moreland, Dies, Eisman, Kubiszyn & Reed, 2001).

Korrelationen spielen jenseits aller Validität und Personaldiagnostik eine große Rolle in der empirischen Forschung. Die Validität eines diagnostischen Verfahrens wird nahezu immer in Form einer Korrelation ausgedrückt. Der sog. *Validitätskoeffizient* ist nichts anderes als eine Korrelation und bewegt sich daher ebenfalls zwischen – 1.0 und + 1.0. Ein Wert von + 1.0 würde bedeuten, dass ein diagnostisches Verfahren dasjenige Merkmal, zu dessen Messung es konzipiert wurde, vollständig erfassen kann. Ein Wert von – 1.0 bedeutet hingegen, dass unser Verfahren etwas misst, das im Widerspruch zu dem eigentlich interessierenden Merkmal steht. Besteht das Ziel eines Personalauswahlverfahrens beispielsweise in einer möglichst guten Prognose des beruflichen Erfolgs, so können mithin sowohl hoch positive als auch hoch negative Werte die Güte des Verfahrens unterstreichen: Die Messergebnisse unseres Instruments sollten möglichst positiv mit solchen Kriterien korrelieren, die den beruflichen Erfolg repräsentieren, also etwa mit der Anzahl erfolgreich angeschlossener Geschäfte, der Menge produzierter Güter oder der Kundenzufriedenheit. Gleichzeitig sollte die Korrelation mit Kriterien beruflichen Misserfolgs – wie z.B. der Anzahl von Reklamationen oder der Menge produzierter Ausschussware – möglichst negativ ausfallen. Die Höhe eines Validitätskoeffizienten drückt aus, in welchem Ausmaß das Messinstrument in der Lage ist, ein bestimmtes Merkmal zu erfassen (vgl. Abbildung 5-8).

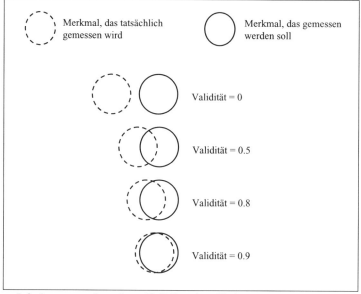

Abbildung 5-8: Interpretation eines Validitätskoeffizienten

Wenden wir uns nun den verschiedenen Validitätsarten zu (siehe Abbildung 5-9). Die einfachste Form der Validität ist die sog. *Augenscheinvalidität*. Wie der Name bereits verrät, geht es bei der Augenscheinvalidität nicht um eine differenzierte, empirisch gestützte Betrachtung der Güte eines Messinstrumentes, sondern lediglich um eine Einschätzung nach dem Augenschein. Eine solche Einschätzung nimmt in der Regel der Entwickler des Verfahrens vor, ohne dass er dafür über bestimmte berufsspezifische Fachkompetenzen verfügen müsste. Ebenso gut könnte man auch diagnostische Laien oder die Probanden selbst nach ihrer Meinung fragen. Letztlich geht es um Alltagplausibilitäten. Dem entsprechend wird auch kein Validitätskoeffizient berechnet. In den allermeisten Fällen stellt die Augenscheinvalidität keinen hinreichenden Beleg für die Güte eines Messinstrumentes dar. Gleichwohl gibt es bestimmte Merkmalsmessungen, die im Grunde genommen so banal sind, dass eine empirische Überprüfung der Validität überflüssig ist. So wird niemand bestreiten, dass Fragen nach dem Alter, dem Geschlecht, dem Familienstand oder der Schulbildung tatsächlich in der Lage sind, Alter, Geschlecht, Familienstand und Schulbildung eines Bewerbers zu erfassen. Ähnlich verhält es sich bei Mitarbeiterbefragungen, bei denen man sich ebenfalls auf die Augenscheinvalidität verlassen kann. Die Frage „Wie zufrieden sind sie mit der Arbeitszeitregelung in unserer Firma?" misst ganz offensichtlich eine bestimmte Facette der Arbeitszufriedenheit. Eine solchermaßen offensichtliche Validität liegt jedoch in den seltensten Fällen vor. Schon bei sehr einfachen Items aus einem biographischen Fragebogen ist nicht mehr so ohne weiteres erkennbar, was hier eigentlich gemessen wird. Fragt man z.B. nach der Größe des Bekanntenkreises, so mag man damit indirekt die soziale Kompetenz des Probanden oder aber sein soziales Prestige erfassen. Wir wissen nicht, ob der Proband einen großen Bekanntenkreis hat, weil er gesellig, warmherzig, hilfreich etc. ist oder weil er viel Einfluss besitzt und von vielen Speicheleckern umgeben ist.

Ein wenig anspruchsvoller ist da schon die *Inhaltsvalidität*. Auch hier wird kein klassischer Validitätskoeffizient berechnet. Bei den meisten Verfahren repräsentieren die Items Indikatoren für ein bestimmtes Merkmal. Um die Intelligenz eines Menschen erfassen zu können werden z.B. logische Aufgaben vorgelegt. Interessiert man sich für die soziale Kompetenz, verwendet man verschiedenste Items zur Selbstbeschreibung, die sich auf das Verhalten in sozialen Situationen beziehen. Die Merkmalsdimension, für die man sich eigentlich interessiert – Intelligenz bzw. bestimmte soziale Kompetenzen –, werden aus dem Antwortverhalten erschlossen. Bei einem Verfahren, das eine hohe Inhaltsvalidität besitzt ist dies anders. Das Merkmal selbst wird ganz oder teilweise erfasst, ohne dass man den Umweg über bestimmte Indikatoren gehen muss. Dies gilt insbesondere für Arbeitsproben, bei denen das fragliche Verhalten ganz unmittelbar beobachtet und bewertet werden kann (s.o.). Die Entscheidung, ob ein Messverfahren inhaltsvalide ist, wird im Grunde genommen nach dem Prinzip des Augenscheins getroffen. Im Unterschied zur Augenscheinvalidität erfolgt die Einschätzung jedoch durch Experten. Im Falle der Bürokraft, deren Fertigkeiten im Umgang mit Office-Programmen mit Hilfe einer Arbeitsprobe erfasst werden sollen, entscheidet also nicht der Diagnostiker, ob eine gute Passung zwischen den Inhalten der Arbeitsprobe und dem Berufsalltag vorliegt. Er könnte bestenfalls laienhafte Betrachtungen einfließen lassen. Entscheidend ist vielmehr das Urteil von ausgewiesenen Berufsexperten wie etwa Sekretärinnen oder Büroleitern, die den Alltag der Bürokraft kennen und genau wissen, welche Aufgaben im Umgang mit Office-Programmen immer wieder auftreten. Will man sich bei der Bestimmung der Inhaltsvalidität gegen die Subjektivität eines einzelnen Experten absichern, setzt man mehrere Experten ein, die entweder gemeinsam oder jeder unabhängig für sich allein die Übereinstimmung zwischen Aufgabe und Merkmal einschätzen. Die letztere Variante hat den Vorteil, dass wechselseitige Beeinflussungen von vornherein vermieden werden und man überdies den Grad der Übereinstimmung der Experten berechnen kann (vgl. Fisseni, 1997). Der Übereinstimmungskoeffizient kann dabei als ein Ersatz für den eigentlich fehlenden Validitätskoeffizienten dienen. Die Nützlichkeit der Inhaltsvalidität steht und fällt allerdings mit der Kompetenz der Experten. Eine hohe Übereinstimmung zwischen fragwürdigen Experten ist letztlich nicht sehr viel wertvoller als Plausibilitätsbetrachtungen von Laien. Man darf sich nur dann mit der Bestimmung der Inhaltsvalidität zufrieden geben, wenn man sicher sein kann, dass die eingesetzten Experten auch wirklich über das notwendige Know-how verfügen. Immer wenn dies nicht zweifelsfrei sichergestellt ist, sollte man einen der nachfolgend beschriebenen Wege zur Validitätsbestimmung beschreiten.

Die wohl wichtigste Form der Validität ist die *kriterienbezogene Validität*. Im Gegensatz zu den beiden bereits beschriebenen „Alternativen", basiert die kriterienbezogene Validität immer auf einer empirischen Studie, wobei im Ergebnis ein klassischer Validitätskoeffizient resultiert. Wie sieht nur eine solche Untersuchung aus? Stellen wir uns einmal vor, in einem Unternehmen wurde ein Assessment Center konzipiert, mit dessen Hilfe geeignete von nicht geeigneten Bewerbern differenziert werden sollen. Die Auswahl der AC-Übungen geht auf eine umfangreiche Anforderungsanalyse zurück, in der typische Berufssituationen identifiziert wurden. Per Augenschein würden die meisten Mitarbeiter der Personalabteilung und der betroffenen Fachabteilung sagen, dass das Assessment Center insgesamt betrachtet in der Lage sein wird, die wichtigsten leistungsrelevanten Merkmale zu messen. Niemand kann jedoch sagen, wie gut das AC wirklich ist. Nun soll die kriterienbezogene Validität bestimmt werden. Zu diesem Zweck wird das Verfahren mit Mitarbeitern der betroffenen Abteilung durchgeführt. Darüber hinaus misst man die berufliche Leistungsfähigkeit der Mitarbeiter. Je nachdem in welchem Feld die Betroffenen arbeiten, bieten sich hierzu mehr oder weniger „harte" Daten an. Zu den eher „harten" Daten gehören ökonomische Kennwerte wie etwa die Produktionsquote, Ausschuss- oder Absentismusrate. Darüber hinaus kann die Leistungsfähigkeit durch Vorgesetzten- oder Gleichgestelltenurteile erfasst werden. Nachdem alle erhobenen Daten in den Computer eingegeben wurden, berechnet man die Validität, indem das Abschneiden im Assessment Center zu den Leistungsdaten aus dem Berufsalltag in Beziehung gesetzt wird. In gleicher Weise lässt sich mit allen personaldiagnostischen Methoden verfahren. Dies gilt auch für vollständig standardisierte Fragebögen oder Tests, die nicht im eigenen Unternehmen entwickelt wurden. In den Handbüchern seriöser Verfahren finden sich bereits allgemeine Hinweise zur Kriterienbezogenen Validität. So wird z.B. hin und wieder von Validierungsstudien berichtet, die in anderen Unternehmen liefen. Sie geben einen groben Hinweis auf die Nützlichkeit des Verfahrens, sofern die untersuchten Arbeitsplätze eine gewisse Ähnlichkeit zu denen im eigenen Unternehmen aufweisen. Derartige Untersuchungen findet man jedoch eher selten, da sie recht aufwändig sind und nur in Kooperation mit Unternehmen durchgeführt werden können. Nahezu immer trifft man jedoch auf Studien, die über Zusammenhänge mit bereits vorhandenen Tests und Fragebögen berichten. Hat ein Forscher beispielsweise einen neuen Fragebogen zur Messung kommunikativer Kompetenzen entwickelt, so muss er belegen, inwieweit das neue Instrument mit älteren Instrumenten, die das gleiche Merkmal erfassen, korreliert. Beansprucht der neue Fragebogen, dasselbe Merkmal zu erfassen wie irgendwelche Vorgänger, so sollten die Ergebnisse beider Fragebögen hoch miteinander korrelieren. Die entsprechende Korrelation wäre ein Beleg für die kriterienbezogene Validität des neuen Verfahrens. Im Allgemeinen kann man jedoch keine Korrelation von 1.0 oder auch 0.9 erwarten, da sich das neue Instrument in irgendeiner Form von dem alten unterscheiden wird. Wäre es völlig identisch, so wäre der Aufwand, der mit einer Neukonstruktion verbunden ist, kaum gerechtfertigt. Die Gründe für eine Neukonstruktion können vielfältig sein. So möchte man z.B. ein Verfahren entwickeln, das ökonomischer arbeitet oder aber man interessiert sich für eine spezifische Facette des fraglichen Merkmals, die in den bereits vorliegenden Instrumenten vernachlässigt wurde. Wie auch immer die Untersuchung der kriterienbezogenen Validität aussieht, es erfolgt immer ein Vergleich mit einem anderen Maß des interessierenden Merkmals. Dieses Maß wird als „Kriterium" bezeichnet, was den vielleicht ein wenig merkwürdig anmutenden Namen dieser Validitätsart erklärt. Dient als Kriterium ein Test oder ein Fragebogen, so sprechen wir von einer „inneren kriterienbezogenen Validität". Eine „äußere kriterienbezogene Validität" liegt vor, wenn sich das Kriterium unmittelbar auf das „wahre Leben" also z.B. auf alltägliches Verhalten im Berufsalltag bezieht.

Eine besondere Spielart der kriterienbezogenen Validität ist die *prognostische Validität*. Sie ist insbesondere für die Personalauswahl und für Platzierungsentscheidungen von Bedeutung. Im Grunde genommen geht man bei der Berechnung der prognostischen Validität fast genauso vor, wie wir es soeben im Beispiel des Assessment Centers beschrieben haben. Im Unterschied zum beschriebenen Vorgehen liegt allerdings zwischen der Durchführung des Assessment Centers und der Erhebung des Kriteriums (berufliche Leistung) ein mehr oder minder großer Zeitraum, der bisweilen mehrere Jahre beträgt. Ziel der Untersuchung ist es, herauszufinden, inwieweit das personaldiagnostische Instrumentarium beruflichen Erfolg prognostizieren kann. Derartige Berechnungen lassen sich auch mit bereits etablierten Verfahren in jedem Unternehmen durchführen, sofern die Daten aus dem Auswahlverfahren noch existieren. Dazu werden die Ergebnisse des Auswahlverfahrens zu den heute erhobenen Kriterien beruflicher Leistung in Beziehung gesetzt. Obwohl die prognostische Validität von zentraler Bedeutung ist – schließlich will man mit jedem Auswahl- oder Platzierungsinstrumentarium zukünftige Leistungen prognostizieren –, werden solche Studien nur sehr selten durchgeführt. Betrachten wir die absolute Höhe des Validitätskoeffizienten, so ist bei der prognostischen Validität mit einem deutlich geringeren Wert im Vergleich zur einfachen kriterienbezogenen Validität zu rechnen. Der Grund liegt darin, dass sich über lange Zeiträume hinweg zum einen Merkmale des Menschen verändern können und zum anderen das Verhalten nicht nur durch Eigenschaften der Person, sondern in starkem Maße auch durch Umgebungsbedingungen beeinflusst wird. Verändern sich die Umgebungsbedingungen (Arbeitsaufgaben, Kollegen, Führungsstil des Vorgesetzten, private Lebenssituation etc.), so verändert sich auch das Verhalten. Im Allgemeinen gilt daher die Faustregel, je länger der Zeitraum ist, über den hinweg prognostiziert werden soll, desto geringer ist die prognostische Validität. Jansen und Stoop (2001) zeigen allerdings am Beispiel des Assessment Centers, dass dies nicht zwangsläufig gilt. Über einen Zeitraum von sieben Jahren hinweg prognostizieren sie mit den AC-Ergebnissen verschiedene Aspekte der beruflichen Leistungsfähigkeit. Bei manchen der gemessenen Merkmalsdimensionen steigt die Validität über die Zeit sogar an, sie werden also mit zunehmender Berufserfahrung wichtiger. Manche erweisen sich erst im siebten Jahr als valide. Die Zusammenhänge sind also sehr viel komplexer als sie auf den ersten Blick scheinen.

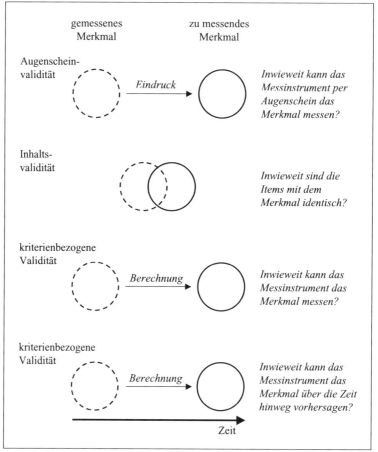

Abbildung 5-9: Grundformen der Validität

Die fünfte Form der Validität ist zugleich die komplexeste Variante. Bei der *Konstruktvalidität* handelt es sich um einen Oberbegriff für zahlreiche Berechnungsoptionen. Hintergrund der Konstruktvalidität ist die Frage, ob ein bestimmtes Messverfahren die theoretischen Überlegungen, die hinter dem Verfahren stehen (kurz „das Konstrukt"), auch tatsächlich widerspiegelt. So unterschiedlich wie die theoretischen Konzeptionen sein können, so vielfältig sind auch die Möglichkeiten zur Überprüfung der Konstruktvalidität. In jedem Falle handelt es sich jedoch um eine empirisch gestützte Überprüfung.

Soll unser personaldiagnostisches Instrument z.B. in der Lage sein, drei voneinander unabhängige Persönlichkeitsdimensionen zu messen, müssen sich rechnerisch tatsächlich drei abgrenzbare Skalen bilden lassen. Untersucht wird dies mit der Methode der Faktorenanalyse, weshalb man in diesem Zusammenhang auch von „faktorieller Validität" spricht.

Während wir bei der kriteriumsbezogenen Validität bislang immer nur ein Kriterium im Auge hatten, betrachtet man im Rahmen der Konstruktvalidierung oft ein ganzes Netzwerk von Beziehungen. Kehren wir zur Verdeutlichung noch einmal zu unserem Beispiel der Entwicklung eines neuen Fragebogens zur Messung der kommunikativen Fähigkeiten zurück. Im Rahmen einer Konstruktvalidierung, würde man nicht nur untersuchen, ob der neue Fragebogen positiv mit solchen Fragebögen korreliert, die das gleiche Merkmal messen. Zusätzlich würde man auch solche Instrumente in die Studie einbeziehen, die völlig andere Merkmale erfassen. Dies können sowohl Verfahren sein, die im direkten Widerspruch zu einer hohen Kommunikationsfähigkeit stehen (z.B. soziale Isolation) als auch andere, die keinerlei Beziehungen zur Kommunikationsfähigkeit vermuten lassen (z.B. Leistungsmotivation). Im Zuge der mathematischen Analyse wird überprüft, ob das Ergebnis des neu entwickelten Fragebogens erwartungskonform mit den eingesetzten Kriterien negativ korreliert bzw. keine Zusammenhänge aufweist.

Werden in einem komplexen diagnostischen Verfahren mehrere Methoden eingesetzt, die einander überschneidend jeweils mehrere Merkmale messen, so ergibt sich eine weitere Variante der Konstruktvalidierung. Überprüft wird nun die Schlüssigkeit des gesamten Verfahrens. In Abbildung 5-10 finden wir ein abstraktes Beispiel. Im Zentrum der Diagnostik stehen drei verschiedene Merkmale (z.B. Persönlichkeitsdimensionen), die mit vier verschiedenen Methoden (Fragebögen, Interview, Verhaltensbeobachtung) erfasst werden. Jedes Merkmal wird unabhängig voneinander mit mindestens zwei Methoden untersucht. Durch dieses Vorgehen sichert man das Ergebnis gegenüber möglichen Messfehlern ab, die mit spezifischen Methoden verbunden sein könnten. Kommt man z.B. bei drei völlig verschiedenen Methoden jeweils zu dem Schluss, dass ein Kandidat über sehr gute kommunikative Fähigkeiten verfügt, kann man sich der Gültigkeit der Diagnose sehr sicher sein. Messen alle eingesetzten Verfahren tatsächlich die interessierenden Merkmale, so zeigt sich das folgende Ergebnismuster: Korreliert man die Ergebnisse, die mit unterschiedlichen Methoden im Hinblick auf dasselbe Merkmal erzielt wurden, ergibt sich ein hoher Koeffizient („konvergente Validität"). Korreliert man hingegen die Ergebnisse, die mit einer einzelnen Methode im Hinblick auf verschiedene Merkmale erzielt wurden, resultiert ein niedriger Koeffizient („diskriminante Validität"). Beide Berechnungen lassen sich mehrfach durchführen. Da drei Merkmale untersucht wurden, können drei Koeffizienten zur Bestimmung der konvergenten Validität berechnet werden. Die diskriminante Validität lässt sich über vier Koeffizienten bestimmen, da vier unterschiedliche Methoden zum Einsatz kommen. Nach der Berechnung der Koeffizienten werden sie untereinander verglichen. Die Konstruktvalidität des gesamten Verfahrens ist gegeben, wenn die Koeffizienten der diskriminanten Validität durchgängig niedriger ausfallen als die Koeffizienten der konvergenten Validität. Dies bedeutet, dass die Messungen des gleichen Merkmals mit unterschiedlichen Methoden stärker zusammenhängen als die Messungen unterschiedlicher Merkmale mit der gleichen Methode. Die einander überschneidende Erfassung gleicher Merkmale mit unterschiedlichen Methoden finden wir in der personaldiagnostischen Praxis vor allem beim Assessment Center wieder. Jede der interessierenden Kompetenzen des Kandidaten wird unabhängig voneinander in verschiedenen Übungen untersucht. Dieses Grundprinzip lässt sich auf alle personaldiagnostischen Verfahren übertragen. In der Praxis wird man es allerdings nur selten antreffen, da der Aufwand vergleichsweise groß ist. Zwar ließen sich auf dem skizzierten Wege die Diagnosen absichern, wenn man aber bereits belegen kann, dass ein einzelnes Verfahren eine sehr gute Validität besitzt, ist der Verzicht auf eine zusätzliche Absicherung der Befunde durchaus legitim. Ziel der Personaldiagnostik ist schließlich die Lösung praktischer Probleme und nicht die Verwirklichung ausgefeilter methodologischer Konzeptionen.

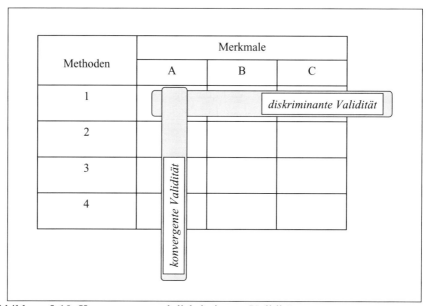

Abbildung 5-10: Konvergente und diskriminante Validität

Die vorgestellten Validitätsarten können *miteinander kombiniert* werden. Steht die Einführung eines neuen Personalauswahlverfahrens an, begnügt man sich zunächst einmal mit einer Untersuchung der Inhaltsvalidität. Kann die Inhaltsvalidität als gesichert gelten, schließt sich möglicherweise eine Untersuchung der kriterienbezogenen Validität an, um auf diesem Wege die Meinung der Experten zusätzlich absichern zu können. Nach Einführung des Verfahrens kann man langfristig eine Überprüfung der prognostischen Validität in Angriff nehmen.

Neben den fünf zuvor genannten klassischen Formen der Validität sind in der Personaldiagnostik *zwei übergeordnete Validitätsarten* von Bedeutung. Dies ist zum einen die inkrementelle, zum anderen die soziale Validität.

Bei der *inkrementellen Validität* betrachtet man zwei oder mehr Messinstrumente im Vergleich zueinander. Die Frage ist dabei, ob der zusätzliche Einsatz eines Messinstrumentes einen nennenswerten Gewinn darstellt (Anastasi, 1976). Verdeutlichen wir uns das Prinzip am Beispiel der Personalauswahl. In einem Unternehmen werden zur Auswahl neuer Mitarbeiter die Bewerbungsunterlagen sowie die Ergebnisse eines Einstellungsgesprächs herangezogen. Nun hat einer der Personalverantwortlichen gelesen, dass Intelligenz im Allgemeinen ein recht guter Prädiktor der beruflichen Leistungsfähigkeit ist (vgl. Schmidt & Hunter, 1998) und macht den Vorschlag, in Zukunft zusätzlich einen Intelligenztests einzusetzen. Jedes der Messinstrumente hat eine eigene Validität, kann also für sich allein einen Teil der beruflichen Leistungsfähigkeit des Bewerbes erklären bzw. prognostizieren (vgl. Abbildung 5-11). Die Frage ist nun, ob der Intelligenztest eine zusätzliche Aussagekraft besitzt. In unserem fiktiven Beispiel ist dies so. Wie aus Abbildung 5-11 hervorgeht, erklärt der Intelligentest einen Teil der beruflichen Leistung, der von den beiden übrigen Instrumenten nicht erfasst wurde. Er besitzt mithin eine inkrementelle Validität. In Anbetracht der eher geringen Kosten, die ein Intelligenztest verursacht, dürfte sich der Einsatz eines solchen Verfahrens in unserem Beispielsfall lohnen.

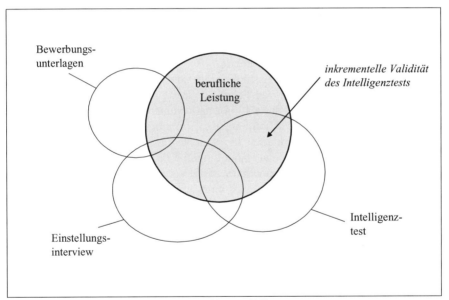

Abbildung 5-11: Prinzip der inkrementellen Validität

Abbildung 5-11 verdeutlicht jedoch noch mehr als nur das Prinzip der inkrementellen Validität. Wir sehen, dass die verschiedenen Auswahlverfahren einander gewissermaßen „überschneiden". Im Einstellungsinterview wird bereits ein Teil der Information erfasst, die später auch der Intelligenztest liefert. (Intelligentere Bewerber schneiden in unserem Einstellungsgespräch z.B. besser ab als weniger intelligente.) Ebenso liefern die Bewerbungsunterlagen teilweise Informationen, die im Einstellungsinterview erneut erhoben werden. (Der Interviewer fragt z.B. nach der fachlichen Kompetenz, die sich bereits aus den Zeugnissen erschließen lässt.). Je größer derartige Überschneidungen sind, desto weniger ökonomisch ist das Verfahren.

Die *soziale Validität* eines personaldiagnostischen Verfahrens bezieht sich auf die Frage, wie die Messinstrumente aus Sicht der Probanden bewertet werden (Anderson, Born, Cunningham-Snell, 2001; Schuler, 1993, 2000a). Natürlich sollte ein Messinstrument in erster Linie eine objektiv hohe Aussagekraft besitzen. Insofern steht die soziale Validität nicht im Zentrum der personaldiagnostischen Praxis. Dennoch kommt ihr eine wichtige Bedeutung zu (Smith, Farr & Schuler, 1993). Die subjektive Wahrnehmung ist für den Bewerber oder Mitarbeiter oftmals sehr viel zentraler als die objektive Leistungskraft des Verfahrens. Sie entscheidet darüber, ob der Proband das Ergebnis der Untersuchung ernst nimmt oder nicht. Dies wiederum kann weitreichende Konsequenzen nach sich ziehen. Wenn ein sehr guter Bewerber den Eindruck hat, dass das Auswahlverfahren wenig sinnvoll ist, überträgt er seine negative Bewertung der Auswahlprozedur möglicherweise auf das gesamte Unternehmen (Moser & Zempel, 2001) und nimmt ein Stellenangebot der Firma nicht an. Das Auswahlverfahren wirkt hier wie die Visitenkarte des Unternehmens. Ein (scheinbar) unprofessionelles Auswahlverfahren deutet auf eine insgesamt fragwürdige Unternehmenspraxis hin. Ähnlich sieht es aus, wenn die Diagnostik zur Bestimmung des Weiterbildungsbedarfs eingesetzt wird. Können die Mitarbeiter das Instrumentarium nicht akzeptieren, so wächst die Gefahr, dass sie auch die daraus abgeleiteten Entwicklungsmaßnahmen nicht ernst nehmen.

Schuler nennt vier Bestimmungsstücke eines sozial validen Verfahrens: Information, Partizipation, Transparenz und Feedback. Bei einem sozial validen Verfahren nutzt man den Probanden nicht nur als Informationsquelle, sondern versorgt ihn auch mit wichtigen *Informationen*. So sollte man z.B. in einem Einstellungsinterview den Bewerbern wahrheitsgemäß erklären, um welche Tätigkeit es genau geht, welche hierarchische Position der Kandidat später einmal einnehmen könnte oder wir es um die Entwicklungsmöglichkeiten innerhalb des Unternehmens bestellt ist (vgl. Schuler, 2002). Die *Partizipation* bezieht sich einerseits auf die Einbindung der Arbeitsnehmervertreter in die Planung, andererseits auf die Freiheiten des Probanden in der eigentlichen Untersuchung. Ein partizipatives Verfahren ermöglicht dem Probanden sein Verhalten in der diagnostischen Situation möglichst weitgehend nach seinen eigenen Wertvorstellungen und Verhaltensroutinen zu steuern. Beispielsweise wird er nicht genötigt, Dinge zu tun, die seinen Selbstwert verletzen würden. *Transparenz* liegt vor, wenn man den Probanden erklärt, wie das Verfahren aufgebaut ist, was eigentlich untersucht wird und nach welchen Prinzipien die gewonnenen Daten zu einer Entscheidung integriert werden. Nach der Untersuchung sollte man den Probanden überdies ein *Feedback* geben. Hierzu gehört nicht nur die bloße Mitteilung, sondern auch eine Erklärung der Ergebnisse (vgl. Abschnitt 6.8).

Eine Studie von Lievens, De Corte und Brysse (2003) zeigt, dass die Beurteilung diagnostischer Verfahren durch die Probanden von grundlegenden Überzeugungen bzw. Vorurteilen abhängt. Versorgt man die Kandidaten mit rationalen Informationen über die objektive Qualität der Verfahren, so beeinflusst dies kaum ihr Urteil über die Fairness, den allgemeinen Wert oder die berufliche Relevanz des Verfahrens. Mehrfach konnte belegt werden, dass insbesondere Arbeitsproben und unstrukturierte Interviews eine hohe soziale Validität besitzen, während Leistungstests und

Persönlichkeitsfragebögen deutlich schlechtere Beurteilungen erfahren (Lievens et al., 2003; Schuler, 1993, 2000a). Wie später noch zu zeigen sein wird, besteht nicht selten eine große Diskrepanz zwischen der Wahrnehmung der Probanden und der tatsächlichen Nützlichkeit eines Verfahrens (vgl. Kapitel 7). Dies gilt beispielsweise für das unstrukturierte Interview oder den Intelligenztest. Während ersteres von den Probanden überschätzt wird, neigen sie im zweiten Falle zu einer deutlichen Unterschätzung.

Wir haben gesehen, es gibt sehr viele mehr oder weniger aufwändige Möglichkeiten, die Validität eines personaldiagnostischen Instruments zu überprüfen. *Wie hoch sollte nun aber ein Validitätskoeffizient sein, damit wir von einer zufrieden stellenden Güte des Verfahrens sprechen können?*[10] Diese Frage lässt sich so einfach nicht beantworten (vgl. Hossiep, 1995). Letztlich kommt es darauf an, welche Validitätsart bestimmt wurde, zu welchen Zwecken die Diagnose später dienen soll und unter welchen Rahmenbedingungen die Untersuchung stattfinden wird.

Im Hinblich auf die Validitätsart haben wir bereits zwei Informationen gegeben. Bei der Berechnung der prognostischen Validität kann man sich im Vergleich zu einer kriterienbezogenen Validität naturgemäß mit niedrigeren Werten zufrieden geben. Erstreckt sich der Zeitraum zudem über mehrere Jahre, so ist ein Koeffizient von 0.2 bis 0.3 als durchaus gut zu bezeichnen. Schuler geht davon aus, dass die prognostische Validität eines einzelnen Verfahrens bei maximal 0.5, die prognostische Validität von mehreren Verfahren, die in Kombination angewendet werden bei maximal 0.7 liegt. Verantwortlich hierfür ist vor allem die eingeschränkte Vorhersehbarkeit menschlichen Verhalten. Betrachten wir die konvergente und diskriminante Validität eines komplexen Verfahrens, so interessiert weniger die absolute Höhe der Koeffizienten als vielmehr das Verhältnis der beiden Validitätsarten zueinander (s.o.).

Je wichtiger die Entscheidungen sind, die auf der Basis der Diagnose getroffen werden, desto wichtiger ist auch die Höhe der Validität. Dient das Verfahren nur zur groben Vorauswahl der Bewerber, kann eine geringe Validität vollkommen ausreichend sein. Dabei sollte man allerdings darauf achten, dass die Ausschlusskriterien nicht zu streng definiert sind. Jeder objektiv geeignete Bewerber, der aufgrund einer fehlerhaften Einschätzung durch ein wenig valides Vorauswahlverfahren zurückgewiesen wurde, ist für das Unternehmen unwiderruflich verloren. Weist man nur die Bewerber zurück, die sehr niedrige Werte aufweisen, so hat man im zweiten Durchlauf noch einmal die Chance, etwaige Fehler wett zu machen und die Besten tatsächlich zu identifizieren. Hätte man von vornherein ein sehr valides Verfahren, so wäre ein strenges Auswahlkriterium gerechtfertigt, da ein valides Verfahren weniger Fehlentscheidungen produziert. Die prinzipiell geeigneten Kandidaten werden somit schon im ersten Schritt als solche identifiziert. Geht es um eine Diagnose, der keine weiteren Korrekturmöglichkeiten folgen, ist die Validität des Verfahrens umso wichtiger, je folgenschwerer die Einscheidung ist. Im Rahmen der Personalauswahl wirken sich z.B. Fehlentscheidungen bei der Einstellung eines Abteilungsleiters oder

---

[10] Nebenbei bemerkt: Die Validitätskoeffizienten psychometrischer Fragebögen und Testverfahren sind im Schnitt nicht geringer als die sehr vieler medizinischer Testverfahren und Interventionsmethoden (Meyer et al., 2001).

eines Geschäftsführers weitaus negativer aus als Fehlentscheidungen auf der Ebene der Lagerarbeiter. Im ersten Fall ist daher eine hohe Validität sehr viel wichtiger als im zweiten. Ähnlich verhält es sich bei personaldiagnostischen Untersuchungen, die zur Entwicklung von Personal- oder Organisationsentwicklungsmaßnahmen dienen. Je tiefgreifender und kostspieliger die Entwicklungsmaßnahmen sind, desto wichtiger ist die Validität der diagnostischen Verfahren.

Neben der Bedeutsamkeit der Entscheidung spielen verschiedene Rahmenbedingungen eine Rolle, auf die wir in Abschnitt 5.5 noch ausführlich eingehen werden. An dieser Stelle wollen wir uns mit einem illustrierenden Beispiel begnügen. Stellen wir uns einmal die folgende Situation vor: Auf eine ausgeschriebene Stelle in einem mittelständischen Unternehmen bewerben sich 10 Ingenieure für eine Anstellung in der Forschungs- und Entwicklungsabteilung. Alle Kandidaten verfügen über nahezu identische Qualifikationen. Es handelt sich ausnahmslos um FH-Absolventen im Alter zwischen 23 und 25 Jahren. Objektiv betrachtet seien sieben Kandidaten sehr gut und drei gut geeignet. Selbst dann, wenn man einen Vertreter der letzten Gruppe einstellen würde, wäre dies ein Gewinn für das Unternehmen. In einem solchen Fall, in dem die Rahmenbedingungen für das Unternehmen nahezu optimal sind, kann man mit einem nur mäßig validen Auswahlverfahren leben. Eine Kosten-Nutzen-Analyse würde wahrscheinlich ergeben, dass die Entwicklungskosten für ein valideres Verfahren zu hoch wären, da sie in keinem vernünftigen Verhältnis zur Verbesserung der Auswahlentscheidungen stünden.

Bei der Bewertung eines Validitätskoeffizienten ist ferner zu bedenken, dass er oftmals die wahre Validität des Verfahrens unterschätzt. Hierfür können verschiedene Faktoren verantwortlich sein. Vergleicht man das neue Verfahren mit einem bereits bestehenden Instrument oder einem berufsbezogenen Leistungskriterium (innere bzw. äußere kriteriumsorientierte Validität), so hängt die Höhe des Validitätskoeffizienten u.a. von der Reliabilität der Kriteriumsmessung ab. Ist die Zuverlässigkeit der Leistungsbeurteilung eines Vorgesetzten eher gering, kann man auch nicht erwarten, dass ein Test, der die wirkliche Leistungskapazität eines Mitarbeiters misst, in hohem Maße mit dem Vorgesetztenurteil korreliert. Analog verhält es sich mit einem Test, der als Validierungskriterium eingesetzt wird. Da Messungen niemals zu 100 % zuverlässig sind (vgl. Abschnitt 5.2) wird die kriterienbezogene Validität immer mehr oder weniger stark unterschätzt. Dieser Fehler lässt sich auf mathematischem Wege durch eine Korrekturformel ausgleichen. In der Praxis findet sie jedoch kaum Anwendung. Ähnliche Probleme ergeben sich bei der Berechnung der prognostischen Validität im eigenen Unternehmen. Untersucht man, inwieweit die Ergebnisse eines Auswahlverfahrens die späteren Leistungen der Mitarbeiter vorhersagen können, so ergibt sich das Problem, dass nur noch die Bewerber untersucht werden können, die letztlich auch eingestellt wurden. Hierdurch ist die Bandbreite der Merkmalsausprägung deutlich reduziert (eingeschränkte Varianz), wodurch es letztlich zu einer Unterschätzung der Validität des Verfahrens kommt.

Alles in allem stellt sich nun die Frage, welche Schritte zu unternehmen sind, damit im eigenen Unternehmen eine valide Personaldiagnostik gewährleistet ist. Die erste Empfehlung orientiert sich am Konzept der Inhaltsvalidität. Sofern das Messinstrument oder Teile hiervon mit dem interessierenden Kriterium identisch sind, stellt sich das Problem einer geringen Validität erst gar nicht. Für Arbeitsproben bedeutet dies, dass man im Vorfeld sorgfältig analysieren muss, welche alltäglichen Arbeitsaufgaben für die Leistung eines Mitarbeiters zentral sind. Genau diese Aufgaben sollten dann in der Arbeitsprobe umgesetzt werden. Die erste Voraussetzung für ein inhaltsvalides Verfahren ist somit eine gelungene Anforderungsanalyse (vgl. Kapitel 6). Ähnlich kann man bei Assessment Centern vorgehen. Die Anforderungsanalyse liefert dabei die Basis für die Auswahl und die inhaltliche Gestaltung der Übungen, wie z.B. Rollenspiele. In Interviews, schriftlichen oder computergestützten Befragungen werden die Berufssituationen in Form von situativen Items umgesetzt. Die Probanden werden später z.B. mit Filmsequenzen über den Berufsalltag konfrontiert und sollen beschreiben, wie sie sich in der fraglichen Situation verhalten würden. Je weiter man sich von der Originalsituation und der Beobachtung natürlichen Verhaltens entfernt, desto weniger stark überschneiden sich die Items mit der tatsächlichen Berufsrealität. Dementsprechend sinkt auch die Inhaltsvalidität. Einer Arbeitsprobe kann somit von vornherein eine höhere Inhaltsvalidität bescheinigt werden als einem situativen Fragebogenitem. Doch selbst dann, wenn das Messinstrument inhaltlich keine direkte Überschneidung mit dem Kriterium aufweist, hilft die Anforderungsanalyse bei der zielgerichteten Auswahl und Konstruktion der Messinstrumente. Tett, Jackson und Rothstein (1991) belegen denn auch in einer Metaanalyse, dass die Validität von Persönlichkeitsfragebögen deutlich ansteigt, wenn die Verfahren anforderungsbezogen ausgewählt wurden.

Eine wichtige Voraussetzung für valide Messungen ist die Objektivität des eingesetzten Verfahrens. Ist ein Verfahren nur mäßig oder kaum objektiv, so werden die Ergebnisse in starkem Maße durch das diagnostische Personal und weniger durch die Merkmale der untersuchten Personen determiniert. In der Konsequenz resultiert ein Ergebnis, das zwangsläufig die Merkmale des Probanden nur verzerrt abbildet. Die Gültigkeit der Diagnose ist eingeschränkt, so dass eine empirische Überprüfung der Validität je nach Ausmaß der Objektivitätseinschränkung mehr oder minder schlechte Koeffizienten zu Tage fördert. Dabei könnte es durchaus sein, dass die Items an sich valide sind, ihre Messgüte aufgrund der mangelnden Objektivität der Untersuchungsdurchführung aber nicht voll entfalten können. Stellen wir uns z.B. einen Intelligenztest vor, der an sich die Intelligenz eines Bewerbers erfassen könnte. Wenn das diagnostische Personal den Probanden unsachgemäße Instruktionen oder Hilfestellungen gibt und die Umgebungsbedingungen so gestalten, dass ein konzentriertes Arbeiten kaum möglich ist, liegt es nicht an den Items, wenn das Verfahren die Intelligenz der Bewerber nicht gut zu messen vermag.

Neben der Objektivität ist die Reliabilität eine wichtige Voraussetzung für eine valide Messung. Ist die Diagnose durch gewichtige Messfehler verunreinigt, kann auch kein gültiges Messergebnis resultieren.

Letztlich kann die Validität eines personaldiagnostischen Verfahrens trotz aller Vorsichtsmaßnahmen nur dann überzeugend belegt werden, dass man sie empirisch überprüft wurde. Eine Beschränkung auf den bloßen Augenschein reicht bestenfalls bei Arbeitsproben. Sind die Aufgaben des Messinstrumentes (teil-)identisch mit den beruflichen Aufgeben, so besitzen sie auch eine gewisse Validität, deren Größe jedoch nicht benannt werden kann. Hierzu bedarf es einer empirischen Untersuchung. Es sollten nur solche Instrumente oder Teile davon zum Einsatz kommen, die eine zufrieden stellende Validität aufweisen.

> **Standards**
> zur Gewährleistung einer gültigen (validen) Personaldiagnostik
>
> - In Interviews, Arbeitsproben und Assessment Centern werden Aufgaben eingesetzt, die einen direkten Bezug zum Berufsalltag aufweisen.
> - Die Auswahl standardisierter Instrumente (Tests, Fragebögen) erfolgt auf der Basis einer Anforderungsanalyse.
> - Die Messung ist so weit wie möglich objektiv.
> - Die Messung ist so weit wie möglich reliabel.
> - Die Validität des Verfahrens wird empirisch ermittelt.
> - Verfahren, die nicht valide sind, werden auch nicht eingesetzt.

5.4 Normierung

Objektivität, Reliabilität und Validität gehören zu den sog. Hauptgütekriterien. Sie sind von grundlegender Bedeutung für eine qualitativ hochwertige Diagnostik. Für das vierte Qualitätskriterium, die Normierung gilt dies nicht. Auch ohne eine Normierung der Daten kann man eine seriöse Personaldiagnostik verwirklichen. Wenn man jedoch Normen einsetzen möchte, so ist es wichtig, dass man über grundlegendes Wissen verfügt.

Normen stellen den diagnostischen Befund eines Individuums in einen bestimmten Bezugsrahmen. Die Messergebnisse des Einzelnen werden mit den Ergebnissen größerer Stichproben verglichen, so dass man erkennen kann, ob ein bestimmtes Ergebnis als unterdurchschnittlich, durchschnittlich oder vielleicht sogar überdurchschnittlich zu bewerten ist. Normen verändern also nicht die Messung an sich, sondern wirken sich ausschließlich auf die Interpretation der Ergebnisse aus. Verdeutlichen wir uns den Nutzen einer Normierung einmal an einem einfachen Beispiel.

Ein Bewerber bearbeitet einen Intelligenztest und löst dabei 30 von 50 möglichen Aufgaben richtig (vgl. Abbildung 5-12). Der Diagnostiker stellt sich nun die Frage, wie dieses Ergebnis zu bewerten ist. Auf den ersten Blick betrachtet haben wir es mit einem guten Ergebnis zu tun. Der Bewerber erscheint prinzipiell geeignet. Schließlich hat er deutlich mehr als die Hälfte der Aufgaben gelöst. Allerdings ist die Leistung des Bewerbers nicht so gut, wie sie potentiell hätte sein können. Schließlich blieben noch 20 Aufgaben ungelöst. Ebenso gewiss ist, dass die Leistung keinesfalls katastrophal ausfällt, da immerhin 30 Aufgaben erfolgreich bewältigt wurden. Beide Aussagen zusammengenommen reichen aber nicht aus, um eine fundierte Entscheidung für oder gegen den Kandidaten treffen zu können. Die Personaldiagnostik stellt nun mehrere Optionen zur Verfügung, die bei einer Fundierung der Entscheidung hilfreich sein können. Die einfachste Lösung wird in der Praxis wohl auch besonders häufig angewendet: Man vergleicht die Leistungen der Bewerber untereinander und entscheidet sich dann für denjenigen, der das beste Testergebnis erzielt hat. Problematisch wird ein solches Vorgehen allerdings, wenn das Leistungsniveau der Bewerber insgesamt sehr gering ist und daher objektiv betrachtet selbst der beste Kandidat keine hinreichende Qualifikation besitzt. In unserem Beispiel gehen wir einmal da-

Allgemeine Qualitätskriterien der Personaldiagnostik 197

von aus, dass es noch mehrere Bewerber gibt, die im Test deutlich besser abschneiden. Der Bewerber erscheint im Vergleich zu ihnen als wenig geeignet.

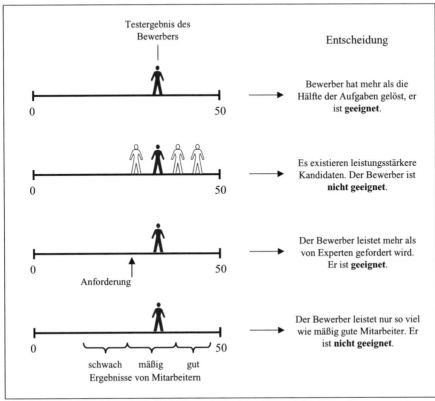

Abbildung 5-12: Bewertung eines Bewerbers in Abhängigkeit von Bezugssystemen

Alternativ oder auch ergänzend zum einfachen Vergleich der Probanden untereinander, könnte das Unternehmen eine notwendige Minimalausprägung festlegen. Demzufolge würde man nur diejenigen Bewerber miteinander vergleichen, die z.B. mindestens 25 Aufgaben lösen konnten. Verzichtet man auf einen weitergehenden Vergleich der Kandidaten untereinander, so wären alle Kandidaten, die die erforderliche Mindestpunktzahl erreicht haben, in gleicher Weise geeignet. Häufig erfolgt eine solche Festlegung allein auf der Basis von subjektiven Einschätzungen (z.B. durch Führungskräfte). Die Qualität der Festlegung steht und fällt in diesem Fall mit der Kompetenz der befragten Experten. Will man sichergehen, dass der geschaffene Beurteilungsmaßstab auch tatsächlich richtig ist, beschränkt man sich nicht nur auf die Meinung von mehr oder minder ausgewiesenen Experten, sondern führt eine empirische Studie durch. In unserem Beispielfall könnte man den Test von Mitarbeitern des Unternehmens bearbeiten lassen bevor er zur Personalauswahl eingesetzt wird. Aufgrund ihrer beruflichen Leistungen werden die Mitarbeiter überdies in zwei oder drei Kategorien eingeteilt. Das durchschnittliche Testergebnis jeder Gruppe dient anschließend als Bewertungsmaßstab für die Personalauswahl. Möglicherweise konnte gezeigt werden, dass Mitarbeiter, die zur Spitzengruppe gehören, im Test ein Ergebnis von mindestens 35 Punkten erzielen, während selbst die unterste Leistungsgruppe mit etwa 20 Punkten abschneidet. Vor dem Hintergrund dieser Ergebnisse würde man einen Bewerber sicherlich nicht schon bei 25 Punkten für geeignet halten, sondern den kritischen Punktwert eher bei 35 festlegen. Ein solches Procedere kommt einer klassischen Normierung schon sehr nahe. Im Unterschied zu unserem Beispiel würde man bei einer Normierung aber nicht nur zwei oder drei Gruppen unterscheiden, sondern sehr viel feiner differenzieren. Der Grundgedanke bleibt dabei immer gleich. Das Messergebnis eines einzelnen Menschen wird mit den Messergebnissen größeren Personengruppen verglichen. Die Ergebnisse der sog. „Normierungsstichprobe" bilden dabei die Basis für die Bewertung des Probanden (Bewerber, Mitarbeiter etc.).

Wie sehen, in Abhängigkeit von der Wahl eines bestimmten Bezugssystems kann die Bewertung einer Leistung sehr unterschiedlich ausfallen. Während im ersten und dritten Fall der in Abbildung 5-12 dargestellten Situation der Bewerber als geeignet gelten würde, käme man in den beiden verbleibenden Fällen zum entgegengesetzten Urteil, obwohl sich nichts an der Anzahl der gelösten Aufgaben ändert. Eine klassische Normierung würde ein weiteres Bezugssystem zur Verfügung stellen, wobei mehrere Formen der Normierung zu unterscheiden sind.

> Die Normierung eines personaldiagnostischen Verfahrens hilft bei der Interpretation individueller Messergebnisse. Im Zuge der Normierung lassen sich unterschiedliche statistische Normen berechnen. Jede dieser Normen schafft einen Bezugsrahmen, mit dessen Hilfe entschieden werden kann, inwieweit das Messergebnis eines Bewerbers oder Mitarbeiters im Vergleich zu den Ergebnissen anderer Menschen als mehr oder minder durchschnittlich zu bewerten ist.

Bei jeder Normierung geht es um die Frage, wie häufig eine bestimmte Merkmalsausprägung in einer großen Personengruppe anzutreffen ist. In der Personaldiagnostik interessiert man sich z.B. für intellektuelle Merkmale oder die Ausprägung einzelner Persönlichkeitsdimensionen. Wir alle wissen aus unseren Alltagserfahrungen, dass mittlere Ausprägungen häufiger vorkommen als niedrige oder hohe. So begegnen uns z.B. tagtäglich sehr viele Menschen, deren Körpergröße irgendwo zwischen 1,65 und 1,85 Metern liegt. Weitaus seltener treffen wir auf erwachsene Personen, die 1,55 bzw. 2 Meter groß sind und noch viel seltener liegt die Größe unter oder über diesem Wert. Genauso sieht es aus, wenn wir die intellektuellen Fähigkeiten oder Persönlichkeitsmerkmale betrachten. Mittlere Ausprägungen sind sehr zahlreich, während die Häufigkeit immer mehr abnimmt, je weiter wir uns nach unten oder oben von der mittleren Ausprägung entfernen. Auch dann, wenn wir uns nicht mit Menschen, sondern mit anderen Naturphänomenen (z.B. Größe von Bäumen oder Lebensalter von Tieren) beschäftigen, stoßen wird immer wieder auf das gleiche, offenbar universelle Phänomen. Der Mathematiker Carl Friedrich Gauß hat dieses Phänomen im 19. Jahrhundert in seiner weltbekannten „Glockenkurve" beschrie-

Allgemeine Qualitätskriterien der Personaldiagnostik 199

ben und damit u.a. auch die Grundlage für unsere heute gebräuchlichen Normen gelegt. Abbildung 5-13 zeigt eine solche Glockenkurve. Da der Verlauf der Kurve eine normale, also übliche Verteilung von Merkmalsausprägungen beschreibt, wird sie auch als „*Normalverteilung*" bezeichnet. Auf der horizontalen Achse ist die Ausprägung eines beliebigen Merkmals abgebildet. Links findet sich eine besonders kleine, rechts ein besonders große Ausprägung des Merkmals. Die Fläche unter der Kurve repräsentiert die Anzahl der Menschen, die eine entsprechende Merkmalsausprägung aufweisen. Im mittleren Bereich ist die Kurve sehr hoch, was wiederum bedeutet, dass sehr viele Menschen eine mittlere Merkmalsausprägung besitzen. Zu den Extremen hin wird die Kurve immer flacher, denn je extremer die Ausprägung wird, desto weniger Vertreter lassen sich auch finden.

Je nach Merkmal können sich die Häufigkeitskurven in der Höhe und Breite unterscheiden, ohne dass jedoch das Prinzip der Symmetrie verloren ginge. Alle derartigen Kurven lassen sich in die „*Standardnormalverteilung*" transformieren. Sie ist in Abbildung 5-13 dargestellt. Die Standardnormalverteilung ist so definiert, dass der mittleren Ausprägung des Merkmals der Wert 0 zugewiesen wird. Nach links ergeben sich negative, nach rechts positive Werte. Im Bereich zwischen −1 und +1 finden sich 68,2 % der Menschen. Im Bereich zwischen 1 und 2 (bzw. −1 und −2) liegen 13,6 % und zwischen 2 und 3 (bzw. −2 und −3) noch einmal 2,1 % der Menschen. Nur jeweils 0,1 % weisen noch extremere Werte im oberen oder unteren Bereich auf. Der Bereich zwischen zwei Zahlenwerten auf der horizontalen Achse wird als „Standardabweichung" bezeichnet. Eine Merkmalsausprägung von 2 bedeutet, dass die Person genau zwei Standardabweichungen oberhalb der mittleren Ausprägung liegt.

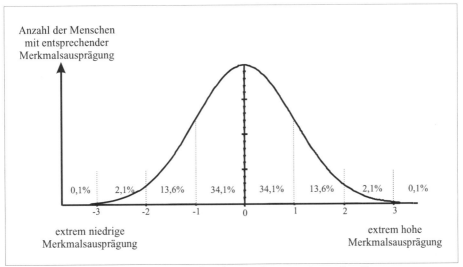

Abbildung 5-13: Häufigkeit von Merkmalsausprägungen in großen Personengruppen

Nahezu alle gebräuchlichen Normen nehmen auf die Standardnormalverteilung Bezug. Sie unterscheiden sich lediglich darin, wie feingliedrig sie die Merkmalsdimension aufteilen und welche Zahlenwerte sie verwenden (vgl. Abbildung 5-14).

Die wohl bekannteste Form der Normierung ist die IQ-Normierung, auch „*IQ-Skala*" genannt. Die Abkürzung IQ steht für „Intelligenzquotient". Fast alle handelsüblichen Intelligenztests arbeiten mit dieser Form der Normierung. Die IQ-Skala – und damit der Intelligenzquotient – ist so definiert, dass eine mittlere Ausprägung den Wert 100 erhält. Die Standardabweichung beträgt 15 Punkte. In der Konsequenz bedeutet dies, dass 68,2% der Bevölkerung einen Intelligenzquotienten aufweisen, der zwischen 85 und 115 liegt. Dieser Bereich – eine Standardabweichung unterhalb bis zu einer Standardabweichung oberhalb des Mittelpunktes – wird als durchschnittliche Intelligenzleistung bezeichnet. Von Hochbegabung spricht man, wenn ein Mensch mindestens zwei Standardabweichungen über der mittleren Ausprägung liegt, also einen Intelligenzquotienten von mindestens 130 aufweist (Holling & Kanning, 1999). Wird nun in der Personaldiagnostik ein Intelligenztest durchgeführt, so liefert der resultierende Intelligenzquotient einen direkten Vergleich zwischen den Leistungen des Probanden und der Normierungsstichprobe. Liegt der Normierung eine repräsentative Stichprobe der deutschen Bevölkerung zugrunde und erzielt der Proband einen Wert von 130 Punkten, so wissen wir, dass er eine weit überdurchschnittliche Leistung gezeigt hat. Nur etwas mehr als 2 % der Bevölkerung erbringen höhere Leistungen bzw. fast 98 % der Bevölkerung schneiden im Test schlechter ab.

Analog verhält es sich mit allen übrigen Normierungen. Die *Z-Skala* ist ähnlich fein abgestuft wie die IQ-Skala und arbeitet dabei mit besonders eingängigen Zahlenwerten. Die mittlere Ausprägung erhält den Wert 100. Eine Standardabweichung wird durch 10 Punkte repräsentiert. Trotz der griffigeren Zahlen wird die Z-Skala eher selten verwendet. So setzt z.B. der Intelligenztest IST 2000 (Amthauer, Brocke, Liepmann & Beauducel, 1999) die Z-Skala und nicht etwa, wie man aufgrund der Bezeichnung erwarten würde, eine IQ-Skala ein. Hier wird deutlich, wie wichtig es ist, sich vor der Interpretation der Ergebnisse über die zugrunde gelegte Normierung zu informieren. Ein Wert von 115 entspricht in der Z-Skala einer eindeutig überdurchschnittlichen Leistung, während er in der IQ-Skala lediglich die Grenze zur Überdurchschnittlichkeit markiert.

Eine ebenfalls vergleichsweise feingliedrige Unterteilung weist die *T-Skala* auf, die z.B. in Persönlichkeitstests Verwendung findet. Auch hier beträgt die Standardabweichung 10 Punkte. Der Mittelwert liegt hingegen bei 50 Punkten.

Sehr viel grober ist die *Stanine-Skala* untergliedert. Der Begriff „Stanine" steht für „standard nine". Es handelt sich um eine Skala, die den Erstreckungsbereich der Standardnormalverteilung in neun Abschnitte unterteil, dabei umfasst sie jedoch auch nur den Bereich von zwei Standardabweichungen oberhalb und unterhalb der mittleren Ausprägung. Die Stanine-Skala findet z.B. im BIP (Hossiep & Paschen, 2003) Verwendung.

Eine besonders leichte Interpretation ermöglicht die *Prozentrang-Skala*. Sie drückt aus, wie viel Prozent der Personen aus der Normierungsstichprobe denselben bzw. einen höheren Wert erzielt haben als der soeben untersuchte Proband. Ein Prozentrang von 60 bedeutet, dass 60 % der Normierungsstichprobe einen Wert erzielt haben, der identisch oder niedriger ist als das Ergebnis unseres Probanden. Gleichzeitig wissen wir, dass 40 % einen höheren Punktwert aufweisen. Während alle zuvor genannten Normierungen eine Normalverteilung der Merkmalsausprägung voraussetzen, kann die Prozentrangnorm immer berechnet werden. Sie erweist sich damit als eine besonders flexible Normierung.

Alle Normen lassen sich leicht ineinander überführen, so dass auch zwei Messergebnisse, die auf unterschiedlichen Normierungen beruhen, vergleichbar werden. Wurden beispielsweise zwei Persönlichkeitsfragebögen zur Messung der kommunikativen Kompetenzen eines Probanden eingesetzt und weist der eine einen T-Wert von 70, der andere hingegen einen Z-Wert von 120 auf, so wissen wir, dass trotz des großen Zahlenunterschiedes beide Messungen zu dem gleichen Ergebnis gelangen. Der Kandidat verfügt über weit überdurchschnittliche Kompetenzen. Nur etwa 2 % der Bevölkerung erzielen höhere Werte.

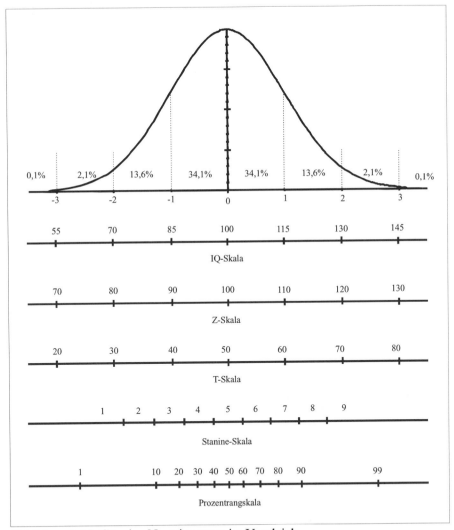

Abbildung 5-14: Gängige Normierungen im Vergleich

Jede Normierung setzt zunächst eine umfangreiche Sammlung von Daten voraus. Konkret bedeutet dies, dass man in einem ersten Schritt das fragliche Instrument einer großen Gruppe von Menschen zur Bearbeitung vorlegt. Nach der Auswertung können wir jedem untersuchten Probanden einen Punktwert zuordnen, der sich in einem Leistungstest beispielsweise aus der Anzahl gelöster Aufgaben ergibt. Diese sog. Rohwerte sind noch nicht normiert. Auf der Basis der gewonnenen Daten kann nun in einem zweiten Schritt berechnet werden, welchem Rohwert des Messinstrumentes welcher normierte Wert zuzuordnen ist. Da unterschiedliche Personengruppen auch unterschiedliche Testergebnisse produzieren, ändert sich diese Zuordnung in Abhängigkeit von der gewählten Stichprobe. Verdeutlichen wir uns diesen Sachverhalt erneut am Beispiel einer Intelligenzmessung (Abbildung 5-15).

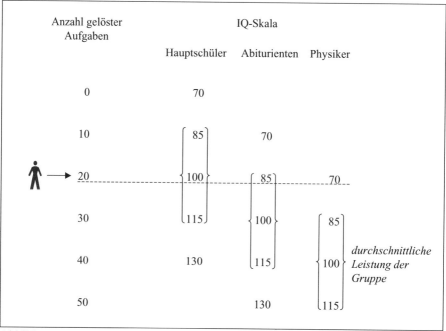

Abbildung 5-15: Normierung eines Testergebnisses auf der Basis unterschiedlicher Normierungsstichproben

Nehmen wir einmal an, in unserem Intelligenztest könnte man insgesamt 50 Punkte erzielen, da er aus 50 Aufgaben besteht, die man entweder richtig oder falsch lösen kann. Besteht unsere Normierungsstichprobe aus Personen, die gerade den Hauptschulabschluss erworben haben, so könnte es sein, dass ein IQ von 100 einem Punktwert von 20 entspricht. Aufgrund der Prinzipien der Gaußschen Glockenkurve wissen wir, dass 68,2 % der untersuchten Hauptschüler 10 bis 30 Aufgaben richtig lösen können, wobei eine Standardabweichung 10 Punktwerten entspricht. Wer weniger als 10 Aufgaben löst, erbringt eine unterdurchschnittliche Leistung, während ein Ergebnis von mehr als 30 Punkten einer überdurchschnittlichen Leistung entspricht. Legen wir denselben Test nun einer großen Stichprobe von Gymnasiasten vor, die gerade das Abitur erfolgreich absolviert hat, so dürften deutlich bessere Ergebnisse resultieren. Der Bereich der durchschnittlich zu nennenden Leistung verschiebt sich in unserem fiktiven Beispiel um 10 Punkte nach oben und liegt nun zwischen 20 und 40 Punkten. Ein IQ von 100 entspricht jetzt nicht mehr 20, sondern 30 Punkten. Eine weitere Verschiebung tritt ein, wenn wir zu guter Letzt den Test von Diplom-Physikern ausfüllen lassen. Aufgrund der höheren Leistung entspricht ein IQ von 100 nun sogar 40 richtig gelösten Aufgaben. 68,2 % der Physiker bewältigen 30 bis 50 Aufgaben erfolgreich. So weit so gut, bislang haben wir nicht viel Neues gelernt: Physiker und Gymnasiasten sind leistungsfähiger als Hauptschüler. Wirklich interessant wird dieser Sachverhalt nun, wenn wir die Praxisanwendung der berechneten Normen betrachten. Nachdem der Test fertig entwickelt ist, setzen wir ihn in unserem Unternehmen zur Personalauswahl ein. Ein bestimmter Bewerber löst 20 Aufgaben (vgl. Abbildung 5-15). Je nachdem, welche der drei Normierungsstichproben wir nun zur Normierung seines Testergebnisses heranziehen, resultiert ein völlig anderes Ergebnis. Im Vergleich zu den untersuchten Hauptschülern erzielt er einen durchschnittlichen Wert (IQ = 100). Dieselbe Anzahl richtig gelöster Aufgabe führt jedoch nur zu einem IQ von 85 bzw. 70, wenn wir zur Normierung die Stichprobe der Gymnasiasten bzw. der Physiker heranziehen. Ein und dieselbe Leistung würde mithin vor dem Hintergrund unterschiedlicher Normierungsstichproben sehr unterschiedlich bewertet werden.

Das beschriebene Phänomen gilt für alle Normierungen und auch völlig unabhängig von der Frage, ob es sich um Leistungstests oder irgendwelche anderen Messinstrumente handelt. Normierte Messergebnisse sind immer relativierte Werte. *Mit einer veränderten Normierungsstichprobe verändert sich der gesamte Bezugsrahmen und damit auch das normierte Messergebnis.*

Welche Konsequenzen hat dies nun für die Praxis der Personaldiagnostik? Setzt man handelsübliche Tests und Fragebögen ein und will auf die vorliegenden Normen zurückgreifen, so muss man genau hinschauen, welche Normierungsstichproben dem Verfahren zugrunde liegen und ob die Stichproben zur eigenen Fragestellung passen. In unserem Beispiel wäre es z.B. kaum sinnvoll, eine solch spezifische Normierungsstichprobe, wie sie die Physiker repräsentieren, heranzuziehen, sofern wir nicht auch Physiker begutachten wollen. Seriöse Verfahren liefern die notwendigen Details zur Interpretation der Normierungsstichprobe im Manual. Verfahren, bei denen dies nicht der Fall ist und man z.B. auch nicht auf Anfrage entsprechende Informationen bekommt, sollte man besser meiden. Manche Instrumente bieten darüber hinaus die Möglichkeit, selbst zwischen mehreren Normierungsstichproben zu wählen. So ist es z.B. möglich, eine Normierung auf der Basis einer repräsentativen Stichprobe der Gesamtbevölkerung und/oder alters-, bildungs- bzw. geschlechtsspezifische Teilgruppennormierungen zu betrachten.

Neben der Passung zwischen der Normierungsstichprobe und der eigenen Fragestellung ist überdies zu bedenken, wie lange die Normierungsstudien zurückliegen. Im Intelligenzbereich lässt sich über größere Zeiträume hinweg eine durchschnittliche Leistungssteigerung in der gesamten Bevölkerung feststellen. Normen, die vor 20 Jahren erstellt wurden, spiegeln daher den aktuellen Leistungsstand der Population nur unzureichend wider. In der DIN 33430 wird empfohlen, Normdaten alle acht Jahre zu aktualisieren.

Nun stellt sich die Frage, inwieweit Normierungen in der Praxis der Personaldiagnostik überhaupt eine wichtige Rolle spielen. In der Personalauswahl und Personalplatzierung sind sie eher von untergeordneter Bedeutung. Dies liegt weniger an prinzipiellen Überlegungen als vielmehr an der mangelnden praktischen Relevanz vieler Normierungsdaten. Ein Unternehmen ist daran interessiert, potentielle und aktuelle Mitarbeiter so zu platzieren, dass sie den Anforderungen, die ein spezifischer Arbeitsplatz stellt, möglichst optimal gewachsen sind. Als wichtigstes Entscheidungskriterium gilt also die Passung zum Arbeitsplatz und nicht die Leistung im Vergleich zu einer möglicherweise repräsentativen Bevölkerungsstichprobe. Letztlich hilft die Information, dass ein Bewerber einen IQ von 110 besitzt nicht sehr viel weiter bei der Frage, ob man ihn einstellen soll oder nicht, es sein denn, man weiß, dass eine bestimmte Ausprägung der Intelligenz vorteilhaft ist. Die Normierungen, die sich in handelsüblichen Verfahren finden, reichen mithin in den seltensten Fällen aus. Sie geben nur eine grobe Orientierung. Anders sieht es aus, wenn eine unternehmens- oder berufsspezifische Normierung vorliegt. So ist es z.B. durchaus interessant zu wissen, dass ein Bewerber im Vergleich zu den Mitarbeitern, die schon jetzt eine bestimmte Aufgabe im Unternehmen wahrnehmen, mehr oder minder gute Leistungen erbringt. Geht man einmal davon aus, dass unter dem Strich alle Mitarbeiter hinreichend gute Leistungen erbringen – ansonsten wären sie zumindest in der freien Wirtschaft nicht mehr an ihrem Arbeitsplatz –, so ist die Kenntnis eines solchen Bezugssystems für die Interpretation der Messergebnisse von Bewerbern oder zu platzierenden Mitarbeitern mitunter sehr hilfreich. Allgemein gilt, je spezifischer die Normen auf die Bedürfnisse des Unternehmens zugeschnitten sind, desto aussagekräftiger sind normierte Messergebnisse.

In der Personal- oder Organisationsentwicklung können Normen dabei helfen, Defizite und damit den Schulungsbedarf einzelner Mitarbeiter oder Mitarbeitergruppen zu verdeutlichen. Auch hier erweisen sich jedoch nur die unternehmensspezifischen Normen als wirklich hilfreich. Selbst wenn alle Mitarbeiter einer Abteilung im Vergleich zur Gesamtbevölkerung eine unterdurchschnittliche Teamfähigkeit aufweisen, kann dies für die Aufgaben, mit denen die Mitarbeiter beauftragt werden, völlig ausreichend sein. Gibt es hingegen einzelne Mitarbeiter, die sich im Vergleich zu ihren Kollegen als stark unterdurchschnittlich erweisen, ist dies schon eine weitaus wertvollere Information. Doch selbst in diesem Fall entbindet der Einsatz von Normen den Entscheidungsträgern nicht davon, immer einen Blick auf die tatsächlichen Arbeitsanforderungen zu werfen. Erfüllt auch ein Mitarbeiter mit unterdurchschnittlichen Werten seinen Arbeitsauftrag zur vollen Zufriedenheit, besteht kaum ein Grund zur Nachschulung. Offenbar besitzt das gemessene Merkmal keine oder nur eine sehr geringe Relevanz für die berufliche Leistungsfähigkeit. So könnte es z.B. sein, dass schon eine minimale Ausprägung der Teamfähigkeit für einen Maurer oder einen Bademeister völlig ausreichend ist.

Alles in allem erweisen sich Normen somit als umso hilfreicher, je spezifischer sie auf die jeweilige Fragestellung abgestimmt sind. Normierungsstichproben, die sich repräsentativ auf die gesamte Bevölkerung oder große Teile davon beziehen, bieten bestenfalls eine grobe Orientierung. Auch der Einsatz von unternehmensspezifischen Normen entbindet die Entscheidungsträger nicht davon, sich Gedanken über die konkreten Anforderungen eines Arbeitsplatzes zu machen. Eine seriöse Personaldiagnostik setzt keineswegs den Einsatz von Normen voraus, gleichwohl erleichtern sinnvolle Normen oftmals die Entscheidung. Dabei lassen sich Normen keinesfalls ausschließlich bei Tests und Fragebögen einsetzen, obwohl sie nur selten bei anderen Verfahren zum Einsatz kommen. Letzteres mag damit zu tun haben, dass die Entwicklung von Normen mit einem gewissen Aufwand einhergeht, der sich nur dann lohnt, wenn das Verfahren später auch sehr oft Verwendung findet. Dies ist naturgemäß bei Tests und Fragebögen sehr viel häufiger als bei Arbeitsproben oder Interviews gegeben. Überdies ist die Anwendung von Normen natürlich nur dann sinnvoll, wenn die Messung an sich eine hinreichende Qualität aufweist. Auch die beste Norm ist nicht in der Lage, Defizite im Bereich der Objektivität, Reliabilität oder Validität zu kompensieren.

Standards
zum sinnvollen Einsatz von Normen

- Die Normierungsstichprobe ist möglichst spezifisch auf die diagnostische Fragestellung abgestimmt.
- Ggf. werden unternehmensspezifische Normen entwickelt.
- Die Normen sind nicht veraltet (nach DIN 33430 nicht älter als acht Jahre).
- Die Messung ist so weit wie möglich objektiv, reliabel und valide.

5.5 Effizienz

Ein weiteres Qualitätskriterium der Personaldiagnostik, das nicht zwangsläufig immer gegeben sein muss, ist die Effizienz. Bei einem effizienten Verfahren stehen die Kosten in einem angemessenen Verhältnis zum erbrachten Nutzen. Welches Verhältnis als angemessen erscheint, ist eine Wertfrage, die letztlich jedes Unternehmen für sich allein beantworten muss. Hierbei spielen die finanziellen Ressourcen eine entscheidende Rolle. Sofern die finanzielle Ausstattung es erlaubt, kann man auch mit einem ineffizienten Verfahren sehr gut leben. Entscheidend ist, dass die Personaldiagnostik objektive, reliable und valide Erkenntnisse liefert. Ob sich der gleiche Effekt auch mit einem kostengünstigeren Instrumentarium erzielen ließe, spielt dabei eine untergeordnete Rolle. Dennoch wird wohl jedes Unternehmen, das sich auf dem freien Markt behaupten muss, auch an einer vernünftigen Kosten-Nutzen-Relation interessiert sein.

Die Effizienz eines personaldiagnostischen Verfahrens bezieht sich auf das Verhältnis zwischen den Kosten, die bei der Entwicklung und Durchführung entstehen und dem Nutzen, den die Diagnostik für das Unternehmen bringt. Ein Verfahren kann einen großen Nutzen haben, ohne effizient zu sein. Jedes effiziente Verfahren wird jedoch zwangsläufig auch von Nutzen sein.

Will man die Effizienz eines Verfahrens bestimmen, so gilt es mithin zwei Einflussgrößen zu bedenken. Auf der einen Seite die Kosten, die mit der Entwicklung und Durchführung personaldiagnostischer Verfahren verbunden sind und auf der anderen Seite der Nutzen, den sie erbringen – also die Effektivität. Schauen wir uns im Folgenden zunächst einmal mögliche *Kostenquellen* näher an. In Abbildung 5-16 sind die wichtigsten Kostenpunkte zusammengetragen.

Im Hinblick auf die Entwicklung eines Personalauswahlverfahrens entstehen Kosten oftmals dadurch, dass Personalabteilungen externes Know-how bei Beraterfirmen oder Universitäten einkaufen. Allerdings könnte man gerade in großen Unternehmen einen nicht unerheblichen Teil dieser Kosten einsparen, wenn man schon von vornherein in den Personalabteilungen entsprechend qualifiziertes Personal einstellen würde. So mag ein Jurist ohne Zweifel von unverzichtbarem Nutzen für das Unternehmen sein, wenn es um Fragen des Arbeitsrechts geht. Für eine wissenschaftlich fundierte Personaldiagnostik ist er so wertvoll wie ein Ägyptologe.

Steht die Diagnostik im Zeichen der Personalauswahl oder -platzierung, so entstehen Kosten für die Analyse der Anforderungen, die ein bestimmter Arbeitsplatz an den Mitarbeiter stellt. Nur wenn man weiß, über welche Merkmale ein erfolgreicher Mitarbeiter in der fraglichen Position verfügen muss, kann man eine zielgerichtete Auswahl bzw. Platzierung vornehmen. Die Anforderungsanalyse ist daher ein ganz zentrales Element der Personaldiagnostik. Gleichwohl verursacht die Durchführung derartiger Analysen natürlich Kosten. Wir werden in Kapitel 6 zeigen, welch unterschiedliche Formen der Anforderungsanalyse im Einzelnen zur Verfügung stehen. Nicht in jedem Fall ist eine kostspielige empirische Untersuchung zur Analyse der Anforderungen notwendig.

Soll die Diagnostik ganz oder teilweise computergestützt ablaufen, entstehen Kosten für die Anschaffung der notwendigen Hard- und Software. Dies gilt nicht nur für computergestützte Testverfahren oder standardisierte Fragebögen, sondern auch für Mitarbeiterbefragungen per Inter- oder Intranet. Mehrere Firmen bieten inzwischen Software an, mit deren Hilfe ein Unternehmen eigene computergestützte Fragebogen zur Mitarbeiterbefragung gestalten kann. Die an dieser Stelle investierten Kosten holt man in der Regel durch einen geringeren Personaleinsatz wieder herein. Schließlich müssen die Fragebögen zur Auswertung nicht mehr einzeln von einem Mitarbeiter in den Computer eingegeben werden. Sollen im Rahmen der Begutachtung von Bewerbern computergestützte Auswahlinstrumente zum Einsatz kommen, wird man in größeren Unternehmen einen Computerraum einrichten müssen. Nur so lassen sich größere Bewerberzahlen in einer vertretbaren Zeit bewältigen.

Kauft man vollständig standardisierte Tests oder Fragebögen auf dem freien Markt ein, entstehen zum einen Kosten für die Anschaffung der Verfahren, zum anderen für jede einzelne Durchführung (vgl. Sarges & Wottawa, 2001). Da üblicherweise jedes Verfahren durch ein Copyright geschützt ist, dürfen die Verbrauchsmaterialien nicht einfach fotokopiert werden. Die Kosten für ein vollständiges Verfahren inklusive Materialien für einige wenige Durchführungen schwanken zwischen einigen Dutzend Euro (z.B. Dreidimensionaler Würfeltest, Gittler, 1990) bis hin zu mehreren Tausend Euro (z.B. PC-Office, Fennekels, 1995a), wobei computergestützte Verfahren im oberen Preissegment angesiedelt sind. Ähnliche Schwankungen ergeben sich bei der Durchführung einer einzelnen Messung. Bei papiergestützten Instrumenten fallen oft nur ein oder zwei Euro pro Messung an, während computergestützte Untersuchungen im Extremfall mehr als 100 Euro kosten können (Fennekels, 2002).

Manche Unternehmensberatungen bieten komplexere Verfahren wie z.B. strukturierte Interviews an, die man als Lizenznehmer verwenden darf. Auch der Kauf computergestützter Test- und Befragungsinstrumente erlaubt in der Regel nur wenige „kostenlose" Durchführungen. Für alle weiteren Anwendungen fallen Lizenzgebühren an.

Ein sehr wichtiger Kostenpunkt, an dem allerdings häufig gespart wird, ist die Schulung des diagnostischen Personals. Je anspruchsvoller die Aufgabe des diagnostischen Personals ist, umso wichtiger ist eine gezielte Schulung. Dies gilt insbesondere für die Analyse von Bewerbungsunterlagen, Interviews oder Verhaltenbeobachtungen, wie sie z.B. im Assessment Center realisiert werden. Die Schulung des Personals ist von elementarer Bedeutung für die Objektivität der Messung. Dies gilt insbesondere für „Laiendiagnostiker", also z.B. Mitarbeiter des Unternehmens, die als Beobachter im Assessment Center eingesetzt werden, aber auch für erfahrene Mitarbeiter der Personalabteilung. Letzteres ist beispielsweise sinnvoll, wenn ein neues Interview entwickelt wurde. Kommen mehrere Interviewer zum Einsatz, so lässt sich nur durch eine entsprechende Schulung ein einheitliches Vorgehen gewährleisten. Regelmäßige, kurze Nachschulungen gewährleisten ggf. auch über Jahre hinweg ein gleichbleibendes Niveau.

Entwicklung
- Kosten für professionelle Berater
- Anforderungsanalyse
- Anschaffung von Hard- und Software
- Anschaffung standardisierter Tests/Fragebögen
- Lizenzgebühren
- Schulung des diagnostischen Personals

Durchführung/Auswertung
- Miete für Untersuchungsräume
- Reisekosten, Unterbringung & Verpflegung von Bewerbern
- Arbeitsausfall bei Mitarbeitern
- Personalkosten für diagnostisches Personal
- Untersuchungsmaterialen (Fragebögen etc.)
- Lizenzgebühren
- Imageverluste durch schlechte Personaldiagnostik

Abbildung 5-16: Potentielle Kostenquellen der Personaldiagnostik

Bei der Durchführung und Auswertung diagnostischer Verfahren fallen neben den schon erwähnten Kosten für Untersuchungsmaterialien und Lizenzen weitere Aufwendungen an. Je nach Situation müssen z.B. Untersuchungsräume angemietet werden. Man denke in diesem Zusammenhang etwa an Assessment Center, die oftmals in Hotels stattfinden.

Das Assessment Center erweist sich darüber hinaus als kostspielig, da die Bewerber nicht selten für ein oder zwei Tage in einem Hotel einquartiert und verpflegt werden müssen. Viele Unternehmen zahlen Bewerbern grundsätzlich die Anreise, was u.a. aus Gründen des Personalmarketings anzuraten ist.

Mitarbeiterbefragungen zur Personal- oder Organisationsentwicklung gehen mit verdeckten Kosten einher, sofern die Mitarbeiter die Instrumente während der Arbeitszeit bearbeiten. Alternativ könnte man die Befragung auch in die Freizeit verlagern, was sich allerdings negativ auf die Rücklaufquote der Fragebögen sowie die Motivation zur gewissenhaften Mitarbeit auswirken dürfte.

Offensichtlich sind hingegen die Personalkosten, die durch den Einsatz des diagnostischen Personals entstehen. Hierzu zählen neben den Mitarbeitern der Personalabteilung Führungskräfte und andere Mitarbeiter, die z.B. als Beobachter im Assessment Center oder als zusätzliche Interviewer eingesetzt werden. Hinzu kommt ggf. das Personal von Beratungsfirmen, das im Allgemeinen besonders kostspielig ist.

Spannen wir den Horizont unserer Kostenanalyse sehr weit, so sind auch etwaige Imageverluste einzubeziehen, die aus einer unprofessionellen Personaldiagnostik erwachsen können (vgl. Schuler, 2000a). Sie beziehen sich sowohl auf unternehmensexterne Personen, wie etwa Bewerber als auch auf die Mitarbeiter selbst. Ein Bewerber, der – zu Recht oder fälschlicherweise – den Eindruck gewinnt, in ein unseriöses Auswahlverfahren geraten zu sein, wird darüber in seinem Bekanntenkreis sicherlich berichten. Unternehmen, die ohnehin Schwierigkeiten haben, qualifizierte Hochschulabsolventen für sich zu interessieren, können an einer solchen Negativpropaganda, nicht interessiert sein. Ähnlich verhält es sich mit der unternehmensinternen Diagnostik, wie z.B. Mitarbeiterbefragungen. Verstehen die Mitarbeiter den Sinn der Aktion kaum oder werden nicht über die Ergebnisse informiert, schadet dies nicht nur dem Ansehen der Verantwortlichen, es senkt auch die Teilnahmebereitschaft für ähnliche Aktionen in der Zukunft.

Wir sehen, die Kostenquellen sind zahlreich. Wie sieht es nun aber mit dem Nutzen (der Effektivität) personaldiagnostischer Verfahren aus? Die *Effektivität* kann in Abhängigkeit von der Natur und der Zielrichtung des diagnostischen Verfahrens sehr unterschiedlich aussehen. Geht es um Personalauswahl und -platzierung, stellt sich die Frage, inwieweit der Mitarbeiter die Erwartungen, die aufgrund der Untersuchungsergebnisse an ihn gestellt wurden, tatsächlich erfüllen konnte. Dies lässt sich durch die Befragung von Vorgesetzten, ökonomische Kennzahlen, Selbsteinschätzungen des Mitarbeiters u.Ä. herausfinden. Schwieriger wird es im Falle der Personal- oder Organisationsentwicklung. Die Personaldiagnostik ist hier nur ein Baustein in einem komplexeren System. Nützlich ist die Personaldiagnostik beispielsweise bei der Feststellung des Entwicklungsbedarfs sowie der Evaluation der eingeleiteten Entwicklungsmaßnahmen (vgl. Kapitel 6). Stellt sich heraus, dass eine Maßnahme die gewünschten Erfolge nicht erzielt hat, mag dies u.a. auf eine fehlerhafte Bedarfsanalyse hindeuten. Möglicherweise wurden die falschen Messinstrumente eingesetzt oder prinzipiell richtige Instrumente falsch gehandhabt. So hilft beispielsweise die an sich wichtige Methode der Interviews recht wenig bei der Bestimmung des Entwick-

Allgemeine Qualitätskriterien der Personaldiagnostik

lungsbedarfs, wenn man die falschen Fragen stellt oder die falschen Probanden befragt. Ebenso gut könnte es aber sein, dass die Bedarfsanalyse völlig korrekt durchgeführt wurde und das Problem allein auf Seiten der Entwicklungsmaßnahme liegt. Die beste Personaldiagnostik hilft nichts, wenn die hieraus abgeleiteten Interventionsmaßnahmen nicht adäquat umgesetzt wurden. Aus einer missglückten Personal- oder Organisationsentwicklungsmaßnahme kann somit nicht direkt auf die Qualität der zugrunde liegenden Personaldiagnostik geschlossen werden.

Eine wichtige Kenngröße, über die wir die Effektivität eines personaldiagnostischen Verfahrens einschätzen können ist die *Validität*. Generell gilt, dass ein Verfahren umso mehr Nutzen verspricht, je höher die Validität ausfällt. Allerdings besteht zwischen der Höhe des Validitätskoeffizienten und der Nützlichkeit keine streng lineare Beziehung. Unter bestimmten Bedingungen können, bereits geringe Validitätswerte einen großen Nutzen versprechen, wobei ggf. eine minimale Steigerung des Nutzens einen unverhältnismäßig großen Anstieg der Validität erfordern würde.

Auf diesen Sachverhalt haben erstmals die beiden amerikanischen Psychologen Taylor und Russel hingewiesen. In ihren mathematischen Analysen gehen sie der Frage nach, unter welchen Bedingungen eine mehr oder minder hohe Validität eines Personalauswahlverfahrens zu einer richtigen Auswahlentscheidung beiträgt. Die Ergebnisse der Berechnungen wurden bereits 1939 in den mittlerweile nach den Forschern benannten *Taylor-Russel-Tafeln* zusammengefasst (Taylor & Russel, 1939). Abbildung 5-17 gibt einen Ausschnitt aus diesen Tafeln wieder. Neben der Validität des eingesetzten Auswahlverfahrens spielen zwei weitere Einflussgrößen eine zentrale Rolle. Zum einen handelt es sich um die Selektionsrate. Die Selektionsrate gibt an, wie viel Prozent der Bewerber eingestellt werden müssen, wenn wir das Zahlenverhältnis zwischen der Menge der Bewerber und der Anzahl der offenen Stellen betrachten. Bewerben sich 100 Personen auf 10 offene Stellen, beträgt die Selektionsrate 10 %. Will man keine Stelle unbesetzt lassen oder die Stellen neu ausschreiben, so muss man statistisch betrachtet jeden zehnten Bewerber einstellen. Bewerben sich hingegen nur 50 Personen, so ist die Selektionsrate für das Unternehmen ungünstiger. Nun muss statistisch gesehen jeder fünfte Bewerber eingestellt werden. Die Selektionsrate beträgt mithin 20 %. Zum anderen wird neben der Validität und der Selektionsrate der Anteil der objektiv geeigneten Bewerber berücksichtigt. Für das Unternehmen wäre es natürlich optimal, wenn im Grunde genommen jeder Bewerber für die ausgeschriebene Stelle objektiv geeignet wäre. In diesem Fall könnte man auf ein aufwändiges Auswahlverfahren verzichten, da schon bei einer Zufallsauswahl – also beispielsweise aufgrund eines Münzwurfs – eine richtige Entscheidung getroffen werden würde. Die Quote der objektiv Geeigneten kann sehr unterschiedlich ausfallen. Je höher die Anforderungen eines bestimmten Arbeitsplatzes sind und je weniger qualifizierte Bewerber eine Anstellung suchen, umso geringer wird die Quote der objektiv Geeigneten sein. Wer beispielsweise um die Jahrtausendwende hoch qualifizierte Informatiker suchte, hat mitunter in der geringen Bewerberpopulation kaum geeignete Kandidaten gefunden. Wer zur gleichen Zeit die Stelle einer Raumpflegerin oder eines Büroboten neu besetzen wolle konnte demgegenüber mit einer ungleich höheren Quote geeigneter Bewerber rechnen.

In den Taylor-Russel-Tafeln werden die drei genannten Einflussgrößen, die Validität, des Auswahlverfahrens, die Selektionsrate sowie die Quote der objektiv geeigneten Kandidaten zueinander in Beziehung gesetzt (vgl. Abbildung 5-17). Die Tafeln geben an, bei welchem spezifischen Zusammenspiel der drei Einflussgrößen mit einer mehr oder weniger gelungenen Personalauswahl zu rechnen ist. Die Zahlen in den grau hinterlegten Feldern geben die „Trefferquote" an. Sie drückt aus, wie viel Prozent der eingestellten Bewerber sich später tatsächlich als geeignet erweisen. Dabei unterscheiden Taylor und Russel (1939) nur zwischen „geeignet" und „nicht geeignet", was natürlich einer groben Vereinfachung der Realität gleichkommt. Die Zahl 15 bedeutet, dass nur 15 % der eingestellten Bewerber später auch tatsächlich die in sie gesetzten Erwartungen erfüllen können. Anders ausgedrückt: 85 % der Entscheidungen waren Fehlentscheidungen und führen über kurz oder lang zur Entlassung oder Neuplatzierung der betroffenen Mitarbeiter. Ein Blick in die Abbildung 5-17 verrät, dass die Trefferquoten in Abhängigkeit von der Ausprägung der drei Einflussgrößen sehr unterschiedlich ausfallen können. Sie reichen von 10 % bis hin zu 100 %. Betrachten wir nun einmal zwei Auswahlverfahren mit sehr unterschiedlicher Validität im Vergleich. Verfahren A weist eine Validität von .15, Verfahren B eine Validität von .45 auf. Gehen wir des Weiteren von einer Selektionsquote von 10 % aus (jeder zehnte Bewerber muss eingestellt werden, wenn alle offenen Stellen besetzt werden sollen) und nehmen schließlich an, dass nur jeder zehnte Bewerber objektiv geeignet ist, so ergeben sich für beide Verfahren deutlich unterschiedliche Trefferquoten (linke Hälfte in Abbildung 5-17). Mit Verfahren A erzielen wir eine Trefferquote von nur 15 Prozent, während Verfahren B fast zu einer Verdoppelung der Quote beiträgt (siehe Unterstreichungen). In beiden Fällen ist die Trefferquote sehr niedrig. Sie ist aber immer noch höher als die einer reinen Zufallsauswahl (10 %). Beide Verfahren bieten somit einen Gewinn, wobei der Nutzen des Verfahrens B sehr viel größer ist als der des Verfahrens A.

Validität des Tests	Selektionsrate in %					Anteil geeigneter unter den eingestellten Bewerbern in Prozent ↔	Selektionsrate in %				
	90	70	50	30	10		90	70	50	30	10
	Anteil geeigneter Bewerber 10 %						Anteil geeigneter Bewerber 80 %				
.95	11	14	20	33	78		89	99	100	100	100
.85	11	14	20	31	62		87	96	99	100	100
.75	11	14	19	29	51		86	93	97	99	100
.65	11	14	18	26	43		85	91	95	97	99
.55	11	14	17	23	36		84	89	92	95	98
.45	11	13	16	20	29		83	87	90	93	96
.35	11	13	15	18	24		82	85	89	90	94
.25	11	12	13	16	19		82	84	86	88	91
.15	10	11	12	13	15		81	82	83	85	87
.05	10	10	11	11	12		80	81	81	82	82

Abbildung 5-17: Auszüge aus den Taylor-Russel-Tafeln

Setzen wir nun beide Verfahren unter deutlich anderen Rahmenbedingungen ein (rechte Hälfte in Abbildung 5-17). Die Selektionsrate beträgt 50 %, d.h. jeder zweite Bewerber muss eingestellt werden. Gleichzeitig ist der Anteil der objektiv geeigneten Personen unter den Bewerbern mit 80 % sehr hoch. Verfahren A führt zu einer Trefferquote von 83 %. Die Trefferquote ist um 3 % besser als eine Auswahl nach dem Zufallsprinzip. Verfahren B führt zu einer Trefferquote von 90 %. Auch im zweiten

Beispiel ist Verfahren B somit effektiver als A. Der Unterschied zwischen beiden Verfahren ist jedoch im Vergleich zum ersten Beispiel deutlich kleiner.

Die Taylor-Russel-Tafeln, verdeutlichen zweierlei: Zum einen zeigen sie, dass die Nützlichkeit eines personaldiagnostischen Verfahrens von seiner Validität abhängt. Je höher die Validität ist, umso höher ist auch die Trefferquote. Zum anderen zeigen die Tafeln jedoch auch, dass die Effektivität des Verfahrens durch verschiedene Rahmenbedingungen beeinflusst wird. Es ist daher sinnvoll, sich nicht nur über die Validität des Verfahrens, sondern auch über die Rahmenbedingungen des diagnostischen Prozesses Gedanken zu machen. So lassen sich z.B. sowohl die Selektionsquote als auch der Anteil der objektiv geeigneten Kandidaten durch ein gezieltes Personalmarketing verbessern (Moser & Zempel, 2001).

Taylor und Russel (1939) stellen den Ausgangspunkt der wissenschaftlichen Auseinandersetzung mit der Effizienz personaldiagnostischer Maßnahmen dar. Unzählige Studien und viele Modelle unternehmen in der Nachfolgezeit den Versuch, den Nutzen der Personaldiagnostik auch jenseits der „Trefferquote" zu bestimmen. Herrnstein und Murray (1994) setzen beispielsweise die Validität von Auswahlverfahren in eine Beziehung zum erwarteten Produktivitätszuwachs. Hintergrund für diese Überlegung ist die Annahme, dass eine validere Personalauswahl zu einer besseren Identifizierung leistungsstarker Bewerber beiträgt, die dann bevorzugt eingestellt werden können. Dies wiederum wirkt sich positiv auf die Produktivität des Unternehmens aus. Brogden (1949; Brogden & Taylor, 1950), Cronbach und Gleser (1965) sowie Boudreau (1991) legen Modelle vor, in denen der Nutzen personaldiagnostischer Verfahren differenzierter analysiert wird (Überblick: Holling, 1998, 2002). Besonders interessant ist in diesem Zusammenhang die Möglichkeit, den Nutzen in Geldeinheiten auszudrücken. Hierin liegt eine zentrale Voraussetzung für die eigentliche Effizienzanalyse. Taylor und Russel (1939) aber auch Herrnstein und Murray (1994) beschränken sich auf die Analyse der bloßen Effektivität. Die Untersuchung der Effizienz geht noch einen Schritt weiter und setzt den Nutzen in ein Verhältnis zu seinen Kosten. Die Berechnung des Nutzens in Geldeinheiten legt die Basis für einen direkten Vergleich zwischen Kosten und Nutzen. Abbildung 5-18 liefert einen Überblick über die Vielzahl möglicher Variablen, die in derartige Berechnungen einfließen und verdeutlicht damit gleichzeitig die Komplexität der Materie. Neben der Validität des Verfahrens fließen z.B. Daten über den Personalbestand sowie die Fluktuation (Personalzuwachs und -reduzierung) ein. Von großer Bedeutung ist ein monetäres Maß für die Leistung der Mitarbeiter, das gerade in Nonprofit-Organisationen nicht leicht zu bestimmen sein wird. Wir wollen es an dieser Stelle mit einer Darstellung der grundlegenden Variablen bewenden lassen. Interessierte Leser seien auf die Arbeiten von Holling (1998, 2002) verwiesen.

Auf der Basis derartiger Berechnungen belegen viele Studien eindrucksvoll die wirtschaftliche Effizienz personaldiagnostischer Verfahren (z.B. Barthel & Schuler, 1989; Herrnstein und Murray, 1994; Hoffmann & Thornton, 1997; Holling, 1998; Hunter & Hunter, 1984; Obermann, 1992; Russel, 2001; Stephan & Westhoff, 2002). Dabei erweisen sich mitunter schon geringfügige Validitätszuwächse (z.B. von .18; Barthel & Schuler, 1989) als ökonomisch sinnvoll. Eine an sich kleine Zahl, die so manchem Laien auf den ersten Blick lächerlich erscheinen mag, repräsentiert in diesem und in vielen weiteren Fällen einen objektivierbaren Gewinn, der leicht viele hunderttausend Euro betragen kann und bei der Auswahl von Topmanagern durchaus auch in den siebenstelligen Bereich vordringt (Russel, 2001).

- Validität des Verfahrens
- inkrementelle Validität
  (Validitätszuwachs, der durch den Einsatz eines neuen Verfahrens im Vergleich zum alten Verfahren erzielt wird.)
- Selektionsrate
  (Anzahl der eingestellten Bewerber in Relation zur Menge der Bewerber insgesamt)
- Zeitabschnitt
  (Zeitdauer, über die hinweg die Evaluation der diagnostischen Maßnahme erfolgt; z.B. ein Jahr)
- Personalbestand
  (Anzahl der von der Maßnahme betroffenen Mitarbeiter)
- Personalzuwachs
  (Anzahl der Neueinstellungen im definierten Zeitabschnitt)
- Personalreduzierung
  (Anzahl der Mitarbeiter, die im definierten Zeitabschnitt das Unternehmen bzw. die Abteilung verlassen.)
- monetäre Leistungsmaße
  (Leistung der Mitarbeiter umgerechnet in Geldeinheiten)
- variable Kosten
  (Kosten, die in Abhängigkeit von der aktuellen Anzahl der Probanden anfallen wie z.B. Untersuchungsmaterialien, Lizenzgebühren für Testdurchführung)
- feste Kosten
  (Kosten, die unabhängig von der aktuellen Anzahl der Probanden anfallen, wie Entwicklungs-, Implementations- und Evaluationskosten)
- Steuersatz
- Zinssatz

Abbildung 5-18: Variablen, die in komplexe Effizienzberechnungen einfließen

Auch wenn der praktische Nutzen sowie die Effizienz personaldiagnostischer Verfahren überzeugend belegt werden können, stellt sich im konkreten Anwendungsfall natürlich immer die Frage, wie eine möglichst hohe Effizienz gewährleistet werden kann. Die Maßnahmen können zum einen auf eine Erhöhung des absoluten Nutzens, zum anderen auf eine Senkung der Kosten abzielen.

Der Nutzen personaldiagnostischer Maßnahmen lässt sich steigern, wenn der Auswahl und Konstruktion der Instrumente eine sorgfältige Anforderungsanalyse zugrunde liegt (siehe etwa Campion, Palmer & Campion, 1996). Je exakter bekannt ist, was gemessen werden soll, umso gezielter kann das Instrumentarium auf die spezifische Fragestellung zugeschnitten werden. Hierdurch erhöht sich zwangsläufig der Nutzen der Instrumente. Darüber hinaus lassen sich Ausgaben für überflüssige Messungen sparen. Wer beispielsweise einen Intelligenztest zur Personalauswahl einsetzt, obwohl im konkreten Anwendungsfall die Intelligenzmessung keine wertvollen Informationen liefert, erhöht auf der einen Seite die Kosten, ohne dass es dabei auf der anderen Seite zu einer Steigerung der Effektivität kommen würde. Die Anforderungsanalyse senkt die Wahrscheinlichkeit für derartige Fehlentscheidungen.

Die Messung sollte in jedem Falle die zuvor diskutierten Qualitätskriterien der Objektivität, Reliabilität und Validität erfüllen. Je objektiver, reliabler und valider die eingesetzten Instrumente sind, desto größer ist auch die Wahrscheinlichkeit, dass das Verfahren genau die Informationen liefert, die für die Entscheidungen des Unternehmens von Belang sind. Dabei ist es unerheblich, ob es um Fragen der Personalauswahl und -platzierung oder um Personal- bzw. Organisationsentwicklungsmaßnahmen geht.

Steht die Personalauswahl im Zentrum der Bemühungen, ist es wichtig, dass möglichst günstige Rahmenbedingungen vorliegen. Je mehr objektiv geeignete Bewerber zur Verfügung stehen, desto leichter ist es, die richtigen Entscheidungen zu treffen. Auch lässt sich unter sehr günstigen Rahmenbedingungen durchaus mit einer geringen Validität leben. Hier rückt nun das Personalmarketing (Moser & Zempel, 2001; Göritz & Moser, 2002; Thiele & Eggers, 1999) in das Zentrum der Aufmerksamkeit. Ein erfolgreiches Personalmarketing sorgt dafür, dass besonders qualifizierte Personen auf die offenen Stellen aufmerksam werden und ggf. sogar unqualifizierte Personen sich von vornherein gegen eine Bewerbung entscheiden.

In vielen Unternehmen ist die Personaldiagnostik sicherlich weit davon entfernt, effizient zu sein. Nicht selten dürfte man wohl schon ihre Effektivität in Frage stellen. Eine wichtige Ursache hierfür liegt in der Qualifikation der Mitarbeiter der Personalabteilungen, die im Hinblick auf personaldiagnostisches Know-how bisweilen viele Wünsche offen lassen. Mangelt es am nötigen Wissen und an Fertigkeiten in Bezug auf all die Dinge, die in unserem Buch dargestellt werden, so kann eine effektive oder gar effiziente Personaldiagnostik nur noch per Zufall gewährleistet werden. Es ist daher sinnvoll, die personaldiagnostische Qualifikation der verantwortlichen Mitarbeiter auf ein angemessen hohes Niveau zu bringen bzw. sie dort zu halten. Dies kann sowohl durch eine gezielte Personalauswahl und Platzierung als auch durch Weiterbildungsmaßnahmen erfolgen. Liegt eine hohe personaldiagnostische Qualifikation vor, muss nur noch wenig Know-how auf dem freien Markt eingekauft werden. Außerdem ist man vor unseriösen Anbietern personaldiagnostischer Methoden besser gefeit (vgl. Kap. 2).

Zu guter Letzt empfiehlt sich eine empirische Überprüfung der Effizienz, beispielsweise im Sinne der oben skizzierten Kosten-Nutzen-Rechnung. Auf diesem Weg wird der ökonomische Status des eigenen Vorgehens explizit sichtbar und kann sich somit der Diskussion etwaiger Veränderungen stellen. Im günstigsten Fall erkennt man, dass das Verfahren in seiner jetzigen Form bereits sehr gute Dienste leistet. Die Effizienzanalyse liefert dabei u.a. eine fundierte Argumentationsgrundlage gegenüber wichtigen Entscheidungsträgern des Unternehmens, die der Arbeit der Personalabteilung vielleicht nicht immer sehr wohlwollend gegenüberstehen. Erscheint eine monetäre Effizienzanalyse zu aufwändig, sollte man zumindest eine grobe Abschätzung von Kosten und Nutzen vornehmen. Hierbei helfen beispielsweise Befragungen der betroffenen Mitarbeiter und Vorgesetzten (vgl. Fisseni, 1997).

> **Standards**
> zur Steigerung der Effizienz personaldiagnostischer Verfahren
>
> - Mit Hilfe einer Anforderungsanalyse wird untersucht, welche Merkmale gemessen werden müssen bzw. welche Messungen überflüssig wären.
> - Die Durchführung und Auswertung der Messungen sowie die Interpretation der Befunde erfolgt möglichst objektiv.
> - Die eingesetzten Verfahren sind reliabel.
> - Die eingesetzten Verfahren erlauben eine möglichst valide Messung der zu untersuchenden Merkmale.
> - Durch Maßnahmen des Personalmarketings wird dafür gesorgt, dass sich eine große Anzahl adäquat qualifizierter Personen bewirbt.
> - Die Mitarbeiter der Personalabteilung sind aufgrund gezielter Personalauswahl und regelmäßiger Weiterbildung so gut qualifiziert, dass nur wenig personaldiagnostisches Know-how extern eingekauft werden muss.
> - Kosten und Nutzen werden ermittelt und zueinander in Beziehung gesetzt.

5.6 Ethik

Im Zentrum der Personaldiagnostik stehen immer die Interessen eines Unternehmens. Mit Hilfe einschlägiger Methoden versucht man aus einer Gruppe von Bewerbern diejenigen herauszufiltern, die am besten zum Unternehmen passen, möchte Mitarbeiter innerhalb des Unternehmens optimal platzieren oder Schwachstellen in der Organisation aufdecken und Entwicklungsmaßnahmen evaluieren. Wir können davon ausgehen, dass diese Interessen im Regelfall durch die Vertreter der Personalabteilung hinreichend gewahrt werden. Wie sieht es aber mit den Interessen der Probanden aus? Auch die Bewerber, Führungskräfte, Mitarbeiter oder Kunden eines Unternehmens, die z.B. in Auswahlverfahren, bei der systematischen Leistungsbeurteilung oder im Rahmen von Mitarbeiter- und Kundenbefragungen Daten über die eigene Person zur Verfügung stellen, haben gewisse Ansprüche an die Personaldiagnostik. Sie werden beispielsweise an einer freundlichen Behandlung, an gerechten Entscheidungsprinzipien und an einem vertraulichen Umgang mit persönlichen Daten interessiert sein.

Während alle zuvor genannten Qualitätskriterien die Personaldiagnostik primär aus der Perspektive des Unternehmens betrachten, gewinnt beim sechsten Kriterium – dem der Ethik personaldiagnostischer Methoden – die Perspektive der Probanden an Bedeutung (siehe auch Lowman, 1998; Rauchfleisch, 1992). Allzu leicht entsteht dabei der falsche Eindruck, als stünde die Ethik im Widerspruch zu den wirtschaftlichen Interessen des Unternehmens und würde nur Kosten verursachen. Dies ist definitiv nicht so. Ein positiver Umgang mit den Menschen, die sich als Probanden zur Verfügung stellen, fördert eine kooperative Organisationskultur im inneren und wirkt gleichzeitig als ein Instrument des (Personal-)Marketings positiv nach außen.

Ein zweiter Einwand könnte sich auf eine scheinbar prinzipielle Inkompatibilität der Interessen von Arbeitsnehmern und Arbeitgebern beziehen. Kann beispielsweise ein Personalauswahlverfahren, das der Selektion der Bewerber dient, in ethisch vertretbarer Weise die Interessen aller Bewerber berücksichtigen oder orientiert es sich nicht ausschließlich an den Zielen des Unternehmens? Wissenschaftlich fundierte Methoden der Personaldiagnostik stehen sowohl im Interesse des Unternehmens als auch im Interesse der Probanden und tragen schon insofern eine fundamentale Ethik in sich. Natürlich kann nicht geleugnet werden, dass das einzelne Individuum mitunter Ziele hat, die sich nicht so ohne weiteres mit den Interessen des Unternehmens in Einklang bringen lassen. Offenkundig will jeder Bewerber die fragliche Stelle besetzen und viele werden daher auch weniger an einer wissenschaftlich fundierten Diagnostik interessiert sein. Hätten sie die freie Wahl, so würden sie wahrscheinlich Methoden bevorzugen, die ihnen auf irgendeinem Wege letztlich eine Einstellung sichern könnten. Langfristig betrachtet ist dies jedoch nicht sehr sinnvoll. Auch das betroffene Individuum kann nicht wirklich an einer permanenten Über- oder Unterforderung im beruflichen Alltag interessiert sein. Muss das Beschäftigungsverhältnis ggf. aufgelöst werden, sind dem falsch ausgewählten Mitarbeiter häufig nicht nur unnötige Kosten für einen Wohnwechsel entstanden, er war auch gezwungen, sich in ein neues soziales Umfeld zu integrieren und trägt nun ggf. dem Makel einer Entlassung, was sich besonders negativ bei erneuten Bewerbungsversuchen bemerkbar machen kann (Kleimann & Strauß, 1996). Kommt es nicht zur Kündigung bleibt das Problem einer geringen Arbeitszufriedenheit bis hin zur „inneren Kündigung". Bei einem schlechten Auswahlverfahren ist die Wahrscheinlichkeit für Fehlentscheidungen vergleichsweise groß. Die Rechnung für die Fehlentscheidung bezahlt in einem solchen Fall nicht nur das Unternehmen, sondern ebenso der betroffene Mitarbeiter und seine Kollegen. Auch unser Protagonist sollte mithin nach sorgfältiger Analyse an einer qualitativ hochwertigen Diagnostik interessiert sein, die seine Kompetenzen, Defizite und Potentiale möglichst zutreffend erfassen kann. Überdies darf man nicht die übrigen Bewerber aus dem Blick verlieren. Sie stehen in einem eindeutigen Wettbewerb zueinander. Ein Verfahren, das den Kandidaten A zu Unrecht bevorzugt, benachteiligt die Kandidaten B oder C. Ethisch vertretbar ist dies wohl kaum. Ganz ähnlich sieht es aus, wenn wir die Interessen der Mitarbeiter des Unternehmens betrachten. Ihre wirtschaftliche Existenz hängt davon ab, dass das Unternehmen erfolgreich arbeitet. Dies wiederum bedeutet, dass auch die Mitarbeiter ein Interessen an einer Personalauswahl oder Platzierung haben sollten, die in der Lage ist, die offenen Stellen mit den besten der verfügbaren Personen zu besetzen. Ein Auswahl- oder Platzierungsverfahren, das einzelnen Personen die Möglichkeit gibt, sich „hindurchzumogeln" ist weder für die Mitbewerber, noch für die Mitarbeiter und natürlich auch nicht für die Unternehmenseigner von Interesse. Ethik und Wirtschaftlichkeit gehen daher meist Hand in Hand. Da man jedoch nicht davon ausgehen kann, dass dies immer der Fall ist bzw. jedes Unternehmen auch von sich aus eine seriöse und gleichsam ethisch verantwortliche Personaldiagnostik betreibt, legt der Gesetzgeber eine Reihe von Regeln vor, die die Handlungsfreiheit der Verantwortlichen in entsprechende Bahnen lenken sollen (Gaul, 1990; Lowmann, 1998; Püttner, 1999; Pulverich, 1996; s.u.). Den gleichen Zweck verfolgen die Normen zum Einsatz von Verfahren der Eignungsbeurteilung (DIN 33430), wenngleich sie natürlich keinen bindenden Charakter haben.

> Das Qualitätskriterium der Ethik rückt die Interessen der Menschen, die sich als Probanden in personaldiagnostischen Untersuchungen zur Verfügung stellen, in den Vordergrund. Hinsichtlich der Qualität personaldiagnostischer Verfahren besteht kein fundamentaler Widerspruch zwischen den Interessen der Unternehmen auf der einen Seite und den Interessen der Probanden auf der anderen. Die Einhaltung ethischer Standards wird durch rechtliche Regelungen unterstützt. Gleichwohl gehen die Forderungen nach einer verantwortlichen Personaldiagnostik über die rein rechtlichen Bestimmungen hinaus.

In der einschlägigen Literatur werden viele Kennzeichen einer ethisch anspruchsvollen Personaldiagnostik angesprochen (DIN 33430; Häcker, Leutner & Amelang, 1998; Fisseni, 1997; Schuler, 2000a). Wir fassen sie in chronologischer Reihenfolge, von der Entwicklung eines personaldiagnostischen Verfahrens bis hin zur Verwertung der Ergebnisse zusammen.

Jedes personaldiagnostische Verfahren sollte einem bestimmten, klar definierten Zweck dienen. Im Falle der Eignungsdiagnostik bedeutet dies, dass der *Anforderungsbezug* sichergestellt sein muss (DIN 33430). Nur wenn man weiß, welche Informationen wirklich wichtig sind, kann die Personaldiagnostik auch gezielt eingesetzt werden. Für die Probanden hat der Anforderungsbezug den Vorteil, dass tatsächlich nur relevante Daten erhoben werden. Letztlich schützt dies die Probanden vor einer weitgehenden „Durchleuchtung" ihrer Person. Alle erfassten Informationen dienen nachweislich einem legitimen Zweck und befriedigen nicht etwa nur die Neugier der Diagnostiker.

In unserer Einleitung haben wir bereits verdeutlicht, warum *eine objektive, reliable und valide Personaldiagnostik* im Interesse aller Beteiligten steht. Für das Unternehmen ermöglicht sie eine realitätsgetreue Abbildung der interessierenden Merkmale der Probanden und liefert dadurch eine abgesicherte Entscheidungsgrundlage. Für die Probanden wird hierdurch die Basis für eine faire Behandlung gelegt, was insbesondere im Rahmen der Personalauswahl sowie bei Platzierungsentscheidungen von sehr großer Bedeutung ist.

Die Entwicklung sowie die Durchführung personaldiagnostischer Untersuchungen erfolgt vor dem *Hintergrund wissenschaftlicher Standards*. Das eingesetzte Personal verfügt über die hierzu notwendigen Kompetenzen. Dies gilt sowohl für Mitarbeiter der Personalabteilung als auch für externe Beratungsfirmen. Da sich die wissenschaftlichen Erkenntnisse im Laufe der Zeit naturgemäß verändern, ist es darüber hinaus notwendig, dass sich das diagnostische Personal über neuere Entwicklungen auf dem Laufenden hält. Da niemand in allen wichtigen Kompetenzbereichen maximal qualifiziert sein kann, sollten die Mitarbeiter selbst in der Lage sein, ihre eigenen Kompetenzgrenzen zu erkennen und ggf. externe Unterstützung heranziehen. Selbstredend verhält sich das diagnostische Personal gegenüber den Probanden *überparteilich*.

Bei der Auswahl und Konstruktion der Messinstrumente und gleichfalls während der gesamten Durchführung des Verfahrens ist die *Menschenwürde* der Probanden zu achten (Fisseni, 1997). Wie auch sonst im Leben begegnet man seinen Mitmenschen mit einem gewissen Respekt und *wahrt ihre Intimsphäre*. Dies gilt für diagnostische Situationen noch sehr viel mehr als für Alltagssituationen, da sich der Diagnostiker insbesondere bei Auswahlprozeduren in einer sehr starken Machtposition befindet. Im Assessment Center sollte man beispielsweise keine Übungen einsetzen, in denen sich die Probanden „zum Affen machen" müssen. Auch erfolgen Verhaltensbeobachtungen nicht verdeckt, also etwa nicht während des Mittagessens. In Interviews verbietet der Gesetzgeber bestimmte Fragen, wie z.B. die nach bestehenden oder geplanten Schwangerschaften (siehe auch Kapitel 7). Fragen von Seiten der Probanden werden wahrheitsgemäß beantwortet. Bei der Konstruktion des Verfahrens bemüht man sich darum, dass für die Probanden keine unnötigen Wartezeiten entstehen. Gleichwohl wird für hinreichende Pausenzeiten gesorgt. All dies bezieht sich vor allem auf die Eignungsdiagnostik.

Vor der Untersuchung werden die Probanden über Sinn, Zweck und Ablauf des weiteren Vorgehens *wahrheitsgemäß aufgeklärt* (Fisseni, 1997). Wer gute Argumente besitzt und ein fundiertes Verfahren entwickelt hat, braucht eine derartige Offenheit nicht zu scheuen. Zur Aufklärung gehört z.B. die Information darüber, ob eine Anforderungsanalyse durchgeführt wurde, welche Instrumente eingesetzt werden, über welchen Zeitraum sich die Prozedur hinziehen wird, nach welchen Prinzipien welche Personen eine Entscheidung treffen und in welcher Form eine Rückmeldung erfolgt. Im Falle der Mitarbeiterbefragung ist der Aufwand weitaus geringer. Hier bemüht man sich, z.B. in einem Anschreiben zum beiliegenden Fragebogen, die Hintergründe der Untersuchung leicht verständlich zu begründen. Darüber hinaus erfahren die potentiellen Probanden, wie sie sich über die Ergebnisse der Untersuchung informieren können.

Die Teilnahme an personaldiagnostischen Untersuchungen ist grundsätzlich freiwillig (DIN 33430). Naturgemäß ist die *Freiwilligkeit* bei Mitarbeiterbefragungen sehr viel leichter zu realisieren als im Falle der Personalauswahl. Bei Mitarbeiterbefragungen hilft ggf. die Anonymität des Vorgehens. Jedem Mitarbeiter wird ein Fragebogen ausgehändigt, den er anonym ausfüllt und abgibt. Später lässt sich nur noch feststellen, wie viele Mitarbeiter an der Befragung beteiligt waren, nicht aber, wer im Einzelnen den Fragebogen wie ausgefüllt hat. Im Falle der Personalauswahl sollte man die Bewerber darauf hinweisen, dass sie das Verfahren jederzeit auf eigenen Wunsch abbrechen können. Selbstverständlich können sie dann nicht mehr mit einer Einstellung rechnen, denn auch das Unternehmen hat ein legitimes Recht, zukünftige Mitarbeiter auf ihre Eignung hin zu untersuchen. Analog verfährt man, wenn es um unternehmensinterne Auswahl- oder Platzierungsentscheidungen geht.

Die Probanden erhalten ein *Feedback* über die Ergebnisse der Untersuchung (DIN, 33430). Handelt es sich um individualdiagnostische Untersuchungen, wird im Detail erklärt, warum eine bestimmte Entscheidung, vor dem Hintergrund welcher Befunde gefällt wurde. Wer eine fundierte Personaldiagnostik betreibt, muss sich vor einem solchen Feedback nicht fürchten, denn er kann sachlich begründet Rede und Antwort stehen. Das Feedback sollte die Entscheidung verständlich machen und dem Bewerber dabei gleichzeitig Anregungen zur Weiterentwicklung bieten (siehe auch Abschnitt 6.8). Dies wiederum setzt voraus, dass man eine Sprache findet, die auch für den Laien verständlich ist. Darüber hinaus kann jeder Bewerber einen Einblick in die Untersuchungsergebnisse verlangen (Gaul, 1990). Im Falle von Mitarbeiterbefragungen werden die Daten meist graphisch aufbereitet und interpretiert, z.B. ins Intranet gestellt oder an einem für alle zugänglichen Ort ausgelegt.

Die gewonnenen Daten müssen vertraulich behandelt werden. Es gelten die rechtlichen Bestimmungen des *Datenschutzes* (Gaul, 1990; Fisseni, 1997). Sofern keine individualisierten Daten von Interessen sind – was z.b. auf Mitarbeiterbefragungen zutrifft –, begnügt man sich mit einer anonymen Datenerhebung. Dabei muss sichergestellt sein, dass im Nachhinein einzelne Datensätze tatsächlich keiner Person zugeordnet werden können. Befragt man z.B. die Mitarbeiter einer überschaubaren Abteilung zum Verhalten ihres Vorgesetzten, so verzichtet man auf Fragen zur Demographie (Alter, Geschlecht etc.), da ansonsten eine Identifizierung einzelner Mitarbeiter durchaus möglich wäre. Daten aus Auswahlverfahren zur Platzierung oder Messung der Potentiale sind nur einem kleinen Kreis von Personen im Unternehmen zugänglich. Weder der Betriebsrat noch der Vorgesetzte oder ein beliebiger Sachbearbeiter der Personalabteilung dürfen die Daten ohne weiteres einsehen. Daten abgelehnter Bewerber werden vernichtet (Gaul, 1990)

Standards
einer ethisch verantwortlichen Personaldiagnostik

- Die Personaldiagnostik ist zweckgebunden und zielgerichtet. Im Falle der Eignungsdiagnostik beruht sie auf einer Anforderungsanalyse.
- Die Messung erfolgt objektiv, reliabel und valide.
- Die Personaldiagnostik berücksichtigt den aktuellen Stand der Wissenschaft.
- Das Personal ist entsprechend qualifiziert.
- Es wird durchgängig die Menschenwürde der Probanden – insbesondere ihre Intimsphäre – gewahrt.
- Die Probanden werden vor der Untersuchung ausführlich aufgeklärt.
- Die Teilnahme an der Untersuchung ist freiwillig.
- Die Probanden erhalten ein Feedback über die Ergebnisse der Untersuchung.
- Individuenbezogene Daten werden vertraulich behandelt (Datenschutz).

5.7 Fazit

Die Kenntnis der grundlegenden Qualitätskriterien der Personaldiagnostik hilft zum einen bei der Neuentwicklung seriöser Verfahren, zum anderen versetzt sie uns in die Lage, bestehende Verfahren sachgerecht beurteilen zu können. Beides ist von elementarer Bedeutung für die Berufspraxis von Personalverantwortlichen, -referenten und -beratern. Die Kriterien dienen nicht dazu, die Prozesse der Personaldiagnostik künstlich zur verkomplizieren. Ihr Ziel ist vielmehr die Optimierung. Niemand behauptet, dass Verfahren, die bislang nicht entsprechend hinterfragt wurden, automatisch schlecht sind. Allerdings weiß man kaum etwas über ihre Qualität, ihre Vorzüge und Schwächen. Hieraus ergibt sich wiederum das Problem, dass eine gezielte Verbesserung der Verfahren kaum möglich ist. Allzu leicht lässt man sich von der

Überzeugung leiten, eine gutes Verfahren würde man schon per Augenschein erkennen. Dies gilt nur sehr bedingt. Unsere Ausführungen zur Effizienzanalyse haben verdeutlicht, dass wir es mit einer sehr komplexen Materie zu tun haben. Unter bestimmten Rahmenbedingungen kann selbst ein Verfahren, das einen sehr niedrigen Validitätskoeffizienten aufweist, sehr gute Dienste leisten. Wer nicht einmal weiß, worauf er achten muss, der kann Fehler und Verbesserungspotentiale gar nicht oder nur per Zufall erkennen.

Die verschiedenen Kriterien stehen zum Teil in einer hierarchischen Beziehung zueinander. Ein Verfahren, das nicht hinreichend objektiv ist, kann auch schwerlich gute Werte im Bereich der Reliabilität und Validität erzielen. Nützlich oder gar effizient kann es bestenfalls per Zufall sein. Allerdings ist die Beziehung nicht so stark, dass eine sehr gute Objektivität oder Reliabilität quasi von allein zu einer hohen Validität oder Effizienz führen würde. Es reicht daher nicht aus, sich nur auf eines der grundlegenden Qualitätskriterien zu konzentrieren. Erst das Zusammenspiel vieler günstiger Variablen trägt zu einer gleichsam fundierten, effizienten und ethisch verantwortbaren Personaldiagnostik bei.

Die genannten Kriterien gelten für alle vier Aufgabenfelder der Personaldiagnostik (vgl. Kapitel 1), also sowohl für die Personalauswahl und -platzierung als auch für diagnostische Aufgaben im Bereich der Personal- und Organisationsentwicklung. Allerdings wird man nicht in jedem dieser Fälle gleichermaßen strenge Maßstäbe anlegen. Die höchsten Ansprüche stellen in der Regel Verfahren, die der Individualdiagnostik dienen: Auswahl von Bewerbern, Platzierung von Mitarbeitern oder individuelle Leistungsbeurteilungen zur Bestimmung des zukünftigen Gehalts etc. Hierbei ist besondere Sorgfalt geboten, da mitunter Entscheidungen gefällt werden, welche die gesamte Biographie eines Menschen beeinflussen können. Umfragen zur Kundenzufriedenheit oder zum Image einer Organisation sind demgegenüber weniger brisant. Die Daten sehr vieler Menschen werden zu einem Gesamturteil aggregiert, so dass etwaige Fehler, die bei einzelnen Messungen entstehen, keinen durchschlagenden Effekt auf den abschließenden Befund haben werden. Gleichwohl sollte man auch in diesen Fällen eine möglichst hohe diagnostische Qualität anstreben.

Wer auf eine qualitativ hochwertige Personaldiagnostik verzichtet, hat oft am faschen Ende gespart, denn Fehlentscheidungen im Bereich des Personals oder der Organisationsentwicklung sind meist sehr kostspielig. Selbst sehr teure Verfahren rechnen sich im Allgemeinen, wenn es nur gelingt ein oder zwei Fehlentscheidungen im Vorfeld zu vermeiden. Letztlich lohnt sich die Investition in eine gute Personaldiagnostik immer, weil sie eine der wichtigsten Grundlagen für eine optimale Nutzung der Ressourcen des Unternehmens legt.

5.8 Vertiefende Literatur

Fisseni, H.-J. (1997). Lehrbuch der psychologischen Diagnostik. Göttingen: Hogrefe.

Jäger, R. S. & Petermann, F. (1995). Psychologische Diagnostik: Ein Lehrbuch (3., korrigierte Aufl.). Weinheim: Beltz.

Kubinger, K. D. (1995). Einführung in die psychologische Diagnostik. Weinheim: Beltz.

Lienert, G. & Raatz, U. (1998). Testaufbau und Testanalyse (6. Aufl.). Weinheim: Psychologie Verlags Union.

6. Stein auf Stein –
Der Prozess der Personaldiagnostik

Aus der Sicht des Bewerbers stellt sich die Personaldiagnostik als ein punktuelles Ereignis dar. Der Bewerber wird zu einem Auswahlgespräch eingeladen, beantwortet ein Reihe von Fragen und am Ende wird entschieden, ob man den Kandidaten einstellen möchte oder nicht. Aus Sicht des Unternehmens gestaltet sich die Personalauswahl weitaus komplexer. Eine gute Personalauswahl und -platzierung ist das Ergebnis eines Prozesses, bei dem sorgfältig abgewogene Entscheidungen Schritt für Schritt aufeinander aufbauen. Ganz ähnlich verhält es sich mit der Personal- und Organisationsentwicklung. Die Maßnahmen, mit denen der einzelne Mitarbeiter konfrontiert wird, sind eingebunden in einen komplexeren diagnostischen Prozess, der sich den Mitarbeitern meist jedoch nicht erschließt. Im Folgenden wollen wir den Prozess der Personaldiagnostik systematisch aufarbeiten und uns dabei immer wieder die Frage nach den Standards eines wissenschaftlich fundierten Vorgehens stellen. Abbildung 6-1 skizziert zunächst einmal im Überblick den gesamten Prozess. In den nachfolgenden Abschnitten werden wir uns dann den verschiedenen Phasen im Detail zuwenden.

Am Anfang steht die *Definition einer Aufgabe*. Sie legt das Ziel der personaldiagnostischen Bemühungen fest. Im Kapitel 1 wurden die vier grundlegenden Aufgaben der Personaldiagnostik bereits beschrieben: Personalauswahl, Personalplatzierung und Personalentwicklung sowie Organisationsentwicklung.

Jede seriöse Personalauswahl und -platzierung setzt eine *Anforderungsanalyse* voraus. Mit ihrer Hilfe wird ermittelt, welche Anforderungen ein bestimmter Arbeitsplatz an den Mitarbeiter stellt. Hieraus wiederum schließt man auf die Eigenschaften, die ein erfolgreicher Mitarbeiter aufweisen muss. Genau diese Eigenschaften sind es, die später in der eigentlichen Diagnosephase untersucht werden. Anforderungs- bzw. Bedarfsanalysen können allerdings auch in der Personalentwicklung von Bedeutung sein, legen sie doch fest, in welcher Richtung die Mitarbeiter qualifiziert werden sollen, sofern eine Diskrepanz zwischen den aktuellen und geforderten Merkmalen der Mitarbeiter besteht. Ausgangspunkt für Personal- oder Organisationsentwicklungsmaßnahmen sind ferner wirtschaftliche oder zwischenmenschliche Problemsituationen. Das Unternehmen ist nicht mehr konkurrenzfähig, einzelne Abteilungen arbeiten unproduktiv oder fallen durch eine Häufung von Konflikten auf. In diesen Situationen ist eine Anforderungsanalyse nicht notwendig. Wichtig ist vielmehr eine Erforschung der Ursachen des Problems. So könnte man beispielsweise die Hypothese aufstellen, dass die geringe Produktivität einer Abteilung mit der Arbeitszufriedenheit der Mitarbeiter und/oder dem Führungsstil des Vorgesetzten zusammenhängt. Im weiteren Verlauf eines personaldiagnostischen Prozesses werden diese Annahmen überprüft.

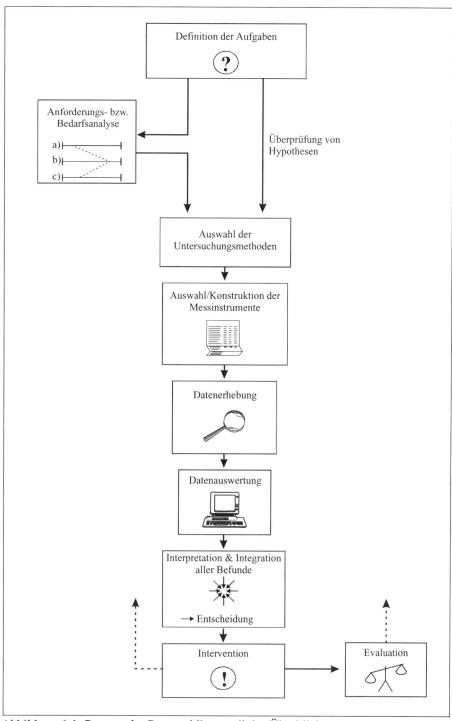

Abbildung 6-1: Prozess der Personaldiagnostik im Überblick

In der nächsten Phase des Prozesses werden die *Untersuchungsmethoden ausgewählt*. Dabei geht es noch nicht um die Entscheidung für oder gegen ein bestimmtes Testverfahren oder die Formulierung einzelner Fragen für ein Interview. Erst einmal muss entschieden werden, welche Methoden im vorliegenden Falle überhaupt sinnvoll und umsetzbar sind. Kann man mit Hilfe eines Testverfahrens die konkreten Fragestellungen beantworten oder wäre eine Verhaltensbeobachtung die aussagekräftigere Methode? Welchen Vorteil hätte demgegenüber ein Persönlichkeitsfragebogen? Welche Methoden lassen sich sinnvoll miteinander kombinieren? Stehen die notwendigen finanziellen Mittel für die Durchführung eines Assessment Centers oder die Neukonstruktion eines Persönlichkeitsfragebogens bereit? Diese und ähnliche Fragen müssen beantwortet werden, ehe man sich für eine oder mehrere Untersuchungsmethoden entscheiden kann.

Ist die Entscheidung im Hinblick auf die Untersuchungsmethoden gefallen, folgt nun die Feinarbeit – die *Auswahl bzw. Konstruktion konkreter Messinstrumente*. Soll ein Persönlichkeitsfragebogen oder ein Intelligenztest eingesetzt werden, muss man aus der Vielzahl der auf dem Markt existierenden Verfahren ein geeignetes auswählen. Fast immer müssen aber auch neue Messinstrumente konstruiert werden. Dies gilt insbesondere für strukturierte Interviews und Assessment Center, da sich die Fragen eines Interviews oder die AC-Übungen nicht so ohne weiteres von einem Anwendungsfall auf einen zweiten übertragen lassen. Wie für den gesamten personaldiagnostischen Prozess so gilt auch hier, dass ein auf den jeweils konkreten Anwendungsfall zugeschnittenes Vorgehen den größten Erfolg verspricht.

Den nächsten Schritt im Prozess der Personaldiagnostik stellt die eigentliche *Datenerhebung* dar. Während die vorherigen Phasen für Bewerber und Mitarbeiter im Verborgenen lagen, werden die Probanden nun zum ersten Mal mit dem diagnostischen Vorgehen konfrontiert. Da die Diagnostik möglichst unverfälscht die Merkmale des Probanden widerspiegeln soll, ist es notwendig, dass der Diagnostiker selbst möglichst wenig Einfluss nimmt. So wäre es beispielsweise schlichtweg inakzeptabel, wenn die Bewerber in einem Einstellungsinterview in Abhängigkeit von den Vorlieben des Interviewers unterschiedliche Fragen gestellt bekämen. Das Vorgehen des einzelnen Diagnostikers muss über verschiedene Probanden hinweg konstant bleiben, was insbesondere bei Interviews nicht immer ganz einfach ist. Arbeiten mehrere Diagnostiker parallel – weil beispielsweise viele Interviews in kurzer Zeit geführt werden müssen – ist es wichtig, dass sich alle Interviewer in möglichst gleicher Weise verhalten.

An die Datenerhebung schließt sich die *Datenauswertung* an. Bei klassischen Leistungstests und Fragebogeninstrumenten hilft heute bisweilen der Computer, was sowohl der Geschwindigkeit als auch der Objektivität der Auswertung zu Gute kommt (vgl. Kapitel 5). Bei Interviews oder Assessment Centern muss die Auswertungsprozedur im Vorhinein festgelegt werden. Dies gilt vor allem dann, wenn die Auswertung durch mehrere Personen erfolgt.

Insbesondere bei der Personalauswahl sammelt man sehr viele Informationen über jeden Kandidaten. Nach Abschluss der Diagnosephase weiß man etwas über seinen schulischen und beruflichen Werdegang, hat vielleicht einen Leistungstest durchgeführt und verschiedene soziale Kompetenzen über ein Assessment Center ermittelt. Nach Abschluss der Auswertungsphase müssen diese Einzelergebnisse interpretiert und in eine Gesamtdiagnose integriert werden. Am Ende steht die Entscheidung für oder gegen die Einstellung eines bestimmten Kandidaten. Vergleichbar zur Messung und Auswertung sollte auch die Phase der *Entscheidungsfindung* regelgeleitet ablaufen. Es darf nicht vorkommen, dass ein Diagnostiker, dem dieselben Befunde zweimal vorgelegt werden, beide Male unterschiedliche Entscheidungen trifft. Ebenso wenig akzeptabel ist es, wenn zwei unabhängige Diagnostiker trotz identischer Befunde abweichende Entscheidungen treffen.

Vor dem Hintergrund der nunmehr empirisch fundierten Entscheidung erfolgt in der sich anschließenden Phase die *Intervention*. Im Rahmen der Personalauswahl besteht die Intervention in der Einstellung eines bestimmten Bewerbers und der Zurückweisung der übrigen. War das Ziel der Diagnose die Feststellung des Entwicklungsbedarfs, so kann man sich nun der Konstruktion geeigneter Personal- oder Organisationsentwicklungsmaßnahmen zuwenden. Je nach Fragestellung können die Phasen von der bis hin zur Intervention mehrfach durchlaufen werden. Dies ist z.B. bci dcr sukzessiven Personalauswahl der Fall. In einer ersten „Runde" sichtet die Personalabteilung die Bewerbungsunterlagen, wertet die Befunde aus und entscheidet dann, welche Bewerber in die zweite Runde des Auswahlverfahrens gelangen. In der zweiten Runde beginnt man wieder mit einer Messung (z.B. mit einem Leistungstest), um erneut nach Auswertung, Interpretation und Integration der Befunde eine Auswahl zu treffen. Die Bewerber, die erneut positiv abgeschnitten haben, kommen in die dritte Runde und so fort, bis am Ende der Prozedur die abschließende Auswahl erfolgt.

Die letzte Phase bildet die *Evaluation* der Intervention sowie des zugrunde liegenden diagnostischen Prozesses. Ziel der Evaluation ist immer die Optimierung des Vorgehens. Ging es beispielsweise um Stellenbesetzungen, so kann im Zuge der Evaluation festgestellt werden, inwieweit sich die ausgewählten Personen tatsächlich am Arbeitsplatz bewährt haben. Sind die Ergebnis wenig befriedigend, wird man nach möglichen Ursachen suchen und ggf. das Auswahlverfahren überarbeiten. Gleiches gilt für Maßnahmen der Personal- oder Organisationsentwicklung. Die Evaluation hinterfragt sowohl die Effektivität des diagnostischen Prozesses, als auch die Effektivität der Maßnahme. Entsprechend vielgestaltig können die Konsequenzen sein, die aus der Evaluation erwachsen.

> Die wissenschaftlich fundierte Personaldiagnostik ist kein punktuelles Ereignis. Sie lässt sich als ein *Prozess* aus mehreren aufeinander aufbauenden Phasen beschreiben. Auch wenn die Phasen des Prozesses eine gewisse Standarisierung des Vorgehens ausdrücken, ist das Resultat immer eine für den jeweiligen Anwendungsfall *maßgeschneiderte Diagnostik*.

6.1 Aufgabendefinition

Zu Beginn des diagnostischen Prozesses muss erst einmal geklärt werden, welche Aufgaben gelöst werden sollen. Auf einer übergeordneten Ebene können wir vier Aufgabenfelder unterscheiden (vgl. Kapitel 1): Personalauswahl und -platzierung sowie Personal- und Organisationsentwicklung. Bei genauerer Betrachtung fällt auf, dass sich der diagnostische Prozess in jedem der vier Aufgabenfelder aus mehreren *diagnostischen Teilaufgaben* zusammensetzt (vgl. Tabelle 6-1).

Tabelle 6-1: Diagnostische Aufgaben der Personaldiagnostik

Personalauswahl	Personalplatzierung
Analyse der Anforderungen eines Arbeitsplatzes ↓ (sukzessive) Messung der Merkmale von Bewerbern ↓ Evaluation der getroffenen Auswahlentscheidungen	Messung der Merkmale der zu platzierenden Person(en) ↓ Analyse der Anforderungen diverser Arbeitsplätze ↓ Evaluation der getroffenen Platzierungsentscheidung
Personalentwicklung	**Organisationsentwicklung**
Bedarfsanalyse (Analyse einer Problemsituation oder Vergleich zwischen Ergebnissen einer Anforderungsanalyse und den Merkmalen der Mitarbeiter) ↓ Evaluation der durchgeführten Interventionsmaßnahmen	Bedarfsanalyse (Analyse einer Problemsituation oder Prognose wirtschaftlicher, technologischer und gesellschaftlicher Veränderungen) ↓ Evaluation der durchgeführten Interventionsmaßnahmen

Die Durchführung der Anforderungsanalyse im Rahmen der *Personalauswahl* entspricht bereits der Bewältigung einer diagnostischen Aufgabe (s.u.). Wird bei der eigentlichen Auswahlprozedur ein sukzessives Vorgehen gewählt, so bauen mehrere diagnostische Phasen, in denen unterschiedliche Methoden zum Einsatz kommen (Analyse der Bewerbungsunterlagen, Testverfahren, Interviews etc.), aufeinander auf. Die Evaluation des gesamten Vorgehens stellt eine weitere diagnostische Aufgabe dar.

Gleiches gilt für die *Personalplatzierung*. Im Unterschied zur Auswahlsituation müssen hierbei jedoch mehrere Arbeitsplätze der Anforderungsanalyse unterzogen werden, damit für jede Person sorgfältig abgewogen werden kann, welcher Arbeitsplatz bestmöglich zu ihren Merkmalen passt.

Noch vielfältiger gestalten sich die diagnostischen Aufgaben bei der *Personalentwicklung*. Im Zentrum steht die Analyse des Entwicklungsbedarfs („Bedarfsanalyse"). Sie kann auf zwei verschiedenen Wegen erfolgen. Im „einfachsten" Falle liegt eine Problemsituation – wie etwa gehäufte Kundenbeschwerden oder Mobbing – vor. Mit diagnostischen Methoden geht man der Sache auf den Grund und identifiziert Ursachen für den Missstand. So könnte man beispielsweise Kunden und Mitarbeiter gezielt befragen. Eine zweite Möglichkeit der Bedarfsanalyse ergibt sich aus dem Vergleich zwischen den Ergebnissen einer Anforderungsanalyse und den Merkmalen der Mitarbeiter. Im Rahmen der Anforderungsanalyse muss ermittelt werden, welche Anforderungen ein (zukünftiger) Arbeitsplatz an einen Mitarbeiter stellt. Dies ist besonders schwierig, wenn der Arbeitsplatz im eigenen Unternehmen noch gar nicht existiert, sondern erst neu eingerichtet wird. Noch schwieriger ist die Aufgabe, wenn man den technologischen Fortschritt der nächsten Jahre vorhersagen möchte. Hier wird man sich weitgehend auf Plausibilitätsbetrachtungen beschränken müssen. Neben der Bedarfsanalyse dienen diagnostische Methoden im zur Evaluation der eingeleiteten Maßnahmen.

Ganz ähnlich sieht es bei der *Organisationsentwicklung* aus. Auch hier gilt es zunächst einmal, den Entwicklungsbedarf festzustellen. Wie im Falle der Personalentwicklung kann er sich aus der Analyse einer konkreten Problemsituation ergeben. Im Gegensatz zur Personalentwicklung käme man im Falle der Organisationsentwicklung jedoch zu dem Schluss, dass sich nicht die Mitarbeiter an die Anforderungen des Arbeitsplatzen anpassen müssen, sondern umgekehrt, die Arbeitsbedingungen so zu verändern sind, dass sie den Merkmalen der Mitarbeiter besser entsprechen. Besteht das Problem beispielsweise in einer sehr hohen Unfallrate, würde man nicht etwa die Mitarbeiter besser schulen (Personalentwicklung), sondern die Arbeitsbedingungen so sicher gestalten, dass schon von allein kaum noch Unfälle entstehen (Organisationsentwicklung). Eine weitere Quelle der Bedarfsanalyse stellt die Prognose wirtschaftlicher, technologischer oder gesellschaftlicher Veränderungen dar. Dabei begegnet man den Problemen gewissermaßen bevor sie entstehen. So könnte man beispielweise die langfristige Entwicklung des Arbeitsmarktes analysieren. Wer dabei feststellt, dass in einigen Jahren viele Firmen um vergleichsweise wenige Informatiker oder Ingenieure wetteifern, wird sich schon im Vorhinein überlegen, wie er durch eine Umstrukturierung der Arbeitsbedingungen (Arbeitszeiten, Gehalt, technische Ausstattung, Entscheidungsfreiräume etc.) die Attraktivität der eigenen Organisation steigern kann. Neben der Bedarfsanalyse dienen diagnostische Methoden im Rahmen zur Evaluation der Interventionsmaßnahmen.

Wir sehen, die Aufgaben der Personaldiagnostik sind sehr vielgestaltig. Eine sorgfältige Planung des weiteren Vorgehens ist nur dann möglich, wenn man weiß, welche diagnostischen Aufgaben vor einem liegen. Dabei ist es keineswegs immer so, dass ein Diagnostiker alle anfallenden Teilaufgaben allein bewältigen muss. Oftmals werden z.B. Unternehmensberatungen mit einzelnen Teilaufgaben betraut, sollen etwa „nur" eine Anforderungsanalyse durchführen oder „nur" ein Assessment Center entwickeln.

Am Anfang des personaldiagnostischen Prozesses steht die Definition der zu bewältigenden Aufgaben. Jedes der vier Aufgabenfelder der Personaldiagnostik (Personalauswahl, -platzierung, -entwicklung und Organisationsentwicklung) lässt sich in mehrere *Teilaufgaben* zergliedern.

6.2 Anforderungsanalyse

Stellen wir uns einmal die folgende Situation vor: In einem mittelständischen Unternehmen, das sich auf die Herstellung von qualitativ hochwertigen Kunststoffverpackungen spezialisiert hat, sind zwei Stellen neu zu besetzen. Zum einen handelt es

Der Prozess der Personaldiagnostik 227

sich um die Position eines Maschinenführers, zum anderen um die des Marketingchefs. Der Maschinenführer steht zwei weiteren Kollegen vor. Alle drei zusammen bedienen eine sehr komplexe Maschine, die eine zentrale Bedeutung im Produktionsprozess hat. In mehreren unmittelbar hintereinander ablaufenden Arbeitsschritten werden Kunststofffolien auf ein bestimmtes Maß geschnitten, gefaltet und zu Beuteln verschweißt. Der Marketingchef ist der Vorgesetzte von fünf Mitarbeitern, die den gesamten Marketingprozess der Firma, angefangen bei der Markforschung über die Produkt- und Preisgestaltung bis hin zur Entwicklung von Werbestrategien verantworten. Die Personalabteilung soll beide Positionen mit fähigen Leuten besetzen.

Die Personalabteilung einer Sparkasse steht vor einem völlig anderen Problem. In den letzten drei Jahren hat das Volumen der vergebenen Kredite spürbar nachgelassen, wobei insgesamt die Anzahl der Kunden stagniert. Aus einem Vergleich mit anderen Kreditinstituten weiß man, dass die Konkurrenz auf dem Markt deutlich besser positioniert ist, ja in den letzten Jahren sogar Kunden der Sparkasse abwerben konnte. Eine erste Umfrage im eigenen Unternehmen hat vor allem Defizite im Verhalten der Kundenberater aufgedeckt. Im Gegensatz zu den übrigen Kreditinstituten der Stadt gelingt es den Sparkassenmitarbeitern offenbar nicht, mit den gestiegenen Ansprüchen der Kunden Schritt zu halten.

Die Situationen beider Unternehmen sind sehr unterschiedlich und dennoch weisen sie in einem wichtigen Punkt Gemeinsamkeiten auf. Beide Unternehmen stehen zunächst vor dem Problem der Definition der *Anforderungen*, die ein bestimmter Arbeitsplatz an den Arbeitsplatzinhaber stellt. Im Falle des produzierenden Unternehmens liefert die Anforderungsanalyse die Basis für die Stellenausschreibungen sowie die Auswahl und Konstruktion der diagnostischen Instrumente, mit deren Hilfe aus der Vielzahl der Bewerber geeignete Kandidaten herausgefiltert werden können. Ohne Anforderungsanalyse wäre ungewiss, nach welchen Kandidaten man überhaupt Ausschau halten sollte. Im Falle des Kreditinstitutes ist die Anforderungsanalyse Bestandteil einer Bedarfsanalyse. Sie definiert, wie sich die Mitarbeiter des Unternehmens den Kunden gegenüber verhalten sollten (Soll-Zustand). In einem weiteren Schritt wäre noch zu ermitteln, welches Verhalten die Mitarbeiter im Arbeitsalltag de facto zeigen (Ist-Zustand). Aus einem Vergleich zwischen Ist und Soll ergibt sich dann der Veränderungsbedarf, dem man mit gezielten Maßnahmen der Personalentwicklung begegnet. Abbildung 6-2 gibt einen Überblick über Anforderungen, die in der Praxis häufig anzutreffen sind.

Einstellungen	fachliche Kompetenzen
• Leistungsmotivation • Dienstleistungsorientierung	• formale Ausbildung • Berufserfahrung
kognitive Fähigkeiten	**soziale Fähigkeiten**
• Intelligenz • Kreativität • Konzentrationsfähigkeit • Organisationsfähigkeit	• Einfühlungsvermögen • Teamfähigkeit • Kommunikationsfähigkeit • Konfliktfähigkeit • Durchsetzungsfähigkeit

Abbildung 6-2: Beispiele für Anforderungen an Mitarbeiter

Ziel der Anforderungsanalyse ist also die Definition der notwendigen bzw. erwünschten Merkmale, die ein erfolgreicher Arbeitsplatzinhaber aufweisen sollte. Die Merkmale können sich mitunter sehr deutlich in ihrem Abstraktionsniveau unterscheiden. Der Abstraktionsgrad der Personenmerkmale hängt einerseits von der anforderungsanalytischen Methode, andererseits von der geplanten Verwendung der Befunde ab. Dient die Anforderungsanalyse zur Konstruktion einer Arbeitsprobe, so wird man im Konkreten bleiben und sich von vornherein nicht für Persönlichkeitseigenschaften, sondern für ganz konkretes Arbeitsverhalten interessieren. Je breiter das relevante Aufgabenspektrum des Mitarbeiters ist, desto eher ist man jedoch an abstrakteren Merkmalen interessiert. So hilft es beispielsweise bei der Personalauswahl kaum weiter, wenn man die 25 oder 30 verschiedenen Aufgaben kennt, die ein Marketingchef im Verlaufe einer durchschnittlichen Arbeitswoche bewältigen muss. Niemand kann im Rahmen der Auswahlprozedur alle diese konkreten Tätigkeiten durch Arbeitsproben überprüfen. Auch wäre ein solches Vorgehen recht unflexibel im Hinblick auf etwaige Veränderungen, die der Arbeitsalltag in den folgenden Jahren erfahren wird (vgl. Schuler & Funke, 1993).

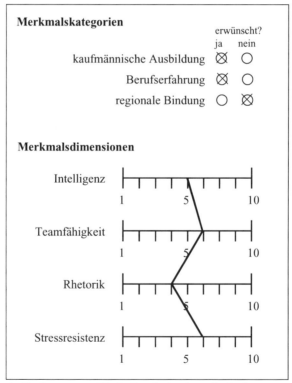

Abbildung 6-3: Anforderungsprofil als Ergebnis einer Anforderungsanalyse

Die Anforderungen lassen sich in Form von *Merkmalsdimensionen* oder *Merkmalskategorien* definieren (vgl. Abbildung 6-3). Merkmalsdimensionen ermöglichen eine feingliedrige Abstufung der Anforderungen, während bei Merkmalskategorien meist nur zwei Zustände unterschieden werden: „Merkmal erfüllt" bzw. „Merkmal nicht erfüllt". Es gehört zum Wesen der formalen Qualifikationen, dass sie vergleichsweise leicht definiert und gemessen werden können. In der Regel begnügt man sich in diesen Fällen damit zu ermitteln, ob eine Voraussetzung erfüllt ist oder nicht. Bei Merkmalsdimensionen ist die Aufgabe weitaus komplexer. Dimensionen sind mehr oder weniger stark ausgeprägt. Neben der Auswahl der Dimensionen muss die Anforderungsanalyse daher eine Antwort auf die Frage nach der Ausprägung jeder Dimension geben. Eine vollständige Anforderungsanalyse liefert alle wichtigen Informationen: Merkmalskategorien, Merkmalsdimensionen und die dazugehörigen Ausprägungen. Somit entsteht ein *Anforderungsprofil*, das uns genau mitteilt, welche Merkmale ein Bewerber oder Mitarbeiter aufweisen sollte.

Ziel der Anforderungsanalyse ist die Definition eines Anforderungsprofils. Das Anforderungsprofil beschreibt mit Hilfe von Kategorien und Dimensionen, welche Merkmale ein Mitarbeiter aufweisen sollte.

Jede Anforderungsanalyse stellt eine diagnostische Prozedur dar, die mit sehr unterschiedlichem Aufwand betrieben werden kann. Es gibt nicht *die* Anforderungsanalyse. Vielmehr muss man aus einer Vielzahl potentiell geeigneter Methoden (vgl. Dunckel, 1999; Kannheiser, 1995; Kanning & Holling, 2002; Schuler, 2000a, 2001; Schuler & Funke, 1993; Sonntag, 1999a) diejenige heraussuchen, die im konkreten Anwendungsfalle den meisten Erfolg verspricht. Zum Einsatz kommen dabei Interviews, standardisierte Fragebogeninstrumente, Gruppendiskussionen und mathematische Analyseverfahren. Schuler (2001) unterscheidet auf einer übergeordneten Ebene drei Vorgehensweisen: die intuitive, die arbeitsplatzanalytische sowie die personenanalytische Methode[11]. Wenden wir uns zunächst der ersten Methode zu.

Die einfachste Vorgehensweise stellt die *intuitive Methode* dar. Wie der Name bereits verrät, kommt beim intuitiven Vorgehen keine aufwändige Methodik zum Einsatz. Auch verzichtet man vollständig auf mathematisch-statistische Prozeduren. Stattdessen begnügt man sich damit, die Anforderungen per Augenschein bzw. durch Plausibilitätsbetrachtungen zu bestimmen. Die Qualität einer solchen Anforderungsanalyse steht und fällt mit der (Fach-)Kompetenz derjenigen Personen, die die Analyse durchführen. In den meisten Fällen empfiehlt es sich, die Analyse nicht allein durch Mitarbeiter der Personalabteilung, sondern auch durch Fachexperten vornehmen zu lassen. Im Falle des Marketingchefs wären Fachexperten z.B. der ehemalige Stelleninhaber oder sein Stellvertreter. Da sich die Anforderungen eines Arbeitsplatzes aus der jeweiligen Perspektive verschiedener Betrachter sehr unterschiedlich darstellen können, ist ferner die Befragung unterschiedlicher Experten anzuraten. Im Beispielfall des Maschinenführers bietet sich eine Befragung des ehemaligen Stelleninhabers, seines Vorgesetzten und seiner Mitarbeiter an. Der Maschinenführer selbst wird vielleicht die fachlichen Kompetenzen und Selbstkompetenzen in den Vordergrund seiner Betrachtung stellen, während seine Mitarbeiter in stärkerem Maße die sozialen Kompetenzen akzentuieren. Die übergeordnete Perspektive des Vorgesetz-

---

[11] Aus Gründen der leichteren Verständlichkeit wurden die Bezeichnungen von Schuler (2001) geringfügig abgewandelt.

ten verspricht wiederum Hinweise auf soziale Kompetenzen und Methodenkompetenzen. Wie auch immer die Akzentsetzungen im Einzelfall aussehen mögen, der Qualität der Anforderungsanalyse dürfte die Integration unterschiedlicher Perspektiven zum Vorteil gereichen. Dabei sollten die Experten nicht gleich alle gemeinsam in einer Entscheidungsgruppe zusammenkommen. Das vielbeschworene „brainstorming", das lange Zeit als die ultima ratio der kreativen Problemlösestrategien galt, hat sich in dieser Form als wenig hilfreich erwiesen. Die Probleme eines solchen Vorgehens sind vielfältig. Zum einen besteht die Gefahr, dass zurückhaltende Gruppenmitglieder und Personen mit geringem Status ihre eigenen Ideen selbst dann nicht in gebührendem Maße einbringen, wenn sie eine Bereicherung darstellen würden. Dominante Personen werden allzu leicht zu Wortführern, deren Meinung sich trotz alternativer oder ergänzender Vorschläge letztlich durchsetzt (vgl. Kapitel 2). Zum anderen führt die Diskussion konkreter Meinungsäußerungen dazu, dass die Informationsverarbeitungskapazität der Gruppenmitglieder in einer bestimmten Richtung gebunden und kanalisiert wird. Der Einzelne hat mithin weniger Gelegenheit, eigene Ideen zu generieren und seinen Eingebungen nachzugehen. Stattdessen beschäftigt er sich vorwiegend mit solchen Ideen, die gerade in der Gruppe diskutiert werden. Kurzum, bei Anwendung der intuitiven Methode muss zunächst einmal jeder Experte isoliert von allen anderen befragt werden. Der Diagnostiker kann die Ergebnisse der Befragungen anschließend in ein vorläufiges Anforderungsprofil integrieren und diesen Entwurf abschließend in einer Runde aller Experten zur Diskussion stellen.

Der große Vorteil der intuitiven Methode liegt darin, dass sie ohne großen Aufwand und daher recht kostengünstig durchzuführen ist. Die Ergebnisse besitzen für alle Beteiligten eine recht hohe Plausibilität, da sie sich letztlich aus Alltagsbetrachtungen ableiten. Demgegenüber steht der Nachteil einer mangelnden Systematik des Vorgehens. Es können nur solche Anforderungen entdeckt und in das Anforderungsprofil aufgenommen werden, die auch im Bewusstsein der befragten Experten liegen. Ein weiterer Nachteil ist mit der starken Personenbindung des Vorgehens verbunden. Findet man im eigenen Unternehmen keinen wirklichen Experten, weil z.B. ein völlig neuer Arbeitsplatz eingerichtet werden soll, so ist die Umsetzung der Methode kaum sinnvoll möglich. Finden sich geeignete Experten, so besteht bisweilen die Gefahr, dass sie nicht mit der gebotenen Sorgfalt zu Werke gehen. Gefragt ist nicht der „allwissende Experte", der quasi aus der Pistole geschossen drei, vier Anforderungsdimensionen nennt, sondern eher der sorgfältige und selbstkritische Denker, der sich der Verantwortung seiner Aufgabe bewusst ist.

Standards
der intuitiven Anforderungsanalysen

- Die Analyse wird durch ausgewiesene Experten für den jeweiligen Arbeitsplatz vorgenommen.
- Es werden immer mehrere Experten befragt.
- Die Befragung erfolgt zunächst in Einzelinterviews und nicht in Gruppen.
- Die Ergebnisse der Interviews werden anschließend in einem Entscheidungsgremium zu einem Anforderungsprofil integriert.

Im Gegensatz zum intuitiven Vorgehen haben wir es bei der *arbeitsplatzanalytischen Methode* mit einem systematischen Vorgehen zu tun, das die Bezeichnung „Analyse" schon sehr viel eher verdient. Zunächst sammelt man sehr spezifische Kriterien zur Beschreibung eines Arbeitsplatzes. Im wahrsten Sinne des Wortes wird der Arbeitsplatz analysiert, also in kleinste Arbeitselemente zerlegt, ehe man in einem zweiten Schritt zu abstrakteren Beschreibungen der Anforderungen gelangt. Den Prototypen der arbeitsplatzanalytischen Methode stellen standardisierte Instrumente dar. Unter standardisierten Instrumenten verstehen wir Checklisten und Fragebögen, die als fertiges Verfahren im Handel erhältlich sind. Der Markt bietet zahlreiche Instrumentarien, die allerdings fast ausschließlich auf Arbeitsplätze im produzierenden Bereich oder auf Büroarbeitsplätze zugeschnitten sind (Überblick: Dunckel, 1999; Frieling & Sonntag, 1999; Kanning & Holling, 2002). In unseren Beispielfällen ließen sich entsprechende Verfahren zwar für den Maschinenführer, nicht aber für den Marketingchef oder die Mitarbeiter der Sparkasse finden. Das Vorgehen ist bei den standardisierten Verfahren meist sehr ähnlich: Ein Diagnostiker nimmt ein standardisiertes Instrument zur Hand und beschreibt mit Hilfe der vorgegebenen Items systematisch Punkt für Punkt einen bestimmten Arbeitsplatz. Dabei bedient er sich ggf. seines eigenen Vorwissens. Im Zentrum steht jedoch die Befragung von Arbeitsplatzinhabern. Überdies beobachtet er die Mitarbeiter bei der Ausführung ihrer beruflichen Tätigkeit. Ergebnis des Ganzen ist eine sehr genaue Analyse des Arbeitsplatzes bzw. der Handlungen, die mit der Ausführung der Arbeitstätigkeit verbunden sind.

Abbildung 6-4 gibt einen Einblick in die Struktur eines etablierten Verfahrens, den Fragebogen zur Arbeitsanalyse (Frieling & Hoyos, 1978; siehe auch Poganatz, 2002). Der Fragebogen besteht aus 221 Items, die sich in vier Bereiche gliedern.

Bereich 1: Informationsaufnahme/-verarbeitung
Wie häufig dienen optische Anzeigen (Lichtsignale, Tachometer etc.) als Quelle der Arbeitsinformation?
Wie häufig dient mündliche Kommunikation (Anweisungen, Anfragen, Diskussionen etc.) als Quelle der Arbeitsinformation?

Bereich 2: Arbeitsausführung
Benutzen von Präzisionswerkzeugen?
Benutzen von langstieligen Werkzeugen?

Bereich 3: Arbeitsrelevante Beziehungen
Kontakte mit Geschäftsführern, Unternehmensleitern, Inhabern von Spitzenpositionen?
Anzahl der Vorgesetzten, die vom Positionsinhaber Anweisungen erhalten?

Bereich 4 : Umgebungseinflüsse und zusätzliche Arbeitsbedingungen
Spezielle Hygiene- und Sauberkeitsvorschriften?
Geschwindigkeit/Tempo der Arbeitsausführung?

Einschätzung der Elemente auf unterschiedlichen Skalen,
z.B. Häufigkeit von 0 = „trifft nicht zu" bis 5 = „sehr häufig"

Abbildung 6-4: Itembeispiele aus dem FAA (Frieling & Hoyos, 1978)

Im Bereich 1 geht es um die Frage, auf welchem Wege der Arbeitsplatzinhaber Informationen einholt (z.B. Ablesen von Displays an Maschinen) und welche Denkprozesse zur Ausführung der Tätigkeit notwendig sind. Im zweiten Bereich stehen die Verhaltensweisen, Werkzeuge und Geräte im Fokus der Analyse. Demgegenüber werden im dritten Bereich Interaktionen mit anderen Menschen betrachtet. Es interessiert, ob und inwieweit der Arbeitsplatzinhaber zur Erfüllung seiner beruflichen Aufgaben mit anderen Menschen wie z.B. Kollegen oder Vorgesetzten kommunizieren muss. Im vierten Bereich widmet sich der Arbeitsanalytiker schließlich den Faktoren, die eher indirekt auf die Arbeitstätigkeit Einfluss nehmen. Hierzu zählen z.B. Gefährdungen der Gesundheit und etwaige Sicherheitsmaßnahmen. Bei jedem Item muss der Arbeitsanalytiker durch ein Kreuz auf vorgegebenen Skalen angeben, wie sehr das angesprochene Element der Arbeitstätigkeit für den fraglichen Arbeitsplatz relevant ist. Dies geschieht durch eine Einschätzung der Häufigkeit, mit der ein bestimmtes Ereignis im Arbeitsalltag auftritt. Weitere Einschätzungsskalen beziehen sich auf die zeitliche Dauer eines Ereignisses (gebückte Haltung u.Ä.) oder die Wichtigkeit, die eine Tätigkeit im Kontext der gesamten Arbeitsaufgabe einnimmt.

Ein Vorteil der standardisierten Instrumente liegt in der starken Systematisierung des Vorgehens. Jeder Arbeitsplatz wird nach zahlreichen Kriterien untersucht, hierdurch läuft man nicht so leicht Gefahr, wichtige, aber gleichsam wenig offensichtliche Aspekte zu übersehen. Während die intuitive Methode zwangsläufig nur jene Aspekte der Arbeitstätigkeit berücksichtigen kann, die den Experten ins Auge fallen, bietet der Einsatz standardisierter Instrumente die Chance, auch verborgene Aspekte aufzudecken. Dabei ist der finanzielle Aufwand im Vergleich zum intuitiven Vorgehen eher etwas höher, denn will man die Analyse auf ein abgesichertes Fundament stellen, sollte der Arbeitsplatz mindestens zweimal untersucht werden. Da jeder Mitarbeiter eine individuell geprägte Sicht auf seinen Arbeitsplatz hat, muss diese Subjektivität durch die unabhängige Einzelbefragung mehrerer Personen ausgeglichen werden. Hinzu kommt, dass ein Mitarbeiter heute meist nicht nur an einer einzigen Maschine steht, sondern flexibel eingesetzt werden soll. In der Konsequenz werden mehrere Arbeitsplatzanalysen notwendig.

Der wohl gewichtigste Nachteil der standardisierten Verfahren liegt in ihrer sehr begrenzten Bandbreite. Verfahren für Managementtätigkeiten, für Dienstleistungen und viele andere Tätigkeiten wird man vergeblich suchen. Große Unternehmen könnten entsprechende Instrumente selbst entwickeln. Für kleinere Unternehmen ist dieser Weg zu kostspielig. Die bloße Menge der detaillierten Informationen, die über einen einzelnen Arbeitsplatz gesammelt werden, stellt ein weiteres Problem dar. In der Anforderungsanalyse interessiert man sich – anders als beispielsweise bei arbeits- oder sicherheitsanalytischen Untersuchungen – letztlich nicht für die Details des Arbeitsplatzes, sondern für die übergeordneten Anforderungen, die an die Mitarbeiter gestellt werden. Wichtig ist nicht, dass der Maschinenführer sieben Mal am Tag ein bestimmtes Display abliest oder dass es in der Werkshalle laut und warm ist, sondern ob und inwieweit der Maschinenführer eine besondere Wahrnehmung- oder Reaktionsfähigkeit besitzen muss und ob für ihn Stressresistenz ein wichtiges Erfolgskriterium darstellt. Von der großen Fülle detaillierter Informationen muss man daher auf die zugrunde liegenden Anforderungen abstrahieren. Leider liefern die standardisierten Verfahren hierzu kaum Hilfestellung. Im Gegensatz zu klassischen

Testverfahren oder Persönlichkeitsfragebögen erfolgt die Auswertung also nicht regelgeleitet, sondern qualitativ nach den Vorstellungen der Anwender. Eine mögliche Auswertung besteht darin, dass der Arbeitsanalytiker zunächst allein oder gemeinsam mit einem Kollegen Abstraktionen vornimmt, ehe man die vorgeschlagene Lösung in einem Expertengremium (Arbeitsplatzinhaber, Vorgesetzte, Mitarbeiter etc.) diskutiert.

> **Standards**
> der arbeitsplatzanalytischen Anforderungsanalyse
>
> - Die Analytiker wurden für ihre Aufgabe geschult.
> - Es werden alle für eine bestimmte Stelle wichtigen Arbeitstätigkeiten (also ggf. auch mehrere Arbeitsplätze) analysiert.
> - Es werden mehrere Arbeitsplatzinhaber unabhängig voneinander befragt.
> - Die Ableitung eines Anforderungsprofils erfolgt durch mehrere Personen.

Einen dritten Zugang stellt die *personenanalytische Methode* dar. Während bei der arbeitsplatzanalytischen Methode der Arbeitsplatz in seine grundlegenden Bestandteile zerlegt wird, um anschließend auf die relevanten Fähigkeiten und Fertigkeiten der Arbeitsplatzinhaber schließen zu können, stehen bei der personenanalytischen Methode die Arbeitsplatzinhaber von vornherein im Zentrum der Aufmerksamkeit. Nicht der Arbeitsplatz, sondern die Person des Mitarbeiters wird hinsichtlich ihrer biographischen Merkmale, Fähigkeiten und Fertigkeiten analysiert. Besonders kennzeichnend für die personenanalytische Vorgehensweise ist der Einsatz mathematischer Verfahren. Das personenanalytische Vorgehen setzt daher bei den Anwendern eine besonders hohe Fachkompetenz im Umgang mit wissenschaftlichen Methoden voraus. Hierin liegt wohl auch der wichtigste Grund dafür, dass man sie in der Praxis eher selten antreffen wird. Das mathematisch-empirische Vorgehen weist eine besonders große Nähe zum naturwissenschaftlichen Denken auf. Demzufolge soll eine Entscheidung unabhängig von der Person des Forschers nach allgemeingültigen Regeln aus empirischen Daten abgeleitet werden (vgl. Kanning, 2001). Übertragen auf den Kontext der Anforderungsanalyse heißt dies, dass die Anforderungsdimensionen nicht durch Meinung einzelner Experten, durch Plausibilitätsbetrachtungen oder aus einer Gruppendiskussion heraus entstehen, sondern nach mathematischen Prinzipien aus den gesammelten Daten erschlossen werden. Die Datensammlung sowie die Ableitung der Anforderungen können auf sehr unterschiedliche Weise erfolgen. Zwei Wege schauen wir uns einmal etwas genauer an.

Möchte man wissen, welche Merkmale eines Mitarbeiters zu besonders guten Leistungen an einem Arbeitsplatz führen, so kann man untersuchen, in welchen Merkmalen sich leistungsstarke Mitarbeiter von weniger leistungsstarken Kollegen unterscheiden. Im Rahmen einer empirischen Studie erhebt man zunächst einmal unterschiedlichste Merkmale von vielen Mitarbeitern, die alle den gleichen oder sehr ähnlichen Arbeitsplatz haben. Hierzu zählen biographische Informationen (Alter, Schulbildung, Ausbildungsstand etc.), Leistungsmaße (z.B. Intelligenz) und Persönlichkeitsmaße. Die Auswahl dieser Informationen sollte möglichst breit sein[12], es sei denn, man kann schon im Vorfeld fundiert begründen, warum bestimmte Merkmale der Mitarbeiter mit Sicherheit irrelevant sind. Anschließend wird die Leistungsfähigkeit der Mitarbeiter am Arbeitsplatz eingeschätzt. Dies kann auf unterschiedlichem Wege geschehen (vgl. Marcus & Schuler, 2001; Schuler, 1991a). Zu den häufig eingesetzten Kriterien zählt die Beurteilung durch Vorgesetzte, die Produktionsrate des Mitarbeiters (im Falle einer Bank z.B. die Anzahl eigenverantwortlich abgeschlossener Kredite) oder die Geschwindigkeit, mit der ein Mitarbeiter im Unternehmen aufgestiegen ist. Sämtliche Daten werden nun in einen Computer eingegeben und mit mathematischen Methoden ausgewertet. Je nach der Art des gewählten Analyseverfahrens sind unterschiedliche Aussagen möglich. So könnte man beispielsweise ermitteln, ob sich leistungsstarke Mitarbeiter signifikant in ihrer Intelligenz oder in ihrer Leistungsmotivation von leistungsschwachen Mitarbeitern unterscheiden. Bei einer anderen Analysemethode würde man errechnen, wie stark der Zusammenhang zwischen den Merkmalen der Mitarbeiter und ihrer beruflichen Leistung ist. Mit beiden Berechnungsverfahren lassen sich wichtige von weniger wichtigen oder gar völlig unbedeutenden Merkmalen der Mitarbeiter trennen. Alle wichtigen Merkmale repräsentieren die Anforderungen des Arbeitsplatzes, wohingegen die unwichtigen Merkmale in der Personalauswahl oder -entwicklung nicht weiter berücksichtigt werden müssen.

Eine zweite Vorgehensweise, die wir zu den personenanalytischen Methoden zählen, trägt durchaus auch Elemente einer Arbeitsplatzanalyse in sich. Auf der einen Seite betrachtet man das Verhalten der Arbeitsplatzinhaber und ermittelt mit Hilfe mathematischer Prozeduren Merkmale der Menschen, die dem Arbeitsverhalten zugrunde liegen. Auf der anderen Seite geht die Beschreibung des Verhaltens mit einer Analyse der Arbeitstätigkeiten einher. Im Zentrum der Analyse stehen jedoch eindeutig die Verhaltensweisen des Individuums und nicht die Merkmale des Arbeitsplatzes, weshalb wir sie zu den personenanalytischen Verfahren rechnen. Die Rede ist von der „Methode der kritischen Ereignisse" (Critical Incident Technique; Flanagan, 1954), die in unterschiedlichen Abwandlungen durchgeführt werden kann. Am Anfang steht immer die Sammlung sog. „kritischer Ereignisse" (vgl. Abbildung 6-5). Hierbei handelt es sich um Ereignisse des Arbeitsalltags, die entweder besonders häufig vorkommen oder zwar nicht so häufig auftreten, aber eine große Bedeutung für den beruflichen Erfolg haben. Die kritischen Ereignisse repräsentieren somit nur eine Teilmenge der Arbeitswirklichkeit. Allerdings handelt es sich dabei um die wesentliche Teilmenge. Im Kontrast zum arbeitsplatzanalytischen Vorgehen zergliedert man den Arbeitsplatz nicht in kleinste Elemente und bemüht sich dabei um eine vollständige Beschreibung der Realität, sondern beschränkt sich von vornherein auf die zentralen Punkte. Betrachten wir zur Verdeutlichung einmal den Arbeitsalltag eines Mitarbeiters der Sparkasse aus unserem Beispiel. Gäbe es einen standardisierten Fragebogen zur Analyse eines solchen Arbeitsplatzes, so würde man sehr detailliert protokollieren, mit welchen Tätigkeiten sich der Mitarbeiter im Verlaufe einer Woche beschäftigen muss. Angefangen bei der Arbeit am Computer über das Ausfüllen eines Überweisungsauftrages bis hin zu unterschiedlichen Gesprächen mit

---

[12] Hossiep (1995) nennt nicht weniger als 14 Kategorien potentiell leistungsrelevanter Mitarbeitermerkmale.

Kunden, Kollegen oder Vorgesetzten. Die Informationen sammelt der Arbeitsanalytiker durch Beobachtungen und Befragungen von Betroffenen. Bei der Critical Incident Technique interessiert man sich lediglich für die zentralen Ereignisse. Man würde zunächst 10 oder fünfzehn Interviews mit Arbeitsplatzinhabern führen. In jedem Interview werden die Mitarbeiter gebeten, einige kritische Ereignisse aus ihren Berufsalltag zu nennen.

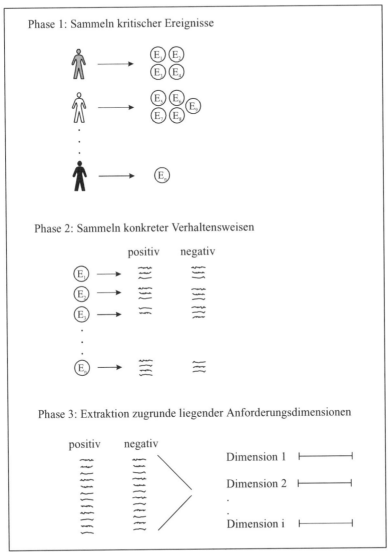

Abbildung 6-5: Methode der kritischen Ereignisse

Anschließend soll der Befragte beschreiben, wie sich seiner Erfahrung nach ein besonders guter Mitarbeiter und ein eher schlechter Mitarbeiter in jeder Situation verhalten würden. Für jedes Ereignis können mehrere positive oder negative Verhaltensweisen benannt werden. In einer dritten Phase wird von der Ebene der konkreten Verhaltensweisen auf die zugrunde liegenden Fähigkeiten und Fertigkeiten geschlossen. Hierzu bieten sich prinzipiell zwei alternative Wege an. Bei „qualitativem" Vorgehen legt man die Verhaltensweisen einer Expertenrunde vor, die dann auf dem Wege der Diskussion zu abstrakteren Anforderungsdimensionen gelangt (vgl. Maas, 1991). Im Sparkassenbeispiel würde man sicherlich feststellen, dass sehr häufig Verhaltensweisen genannt wurden, die in irgendeiner Weise mit dem Einsatz der Sprache verbunden sind. Hieraus könnte man schließen, dass rhetorische Fähigkeiten besonders relevant sind. „Rhetorik" wäre somit als eine Anforderungsdimension des Arbeitsplatzes erkannt. Schwierig wird die Aufgabe jedoch, wenn sehr viele Verhaltensweisen gesammelt wurden, denen oftmals auch mehrere Fähigkeiten und Fertigkeiten zugrunde liegen. Hier besteht die Gefahr, dass die Expertenrunde – vielleicht ohne es zu merken – in die intuitive Methode hinübergleitet und sich letztlich stärker von ihren eigenen Meinungen über den Arbeitsplatz als von den erhobenen Daten leiten lässt. Diesem Problem kann durch eine quantitative Datenanalyse begegnet werden. Zu diesem Zwecke werden alle Verhaltensweisen in einem Fragebogen zusammengefasst, den anschließend eine größere Stichprobe von Mitarbeitern des Unternehmens bearbeitet. Der Mitarbeiter muss nun einzuschätzen, inwieweit er das fragliche Verhalten selbst im Arbeitsalltag zeigt. Die gewonnenen Daten unterzieht man in einem letzten Schritt einer mathematischen Analyse, mit deren Hilfe sich die Verhaltensweisen so gruppieren lassen, dass die zentralen Fähigkeiten und Fertigkeiten der beruflichen Tätigkeit zu Tage treten (Faktorenanalyse). Eben diese Fähigkeiten und Fertigkeiten repräsentieren die Anforderungsdimensionen des fraglichen Arbeitsplatzes.

Die Vorteile der personanalytischen Methode liegen vor allem in der sehr guten empirischen Fundierung der Schlussfolgerungen. Entscheidet man sich im Rahmen der Methode der kritischen Ereignisse für die qualitative Ableitung der Anforderungsdimensionen, so ist das Vorgehen sehr regelgeleitet, transparent und nicht abhängig von den mehr oder weniger zutreffenden Meinungen einzelner Arbeitsanalytiker oder Experten. Die Nachteile sind allerdings ebenso offensichtlich. Der Aufwand ist in der Regel sehr groß. Die Umsetzung erfordert mathematische und methodische Kompetenzen, die in den meisten Unternehmen (und Beratungsfirmen) nicht vorhanden sind. Beides zusammen führt dazu, dass die personalanalytische Methode vergleichsweise kostspielig ist.

Standards
der personenanalytischen Anforderungsanalyse

- Die Diagnostiker verfügen über hinreichende Kompetenzen im Umgang mit Methoden der quantitativen Forschung.
- Es fließen immer die Daten von mehreren Arbeitsplatzinhabern in die Analyse ein.
- Die Ableitung eines Anforderungsprofils erfolgt (so weit wie möglich) auf der Basis mathematisch-statistischer Analysen.

Tabelle 6-2: Anforderungsanalytische Methoden im Vergleich

	intuitive Methode	arbeitsplatzanalytische Methode	personenanalytische Methode
Prinzip	Einschätzungen von Experten	Zergliederung der Arbeitstätigkeit in kleine Elemente	aufwändige empirische Untersuchungen des Verhaltens sowie der Merkmale von Arbeitsplatzinhabern
Anwendung	- alle Tätigkeiten	- vornehmlich Produktionsarbeit und Bürotätigkeit	- alle Tätigkeiten
Vorteile	- geringe Kosten - hohe Plausibilität und Kommunizierbarkeit der Ergebnisse	- mäßig hohe Kosten - sehr systematisches Vorgehen - Verborgenes kann zu Tage treten	- sehr systematisches Vorgehen - regelgeleitete Entscheidungen - Verborgenes kann zu Tage treten
Nachteile	- wenig systematisches Vorgehen - keine regelgeleiteten Entscheidungen - Verborgenes kann nicht zu Tage treten - Nutzen stark abhängig von der Qualität der Experten	- keine regelgeleitete Entscheidung - geringe Auswahl an standardisierten Instrumenten	- eher hohe Kosten - Durchführung erfordert wissenschaftlich-methodische Fachkompetenz

In unserer Beschreibung der drei Methoden der Anforderungsanalyse haben wir uns auf die Darstellung eines prototypischen Vorgehens beschränkt. Tabelle 6-2 gibt noch einmal einen zusammenfassenden Überblick über die Prinzipien sowie die Vor- und Nachteile jeder Methode. Im konkreten Anwendungsfall sind Abweichungen von diesen Prototypen durchaus legitim. Letztlich ist es nicht wichtig, ob man eine Methode exakt einer der drei Gruppen zuordnen kann. Entscheidend ist vielmehr die Nützlichkeit und Aussagekraft des Vorgehens im konkreten Anwendungsfall. Ggf. können auch Kombinationen unterschiedlicher Methoden sinnvoll sein.

Alle genannten Methoden gehen davon aus, dass innerhalb der eigenen Organisation Experten für den fraglichen Arbeitsplatz vorhanden sind. Will man jedoch völlig neue Arbeitsplätze einrichten, wird es schwierig. Arbeitsplatz- oder personenanalytische Methoden scheiden von vornherein aus, weil es weder Arbeitsplätze noch Arbeitplatzinhaber gibt, die sich analysieren ließen. In diesem Falle ist man mithin auf die intuitive Methode angewiesen, es sei denn, es eröffnet sich die Möglichkeit, entsprechende Untersuchungen in anderen Organisationen durchführen zu können. Dies dürfte allerdings bestenfalls im öffentlichen Dienst eine realistische Erwartung sein. Doch selbst die intuitive Methode lässt sich hier nur mit Abstrichen realisieren, da im eigenen Unternehmen keine wirklich ausgewiesenen Experten greifbar sind. Stattdessen behilft man sich mit solchen Experten, deren Fachkompetenz noch am ehesten brauchbar ist, also z.B. Kenner sehr ähnlicher Arbeitstätigkeiten.

In unserer bisherigen Betrachtung der Anforderungsanalyse sind wir immer davon ausgegangen, dass man den Status quo der Arbeitsplatzanforderungen beschreiben möchte. Die Personalauswahl, -platzierung und -entwicklung ist oftmals aber auch nicht unabhängig von strategischen *Wertentscheidungen*. Man möchte nicht nur wissen, welche Anforderungen ein Arbeitsplatz an einen Mitarbeiter stellt, sondern möchte darüber hinaus festlegen, welche Fähigkeiten und Fertigkeiten die Mitarbeiter der Zukunft mitbringen sollen. Im Beispielfall der Sparkasse wird dies besonders deutlich. Mit Hilfe der Anforderungsanalyse lässt sich feststellen, welches Ausmaß an Kundenfreundlichkeit und Serviceorientierung zur Zeit notwendig ist. Das Unternehmen möchte diesen Punkt aber vielleicht im Sinne einer strategischen Ausrichtung stärker entwickeln als seine Konkurrenten. Soll das Unternehmen in Zukunft dem Kunden gegenüber durch eine besonders starke Freundlichkeit und Serviceorientierung in Erscheinung treten, muss das Profil des Status quo entsprechend korrigiert werden. Ziel einer Personalentwicklungsmaßnahme bzw. einer Auswahl- oder Platzierungsentscheidung wäre mithin ein Ausprägungsgrad, der jenseits des heute Notwendigen liegt. Die Anforderungsanalyse liefert eine wichtige Grundlage für derartige Wertentscheidungen, da sie die Ausgangslage verdeutlicht und eine präzise Zielsetzung erleichtert.

Immer wieder taucht die Frage auf, ob bei der Personalauswahl nicht auch *Sympathie* eine Rolle spielen darf. Hierbei handelt es sich um einen Punkt, der sich schwerlich einer Standardisierung unterziehen lässt, da jeder Mensch sehr individuelle Wertmaßstäbe heranzieht, die er meist nicht einmal benennen kann. Obschon sehr subjektiv, ist die Sympathie ein legitimes Auswahlkriterium neben vielen weiteren, sofern es um die Auswahl eines Mitarbeiters geht, mit dem der Auswählende später eng zusammenarbeiten muss. In allen übrigen Fällen (den allermeisten) ist ein solches Kriterium sicherlich nicht legitim. Warum sollte beispielsweise ein neuer Ingenieur, der in einem großen Automobilkonzern eingestellt wird, einer Referentin aus der Personalabteilung, die er wahrscheinlich nie mehr wieder sieht, sympathisch sein? Deutlich anders sieht es aus, wenn es um die Frage geht, ob ein Bewerber zur Kultur des Unternehmens passt. Die Unternehmenskultur hängt nicht von den persönlichen Vorlieben der Personalverantwortlichen ab. Daher ist eine explizite Definition der Unternehmenskultur sinnvoll. Die hieraus abgeleiteten Einstellungskriterien werden anschließend in die Anforderungsanalyse übertragen. Ist man hierzu nicht in der Lage, so hat die „Passung zwischen Kultur und Individuum" auch keinen Platz im Auswahlverfahren. Ansonsten würde man den Bewerber der völligen Willkür der Entscheidungsträger preisgeben. Aus Sicht des Unternehmens könnte außerdem das Problem entstehen, dass objektiv geeignete Kandidaten nur deshalb abgelehnt werden, weil sie irgendetwas an sich haben, dass den Verantwortlichen nicht gefallen hat. Dies ist keine Basis einer seriösen Entscheidung.

Mit Hilfe der *Anforderungsanalyse* wird ermittelt, welche Personenmerkmale im Rahmen der Personaldiagnostik zu untersuchen sind. Neben objektivierten Daten sind dabei auch *Wertentscheidungen* des Unternehmens von Bedeutung. Im Ergebnis resultiert ein *Anforderungsprofil*, das in Form von *Merkmalskategorien und -dimensionen* Aufschluss über die notwendige bzw. erwünschte Ausprägung der Personenmerkmale gibt. Es existieren mehrere Methoden der Anforderungsanalyse, die unterschiedliche Vor- und Nachteile besitzen. Die kontextangemessene Auswahl, Anpassung und Umsetzung einer anforderungsanalytischen Methode erfordert ein hohes Maß an *methodischer Kompetenz*.

6.3 Auswahl der Untersuchungsmethoden

Hat man mit Hilfe der Anforderungsanalyse sowie auf der Basis von Wertentscheidungen definiert, welche Merkmale gemessen werden sollen, stellt sich nun die Frage nach geeigneten Untersuchungsmethoden. Sollte man psychologische Leistungstests einsetzen oder sich auf Beurteilungen durch Vorgesetzte verlassen, die z.B. in Form von Arbeitszeugnissen vorliegen? Lohnt sich der Aufwand eines Assessment Centers oder liefert bereits eine einfache Arbeitsprobe hinreichende Sicherheit? Kann ein Interview alle übrigen Methoden ersetzen? Die Frage nach den geeigneten Untersuchungsmethoden ist zunächst einmal eine grundsätzliche. Es geht noch nicht um die Auswahl eines konkreten Leitungstests oder die Entwicklung spezifischer Übungen für ein Assessment Center. Vielmehr muss grundsätzlich entschieden werden, ob beispielsweise Leistungstests, Assessment Center oder vielleicht auch beides in Kombination miteinander eingesetzt werden soll. Bei dieser Entscheidung sind mehrere Punkte zu bedenken. Auf der einen Seite weiß man aufgrund der Anforderungsanalyse, welche Einstellungen, Kompetenzen, Verhaltensweisen oder Verhaltenskonsequenzen von Interesse sind. Auf der anderen Seite muss man bei der Auswahl der Untersuchungsmethoden wissenschaftliche Erkenntnisse und organisationale Rahmenbedingungen berücksichtigen (vgl. Abbildung 6-6). Die Fragestellung sowie die wissenschaftlichen Erkenntnisse mögen in einem bestimmten Fall deutlich für die

Durchführung eines Assessment Centers sprechen. Wenn das Unternehmen aber nicht über die notwendigen Mittel zur Durchführung eines solch aufwändigen und damit kostspieligen Verfahrens verfügt, wird man sich Wohl oder Übel für eine andere Untersuchungsmethode entscheiden müssen.

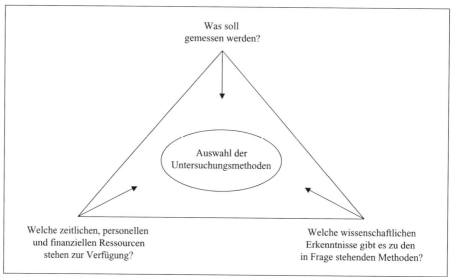

Abbildung 6-6: Drei Fragen zur Auswahl der Untersuchungsmethoden

In der personaldiagnostischen Praxis kann man sich – wie übrigens auch in der Forschung – fast niemals ausschließlich von den Erfordernissen der „reinen Lehre" leiten lassen. Dafür sind vor allem Rahmenbedingungen wie *zeitliche, personelle und finanzielle Ressourcen* verantwortlich. Der diagnostische Prozess ist immer einer mehr oder minder engen zeitlichen Begrenzung unterworfen. Oftmals werden Beratungsfirmen erst sehr spät eingeschaltet und sollen dann Problemlösungen aus dem Hut zaubern, deren sorgfältige Entwicklung eigentlich viel mehr Zeit in Anspruch nehmen würde. Wird die Personaldiagnostik von den Mitarbeitern der eigenen Personalabteilung ohne fremde Hilfe durchgeführt, so kommt der fachlichen Kompetenz des verantwortlichen Personals eine maßgebliche Bedeutung zu. Die allermeisten Personalabteilungen verfügen nicht über hinreichend qualifiziertes Personal, das in der Lage wäre, einen Leistungstest zu entwickeln oder eine methodisch saubere Evaluation durchzuführen. Aufwändige Anforderungs- oder Bedarfsanalysen scheitern ebenso an der mangelnden methodischen Qualifikation der Mitarbeiter wie auch an dem mangelnden Verständnis ihrer Vorgesetzten, die diesen Missstand nicht erkennen. Doch selbst dann, wenn das nötige Know-how im Unternehmen selbst vorhanden ist, setzen die finanziellen Ressourcen den Ideen der Diagnostiker Grenzen. Will man zum Zwecke der Entwicklung eines Fragenbogens eine Mitarbeiterbefragung durchführen, so darf diese pro Mitarbeiter umso weniger Zeit in Anspruch nehmen, je mehr Personen während der Arbeitszeit befragt werden sollen. Wie auch sonst im Leben gilt es, bei der Planung des diagnostischen Prozesses Kompromisse zu finden,

Der Prozess der Personaldiagnostik 241

die einerseits den Rahmenbedingungen, andererseits den methodischen Erfordernissen einer seriösen Personaldiagnostik Genüge leisten. Trotz dieser Einsicht darf man das eigentliche Ziel nicht aus den Augen verlieren. Die Rahmenbedingungen der Diagnostik sind durchaus veränderbar, wenn man denn die Prioritäten entsprechend setzten.

> Neben der Definition der zu messenden Merkmale müssen bei der Auswahl der Untersuchungsmethoden zeitliche, personelle und finanzielle Rahmenbedingungen bedacht werden. In der Praxis besteht die Gefahr, dass eine anspruchsvolle Diagnostik allzu schnell den (nur scheinbar) unveränderlichen Rahmenbedingungen geopfert wird. Hier gilt es Prioritäten zu setzen.

Wenden wir uns nun den verschiedenen Methoden im Einzelnen zu. Abbildung 6-7 gibt einen Überblick. Hinter jeder der fünf Methoden verbergen sich spezifische Ausformungen allgemeiner Prinzipien, auf die wir bereits in Kapitel 3 eingegangen sind.

Dokumentenanalyse	→	Sichtung von schriftlichen Aufzeichnungen, die Aufschluss über Personenmerkmale geben (Lebenslauf, Ausbildungs- und Arbeitszeugnisse, Referenzen, Regelbeurteilungen, Auszeichnungen; Aufzeichnungen über Produktivität, Absentismus etc.)
Leistungstest	→	Prüfung der Fähigkeiten und Fertigkeiten unter kontrollierten Bedingungen mit Aufgaben bei denen eindeutig zwischen richtigen und falschen Lösungen unterschieden werden kann (z.B. Berufseignungstests, Intelligenztests, Wissenstests)
Fragebogen	→	systematische und zielgerichtete Selbst- oder Fremdbeschreibung, in der Regel durch Ankreuzen auf mehrfach abgestuften Skalen (Persönlichkeitsfragebögen, Fragebögen zur Messung, von Einstellungen, Leistungsmotivation, sozialen Kompetenzen, Arbeitszufriedenheit u.Ä.)
Interview	→	Systematische, mündliche Befragung einer Person mit der Möglichkeit zur Selbst- und Fremdbeschreibung; z.T. auch zur Verhaltensbeobachtung
Verhaltensbeobachtung	→	Systematische Beobachtung und Bewertung eines Verhaltens in realen oder simulierten Arbeitssituationen möglichst durch mehrere unabhängige Beobachter (Arbeitsprobe, Rollenspiele, Diskussionen etc., Assessment Center, Probezeit)

Abbildung 6-7: Untersuchungsmethoden im Überblick

Bei der *Dokumentenanalyse* beschränkt man sich auf die Sichtung vorhandenen Materials, ohne selbst neue Daten zu erzeugen. Im Rahmen der Personalauswahl und Personalplatzierung sind dies in erster Linie die Bewerbungsunterlagen inklusive Lebenslauf, Ausbildungs- und Arbeitszeugnissen. Bei der internen Personalauswahl – also der Besetzung einer Stelle durch Mitarbeiter, die dem Unternehmen bereits in anderer Funktion angehören – können oftmals auch schriftlich fixierte Regelbeurteilungen herangezogen werden. Findet die Dokumentenanalyse zum Zwecke der Personal- oder Organisationsentwicklung statt, lassen sich überdies Informationen über die Produktivität ganzer Mitarbeitergruppen, über Absentismus oder Ausschussraten heranziehen. Die mehr oder minder subjektiven Beurteilungen die sich in Arbeitszeugnissen oder Regelbeurteilungen niederschlagen, können mithin durch objektivierende Fakten ergänzt oder ersetzt werden. Die Auswahl und Vielfalt berücksichtigter Dokumente hängt letztlich von der konkreten Fragestellung ab. Die Dokumentenanalyse zeichnet sich durch einen vergleichsweise geringen Kostenaufwand aus, da die Daten bereits vorliegen und nur noch nach standardisierten Kriterien bewertet werden müssen.

Leistungstests ermöglichen eine Objektivierung der tatsächlichen Leistungsfähigkeit eines Menschen in einer standardisierten Prüfungssituation. Während die Leistungsfähigkeit des Einzelnen im Arbeitsprozess durch zahlreiche Faktoren beeinflusst werden kann, die letztlich nichts mit den Kompetenzen des Mitarbeiters zu tun haben (Führungsverhalten, Arbeitsmaterialien, Verhalten der Kollegen etc.), ist es das Ziel eines jeden Leistungstests, die Fähigkeiten des Individuums in ihrer Reinform zu betrachten. Dabei gehört es zum Wesen eines Leistungstests, dass – im Gegensatz zu Persönlichkeitsfragebögen – die Aufgaben objektiv richtig oder falsch gelöst werden können. Der Prototyp dieser Verfahren ist der Intelligenztest, mit dessen Hilfe die allgemeine intellektuelle Leistungsfähigkeit erfasst wird. Trotz des hohen Abstraktionsgrades der Aufgaben ist der Nutzen der Intelligenzmessung für die Prognose beruflicher Leistung sehr gut belegt (Schmidt & Hunter, 1999). Andere Leistungstests beziehen sich auf die Erfassung der Konzentrationsfähigkeit, auf berufsrelevantes Wissen oder motorische Kompetenzen. Die psychologische Forschung stellt zahlreiche Leistungstests zur Verfügung, deren Vor- und Nachteile empirisch untersucht wurden (Überblick: Brähler, Holling, Leutner & Petermann, 2001; Kanning & Holling, 2002). Darüber hinaus bietet sich insbesondere für große Unternehmen die Neukonstruktion eines Testverfahrens an. Solch ein Vorhaben ist allerdings nur dann ökonomisch sinnvoll, wenn man sich für eine spezifische Kompetenz interessiert – allgemeine Leistungstests liegen in ausreichender Menge bereits vor – und eine große Probandenzahl testen will.

Psychometrische *Fragebogeninstrumente* können sowohl zur Selbst- als auch zur Fremdbeschreibung einer Person dienen. Im Falle der Selbstbeschreibung beantwortet der Proband eine Reihe von Fragen, mit deren Hilfe die eigene Persönlichkeit, seine Einstellungen, Interessen, sozialen Kompetenzen u.Ä. in systematischer Weise beschrieben werden. Im Falle der Fremdbeschreibung erfolgt die Bearbeitung des Bogens durch andere Personen, wie z.B. Kollegen oder Vorgesetzte. Die Selbstbeschreibung tritt bei weitem häufiger auf als die Fremdbeschreibung. Psychometrische Fragebogeninstrumente sind nicht mit „Umfragen" zu verwechseln, bei denen man sich einfach ein paar Fragen ausdenkt, aufschreibt und einer Reihe von Probanden vorlegt. Fragebögen[13], die zur Personaldiagnostik eingesetzt werden sind nur dem äußeren Anschein nach mit derartigen Umfragen identisch. Im Kern unterscheiden sie sich durch die empirisch begründete Auswahl der Fragen sowie durch die Tatsache, dass ein und derselbe Sachverhalt immer durch mehrere Items erfasst wird (vgl. Kapitel 5). Wollte man z.B. die Durchsetzungsfähigkeit eines Probanden mit Hilfe der Selbstbeschreibung erfassen, so würde man vielleicht zehn Fragen vorlegen und anschließend über die Antworten zu diesen Fragen einen Durchschnittswert berechnen. Die Fragen selbst wurden zuvor nach mathematischen Kriterien aus einer größeren Menge potentiell geeigneter Items ausgewählt. Durch dieses aufwändig anmutende Prozedere steigt die Zuverlässigkeit der Messung an (vgl. Kapitel 5). Das größte Problem der Selbstbeschreibung stellt die Tendenz zur sozial erwünschten Selbstdarstellung dar (vgl. Kapitel 2). Allerdings gilt dies in erster Linie für die Personalauswahl. Geht es um die Personal- oder Organisationsentwicklung, erfolgt die Befragung anonym, so dass kaum ein Interesse an einer derart systematischen Verfälschung der Ergebnisse besteht. Ähnlich wie im Bereich der Leistungstests stellt die psychologische Forschung auch eine große Bandbreite unterschiedlichster Fragebogeninstrumente zur Verfügung (Überblick: Brähler, Holling, Leutner & Petermann, 2001; Kanning & Holling, 2002). Die Kosten, die mit dem Einsatz entsprechender Verfahren verbunden sind, liegen meist unter denen der Leistungstests. Fragebogenerhebungen können immer auch in Gruppen durchgeführt werden, so dass viele Probanden zur gleichen Zeit arbeiten. Bei einigen Intelligenztests ist dies nicht möglich. Auch nimmt die schriftliche Befragung in der Regel weniger Zeit in Anspruch als die Testung.

Ganz anders sieht es beim *Interview* aus. Hier ist über die gesamte Dauer der Datenerhebung die Aktivität einer speziell geschulten Person notwendig. In jedem Interview wird immer nur eine Person befragt. Dabei kann sich der Proband selbst im Hinblick auf unterschiedlichste Merkmale beschreiben, wird aber auch vom Interviewer beobachtet und beurteilt. Prinzipiell ist es überdies möglich, Fremdbeschreibungen per Interview einzuholen. Selbiges geschieht in der Praxis allerdings eher auf informellem Wege, wenn man z.B. das Gespräch mit dem früheren Arbeitgeber eines Bewerbers sucht. Die Möglichkeit, Informationen auf unterschiedlichsten Wegen zu sammeln (Fremd- vs. Selbstbeschreibung, Verhaltensbeobachtung, Einsatz unterschiedlicher Fragetypen etc.), macht das Interview zu einer sehr vielfältig einsetzbaren Methode (vgl. Schuler, 2002). Als besonders nützlich haben sich dabei sog. „strukturierte Interviews" erwiesen (Schuler & Marcus, 2001; Schuler, 2002). Bei strukturierten Interviews ist der Ablauf des Gespräches im Vorhinein festgelegt. Auf der Basis der Anforderungsanalyse wird überlegt, welche Personenmerkmale mit welchem Fragentyp am besten erfasst werden können. Der Interviewer erhält einen Leitfaden, in dem sich die Fragen sowie dazugehörige Beurteilungsskalen befinden. Beides trägt zur Standardisierung der diagnostischen Situation bei. So kann gewährleistet werden, dass zwei verschiedene Interviewer ein in den entscheidenden Punkten weitgehend identisches Interview durchführen und dabei die gewonnenen Informationen nach denselben Kriterien bewerten.

---

[13] Aus Gründen der sprachlichen Vereinfachung sprechen wir meist schlicht von „Fragebögen", meinen damit aber stets „psychometrische Fragebögen".

Eine ebenfalls personalintensive Methode stellt die *Verhaltensbeobachtung* dar. Während man bei vielen Methoden nur indirekte Informationen über das Verhalten eines Probanden erhält, ermöglicht die Verhaltensbeobachtung eine unmittelbare Einschätzung (Kanning, 2003a). Ein Klassiker dieser Methode ist die Arbeitsprobe, die ursprünglich im handwerklichen Sektor angesiedelt war. So müsste beispielsweise ein Bewerber, der sich für die Ausbildung zum Schreiner interessiert, ein Werkstück bearbeiten. Dabei wird er von einem Handwerksmeister beobachtet, der die Geschicklichkeit des Bewerbers im Umgang mit Werkstoffen und Werkzeugen bewertet. Vergleichbare Arbeitsproben lassen sich in vielen Berufen durchführen und können nicht nur der Personaldiagnostik, sondern auch der Anforderungsanalyse dienen (s.o.). Im Berufsalltag werden Verhaltensbeobachtungen u.a. zur (regelmäßigen) Leistungsbeurteilung eingesetzt. Hier läuft die Beobachtung allerdings meist informell ab, ohne dass man sich sehr viele Gedanken über die Qualitätsstandards des Vorgehens machen würde. Der wichtigste Aspekt einer aussagekräftigen Verhaltensbeobachtung liegt in der Systematik des Vorgehens. So muss z.B. festgelegt werden, für welches konkrete Verhalten man sich überhaupt interessiert und wie ein bestimmtes Verhalten bewertet wird. Will man mit Hilfe der Verhaltensbeobachtung berufliches Verhalten in Alltagssituationen vorhersagen, muss in der diagnostischen Situation die Arbeitsrealität in wichtigen Punkten möglichst gut simuliert werden. Da die allermeisten Berufe durch viele unterschiedliche Tätigkeiten gekennzeichnet sind, ist man gut beraten, wenn das Verhalten in mehreren verschiedenen Übungen beobachtet wird. Auch sollte die Beobachtung und Bewertung des Verhaltens immer durch mehrere voneinander unabhängige Beobachter geschehen, die zuvor für diese Aufgabe geschult wurden. All diese Prinzipien vereinigt die Methode des Assessment Centers (vgl. Abschnitt 7.7), die hierdurch allerdings auch zu einem kostspieligen Diagnostikum wird.

Nicht jede Methode ist in gleicher Weise geeignet, bestimmte Personenmerkmale zu erfassen. In Tabelle 6-3 haben wir eine grobe Einteilung vorgenommen, die eine Orientierungshilfe gibt. Auf der einen Seite unterscheiden wir die vier Personenmerkmale Einstellungen, Kompetenzen, Verhalten und Verhaltenskonsequenzen (vgl. Abbildung 1-6), auf der anderen Seite betrachten wir die fünf soeben vorgestellten Methoden der Personaldiagnostik.

Die Methoden sind in Tabelle 6-3 entsprechend der Kosten, die mit ihrer Anwendung verbunden sind, aufsteigend angeordnet. Dabei gehen wir einmal davon aus, dass weder der Fragebogen noch der Leistungstest neu konstruiert werden muss, sondern bereits auf dem Markt vorhanden ist. Der finanzielle Unterschied zwischen beiden dürfte dann eher gering ausfallen. Das kostengünstigste Verfahren wird im Allgemeinen die Dokumentenanalyse sein, sofern die Dokumente bereits vorliegen. Im oberen Kostenbereich liegen das Interview sowie die Verhaltensbeobachtung. Dies gilt allerdings nur dann, wenn wir von einem Interviewsetting ausgehen, bei dem ein einzelner Interviewer ein strukturiertes Gespräch führt, das ungefähr 1,5 Stunden dauert und die Methode der Verhaltensbeobachtung durch das Assessment Center repräsentiert wird. Selbstverständlich könnte man auch im Interview mit mehreren Beobachtern arbeiten und demgegenüber zur Verhaltensbeobachtung eine einfache Arbeitsprobe einsetzen, die nur von einem Experten eingeschätzt wird. In diesem Falle würden sich die Kostenverhältnisse umkehren. Wir sehen, schon die

Einschätzung der Kosten ist auf einer allgemeinen Ebene nicht ganz einfach. In einem spezifischen Falle könnte die Rangordnung auch ganz anders aussehen.

Tabelle 6-3: Grobe Zuordnung der Methoden zu Personenmerkmalen

Personen-merkmale ↓	Methoden geordnet nach den Kosten ihrer Anwendung gering--------------------------bis--------------------------hoch				
	Dokumentenanalyse	Fragebogen	Leistungstest	Interview	Verhaltensbeobachtung
Einstellungen	-	++	-	++	-
Kompetenzen	$+^1$	$++^2$	$++^3$	++	++
Verhalten	+	+	-	++	++
Verhaltenskonsequenzen	++	+	-	+	++

Erläuterung: je mehr Kreuze, desto besser kann das Merkmal erfasst werden
^{1} = primär formale Kompetenzen, ^{2} = primär Persönlichkeitsmerkmale,
^{3} = primär kognitive Kompetenzen

Betrachten wir nun die einzelnen Personenmerkmale und fragen uns, wie gut sie jeweils mit den verschiedenen Methoden erfasst werden können. Zunächst sind die *Einstellungen* (Interessen, Motive, Zufriedenheit etc.; vgl. Kapitel 1) einzuschätzen. Eine direkte Messung der Einstellung erfolgt entweder per Fragebogen oder im Rahmen eines Interviews. Alle übrigen Methoden sind bestenfalls in der Lage, Einstellungen indirekt zu erfassen. Dabei werden Interpretationen notwendig, die ggf. die wahren Einstellungen der Probanden in verzerrter Weise abbilden. So könnte man beispielsweise davon ausgehen, dass ein gutes Abschneiden im Leistungstest auch eine gewisse Leistungsmotivation voraussetzt. Wie stark diese Leistungsmotivation ausgeprägt ist und ob sie sich nur auf die konkrete Prüfungssituation bezieht oder im Sinne eines Persönlichkeitsmerkmals auch in vielen anderen Situationen wirkt, ist völlig unbekannt.

Kompetenzen können mit allen Methoden gemessen werden. Nicht jede Kompetenz lässt sich jedoch mit jeder Methode in gleicher Weise gut erfassen. Formale Kompetenzen, wie etwa Berufsabschlüsse, sind eindeutig eine Domäne der Dokumentenanalyse. In Arbeitszeugnissen oder schriftlich fixierten Regelburteilungen erfährt man etwas über Kompetenzeinschätzungen aus der Sicht von Vorgesetzten. Kompetenzen aus dem Bereich der Persönlichkeitsmerkmale sind ein klassisches Aufgabenfeld für Fragebogeninstrumente. Dabei beschränkt man sich traditionell auf die Selbstbeschreibung der Kandidaten. Einige wenige Instrumente ermöglichen allerdings auch einen Vergleich zwischen Selbst- und Fremdbeschreibung (vgl. Kanning, 2003a). Ein Beispiel liefert das Multidirektionale Feedback (MDF, Fennekels, 1999). Das MDF wird innerhalb von Arbeitsgruppen eingesetzt. Jedes Mitglied der Gruppe beschreibt in einem Fragebogen erst einmal sein eigenes Sozialverhalten im beruflichen Kontext, ehe mit Fragebögen zur Fremdbeschreibung das Verhalten jedes Kollegen charakterisiert wird. Durch die Abstraktion über mehrere Fremdbeurteilungen hinweg entsteht so ein Bild von den vorhandenen Kompetenzen und Verhaltensgewohnheiten der Gruppenmitglieder. Für jeden Mitarbeiter kann fernerhin ein Vergleich zwischen Selbst- und Fremdbild vorgenommen werden. Steht die Messung kognitiver Kompetenzen (Intelligenz, Wissen etc.) im Vordergrund, kommen Leistungstests zum Einsatz. Interviews und Verhaltensbeobachtungen ermöglichen ebenfalls Aussagen über die Kompetenzen eines Menschen. Dabei muss man immer über mehrere unabhängige Äußerungen des Probanden hinweg generalisieren. Aus den Gemeinsamkeiten der Verhaltenäußerungen in unterschiedlichen Situationen ergibt sich dann ein Eindruck von den zugrunde liegenden Kompetenzen (vgl. Abbildung 1-11).

Interessiert man sich für konkretes *Verhalten* wie z.B. Rhetorik, ist die Verhaltensbeobachtung die Methode der Wahl. Verhaltensbeobachtungen können isoliert oder im Rahmen eines Interviews erfolgen. Gelegentlich integriert man sogar einzelne Verhaltensübungen in ein Interview. So könnte man beispielsweise einen Kandidaten, der sich für die Stelle eines Verkäufers interessiert, darum bitten, dem Interviewer in einer gespielten Situation ein bestimmtes Produkt anzupreisen. Überdies lassen sich Verhaltensweisen mit Hilfe von Fragebögen beschreiben oder aus Dokumenten erschließen. Beide Methoden liefern jedoch nur indirekte Informationen, weil das Verhalten nicht unmittelbar beobachtet wird. Stattdessen muss man sich mit Berichten über Verhaltensweisen begnügen.

Zu den wichtigsten *Konsequenzen des Verhaltens* gehört die berufliche Leistung. Sie kann aus Dokumenten wie z.B. Arbeitszeugnissen erschlossen oder in Verhaltensübungen beobachtet werden. Mündliche und schriftliche Befragungen liefern demgegenüber lediglich Beschreibungen möglicher Verhaltenkonsequenzen. Berichtet ein Bewerber in einem Einstellungsinterview z.B. über seine bisherigen Erfolge im Berufsleben, über seine Erfahrungen mit bestimmten Arbeitstätigkeiten oder Problemlösestrategien, so ist die Information immer gefiltert und ggf. verzerrt. Leistungstests sind zu abstrakt, als dass sie Aussagen über Konsequenzen arbeitsbezogenen Verhaltens ermöglichen würden. Sie liefern lediglich Aussagen über den Erfolg oder Misserfolg testbezogenen Verhaltens, es sei denn, empirische Validierungsstudien belegen einen engen Zusammenhang zwischen dem Testergebnis und Verhaltenskonsequenzen im Berufsalltag (z.B. Umsatzsteigerung durch kreative Problemlösekompetenzen).

Die Erfahrung zeigt, dass die *Kombination mehrerer Messinstrumente oder Methoden* die Qualität der Aussagen steigern kann (z.B. Schuler, 2000a). Hierfür sind zwei Sachverhalte verantwortlich.

Vergleichbar zur systematischen Verhaltensbeobachtung, bei der man sich darum bemüht, die Beurteilung eines Verhaltens durch den Einsatz mehrerer Beobachter und Übungen auf eine möglichst breite Basis zu stellen, kann man sich durch den Einsatz mehrerer Instrumente, die dasselbe Merkmal messen, gegen Unzulänglichkeiten des einzelnen Verfahrens absichern. Kommt etwa bei einer Personalauswahl der Intelligenzmessung eine entscheidende Bedeutung zu, könnte man das Urteil durch zwei Intelligenztests, die untereinander hoch korreliert sind, gegenseitig absichern. Beide Messungen sollten dann allerdings nicht hintereinander, sondern an verschiedenen Tagen erfolgen. So lassen sich etwaige Lerneffekte oder situative Einflüsse minimieren. Aufgrund der höheren Kosten, die die doppelte Messung verursacht, wird man sie in der Praxis allerdings nur dann anwenden, wenn es um besonders wichtige Entscheidungen geht.

Ein anderer Vorteil ergibt sich, wenn unterschiedliche Methoden (Testverfahren, Interview, Assessment Center etc.) in Kombination eingesetzt werden. Selbst dann, wenn sie ein identisches Merkmal messen sollen, kann es zu einer wichtigen Kumulation der Erkenntnisse kommen, denn verschiedene Methoden messen zumindest graduell immer eine andere Facette des interessierenden Merkmals. Abbildung 6-8 verdeutlicht das Phänomen. Zur Messung eines beliebigen Merkmals (z.B. Kommunikationsfähigkeit) werden drei Methoden eingesetzt. Jede Methode kann für sich allein nur einen Teil der vielgestaltigen Kommunikationsfähigkeit eines Probanden erfassen (Überschneidung zwischen dem Merkmalsoval und einem Methodenoval). Da die Methoden z.T. andere Aspekt der Kommunikationsfähigkeit abdecken, führt ihre Kombination zu einem deutlichen Erkenntniszuwachs (Summe aller Überschneidungen zwischen dem Merkmalsoval und den drei Methodenovalen).

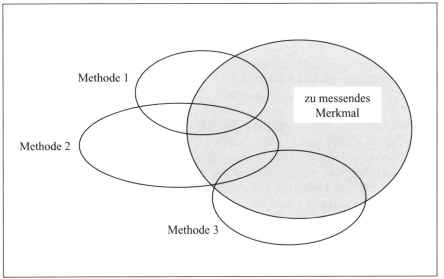

Abbildung 6-8: Erkenntniszuwachs durch Kombination unterschiedlicher Methoden

Standards
für die Auswahl von Untersuchungsmethoden

- Die Auswahl von Untersuchungsmethoden ist primär von diagnostischen Notwendigkeiten und nur in zweiter Linie von zeitlichen, personellen und finanziellen Rahmenbedingungen der Organisation geleitet.
- Im Zweifelsfall werden die Rahmenbedingungen weitest möglich den diagnostischen Notwendigkeiten angepasst.
- Sofern bestimmte Befunde besonders abgesichert sein müssen, werden mehrere Messinstrumente eingesetzt, die dasselbe Merkmal erfassen.
- Es werden mehrere unterschiedliche Methoden kombiniert.

6.4 Auswahl und Konstruktion der Messinstrumente

Hat man sich für eine oder mehrere Methoden entschieden, so müssen nun geeignete Messinstrumente gefunden werden. Hierzu stehen zwei Optionen zur Verfügung: Entweder es existiert bereits ein geeignetes Messinstrument oder aber man muss ein neues Instrument konstruieren. Die erste Option ist oft kostengünstiger als die zweite. Dennoch wird sich in den allermeisten Fällen eine vollständige oder teilweise Neukonstruktion des Verfahrens nicht vermeiden lassen. Dies liegt nicht daran, dass der Markt zu wenige Instrumente anbieten würde. Es sind eher prinzipielle Probleme. Von den fünf Untersuchungsmethoden, die wir in Abbildung 6-7 vorgestellt haben, lassen sich sinnvoller Weise nur zwei als vollständig standardisierte Messinstrumente vertreiben: Tests und Fragebögen. Will man Dokumente analysieren, Interviews oder Verhaltensbeobachtungen durchführen, muss man immer ein neues Messinstrument konstruieren. Die Verhaltensbeobachtung im Assessment Center kann hier als Beispiel dienen. Jedes Assessment Center muss auf den fraglichen Arbeitsplatz sowie auf die interessierenden Anforderungsdimensionen zugeschnitten werden. Für den potentiellen Anbieter eines standardisierten Assessment Centers wäre es mithin besonders schwer, ein sinnvolles Produkt auf den Markt zu bringen. Selbst dann, wenn sich in hinreichender Menge Kunden finden ließen, die sich beispielsweise für die Anforderungsdimensionen „Stressresistenz", „Teamfähigkeit" und „Durchsetzungsfähigkeit" interessieren, ist es fraglich, ob man in allen Fällen die gleichen Übungstypen einsetzen kann. Selbst wenn das der Fall wäre, müssten die Übungstypen jeweils mit unternehmensspezifischen Inhalten gefüllt werden. Ein Rollenspiel für einen Bankkaufmann muss selbst dann inhaltlich anders gestaltet sein als ein Rollenspiel für einen Vertriebsleiter, wenn in beiden Fällen die Durchsetzungsfähigkeit gemessen werden soll. Hinzu kommt, dass in Abhängigkeit von der Anzahl der Anforderungsdimensionen und Übungen sowie der Menge der Bewerber und Beobachter jeweils unterschiedliche Rotationspläne zu entwickeln sind (vgl. Kapitel 7). Ganz ähnlich verhält es sich bei Anwendung der Interviewmethode. Auch hier mag man bestimmte Strukturelemente standardisieren können (vgl. Schuler, 2002). Die konkreten Fragen und Antwortschlüssel des Interviews müssen jedoch immer auf den konkreten Anwendungsfall zugeschnitten sein. Dem Mitarbeiter im Gaststättengewerbe wird man andere Fragen stellen müssen, als einem Versicherungsvertreter. Fertige Fragenkataloge für Kellner oder Versicherungsvertreter existieren ebenso wenig wie es Standardrollenspiele für Ingenieure oder Rechtswissenschaftler gibt. Bei der Dokumentenanalyse fällt die Notwendigkeit zur Anpassung des Messinstrumentes kaum ins Gewicht, da die Methodik weitaus weniger aufwändig ist. Geht es z.B. um die Sichtung von Bewerbungsunterlagen, so muss vor dem Hintergrund der Anforderungsanalyse und möglichen Wertentscheidungen lediglich festgelegt werden, nach welchen Kriterien die Vorauswahl der Kandidaten erfolgen soll. Da diese Kriterien in jedem Unternehmen und Anwendungsfall unterschiedlich sind, ist eine Standardisierung über viele Anwender hinweg nicht sinnvoll. Dokumentenanalysen, Interviews und Verhaltensbeobachtungen erfordern mithin einen gewissen Konstruktionsaufwand, wobei allerdings keineswegs immer eine völlige Neukonstruktion notwendig ist. Gerade in großen Unternehmen, wird man – etwa im Interview – verschiedene Module standardisieren können. Je nach Anwendungskontext stellt man dann aus den vorliegenden Modulen ein maßgeschneidertes Instrument zusammen.

Bei Testverfahren und Fragebögen verhält es sich anders. Hier kann neben einer Neukonstruktion auch der Einsatz eines vollständig standardisierten Instrumentes sinnvoll sein. Der Markt liefert zahlreiche Tests und Fragebögen, die niemals unternehmensspezifisch und meist auch nicht berufsspezifisch konzipiert wurden (vgl. Kanning & Holling, 2002). In der Konsequenz messen sie Personenmerkmale auf einem abstrakteren Niveau als Interviews oder Assessment Center. So erfassen sie beispielsweise die Durchsetzungsfähigkeit eines Menschen unabhängig vom beruflichen Kontext, während man sich beim Einsatz des Assessment Centers ausschließlich für die Durchsetzungsfähigkeit in beruflichen Situationen interessiert. Den Prototypen solcher Testverfahren repräsentiert die Intelligenzmessung, die schon per Definition ein sehr allgemeines Maß der kognitiven Leistungsfähigkeit darstellt (z.B. Wechsler, 1955; Amelang & Bartussek, 1997). Ob und inwieweit derart abstrakte Instrumente sinnvoll sind, muss im Einzelfall festgestellt werden. Dienen sie zur Personalauswahl, so wird man ihnen in der Regel nur die Funktion eines Vorauswahlinstrumentes zuschreiben. Zunächst wird also mit Hilfe abstrakter Instrumente nach der prinzipiellen Eignung gefahndet, ehe man in weiteren Schritten mit arbeitsplatzbezogenen Verfahren die spezifische Eignung prüft. Auch in den weiteren Phasen des Auswahlprozesses können Tests und Fragebögen eingesetzt werden. Dabei handelt es sich dann allerdings um Instrumente, die eigens für die spezifische Fragestellung im Unternehmen entwickelt wurden.

> Die meisten Instrumente (Dokumentenanalyse, Interviews, Verhaltensbeobachtungen) müssen für den konkreten Anwendungsfall ganz oder teilweise neu konstruiert werden. Standardisierte Tests und Fragebögen sind hingegen auch als fertiges Messinstrument im Handel zu erwerben. In aller Regel messen sie Personenmerkmale auf einem sehr abstrakten Niveau. In der Praxis dienen sie z.B. zur Vorauswahl von Bewerbern. Will man mit Hilfe von Tests und Fragebögen eine arbeitsplatz- bzw. unternehmensspezifische Messung vornehmen, muss man die notwendigen Instrumente neu konstruieren.

Die in Abbildung 6-9 aufgelisteten Kriterien zur *Auswahl standardisierter Tests und Fragebögen* orientieren sich an der Norm zur berufsbezogenen Eignungsdiagnostik (DIN 33430; Normenausschuss Gebrauchstauglichkeit und Dienstleistungen, 2002). Sie lassen sich überdies in jedem etablierten Lehrbuch der psychologischen Diagnostik finden (z.B. Fisseni, 1997; Jäger & Petermann, 1995; Lienert & Raatz, 1998). Seriöse Testanbieter stellen die für die Entscheidung notwendigen Informationen von vornherein zur Verfügung, so dass jeder Anwender – ohne Nachfrage – die Qualität der angebotenen Verfahren selbst begutachten (lassen) kann.

Das erste Auswahlkriterium bezieht sich auf den *Anforderungsbezug* des auszuwählenden Instrumentes. Das Messinstrument muss eine oder mehrere der relevanten Dimensionen erfassen können. Bei standardisierten Messinstrumenten liefern Untersuchungen zur Validität und notfalls auch der Augenschein einen Hinweis auf die Passung zwischen dem gemessenen Merkmal und dem zu messenden Merkmal. Zunächst zum Kriterium des Augenscheins: Liest man sich die Items des Verfahrens durch, so erhält man einen subjektiven Eindruck davon, ob sie in etwa das Merkmal messen, für das sich der Anwender interessiert. Dies ist jedoch ein recht fehleranfälliges Vorgehen, da es letztlich von der Kreativität, Offenheit oder Rigidität des Entscheiders abhängt, inwieweit er einen hinreichenden Anforderungsbezug erkennt. Generell muss man dabei bedenken, dass die Items einschlägiger Verfahren ein vergleichsweise hohes Abstraktionsniveau haben. Da die Verfahren für viele Anwendungsfragen konzipiert wurden, können sie sich bestenfalls indirekt auf die Spezifika eines Unternehmens beziehen. Neben dem Augenschein liefern empirische Studien wertvolle Hinweise. So könnte es z.B. Studien geben, die nachweisen, dass das Ergebnis in einem Fragebogen zur Messung der Leistungsmotivation auch tatsächlich mit der Leistungsfähigkeit im Berufsalltag zusammenhängt. Je ähnlicher die in der Studie herangezogene Stichprobe der Arbeitnehmer zu denjenigen Personen ist, die der Anwender mit dem Fragebogen untersuchen will, desto größer ist die Aussagekraft der Ergebnisse für seine Auswahlentscheidung. Ist eine hohe Vergleichbarkeit gegeben und zeigt sich, dass ein höherer Wert im Fragebogen auch mit mehr Engagement und/oder Leistung im Arbeitsalltag einhergeht, spricht bereits vieles dafür, dass die Wahl auf dieses Verfahren fallen sollte. In den allermeisten Fällen sind derartige Studien allerdings nur rar gesät. Meist ist die Ähnlichkeit der Stichproben in der Untersuchung und dem Anwendungskontext eher gering. Dennoch gilt: Eine Untersuchung mit eingeschränkter Passung zwischen Stichprobe und Anwendungskontext ist immer noch aussagekräftiger als das Fehlen jeglicher Untersuchungen. Für große Unternehmen, die ein bestimmtes Verfahren vielfach einsetzen wollen, bietet sich zudem die Möglichkeit, selbst entsprechende Untersuchungen im eigenen Unternehmen durchzuführen.

Das zweite Kriterium ergibt sich indirekt aus den übrigen Kriterien. Um die mathematischen Kennwerte eines Instruments besser einschätzen zu können, sollte die *Entwicklung des Verfahrens dokumentiert* sein. Das Ergebnis einer empirischen Studie kann umso eher im Hinblick auf die Praxis sinnvoll interpretiert werden, je mehr man über die Untersuchung erfährt. Seriöse Verfahren müssen sich nicht hinter nebulösen Formulierungen verstecken. Jeder Anwender sollte vorsichtig sein, wenn ein Testanbieter nichts oder nur Nichtssagendes über die Testentwicklung verrät. Bei seriösen Anbietern werden die wichtigen Informationen selbstverständlich – meist in Form eines Testmanuals – mitgeliefert. Dabei sollte man allerdings bedenken, dass die Menge der berichteten empirischen Studien sowohl mit dem Alter als auch mit der Prominenz des Verfahrens zusammenhängt. Ein Testverfahren, das neu auf dem Markt kommt, wird naturgemäß weniger Studien aufweisen können, als ein etabliertes Verfahren, das seit Jahrzehnten Gegenstand der Forschung ist. Ein Mangel an entsprechenden Studien bedeutet nicht, dass das Verfahren schlecht ist, allerdings weiß man nicht, wie gut oder schlecht es wirklich ist.

Doch selbst dann, wenn es sich um einen Newcomer auf dem Testmarkt handelt, müssen in jedem Fall Informationen über die *Zuverlässigkeit* (Reliabilität) des Verfahrens vorliegen. Die Zuverlässigkeit macht eine Aussage darüber, inwieweit das Messergebnis durch etwaige Messfehler verfälscht wird (vgl. Kapitel 5). Da prinzipiell jede Messung auch mit Messfehlern einhergeht, interessiert man sich vornehmlich für die Größe des Messfehlers. Die Zuverlässigkeit kann auf unterschiedlichem Wege berechnet werden. Die Testanbieter müssen deutlich machen, welche Untersuchungen zur Berechnung der Zuverlässigkeit vorgenommen wurden und welche Ergebnisse diese Studien nach sich zogen.

Anforderungsbezug	→	Das Messinstrument muss in der Lage sein, die im Praxisfall interessierenden Anforderungskriterien – oder einen Ausschnitt davon – zu erfassen.
Dokumentation der Entwicklung	→	Dem Messinstrument muss ein verständliches Manual beigefügt sein, aus dem hervorgeht, auf welchen Theorien, Konzepten etc. das Verfahren aufbaut und in welchen empirischen Schritten es entwickelt wurde. Bei allen Schritten muss angegeben sein, welche Stichproben verwendet wurden und welche Berechnungen erfolgt sind. Die gesamte Testentwicklung muss somit transparent sein und sich der Fachdiskussion stellen können.
Zuverlässigkeit	→	Es müssen Untersuchungen zur Berechnung der Zuverlässigkeit (Reliabilität) vorliegen. Sie machen Aussagen darüber, inwieweit das Ergebnis der Messung durch Messfehler verunreinigt ist. Die Untersuchungen müssen nachvollziehbar beschrieben werden (Stichproben, Auswahl der Koeffizienten).
Gültigkeit	→	Es müssen Untersuchungen zur Berechnung der Gültigkeit (Validität) vorliegen. Sie machen Aussagen darüber, inwieweit das Messinstrument tatsächlich das misst, was es messen soll. Die Untersuchungen müssen nachvollziehbar beschrieben werden (Stichproben, Auswahl der Koeffizienten).
Durchführung, Auswertung und Interpretation	→	Im Manual wird genau erklärt, wie das Verfahren durchzuführen ist und nach welchen Kriterien die Auswertung und Interpretation erfolgt. Hierbei helfen z.B. schriftlich fixierte Instruktionen an die Probanden, Verhaltenshinweise für die Diagnostiker, Auswertungsschablonen, Interpretationsbeispiele, Normen oder auch der Einsatz des Computers. Sofern Computer eingesetzt werden, müssen die Hardware-Voraussetzungen geklärt sein.
Normen	→	Sofern Normen berechnet wurden, müssen die Stichproben genau beschrieben sein. Eine Anwendung der Normen ist nur sinnvoll, wenn Stichproben vorhanden sind, die mit der Zielgruppe der praktischen Fragestellung übereinstimmen. Normen dürfen nicht veraltet sein (Empfehlung: nicht älter als acht Jahre)

Abbildung 6-9: Kriterien zur Auswahl standardisierter Tests und Fragebögen

Analog verhält es sich mit der *Gültigkeit* (Validität) des Messinstrumentes. Vergleichbar zur Reliabilität wird auch die Validität durch mathematische Kennwerte ausgedrückt. Der Testanwender sollte diese Kennwerte interpretieren können. Empirische Studien zur Validitätsbestimmung beschäftigen sich mit der Frage, ob und inwiefern ein Messinstrument tatsächlich dasjenige Personenmerkmal erfassen kann, das es messen soll (vgl. Kapitel 5). Hat beispielsweise ein Testanbieter einen neuen, besonders ökonomischen Intelligenztest entwickelt, so muss er empirisch belegen, dass der Test zumindest teilweise mit anderen Intelligenztests übereinstimmt. Sofern zwei Intelligenztests die gleiche Form der Intelligenz messen, müssen die Ergebnisse beider Messungen in einer Beziehung zueinander stehen. Es darf nicht sein, dass ein und dieselbe Person, die beiden Verfahren unterzogen wurde, einmal als besonders intelligent, ein andermal als durchschnittlich begabt eingestuft wird. In diesem Zusammenhang gewinnt erneut eine gute Dokumentation der Testentwicklung an Bedeutung. Im Testmanual müssen u.a. die theoretischen Grundlagen der Testkonstruktion erläutert werden. Da es unterschiedliche Intelligenztheorien gibt, resultieren auch Verfahren, die graduell Unterschiedliches messen, obwohl sie unter dem gemeinsamen Oberbegriff „Intelligenz" stehen. Verfahren, denen unterschiedliche theoretische Konstruktionsprinzipien zugrunde liegen werden zu Recht mehr oder minder abweichende Ergebnisse produzieren. Hierin liegt kein Problem, sofern man sich als Anwender über die Hintergründe im Klaren ist und den Sachverhalt korrekt einzuschätzen vermag. Die Validität eines Verfahrens steht in engem Bezug zur Frage des Anforderungsbezugs (s.o.). Da erst die Validitätsstudien belegen, was das Messinstrument tatsächlich misst, kann man auch erst auf der Basis der resultierenden Ergebnisse bestimmen, ob das Verfahren die interessierenden Anforderungsdimensionen erfassen kann.

Die Qualität eines Messinstrumentes bemisst sich ferner nach dem Umfang, in dem Hilfestellungen bei der *Durchführung, Auswertung und Interpretation des Verfahren* gegeben werden (vgl. Kapitel 5). Da das Testergebnis so wenig wie möglich durch den Diagnostiker, sondern möglichst ausschließlich durch die Merkmale des Probanden bestimmt werden soll, ist es wichtig, dass das Verhalten des Diagnostikers verbindlich geregelt ist. All dies fällt in der Psychologie unter das Qualitätskriterium der Objektivität. Maximal objektiv sind computergestützte Verfahren, da sie dem Diagnostiker kaum eine Möglichkeit für Subjektivität oder fehlerhaftes Verhalten lassen.

Das sechste und letzte Auswahlkriterium bezieht sich auf die *Normierung* eines Verfahrens (vgl. Kapitel 5). Normen helfen bei der Interpretation eines Testergebnisses. Dabei wird der einzelne Proband in Relation zu vielen anderen Menschen beurteilt. Verdeutlichen wir uns den Sachverhalt erneut am Beispiel der Intelligenzmessung. Hat ein Proband in einem Intelligenztest 15 von 20 Aufgaben richtig gelöst, stellt sich die Frage nach der Bewertung dieser Leistung. Die Normierung ermöglicht einen Vergleich mit dem durchschnittlichen Abschneiden ähnlicher Personen. Kann beispielsweise die Mehrheit der gleichaltrigen Bundesbürger ebenfalls 15 Aufgaben lösen, handelt es sich um ein durchschnittliches Ergebnis. Ebenso gut könnte eine entsprechende Normierungsuntersuchung aber auch ein ganz anderes Resultat ergeben. Vielleicht lösen die meisten Menschen im Durchschnitt nur 10 oder nur 8 Aufgaben. Folgerichtig müssten wir die Leistung unseres Probanden als überdurchschnittlich bezeichnen. In der personaldiagnostischen Praxis haben Normen eine eher untergeordnete Bedeutung. Letztlich interessiert man sich weniger dafür, ob ein Bewerber durchschnittliche oder überdurchschnittliche Leistungen in Relation zur Gesamtbevölkerung erbringt. Viel wichtiger ist, wie seine Merkmale in Bezug zum Anforderungsprofil zu bewerten sind. Gleichwohl sinnvoll sind lokale Normen, die den Kreis der Bezugspopulation für den jeweiligen Anwendungskontext zuschneiden. Für ein größeres Unternehmen kann es durchaus interessant sein, eine eigene Normierung zu entwickeln, die dabei hilft, die Leistungen der Mitarbeiter in Relation zu vergleichbaren Kollegen einzuschätzen. Einige Verfahren bieten Normen im Hinblick auf bestimmte Ausbildungsgänge. Im Bochumer Inventar berufsbezogener Persönlichkeitsbeschreibung (BIP; Hossiep & Paschen, 2003) kann die Leistung eines Hochschulabsolventen z.B. in Relation zur durchschnittlichen Ausprägung der Dimensionen in unterschiedlichen Studienfächern in Beziehung gesetzt werden.

Betrachten wir all diese Kriterien, so wird deutlich, dass die Auswahl eines standardisierten Verfahrens „eine Wissenschaft für sich" ist. Eine gezielte Auswahl erfordert ein gerüttelt Maß an Fachkompetenz. Die skizzierten Kriterien beziehen sich allerdings keineswegs ausschließlich auf standardisierte Tests und Fragebögen, sondern gelten für jedes Messinstrument. Auch dann, wenn ein Unternehmen ein Interview oder ein Assessment Center bei einer Unternehmensberatung in Auftrag gibt, sollte man zur Beurteilung des Resultats die genannten Qualitätskriterien heranziehen. Dabei versteht es sich von allein, dass man in der Regel kaum mit umfangreichen Ergebnissen empirischer Untersuchungen im Hinblick auf das neu entwickelte Verfahren rechnen kann. Dies würde die Entwicklungszeit extrem verlängern und hohe Kosten verursachen. Grundlegende Informationen über die Gestaltung eines guten Interviews oder eines guten Assessment Centers lassen sich jedoch bereits der allgemeinen Forschung zu beiden Verfahren ableiten (vgl. Kleinmann, 2003; Schuler, 2002). Wir werden hierauf noch im Kapitel 7 ausführlich zu sprechen kommen. In jedem Falle sollte die Entwicklung des individuellen Instrumentes sorgfältig dokumentiert und begründet sein. Es muss klare Vereinbarungen zur Durchführung, Auswertung und Ergebnisinterpretation geben. Wurden die Verfahren in einer Voruntersuchung getestet, so besteht die Möglichkeit, die Reliabilität zu bestimmen. Spätestens der langfristige Einsatz des Verfahrens ermöglicht eine Berechnung der prognostischen Validität. Ist genügend Zeit und Geld vorhanden, kann eine entsprechende Untersuchung bereits im Vorhinein erfolgen. Normierungen spielen bei derartigen Instrumenten so gut wie nie eine Rolle, könnten bei Bedarf aber berechnet werden. In der Praxis dürfte ein Unternehmen, das derartige Qualitätsinformationen bei seinen Beratern oder der eigenen Personalabteilung einfordert, viele Anbieter vor große Probleme stellen. Noch immer ist hier ein eklatanter Mangel an entsprechender Fachkompetenz zu verzeichnen.

Die Kriterien zur Auswahl von Messinstrumenten deuten bereits darauf hin, dass auch die *Konstruktion eines Tests oder Fragebogens* ein sehr aufwändiges Unterfangen ist. Ein Persönlichkeitsfragebogen entsteht nicht etwa, indem ein Diagnostiker sich ein paar Fragen ausdenkt, sie zu Papier bringt und ihnen anschließend ein mehr oder minder ansprechendes Layout gibt. Auch hängt die Qualität eines Testverfahrens nicht allein von der Kreativität desjenigen ab, der die Aufgaben formuliert. Bei der Konstruktion sind immer mehrere Entwicklungsschritte zu absolvieren (vgl. Fisseni, 1997; Jäger & Petermann, 1995; Lienert & Raatz, 1998). Abbildung 6-10 gibt einen Überblick. Wir beschreiben die Entwicklungsschritte am Beispiel der Konstruktion eines neuen Persönlichkeitsfragebogens. Für Leistungstests gilt das gleiche Prozedere.

Phase 1→ Items konstruieren & vorläufiges Instrument zusammenstellen

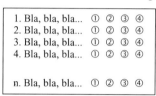

Phase 2→ Skalen bilden & unpassende Items eliminieren

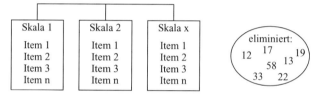

Phase 3→ Reliabilität jeder Skala berechnen & unpassende Items eliminieren

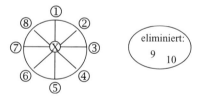

Phase 4→ Validität jeder Skala berechnen & ggf. Skalen eliminieren

Phase 5→ ggf. Normen erstellen

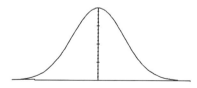

Abbildung 6-10: Fünf Phasen der Konstruktion von Tests und Fragebögen

In der *ersten Phase* der Entwicklung müssen zunächst Fragen formuliert werden. Die allermeisten Fragebögen arbeiten im Grunde genommen gar nicht mit Fragen im eigentlichen Sinne, sondern mit Statements, wie z.B. „Es fällt mir leicht, Kontakte zu fremden Menschen zu knüpfen." oder „Mein Beruf ist mir wichtiger als alles andere im Leben.". Der Proband muss später auf einer mehrstufigen Skala ankreuzen, inwieweit eine Aussage auf ihn zutrifft. Als Oberbegriff für Fragen, Statements oder Aufgaben in Leistungstests hat sich in der Psychologie die Bezeichnung „Item" durchgesetzt. Ziel der ersten Konstruktionsphase ist es, mit möglichst vielen Items den Bedeutungsgehalt der interessierenden Anforderungsdimension umfassend abzubilden. Leicht kommen mehr als hundert, manchmal sogar mehrere hundert Items zusammen, die in eine vorläufige Fassung des Fragebogens einfließen.

In *Phase zwei* wird dieser Fragebogen einer größeren Stichprobe von Menschen zur Bearbeitung vorgelegt. Die Stichprobe sollte eine möglichst hohe Ähnlichkeit zu denjenigen Personen aufweisen, die später die Endversion des Fragebogens bearbeiten sollen. Die gewonnenen Daten werden in den Computer eingegeben und mit einer speziellen Software bearbeitet. Ziel der mathematischen Analysen ist es einerseits, die Items nach Skalen zu ordnen und andererseits, ungeeignete Items aus dem Fragebogen zu eliminieren. Die erste Aufgabe kann mit Hilfe einer Faktorenanalyse erfüllt werden. Sie gruppiert die Items derart, dass deutlich wird, welche Aufgaben in etwa das gleiche Persönlichkeitsmerkmals erfassen und von welchen Items sich diese Gruppe abgrenzen lässt. So entstehen in der Regel mehrere Gruppen von Items, die wir als „Skalen" bezeichnen. Später, wenn der Fragebogen fertig ist, wird über die Items einer gemeinsamen Skala ein Mittelwert berechnet. Der Gesamtwert eines Probanden auf der Dimension „Teamfähigkeit" setzt sich dann also beispielsweise aus zehn einzelnen Antworten zusammen. Hierdurch kann der Messfehler reduziert werden (vgl. Kapitel 5). Die zweite Aufgabe – die Eliminierung von ungeeigneten Items – ist eng mit der ersten verknüpft. Zunächst werden all die Items eliminiert, die keiner Skala eindeutig zugeordnet werden können. Darüber hinaus sortiert man solche Items aus, bei denen sehr viele Mitglieder der Stichprobe sehr weit oben oder sehr weit unten auf der Antwortskala angekreuzt haben. Übertragen auf einen Intelligenztest würde dies bedeuten, dass ein Item entweder von sehr vielen (z.B. mehr als 80 %) oder aber von sehr wenigen (z.B. weniger als 20 %) Personen gelöst wird. Es wäre unökonomisch, derartige Items im Test zu belassen, da sie nur im oberen und unteren Extrembereich des Leistungsspektrums zwischen den Probanden differenzieren können. Für die meisten Menschen sind sie zu leicht bzw. zu schwer.

Der nunmehr deutlich verkürzte Fragebogen tritt anschließend in die *dritte Phase* der Testentwicklung ein, in der es um die Berechnung der Reliabilität geht. Wie bereits erwähnt, ermöglicht die Reliabilität eine Aussage über die Messgenauigkeit des Fragebogens. Im Idealfall legt man vor der Analyse den Fragebogen einer weiteren Stichprobe vor und berechnet unterschiedliche Formen der Reliabilität. Auch hierbei werden wieder einzelne Items eliminiert und zwar solche, die sich negativ auf die Messgenauigkeit der jeweiligen Skala auswirken würden.

In *Phase vier* wird in mindestens einer Untersuchung die Validität der resultierenden Skalen überprüft. Es gibt sehr viele Möglichkeiten zur Überprüfung der Validität (vgl. Kapitel 5). Eine Möglichkeit haben wir weiter oben bereits angesprochen. Soll der neue Fragebogen z.B. die Teamfähigkeit erfassen, könnte man einer Stichprobe von Menschen sowohl den neuen Fragebogen als auch einen älteren Fragebogen, der ebenfalls die Teamfähigkeit diagnostiziert, vorlegen. Anschließend wird überprüft, ob eine hohe Ausprägung in dem einen Verfahren – erwartungsgemäß – mit einer hohen Ausprägung in dem anderen Verfahren einhergeht. Dient das Instrument dazu, die berufliche Leistung von Mitarbeitern eines Unternehmens zu bestimmen, könnte man die Validität des weiteren über einen Vergleich zwischen leistungsstarken und leistungsschwachen Mitarbeitern überprüfen. Im Rahmen einer Untersuchung legt man zunächst beiden Gruppen den Fragebogen zur Bearbeitung vor. Ergeben die späteren Berechnungen, dass sich beide Gruppen im Ergebnis des Fragebogens signifikant voneinander unterscheiden, unterstreicht dies die Validität des Verfahrens. Da die meisten Messinstrumente aus mehreren Skalen bestehen, kann der Aufwand zur Validierung des gesamten Verfahrens mitunter erheblich sein.

Die *fünfte Phase* wird nur dann durchlaufen, wenn man an einer Normierung interessiert ist. Zunächst muss geklärt werden, für welche Bevölkerungsgruppen (Schulbildung, Geschlecht, Alter, Beruf etc.) später getrennte Normen existieren sollen (vgl. Kapitel 5). In einem zweiten Schritt wird das fertige Messinstrument sehr großen Stichproben aus den interessierenden Bevölkerungsgruppen vorgelegt. Auf mathematischem Wege entwickelt man schließlich in einem dritten Schritt die Normierung. In Abhängigkeit von der Menge und Größe der Bevölkerungsgruppen können Normierungsstichproben bisweilen mehr als tausend Menschen umfassen. Begnügt man sich mit einer Normierung innerhalb eines Unternehmens, fallen die Stichproben deutlich kleiner aus.

Standards
für die Auswahl und Konstruktion von Messinstrumenten

- Die Auswahl und Konstruktion von Messinstrumenten wird primär von diagnostischen Notwendigkeiten und nur in zweiter Linie von Rahmenbedingungen der Organisation geleitet.
- Die Messinstrumente weisen einen Anforderungsbezug auf.
- Jede der interessierenden Merkmalsdimensionen wird mit mehreren Items erfasst.
- Es werden Informationen zur Objektivität, Reliabilität und Validität eingeholt oder ggf. empirisch ermittelt.
- Falls Normen eingesetzt werden, müssen die Normierungsstichproben inhaltlich zu den Probanden, die untersucht werden sollen, passen.
- Die Entwicklungsschritte mitsamt den empirischen Ergebnissen müssen so dokumentiert sein, dass das Vorgehen einer fachlichen Diskussion und Bewertung zugänglich ist.
- Die Auswahl und Konstruktion erfolgt durch einen hinreichend qualifizierten Experten (Kenntnis empirischer Methoden, diagnostischer Prinzipien, mathematischer Verfahren etc.).

6.5 Datenerhebung

Nachdem die Messinstrumente ausgewählt bzw. neu konstruiert wurden, folgt die Phase der Datenerhebung, in der die eigentliche Messung der interessierenden Personenmerkmale erfolgt. Die Probanden bearbeiten Tests oder Fragebögen, nehmen an Interviews oder Verhaltensbeobachtungen teil. Die Qualität einer Messung hängt zunächst einmal vor den eingesetzten Instrumentarien ab. Die Instrumente sind mehr oder weniger reliabel und valide (s.o.). Doch selbst dann, wenn ein Verfahren eine ausreichende Zuverlässigkeit und Güte aufweist, kann die Messung im Anwendungsfall fehlerhaft verlaufen, ja mehr noch, sie kann alle Mühen, die bei der Auswahl und Konstruktion der Instrumente aufgewendet wurden ad absurdum führen. Die Ursache hierfür liegt in der Datenerhebung. Bei Tests oder Fragebogeninstrumenten ist die Datenerhebung noch vergleichsweise recht einfach, zumal viele Verfahren heute schon vollständig computergestützt ablaufen. Kommen Interviews oder Assessment Center zum Einsatz, sieht dies schon ganz anders aus. Für jede seriöse Messung gilt der *Grundsatz der standardisierten Datenerhebung*.

Vor der Durchführung einer Untersuchung wird für alle Beteiligten verbindlich festgelegt, wie die Messung ablaufen soll. Für Probanden und Diagnostiker sind die Untersuchungsbedingungen ohne Ansehen der Person gleich gestaltet. Erst durch dieses Prinzip wird eine Vergleichbarkeit der Messergebnisse unterschiedlicher Kandidaten gewährleistet. Die Möglichkeiten zur Standardisierung beschränken sich allerdings auf die eingesetzten Instrumentarien, räumliche Gegebenheiten, das Verhalten der Diagnostiker u.Ä. Faktoren, die unter der Kontrolle des Unternehmens stehen können. Die Grenzen der Standardisierung sind erreicht, wenn wir an das private Leben und Empfinden der zu untersuchenden Personen stoßen. Natürlich lässt sich nicht vermeiden, dass einzelne Bewerber am Tag des Einstellungsgespräches oder der Leistungsmessung, indisponiert sind, weil sie die Nacht zuvor nicht schlafen konnten, Kopfschmerzen haben oder überdurchschnittlich aufgeregt sind. Denkbar wäre natürlich auch hier eine zumindest graduelle Standardisierung. So könnte man z.B. entsprechenden Bewerbern die Möglichkeit geben, dass sie zu einem späteren Zeitpunkt erneut vorstellig werden. Aus organisatorischen Gründen werden sich die meisten Unternehmen aber wohl gegen eine solche Variante entscheiden. Auch ließe sich damit das Problem nur bei einigen Kandidaten beseitigen. Wer allgemein unter großer Prüfungsangst leidet, wird auch zu einem späteren Termin nur bedingt einsatzfähig sein. Umso wichtiger ist, dass das Unternehmen zumindest in den Bereichen der Datenerhebung, auf die es Zugriff hat, eine Standardisierung herbeiführt.

> Die Datenerhebung erfolgt *standardisiert*. Das Vorgehen ist bei allen Probanden identisch und läuft nach Prinzipien ab, die vor der Messung für alle diagnostisch tätigen Personen verbindlich festgelegt wurden.

Die Standardisierung bezieht sich auf verschiedene Aspekte der Datenerhebung, angefangen bei der Auswahl der Untersuchungsmethode, der Reihenfolge der Items, den räumlichen und zeitlichen Bedingungen der Untersuchung bis hin zum Verhalten des Diagnostikers gegenüber dem Probanden (vgl. Abbildung 6-11).

Eine Realisierung der ersten Punkte ist im Grunde genommen sehr leicht möglich. Hier bedarf es nur einiger organisatorischer Bemühungen und Absprachen. Anspruchsvoller ist hingegen die *Standardisierung des Verhaltens der Diagnostiker*. Bei fast allen diagnostischen Verfahren kann der Diagnostiker in der einen oder anderen Weise Einfluss auf die Durchführung der Untersuchung nehmen. Besonders offensichtlich ist dies bei herkömmlichen Auswahlgesprächen, bei denen dem Personalreferenten nicht selten völlig freie Hand gelassen wird. In einer Untersuchung von Stephan und Westhoff (2002) zeigte sich, dass 27 % der mittelständischen Unternehmen in Deutschland Einstellungsgespräche für Führungskräfte ohne irgendeine nennenswerte Vorbereitung durchführen. Weitere 57 % begnügen sich damit, zuvor Stichworte aufzuschreiben, die sie im Verlaufe des Interviews ansprechen wollen. Im Grunde genommen kann in diesem Fall der Diagnostiker das Gespräch weitgehend nach eigenem Gutdünken führen[14]. Er selbst entscheidet darüber, mit welchen Themen er den Kandidaten konfrontieren möchte, wie viele und welche Fragen er stellt und wie die Antworten zu bewerten sind. Für den Bewerber kommt ein solches Interview einem Lotteriespiel gleich. Seine Bewertung – und damit auch seine Einstellung oder Zurückweisung – hängt u.U. davon ab, ob er am Montagvormittag oder am Mittwochnachmittag zum Einstellungsgespräch eingeladen wird, wenn an beiden Tagen unterschiedliche Personalreferenten arbeiten. Ein solches Vorgehen ist weder ethisch vertretbar noch ökonomisch sinnvoll. Selbst dann, wenn ein Anforderungsprofil für die zu besetzende Stelle vorliegt, was immerhin noch für 75 % der Unternehmen gilt (Stephan und Westhoff, 2002) gilt, wird die Qualität der Messung durch den enormen Einfluss der jeweiligen Interviewer erheblich gemindert. Zwar mag es einzelne Interviewer geben, die eine hervorragende Diagnose abliefern, niemand weiß jedoch, wann dies geschieht und worauf der Erfolg zurückzuführen ist.

Methode	→	Alle Probanden, deren Merkmale miteinander verglichen werden sollen, müssen sich einer Untersuchung mit derselben Methode (Interview, Test, AC etc.) unterziehen.
Items	→	Allen Probanden werden dieselben Items vorgelegt.
Reihenfolge	→	Kommen mehrere Methoden und Items zum Einsatz, so ist ihre Reihenfolge bei jeder Untersuchung identisch.
Rahmenbedingungen	→	Für alle Probanden gelten die gleichen räumlichen und zeitlichen Untersuchungsbedingungen. Ersteres bezieht sich z.B. auf Hilfsmittel, Letzteres auf die Bearbeitungszeit.
Verhalten der Diagnostiker	→	Alle eingesetzten Diagnostiker verhalten sich ihrer Rolle entsprechend gegenüber jedem Probanden in gleicher Weise (z.B. Hilfestellungen, Freundlichkeit)

Abbildung 6-11: Facetten der standardisierten Datenerhebung

---

[14] Gehen wir einmal davon aus, dass sich die meisten Unternehmen bei der Auswahl von Führungskräften noch vergleichsweise viel Mühe geben, so dürfte die Auswahl von „einfachen" Mitarbeitern bestenfalls noch als Karikatur einer fundierten Personaldiagnostik durchgehen.

Im Falle dieser Interviews liegt das Problem gleichermaßen in der Konstruktion des Messinstrumentes, als auch in der Durchführung der Messung. Bereits in der Phase der Konstruktion muss dem Interview eine ebenso verbindliche wie zielgerichtete Struktur gegeben werden (s.o.). Doch selbst wenn eine Struktur vorliegt, bleiben dem Interviewer noch viele Möglichkeiten die Messung und damit auch das Messergebnis zu beeinflussen. Selbst bei einem standardisierten Interview wird man nicht alle Fragen vom Blatt ablesen (Schuler, 2002). Überdies kann der Diagnostiker durch sein Sozialverhalten zu einer offenen und freundlichen Atmosphäre beitragen oder aber Ablehnung und ggf. Furcht beim Gegenüber erzeugen. Im Extremfall gibt er sogar Hilfestellungen bei der Beantwortung der Fragen und fördert somit solchen Kandidaten, die ihm sympathisch sind. In den allermeisten Fällen werden derartige Prozesse der Einflussnahme wohl nicht absichtlich und massiv auftreten, sondern eher im Verborgenen wirken. Da es gerade in Einstellungsgesprächen meist aber gar nicht um die Differenzierung zwischen völlig ungeeigneten und extrem gut geeigneten Kandidaten geht – erstere wurden bereits zuvor anhand anderer Kriterien herausgefiltert –, sondern eher die Unterscheidung zwischen mäßig und gut geeigneten Kandidaten im Vordergrund steht, können selbst subtile Einflüsse weitreichende Konsequenzen haben (siehe Kapitel 5).

Das Problem der Beeinflussung stellt sich je nach Art des diagnostischen Verfahrens in unterschiedlicher Weise. In Leistungstests, bei denen der Diagnostiker die Aufgaben erklärt und ggf. auch jede einzelne Aufgabe vorliest (z.B. im Hamburg Wechsler Intelligenztest, Tewes, 1991), kann er Einfluss nehmen, indem er mehr oder weniger Hilfestellungen gibt, die Aufgaben deutlich oder eher undeutlich stellt oder, je nach Sympathie, für eine mehr oder minder freundliche Arbeitsatmosphäre sorgt. Bei Fragebogenuntersuchungen ist der Einfluss in aller Regel weitaus geringer, da der Kandidat die Aufgaben allein bearbeitet. Doch auch hier kann ein ungeschickter Diagnostiker beispielsweise durch Bemerkungen über möglicherweise erwünschte Äußerungen das Antwortverhalten des Kandidaten in eine bestimmte Richtung lenken. Verhaltensbeobachtungen gehen im Vergleich zur Fragebogenuntersuchung mit stärkeren Interaktionen zwischen Probanden und Diagnostikern einher. Der Diagnostiker muss die Aufgabe erklären, etwaige Rückfragen beantworten und schaut die Kandidaten während der gesamten Zeit an. In jeder dieser Interaktionen liegt die Quelle einer potentiellen Beeinflussung. Bei der Instruktion der Aufgaben oder der Beantwortung von Rückfragen ist dies besonders offensichtlich. Doch selbst die bloße Beobachtung kann zum Problem werden. Man denke z.B. an ein Assessment Center, bei dem die Bewerber einen Vortrag halten müssen. Ihnen gegenüber sitzen nicht selten vier bis sechs Beobachter, die jeden einzelnen Bewerber während seines Vortrags kritisch mustern. In alltäglichen Interaktionen mit anderen Menschen interpretieren wir die Mimik und Gestik unseres Gegenübers und richten unser eigenes Verhalten daran aus. Denselben Versuch unternehmen viele Bewerber im Assessment Center. Sie deuten die Reaktionen der Beobachter auf ihr eigenes Verhalten und schließen daraus, wie sie sich vorteilhafter darstellen könnten. Reagieren einzelne Beobachter nun sehr unterschiedlich auf die verschiedenen Bewerber – bei dem einen wirft man die Stirn in Falten, bei einem anderen schüttelt man den Kopf und einem dritten lächelt man freundlich zu –, besteht die Gefahr einer zwar subtilen aber gleichwohl folgenreichen Beeinflussung.

Derartige Beeinflussungen – seien sie nun willentlich oder durch Unachtsamkeit entstanden – stehen im Widerspruch zu den Bemühungen um eine seriöse Diagnostik. Ziel einer ernstzunehmenden Diagnostik ist immer eine möglichst unbeeinflusste Messung der Merkmale eines Menschen. Die Frage ist nur, wie man dieses Ziel erreichen kann. Die Personaldiagnostik orientiert sich bei der Lösung dieses Problems an zwei Prinzipien, die der wissenschaftlichen Forschung entlehnt sind (vgl. Kanning, 2001; Sarris, 1990, 1992). Auch in wissenschaftlichen Experimenten, in denen es um die Erforschung des menschlichen Verhaltens geht, stellt sich das Problem der Beeinflussung. Falls sich die Möglichkeit ergibt, sollte man diejenigen Faktoren, von denen ein unerwünschter Einfluss ausgeht, komplett eliminieren (Prinzip 1). Ist dergleichen nicht möglich, sollte der Einfluss für alle Probanden konstant gehalten werden (Prinzip 2).

Das *Prinzip der Eliminierung* unerwünschter Einflüsse wird im Rahmen der Personaldiagnostik verwirklicht, indem man die Interaktionen zwischen Diagnostiker und Proband auf das unbedingt notwendige Maß beschränkt, denn dort wo weniger Interaktionen ablaufen, gibt es zwangsläufig auch weniger Möglichkeiten zur Beeinflussung. So verzichten die meisten zeitgenössischen Intelligenztests darauf, dass der Diagnostiker jede Aufgabengruppe erläutert. Stattdessen erklärt sich der Test von allein anhand schriftlicher Instruktionen. Der Diagnostiker beschränkt sich auf die Verteilung der Unterlagen, die Beantwortung etwaiger Fragen oder die Kontrolle der zeitlichen Vorgaben (z.B. IST-2000; Amthauer, Brocke, Liepmann & Beauducel, 1999). In Interviews oder Assessment Centern kann man das Interaktionsverhalten zwischen Diagnostikern und Probanden dadurch reduzieren, dass man die Rollen des diagnostischen Personals klar und verbindlich definiert. Beim Interview kann neben dem eigentlichen Interviewer ein zusätzlicher Diagnostiker sitzen, der nur beobachtend am Geschehen teilnimmt. In Assessment Centern ist es ratsam, einen unabhängigen Moderator einzusetzen, der die Übungen anleitet, selbst aber im Gegensatz zu den Beobachtern keine diagnostische Funktion hat.

Natürlich sind dem Eliminierungsprinzip Grenzen gesetzt. Methoden, wie etwa das Interview, sind ohne jede Interaktion nicht realisierbar. In diesen Fällen kommt das *Prinzip der Konstanthaltung* zum Einsatz. Der Diagnostiker wird durch Schulungen und sehr klare Anweisungen dazu gebracht, sich in jeder diagnostischen Situation möglichst konstant zu verhalten. Es darf nicht vorkommen, dass er dem Kandidaten A gegenüber reserviert, gegenüber dem Kandidaten B hingegen freundlich auftritt. Beobachter im Assessment Center müssen sich während des Verfahrens jeglicher Bewertungen gegenüber den Kandidaten, seien sie nun verbaler oder nonverbaler Natur, enthalten. Jeder Beobachter folgt hingegen mit kontrolliertem Gesichtsausdruck dem Geschehen und protokolliert im Stillen seine Beobachtungen und Bewertungen. Bei Testverfahren werden die Instruktionen schriftlich fixiert und durch den Diagnostiker nur noch vorgelesen. In Interviews wird die Aufgabe schwieriger. Hier möchte man keine hundertprozentige Standardisierung des Gesprächsverlaufes, da ansonsten die Natürlichkeit der sozialen Situation verloren ginge. Auch würde eine vollständige Standardisierung keine Möglichkeit zur Nachfrage bieten. Wollte man alle Fragen einfach vorlesen lassen, könnte man besser gleich zu kostengünstigeren Varianten, wie etwa dem Telefoninterview oder dem Fragebogen greifen.

> Die Datenerhebung soll so wenig wie irgend möglich durch das Verhalten des Diagnostikers beeinflusst werden. Dies erreicht man, indem die Interaktionen zwischen dem Diagnostiker und dem Probanden auf das notwendige Maß reduziert werden (*Eliminierungsprinzip*) und darüber hinaus das Verhalten der Diagnostiker verbindlichen Regeln folgt (*Konstanthaltungsprinzip*).

Alles in allem bieten sich dem Anwender zahlreiche Möglichkeiten zur standardisierten Datenerhebung. Sie reichen von der Auswahl solcher Methoden, die ein hohes Maß an Standardisierung in sich tragen, über bestimmte Medien bis hin zu Verhaltensregeln für das diagnostische Personal. Die verschiedenen Optionen können auch in Kombination miteinander Verwendung finden, wodurch im Regelfall der Effekt gesteigert werden dürfte. Für welche Option man sich im konkreten Anwendungsfall einscheidet, hängt von den Spezifika der Situation ab. Standardisierte Tests können beispielsweise nur dann eingesetzt werden, wenn man sich für Merkmalsdimensionen interessiert, die prinzipiell mit Leistungstests zu erfassen sind. Existieren bereits gute Instrumente, fällt die Entscheidung leicht. Muss hingegen ein neuer Test entwickelt werden, stellt sich die Frage nach den Kosten im Vergleich zu alternativen Methoden. Eine Schulung des diagnostischen Personals im Rahmen von Interviews und Verhaltensbeobachtungen ist unumgänglich.

Standards
für die Durchführung diagnostischer Untersuchungen

- Die Durchführung der Messung erfolgt unter standardisierten Bedingungen, d.h. alle Probanden werden mit den gleichen Durchführungsbedingungen konfrontiert. Dies lässt sich durch verschiedene Maßnahmen erreichen:
  - Einsatz von standardisierten Tests oder Fragebögen
  - computergestützte Durchführung
  - Konstanthaltung der räumlichen und zeitlichen Rahmenbedingungen
  - Festlegung verbindlicher Verfahrensregeln für das diagnostische Personal
  - Reduzierung der Interaktionen zwischen Diagnostikern und Probanden auf das zwingend notwendige Maß
  - Einsatz professioneller Diagnostiker
  - Schulung der Diagnostiker im Hinblick auf das aktuelle Verfahren
- Bei Anwendung von Methoden, bei denen der Diagnostiker besonders großen Einfluss nehmen kann (Interview, Verhaltensbeobachtung), erfolgt die Datenerhebung durch mehrere unabhängige Diagnostiker.
- Die Durchführungsbedingungen werden beständig einer kritischen Reflexion unterzogen.

6.6 Datenauswertung

Nachdem Informationen über mehr oder minder zahlreiche Merkmale der Probanden erhoben wurden, ist der diagnostische Prozess für den Probanden zunächst beendet. Bewerber müssen nun entweder einige Stunden auf ein Rückmeldegespräch warten oder fahren nach Hause, wenn die Rückmeldung noch einige Tage auf sich warten lässt. Bei unternehmensinternen Untersuchungen, die z.B. der Organisationsentwicklung dienen, werden die Probanden mitunter erst nach mehreren Wochen über die Ergebnisse informiert. Was passiert in der Zwischenzeit? Alle erhobenen Daten müssen erst einmal ausgewertet und im Anschluss daran interpretiert werden. Liegen sehr viele unterschiedliche Informationen vor, so strebt der Diagnostiker sodann eine Integration der Befunde an. Nur so ist es ihm möglich, begründbare Schlussfolgerungen zu ziehen und die Ergebnisse gegenüber Bewerbern oder Entscheidungsträgern im Unternehmen kommunizieren zu können. Im nun folgenden Abschnitt geht es uns allein um die Auswertung der Daten.

Die Datenauswertung gestaltet sich in Abhängigkeit von den eingesetzten Messinstrumenten sehr unterschiedlich. Geradezu banal ist das Unterfangen, wenn man mit vollständig computergestützten *Tests oder Fragebögen* gearbeitet hat. In diesem Fall übernimmt der Computer die Auswertung fast von allein. Quasi „auf Knopfdruck" erhält man in sekundenschnelle die gewünschten Informationen. Manche Verfahren, wie etwa das Mulidimensionale Feedback (Fennekels, 1999) sind allerdings nur teilweise computergestützt. Die Probanden bearbeiten zunächst einen herkömmlichen Fragebogen. Anschließend muss das diagnostische Personal die Antworten aus jedem Fragebogen einzeln in den Computer eingeben, bevor in einem letzten Schritt die Berechnung der Ergebnisse folgt. In der gleichen Weise geht man heute meist auch noch bei selbst entwickelten Instrumenten vor, wenngleich auf diesem Sektor der Anteil vollständig computergestützter Untersuchungen in den nächsten Jahren noch deutlich zunehmen dürfte. Die meiste Mühe bereiten papiergestützte Instrumente, für die keine Auswertungssoftware vorliegt. In einem solchen Fall muss der Diagnostiker selbst Hand anlegen, indem er mit Hilfe von Auswertungsschablonen und einem Taschenrechner Punktwerte auszählt bzw. berechnet. Unabhängig von der Frage, auf welchem Wege die Auswertung im Detail erfolgt, geht es bei Tests und Fragebögen immer um die gleichen Prozesse (vgl. Abbildung 6-12). Liegt ein Testverfahren vor, muss für jede einzelne Aufgabe entschieden werden, ob sie richtig oder falsch gelöst wurde. Anschließend wird die Menge der richtigen Lösungen für jede dem Test zugrunde liegende Skala getrennt ermittelt. Ein klassischer Intelligenztest besteht aus mehreren Skalen, die unterschiedliche Fähigkeiten erfassen (Rechenaufgaben lösen, geometrische Aufgaben bearbeiten, begriffliche Assoziationen bilden etc.; vgl. Kapitel 3). Für jede dieser Fähigkeiten wird zunächst eine gesonderte Auswertung vorgenommen. Ist man darüber hinaus an einem Gesamtergebnis über alle Skalen hinweg interessiert, muss der entsprechende Wert zusätzlich berechnet werden. Bei Fragebogeninstrumenten ist das Procedere ähnlich gelagert, allerdings liegt es in der Natur solcher Instrumente, dass es keine richtigen oder falschen Lösungen gibt. Ein Bewerber ist z.B. mehr oder weniger extravertiert. Kreuzt er im Fragebogen weiter oben oder unten auf der Selbsteinschätzungsskala an, spiegelt sich hierin allein sein Selbstbild wieder. Infolgedessen entfällt bei der Auswertung von Fragebogendaten die Kategorisierung der Antworten in richtige und falsche Lösungen. Es bleibt das Addieren der Punktwerte für jede Merkmalsdimension des Messinstrumentes. Eine Zusammenfassung der Punktwerte über mehrere Merkmalsdimensionen hinweg zu einem übergeordneten Konzept ist prinzipiell möglich, tritt in der Praxis aber eher selten auf.

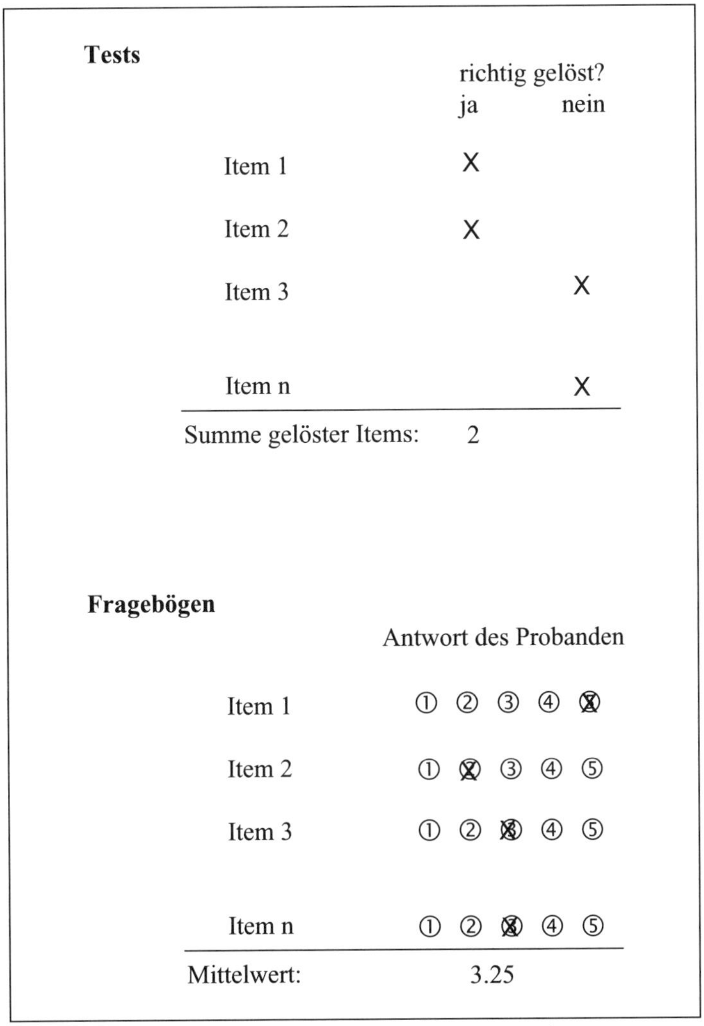

Tests

	richtig gelöst?	
	ja	nein
Item 1	X	
Item 2	X	
Item 3		X
Item n		X
Summe gelöster Items:	2	

Fragebögen

Antwort des Probanden

Item 1	① ② ③ ④ ⑤
Item 2	① ② ③ ④ ⑤
Item 3	① ② ③ ④ ⑤
Item n	① ② ③ ④ ⑤
Mittelwert:	3.25

Abbildung 6-12: Auswertungsprinzipien bei Tests und Fragebögen

Die Auswertung im Rahmen der *Dokumentenanalyse* verläuft ähnlich. Wie bei einem Testverfahren muss der Diagnostiker die Angaben bewerten und anschließend ein Fazit ziehen. Im Unterschied zu Tests und Fragebögen stehen meist jedoch nicht mehrere Items zur Verfügung, über die sich sinnvoller Weise ein Mittelwert bilden ließe. Stattdessen müssen einzelne Merkmale, wie z.B. die Berufserfahrung oder die Fachkompetenz, anhand einzelner Indikatoren (Dauer bisheriger Anstellung, Ausbildungszeugnis) eingeschätzt werden (vgl. Abbildung 6-13). Da derartige Analysen immer für den konkreten Anwendungsfall neu entwickelt werden, muss man – im Gegensatz zu Tests und Fragebögen – jeweils spezifische Auswertungsregeln festlegen.

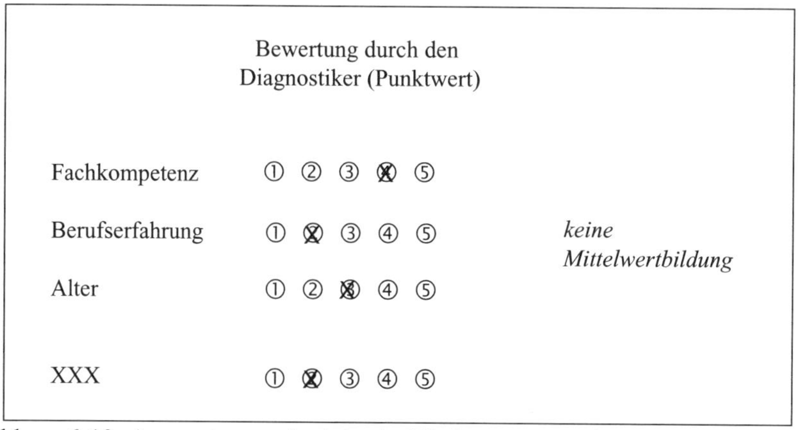

```
                  Bewertung durch den
                  Diagnostiker (Punktwert)

    Fachkompetenz      ①  ②  ③  ⊗  ⑤
    Berufserfahrung    ①  ⊗  ③  ④  ⑤         keine
                                              Mittelwertbildung
    Alter              ①  ②  ⊗  ④  ⑤


    XXX                ①  ⊗  ③  ④  ⑤
```

Abbildung 6-13: Auswertungsprinzipien bei Dokumentenanalysen

Selbst dann, wenn die Auswertung von Tests und Fragebögen „zu Fuß" mit Hilfe von Schablonen und dem Taschenrechner erfolgt, ist das Unterfangen im Vergleich zur Auswertung von *Interviews* sehr einfach. Der Grund hierfür liegt darin, dass bei Tests und Fragebögen die Probanden dem Diagnostiker eine schwierige Aufgabe abnehmen: Sie quantifizieren schon selbst ihre eigenen Antworten. Durch die Wahl einer Lösungsalternative oder das Ankreuzen einer bestimmten Zahl auf einer Einschätzungsskala werden die Einstellungen oder Kompetenzen des Probanden in einen Zahlenwert verwandelt, der dann im Zuge der Auswertung nur noch weiter bearbeitet werden muss. Klassische Interviews liefern hingegen erst einmal rein qualitative Daten[15]. Der Interviewer stellt eine offene Frage, auf die der Interviewte mit mehreren Sätzen in freier Rede antwortet. Die Antworten werden entweder per Tonband aufgezeichnet – was in der Praxis eher selten geschieht – oder stichpunktartig protokolliert. Die Umformung des gesprochenen Wortes in einen Zahlenwert – und damit auch die Abbildung der Einstellungen und Kompetenzen auf einer Merkmalsdimension – ist Aufgabe des Interviewers. Hierbei helfen ihm z.B. verhaltensverankerte Einschätzungsskalen, Checklisten oder Auswertungsbeispiele (vgl. Kapitel 4). Sie alle definieren, welche konkreten Äußerungen des Probanden mit welchem Punktwert belegt werden müssen. Je präziser derartige Zuordnungsregeln ausfallen, desto leichter wird die Aufgabe für den Interviewer. Die Auswertung geht aber über die bloße Vergabe der Punktwerte für jede interessierende Äußerung des Probanden hinaus (vgl. Abbildung 6-14). Auch im Interview wird ein und dieselbe Merkmalsdi-

---

[15] Es gibt auch Variationen der Interviewmethoden, bei der der Proband selbst eine Quantifizierung vornehmen muss (vgl. Kapitel 7), sie bleiben an dieser Stelle unserer Diskussion unberücksichtigt. Stattdessen beschränken wir uns auf die klassische Variante des Interviews, bei denen der Interviewer offene Fragen stellt und die Antworten stichwortartig protokolliert.

Der Prozess der Personaldiagnostik

mension mit Hilfe von mehreren Items erfasst. Interessiert man sich z.B. für die Dienstleistungsorientierung des Gesprächspartners, folgen im Laufe des Interviews vielleicht drei oder fünf Fragen, die allesamt auf das gleiche Ziel, nämlich die Erfassung derselben Merkmalsdimension ausgerichtet sind. Ähnlich wie bei der Auswertung von Testverfahren und Fragebögen muss somit bei der Auswertung von Interviews ein Gesamturteil über mehrere Items hinweg gebildet werden.

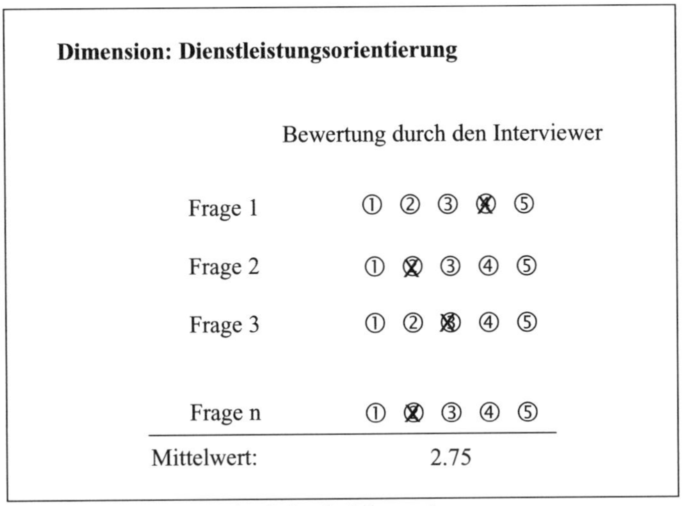

```
Dimension: Dienstleistungsorientierung

                    Bewertung durch den Interviewer

    Frage 1         ①  ②  ③  ⊗  ⑤

    Frage 2         ①  ⊗  ③  ④  ⑤

    Frage 3         ①  ②  ⊗  ④  ⑤


    Frage n         ①  ⊗  ③  ④  ⑤
    Mittelwert:              2.75
```

Abbildung 6-14: Auswertungsprinzipien bei Interviews

Ganz ähnlich verhält es sich mit *Verhaltensbeobachtungen*. Bei der Arbeitsprobe oder im Assessment Center ist es die Aufgabe der Beobachter, sichtbare Verhaltensweisen und verbale Äußerungen der Probanden in Zahlenwerte umzuwandeln. Prinzipiell wäre es möglich, in der Phase der Datenerhebung einen Videofilm aufzunehmen, damit man später in der Phase der Datenauswertung auf sämtliche Informationen zurückgreifen kann. De facto wird von dieser Möglichkeit in der Praxis allerdings so gut wie nie Gebrauch gemacht. Neben datenschutzrechtlichen Bedenken, die insbesondere bei der Personalauswahl vorliegen, sprechen auch pragmatische Gründe gegen eine umfassende Dokumentation. Wollte man sich zu jedem Kandidaten in der Auswertungsphase einen Videofilm anschauen, so würde dies die Dauer der Datenerhebung extrem verlängern. Aus diesem Grund begnügt man sich mit schriftlichen Notizen. Da die Beobachter in einem seriösen Verfahren wissen, worauf sie achten müssen, können sie während der Beobachtungsphase Notizen anfertigen, die unmittelbar nach der Beobachtung für jede Übung ausgewertet werden. Verhaltensverankerte Skalen, Checklisten und Auswertungsbeispiele helfen bei dieser Aufgabe. Ist nach mehreren Übungen das Beobachtungsverfahren beendet, folgt abschließend die Auswertung auf der Ebene der Merkmalsdimensionen. Hierzu werden die Einzelergebnisse mehrerer Beobachtungen zusammengetragen.

Für die Datenauswertung gilt das gleiche wie für die Datenerhebung: Sie muss soweit *standardisiert* werden, dass ohne Ansehen der Person die Daten jedes Probanden immer nach den gleichen Prinzipien ausgewertet werden. Dies gilt gleichermaßen für das technische Procedere als auch für die Menschen, die die Auswertung vornehmen. Wie schon bei der Datenerhebung, so erscheint auch in der Phase der Datenauswertung das Problem einer absichtlichen Verfälschung der Ergebnisse durch den Diagnostiker eher gering, sofern professionelles Personal eingesetzt wird. Im Fokus der Bemühungen stehen daher eher unabsichtliche Fehler und Verzerrungen, die den Diagnostikern unterlaufen könnten und gegen die man sich absichern möchte.

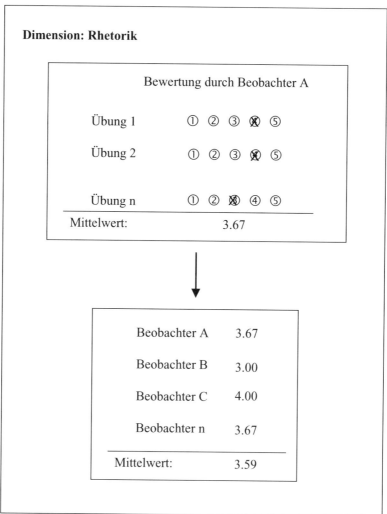

Abbildung 6-15: Auswertungsprinzipien bei Verhaltensbeobachtungen

Der *Computer* erleichtert diese Aufgabe in besonderer Weise. Ist das Auswertungsprogramm einmal geschrieben, läuft jede Analyse nach exakt den gleichen Prinzipien ab. Es könnte bestenfalls zu einem Komplettausfall des Rechners kommen, wodurch jedoch keine Verzerrung der Ergebnisse entsteht. Anders als der Mensch, der beispielsweise in Abhängigkeit von der aktuellen Tagesform einmal mehr, ein andermal weniger aufmerksam zur Tat schreitet und damit graduell unterschiedlich präzise arbeitet, liefert der Computer entweder präzise oder gar keine Ergebnisse. Seine Anwendung beschränkt sich in der Praxis allerdings vorwiegend auf Fragebögen und Testverfahren. Zwingend notwenig ist diese Einschränkung keineswegs. Allerdings muss man Interviewdaten oder die Daten aus Verhaltensbeobachtungen erst einmal per Hand in den Computer eingeben, ehe eine computerisierte Auswertung ablaufen kann. Der Gewinn an Objektivität, den man in diesem Fall durch eine schnelle und vor allem fehlerfreie Auswertung erzielen würde, wird dabei zu einem erheblichen Teil durch die aufwändigere Dateneingabe erkauft. Hinzu kommt, dass die Dateneingabe selbst wiederum eine Quelle potentieller Fehler darstellt. Erfolgt die Auswertung von Fragebögen und Tests anhand von Schabloben durch bloßes Auszählen von Punktwerten oder unter Zuhilfenahme des Taschenrechners, wird in aller Regel eine hohe Auswertungsobjektivität erzielt. Selbiges gilt für die meisten Dokumentenanalysen. Zwar ist es prinzipiell möglich, dass der Diagnostiker Einfluss auf das Ergebnis der Auswertung nimmt, sind die Auswertungsregeln – wie in diesen Fällen üblich – sehr einfach, so scheint die Gefahr gleichwohl weitestgehend gebannt. Dennoch besteht natürlich immer noch die Möglichkeit von Fehlern. Es empfiehlt sich daher, hier und da die Auswertung einzelner Datensätze auf ihre Richtigkeit hin zu überprüfen. Ideal wäre eine doppelte Auswertung aller Datensätze durch zwei unabhängige Personen, was allerdings mit erhöhten Personalkosten verbunden wäre. Letztlich muss hier also eine Abwägung zwischen dem Streben nach Sicherheit und den entstehenden Kosten getroffen werden.

Interviews und Verhaltensbeobachtungen lassen dem Diagnostiker naturgemäß sehr viel mehr Freiheiten bei der Auswertung als Tests und Fragebögen. Umso wichtiger ist es, dass bei ihrer Anwendung im Vorhinein klare Auswertungsregeln fixiert werden. Immer dann, wenn die Aufgabe für den Diagnostiker besonders schwierig wird, lohnt sich auch der Einsatz mehrerer unabhängiger Personen. So werden beispielsweise im Assessment Center immer mehrere Beobachter eingesetzt, die zunächst einmal jeder für sich allein die Kandidaten bewerten. In Interviews ist der Einsatz mehrerer Beobachter nicht ganz so weit verbreitet, wenngleich die Untersuchung von Stephan und Westhoff (2002) belegt, dass zumindest bei Einstellungsinterviews für Führungskräfte mehr als 70 % der mittelständischen Unternehmen mit zwei Auswertern arbeiten. Ob beide Auswerter unabhängig voneinander vorgehen, ist nicht bekannt. Auch dürfte die Quote deutlich sinken, wenn es nur noch um die Ebene der Sachbearbeiter oder gar um Auszubildende geht. Da die Menge der Informationen, die im Rahmen von Interviews und Assessment Centern anfallen, sehr groß ist, sollte sich die Auswertung möglichst unmittelbar an die Datenerhebung anschließen, sofern keine Tonband- oder Videoaufzeichnungen vorliegen. Entsprechende Aufzeichnungen sind jedoch eher unüblich. Im Assessment Center nehmen die Beobachter daher nach jeder Übung eine Zwischenauswertung und nach Abschluss des gesamten Verfahrens eine Gesamtbewertung vor. Nach der Studie von Stephan und Westhoff (2002) werten drei Viertel aller mittelständischen Unternehmen Einstellungsgespräche mit Führungskräften unmittelbar nach dem Interview aus.

> Die Datenanalyse erfolgt *standardisiert*. Das Vorgehen ist bei allen Datensätzen identisch und läuft nach Prinzipien ab, die vor der Analyse für alle diagnostisch tätigen Personen verbindlich festgelegt wurden.

Fassen wir die verschiedenen Optionen zur Standardisierung der Auswertung zusammen, so ergeben sich parallel zur Standardisierung der Datenerhebung zwei Prinzipien. Zunächst versucht man, unerwünschte Störeinflüsse so weit wie möglich zu beseitigen (*Eliminierungsprinzip*). Dies geschieht z.B. bei Computertests, indem der Mensch durch den Computer ersetzt wird. Darüber hinaus gilt es, mit Hilfe klarer Verfahrensregeln die Subjektivität des Diagnostikers einzuschränken (*Konstanthaltungsprinzip*). Letzteres setzt eine Schulung des diagnostischen Personals voraus.

**Standards
für die Datenauswertung**

- Die Datenauswertung erfolgt unter standardisierten Bedingungen, d.h. alle Datensätze werden nach den gleichen Prinzipien ausgewertet. Dies lässt sich durch verschiedene Maßnahmen erreichen:
  - Festlegung verbindlicher Auswertungsregeln
  - Einsatz professioneller Diagnostiker
  - Schulung der Diagnostiker im Hinblick auf das konkrete Vorgehen
  - Auswertung von Interviews und Verhaltensbeobachtungen unmittelbar nach der Datenerhebung
- Bei Anwendung von Interviews und Verhaltensbeobachtung wird auf Protokolle der Datenerhebung (Notizen, Tonband, Video) und nicht nur auf das Gedächtnis des Diagnostikers zurückgegriffen.
- Bei Anwendung von Methoden, bei denen der Diagnostiker besonders großen Einfluss nehmen kann (insb. Interviews und Verhaltensbeobachtung), erfolgt die Auswertung durch mehrere unabhängige Diagnostiker.
- Die Datenauswertung wird beständig einer kritischen Reflexion unterzogen.

6.7 Entscheidungsfindung

An die Auswertung der Daten schließt sich eine diagnostische Entscheidung an. Soll ein bestimmter Bewerber eingestellt oder zurückgewiesen werden? Auf welchem Arbeitsplatz kann ein Mitarbeiter seine Kompetenzen am besten einsetzen? Welche Entwicklungsmaßnahmen sind für die Mitarbeiter zu empfehlen? Diese und ähnliche Fragen werden im Zuge der Entscheidungsfindung beantwortet. Dabei sind zwei Aspekte von besonderer Bedeutung. Zum einen müssen die Zahlenwerte inhaltlich *interpretiert*, zum anderen in ein Gesamturteil *integriert* werden.

Arbeitet man mit einem standardisierten Test oder Fragebogen, so ist die Interpretation (auf den ersten Blick) vergleichsweise einfach. Die Handanweisung der seriösen Verfahren bietet über Beispiele oder Vergleichswerte (Stichprobenmittelwerte oder Normen) aktive Hilfestellung bei der Interpretation. In der personaldiagnostischen Praxis reichen diese Interpretationshilfen allerdings oftmals nicht aus. So ist es für den Anwender in der Regel z.B. nicht sehr interessant, ob ein Bewerber im Vergleich zur Gesamtbevölkerung eine eher durchschnittliche oder überdurchschnittliche Intelligenz aufweist. Viel wichtiger ist die Frage, ob die Intelligenz für die Bewältigung einer konkreten beruflichen Aufgabe hinreichend ist. Eine solche Aussage können handelsübliche Verfahren kaum liefern, da hierzu arbeitsplatzspezifische oder doch zumindest berufsspezifische Untersuchungen notwendig wären. Da es extrem viele Berufe und unübersehbar viele Arbeitplätze gibt, ist diese Aufgabe praktisch nicht zu bewältigen. Hier ist der Anwender gefragt, im Bedarfsfall entsprechende Untersuchungen im eigenen Unternehmen nachzuholen.

Viele Messinstrumente, wie etwa Interviews oder Assessment Center, sind nicht als vollständig standardisierte Verfahren im Handel erhältlich, sondern stellen Neukonstruktionen dar. Dementsprechend fehlt es an Normen oder Interpretationsbeispielen, auf die man einfach zurückgreifen könnte. Hinzu kommt, dass oft gleichzeitig mehrere unterschiedliche Messinstrumente eingesetzt werden. Letztlich wird man in der Praxis daher sehr oft auf eine individuelle Problemlösung angewiesen sein. Konkret heißt dies, dass man für das eingesetzte personaldiagnostische Instrumentarium selbst Regeln zur Interpretation und Integration der Befunde festlegen muss. Im folgenden Abschnitt stellen wir die Prinzipien derartiger Entscheidungsregeln vor. Zunächst wenden wir uns jedoch der Frage zu, bei welchen personaldiagnostischen Fragestellungen besonders häufig eine Integration von Einzelbefunden notwendig ist.

Personaldiagnostische Untersuchungen beschränken sich in der Regel nicht auf die Erfassung einer einzigen Merkmalsdimension. Nicht selten interessiert man sich insbesondere in der *Personalauswahl* für fünf oder mehr Dimensionen gleichzeitig. Soll beispielsweise die Stelle eines Pressesprechers in einem Unternehmen neu besetzt werden, ist es sicherlich wichtig, die verbalen Kompetenzen des Bewerbers zu hinterfragen. In gleicher Weise wird man sich aber auch für die Auffassungsgabe, das Sozialverhalten, organisatorische Fähigkeiten, Stressresistenz, fachliches Wissen u.Ä. interessieren. Nach der Messung all dieser Merkmalsdimensionen und der Auswertung jeder einzelnen Messung stellt sich die Frage, wie man zu einer zusammenfassenden Bewertung eines jeden Bewerbers gelangt. Im Normalfall wird kaum ein Bewerber auf allen Dimensionen gleich gute oder schlechte Ausprägungen aufweisen. Viel realistischer ist eine Mischung aus Stärken und Schwächen. Hierin dokumentiert sich die Vielschichtigkeit der menschlichen Persönlichkeit, für die man sich auf der einen Seite besonders interessiert. Auf der anderen Seite ist man aber aus pragmatischen Gründen wiederum gezwungen, die heterogenen Ergebnisse zu einer singulären Entscheidung zu integrieren, denn am Ende des Auswahlprozesses muss für jeden Bewerber entschieden werden, ob man ihn ablehnen oder einstellen will.

Geht es um eine Personalplatzierung, um Fragen der Personal- oder Organisationsentwicklung, so ist der Zwang zur Integration der diversen Messergebnisse meist gar nicht vorhanden. Im Rahmen der *Personalplatzierung* wird untersucht, auf welchen Merkmalsdimensionen der Mitarbeiter besonders hohe Ausprägungen aufweist. Anschließend begibt man sich auf die Suche nach einem Arbeitsplatz, der sich in seinem Profil möglichst weitgehend mit dem Merkmalsprofil des Mitarbeiters deckt. Eine zusammenfassende Bewertung des Mitarbeiters ist nicht notwendig, es sein denn, man wollte die Daten langfristig auch für die unternehmensinterne Personalauswahl nutzen. Steht in ein oder zwei Jahren z.B. die Besetzung einer Führungsposition an, so könnte man zumindest bei der Vorselektion etwaiger Kandidaten auf die Ergebnisse der vorliegenden Untersuchungen zurückgreifen. In diesem Falle haben wir es dann wieder mit einer klassischen Auswahlsituation zu tun, bei der eine Integration der Befunde hilfreich wäre.

Gleiches gilt für die Bedarfsanalyse, die im Vorfeld von *Personalentwicklungsmaßnahmen* durchgeführt wird. Ziel der Analyse ist eine differenzierte Bestandsaufnahme der Diskrepanz zwischen den Merkmalen der Mitarbeiter auf der einen Seite und den (zukünftigen) Anforderungen der Arbeitsplätze auf der anderen Seite. Der Entwicklungsbedarf sollte dimensionsspezifisch ermittelt werden, damit auch spezifische Interventionsmaßnahmen durchgeführt werden können. Eine integrative Bewertung des einzelnen Mitarbeiters ist in diesem Falle wenig hilfreich. Im Gegenteil, erst die differenzierte Betrachtung ermöglicht einen zielgerichteten Einsatz der ökonomischen Mittel. Jeder Mitarbeiter bekommt das Training, das seinem individuellen Bedarf am besten entspricht. In vielen Unternehmen verbindet man die Diagnostik zur Personalentwicklung jedoch mit langfristigeren Auswahlentscheidungen. Man möchte beispielsweise wissen, welche Mitarbeiter das Potential zur Führungskraft in sich tragen und gleichzeitig Informationen für eine gezielte Förderung der Erfolg versprechenden Kandidaten gewinnen. Ob der Einzelne tatsächlich einmal in die Führungsriege aufsteigt, entscheidet sich mitunter erst in einigen Jahren, nachdem der Kandidat entsprechende Schulungen durchlaufen und weitergehende Erfahrungen im Unternehmen gesammelt hat. Zum Zeitpunkt der ersten Diagnostik trifft man somit keine endgültige Entscheidung. Gleichwohl ist die Entscheidung wichtig, da man in die Entwicklung der potentiellen Nachwuchsführungskräfte vergleichsweise viel Geld investiert. Eine solche „Quasi-Personalauswahl" erfordert eine gewisse Integration der Einzelbefunde. Allerdings ist man gut beraten, die Entscheidungsregeln nicht allzu streng zu fassen. Die Prognose der beruflichen Entwicklung ist ein schwieriges Unterfangen mit vielen Unsicherheiten. Sofern man es sich leisten kann, wird man eher zu viele als zu wenige Mitarbeiter in den Entwicklungsplan für den Nachwuchs aufnehmen. Die Integration der Befunde sollte somit eine gewisse „Grauzone" zulassen, in der sich Kandidaten befinden, die das Entwicklungsprogramm durchlaufen, obwohl man sie im Rahmen einer klassischen Auswahlentscheidung abgelehnt hätte.

Im Falle der *Organisationsentwicklung* ist die Sachlage wiederum ein wenig anders. In den meisten Fällen interessiert man sich gar nicht für die Situation des einzelnen Mitarbeiters, sondern betrachtet ganze Arbeitsgruppen oder Abteilungen. Man möchte Verbesserungsvorschläge generieren, etwas über die Ursachen mangelnder Arbeitszufriedenheit oder sinkender Produktivitätsraten in Erfahrung bringen. In all diesen Beispielfällen ist eine Integration der Einzelbefunde zu einem Gesamturteil über einzelne Mitarbeiter unnötig.

Die Notwendigkeit zur Integration einzelner Messergebnisse stellt sich mithin in erster Linie bei der Personalauswahl. Auf welchem Weg lässt sich nun aber eine Integration der Einzelbefunde für jeden Bewerber bewerkstelligen? Der Schlüssel zur Lösung des Problems liegt in der Definition von *Entscheidungsregeln*, die der Diagnostiker im Anwendungsfall umsetzen muss (vgl. DIN 33430; Wottawa & Oenning, 2002). Die Regeln legen im Detail fest, nach welchen Prinzipien die Einzelbefunde zu einem Gesamturteil integriert und bewertet werden. Daraus ergibt sich nahezu von allein die Entscheidung, ob ein Bewerber zurückgewiesen oder angenommen werden soll. Die Entscheidungsregeln helfen also nicht nur bei der reinen *Integration*, sondern liefern auch eine *Interpretation* der Daten, die letztlich zur *Entscheidung* führt.

Nicht selten handelt es sich dabei um Festlegungen, die in Form mathematischer Ausdrücke formuliert sind (s.u.). Unabhängig von der Frage, ob man auf mathematisch formalisierte Entscheidungsregeln zurückgreift oder nicht, ist in jedem Falle eine *explizite Formulierung* und damit eine schriftliche Fixierung der Regeln notwendig. Manch einem Praktiker mag dies allzu bürokratisch anmuten. Schließlich glaubt man, sich auf die Erfahrung des eingesetzten Personals verlassen zu können. Leicht wird dabei jedoch übersehen, dass sich im Alltagsgeschäft Routinen ausbilden, die dem Handelnden selbst nicht bewusst sind. Eine schöne Illustration dieses Problems liefert die Studie von Machwirth, Schuler und Moser (1996). Zunächst wurden Mitarbeiter verschiedener Personalabteilungen befragt, nach welchen Prinzipien sie im Alltag Bewerbungsunterlagen analysieren. In einem zweiten Schritt wurden den Probanden tatsächlich Bewerbungsunterlagen zur Analyse vorgelegt. Anschließend wurde untersucht, inwieweit sich die Probanden tatsächlich an die von ihnen genannten Regeln halten. Im Ergebnis der Studie zeigte sich eine sehr große Diskrepanz zwischen den berichteten und den tatsächlich eingesetzten Entscheidungsprinzipien. So spielten z.B. formale Kriterien wie etwa Tippfehler im Anschreiben oder die Länge des Anschreibens bei der Ablehnung eines Bewerbers eine weitaus größere Rolle, als es den Personalreferenten bewusst war. Gehen wir einmal davon aus, dass die Probanden in der Befragung die Wahrheit gesagt haben, so deuten die Befunde darauf hin, dass die Verantwortlichen selbst nicht so genau wissen, nach welchen Prinzipien sie handeln. Die Entscheidungen werden zumindest teilweise intuitiv und wenig reflektiert getroffen. Eine solche Praxis kann nicht im Interesse des Unternehmens sein. Natürlich muss ein Unternehmen wissen, welche Kriterien zum Einsatz kommen. Auch muss sichergestellt sein, dass nicht am Montag nach anderen Kriterien entschieden wird als am Dienstag oder Frau Schulze Willbrenning anders entscheidet als ihr Kollege Hofer. Wenn die Betroffenen selbst nicht einmal genau wissen, was sie tun, wie wollen sie dann gewährleisten, dass sie alle immer in gleicher Weise vorgehen? Hier regiert offenbar der Zufall oder im schlimmsten Falle gar die reine Willkür. Ein seriöses Unternehmen sollte dergleichen weder seinen eigenen Mitarbeitern noch den Kapitaleignern, und schon gar nicht den Bewerbern zumuten. Abhilfe schafft eine explizite Formulierung der Entscheidungsregeln. Sie zwingt dazu, sich ganz bewusst Gedanken über das Für und Wider unterschiedlicher Vorgehensweisen zu machen. Erst durch ihre Explikation können die Regeln kritisch auf ihre Sinnhaftigkeit hin überprüft werden. Die einmal formulierten Regeln müssen bei Bedarf ggf. verändert werden. Sie sind somit nicht als Dogmen oder als „die zehn Gebote" der Personalauswahl zu verstehen, sondern haben den Charakter pragmatisch-nützlicher Entscheidungshilfen. Einerseits schränken sie den Entscheidungsspielraum des einzelnen Diagnostikers zielgerichtet ein, andererseits vereinfachen sie aber auch seine Aufgaben. Dabei versteht es sich eigentlich von allein, dass die aufgestellten Regeln *für alle Anwender verbindlich* sind. Wer nicht bereit oder in der Lage ist, sich an die Spielregeln zu halten, der sollte erst gar nicht mitspielen. All dies trägt dazu bei, die Subjektivität sowie die willentliche oder unbeabsichtigte Beeinflussung der Entscheidung durch den Diagnostiker zurückzudrängen. Wir sehen, die Standards der Personaldiagnostik folgen auch in der Phase der Befundintegration denselben Grundsätzen, die wir schon in unserer Diskussion zur Datenerhebung und Datenauswertung kennen gelernt haben.

Die Integration und Interpretation der Einzelbefunde erfolgt im Rahmen der Personalauswahl nach rationalen *Entscheidungsregeln*. Die Entscheidungsregeln werden *explizit* formuliert und sind für alle Diagnostiker und alle Probanden *verbindlich*. Bei Bedarf werden sie verändert. Die Entscheidungsregeln tragen zur *Standardisierung* des gesamten Verfahrens bei. Sie liegen gleichermaßen im Interesse des Unternehmens sowie der Probanden.

Wie sehen explizite Entscheidungsregeln nun aber konkret aus? Ein zentrales Element aller Regeln ist der sog. *Cut Off*. Ein Cut-off-Wert definiert eine bestimmte Stelle auf der Anforderungsdimension, an der – bildlich gesprochen – ein Schnitt (cut) gesetzt wird. Die Schnittstelle legt fest, bei welcher Ausprägung der Merkmalsdimension ein Bewerber als geeignet oder nicht geeignet gilt. Die Cut-off-Werte werden aus der Anforderungsanalyse – oft unter Zuhilfenahme von Wertentscheidungen (s.o.) – abgeleitet.

In Abbildung 6-16 haben wir die verschiedenen Verwendungsmöglichkeiten derartiger Cut-off-Werte dargestellt. Wir gehen im Beispielfall von einer Auswahlsituation aus, der vier Dimensionen zugrunde gelegt wurden. Gemessen wird die Intelligenz, die Teamfähigkeit, die Rhetorik sowie die Stressresistenz der Bewerber. Auf jeder Anforderungsdimension wird ein Cut-off-Wert festgelegt. Bei der Dimension „Intelligenz" ist es der Wert 4 auf einer zehnstufigen Skala, bei „Teamfähigkeit" der Wert 5 usw. Über alle Dimensionen hinweg ergibt sich somit ein *Anforderungsprofil* (durchgezogene Linie). Im ersten Beispielfall definieren die Cut-off-Werte die Mindestanforderungen, die an einen Bewerber gestellt werden. Ein Bewerber, der genau auf der Linie des Anforderungsprofils liegt, erfüllt mithin die Minimalanforderungen, die für eine Einstellung gegeben sein müssen. Je weiter oberhalb der Profillinie seine Merkmalsausprägungen angesiedelt sind, desto geeigneter ist er für die fragliche Stelle. Liegt er unterhalb des Profils, gilt er als nicht hinreichend geeignet.

Cut-off-Werte müssen nicht zwangsläufig die Minimalanforderungen festlegen. Ebenso gut können sie ein Idealprofil definieren. Ein solches Idealprofil ist im zweiten und dritten Beispielfall der Abbildung 6-16 dargestellt. Ein Bewerber, dessen Merkmalsausprägungen genau auf der Linie liegen, wäre für die fragliche Stelle in idealer Weise qualifiziert. Werte unterhalb der Profillinie deuten auf eine mangelhafte Qualifikation, Werte oberhalb der Linie hingegen auf eine Überqualifikation hin. Ein Unternehmen, das mit einem Idealprofil arbeitet, möchte also weder zu gering noch zu hoch qualifizierte Bewerber einstellen. Der erste Aspekt gilt wohl für alle Unternehmen. Bewerber die zu geringe Merkmalsausprägungen aufweisen, sind mit den Anforderungen, die der Arbeitsplatz an sie stellt, schlichtweg überfordert. Hier wären ggf. Trainingsmaßnamen vonnöten, um einen Mitarbeiter auf das Niveau der Anforderungen zu heben. Liefert der Markt jedoch in hinreichendem Umfang qualifizierte Bewerber, so muss das Unternehmen die Kosten für eine Weiterbildung der neuen Mitarbeiter nicht in Kauf nehmen. Ein weiterer Grund, der gegen die Einstellung nicht ausreichend qualifizierter Personen spricht, liegt in der Natur bestimmter Anforderungsdimensionen. Auf manchen Merkmalsdimensionen – wie etwa der Intelligenz – wird man Defizite auch durch eine sehr sorgfältige Schulung letztlich nicht ausgleichen können. Während die Zurückweisung gering qualifizierter Bewer-

Der Prozess der Personaldiagnostik

ber völlig üblich ist, mag die Zurückweisung von zu hoch qualifizierten Bewerbern auf den ersten Blick Befremden hervorrufen. Doch auch für diese Entscheidung gibt es gute Gründe. Eine Überqualifikation wirkt sich z.B. negativ auf die Arbeitszufriedenheit des Mitarbeiters aus. Sieht er im eigenen Unternehmen langfristig keine Chance zur Übernahme adäquater Tätigkeiten, so wird er sich bald nach einer neuen Anstellung umsehen. Falls das Unternehmen tatsächlich in absehbarer Zeit keine angemessenen Betätigungsfelder anbieten kann, sollte man von der Einstellung überqualifizierter Bewerber besser Abstand nehmen.

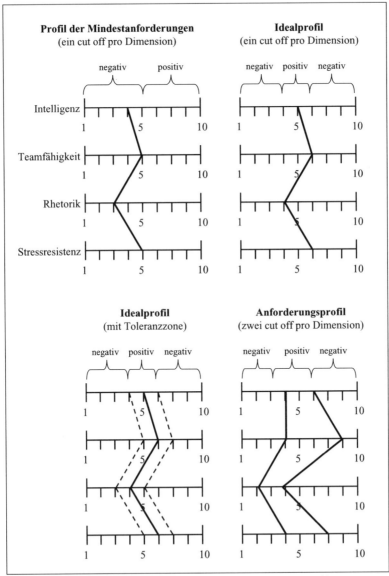

Abbildung 6-16: Definition von Anforderungsprofilen über Cut-off-Werte

Natürlich gelten die angesprochenen Argumente für die Ablehnung zu gering bzw. zu hoch qualifizierter Bewerber nicht für jede noch so kleine Abweichung vom Idealprofil. Aus diesem Grunde wurde in unserem dritten Beispielfall eine Toleranzzone oberhalb und unterhalb des Idealprofils eingeführt. Als ideal gilt mithin nicht nur ein einzelner Wert auf der Dimension (Beispielfall 2), sondern eine Bandbreite der Werte – in unserem Fall zwei Skalenstufen. Der Verzicht auf eine solche Toleranzzone ist nur dann sinnvoll, wenn es auch tatsächlich hinreichend viele Bewerber gibt, die exakt auf dem Idealprofil liegen.

Das vierte Beispiel in Abbildung 6-16 kommt dem Idealprofil sehr nahe, folgt jedoch einer anderen Überlegung. Es arbeitet mit zwei Cut-off-Werten pro Dimension. Wer unterhalb des unteren Wertes liegt, wird ebenso zurückgewiesen wie ein Kandidat, der einen Wert oberhalb des oberen Cut-off-Wertes aufweist. Die Größe des Bereiches geeigneter Bewerber kann von Dimension zu Dimension schwanken. Vergleichbar zum Idealprofil mit Toleranzzone entsteht ein gewisser Korridor der geeigneten Kandidaten. Es wird dabei aber kein wirkliches Ideal definiert. Während man beim Idealprofil sagen kann, dass ein Bewerber, der den Wert 5 auf der Dimension „Intelligenz" erzielt, besser geeignet ist als sein Konkurrent, der den Punktwert 6 erreicht, gilt dies im vierten Beispielfall nicht. Alle Punkte zwischen den beiden Cut-off-Werten sind gleichrangig. Noch größer wird der Unterschied, wenn man – wie im Beispielfall 2 – bei der Definition des Idealprofils auf eine Toleranzzone verzichtet.

Die Cut-off-Werte stellen einen ersten wichtigen Schritt zur Definition einer Entscheidungsregel dar. In den meisten Fällen liefern sie für sich allein jedoch keine befriedigende Regelung für alle auftretenden Entscheidungsfälle. Betrachten wir zur Verdeutlichung noch einmal das erste Beispiel aus Abbildung 6-16. Solange ein Bewerber auf allen vier Dimensionen oberhalb der Profillinie liegt, ist die Entscheidung eindeutig: Er kann als geeignet gelten. Wie soll sich nun aber der Diagnostiker entscheiden, wenn 10 Bewerber vollständig geeignet sind, jedoch nur drei offene Stellen existieren? Wie entscheidet er sich bei einem Kandidaten, der dreimal oberhalb und einmal unterhalb des Profils liegt? Ist ein Bewerber, der bei den ersten zwei Dimensionen gerade einmal die Mindestanforderungen erfüllt, auf folgenden aber deutlich höhere Werte aufweist, geeigneter als ein Bewerber der auf Dimensionen 3 und 4 die Minimalanforderungen erfüllt, auf den Dimensionen 1 und 2 die Anforderungen sogar übererfüllt? Diese und viele weitere Fragen beantwortet uns ein Regelwerk, das allein auf die Definition der Cut-off-Werte setzt, nicht. Ebenso gewiss ist, dass derartige Fälle in der Praxis an der Tagesordnung sind. Um solche „Problemfälle" lösen zu können, benötigen wir mithin weitere Regeln. Dabei lassen sich u.a. zwei prinzipiell unterschiedliche Herangehensweisen bei der Integration mehrdimensionaler Informationen unterscheiden: der Einsatz multipler oder singulärer Cut-off-Werte.

Das erste Prinzip haben wir bereits in den Beispielen der Abbildung 6-16 angewendet. Beim *Prinzip der multiplen Cut-off-Werte* wird für jede der Anforderungsdimensionen (mindestens) ein eigener Cut-off-Wert bestimmt (vgl. Abbildung 6-17). Im einfachsten Falle definiert er eine Minimalanforderung. Liegt die Merkmalsausprägung eines Bewerbers genau auf oder oberhalb des Wertes, gilt er als geeignet. Jede Dimension wird dabei für sich allein betrachtet. Liegt der Kandidat nur ein einziges Mal unterhalb des Schnittpunktes, gilt er im Gesamturteil als nicht geeignet. Ob er auf den übrigen Dimensionen hinreichende oder vielleicht sogar sehr gute

Werte erzielt, ist ohne jede Bedeutung. Die Entscheidungsprozedur ist somit alles in allem betrachtet relativ einfach. Der Diagnostiker muss sich nur die Ergebnisse zu jeder Dimension anschauen und einzeln bewerten. Bei Bedarf können Toleranzzonen oder zusätzliche (obere bzw. untere) Cut-off-Werte zur Entscheidungsfindung herangezogen werden. Das Prinzip der multiplen Werte kommt z.B. in jeder sukzessiven Personalauswahl zum Einsatz (s.u.). Wenn zunächst einmal die Bewerbungsunterlagen nach grundlegenden Qualifikationen wie etwa Alter, Berufsausbildung und Dauer der Berufserfahrung durchforstet werden und anschließend nur eine Teilmenge der Bewerber gründlicher untersucht wird (Tests, Interview, Assessment Center etc.), entscheidet oftmals die Ausprägung einer einzelnen Merkmalsdimension über die Ablehnung. Bringt ein Bewerber z.B. die gewünschte Berufsausbildung nicht mit, so interessiert sich das Unternehmen gar nicht mehr für die Ausprägungen der übrigen Merkmalsdimensionen. Analog kann man natürlich auch völlig unabhängig von einem sukzessiven Vorgehen verfahren. In einem Assessment Center könnte man im Verlauf von ein oder zwei Tagen die Bewerber gleichzeitig im Hinblick auf mehrere Dimensionen beurteilen. Nach der Auswertung am Ende des zweiten Tages entsteht für jeden Kandidaten ein Merkmalsprofil. Abgelehnt wird ein Bewerber, wenn er auf mindestens einer Dimension den Anforderungen nicht Genüge leistet.

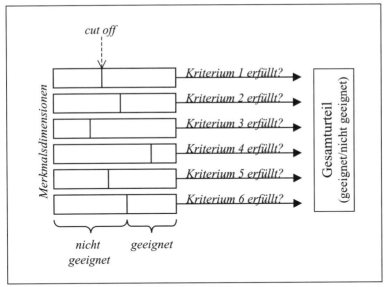

Abbildung 6-17: Prinzip der multiplen Cut-off-Werte

Neben der Definition von *Cut-off-Werten* zählt zu den wichtigsten Punkten bei der Festlegung von Entscheidungsregeln die Frage, ob sich die Ausprägung auf verschiedenen Merkmalsdimensionen wechselseitig *kompensieren* können.

In allen Beispielen zur multiplen Methode, die wir bislang vorgestellt haben, ist eine *Kompensationsmöglichkeit* ausgeschlossen. Ein Bewerber, der keine hinreichenden Fachkenntnisse mitbringt, wird auch dann abgelehnt, wenn er auf der Dimension „Leistungsmotivation" besonders hohe Werte erzielt. Eine hohe Ausprägung auf der einen Dimension kann eine Minderleistung auf einer anderen also nicht ausgleichen. Ob eine solchermaßen strenge Regelung sinnvoll ist oder nicht, muss im Einzelfall entschieden werden. Sicher ist aber, dass es sehr wohl Situationen gibt, in denen eine Kompensationsmöglichkeit sinnvoll sein kann. Handelt es sich z.B. um eine wenig komplexe Tätigkeit (z.B. Lagerarbeit), kann ein Bewerber, der nur über eine mangelnde Fachkompetenz verfügt, sein Defizit ausgleichen, wenn er besonders motiviert und somit bereit ist, sich die fehlenden Kompetenzen in kurzer Zeit anzueignen. Dabei verzichtet man keineswegs auf den Einsatz multipler Cut-off-Werte. Im Gegenteil, erst über die Cut-off-Werte wird für jede Dimension deutlich, welche Ausprägungen als hoch oder niedrig einzustufen sind. Möchte man eine Kompensation zulassen, sollte sie nach inhaltlichen Gesichtspunkten gezielt für bestimme Merkmalskombinationen definiert und explizit in den Entscheidungsregeln für den Diagnostiker festgehalten werden. Im Rahmen der Personalauswahl stellt sich die Frage einer etwaigen Kompensationsmöglichkeit vor allem, wenn nicht genügend qualifizierte Bewerber zur Verfügung stehen. Will man die Arbeitsplätze nicht unbesetzt lassen, muss man sich fragen, welche Defizite später durch Personalentwicklungsmaßnahmen ausgeglichen werden können und welche nicht.

Alternativ könnte man zwischen allen Merkmalsdimensionen eine Kompensation zulassen. Gesetzt den Fall dies wäre inhaltlich sinnvoll, so würde man sich nur noch für die durchschnittliche Differenz zwischen den tatsächlichen und den erwünschten Merkmalsausprägungen interessieren (Lienert & Raatz, 1998; Abbildung 6-18). Der geeignetste Kandidat ist dann derjenige, bei dem die durchschnittliche Differenz möglichst gering ausfällt, weil er alles in allem die geringste Abweichung zum Idealprofil aufweist. Aus dem berechneten Wert der durchschnittlichen Abweichung ist nicht mehr zu erkennen, auf welchen Dimensionen besonders große und auf welchen besonders geringe Abweichungen vorlagen. Demzufolge können auch zwei Kandidaten mit sehr unterschiedlichem Profil denselben Gesamtwert erzielen (vgl. Abbildung 6-18).

Will man keine uneingeschränkte Kompensation zulassen, so kann man die Dimensionen auch gewichten. In unserem Beispielfall (Abbildung 6-18) erscheint die Dimension „Intelligenz" besonders wichtig und erhält daher ein dreifaches Gewicht. Eine Abweichung vom Idealwert der Intelligenz ist für die Auswahlentscheidung somit sehr bedeutsam. Der Stressresistenz wird ebenfalls eine größere Bedeutung zugeschrieben. Sie erhält jedoch nur ein doppeltes Gewicht. Die beiden verbleibenden Dimensionen werden einfach gewichtet. Bei der Berechnung der durchschnittlichen Abweichung von Idealprofil wird nun jede Abweichung mit dem zugehörigen Gewicht multipliziert, bevor wir über alle gewichteten Abweichungen den Mittelwert berechnen. Wir sehen, dass – im Gegensatz zum ersten Beispielfall – Bewerber 1 nun schlechter abschneidet als Bewerber 2, weil er eine größere Abweichung auf der wichtigsten Dimension aufweist. Ein abweichender Intelligenzwert ist in unserem Beispiel für einen Bewerber weitaus schwieriger zu kompensieren als die gleiche Abweichung auf allen übrigen Dimensionen.

Der Prozess der Personaldiagnostik 277

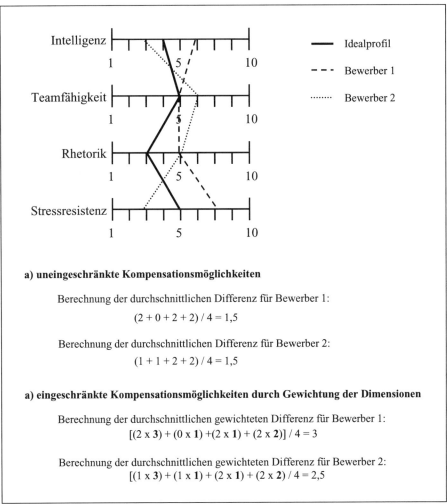

Abbildung 6-18: Berechnung der durchschnittlichen Abweichung zum Idealprofil

Während das Kompensationsprinzip nicht genuin mit dem Einsatz multipler Cut-off-Werte verbunden ist – in der „klassischen" Variante sind Kompensationen nicht zugelassen –, baut das *Prinzip des singulären Cut-off-Wertes* grundlegend auf dem Kompensationsgedanken auf: Man verzichtet vollständig auf die Definition einzelner Cut-off-Werte für jede Anforderungsdimension. In der einfachsten Variante zählt man stattdessen alle Punktwerte, die ein Bewerber auf den verschiedenen Dimensionen erreicht hat, zusammen und bildet somit eine Dimension der „Gesamteignung" des Kandidaten. Je höher die Ausprägung auf dieser Dimension ist, desto geeigneter erscheint der Bewerber. Es wird nur ein Cut-off-Wert festgelegt, der sich nicht auf eine spezifische Anforderungsdimension, sondern auf die allgemeine Eignungsdimension bezieht (vgl. Abbildung 6-19). Liegt ein Bewerber im Ergebnis auf oder oberhalb des Cut-off-Wertes, so kann er insgesamt betrachtet als geeignet eingestuft werden. Eine Punktzahl unterhalb des Cut-off-Wertes führt hingegen zu einer Ablehnung des Kandidaten.

Zählt man einfach alle Punktwerte der Einzeldimensionen zusammen (und teilt den Wert ggf. noch durch die Anzahl der Dimensionen), so wird jeder Merkmalsdimension die gleiche Bedeutung zugeschrieben. Anders ausgedrückt, jede Leistung auf einer bestimmten Dimension kann durch eine Leistung auf einer beliebig anderen Dimension vollständig kompensiert werden. Hierin liegt ein wesentlicher Unterschied zum Prinzip der multiplen Cut-off-Werte. Arbeitet man mit multiplen Schnittstellen, so weiß der Diagnostiker, inwieweit der Kandidat die Mindestanforderungen auf jeder einzelnen Dimension erfüllt hat. Kompensationen sind nur zwischen bestimmten Dimensionen zulässig und auch nicht beliebig weit auszudehnen. Eine vollständige Kompensationsmöglichkeit zwischen allen Merkmalsdimensionen ist in vielen Anwendungsfällen nicht sinnvoll. Man denke hier z.B. an die Personalauswahl für den Beruf des Polizisten. In der Praxis interessiert man sich u.a. für die Intelligenz, die sportliche Fitness und die Allgemeinbildung der Kandidaten. Würde man eine vollständige Kompensation aller Dimensionen zulassen, müsste man einen Bewerber, der eine sehr geringe Intelligenz bei gleichzeitig hervorragender Fitness aufweist, ebenso einstellen, wie einen Kandidaten mit geringer Allgemeinbildung und hoher Intelligenz. Im zweiten Fall mag eine Kompensation noch sinnvoll sein, da sich eine intelligente Person in kurzer Zeit das für den Berufsalltag notwendige Allgemeinwissen aneignen kann. Der erste Fall jedoch offenbart das Problem zügelloser Kompensation. Sportliche Fitness vermag mangelnde Intelligenz nicht zu kompensieren. Zwar kann es dem Beamten helfen, wenn er – aufgrund mangelnder Intelligenz – in eine Gefahrensituation gerät und dann möglichst schnell weglaufen kann. Zweckdienlich im Sinne des Arbeitsauftrages ist eine solche Problemlösung jedoch kaum. Hinzu kommt, dass Minderleistungen in einem Bereich auch durch die Addition durchschnittlicher Leistungen in vielen anderen Bereichen kompensiert werden kann. Ist unser Sportsmann nicht einmal besonders intelligent, so verhilft ihm im Zweifelsfalle eine mäßig bis gute Leistung auf drei anderen Dimensionen zum Überspringen des Cut-off-Wertes.

Wie begegnet man nun aber diesem Problem beim Einsatz eines singulären Cut-off-Wertes? Der Schlüssel zur Lösung des Problems liegt in der *Gewichtung* der einzelnen Anforderungsdimensionen. Während man beim ungewichteten Vorgehen einfach alle Punktwerte zusammenzählt, wird beim gewichteten Vorgehen jeder Punktwert auf einer Dimension vor der Addition mit der Wichtigkeit der Dimension multipliziert. Ein Punktwert auf einer besonders bedeutsamen Dimension erhält somit ein stärkeres Gewicht im Gesamturteil als der gleiche Zahlenwert, der auf einer weniger bedeutsamen Dimension erzielt wurde. Möchte man in unserem Beispiel erreichen, dass mangelnde Intelligenz nicht so leicht durch andere Leistungen kompensiert werden kann, so muss der Punktwert auf der Intelligenzdimension mit einem höheren Gewicht multipliziert werden als der Punktwert auf anderen Dimensionen. Die Gewichtungen können im Zuge der Anforderungsanalyse ermittelt werden. Hierzu stehen im Prinzip alle Methoden der Anforderungsanalyse zur Verfügung. Besonders präzise lassen sich die Gewichtungen durch empirische Untersuchung mit Hilfe der Regressions- oder der Diskriminanzanalyse ermitteln (Wottawa & Oenning, 2002).

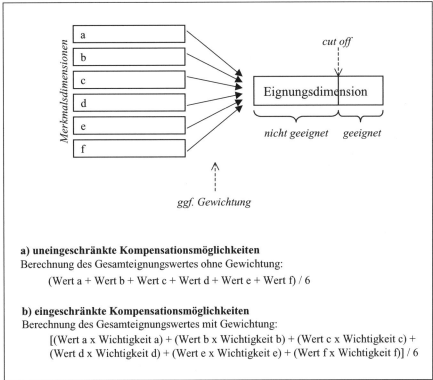

Abbildung 6-19: Prinzip des singulären Cut-off-Wertes

Beide Prinzipien, die Festlegung multipler oder singulärer Cut-off-Werte, können in der sukzessiven Personalauswahl miteinander kombiniert werden. In der Phase der Vorauswahl der Bewerber arbeitet man dann z.B. mit multiplen Cut-off-Werten und selektiert die Bewerber nach ihrem Abschneiden auf einzelnen Dimensionen. Diejenigen Bewerber, die in die nähere Auswahl gelangt sind, werden anschließend einem Verfahren unterzogen, bei dem nur noch mit einer Gesamtdimension gearbeitet wird.

Cut-off-Werte bilden eine wichtige Grundlage für die Entwicklung von Entscheidungsregeln zur *Integration* einer mehrdimensionalen Befundlage. Sie helfen gleichzeitig bei der *Interpretation* (Wie ist die Leistung des Bewerbers zu bewerten?) und der *Entscheidungsfindung* (Soll der Bewerber eingestellt oder abgelehnt werden?). Die letzten beiden Funktionen erfüllen Cut-off-Werte allerdings auch dann, wenn nur ein einziges Merkmal im Fokus der Aufmerksamkeit steht. Dient die Diagnostik z.B. der Definition des Entwicklungsbedarfs, so könnte man mit Hilfe eines Cut-off-Wertes entscheiden, ob eine bestimmte Merkmalsausprägung des Mitarbeiters A hinreichend ist oder der Förderung bedarf. Ähnlich geht man im Zuge der Organisationsentwicklung vor. Wurde die Produktivität einer Arbeitsgruppe gemessen, hilft ein Cut-off-Wert, den man beispielsweise über einen Vergleich mit anderen Abteilungen oder Unternehmen ermittelt hat („Benchmarking"; Meyer, 1996), bei der Beantwortung der Frage ob ein Entwicklungsbedarf besteht oder nicht. Hier gelten die gleichen Prinzipien, die wir im Zusammenhang mit der Befundintegration angesprochen haben. Ein einzelner Cut-off-Wert kann eine Mindestausprägung oder einen Idealwert repräsentieren. Mit Hilfe eines oberen und unteren Wertes lässt sich auf der Merkmalsdimension ein Bereich der positiven Bewertung von zwei Bereichen der negativen Bewertung abgrenzen (vgl. Abbildung 6-16).

In all unseren Beispielen definiert der Cut-off-Wert eine absolute Position auf der Merkmalsdimension. Cut-off-Werte können sich jedoch auch an dem *Leistungsspektrum einer Population* orientieren, ohne dass von vornherein eine absolute Position auf der Merkmalsdimension definiert wird. Ein solches Prinzip liegt z.B. vor, wenn man eine *Rangordnung* der untersuchten Personen vornimmt (vgl. Abbildung 6-20). Während wir bei der herkömmlichen Messung für jeden Kandidaten zunächst die Position auf der Merkmalsdimension bestimmen und dann auf der Basis des Cut-off-Wertes entscheiden, ob er den gewünschten Zielwert erreicht, bringt man bei der Rangordnung die Kandidaten entsprechend ihrer Merkmalsausprägung in eine Reihenfolge. Den Rangplatz 1 erhält die Person mit der höchsten Ausprägung, gefolgt von der Person mit der zweithöchsten usw. bis hin zum letzten Rangplatz. Sind in einem Unternehmen zwei Stellen oder zwei Plätze in einem Trainingsprogramm zu besetzen, so entscheidet man sich im ersten Fall z.B. für die beiden besten Bewerber (Rangplatz 1 und 2), im zweiten Fall hingegen für die beiden bedürftigsten Mitarbeiter (Rangplatz 4 und 5). Bei einer Rangordnung verliert man allerdings leicht die absolute Merkmalsausprägung der Kandidaten aus dem Blick. Es könnte durchaus sein, dass auch der beste und der zweitbeste Bewerber absolut betrachtet nicht über hinreichende Qualifikationen zur Bewältigung der beruflichen Aufgaben verfügt. Gleiches gilt für das Beispiel aus dem Bereich der Personalentwicklung. Wenn das Leistungsniveau innerhalb der untersuchten Arbeitsgruppe insgesamt sehr hoch ist, sind auch die beiden schwächsten Mitarbeiter absolut betrachtet vielleicht gar nicht entwicklungsbedürftig. Möglicherweise können sie in dem fraglichen Training gar nichts mehr lernen, da ihr Leistungsniveau absolut gesehen bereits zu hoch liegt. Diesem Problem kann man leicht begegnen, indem man auf eine Absolutmessung der Merkmalsausprägung nicht verzichtet, sondern sie der Rangordnung vorschaltet. Im Einstellungsinterview würde man also die Bewerber nicht gleich in eine Rangreihe bringen, sondern jeden Kandidaten erst einmal für sich allein auf einer mehrstufigen Leistungsskala positionieren (Abbildung 6-20 linke Hälfte). Erst danach wird eine Rangordnung vorgenommen. Will man ganz sicher gehen, dass die Rangordnung nicht zu Fehlinterpretationen führt, arbeitet man mit zwei Cut-off-Werten. Der erste filtert diejenigen Bewerber heraus, die zu geringe Merkmalsausprägung aufweisen. Nur die positiv beurteilten Kandidaten werden anschießend entsprechend ihrer Leistung in die Rangordnung aufgenommen. Hier entscheidet dann ein zweiter Cut-off-Wert darüber, welche Personen letztlich eingestellt werden (vgl. Abbildung 6-20, rechte Hälfte). In der Praxis verzichtet man häufig auf eine Absicherung der Entscheidung durch eine solche Doppelstrategie. Nachvollziehbar ist dies, wenn die absoluten Cut-off-Werte so niedrig liegen, dass sie ohnehin von allen Bewerbern erfüllt werden oder sich das Unternehmen in einer personellen Notlage befindet und in jedem Falle einen der Bewerber einstellen muss. Dient die Diagnostik z.B. zur Bestimmung von Jahresprämien, mit denen die drei besten Verkäufer eines Jahres aus-

Der Prozess der Personaldiagnostik

gezeichnet werden sollen, kann man sich ebenfalls mit einer Bestimmung der einfachen Rangordnung begnügen. Alles in allem betrachtet, gibt es also durchaus Situationen, in denen eine einfache Rangordnung sinnvoll ist.

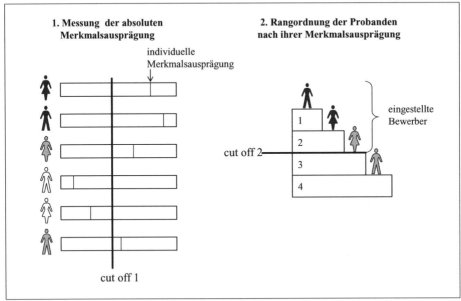

Abbildung 6-20: Cut-off-Werte bei Rangordnungen

Neben der Rangordnung liefern *statistische Normen* ein weiteres Beispiel für Cut-off-Werte, die sich nicht in erster Linie an der absoluten Ausprägung einer Merkmalsdimension, sondern an den Eigenschaften einer Population orientieren. Mit Hilfe einer statistischen Norm wird die Merkmalsausprägung des Einzelnen in eine Relation zu einer Gruppe vergleichbarer Menschen, der sog. „Bezugspopulation" gestellt (ausführlicher: Kapitel 5). Der häufigste Fall, in dem Normen zur Anwendung kommen, ist die Intelligenzdiagnostik. Dabei interessiert den Anwender nicht unmittelbar der Punktwert, den ein Kandidat im Test erzielt. Der Punktwert ist lediglich Mittel zum Zweck. Im Zentrum des Interesses steht vielmehr die Frage, inwieweit die Leistung des Einzelnen als durchschnittlich, unter- oder überdurchschnittlich bewertet werden kann. Der Cut-off-Wert definiert sich über eine bestimmte Abweichung zur durchschnittlichen Ausprägung der interessierenden Merkmalsdimension. Eine solche Aussage setzt natürlich voraus, dass man weiß, welche Testergebnisse vergleichbare Personen, also z.B. Personen gleicher Alters-, Bildungs- und Geschlechtsgruppe, aufweisen. Überdies kann für große Unternehmen die Berechnung einer hausinternen Norm lohnend sein. Mit ihrer Hilfe könnte man beispielsweise herausfinden, ob ein Bewerber im Vergleich zu den bereits vorhandenen Mitarbeitern besondere Fähigkeiten besitzt. Je nachdem, welche Norm man heranzieht, ändert sich die Bewertung der Leistung und damit auch die Entscheidung (vgl. Abbildung 6-21). Nehmen wir einmal an, der Cut-off-Wert würde über die durchschnittliche Leistung einer Population definiert. In unserem Beispielfall würde ein und dieselbe Person einmal positiv ein andermal negativ bewertet werden, da in beiden Fällen unterschiedliche Normen die Grundlage der Entscheidung bilden. Im ersten Fall (obere Hälfte in Abbildung 6-21) wird die Leistung als überdurchschnittlich, im zweiten Fall (untere Hälfte in Abbildung 6-21) als unterdurchschnittlich bewertet, obwohl sie sich nicht verändert. Die Veränderung bezieht sich allein auf den Bewertungsmaßstab.

Normen lassen sich für jedes personaldiagnostische Instrument berechnen, üblich ist dies allerdings nur bei Testverfahren und standardisierten Fragebögen. Ähnlich wie bei der Rangordnung besteht auch bei der Anwendung von Normen die Gefahr, dass man die absolute Ausprägung der Merkmalsdimension in Relation zu den Anforderungen des Arbeitsplatzes vernachlässigt. So hilft die Information, dass ein Bewerber im Vergleich zur gleichaltrigen, männlichen Bevölkerung Deutschlands eine überdurchschnittliche Leistungsmotivation besitzt, in einer Personalauswahlsituation oft nicht wirklich weiter. Viel interessanter ist die Frage, ob die vorhandene Merkmalsausprägung den Anforderungen des Arbeitsplatzes Genüge leistet. Im Extremfall stellt der Arbeitsplatz so hohe Anforderungen, dass selbst eine überdurchschnittliche Leistungsmotivation nicht hinreichend ist.

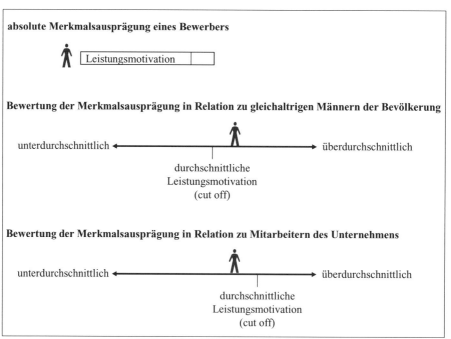

Abbildung 6-21: Bedeutung von Normen für Entscheidungsfindung

Eng verbunden mit der Berechnung von Normen, ist die mathematische Bestimmung der *kritischen Differenz* zweier Punktwerte. Die kritische Differenz gibt an, wie weit zwei Punktwerte auf einer Merkmalsdimension auseinander liegen müssen, damit der Unterschied als statistisch bedeutsam angesehen werden kann. Vergleichen wir zwei

Bewerber miteinander, von denen der eine den Punktwert 7, der andere den Punktwert 8 erzielt hat, so stellt sich die Frage, ob dieser kleine Unterschied tatsächlich Substanz besitzt. Ähnlich sieht es aus, wenn der Punktwert des Kandidaten nur geringfügig von einem Cut-off-Wert abweicht. Auch in diesem Fall möchte man wissen, ob die Abweichung substanziell ist oder nicht. Würden wir über Messinstrumente verfügen, die gleichsam fehlerlos und hoch präzise kleinste Merkmalsunterschiede aufspüren könnten, wären derartige Fragen überflüssig. Die Realität sieht jedoch anders aus. Jedes Messinstrument weist bestimmte Ungenauigkeiten auf. Das Ausmaß der Ungenauigkeit kann auf empirischem Wege ermittelt werden (siehe Kapitel 5). Auf der Basis verschiedener Berechnungen lässt sich bestimmen, wie groß die kritische Differenz eines Messinstrumentes ist. Im Rahmen der Personalauswahl kann man die kritische Differenz in verschiedener Weise als Entscheidungshilfe nutzen. Orientiert man sich in seiner Entscheidung allein an der Stichprobe der Bewerber, könnte man sich für denjenigen Kandidaten entscheiden, der sich signifikant positiv von seinen Konkurrenten abhebt. Wie im Falle der Rangordnung oder der Orientierung an Normen steht dabei die absolute Merkmalsausprägung nicht mehr im Zentrum der Betrachtung. Den hiermit verbundenen Problemen (s.o.) könnte man durch die Definition eines zusätzlichen Cut-off-Wertes begegnen. Demzufolge müsste jeder Bewerber zunächst einmal eine Mindestanforderung erfüllen, ehe man die Bewerber untereinander mit Hilfe der kritischen Differenzen vergleicht.

Entscheidungsregeln müssen sich nicht ausschließlich an der *absoluten Ausprägung* einer Merkmalsdimension orientieren. Alternativ oder ergänzend kann auch ein *sozialer Bezugsrahmen* herangezogen werden. Hierbei vergleicht man die Probanden untereinander oder in Bezug auf andere Personengruppen. Dies geschieht z.B. durch den Einsatz von Normen.

Fassen wir die bisherigen Ausführungen zusammen. Es kann festgehalten werden, dass in der personaldiagnostischen Arbeit viele unterschiedliche Wege zur Befundintegration, Interpretation und Entscheidungsfindung existieren. Eine Schlüsselfunktion kommt den Cut-off-Werten zu, die als Bestandteil einer Entscheidungsregel das Vorgehen des Diagnostikers lenken. In Tabelle 6-4 haben wir die wichtigsten Entscheidungsregeln zusammengetragen und bewertet. Aus rein didaktischen Gründen beschränken wir uns bei der Darstellung der Regeln auf den Fall der Personalauswahl. Keine der genannten Regeln stellt einen Königsweg zur richtigen Entscheidungsfindung dar. Auch wenn jede Regel für sich allein betrachtet die Entscheidungsprozedur erheblich erleichtert, trägt sie doch auch bestimmte Nachteile in sich. Umso wichtiger ist es, dass man Entscheidungsregeln bewusst hinterfragt und auf die Spezifika des konkreten Anwendungsfalles abstimmt. In den meisten Fällen wird man gut beraten sein, mehrere Regeln miteinander zu kombinieren. So könnte man beispielsweise für jeden Kadidaten einen gewichteten Gesamtpunktwert berechnen und diesen Wert vor dem Hintergrund einer unternehmensspezifischen Norm bewerten.

Tabelle 6-4: Ausgewählte Entscheidungsregeln zur Personalauswahl

Entscheidungsregel; eingestellt wird derjenige, der...	Bewertung
...auf allen Merkmalsdimensionen Werte aufweist, die zumindest dem Profil der Mindestanforderungen entsprechen.	Eine Kompensation unzureichender Merkmalsausprägungen ist nicht möglich. Zwischen Probanden, die oberhalb der Werte liegen, wird nicht differenziert.
...auf allen Merkmalsdimensionen Werte oberhalb der Profillinie aufweist.	Es ist nicht eindeutig, wie weit oberhalb ein Wert liegen muss. Eine Kompensation unzureichender Merkmalsausprägungen ist nicht möglich. Oberhalb der Profillinie wird nicht weiter differenziert.
...auf allen Merkmalsdimensionen Werte aufweist, die innerhalb einer Toleranzzone (um ein Idealprofil oder zwischen zwei Profillinien) liegt.	Eine Kompensation unzureichender Merkmalsausprägungen ist nicht möglich. Zwischen den Kandidaten, die innerhalb der Toleranzzone liegen, wird nicht differenziert
...in der Summe (oder im Mittelwert) aller Punkte, die auf mehreren Dimensionen erzielt wurden, oberhalb eines Cut-off-Wertes liegt.	Es ist nicht eindeutig, wie weit oberhalb ein Wert liegen muss. Eine wechselseitige Kompensation aller Merkmalsausprägungen ist möglich.
...in der gewichteten Summe (oder im gewichteten Mittelwert) aller Punkte, die auf mehreren Dimensionen erzielt wurden, oberhalb eines Cut-off-Wertes liegt.	Es ist nicht eindeutig, wie weit oberhalb ein Wert liegen muss. Eine wechselseitige Kompensation der Merkmalsausprägungen ist nur eingeschränkt möglich.
...eine möglichst geringe, durchschnittliche Abweichung zu den Cut-off-Werten aufweist.	Es ist nicht eindeutig, welche durchschnittliche Abweichung toleriert werden kann. Eine wechselseitige Kompensation ist möglich.
...eine möglichst geringe, gewichtete durchschnittlich Abweichung zu den Cut-off-Werten aufweist.	Es ist nicht eindeutig, welche durchschnittliche Abweichung noch toleriert werden kann. Eine wechselseitige Kompensation aller Merkmalsausprägungen ist nur eingeschränkt möglich.
...in Relation zu einer Bezugspopulation einen überdurchschnittlichen Wert erzielt.	Zwischen denjenigen, die einen überdurchschnittlichen Wert erzielen, wird nicht weiter differenziert. Die Bewertung ändert sich, wenn sich die Bezugspopulation verändert. Die absolute Merkmalsausprägung tritt in den Hintergrund.
...einen bestimmten Rangplatz erzielt hat.	Die Bewertung erfolgt in Abhängigkeit von den Merkmalsausprägungen der Mitbewerber. Ändert sich die Zusammensetzung der Bewerberstichprobe, so kann sich auch der Rangplatz des Ein-

	zelnen verändern. Die absolute Merkmalsausprägung tritt in den Hintergrund.
...einen Wert aufweist, der statistisch signifikant über einem Cut-off-Wert liegt.	Es wird nicht zwischen Bewerbern differenziert, die über dem Wert liegen. Die Entscheidung setzt die Berechnung des Messfehlers voraus.
...sich statistisch signifikant in positiver Weise von seinen Mitbewerbern abhebt.	Es wird deutlich zwischen den Bewerbern differenziert. Die absolute Merkmalsausprägung tritt in den Hintergrund, wenn keine Mindestausprägung definiert wurde. Die Entscheidung setzt die Berechnung des Messfehlers voraus (vgl. Abschnitt 4.6).

So hilfreich formalisierte Entscheidungsregeln auch sein können, sehr oft stoßen sie in der Praxis auf wenig Sympathie. Dies gilt insbesondere für mathematisch fixierte Entscheidungsregeln. Nur 47 % aller mittelständischen Unternehmen greifen auf formalisierte Entscheidungsregeln zurück, wenn sie Einstellungsinterviews für Führungskräfte auswerten (Stephan & Westhoff, 2002). Viele Personalverantwortliche fühlen sich durch derartige Regeln wahrscheinlich in ihrer Freiheit allzu sehr eingeengt. Möglicherweise tritt ja ein Bewerber in Erscheinung, der über Eigenschaften verfügt, die in der Anforderungsanalyse nicht berücksichtigt wurden, im Nachhinein den Verantwortlichen aber dennoch sehr wichtig erscheinen. Niemand zwingt die Personalverantwortlichen, unter allen nur erdenklichen Bedingungen, stur einem Rechenmodus zu folgen. Die Entscheidungsregeln sollen nicht in erster Linie ein Kontrollinstrument, sondern ein nützliches Werkzeug sein. Stößt man an die Grenzen seiner Nutzung, muss man es verändern oder sich ein neues Werkzeug suchen. Ehe man also das Kind mit dem Bade ausschüttet und vollständig auf formale Entscheidungsregeln verzichtet, sollte man in die Entwicklung eines ebenso methodisch wie praktisch sinnvollen Werkzeugs investieren. Da keine Entscheidungsregel von Beginn an perfekt ist, sollte man die Prozedur regelmäßig reflektieren und kontinuierlich verbessern.

Standards
der Entscheidungsfindung

- Die Entscheidungsfindung erfolgt standardisiert auf der Basis sog. Entscheidungsregeln.
- Die Entscheidungsregeln werden explizit definiert und sind für alle Diagnostiker sowie für die Analyse aller Datensätze in gleicher Weise verbindlich.
- Entscheidungsregeln können die folgenden Aspekte umfassen: Interpretationsbeispiele, Cut-off-Werte, Profile, Toleranzwerte, Gewichtungen der Merkmalsdimensionen, kritische Differenzen, Normen, mathematische Verrechnungsregeln
- Die Diagnostiker werden in der Anwendung der Entscheidungsregeln geschult.
- Die Entscheidungsregeln werden beständig einer kritischen Reflexion unterzogen.

6.8 Intervention

Nachdem eine Entscheidung gefällt wurde, gilt es Konsequenzen zu ziehen. Im Falle der Personalauswahl oder der Personalplatzierung erhalten die Kandidaten zunächst ein Feedback in dem man ihnen die Ergebnisse der Untersuchung und die daraus resultierenden Entscheidungen erläutert. Abschließend erfolgt die Umsetzung der Entscheidung, also die Einstellung eines erfolgreichen Bewerbers oder die Platzierung des Mitarbeiters. Hat man sich für eine *sukzessive* Personalauswahlstrategie einschieden, treten die erfolgreichen Bewerber in die nächste Phase des Auswahlprozesses, in der sie einer weiteren Begutachtung unterzogen werden. Von den nicht erfolgreichen Bewerbern verabschiedet man sich.

Diente die Diagnostik zur Planung von Personal- oder Organisationsentwicklungsmaßnahmen, ist die Bandbreite möglicher Interventionen sehr viel größer. Sie reicht von Schulungen zur Vermittlung von Fachwissen über Verhaltenstrainings bis hin zu komplexen Maßnahmen der Umstrukturierung von Arbeitsprozessen. Im Folgenden gehen wir zunächst auf die Besonderheiten der sukzessiven Personalauswahl ein, ehe wir uns dem Thema „Feedback" zuwenden und abschließend einen Überblick über prominente Personal- und Organisationsentwicklungsmaßnahmen geben.

Nahezu alle Unternehmen arbeiten bei der Personalauswahl nach dem Prinzip der *sukzessiven Personalauswahl*[16]. Dabei baut die abschließende Entscheidung für einen bestimmten Bewerber auf einem mehrstufigen Selektionsprozess auf, in dessen Verlauf der Kreis der potentiell geeigneten Kandidaten Schritt für Schritt immer weiter eingeengt wird (Cronbach & Gleser, 1965). Abbildung 6-22 veranschaulicht das Vorgehen. In unserem Beispiel gehen wird davon aus, dass sich in der Gruppe der Bewerber zwei Personen befinden, die optimal zu den Anforderungen der ausgeschriebenen Stelle passen (schwarz dargestellt). Ziel des Auswahlverfahrens ist es, diese zwei Bewerber in der Masse der Konkurrenten zu identifizieren. Der Auswahlprozess in unserem Beispiel besteht aus drei Phasen. In der Realität können es auch mehr oder weniger als drei sein. Am Anfang steht eine recht große Anzahl von Bewerbern, die ihre Unterlagen (Bewerbungsschreiben, Arbeitszeugnisse etc.) eingereicht haben. Auf der Basis der vorliegenden Dokumente wird nur grob sortiert. Diejenigen Bewerber, die über die grundlegendsten Voraussetzungen verfügen (z.B. Berufsausbildung, bestimmtes Alter, Führerschein), kommen in die zweite Runde. Alle übrigen Bewerber erhalten ein Ablehnungsschreiben. In der nächsten Phase werden diejenigen Personenmerkmale erfasst, deren Ausprägungen sich aus den Bewerbungsunterlagen nicht erschließen lassen. Mit Hilfe standardisierter Fragebögen und Leistungstests ermittelt man grundlegende Persönlichkeitsmerkmale und intellektuelle Kompetenzen. Diejenigen Bewerber, die in diesen Bereichen nicht über hinreichende Merkmalsausprägungen verfügen, werden abgelehnt, während der verbleibende Rest an der dritten Auswahlrunde teilnimmt. Es folgen ein Interview sowie ein Assessment Center, in dem nun zum ersten Mal das Verhalten in berufsrelevanten Situationen direkt beobachtet werden kann. In dieser Phase des Auswahlprozesses geht es gewissermaßen um die Feinabstimmung. Während alle verbliebe-

---

[16] Synonym wird auch die Bezeichnung „sequentielle" Personalauswahl verwendet (vgl. Schuler, 2000).

nen Bewerber die grundlegenden Anforderungen erfüllen, soll nun festgestellt werden, inwieweit sich diese allgemeine Eignung auch im beruflichen Kontext niederschlägt. Nach Abschluss der dritten Phase erfolgt die endgültige Auswahl derjenigen Bewerber, denen ein Einstellungsangebot unterbreitet wird. Die übrigen Bewerber werden nach einem ausführlichen Feedbackgespräch verabschiedet. Die Reihenfolge der Diagnoseverfahren ist so gestaltet, dass man sich vom Allgemeinen zum Spezifischen vorarbeitet. Dabei werden zu Beginn des Auswahlprozesses, also zu einem Zeitpunkt, zu dem noch sehr viele Bewerber im Rennen sind, relativ kostengünstige Verfahren eingesetzt. Mit zunehmender Reduzierung der Bewerberzahl kommen nach und nach kostspieligere Verfahren zur Anwendung. Das kostenintensive Verfahren des Assessment Centers bleibt denjenigen Bewerbern vorbehalten, die für das Unternehmen die interessantesten sind und daher auch höhere Investitionskosten lohnen. Um diesen Prozess noch stringenter zu gestalten, hätte man in unserem Beispiel nach dem Interview einen weiteren Selektionsschritt zwischenschalten können, so dass die Menge der AC-Teilnehmer noch geringer ausgefallen wäre.

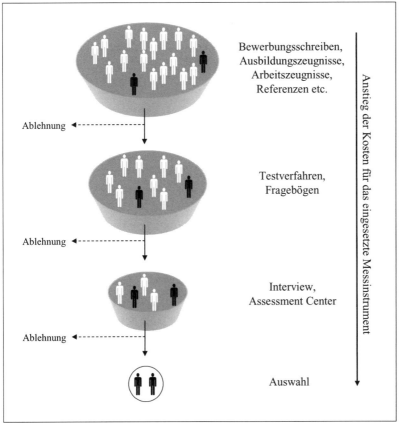

Abbildung 6-22: Prinzip der sukzessiven Personalauswahl

An die Entscheidungsfindung schließt sich ein *Feedback* an. Es dient in erster Linie zur Information der Probanden über das Ergebnis der Untersuchung. Dabei geht es nicht nur darum Entscheidungen mitzuteilen (siehe Hofbauer & Winkler, 1999; Kanning, Hofer & Schulze Willbrenning, 2004; Neuberger, 1998). Die Entscheidungen sollen für den Betroffenen vielmehr transparent und verständlich werden. Muss man einen Kandidaten am Ende eines langwierigen Auswahlverfahrens ablehnen, so wird er zu Recht danach fragen, warum dies geschieht. Sehr oft erleben Bewerber ihre eigenen Leistungen deutlich positiver als die Entscheidungsträger im Unternehmen (Clapham, 1998). So überrascht es nicht, wenn negative Bescheide zunächst einmal auf Unverständnis oder gar Abwehr stoßen. In solchen Situationen ist es besonders wichtig, die Rationalität und Sorgfalt, die der Entscheidungsfindung zu Grunde liegt, für den Bewerber in der Regel aber nicht erkennbar ist, zu verdeutlichen. Hier rächt es sich, wenn das eigene Auswahlverfahren nicht durchdacht und methodisch schlecht abgesichert ist.

Natürlich wird es Unternehmen geben, die sich nicht besonders viele Mühe bei ihren Feedbackgesprächen geben. Für sie zählt allein die richtige Entscheidung. Zwei Argumente sprechen gegen eine solche Praxis, ein ethisches und ein funktionales. Aus ethischer Perspektive betrachtet sollte es für seriöse Unternehmen selbstverständlich sein, dass sie den Menschen, die etwas von sich preisgegeben und Investitionen getätigt haben, etwas dafür zurückgeben. Die funktionale Perspektive ist weniger edelmütig aber gleichwohl sinnvoll. Jeder Bewerber, der die Untersuchungen in einem Unternehmen durchlaufen hat, wird in seinem Bekanntenkreis, in der Schule oder der Universität über das Unternehmen berichten. Die Art und Weise wie man mit ihm umgegangen ist, prägt das Bild, das er selbst und andere sich von diesem Unternehmen machen. Insofern ist ein gutes Feedbackgespräch auch eine Investition in das Image des Unternehmens (Moser & Zempel, 2001).

Ein Feedback muss für denjenigen der das Feedback erhält, hilfreich sein. Dies bedeutet, dass man den Betreffenden nicht nur mit Informationen überschüttet, sondern ihm auch die Gelegenheit gibt, Fragen zu stellen und zu seinem Verhalten und Abschneiden im Verfahren Stellung zu nehmen. Auch wenn Letzteres die Ergebnisse der Diagnose natürlich nicht mehr verändert, trägt man damit doch einem Bedürfnis vieler Kandidaten Rechnung. Gerade wenn die Entscheidung negativ ausfiel, möchten viele Menschen sich erklären, damit sie vor sich selbst und vor anderen nicht als „unfähig" oder als „Versager" dastehen. Nahezu jedes negative Feedback kommt einem Angriff auf den Selbstwert des Kandidaten gleich (Kanning, 2000).

Damit ein verzerrtes Bild von vornherein vermieden wird, sollte ein Feedback im Konkreten bleiben und ungerechtfertigte Generalisierungen vermeiden. Konkret heißt das, dass man nicht die Persönlichkeit als Ganzes bewertet. Jedes diagnostische Verfahren beschränkt sich immer nur auf einige wenige Ausschnitte der Persönlichkeit der Kandidaten. Sein Privatleben bleibt außen vor. Auch sollte man der Versuchung zur Spekulation über etwaige Chancen bei anderen Arbeitgebern widerstehen. Hilfreich ist es hingegen, konkretes Verhalten anzusprechen. Der Kandidat mag daraus lernen, wie er sich in Zukunft besser verhalten könnte. Generell sollte man eine sachliche Gesprächsebene bevorzugen. Der Diagnostiker vertritt nicht das jüngste Gericht. Es steht ihm nicht zu, andere Menschen zu verurteilen oder private Abneigungen auszuleben. Da die Gesprächspartner unterschiedlich sensibel auf die Mitteilungen reagieren, ist es notwendig, dass der Feedbackgeber nicht einfach nur ein

„Programm abspult", sondern sich auf sein Gegenüber einstellt, in dem er beispielsweise dessen Reaktionen im Blick behält und sein eigenes Verhalten hieran ausrichtet. Manchmal ist es vielleicht sogar besser, wenn man besonders leicht zu verletzende oder auch aggressive Kandidaten nicht mit allen Wahrheiten konfrontiert. Das Gespräch sollte mit positiven Anmerkungen beginnen und letztlich auch einen für den Probanden akzeptierbaren Abschluss haben. Dabei sollte man dem Kandidaten jedoch keine Versprechungen machen, die man nicht tatsächlich einhalten kann. Dies gebietet bereits der achtungsvolle Umgang mit dem Gegenüber. Überdies würde die Sache früher oder später ohnehin ans Tageslicht kommen und sich dann möglicherweise negativ auf das Image des Unternehmens auswirken.

Insgesamt betrachtet ist ein gutes Feedbackgespräch somit eine anspruchsvolle Aufgabe. Der Gesprächsleiter sollte zuvor durch Rollenspiele geschult sein und sich selbstverständlich auf jedes Gespräch vorbereiten. Aus den oben angeführten Gründen ist sehr anzuraten, das Feedback in Form eines Gespräches und nicht nur in schriftlicher Form zu geben. Für eingestellte Bewerber wird zusätzlich zum Gespräch oft ein Gutachten für die Personalakte angefertigt. Ein solches Gutachten kann als Leitfaden für das Feedbackgespräch dienen.

Natürlich wird man nicht jede Rückmeldung in Form eines Gespräches geben können. Ist ein Bewerber bereits in der ersten Phase, nach der Sichtung der Bewerbungsunterlagen ausgeschieden, reicht in jedem Fall eine schriftliche Erläuterung. Ggf. kann sich der Bewerber später einmal telefonisch melden und spezifischere Auskünfte einholen. Die Unsitte mancher Unternehmen, dass sie auf abgelehnte Bewerbungsunterlagen nicht einmal mehr schriftlich reagieren, erscheint aus der ethischen Perspektive indiskutabel und aus der funktionalen Perspektive allzu kurzsichtig (s.o.). Handelt es sich um eine unternehmensinterne Personalauswahl, wird das Unternehmen selbst bei einer Ablehnung im ersten Stadium des Auswahlprozesses das Gespräch mit dem Bewerber suchen. Schließlich wird der Bewerber meist in seiner alten Position weiter für das Unternehmen tätig bleiben. Die Ablehnung des an sich motivierten Mitarbeiters sollte daher – ins Positive gekehrt – die Basis für eine gezielte Personalentwicklung darstellen. Den abgelehnten Bewerbern wird eine längerfristige Perspektive aufgezeigt, an deren Ende nach dem Besuch entsprechender Trainingsseminare dann vielleicht auch die Übernahme der vormals angestrebten Position stehen kann.

Unsere Ausführungen zum Feedback konzentrierten sich erneut auf den Fall der Personalauswahl. Bei der Personalplatzierung ist analog vorzugehen. Dabei wird das Gespräch in aller Regel sehr viel leichter zu führen sein, da jeder Kandidat letztlich eine positive Rückmeldung erhält. Auf der Basis der gewonnen Erkenntnisse wird für jeden Probanden ein individueller Förderplan aufgestellt. Gleiches gilt für personaldiagnostische Untersuchungen, die zur Entwicklung von Organisationsentwicklungsmaßnahmen durchgeführt wurden. Die Rückmeldung ist in diesen Fällen allerdings nicht auf einen einzelnen Mitarbeiter, sondern eine ganze Arbeitsgruppe oder Abteilung bezogen. Auch wenn sich der Einzelne daher nicht so leicht angegriffen fühlen kann, müssen die Ergebnisse der Untersuchung verständlich dargestellt und die abgeleiteten Maßnahmen nachvollziehbar begründet werden. Nur dann, wenn die Mitarbeiter von der Notwendigkeit einer Maßnahme überzeugt sind, werden sie sich auch für ihr Gelingen einsetzen (vgl. Borg, 2000).

Standards
für die Rückmeldung personaldiagnostisch fundierter Entscheidungen
(Feedback)

- Im Idealfall erfolgt die Rückmeldung in Form eines Gespräches.
- Die Rückmeldung ist für den Empfänger des Feedbacks hilfreich.
- Die Rückmeldung versorgt den Empfänger des Feedbacks mit den folgenden Informationen:
  - Erläuterung des diagnostischen Vorgehens
  - Ergebnisse werden nicht nur als Zahlenwerte, sondern in inhaltlich nachvollziehbarer Form erklärt.
  - Resultierende Entscheidungen werden auf der Basis der diagnostischen Ergebnisse begründet.
- Der Empfänger des Feedbacks erhält die Möglichkeit, sich selbst zu äußern:
  - Er kann Fragen stellen.
  - Er kann sein Verhalten erläutern.
  - Er kann zur Bewertung seiner Person und den resultierenden Konsequenzen Stellung beziehen.
- Der Feedbackgeber trägt durch bewusstes Verhalten zum Erfolg des Feedbacks bei:
  - Er tritt freundlich, aufmerksam und hilfsbereit auf.
  - Er bleibt sachlich.
  - Verallgemeinerungen über die gesamte Persönlichkeit des Feedbacknehmers werden vermieden, stattdessen bleibt man im Konkreten.
  - Er hält die Reaktionen seines Gesprächspartners im Blick und orientiert sich in seinem Verhalten daran.
  - Es werden keine Versprechungen gemacht, die nicht einzuhalten sind.
  - Er bemüht sich um einen positiven Auftakt und Abschluss des Gespräches.
- Der Feedbackgeber wurde geschult und bereitet sich auf jedes Gespräch vor.

Neben der Einstellung oder Ablehnung eines Bewerbers sowie der Platzierung eines Mitarbeiters auf einen geeigneten Arbeitsplatz beziehen sich personaldiagnostische Interventionen auf die *Personal- und Organisationsentwicklung*. Die Personalentwicklung verfolgt das Ziel, die Mitarbeiter in ihren Einstellungen, Kompetenzen und Verhaltensweisen an die (sich ggf. verändernden) Anforderungen des Arbeitsplatzes anzupassen. Die Organisationsentwicklung setzt hingegen an den Arbeitsplätzen bzw. der umgebenden Arbeitsumwelt an und verändert sie so, dass die Mitarbeiter einerseits ihre Kompetenzen möglichst optimal zum Einsatz bringen können und andererseits ein möglichst hohes Maß an Arbeitszufriedenheit erleben (vgl. Kapitel 1). Beide Ansätze können als zwei Seiten einer Medaille verstanden werden und so verwundert es nicht, wenn Maßnahmen der einen Seite oft auch Maßnahmen auf der anderen Seite nach sich ziehen. Tabelle 6-5 gibt einen Überblick über gängige Methoden der Personalentwicklung, (siehe auch Holling & Liepmann, 2003; Sonntag & Stegmaier, 2001; Sonntag & Schaper, 2001). Tabelle 6-6 bezieht sich auf weit verbreitete Methoden der Organisationsentwicklung (siehe auch Antoni, 1996a; Gebert, 1993; Gundlin, 2001).

Tabelle 6-5: Gängige Methoden der Personalentwicklung

Methode	Erläuterung
Training zur Vermittlung von Fachwissen	klassische Unterrichtsituation, EDV-Kurse, Sprachkurse, multimediale Methoden etc.
kognitives Training	Vermittlung von Problemlösekompetenzen z.B. durch die Bearbeitung von Computerszenarien
Coaching (Rauen, 2001, 2002)	langfristig angelegte individuelle Beratung eines Mitarbeiters zur Problemlösung, Karriereplanung und Optimierung der Verhaltenssteuerung
Verhaltenstraining (Kanning, in Druck a)	Maßnahmen zur Vermittlung konkreter Verhaltensweisen (z.B. Verkauftrainings, Rhetorik, Verhandlungsführung) meist unter Anwendung von Rollenspielübungen
Outdoor Training (Kanning & Winter, 2004)	Teambildungsmaßnahme, bei der Arbeitsgruppen praktische Übungen außer Haus absolvieren (z.B. Bau einer Brücke über einen Bach) und dabei ihr Interaktionsverhalten reflektieren.

Tabelle 6-6: Gängige Methoden der Organisationsentwicklung

Methode	Erläuterung
Veränderung der Arbeitszeitmodelle Wagner (1995)	Anpassung (Flexibilisierung) der Arbeitszeiten im Hinblick auf die Bedürfnisse der Mitarbeiter
Veränderung des Belohnungssystems	Modifikation des (monetären) Belohnungssystems zur Steigerung der Leistung und Arbeitszufriedenheit; vor allem leistungsbezogene Belohnung
job rotation	Veränderung eintöniger Arbeitstätigkeiten durch regelmäßigen Arbeitsplatzwechsel
job enlargement	Veränderung eintöniger Arbeitstätigkeiten durch horizontale Anreicherungen der Arbeitsaufgaben. Der Mitarbeiter erhält mehr Aufgaben gleicher Schwierigkeit.
job enlargement	Veränderung eintöniger Arbeitstätigkeiten durch vertikale Anreicherungen der Arbeitsaufgaben. Der Mitarbeiter erhält mehr Aufgaben größerer Schwierigkeit.
teilautonome Arbeitsgruppen (Antoni, 1996a, 1996b)	Mitarbeiter, die bislang jeder für sich allein eine Arbeitsaufgabe übernommen haben, arbeiten nun gemeinsam und z.T. sich selbst organisierend an einer Aufgabe (z.B. Automobilproduktion)

Qualitätszirkel Bungard (1992)	Regelmäßige Gruppentreffen von Mitarbeitern zur Generierung von Verbesserungsvorschlägen
Benchmarking (Meyer, 1996)	Vergleich der eigenen Organisation und ihre Arbeitsbedingungen mit anderen Organisationen, die außergewöhnlich erfolgreich sind, um von diesen lernen zu können.
Zielsetzungsmethode Holling, Lammers & Pritchard (1999); Pritchard, Kleinbeck & Schmidt (1993)	Führungsinstrument, mit dessen Hilfe innerhalb von Arbeitsgruppen Leistungsziele vereinbart werden. Die Zielerreichung wird kontrolliert und belohnt.

6.9 Evaluation

Nach der Einstellung eines Bewerbers, der Platzierung eines Mitarbeiters auf einem neuen Arbeitsplatz oder der Durchführung einer Entwicklungsmaßnahme ist für die allermeisten Unternehmen der diagnostische Prozess endgültig beendet. Genau genommen endet er in all diesen Fällen bereits vor der Intervention, da die Intervention selbst in aller Regel keine diagnostischen Elemente mehr enthält. Eine Evaluation der umgesetzten Entscheidungen erfolgt entweder gar nicht oder nur mit sehr unzureichenden Mitteln nach dem bloßen Augenschein. Nach einigen Monaten fragt sich vielleicht der Personalverantwortliche, ob seine Entscheidung richtig war und attestiert sich eine gute Arbeit, da keine Beschwerden eingegangen sind oder der Mitarbeiter an seinem neuen Arbeitsplatz nicht durch grobe Fehler auffällig geworden ist. Ganz ähnlich verhält es sich mit Personal- oder Organisationsentwicklungsmaßnahmen. Nach einem Training bittet man die Teilnehmer in einer abschließenden Runde, ihre Meinung über den Sinn des Trainings kundzutun. Bei Organisationsentwicklungsmaßnahmen behilft man sich nicht selten allein mit der Meinung des Führungspersonals.

Warum wendet man in der Praxis aber so wenig Energie auf, um den Erfolg personaldiagnostisch geleiteter Interventionen systematisch zu untersuchen? Über die Gründe lässt sich einstweilen nur spekulieren. Ein wichtiger Grund liegt sicherlich in der mangelnden Einsicht in die Notwendigkeit einer Evaluation. Man glaubt, den Erfolg sehr gut per Augenschein beurteilen zu können und in gewisser Weise hat man damit auch Recht. Sicherlich erfährt man auch ohne aufwändige Untersuchungen, ob eine Personalentscheidung völlig falsch war oder ob eine umfangreiche Organisationsentwicklungsmaßnahme das Unternehmen an den Rand der Insolvenz gebracht hat. Doch solche extremen Fehlentscheidungen sind natürlich nur Ausnahmeerscheinungen. Ohne eine systematische Evaluation wird man kleineren Fehlern und suboptimalen Entscheidungen kaum auf die Schliche kommen. Ohnedies erfährt man nichts über mögliche Ursachen. Kurzum, man kann aus Fehlern nichts lernen, weil man die Augen vor den Fehlern verschließt. Das Ziel einer systematischen Evaluation besteht darin, in möglichst differenzierter Weise Interventionen auf ihren Nutzen hin zu überprüfen und dabei gleichzeitig Ursachen für mögliche Fehlentwicklungen aufzudecken. Auf der Basis der gewonnenen Erkenntnisse will man etwas für die Zukunft lernen, um somit den diagnostischen Prozess und die hieraus erwachsenen Entscheidungen und Maßnahmen Schritt für Schritt optimieren zu können. Insofern lässt sich die Evaluation mit einem betriebswirtschaftlichen Controlling vergleichen, ja mehr noch, im Grunde genommen ist es Bestandteil desselben. Wie im Controlling, so geht es auch bei der Evaluation um Optimierung von Prozessen. Es wird also nicht behauptet, dass man vor der Evaluation alles falsch und nachher alles richtig machen würde. Vielmehr soll das, was gut war, als solches erkannt und gefördert, Fehler sollen hingegen aufgespürt und korrigiert werden. Dabei muss man sich selbstverständlich immer fragen, ob der diagnostische Aufwand, der mit einer Evaluation verbunden ist, den Effekt lohnt. Wir reden an dieser Stelle mithin keineswegs einer blinden Evaluationswut das Wort. Evaluation ist kein Selbstzweck und dient auch nicht der Verwirklichung von Wissenschaftlerträumen. Sie ist immer nur Mittel zum Zweck. In ihrer Ausgestaltung orientiert sie sich an dem zu erwartenden Nutzen.

Ein weiterer Grund für die mangelnde Verbreitung systematischer Evaluation liegt wohl in der Furcht vieler Entscheidungsträger, dass man ihnen persönliche Fehler nachweisen könnte. Wer gibt schon gern zu, dass er ein Training durchgeführt oder in Auftrag gegeben hat, das letztlich ohne nennenswerte positive Effekt blieb? Hier ist die Organisationskultur und mit ihr die Führungsebene gefragt, Fehler nicht als persönliches Versagen Einzelner, sondern als Chance zur Optimierung des Ganzen zu begreifen. Niemand – auch nicht der beste Diagnostiker oder Trainer – wird aus dem Stegreif heraus ein optimales Verfahren oder Training konzipieren können. Dies liegt nicht an Inkompetenz oder mangelnder Motivation, sondern schlichtweg in der Natur des Sache. Ebenso wie man nicht ausschließlich am Zeichenbrett einen optimalen Motor konzipieren kann, so wenig lässt sich auch ein personaldiagnostisches Verfahren oder ein Training am Schreibtisch optimieren. Zwar können grundlegende Fehler im Vorhinein vermieden werden, die Optimierung erfolgt aber erst vor dem Hintergrund der in der praktischen Durchführung gesammelten Erfahrungen.

Ein letzter und gewichtiger Grund für die zögerliche Haltung vieler Unternehmen gegenüber der Evaluation liegt sicherlich in der mangelnden Methodenkompetenz der Entscheidungsträger. Die wenigsten Personalverantwortlichen verfügen über das notwendige Know-how, um Evaluationsmaßnahmen durchführen, anleiten oder auf ihre Qualität hin beurteilen zu können. Hierin läge eigentlich kein prinzipielles Hindernis. In großen Unternehmen ist es durchaus üblich, dass Führungskräfte selbst über weitaus weniger Fachkompetenz als ihre Mitarbeiter verfügen. Anders lässt sich in einer Zeit der rasanten Wissensvermehrung Führung nicht mehr realisieren. Ebenso üblich ist es aber, dass man dort, wo Fachkompetenz nicht vorhanden ist, sie auf dem Markt einkauft.

Die folgenden Ausführungen beggnen diesem Problem im Ansatz, indem sie zumindest grundlegendes Wissen vermitteln. Ausführlichere Darstellungen finden sich bei Bungard, Holling und Schulz-Gambard (1996), Bortz und Döring (1995) sowie Wottawa und Thierau (1998).

Evaluationsuntersuchungen können drei Ziele verfolgen. Im einfachsten Falle wird im Zuge der Evaluation die *Effektivität* einer Maßnahme überprüft. Man möchte herausfinden, ob die Maßnahme einen erwünschten Effekt erzielt hat, ob also z.B. ein neu eingestellter Mitarbeiter an seinem Arbeitsplatz Leistung bringt und zufrieden ist, ob ein Motivationstraining die Motivation der Mitarbeiter gefördert hat oder ob die Umstrukturierung der Arbeitsprozesse in einer Abteilung mit einer Reduzierung der zwischenmenschlichen Konflikte einherging.

Geht man in der Evaluation noch einen Schritt weiter, so interessiert man sich neben der bloßen Effektivität für diejenigen *Variablen, welche die Effektivität beeinflussen*. So könnte es z.B. sein, dass Personen mit einer bestimmten Vorbildung oder bestimmten Eigenschaften sehr viel mehr von einem Training profitieren als andere Teilnehmer, die nicht über diese Merkmale verfügen. Das Wissen um derartige Variablen kann in zweierlei Hinsicht bedeutsam sein. Zum einen liefert es Hinweise zur Veränderung des Vorgehens, falls die Effektivität nicht oder nur unzureichend gegeben ist. Zum anderen erfährt man etwas über Ansatzpunkte zur Optimierung einer an sich schon effektiven Maßnahme.

Das dritte Ziel der Evaluation ist eine Überprüfung der *Effizienz*. Dazu wird der mit der Maßnahme verbundene zeitliche und finanzielle Aufwand in eine Relation zu seinem tatsächlichen Nutzen (Effektivität) gesetzt. Man könnte sich beispielsweise fragen, ob ein teures Assessment Center die notwendige Voraussetzung für eine sehr gute Personalauswahl im eigenen Unternehmen ist. Vielleicht ließe sich mit Hilfe eines strukturierten Interviews, das sehr viel kostengünstiger durchzuführen wäre, ein annähernd gleicher Nutzen erzielen. Die Untersuchung der Effizienz zielt häufig auf eine Überprüfung des monetären Nutzens ab. Hierzu sind recht komplexe Berechnungen notwendig (vgl. Kapitel 5).

Evaluationsuntersuchungen sind vor allem beim *erstmaligen Einsatz* einer Maßnahme notwendig. In diesem Fall weiß man naturgemäß nicht Sicheres über die Effektivität oder Effizienz. Zwar kann man aus bereits durchgeführten und untersuchten Verfahren begründete Erwartungen ableiten, ob und inwieweit diese Erwartungen aber auch bestätigt werden, erschließt sich erst nach einer Evaluation.

Darüber hinaus sind *kontinuierliche Evaluationen* sinnvoll, wenn die Maßnahme Veränderungen erfährt, die ggf. auch das Resultat vorangehender Untersuchungen sein können. Hierdurch wird überprüft, ob die anvisierten Ziele der Veränderung tatsächlich erreicht werden konnten und ob ggf. noch Nachbesserungsbedarf besteht.

Doch selbst dann, wenn keine gezielte Veränderung vorgenommen wird, empfiehlt sich eine *wiederholte Evaluation in größeren Zeitabständen*. Nur so kann sichergestellt werden, dass aus der Maßnahme über mehrere Jahre hinweg ein gleichbleibender Nutzen erwächst. Die regelmäßige Nachuntersuchung – ggf. im Abstand von mehreren Jahren – überprüft, ob sich auf der Seite der betroffenen Menschen (Verhalten und Erleben der Mitarbeiter, Selbstselektion der Bewerber etc.) Veränderungen ergeben haben, die eine Anpassung bestehender Maßnahmen auf Seiten des Unternehmens notwendig machen.

Eine Evaluation dient dazu, die *Effektivität* und *Effizienz* einer Maßnahme (Personalauswahl und -platzierung, Personal- und Organisationsentwicklung) zu überprüfen. Darüber hinaus kann sie Informationen über solche *Variablen* liefern, die die Effektivität beeinflussen. Ziel der Evaluation ist eine *Optimierung* des Vorgehens. Die Evaluation empfiehlt sich insbesondere bei neu eingesetzten Maßnahmen, kann aber auch bei etablierten Verfahren sinnvoll sein.

Schauen wir uns nun einmal näher an, wie eine Evaluation im Einzelnen aussehen kann. Dabei gehen wir zunächst der Frage nach, an welchen Punkten eine Evaluation ansetzen könnte, ehe in einem zweiten Schritt verschiedene Untersuchungspläne vorgestellt werden.

Kirkpatrick (1960) unterscheidet *vier Ebenen der Evaluation* einer Trainingsmaßnahme (vgl. Abbildung 6-23). Auch wenn Kirkpatrick sich ausschließlich mit der Evaluation von klassischen Trainingsmaßnahmen beschäftigt, sind fast alle Ebenen seines Modells ohne Schwierigkeiten auf andere Anwendungsfelder der Personaldiagnostik übertragbar.

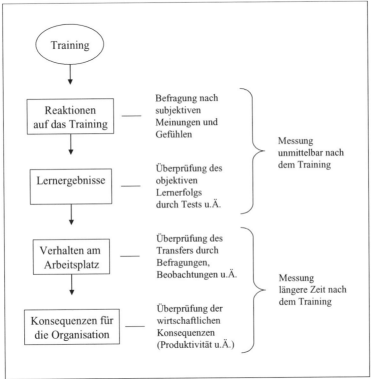

Abbildung 6-23: Ebenen der Evaluation nach Kirkpatrick (1960)

Die erste Ebene bezieht sich auf die subjektiven *Reaktionen* der Teilnehmer einer Maßnahme. Sie werden unmittelbar nach Abschluss eines Trainings untersucht. Im Kern geht es dabei um Meinungen und Gefühle der Betroffenen. Sind die Teilnehmer insgesamt mit der Maßnahme zufrieden? Haben sie den Eindruck, etwas Wertvolles gelernt zu haben? Wie bewerten sie das Verhalten des Trainers, den Medieneinsatz, das Schwierigkeitsniveau der Übungen oder die Organisation des Ganzen? Wie könnte man das Training verbessern? Diese und viele weitere Fragen beziehen sich auf die unmittelbaren Reaktionen der Trainingsteilnehmer. Sie können in Form eines Fragebogens differenziert gestellt werden (vgl. Abbildung 6-24).

	stimme gar nicht zu				stimme völlig zu
Trainerverhalten					
Der Trainer war fachlich kompetent.	○	○	○	○	○
Der Trainer konnte mich motivieren.	○	○	○	○	○
Organisation					
Die Dauer des Trainings war angemessen.	○	○	○	○	○
Die Räumlichkeiten waren angemessen.	○	○	○	○	○
Trainingsinhalte					
Die Trainingsthemen waren interessant.	○	○	○	○	○
Die Trainingsthemen waren praxisrelevant.	○	○	○	○	○
Didaktik					
Das Training war abwechslungsreich.	○	○	○	○	○
Die Übungen wurden gut angeleitet.	○	○	○	○	○
allgemeine Bewertung					
Das Training war nützlich für mich.	○	○	○	○	○
Ich würde das Training weiterempfehlen.	○	○	○	○	○
Anmerkungen					

Abbildung 6-24: Beispielitems zur Evaluation von Trainingsmaßnahmen

Weniger differenziert – aber gleichwohl üblich – wäre eine Abschlussrunde am Ende des Trainings. Nach der letzten Übung setzen sich alle Beteiligten noch einmal kurz in der Runde zusammen. Jeder Teilnehmer erhält dabei die Möglichkeit, seine Meinung zum Training kundzutun. Eine solche Vorgehensweise hat zwei große Nachteile: Zum einen sind die Ergebnisse weitaus weniger differenziert im Vergleich zur schriftlichen Befragung, zum anderen können sich die Teilnehmer gegenseitig sehr stark beeinflussen. Manch ein Teilnehmer traut sich vielleicht nicht, eine von der

Mehrheit oder von dominanten Personen abweichende Meinung zu äußern. Ein anderer macht sich gar keine eigenen Gedanken mehr, wenn vor ihm schon fünf Personen nachvollziehbar Meinungen und Ideen vorgetragen haben. Eine Evaluation auf der Ebene der Reaktionen ist – völlig unabhängig von klassischen Trainings – bei jeder Maßnahme möglich. So kann man beispielsweise auch Bewerber nach Abschluss der Auswahlprozedur zu ihrem Erleben befragen. Gerade für solche Unternehmen, die darauf angewiesen sind, dass sich hoch qualifizierte Personen in großer Menge bei ihnen bewerben, ist es wichtig, dass das Auswahlverfahren von den Bewerbern akzeptiert wird. Erscheint den Betroffenen das Verfahren unseriös, sinnlos oder unprofessionell, so kann sich dies früher oder später herumsprechen. Die Konsequenz ist nicht nur ein schlechtes Image des Unternehmens, sondern auch eine sinkende Bewerberzahl – zumindest im Sektor derjenigen Bewerber, die sehr gute Chancen auf dem Arbeitsmarkt haben (vgl. Moser & Zempel, 2001).

Die zweite Evaluationsebene bezieht sich auf die *Lernergebnisse* einer Trainingsmaßnahme. In jedem Training lernen die Teilnehmer etwas. In EDV-Schulungen für Bürokräfte oder wissenschaftlichen Seminaren für Ingenieure soll der neueste Stand berufsbezogenen Wissens vermittelt werden. Kognitive Trainings schulen die Problemlösefähigkeit der Probanden, während Verhaltenstrainings nicht nur Wissen und kognitive Strategien, sondern auch und vor allem konkrete Verhaltensfertigkeiten einüben. Während es auf der ersten Evaluationsebene allein um die subjektive Bewertung der Maßnahme aus Sicht der Teilnehmer ging, ist der Anspruch der zweiten Ebene deutlich höher. Ziel der Evaluation ist hier eine möglichst objektive Überprüfung des Lernerfolgs. Man möchte etwa wissen, inwieweit die Teilnehmer einer EDV-Schulung nach einem Training tatsächlich ein neues Softwarepaket beherrschen oder man untersucht am Ende einer Schulung für die Mitarbeiter eines Callcenters im Rollenspiel, ob sie ihr Verhalten gegenüber dem Kunden in der beabsichtigten Weise verändert haben. Die Untersuchung der Lernergebnisse findet immer unmittelbar im Anschluss an das Training statt. Je nach Art des Lehrstoffs kommen dabei unterschiedliche Messinstrumente zum Einsatz: Testverfahren, Computerszenarien oder Verhaltensbeobachtungen. Die Ergebnisse auf der Ebene der Reaktionen können mitunter im völligen Widerspruch zu den Ergebnissen auf der Ebene der Lernergebnisse stehen. Kanning und Winter (2004) belegen z.B. für ein Outdoortraining, dass die Teilnehmer die Maßnahme extrem positiv einschätzen, obwohl es zu keiner messbaren Verhaltensveränderung gekommen ist. Im Gegensatz zur Messung der subjektiven Reaktionen (Ebene 1) lässt sich die Evaluation auf der Ebene 2 nicht auf alle möglichen Anwendungsfelder der Personaldiagnostik übertragen. Da im Rahmen der Personalauswahl und -platzierung den Probanden weder Wissen noch Fertigkeiten vermittelt werden, ist hier eine Überprüfung etwaiger Lerneffekte natürlich nicht sinnvoll. Anders sieht es bei manchen Maßnahmen der Organisationenentwicklung aus. Nicht selten gehen Veränderungen des Arbeitsplatzes mit Schulungen des Personals einher. So erfordert beispielsweise die Einführung teilautonomer Arbeitsgruppen, dass sämtliche Mitarbeiter einer Gruppe alle Tätigkeiten im Aufgabenfeld übernehmen können. Der ursprünglichen Spezialisierung auf kleine Teilschritte in der Produktfertigung steht nun die Notwendigkeit einer breiten Qualifikation gegenüber. Die Ergebnisse der resultierenden Schulungsmaßnahmen können im oben beschriebenen Sinne evaluiert werden.

Während die ersten beiden Evaluationsebenen das unmittelbare Umfeld der Trainingsmaßnahme nicht verlassen – in beiden Fällen erfolgt die Evaluation direkt im Anschluss an die Maßnahme – beschäftigt sich die dritte Ebene mit dem Transfer der Lerninhalte in den beruflichen Alltag. Ziel jeder beruflichen Trainingsmaßnahme ist die Leistungssteigerung der Teilnehmer am Arbeitsplatz. Für den Erfolg der Intervention ist somit entscheidend, ob die Inhalte, die während des Trainings in einem geschützten Rahmen unter vergleichsweise optimalen Bedingungen gelernt wurden, von den Betroffenen auch in den eigenen Arbeitsalltag hinübergerettet werden können. Aus Sicht des Unternehmens legitimiert sich die Maßnahme erst dadurch, dass ein solcher Schritt überhaupt erfolgt, denn dem Unternehmen nützt es überhaupt nichts, wenn die Mitarbeiter im Training etwas gelernt haben, das sie später „im Ernstfall" nicht anwenden können. Die Ebene 3 der Evaluation fragt daher nach dem *Verhalten der Trainingsteilnehmer am Arbeitsplatz*. Die Messung der Transferleistung erfolgt durch eine Befragung der Betroffenen oder ihrer Vorgesetzten, durch systematische Verhaltensbeobachtungen oder objektive Leistungsmessungen. Hierbei ist jedoch immer zu bedenken, dass der Transfer nicht nur von der Qualität des Trainings oder der Persönlichkeit der Mitarbeiter abhängt, sondern auch die Unterstützung durch Vorgesetzte und Kollegen eine wichtige Rolle spielen kann (vgl. Lemke, 1994). So mancher Mitarbeiter, der voller Elan nach einer Schulung an den Arbeitsplatz zurückkehrt und eigentlich optimal präpariert wurde, scheitert allein daran, dass seine Kollegen ihn belächeln oder der Vorgesetzte ihm keine Chance gibt, die Innovation aus dem Training in die Abteilung hineinzutragen. Eine anspruchsvolle Evaluation berücksichtigt derartige Einflussfaktoren, in dem sie z.B. den Mitarbeiter nach möglichen Transferhindernissen fragt. Geht es nicht um Trainingsmaßnahmen, sondern um Personalauswahl- oder Platzierungsentscheidungen, beschäftigt sich die Evaluation der dritten Ebene schlichtweg mit der Frage, ob der Mitarbeiter an seinem Arbeitsplatz das erforderliche Leistungsverhalten zeigt. Im Anschluss an Organisationsentwicklungsmaßnahmen wird überprüft, ob die Intervention in erwünschter Weise Einfluss auf das Arbeitsverhalten der Mitarbeiter nimmt. In all diesen Anwendungsfällen sind die Methoden die gleichen, wie bei der Evaluation von Trainings.

Die vierte und letzte Ebene der Evaluation nach Kirkpatrick (1960) fragt nach den (mittelfristigen) *Konsequenzen für die Organisation*. Dabei geht es um wirtschaftliche Konsequenzen, wie z.B. eine erhöhte Produktivität, eine geringere Absentismusrate, ein gesunkener Produktionsausschuss, die gestiegene Anzahl von Vertragsabschlüssen u.Ä. Welche betriebswirtschaftliche Kenngröße geeignet ist, muss im Einzelfall entschieden werden. In der Regel sollte man gleichzeitig mehrere Kriterien erfassen, die eine differenzierte Betrachtung ermöglichen. Auch auf der vierten Ebene der Evaluation macht sich der Einfluss moderierender Variablen bemerkbar (s.o.). In den wenigsten Fällen werden die wirtschaftlichen Kenngrößen allein durch die Schulung eines einzelnen Mitarbeiters verändert werden. Entsprechende Einflussgrößen sollten im Evaluationsdesign Berücksichtigung finden. Das gleiche gilt für die Untersuchung der wirtschaftlichen Konsequenzen von Interventionen auf den Gebieten Personalauswahl, -platzierung und Organisationsentwicklung.

Betrachten wir das Modell von Kirkpatrick zusammenfassend, so fällt auf, dass von Ebene zu Ebene das Unterfangen methodisch anspruchsvoller wird, wobei mehr und mehr die wirtschaftlichen Interessen des Arbeitgebers in das Zentrum der Analyse rücken. Dennoch vermag eine höhere Ebene nicht einfach die andern zu subsumieren. Im Idealfall setzt eine umfassende Evaluation auf allen vier Ebenen an. Hierdurch können die Ursachen für suboptimale Maßnahmen leichter aufgedeckt werden. So hilft es z.B. relativ wenig, wenn man herausfindet, dass ein Training nicht auch die erwünschten wirtschaftlichen Erfolge nach sich zieht. Erst die Analyse des konkreten Arbeitsverhaltens, der organisationalen Rahmenbedingungen (die einem Praxistransfer möglicherweise entgegenstehen) oder eine Analyse der unmittelbaren Trainingseffekte kann detaillierte Hinweise zur Optimierung des Vorgehens liefern. Insofern haben alle Ebenen eine praktische Relevanz für das Unternehmen.

> Eine Evaluation kann sich sowohl auf das *subjektive Erleben* der betroffenen Personen als auch auf *objektivierte Daten* beziehen. Dabei sind immer auch Einflussfaktoren der Rahmenbedingungen einer Arbeitstätigkeit (Verhalten von Kollegen und Vorgesetzten, Werkzeuge etc.) in die Analyse einzubeziehen. Erst die umfassende Betrachtung mehrerer Ebenen (Reaktionen, Lernergebnisse, Verhalten am Arbeitsplatz und Konsequenzen für die Organisation) liefert die Basis für eine zielgerichtete Optimierung der evaluierten Maßnahme.

Nun wissen wir, an welchen Punkten eine Evaluation ansetzen kann. Offen bleibt bislang die Frage, wie die empirische Untersuchung als Ganzes gestaltet sein sollte. In der Wissenschaft spricht man in diesem Zusammenhang von einem Untersuchungsplan oder einem *Untersuchungsdesign*. In Abbildung 6-25 geben wir einen Überblick über die wichtigsten Untersuchungsdesigns. Eine umfassendere Übersicht findet sich bei Bungard, Holling und Schultz-Gambard (1996) sowie bei Sarris (1992).

Die Untersuchungspläne entstammen der experimentellen Forschung. In der Evaluationspraxis können derartige Pläne meist nur mit Einschränkungen umgesetzt werden. Unsere Ausführungen beschränken sich auf solche Pläne, die von ihrem Umfang her allesamt auch jenseits wissenschaftlicher Laboratorien anwendbar sind. Gleichwohl besitzt nicht jedes Design in gleichem Maße Aussagekraft. Beginnen wir zunächst mit sehr einfach strukturierten Untersuchungsplänen, denen nur eine eingeschränkte Aussagekraft zukommt. Dabei unterscheiden wir zwischen der Evaluation von Maßnahmen der Personal- und Organisationsentwicklung auf der einen und der Evaluation von Auswahl- und Platzierungsentscheidungen auf der anderen Seite. Aus Gründen der besseren Übersichtlichkeit wählen wir als Beispiel für den jeweiligen Bereich eine Trainingsmaßnahme bzw. eine Auswahlentscheidung.

Wurde ein Training durchgeführt, so könnte man einige Zeit nach dem Training untersuchen, ob die geschulten Mitarbeiter ihre beruflichen Aufgaben am Arbeitsplatz erfolgreicher absolvieren (*Design Nr. 1*). Eine solche Untersuchung ist im Grunde genommen überflüssig, da man mit einem Design, das ausschließlich aus einer Nachuntersuchung besteht, nicht beurteilen kann, ob die Leistung am Arbeitsplatz in irgendeiner Weise in einem Zusammenhang zum Training steht. Das einzige, was man nach der Untersuchung weiß, ist, dass die Mitarbeiter mehr oder weniger gute Leistung zeigen. Eine Aussagekraft besäße die Studie erst dann, wenn man auch vor der Trainingsmaßnahme die Leistung der Trainingsteilnehmer untersucht hätte (Design Nr. 3). Aus einem Vergleich zwischen dem Vorher- und dem Nachher-Wert ließen sich erste Schlüsse auf die Nützlichkeit des Trainings ziehen. Fragt man also nach der Nützlichkeit einer Maßnahme, so ist das erste Design kaum zu empfehlen. Dennoch kann ein Vorgehen nach dem ersten Untersuchungsplan sinnvoll sein. Dies ist etwa der Fall, wenn man sich allein für die subjektiven Reaktionen der Teilnehmer einer Trainingsmaßnahme interessiert. Ähnlich verhält es sich bei der Personalauswahl. Mit Hilfe einer einfachen Nachuntersuchung lässt sich feststellen, inwiefern die neuen Mitarbeiter den Anforderungen ihres Arbeitsplatzes gewachsen sind. Dies ist schon an sich eine wichtige Information. Allerdings verrät uns eine Untersuchung nach dem Muster des ersten Designs nichts über die Bedeutung der konkreten Auswahlprozedur. Man weiß lediglich, dass ein Mitarbeiter gute oder weniger gute Leistung erbringt. Ob dies die Konsequenz einer guten Personaldiagnostik ist oder vielleicht auch nur ein Produkt des Zufalls darstellt, ist nicht bekannt.

Das *Design Nr. 2* ist schon etwas anspruchsvoller, da es mit einer Kontrollgruppe arbeitet. Im Rahmen einer Trainingsevaluation würde man wie folgt vorgehen: Zunächst einmal werden zwei Personengruppen gebildet. Die eine Gruppe durchläuft das Training, während die zweite Gruppe ohne Training den üblichen Aufgaben im Beruf nachgeht. Einige Zeit nach dem Training erfasst man die Leistung beider Gruppen am Arbeitsplatz. Über den Vergleich zwischen der Trainings- und der Kontrollgruppe möchte man herausfinden, ob das Training einen positiven Effekt nach sich zieht. Unterscheiden sich beide Gruppen in der Weise, dass die Trainingsgruppe bessere Werte erzielt als die Kontrollgruppe, so spricht dies für den Nutzen der Maßnahmen. Ganz sicher kann man jedoch nicht sein, denn die beiden Gruppen könnten sich auch schon vor der Trainingsmaßnahme systematisch in ihrer Arbeitsleistung unterschieden haben. Um diese Unsicherheit von vornherein ausschließen zu können, bieten sich zwei Wege an. Zum einen könnte man mit sehr großen Stichproben arbeiten und die Probanden per Zufall einer der beiden Gruppen zuweisen. In einem solchen Fall ist es sehr unwahrscheinlich, dass sich beide Gruppen von vornherein in ihrer Arbeitsleistung unterscheiden. Zum andern könnte man vor der Trainingsphase die berufliche Leistungsfähigkeit aller Beteiligten untersuchen und auf diesem Weg gleiche Ausgangbedingungen für beide Gruppen schaffen. Die erste Alternative lässt sich in der Praxis oft nicht durchführen, da die Population insgesamt zu klein ist oder man den Mitarbeitern kaum verständlich machen kann, warum der Kollege A an einem Training teilnehmen darf, während sein Kollege B ausgeschlossen wird. Schnell führt eine solche Vorgehensweise zu Unmut. Aus rein methodischer Sicht stellt sich überdies das Problem, dass die Mitarbeiter nach dem Training mit ihren Kollegen aus der Kontrollgruppe über die Trainingsinhalte sprechen und somit keine wirkliche Unabhängigkeit beider Gruppen besteht. Vielleicht mag ja schon der Austausch über bestimmte Trainingsinhalte zu einer Leistungssteigerung in der Kontrollgruppe führen. Im Idealfall wissen die beiden Gruppen nichts voneinander, was ohne weiteres realisierbar ist, sofern beide Gruppen z.B. aus unterschiedlichen Niederlassungen einer Firma stammen. Geht es um die Beurteilung von Personalauswahlentscheidungen, ist eine Abwandlung des zweiten Untersuchungsdesigns sinnvoll. Dabei vergleicht man zwei Gruppen, die unterschiedlichen Auswahlprozeduren unterzogen wurden (z.B. vor und nach der Einführung eines neuen Auswahlverfahrens). Die Vergleichbarkeit beider Gruppen ließe sich zumindest im Ansatz überprüfen, wenn beide Prozeduren mit teilweise gleichen Messinstrumenten arbeiten. Ist ein solcher Vergleich nicht möglich, ist die Aussagekraft stark reduziert, denn es könnte ja sein,

Der Prozess der Personaldiagnostik

dass sich die Bewerberstichproben aufgrund von Veränderungen am Arbeitsmarkt deutlich unterscheiden. In der Folge würden sich dann natürlich auch die Leistungen der Bewerber im Auswahlverfahren sowie die Leistungen der eingestellten Bewerber am Arbeitsplatz verändern. Die Effektivität beider Auswahlverfahren wäre somit durch das veränderte Leistungsniveau überlagert.

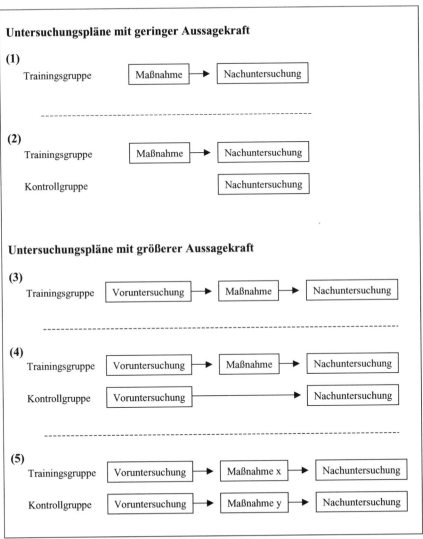

Abbildung 6-25: Grundlegende Untersuchungspläne für Evaluationsstudien

Design Nr. 3 zählt bereits zu den Untersuchungsplänen, denen eine größere Aussagekraft bescheinigt werden kann. Wie bei allen folgenden Plänen arbeitet man hier nach dem Prinzip der Vorher-Nachher-Messung: Unmittelbar vor einer Trainingsmaßnahme wird z.B. die berufliche Leistungskraft der Teilnehmer in einer Voruntersuchung erhoben. Anschließend folgt die Schulung und einige Zeit später schließlich die Nachuntersuchung, in der erneut die Leistung am Arbeitsplatz mit den gleichen Messinstrumenten wie in der Voruntersuchung erfasst wird. Aus einem Vergleich zwischen Vorher- und Nachher-Messung lässt sich das Ausmaß des Trainingserfolgs bestimmen. Kritiker werden nun aber zu Recht einwenden, dass auch dieses Design nicht ganz wasserdicht ist, denn ein etwaiger Leistungsanstieg könnte ja allein durch die Zeit zwischen beiden Messungen zustande gekommen sein. In den meisten Fällen muss man wohl schon viel Phantasie für die schlüssige Begründung eines solchen Einwandes aufwenden. Es gibt aber sicherlich Situationen, in denen der Einwand berechtigt ist. Handelt es sich beispielsweise um Berufsanfänger, so ist in den ersten Monaten der Einarbeitung ohnehin mit einem deutlichen Anstieg der Leistung zu rechnen, da die Betroffenen im Laufe der Zeit Routinenverhalten zum reibungslosen Ablauf der Arbeitstätigkeit entwickeln. Der vermeintliche Effekt des Trainings mag also de facto allein auf die Erfahrungen am Arbeitsplatz zurückzuführen sein. Gegen solch mögliche Fehlinterpretationen kann man sich durch die Einführung einer Kontrollgruppe (*Design Nr. 4*) absichern. Die Kontrollgruppe wird – wie im zweiten Untersuchungsplan – von der Trainingsmaßnahme ausgeschlossen. Lassen sich nun in der Trainingsgruppe größere Leistungsfortschritte erzielen als in der Kontrollgruppe, spricht dies für einen Effekt der Trainingsmaßnahme. Im Falle der Evaluation von Personalauswahlentscheidungen sind beide Untersuchungspläne nur in abgewandelter Form sinnvoll umsetzbar. Voruntersuchungen zur eigentlichen Auswahlprozedur sind praktisch nicht durchführbar. Betrachten wir hingegen die Leistungsfähigkeit einer Firma oder einer sehr großen Abteilung vor und nach der Einführung eines neuen Personalauswahlverfahrens, so entspricht dies dem Design Nr. 3. Ob sich für eine solch unfangreiche Untersuchung jedoch eine Kontrollgruppe finden lässt (Design Nr. 4), ist eher fraglich.

Der letzte Untersuchungsplan, den wir hier kurz vorstellen wollen, ist der aufwändigste von allen (*Design Nr. 5*). In seinem Grundaufbau entspricht er dem vierten Plan, wobei auch die ursprüngliche „Kontrollgruppe" an einer Trainingsmaßnahme teilnimmt. Diese Maßnahme unterscheidet sich aber in wichtigen Punkten von dem eigentlichen interessierenden Training. Möglicherweise hat man das Training um ein Modul verkürzt, neuartige Übungen eingeführt oder einfach die Länge der Pausen reduziert. Aus einem Vergleich zwischen Vor- und Nachuntersuchung bzw. den beiden Nachuntersuchungen erhält man Aufschluss über die Effekte der vorgenommenen Manipulation. Analog ließe sich auch ein Personalauswahlverfahren in wichtigen Punkten verändern und der Einfluss dieser Veränderungen auf die Leistungsfähigkeit zweier Abteilungen oder Unternehmen überprüfen. In der Praxis wird man derartig komplexe Untersuchungen sicherlich nur sehr selten antreffen.

Unser Ausflug in die Gestaltung von Untersuchungsplänen dürfte ohne Zweifel die Komplexität der Materie verdeutlicht haben. Viele Untersuchungspläne sind nur auf den ersten Blick bestechend und offenbaren bei genauerem Hinschauen zahlreiche Tücken. Nun ist die Praxis sicherlich nicht der Ort, an dem die Träume eingefleischter Grundlagenforscher oder Methodiker verwirklicht werden könnten. Letztlich wird man in der Praxis wohl nie einen perfekten Untersuchungsplan realisieren können. Auch stellt sich nebenbei bemerkt die Frage, ob es einen solchen überhaupt geben kann. Dennoch sollte man das methodische Denken, das der Entwicklung sol-

Der Prozess der Personaldiagnostik

cher Pläne zugrunde liegt, nachvollziehen können. Nur wenn man sein eigenes Evaluationsdesign einer kritischen Überprüfung unterzieht, kann man mögliche Unzulänglichkeiten als solche erkennen und sich dann ganz bewusst entscheiden, ob man im vorliegenden Falle mit diesen Unzulänglichkeiten leben kann. Hier verhält es sich mit der Evaluation nicht viel anders als bei der Auswahl und Entwicklung von Messinstrumenten. Es gibt immer bessere Verfahren. Die Frage ist nur, inwieweit der mit ihrer Umsetzung verbundene Aufwand die zu erwartenden Vorteile rechtfertigt.

Jede Evaluation setzt die Definition eines *Evaluationskriteriums* voraus. Will man beispielsweise die Aussagekraft eines neuen Personalauswahlverfahrens evaluieren, muss zunächst entschieden werden, im Hinblick auf welches Kriterium das Verfahren bewertet werden soll (vgl. Abbildung 6-26). In aller Regel interessiert man sich in diesem Zusammenhang natürlich für die Vorhersagekraft der eingesetzten Instrumentarien bezogen auf die Leistung der Bewerber am Arbeitsplatz. Hiermit hat man jedoch noch nicht viel ausgesagt, denn es muss genau definiert werden, was unter „Leistung am Arbeitsplatz" oder „beruflichem Erfolg" zu verstehen ist. Meinen wir die Menge der produzierten Güter pro Zeiteinheit, die Höhe der Ausschussrate, die Zufriedenheit der Kunden, das Klima in einer Arbeitsgruppe oder das Ausmaß der positiven Bewertung eines Mitarbeiters durch seinen Vorgesetzten? All dies sind Beispiele für denkbare Evaluationskriterien.

- Ergebnis in einem Leistungstest (z. B. nach einem Training)
- Leistung in einer Arbeitsprobe oder einem Assessment Center
- Einstellung der Probanden zu einer Maßnahme/einem diagnostischen Verfahren
- Leistungseinschätzung durch den Vorgesetzten
- Leistungseinschätzung durch den Probanden selbst
- Leistungseinschätzung durch Kollegen
- Kundenzufriedenheit
- Arbeitszufriedenheit
- Teamklima
- Produktionsrate
- Ausschussrate
- Beförderungsgeschwindigkeit
- Gehaltsentwicklung

Abbildung 6-26: Beispiele für Evaluationskriterien

Je nachdem, für welches Kriterium man sich entschieden hat, wird das Ergebnis der Evaluation unterschiedlich ausfallen. Während ein bestimmtes Auswahlverfahren für Versicherungskaufleute vielleicht besonders gute Dienste bei der Vorhersage der späteren Kundenzufriedenheit liefert, scheitert es möglicherweise an der Vorhersage der Produktivität, also der Menge erfolgreicher Vertragsabschlüsse. Hieraus ergibt sich ein besonderes Problem, das in Abbildung 6-27 skizziert wurde (vgl. Hossiep, 1995). Nehmen wir einmal an, es geht um die Evaluation eines diagnostischen Verfahrens, das zur Prognose der beruflichen Leistung eingesetzt wird. Das Verfahren deckt – wie üblich – nicht den gesamten Phänomenbereich der beruflichen Leistung ab. Um nun herauszufinden, wie gut das Verfahren die berufliche Leistung vorhersagen kann, wird ein Evaluationskriterium definiert (z.B „Kundenzufriedenheit"). Auch das Evaluationskriterium deckt den Phänomenbereich aber nur geringfügig ab. Mehr noch, Auswahlverfahren und Erfolgsindikator beziehen sich auf unterschiedliche Facetten der beruflichen Leistung. Im Ergebnis der Untersuchung wird eine negative Bewertung des Auswahlverfahrens resultieren, denn die Kundenzufriedenheit kann offensichtlich nicht prognostiziert werden. Ist das neue Verfahren deshalb aber ungeeignet? Nein, wie in Abbildung 6-26 deutlich wird, kann man mit dem Instrumentarium die berufliche Leistung sehr wohl zu einem gewissen Teil erfassen. Dies ist jedoch nicht derselbe Teil, der durch das Evaluationskriterium erfasst wird. Übersieht man diesen Sachverhalt, kommt es zu einer ungerechtfertigt negativen Bewertung des Verfahrens. Es erscheint nur deshalb als wenig geeignet, weil es mit einem bestimmten Evaluationskriterium nicht übereinstimmt. Anders ausgedrückt, das Ergebnis der Evaluation hängt nicht nur von der Qualität des zu validierenden Verfahrens oder der zu validierenden Entwicklungsmaßnahme, sondern auch von der *Auswahl des Validitätskriteriums* ab.

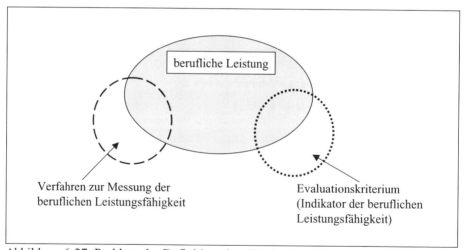

Abbildung 6-27: Problem der Definition eines Evaluationskriteriums

Neben der Auswahl des Evaluationskriteriums entscheidet die *Qualität der Messung des Kriteriums* über das Ergebnis der Evaluation. Auch das Kriterium selbst muss in irgendeiner Form gemessen werden, z.B. durch die Befragung von Kunden, Vorgesetzten oder Kollegen. Wie jede Messung, so ist auch die Erfassung des Kriteriums aufgrund von Einschränkungen der Objektivität, Reliabilität und Validität (vgl. Kapitel 5) niemals perfekt. In der Konsequenz wird die tatsächliche Qualität von Auswahlverfahren und Entwicklungsmaßnahmen häufig unterschätzt. Der entgegengesetzte Fall einer Überschätzung ist hingegen eher unwahrscheinlich, da hierzu alle Fehlereinflüsse beider Messungen zufällig in die gleiche Richtung weisen müssten. In der Praxis ist man also gut betraten, viel Aufmerksamkeit auf eine möglichst objektive, reliable und valide Messung des Kriteriums zu richten. Vorgesetztenurteile, die besonders häufig zur Einschätzung der beruflichen Leistung der Mitarbeiter eingesetzt werden (zusammenfassend: Hossiep, 1995), sind zwar leicht zu erheben, weisen selbst aber eine unklare Qualität auf. Häufig sind die Einschätzungen sehr globaler Natur, beruhen auf unsystematischen Beobachtungen und unterliegen zumindest potentiell zahlreichen Urteilsfehlern (vgl. Kap. 2). Sofern dies möglich ist, sollte man auf direkte Leistungskriterien, wie z.B. Ausschuss oder Produktionsrate zurückgreifen. In den allermeisten Berufen sind solche Kriterien aber nicht verfügbar. Der gleichzeitige Einsatz mehrerer Kriterien hilft zwar nicht bei der Eliminierung etwaiger Defizite jeder einzelnen Messung, reduziert jedoch die Gefahr des in Abbildung 6-27 dargestellten Problems. Je mehr Kriterien eingesetzt werden, desto umfassender wird auch der interessierende Phänomenbereich „berufliche Leistung" abgedeckt und desto größer ist die Wahrscheinlichkeit, dass auch solche Kriterien zum Einsatz kommen, die dem zu evaluierenden Verfahren wirklich gerecht werden.

**Standards
der Evaluation**

- Eine Evaluation wird immer dann durchgeführt, wenn eine neue Maßnahme (Personalauswahl, -platzierung, Personal- oder Organisationsentwicklung) zur Anwendung kommt.
- Sofern die Maßnahme über die Zeit hinweg unverändert bleibt, wird die Evaluation in größeren Abständen wiederholt.
- Veränderungen einer Maßnahme werden von einer Evaluation begleitet.
- Die Evaluationskriterien werden überlegt ausgewählt und möglichst objektiv, reliabel und valide gemessen.
- In der Planung einer Evaluationsstudie werden moderierende Variablen, die einen Einfluss auf die Effektivität bzw. die Effizienz einer Maßnahme nehmen können, berücksichtigt.
- Die Evaluation erfolgt durch eine Person, die für die methodische Planung, Durchführung und mathematische Auswertung empirischer Studien hinreichend qualifiziert ist.

6.10 Fazit

Die wissenschaftlich fundierte Personaldiagnostik eröffnet den Anwendern sehr viele unterschiedliche Wege, auf denen man zu abgesicherten Entscheidungen gelangen kann. Unsere Ausführungen haben verdeutlicht, dass eine seriöse Diagnostik viel mehr bedeutet als die Auswahl eines Intelligenztests oder die Durchführung eines Einstellungsgespräches. Wir haben es mit einem komplexen Prozess zu tun, bei dem mehrere wohldurchdachte Entscheidungen Schritt für Schritt aufeinander aufbauen. Jedes Unternehmen wird nur dann das Optimum aus diesem Prozess für sich herausholen, wenn es nicht vermeintlichen Patentrezepten folgt, sondern eine *maßgeschneiderte Lösung* entwickelt. Dies wiederum ist nur möglich, wenn man über das notwendige *Know-how* verfügt, um ganz *bewusst* an den entscheidenden Stellen die richtigen Entscheidungen treffen zu können. Leider darf man sich nicht darauf verlassen, dass Beratungsunternehmen über die notwendige Fachkompetenz verfügen. Viel zu oft wird hier nur das verkauft, was der Markt nachfragt. Da der Markt sich überwiegend von Plausibilitätsbetrachtungen und nicht von einem fundierten Wissen leiten lässt, sehen sich viele Anbieter auch nicht gezwungen, eigene Kompetenzdefizite auszugleichen. Umso wichtiger ist es, dass die Auftraggeber wissen, worauf es ankommt und die richtigen Fragen stellen können. Als Beratungsunternehmen, das an einer kompetenten Arbeit interessiert ist oder als Unternehmen, das die eigene Personaldiagnostik selbst in die Hand nimmt, wird man auf die Kenntnis der grundlegenden Prinzipien nicht verzichten können.

Die Basis dieses Wissens bilden die Methodologie sowie Forschungsergebnisse der Psychologie. Dabei geht es – wie deutlich geworden sein sollte – keineswegs darum, die Ideale der Grundlagenforschung oder die strengen Regeln dogmatischer Methodiker eins zu eins in die Praxis zu übertragen. Die Personaldiagnostik nimmt durchaus eine pragmatische Position ein, indem sie auf der einen Seite die Ideale und Prinzipien aufzeigt, andererseits aber auch verdeutlicht, welche Spielräume vertretbar sind. Das Ziel ist eine möglichst optimal abgesicherte Entscheidung. Letztlich geht es aber auch in der personaldiagnostischen Praxis um das Verhältnis zwischen Aufwand und Nutzen.

Trotz aller Bemühungen wird man im konkreten Anwendungsfall immer wieder auf eine Überprüfung der Qualität des personaldiagnostischen Vorgehens und der daraus erwachsenden Konsequenzen angewiesen sein. Gerade weil an so vielen Stellen des Prozesses immer wieder Entscheidungen getroffen werden müssen, die einen gewissen Spielraum lassen, wird man am Ende nicht zwangsläufig ein sehr gutes Ergebnis erzielen. Hierin unterscheidet sich die Personaldiagnostik nicht von technischen Entscheidungsprozessen im Unternehmen. Kein seriöses Unternehmen würde beispielsweise auf die Idee kommen, eine neue Kaffeemaschine einfach auf dem Papier zu entwickeln, anschließend zu produzieren und zu verkaufen, ehe man das Produkt nicht zuvor umfangreichen praktischen Tests unterzogen hat. Gleiches sollte für die Produkte der personaldiagnostischen Arbeit gelten. Die Evaluation hilft bei der Aufdeckung von Fehlern und suboptimalen Entscheidungen und liefert wichtige Hinweise zur Nachbesserung.

In der wissenschaftlich fundierten Personaldiagnostik nimmt die Standardisierung in der Durchführung, Auswahl und Entscheidungsfindung einen hohen Stellenwert ein. Bei so manchem Personalverantwortlichen wird dies sicherlich auf wenig Begeisterung stoßen, weil sie sich in ihrer eigenen Entscheidungskompetenz beschnitten sehen. Diejenigen, die unsere bisherigen Ausführungen verstanden haben, dürften mit der Standardisierung hingegen keine Probleme haben. Die Standardisierung dient dazu, unbeabsichtigte Beeinflussungen und Verzerrungen des Prozesses, die durch die Person des Diagnostikers entstehen können, zu verhindern. Sie ist nicht zuletzt eine Reaktion auf die systematischen Fehler und Verzerrungen, die in der Funktion der menschlichen Informationsverarbeitung angelegt sind (vgl. Kapitel 2). Nur so kann gewährleistet werden, dass jeder Proband ein faires Verfahren durchlaufen kann. Im Rahmen der Personaldiagnostik übernimmt der Verantwortliche eine Rolle, die ihn in gewisser Weise selbst zu einem Teil des Auswahlverfahrens werden lässt. Die Standardisierung liefert ihm die hierzu notwendige Rollenanweisung. Die Festlegung der notwendigen Spielregeln erfolgt durch die Verantwortlichen selbst. Es geht also nicht darum, die Betroffenen zu bevormunden, sondern ihnen bei der sachbezogenen Steuerung ihres Verhaltens zu helfen. Überdies sind die aufgestellten Regeln veränderbar. Wenn sie sich nicht bewährt haben, müssen sie sogar verändert werden.

6.11 Vertiefende Literatur

Bortz, J. & Döring, N. (1995). Forschungsmethoden und Evaluation für Sozialwissenschaftler. Berlin: Springer.

Fisseni, H.-J. (1997). Lehrbuch der psychologischen Diagnostik. Göttingen: Hogrefe.

Jäger, R. S. & Petermann, F. (1995). Psychologische Diagnostik: Ein Lehrbuch (3., korrigierte Aufl.), Weinheim: Beltz.

Lienert, G. & Raatz, U. (1998). Testaufbau und Testanalyse (6. Aufl.). Weinheim: Psychologie Verlags Union.

Schuler, H. (2000). Psychologische Personalauswahl. Göttingen: Hogrefe.

7. Viele Wege führen nach Rom – Standards für spezifische Methoden der Personaldiagnostik

Nachdem es bisher um grundlegende Fragen und Standards der Personaldiagnostik ging, wollen wir uns nun im Folgenden einzelnen Methoden im Detail widmen. Aus Forschung und Praxis sind viele Methoden der Personaldiagnostik bekannt (vgl. Hough & Oswald, 2000; Robertson & Smith, 2001; Salgado, Viswesvaran & Ones, 2001; Schuler, 2000, 2002). Wie eine Studie von Schuler, Frier und Kaufmann (1993) verdeutlicht, finden sie in der Praxis in unterschiedlich starkem Maße Verwendung (vgl. Abbildung 7-1). Während beispielsweise nahezu 90 % aller befragten Unternehmen[17] Bewerbungsunterlagen sichten, wenn es um die Auswahl unternehmensfremder Bewerber geht, kommen biographische Fragebögen nur in weniger als 20 % der Fälle zum Einsatz.

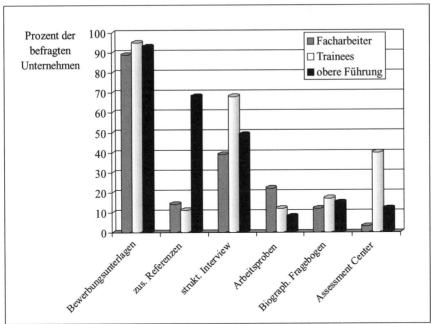

Abbildung 7-1: Verwendung verschiedener Diagnosemethoden in der Praxis (Auszüge aus den Ergebnissen von Schuler et al., 1993)

Die Gründe für die unterschiedliche Verwendungshäufigkeit sind vielfältig. Zum einen ergeben sie sich aus rein rationalen Erwägungen. Die Bewerbungsunterlagen

---

[17] Stichprobe: 105 der umsatzstärksten Unternehmen Westdeutschlands

sind nun einmal der erste Schritt, über den ein unternehmensfremder Bewerber Kontakt zu seinem potentiellen Arbeitgeber aufnimmt. Hieraus erklärt sich ihre überwältigende Verbreitung. Im Vergleich hierzu kommt das Assessment Center deutlich seltener zum Einsatz, weil es eine sehr kostspielige Methode ist, die sich eher bei der Vergabe höher dotierter Positionen rechnet. Zum anderen spielen aber auch Traditionen und Moden eine nicht zu unterschätzende Rolle. So konnten Schuler et al. (1993) zeigen, dass im europäischen Vergleich die Methoden mit z.T. sehr unterschiedlicher Häufigkeit Verwendung finden. Während beispielsweise in Deutschland graphologische Gutachten weitestgehend der Geschichte angehören, sind sie in Frankreich noch in nennenswerter Stückzahl anzutreffen (vgl. Abbildung 7-2).

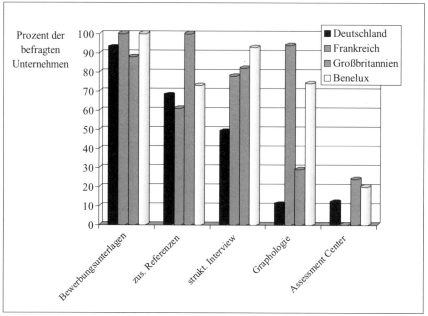

Abbildung 7-2: Verwendung verschiedener Diagnosemethoden im europäischen Vergleich (Auszüge aus den Ergebnissen von Schuler et al., 1993)

Von der Verbreitung der einzelnen Methoden lässt sich natürlich nicht auf ihre Nützlichkeit schließen. Standardisierte Fragebögen werden zum Beispiel nicht deshalb eingesetzt, weil sie nützlichere Informationen liefern würden als Assessment Center, sondern weil sie weniger Kosten verursachen und besonders leicht zu handhaben sind. Für eine Einschätzung der Nützlichkeit diagnostischer Verfahren sind Unternehmensbefragungen wenig hilfreich. Wertvoller sind hingegen systematische Untersuchungen, welche die Validität der Verfahren hinterfragen. Eine besonders groß angelegte Studie, die viel Aufmerksamkeit auf sich gezogen hat, legten Schmidt und Hunter (1998) vor. Mit Hilfe der metaanalytischen Methode integrieren sie Befunde zahlloser Einzelstudien und nehmen einen Vergleich der Validität unterschiedlicher Diagnosemethoden vor, wobei Persönlichkeitstests leider ausgespart blieben. Die wichtigsten Ergebnisse haben wir in den Abbildungen 7-3 und 7-4 zusammengefasst.

Es zeigt sich, dass die Arbeitsprobe die größte Validität besitzt, wobei hiermit sehr unterschiedliche Fähigkeiten und Fertigkeiten erfasst werden können. Ähnlich verhält es sich mit dem strukturierten Einstellungsinterview. Betrachtet man singuläre Fähigkeiten, die aufgrund eines sehr standardisierten Vorgehens nahezu immer in sehr ähnlicher Weise erfasst werden, erweist sich die Intelligenz als der wichtigste Prädiktor beruflicher Leistung. Diese Interpretation unterstreichen Schmidt und Hunter (1998), indem sie untersuchen, welchen Informationsgewinn verschiedene Methoden bzw. Informationen über die Intelligenzmessung hinaus versprechen (inkrementelle Validität; vgl. Abbildung 7-4). Viele Methoden bzw. Informationen verlieren bei dieser Betrachtung stark an Bedeutung, weil die Messergebnisse zum Teil erheblich von der Intelligenz des Probanden beeinflusst werden. So beträgt beispielsweise die mittlere Korrelation zwischen Intelligenz und Schulerfolg etwa .50 (Amelang & Bartussek, 1997). Wer die Durchschnittsnote des Schulzeugnisses als Entscheidungsgrundlage für die Personalauswahl heranzieht, berücksichtigt daher in seinem Entscheidungsprozess bereits die Intelligenz. Anders ausgedrückt bedeutet dies, dass der Einsatz eines Intelligenztests den Erkenntnisgewinn der Durchschnittsnote um einen entsprechenden Wert mindert. Die Umkehrung gilt selbstverständlich auch. Der Einsatz des Intelligenztests verliert an Bedeutung, wenn zuvor bereits die Durchschnittsnote berücksichtigt wurde.

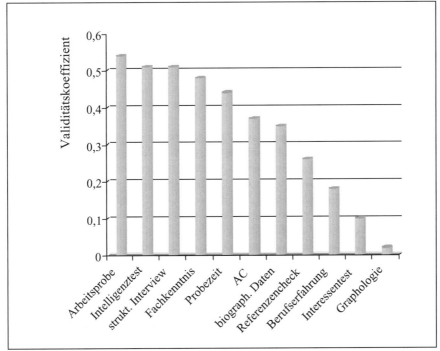

Abbildung 7-3: Validität verschiedener Methoden/Informationen im Vergleich (Auszüge aus den Ergebnissen von Schmidt & Hunter, 1998)

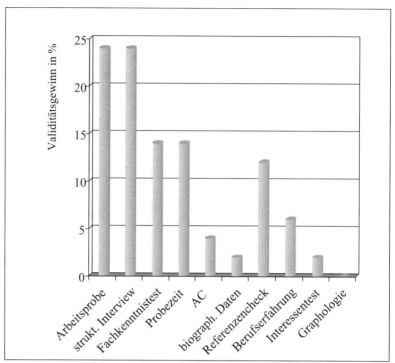

Abbildung 7-4: Validitätsgewinn verschiedener Methoden/Informationen gegenüber dem Intelligenztest (Auszüge aus den Ergebnissen von Schmidt & Hunter, 1998)

Kann man aus diesen Ergebnissen nun den Schluss ziehen, dass Intelligenztests immer sinnvoll sind oder dass man bei der Gestaltung eines Auswahlverfahrens statt eines Assessment Centers generell Intelligenztests bevorzugen sollte? Sollte man die Interessentests auf den Müllhaufen der Geschichte werfen, weil es gut und gerne sieben alternative Informationsquellen gibt, die letztlich validere Aussagen ermöglichen? Nein, definitiv nicht. Die Ergebnisse von Schmidt und Hunter (1998) zeigen lediglich eine Art Mittelwert der Validität über sehr viele Untersuchungen hinweg. Völlig unberücksichtigt bleibt dabei zwangsläufig der spezifische Kontext, in den die Personaldiagnostik vor Ort eingebettet ist. Verdeutlichen wir uns dies an einem einfachen Beispiel.

Wir wissen, dass Intelligenztests generell eine sehr hohe Validität besitzen. Wollen wir nun in einem Technologiekonzern drei neue Physiker einstellen, so liegt der Griff zum Intelligenztest sehr nahe. Mit hoher Wahrscheinlichkeit ist in diesem Anwendungsfall der Intelligenztest jedoch nahezu nutzlos. Wer ein Studium der Physik mit guten Noten absolviert hat, dürfte überdurchschnittlich intelligent sein. Die Bewerber unterscheiden sich aller Wahrscheinlichkeit nach also nur noch geringfügig im oberen Bereich des Intelligenzspektrums. Während ein Unterschied im IQ von 125 zu 135 bei der Lösung mancher Denkaufgaben vielleicht noch eine Rolle spielt, wird dies für das ungleich vielschichtiger angelegte Konzept des beruflichen Erfolgs wohl kaum gelten. Ohne Zweifel benötigen wir auch in unserem Unternehmen intelligente Physiker. Eine gesonderte Intelligenzmessung ist jedoch überflüssig, wenn sich die Kandidaten nicht mehr in einem für den konkreten Arbeitsplatz relevanten Maße unterscheiden. Was wir hier in einem konstruierten Fall verdeutlicht haben, trifft in ähnlicher Form auf viele Situationen zu, in denen Hochschulabsolventen ausgewählt werden. Mit zunehmendem Bildungsgrad werden die Unterschiede in der Intelligenz der Probanden geringer (Amelang & Bartussek, 1997), was dazu führt, dass die differenzierende Funktion der Intelligenzmessung an Bedeutung verliert. Wir sehen, ein an sich sehr valides Verfahren kann sich in einem spezifischen Setting durchaus als unnütz erweisen. Umgekehrt gilt, dass ein wenig valides Verfahren je nach Anwendungsfall von großem Nutzen sein kann. Da die Physiker in unserem Unternehmen nicht nur forschen, sondern auch Führungsaufgaben übernehmen sollen, ist es wichtig, etwas über ihr Sozialverhalten in führungsrelevanten Situationen zu erfahren. Hierin dürften sich die Bewerber sehr viel deutlicher unterscheiden. Zumindest können wir aus den Diplomzeugnissen nichts über entsprechende Kompetenzen der Kandidaten ablesen. Vor diesem Hintergrund entschließen wir uns nun zur Durchführung eines Assessment Centers. Obwohl das AC nach Schmidt und Hunter eine deutlich geringere Validität besitzt als der Intelligenztest, wird es in unserem Beispielfall für die Auswahlentscheidung sehr viel nützlicher sein. Dabei sollten wir allerdings darauf achten, dass das AC nicht zu viele Übungen umfasst, für deren Lösung insbesondere Intelligenz benötigt wird (Postkorb, Planungsausgaben, Computerszenarien etc.). So ließe sich das in Abbildung 7-4 skizzierte Problem des geringen Erkenntniszuwachses, den ein Assessment Center gegenüber dem Intelligenztest aufweisen kann, umschiffen. Das AC kann somit alles in allem weitaus nützlicher sein als die Analysen von Schmidt und Hunter (1998) erwarten lassen.

Die Ergebnisse von Schmidt und Hunter (1998) dürfen mithin keineswegs unreflektiert in die Praxis übernommen werden. Das zentrale Problem ergibt sich aus dem sehr hohen Abstraktionsniveau der Analyse. Die Befunde belegen generell die Validität aller untersuchten Methoden, können für die Praxis aber nur eine äußerst grobe Orientierung liefern. Letztlich werden hier viele unterschiedliche Verfahren in einen Topf geworfen. So ist natürlich nicht jeder beliebige Intelligenztest in gleichem Maße valide. Interviews oder Assessment Center bieten sehr weitreichende Möglichkeiten zur individuellen Ausgestaltung, so dass kaum ein Instrument mit einem zweiten identisch ist. Darüber hinaus werden in den zusammengefassten Studien sehr unterschiedliche Kriterien zur Messung des beruflichen Erfolgs herangezogen. So mag das Abschneiden im Interview in einem konkreten Fall zwar die Geschwindigkeit vorhersagen, mit der ein Mitarbeiter in der Hierarchie des Unternehmens aufsteigt, scheitert aber an der Prognose seines Umsatzes, während es sich bei einem anderen Interview genau entgegengesetzt verhalten kann. Die Höhe der Validität hängt also nicht nur von dem konkreten Messinstrument, sondern auch von der Auswahl des Validitätskriteriums ab (siehe etwa Schuler & Schmitt, 1987). Eine dritte Variable hinsichtlich derer eine differenzierte Betrachtung lohnt, ist die Personengruppe. Wie Schuler (2000) verdeutlicht, kann die Validität einer Methode je nach Personengruppe (z.B. jugendliche Bewerber vs. wissenschaftliches Personal) extrem unterschiedlich ausfallen (siehe auch Abschnitt 7.3.1).

Vielleicht fühlt sich manch ein Unternehmen, das bisher der Intelligenzmessung eher skeptisch gegenüberstand, aufgrund der Ergebnisse von Schmidt und Hunter

(1998) aufgerufen, den Nutzen entsprechender Verfahren für die eigene Organisation intensiver zu prüfen. Dies wäre eine erfreuliche Konsequenz. Mehr Anregung liefern die Befunde aber kaum. Kein Unternehmen betreibt eine Personalauswahl, die dem Durchschnitt tausender Studien entspricht, bei dem unterschiedlichste Messinstrumente unter der Überschrift „Intelligenz", „Assessment Center" oder „Interview" in einen Topf geworfen werden. Es geht vielmehr immer um eine spezifische Fragestellung, zu deren Beantwortung ein spezifisches Merkmalsprofil mit sehr spezifischen Instrumenten untersucht wird, die nicht selten für gerade diesen Zweck eigens entwickelt wurden. Ebenso wie die Untersuchungen zum monetären Nutzen diagnostischer Verfahren (vgl. Abschnitt 5.5), belegen auch die Ergebnisse von Schmidt und Hunter (1998) – und viele ähnlich angelegte, wenngleich weniger umfassende Studien (Hunter & Hunter, 1984; Schuler & Schmitt, 1987) – das allgemeine Potential einer wissenschaftlich fundierten Personaldiagnostik. Im konkreten Anwendungsfall ist der Personaldiagnostiker jedoch auf ein hohes Maß an fachlicher Kompetenz angewiesen. Nur so kann er einen für seine Fragestellung optimal geeigneten Methodenmix zusammenstellen und ggf. auch dessen Nutzen evaluieren. Nicht jedes Assessment Center wird in jedem Anwendungskontext eine Validität von .37 aufweisen und ebenso wenig wird jeder beliebige Intelligenztest eine Validität von .51 besitzen. Im Einzelfall können die Werte durchaus höher oder niedriger ausfallen, so dass ein konkretes AC mitunter valider sein wird als ein bestimmter Intelligenztest oder eine Arbeitsprobe. Jede Methode hat mithin ihre Berechtigung. In der personaldiagnostischen Praxis kommt es darauf an, dass die für die eigene Fragestellung besten Instrumente ausgewählt bzw. konstruiert wurden, um dann zu einem kraftvollen Gesamtverfahren kombiniert zu werden.

> Jede wissenschaftlich fundierte Methode der Personaldiagnostik hat ihre Existenzberechtigung. Ihr Potential entfaltet die Personaldiagnostik vor allem dann, wenn die Methoden für den konkreten Anwendungsfall *spezifisch ausgewählt bzw. konstruiert* wurden und *miteinander kombiniert* werden.

Soweit einige grundsätzliche Überlegungen. Widmen wir uns nun den vielfältigen Methoden der Personaldiagnostik im Einzelnen. Neben der Frage, worin das Spezifische der jeweiligen Methode eigentlich liegt, werden wir die potentiellen Gefahren und Defizite der unterschiedlichen Optionen darstellen. Es wird sich zeigen, dass keineswegs „alle Wege nach Rom führen".

7.1 Analyse von Bewerbungsunterlagen

In den allermeisten Fällen stellen die Bewerbungsunterlagen den ersten Kontakt zwischen Bewerber und Unternehmen her und legen die Grundlage für die *erste Stufe eines sukzessiven Auswahlprozesses* (vgl. Abbildung 6-22). Hin und wieder wird auf formale Bewerbungsunterlagen verzichtet, wenn der Bewerber bereits sehr gut bekannt ist. Man denke hier beispielsweise an Praktikanten oder an Mitarbeiter, die sich für eine Neuplatzierung innerhalb des Unternehmens interessieren. Gerade bei externen Bewerbern, die dem Unternehmen bislang nicht bekannt sind, kommt der sorgfältigen Analyse der Bewerbungsunterlagen eine große Bedeutung zu. Lehnt man einen eigentlich geeigneten Bewerber in dieser frühen Phase des Auswahlprozesses ab, ist er endgültig für das Unternehmen verloren. Entscheidet man sich hingegen zu Unrecht für die weitere Begutachtung des Kandidaten, so hat man noch mindestens eine Chance, den Fehler auszugleichen (vgl. Abbildung 1-3). Trotz der zentralen Funktion, die der Analyse der Bewerbungsunterlagen zukommt, betreiben die meisten Unternehmen nur sehr wenig Aufwand. Kreuscher (2000) zeigt in einer repräsentativen Umfrage, dass sich 70 % der deutschen Unternehmen weniger als 10 Minuten Zeit für die Sichtung der Unterlagen eines Bewerbers nehmen. In Großunternehmen, die mitunter viele tausend Unterlagen sichten müssen, fällt die Zeit bisweilen unter 30 Sekunden. Mit einer sorgfältigen Analyse hat dies kaum noch etwas zu tun. Statt systematisch nach bestimmten Informationen zu suchen, die nach einheitlichen Kriterien bewertet werden, folgt man der eigenen Intuition. Zum größten Teil konnten die Verantwortlichen ihre eigenen Begutachtungskriterien nicht zutreffend angeben (Machwirth, Schuler & Moser, 1996). Entweder besitzen sie schlichtweg keine Kriterien oder aber die Kriterien sind den Verantwortlichen selbst nicht bekannt, weil sie unbewusst und ad hoc entscheiden. Gerade bei der Negativselektion – also der Ablehnung von Bewerbern – haben die von den Verantwortlichen genannten Kriterien de facto keine große Bedeutung für ihr tatsächliches Entscheidungsverhalten (Machwirth et al. 1993). Die Begründung, dass man sich nicht mehr Zeit nehmen könne, ist nicht überzeugend. Vergleicht man die Ausgaben für die Personaldiagnostik mit den Geldern, die in die Entwicklung neuer Produkte oder die Werbung investiert werden, wird deutlich, dass es letztlich um eine Frage der Prioritäten geht. Hat man erkannt, dass der Erfolg des Unternehmens von der korrekten Auswahl und Platzierung sowie der zielgerichteten Entwicklung der Mitarbeiter abhängt, dürften die Kosten einer sorgfältigen Analyse die allermeisten Unternehmen kaum vor schwerwiegende Probleme stellen.

Die Begutachtung der Bewerbungsunterlagen folgt der Logik *biographieorientierter Verfahren*, der zufolge Ereignisse und Leistungen aus dem bisherigen Leben eines Menschen Prognosen über seine zukünftigen Leistungen ermöglichen (Schuler, 2000; Schuler & Marcus, 2001). So nimmt man beispielsweise an, dass ein Bewerber, der in der Schule sowie im Studium sehr gute Noten erzielt hat, auch in Zukunft zu herausgehobenen (intellektuellen) Leistungen in der Lage ist. Ob er jedoch auch bereit ist, seine intellektuellen Potentiale an einem neuen Arbeitsplatz umzusetzen, lässt sich aus den Zeugnissen kaum ablesen. Hierzu benötigt man Informationen über die Motivation des Kandidaten. Im günstigsten Falle liegen mehrere Praktikumszeugnisse vor, die belegen, dass sich der Kandidat in völlig unterschiedlichen Arbeitsfeldern immer wieder sehr gut bewährt hat. Überdies können das Anschreiben und vielleicht auch der Lebenslauf Hinweise auf den grundsätzlichen Motivstatus des Bewerbers liefern.

An diesem einfachen Beispiel sehen wir bereits, dass Bewerbungsunterlagen vor allem dann tragfähige Informationen liefern, wenn sich mehrere konsistente Informationen zu einem übergeordneten Bild integrieren lassen. Der Verwirklichung dieses Analyseprinzips kommt die Tatsache entgegen, dass Bewerbungsunterlagen immer aus mehreren Elementen bestehen: Lichtbild, Anschreiben, Lebenslauf, Ausbildungszeugnisse, Arbeitszeugnisse, Referenzen etc. Die meisten dieser Elemente liefern jedoch keineswegs eindeutige Informationen und bedürfen daher der Interpretation. Genau hierin liegt das zentrale Problem der Analyse von Bewerbungsunterlagen. Will man eine möglichst aussagekräftige Analyse vornehmen, muss man sich der möglichen Fehlerquellen bewusst sein und ein rational begründetes Auswertungsschema entwickeln. In den folgenden Abschnitten werden wir die Grundlagen hierfür legen.

> Die Analyse der Bewerbungsunterlagen dient dazu, erste grundlegende Informationen über einen Bewerber zu sammeln. *Bewerbungsunterlagen ermöglichen keine fundierte Einschätzung der Persönlichkeit eines Bewerbers.* Die Aussagen beziehen sich primär auf biographische Fakten, insbesondere auf formale Qualifikationen.

7.1.1 Bewerbungsmappe und Lichtbild

Die Bewerbungsmappe sowie das Lichtbild stellen Informationen dar, die jedem unmittelbar „ins Auge springen". Die Informationen sind aufgrund ihrer rein visuellen Natur besonders schnell aufzunehmen und werden auch leichter im Gedächtnis verankert bzw. aus dem Gedächtnis abgerufen (Argyle et al., 1970, 1971; Paivio, 1986). In den meisten Berufen sind die Informationen, die wir aus dem bloßen Anschauen der Mappe sowie des Lichtbildes ziehen können, von untergeordneter Bedeutung.

Die *Bewerbungsmappe* inklusive der graphischen Gestaltung der Unterlagen liefert zunächst einmal rein ästhetische Informationen, die in Abhängigkeit von den individuellen Präferenzen des Diagnostikers sehr unterschiedlich bewertet werden können (vgl. Tabelle 7-1). Bewerbungsmappen unterscheiden sich beispielsweise in Farbe und funktionellem Aufbau. Im Hintergrund spielt dabei der Preis verschiedener Mappen eine Rolle. Für die graphische Gestaltung der eigentlichen Unterlagen findet der Bewerber zahllose Beispiele in der einschlägigen Ratgeberliteratur. Starre Vorgaben, denen zufolge das Anschreiben oder der Lebenslauf genau so und nicht anders gestaltet sein muss, haben zunehmend an Bedeutung verloren. Eine sachlich begründete Berechtigung hatten sie ohnehin nie. Bestenfalls halfen sie dem orientierungslosen Lehrstellensucher dabei, an alles Wichtige zu denken. Natürlich könnte man nun überlegen, ob eine besonders teure Mappe oder ein gewitztes Design der Unterlagen etwas über die Motivation des Bewerbers verrät, sich gerade in diesem Unternehmen zu bewerben. Wer mehr Geld und Zeit investiert – so ist man versucht zu glauben – interessiert sich auch in besonderem Maße für eine Anstellung. Diese Illusion würde man jedoch schnell aufgeben müssen, wenn man Gelegenheit hätte, alle Bewerbungen des gleichen Kandidaten zu sichten. Sehr wahrscheinlich schickt er allen Firmen die gleiche Mappe mit dem gleichen Design und tauscht lediglich das Anschreiben aus. Teurere Mappen zahlen sich längerfristig aus, sofern man hierdurch einen besseren Eindruck erzeugen kann. Hinter dem finanziellen Mehraufwand steht vielleicht auch nur ein zahlungskräftiges Elternhaus, das den Hochschulabsolventen besser auszustatten vermag als etwaige Zuschüsse des Arbeitsamtes. Überdies weiß man nicht, inwieweit die Gestaltung der Unterlagen den eigenen Ideen des Bewerbers entsprungen ist. Mit Interpretationen im Hinblick auf die Motivlage oder gar die Persönlichkeit des Bewerbers sollte man sich daher zurückhalten. Allerdings mag es Berufe geben, bei denen die graphische Gestaltung der Unterlagen einen geringfügigen Aussagewert besitzt. Dies könnte beispielsweise für Graphikdesigner gelten, die mit den Bewerbungsunterlagen gleich eine Art Arbeitsprobe abliefern. Da selbst in solchen Berufen nicht alle Bewerber sich trauen, ihren kreativen Ideen freien Lauf zu lassen, sollten die Unternehmen in der Stellenausschreibung darauf hinweisen, wenn sie die Bewerbungsunterlagen kreativ gestaltet sehen möchten. Nur so sind die Ausgangsbedingungen für alle Kandidaten gleich und etwaige Talente bleiben nicht unentdeckt, weil sie sich nicht getraut haben, vom eingetretenen Pfad der Ratgeberliteratur abzuweichen. Ein sehr kreatives und gleichzeitig konsequentes Beispiel liefert hier das Verlagshaus Gruner & Jahr, das seine Bewerber dazu auffordert, Videobewerbungen abzugeben (Deters, 1999). Die etwa zehnminütigen Videos haben für die angehenden Journalisten den Charakter einer Arbeitsprobe. Allerdings besteht auch in diesem Fall immer noch das Problem der Urheberschaft. Ob der Bewerber tatsächlich allein zu Werke geschritten ist, lässt sich bestenfalls im Rahmen eines späteren Interviews klären. Sofern man – rational begründet – die ästhetischen Aspekte der Unterlagen deuten möchte, ist man gut beraten, hierzu mehr als nur einen Gutachter einzusetzen, da ansonsten das subjektive Ästhetikempfinden des Einzelnen zu einer Ungleichbehandlung verschiedener Bewerber führen wird. Gerade wenn sehr viele Unterlagen gesichtet werden müssen, wird dies kaum ein einzelner Gutachter über mehrere Tage hinweg mit gleichbleibender Qualität und verlässlichen Standards durchhalten, zumal sich ästhetische Beurteilungsmaßstäbe nur schwer fixieren lassen. Für die allermeisten anderen Berufe, in denen die Gestaltung der Bewerbungsunterlagen nebensächlich ist, sollte der Gutachter in der Lage sein, derartige Informationen auszublenden. Will man ganz sicher gehen, so entfernt man die Mappe. Eine weitere Hilfe liefern Internetbewerbungen, bei denen die Gestaltungsspielräume für den einzelnen Bewerber sehr eingeschränkt sind (vgl. Abschnitt 7-2). Letztlich konzentriert man sich bei Internetbewerbungen mehr auf die Fakten als auf die Form.

Tabelle 7-1: Sichtung von Bewerbungsmappen und Lichtbildern

	Bewerbungsmappe	**Lichtbild**
Informationen	• Ästhetik • Vollständigkeit	• physische Attraktivität
Probleme	• subjektives Ästhetikempfinden • meist keine Relevanz der Ästhetik	• Attraktivität für die meisten Berufe unwichtig • Halo-Effekt • sehr subjektives Empfinden
Maßnahmen	• Mappe vor der Analyse entfernen • Internetbewerbung • mehrere Gutachter einsetzen • Anforderung fehlender Unterlagen bei Erfolg versprechenden Kandidaten	• Lichtbild vor der Analyse entfernen • wenn Aussehen wichtig ist, Attraktivität durch mehrere Gutachter einschätzen lassen

Neben ästhetischen Aspekten kann die Bewerbungsmappe im Hinblick auf Vollständigkeit betrachtet werden. Fehlen wichtige Unterlagen, kann man die Bewerbung damit als gescheitert ansehen und an den Bewerber zurückschicken. Dieses Vorgehen wird man vor allem dann wählen, wenn interessant erscheinende Bewerbungen in ausreichender Zahl existieren. Hin und wieder mag es aber auch vorkommen, dass ein sehr interessanter Bewerber wichtige Informationen nicht mitgeliefert hat. In diesem Fall lohnt sich ein Hinweis an die Bewerber, die fehlenden Informationen nachzureichen. Im Allgemeinen darf man dem Fehlen einzelner Informationen keinen hohen diagnostischen Wert zuschreiben. Wer beispielsweise nicht angibt, ob er einen Führerschein besitzt, ist deshalb nicht weniger gewissenhaft und dokumentiert auch nicht, dass er an einer Anstellung kein Interesse hat. Wer ganz sicher gehen will, dass alle wichtigen Unterlagen beigefügt werden, der sollte ganz einfach auf den Internetseiten die gewünschten Dokumente auflisten. Vorbildlich verhalten sich in diesem Punkt große Behörden, wie z.B. die Polizei, die den Bewerber ganz exakt darüber informiert, welche Unterlagen wichtig sind.

Eher noch größer als der Einfluss der graphischen Gestaltung der Bewerbungsunterlagen dürfte der Einfluss des *Lichtbildes* sein. Das Lichtbild vermittelt vor allem einen Eindruck von der physischen Attraktivität des Bewerbers. In Kapitel 2 sind wir bereits auf einige grundlegende Forschungsergebnisse zur Wirkung der Attraktivität eingegangen. Die wahrgenommene Attraktivität eines Menschen löst beim Betrachter besonders leicht einen Halo-Effekt aus. Ausgehend von der rein visuellen Information wird auf andere Eigenschaften der Person geschlossen, bzw. deren Bewertung in systematischer Weise verzerrt (Hassebrauck & Niketta, 1993). Generell gilt, dass wir attraktive Menschen positiv verzerrt wahrnehmen und dies auch in solchen Bereichen, die offenkundig nichts mit dem Aussehen eines Menschen zu tun haben, wie z.B. der Intelligenz. Empirische Belege für die positivere Beurteilung von attraktiven Bewerbern liefern z.B. Schuler und Berger (1979) sowie Marlowe et al. (1996). Dabei sind den Betroffenen die Verzerrungen in der Regel nicht bewusst. Natürlich wird es auch den Fall geben, dass ein Chef vor allem eine gutaussehende Mitarbeiterin einstellen möchte oder die Personalreferentinnen sich gezielt einen attraktiven Mann zum Einstellungsgespräch einladen. Solche offensichtlichen und bewussten Missbräuche sparen wir in unserer Betrachtung einmal aus. Nun könnte man einwenden, dass die Attraktivität nun einmal zum Leben dazu gehört und sie daher auch zu Recht in der Bewerbungssituation Berücksichtigung findet. Diese Argumentation stimmt nur dann, wenn die Attraktivität des Kandidaten als unabhängige Zusatzinformation behandelt werden kann. Dann wäre sie eine Information neben viele anderen. Die Untersuchungen zum Halo-Effekt belegen aber gerade das Gegenteil. Die wahrgenommene Attraktivität beeinflusst die Beurteilung völlig anderer Informationen, ja, im schlimmsten Falle überlagert sie die übrigen Informationen so stark, dass keine ausgewogene Betrachtung des Kandidaten mehr möglich ist. Wer sich vor diesem Problem schützen will, lässt ganz einfach vor der Analyse der Bewerbungsunterlagen das Lichtbild durch die Sekretärin entfernen, so dass sich der Diagnostiker unbeeinflusst vom Aussehen des Bewerbers mit den übrigen Fakten auseinandersetzen kann. Nun gibt es aber zweifellos Berufe, in denen das Aussehen wichtig ist und zum Erfolg des Kandidaten beiträgt. Dies gilt beispielsweise für Kosmetikerinnen, Pressereferenten oder Animateure. Oft geht es auch nicht um Attraktivität im engeren Sinne, sondern darum, dass ein bestimmtes Aussehen beim Gegenüber einen gewünschten Eindruck hinterlässt. So muss ein Kundenberater in der Bank nicht unbedingt attraktiv aussehen, es hilft jedoch, wenn sein Äußeres Seriosität verspricht. In all diesen Fällen kann es sinnvoll sein, das Aussehen des Bewerbers in die Begutachtung der Unterlagen mit einzubeziehen. Wohl bemerkt, in diesen Fällen geht es um eine ganz bewusste und zielgerichtete Analyse des Lichtbildes. Allerdings stellt sich dabei das Problem, dass ein und dasselbe Gesicht von verschiedenen Beurteilern unterschiedlich wahrgenommen wird. Trotz jahrzehntelanger Forschung ist es bis heute nicht gelungen, das Rätsel der Attraktivität zu klären. Zwar gibt es einige Hinweisreize, die ein Gesicht in den Augen vieler Menschen attraktiver erscheinen lassen – makellos weiße Zähne und Augäpfel, eine glatte, reine Haut, große Pupillen etc. (Niketta, 1993) –, doch die bloße Addition dieser Merkmale führt nicht automatisch zu einem maximal attraktiven Gesicht. Letztlich kommt es auf ein kaum zu greifendes Zusammenspiel unterschiedlichster Merkmale an, die noch dazu von unterschiedlichen Betrachtern verschieden erlebt werden können. Hieraus folgt, dass man die Einschätzung des Aussehens nicht einer einzelnen Person überlassen sollte. Sinnvoller wäre es, die Lichtbilder getrennt von den übrigen Bewerbungsunterlagen von mehreren Personen einschätzen zu lassen. Eine gewisse Standardisierung kann man erreichen, indem die Diagnostiker zuvor eine Schulung durchlaufen. Vergleichbar zu einem Bezugssystemtraining, das im Rahmen der Beobachterschulung im Assessment Center Verwendung findet, könnten die Diagnostiker in einem Training zur Beurteilung von Bildern auf die konsistente Beurteilung von Prototypen hin geschult werden. Im Grunde genommen einigt man sich darauf, welche Gesichter z.B. in besonderer Weise Seriosität ausstrahlen. Noch besser wäre es, wenn man stattdessen auf die Ergebnisse von Kundenbefragungen zurückgreifen könnte. Letztlich wird das Aussehen somit zu einem rationalen Beurteilungskriterium neben vielen anderen.

Bei all diesen Überlegungen muss man allerdings in Rechnung stellen, dass ein Lichtbild in starkem Maße durch die Kompetenz des Fotografen beeinflusst wird. Auch spielen „Lichtbildmoden" eine Rolle, die je nach aktuellem Trend einmal bunte, ein andermal schwarz-weiß Fotografien unterschiedlicher Größe und mit unterschiedlichen Körperausschnitten präferieren lassen. Die vielfältigen Möglichkeiten zur Retuschierung digitalisierter Aufnahmen tun ein Übriges, den Bewerber in einem ggf. übertrieben positiven Bild erstrahlen zu lassen. Hinzu kommt, dass später im Beruf nicht nur das Gesicht wirkt, sondern auch der ganze Körper inklusive Mimik und Gestik (vgl. Argyle, 1996; Forgas, 1987; Frey, 1997). Bei der Begutachtung der äußeren Erscheinung anhand des Lichtbildes bewegt man sich daher immer auf recht dünnem Eis. Es empfiehlt sich somit ein liberales Beurteilungssystem nach dem Motto „Im Zweifel für den Angeklagten". Eine Zurückweisung des Bewerbers allein aufgrund des Lichtbildes dürfte nur in Ausnahmefällen gerechtfertigt sein.

7.1.2 Anschreiben

Das Anschreiben vermittelt einen weitergehenden Eindruck von der Person des Bewerbers. Auf meist nicht mehr als einer Schriftseite präsentiert sich der Interessent mit mehr oder minder eigenen Worten. Fragt man Personalverantwortliche oder wirft einen Blick in die einschlägige Ratgeberliteratur, so findet man die folgenden Hinweise für die Gestaltung des Anschreibens: Der Text sollte nicht länger als eine Seite sein – weil er ansonsten wahrscheinlich gar nicht gelesen wird –, deutlich machen, warum der Kandidat in gerade diesem Unternehmen arbeiten möchte und warum er ein wertvoller Mitarbeiter wäre. Wichtig ist dabei, dass der Bewerber positiv aus der Masse der Konkurrenten hervorsticht. Für die Begutachtung ergeben sich aus dem Anschreiben mehrere Informationen, die sich potentiell nutzen ließen. Allerdings hat jede dieser Informationsquellen auch ihre Tücken (vgl. Tabelle 7-2).

Tabelle 7-2: Begutachtung von Anschreiben

	Anschreiben
Informationen	• Ästhetik • sprachlicher Ausdruck • Rechtschreib-, Grammatik-, Zeichensetzungs- und Tippfehler • Motivation zur Bewerbung • besondere, anforderungsbezogene Merkmale des Bewerbers (Interessen, Persönlichkeit, Zusatzqualifikationen etc.)
Probleme	• subjektives Ästhetikempfinden • Quelle der Formulierungen unbekannt • fraglicher diagnostischer Wert von Tippfehlern • Selbstdarstellung des Bewerbers
Maßnahmen	• Sich auf die Sammlung von Fakten beschränken • auf psychologisierende Deutungen verzichten • Hypothesen formulieren • Anschreiben ggf. gar nicht lesen

Das Schriftstück kann zunächst einmal im Hinblick auf die Ästhetik der äußeren Gestalt betrachtet werden (Briefkopf, Schrifttypen, Einsatz von Farbe, Verteilung des Textes auf der Seite etc.). Wie bereits verdeutlicht, stellen sich bei der Beurteilung der Ästhetik immer zwei Fragen, zum einen nach der Relevanz einer ansprechenden Gestalt und zum anderen nach dem Bewertungsmaßstab. Was für einen Graphikdesigner oder eine Sekretärin ein Indikator beruflicher Kompetenz sein kann, ist bei einem Ingenieur oder einem Buchhalter kein sinnvolles Auswahlkriterium. Falls man sich für eine Begutachtung der ästhetischen Gestaltung entscheiden sollte, so ist dem subjektiven Empfinden des einzelnen Gutachters vorzubeugen, sei es durch den Einsatz mehrerer Gutachter oder durch möglichst eindeutige Bewertungskriterien.

Des Weiteren liefert das Anschreiben Informationen über den sprachlichen Ausdruck des Kandidaten. Formuliert er umständlich in viel zu langen Sätzen, die aufgrund ihrer mehrfachen Verschachtelung kaum zu durchdringen sind und eher von einer mangelnden Klarheit der Gedanken denn von der herausgehobenen Stringenz des Autors zeugen, zumindest aber Zweifel an Letzterem aufkommen lassen, sofern man der These folgen mag, dass Sprache ein Abbild der Gedanken sei? Oder fasst er seine Botschaften in griffige Formulierungen? Ist seine Sprache zu salopp oder zu steif? Verwendet er zu viele oder gar zu wenige Fremdworte? Beherrscht er den

Gebrauch einschlägiger Fachtermini? All dies sind Beispiele für mögliche Bewertungskriterien. Der Nutzen derartiger Kriterien steht und fällt allerdings mit der Beantwortung einer einfachen Frage: Inwieweit hat der Kandidat tatsächlich selbständig frei formuliert oder hat sich von der Ratgeberliteratur leiten lassen. Im schlimmsten Fall ist das Schreiben das Ergebnis einer „Gruppenarbeit", an der mehrere Freunde mitgewirkt haben. In diesem Fall verbietet sich eine tiefer gehende Analyse. In der Regel dürften nur wenige Bewerber ein Bewerbungsschreiben einfach so zu Papier bringen. Viel realistischer ist, dass der Bewerber lange Zeit Formulierungen ausgebrütet hat, die letztlich viel mit Strategie und mit dem Image des Unternehmens und recht wenig mit der Person des Bewerbers zu tun haben. Jeder versucht sich so zu verkaufen, wie es seiner Meinung nach von dem Unternehmen, bei dem er sich bewirbt, gewünscht wird. Ist man am schriftlichen Ausdruck des Kandidaten interessiert – was nur bei einer Minderheit der Berufe sinnvoll sein dürfte –, empfiehlt sich eher der Einsatz einer Arbeitsprobe (s.u.). Nur so lässt sich überprüfen, wie der Bewerber in einer alltäglichen Situation ohne unerlaubte Hilfe agiert.

Sehr beliebt ist überdies die Suche nach Rechtschreib-, Grammatik-, Zeichensetzungs- oder Tippfehlern im Anschreiben. Während die ersten drei Fehlerarten auf Defizite im Gebrauch der deutschen Sprache hindeuten können, sind reine Tippfehler eher das Ergebnis mangelnder Sorgfalt. Der Bewerber weiß zwar an sich, was richtig ist, hat aber z.B. auf der Tastatur versehentlich die falsche Taste gedrückt und den Fehler später nicht bemerkt. Letzteres wird leicht als Ausdruck einer geringen Motivation gedeutet. Wer sich nicht einmal so viel Mühe gibt, das Anschreiben von Tippfehlern zu bereinigen, der ist auch nicht wirklich an einer Anstellung interessiert – glaubt mancher Leser. In der Praxis ist eine fundierte Unterscheidung der verschiedenen Fehlerarten nicht möglich. Denn es ist nicht zu erkennen, ob ein Wort falsch geschrieben wurde, weil der Kandidat nicht weiß, wie es richtig geschrieben wird oder ob wir es lediglich mit einem Tippfehler zu tun haben. Ob derartige Fehler tatsächlich einen diagnostischen Wert besitzen ist unklar. Aus diesem Grunde sollte man lieber vorsichtig agieren und die Anforderungen der Stelle nicht aus den Augen verlieren. Ein Fehler im Anschreiben einer Sekretärin ist sicherlich weitaus relevanter als der gleiche Fehler im Anschreiben eines Technikers oder auch einer Führungskraft. Für die Sekretärin ist die geschriebene Sprache ein elementarer Bestandteil ihrer beruflichen Aufgaben. Dies gilt für den Führer einer Maschine nicht, weil er kaum einmal etwas selbst schreiben muss. Und auch die Führungskraft kann eher mit Defiziten in der Rechtschreibung leben, da all ihre Texte, die andere Menschen zu lesen bekommen, im Sekretariat erstellt werden. In Zukunft wird man sich wahrscheinlich ohnehin kaum noch mit der Deutung von Fehlern im Anschreiben beschäftigen müssen, sofern Rechschreibprogramme wirklich fehlerfrei arbeiten und eine weite Verbreitung in allen Bildungsschichten finden.

Jeder Bewerber ist gehalten, im Anschreiben etwas über die Beweggründe seines Schreibens zu offenbaren. Warum will er in dieser Branche und gerade in diesem Unternehmen arbeiten? Nicht wenige Firmen möchten am liebsten lesen, dass der Bewerber schon von frühester Jugend an nur einen Traum hatte, nämlich gerade in dem Unternehmen XY zu arbeiten. Natürlich hat der Kandidat seine ganze weitere Ausbildung auf diesen Traum zugeschnitten, ist bestens über das Unternehmen informiert und kann sich mit dessen Produkten im höchsten Maße identifizieren. Ein solcher Fall dürfte in der Realität allerdings nur selten vorkommen. Die meisten Bewerber müssen schlichtweg einen Arbeitsplatz finden und sind bei ihren Lieblingsfirmen vielleicht schon abgelehnt worden. Wer in wirtschaftlich schwierigen Zeiten nicht weniger als 100 Bewerbungen schreiben muss, wird sich zwangsläufig überwiegend bei solchen Firmen bewerben, die für ihn nicht die erste Wahl darstellen. Wenn die Mitarbeiter der Personalabteilung selbst einmal an ihre Bewerbungszeit zurückdenken, dürften die meisten erkennen, dass es ihnen auch nicht anders ergangen ist. Gerade als Berufseinsteiger nimmt man oftmals das, was sich anbietet, weil das, wovon man träumt, zum gegenwärtigen Zeitpunkt nicht erreichbar ist. Hinzu kommt, dass die meisten mittelständischen Firmen überhaupt gar kein Image haben, mit dem sich die „Sehnsüchte" der Bewerber wecken ließen. So ist es schon fast eine Unverschämtheit, wenn die Nobody GmbH von ihren Bewerbern erwartet, dass sie unbedingt nur bei ihr arbeiten wollen. Bei großen Firmen ist dieser Anspruch weitaus gerechtfertigter. Dennoch weiß jeder informierte Bewerber, dass er bei jeder Firma aufs Neue einen entsprechenden Anschein erwecken muss. Er sieht sich mithin gezwungen, irgendetwas Überzeugendes in das Anschreiben hineinzuformulieren und im Zweifelsfall auch handfest zu lügen. Im Vorteil sind nun diejenigen, die mit der größten Überzeugungskraft auftreten. Kann ein Bewerber im Anschreiben überzeugend verdeutlichen, warum er gerade in diesem Unternehmen arbeiten möchte, so weiß man nicht, ob die Selbstdarstellung der Wahrheit entspricht, ob wir es mit einem besonders geschickten Selbstmarketing oder schlichtweg mit einem Zufallstreffer zu tun haben. Umgekehrt kann der fehlende Hinweis auf die besondere Bewerbungsmotivation auf mangelndes Bewerbungsgeschick oder auch schlichtweg auf Ehrlichkeit hindeuten. Die Interpretation ist somit alles andere als eindeutig. Aus diesem Grunde sollte man lieber auf solchermaßen fragwürdige Interpretationen verzichten, sofern sich in den Bewerbungsunterlagen keine weiteren Hinweise finden lassen, die die Deutung absichern helfen. Eine solche Absicherung liegt beispielsweise vor, wenn ein Bewerber im Anschreiben an einen Automobilkonzern versichert, sich schon immer für den Automobilsektor interessiert zu haben und dies durch einschlägige Praktika belegen kann.

Ganz ähnlich verhält es sich mit der Darstellung der eigenen Interessen und Stärken. Viele Unternehmen möchten im Anschreiben lesen, dass der Bewerber genau die Kompetenzen aufweist, die in der Stellenausschreibung genannt wurden und darüber hinaus verdeutlicht, warum seine Einstellung ein Gewinn für das Unternehmen sei. Einmal abgesehen von der Tatsache, dass es die Aufgabe des Unternehmens und nicht des Bewerbers ist, geeignete Mitarbeiter zu finden, gerät das Ganze leicht zu einem fragwürdigen Spiel. Die meisten Stellenanzeigen beinhalten kaum verwertbare Aussagen über das Anforderungsprofil, da sich die genannten Eigenschaften in sehr vielen Unternehmen gleichen wie ein Ei dem anderen. Statt differenzierter Stellenbeschreibungen erfährt man, dass Teamfähigkeit, Einsatzbereitschaft und Kundenorientierung sowie fachliche Kompetenz gefordert wird. Dies ist kein Anforderungsprofil, sondern eine Ansammlung von Allgemeinplätzen. Wer nun fordert, dass die Bewerber verdeutlichen, warum das Unternehmen von ihnen mehr als von jedem anderen profitieren kann, stellt eine fast unlösbare Aufgabe. Wenn nicht einmal die Unternehmen die Anforderungen genau definieren, wie soll das dann ein Bewerber können? Vor dem Hintergrund dieser Überlegungen sollte man sich als Unternehmen also besser damit zufrieden geben, dass der Bewerber im Anschreiben auf einige besondere Qualifikationen (Spezialausbildung, einschlägige Berufserfahrung u.Ä.)

verweist. Aussagekräftig ist auch dies allerdings nur dann, wenn sich in den Unterlagen Belege für die genannten Qualifikationen finden lassen.

Wir sehen, die seriöse Begutachtung des Anschreibens ist mit vielen Stolperfallen versehen. So manche Deutung spiegelt sehr viel eher die Phantasie des Lesers denn die Merkmale des Verfassers. Bei kritischer Betrachtung muss man zu dem Schluss kommen, dass sich aus dem Anschreiben nur wenige Fakten sammeln lassen (z.B. Hinweise auf einschlägige Berufserfahrungen), die sich allerdings auch in den nachfolgenden Zeugnissen oder im Lebenslauf finden müssten. Über die wenigen Fakten hinaus kann das Anschreiben als Quelle zur Generierung von Hypothesen dienen. Man denke hier z.B. an Hypothesen über bestimmte Persönlichkeitsmerkmale wie etwa Teamfähigkeit. Erst die Analyse der weiteren Unterlagen liefert im besten Falle verifizierende oder falsifizierende Informationen (s.u). Wer die Bewerbungsunterlagen bereits nach dem Anschreiben beiseite legt, muss Hinweise auf überzeugende Ausschlusskriterien gefunden haben (Fehlende Berufsausbildung u.Ä.). Allein aufgrund einer Hypothese, einer unüberprüften Deutung oder eines Gefühls sollte dies nicht geschehen. Wer nicht rational begründen kann, warum er eine Bewerbung so früh aussondert, hat wohl auch keinen fundierten Grund.

Eine durchaus sinnvolle Lösung ist der völlige Verzicht auf die Lektüre des Anschreibens. Stattdessen verlässt man sich ausschließlich auf die Sammlung von Fakten aus Lebenslauf, Zeugnissen und Referenzen.

7.1.3 Lebenslauf

Dem Anschreiben folgt ein Lebenslauf, der heute meist in tabellarischer Form abgefasst ist. Handschriftliche Lebensläufe werden so gut wie gar nicht mehr nachgefragt. In früheren Zeiten bildeten sie das Analysematerial für graphologische Gutachten.

Lebensläufe liefern vielfältige Informationen über einen Bewerber. Im Gegensatz zu den bereits behandelten Elementen einer Bewerbung beinhalten sie überwiegend nachprüfbare Fakten. Liegt ein klares Anforderungsprofil vor, so können viele Fragen der grundsätzlichen Eignung eines Bewerbers sehr schnell anhand des Lebenslaufes geklärt werden. Will man beispielsweise ausschließlich berufserfahrene Kandidaten, die nicht älter als 35 Jahre sind und über eine bestimmte Zusatzausbildung verfügen, so lassen sich bereits nach der Sichtung des Lebenslaufes viele Bewerber zurückweisen. Sind die gewählten Kriterien für das Unternehmen unumstößlich, empfiehlt es sich, den Lebenslauf gleich zu Beginn, also noch vor dem Anschreiben zu lesen.

Die geläufigsten Informationen, die wir dem Lebenslauf entnehmen können, finden sich in Tabelle 7-3. Neben dem Alter und Angaben zum Familienstand erfährt der Gutachter etwas über den schulischen Werdegang, die Berufsausbildung, bisherige Arbeitgeber, etwaige Auslandsaufenthalte u.Ä. Bei jüngeren Kandidaten, die sich auf einen Ausbildungsplatz bewerben, erhält man überdies Informationen über den sozioökonomischen Status der Stammfamilie, da hier oft noch der Beruf der Eltern angegeben wird. Aufgrund der chronologischen Gliederung werden Lücken im Lebenslauf deutlich. Hierbei handelt es sich um Zeitabschnitte, zu denen der Bewerber – aus welchen Gründen auch immer – keine Angaben macht.

Bis hierhin handelt es sich noch um Fakten. Die Fakten selbst bieten jedoch die Möglichkeit für zahlreiche Interpretationen. Wie ist beispielsweise eine Lücke im Lebenslauf zu bewerten? Ist ein Student, der nach seinem Examen drei Monate lang offenbar nichts getan hat, zu wenig leistungsmotiviert? Aus der Beschreibung des beruflichen Werdeganges kann man etwas über die Berufserfahrung ablesen. Bevor nicht auch die Arbeitszeugnisse gesichtet wurden, handelt es sich dabei noch um eine sehr spekulative Interpretation. Wer bei drei verschiedenen Arbeitgebern angestellt war und immer wieder mit sehr unterschiedlichen Aufgaben konfrontiert wurde, hat sicherlich ein breites Spektrum beruflicher Erfahrungen sammeln können. Ebenso gut könnte es aber sein, dass der Bewerber bei allen drei Anstellungen immer nur dieselben Tätigkeiten ausführen musste. Die Berufserfahrung dürfte in diesem Fall nicht größer sein als die eines anderen Bewerbers, der über dieselbe Zeit hinweg in einer Firma mit immer den gleichen Aufgaben betraut wurde. Ähnliches gilt für die Interpretation der beruflichen Karriere. Blieb der Bewerber über viele Jahre hinweg bei der gleichen Firma und konnte hier Schritt für Schritt verantwortungsvollere Aufgabenbereiche übernehmen, so ist die Sachlage relativ klar. Wenn allerdings zwischendurch der Arbeitgeber gewechselt hat, ist keineswegs sicher, ob ein Wechsel des Aufgabenfeldes auch mit höheren Anforderungen und mehr Verantwortung einherging. In so manchen klein- oder mittelständischen Unternehmen ist der Verantwortungsbereich des Einzelnen sehr breit angelegt, da es nur sehr wenige Spezialisten gibt. Der Wechsel in ein Großunternehmen kann trotz wichtig klingender Funktionsbezeichnung und höherem Gehalt durchaus einen Rückschritt im Hinblick auf die Höhe der Anforderungen und die Breite des Verantwortungsbereiches bedeuten. Über den Familienstand kann man die räumliche Flexibilität des Kandidaten einschätzen. Der Single dürfte im Allgemeinen viel flexibler sein als ein verheirateter Familienvater, der erst vor kurzem gebaut hat. Doch selbst in diesem Fall ist die Interpretation nicht wirklich eindeutig. So manche Partnerschaft oder Familie mag sogar davon profitieren, wenn der Vater nur an den Wochenenden zu Hause ist. Ähnlich verhält es sich mit der Interpretation des Leistungsverhaltens bzw. der Leistungsmotivation des Bewerbers. Ein schnelles Studium mit guten Noten auf der Basis durchgängig guter Schulleistungen erscheint hier relativ aussagekräftig. Wie sieht es aber aus, wenn ein Kandidat zwar sehr gute Studienleistungen vorweist, dafür aber überdurchschnittlich lange studiert hat? Ist er weniger leistungsmotiviert als sein Konkurrent?

Tabelle 7-3: Begutachtung des Lebenslaufes

	Lebenslauf
Informationen	• Alter • Familienstand • sozioökonomischer Hintergrund der Stammfamilie • schulischer Werdegang • Berufsausbildung • beruflicher Werdegang, Stellenwechsel • Auslandsaufenthalte • Lücken im Lebenslauf • Berufserfahrung

Probleme	• Aufstieg vs. Abstieg in der beruflichen Karriere • räumliche Flexibilität • Leistungsniveau und -orientierung • z.T. keine eindeutigen Interpretationen möglich • Halo-Effekt • Erwartungseffekt • Überbewertung der Berufserfahrung
Maßnahmen	• sich auf die Sammlung von Fakten beschränken • Interpretation als Hypothesen begreifen • nach verifizierenden/falsifizierenden Belegen suchen • Angaben im Lebenslauf anhand von Belegen überprüfen • Abgleich mit Anforderungsprofil und zuvor festgelegten Bewertungskriterien

Wir sehen, ein zentrales Problem der Begutachtung des Lebenslaufes liegt in der Interpretation der biographischen Fakten. Die Deutung der Fakten ist sehr oft nicht so eindeutig begründet, wie es auf den ersten Blick scheinen mag.

Die Lebenslaufanalyse birgt aber noch weitere Gefahren. Bestimmte herausstechende Informationen können im Sinne eines Halo-Effektes wirken (Thorndike, 1920; vgl. Kapitel 2). Demzufolge kann eine einzelne Information die Bewertung des Kandidaten in vielen, hiervon objektiv unabhängigen Bewertungsbereichen überlagern. Manch ein Gutachter lässt sich vielleicht von der Tatsache blenden, dass der Hochschulabsolvent das Abitur auf einem Eliteinternat in der Schweiz abgelegt hat. Der Bewerber erscheint ihm insgesamt in einem sehr viel positiveren Licht. Seine Leistungsbereitschaft, Durchsetzungsstärke, Teamfähigkeit und Flexibilität werden als weitaus positiver bewertet im Vergleich zu einem objektiv gleich gut geeigneten Mitbewerber, der die Hochschulreife an einem staatlichen Gymnasium in der Provinz erworben hat. Der Halo-Effekt kann natürlich auch in entgegengesetzter Richtung wirken, wenn beispielsweise eine Lücke im Lebenslauf den Bewerber insgesamt suspekt erscheinen lässt.

Eng verbunden mit dem Halo-Effekt sind Effekte der erwartungsgeleiteten Urteilsbildung (Bruner & Postman, 1951; Lilli & Frey, 1993; vgl. Abschnitt 2.2). Sie wirken sich in den späteren Phasen der Diagnostik, beim Einstellungsgespräch oder im Assessment Center aus. Hat der Diagnostiker aufgrund der Bewerbungsunterlagen eine Erwartung über die Eignung des Bewerbers ausgebildet, sucht er im Folgenden vor allem solche Informationen, die seine Erwartungen bestätigen, während erwartungskonträre Informationen ausgeblendet oder umgedeutet werden. Glaubt er beispielsweise an die besondere Eignung eines Kandidaten, der im Assessment Center nur mäßige Leistungen zeigt, so korrigiert er nicht etwa sein Urteil, sondern stellt die diagnostische Methode in Zweifel. Möglicherweise waren die Übungen unglücklich konzipiert oder die Anforderungsdimensionen schlecht operationalisiert. Ebenso gut könnte er die Leistungsdefizite als Ausnahmeerscheinung deuten. Sein Favorit hätte demnach nur einen schlechten Tag gehabt und konnte seine an sich vorhandenen Kompetenzen nicht optimal zum Einsatz bringen.

Weit verbreitet ist der Glaube, dass Berufserfahrung in jedem Fall von Vorteil ist. Unsere Ausführungen in Abschnitt 2.1 ziehen dies in Zweifel. Berufserfahrung kann von Vorteil sein, ist in vielen Fällen aber auch irrelevant oder von Nachteil. Als Vorteil wirkt sie, wenn sie zur Ausbildung spezifischer Problemlösestrategien und Handlungsroutinen geführt hat, die auch an dem neuen Arbeitsplatz benötigt werden. Irrelevant ist die Berufserfahrung hingegen, wenn der neue Arbeitsplatz völlig andere Anforderungen an den Mitarbeiter stellt. Nachteilig kann Berufserfahrung schließlich wirken, wenn sie betriebsblind macht, zu einer Überschätzung der eigenen Fähigkeiten und einer Ablehnung innovativer Ideen führt („Ich mach den Job seit zwanzig Jahren, mir kann keiner mehr was erzählen."). Dass Berufserfahrung nicht mit Kompetenz gleichzusetzen ist, illustrieren auch unsere Praxisbeispiele im Kapitel 2. Neben einem monoton linearen Anstieg der beruflichen Leistungsfähigkeit mit zunehmender Berufserfahrung lassen sich durchaus andere Entwicklungsverläufe denken (vgl. Abbildung 2-1). Gerade wenn es um kreative Aufgaben geht, ist Erfahrung sicherlich kein besonders wichtiges Anforderungskriterium. Auch hindert die blinde Erfahrungsgläubigkeit viele Unternehmen daran, das aktuelle wissenschaftliche Know-how der Hochschulabsolventen zu nutzen. Wer die Meinung vertritt, dass die Novizen am Besten erst einmal alles vergessen, was sie im Studium gelernt haben, der übersieht wichtige innovative Ressourcen. Gleichwohl soll hier nicht behauptet werden, dass Berufserfahrung in jedem Fall abzulehnen ist. In der Metaanalyse von Schmidt und Hunter (1998) erweist sich die Berufserfahrung durchaus als ein bedeutsamer Prädiktor des Berufserfolgs ($r = .18$). Ob und inwieweit man der Berufserfahrung einen hohen Stellenwert bei der Sichtung des Lebenslaufes zuschreibt, muss bei jeder Stellenbesetzung aufs Neue entschieden werden. Es kommt letztlich darauf an, welche Prioritäten das Unternehmen setzt und welche Kompetenzen ein bestimmter Arbeitsplatz erfordert.

Wie können wir angesichts der beschriebenen Probleme nun aber eine seriöse Analyse des Lebenslaufes gewährleisten? Zunächst einmal sollte man sich auf das konzentrieren, was der Lebenslauf ohne Zweifel leisten kann. Er liefert eine Reihe von Fakten, die ggf. in einem direkten und einfachen Bezug zum Anforderungsprofil stehen. Die relevanten Fakten (Alter, Ausbildung, Zusatzqualifikationen) lassen sich leicht dem Lebenslauf entnehmen. Nicht alles was im Lebenslauf steht, muss mithin gedeutet werden.

Dort, wo weitergehende Interpretationen notwendig erscheinen – wenn man beispielsweise etwas über die Leistungsmotivation des Kandidaten herausfinden möchte –, empfiehlt es sich, die Interpretationen zunächst explizit als Hypothesen zu formulieren. Hypothesen sind Annahme deren Wahrheitsgehalt noch unklar ist. Erst die weitere Datensammlung entscheidet darüber, ob die Hypothese akzeptiert werden kann oder verworfen werden muss. Wer mit Hypothesen arbeitet, legt die Prozesse der eigenen Urteilsbildung offen und kann sie daher auch bewusst hinterfragen und optimieren.

Die Arbeit mit Hypothesen setzt voraus, dass man in den Bewerbungsunterlagen nach verifizierenden und falsifizierenden Daten sucht. Stellt man z.B. die Hypothese auf, dass es sich bei einem Bewerber um einen sehr leistungsorientierten Menschen handelt, weil er schnell ein Studium zum Abschluss gebracht und parallel hierzu mehrere Praktika absolviert hat, so schafft erst ein Blick in das Examenszeugnis und die Praktikumsbescheinigungen hinreichende Entscheidungssicherheit. Allein nach der Lektüre des Lebenslaufes kann somit keine abschließende Entscheidung für oder gegen einen Kandidaten getroffen werden. Eine Ausnahme liegt vor, wenn es KO-Kriterien gibt, die in jedem Fall erfüllt sein müssen, von einzelnen Bewerbern aber nicht erfüllt werden können (z.B. bestimmter Schulabschluss oder Berufsausbildung). In diesen Fällen erübrigt sich die Sichtung der verbleibenden Unterlagen (s.o.).

Natürlich müssen die Angaben zu berufsrelevanten biographischen Fakten durch beiliegende Dokumente belegt werden. Es reicht nicht aus, wenn ein Bewerber nur angibt, einen Schulabschluss oder eine Zusatzqualifikation zu besitzen. Er muss dies überzeugend belegen können. Da nicht auszuschließen ist, dass einige wenige Bewerber bestimmte Qualifikationen angeben, über die sie de facto nicht verfügen, gehört zur Lebenslaufanalyse auch die Überprüfung der Fakten. Fehlen wichtige Dokumente bei einem an sich aussichtsreichen Kandidaten, sollte man die Unterlagen kurzerhand per Telefon anfordern. Eine Ablehnung von Bewerbern mit unvollständigen Unterlagen kann sich nur erlauben, wer in ausreichender Menge über hoch qualifizierte Bewerber verfügt.

Wie für den gesamten Prozess der Personaldiagnostik, so gilt auch bei der Analyse des Lebenslaufes der Grundsatz, dass sich der Diagnostiker nicht von seinen privaten Meinungen und Vorlieben leiten lässt. Maßstab zur Bewertung eines Kandidaten sind Bewertungskriterien, die in der Personalabteilung für alle Diagnostiker und alle Bewerbungsunterlagen verbindlich definiert wurden. Hierdurch wird durchgängig ein direkter Bezug der Analysen und Entscheidungen zu den spezifischen Anforderungen des fraglichen Arbeitsplatzes sichergestellt.

7.1.4 Ausbildungszeugnisse

Ausbildungszeugnisse dokumentieren zum einen, dass der Kandidat eine bestimmte schulische bzw. berufliche (Zusatz-)Ausbildung abgeschlossen hat, zum anderen geben sie Aufschluss darüber, mit welchem Erfolg dies geschah. Bei einer weiten Definition des Ausbildungsbegriffes können wir Belege über Fremdsprachenseminare, EDV-Kurse u.Ä. ebenfalls zu den Ausbildungszeugnissen zählen (vgl. Tabelle 7-4). Allerdings mangelt es bei Letzteren meist an einer differenzierten Bewertung der erbrachten Leistung. Insgesamt beziehen sich Ausbildungszeugnisse primär auf kognitive Leistungen. Die Durchschnittsnote des Schulzeugnisses erweist sich einer Metaanalyse von Baron-Boldt, Funke und Schuler (1989) zufolge zwar als ein guter Prädiktor für den Erfolg in der betrieblichen Ausbildung bzw. im Studium ($r = .41$ bzw. $.46$), der Berufserfolg hängt jedoch weitaus weniger mit der Durchschnittsnote zusammen ($r = .15$). Der Grund hierfür liegt in der relativ großen Ähnlichkeit der Anforderungen in Schule und betrieblicher Ausbildung bzw. Studium auf der einen Seite und der relativ großen Unterschiedlichkeit der Anforderungen in Schule und beruflichem Alltag auf der anderen Seite. In der Schule sowie den sich anschließenden Ausbildungsformen muss man vor allem kognitive Aufgaben lösen, sich einem vorgegebenen Lernrythmus anpassen und mündliche sowie schriftliche Prüfungen bestehen. Das Berufsleben ist demgegenüber ungleich vielfältiger und stellt den Absolventen vor mitunter völlig neue Aufgaben.

Tabelle 7-4: Begutachtung von Ausbildungszeugnissen

	Ausbildungszeugnisse
Informationen	• schulische Leistung • Leistung in der beruflichen Ausbildung • Fremdsprachen • EDV-Kenntnisse • Studienschwerpunkte
Probleme	• Bezugssystem zur Notenvergabe uneinheitlich
Maßnahmen	• Durchschnittsnoten betrachten • über Bezugssysteme informieren • Anforderungsbezug beachten

Das größte Problem bei der Interpretation von Ausbildungszeugnissen liegt in den unterschiedlichen Bezugssystemen, auf denen sie beruhen. Man kann nicht davon ausgehen, dass ein und dieselbe Schulleistung in jedem Bundesland, in jeder Schule und nicht einmal innerhalb einer Schule von zwei Lehrern in gleicher Weise benotet wird. In unseren Schulen dient immer die Leistung aller Schüler einer Klasse als Bezugssystem. Ist das Leistungsniveau der Klasse besonders hoch, muss man für eine gute Note letztlich mehr leisten als in einer Schulklasse, in der das Niveau niedriger ist. Hinzu kommt, dass nicht in jeder Schulklasse derselbe Stoff vermittelt wird. In der gymnasialen Oberstufe werden selbst in parallelen Kursen, in denen verschiedene Lehrer unterrichten, nicht selten unterschiedliche Themen behandelt. Gleiches gilt für das Studium. Erschwerend kommt hier noch hinzu, dass in den Studienfächern mit z.T. extrem unterschiedlichen Bezugssystemen gearbeitet wird. Während die Note „befriedigend" für einen Juristen bereits eine Auszeichnung seiner Leistung darstellt, deutet dieselbe Note in den Sozialwissenschaften auf eine eher schlechte Leistung hin. Dies ist insbesondere für große Konzerne ein Problem, die in ihren Trainee-Programmen Absolventen unterschiedlichster Fächer auswählen. Das Problem setzt sich in der nächsthöheren Ausbildungsstufe, der Promotion weiter fort. In manchen Fächer, in denen der Anteil der Promovierenden vielleicht 10 % oder 15 % beträgt (z.B. Psychologie), handelt es sich tatsächlich um eine selektierte Stichprobe, in der sich überdurchschnittlich viele, besonders leistungsstarke Kandidaten wiederfinden. In anderen Fächern, wie etwa der Medizin oder der Physik, in denen weit mehr als die Hälfte eines Jahrganges promovieren, ist dies schon rein statistisch gar nicht mehr möglich. Auch unterscheiden sich die Anforderungen extrem. Für sehr viele medizinische Doktorarbeiten, die z.T. studienbegleitend in einem Jahr geschrieben werden, würde man in anderen Studienfächern bestenfalls ein Diplomzeugnis erhalten.

Hollmann und Reitzig (1995) weisen darauf hin, dass die Abiturzeugnisse aufgrund der Wahlmöglichkeiten in der gymnasialen Oberstufe auch Aussagen über die Interessen der Bewerber erlauben würden. Allerdings ist die Wahl der Leistungskurse von vielen Rahmenbedingungen abhängig, die der Diagnostiker im Einzelfall kaum kontrollieren kann. So müssen die fraglichen Fächer von der Schulleitung zunächst einmal angeboten werden. Die anschließende Kurswahl wird keineswegs nur von den fachlichen Interessen bestimmt. Die Sympathie oder Antipathie für einen bestimmten Lehrer, die Aussichten, evtl. in einem bestimmten Fach eine bessere Note erzielen zu können, das Wahlverhalten von Freunden oder die Wünsche der Eltern, dies alles sind mögliche Einflussfaktoren. Zu guter Letzt stellt die Menge der Interessenten eine entscheidende Hürde dar. Ein Kurs kommt nur dann zustande, wenn sich hinreichend viele Schüler mit dem gleichen Wunschfach finden lassen. Alles in allem ist eine Selbstauskunft des Bewerbers über die eigenen Interessen wohl hilfreicher als eine Deutung der Fächerkombination.

Wie begegnet man dem Problem der vielfältigen Bezugsysteme in der Praxis der Personaldiagnostik? Die verschiedenen Bezugsysteme diverser Dozenten und spezifischer Fächer innerhalb einer Ausbildung können wir ein Stück weit in den Griff bekommen, indem wir statt der Einzelnoten die Durchschnittsnote heranziehen. Baron-Bolt et al. (1989) konnten belegen, dass die Durchschnittsnote des Schulzeugnisses ein sehr viel besserer Prädiktor für den Ausbildungserfolg darstellt als jede einzelne Schulnote für sich allein (vgl. Abbildung 7-5).

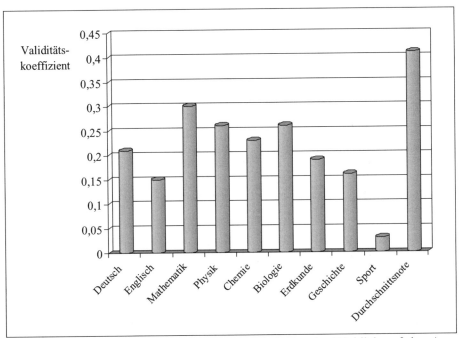

Abbildung 7-5: Prognostische Validität von Schulnoten im Hinblick auf den Ausbildungserfolg (Baron-Boldt, Funke & Schuler, 1989)

In Bezug auf Studiengänge sollte man sich grob über das gängige Notenspektrum informieren. Große Unternehmen, denen jedes Jahr weit mehr als tausend Bewerbungen ins Haus flattern, könnten eine eigene Normierung vornehmen. Hierzu bietet sich beispielsweise die Prozentrangnormierung an (vgl. Kapitel 5). Ist die Stichprobe hinreichend groß, liefert die Prozentrangnorm Informationen darüber, wie viel Prozent eines Jahrganges in einem bestimmten Studienfach die Abschlussnote sehr gut, gut, befriedigend, ausreichend, und mangelhaft erhalten haben. Dies wiederum erleichtert die inhaltliche Beurteilung, ob ein Kandidat innerhalb seines Faches eine durchschnittliche oder überdurchschnittliche Note erzielt hat. Bei all diesen Hilfskonstruktionen muss immer bedacht werden, ob die Zeugnisnoten für den Erfolg am fraglichen Arbeitsplatz tatsächlich relevant sind. Im Rahmen einer empirischen Anforderungsanalyse lässt sich dies leicht untersuchen. Zeugnisnoten sollten somit nur dann bei der Bewertung eines Kandidaten Berücksichtigung finden, wenn sie auch einen Anforderungsbezug haben.

7.1.5 Arbeitszeugnisse und Referenzen

Hat ein Bewerber bereits zuvor in fester Anstellung gearbeitet, sollte der Bewerbung ein *Arbeitszeugnis* von jedem bisherigen Arbeitgeber beiliegen. Der Arbeitgeber ist verpflichtet, jedem Mitarbeiter ein Zeugnis auszustellen. In der Regel wird das Arbeitszeugnis nach Beendigung des Arbeitsverhältnisses ausgestellt. Der Mitarbeiter kann aber auch Zwischenzeugnisse einfordern (Weuster, 1994). Das Arbeitszeugnis liefert zwei übergeordnete Informationen: Zum einen beschreibt es die bisherige Tätigkeit des Bewerbers, zum anderen werden die Leistungen des Kandidaten durch seinen ehemaligen Vorgesetzten bewertet (vgl. Tabelle 7-5). Im Vergleich zu allen übrigen Bewerbungsunterlagen erfährt man nun also zum ersten Mal etwas über die berufsbezogene Alltagsleistung und kann den arbeitspraktischen Erfahrungshorizont des Kandidaten besser einschätzen. Dass den Arbeitszeugnissen nicht nur die Arbeitgeber, sondern auch die Arbeitnehmer eine große Bedeutung beimessen, erkennt man daran, dass jährlich mehrere Tausend Zeugnisse vor Gericht angefochten werden.

Ganz ähnlich verhält es sich mit *Referenzen*. Auch sie liefern Informationen über die bisherige Arbeitstätigkeit und nehmen eine Bewertung des Mitarbeiters vor. Im Gegensatz zum Arbeitszeugnis handelt es sich dabei jedoch um eine freiwillige Leistung des Arbeitgebers. Während Arbeitszeugnisse immer in schriftlicher Form vorliegen und einem gewissen formalen Aufbau genügen sollten (s.u.), werden Referenzen häufig mündlich gegeben und sind in kein formalisierendes Korsett gepresst. Konkret sieht dies etwa wie folgt aus: Der Mitarbeiter, fragt seinen direkten Vorgesetzten, ob er bereit wäre, auf Nachfrage Auskunft über ihn zu geben. Willigt der Vorgesetzte ein, gibt der Bewerber dessen Name mit Funktion und Telefonnummer in den Bewerbungsunterlagen an, so dass der potentiell zukünftige Arbeitgeber in einem persönlichen Gespräch weitere Informationen einholen kann. Natürlich können die Referenzen auch in schriftlicher Form beigefügt werden. Dann wird meist aber zusätzlich die Möglichkeit zu einem persönlichen Gespräch eingeräumt. Referenzen müssen nicht zwangsläufig vom unmittelbaren Vorgesetzten stammen. Denkbar wäre auch die nächsthöhere Vorgesetztenebene oder irgendeine andere Autorität des Unternehmens wie etwa der Seniorchef. Gelegentlich dienen als Referenzgeber Personen, die keinerlei formale Vorgesetztenfunktion innehaben. Man denke hier z.B. an Professoren, die über Diplomanden oder Doktoranden Auskunft geben. Wer auch immer als Auskunftsperson fungiert, wichtig ist in jedem Falle, dass er den Kandidaten aus eigener Anschauung sehr gut kennt und dessen Leistungen aufgrund seiner fachlichen Qualifikation zutreffend beurteilen kann. Der vielleicht wichtigste Unterschied zum Arbeitszeugnis besteht darin, dass Referenzen einer ausdrücklichen Fürsprache gleichkommen. Kein Bewerber wird eine Autorität als Informationsquelle angeben, wenn er nicht absolut sicher sein kann, dass diese Quelle nur Positives zu berichten weiß. Da das Arbeitszeugnis einer Zwangsbewertung entspricht, können hierin auch weniger schmeichelhafte Botschaften enthalten sein (s.u.). Referenzen spielen in der Praxis der Personaldiagnostik vor allem bei der Besetzung von Führungspositionen eine wichtige Rolle (vgl. Schuler, Frier & Kaufmann, 1993). Moser und Rhyssen (2001) unterscheiden zwei Arten von Referenzen. Typ 1 dient allein der Überprüfung von Angaben des Bewerbers. Referenzen vom Typ 2 ermöglichen eine umfassende Auseinandersetzung mit den Leistungen des Kandidaten. Wenn wir im Folgenden von Referenzen sprechen, beziehen wir uns immer auf den Typ 2.

Eine dritte Gruppe von Zeugnissen, auf die wir im Folgenden nicht explizit eingehen werden, sind *Praktikumszeugnisse*. Sie kommen einem Arbeitszeugnis gleich, allerdings machen sich die Unternehmen hierbei weitaus weniger Arbeit. Hin und wieder schreiben die Praktikanten sich ihre Zeugnisse sogar selbst und lassen sie anschließend nur noch vom Arbeitgeber mit einem passenden Briefkopf versehen und unterschreiben. Aus Sicht des Bewerbers haben Praktikumszeugnisse noch einen weiteren Vorteil gegenüber Arbeitszeugnissen. Handelt es sich um studienbegleitende Praktika, so kann man leicht ein ganzes Praktikum – und damit ggf. ein nicht ganz so positives Zeugnis – aus seinem Leben verschwinden lassen, ohne das dies jemandem auffallen würde.

Tabelle 7-5: Analyse von Arbeitszeugnissen und Referenzen

	Arbeitszeugnisse	**Referenzen**
Informationen	• Inhalte der bisherigen Tätigkeit • Bewertung der Leistung	• Inhalte der bisherigen Tätigkeit • Bewertung der Leistungen durch einen ausgewählten Vorgesetzten
Probleme	• Wissen, fachliche und diagnostische Kompetenzen des Verfassers sind unklar • Positiv verzerrte Bewertung • „Geheimsprache" • unklarer Einsatz von „Verschleierungstechniken" • ggf. vom Bewerber selbst verfasst	• Wissen, fachliche und diagnostische Kompetenzen des Verfassers sind unklar • Gefahr von Gefälligkeitsgutachten
Maßnahmen	• Informieren über „Geheimsprache" und „Verschleierungstechniken" • Persönliches Gespräch mit dem Verfasser des Zeugnisses • Vergleich mehrerer Arbeitszeugnisse	• persönliches Gespräch mit dem Referenzgeber

Bevor wir auf die Probleme, die mit der Analyse derartiger Zeugnisse verbunden sind, näher eingehen, wollen wir uns dem Informationsgehalt eines Arbeitszeugnisses eingehender widmen. Nach Weuster (1994) können wir sechs Strukturelemente unterscheiden, denen jeweils ein eigener Informationswert zukommt (Abbildung 7-6). Allerdings geben sich manche Unternehmen nicht allzu große Mühe, was zu unvollständigen Zeugnissen führt, die viele Fragen offen lassen.

Überschrift	→	Zielrichtung des Zeugnisses: Praktikums-, Zwischen-, Abschlusszeugnis
Eingangssatz	→	Angaben zur Person: Name, Tätigkeitsbezeichnung, Beschäftigungsdauer etc.
Positions- und Aufgabenbeschreibung	→	Hierarchiestufe, konkrete Aufgaben, Verantwortungsbereich, ggf. auch Beschreibung des Unternehmens
Beurteilung von Leistung und Erfolg	→	Leistungsmotivation, Arbeitsbefähigung, Arbeitserfolge, zusammenfassende Beurteilung in Form einer Zufriedenheitsbekundung
Beurteilung des Sozialverhaltens	→	Verhalten gegenüber Kollegen, Vorgesetzten, Kunden und bei Führungsfunktionen auch gegenüber eigenen Mitarbeitern
Schlusssatz	→	Inwieweit bedauert man das Ausscheiden des Mitarbeiters und wünscht ihm für die Zukunft alles Gute?

Abbildung 7-6: Inhalte von Arbeitszeugnissen (in Anlehnung an Weuster, 1994)

Aus der Überschrift entnehmen wir, um welche Art des Arbeitszeugnisses es sich handelt (z.B. Praktikums-, Zwischen- oder Abschlusszeugnis). In Kombination mit den Erkenntnissen aus dem Eingangssatz können wir eine erste Einschätzung der Relevanz vornehmen. War der Bewerber nur wenige Monate beim vorherigen Arbeitgeber angestellt, so ist das Fundament der Beurteilung sicherlich eher dürftig. Gleichwohl stellt sich natürlich die Frage, warum der Bewerber nach solch kurzer Zeit eine neue Beschäftigung sucht. Von zentraler Bedeutung ist die anschließende Information über die Position des Bewerbers innerhalb der Unternehmenshierarchie sowie die Beschreibung der konkreten Arbeitsaufgaben, mit denen er beauftragt war. Ohne eine konkrete Beschreibung der Tätigkeit ist die Bewertung kaum einzuordnen, denn erst aus der Beschreibung der Arbeitsaufgaben erschließt sich dem Betrachter das Niveau auf dem Leistungen abverlangt wurden. Auch interessiert den Diagnostiker natürlich, inwieweit die bisherige Tätigkeit mit der neuen Stelle übereinstimmt, ob der Bewerber also bereits über einschlägige Berufserfahrung verfügt. Die Beurteilung der fachlichen Leistung sollte verschiedene Aspekte beinhalten. Neben den Fähigkeiten und der Motivation interessieren der Output sowie die Bewertung desselben durch das Unternehmen. Allerdings ist die Bewertung weitaus weniger explizit als in Schul- oder Ausbildungszeugnissen, die mit einem Notensystem arbeiten. Die Beurteilung wird rein sprachlich umschrieben, wobei der Gesetzgeber negative Be-

Standards für spezifische Methoden der Personaldiagnostik

wertungen untersagt – ein Problem, auf das wir noch zu sprechen kommen. Erfolg hängt in sehr vielen Berufen nicht nur von der fachlichen Qualifikation, der Motivation oder der Intelligenz des Mitarbeiters ab. Seit einigen Jahren wird den sozialen Kompetenzen eine zunehmende Bedeutung zugeschrieben (Kanning, in Druck a). Insofern ist es wichtig, auch etwas über das Sozialverhalten des Kandidaten zu erfahren. Allerdings dürfte es nur wenige Vorgesetzte geben, die genügend Kenntnisse über das Sozialverhalten des Mitarbeiters gegenüber Kollegen, Mitarbeitern oder Kunden besitzen, als dass sie ein umfassendes und zutreffendes Bild zeichnen könnten. Den Abschluss des Arbeitszeugnisses bildet ein Satz, der leicht zur hohlen Floskel werden kann. Der Arbeitgeber bedauert das Ausscheiden des Mitarbeiters und wünscht ihm für die Zukunft alles Gute. Im günstigsten Falle ist es mehr als eine Floskel und drückt durch unterschiedliche Formulierungen noch einmal die (mangelnde) Wertschätzung des Mitarbeiters aus.

Wir haben es bereits hier und dort angedeutet, die Informationen eines Arbeitszeugnisses sind keineswegs einfach zu interpretieren. Nur eines ist gewiss, man darf die Formulierung nicht wörtlich nehmen und muss zwischen den Zeilen lesen.

Das erste von zahlreichen Problemen, die sich dem Diagnostiker bei der Analyse eines Arbeitszeugnisses stellen (vgl. Tabelle 7-5), ist die Beantwortung der Frage nach den Kompetenzen des Zeugnisausstellers. Kennt der Verfasser den Mitarbeiter überhaupt persönlich? Ist er im Detail über die Arbeitsaufgaben informiert? Verfügt er über grundlegende fachliche und diagnostische Kompetenzen, die ihm eine einigermaßen objektive, reliable und valide Beurteilung des Kandidaten ermöglichen? All diese Fragen bleiben unbeantwortet, wenn sich der Zeugnisaussteller nicht selbst schriftlich dazu äußert oder von der Möglichkeit einer telefonischen Rücksprache Gebrauch gemacht wird. Letztlich steht und fällt die Zeugnisanalyse aber mit der wahrgenommenen Qualität der getroffenen Aussagen. Als wenn dieses Problem nicht schon belastend genug wäre, die Aussagen in Arbeitszeugnissen sind generell positiv verzerrt (vgl. Abbildung 7-7). Dies ist letztlich darauf zurückzuführen, dass der Gesetzgeber eindeutig negative Charakterisierungen eines Mitarbeiters nicht zulässt. Hierdurch sollen die Arbeitnehmer vor dauerhaftem Schaden bewahrt werden. Eine negative Bewertung könnte ja ggf. allein aus einer persönlichen Abneigung zwischen Arbeitnehmer und Arbeitgeber erwachsen sein. Würde man die Formulierungen im Zeugnis wortwörtlich nehmen, so gäbe es nur hervorragende Bewerber. Arbeitszeugnisse wären, einmal abgesehen von der Schilderung der bisherigen Tätigkeiten, völlig wertlos. Dies hat auch der Gesetzgeber erkannt und gewissermaßen eine Hintertüre offen gelassen. Eine differenzierte Bewertung darf durch unterschiedliche Abstufungen durchweg positiv formulierter Urteile erfolgen. Das Landesarbeitsgericht Hamm hat sogar eine standardisierte Bewertungsskala festgelegt, die einerseits ausschließlich positive Beschreibungen enthält, andererseits aber eine differenzierende Bewertung des Mitarbeiters ermöglicht. Wie Abbildung 7-7 zu entnehmen ist, klingt selbst eine sehr schlechte Beurteilung auf den ersten Blick noch positiv („...zu unserer Zufriedenheit zu erledigen versucht."). Der Mitarbeiter hat immerhin versucht, seinen Arbeitgeber zufrieden zu stellen. Gelungen ist ihm dies – wie sich implizit erschließen lässt – allerdings nicht. Will man eine sehr gute Leistung zum Ausdruck bringen, so muss man schon besonders dick auftragen. Die Leistung findet nicht nur Anerkennung, sondern vollste Anerkennung und dies nicht nur gelegentlich, sondern stets. Ein solches Benotungssystem funktioniert allerdings nur dann reibungslos, wenn sowohl der Zeugnisaussteller als auch der Diagnostiker, der das Zeugnis interpretiert, dieselbe Skala verwenden. Zwar kann sich der Diagnostiker seiner eigenen Skala sicher sein, doch weiß er so gut wie nie, welche Note sein Gegenüber im Kopf hatte, als er zu einer bestimmten Formulierung griff. Der Unterschied zwischen sehr gut und mangelhaft wird wohl auch dann ohne Schwierigkeiten festzustellen sein, wenn nicht exakt dasselbe Notensystem zur Anwendung kam. Ob dies auch für den Unterschied zwischen sehr gut und gut oder zwei anderen unmittelbar benachbarten Noten gilt, ist eher fraglich. Dabei könnte man das Problem leicht aus der Welt schaffen, wenn sich alle Zeugnisaussteller an der Skala des Landesarbeitsgerichtes Hamm orientieren würden.

Benotung		Formulierung
1	→	„... mit der Leistung stets außerordentlich zufrieden." „... stets zu unserer vollsten Zufriedenheit ..." „... stets unsere volle Anerkennung ..."
1 - 2	→	„... zu unserer vollsten Zufriedenheit ..."
2	→	„... stets zu unserer vollen Zufriedenheit ..."
3	→	„... zu unserer vollen Zufriedenheit ..."
3 - 4	→	„... stets zu unserer Zufriedenheit ..." „... stets zufriedenstellend ..." „... waren wir stets zufrieden ..."
4	→	„... zu unserer Zufriedenheit erledigt."
5	→	„... im Großen und Ganzen zu unserer Zufriedenheit ..."
6	→	„... zu unserer Zufriedenheit zu erledigen versucht."

Abbildung 7-7: Beurteilungsskala des Landesarbeitsgerichtes Hamm (nach Weuster, 1994)

Weuster (1994) nennt mehrere *Verschleierungstechniken*, mit deren Hilfe negative Bewertungen im Arbeitszeugnis versteckt werden können (vgl. Tabelle 7-6). Die Positiv-Skala-Technik und die hiermit verbundenen Probleme haben wir bereits angesprochen. Sie wird in nahezu jedem professionell erstellten Arbeitszeugnis eingesetzt.

Bei Anwendung der *Leerstellen-Technik* spricht man wichtige Bereiche der Arbeitswirklichkeit nicht an (z.B. den Umgang mit unterstellten Mitarbeitern bei einem leitenden Angestellten). Für den Leser bedeutet dies, dass der Kandidat in dem fraglichen Bereich schlechte Leistung gezeigt hat. Die Leerstellen-Technik erfüllt allerdings nur dann ihren Zweck, wenn zum einen der Verfasser des Zeugnisses nicht versehentlich, aus Unwissenheit oder weil er zu dem Leistungsbereich einfach keine Angaben machen kann, eine „Leerstelle" erzeugt und wenn der Leser die Leerstelle als solche erkennt.

Bei der *Reihenfolge-Technik* lässt sich der Verfasser im Zeugnis zunächst über relativ belanglose Leistungsbereiche aus (z.B. Engagement des Mitarbeiters beim Fußballturnier der Filialen), wohingegen die zentralen Leistungsbereiche erst zum Ende der Ausführungen erscheinen. Sehr ähnlich verhält es sich bei der Ausweich-Technik. Auch hier werden Nebensächlichkeiten in das Zentrum der Aufmerksamkeit gerückt, allerdings ohne sie an den Anfang des Zeugnisses zu stellen. Stattdessen nimmt die Auseinandersetzung mit den eigentlich wichtigen Arbeitsbereichen im Vergleich zu den Nebensächlichkeiten deutlich weniger Raum ein. Durch beide Techniken soll dokumentiert werden, dass der Mitarbeiter nur auf solchen Feldern gute Leistung gezeigt hat, die nicht im Zentrum seiner eigentlichen Tätigkeit standen. Erneut stellt sich dem Diagnostiker, der eine solche Technik in einem Arbeitszeugnis zu erkennen glaubt, hier die Frage, ob der Verfasser absichtlich so handelte oder vielleicht nur aus Unerfahrenheit und ohne Absicht den Eindruck einer entsprechenden Technik erzeugt hat.

Etwas weniger spekulativ ist die *Einschränkungs-Technik*. Zwar wird etwas Positives über den Mitarbeiter gesagt, der Gültigkeitsbereich der Bewertung aber auf sehr spezifische Arbeitsfelder eingeschränkt. Voraussetzung für eine zutreffende Interpretation der Technik durch den Leser des Zeugnisses ist die genaue Kenntnis des alten Arbeitsplatzes. Wer nicht weiß, welche Arbeitsaufträge zu erledigen waren, erkennt nicht, welche Bereiche von der positiven Bewertung ausgeschlossen wurden.

Äußerst spekulativ ist hingegen die *Andeutungs-Technik*. Mit Hilfe der Formulierung „Herr X ist anspruchsvoll." soll beispielsweise auf einen besonders schwierigen Mitarbeiter hingewiesen werden. Sehr leicht könnte man die Formulierung aber auch wörtlich nehmen und glauben, es handele sich um einen Menschen, der sich selbst und seinen Mitarbeitern herausfordernde Ziele stellt. Woher soll der Leser aber wissen, ob der Verfasser das Gegenteil des Gesagten andeuten will?

Bei Anwendung der *Knappheits-Technik* drückt man die mangelnde Wertschätzung durch ein betont kurzes Arbeitszeugnis aus. Ein sehr kurzes Zeugnis könnte allerdings ebenso gut auf mangelndes Engagement oder Unerfahrenheit des Verfassers hindeuten.

Die *Widerspruchstechnik* ist hingegen weniger leicht angreifbar. Dabei versucht der Verfasser, eine positive Bewertung kurz darauf wieder zurückzunehmen. Das Ganze ist so positiv ausgedrückt, dass man beim ersten Lesen den Widerspruch gar nicht erkennt. Wer beispielsweise dem Zeugnis zufolge nur nach vorgegebenen Richtlinien völlig selbständig arbeiten kann, benötigt eigentlich jemanden, der ihm immer genau sagt, was er zu tun und zu lassen hat.

Tabelle 7-6: Techniken zur verdeckten Übermittlung negativer Bewertungen im Arbeitszeugnis (nach Weuster, 1994)

Technik	Vorgehen
Positiv-Skala-Technik	Die gesamte Bandbreite sehr negativer bis hin zu sehr positiven Bewertungen wird auf eine Skala abgestufter Positiv-Formulierungen transformiert. Beispiel: Die Formulierung „im Großen und Ganzen zufrieden" kommt der Benotung „mangelhaft" gleich.
Leerstellen-Technik	Negative Urteile über bestimmte Arbeitsbereiche werden umgangen, indem auf eine Erwähnung des gesamten Bereiches verzichtet wird. Ist der Bereich an sich wichtig (z.B. Verhältnis zum Vorgesetzten), so erkennt der Leser des Zeugnisses an der Auslassung, dass hier etwas nicht stimmen kann.
Reihenfolge-Technik	Um eine negative Bewertung kenntlich zu machen, werden Nebensächlichkeiten, die positiv zu bewerten sind (z.B. Leistungen bei der Organisation eines Betriebsausfluges) in den Vordergrund gerückt, indem sie der Beschreibung der eigentlich wichtigen Arbeitsbereiche im Zeugnis zeitlich vorgeordnet werden.
Ausweich-Technik	Vergleichbar zur Reihenfolge-Technik wird Unwichtiges gegenüber dem eigentlich Wichtigen akzentuiert, jedoch ohne eine veränderte Abfolge der Themenbereiche. Stattdessen berichtet man möglichst viel über Nebensächlichkeiten und handelt die wichtigen Themen kurz ab.
Einschränkungs-Technik	Der Gültigkeitsbereich eindeutig positiver Aussagen wird inhaltlich, räumlich oder zeitlich eingeschränkt. Beispiel: „Der Mitarbeiter X hat die Aufgabe A zur vollen Zufriedenheit erfüllt." Hier soll verdeutlicht werden, dass dies eben nur für die Aufgabe A und nicht auch für B und C gilt.
Andeutungs-Technik	Durch bestimmte Formulierungen sollen negative Assoziationen beim Leser des Zeugnisses geweckt werden. Beispiel: „Herr X ist ein anspruchsvoller und kritischer Mitarbeiter." Angedeutet wird hier, dass Herr X vor allem ein schwieriger Mitarbeiter war, der seinen Vorgesetzen gern und viel kritisiert hat.
Knappheits-Technik	Das Zeugnis wird insgesamt sehr knapp gehalten, um eine mangelnde Wertschätzung des Mitarbeiters zum Ausdruck zu bringen.
Widerspruchs-Technik	Mit Hilfe versteckter Widersprüche soll eine negative Bewertung verborgen werden. Beispiel: „Herr X konnte nach vorgegebenen Richtlinien selbständig arbeiten." Der geschulte Leser merkt: Wenn man Herrn X genaue Richtlinien an die Hand geben musste, dann spricht dies eindeutig gegen seine Selbständigkeit.

So kreativ die Ideen der Verschleierungstechniken auch sein mögen, eine eindeutige Botschaft enthalten sie nicht. Das zentrale Problem besteht darin, dass eine bestimmte Technik, wenn sie denn vom eingeweihten Leser als solche wahrgenommen wird, vom Verfasser keineswegs intendiert gewesen sein muss. Es gibt immer alternative Ursachen, die zu dem gleichen Resultat im Zeugnis geführt haben können. Die Techniken stellen also eine Geheimsprache dar, die man nicht zweifelsfrei als solche erkennt und dechiffrieren kann. Überdies weiß man nicht einmal genau, ob die Botschaft beim Absender überhaupt chiffriert wurde. Jenseits all dieser Probleme kann man – bei kleineren Firmen – nicht sicher sein, ob die Mitarbeiter das Zeugnis nicht in weiten Teilen oder gar vollständig selbst verfasst haben. All diese Probleme zusammengenommen, lassen es gerechtfertigt erscheinen, dass Schuler (2000) dem Arbeitszeugnis eine eher geringe Validität zuschreibt.

In Abbildung 7-8 wird die zentrale Problematik des Arbeitszeugnisses verdeutlicht. Am Anfang steht zunächst das Verhalten des Mitarbeiters am Arbeitsplatz. Der Vorgesetzte macht sich auf der Basis dieser Informationen ein Bild von den Kompetenzen, den Stärken und Schwächen seines Mitarbeiters. Dieses Bild stimmt zwangsläufig nicht vollständig mit der Realität überein, da nicht sämtliche Informationen aufgenommen werden können. Schließlich kann der Vorgesetzte nicht ständig neben seinem Mitarbeiter stehen und ihn beobachten. Hinzu kommt der Einfluss von systematischen Urteilsfehlern und Bezugssystemen (Kanning, 1999; Kanning, Hofer & Schulze Willbrenning, 2004). Vergleichbar zur Benotung in der Schule wird auch im Arbeitsleben die Leistung nicht absolut, sondern in Relation zur Leistung der Kollegen sowie den Ansprüchen des Vorgesetzten bewertet. Ein und dasselbe Verhalten kann mithin unterschiedliche Bewertungen erfahren, je nachdem, in welchem Kontext (Unternehmen, Abteilung, Vorgesetzter, Kollegen etc.) sie erbracht wurde. Das Urteil der Vorgesetzten wird anschließend zu Papier gebracht. Das Arbeitszeugnis bildet die Wahrnehmung des Vorgesetzten allerdings nicht ohne Verluste ab. Der Vorgesetzte kann nicht alle Beobachtungen im Detail aufschreiben. Er wird sich mehr oder weniger viel Mühe geben und Zeit investieren. Dabei zwingt ihn der Gesetzgeber dazu, zum Teil in Rätseln zu sprechen. Inwieweit es ihm gelingt, seine Beurteilung adäquat zu chiffrieren hängt u.a. von der Kenntnis einschlägiger Techniken ab. In großen Unternehmen wird er bei dieser wichtigen Aufgabe oft durch einen Mitarbeiter der Personalabteilung unterstützt. Im letzten Schritt werden die Zeugnisinhalte wieder in ein Bild verwandelt, das sich der potentiell neue Arbeitgeber von dem Bewerber macht. Inwieweit dieses Bild das Zeugnis unverfälscht widerspiegelt, hängt u.a. von der Sorgfalt ab, mit der der Diagnostiker arbeitet. Überdies setzt eine zutreffende Analyse die Kenntnis der richtigen Dechiffrierungscodes voraus und auch die Urteilsbildung des Diagnostikers unterliegt zumindest potentiell einer Reihe systematischer Urteilsfehler (vgl. Abschnitt 2.2). Am Ende stellt sich nun die Frage, inwiefern das Bild, das sich der Diagnostiker vom arbeitsbezogenen Verhalten des Bewerbers macht, mit der Realität übereinstimmt. Je höher die Übereinstimmung ist, desto wertvoller ist die Zeugnisanalyse für den gesamten Prozess der Personaldiagnostik. Angesichts der Vielzahl möglicher Fehlerquellen überrascht es nicht, wenn wir hier davor warnen müssen, einem einzelnen Zeugnis allzu großes Gewicht beizumessen.

Wie sieht es im Vergleich hierzu mit den Referenzen aus? Sofern es sich um schriftliche Referenzen handelt, tauchen vergleichbare Probleme auf. Man weiß zunächst nicht genau, ob der Referenzgeber über hinreichende fachliche und diagnostische Kompetenzen verfügt. Untersuchungen zur Reliabilität deuten auf eine eher geringe zeitliche Stabilität der Beurteilungen hin (Moser & Rhyssen, 2001). Da Referenzen immer freiwillige Fürsprachen darstellen, besteht die Gefahr von Gefälligkeitsgutachten oder – weniger unfreundlich ausgedrückt – zumindest eine Tendenz zur Milde (vgl. Moser & Rhyssen, 2001). Weniger problematisch ist hingegen die Interpretation der Texte. Es besteht für den Referenzgeber kein zwingender Grund zur Chiffrierung seiner Botschaft. Er kann offen und ehrlich sagen, was er denkt. In den allermeisten Fällen wird es der Diagnostiker jedoch nicht nur beim Lesen belassen, sondern das persönliche Gespräch mit dem Referenzgeber suchen. Hierin liegt die besondere Stärke der Methode. Etwaige Interpretationsprobleme können direkt aus dem Weg geräumt werden, sofern sich eine offene Gesprächsatmosphäre entwickelt. Auch hat der Diagnostiker eine Chance, etwas über den Hintergrund der Fürsprache zu erfahren. Im günstigsten Fall erkennt er, inwieweit der Referenzgeber tatsächlich über hinreichende Kenntnisse des Arbeitsfeldes, über fachliche und diagnostische Kompetenzen verfügt. In der Metaanalyse von Schmidt und Hunter (1998) konnte für den reference check denn auch eine durchaus beachtliche Validität (.26) gefunden werden.

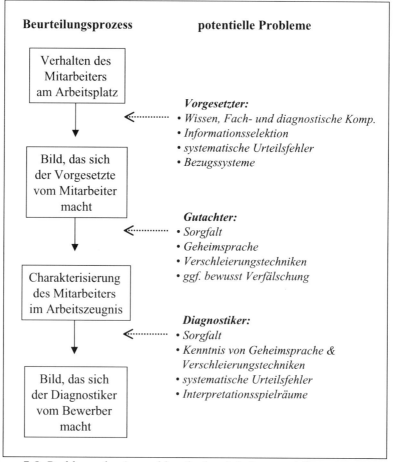

Abbildung 7-8: Probleme der Auswahlmethode „Arbeitszeugnis"

Soweit die Probleme. Wie können wir den genannten Schwierigkeiten nun aber in der professionellen Personaldiagnostik begegnen (vgl. Tabelle 7-5)? Zunächst einmal ist es natürlich wichtig, dass der Diagnostiker über *"Geheimsprache und Verschleierungstechniken"* hinreichend informiert ist. Dies ist eine eher banale Grundlage seiner Arbeit, die – wie wir bereits gesehen haben – ihm aber leider nicht sehr viel weiter hilft.

Viel hilfreicher ist hingegen das direkte *Gespräch mit dem ehemaligen Arbeitgeber*. Hierin muss dreierlei geklärt werden. (1) Wie ist es um das Wissen des Vorgesetzten über die Tätigkeitsfelder und das arbeitsbezogene Verhalten seines Mitarbeiters bestellt? Kennt er den Mitarbeiter persönlich oder war der Bewerber einer von Dutzenden, die in seiner Abteilung ihre Arbeit verrichtet haben? Erfährt er nur etwas über das Ergebnis der Arbeit oder kann er das arbeitsbezogene Verhalten selbst verlässlich beurteilen? Wenn all diese Fragen positiv beantwortet werden können, stellt sich nun die Frage nach der fachlichen Kompetenz. (2) Verfügt der Vorgesetzte über eine ausreichend fachliche Kompetenz, um die Leistungen adäquat würdigen zu können und wie sind seine Bewertungsmaßstäbe? Gerade in großen Unternehmen sind Vorgesetzte häufig fachfremd und können die Qualifikation ihrer Mitarbeiter oft nur laienhaft beurteilen. Besonders hohe oder eher niedrige Ansprüche können zudem das Urteil deutlich in die eine oder andere Richtung verschieben. Zu guter Letzt muss die schwierigste Frage beantwortet werden. (3) Verfügt der Vorgesetzte über diagnostische Kompetenzen? Dies lässt sich bestenfalls zwischen den Zeilen erkennen: Trennt der Vorgesetzte zwischen Beobachtung und Bewertung, unterscheidet Informationen, die er aus eigener Anschauung kennt, von solchen, die ihm zugetragen wurden, bemüht er sich um Sachlichkeit und reflektiert seine eigenen Urteilsprozesse, so spricht dies für die Qualität seines Urteils. Alle drei Punkte gelten nicht nur für Arbeitszeugnisse, sondern auch für Referenzen. Ein Telefongespräch schafft in beiden Fälle oft mehr Klarheit als ein langwieriges Deuten schriftlicher Aussagen. Nicht zu unterschätzen ist auch die Möglichkeit, im persönlichen Gespräch hinter die Fassade positiver Formulierungen zu schauen.

Handelt es sich um Bewerber, die bereits mehrere Anstellungen aufweisen, so bietet sich im Falle des Arbeitszeugnisses ein *Vergleich mehrerer Zeugnisse* an.[18] Hier lässt sich ein grundlegendes Prinzip der professionellen Verhaltensbeobachtung verwirklichen. Die Beurteilungen sind besonders aussagekräftig, wenn mehrere Beobachter unabhängig voneinander zu einem übereinstimmenden Urteil gelangen (vgl. Kapitel 3.2). Dabei ist es eher von Vorteil, wenn die Arbeitstätigkeiten in den verschiedenen Unternehmen nicht völlig identisch waren. Dies erleichtert eine Trennung der Personenmerkmale von den Einflüssen der Umwelt auf das Leistungsverhalten. Die berufliche Leistung eines Menschen hängt nicht nur von seinen eigenen Merkmalen, wie Motivation, Intelligenz, Fach- und Sozialkompetenz, sondern auch von den äußeren Bedingungen, unter denen die Arbeit zu verrichten ist, ab. Hierzu zählen beispielsweise die Verfügbarkeit und Qualität der Werkzeuge, zeitliche Vorgaben sowie die Kompetenzen und das Verhalten von Vorgesetzten und Kollegen. Erbringt ein Bewerber an völlig verschiedenen Arbeitsplätzen hervorragende Leistungen, so ist dies vor allem ein Ausdruck seiner eigenen Fähigkeiten und Fertigkeiten und weniger wahrscheinlich eine Konsequenz günstiger Rahmenbedingungen. In Abbildung

---

[18] Gleiches gilt für die Analyse von Referenzen, sofern mehrere vorliegen sollten.

7-9 wird die Komplexität der Materie deutlich (vgl. Kanning 2002c). Liegt nur ein Arbeitszeugnis vor, kann der Diagnostiker keine Trennung zwischen Personenmerkmalen und Umwelteinflüssen vornehmen. Es könnte sein, dass der Bewerber allein aufgrund seiner herausragenden Kompetenzen, trotz widriger Umstände, exzellente Leistungen erbracht hat. Ebenso könnten aber auch besonders günstige Rahmenbedingungen zu einer besonderen Leistung beigetragen haben. Eine wertvolle Aussage kann man aus dem Arbeitszeugnis nur dann ziehen, wenn der alte Arbeitsplatz mit dem neuen weitestgehend identisch ist, denn bei konstanten Umweltbedingungen ist die Wahrscheinlichkeit für eine stabile Arbeitsleistung besonders groß.

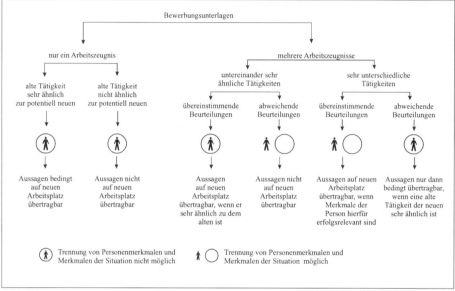

Abbildung 7-9: Aussagemöglichkeiten von Arbeitszeugnissen

Liegen mehrere Zeugnisse vor, so ist erst einmal zu klären, ob die Tätigkeitsfelder sehr ähnlich oder eher unterschiedlich waren. Waren sie einander sehr ähnlich, ist entscheidend, inwieweit die Beurteilungen übereinstimmen. Bei übereinstimmenden Beurteilungen kann erneut keine Trennung zwischen Personenmerkmalen und Umwelteinflüssen vorgenommen werden, denn der Bewerber hat sich offensichtlich in gleichen Arbeitkontexten in gleicher Weise bewährt. Dennoch ist diese Information wichtig. Stimmen die bisherigen Arbeitstätigkeiten des Kandidaten mit den zukünftigen überein, spricht vieles für eine Übertragbarkeit der Urteile auf den neuen Arbeitsplatz. Wer sich zwei- oder dreimal in einem Arbeitsumfeld bewährt hat, der sollte dies auch noch ein drittes oder viertes Mal tun können. Liegen trotz sehr ähnlicher Arbeitstätigkeiten abweichende Beurteilungen vor, ist eine Trennung zwischen Personenmerkmalen und Umweltmerkmalen möglich. Offenbar zeigt der Kandidat nicht konsistent gute Leistungen, was möglicherweise an Motivationsdefiziten liegt. In diesem Falle helfen die Beurteilungen im Arbeitszeugnis bei der Auswahl des Bewerbers nicht viel weiter. Selbst wenn die neue Arbeitstätigkeit weitgehend identisch mit den vorherigen ist, weiß man nicht, ob sich der Bewerber bewähren wird. Stellt sich der Kandidat aufgrund der übrigen Bewerbungsunterlagen als viel versprechend dar, kann man aus den Arbeitszeugnissen lediglich Fragen und Hypothesen für die weitere Untersuchung ableiten.

Arbeitszeugnisse können sich aber auch auf sehr unterschiedliche Tätigkeiten beziehen. Erhält ein Bewerber übereinstimmende Beurteilungen an völlig unterschiedlichen Arbeitsplätzen, ermöglicht dies eine Trennung zwischen Personenmerkmalen und Umwelteinflüssen. Wenn die Leistung konstant ist, obwohl sich die Umgebungsbedingungen stark verändern, liegt dies offensichtlich an den individuellen Kompetenzen des Menschen. Sind die in den Zeugnissen angesprochenen Kompetenzen für den zukünftigen Arbeitsplatz von Belang, so besitzen die Zeugnisse eine besondere Relevanz für die anstehende Auswahlentscheidung.

Nun bleibt noch eine letzte Möglichkeit übrig: Die Zeugnisse beziehen sich auf unterschiedliche Tätigkeitsfelder und beinhalten zudem abweichende Bewertungen. Wie in den meisten Fällen sind wir nun wieder nicht in der Lage, die Personenmerkmale von den Einflüssen der beruflichen Umwelt zu trennen. Wir können daher nur die Beurteilungen in die Analyse aufnehmen, die sich auf einen Arbeitsplatz beziehen, der dem neuen Arbeitsplatz sehr ähnlich ist und hoffen, dass die beschriebenen Leistungen sich auch in Zukunft zeigen werden.

Wir sehen, die Analyse von Arbeitszeugnissen und Referenzen ist weitaus komplexer als es auf den ersten Blick vielleicht scheinen mag. Arbeitszeugnisse sind mit vielen Problemen behaftet, die man jedoch zumindest teilweise lösen kann. Neben einer guten Ausbildung des Diagnostikers helfen systematische Überlegungen (vgl. Abbildung 7-9) und vor allem das persönliche Gespräch mit dem Urheber eines Zeugnisses dabei, die Klippen der Methode zu umschiffen.

7.1.6 Standards

Im Vergleich zu anderen Methoden der Personaldiagnostik gibt es nur wenige Studien, die sich direkt mit der Nutzung der Bewerbungsunterlagen im Auswahlprozess beschäftigen. Dennoch lassen sich vor dem Hintergrund allgemeiner methodischer Prinzipien einige grundlegende Standards formulieren. Sie orientieren sich u.a. am diagnostischen Prozess der Analyse von Bewerbungsunterlagen (Abbildung 7-10), auf den wir zunächst eingehen werden.

Die wichtigste Basis für eine seriöse Sichtung der Bewerbungsunterlagen bildet die Anforderungsanalyse (vgl. Abschnitt 6.2). Sie definiert, welche Merkmale ein Bewerber mitbringen muss, damit er die Aufgaben, die der Arbeitsplatz an ihn stellen würde, erfolgreich bewältigen kann. Die Anforderungsanalyse legt nicht nur das Fundament für die Sichtung der Bewerbungsunterlagen, sondern auch für alle sich später anschließenden Verfahren der Personaldiagnostik. Die wichtige Funktion der Anforderungsanalyse im diagnostischen Prozess ist leicht nachzuvollziehen und dennoch gibt es viele Unternehmen, die offenbar über keine fundierte Definition der Anforderungen verfügen. Zur Illustration hier ein Beispiel: Auf einer Veranstaltung des Career Service der Universität Münster waren die Rekrutierungsmanager mehrerer Großunternehmen eingeladen, um vor etwa 200 Studierenden kund zu tun, wie man erfolgreich Bewerbungsunterlagen gestaltet. Jenseits der in der Ratgeberliteratur zu findenden Tipps wurden keine neuen Informationen gegeben. Dies war auch nicht anders zu erwarten. Erschreckend war hingegen, dass die Verantwortlichen ihre eigenen Anforderungen nicht erklären oder gar begründen konnten. Sofern überhaupt Merkmalsdimensionen genannt wurden, ging es nicht über wohlklingende Allgemeinplätze wie „Teamgeist" oder „Leistungsbereitschaft" hinaus. Mehr noch, ein Personalchef forderte die Zuhörer dazu auf, Bewerbungen so zu formulieren, dass sie ihn begeistern könnten. Einmal abgesehen von der Tatsache, dass kaum einer im Saal genau wusste, womit man den Herrn begeistern kann, scheint hier ein fundamentales Missverständnis vorzuliegen. Bewerbungen dienen nicht dem Entertainment der Leserschaft.

Weiß man, welche Merkmale relevant sind, muss in einem zweiten Schritt eine *Operationalisierung* im Hinblick auf die Methode „Bewerbungsunterlagen" erfolgen. Zu den Anforderungen gehört sicherlich eine hinreichende fachliche Kompetenz. Die Frage ist nun, woran der Diagnostiker eine hinreichende fachliche Kompetenz erkennen soll. Je nachdem, welche personaldiagnostische Methode zum Einsatz kommt, können dies ganz unterschiedliche Kriterien sein. Bei einer Arbeitsprobe kann die Fachkompetenz unmittelbar an der Qualität der beobachtbaren Leistung festgemacht werden. Bei Bewerbungsunterlagen muss man sich hingegen auf Noten und Beschreibungen in Ausbildungs- und Arbeitszeugnissen sowie Referenzen beziehen. Die Operationalisierung fachlicher Qualifikation ist vergleichsweise einfach. Sehr viel schwieriger wird die Aufgabe, wenn abstrakte Persönlichkeitsmerkmale, wie etwa Intelligenz, Leistungsmotivation oder Teamfähigkeit gemessen werden sollen. Derartige Merkmale lassen sich sehr viel besser durch standardisierte Tests und Fragebögen, aber auch durch Interviews oder Assessment Center erfassen. Das Anwendungsfeld der Bewerbungsunterlagen liegt vor allem in der Erfassung fachlicher Qualifikationen und biographische Fakten. Ist die Anzahl der fachlich hinreichend qualifizierten Bewerber so groß, dass sie allein über die Qualifikation nicht auf eine ökonomisch zu bewältigende Menge reduziert werden kann, wird man zusätzliche Merkmalsbereiche ins Visier nehmen müssen, für deren Messung die Bewerbungsunterlagen nicht besonders gut geeignet sind. So könnte man Intelligenz im Grunde genommen über die Durchschnittsnoten in verschiedenen Zeugnissen operationalisieren, wobei die Geschwindigkeit, mit der eine Ausbildung absolviert wurde, ebenfalls in die Betrachtung einfließt. Die Teamfähigkeit wird aus Bewertungen der Arbeitszeugnisse in Kombination mit Hinweisen auf soziale Aktivitäten in der Freizeit erschlossen (z.B. Engagement in Vereinen oder Mannschaftssportarten). In jedem Fall sollte man immer mehrere Informationen miteinander verbinden. Auf diesem Weg erhält die Messung ein stabileres Fundament, denn man darf nicht aus den Augen verlieren, dass die Einzelkriterien immer auch durch ganz andere als die gedachten Faktoren hervorgerufen werden können. So mag jemand beispielsweise nur deshalb keine Mannschaftssportarten bevorzugen, weil er sich prinzipiell nicht für Sport interessiert. Ein anderer ist in Mannschaftssportarten aktiv, gibt dies aber in den Bewerbungsunterlagen nicht an, weil er es für eine irrelevante Information hält. Die Messung abstrakter Persönlichkeitsmerkmale mit Hilfe der Bewerbungsunterlagen ist immer äußerst problematisch. Wann immer sich die Möglichkeit ergibt, sollte man daher auf validere Methoden ausweichen. Eine hoffnungsvolle Perspektive bietet hier das Internet (siehe Abschnitt 7.2). Über computergestützte Testverfahren und Fragebögen lassen sich schnell und kostengünstig selbst größere Bewerbermengen untersuchen.

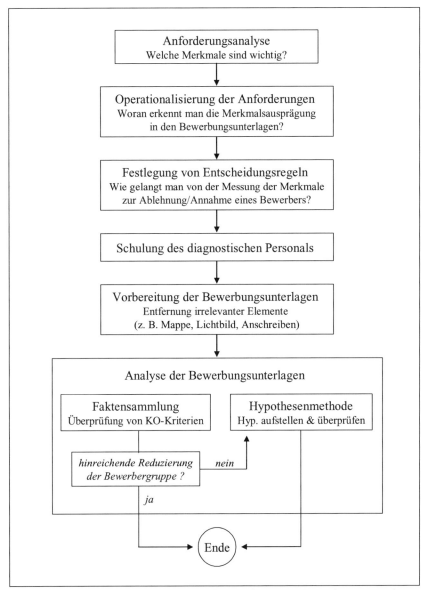

Abbildung 7-10: Diagnostischer Prozess der Analyse von Bewerbungsunterlagen

Steht fest, was gemessen werden soll und wie es gemessen werden kann, geht es im dritten Schritt um die Festlegung der *Entscheidungsregeln*. Die Entscheidungsregeln definieren, unter welchen Bedingungen ein Bewerber schon jetzt abgelehnt wird oder in die nächste Phase des sukzessiven Auswahlverfahrens eintreten kann. Im Abschnitt 6.7 sind wir bereits ausführlich auf unterschiedliche Entscheidungsregeln eingegangen. Im Hinblick auf Bewerbungsunterlagen ist sicherlich das Prinzip des KO-Kriteriums die am häufigsten angewandte Entscheidungsregel. Sie ist gleichzeitig die einfachste. Im Vorfeld wird eine Liste der unbedingt notwendigen Merkmale aufgestellt (z.B. einschlägige Ausbildung, Notendurchschnitt). Erfüllt ein Bewerber eines dieser grundlegenden Kriterien nicht, wird er abgewiesen. Bei weniger grundlegenden Merkmalen sind ggf. wechselseitige Kompensationen zugelassen. Defizite in einem Bereich dürfen durch besondere Stärken in einem anderen Bereich ausgeglichen werden. Ein anspruchsvolles Vorgehen beschreiben Harvey-Cook und Taffer (2000). Für einen konkreten Anwendungsfall haben sie ein mathematisches Modell spezifiziert, nach dem gezielt einzelne Informationen aus den Bewerbungsunterlagen herausgegriffen und gewichtet werden. Die Entscheidung über die Annahme oder Zurückweisung eines Bewerbers wird mit Hilfe des Modells auf mathematischem Wege bestimmt. Abbildung 7-11 verdeutlicht das Vorgehen.

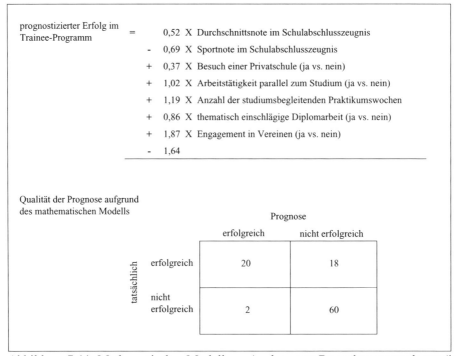

Abbildung 7-11: Mathematisches Modell zur Analyse von Bewerbungsunterlagen (in Anlehnung an Harvey-Cook & Taffer, 2000)

Stellen wir uns einmal die folgende Situation vor. Ein Großunternehmen stellt jedes Jahr 22 Hochschulabsolventen ein, die alle ein Trainee-Programm durchlaufen. Am Ende des Programms wird entschieden, ob ein Kandidat für eine dauerhafte Anstellung hinreichend geeignet ist oder nicht. Sammelt man nun die Bewerbungsdaten mehrerer Jahrgänge, so dass eine große Stichprobe zustande kommt, lässt sich der Erfolg bzw. Misserfolg des Trainee-Programms mathematisch prognostizieren (logistische Regression). Es ergibt sich eine Gleichung, die in Abbildung 7-11 dargestellt ist. In unserem fiktiven Beispiel würde man die Durchschnittsnote des Abiturzeugnisses mit 0,52 multiplizieren und hiervon die mit 0,69 multiplizierte Sportnote abziehen usw. Zum Ende ergibt sich ein Gesamtwert für den ein Cut-Off-Wert vorliegt (vgl. Abschnitt 6.7). Wer darüber liegt, wird für die Trainee-Ausbildung eingestellt, weil man mit großer Wahrscheinlichkeit sagen kann, dass der Kandidat die Ausbildung erfolgreich absolvieren kann. Wie groß die Wahrscheinlichkeit ist, lässt sich anhand der Untersuchungsstichprobe ermitteln. Die Güte der Prognose kann z.B. in Form einer Tabelle (Abbildung 7-11) ausgedrückt werden. Kommt das mathematische Prognosemodell zum Einsatz, hat dies in unserem Beispiel zur Folge, dass von 22 eingestellten Bewerbern 20 die Ausbildung erfolgreich abschließen. Zwei hingegen werden das Ziel nicht erreichen und stellen insofern eine Fehlprognose dar. Umgekehrt werden 18 % der Bewerber zu Unrecht abgewiesen, was ebenfalls einer Fehlprognose entspricht. Insgesamt betrachtet, ist allerdings die überwiegende Mehrheit der Entscheidungen (80 %) richtig. Wir sehen, unser Modell – und auch das von Harvey-Cook und Taffer (2000) – ist keineswegs perfekt. Mit Hilfe des Modells weiß man jedoch, welche Fehler auftreten und kann durch Veränderungen der mathematischen Parameter die bestmögliche Prognose erarbeiten. Dabei spielen auch Wertentscheidungen eine Rolle. So werden wahrscheinlich die meisten Unternehmen eher mit einer fehlerhaften Ablehnung geeigneter Bewerber denn mit einer fehlerhaften Einstellung ungeeigneter Kandidaten leben können. Manchem Verantwortlichen mag ein solches Vorgehen zu mechanistisch und „kalt" vorkommen. In der Tat gibt es hier für den Diagnostiker keine Entscheidungsspielräume. Andererseits befreit es den Diagnostiker von der Last, fehleranfällige Entscheidungen allein verantworten zu müssen.

An dieser Stelle des diagnostischen Prozesses steht fest, über welche Merkmale ein Mitarbeiter verfügen sollte, wie sich diese Merkmale anhand der Bewerbungsunterlagen messen lassen können und nach welchen Regeln die gesammelten Informationen schließlich zu einer Entscheidung für oder gegen den Kandidaten integriert werden. All dies wird im Rahmen einer *Schulung* dem diagnostischen Personal vermittelt und an praxisnahen Beispielfällen eingeübt. Die Schulung gewährleistet über viele verschiedene Gutachter und Bewerber hinweg eine gleichbleibende Diagnosequalität. Handelt es sich um erfahrenes Personal, dürfte die Schulung nur wenig Zeit in Anspruch nehmen.

Bevor es nun an die eigentliche Sichtung der Bewerbungsunterlagen geht, werden die Materialien vom Sekretariat oder einem Praktikanten für die Analyse vorbereitet. Die *Vorbereitung der Bewerbungsunterlagen* besteht in einem einfachen Aussortieren irrelevanter Informationen. In den vorangestellten Abschnitten sind wir bereits auf das Problem eingegangen, dass die Bewerbungsmappe, das Lichtbild und auch das Anschreiben, oftmals keine wichtigen Informationen liefern, gleichwohl aber eine verführerische Quelle systematischer Urteilsverzerrungen darstellen. Machwirth et al. (1993) konnten zeigen, dass gerade bei der Ablehnung ungeeignet erscheinender Bewerber bevorzugt formale Kriterien, wie etwa Tippfehler im Anschreiben oder die optische Gestaltung der Bewerbungsmappe eine Rolle spielen. Bewusst war den Verantwortlichen dies jedoch nicht. Die sicherste Methode zur Vorbeugung ist in diesem Fall eine Entfernung all jener Unterlagen, denen nach den festgelegten Entscheidungsprinzipien ohnehin keine Aussagekraft zukommt bzw. zukommen darf.

Die letztlich aussagekräftigen Bestandteile der Bewerbung werden anschließend der eigentlichen *Analyse* unterzogen. Dabei können zwei Phasen unterschieden werden. In Phase 1 geht es um die Sammlung von Fakten im Hinblick auf etwaige KO-Kriterien (Alter, Ausbildung, Zusatzqualifikationen, einschlägige Berufserfahrung u.Ä.). Die Angaben zu beruflichen Qualifikationen müssen immer durch passende Dokumente belegt werden. Fehlende Dokumente können leicht telefonisch oder per Mail nachgeordert werden. Dies ist eine Aufgabe, die bereits bei der Vorbereitung der Analyseunterlagen erledigt werden könnte, sofern entsprechende Defizite beim groben Durchblättern der Unterlagen auffallen. Ist die Anzahl der geeigneten Bewerber ohnehin sehr hoch, so wird man allerdings wohl eher geneigt sein, den Kandidaten gleich abzuweisen. Eine Überprüfung der Angaben durch Dokumente erscheint auf den ersten Blick vielleicht ein wenig kleinmütig. Schultz und Schultz (2002) berichten jedoch, dass in den USA bis zu 90 % der Personalverantwortlichen bereits mit Bewerbern konfrontiert wurden, die fehlerhafte Angaben über die Dauer früherer Beschäftigungen machten. Fast 80 % der Verantwortlichen sind Fälle bekannt, in denen sogar College-Abschlüsse vorgetäuscht wurden. Will man sicher sein, dass alle Bewerber von vornherein die relevanten Informationen liefern, könnte man eine entsprechende Liste ins Internet stellen und würde in der Stellenanzeige auf diese Liste verweisen. Alternativ hierzu kann ein Personalfragebogen verschickt werden, der alle relevanten Informationen standardisiert erfasst. Lässt sich allein durch diese erste Phase der Bewerberpool soweit reduzieren, dass alle verbleibenden Kandidaten in die nächste Stufe des Auswahlprozesses eintreten, ist an dieser Stelle die Analyse der Bewerbungsunterlagen beendet (vgl. Abbildung 7-10). Ist dies nicht der Fall, so bieten sich zur stärkeren Selektion der Bewerber zwei alternative Vorgehensweisen an. Entweder es kommen nun standardisierte Tests und Fragebögen zum Einsatz, die kostengünstig im Internet ausgefüllt und computergestützt ausgewertet werden oder die Analyse der Bewerbungsunterlagen geht in die zweite Phase. In der zweiten Phase kommt die Hypothesenmethode zum Einsatz. Der Diagnostiker geht ähnlich wie ein Wissenschaftler vor, stellt Hypothesen über nicht-fachliche Merkmale des Bewerbers auf und sucht in den vorhandenen Daten nach Hinweisen, die für eine Bestätigung oder eine Widerlegung der Hypothese sprechen. Überwiegen Erstere, so gilt die Hypothese als verifiziert, d.h. der Bewerber wird bis auf weiteres so bewertet, wie es die Hypothese besagt. In Abbildung 7-12 findet sich ein Beispiel für die Hypothesenmethode. Aus den Zeugnisunterlagen des Bewerbers erfährt der Diagnostiker etwas über die Abiturnote. In unserem Beispiel fällt sie mit 1,1 sehr gut aus. Nehmen wir weiterhin an, dass in der Anforderungsanalyse die Merkmalsdimension „Leistungsmotivation" als wichtiger Prädiktor beruflichen Erfolgs identifiziert wurde. Auf der Basis der sehr guten Abiturnote lässt sich eine begründete Hypothese aufstellen. Es spricht einiges dafür, dass der Bewerber eine hohe Leistungsmotivation aufweist, denn in aller Regel reicht eine hohe Intelligenz allein für Spitzenleistungen nicht aus. Der Mensch muss auch dazu bereit sein, seine Fähigkeiten in Taten umzusetzen. Der Diagnostiker stellt daher zu Recht die Hypothese einer hohen Leistungsmotivation auf. Im dritten Schritt sucht er in den Bewerbungsunterlagen nach weiteren Informationen, die zur Bestätigung oder zur Widerlegung der Hypothese geeignet sind. Vergleichbar zu einem Wissenschaftler gibt er dabei beiden Informationsarten eine reelle Chance und strebt nicht einseitig eine Bestätigung seiner Erwartungen an. Eine bestätigende Information könnte in unserem Beispielfall eine gute Examensnote sein, die trotz kurzer Studienzeit erzielt wurde. Als falsifizierend wird hingegen die Tatsache angesehen, dass der Kandidat nur seine Pflichtpraktika absolviert hat. Zum Schluss werden die bestätigenden Hinweise gegen die widerlegenden aufgerechnet. Im Beispielfall überwiegen eindeutig die Ersteren. Die Hypothese kann als verifiziert gelten. In diesem Falle würde der Bewerber mithin positiv bewertet. Ob der Kandidat damit die Hürde zur nächsten Stufe des Auswahlverfahrens genommen hat, hängt nun davon ab, ob er im Hinblick auf andere Merkmalsdimensionen ebenfalls positiv bewertet wird und wie die Bewertungen der Mitbewerber ausfallen. Kommt der Bewerber in die nächste Runde, wird die Hypothese mit weiteren Methoden (Tests, Verhaltensbeobachtung u.Ä.) eingehender überprüft.

---

(1) Information aus den Bewerbungsunterlagen: Abiturnote = 1,1

(2) Hypothese: Der Bewerber hat eine hohe Leistungsmotivation.

(3) Überprüfung der Hypothese: Suche nach bestätigenden/widerlegenden Hinweisen in den Bewerbungsunterlagen

bestätigend	widerlegend
• Studium in Regelzeit absolviert • Examensnote 1,3 • freiwilliges Auslandssemester • freiwilliges Nebenfachstudium	• nur Pflichtpraktika

(4) Schlussfolgerung: Hypothese kann einstweilen aufrechterhalten werden.

Abbildung 7-12: Prinzip der Hypothesenmethode

Die Hypothesenmethode ist durch eine integrative Analyse der Bewerbungsunterlagen gekennzeichnet. Das Urteil wird nicht allein auf der Grundlage einer singulären Information gefällt, sondern durch eine Integration vieler Informationen abgesichert. Insofern ist sie der naiven Deutung einzelner Informationen haushoch überlegen. Liegt nur eine einzige Information vor, kann die Hypothese weder bestätigt noch widerlegt, die Merkmalsdimension also anhand der Bewerbungsunterlagen nicht gemessen werden. Bislang liegen keine Forschungsbefunde vor, die eine einigermaßen abgesicherte Interpretation bestimmter Informationen aus dem Lebenslauf, dem Anschreiben oder unterschiedlichen Dokumenten im Hinblick auf konkrete Persönlichkeitsmerkmale, überfachliche Kompetenzen oder dergleichen erlauben. Die Hypothesenmethode arbeitet daher letztlich mit Interpretationen, die – jede für sich – schlecht abgesichert ist. Zwar hofft man durch die Sammlung gleichgerichteter Interpretationen das Risiko einer Fehleinschätzung zu reduzieren, ob und inwieweit dies tatsächlich gelingt, bleibt jedoch im Verborgenen. Hierin liegt die zentrale Schwäche des Vorgehens. Ein weiteres Problem ergibt sich, wenn das Verhältnis bestätigender und widerlegender Informationen nicht so eindeutig ausfällt wie in unserem Beispiel. Die Hypothesenmethode ist daher immer nur die zweite Wahl im Vergleich zu standardisierten Messinstrumenten. Wann immer es sich finanziell einrichten lässt, sollte man statt der Hypothesenmethode auf eine Messung mit besser abgesicherten Instrumente, (Fragebogen, Test) zurückgreifen.

Fassen wir alles was bislang zur Analyse von Bewerbungsunterlagen gesagt wurde zusammen, so lässt sich eine Reihe von *Standards* formulieren. Wie für alle Methoden der professionellen Personaldiagnostik, so gilt auch für die Analyse von Bewerbungsunterlagen der Grundsatz, dass sich die Diagnostiker nicht von ihrer Intuition leiten lassen, sondern rational begründete Entscheidungen treffen. Hierbei helfen verbindliche Bewertungskriterien und Entscheidungsregeln. Die Grundlage der Analyse – die selbstredend nur durch speziell geschultes Personal vorgenommen wird – bildet eine Anforderungsanalyse.

Ästhetische Kriterien (Lichtbild, Mappe, Formatierung des Textes etc.) werden nur dann zur Beurteilung eines Kandidaten herangezogen, wenn sie einen Anforderungsbezug aufweisen. Anderenfalls entfernt man die ästhetischen Informationen soweit es möglich ist bereits vor der Analyse und führt den Diagnostiker somit erst gar nicht in Versuchung. Sind ästhetische Merkmale hingegen wichtig, so wurden im Vorfeld der Diagnose möglichst eindeutige Bewertungskriterien aufgestellt. Da die Beurteilung dennoch sehr schwierig sein dürfte, werden zwei unabhängige Gutachter eingesetzt.

Generell spielen formale Kriterien, wie z.B. Tippfehler, eine untergeordnete Rolle. Keinesfalls wird ein Kandidat allein aufgrund eines solchen Mangels ohne weitere Begutachtung der Materialien aus dem Verfahren ausgeschlossen. Alle Aussagen, die sich auf fachliche Qualifikationen beziehen, werden anhand der beiliegenden Dokumente überprüft und fehlende Dokumente nachgeordert.

Bei der Analyse von Zeugnissen wird bevorzugt auf Durchschnittsnoten zurückgegriffen, wobei der Diagnostiker zumindest grob über etwaige Unterschiede in den Bezugssystemen (Bundesländer, Studienfächer, Promotionsquote etc.) informiert ist. Großunternehmen, die jedes Jahr mit Tausenden von Zeugnissen konfrontiert werden, könnten eigene Bezugsnormen berechnen, die ihnen bei der Einordnung des jeweiligen Zeugnisses helfen. Die Analyse von Arbeitszeugnissen und Referenzen erfordert grundlegende Kenntnisse bezüglich der Geheimsprache bzw. gängiger Verschleierungstechniken. Dennoch wird auf die Deutung der Informationen im Sinne der Verschleierungstechniken verzichtet, da nicht zweifelfrei geklärt werden kann, ob eine solche Technik vom Zeugnisverfasser tatsächlich intendiert war. Im Zweifelsfall sucht man das Gespräch mit dem Verfasser. Eine sinnvolle Analyse der Arbeitszeugnisse beinhaltet, dass neben den eigentlichen Bewertungen immer auch die Beschreibungen der Arbeitstätigkeit Berücksichtigung finden. Dies gilt gleichermaßen für den Vergleich verschiedener Zeugnisse untereinander als auch für die Überprüfung der Relevanz eines Zeugnisses im Hinblick auf den angestrebten Arbeitsplatz.

Kann allein über biographische Fakten und fachliche Qualifikationen keine hinreichende Selektion der Bewerbergruppe erfolgen, kommen standardisierte (internetgestützte) Instrumente zum Einsatz. Ist dies nicht möglich, greift man auf die Hypothesenmethode zurück.

Die Qualität des gesamten Verfahrens wird evaluiert. Auftretende Mängel werden durch eine Optimierung des Vorgehens (z.B. Präzison der Bewertungskriterien, Nachschulung des diagnostischen Personals) beseitigt.

Standards
für die Analyse von Bewerbungsunterlagen

- Der Diagnostiker lässt sich nicht von der Intuition leiten, sondern kann seine Entscheidungen stets rational begründen.
- Die Grundlage bildet eine Anforderungsanalyse.
- Vor der Analyse werden verbindliche Bewertungskriterien und Entscheidungsregeln aufgestellt.
- Das zur Analyse eingesetzte diagnostische Personal wurde geschult.
- Sofern ästhetische Kriterien nicht zu den Anforderungen gehören, werden vor der Analyse das Lichtbild sowie die Bewerbungsmappe entfernt.
- Falls ästhetische Kriterien zu den Anforderungen gehören, liegen eindeutige Definitionen vor und/oder die Einschätzung erfolgt durch zwei unabhängige Beurteiler.
- Formale Kriterien der Gestaltung spielen eine völlig untergeordnete Rolle, es sei denn, es besteht ein direkter Bezug zu den Anforderungen des Arbeitsplatzes.
- Aussagen des Bewerbers über fachliche Qualifikationen werden immer anhand der beigefügten Dokumente überprüft.
- Fehlende Informationen werden ggf. (bei erfolgversprechenden Kadidaten) kurzfristig nachgeordert (Telefon, Internet).
- Bei der Bewertung von Ausbildungszeugnissen wird bevorzugt mit Durchschnittsnoten gearbeitet.
- Der Diagnostiker ist über grundlegende Unterschiede in den Bezugssystemen verschiedener Ausbildungseinrichtungen informiert (gängiges Notenspektrum verschiedener Studiengänge, Promotionsrate etc.).
- Großunternehmen erstellen eigene Normen zur Einordnung von Zeugnisnoten.
- Der Diagnostiker ist über die Grundlagen der „Geheimsprache" und „Verschleierungstechniken" in Arbeitszeugnissen informiert.
- Auf eine Deutung der Zeugnisse im Sinne der Verschleierungstechniken wird verzichtet.
- Die Leistungen unterschiedlicher Zeugnisse werden im Hinblick auf die Arbeitstätigkeit und in Relation zu den Anforderungen des zukünftigen Arbeitsplatzes verglichen.
- Bei Referenzen und ggf. auch bei unklaren Arbeitszeugnissen sucht man das Gespräch mit dem Verfasser.
- Kann allein durch die faktenbezogene Selektion keine hinreichende Reduzierung der Bewerbergruppe erzielt werden, kommen entweder internetgestützte Test und Fragebögen oder die Hypothesenmethode zum Einsatz.
- Das gesamte Verfahren wird evaluiert und bei Bedarf optimiert.

7.2 Internet Recruitment

Unter Internet Recruitment verstehen wir die Anwerbung und Vorauswahl von Bewerbern mit Hilfe des Internets. Das Internet Recruitment ist also sowohl ein Instrument des Personalmarketings als auch der Personalauswahl (Beck, 2002; Hünninghausen, 2002). Synonyme Bezeichnungen sind Electronic Recruitment (Bruns, 2002), E-Recruitment (Paton, 2002), Online-Recruting oder E-Cruiting (Olesch, 2002; Peterman, 2003). Einige Autoren differenzieren explizit zwischen der Anwerbung (E-Recruitment) und der Auswahl mit Hilfe von Tests und Fragebögen, die per Internet durchgeführt werden (E-Assessment; vgl. Konradt & Sarges, 2003). Wir werden uns im Folgenden auf den diagnostischen Aspekt des Recruitingprozesses konzentrieren.

Das Internet Recruitment ist verständlicher Weise eine sehr neue Form der Personaldiagnostik, die erst seit wenigen Jahren allerdings mit stark zunehmender Intensität insbesondere von großen Unternehmen praktiziert wird (vgl. Schwertfeger, 2001; Wottawa & Woike, 2002). Dies hat nicht zuletzt damit zu tun, dass das Internet in vielen anderen Lebensbereichen zu einem alltäglichen Instrumentarium der Information und Kommunikation herangereift ist. Dies gilt insbesondere für jüngere Menschen. Schon heute kommt den Stellenbörsen im Internet eine mindestens ebenso große Bedeutung zu, wie herkömmlichen Anzeigen in den Printmedien. Einer Umfrage unter deutschen Großunternehmen aus dem Jahre 2001 zufolge bieten inzwischen etwa 50 % der Organisationen die Möglichkeit zu einer Online-Bewerbung (Bruns, 2002). Bartam (2000) berichtet von Umfrageergebnissen aus den USA, denen zufolge bereits im Jahre 1999 in großen Firmen 20 % der Mitarbeiter per Internet Recruitment geworben wurden. Leider wird nicht deutlich, wie viele davon das Internet nicht nur zum Personalmarketing, sondern auch zur Vorauswahl einsetzten.

Eine systematische Forschung existiert bislang nicht. Neben einfachen Umfragen zur Nutzung der neuen Technologie beschränkt sich die Literatur in starkem Maße auf Erfahrungsberichte. Allerdings ist mit grundlegend neuen Erkenntnissen im Kerngebiet der Diagnostik auch kaum zu rechnen. Sofern über die Bewerbungsunterlagen hinaus diagnostische Instrumentarien verwendet werden, handelt es sich ausschließlich um solche Verfahren, die auch jenseits des Internets zum festen Repertoire der Personaldiagnostik gehören (vgl. Abbildung 7-13). Hierzu zählen z.B. Testverfahren und Persönlichkeitsfragebögen, biographische Fragebögen, Computerplanspiele und -simulationen oder Telefon- bzw. Videointerviews (Bartam, 2000; Beck, 2002; Frintrup & Renner, 2002; Schwertfeger, 2001). Bei Videointerviews nutzt man die Möglichkeiten des Internets, bewegte Bilder zu übersenden. Dies setzt allerdings eine entsprechende technische Ausstattung bei den Bewerbern voraus. Überdies kann man mehrere Bewerber per Internet eine gemeinsame Aufgabe bearbeiten lassen und kommt damit den Gruppenübungen des Assessment Centers sehr nahe. Analog verhält es sich mit Gruppendiskussionen, die als Chat ablaufen und bei hinreichender Technik auch durch Bilder unterstützt in freier Rede gehalten werden können. Allerdings besteht hier ein sehr wichtiger Unterschied zum realen Assessment Center, der die Nützlichkeit der gewonnenen Daten zumindest potentiell einschränkt: die Kandidaten können nicht direkt, sondern nur vermittelt über ein Medium miteinander kommunizieren.

Standards für spezifische Methoden der Personaldiagnostik 351

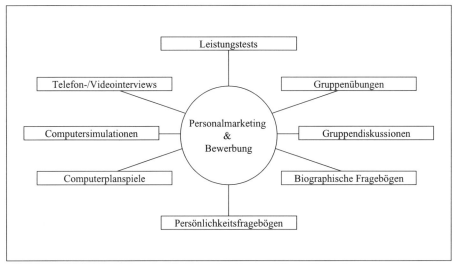

Abbildung 7-13: Optionen zur Nutzung des Internet Recruitments

Die Unternehmen unterscheiden sich dahingehend, ob sie das Internet nur zur ersten Anbahnung eines Kontaktes zwischen Bewerber und Organisation nutzen oder Onlinebewerbungen den klassischen Bewerbungen völlig gleichsetzen. Im ersten Falle würde der Bewerber auf der Internetseite des Unternehmens einen Bewerbungsfragebogen ausfüllen oder eine völlig frei gestaltete Bewerbung per E-Mail versenden. Nachdem das Unternehmen die Daten kurz gesichtet und bewertet hat, fordert man den Bewerber dann entweder dazu auf, eine herkömmliche Bewerbung auf dem Postwege zu schicken oder teilt ihm mit, dass eine vollwertige Bewerbung zwecklos ist. Behandelt das Unternehmen die Onlinebewerbung als gleichwertig, so muss der Bewerber in jedem Falle auch alle relevanten Zeugnisse scannen und als Datei beilegen. Anschließend erfolgt die Entscheidung für eine tiefer gehende Untersuchung oder Zurückweisung des Kandidaten. Die erste Variante ist aus Sicht des Unternehmens sicherlich nicht die Beste. Im Grunde genommen schaltet man der eigentlichen Sichtung der Bewerbungsunterlagen eine weitere Analysestufe vor, die den gesamten Prozess verlängert und damit auch die Kosten in die Höhe treibt. Erst die vollwertige Bewerbung per Internet, gekoppelt mit dem netzgestützten Einsatz weiterer Vorauswahlinstrumente, wie z.B. Leistungstests, ermöglicht einen maximalen Nutzen der ökonomischen Vorteile.

Unter Internet Recruitment verstehen wir die *Anwerbung* sowie die *Vorauswahl* von Bewerbern mit Hilfe des Internets. Seit einigen Jahren nimmt die Verbreitung des Internet Recruitment rasant zu. Die Vorteile liegen vor allem in der *Ökonomie* des Vorgehens.

In Abbildung 7-14 haben wir die wichtigsten Vor- und Nachteile des Internet Recruitments zusammengefasst. Auf der Seite der Vorteile ist zunächst der *hohe Standar-*

disierungsgrad zu nennen. Ein hohes Maß an Standardisierung erreicht man jedoch nur dann, wenn man mit Bewerbungsformularen arbeitet. Vergleichbar zu einem Personalfragebogen werden hier sämtliche interessierenden Informationen so abgefragt, dass der Bewerber nur noch ankreuzen oder wenige Worte schreiben muss. Dabei überprüft der Rechner, ob der Bewerber ggf. ungültige Angaben gemacht (z.B. Buchstaben in Zahlenfeldern) oder wichtige Felder ausgelassen hat. Dank solcher Prüfmechanismen können nur vollständig ausgefüllte Formulare versendet werden.

Hiermit einher geht ein deutlich *geringerer Arbeitsaufwand*. Der Computer setzt die Auswahlkriterien nicht nur fehlerfreier um, er arbeitet auch schneller und letztlich kostengünstiger. Hinzu kommt, dass beim Einsatz von Bewerbungsformularen keine Nachfragen nach fehlenden Informationen auftreten.

Die gesamte *Vorauswahl kann erheblich beschleunigt werden*. Die viel versprechenden Bewerber werden bei der Computeranalyse des Bewerbungsformulars in wenigen Sekunden erkannt (siehe auch Rust & Parages, 2002). Noch am selben Tag kann man dem einen Kandidaten per Mail eine Absage und dem anderen einen Test oder einen Fragebogen zusenden. Entscheidet man sich für ein Telefoninterview, so lässt sich in der Regel innerhalb von wenigen Stunden ein Termin vereinbaren. Computergestützte Befragungen oder Testungen sind wiederum in wenigen Sekunden ausgewertet. Im günstigsten Falle läuft die Vorauswahl eines einzelnen Kandidaten an einem einzigen Vormittag komplett durch (Bewerbung, Bestätigung, Zusendung von Online-Tests, Auswertung, Rückmeldung). Auf herkömmlichem Wege dürfte man hierfür mindestens zwei Wochen benötigen. Die schnellere Vorauswahl ist dabei nicht nur für das Unternehmen interessant. Auch die Bewerber profitieren von einer schnellen Entscheidung des Unternehmens. Dies gilt insbesondere für High Potentials, die unter mehreren Angeboten auswählen können und daher nicht lange auf das Angebot einer Firma warten möchten.

Des Weiteren *entstehen dem Bewerber deutlich geringere Kosten*. So spart er z.B. die Ausgaben für Bewerbungsmappen, Lichtbilder und Fotokopien. Sofern weitere Testungen über das Netz laufen, entfällt zunächst einmal die Anreise zum Unternehmen. Zu einem persönlichen Gespräch reisen nur diejenigen an, die die Testphase erfolgreich durchlaufen haben.

Das Internet Recruitment kann sich *positiv auf das Image des Unternehmens auswirken* (Bartam, 2000). Da es sich um eine sehr innovative Technik handelt, projiziert mancher Bewerber die Innovation des Auswahlverfahrens auf das gesamte Unternehmen. Allerdings muss das Procedere gut durchdacht sein und reibungslos laufen (s.u.). Auch darf man die Zielgruppe nicht außer Acht lassen. Nicht alle Bewerber lassen sich in gleicher Weise von technischen Problemlösungen begeistern. Manche verfügen nicht über die notwendige Computerausstattung oder das entsprechende Know-how, um sich per Internet bewerben zu können. Je höher das Bildungsniveau der Probanden ausfällt und je technischer das Arbeitsfeld ist, desto geringer dürften derartige Probleme sein. Längerfristig wird sich dieses Problem jedoch von allein lösen. Schon heute nutzen 50 % der erwachsenen Bevölkerung Deutschlands regelmäßig das Internet.

Generell lässt sich bei Bewerbern eine *hohe Akzeptanz des Internet Recruitments* feststellen. Neben direkten Befragungen von Bewerbern (Bruns, 2002; Dick, 2002; Paton, 2002) lässt sich dies aus der zunehmenden Nutzung von Stellenmärkten im Internet erschließen (Vollmer, 2002). Wie zu erwarten war, zeigt sich dabei ein deutliches Bildungs- und Ausbildungsgefälle. Je höher die Schulausbildung bzw. der nach einer beruflichen Ausbildung angestrebte Beruf, desto verbreiteter ist auch die Nutzung von Internet-Stellenmärkten. Interessanterweise lassen sich nach einer repräsentativen Umfrage in Deutschland zwischen Frauen und Männern keine nennenswerten Unterschiede mehr feststellen (Vollmer, 2002). Anders sieht es bei der Altersverteilung aus. Jüngere (unter 30 Jahren) nutzen die Technik häufiger als Ältere. Generell ist aber mit einer Entwicklung zu Gunsten des Internets zu rechnen. Schon heute werden weit mehr als 300.000 Stellen im Internet angeboten. Im Jahre 1999 waren es etwa 60.000 (Bruns, 2002). In der Konsequenz werden sich immer mehr Bewerber, die der neuen Technik noch distanziert gegenüberstehen, mit ihr auseinandersetzen müssen und sie letztlich als ein völlig übliches Vorgehen akzeptieren (müssen).

Vorteile ↓	Nachteile ↓
• standardisierte Vorauswahl • geringer Arbeitsaufwand • schnellere Vorauswahl • geringere Kosten für Bewerber • Imageförderung • hohe Akzeptanz unter Bewerbern	• selektives Personalmarketing • massenhafte Bewerbungen • „unpersönlichere" Bewerbung • unklare Untersuchungsbedingungen • unklare Identität des Probanden • Gefahr von Testtrainings

Abbildung 7-14: Vor- und Nachteile des Internet Recruitments

Auf Seiten der Nachteile ist zunächst die *Selektivität des Personalmarketings* anzumerken. Bis heute erreicht man eher jüngere und eher gebildetere Personen über das Internet (Bartam, 2000). Allerdings dürfte dieses grundsätzliche Problem für die meisten Unternehmen irrelevant sein. Schließlich gestaltet sich das Personalmarketing im besten Falle immer zielgruppenbezogen. Sucht man Mitarbeiter für den Werkschutz oder die Lagerhaltung, so entscheidet man sich von vornherein nicht für eine Internet-Ausschreibung. Man käme ja auch nicht auf die Idee, entsprechende Stellen durch Aushänge an der Universität zu besetzen. Für die Zielgruppe der jüngeren und gebildeteren Bewerber ist das Internet in jedem Falle ein gutes Recruitment-Medium. Für die nähere Zukunft ist zu erwarten, dass sich die Unterschiede mehr und mehr nivellieren.

Da die internetgestützte Bewerbung für den Bewerber weitaus weniger aufwändig und kostenintensiv ist als der klassische Weg, besteht die Gefahr einer *massenhaften Zunahme der Bewerbungen* (Chapmann & Webster, 2003). Um die eigenen Chancen zu erhöhen, schickt man seine Unterlagen nun vielleicht nicht mehr nur an 20, sondern gleich an 100 Firmen. Aus Sicht der Unternehmen wird hierdurch ein wichtiger Vorteil des Internet Recruitments konterkariert. Zwar sinken die Bearbeitungskosten pro Bewerbung, dieser Gewinn wird jedoch durch die Zunahme der Bewerbungen im schlimmsten Falle überkompensiert. Chapman und Webster berichten z.B. von einem amerikanischen Unternehmen, das pro Woche 5.000 Online-Bewerbungen erhält. Ein anderes Unternehmen musste nach einer Internetausschreibung innerhalb von drei Monaten 40.000 Bewerbungen bewältigen.

Nicht wenige Menschen erleben das Internet Recruitment als besonders *unpersönlich* (Chapmann & Webster, 2003). Dies ist nicht verwunderlich, denn das Internet Recruitment ist in der Tat unpersönlicher als z.B. ein Interview. Die Frage ist allerdings, ob hierin ein wirkliches Problem liegt. Auf Seiten der Personalverantwortlichen sollte dieses Argument keine Rolle spielen. Die Personaldiagnostik ist letztlich nicht dazu da, die sozialen Bedürfnisse der Mitarbeiter zu befriedigen. Im Übrigen ersetzt das Internet Recruitment nicht das Einstellungsinterview, sondern stellt lediglich eine veränderte Form der Vorauswahl dar. Auf Seiten der Bewerber sieht es da schon anders aus, schließlich will man niemanden, der objektiv geeignet wäre, von einer Bewerbung abhalten. Zur Vorbeugung sollte man das Problem bereits auf den Internetseiten offensiv angehen. Dem Bewerber muss verdeutlicht werden, dass eine schnelle Bearbeitung und vor allem eine standardisierte Beurteilung seiner Unterlagen im eigenen Interesse liegt. Die computergestützte Auswertung stellt eine maximal objektive Bewertung der Kandidaten sicher. Niemand wird aufgrund subjektiver Kriterien oder einer momentanen Unpässlichkeit des Diagnostikers abgelehnt.

Während die beiden ersten Probleme mithin leicht in den Griff zu bekommen sind, ist das dritte Problem schon sehr viel gewichtiger. Will man nicht nur die Bewerbungsunterlagen per Netz einholen, sondern auch Tests und Fragebögen einsetzen, müssen annähernd gleiche *Untersuchungsbedingungen* gewährleistet sein. Da kein Untersuchungsleiter anwesend ist, muss besondere Sorgfalt auf die Formulierung eindeutiger und leicht zu verstehender Instruktionen verwendet werden. Darin sollte man die Probanden beispielsweise auch auf die Schaffung günstiger Umgebungsbedingungen hinweisen (ausgeschlafen sein, Telefon abstellen, für Ruhe sorgen etc.).

Problematisch ist zudem die Frage der *Identität des Probanden* (Chapmann & Webster, 2003). Wie kann man gewährleisten, dass es tatsächlich der Bewerber ist, der den Test allein und ohne jede unerlaubte Hilfestellung bearbeitet? Weiß der Bewerber, dass ein Leistungstest eingesetzt wird, könnte er sich mit einem geeigneten Freund vor den Rechner setzen und die Aufgaben gemeinsam lösen. Mehr noch, er könnte einen „Experten" dafür bezahlen, dass dieser den Test für ihn bearbeitet. Solange die Identität des Probanden nicht zweifelsfrei festgestellt werden kann und auch nicht sicher ist, dass keine unerlaubten Hilfsmittel eingesetzt wurden, wird man nicht umhin kommen, die Leistung später unter kontrollierten Bedingungen erneut zu überprüfen. Nur wer in beiden Messungen ein zufrieden stellendes Ergebnis erzielt, darf anschließend ins Einstellungsgespräch oder Assessment Center vorrücken.

Mit dem Identitätsproblem geht das Problem des *Testtrainings* einher. Manche Unternehmen bieten im Internet Planspiele an, die jeder ohne formale Bewerbung bearbeiten kann. Ein Kandidat könnte nun versuchen, mehrfach unter anderem Namen ein solches Verfahren zu bearbeiten. Sofern er eine Rückmeldung über seine Leistung erhält, lernt er Schritt für Schritt ein günstiges Antwortverhalten. Erst wenn er sicher ist, dass er genug gelernt hat, meldet er sich schließlich unter seinem eigenen Namen an. Einen vergleichbaren Service könnten Firmen anbieten, indem sie die Items aus dem Netz ziehen und anschließend „professionelle" Trainings entwickeln.

Der *diagnostische Prozess des Internet Recruitments* ist in 7-15 skizziert. Am Anfang steht wie immer die Anforderungsanalyse, mit deren Hilfe die relevanten Merkmalsdimensionen mitsamt den Auswahlkriterien ermittelt werden.

Anschließend müssen geeignete Messinstrumente ausgewählt bzw. konstruiert werden. Dabei ist besonders auf die Internettauglichkeit zu achten. Wie bereits erwähnt, müssen Instruktionen in besonderem Maße auf Verständlichkeit untersucht werden. Ansonsten gelten Regeln, die auch jenseits des Internet Recruitments für die Konstruktion von Messinstrumenten wichtig sind (vgl. Kapitel 3-6). Doch selbst einfache Bewerbungsformulare haben mitunter ihre Tücken. Bruns (2002) weist auf das Problem hin, dass die vorgegebenen Textfelder manchmal zu klein sind. Manche Informationen muss der Bewerber daher abkürzen und kann sich nicht sicher sein, ob er dann noch richtig verstanden wird. Bei geschlossenen Antworten müssen die Antwortkategorien wirklich erschöpfend sein. Wenn 40 % der Bewerber die Kategorie „Sonstiges" ankreuzen, ist dies ein sicherer Hinweis auf ein nicht ausgereiftes System und wirkt sich negativ auf die Akzeptanz durch die Bewerber sowie das Image des Unternehmens aus. Neben diagnostischen Fragen stellen sich hier also Fragen der Usability. Es reicht nicht aus, wenn man Programmierer mit dieser Aufgabe betraut. Im Gegenteil, an der Entwicklung sollten auch Laien beteiligt sein, die besonders gut die Perspektive des Bewerbers einnehmen können, denn nicht selten fällt es Programmierern schwer, sich in die Rolle des Anwenders hineinzuversetzen. Bevor das Verfahren ins Netz gestellt wird, müssen in jedem Falle *Probedurchläufe* mit simulierten Bewerbungen ablaufen. Letztlich gilt für das Internet Recruitment, wie für jedes herkömmliche Verfahren, dass die Personalauswahlprozedur eine Art Visitenkarte des Unternehmens darstellt. Der Internet-Auftritt prägt das Image des Unternehmens in den Augen der potentiellen und tatsächlichen Bewerber (Cober, Brown, Levy, Cober & Keeping, 2003). Dies gilt gleichermaßen für die Frage, ob ein Unternehmen überhaupt Internet Recruitment betreibt, als auch für die Geschwindigkeit und den Bedienungskomfort der eingesetzten Prozeduren (Sinar, Reynolds & Paquet, 2003).

Hat das gesamte Verfahren die Vortests positiv durchlaufen und wurde ggf. noch überarbeitet, folgt nun die eigentliche *Datenerhebung*. Erfahrungsgemäß läuft die Vorauswahl der Bewerber über das Internet Recruitment deutlich schneller als auf herkömmlichem Wege. Bruns (2002) berichtet von einem Fall, in dem innerhalb von nur sechs Wochen unter 10.500 Bewerbern 40 neue Mitarbeiter ausgewählt wurden. Will man eine große Akzeptanz erreichen, sollte man die Bewerber, die zum großen Teil kaum Erfahrungen mit Internet-Bewerbungen gesammelt haben, auf grundsätzliche Spielregeln hinweisen. Ein großer Anteil der Bewerber möchte z.B. ein Foto mitschicken, die Schriftart frei wählen oder eine virtuelle Bewerbungsmappe auswählen können (Bruns, 2002). Hierin spiegelt sich die durch Bewerbungsratgeber und leider auch durch die Praxis vieler Unternehmen geprägte Überzeugung, dass die Form fast wichtiger ist als der Inhalt. An dieser Stelle sollte ein Unternehmen deutlich Farbe bekennen und die Bewerber darauf hinweisen, dass derartige Gestaltungselemente keinen diagnostischen Wert besitzen und allein aus diesem Grund keine entsprechenden Optionen zur Verfügung stehen.

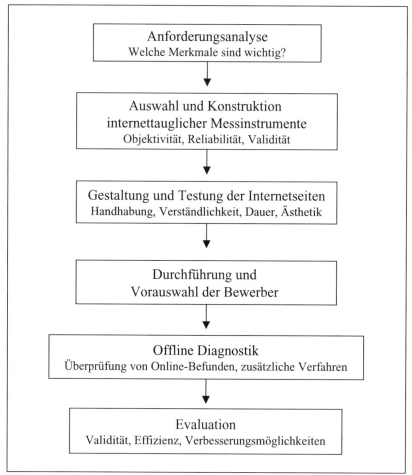

Abbildung 7-15: Diagnostischer Prozess des Internet Recruitments

Im Anschluss an die Internet-Diagnostik schließt sich die *Offline-Diagnostik* – also der Einsatz herkömmlicher Verfahren – an. Eine vollständige Onlineauswahl, die Bartam (2000) als Zukunftsvision in den Raum stellt, ist kaum sinnvoll. Zum einen ist beim Einsatz von zusätzlichen Internetinstrumenten bislang weder die Identität des Probanden noch die Einhaltung der Untersuchungsregeln (insbesondere der Verzicht auf Hilfsmittel) sichergestellt. Zum anderen ist eine direkte und systematische Verhaltensbeobachtung in simulierten Arbeitssituationen online nicht möglich. Gerade wenn es um die Diagnostik des Sozialverhaltens geht, ist eine Verhaltensbeobachtung aber von besonderem Wert (Kanning, 2003a). Das Internet Recruitment ersetzt also nicht die herkömmliche Diagnostik, sondern ergänzt sie vielmehr allein zum Zwecke einer ökonomischen Vorauswahl.

Nach Abschluss des Auswahlprozesses erfolgt die *Evaluation*. Schon bei den sich an das Internet Recruitment anschließenden Verfahren zeigt sich, inwieweit die Vorauswahl der Bewerber gelungen ist. Der Anteil der völlig ungeeigneten Bewerber sollte nach der Vorauswahl 0 % betragen. Setzt man die Ergebnisse des Vorauswahlverfahrens in Relation zur endgültigen Einstellungsentscheidung, kann ermittelt werden, welche Items bzw. Skalen des Vorauswahlverfahrens tatsächlich zwischen erfolgreichen und nicht erfolgreichen Kandidaten differenzieren. Items oder Skalen, die keine Bedeutung haben, können im nächsten Durchlauf eingespart werden. Mit Hilfe von Längsschnittuntersuchungen lässt sich die prognostische Validität bestimmen. Nach dem erstmaligen Einsatz des Instrumentariums im „Ernstfall" sollte man überdies die Erfahrungen der Betroffenen (Diagnostiker und Bewerber) einholen und zur Optimierung des Vorgehens nutzen.

Welche *Standards* lassen sich nun für das Internet Recruitment formulieren? Bedenken wir zunächst einmal, dass das Recruitment nicht nur die Vorauswahl von Bewerbern, sondern auch die Anwerbung potentiell geeigneter Kandidaten im Sinne des *Personalmarketings* umfasst, so sollten die Internetseiten alle für das Personalmarketing wichtigen Informationen enthalten. Hierzu gehört eine umfassende Information über das Unternehmen sowie die Arbeitstätigkeit und Rahmenbedingungen (Dauer des Vertrages, Probezeit, Gehalt, Arbeitszeiten, Sozialleistungen, Position innerhalb der Unternehmenshierarchie etc.). Gerade leistungsstarke Bewerber sind darüber hinaus an den individuellen Entwicklungs- und Fördermöglichkeiten innerhalb des Unternehmens interessiert. In einer Umfrage von Olesch (2002) zu den wichtigsten Informationen, die eine Internetseite aus der Sicht von Hochschulabsolventen liefern sollte, zählen der Reihe nach von Rangplatz 1 bis 4:
1. Anzahl der angebotenen Arbeitsplätze und deren Inhalt
2. Online-Bewerbungsmöglichkeiten
3. Entwicklungsmöglichkeiten wie Führungs- und Fachleiterlaufbahnen
4. Mitarbeiterqualifizierung und Weiterbildung

Wie bereits erwähnt, ist in jedem Falle ein *reibungsloser Ablauf des Verfahrens sowie eine leichte Handhabung der Internetseiten* zu gewährleisten. Bartam (2000) berichtet von Verlusten in Millionenhöhe, die amerikanischen Unternehmen allein dadurch entstehen, dass das Internet Recruitment manche Bewerber überfordert oder die Software in vielen Fällen Fehler verursacht, die zu einem völligen Abbruch des Programms führen. Nicht nur technikunerfahrene, ansonsten aber sehr wohl geeignete Bewerber werden hierdurch abgeschreckt, ein ausgereiftes Internet Recruitment ist für das gesamte Image des Unternehmens von Bedeutung. Warum sollte sich ein High Potential bei einer Firma bewerben, die nicht einmal funktionstüchtige Internetseiten gestalten kann?

Erfolgt die Bewerbung und möglicherweise auch eine tiefer gehende Befragung und Testung der Interessenten per Internet, so muss ein umfassender *Datenschutz* sichergestellt sein. Die Daten müssen so sicher durch das Netz transportiert werden, dass kein Dritter sie abfangen, einsehen oder verändern kann. Ein entsprechender Schutz der Daten innerhalb des Unternehmens versteht sich von allein. Hierin unterscheidet sich das Internet Recruitment nicht von herkömmlichen Vorgehensweisen. Selbst dann, wenn der Datenschutz aus Sicht von Experten gegeben ist, besteht immer noch eine besondere Herausforderung darin, den Laien dies glaubhaft zu versichern. Eine recht einfache Möglichkeit der Kontrolle besteht darin, dass dem Bewerber die eingegangenen Bewerbungsunterlagen kurz darauf mit einer Bestätigung noch einmal vollständig zurückgeschickt werden. Nun kann der Bewerber überprüfen, ob alle Angaben stimmen und die Richtigkeit der Daten bestätigen. Mit Testergebnissen oder Persönlichkeitsfragebögen geht dies natürlich nicht, da die Bewerber sich kaum an jede Antwort erinnern können. Allerdings könnte man nach Erhalt der vollständigen Daten eine Bestätigung an den Bewerber senden.

Wie bei jedem anderen Auswahlverfahren fußt auch die Vorauswahl per Internet auf einer *Anforderungsanalyse*. Für alle eingesetzten Messinstrumente gelten die üblichen *Qualitätskriterien* (vgl. Abschnitt 6.2). Das Internet Recruitment stellt insofern also kein neues diagnostisches Verfahren dar. Allein die technische Umsetzung der Messung ist neu. Innovation im Bereich der Technik entbindet nicht von der notwendigen Sorgfalt, die bei der Entwicklung der Verfahren aufgebracht werden muss. Letztlich ist es nicht die formale Technik, sondern die diagnostische Qualität der Messinstrumente, die den Nutzen des Internet Recruitments ausmacht.

Da bei der Bearbeitung von Tests und Fragebögen im Internet die Urheberschaft der gewonnenen Daten nicht zweifelsfrei festgestellt werden kann, muss eine zusätzliche Sicherheitskomponente eingebaut werden. Solange es hierfür keine technischen Lösungen gibt, bleibt den Anwendern nichts anderes übrig, als die wichtigsten Ergebnisse durch eine *Wiederholungsuntersuchung* abzusichern. Hierzu bieten sich eigens zu entwickelnde Parallelformen der Messinstrumente an. Dabei handelt es sich um Messinstrumente, die mit unterschiedlichen Items – oftmals auch mit denselben Items, die in unterschiedlicher Reihenfolge präsentiert werden – dasselbe Merkmal messen. Dies ist der sicherste Weg, er bedeutet gleichzeitig aber auch einen deutlichen Mehraufwand.

Im Hinblick auf die Bewerbungsunterlagen ist der Einsatz von *Bewerbungsformularen* zu empfehlen. So ist sichergestellt, dass von allen Bewerbern die interessierenden Informationen eingeholt werden. Auch schreckt man hiermit Bewerber ab, die ansonsten einfach per E-Mail unzähligen Unternehmen die immer gleiche Bewerbung zusenden (vgl. Rust & Parages, 2002). Dabei sollte das Formular technisch so beschaffen sein, dass es sich nur vollständig ausgefüllt an das Unternehmen senden lässt. Auch sollte man überwiegend *geschlossene Antwortformate* verwenden, wobei die Antwortkategorien erschöpfend sein müssen (s.o.). Geschlossene Antwortformate erfreuen zwar viele Bewerber nicht (vgl. Bruns, 2002), sie sind aber eine wichtige Voraussetzung für die vollständig computergestützte Auswertung der Unterlagen. Anderenfalls müsste man einen Teil der Daten auf herkömmlichem Wege auswerten. Da sich viele Bewerber in der „Online-Bewerbungsetikette" (Bruns, 2002) noch nicht auskennen, vermissen sie oft die Möglichkeit zur individuellen Gestaltung der Bewerbungsunterlagen (Foto, Bewerbungsmappe, Anschreiben etc.). Hier ist eine entsprechende Aufklärung der Bewerber vonnöten (s.o.). Vor die Wahl gestellt, entweder eine individuelle Gestaltung zuzulassen oder ein vollstandardisiertes Verfahren zu entwickeln, sollte man sich immer für die zweite Variante entscheiden. Wenn den formalen Gestaltungselementen der Bewerbungsunterlagen kein empirisch belegter Erkenntniswert zukommt – und das ist in der Regel der Fall –, sollte man von diesen allein durch die Tradition und durch die Laientheorie gestützten Riten und Gebräuchen Abstand nehmen. Einem Unternehmen, das sich durch das Internet Recruitment einen sehr innovativen Anstrich gibt, stünde dies besonders gut zu Gesicht.

Die Internet-Bewerbung führt nur dann zu einer echten Ersparnis auf Seiten des Unternehmens und bei den Kandidaten, wenn man sie als *gleichwertig zu herkömmlichen Bewerbungen behandelt*. Es wird daher auf die zusätzliche Anforderung schriftlicher Unterlagen verzichtet. Dokumente, wie z.B. Zeugnisse können der Internet-Bewerbung in digitalisierter Form als Bilddokument beigelegt werden.

Bruns (2002) weist auf einen weiteren Punkt hin. Die gesamte Bewerbung sollte *offline bearbeitet* werden können. Der Bewerber lädt sich hierzu das Bewerbungsformular mitsamt den notwendigen Instruktionen auf seinen Rechner herunter und kann anschließend in aller Ruhe die Unterlagen sorgfältig zusammenstellen. Verzichtet man auf diese Option, fühlt sich manch ein Bewerber unter zeitlichen Druck gesetzt, sofern er die Internetkosten möglichst gering halten will. Allerdings lassen die seit einigen Jahren sinkenden Internetkosten dies zunehmend unwahrscheinlich werden.

Es ist ein Gebot der Achtung des Gegenübers, wenn das Unternehmen das *Eintreffen der Bewerbungsunterlagen umgehend bestätigt*. Dies gilt insbesondere für das Internet Recruitment, da das Medium schnelle Reaktionen des Gegenübers erwarten lässt. Die Eingangsbestätigung sollte noch am selben Tag erfolgen. Bei computergestützter Auswertung der Unterlagen gilt dies auch für die Absagen. Schließlich fällt die Entscheidung gegen einen Bewerber innerhalb von wenigen Minuten. Üblicherweise haben die Bewerber ein großes Interesse daran, etwas über die weiteren Verfahrensschritte zu erfahren. Wenn dies nicht schon aus den Internetseiten des Unternehmens hervorgeht, sollte man spätestens mit der Bestätigung des Eintreffens der Bewerbung eine entsprechende Information versendet. Der Bewerber wird hierin aufgeklärt, in welchen Selektionsschritten das Auswahlverfahren abläuft und mit welchen Wartezeiten er zu rechnen hat.

Standards
für das Internet Recruitment

- Auf den Internetseiten wird über das Unternehmen, die individuellen Arbeitsaufgaben, Entwicklungs- und Fördermöglichkeiten sowie das Auswahlprocedere informiert.
- Der reibungslose Ablauf des Recruitingprozesses sowie die leichte Handhabung der Internetseiten wurde überprüft, bevor die Seiten ins Netz gestellt werden.
- Der Datenschutz ist gewährleistet, d.h. unbefugte Personen können die Daten nicht abfangen, einsehen oder verändern.
- Die Grundlage des Auswahlverfahrens bildet eine Anforderungsanalyse.
- Für alle eingesetzten Messinstrumente gelten die üblichen Qualitätskriterien.
- Die Ergebnisse von Tests, Fragebögen etc. werden später im Unternehmen durch eine erneute Untersuchung mit parallel konstruierten Instrumenten überprüft, sofern nicht zweifelsfrei festgestellt werden kann, dass die Instrumentarien allein und ohne erlaubte Hilfsmittel bearbeitet wurden.
- Es kommen Bewerbungsformulare zum Einsatz.
- Die Bewerbungsformulare können nur vollständig ausgefüllt an das Unternehmen zurückgesandt werden.
- Den Bewerbern wird wahrheitsgemäß versichert, dass die äußere Form der Bewerbung kein Auswahlkriterium darstellt.
- Auf eine Zusendung herkömmlicher Bewerbungsunterlagen wird verzichtet.
- Dokumente, wie etwa Ausbildungszeugnisse, werden als Bilddokument angefordert.
- Die Bewerbung kann offline bearbeitet werden.
- Auf eingegangene Bewerbungen wird unmittelbar reagiert.

7.3 Tests

Als Tests bezeichnen wir standardisierte Instrumente, mit deren Hilfe eine bestimmte Leistung gemessen wird (siehe auch Abschnitt 3.3). Aus der Leistung eines Probanden wird auf Kompetenzen geschlossen, die ansonsten im Verborgenen liegen (z.B. Intelligenz). Der Prototyp des Testverfahrens ist der klassische Intelligenztest. Daneben kommen in der Personaldiagnostik viele andere Verfahren wie etwa Konzentrationstests, Wissenstests, Computersimulationen oder situative Instrumente zum Einsatz. Ihnen allen ist gemeinsam, dass die Probanden zwischen mehreren Antwortoptionen wählen müssen, wobei eine der Optionen als richtig, die anderen hingegen als falsch oder doch zumindest als suboptimale Lösung gelten (vgl. Abschnitt 3.3). Hierin unterscheiden sich Testverfahren grundlegend von Persönlichkeitsfragebögen. Im Folgenden unterscheiden wir drei Gruppen: klassische Leistungstests, computergestützte Problemlöseszenarien und situative Tests.

7.3.1 Klassische Leistungstests

Beim klassischen Leistungstest wird der Proband nacheinander mit einzelnen Aufgaben konfrontiert, die er unter Einsatz von Intelligenz, Wissen oder Konzentrationsfähigkeit lösen kann. Im Gegensatz zu Computersimulationen steht jede Aufgabe für sich allein. Oft sind die Aufgaben zwar der Schwierigkeit nach aufsteigend geordnet, die Lösung eines einzelnen Items hängt aber nicht direkt von der Lösung anderer Items ab. Wer beispielsweise das Item Nr. 4 nicht gelöst hat, könnte sehr wohl in der Lage sein, Item Nr. 5 zu lösen. In Abgrenzung zu Computersimulationen und situativen Testverfahren bemühen sich klassische Leistungstests nicht um eine Simulation der beruflichen Wirklichkeit, sondern arbeiten mit abstrakten Inhalten (vgl. Abbildung 3-7). Insofern sind sie gut mit Klassenarbeiten vergleichbar, die man aus der Schulzeit kennt. Hier wiederum ähneln sie stark den Klausuren in mathematisch-naturwissenschaftlichen Fächern, wobei die meisten Verfahren das Multiple-Choice-Prinzip einsetzen. Bei jeder Aufgabe werden mehreren Antwortalternativen vorgegeben, aus denen eine ausgewählt werden soll. Nur eine der Alternativen ist richtig. Die Leistung der Probanden bemisst sich nach der Anzahl der richtig gelösten Items. Eine Ausnahme bilden Konzentrationstests. Sie konfrontieren den Probanden mit sehr einfachen Aufgaben, die im Grunde genommen jeder lösen kann. Die Aufgaben müssen aber in sehr großer Stückzahl und unter hohem Zeitdruck bearbeitet werden (vgl. Abbildung 3-8). Je mehr Items ein Proband in der vorgegebenen Zeit fehlerfrei löst, desto höher ist seine Konzentrationsfähigkeit.

Dem klassischen Leistungstest kann eine sehr hohe *Validität* bescheinigt werden und dies gilt nicht etwa nur für Instrumente zur Messung des Fachwissens, sondern insbesondere für den sehr abstrakten Intelligenztest. Obwohl – oder gerade weil – er nur die allgemeine kognitive Leistungsfähigkeit erfasst, hat er sich in unterschiedlichsten Berufsfeldern als ein sehr guter Prädiktor bewährt. In der Metaanalyse von Schmidt und Hunter (1998) erweisen sich Tests zur Messung der allgemeinen kognitiven Leistungsfähigkeit neben der Arbeitsprobe (s.u.) als der beste Prädiktor beruflicher Leistung. Dabei schwanken die Werte in Abhängigkeit vom Beruf sowie der zu prognostizierenden Leistung (berufliche Leistung vs. Trainingsleistung; vgl. Abbildung 7-16). Salgado et al. konnten in einer Metaanalyse belegen, dass die Intelligenz umso bedeutsamer ist, je komplexer die berufliche Tätigkeit wird (Salgado, Moscoso, de Fruyt, Anderson, Bertua & Rolland, 2003). Tests zur Messung des berufsrelevanten Wissens erzielen im Durchschnitt ebenfalls eine sehr hohe Validität (.48). Viele der gängigen Verfahren liegen heute bereits in einer computergestützten Fassung vor, was sich nicht nur positiv auf die *Durchführungs-, Auswertungs- und Interpretationsobjektivität* auswirkt (vgl. Abschnitt 5.1), sondern auch in vielen Fällen aufgrund geringerer Auswertungskosten langfristig bezahlt macht. Die *Reliabilität* stellt nur selten ein Problem dar. Alles in allem spricht somit einiges dafür, auch im eigenen Unternehmen den Einsatz klassischer Leistungstests in Erwägung zu ziehen.

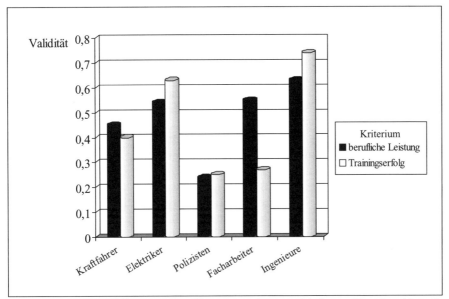

Abbildung 7-16: Validität von Intelligenztests in verschiedenen Berufen (Auszüge aus den Ergebnissen von Salgado et al., 2003)

> Klassische Leistungstests arbeiten mit abstrakten Aufgaben, die isoliert nebeneinander stehen. Eine Simulation des Berufsalltags wird nicht angestrebt. Bei jeder Aufgabe kann zwischen richtigen und falschen Lösungen differenziert werden. Die Leistung der Probanden bemisst sich nach der Anzahl der richtig gelösten Aufgaben (ggf. pro Zeiteinheit). Klassische Leistungstests haben in der Personaldiagnostik einen hohen Nutzen.

Entscheidet man sich vor dem Hintergrund einer Anforderungsanalyse sowie der allgemeinen Forschungsbefunde für den Einsatz derartiger Tests, so stellt sich zunächst die Frage nach der Auswahl bzw. Neukonstruktion eines Messinstrumentes. Angesichts der Tatsache, dass eine Neuentwicklung ein hohes Fachwissen voraussetzt und viel Zeit in Anspruch nimmt, empfiehlt sich zunächst einmal ein Blick auf den Markt. Mittlerweile gibt es eine große Anzahl einschlägiger Leistungstests. In

Tabelle 7-7 geben wir einen Überblick über solche Verfahren, die im wissenschaftlichen Kontext entwickelt und diskutiert wurden. Es handelt sich sowohl um sehr allgemeine Tests, die im Prinzip für jeden Beruf eingesetzt werden können als auch um Instrumente, die auf bestimmte Berufsfelder zugeschnitten sind, also spezifischere Leistungen erfassen. Manche dieser Verfahren sowie weitere Tests sind in komplexe Testsysteme integriert (z.B. Hänsgen, 2000; Schuhfried, 2001). Sie bieten dem Anwender eine breite Auswahl unterschiedlicher Skalen. Eine ausführliche Besprechung der einzelnen Instrumente sowie der umfangreichsten Testsysteme findet sich bei Kanning und Holling (2002). Darüber hinaus existieren viele Tests, die in Unternehmensberatungen entwickelt wurden und sich der wissenschaftlichen Diskussion bisher entzogen haben bzw. hier nicht zur Kenntnis genommen wurden (Überblick: Sarges & Wottawa, 2001).

In jedem Falle sollte man die Verfahren im Detail prüfen und miteinander vergleichen. Die in Kapitel 5 beschriebenen Qualitätskriterien können dabei als Checkliste herangezogen werden. An dieser Stelle wollen wir nur noch einmal die wichtigsten Punkte wiederholen. Neben der reinen Höhe der Gütekriterien Objektivität, Reliabilität und Validität muss man sich immer die Stichproben sowie die Auswahl der Validitätskriterien anschauen. Ein hoher Validitätskoeffizient sagt recht wenig aus, wenn die Validitätskriterien für das eigene Unternehmen keine Relevanz besitzen oder die Untersuchungsstichproben beispielsweise nur aus Psychologiestudenten bestanden. Bei der Beurteilung der Normen sollte man nicht nur auf die Relevanz der Normierungsstichprobe sondern auch auf das Alter der Normen achten. Da sich die Normen im Laufe der Zeit verschieben, sollten sie nicht älter als 8 Jahre sein (DIN 33430). Die Testanbieter müssen sämtliche Informationen über die Entwicklungsschritte und Untersuchungsergebnisse im Detail mitteilen. Liegen solche Informationen nicht vor, sollte man das Verfahren von vornherein ausschließen. Da die Neukonstruktion eines Testverfahrens recht aufwändig ist, kann es sich lohnen, mit etablierten Verfahren eigene Studien durchzuführen. Dies gilt sowohl für die Untersuchung der Validität im eigenen Unternehmen als auch für die Entwicklung unternemensinterner Normen. Eine völlige Neukonstruktion lohnt sich in der Regel nur für große Unternehmen, die den Test über Jahre hinweg hundertfach einsetzen wollen. Neben einer optimalen Anpassung des Verfahrens an die lokalen Erfordernisse liegt der Nutzen einer Neukonstruktion vor allem in der Einsparung von Lizenzgebühren, die insbesondere bei computergestützten Verfahren mitunter sehr hoch ausfallen können.

Tabelle 7-7: Standardisierte Leistungstests

Test	Objektivität	Reliabilität	Validität	Normen
Tests zur Messung allgemeiner kognitiver Leistung				
Berliner Intelligenzstruktur-Test, BIS-4 (Jäger et al., 1997)	☺	☺	☺	☺
Bochumer Matrizentest, BOMAT (Hossiep et al., 2003)	☺	☺	😐	☺
Dreidimensionaler Würfeltest, 3 DW (Gittler, 1990)	☺	☺	☺	☺

Standards für spezifische Methoden der Personaldiagnostik 363

Frankfurter Adaptiver Konzentrationsleistungs-Test, FAKT (Moosbrugger et al., 1997)	☺	☺	☹	☹
Frankfurter Aufmerksamkeits-Inventar, FAIR; (Moosbrugger et al., 1996)	☺	☺	☺	☺
Intelligenz-Struktur-Test, I-S-T 2000 (Amthauer et al., 1999)	☺	☺	😐	😐
Konzentrations-Leistungs-Test, KLT (Lienert, 1965)	☺	☺	☺	😐
Leistungsprüfsystem, LPS (Horn, 1983)	☹	☺	☺	☺
Standard Progressive Matrizen, SPM (Heller et al., 1998)	☺	☺	☺	☺
Test d2 Aufmerksamkeits-Belastungs-Test (Brickenkamp, 2002)	☺	☺	☺	😐
Wilde-Intelligenz-Test, WIT (Jäger et al., 1994)	☺	☺	☺	☺
Tests zur Messung berufsbezogener Leistung				
Revidierter Allgemeiner BüroarbeitsTest, ABAT-R (Lienert et al., 1994)	😐	😐	☺	☺
Berufseignungstest, BET (Schmale et al., 1995)	☺	☺	☺	☺
Büro-Test, BT (Marschner, 1981)	☺	☺	☺	☺
Differentieller Fähigkeitstest, DFT (Horn et al., 1984)	😐	😐	☹	😐
Drahtbiegeprobe, DBP (Lienert, 1967)	☺	☺	☺	😐
Mannheimer Test zur Erfassung des physikalisch-technischen Problemlösens, MTP (Conrad et al., 1980)	☺	☺	☺	☺
Test zur Untersuchung des praktisch-technischen Verständnisses; PTV (Amthauer, 1972)	😐	☺	☺	☺
Wirtschaftskundlicher Bildungs-Test, WBT (Beck et al., 1998)	☺	☺	☺	☺
Testsysteme				
ELIGO (ELIGO 2001)				

Hogrefe TestSystem (Hänsgen, 2000)	
pro facts (Etzel, 2002)	
Wiener Testsystem (Schuhfried, 2001)	

Erläuterung: ☺ = ja, ☺ = teilweise, ☹ = nein (Bewertung in Anlehnung an Brähler et al., 2002)

Zu der Gruppe der Leistungstests gehören auch Verfahren, mit deren Hilfe das berufsrelevante Fachwissen abgefragt werden kann, sog. „Wissenstests" („*job knowledge tests*", Callinan & Robertson, 2000; Salgado, 2001). Sie besitzen eine ähnlich hohe Validität wie Intelligenztests (s.o.). Angesichts dieser Tatsache verwundert es allerdings, dass im deutschsprachigen Raum nur sehr wenige standardisierte Verfahren aus dieser Kategorie vorliegen. Überdies sind sie zum Teil mehr als zehn Jahre alt und können daher nicht mehr den neuesten Stand relevanten Wissens erfassen. Offenbar verlässt man sich in der Praxis auf Ausbildungs- und Arbeitszeugnisse, die ja indirekt ebenfalls Aufschluss über das Fachwissen eines Bewerbers geben. Allerdings kann man mit dieser Information nur dann etwas anfangen, wenn bekannt ist, inwieweit sich die bisherigen Arbeitaufgaben mit dem zukünftigen decken. Wissenstests schaffen mehr Entscheidungssicherheit und können darüber hinaus auch für die Personalentwicklung gute Hinweise liefern. Im Vergleich zum Intelligenz- oder Konzentrationstest können einfache Wissenstests mit geringem Aufwand im eigenen Unternehmen neu entwickelt werden. Hierzu ist zunächst eine Befragung erfahrener Berufsexperten notwendig. So könnte man z.B. innerhalb des Unternehmens erfragen, über welches Fachwissen ein erfolgreicher Maschinenbauer in der Pkw-Produktion oder ein Jurist, der in der Personalabteilung tätig werden soll, unbedingt verfügen muss. Anschließend formuliert man entsprechende Fragen und Antwortalternativen, von denen nur eine zutreffend ist. Im Rahmen einer Voruntersuchung wird überprüft, ob die Items wirklich gut zwischen erfahrenen Berufsexperten und Laien trennen. Items bei denen dies nicht der Fall ist – bei denen also die Experten viele Fehler machen oder die Laien meist richtig antworten – werden aus dem Test entfernt. Bei den verbleibenden Items wird später für jeden Probanden die Summe der richtig gelösten Aufgaben berechnet. Bei anspruchsvolleren Verfahren hat man zusätzlich eine unternehmensinterne Norm ermittelt.

Die *Standards* zur Anwendung klassischer Leistungstests in der Personaldiagnostik ergeben sich aus den Ausführungen zu den allgemeinen Gütekriterien (Kapitel 5) sowie dem allgemeinen diagnostischen Prozess (Kapitel 6). Es versteht sich eigentlich von allein, das Leistungstest über eine hohe Objektivität, Reliabilität und Validität verfügen sollten. Ihr Einsatz sollte vor dem Hintergrund einer Anforderungsanalyse gerechtfertigt sein. Bei bedarf können Normen herangezogen werden. Sie sollten jedoch nicht älter als acht Jahre alt sein. Fehlen relevante Daten zur Validität oder zur Normierung, so müssen Untersuchungen im eigenen Unternehmen diese Lücke schließen. Sowohl die Durchführung von Untersuchungen, als auch die Neuentwicklung eines Leistungstests setzt qualifiziertes Personal voraus.

**Standards
für den Einsatz klassischer Leistungstests**

- Sofern das Instrument zur Personalauswahl eingesetzt wird, beruht die Auswahl bzw. Neuentwicklung des Verfahrens auf einer Anforderungsanalyse.
- Die Verfahren verfügen über eine ausreichende Objektivität, Reliabilität und Validität.
- Verfahren bei denen der Anbieter die notwendigen Informationen über die Entwicklungsschritte, die Untersuchungsstichproben sowie die -ergebnisse nicht im Detail vorlegt bleiben unberücksichtigt.
- Normen finden nur dann Verwendung, wenn sie nicht älter als ca. 8 Jahre sind und die Normierungsstichprobe zum Anwendungskontext passt.
- Ggf. werden eigene Studien zur Validierung und/oder Normierung des Verfahrens durchgeführt.
- Die Neuentwicklung eines Verfahrens orientiert sich an den wissenschaftlichen Prinzipien der Testentwicklung und wird durch qualifiziertes Personal vorgenommen.
- Zur Entwicklung von Wissenstests wird auf das Wissen von Berufsexperten genutzt.
- Die Durchführung, Auswertung und Interpretation erfolgt standardisiert, also für jeden Probanden und für jeden Diagnostiker nach denselben Prinzipien.

7.3.2 Computergestützte Problemlöseszenarien

Computergestützte Problemlöseszenarien sind bei weitem nicht so alt wie die klassischen Leistungstests (Überblick: Strauß & Kleinmann, 1995; Höft & Funke, 2001). Dies liegt vor allem an technischen Voraussetzungen. Wie der Name bereits verrät, handelt es sich ausnahmslos um Verfahren für deren Durchführung ein Computer benötigt wird. Sie zählen seit etwa 20 Jahren zum Bestand personaldiagnostischer Methoden. Hinter dem Begriff verbergen sich sowohl Computersimulationen als auch Computerplanspiele. Eine Abgrenzung beider Verfahrensweisen ist ein wenig künstlich, da die Begriffe oft synonym verwendet werden. Versucht man dennoch eine Differenzierung, so kann dies über den Grad der Lebensnähe gelingen. Während Computersimulationen die realen Geschehnisse in einem Unternehmen möglichst authentisch simulieren sollen, können Planspiele auch völlig künstliche Szenarien erschaffen. In beiden Fällen wird der Proband am Computer mit einem Netzwerk diverser Leistungsaufgaben konfrontiert. Dabei geht es um die *Lösung komplexer Probleme*. Sie sind durch fünf Merkmale besonders gekennzeichnet: Komplexität, Vernetztheit, Intransparenz, Polytelie und Dynamik, (Funke, 1995; Höft & Funke, 2001). „*Komplexität*" meint, dass der Proband gleichzeitig mehrere Variablen im Blick haben muss. Diese Variablen sind untereinander *vernetzt*. Veränderungen in der Variable A wirken sich nicht nur auf B aus, sondern ziehen unterschiedliche und zum Teil gegenläufige Veränderungen in vielen Variablen nach sich. Wie dies genau geschieht ist dem Probanden unbekannt (*Intransparenz*) und erschließt sich ihm bestenfalls nach und nach im Verlaufe der Auseinandersetzung mit dem Szenario. Dabei muss er gleichzeitig mehrere Ziele im Blick haben (*Polytelie*). Im Falle eines simulierten Unternehmens, soll z.B. nicht nur der Gewinn hoch sein, sondern auch die Fluktuation gering und das Image des Unternehmens positiv. Dem Prinzip der *Dynamik* folgend reagieren die Parameter des Systems auf die Entscheidungen des Probanden, so dass letztlich jeder Proband eine mehr oder weniger stark veränderte Situation für sich erschafft. Lediglich die Ausgangsbedingungen sind für alle Probanden identisch. Die nachfolgenden Aufgaben ergeben sich aus den bisherigen Entscheidungen des Probanden. Wer gleich von Beginn an die besten Lösungswege beschreitet wird sich im weiteren Verlaufe weniger Probleme schaffen. Wer hingegen tiefgreifende Fehler begeht, reitet sich ggf. immer weiter in Verstrickungen hinein.

> Computergestützte Problemlöseszenarien konfrontieren den Probanden mit sehr komplexen, sich dynamisch verändernden Problemsituationen. In der Regel bemüht man sich dabei um eine Simulation realer Prozesse, wie z.B. der Führung eines Unternehmens. Die Entwicklung computergestützter Problemlöseszenarien ist sehr aufwändig und mit einigen messtechnischen Problemen behaftet. Dennoch gibt es Hinweise auf die Validität entsprechender Verfahren.

In der Simulation gilt es z.B. ein Unternehmen über einen Zeitraum von 10 Jahren zu führen (siehe auch Kleinmann & Strauß, 1998; U. Funke, 1993, 1995). Zu Beginn wird der Kandidat über die Ausgangslage des Unternehmens informiert (Produkte, Mitarbeiter, Marktentwicklung, Investitionssummen, Kundenzufriedenheit etc.). In mehreren hintereinander geschalteten Simulationszeiträumen (z.B. Geschäftsjahre) muss der Proband nun Entscheidungen treffen, die letztlich dem wirtschaftlichen Wohl des Unternehmens dienen (Investitionen tätigen, Mitarbeiter einstellen und entlassen, Produktpreise verändern etc.). Am Ende eines Entscheidungszyklusses werden dem Probanden die Reaktionen des Systems widergespiegelt. So führt z.B. ein sinkender Produktpreis vielleicht zu einer größeren Kundenzufriedenheit, der hierdurch steigende Absatz kompensiert aber nicht vollständig die Gewinneinbuße, was wiederum die finanziellen Ressourcen des Unternehmens aufzehrt und die Aktionäre gegen die Firmenleitung aufbringt. Hierauf muss nun der Proband mit weiteren Maßnamen reagieren. Hinzu kommen wirtschaftliche Veränderungen des Umfeldes. Im Laufe der Zeit werden auf dem Arbeitsmarkt z.B. die qualifizierten Bewerber knapp. Der Proband muss also mehr in das Personalmarketing und/oder in die Personalentwicklung investieren. Derartige Simulationen spiegeln allerdings – wie Kersting (1999; Kersting & Kluge, 2001) verdeutlicht – die Realität bestenfalls im Ansatz wieder. Zum einen wird eine einzelne Person derart komplexe und weitreichende Entscheidungen niemals allein und schon gar nicht in solch kurzer Zeit treffen, zum anderen sind die Reaktionen des Systems kein Abbild realer Prozesse, sondern reflektieren eher die Phantasie der Testentwickler. Könnte man die Reaktion des Marktes tatsächlich realitätsgetreu simulieren, so hätte man schon längst auch im realen Leben brauchbare Modelle zur Beherrschung des Marktes entwickelt.

Planspiele stellen künstlich geschaffene Entscheidungssysteme dar, die mitunter nur sehr wenig oder auch gar nichts mit der beruflichen Wirklichkeit zu tun haben. Man denke hier z.B. an das Management eines imaginären Drittweltstaates. Zu den Planspielen gehören auch die computergestützten Postkörbe (vgl. Tabelle 7-8), die ursprünglich einmal als Paper-Pencil-Version zum Repertoire des Assessment Centers gehörten (siehe auch Abschnitt 7.7.2).

Standards für spezifische Methoden der Personaldiagnostik

Tabelle 7-8: Standardisierte Postkörbe

Test	Objektivität	Reliabilität	Validität	Normen
Bonner-Postkorb-Module, BPM (Musch et al., 2001)	☺	☺	☺	☹
Mailbox '90 (Roest et al., 1989)	☺	☺	☺	☺
PC-Office (Fennekels, 1995)	☺	☺	☺	☺

Erläuterung: ☺ = ja, ☺ = teilweise, ☹ = nein (Bewertung in Anlehnung an Brähler et al., 2002) Die Bonner-Postkorb-Module sind bislang noch nicht computergestützt.

Der Proband sieht sich beim computergestützten Postkorb in die Situation eines Mitarbeiters versetzt, der eine Vielzahl von Briefen, Telefonanrufen, Notizen und E-mails möglichst sinnvoll und effektiv bearbeiten muss. Er muss erkennen, welche Informationen so wichtig sind, dass er sie an seinen Vorgesetzten weiterleitet, welche Termine er persönlich wahrnehmen sollte und daher in seinen Terminkalender eintragen muss oder wann es sinnvoll ist, der Sekretärin eine Notiz zu schreiben. Manche Programme versorgen den Probanden während der Bearbeitung mit unerwarteten Informationen wie z.B. der plötzlich eingehenden E-mail eines wichtigen Kunden. Wie bei der Computersimulation stehen zur Bearbeitung der Aufgaben ein bis zwei Stunden zur Verfügung, was angesichts der Komplexität der Aufgaben nicht viel Zeit ist.

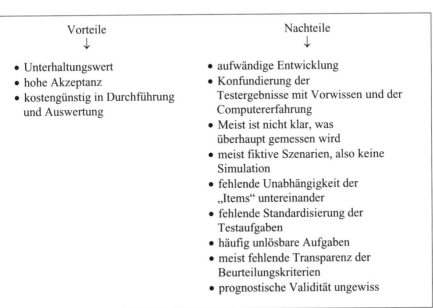

Abbildung 7-17: Vor- und Nachteile computergestützter Problemlöseszenarien

Wie sind computergestützte Problemlöseszenarien nun aber zu bewerten? Auf der Seite der *Vorteile* steht zunächst einmal ein gewisser Unterhaltungswert (vgl. Abbildung 7-17). Im Vergleich zu herkömmlichen Leistungstests mit ihren sehr abstrakten Aufgaben sind die Computerszenarien lebendiger und dürften mehr Motivation wecken. Gerade bei jüngeren Probanden werden sie positive Assoziationen zu ähnlich strukturierten Computerspielen wecken. Sofern der Proband einen Bezug zur Arbeitswirklichkeit erkennen kann, dürfte all dies auch zu einer relativ hohen Akzeptanz der Methode beitragen.

Wie bei jedem vollständig computergestützten Verfahren ist ferner die kostengünstige Durchführung und Auswertung hervorzuheben. Sofern genügend Rechner zur Verfügung stehen können parallel mehrere Untersuchungen durchgeführt werden. Die Auswertung erfolgt von allein und in sekundenschnelle.

Diesen wenigen Vorteilen stehen, wie Kersting (1999) in seiner sehr detaillierten Analyse verdeutlicht, zahlreiche *Nachteile* gegenüber (siehe auch Kersting & Kluge, 2001; Wagener, 2001). Eine Neuentwicklung lohnt sich nur für große Unternehmen, die das Verfahren sehr häufig einsetzen wollen. Will man eine naturgetreue Simulation und nicht nur eine Art Computerspiel erzeugen, benötigt man ein tief greifendes Verständnis für die realen Prozesse. Neben den Kosten für die aufwändige Programmierung entstehen Kosten für die empirische Überprüfung des Verfahrens.

Die Testergebnisse werden dabei nicht nur – wie bei vielen Verfahren – von der Intelligenz, sondern auch vom fachlichen Vorwissen beeinflusst, was allerdings kein prinzipielles Problem darstellt, sofern im konkret vorliegenden Fall Intelligenz und Vorwissen wichtige Prädiktoren beruflicher Leistung sind. Wer überdies Vorerfahrungen mit einschlägigen Computerspielen hat, wird gegenüber unerfahrenen Probanden im Vorteil sein, da er ihre Funktionsweise kennt und im Umgang mit ihnen geübt ist. All diese Nachteile sind für ein Unternehmen jedoch nur dann bedeutsam, wenn die genannten Eigenschaften (inhaltliches Vorwissen und Computererfahrung) zwar für das Abschneiden im Szenario, nicht aber für die Leistung am Arbeitsplatz relevant sind. Je besser die Simulation gelingt, desto unbedeutender werden also die vermeintlich verzerrenden Einflüsse. Mehr noch, sie fördern letztlich die Aussagekraft des Verfahrens, da die im Test gemessene Leistung die berufliche Leistung umfassender spiegelt.

Das Ziel von computergestützten Problemlöseszenarien ist die Messung der Problemlösefähigkeit der Probanden. Daher liegt eine gewisse Nähe zur Intelligenzmessung vor. In der Tat konnte mehrfache eine mittelhohe Korrelation zu den Ergebnissen von Intelligenztests belegt werden (Kersting, 1999). Bislang fehlt allerdings ein überzeugender Beleg dafür, dass die Instrumente tatsächlich eine bestimmte, kognitive Leistung erfassen (Kersting, 1999). Verschiedene Verfahren erfassen offensichtlich unterschiedliche Eigenschaften, da ihre Ergebnisse untereinander kaum korreliert sind. Mit anderen Worten, niemand weiß so recht, was die Tests eigentlich messen.

Die Defizite in der Simulation der Realität machen sich manchmal auch in irrationalen, realitätsfernen Reaktionen des Programms bemerkbar. Wenn der Proband z.B. aufgefordert ist, ein Unternehmen zu leiten, müssen die Reaktionen des Programms auf seine Entscheidungen auch in etwa die Realität widerspiegeln. Ist dies nicht der Fall, kann die Leistung nicht beurteilt werden. Schließlich bleibt dem Kandidaten nichts anderes übrig, als in der Planung seines Vorgehens von realistischen Umweltbedingungen auszugehen. Anderenfalls gerät der Entscheidungsprozess zu einer reinen Lotterie.

Standards für spezifische Methoden der Personaldiagnostik 369

Problematisch ist des Weiteren die fehlende Unabhängigkeit der einzelnen Aufgaben. Aufgrund der Vernetzung der Entscheidungen in einem dynamischen System hängen die Aufgaben stark zusammen. Wer bereits am Anfang grundlegende Fehleinscheidungen trifft wird im Folgenden mit weitaus mehr Problemen konfrontiert als jemand, dem die Fehler erst zum Schluss unterlaufen. In Abhängigkeit vom eigenen Entscheidungsverhalten, das bekanntlich nicht nur von den tatsächlichen Kompetenzen des Kandidaten, sondern auch von Zufällen bestimmt ist (vgl. Abschnitt 4.3), werden die Probanden in der Gesamtschau daher mit sehr unterschiedlichen Tests konfrontiert. Während der eine überwiegend „leichte" Aufgaben lösen muss sieht sich der andere mit zunehmend dramatischeren Problemen konfrontiert. Von einem standardisierten Test kann in diesem Falle nicht mehr die Rede sein.

Kersting (1999) hebt hervor, dass viele Tests unlösbare Aufgaben beinhalten. Spricht sich dies herum oder merkt der Proband dies selbst, dürfte es um die Akzeptanz des Verfahrens schlecht bestellt sein. Viel gewichtiger ist allerdings die Frage, was in einem solchen Fall eigentlich gemessen wird. Wenn offenbar nicht einmal die Testentwickler selbst die Aufgaben lösen können, kann die Leistung auch nicht sinnvoll bewertet werden.

Eng verbunden mit diesem Problem ist ein generelles Transparenzdefizit im Hinblick auf die Bewertungskriterien. In einem klassischen Leistungstest ist die Sachlage glasklar. Die Lösung jeder Aufgabe ist eindeutig definiert. Für jede richtige Lösung wird ein Punkt vergeben. Da die Aufgaben in den Computerszenarien vernetzt und je nach Verlauf der „Simulation" auch unterschiedlich gestaltet sind, ist eine solche Eins-zu-Eins-Bewertung kaum möglich. Man benötigt daher abstraktere Bewertungskriterien, die etwa den Prozessverlauf bewerten. Werden diese Kriterien gegenüber dem Testanwender nicht offen gelegt, kann dieser nicht entscheiden, ob das Verfahren zu seiner Fragestellung passt. Letztlich kauft er eine „back box", bei der jeder Proband irgendwelche, sich dynamisch verändernden Aufgaben bearbeitet und dafür am Ende irgendwie bewertet wird, ohne dass weder der Proband noch das Unternehmen wirklich versteht, wie die Bewertung zustande gekommen ist.

Bei der Bewertung der Validität gehen die Darstellungen in der Literatur weit auseinander. Während Kersting (1999)den computergestützten Problemlöseszenarien Defizite im Bereich der kriterienbezogenen sowie der prognostischen Validität bescheinigt, kommt Funke (1995) zu einer weitaus positiveren Einschätzung. Demzufolge bewegt sich die Validität etwa zwischen .30 und .40 also in einem durchaus zufrieden stellenden Bereich. Bislang liegen zu wenige Studien vor, um ein abschließendes Urteil zu fällen. Wie letztlich bei allen Verfahren sollte der Anwender daher die Validität der in Frage stehenden Instrumente selbst im Hinblick auf die beabsichtigte Nutzung empirisch prüfen.

Die Entscheidung für computergestützte Probemlöseszenarien fällt weitaus weniger leicht als die Wahl eines klassischen Leistungstests. Kersting (1999; Kersting & Kluge, 2001) kommt insgesamt zu einem sehr ernüchternden Fazit, während Funke (1995) eine deutlich positivere Bewertung vornimmt. Entscheidet man sich für den Einsatz derartiger Szenarien, so sind mehrere *Standards* zu beachten.

Die Frage, ob im konkreten Anwendungsfall überhaupt ein Problemlöseszenario angemessen ist, muss wie immer vor dem Hintergrund einer Anforderungsanalyse beantwortet werden. Keinesfalls sollte man sich nur deshalb für ein Problemlösezenario entscheiden, weil es in solch innovativem Gewand daher kommt. Das Szenario ist kein Ersatz für einen klassischen Intelligenztest sondern ein völlig anderes Instrumentarium. Demzufolge mist es auch andere Merkmale, wenngleich eine gewisse Überschneidung mit dem Intelligenzbereich schon allein deshalb zu erwarten ist, weil es sich um kognitive Leistungsaufgaben handelt.

Bereits bei der Auswahl eines Szenarios sollte man auf die Einhaltung des Simulationsprinzips, also eine möglichst gute Abbildung der beruflichen Realität durch das Computerprogramm, achten. Dabei ist es nicht notwendig, dass die Arbeitsrealität in allen Dimensionen eins zu eins vollständig simuliert wird. Es genügt vollkommen, wenn sie die tatsächlich leistungsrelevanten Spezifika der Realität abbildet. Da eine gute Simulation mit bestehenden Verfahren nur sehr selten erreicht werden dürfte, empfiehlt sich oft eine Neuentwicklung nach dem Simulationsprinzip. Hierbei fallen allerdings erhebliche Kosten an.

Unabhängig von der Frage einer Neuentwicklung muss das eingesetzte Verfahren in jedem Falle im eigenen Unternehmen auf seine Validität überprüft werden. Dies ist wichtiger als bei klassischen Testverfahren, da die Problemlöseszenarien ein grundsätzliches messtechnisches Problem in sich tragen. Die Problematik ergibt sich aus der fehlenden Unabhängigkeit der Aufgaben sowie der Dynamik der Messung, die dazu führt, dass jeder Proband letztlich mit einem unterschiedlichen Test konfrontiert wird. Eine standardisierte Messung ist nicht gegeben.

In jedem Falle müssen die Bewertungskriterien nachvollziehbar und transparent sein, so dass man den Probanden wahrheitsgemäß darüber aufklären kann, welche Ziele er bei der Bearbeitung der Aufgaben verfolgen soll. Eine eindeutige Zieldefinition ist im Gegensatz zum klassischen Leistungstest schon allein deshalb notwendig, weil das Szenario an sich unterschiedliche, z.T. gegenläufige Ziele ermöglicht. So könnte man bei der Führung eines Unternehmens primär die Rendite der Aktionäre, die Produktivität oder die Kundenzufriedenheit im Auge haben. All dies sind legitime Ziele. Weiß der Proband nicht, was dem Unternehmen wichtig ist, welches Verhalten also positiv bewertet wird, läuft er vielleicht von Beginn an in eine falsche Richtung. In der Konsequenz wird er schlecht bewertet, obwohl er vielleicht bei richtiger Zielvorgabe bessere Leistungen erbringen würde als ein Konkurrent, der (vielleicht per Zufall) das richtige Ziel anvisiert hat. Darüber hinaus ist eine Transparenz der Bewertungskriterien bei der Auswahl eines Testverfahrens zwingend erforderlich. Wenn man nicht weiß, was das Verfahren eigentlich misst, kann man sich auch nicht rational für oder gegen die Anwendung entscheiden.

Die Reaktionen des Programms auf die Entscheidungen des Probanden müssen realitätsangemessen sein. Wenn der Kandidat den Eindruck bekommt, dass die Reaktionen per Zufall oder völlig irrational erfolgen, kann er selbst keine rationalen Entscheidungen treffen. Das Testergebnis spiegelt dann letztlich nur noch Zufallstreffer wider. Das Gebot der realitätsangemessenen Reaktion verdeutlicht überdies den hohen Anspruch einer sinnvollen Simulation der Wirklichkeit. Eine Simulation ist nur dann möglich, wenn man die Dynamik der Realität zutreffend einschätzt. Ist dieses Wissen nicht vorhanden und kann auch nicht generiert werden, sollte man besser auf die Entwicklung eines Problemlöseszenarios verzichten.

> **Standards**
> **für den Einsatz computergestützter Problemlöseszenarien**
>
> - Das eingesetzte Verfahren beruht auf einer Anforderungsanalyse, sofern es zur Personalauswahl eingesetzt wird.
> - Bestehende Verfahren werden nur dann eingesetzt, wenn eine hinreichende Ähnlichkeit zwischen der Simulation und der beruflichen Realität besteht.
> - Die Validität des Verfahrens wurde im eigenen Unternehmen überprüft.
> - Die Beurteilungskriterien sind sinnvoll, reliabel und transparent.
> - Der Proband erhält eine klare Zielvorgabe.
> - Irrationale, realitätsferne Reaktionen des Programms auf die Antworten der Probanden treten nicht auf.
> - Bei einer Neukonstruktion wird eine möglichst weitgehende Simulation der beruflichen Realität angestrebt.
> - Vor der Einführung des Verfahrens wird die Verständlichkeit und Handhabung in Probedurchläufen mit Laien überprüft.

Zu guter Letzt eine Empfehlung, die für alle Computerprogramme eine Selbstverständlichkeit sein sollte. Die Programme werden meist von Personen gestaltet, die sich hervorragend mit Computern und einschlägigen Programmen auskennen. Bei den Probanden kann eine solche Expertise nicht vorausgesetzt werden. Im Zweifelfall ist die Handhabung des Programms für sie zu wenig komfortabel, so dass später Fehler entstehen, die nichts mit der Problemlösekompetenz der Kandidaten zu tun haben, sondern allein auf Bedienungsfehler zurückzuführen sind. Solche Fehler müssen ausgeschlossen werden, da die Bedienungskompetenz so gut wie nie ein sinnvoller Prädiktor der beruflichen Leistung von Führungskräften u.Ä. ist. Vor dem Einsatz eines Verfahrens sollte man daher einige Probedurchläufe mit Computerlaien durchführen. Auf diesem Wege lassen sich Defizite der Usability aufdecken, die dann vor dem ersten Einsatz im Ernstfall beseitigt werden müssen. Dies gilt übrigens nicht nur für Neukonstruktionen.

7.3.3 Situative Tests

Situative Tests haben eine lange Geschichte, doch erst seit etwa 10 Jahren finden sie in der Forschung zunehmende Beachtung (McDaniel, Morgeson, Finnemagan, Campion & Braverman, 2001). Dem situativen Diagnoseansatz folgend wird der Proband im Test mit einer Situation aus dem Berufsalltag konfrontiert und soll angeben, wie er sich in einer solchen Situation verhalten würde bzw. welches Verhalten das richtige wäre. Beide Fragen erfassen unterschiedliche Merkmale des Probanden (vgl. Ployhart & Ehrhart, 2003). Während die erste nach der individuellen Verhaltensorientierung fragt, bezieht sich die zweite auf das Wissen des Probanden. Jemand der weiß, welches Verhalten richtig wäre muss deshalb keinesfalls dieses Verhalten auch beabsichtigen. Man denke hier z.B. an einen Kleinunternehmer, der zwar weiß, dass er in einer wirtschaftlich schwierigen Situation zwei Mitarbeiter entlassen müsste, dies aber dennoch nicht übers Herz bringt, weil er schon seit vielen Jahren mit ihnen harmonisch zusammen arbeitet. Unabhängig von der Frageart, kommt den eingesetzten Situation immer ein gewisser Problemcharakter zu. Es geht also letztlich um die Frage, wie der Proband berufliche Aufgaben meistern würde. Im Gegensatz zur Verhaltensbeobachtung in einer Arbeitsprobe oder im Assessment Center beschränkt man sich auf eine Erfassung des Wissens oder eine Beschreibung des Verhaltens (vgl. Abschnitt 3.1). Der Proband sagt bestenfalls, wie er sich verhalten würde. Ob er sich in der Realität tatsächlich so verhalten wird und wie gut er das beabsichtigte Verhalten praktisch umsetzen kann, ist unbekannt. Dennoch ist die kriterienbezogene sowie die inkrementelle Validität situativer Tests sehr gut belegt (Clevenger, Pereira, Wiechmann, Schmitt & Harvey, 2001; Howard & Choi, 2000; McDaniel & Nguyen, 2001; Weekley & Ployhart, 2002).

Wie jeder Leistungstest, so setzt auch der situative Test eine eindeutige Definition richtiger Lösungen voraus. Die richtige Lösung ergibt sich im Unterschied zum Intelligenztest allerdings nicht aus der Logik, sondern muss unternehmensspezifisch festgelegt werden. In der Regel bedient man sich dabei eigener Erfahrungswerte, rechtlicher Bestimmungen sowie grundlegender Wertentscheidungen des Unternehmens (s.u.).

> Situative Tests arbeiten nach dem Prinzip der Simulation. Die Probanden werden mit Situationen aus dem Berufsalltag konfrontiert und sollen angeben, wie sie sich in einer solchen Situation verhalten würden, bzw. wie man sich verhalten sollte. Die Antworten werden unternehmensspezifisch bewertet. Die Validität situativer Tests ist gut belegt.

Situative Items können sehr unterschiedlich gestaltet sein (vgl. McDaniel & Nguyen, 2001). In Abbildung 7-18 haben wir die wichtigsten Variationsmöglichkeiten zusammengetragen.

Stimuluspräsentation → mündlich, schriftlich, Video

Responseerfassung → Auswahl/Bewertung von Antwortvorgaben, freie Beschreibung

Realitätsbezug → ausführliche vs. abstrakte Darstellung, Interaktivität

Unabhängigkeit der Items → isolierte Items vs. zusammenhängende Geschichte

erfasstes Merkmal → Wissen vs. (beschriebenes) Verhalten

Abbildung 7-18: Variationen situativer Tests

Die Tests unterscheiden sich zunächst hinsichtlich der *Stimuluspräsentation*. Die Aufgabe (also der Stimulus) kann mündlich vorgetragen werden (siehe Latham, Saari, Pursell & Campion, 1980), schriftlich erfolgen (McDaniels, Morgeson et al.,

2001) oder in Form eines Videoclips per Computer präsentiert werden (Kanning, in Druck b; Weekley & Jones, 1997). Die schriftliche Form verlangt dem Probanden bei der Informationsaufnahme die meiste Eigenaktivität ab, hat aber den Vorteil, dass der Kandidat selbst entscheiden kann, wie oft er die Information aufnehmen will. Liegt keine strenge Zeitbegrenzung vor, kann er die Situationsbeschreibung so oft lesen, wie er es für nötig hält. Die Videopräsentation hat den Vorteil, dass sie die berufliche Situation so naturgetreu wie keine andere Methode wiedergeben kann. Dabei spricht der Stimulus gleichzeitig mehrere Informationskanäle und vermittelt sehr viel Information in kurzer Zeit. Eine kurze Störung der Aufmerksamkeit kann allerdings dazu führen, dass wichtige Informationen verloren gehen. Daher sollte man dem Probanden die Möglichkeit geben, den Videoclip bei Bedarf mehrfach abzurufen. Gegenüber den beiden übrigen Varianten ist die Videoform mit vergleichsweise großem Entwicklungsaufwand verbunden. Die Interviewvariante bietet die Möglichkeit einer Rückfrage, wenn der Proband die Situation noch nicht recht verstanden hat.

Situative Items unterscheiden sich des Weiteren in der Art und Weise, wie der Proband seine Antwort abgeben kann (*Responseerfassung*). Bei papier- oder computergestützten Tests arbeitet man nahezu immer mit Antwortvorgaben. Im Anschluss an die Situationsschilderung werden zwei, drei oder vier Antwortalternativen beschrieben, von denen der Proband in der einfachsten Variante eine auswählen soll. Liegen mehr als zwei Alternativen vor, kann man den Proband auch bitten, die beste und schlechteste Antwortvorgabe zu kennzeichnen oder alle Antwortvorgaben in eine Rangreihe zu bringen. Eine weitere Option bietet das Rating. Hierbei muss jede Antwortalternative auf einer mehrstufigen Skala hinsichtlich ihrer Tauglichkeit beurteilt werden (vgl. Abschnitt 4.2.4; Holling, Kanning & Hofer, 2003). Interviewgestützte situative Tests ermöglichen dem Probanden hingegen eine freie Antwort, die später vom Interviewer auf einer mehrstufigen Skala bewertet wird.

Die Darstellung der Situationen variiert mitunter erheblich in ihrem *Realitätsbezug*. Die Schilderung kann den abstrakten Prototypen einer Problemsituation oder ein sehr konkretes Beispiel aus dem Berufsalltag wiedergeben. Je konkreter die Situation ist, desto mehr Information muss in der Regel vermittelt werden. Hierzu eignen sich Videos in besonderer Weise. Abstrakte Darstellungen von Prototypen lassen sich ebenso gut auch in schriftlicher oder mündlicher Form präsentieren. Eine bislang kaum genutzte Möglichkeit zur Herstellung eines hohen Realitätsbezugs bietet der Einsatz interaktiver Items (Kanning, Grewe, Hollenberg & Stein, under review). Wie im wirklichen Leben endet die Geschichte nicht mit der Entscheidung für ein bestimmtes Verhalten, sondern berücksichtigt die Konsequenzen dieser Entscheidung. Im Videotest würde man die Probanden z.B. mit einem Führungsproblem konfrontieren. Ein Vorgesetzter erkennt, dass einer seiner Mitarbeiter von seinen Kollegen einem Mobbing unterzogen wird. Zur Lösung des Problems werden drei Antwortalternativen präsentiert. Nach der Entscheidung für eine der Verhaltensoptionen wird nun ein passender Videoclip eingespielt, der die Reaktionen der Mitarbeiter auf die Intervention des Vorgesetzten zeigt. Nun hat der Proband erneut die Möglichkeit auf die veränderte Situation zu reagieren, indem er aus drei neuen Antwortalternativen eine weitere Auswahl trifft. Auf diesem Wege lässt sich die natürliche Interaktivität des Alltags zumindest im Ansatz simulieren. Der Proband kann eigene Fehler als solche erkennen und korrigieren oder richtige Entscheidungen verstärken. Interaktive Items sind nur per Computer elegant realisierbar und bedeuten immer einen erheblichen Mehraufwand bei der Konstruktion.

In den allermeisten Tests haben wir es mit *voneinander unabhängigen Items* zu tun, d.h. jedes Item erzählt eine völlig neue Geschichte. Dabei verändert sich nicht nur die Problemsituation, sondern auch die handelnden Personen und ggf. die Rolle, die der Proband in der Situation einnehmen muss (z.B. Vorgesetzter vs. Kollege). McDaniel und Nguyen (2001) berichten von Testverfahren, bei denen alle Items eine gemeinsame Geschichte bilden. Zu Beginn der Untersuchung wird der Proband z.B. auf eine bestimmte Rolle eingeschworen, die er in einem Unternehmen spielen muss. Anschließend erlebt er unterschiedlichste Szenen aus dem Berufsalltag der Zielperson. Dabei können bestimmte Personen der Handlung, wie etwa die Sekretärin, mehrfach auftreten. Auf diese Weise könnte man z.B. einen ganzen Arbeitstag simulieren.

Ein letztes Variationskriterium situativer Tests bezieht sich auf die Frage, welches *Personenmerkmal* mit Hilfe des Testverfahrens überhaupt erfasst werden soll. In der Regel geht es um Verhaltensorientierungen. Man will letztlich wissen, ob sich der Proband in den fraglichen Situationen wahrscheinlich richtig verhalten würde und erschließt dies aus seinen Antworten, ohne natürlich die Ausführung des Verhaltens in einer realen Situation beobachtet zu haben. Dieses Vorgehen ist sehr pragmatisch. Es geht nicht um die Messung spezifischer Merkmalsdimensionen, wie z.B. Durchsetzungsfähigkeit oder Teamfähigkeit, die man wie in einem Pesönlichkeitsfragebogen isoliert voneinander betrachten würde. Oftmals identifiziert man die dem Verhalten zugrunde liegenden Merkmalsdimensionen nicht einmal, sondern beschränkt sich auf die Beurteilung der Angemessenheit des beschriebenen Verhaltens. Neben der Verhaltensorientierung kann aber auch das Wissen der Probanden im Zentrum der Analyse stehen. Interessiert man sich allein für das Verhalten, so fragt man den Probanden „Wie würden sie sich in der geschilderten Situation verhalten?", steht hingegen das Wissen im Zentrum der Analyse so fragt man „Welche der Antwortmöglichkeiten ist die beste?". Im zweiten Fall weiß man noch viel weniger als im ersten Fall, wie sich die Person in einer realen Situation verhalten würde. Man kann lediglich einschätzen, ob sie weiß, wie man sich verhalten sollte. Ein solches Vorgehen kann z.B. bei berufsunerfahrenen Bewerbern sinnvoll sein. Von ihnen erwartet man nicht, dass sie sich bereits richtig verhalten können. Wer jedoch schon vor einer beruflichen Ausbildung oder einem Trainee-Programm weiß, welches Vorgehen im Prinzip richtig wäre, ist bereits einen Schritt weiter als seine Konkurrenten.

In Abbildung 7-19 wird die *Entwicklung situativer Test* skizziert. Sie stellt eine Abwandlung der in Abschnitt 6.2 vorgestellten Methode der Kritischen Ereignisse (Flanagan, 1954) dar.

Am Anfang steht die *Sammlung kritischer Berufsereignisse*. Sie bilden später die Situationen, die in den einzelnen Items beschrieben werden. Kritisch sind solche Ereignisse, die den Berufsalltag in besonderer Weise prägen, weil sie häufig auftreten und/oder besonders erfolgsrelevant sind. Die kritischen Ereignisse werden mit Hilfe von Experteninterviews gesammelt. Als Experten gelten berufserfahrene Mitarbeiter. Darüber hinaus kann man auch deren Vorgesetzte, bereits vorliegende Arbeitsanalysen oder anderweitige Dokumentationen heranziehen. Auch darf man nicht aus den

Augen verlieren, dass sich die Berufsrealität in der Zukunft verändert und sollte versuchen, derartige Entwicklungen zu antizipieren.

Die Analysen werden zwangsläufig zu redundanten Informationen führen, weil die Experten teilweise identische Ereignisse benennen. In der zweiten Entwicklungsstufe geht es daher zunächst um die *Zusammenfassung ähnlicher Ereignisse*. Darüber hinaus müssen die eigentlichen *Items formuliert* bzw. geeignete Videoclips gedreht werden. Bei der schriftlichen Fassung der Items darf man die Länge der Formulierungen nicht aus dem Blick verlieren. Müssen die Probanden später einige Dutzend Items bearbeiten so wird das Lesen schnell zur Last. Pro Item sollte man daher möglichst nicht mehr als ca. fünf Zeilen schreiben, auf eindeutige Formulierungen und ein einheitliches Format achten, so dass die Informationen leicht aufgenommen werden können.

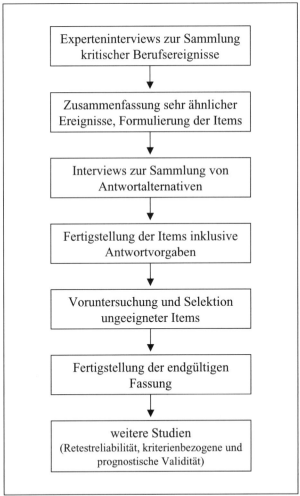

Abbildung 7-19: Entwicklung situativer Items

Liegen die Items – genauer gesagt, die Stimuluskomponenten der Items (vgl. Abschnitt 4.2) – vor, so nimmt man nun die *Konstruktion der Antwortalternativen* in Angriff. Die beschriebenen Szenen werden zu diesem Zweck erneut den Berufsexperten vorgelegt. Dies kann in Form von Einzelinterviews oder einer gemeinsamen Gruppendiskussion geschehen. Die Experten generieren nun zu jeder Situation mehrere Antwortalternativen und legen den Bewertungsschlüssel fest, aus dem hervorgeht, für welche Alternative es später wie viele Punkte geben soll. Bei der Formulierung der Antwortalternativen ist darauf zu achten, dass man die schlechten Lösungen nicht so ohne weiteres erkennen kann. Anderenfalls werden die Items zu einfach, d.h. nahezu alle Probanden finden auch ohne besondere Kompetenz die richtige Lösung. Überhaupt muss man sich spätestens an dieser Stelle für ein bestimmtes Bearbeitungsprocedere (Auswahl von Alternativen, Rating oder Ranking s.o.) entscheiden. Die einfachste Variante, die in den allermeisten Fällen auch hinreichende Informationen liefern dürfte, stellt die bloße Auswahl der vermeintlich besten Alternative durch den Probanden dar.

Auch die Antwortalternativen müssen nun noch ausformuliert und in ein einheitliches Format gebracht werden. Bei der *Fertigstellung der Items* ist erneut auf die Länge der Aufgaben zu achten.

Im nächsten Schritt geht es darum, den Test von ungeeigneten Items zu befreien. Im Rahmen einer *Voruntersuchung* wird das Verfahren z.B. berufserfahrenen Personen und völligen Laien vorgelegt. Jedes einzelne Item sollte zwischen beiden Personengruppe differenzieren können. Mit Items, die von Laien häufiger gelöst werden als von Experten stimmt offenbar etwas nicht. Sie müssen aus dem Test entfernt werden. Gleiches gilt für Items, die entweder fast niemand oder fast jeder lösen kann. Nach der Selektion ungeeigneter Items ist der Test im Grunde genommen fertiggestellt. Strebt man eine weitergehende Absicherung des Verfahrens an, so können nun zusätzliche Untersuchungen zur Überprüfung der Retest-Reliabilität, der kriterienbezogenen oder prognostischen Validität (vgl. Abschnitt 5.2 und 5.3) folgen. Aber selbst ohne zusätzliche Analyse erfüllt der Test bereits die Kriterien eines inhaltsvaliden Verfahrens und kann in der Praxis eingesetzt werden.

Die *Vorteile* der situativen Tests liegen vor allem in ihrem hohen Realitätsbezug (vgl. Abbildung 7-20). Sie bilden Situationen aus dem Alltag ab und erfassen ganz offensichtlich Wissensaspekte und Verhaltensorientierungen, die für das Lösen alltäglicher Berufsprobleme von Bedeutung sind. Dies dürfte auch den Probanden nicht entgehen, was wiederum eine hohe Akzeptanz zur Folge hat. Der Konstruktionsaufwand ist im Vergleich zu herkömmlichen Leistungstests oder gar computergestützten Problemlöseszenarien gering. Sofern Videoclips zum Einsatz kommen, steigt der Konstruktionsaufwand jedoch deutlich an. Allerdings entsteht hierdurch ein Testverfahren, das den Mehraufwand durchaus lohnen dürfte, sofern der Test dauerhaft mit vielen Menschen durchgeführt werden soll. Zum einen erspart man den Probanden hierdurch das Lesen langer Textpassagen, zum anderen gelingt eine präzisere Abbildung der Realität. Letztlich dürfte sich ein computergestützter situativer Test mit Videoclips auch positiv auf das Image des Unternehmens aufwirken, da man sich einer innovativen Technik bedient.

Auf der Seite der *Nachteile* ist die mangelnde Homogenität der resultierenden Skalen zu nennen. Berechnet man über die situativen Items, die später zu einem Ge-

Standards für spezifische Methoden der Personaldiagnostik

samtergebnis zusammengefasst werden, die innere Konsistenz (vgl. Abschnitt 5.2), so resultieren regelmäßig sehr schlechte Reliabilitätswerte (vgl. Kanning, in Druck b; Schuler et al. 1993, Smiderle et al., 1994). Bei genauerer Betrachtung ist dies aber nicht weiter verwunderlich. Der Proband wird über die Items hinweg mit sehr unterschiedlichen Situationen konfrontiert, die sehr verschiedene Facetten seiner Person fordern. Jedes Verhalten in jeder Situation beruht auf mehreren Merkmalen der Person, die jeweils wiederum in anderer Konstellation und Ausprägung wirken. Während das Antwortverhalten beim ersten Item vielleicht primär durch die Extraversion und Durchsetzungsfähigkeit des Probanden bestimmt wird, ist es beim zweiten Item neben der Extraversion die soziale Orientierung und beim dritten Item schließlich Konfliktverhalten und Gewissenhaftigkeit. Bedenkt man dies, so ist die innere Konsistenz von vornherein kein sinnvolles Reliabilitätsmaß für situative Tests. Sinnvoll ist hingegen die Berechnung der Retest-Reliabilität (vgl. Abschnitt 5.2). Ein zweiter Nachteil, der bei genauerer Betrachtung nicht sehr stark ins Gewicht fällt, betrifft die Messung des Verhaltens. Wer situative Items einsetzt muss sich – wie bei jedem Leistungstest und Fragebogen zur Selbstbeschreibung – darüber im Klaren sein, dass er das tatsächliche Verhalten des Probanden in berufsrelevanten Situationen nicht erfasst. Hierzu wären direkte Verhaltensbeobachtungen notwendig. Mit Hilfe der situativen Tests lässt sich herausfinden, ob der Proband weiß, welches Verhalten im Prinzip richtig wäre und welches Verhalten er nach eigenen Angaben zeigen würde. Dennoch lässt sich auch mit dieser, dem eigentlichen Verhalten vorgeordneten Information eine valide Aussage treffen.

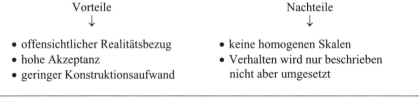

Abbildung 7-20: Vor- und Nachteile situativer Tests

Will man einen situativen Test selbst einsetzen, so sind die folgenden *Standards* zu beachten. Im Rahmen einer Anforderungsanalyse wird sichergestellt, dass das zukünftig eingesetzte Verfahren für die beabsichtigte Personaldiagnostik tatsächlich geeignet ist. Handelt es sich um eine Neuentwicklung, dient die Anforderungsanalyse unmittelbar der Itemkonstruktion (s.o.). Will man hingegen auf ein bestehendes Verfahren zurückgreifen, muss sichergestellt sein, dass die Situationsschilderungen die Arbeitswirklichkeit im eigenen Unternehmen hinreichend widerspiegeln. Sind die Items abstrakter gehalten – streben also keine wirkliche Simulation an sondern konfrontieren den Probanden mit prototypischen Situationen, die an vielen Arbeitsplätzen in ähnlicher Weise auftreten können –, muss die Anwendung durch geeignete Validitätsstudien legitimiert werden.

Bei Neuentwicklungen wird auf das Wissen erfahrener Experten für den fraglichen Arbeitsplatz zurückgegriffen. Sie sind einerseits wichtig für die Identifikation der kritischen Berufsereignisse, andererseits tragen sie maßgeblich zur Definition der richtigen Antwortalternativen bei. Allerdings sollte man sich nicht ausschließlich auf die Experten verlassen. Allzu viel Routine kann dazu führen, dass völlig alltäglichen aber gleichwohl wichtigen Situationen keine hinreichende Bedeutung zugeschrieben wird. Abhilfe schaffen klassische Arbeitsplatzanalysen (vgl. Abschnitt 6.2). Des Weiteren sind gerade im Hinblick auf die zukünftige Entwicklung der Arbeitsaufgaben zusätzliche Items sinnvoll.

Situative Tests setzen – wie jeder Leistungstest – eine Definition richtiger und falscher Antwortalternativen voraus. Dies kann durch eine dichotome Unterscheidung (richtig vs. falsch) oder durch eine graduelle Abstufung geschehen. Im zweiten Falle erhält der Proband je nach Grad der Richtigkeit der gewählten Alternative einen differenzierteren Punktwert. Da sich die Definition der richtigen Alternative nicht immer von allein aus der Sachlage ergibt, sind häufig Wertentscheidungen zu treffen. So muss beispielsweise jedes Unternehmen im Hinblick auf den Umgang mit Kunden und Mitarbeitern für sich entscheiden, welche Organisationskultur mit dem situativen Test gefördert werden soll.

Im Rahmen von standardisierten Interviews werden situative Tests in mündlicher Form eingesetzt (Latham et al., 1980; Schuler, 2002). Die Antworten des Probanden werden in diesem Fall durch den Interviewer bewertet. Hierzu sind eindeutige und verbindliche Kriterien notwendig. Hilfreich ist dabei z.B. der Einsatz verhaltensverankerter Ratingskalen oder Checklisten (vgl. Abschnitt 4.2).

Da bei situativen Tests nicht mit homogenen Skalen zu rechnen ist, verzichtet man auf die Berechnung der inneren Konsistenz. An ihre Stelle tritt die Retest-Reliabilität (s. o.).

Da die Items im situativen Test sehr viel komplexer sind als in herkömmlichen Leistungstests oder Persönlichkeitsfragebögen, ist in besonderer Weise darauf zu achten, dass dem Probanden genügend Zeit zur Verfügung steht. Beim Einsatz von Videoclips sollte er überdies die Möglichkeit haben, sich den Film auf Wunsch mehrfach ansehen zu können. Im situativen Interview sollten Nachfragen erlaubt sein. Eine zeitliche Begrenzung ist bei situativen Tests nicht notwendig.

Standards
für den Einsatz situativer Tests

- Im Falle der Personalauswahl beruht die Auswahl oder Entwicklung des Verfahrens auf einer Anforderungsanalyse, d.h. es ist sichergestellt, dass die Items für den spezifischen Anwendungsfall eine tatsächliche Relevanz besitzen.
- Bei Neukonstruktionen wird auf die Expertise von mehreren erfahrenen Arbeitsplatzexperten zurückgegriffen.
- Zukünftige Veränderungen des interessierenden Arbeitsfeldes werden durch zusätzliche Items berücksichtigt.
- Es wird (ggf. graduell) zwischen richtigen und falschen Antworten differenziert.
- Wertentscheidungen werden bewusst getroffen.
- Sofern offene Antworten möglich sind, existieren für die Diagnostiker eindeutige und verbindliche Beurteilungskriterien.
- Der Test weist eine hohe Retest-Reliabilität auf.
- Der Proband hat hinreichend Zeit, die Darstellung der Situation aufzunehmen.
- Bei mündlich vorgetragenen Situationen besteht die Möglichkeit zur Nachfrage.

7.4 Fragebögen

Neben Intelligenztests gehören Persönlichkeitsfragebögen wohl zu den bekanntesten personaldiagnostischen Methoden, die unmittelbar in einer Verbindung zur Psychologie gesehen werden. In der Tat entstammen alle etablierten Verfahren der psychologischen Forschung und setzen mehr oder weniger direkt wissenschaftliche Theorien und Befunde in ein Messinstrument um. Alle Fragebögen, von denen wir im Folgenden berichten werden – und dies sind nicht nur Persönlichkeitsfragebögen –, folgen dem Prinzip einer vollständig standardisierten Datenerhebung, -auswertung und -interpretation. Die Entwicklung derartiger Verfahren ist aufwändiger, als es dem Laienanwender oftmals erscheint. Dieser Aufwand lohnt sich jedoch, wenn man anschließend nicht nur ein nützliches, sondern auch ein sehr ökonomisches Instrumentarium in Händen hält.

Fragebögen werden in der Praxis der Personaldiagnostik seltener eingesetzt als Leistungstests (Schorr, 1995; Steck, 1997). Die Gründe hierfür sind nicht offensichtlich. Möglicherweise hat dies mit einer höheren Anfälligkeit der Fragebogenmethode für das Problem der sozial erwünschten Selbstdarstellung zu tun (vgl. Abschnitt 2.4). Manchem Laien erscheint der Fragebogen im Vergleich zum Test weniger nützlich, weil man das Ergebnis zumindest der Tendenz nach zum eigenen Nutzen verfälschen könnte. Auch ist der Gedanke, dass Leistung, kognitive oder fachliche Kompetenzen wichtige Voraussetzungen für beruflichen Erfolg darstellen weiter verbreitet, als die Einsicht, dass ohne „soft skills" derartige Fähigkeiten und Fertigkeiten oft nicht optimal zum Einsatz kommen können. Was nützt es beispielsweise einem Hochschullehrer, wenn er über hervorragende intellektuelle Fähigkeiten und eine weit überdurchschnittliche Expertise in seinem Fachgebiet verfügt, didaktisch und zwischenmenschlich aber so unbeholfen ist, dass er sein Wissen nicht an die nachfolgenden Generationen weitergeben kann? Seine akademischen Leistungen werden immer nur Stückwerk bleiben. Noch offensichtlicher wird die Bedeutung nichtintellektueller Kompetenzen, wenn wir an Führungsaufgaben denken. Selbstverständlich muss eine Führungskraft über planerische Kompetenzen, eine gute Auffassungsgabe, Konzentrationsfähigkeit, über Fachwissen und eine hohe intellektuelle Verarbeitungskapazität verfügen. Sie muss aber ebenso in der Lage sein, Konflikte zu schlichten. Sie muss Mitarbeiter motivieren können und kommunikativ sein. In den letzten Jahren rücken derartige „soft skills" unter dem Label „Soziale Kompetenz" verstärkt in den Fokus personaldiagnostischer Betrachtungen (vgl. Kanning, 2002a, 2003a, in Druck b). Diesem Trend folgend dürften in Zukunft Fragebogeninstrumente an Boden gewinnen. Belege hierfür finden sich bereits auf internationalem Parkett (vgl. Salgado, Viswesvaran & Ones, 2001).

7.4.1 Persönlichkeitsfragebögen

Der Begriff des Persönlichkeitsfragebogens wird von uns in einem sehr weiten Sinne verwand. Hierzu zählen nicht nur klassische (allgemeine) Persönlichkeitsfragebögen, die auf einem sehr hohen Abstraktionsniveau grundlegende Verhaltensdispositionen eines Menschen erfassen und daher grundsätzlich bei unterschiedlichsten Anwendungsfragen eingesetzt werden könnten, sondern auch solche Instrumente, die sich auf sehr spezifische Anwendungsfelder konzentrieren. Während der klassische Persönlichkeitsfragebogen seinen Ursprung in der Grundlagenforschung oder der klinischen Psychologie hat, entstammen die spezifischen Instrumente oft der personalpsychologischen Forschung. Trotz der unterschiedlichen Zielrichtung haben alle Instrumente eines gemein, sie arbeiten nach dem Prinzip der Selbstbeschreibung. Der Proband muss sein eigenes Verhalten, seine Interessen und Werte reflektieren und vor diesem Hintergrund Auskunft über sich selbst erteilen. Einige wenige Verfahren erfassen darüber hinaus auch das Fremdbild der Person, indem sie z.B. Kollegen oder Mitarbeiter um eine Beschreibung des Probanden bitten. Fast immer kommen in beiden Fällen Statements und mehrstufige Ratingskalen zum Einsatz (vgl. Abbildung 4-10). Zu jedem Konzept bearbeitet der Proband mehrere Items. Anschließend wird im Zuge der Auswertung über die Antworten der zusammengehörenden Items hinweg ein Mittelwert berechnet.

Vergleicht man mehrere Persönlichkeitstests miteinander, so fällt auf, dass hier zum Teil dieselben Konzepte gemessen werden, obwohl sich die Items mitunter deutlich unterscheiden. Der Grund hierfür ist das Fehlen einer verbindlichen Definition der Persönlichkeitsmerkmale. Mit anderen Worten, hinter dem gleichen Label verbergen sich graduell unterschiedliche Konzepte. Zwei Fragebögen, die beide z.B. vorgeben, die Durchsetzungsfähigkeit eines Menschen zu messen, werden in aller Regel nicht exakt das Gleiche erfassen. Dies muss bei der Auswahl eines Fragebogens unbedingt beachtet werden. Man darf man sich also nicht nur von den reinen Begrifflichkeiten leiten lassen, sondern sollte sich immer auch die Items anschauen. Gemeinsam mit Ergebnissen einschlägiger Validierungsstudien lässt sich dann ermitteln, ob ein bestimmter Fragebogen für die geplante Untersuchung tatsächlich geeignet ist oder nicht.

> Persönlichkeitsfragebögen erfassen mehr oder minder allgemeine Verhaltensdispositionen eines Menschen. Dabei arbeiten sie nach dem Prinzip der Selbstbeschreibungen. Hinter identisch benannten Konzepten verbergen sich oft (graduell) unterschiedliche Definitionen.

Die Validität allgemeiner Persönlichkeitsfragebögen ist alles in allem gut belegt (Hossiep, Paschen & Mühlhaus, 2000). Im Vergleich zu Leistungstest oder Arbeitsproben fallen sie jedoch deutlich geringer aus. Gleichwohl gibt es auch Belege für ihre inkrementelle Validität (Goffin, Rothstein & Johnston, 1996; Salgado, Viswesvaran & Ones, 2001).

Besonders häufig untersucht wurde die berufsbezogene Validität der sog. „big five". Hierbei handelt es sich um ein Modell, in dem fünf sehr grundlegende Persönlichkeitsdimensionen unterschieden werden. Die Sinnhaftigkeit des Fünf-Faktoren-Modells ließ sich in zahllosen Studien u.a. transkulturell bestätigen (vgl. Amelang & Bartussek, 1997; Borkenau & Ostendorf, 1993). In Tabelle 7-9 sind die Ergebnisse zweier Metaanalysen zusammengefasst. Es zeigt sich, dass vor allem der Dimension Gewissenhaftigkeit ein durchgängiger Nutzen für die Vorhersage unterschiedlichster berufsbezogener Leistungsmaße zukommt. Überdies korreliert die emotionale Stabilität der Probanden positiv mit der Arbeitszufriedenheit (Barrick, Mount & Judge,

2001). Hough (1992) konnte zudem zeigen, dass die big five einen Zusammenhang zum kontraproduktiven Verhalten – also z.B. Diebstahl am Arbeitsplatz oder Absentismus – stehen. Dies gilt insbesondere für die emotionale Stabilität und die Gewissenhaftigkeit der Mitarbeiter.

Tabelle 7-9: Validität der „big five" (aus Barrick, Mount & Judge, 2001)

Erfolgsmaß	Emotionale Stabilität	Extraversion	Offenheit für neue Erfahrungen	Verträglichkeit	Gewissenhaftigkeit
nicht-unabhängige Arbeitsleistung	.15	.15	.07	.11	.24
unabhängige Arbeitsleistung	.13	.15	.07	.13	.27
Vorgesetztenbeurteilung	.13	.13	.07	.13	.31
objektive Leistung	.10	.13	.03	.17	.23
Trainingsleistung	.09	.28	.33	.14	.27
Leistung bei Gruppenarbeit	.22	.16	.16	.34	.27
Verkaufsleistung	.05	.11	-.03	.01	.25
Managementleistung	.09	.21	.10	.10	.25
Leistung von Experten	.06	-.11	-.11	.06	.24
Leistung von Polizisten	.12	.12	.03	.13	.26
Leistung von Arbeitern	-	.06	.05	.10	.23
Arbeitszufriedenheit*	.24	.19	.01	.13	.20

* Ergebnis von Judge, Heller & Mount (2002)

In Tabelle 7-10 geben wir einen Überblick über standardisierte Persönlichkeitsfragebögen, die im Handel erhältlich sind. Wir beschränken uns dabei auf solche Instrumente, die in einem wissenschaftlichen Kontext entwickelt wurden bzw. sich durch umfangreiche Manuale der wissenschaftlichen Diskussion stellen. Eine ausführliche Beschreibung der Verfahren geben die jeweiligen Fragebogenmanuale. Kurzbeschreibungen finden sich bei Kanning und Holling (2002) sowie Brähler et al. (2002). Sarges und Wottawa (2001) geben einen Überblick über weitere Verfahren, die überwiegend von Beratungsfirmen entwickelt und vertrieben werden. Selbstverständlich steht dem Anwender immer auch die Möglichkeit einer Neukonstruktion offen. Hierdurch kann ein Instrument entstehen, dass besonders gut auf die unternehmenseigenen Bedürfnisse zugeschnitten ist. Man denke dabei z.B. an Interessensfragebögen (vgl. Villanova et al., 1994). Die vorliegenden Instrumente sind zum

Teil recht alt oder sehr abstrakt gehalten, so dass mit ihrer Hilfe nur eine grobe Passung zwischen Person und Arbeitsplatz (person-job-fit) untersucht werden kann.

Während Fragebögen zur Messung allgemeiner Persönlichkeitsmerkmale ausschließlich in der Personalauswahl und -platzierung eingesetzt werden, können spezifische Persönlichkeitsfragebögen auch eine sinnvolle Aufgabe in der Personalentwicklung erfüllen. Sofern sie sich auf Verhaltensbereiche beziehen, die trainierbar sind (z.B. Führungsverhalten oder Zusammenarbeit in Gruppen).

Tabelle 7-10: Allgemeine und spezifische Persönlichkeitsfragebögen

Fragebögen	Objektivität	Reliabilität	Validität	Normen
allgemeine Persönlichkeitsmerkmale				
Bochumer Inventar zur berufsbezogenen Persönlichkeitsbeschreibung, BIP (Hossiep et al., 1998)	☺	☺	☺	☺
Deutsche Personality Research Form, PRF (Stumpf et al., 1985)	☺	☺	☺	☺
Freiburger Persönlichkeitsinventar, FPI-R (Fahrenberg et al., 2001)	☺	☺	☺	☺
Inventar zur Persönlichkeitsdiagnostik in Situationen, IPS (Schaarschmidt et al., 1999)	☺	☺	☺	☺
NEO-Fünf-Faktoren-Inventar, NEO-FFI (Borkenau et al., 1993)	☺	☺	☺	☹
16-Persönlichkeits-Faktoren-Test, 16 PF-R (Schneewind et al., 1998)	☺	☺	☺	☺
Interessen				
Allgemeiner Interessen-Struktur-Test/Umwelt-Struktur-Test, AIST/UST (Bergmann et al., 1999)	☺	☺	☺	☺
Berufs-Interessen-Test II, BIT-II (Irle et al., 1984)	☺	☹	☺	☺
Differentieller Interessen-Test, DIT (Todt, 1967)	☺	☺	☺	☺
Generelle Interessen-Skala, GIS (Brickenkamp, 1990)	☺	☺	☺	☺
Motivation				
Bildungsmotivationstest, BMT (Leiber, 1978)	☺	☺	☺	☺
Leistungsmotivationsinventar, LMI (Schuler et al., 2001)	☺	☺	☺	☺
Multi-Motiv-Gitter, MMG (Schmalt, 2000)	☺	☺	☺	☺

Standards für spezifische Methoden der Personaldiagnostik 383

Führung				
Fragebogen zur Vorgesetzten-Verhaltensbeschreibung, FVVB (Fittkau-Garthe et al., 1971)	☺	😐	😐	☹
Management-Fallstudien, MFA (Fennekels, 1999)	☺	☺	☹	☺
Qualitative Führungsstilanalyse, QFA (Fennekels, 1995)	☺	☺	☹	☺
Testsystem zur Erfassung von Denk- und Kommunikationsstilen in der Führungskräfte-Entwicklung, TED (Rodà-Leger, 1996)	☺	☺	☺	☺
Zusammenarbeit in Gruppen				
Fragebogen zur Arbeit im Team, F-A-T (Kauffeld, 2004)	☺	☺	☺	☹
Multidirektionales Feedback, MDF (Fennekels, 1999)	☺	☺	☹	☺
Teamklima Inventar, TKI (Brodbeck et al., 2000)	☺	☺	☺	☺
Sonstige				
Fragebogen zur Analyse belastungsrelevanter Anforderungsbewältigung, FABA (Richter et al., 1996)	☹	☺	☺	☺
Fragebogen zu Kompetenz- und Kontrollüberzeugungen, FKK (Krampen, 1991)	☺	☺	☺	☺

Erläuterung: ☺ = ja, 😐 = teilweise, ☹ = nein (Bewertung in Anlehnung an Brähler et al., 2002)

Die *Vorteile* von Persönlichkeitsfragebögen liegen zunächst im Bereich der *Ökonomie* (vgl. Abbildung 7-21). Sofern die Verfahren nicht selbst entwickelt wurden und papiergestützt ablaufen, bewegen sich die Durchführungskosten auf einem denkbar niedrigen Niveau. Pro Person sind vielleicht 1 bis 2 Euro zu veranschlagen. Hinzu kommen die Kosten für die Auswertung per Hand, die sich aber letztlich ebenfalls in einer zu vernachlässigenden Größenordnung bewegen. Computergestützte Verfahren sind in der Durchführung deutlich teurer, da sich die Anbieter die Computerisierung mit relativ hohen Lizenzgebühren bezahlen lassen. Allerdings erhält man eine vollständig computergestützte Auswertung, die insbesondere bei großen Untersuchungsgruppen, wie sie etwa bei der Vorauswahl von Bewerbern anfallen, vorteilhaft ist.

Abbildung 7-21: Vor- und Nachteile von Persönlichkeitsfragebögen

Ein zweiter großer Vorteil ergibt sich aus der hohen *Objektivität* der Verfahren. Die Durchführung, Auswertung und Interpretation ist bei einem ernst zu nehmenden Persönlichkeitsfragebogen vollständig standardisiert. Die einzelnen Schritte werden entweder im Manual detailliert beschrieben oder ergeben sich bei den computergestützten Varianten von allein. Zwar können bei einer herkömmlichen Auswertung mit Schablone und der Interpretation mit Hilfe von Normtabellen Fehler unterlaufen, die Wahrscheinlichkeit ist aber eher gering, weil die Operationen letztlich recht simpel sind.

Standardisierte Persönlichkeitsfragebögen verfügen über detaillierte Angaben zur *Reliabilität*. Im Gegensatz zur Validität ist die Reliabilität in den seltensten Fällen ein Problem, so dass durchweg von einer geringen Messfehleranfälligkeit der Untersuchung auszugehen ist.

Ein *Nachteil* der Methode ergibt sich, wenn kein geeignetes Instrument auf dem Markt existiert und das Unternehmen einen eigenen Persönlichkeitsfragebogen entwickeln muss. Die *Neuentwicklung* eines Persönlichkeitsfragebogens ist vergleichsweise aufwändig (vgl. Abschnitt 6.4). Die wenigsten Personalabteilungen werden über das hierzu notwendige Fachpersonal verfügen. Auf der anderen Seite bietet die Neuentwicklung die Chance auf ein individuell zugeschnittenes und daher leistungsfähigeres Instrumentarium. Insbesondere wenn der Fragebogen später in großer Stückzahl eingesetzt werden soll, kann die Neuentwicklung also durchaus lohnend sein.

Auf dem Markt verfügbare Fragebögen leiden oft unter einer *mangelhaft belegten Validität*. Nicht dass die Autoren keine Validitätsuntersuchungen durchführen würden, das Problem liegt eher in der Art der Untersuchungen. Studien, die belegen, dass der Extraversionsfragebogen A mit dem Ergebnis eines bereits etablierten Extraversionsfragebogens B signifikant korreliert, sind an sich wichtig (innere kriterienbezogene Validität vgl. Abschnitt 5.3). Bei der Frage, ob das Instrument für den eigenen Anwendungskontext valide ist, hilft diese Information allerdings kaum weiter. Viel zu selten werden aufwändigere Studien durchgeführt, die zeigen, ob der Fragebogen beispielsweise in unterschiedlichen Berufsfeldern mit Arbeitszufriedenheit oder Erfolg korreliert. Untersuchungen der prognostischen Validität sind noch seltener. Will man ganz sicher sein, wird man nicht umhin kommen, selbst eine entsprechende Validierungsstudie im eigenen Unternehmen durchzuführen.

Die bunte Vielfalt standardisierter Fragebögen vermittelt leicht den Eindruck, man könne sich wie in einem Supermarkt bedienen. Die Verfahren verführen den unkritischen Anwender dazu, *nach dem bloßen Augenschein auszuwählen*. Manche Anbieter machen sich dieses Verführungspotential zunutze, in dem sie explizit dazu auffordern, allein aufgrund der sprachlichen Übereinstimmung zwischen den Fragebogendimensionen und den Anforderungsdimensionen des Unternehmens ein Untersuchungsinstrument zusammenzustellen. Offensiv agierende Anbieter versichern, dass andere Firmen durchweg positive Erfahrungen mit ihren Produkten gesammelt hätten, ohne dies durch seriöse Studien belegen zu können. Statistische Kennwerte werden entweder gar nicht berichtet oder ohne jeden Hinweis auf die zugrunde gelegten Stichproben, quasi aus dem Zusammenhang gerissen präsentiert. Die seriöse Auswahl eines geeigneten Fragebogens ist jedoch keineswegs eine banale Kaufentscheidung, die sich in wenigen Minuten tätigen ließe. Die Tatsache, dass ein Fragebogen als standardisiertes Messinstrument im Handel ist, sagt noch nicht sehr viel über seine allgemeine Messqualität und seine spezifische Eignung für den vorliegenden Anwendungsfall aus. Nicht jedes Instrument, das vorgibt beispielsweise Konfliktfähigkeit oder Teamfähigkeit zu messen, kann dies gleich gut. Aus der rein sprachlichen Übereinstimmung zwischen einer Dimension, die aus der Anforderungsanalyse hervorgegangen ist, und der Bezeichnung einer Merkmalsdimension in einem standardisierten Messinstrument kann nicht auf eine Eignung des Verfahrens für den konkreten Anwendungsfall geschlossen werden.

Wie bei jeder personaldiagnostischen Untersuchung stellt die Anforderungsanalyse einen ersten wichtigen *Standard* dar. Ist bekannt, welche Merkmalsdimensionen gemessen werden sollen, begibt man sich zunächst auf die Suche nach bereits existierenden Skalen. Dabei lässt man sich nicht allein von der Bezeichnung der Skalen leiten, sondern ergründet auch anhand der vorliegenden Validierungsstudie sowie der Itemformulierungen die Eignung eines Verfahrens für den eigenen Anwendungszweck.

Selbst dann, wenn sich ein geeignetes Verfahren finden lässt, sollten Persönlichkeitsfragebögen im Rahmen der Personalauswahl lediglich im Sinne eines Screenings zur Vorauswahl eingesetzt werden. Sie erheben die Merkmale des Probanden zwangsläufig auf einem relativ abstrakten Niveau, so dass der Anforderungsbezug des Messung ebenfalls nur sehr abstrakt ausfallen kann. Für eine endgültige Auswahlentscheidung sind Instrumente, die einen spezifischeren Abgleich ermöglichen (z.B. Interview), unverzichtbar.

Es kommen nur objektive Verfahren zum Einsatz. Im Fragebogenmanual müssen die genauen Regeln zur Durchführung, Auswertung und Interpretation detailliert beschrieben sein. Nur so lässt sich später eine objektive Messung realisieren. Allerdings setzt dies zusätzlich eine (kurze) Schulung des Personals voraus. Hin und wieder empfiehlt sich eine Überprüfung der tatsächlichen Objektivität. Hierzu könnte man z.B. bereits ausgewertete Fragebögen im Nachhinein von einer zweiten Person auswerten lassen und auf diesem Wege etwaige Auswertungsfehler aufdecken.

Es versteht sich eigentlich von allein, dass letztlich nur solche Fragebögen eingesetzt werden, die eine hinreichende Reliabilität und Validität aufweisen. Neben den Koeffizienten müssen die zugrunde liegenden Untersuchungsmethoden mitsamt dem dazugehörigen Stichproben dokumentiert sein. Für klassische Persönlichkeitsfragebögen ist neben der inneren Konsistenz der Skalen vor allem die Retest-Reliabilität von Bedeutung, da sie den Anspruch erheben, sehr grundlegende zeitlich stabile Verhaltensdispositionen des Probanden zu messen (vgl. Abschnitt 5.2). Bei der Begutachtung der Validität beschränkt man sich nicht allein auf die Sichtung der Kennzahlen, sondern fragt sich auch immer, wie aussagekräftig die Validierungsstudien für den eigenen Anwendungskontext sind. Ergebnisse, die zeigen, dass ein bestimmtes Persönlichkeitsmerkmal z.B. mit einer höheren Leistung im Studium einhergeht, weisen zwar in die richtige Richtung, aussagekräftiger wären für ein Unternehmen jedoch Studien, die im Arbeitsleben angesiedelt sind. Liegen zu keinem der in Frage kommenden Verfahren überzeugende Validitätsbelege vor, muss man selbst eine entsprechende Studie durchführen. Hierzu benötigt man methodisch ausreichend qualifiziertes Personal. Der Aufwand wird sich allerdings nur dann lohnen, wenn der Fragebogen später in großer Stückzahl eingesetzt werden soll. Gleiches gilt für die völlige Neukonstruktion eines Persönlichkeitsfragebogens.

Standards
für den Einsatz von Persönlichkeitsfragebögen

- Im Falle der Personalauswahl beruht die die Auswahl oder Entwicklung des Verfahrens auf einer Anforderungsanalyse.
- Es wird sichergestellt, dass die im Handel erworbenen Verfahren – unabhängig von der Bezeichnung der Merkmalsdimensionen – tatsächlich das Merkmal messen, für das sich das Unternehmen interessiert. Hierzu werden u.a. die Items gesichtet.
- Im Rahmen der Personalauswahl sollten Persönlichkeitsfragebögen lediglich zur Vorauswahl eingesetzt werden.
- Die Regeln zur Durchführung, Auswertung und Interpretation der Daten sind detailliert festgelegt.
- Sofern die Auswertung und Interpretation nicht durch den Computer erfolgt, wird das eingesetzte Personal für seine Aufgabe geschult.
- Die eingesetzten Skalen weisen eine hohe Reliabilität auf.
- Es liegen Belege für die Validität des Verfahrens vor.
- Verfahren, bei denen der Anbieter die notwendigen Informationen über die Entwicklungsschritte, die Untersuchungsstichproben sowie die -ergebnisse nicht im Detail vorlegt, bleiben unberücksichtigt.
- Normen finden nur dann Verwendung, wenn sie nicht älter als ca. 8 Jahre sind und die Normierungsstichprobe zum Anwendungskontext passt.
- Im Zweifelsfall wird die Validität im Hinblick auf die eigene Fragestellung ermittelt.
- Eine Neuentwicklung wird nur durch hinreichend geschultes Fachpersonal vorgenommen.
- Der Einsatz des Instrumentariums wird evaluiert.

Bevölkerungsrepräsentative Normen sollten in der Personaldiagnostik eine untergeordnete Rolle spielen, da man sich nicht so sehr dafür interessiert, wie ein Proband in Relation zur Bevölkerung abschneidet. Viel interessanter ist ein Abgleich mit den Vorgaben des unternehmensinternen Anforderungsprofils. Hierzu kann u.a. die Entwicklung unternehmensspezifischer Normen sinnvoll sein (vgl. Abschnitt 5.4). Der DIN 33430 folgend sollten Normen jedweder Herkunft nicht älter als 8 Jahre sein. Ältere Normen müssen mithin empirisch auf ihre Gültigkeit überprüft werden.

Wie bei jeder personaldiagnostischen Methode, die zur Auswahl oder Platzierung von Mitarbeitern eingesetzt wird, sollte auch ein Persönlichkeitsfragebogen schließlich im Hinblick auf seine Nützlichkeit evaluiert werden.

7.4.2 Integritätsfragebögen

Integritätsfragebögen spielen in Deutschland bislang kaum eine Rolle (Marcus, Funke & Schuler, 1997). In den USA werden sie hingegen schon seit dem zweiten Weltkrieg eingesetzt und finden eine stetig zunehmende Verbreitung (Ones & Viswesvaran, 2001). Im Gegensatz zu Persönlichkeitsfragebögen, die immer mehrere Facetten erfassen, konzentriert sich der Integritätsfragebogen auf ein einziges Merkmal, die Integrität. Letztlich geht es dabei immer um die Frage, inwieweit der Arbeitgeber seinem Mitarbeiter Vertrauen schenken kann oder damit rechnen muss, dass sein Vertrauen zum Nachteil des Unternehmens missbraucht wird. Hintergrund für die weite Verbreitung von Integritätsfragebögen in den USA ist das Phänomen des *kontraproduktiven Verhaltens* (Überblick: Marcus, 2000). Hinter diesem Begriff verbergen sich zahlreiche Aktivitäten, mit denen ein Mitarbeiter sein Unternehmen schädigen kann. Zum einen sind dies Verhaltensweisen, die sich unmittelbar gegen das Unternehmen richten, wie etwa Diebstahl, Sabotage oder „Blaumachen". Zum anderen handelt es sich um Verhalten, mit dem der Mitarbeiter zunächst sich selbst schädigt, damit aber indirekt auch seinem Arbeitgeber Schaden zufügt. Man denke in diesem Zusammenhang z.B. an gesundheitsgefährdendes Verhalten (Alkohol- oder Tablettenmissbrauch), das mit einer verminderten Arbeitsleistung bis hin zu einem völligen Ausfall der Arbeitskraft einhergeht. Kontraproduktives Verhalten wirkt sich negativ auf die Wirtschaftskraft eines Unternehmens aus und kann im Extremfall sogar das Überleben eines Betriebs gefährden. Die betriebs- und volkswirtschaftlichen Schäden durch kontraproduktives Verhalten sind gewaltig. Allein durch Mitarbeiterdiebstahl entsteht dem deutschen Einzelhandel jährlich ein Verlust von ca. 3 Mrd. Euro (Marcus, 2000).

Es liegt nahe, kontraproduktives Verhalten als Ausdruck einer bestimmten Persönlichkeitsdisposition zu betrachten. Der Integrität des Mitarbeiters kommt in diesem Zusammenhang eine zentrale Bedeutung zu. Allerdings stellt die alleinige Konzentration auf die Persönlichkeit des Mitarbeiters eine stark verkürzte Sichtweise dar. Wie Martinko, Gundlach und Douglas (2002) verdeutlichen, spielen auch Umweltfaktoren eine wichtige Rolle (vgl. Abbildung 7-22). So dürfte beispielsweise Absentismus nicht zuletzt eine Folge inkompetenter Führung oder eines schlechten Betriebsklimas sein. Defizite bei der Einhaltung der Sicherheitsvorschriften spiegeln nicht nur die Nachlässigkeit oder Sorglosigkeit der Mitarbeiter wieder, sondern sind u.a. Ausdruck einer sehr starken Belastung und unzureichender technischer Lösungen des Sicherheitsproblems. Wer in seinem eigenen Unternehmen kontraproduktives Verhalten zurückdrängen muss, sollte sich daher nicht nur auf die Auswahl integerer Mitarbeiter konzentrieren, sondern mindestens ebenso stark in die Gestaltung günstiger Arbeitssituationen investieren.

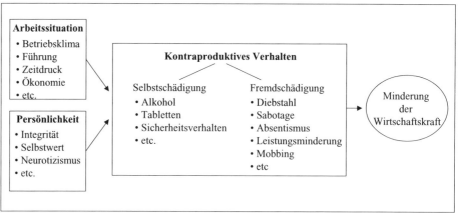

Abbildung 7-22: Integrität und kontraproduktives Verhalten

Integritätsfragebögen arbeiten nach dem Prinzip der Selbstbeschreibung. Der Proband wird mit Fragen oder Statements konfrontiert und muss durch seine Antworten eigene Werthaltungen und Verhaltensorientierungen dokumentieren. Dabei kann zwischen einstellungs- und eigenschaftsorientierten Verfahren unterschieden werden (Marcus et al., 1997; Marcus, 2000). Einstellungsorientierte Instrumente fragen offen nach den Werthaltungen des Probanden, während eigenschaftsorientierte Fragebögen um eine abstrahierende Verhaltensbeschreibung bitten. Letztere messen das interessierende Merkmal verdeckter als erstere, was sich vorteilhaft auf die Verfälschbarkeit der Ergebnisse auswirkt. Aber auch die „offenen Verfahren" (Sackett, Burris & Callahan, 1989), die keinen Zweifel an der Zielrichtung der Untersuchung lassen, haben sich bewährt. In Abbildung 7-23 finden sich einige Beispielitems für beide Varianten.

Die kriterienbezogene Validität der Methode ist empirisch sehr gut belegt. Manche Verfahren bewähren sich sogar im interkulturellen Vergleich (Fortmann, Leslie & Cunningham, 2002). In der Metaanalyse von Schmidt und Hunter (1998) erzielen Integritätsfragebögen eine durchschnittliche Validität von .41 und liegen damit im Vergleich zu anderen personaldiagnostischen Methoden im oberen Mittelfeld. In Abhängigkeit vom Validitätskriterium können aber durchaus auch deutlich höhere Werte erzielt werden. So berichten z.B. Ones und Viswesvaran (2001) von metaanalytischen Befunden, denen zufolge das Ergebnis von Integritätsfragebögen zu .52 mit der Unfallwahrscheinlichkeit am Arbeitsplatz und zu .69 mit Sachbeschädigung korrelieren. Darüber hinaus weisen Integritätstest im Vergleich zu allgemeinen Persönlichkeitsskalen, wie etwa den big five, deutlich höhere Zusammenhänge zur allgemeinen Arbeitsleistung auf. Letztlich wäre es somit durchaus sinnvoll, einen Integritätsfragebogen statt eines allgemeinen Persönlichkeitsfragebogens einzusetzen und dies gilt der Tendenz nach selbst dann, wenn man sich gar nicht unmittelbar für kontraproduktives Verhalten interessiert.

> einstellungsorientierte Items
> - Würde jedermann stehlen, wenn die Bedingungen günstig sind?
> - Haben Sie jemals daran gedacht, Geld von Ihrer Arbeitsstelle zu entwenden, ohne es dann tatsächlich zu tun.
> - Glauben Sie, dass eine Person, die einige Male Waren aus Ihrer Firma mitgenommen hat, eine zweite Chance bekommen sollte?
>
> eigenschaftsorientierte Items
> - Sie sind eher vernünftig als abenteuerlustig.
> - Sie neigen dazu, Entscheidungen auf der Grundlage ihrer ersten, spontanen Reaktion auf eine Situation zu treffen.
> - Es macht Ihnen wenig aus, wenn Ihre Freunde in Bedrängnis sind, solange es Sie nicht selbst betrifft.

Abbildung 7-23: Beispiele für Integritätsitems (Marcus et al., 1997)

> Integritätsfragebögen erfassen die persönlichkeitsbezogenen Grundlagen kontraproduktiven Verhaltens. Sie fragen danach, inwieweit eine Person integer ist oder dazu neigt das eigene Unternehmen z.B. durch Diebstahl oder Absentismus zu schädigen. Sie dienen der Personalauswahl und -platzierung. Ihre Validität ist gut belegt.

Auch wenn die Validität von Integritätsfragebögen im Grundsatz belegt werden konnte, gilt dies natürlich nicht für jedes einzelne Verfahren. Wie bei jeder anderen personaldiagnostischen Methode unterscheiden sich die Instrumente mitunter erheblich in ihrer Qualität. Der Schlüssel zur Entwicklung eines guten Integritätsfragebogens liegt in der Validierung (vgl. Abbildung 7-24). Nachdem zuvor ein Itempool zusammengestellt wurde, kann mit Hilfe der *Kontrastgruppenmethode* ermittelt werden, inwieweit die einzelnen Items zwischen integeren und nicht integeren Personen differenzieren (Marcus et al., 1997). Hierzu benötigt man Personen, die man zweifelsfrei in eine der beiden Gruppen einteilen kann und die bereit sind, die Items zu bearbeiten. Beliebt ist z.B. ein Vergleich des Antwortverhaltens von Strafgefangenen mit einer Stichprobe aus der unauffälligen Bevölkerung. Da solche Untersuchungen zumindest in Deutschland oft an praktischen Problemen scheitern dürften, muss man ggf. nach anderen Kontrastgruppen Ausschau halten. Großunternehmen können anstelle von Strafgefangenen Mitarbeiter einsetzen, die bereits durch kontraproduktives Verhalten aufgefallen sind, aber weiterhin zum Mitarbeiterbestand gehören. Nur diejenigen Items, die tatsächlich zwischen beiden Gruppen differenzieren, werden später in die Endfassung des Fragebogens aufgenommen.

Eine zweite Methode, die in Deutschland auf große Vorbehalte stoßen dürfte, arbeitet mit dem sog. *„Lügendetektor"*[20]. Hierbei handelt es sich um ein Gerät, das mit Hilfe psychophysiologischer Messungen – vor allem des Hautwiderstandes – in ei-

---

[20] In der Fachwelt bevorzugt man die weniger provozierende Bezeichnung „psychophysiologische Aussagenbeurteilung" (Steller, 1987).

nem Interview unwahre Aussagen von wahren trennen kann. Bei sachgemäßer Anwendung erzielen derartige Geräte durchaus sehr zufriedenstellende Validitätswerte (Ben-Shakhar & Elad, 2003), sind in Deutschland bislang aber nicht hoffähig. Gerichte erkennen die Ergebnisse entsprechender Messungen nicht an und kaum ein Betriebsrat dürfte zu einer solchen Untersuchung seine Zustimmung geben. Im Prinzip würde man so vorgehen, dass zunächst eine große Personengruppe die Integritätsitems bearbeitet und anschließend ein Interview mit „Lügendetektor" durchläuft. Anschließend korreliert man das Antwortverhalten im Fragebogen mit dem „Lügenscore" der psychophysiologischen Aussagebeurteilung. Nur solche Items, die signifikant korrelieren, werden in die Endfassung des Fragebogens aufgenommen.

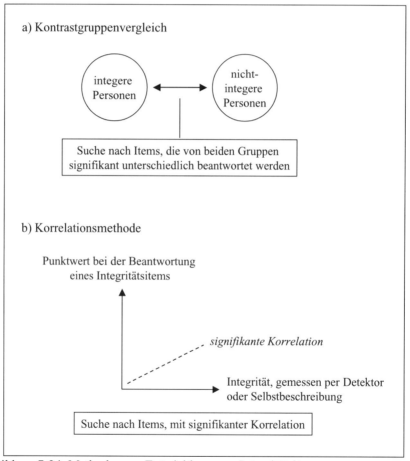

Abbildung 7-24: Methoden zur Entwicklung von Integritätsitems

Weitaus weniger brisant ist eine Methode, die ausschließlich mit *Selbstbeschreibungen* arbeitet (vgl. Hakstian, Farrell & Tweed, 2002). Sie setzt eine absolute Anonymität der Probanden voraus und bietet sich nur für größere Unternehmen an. Im

Rahmen einer Mitarbeiterbefragung werden den Probanden zwei Fragebögen vorgelegt. Im ersten Bogen finden sie die neuen Integritätsitems, im zweiten Bogen fragt man ganz offen nach kontraproduktivem Verhalten. Mögliche Fragen wären z.B.
- Wie oft haben Sie sich im letzten Jahren krank gemeldet, ohne wirklich krank zu sein?
- Wie oft sind Sie im letzen Monat zu spät am Arbeitsplatz erschienen oder zu früh wieder gegangen?
- Trinken sie während der Arbeitszeit Alkohol, wenn ja, wie oft?
- Haben sie schon einmal etwas am Arbeitsplatz gestohlen und wenn ja, wie oft?

Für den Mitarbeiter ist hier offensichtlich, was gemessen werden soll. Dementsprechend ist auch mit stärkeren Erwünschtheitseffekten zu rechnen. Dennoch sind die Ergebnisse solcher Validierungsstudien keineswegs wertlos. Das sozial erwünschte Antwortverhalten des Probanden reduziert lediglich die Validität des Integritätsfragebogens. Am Ende kann durchaus ein nützliches Verfahren stehen, zumal das wirtschaftliche Ausmaß kontraproduktiver Schädigung bereits geringe Validitätswerte nützlich erscheinen lässt.

Integritätsfragebögen finden in der Personalauswahl und -platzierung Anwendung. Für die Personal- und Organisationsentwicklung sind sie kaum geeignet, da sie keine hierfür wichtigen Informationen liefern. Mangelnde Integrität wird man wohl kaum durch Schulungsmaßnahmen in den Griff bekommen. Zudem sagt sie nichts über etwaige Missstände in der Arbeitsorganisation aus, sondern ist – im Gegensatz zum kontraproduktiven Verhalten – allein Ausdruck der Persönlichkeit des Mitarbeiters.

Beim Einsatz von Integritätsfragebögen in der personaldiagnostischen Praxis sind mehrere *Standards* zu berücksichtigen. Angesichts der Tatsache, dass Integritätsfragebögen in Deutschland keine weite Verbreitung gefunden haben wird man in den meisten Fällen ein neues Verfahren entwickeln müssen. Dies lohnt sich in erster Linie für Großunternehmen. Wie oben bereits deutlich geworden sein dürfte, benötigt man für die Neuentwicklung unbedingt methodisch geschultes Personal. In der Regel wird man daher mit einer externen Organisation kooperieren müssen. Die Entwicklung eines aussagekräftigen Verfahrens steht und fällt mit der Itemselektion bzw. der Validierung des Verfahrens im Sinne der oben skizzierten Methoden.

Kann man auf ein bereits existierendes Verfahren zurückgreifen, so interessiert nicht nur die Objektivität und Reliabilität der Skala, sondern vor allem auch die Art der Itemselektion und Validierung. Im Zentrum steht immer die Frage, ob die angelegten Kriterien für das eigene Unternehmen bzw. für das anvisierte Nutzungsfeld aussagekräftig sind. Wurde bei der Entwicklung beispielsweise nur auf einen möglichen Alkoholmissbrauch geachtet und weiß man aufgrund von Erfahrungswerten, dass Alkohol in der eigenen Branche kein wirkliches Problem darstellt, so sind die Validierungsstudien für den eigenen Anwendungsfall nicht entscheidungsrelevant. In einer solchen Situation wird die Durchführung einer spezifizierenden Validierungsstudie im eigenen Hause ggf. kostengünstiger sein als eine völlige Neuentwicklung.

Wie bei allen anderen Fragebögen finden letztlich also nur solche Verfahren Verwendung, die durch eine hinreichende Objektivität, Reliabilität und Validität überzeugen. Die Objektivität lässt sich durch den Einsatz des Computers steigern. Ferner sollte das diagnostische Personal hinreichend geschult sein.

Eine langfristige Evaluation gibt Aufschluss über den Nutzen des Fragebogens. Führt das Instrument zu einer veränderten Personalauswahl kann sich dies in einer Reduzierung des kontraproduktiven Verhaltens niederschlagen. Liegen beispielsweise Statistiken über Absentismus oder Mitarbeiterdiebstahl vor – Letztere kann über Inventurdifferenzen ermittelt werden –, sollte der Einsatz eines validen Integritätsfragebogens langfristig zu einer Reduzierung der Quoten beitragen. Eine wichtige Voraussetzung hierfür ist natürlich, dass im Laufe der Zeit ein umfangreicher Austausch des Personals erfolgt ist. Mitunter wird man also mehrere Jahre warten müssen, bis sich ein nennenswerter Effekt zeigt.

Standards
für den Einsatz von Integritätsfragebögen

- Es wird besonders große Sorgfalt auf die Auswahl bzw. Validierung des Fragebogens gelegt.
- Eine Neuentwicklung wird nur durch hinreichend geschultes Fachpersonal vorgenommen.
- Kommt ein bereits existierendes Verfahren zum Einsatz, so wird neben der Objektivität und Reliabilität insbesondere die Validierung des Verfahrens kritisch reflektiert (Untersuchungsstichprobe, Validierungsmethode, Validierungskriterium etc.).
- Letztlich werden nur solche Fragebögen eingesetzt, die über hinreichende Gütekriterien (Objektivität, Reliabilität, Validität) verfügen. Im Zweifelsfall werden vor der ersten Anwendung eigene Studien durchgeführt.
- Die Durchführung, Auswertung und Interpretation erfolgt vollständig standardisiert durch den Computer oder geschultes Personal.
- Der Einsatz des Integritätsfragebogens wird langfristig evaluiert.

7.4.3 Biographische Fragebögen

Biographische Daten gehören seit jeher zum festen Bestand personaldiagnostisch verwertbarer Informationen. In der vorwissenschaftlichen Praxis begnügt man sich mit der bloßen Deutung biographischer Ereignisse im Hinblick auf bestimmte Verhaltensorientierungen oder Persönlichkeitsmerkmale. So nimmt man beispielsweise an, dass der Besuch eines Eliteinternats Ursache oder Folge einer besonderen Leistungsorientierung und Disziplin sei. Ebenso gut ließe sich aber auch ein Schluss auf den sozioökonomischen Status der Eltern oder die mangelnden Enge der Eltern-Kind-Beziehung ziehen. Genau hierin liegt das Problem der reinen Deutung. Es gibt immer mehrere mögliche Interpretationen, welche allerdings die richtige ist, weiß man nicht. Der biographische Fragebogen räumt mit diesem Problem auf, indem er die Interpretation auf ein empirisch abgesichertes Fundament stellt.

Jeder biographische Fragebogen baut letztlich auf der grundlegenden Überzeugung auf, dass Fakten aus der Vergangenheit und Gegenwart eines Menschen einen gewissen Wert für die Vorhersage zukünftiger Arbeitsleistung besitzen, da sich in ihnen die zeitlich stabilen Merkmale des Menschen spiegeln (Owens, 1976). Nun wissen wir, dass menschliches Verhalten – und erst recht biographische Ereignisse – niemals zu 100 % Ausdruck der Persönlichkeit oder bestimmter Kompetenzen sind (vgl. Abschnitt 1.2). Die Annahme einer gewissen Korrelation ist aber dennoch durchaus begründet. Zum einen kann die Person dazu beitragen, dass bestimmte Ereignisse mit höherer Wahrscheinlichkeit eintreten (ein leistungsorientierter Mensch absolviert eine anspruchsvolle Ausbildung und schneidet mit hervorragenden Noten ab), zum anderen prägen die Ereignisse selbst den Menschen (die Sozialisation in einem leistungsorientierten Umfeld steigert die eigene Leistungsmotivation). Die Frage nach der Wirkrichtung des Zusammenhangs zwischen Ereignis und Person ist ein interessantes Feld der Grundlagenforschung. In der Personaldiagnostik spielt sie kaum eine Rolle. Was hier zählt, ist der Beleg für die Nützlichkeit biographischer Informationen im Kontext der Personalauswahl und -platzierung. Insofern sind biographische Fragebögen in erster Linie pragmatische Werkzeuge in der Hand des Personaldiagnostikers. Eine tiefschürfende Exploration eines Bewerbers oder Mitarbeiters bieten sie – vielleicht im Widerspruch zu den Erwartungen, die sie bei manchem Anwender wecken – nicht. Mehr noch, viele biographische Fragebögen zielen nicht einmal auf eine Messung konkreter Anforderungsdimensionen ab, sondern begnügen sich mit der Feststellung, dass einzelne Items eine gute prognostische Validität besitzen.

Trotz solcher Einschränkungen erweist sich der biographische Fragebogen als ein überaus nützliches Instrument der Personaldiagnostik (Schuler & Stehle, 1992; Stokes & Cooper, 2001), wobei sich der Anwendungsbereich allerdings auf Auswahl- und Platzierungsentscheidungen beschränkt. In der Metaanalyse von Schmidt und Hunter (1998) erzielen sie im Durchschnitt eine Validität von .35, was im Kontext der übrigen Verfahren einem Platz im Mittelfeld entspricht. Mount, Witt und Barrick (2000) konnten überdies die inkrementelle gegenüber der Intelligenz und fünf grundlegenden Persönlichkeitsmerkmalen belegen.

> Biographische Fragebögen basieren auf der Annahme, dass *biographische Fakten* aus der Vergangenheit und Gegenwart eines Menschen Aufschluss über das zukünftige Verhalten der Person geben. Im Zentrum der Bemühungen steht in der Regel nicht die Messung eines konkreten Personenmerkmals, sondern vielmehr die allgemeine Prognose beruflicher Leistung. Die Validität biographischer Fragebögen ist sehr gut belegt.

Das zentrale Merkmal, in dem sich biographische Fragebögen von anderen Fragebogeninstrumenten unterscheiden, ist die Art der *Itemformulierung*. Während klassische Persönlichkeitsitems nach Einstellungen oder abstrakteren Verhaltensorientierungen fragen, geht es im biographischen Fragebogen immer um Fakten aus der Biographie der Probanden (vgl. Tabelle 7-11). So interessiert man sich beispielsweise dafür, ob der Proband in seiner Schulzeit die Funktion des Klassensprechers übernommen hat, in wie vielen Vereinen er Mitglied ist oder ob er häufig auf Partys geht, ohne dort jemanden zu kennen. Bei jedem dieser Items gibt es eine für den individuellen Probanden objektiv richtige Antwort, die sich prinzipiell sogar nachprüfen ließe. Schmitt et al. (Schmitt, Oswald, Kim, Gillespie, Ramsay & Yoo, 2003) setzen

„elaborierte Items" ein, bei denen der Proband nicht nur angeben muss, wie oft er z.B. in der letzten Schulklasse Gruppendiskussionen geleitet hat, sondern auch aufgefordert wird, die Themen dieser Diskussionen aufzulisten. Hierdurch steigt die wahrgenommene Überprüfbarkeit der Angaben und so überrascht es denn auch nicht, wenn elaborierte Items zu weniger vorteilhaften Selbstbeschreibungen führen.

Mael (1991) nennt insgesamt 10 Merkmale biographischer Items, wobei nicht jeder Fragebogen zwangsläufig alle Merkmale erfüllen muss. Biographische Items beziehen sich primär auf die *Vergangenheit* des Probanden, erfassen *beobachtbare* Ereignisse, die sich klar *voneinander abgrenzen* und *objektiv* identifizieren lassen. Die Daten beziehen sich auf die bewusste *Beobachtung des Probanden*, gleichwohl lassen sich alle Ereignisse prinzipiell *verifizieren*. Die Ereignisse stehen zwar unter der *Kontrolle des Probanden*, könnten im Prinzip aber auch *bei jedem anderen Menschen* auftreten. Sie besitzen ferner einen offensichtlichen *Bezug zum Berufsleben*. Ihre Erfassung *verletzt nicht die Privatsphäre* des Probanden. Man wird schwerlich einen Fragebogen finden, der all diese Kriterien auf sich vereint. Auch stellt sich die Frage, ob eine strenge Orientierung an allen Merkmalen überhaupt sinnvoll wäre. Warum sollte beispielsweise das Ereignis kontrollierbar sein? Wenn sich über die Anzahl der Geschwister, den Ort der Kindheit (Land vs. Stadt) und den soziökonomischen Status der Eltern berufliche Leistung und Arbeitszufriedenheit für einen bestimmten Beruf vorhersagen ließe, wären entsprechende Items allemal legitim. In diesem Fall sind die biographischen Ereignisse nicht die Folge bestimmter Personenmerkmale, sondern möglicherweise Ausgangspunkt für eine bestimmte Sozialisation des Probanden (s.o.). Ähnlich verhält es sich mit dem offensichtlichen Bezug zum Berufsfeld. Er fördert sicherlich die Akzeptanz des Verfahrens, wichtiger noch als die soziale Validität ist jedoch die Vorhersagekraft des Verfahrens. Demzufolge wird man natürlich valide Items mitunter auch dann aufnehmen, wenn sie in den Augen der Probanden vielleicht fragwürdig erscheinen.

Tabelle 7-11: Beispiele für biographische Items

Konzept	Biographischer Fragebogen	Persönlichkeitsfragebogen
Führung	• Waren Sie während Ihrer Schulzeit Klassensprecher? • Über wie viele Jahre haben Sie Arbeitsgruppen mit mehr als fünf Mitarbeitern geleitet?	• Ich möchte, dass junge Menschen von meiner Lebenserfahrung profitieren. • In Diskussionsrunden übernehme ich schnell die Führung.
Extraversion	• Haben Sie in Ihrer Jugend in Laienspielgruppen, Musikgruppen o.Ä. auf der Bühne mitgewirkt? • Wie oft pro Jahr besuchen Sie Partys, auf denen Sie niemanden kennen?	• Ich stehe gern im Mittelpunkt. • Ich lerne schnell fremde Menschen kennen.
Teamfähigkeit	• Waren Sie während Ihrer Studienzeit aktives Mitglied der Fachschaft? • In wie vielen Freizeitvereinen sind Sie aktives Mitglied?	• Ich engagiere mich gern mit anderen für eine gemeinsame Sache. • Ich lebe nach der Devise „gemeinsam sind wir stark".

Wie ist es nun um die Vor- und Nachteile biographischer Fragebögen bestellt (vgl. Abbildung 7-25)? Auf Seiten der *Vorteile* ist zunächst die hohe Validität zu nennen (Stehle, 1995; Schuler & Marcus, 2001). Dies mag u.a. auf eine geringere Verfälschung der Antworten im Sinne sozial erwünschter Selbstdarstellung zurückzuführen sein (Schuler & Marcus, 2001). Ihrer Natur nach sind biographische Items natürlich nicht völlig immun gegenüber entsprechenden Versuchen. Möglicherweise ist es aber die Abfrage von Fakten, die Bewerber zu einem deutlich vorsichtigeren Verhalten bewegt (siehe Schmitt et al., 2003). Offenbar macht es für den Probanden einen Unterschied, ob eine Antwort prinzipiell auf ihren Wahrheitsgehalt überprüft werden könnte oder nicht. Im Vergleich zu Bewerbungsunterlagen oder Interviews, die ebenfalls mit biographischen Daten arbeiten, ist der biographische Fragebogen objektiver. Die vollständige Standardisierung der Durchführung, Auswertung und Interpretation, lässt keinen Raum für unerwünschte Einflüsse von Seiten des Diagnostikers. Überdies ermöglicht die Standardisierung eine ökonomische Anwendung des Instrumentariums. Man kann gleichzeitig mehrere Probanden untersuchen und zudem den Computer einsetzen.

Auf der Seite der *Nachteile* stellt sich das Problem der Neukonstruktion. Ein Blick auf den Markt standardisierter, deutschsprachiger Fragebogeninstrumente (Kanning und Holling, 2002; Sarges & Wottawa, 2001) offenbart eine eklatante Marktlücke. Wer nach einem fertigen Instrument Ausschau hält, wird vergeblich suchen. Dies hängt mit der klassischen Philosophie biographischer Fragebögen zusammen, die (fast) immer kontextbezogen konstruiert werden (s.u.). Aus diesem Grunde wird man nahezu immer eine völlige Neukonstruktion in Angriff nehmen müssen. Die Neukonstruktion ist jedoch methodisch recht aufwändig und setzt in jedem Falle spezifische Methodenkompetenzen voraus. Ein weiteres Problem ergibt sich, wenn viele Items eine geringe Augenscheinvalidität besitzen. Die Bewerber neigen dann leicht zu einer Ablehnung des gesamten Verfahrens, weil sie den Nutzen der Messung nicht erkennen bzw. die Hintergründe nicht durchschauen. Hier tut Aufklärung Not. So könnte man beispielsweise in der Instruktion des Fragebogens darauf hinweisen, dass Items nach wissenschaftlichen Kriterien zusammengestellt wurden und nachweislich eine Aussage über die Eignung der Kandidaten ermöglichen.

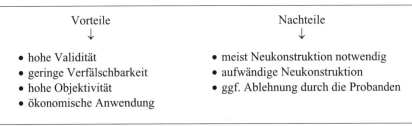

Abbildung 7-25: Vor- und Nachteile von biographischen Fragebögen

Wagt man sich an die Neukonstruktion eines biographischen Fragebogens, so gilt es, zwischen vielen verschiedenen Optionen zu wählen. Schuler und Marcus (2001) skizzieren die wichtigsten Methoden (siehe auch Abbildung 7-26).

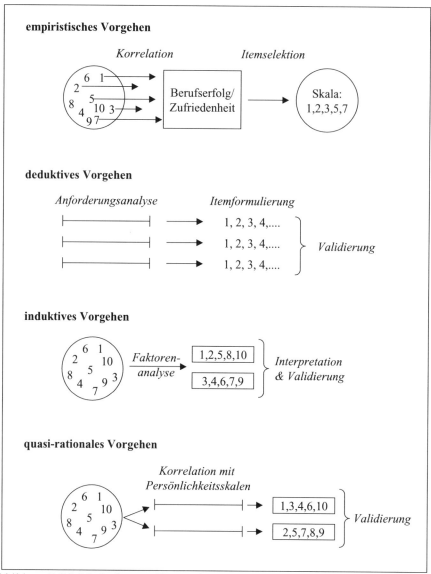

Abbildung 7-26: Methoden zur Konstruktion biographischer Fragebögen

Der klassische Weg entspricht einem *empiristischen Vorgehen*. Zunächst einmal stellt man eine umfangreiche Sammlung biographischer Items zusammen und definiert im eigenen Unternehmen ein Validitätskriterium (berufliche Leistung und/oder Arbeitszufriedenheit). Anschließend zieht man aus den Mitarbeitern eine Stichprobe, die zum einen alle biographischen Items bearbeiten und zum anderen hinsichtlich des Validitätskriteriums eingeschätzt werden (z.B. Vorgesetztenurteil über die Leistung des Mitarbeiters). In einem dritten Schritt setzt man nun jedes Item einzeln zu dem ausgewählten Kriterium in Beziehung. Dies kann beispielsweise über eine einfache Korrelation geschehen. Alternativ hierzu könnte man einen Gruppenvergleich vornehmen. Hierzu teilt man die Stichprobe in leistungsfähige und weniger leistungsfähige Mitarbeiter ein und berechnet für jedes Item, ob es zwischen beiden Gruppen differenzieren kann. Alle Items, die keinen Bezug zum Validitätskriterium aufweisen, werden aussortiert. Übrig bleiben mithin nur valide Items. In der Folge erzielt man extrem hohe Validitätswerte, die jedoch eher eine Überschätzung der wahren Validität darstellen. Realistische Werte erhält man bei einer Überprüfung der Validität anhand einer zweiten Stichprobe (Schuler & Marcus, 2001). Aber auch dann ist mit sehr hohen Validitätswerten zu rechen. Der Nachteil dieses Vorgehens liegt in der Kontextabhängigkeit des Fragebogens. Der resultierende Fragebogen kann ausschließlich für die untersuchten Arbeitsbereiche der Mitarbeiter verwendet werden, da andere Arbeitsbereiche mit großer Wahrscheinlichkeit zur Auswahl anderer Items geführt hätten. Hierin liegt auch der Grund, dafür, warum auf dem Markt keine breit einsetzbaren Instrumente existieren. Ein zweiter Nachteil ergibt sich aus der Tatsache, dass die Items ohne jeden inhaltlich sichtbaren Bezug, allein aufgrund mathematischer Kriterien zusammengestellt wurden. Letztlich weiß man nicht, warum ein bestimmtes Item valide ist und kann dies gegenüber dem Auftraggeber oder einem Bewerber inhaltlich kaum begründen. Man weiß lediglich, dass ein bestimmtes Item valide ist. Orientiert man sich allein am praktischen Nutzen des Verfahrens, so ist gegen eine derartige Skalenkonstruktion jedoch nichts einzuwenden.

Die zweite Konstruktionsmethode begegnet den skizzierten Problemen des empiristischen Vorgehens. Am Anfang der *deduktiven Methode* steht zunächst eine Anforderungsanalyse, mit deren Hilfe die erfolgsrelevanten Merkmalsdimensionen definiert werden. Im zweiten Schritt formuliert man nun Items, die von vornherein einer bestimmten Merkmalsdimension zugeordnet werden (vgl. Stokes & Cooper, 2001). Dabei orientiert man sich an Plausibilitätsbetrachtungen oder Theorien und überlegt vor diesem Hintergrund, welche biographischen Ereignisse z.B. die Führungskompetenz oder die Teamorientierung eines Menschen reflektieren (vgl. Abbildung 7-26). Anschließend müssen im Rahmen empirischer Studien die Reliabilität und Validität der einzelnen Skalen untersucht werden. Der große Vorteil des deduktiven Vorgehens liegt nicht nur in der Konstruktion interpretierbarer Skalen. Wie bei jedem anderen Fragebogen können sie auch auf andere Anwendungsfelder übertragen werden, sofern die Validität der Skalen entsprechend überprüft wurde. Liegen die Skalen einmal vor, benötigt man lediglich weitere Validierungsstudien, um den Fragebogen ggf. in unterschiedlichen Auswahlverfahren einsetzen zu können.

Die dritte Methode, das *induktive Vorgehen* ähnelt im Ansatz der ersten, bemüht sich aber von Beginn an um die Konstruktion inhaltlich interpretierbarer Skalen. Nachdem auch hier erst einmal ein möglichst großer Pool biographischer Items zusammengestellt wurde, werden alle Items von einer geeigneten Stichprobe bearbeitet. Sinnvoll wären Mitarbeiter, die in dem anvisierten Arbeitsfeld tätig sind. Auf der Basis der erhobenen Daten kommen nun Faktorenanalysen zum Einsatz. Mit ihrer Hilfe können die Items sowohl nach mathematischen als auch nach inhaltlichen Kriterien zu Skalen zusammengefasst werden. Ein solches Vorgehen ist vor allem dann sinnvoll, wenn keine Theorie existiert, nach der sich die Items von vornherein bestimmten Anforderungsdimensionen zuteilen lassen oder eine Zuordnung allein aufgrund von Plausibilitätsbetrachtungen kaum möglich wäre. Dies ist übrigens fast immer der Fall, weil etablierte und empirisch überprüfte Theorien über die genaue Beziehung zwischen einzelnen Persönlichkeitsmerkmalen und bestimmten biographischen Daten bislang fehlen. Nach der Skalenbildung steht auch beim induktiven Vorgehen die Validierungsstudie noch aus.

Eine weitere Möglichkeit, inhaltlich interpretierbare Skalen zu generieren, stellt das *quasi-rationale Vorgehen* dar. Das Ziel der Konstruktion ist ein biographischer Fragebogen, der bestimmte Persönlichkeitsmerkmale misst und ähnlich breit wie ein Persönlichkeitsfragebogen eingesetzt werden kann. Nachdem ein großer Pool biographischer Items zusammengestellt wurde, wird er gemeinsam mit einem etablierten Persönlichkeitsfragebogen einer großen Stichprobe zur Bearbeitung vorgelegt. Anschließend berechnet man für jedes Item den Zusammenhang zu jeder Persönlichkeitsskala. Die Items, die keinerlei Bezug zu einer Skala aufweisen, bleiben im Folgenden unberücksichtigt. Alle übrigen werden entsprechend der Höhe des jeweiligen Zusammenhangs einer bestimmten Persönlichkeitsskala zugeordnet. Nun weiß man, mit welchen biographischen Skalen bestimmte Persönlichkeitsmerkmale erfasst werden können. Was fehlt ist wie immer die Validierung der Skalen im Hinblick auf die vorliegende Fragestellung.

Schuler und Marcus (2001) beschreiben schließlich noch eine fünfte Methode, die sich deutlich von allen anderen unterscheidet. Beim *typenbezogenen Ansatz* versucht man mit Hilfe des mathematischen Verfahrens der Clusteranalyse, Menschen nach ihren biographischen Merkmalen zu gruppieren. Hierzu müssen die Mitarbeiter einen möglichst umfangreichen Fragebogen mit biographischen Items bearbeiten. Anhand der Daten kann dann die Typenbildung erfolgen. Anschließend wird im Sinne einer Validierungsstudie untersucht, inwieweit sich die Typen in ihrer beruflichen Leistungsfähigkeit unterscheiden. Will man den Fragebogen später zur Personauswahl einsetzen, würde man zunächst einen Bewerber aufgrund seiner Fragebogenergebnisse einem bestimmten Mitarbeitertypus zuordnen und dann schauen, ob sich dieser Typus im Unternehmen als erfolgreich erwiesen hat. Der Kandidat erscheint umso geeigneter, je erfolgreicher sein Typus ist. Einmal abgesehen von der Tatsache, dass die Wahrscheinlichkeit für aussagekräftige Typen nicht sehr groß sein dürfte, stellt sich bei diesem Vorgehen ein grundsätzliches Problem, auf das wir bereits in Abschnitt 4.2 eingegangen sind. Die meisten Menschen lassen sich nicht eindeutig einem Typus zuordnen. Die Messung ist sehr viel ungenauer als eine dimensionale Abbildung der Personenmerkmale.

Standards
für den Einsatz von biographischen Fragebögen

- Es kommen nur solche Fragebögen zum Einsatz, die objektiv, reliabel und valide sind.
- Die Durchführung, Auswertung und Interpretation erfolgt vollständig standardisiert durch den Computer oder geschultes Personal.
- Die Validität ist für den spezifischen Anwendungskontext empirisch belegt.
- Eine Neuentwicklung wird nur durch hinreichend geschultes Fachpersonal vorgenommen.
- Der Einsatz des biographischen Fragebogens wird langfristig evaluiert.

Die Standards zum Einsatz von biographischen Fragebögen entsprechend im Kern jenen, die für alle Fragebogeninstrumente gelten. Sie müssen objektiv, reliabel und valide sein. Die Auswahl eines bereits existierenden Verfahrens setzt u.a. überzeugende Belege für die kontextspezifische Validität des Fragebogens voraus. In den allermeisten Fällen wird man den Fragebogen allerdings selbst neu konstruieren müssen. Hierzu ist unbedingt methodisch geschultes Personal notwendig.

7.4.4 360°-Beurteilung

Die 360°-Beurteilung ist ein aufwändiges Verfahren, mit dessen Hilfe die Kompetenzen von Führungskräften diagnostiziert werden (Überblick: Scherm, 2004; Scherm & Sarges, 2002). Die Methode ist relativ neu, erfreut sich aber insbesondere im angloamerikanischen Raum einer zunehmenden Beliebtheit (Geake, Oliver & Farrell, 1998; Maurer, Mitchell & Barbeite, 2002). Trotz ihres geringen Alters handelt es sich im Prinzip um ein klassisches Vorgehen. Die gesamte Analyse beruht auf einer umfangreichen Fragebogenerhebung, bei der mehrere Personengruppen, die im Berufsalltag mit der fraglichen Führungskraft zu tun haben, eine Beschreibung der Zielperson abgeben. Im Einzelnen sind dies die Vorgesetzten der Führungskraft, ihre Kollegen und Mitarbeiter sowie Kunden, mit denen sie unmittelbar zu tun hat. Darüber hinaus kann das Selbstbild der Zielperson durch einen weiteren Fragebogen erfasst werden. Der Begriff „360°" ergibt sich aus der „Rundumbewertung" der Zielperson (vgl. Abbildung 7-27).

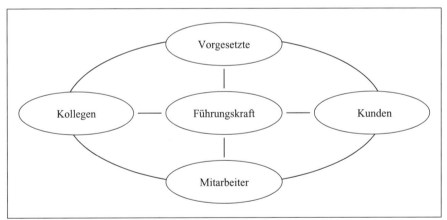

Abbildung 7-27: Prinzip der 360°-Beurteilung

Die Methode setzt nicht zwingend eine vollständige Erfassung des Beurteilerzirkels voraus. Falls es sinnvoll erscheint, kann man auf eine oder mehrere Befragungsgruppen verzichten. Dies ist z.B. notwendig, wenn die zu beurteilende Person keine Vorgesetzten besitzt oder kein direkter Kundenkontakt besteht. Dementsprechend wird gelegentlich von 270° oder 180°-Beurteilung gesprochen. Auch ist das Vorgehen nicht zwangsläufig Führungskräften vorbehalten. Man könnte ebenso gut Mitarbeiter ohne Führungsaufgaben aus der Perspektive der Vorgesetzten, Kollegen und Kunden einschätzen lassen und zusätzlich ein Selbstbild einholen. Aufgrund des großen Aufwandes ist die Zielperson in aller Regel jedoch eine Führungskraft.

Jeder Befragungsgruppe werden im Wesentlichen dieselben Fragen gestellt. Nur so ist ein direkter Vergleich der unterschiedlichen Perspektiven möglich (Abbildung 7-28).

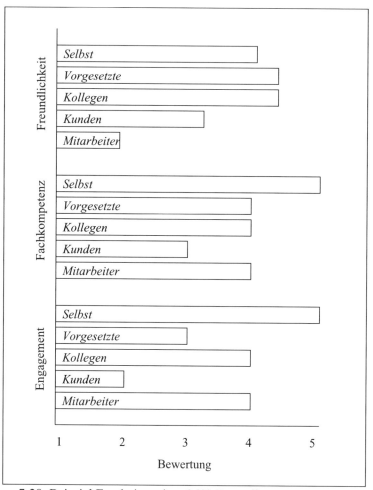

Abbildung 7-28: Beispiel Ergebnisse einer 360°-Beurteilung

In unserem Beispielfall wird eine vollständige 360°-Beurteilung im Hinblick auf drei Merkmale der Zielperson durchgeführt: Engagement, Fachkompetenz und Freundlichkeit. Da alle Probanden die gleichen Merkmale einschätzen, lassen sich direkte Vergleiche zwischen den Gruppen anstellen. Im Beispielfall zeigt sich zunächst eine recht große Diskrepanz zwischen Selbstbild und Fremdbild, wenn man die Merkmale Fachkompetenz und Engagement im Blick hat. Aus beiden Dimensionen bewertet sich die Führungskraft deutlich positiver als sie von allen anderen (eigene Vorgesetzte, Kollegen, Kunden und eigene Mitarbeiter) bewertet wird. Ein sehr viel uneinheitlicheres Bild ergibt sich bei der Dimension Freundlichkeit. Vorgesetzte und Kollegen erleben die Zielperson als sehr freundlich. Die Zielperson selbst gibt sich hier geringfügig niedrigere Werte. Kunden und insbesondere Mitarbeiter nehmen eine sehr viel negativere Bewertung vor. Die Ergebnisse deuten darauf hin, dass die Führungskraft unterschiedlichen Personengruppen mit sehr unterschiedlicher Freundlichkeit begegnet. Je wichtiger eine Personengruppe für das eigene Fortkommen im Unternehmen ist, desto freundlicher wird sie behandelt. Aus Sicht der Kunden würde man sich von der Zielperson insbesondere mehr Engagement wünschen. Gleiches gilt für die Vorgesetzten. Die Mitarbeiter kritisieren hingegen vor allem die mangelnde Freundlichkeit. Demgegenüber zeichnen die Kollegen sowie die Führungskraft selbst ein insgesamt recht positives Bild. Große Unterschiede zwischen Selbstbild und Fremdbild sind übrigens keine Ausnahme, sondern eher die Regel (vgl. Atkins & Wood, 2002; Clapham, 1998; Harris & Schaubroeck, 1988). Der Tendenz nach fallen Selbstbeurteilungen im betrieblichen Kontext positiver aus als Fremdbeurteilungen durch Kollegen oder Vorgesetzte, wobei die Kollegenurteile den Vorgesetztenurteilen oft ähnlicher sind als dem Selbstbild (Lindemann & Sundvik, 1998; Mabe & West, 1982). Letzteres legt den Schluss nahe, dass eher die verschiedenen Perspektiven denn die Vertrautheit mit der zu bewertenden Person für die Unterschiede verantwortlich sind.

Je nach Fragestellung kann es durchaus sinnvoll sein, einzelnen Personengruppen spezifische Fragen zu stellen, die nur sie beantworten können. So lässt sich beispielsweise die Qualität der Kundenberatung nur von den Kunden sinnvoll einschätzen, während nur die Vorgesetzten beurteilen können, inwiefern die Zielperson Arbeitsanweisungen erfolgreich und geschwind umsetzt. In beiden Fällen schließt die Reduzierung des Beurteilungszirkels eine Selbstbeurteilung der Zielperson selbstverständlich nicht aus.

Die 360°-Beurteilung kann verschiedenen Zwecken dienen. Im Vordergrund steht meist die *Personalentwicklung* (London & Smither, 1995). Durch die Befragung erhält die Führungskraft ein Feedback über ihre eigenen Leistungen und kann im Sinne eines Ist-Soll-Vergleiches Defizite aufdecken, die dann wiederum die Grundlage für eine gezielte Förderung darstellen. Aufgrund des offensichtlichen Feedbackcharakters der Methode wird gerade in der englischsprachigen Literatur gern auch die Bezeichnung 360°-Feedback verwendet. In Abbildung 7-29 wurden die Ergebnisse einer 360°-Beurteilung in ein Stärken-Schwächen Profil umgerechnet. Gehen wir einmal davon aus, dass in unserem Unternehmen die mittlere Ausprägung einer fünfstufigen Beurteilungsskala als neutrale bzw. akzeptable Ausprägung eines Merkmals gilt, so können geringere Werte als Schwäche des Kandidaten, höhere Werte hingegen als Stärke gedeutet werden. Fasst man alle Beurteilungen zusammen, ergibt sich ein Profil in dem Defizite in den Bereichen Engagement und Verlässlichkeit deutlich werden. In beiden Merkmalsbereichen liegt offenkundig ein besonders lohnender Ansatzpunkt für die Personalentwicklung.

Im Anschluss an entsprechende Maßnahmen lässt sich das Beurteilungsverfahren zur *Evaluation* etwaiger Lernfortschritte einsetzen. Dazu werden dieselben Personen mit demselben Messinstrument erneut befragt. Ein Vorher-Nachher-Vergleich gibt Aufschluss über die Entwicklungsfortschritte (vgl. Abschnitt 6.9).

Überdies kann die Methode im Sinne einer klassischen *Leistungsbeurteilung* die Grundlage für Zielvereinbarungsgespräche, Gehaltsverhandlungen und längerfristige Platzierungsentscheidungen liefern. Gerade bei der Platzierung wird man sich allerdings nicht ausschließlich auf die Ergebnisse der 360°-Beurteilung verlassen wollen, sondern zusätzlich objektivere Verfahren einsetzen.

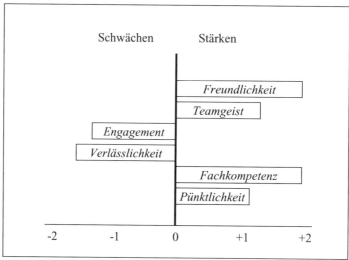

Abbildung 7-29: Beispiel für ein Stärken-Schwächen-Profil

Die 360°-Beurteilung ermöglicht die Bewertung eines Mitarbeiters – vorzugsweise einer *Führungskraft* – aus *unterschiedlichen Perspektiven* (Vorgesetzte, Kollegen, Kunden, Mitarbeiter und Selbsteinschätzung), wobei jeweils die gleichen Kompetenzen eingeschätzt werden. Aus dem Vergleich der verschiedenen Bewertungen ergibt sich ein differenziertes Profil der Stärken und Schwächen der Zielperson. Hierdurch legt die 360°-Beurteilung u.a. eine Basis für die *Personalentwicklung*.

Gegenüber herkömmlichen Verfahren der Leistungsbeurteilung besitzt die 360°-Beurteilung einen entscheidenden *Vorteil*. Sie arbeitet multiperspektiv (vgl. Abbildung 7-30). Während beim klassischen Vorgehen der Meinung des Vorgesetzten selbst dann eine dominierende Bedeutung zukommt, wenn er selbst die Kompetenzen seines Mitarbeiters aufgrund mangelnder Beobachtungsmöglichkeiten nur unzureichend einschätzen kann, treffen bei der 360°-Beurteilung viele Sichtweisen aufeinander. Da in jeder Beurteilergruppe mehrere Menschen ein Votum abgeben, ist von einem höheren Objektivierungsgrad der Messung auszugehen. Beobachterfehler einzelner Beurteiler können durch die Ratings der übrigen Probanden kompensiert werden. Dabei ist das messmethodische Vorgehen weitaus systematischer als bei vielen reinen Vorgesetztenbeurteilungen. Während bei der 360°-Beurteilung im Vorhinein ein gesondertes Messinstrument ausgewählt bzw. gezielt entwickelt werden muss, beruht die herkömmliche Leistungsbeurteilung oft nur auf ein paar zusammengewürfelten Ratingskalen. Sofern jedes Konzept mit mehreren Items erfasst wird, dürfte zudem die Reliabilität deutlich höher sein.

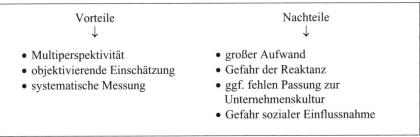

Abbildung 7-30: Vor- und Nachteile der 360°-Beurteilung

Auf der Seite der *Nachteile* fällt zunächst einmal der große Aufwand der Datenerhebung ins Auge. Will man eine unternehmensspezifische Beurteilung vornehmen, führt kaum ein Weg an der Neuentwicklung eines Fragebogens vorbei. Aus Gründen der Objektivierung muss man in jeder Beurteilergruppe mehrere Personen befragen. Nach der Auswertung liegen komplexe Informationen vor, die sorgfältig interpretiert sein wollen. All dies setzt Zeit, Know-how und Geld voraus.

Sowohl auf Seiten der Zielperson, als auch auf Seiten der von ihr abhängigen Beurteiler kann die Methode Reaktanz hervorrufen. Die Zielperson ist ihrem Selbstverständnis als Führungskraft folgend möglicherweise nicht bereit, sich von den ihr unterstellte Mitarbeitern bewerten zu lassen. Die Mitarbeiter fürchten ihrerseits vielleicht Repressalien, wenn sie ihren Vorgesetzten negativ bewerten. Die Zusicherung der Anonymität bietet hierbei nur geringen Schutz, denn es könnte gerade in kleinen Abteilungen durchaus sein, dass die Führungskraft sich für eine unerwünschte Beurteilung an der gesamten Arbeitsgruppe rächt.

Will man derartigen Problemen vorbeugen, muss neben einer umfassenden Aufklärung über Sinn und Ablauf der Aktion im Vorfeld langfristig für eine entsprechende Unternehmenskultur gesorgt werden (Scherm & Sarges, 2002). Letztlich passt die Methode der 360°-Beurteilung nicht in jedes Unternehmen.

Generell besteht die Gefahr der sozialen Einflussnahme (vgl. Abschnitt 2.2). Zum einen können die Vorgesetzten versuchen, auf die ihnen unterstellten Beurteiler Einfluss zu nehmen, zum anderen werden sich die Probanden untereinander über mögliche Bewertungen austauschen und dabei – willentlich oder nicht – beeinflussen. Im Extremfall sprechen sie sich ab und instrumentalisieren die Befragung für eigene Ziele. Hierdurch wird die angestrebte Objektivierung der Messung stark gefährdet.

Abbildung 7-31 skizziert den diagnostischen Prozess der 360°-Beurteilung (siehe auch Van Velsor, Leslie & Fleenor, 1997). Am Begin steht die *Zieldefinition*. Zunächst muss entschieden werden, welchem Zweck die Befragung dient – der Personalentwicklung oder der Leistungsbeurteilung und ggf. langfristig der Platzierung? Bei Befragungen zum Zwecke der Personalentwicklung ist von Seiten der Zielperson mit weitaus geringeren Problemen zu rechnen (Scherm & Sarges, 2002), da die Diagnose ganz unmittelbar der eigenen Person dient und negative Ergebnisse nicht etwa geringere Bezahlung, verminderte Aufstiegschancen oder ähnliche Bedrohungen zur Folge haben. Aus der Zieldefinition ergibt sich fast schon von allein die Auswahl der Zielpersonen sowie der Beurteilergruppen. Das wichtigste Kriterium für die Auswahl einer Zielgruppe ist die Frage, ob die Gruppe tatsächlich einen wertvollen Beitrag zur Beurteilung der Zielperson leisten kann. Gruppen, deren Meinung letztlich nicht viel weiter bringt, sollten konsequenterweise auch erst gar nicht befragt werden. Beurteilungsgruppen, die nur aus einer oder zwei Personen bestehen, sind problematisch. Im Vergleich zu größeren Gruppen, die vielleicht 10 oder 15 Personen umfassen, wird das Urteil der beiden einsamen Beurteiler in der Analyse überproportional stark gewichtet. Je größer die Beurteilergruppe ausfällt, desto größer ist auch die Chance auf ein von Beurteilerfehlern bereinigtes, objektiviertes Gesamtbild der Zielperson (vgl. Abschnitt 3.2).

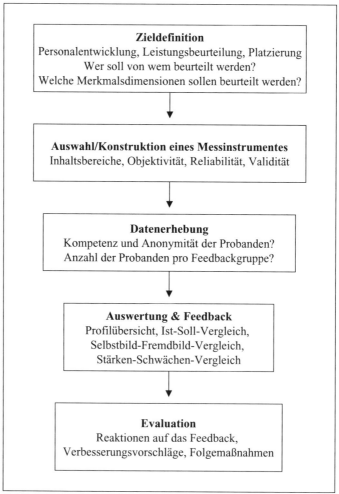

Abbildung 7-31: Diagnostischer Prozess der 360°-Beurteilung

Die Festlegung der Merkmalsdimensionen gehört ebenfalls zur Zieldefinition des Verfahrens. Dient das Verfahren der Leistungsbeurteilung oder der Platzierung, so ergeben sich die Merkmalsdimensionen aus einer Anforderungsanalyse. Im Falle der Personalentwicklung bevorzugt man eine breite Herangehensweise, da die 360°-Beurteilung hier die Funktion der Bedarfsanalyse übernimmt. Merkmalsdimensionen, die man in der Beurteilungsprozedur ausgespart hat, können sich später zwangsläufig nicht als entwicklungsrelevant erweisen. Im schlimmsten Fall übersieht man bei einer zu engen Auswahl der Merkmalsdimensionen also wichtige Punkte.

Ist bekannt, was eigentlich gemessen werden soll, begibt man sich im zweiten Schritt auf die Suche nach bereits vorhandenen Instrumenten (z.B. Fennekels, 2002). Neben der Frage, ob die Instrumente die interessierenden Merkmale inhaltlich gut abdecken, orientiert man sich bei der *Auswahl eines Instrumentes* wie immer an den klassischen Gütekriterien Objektivität, Reliabilität und Validität (vgl. Kapitel 5). Verfahren, die keine Angaben zu den Gütekriterien manchen, entziehen sich einer seriösen Einschätzung und können daher auch nicht eingesetzt werden. Liefert der Markt kein geeignetes Verfahren, muss man sich selbst an die Konstruktion eines Fragebogens machen (vgl. Abschnitt 3.1, 6.4 und 7.8). In den meisten Fällen wird die Entwicklung eines eigenen Verfahrens die beste Alternative darstellen, da nur so eine maximale Passung des Messinstrumentes zur eigenen Fragestellung gewährleistet werden kann.

Die *Datenerhebung* läuft entweder per Fragebogen oder computergestützt ab. In jedem Fall muss die Anonymität der Befragten gewährleistet sein. Dies gilt vor allem für Personen, die in einem Abhängigkeitsverhältnis zur Zielperson stehen. Jede Beurteilungsgruppe umfasst mehrere Personen (s.o.).

Die *Auswertung* einer 360°-Beurteilung birgt viele Optionen (Scherm & Sarges, 2002). Im einfachsten Falle vergleicht man die Selbstbeschreibung der Zielperson mit den Fremdbeurteilungen durch Vorgesetzte, Kollegen, Kunden und Mitarbeiter (vgl. Abbildung 7-28). Ist man nur an einem sehr groben Vergleich interessiert, könnte man alle Fremdbewertungen auch zusammenfassen und den resultierenden Mittelwert mit dem Selbstbild vergleichen. In einem anderen Fall mag man auf die Selbstbeschreibung völlig verzichten und lediglich verschiedene Fremdbeurteilungen betrachten. Vergleicht man die Merkmalsdimensionen untereinander, so erhält man Einblick in die Stärken und Schwächen der Zielperson, wobei sich in Abhängigkeit von der Perspektive der Beurteilungsgruppe (z.B. Kunden vs. Mitarbeiter) durchaus unterschiedliche Profile ergeben können. Darüber hinaus ist es möglich, mit einem Anforderungsprofil zu arbeiten. Erzielt die Führungskraft Werte, die deutlich vom vorgegebenen Profil abweichen, liegen hierin bereits deutliche Hinweise für die Gestaltung der nachfolgenden Personalentwicklungsmaßnahmen. Die Vielfalt möglicher Auswertungsprozeduren erfordert ein sehr überlegtes Vorgehen. Die Verantwortlichen sollten sich bereits im Vorhinein Gedanken darüber machen, welche Auswertungsstrategie für sie die beste ist. Gegenüber der Zielperson sollte man sich auf die zentralen Ergebnisse beschränken, da ansonsten die Botschaft leicht in der Informationsflut verloren geht. In diesem Zusammenhang kommt der graphischen Gestaltung der Ergebnispräsentation eine wichtige Funktion zu. Das eigentliche Feedback erfolgt in einem persönlichen Gespräch zwischen dem verantwortlichen Diagnostiker und der Zielperson. In Stil und Inhalt orientiert sich der Diagnostiker in diesem Gespräch an den üblichen Feedbackregeln (vgl. Abschnitt 5.6). Das Feedbackgespräch ist von entscheidender Bedeutung für den Erfolg der 360°-Beurteilung. In einer Metaanalyse konnten Kluge und DeNissi (1996) zeigen, dass nur 2/3 aller 360°-Beurteilungen tatsächlich zu einer Leistungssteigerung führen. Der Grund liegt im selbstwertbedrohlichen Charakter negativer Rückmeldungen (vgl. Kanning, 2000, 2003b). Sie werden häufig von den Zielpersonen nicht akzeptiert. Statt sich ernsthaft mit den Ergebnissen auseinander zu setzen, wird die Methode an sich oder die Kompetenz der Beurteiler in Zweifel gezogen. Ein kompetentes Feedbackgespräch kann hier Abhilfe schaffen. Überdies sollte das Unternehmen positive Anreize zur erfolgreichen Weiterentwicklung der beurteilten Personen schaffen.

Wie in jedem diagnostischen Prozess, steht auch am Ende der 360°-Beurteilung eine *Evaluation* des Vorgehens. Sie betrifft zum einen die Methode an sich, zum anderen die hieraus abgeleiteten Interventionsmaßnahmen. Eine Befragung der beteiligten Personen fördert mögliche Verbesserungsvorschläge zu Tage. Weitere Informationen zieht man beispielsweise aus der Rücklaufquote sowie etwaigen Berechnungen der Beobachterübereinstimmung, der inneren Konsistenz der Skalen oder der Konstruktvalidität. Die weitergehende Evaluation zielt beispielsweise auf den Nutzen der eingesetzten Personalentwicklungsmaßnahmen oder den Erfolg einer Neuplatzierung der Zielperson im Unternehmen. Dabei kommt der 360°-Beurteilung allerdings nur eine eingeschränkte Verantwortung für den Erfolg oder Misserfolg der Intervention zu. Der Nutzen eines Training wird z.B. mindestens genauso stark durch die Art die Trainingsinhalte, die Person des Trainers, die didaktischen Methoden und unterstützende Maßnamen zum Transfer bestimmt, wie durch eine gute Bedarfsanalyse und zielgerichtete Auswahl der Trainingsteilnehmer. Hinzu kommt, dass die Arbeitsbedingungen eine Umsetzung der erworbenen Fertigkeiten erlaubt und die Zielperson selbst davon überzeugt ist, dass die gemessenen Merkmale prinzipiell veränderbar sind (Maurer et al., 2002). Ganz ähnlich verhält es sich bei einer Neuplatzierung des Mitarbeiters. Ihr Erfolg hängt letztlich von vielen Faktoren ab. Dennoch sollte sich ein signifikanter Zusammenhang zwischen den Ergebnissen der Diagnose und dem späteren Erfolg belegen lassen.

Vor dem Hintergrund der bisherigen Ausführungen lassen sich die nachfolgenden Standards aufstellen. Sie beziehen sich sowohl auf die Gestaltung und Durchführung der Methode als auch auf die Implementierung der 360°-Beurteilung (siehe auch Van Velsor, Leslie & Fleenor, 1997; Scherm & Sarges, 2002). Die 360°-Beurteilung muss in die Kultur des Unternehmens eingebunden sein. Autorität geführte Mitarbeiter dürften sich mit der Methode sehr schwer tun. Die Anforderungsanalyse bietet eine gute Basis für die Auswahl und Definition der zur erfassenden Merkmale. Überdies kann man die 306°-Beurteilung zum Zwecke der Bedarfsanalyse einsetzen, sofern man von vornherein einen breiten Merkmalsbereich berücksichtigt. Als Probanden der Befragung eigenen sich naturgemäß nur solche Personen, die tatsächlich eine fundiertes Urteil über die Zielperson abgeben können. Wie für jede personaldiagnostische Methode gelten auch hier die grundlegenden Gütekriterien Objektivität, Reliabilität und Validität. Eine hohe Objektivität kann u.a. dadurch gefördert werden, dass in jeder Beurteilergruppe mehrere Personen existieren, die ihr Urteil unabhängig voneinander abgeben. Alle beteiligten Personen wurden zudem über den Sinn und den Ablauf der Prozedur informiert, wobei die Zielperson später ein ausführliches Feedback über die Ergebnisse erhält.

> **Standards**
> für den Einsatz von 360°-Beurteilungen
>
> - Eine 360°-Beurteilung wird vor allem dort eingesetzt, wo sie zur Unternehmens- bzw. Führungskultur passt. Anderenfalls sind erhebliche Aufklärungsbemühungen notwendig, damit das Vorhaben nicht von Vornherein zum Scheitern verurteilt ist.
> - Dient die 360°-Beurteilung der Leistungsbeurteilung oder Platzierung, so ergeben sich die Merkmalsdimensionen aus einer Anforderungsanalyse.
> - Übernimmt die 360°-Beurteilung die Funktion einer Bedarfsanalyse für nachgeschaltete Personalentwicklungsmaßnahmen, wird der untersuchte Merkmalsbereich eher ein wenig zu groß als zu klein definiert. So ist sichergestellt, dass keine wichtigen Dimensionen übersehen werden.
> - Es werden nur solche Personengruppen befragt, die tatsächlich einen wertvollen Beitrag zur Bewertung der Zielperson leisten können.
> - Jede Beurteilergruppe sollte aus mehreren Personen bestehen.
> - Bei der Auswahl bereits existierender Verfahren orientiert man sich neben den Inhalten des Instrumentes an den klassischen Gütekriterien Objektivität, Reliabilität und Validität.
> - Alle beteiligten Personen, insbesondere aber die zu beurteilende Zielperson werden umfassend über Sinn und Ablauf der Befragung aufgeklärt.
> - Die Befragung der Beurteilungsgruppe ist anonym.
> - Bei der Rückmeldung der Ergebnisse gelten die üblichen Feedbackregeln.
> - Die Ergebnisse werden so ausgewählt und graphisch präsentiert, dass die beurteilte Person tatsächlich etwas mit den Informationen anfangen kann.
> - Das Unternehmen schafft für die Zielpersonen zusätzliche Anreize, die eine Weiterentwicklung der Person im Hinblick auf erkannte Kritikpunkte fördert.
> - Das Vorgehen wird evaluiert.

7.5 Interview

Das Interview gehört zu den besonders weit verbreiteten Methoden der Personaldiagnostik. Etwa 70 % deutscher Großunternehmen setzen Interviews zur Auswahl externer Bewerber und 82 % zur Auswahl interner Bewerber ein (Schuler et al., 1993). In mittelständischen Unternehmen liegt die Quote bei nahezu 100 % (Stephan & Westhoff, 2002). Die große Verbreitung der Methoden liegt zum einen an den vielfältigen Einsatzmöglichkeiten. Als Einstellungsinterview dient es zur Auswahl und Platzierung von Bewerbern. Darüber hinaus lässt es sich im Rahmen von Regelbeurteilungsgesprächen oder zur Datensammlung im Vorfeld von Personal- und Organisationsentwicklungsmaßnahmen einsetzen. Wie später noch zu zeigen sein wird, können unterschiedlichste Fragetypen und Strukturelemente miteinander kombiniert werden, woraus sich ein breites Spektrum an Gestaltungsmöglichkeiten ergibt. Zum anderen mag die Popularität des Interviews aus der vermeintlichen Banalität der Methodik herrühren. Oberflächlich betrachtet handelt es sich um ein sehr einfaches Vorgehen, das im Prinzip jeder Mensch beherrscht: Zwei Personen setzen sich zusammen an einen Tisch, der eine stellt Fragen, der andere antwortet. Aus den Antworten zieht Ersterer Schlüsse über den Zweiten. Wir werden sehen, dass ein solch einfaches Modell den Ansprüchen an ein diagnostisch wertvolles Vorgehen bei weitem nicht gerecht wird. Aber dennoch erklärt sich aus dem einfachen Grundmuster des Interviews seine Beliebtheit. Im Gegensatz zu standardisierten Tests und Fragebögen muss man nicht erst mitunter schwer verständliche Manuale, die mit unzähligen Fremdworten und mathematischen Kennzahlen gespickt sind, lesen oder sich – wie im Falle des Assessment Centers – mit einer schon auf den ersten Blick sehr komplexen Methodik auseinandersetzen.

Das Interview steht jedoch nicht nur bei den Anwendern (Schuler et al., 1993), sondern auch bei den Menschen, die auf der anderen Seite des Tisches sitzen, hoch im Kurs. Im Vergleich zu Arbeitsproben, Bewerbungsunterlagen oder Testverfahren präferieren (potentielle) Bewerber vor allem Interviews (Schuler, 2002). Auch hierbei spielt wahrscheinlich die relative „Natürlichkeit" der diagnostischen Prozedur eine gewisse Rolle. Interviews kommen alltäglichen Interaktionen deutlich näher als Tests, Fragebögen oder Assessment Center und vermitteln den Probanden daher ein stärkeres Gefühl der Sicherheit. Auch kommt die Vorstellung, dass ein berufserfahrener Interviewer sich in einem interaktiven Gespräch mit den Eigenschaften seines Gegenübers auseinandersetzt und der Proband die Möglichkeit zu einer differenzierten Selbstoffenbarung hat, der naiven Vorstellung von einer qualitativ guten Diagnostik sehr nahe.

Eine Besonderheit stellt das *Telefoninterview* dar. Es wird primär in der Personalauswahl eingesetzt, um kostensparend wichtige Informationen über einen Bewerber einzuholen. Allerdings ersetzt das Telefoninterview keineswegs das herkömmliche Vorgehen, wie eine Studie von Silvester et al. verdeutlicht (Silvester, Anderson, Haddleton, Cunningham-Snell & Gibb, 2000). Sie konnten zeigen, dass bei denselben Kandidaten das Telefoninterview zu anderen Einschätzungen führt, als das klassische Interview. Dabei fallen die Beurteilungen im Telefoninterview signifikant negativer aus. Die abweichenden Einschätzungen lassen sich auf zwei Faktoren zurückführen. Zum einen können im Telefoninterview nonverbale Informationen nicht in die Beurteilung einfließen, da sie nicht einmal erfasst werden. Insofern besteht ein Informationsdefizit gegenüber dem klassischen Interview. Zum anderen beeinflusst die soziale Beziehung zwischen Interviewer und Bewerber zumindest das Verhalten des Bewerbers (vgl. Abschnitt 7.5.1). Es ist offensichtlich, dass beide Interviewformen unterschiedliche soziale Situationen darstellen, wobei das klassische Interview einen größeren Alltagsbezug hat. Telefoninterviews generieren somit zumindest der Tendenz nach andere Verhaltensäußerungen und schränken die Informationsvielfalt ein. Sie eignen sich daher eher zur Abfrage von grundlegenden Fakten, wie z.B. wichtigen biographischen Details, die aus den Bewerbungsunterlagen nicht zu entnehmen waren. Im Folgenden beziehen wird uns immer auf das klassische Face-to-face Interview.

Die Interviewmethode hat wie kaum eine andere umfangreichste Forschungsaktivitäten angeregt. Schuler (2002) gibt einen sehr umfassenden Überblick über die Forschung und der sich daraus ableitenden Gestaltungsregeln für die Praxis. In unserer Darstellung, die sich auf die wichtigsten Punkte beschränkt, orientieren wird uns stark an der Darstellung von Schuler (2002).

7.5.1 Interview als soziale Situation

Wir haben es bereits angedeutet, das Interview ist mehr als jede andere Methode der Personaldiagnostik durch eine mehr oder minder lebendige Interaktion zwischen mindestens zwei Personen gekennzeichnet. Hier begegnen sich nicht nur ein Interviewer, der Fragen stellt und ein Interviewpartner, der die Fragen beantwortet, nein, wir haben es immer mit einer *sozialen Situation* zu tun, in der zwei Menschen zusammenkommen, die einander wechselseitig beeinflussen (vgl. Abbildung 7-32).

Die Beeinflussung durch den Interviewer ist offensichtlich, da er durch seine Fragen dem Gespräch eine Richtung gibt. Er ist in der eindeutig stärkeren Position. Will es sich der Interviewpartner nicht von vornherein mit ihm verderben, muss er sich wohl oder übel auf die Spielregeln einlassen und die Fragen beantworten. Doch nicht nur die Frage, sondern auch die Art und Weise, wie sich der Interviewer verhält, ob er beispielsweise aufmerksam, freundlich und wertschätzend, ist oder seinen Gesprächspartner ständig unterbricht, mit regungsloser Mimik anschaut oder gar abfällige Bemerkungen macht, determinieren das gesamte Geschehen. Im Gegensatz zu einem Fragebogen wird das Ergebnis nicht nur durch die Auswahl der Fragen, sondern in sehr starkem Maße auch durch die Art der Fragestellung und das zwischenmenschliche Drumherum geprägt. Es liegt wesentlich im Auftreten des Interviewers begründet, ob der Proband sich öffnet und bereitwillig Auskunft gibt oder ob er sich verschließt und vielleicht nur noch an einer taktisch klugen Selbstdarstellung arbeitet. Ein sehr qualifizierter Bewerber, der zwischen vielen Angeboten auswählen kann, wird nicht zuletzt auch aufgrund der Atmosphäre des Gespräches entscheiden, ob das fragliche Unternehmen in seine nähere Auswahl kommt. Wem es als Interviewer im Rahmen von Kunden- oder Mitarbeiterbefragungen nicht gelingt, eine positive Beziehung aufzubauen und für sein Anliegen zu werben, der wird bei seinem Gegenüber Blockaden aufbauen und letztlich seine Ziele nicht erreichen. Doch die Beeinflussungen laufen auch in entgegengesetzter Richtung ab. Der Interviewer steht – wie in jeder zwischenmenschlichen Begegnung – vor dem Problem, dass er auf den Gesprächspartner reagiert, ihn z.B. mehr oder weniger sympathisch findet, ihn als attraktiv, als fremd oder ähnlich zur eigenen Person erlebt. Die Versuchung ist groß, in einer solchen Situation so zu reagieren, wie wir es aus unserem Alltag gewohnt sind, also Menschen, denen wir positiv gesonnen sind freundlicher zu begegnen. Bedenken wir die Wechselseitigkeit der Beeinflussung zwischen den beiden Interviewparteien, so wird das grundlegende Problem des Interviews deutlich. Findet der Interviewer wenig Gefallen an seinem Gesprächspartner, besteht die Gefahr, dass er von Beginn an ungünstige Rahmenbedingungen für eine faire Diagnostik schafft. Vielleicht erläutert er schwierige Fragen weniger detailliert, gibt weniger Hilfestellungen, schüchtert den Probanden durch abfällige Bemerkungen und eine dominante Körperhaltung ein. In einer solchen Situation wird dem Interviewpartner nur schwerlich eine positive Darstellung seiner Kompetenzen gelingen. Möglicherweise reagiert er seinerseits negativ auf den Interviewer, äußert sich nur wortkarg, strahlt Ablehnung oder Unterwürfigkeit aus. Wie auch immer die Interaktion im Einzelnen aussehen mag, ein wechselseitiges Hochschaukeln der Negativität ist alles andere als unwahrscheinlich. Analog verhält es sich mit einer betont positiven Interaktion. Der Interviewer, der sich vom Liebreiz einer Bewerberin gefangen nehmen lässt, wird sich ihr gegenüber begünstigend verhalten. In beiden Fällen ist der Interviewer aber nicht nur ein zentraler Bestandteil des Datenerhebungsinstrumentes, sondern nimmt auch die entscheidenden Bewertungen der Kandidaten vor. Die potentielle Gefahr, die von der sozialen Interaktion für die Aussagekraft eines Interviews ausgeht ist somit zweifach. Zum einen fördert der Interviewer durch sein Verhalten ggf. positiveres oder negativeres Verhalten bei seinem Gegenüber, zum anderen besteht eine große Versuchung, die gewonnenen Daten in die gleiche Richtung verzerrt zu bewerten. Aus Sicht des Unternehmens stellen beide Fehlerquellen eine Gefahr dar und zwar unabhängig davon, ob das Pendel eher in die positive oder negative Richtung ausschlägt.

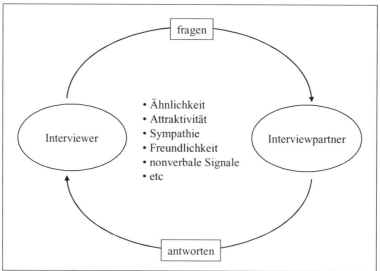

Abbildung 7-32: Interview als soziale Situation

Fehlurteile können selbstverständlich bei jeder personaldiagnostischen Methode auftreten. Das Problem der interaktiven sozialen Situation ist jedoch eine Besonderheit des Interviews, denn bei keiner anderen Methode spielt die zwischenmenschliche Beziehung so unmittelbar in die Datenerhebung und Auswertung hinein. Dabei laufen viele Prozesse unbewusst ab. So konnten z.B. Forbes und Jackson (1980) zeigen, dass bestimmte Formen nonverbaler Kommunikation eine signifikant positive Bewertung der interviewten Personen zur Folge haben (vgl. Abbildung 7-33). Im Vorteil sind demnach solche Probanden, die viel Augenkontakt zum Interviewer halten, ihn anlächeln und ihm zunicken, ja generell keine allzu starre Körperhaltung an den Tag legen. Weitere Beispiele finden sich in Abschnitt 2.2.

Nur stellt sich die Frage, wie mit dieser potentiellen Gefahrenquelle der sozialen Situation umzugehen ist. Die Interaktion in einem Interview kann man ebenso wenig ausblenden, wie sich ein Assessment Center ohne Beobachter durchführen ließe. Im Gegenteil, die soziale Interaktion kann auch nützlich sein, wenn sie z.B. zu einer Öffnung des Gesprächspartners beiträgt, wenn sie dazu führt, dass beide Seiten einander nichts vormachen, sondern gemeinsam schauen, ob sie zueinander passen. Der Interviewer ist den Automatismen der Verhaltenssteuerung und Urteilsbildung keineswegs schutzlos ausgeliefert (Kanning, 1999; Kanning et al., 2004). Er kann sie zumindest teilweise bewusst steuern und genau hierin liegt der Schlüssel zur Lösung des Problems. Ein diagnostisch erfolgreiches Interview fußt auf ein sehr reflektiertes Vorgehen. Der Interviewer darf sich keinesfalls einfach von seinen Eingebungen leiten lassen, sondern muss gezielt vorgehen. Dies wiederum setzt eine systematische Auswahl und Schulung des diagnostischen Personals voraus. An dieser Stelle wird bereits deutlich, dass ein fundiertes Interview nur auf den ersten Blick einer alltäglichen Gesprächssituation gleichkommt. Schuler (2002) differenziert daher zwischen den Begriffen „Interview" bzw. „Einstellungsinterview" auf der einen, und „Auswahlgespräch" auf der anderen Seite. Erstere stehen für eine gezielte, systematische Diagnostik, letztere für unsystematisches Vorgehen mit geringerem diagnostischem Wert.

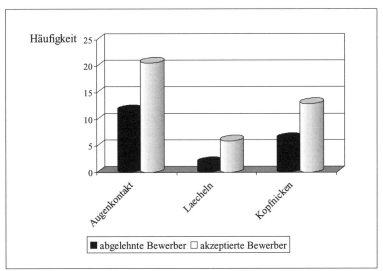

Abbildung 7-33: Bedeutung nonverbalen Verhaltens im Auswahlinterview (Auszüge aus den Ergebnissen von Forbes & Jackson, 1980)

> Ein diagnostisches Interview unterscheidet sich deutlich von einem gewöhnlichen Gespräch. Ersteres ist eine durchdachte und gezielt strukturierte Abfolge von Fragen, letzteres eine freie Interaktion, deren Verlauf sich aus den momentanen Eingebungen und Verhaltensweisen der Akteure durch wechselseitige Beeinflussung entwickelt. Beide bedienen sich der Sprache. Im Interview ist sie aber immer ein Werkzeug, mit deren Hilfe diagnostisch relevante Daten erhoben werden. Darüber hinaus bietet das Interview dem Bewerber die Möglichkeit, sich seinerseits über das Unternehmen bzw. den fraglichen Arbeitsplatz zu informieren.

7.5.2 Aufgaben des Interviewers

Die Aufgaben, die ein Interviewer erfüllen muss, sind sehr vielfältig (vgl. Abbildung 7-34). Im Vordergrund steht zunächst einmal die *Formulierung von Fragen*, mit deren Hilfe der Verlauf des Gespräches strukturiert und die eigentliche Datenerhebung durchgeführt wird. Die Fragen werden gezielt vor dem Hintergrund der Anforderungsanalyse gestellt und sind nur in Ausnahmefällen das Ergebnis einer momentanen Eingebung des Interviewers. Allen Probanden werden dieselben Fragen gestellt, wobei der Fragentypus (z.B. geschlossene oder situative Fragen, s.u.) zuvor festgelegt wurde. Jeder Frage kommt somit ein diagnostischer Wert zu, wobei zu jeder der interessierenden Merkmalsdimensionen mehrere Fragen auftreten. Dies kommt vor allem der Reliabilität zu gute (vgl. Abschnitt 3.1).

Die zweite zentrale Aufgabe des Interviewers ergibt sich ebenso selbstverständlich. Der Interviewer muss seinem Gesprächspartner *zuhören* können. Mehr noch, er signalisiert seinem Gegenüber durch Augenkontakt, eine zugewandte Körperhaltung und bestätigendes Kopfnicken, dass er den Ausführungen aufmerksam folgt. Ist er sich nicht sicher, ob er den Gesprächspartner richtig verstanden hat, fragt er lieber einmal zuviel als einmal zuwenig nach. Eine solche Gesprächshaltung, die zu einem positiven, offenen Interaktionsklima beiträgt, wird auch als „aktives Zuhören" bezeichnet (Gordon, 1977). Dem Zuhören kommt eine sehr zentrale Funktion im Interview zu, da hierüber die meisten Daten gesammelt werden. Aus diesem Grunde sollte der Redeanteil des Interviewers auch deutlich geringer sein als der des Interviewten.

Überdies erfüllt der Interviewer die Aufgaben eines *Beobachters*. Vergleichbar zur Arbeitsprobe oder dem Assessment Center muss er das verbale und z.T. auch das nonverbale Verhalten des Gesprächspartners im Blick behalten. Eine gute Schulung hilft ihm dabei, die wichtigen Informationen von den unwichtigen zu trennen, so dass keineswegs alle verfügbaren Daten in einer späteren Beurteilung des Kandidaten verarbeitet werden müssen. Ohne eine entsprechende Informationsselektion wäre eine vernünftige Diagnostik aufgrund einer Überlastung des Interviewers nicht möglich (vgl. Abschnitt 4.1). Will man ganz sicher sein, dass alle wichtigen Informationen registriert werden, sollte man einen zusätzlichen Beobachter einsetzen, der entweder wie ein zweiter Interviewer arbeitet und selbst einige Fragen stellt oder lediglich als stiller Teilnehmer dem Geschehen beiwohnt.

Trotz der gezielten Filterung sind die Daten immer noch sehr umfangreich. Wer sich in einer solchen Situation allein auf sein Gedächtnis verlassen würde, müsste große Informationsverluste in Kauf nehmen. Selbst dann, wenn wir sehr konzentriert zuhören und zusehen kann nur ein recht kleiner Teil der erfassten Daten über einen Zeitraum von wenigen Minuten hinaus im Gedächtnis gespeichert werden. Dies sind bevorzugt solche Informationen, die – vergleichbar zum Vokabellernen – mehrfach hintereinander aufgenommen wurden oder mit denen wir uns (gedanklich) intensiver auseinandergesetzt haben (vgl. Kanning et al., 2004). Das menschliche Gedächtnis nimmt somit eine weitergehende, nicht bewusst kontrollierte Selektion der bereits durch unser Wahrnehmungssystem gefilterten Informationen vor. Im diagnostischen Prozess begegnet man dem Problem der Wahrnehmungsselektion mit einer eindeutigen Definition der zu diagnostizierenden Kriterien (s.o.). Gegen eine unbewusste Informationsselektion des Gedächtnisses wehrt man sich durch eine *Protokollierung* der gesammelten Daten. In der Regel ist dies eine weitere Aufgabe des Interviewers. Natürlich geht es dabei nicht um eine Mitschrift der Aussagen, sondern um eine stichwortartige Skizze. Ein umfassendes Protokoll würde den Interviewer von seinen Kernaufgaben, Fragenstellen, Zuhören und Beobachten ablenken. Ist man an einer umfangreicheren oder besonders abgesicherten Protokollierung interessiert, so empfiehlt sich der Einsatz einer zusätzlichen Person. Sie kann gleichzeitig die Rolle des Beobachters und des Protokollanten einnehmen. Eine vollständige Protokollierung wird nur in den seltensten Fällen notwendig sein. Hierzu eigenen sich Tonband- oder Videomitschnitte. Trotz ihrer Bedeutung ist stets darauf zu achten, dass die Protokollierung, den Verlauf des Interviews so wenig wie möglich stört.

Eine weitere wichtige Aufgabe des Interviewers liegt in der *Bewertung* des befragten Probanden. In einem fundierten Interview erfolgt die Bewertung vor dem Hintergrund verbindlich festgelegter Kriterien, die sich aus der Anforderungsanalyse ableiten. Eine besondere Bedeutung kommt in diesem Zusammenhang den verhaltensverankerten Beurteilungsskalen zu (vgl. Abschnitt 4.2.4). Je nachdem, welche Fragenformate vorliegen, wird ein Teil der Bewertungen bereits während des Interviews vorgenommen. Dies gilt insbesondere für situative Items. Nach der Beantwortung der situativen Frage dokumentiert der Interviewer die Antwort durch ein Kreuz auf einer spezifischen Skala (vgl. Abschnitt 7.3.3) und nimmt damit gleichzeitig eine Bewertung vor. Auch in der Phase der Bewertung erweist sich eine zweite Person als hilfreich. Die Bewertungen sollten in diesem Falle zunächst einmal unabhängig voneinander erfolgen, ehe die Einzelergebnisse zu einem gemeinsamen Urteil integriert werden (vgl. Abschnitt 3.2).

Nun könnte man den Eindruck gewonnen haben, das Interview sei nicht viel mehr als eine Art mündlich vorgetragener Fragebogen. Auf der einen Seite des Tisches liest jemand Fragen ab, die jemand, der auf der anderen Seite sitzt, beantworten muss. Ein richtiges Interview beinhaltet trotz aller Standardisierung immer auch sehr viele lebendige Aspekte. Die Fragen werden nur in Ausnahmefällen, wie z.B. bei situativen Items, vom Blatt abgelesen. Das eigentlich lebendige Element der Interviews ist die *Reaktion* des Interviewers auf individuelle Äußerungen des Probanden. Hierdurch wird das Interview zu einer interaktiven Methodik. So muss sich der Interviewer z.B. in seinem Sprachstil auf das Sprachniveau seines Gegenübers einstellen, ängstliche und zurückhaltende Gesprächspartner zur Aktivität ermuntern und vor allem Nachfragen stellen, wenn er etwas nicht richtig verstanden hat oder die Bewertung eine detailliertere Schilderung voraussetzt. Nachfragen dienen überdies dazu, Hypothesen, die der Interviewer in Verlaufe des Gesprächs entwickelt hat, unmittelbar zu überprüfen (Schuler, 2002).

Schuler (2000, 2002) betont ferner den informativen Aspekt, den das Einstellungsinterview nicht nur für das Unternehmen, sondern auch für den Interviewten haben sollte. Im Einstellungsinterview bietet sich einem Bewerber zum ersten Mal die Gelegenheit zu einer tiefergehenden Auseinandersetzung mit dem potentiell neuen Arbeitsplatz. Das Interview sollte dem natürlichen Informationsbedürfnis des Bewerbers Rechnung tragen, indem es eine Phase vorsieht, in der der Interviewer den Kandidaten umfangreich über die Rahmenbedingungen des in Frage stehenden Arbeitsplatzes *informiert* und für Fragen des Probanden zur Verfügung steht. Die Informationen umfassen dabei z.B. Angaben über Arbeitsinhalte, Bezahlung, Sozialleistungen, eine etwaige Befristung oder Entwicklungsmöglichkeiten. Die Aufklärung des Bewerbers stellt jedoch nicht nur einen Akt der Höflichkeit oder Achtung vor dem Gegenüber dar. Sie liegt auch unmittelbar im Interesse des Unternehmens. Im Sinne eines „realistic job preview" ermöglicht es dem Bewerber, seinerseits die Frage nach der Passung zwischen seinen Merkmalen und den Anforderungen des Arbeitsplatzes zu beantworten. In der Konsequenz kann er seine Entscheidung für ein Unternehmen bewusster treffen. Da er weiß, worauf er sich einlässt, ist eine spätere Enttäuschung weniger wahrscheinlich, was in letzter Konsequenz zu einer geringeren Fluktuation führt (Schuler, 2002).

Alles in allem verlangt das Interview dem Diagnostiker mithin vielfältige Fähigkeiten ab. Nicht jeder Vorgesetzte, Mitarbeiter einer Personalabteilung oder Unternehmensberatung wird die geforderten Kompetenzen besitzen. Das Interview ist nicht der Ort, an dem ein Vorgesetzter selbstgefällig seine Machtgelüste ausleben darf oder ein Unternehmensberater seinen persönlichen Eignungstheorien folgen sollte. Um ein hohes diagnostisches Niveau gewährleisten zu können, bedarf es einerseits einer besonnenen Auswahl, andererseits einer spezifischen Schulung des diagnostischen Personals.

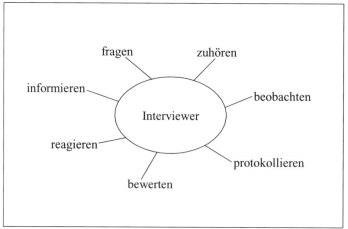

Abbildung 7-34: Aufgaben des Interviewers

7.5.3 Fragen

Sollte man spontan die Fragen eines Interviews charakterisieren, so würden die meisten Menschen wohl „offene Fragen" schildern: Der Diagnostiker fragt, warum ein Bewerber sein Erststudium abgebrochen hat oder ein Mitarbeiter mit seinen Kollegen nicht klarkommt. Offene Fragen sind dadurch gekennzeichnet, dass sie dem Gesprächspartner völlige Antwortfreiheit lassen. Ohne Zweifel sind offene Fragen eine wesentliches Merkmal, in dem sich das Interview von anderen diagnostischen Instrumenten – speziell von Tests und Fragebögen – unterscheidet. Daneben existieren aber viele weitere Frageformen. In Tabelle 7-12 werden 11 verschiedene Typen kurz skizziert und hinsichtlich ihrer Vor- und Nachteile bewertet. Eine umfangreichere Diskussion findet sich bei Schuler (2002). Einige dieser Typen sind aus der vorangestellten Diskussion bereits hinlänglich bekannt. Dies gilt insbesondere für geschlossene Fragen, die vor allem in Fragebögen eingesetzt werden, biographische und situative Fragen. Besonders interessant ist die Suggestivfrage, die auf den ersten Blick nichts in einem Interview zu suchen hat. Suggestivfragen legen dem Probanden eine bestimmte Antwort nahe und sollten daher die sozial erwünschte Selbstdarstellung anregen. Wie Schuler betont, kann aber auch einer Suggestivfrage eine wichtige Funktion zukommen. Fragt man den Probanden z.B. nach einem eigentlich sozial unerwünschten Verhalten (Kunden gegenüber nicht die Wahrheit sagen) und suggeriert durch die Art der Fragestellung, dass der Interviewer ein solches Verhalten durchaus gut heißen könnte, befindet sich der Befragte in einem Dilemma. Im Grunde genommen fordert man ihn heraus, seine tatsächliche Einstellung Preis zu geben. Der Gesprächsatmosphäre ist ein solches Vorgehen nicht gerade zuträglich. Die Entscheidung für oder gegen einen bestimmten Fragentyp ist im Einzelfall unter Abwägung der genannten Vor- und Nachteile zu treffen. Keiner der Fragentypen ist prinzipiell ungeeignet oder allen anderen überlegen.

Tabelle 7-12: Fragetypen

Fragetypus	Beschreibung	Vorteile/Nachteile
offene Frage	W-Fragen: was, wie, wann, warum etc. Beispiel: Warum haben sie sich gerade bei uns beworben?	• Möglichkeit zur umfassenden Antwort • angenehme, natürliche Gesprächsatmosphäre • aufwändigere Auswertung im Vergleich zu geschlossenen Fragen • zeitintensiv bei umfangreichen Antworten
geschlossene Frage	Proband muss aus tatsächlich oder imaginär vorgegebenen Antwortalternativen eine auswählen Beispiel: Wären sie bereit für ein Jahr in unserer Niederlassung in London zu arbeiten?	• gezielte Datenerfassung • geringer Zeitaufwand wegen kurzen Antworten • eher unangenehme, künstliche Gesprächsatmosphäre • Informationsverlust, wenn der Proband seine Antwort nicht erklärt
Kettenfrage	Es werden unmittelbar hintereinander mehrere Fragen gestellt, die anschließend zusammen beantwortet werden sollen	• direkter Test, wie der Proband mit komplexen Aufgaben umgeht • eher unangenehme Gesprächsatmosphäre • ggf. bleiben Teilfragen unbeantwortet
Suggestivfrage	Dem Probanden wird durch die Frage bereits eine Antwort in den Mund legt. Beispiel: Sind sie nicht auch der Meinung, dass man den Kunden nicht immer die Wahrheit sagen darf?	• Geeignet, um Probanden aus der Reserve zu locken • ggf. ethisch heikles Vorgehen • schadet der Gesprächsatmosphäre • aufwändige Auswertung
Alternativenfrage	Proband soll zwischen zwei oder mehr Alternativen wählen und seine Entscheidung ggf. begründen. Beispiel: Möchten sie lieber als Sachbearbeiter oder als Kundenberater arbeiten?	• Möglichkeit zur umfassenden Antwort • angenehme, natürliche Gesprächsatmosphäre • zeitintensiv bei umfangreichen Begründungen

		• aufwändige Auswertung, falls Antwort begründet werden soll
Auswahlfrage	Proband soll eine Wahlentscheidung treffen und begründen, ohne dass Alternativen vorgegeben werden. Beispiel: In welchem Bereich unseres Unternehmens würden sie am liebsten arbeiten?	• Möglichkeit zur umfassenden Antwort • belastend für unentschlossene, uninformierte Probanden • aufwändigere Auswertung im Vergleich zu geschlossenen Fragen • zeitintensiv bei umfangreichen Begründungen
Kenntnisfrage	Wissensfrage, um z.B. berufliche Fachkenntnisse zu erfassen. Beispiel: Warum ist die Schulung von Interviewern so wichtig?	• Ökonomische Erfassung des relevanten, beruflichen Wissens • Prüfungscharakter trübt die Gesprächsatmosphäre
Schwächenanalyse	Frage nach den eigenen Schwächen (die Stärken nennen die meisten Probanden von allein). Beispiel: In welchen Leistungsbereichen könnten sie von einer Schulungsmaßnahme besonders profitieren?	• ermöglicht realistischere Einschätzung der Person, da nicht nur Stärken erfasst werden • ggf. unangenehm für den Probanden
Konkretisierungsfrage	Nachfrage zur tiefergehenden Analyse eines Themenbereiches. Beispiel: Sie haben eben gesagt, dass sie Erfahrungen im Umgang mit schwierigen Kunden gesammelt haben. Wie sah das genau aus?	• ermöglichst realistischere Einschätzung der Aussagen • Möglichkeit zur umfassenden Antwort • zeitintensiv bei umfangreichen Erklärungen • aufwändige Auswertung
biographische Frage	Fragen zu konkreten (Berufs)-Erlebnissen aus der Vergangenheit. Beispiel: Wie sind Sie bei früheren Arbeitgebern mit dem Problem der Wochenendarbeit umgegangen?	• Relativ gute Prognose zukünftigen Verhaltens auf der Basis vergangenen Verhaltens • intensive Auseinandersetzung mit dem Verhalten des Probanden • zeitintensiv bei umfangreichen Erklärungen • aufwändige Auswertung
situative Frage	Der Proband wird mit einer (Problem)-Situation aus dem Berufsalltag konfrontiert und soll beschreiben, wie er sich verhalten würde.	• Möglichkeit zur Prognose des Verhaltens in ggf. völlig neuen Situationen • intensive Auseinandersetzung mit dem Verhalten des Probanden • zeitintensiv bei umfangreichen Erklärungen • aufwändige Auswertung, wenn keine Antwortalternativen vorliegen

Neben dem Fragetypus ist die rechtliche Zulässigkeit der Fragen zu beachten. Der Gesetzgeber hat verschieden Barrieren zum Schutz der Intimsphäre der Bewerber und Mitarbeiter aufgebaut. Tabelle 7-13 gibt einen Überblick über nicht zulässige Fragen (ausführlicher: Schuler, 2002). Dabei lässt sich grundsätzlich festhalten, dass mit zunehmendem Verantwortungsbereich einer Position der Bewerber auch mit Fragen konfrontiert werden darf, die weiter in sein Privatleben eindringen. Voraussetzung hierfür ist jedoch immer ein sinnvoller Bezug der Frage zur anvisierten Berufstätigkeit. So darf man beispielsweise Auskunft über die Vermögensverhältnisse eines leitenden Bankangestellten einholen, da er in einem entsprechend sensiblen Bereich arbeitet. Für die Raumpfleger im selben Unternehmen gilt dies nicht. Allerdings gibt es durchaus auch solche Tätigkeiten, die in der Hierarchie weiter unten angesiedelt sind und dennoch eine weitgehende Exploration erlauben. So hat man z.B. das Recht, sich nach den Vorstrafen eines Bewerbers zu erkundigen, wenn es sich um eine Anstellung als Wachmann handelt. Rechtlich unzulässige Fragen muss ein Bewerber oder Mitarbeiter nicht beantworten bzw. darf sie auch falsch beantworten. Allerdings stellt sich mit Blick auf die Praxis die Frage, welche Chancen ein Bewerber hat, wenn er die Beantwortung einer unerlaubten Frage verweigert.

Tabelle 7-13: Rechtlich unzulässige Fragen (nach Schuler, 2002)

Bereich	unzulässig
Familie	Fragen nach Heiratsabsichten oder intimen Beziehungen
Einkommen	wenn kein inhaltlicher Bezug zur beruflichen Tätigkeit besteht
Vermögen	wenn kein inhaltlicher Bezug zur beruflichen Tätigkeit besteht
Vorstrafen	wenn kein inhaltlicher Bezug zur beruflichen Tätigkeit besteht
Religions- und Parteizugehörigkeit	sofern es sich nicht um Anstellungen bei konfessionellen oder parteiisch gebundenen Organisationen handelt
Gewerkschaftszugehörigkeit	sofern die Zugehörigkeit oder fehlende Zugehörigkeit nicht zu Interessenkonflikten führt (z.B. Anstellung beim Arbeitgeberverband oder Gewerkschaftsbund)
Schwangerschaft	Sofern kein berufstypisches Gesundheitsrisiko besteht
Krankheiten	sofern kein berufstypisches Gesundheitsrisiko besteht (z.B. Ansteckungsgefahr im Kindergarten oder Krankenhaus)

7.5.4 Strukturierung

Die große Bandbreite der Ausgestaltungsmöglichkeiten einer Interviewsituation zeigt sich in der Tatsache, dass gerade in der organisationspsychologischen Praxis häufig unterschiedliche Methoden in ein und demselben Auswahlgespräch miteinander kombiniert werden. Neben der mündlichen Befragung können die Kandidaten z.B. ein Rollenspiel absolvieren, in dem ihr Sozialverhalten direkt beobachtet wird, oder einen Fragebogen ausfüllen. In diesem Fall steht die Bezeichnung „Interview" also eher für ein bestimmtes Setting der Datenerhebung, als für eine eng umgrenzte Methode, die sich dem Wortsinn nach eigentlich auf eine „mündliche Befragung" beschränkt.

Interviews unterschieden sich maßgeblich hinsichtlich ihrer Standardisierung (vgl. Abschnitt 3.1). In der personaldiagnostischen Forschung zum Einstellungsinterview hat sich allerdings der Begriff der Strukturierung gegenüber dem der Standardisierung durchgesetzt (Schuler, 2002). Beide Begriffe können als Synonyme verwendet werden, wobei letzterer in der Grundlagenforschung verbreiteter ist als ersterer (z.B. Bortz & Döring, 1995; Friedrichs, 1985). Die *Strukturierung* bezieht sich auf alle Variablen, die die Durchführung und Auswertung der gewonnenen Informationen betreffen. Das Ausmaß der Strukturierung eines Interviews beschreibt ein *Kontinuum*. Den einen der beiden Extrempole bilden die sog. „nicht-strukturierten" Interviews. Sie haben den Charakter eines Gesprächs, bei dem der Interviewer lediglich ein Thema vorgibt, über das er sich anschließend mit dem Gesprächspartner unterhält. Die Einflussmöglichkeiten des Interviewers sind in einem derart offenen Gespräch sehr groß, was sich negativ auf die Objektivität der Methode auswirkt. Demzufolge haben wir es beim nicht-strukturierten Vorgehen nicht mehr mit einer diagnostischen Methode im eigentlichen Sinne zu tun. Das nicht-strukturierte Interview eignet sich eher zur Generierung von Hypothesen für den weiteren Diagnoseprozess. Das andere Extrem des Kontinuums markieren vollständig strukturierte Interviews, bei denen allen Probanden mit demselben Wortlaut dieselben Fragen in einer zuvor festgelegten Reihenfolge gestellt werden. Der Interviewer hat keine Möglichkeit, auf die individuellen Äußerungen seines Gegenübers einzugehen und etwa Nachfragen zu stellen. Das vollstrukturierte Interview besitzt ohne Zweifel die Eigenschaften einer anspruchsvollen diagnostischen Methode. Der große Aufwand, der hiermit verbunden ist, lässt sich in vielen Praxiskontexten jedoch nur schwer realisieren. Hinzu kommt, dass sich ein sehr hohes Maß an Strukturierung negativ auf die soziale Beziehung zwischen Interviewer und Befragtem auswirken kann. Das größte Problem liegt aber in der fehlenden Flexibilität, da der Interviewer nicht auf die Besonderheiten und Antworten des Probanden eingehen kann. Im Grunde genommen lässt sich ein vollständig strukturiertes Interview ebenso gut in Form eines Fragebogens realisieren. Die allermeisten Interviews bewegen sich irgendwo auf dem Kontinuum zwischen den skizzierten Extrempolen und werden als „halb-" oder „teilstrukturierte" Interviews bezeichnet. So kommt es z.B. häufiger vor, dass zwar die Reihenfolge der Fragen sowie der ungefähre Wortlaut feststehen, der Interviewer aber bei Bedarf Nachfragen stellen, oder Erläuterungen geben darf.

Die Strukturierung kann sich in verschiedenen Variablen des Interviews niederschlagen (siehe etwa Campion, Palmer und Campion, 1997; Schuler, 2002). Je nach Dimension ist ein unterschiedliches Ausmaß an Strukturierung sinnvoll. Auch wenn die Entscheidung für oder gegen ein bestimmtes Strukturierungsniveau vor dem Hintergrund der Zielrichtung der Befragung gefällt werden sollte, können wir an dieser Stelle dennoch eine gewisse Orientierung liefern (Abbildung 7-35). Wir gehen dabei von einem Interview aus, das zur Einzelfalldiagnostik im Rahmen der Personalauswahl oder -platzierung eingesetzt wird. Interviews bei denen es nicht um den Einzelfall geht, sondern die Daten ganzer Personengruppe im Mittelwert betrachtet werden (z.B. bei Kunden- oder Mitarbeiterbefragungen) können auch mit einer geringeren Strukturierung auskommen.

Standards für spezifische Methoden der Personaldiagnostik 419

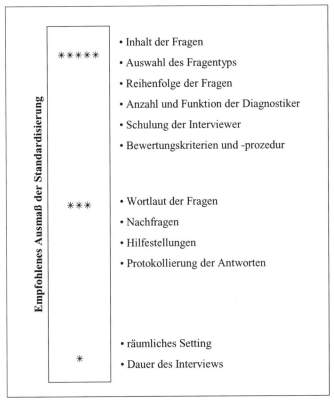

Abbildung 7-35: Dimensionen der Strukturierung

Eine *starke Strukturierung* ist bei der Festlegung der Frageninhalte selbstverständlich unverzichtbar. Vor dem eigentlichen Interview wird auf der Basis einer Anforderungsanalyse festgelegt, welche Merkmalskategorien bzw. -dimensionen von Interesse sind. Nur wenn alle Probanden mit den gleichen Inhalten konfrontiert werden, kann man sie hinsichtlich derselben Merkmale untereinander und in Bezug auf das Anforderungsprofil vergleichen. Mit der Festlegung der Frageninhalte geht die Auswahl der Fragentypen einher (vgl. Tabelle 7-12). Auch der Typus der Fragen muss für alle Interviewer und Probanden absolut verbindlich sein. So darf man nicht dem einen Bewerber eine offene, dem andere hingegen eine geschlossene Frage stellen, wenn es um die gleiche Thematik geht. Die Reihenfolge der Fragen erfolgt anders als in Persönlichkeitsfragebögen keinesfalls zufällig, sondern wird nach inhaltlichen Gesichtspunkten festgelegt. Leichtere und unverfänglichere Fragen stellt man an den Anfang, um den Bewerber nicht gleich zu verschrecken und das Gesprächsklima in ungewünschter Weise zu beeinträchtigen. Die festgelegte Reihenfolge sollte in jedem Interview eingehalten werden. Gleiches gilt für die Anzahl der Diagnostiker pro Interview und ihre Funktion. Um den Eindruck einer Examensprüfung zu vermeiden, sollten dem Probanden maximal zwei Diagnostiker gegenüber sitzen. Entweder sind beide berechtigt Fragen zu stellen oder nur einer führt das Interview, während der andere sich auf das Beobachten und Protokollieren des Geschehens beschränkt. In jedem Falle müssen die Rollen vor dem Interview fixiert sein. Nur so kann eine annähernd gleiche Untersuchungssituation für alle Bewerber sichergestellt werden. Dasselbe gilt für die Schulung der Interviewer. Sie ist für alle Interviewer unerlässlich (s.o.). Ein letzter Punkt, der ein hohes Strukturierungsniveau erfordert, bezieht sich auf die Urteilskriterien sowie die Prozedur der Datenauswertung und der anschließenden Bewertung der einzelnen Bewerber. Hierzu zählen verhaltenverankerte Ratingskalen, Regeln zur möglichen Kompensation von Leistungsdefiziten, Cut-off-Werte und vieles mehr (vgl. Abschnitt 6-7).

Mit einem *mittleren Strukturierungsniveau* kann man im Hinblick auf den genauen Wortlaut der meisten Fragen leben. Weniger wichtig ist, dass im Interview eine bestimmte Frage immer wieder mit exakt den gleichen Worten gestellt – also letztlich abgelesen – wird, als vielmehr, dass der Frageinhalt unverändert bleibt. Durch diese Freiheit kann man sich dem Sprachniveau des Probanden anpassen und den Prüfungscharakters des Interviews reduzieren. All dies setzt allerdings eine gute Schulung des Personals voraus, denn oft sind es Feinheiten, die einer Frage eine bestimmte Konnotation geben. Ist qualifiziertes Personal nicht verfügbar, sollte man die Formulierungsfreiheit stärker einschränken. Nachfragen und Hilfestellungen bei der Lösung einer Aufgabe sind ihrer Natur nach nur mäßig standardisiert, da sie als Reaktion auf die individuellen Äußerungen des Gesprächspartners erfolgen müssen. Verbindlich geregelt werden muss allerdings, ob überhaupt Nachfragen bzw. Hilfestellungen erlaubt sind und wie weit der Interviewer bei der Hilfestellung gehen darf. Ähnlich verhält es sich mit der Protokollierung. Sofern keine Tonband- oder Videoaufzeichnungen erstellt werden, ist die Protokollierung niemals vollständig standardisiert. Allerdings kann man im Vorfeld festlegen, welche Punkte besonders wichtig sind und daher unbedingt schriftlich dokumentiert werden sollten.

Ein *geringerer Strukturierungsgrad* ist bei der Gestaltung des räumlichen Settings sowie der Dauer des Interviews vonnöten. Im Allgemeinen wird es ohnehin nicht viel Variation auf Seiten des Settings geben. Wohl kaum ein Interviewer wird ein Bewerbungsgespräch in der Eingangshalle eines Hotels oder im Fahrstuhl abhalten. Die Dauer des Interviews ergibt sich von selbst aus der Anzahl der Fragen. Wenn ein Bewerber umfassender antwortet und dadurch das Interview verlängert, ist dies kein Problem. Die Freiheiten, die wir bei den letzten beiden Punkten einräumen, sind also im Grunde genommen nur scheinbare Freiheiten, weil sich ganz von allein eine gewisse Standardisierung ergeben wird.

Generell lässt sich sagen, dass die Strukturierung ebenso wie der Anforderungsbezug der Validität des Verfahrens zugute kommt (Schuler, 2002). In der Metaanalyse von Schmidt und Hunter (1998) erzielen strukturierte Interviews eine deutlich höhere Validität als unstrukturierte (.51 bzw. .38). Andere Metaanalysen finden durchaus deutlichere Unterschiede. Huffcutt und Arthur (1994) differenzieren vier Stufen der Strukturierung. Interviews mit der geringsten Strukturierung erreichen lediglich Werte von .20, während Verfahren der höchsten Stufe eine Validität von .56 erzielen. Auch zeigen strukturierte Interviews eine deutlich höhere inkrementelle Validität gegenüber Intelligenztests (Cortina, Goldstein, Payne, Davison & Gilligan, 2000). Dabei wird das Interview vor allem zur Messung von Persönlichkeitsvariablen und sozialen Kompetenzen eingesetzt (Huffcutt, Conway, Roth & Stone, 2001).

Standards für spezifische Methoden der Personaldiagnostik 421

Interviewsysteme machen sich dies zunutze. Sie bieten eine vorgegebene Interviewstruktur, die im Anwendungsfall mit spezifischen Inhalten gefüllt werden muss (Überblick: Schuler, 2002; Schuler & Marcus, 2001). In Abbildung 7-36 wird als Beispiel für ein solches Interviewsystem die Struktur des Multimodalen Interviews[21] (Schuler, 1992) wiedergegeben. Das Interview umfasst acht Phasen, in denen jeweils unterschiedliche Inhalte thematisiert und nach verschiedenen Prinzipien bewertet werden.

Gesprächsbeginn	→	Aufbau einer freundlichen und offenen Atmosphäre; keine Bewertung des Bewerbers
Selbstvorstellung des Bewerbers	→	Bewerber berichtet frei von seinem Ausbildungsweg, seinen beruflichen Erfahrungen u.Ä.; Bewertung des Bewerbers auf relevanten Anforderungsdimensionen
Berufsinteressen und Berufswahl	→	Standardisierte Fragen zu motivationalen Hintergründen der Bewerbung; Bewertung des Bewerbers mit Hilfe verhaltensverankerter Skalen
Freier Gesprächsteil	→	Fragen, die sich aus den Bewerbungsunterlagen oder aus dem bisherigen Gesprächsverlauf ergeben haben; zusammenfassende Bewertung des Bewerbers
Biographiebezogene Fragen	→	Standardisierte Fragen zum biographischen Hintergrund; Bewertung des Bewerbers mit Hilfe verhaltensverankerter Skalen
Realistische Tätigkeitsinformation	→	Der Interviewer informiert den Bewerber über positive und negative Seiten der in Frage kommenden Stelle; keine Bewertung des Bewerbers
Situative Fragen	→	Standardisierte Fragen, in denen konkrete Situationen aus dem Berufsalltag geschildert werden. Der Bewerber soll angeben, wie er sich jeweils verhalten würde; Bewertung des Bewerbers mit Hilfe verhaltensverankerter Skalen
Fragen des Bewerbers und Gesprächsabschluss	→	Fragen des Bewerbers an den Interviewer, Klärung des weiteren Vorgehens im Auswahlprozess; keine Bewertung des Bewerbers

Abbildung 7-36: Beispiel für ein strukturiertes Interview (Schuler, 1992)

7.5.5 Standards

Das Interview ist eine vielfältig einsetzbare Methode der Personaldiagnostik, die eine nachweislich hohe Validität besitzt. Dies gilt insbesondere für strukturierte Inter-

---

[21] Der Begriff ist rechtlich geschützt, so dass er von Anbietern oder Anwendern nicht so ohne weiteres verwendet werden darf.

views. Die Potentiale der Methode werden in der Praxis jedoch nur äußerst unzureichend genutzt. Wer sich für ein unstrukturiertes Interview entscheidet, macht dies nicht zuletzt deshalb, weil ein unstrukturiertes Vorgehen gewissermaßen die Norm darstellt (Zee, Bakker & Bakker, 2002). Man verhält sich also nach dem Prinzip „wenn fast alle so vorgehen, kann es ja nicht falsch sein". Eine repräsentative Befragung unter mittelständischen Unternehmen in Deutschland ergab, dass in weit mehr als 80 % der Unternehmen keine ernstzunehmende Vorbereitung auf ein Interview stattfindet (Stephan & Westhoff, 2002). Entweder geht man ohne jede Vorbereitung in das Interview (27 %) oder begnügt sich mit einer Stichwortliste (57 %). Nur 75 % verfügen überhaupt über ein Anforderungsprofil, wobei eindeutige Cut-off-Werte oder Entscheidungsregeln die Ausnahme sind. Nur 32 % der Unternehmen nehmen überhaupt ein Rating der gemessenen Personenmerkmale vor. Mehr als die Hälfte der Unternehmen glaubt auf eine Schulung der Interviewer verzichten zu können. Angesichts dieser Zahlen verwundert es nicht, wenn Stephan und Westhoff (2002) in ihrer Analyse zu dem Schluss kommen, dass erhebliche Verbesserungen möglich sind. In einer Beispielrechnung ermitteln sie für einen Betrieb mit 1400 Mitarbeitern ein jährliches Verbesserungspotential von mindestens 150.000 Euro. Die Einhaltung einiger grundlegender Standards kann dabei helfen, die zahlreichen Chancen auch tatsächlich zu nutzen.

Wird das Interview zur Personalauswahl oder -platzierung eingesetzt, ist eine *Anforderungsanalyse* unerlässlich (vgl. Abbildung 7-37). Sie definiert, welche Merkmale der Probanden untersucht werden sollen und liefert ggf. die Basis für situative Items. Letzteres ist der Fall, wenn z.B. die Methode der kritischen Ereignisse (Flanagan, 1954) zum Einsatz kommt (vgl. Abschnitt 6.2).

Ist bekannt, was eigentlich gemessen werden soll, so geht es in einem zweiten Schritt um die *Entwicklung des Interviews*. Dabei helfen die soeben skizzierten Konstruktionsregeln sowie grundlegende Prinzipien der Personaldiagnostik. In jedem Falle empfiehlt sich ein strukturiertes Interview, wobei ein hoher Strukturierungsgrad insbesondere im Hinblick auf Frageninhalte, Fragentypus, Reihenfolge der Fragen, Anzahl und Funktion der Diagnostiker sowie Bewertungskriterien und -prozeduren wichtig ist. Die Struktur wird für den Interviewer in Form eines Interviewleitfadens dokumentiert. Er stellt eine Art Drehbuch dar und beinhaltet neben den Fragen Anweisungen zum Verhalten, ggf. Protokollierungsmöglichkeiten und natürlich die Bewertungsskalen. Soweit dies möglich ist, sollten verhaltensverankerte Skalen zum Einsatz kommen. Steht das Interview in einer ersten Fassung, müssen einige Probedurchläufe stattfinden, mit deren Hilfe Schwachstellen im System aufgedeckt werden. Kommen mehrere Beobachter zum Einsatz, kann man z.B. die Beobachterübereinstimmung berechnen. Darüber hinaus liefern die Erfahrungswerte der Interviewer sowie der Personen, welche die Bewerber simulieren, möglicherweise wertvolle Verbesserungsvorschläge.

Erst nach den Probedurchläufen und einer etwaigen Überarbeitung tritt der diagnostische Prozess in die Phase der *Auswahl und Schulung der Interviewer* ein. Größere Unternehmen verfügen in der Regel über entsprechendes Fachpersonal, so dass sich die Auswahl erübrigt. Bei externen Anbietern oder Fachvorgesetzten sollte man schon genauer hinschauen. Bei weitem nicht jeder ist als Interviewer geeignet, da das Interview mehr als jede andere Methode auf Seiten des Personals soziale Kompetenzen voraussetzt. Doch selbst dann, wenn hinreichend qualifiziertes Personal zur Verfügung steht, ist eine Schulung der Interviewer unerlässlich. Neulinge müssen sich dabei intensiv mit der Rolle des Interviewers, systematischen Fehlern der Personenbeurteilung sowie grundlegenden diagnostischen Prinzipien auseinandersetzen. Gemeinsam mit den Fortgeschrittenen müssen sie sich anschließend mit dem Ablauf sowie der Protokollierungs- und Bewertungsprozedur des konkreten Verfahrens vertraut machen. Die Methode der Wahl ist in diesem Fall das Rollenspiel. Die Interviewtätigkeit wird während der Schulung praktisch eingeübt und durch Rückmeldungen des Trainers bzw. der übrigen Schulungsteilnehmer kontinuierlich verbessert.

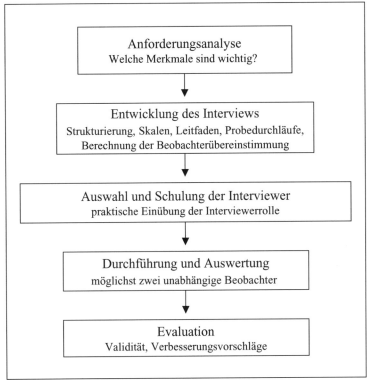

Abbildung 7-37: Diagnostischer Prozess der Interviewmethode

Nun schließt sich die *Durchführung* und *Auswertung* des Interviews an. In beiden Phasen kann der Einsatz einer zweiten Person hilfreich sein. Während des Interviews übernimmt sie entweder allein die Rolle des stillen Beobachters oder hat einen festgelegten Fragenanteil, so dass sie als zwei Interviewer in Erscheinung tritt. Oftmals handelt es sich bei der zweiten Person um einen Fachvertreter aus der Abteilung, für die ein neuer Mitarbeiter gesucht wird. Sie ergänzt den Mitarbeiter aus der Personalabteilung. Jeder der beiden nimmt zunächst unabhängig vom anderen eine Einschätzung des Kandidaten auf den anforderungsbezogenen Beurteilungsskalen vor (vgl.

Abschnitt 3.2), ehe im Anschluss an das Gespräch die Informationen zu einer gemeinsamen Bewertung integriert werden.

Den Abschluss des Prozesses bildet erneut die *Evaluation* des Vorgehens. Ziel der Evaluation ist neben einer Überprüfung der Validität vor allem die Aufdeckung von Defiziten. Wie bei jeder anderen Methode der Personaldiagnostik dient die Evaluation der Optimierung des Vorgehens.

Fassen wir die Aussagen der vorangestellten Abschnitte zusammen, so ergeben sich die nachfolgend beschriebenen Standards der Interviewmethode. Für eine tiefergehende Auseinandersetzung sei auf das Buch von Schuler (2002) verwiesen.

**Standards
der Interviewmethode**

- Sofern das Interview zur Personalauswahl eingesetzt wird, beruht das Verfahren auf einer Anforderungsanalyse.
- Telefoninterviews werden nur zur Erfassung einfacher Fakten eingesetzt. Sie ersetzen kein klassisches face-to-face-Interview.
- Der Interviewte wird als Verhandlungspartner und nicht als Bittsteller behandelt.
- Eine unnötige Belastung des Interviewpartners wird vermieden. In der Regel ist ein Gespräch von 60 Minuten Dauer hinreichend.
- Der Interviewpartner erhält die Gelegenheit, seinerseits Fragen zu stellen.
- Die Befragung folgt den Prinzipien eines strukturierten Interviews.
- Im Hinblick auf die folgenden Variablen wird ein hohes Maß an Standardisierung gewährleistet: Frageninhalte, Fragentypus, Reihenfolge der Fragen, Anzahl und Funktion der Diagnostiker sowie die Bewertungskriterien und -prozeduren.
- Es ist dafür gesorgt, dass Störungen des Gespräches unterbleiben.
- Es existiert ein Interviewleitfaden.
- Alle Fragen sind rechtlich zulässig.
- Zu jedem Merkmalsbereich werden mehrere Fragen gestellt, so dass die Beurteilung auf einem breiten Fundament steht.
- Die Äußerungen des Probanden werden (ggf. skizzenhaft) protokolliert. Die Protokollierung stört nicht den natürlichen Fluss des Interviews.
- Die Interviewer wurden spezifisch geschult.
- Der Interviewer sorgt für eine positive, offene Gesprächsatmosphäre. Er beherrscht die Technik des aktiven Zuhörens.
- Die Bewertung erfolgt möglichst durch zwei unabhängige Personen.
- Es wird deutlich zwischen Datenerhebung und Bewertung unterschieden.
- Es kommen verhaltensverankerte Beurteilungsskalen oder Checklisten zum Einsatz.
- Das Vorgehen wird evaluiert.

7.6 Arbeitsprobe

Arbeitsproben gehören zu den ältesten und gleichzeitig effektivsten Methoden der Personaldiagnostik. Dabei ist das prinzipielle Vorgehen denkbar einfach. Der Proband wird in der diagnostischen Situation mit realen Arbeitsaufträgen aus dem beruflichen Alltag konfrontiert. Im Zentrum des Interesses steht die Frage, wie gut er diese Arbeitsaufträge bewältigen kann. Hierzu wird zum einen die Art und Weise der Bearbeitung einer Aufgabe, zum anderen das Ergebnis der Bemühungen einer systematischen Beobachtung und Bewertung durch Fachexperten unterzogen. Das klassische Anwendungsfeld liegt bei den handwerklichen Berufen. So könnte man z.B. einen Kfz-Mechaniker, der sich um eine Neuanstellung bemüht, mit einen defekten Auto konfrontieren. Seine Aufgabe bestünde darin, alle Mängel aufzudecken und sie fachgerecht zu beseitigen. Arbeitsproben lassen sich jedoch in allen Berufen einsetzen. Die einzige Voraussetzung ist, dass sich die fraglichen Arbeitsaufgaben realitätsnah simulieren lassen.

Arbeitsproben werden in der Personaldiagnostik nicht nur als *Prädiktor* beruflicher Leistung eingesetzt, sie können auch als *Kriterium* zur Evaluation anderer Messinstrumente dienen (vgl. Lance, Johnson, Bennett & Harville, 2000). Im ersten Fall untersucht man, wie gut mit Hilfe einer Arbeitsprobe die berufliche Leistung eines Mitarbeiters vorhergesagt werden kann. Im zweiten Fall simuliert man die berufliche Leistung eines Mitarbeiters mit Hilfe der Arbeitsprobe. Soll beispielsweise die Validität eines Leistungstests überprüft werden, könnte man 100 Mitarbeiter sowohl den Test also auch eine Arbeitsprobe durchlaufen lassen. Anschließend wird der Zusammenhang zwischen den Ergebnissen beider Untersuchungen berechnet. Bildet die Arbeitsprobe ein repräsentatives Abbild der Arbeitswirklichkeit, lässt sich auf diesem Wege unter kontrollierten Bedingungen die Validität unseres Tests überprüfen. Der Vorteil der Arbeitsprobe als Kriterium im Vergleich zum sehr viel üblicheren Vorgesetztenurteil liegt in der besseren Kontrolle. Bei Vorgesetztenurteilen kann man nie ganz sicher sein, wie sie zustande kommen, wie objektiv, reliabel oder valide sie sind. Es ist sehr wahrscheinlich, dass verschiedene Vorgesetzte unterschiedliche Bewertungsmaßstäbe an ihre Mitarbeiter legen. Die Arbeitsprobe ist hingegen ein Messinstrument, dessen Qualität besser einzuschätzen ist. Zudem wird die Leistung aller Mitarbeiter an dem gleichen Maßstab gemessen.

> Bei der Arbeitsprobe werden wichtige Ausschnitte der Arbeitstätigkeit simuliert und das Verhalten des Probanden in diesen Situationen sowie das Arbeitsergebnis einer systematischen Beobachtung unterzogen. Die Arbeitsprobe besitzt die höchste Einzelvalidität aller personaldiagnostischen Verfahren.

Die Arbeitsprobe kann in verschiedenen Abwandlungen auftreten. Wann immer es möglich ist, sollte man eine *reale Simulation* durchführen, in der tatsächlich das Verhalten des Probanden beobachtet werden kann. Sollte dies einmal nicht zu realisieren sein, weil hierzu nicht die nötige Zeit zur Verfügung steht oder die Arbeitsaufgabe einfach zu komplex ist, als dass man sie simulieren könnte, kann die Arbeitsprobe auch *in mündlicher Form* erfolgen (z.B. Callinan & Robertson, 2000; Hedge & Teachout, 1992). In diesem Falle konfrontiert man den Probanden im Interview mit den aufgewählten Arbeitsaufgaben und bittet ihn um eine detaillierte Beschreibung der einzelnen Arbeitsschritte. Die mündliche Form der Arbeitsprobe ähnelt somit stark dem situativen Test (7.3.3). Beim situativen Test stehen dem Probanden allerdings mehrere Antwortalternativen zur Verfügung, während er bei der mündlichen Arbeitsprobe die Lösung eigenständig generieren und den Lösungsweg detailliert schildern muss. Die mündliche Arbeitsprobe ist für den Probanden daher weitaus anspruchsvoller als ein situativer Test. Dennoch ist der realen Simulation der Vorzug zu geben. Nur so kann überprüft werden, ob der Proband die Lösungsschritte auch tatsächlich adäquat umsetzen kann. Letztlich ist für den Kfz-Betrieb ein Mitarbeiter, der zwar theoretisch weiß, wie ein Getriebe ausgetauscht wird, dies aber nicht tatsächlich bewerkstelligen kann, fast ebenso wertlos wie ein Mitarbeiter, der nicht einmal weiß was ein Getriebe ist. Mündliche Arbeitsproben sind dann sinnvoll, wenn eine technische Umsetzung einer realen Simulation aus Kosten- oder Sicherheitsgründen nicht möglich ist (vgl. Hedge & Teachout, 1992).

Funke (1993) verweist darauf, dass auch Computersimulationen wie z.B. computergestützte Postkörbe als Arbeitsprobe gelten können. Dies ist allerdings nur dann der Fall, wenn die Inhalte der Programme tatsächlich die berufliche Realität widerspiegeln. Im Regelfall haben wir es bei Computersimulationen mit allgemeinen Leistungstests zu tun, die bestenfalls vordergründig eine gewisse Ähnlichkeit zur Arbeitswelt aufweisen.

Die erfolgreiche Bewältigung einer Arbeitsprobe setzt immer eine gewisse Fachkompetenz voraus. Im Regelfall setzt man Arbeitsproben daher nur bei Personen ein, die bereits über eine berufliche Grundausbildung verfügen. Dennoch eignen sie sich in einer abgewandelten Form auch als Diagnoseinstrument für Berufsanfänger wie z.B. Schüler, die sich um einen Ausbildungsplatz bewerben. Dabei greift man zur Variante des sog. *Trainability Test* (vgl. Callinan & Robertson, 2000; Robertson & Downs, 1989). Die Probanden werden mit einer Arbeitsaufgabe konfrontiert, die dem Berufsalltag sehr stark ähnelt, die Realität aber in vereinfachter Form wiedergibt. Anschließend haben die Probanden die Möglichkeit, sich die zur Lösung der Aufgabe notwendigen Fertigkeiten in einer kurzen Trainingsphase anzueignen. Dies kann auf sehr unterschiedlichem Wege geschehen. Im einfachsten Falle konfrontiert man die Personen mit Auszügen aus der Fachliteratur. Alternativ hierzu könnte man ihnen durch einen Experten die Problemlösung einmal vorführen lassen oder sie einem kurzen praktischen Training unterziehen, in dem sie sich selbst unter Anleitung ausprobieren und weiterentwickeln können. Im Anschluss an die Trainingsphase erfolgt die eigentliche Bearbeitung der Arbeitsprobe. Je besser der Kandidat die Arbeitsprobe bewältigt, desto geeigneter ist er. Will man mit Hilfe des Trainability Tests im engeren Sinne die Lernfähigkeit der Probanden untersuchen, muss vor der Trainingsphase zunächst der Status quo ermittelt werden. Hierzu bearbeitet der Kandidat die Arbeitsprobe ohne jegliche Unterstützung. Aus dem Vergleich zwischen der Leistung vor und nach der Trainingsphase ergibt sich der individuelle Lernzuwachs jedes Probanden (siehe auch Abschnitt 1.1.5). In jedem Falle bedeutet die Durchführung eines Trainability Tests für das Unternehmen deutlich mehr Aufwand als eine klassische Arbeitsprobe. Ob man sich für die klassische Variante oder einen Trainability Test entscheidet, hängt letztlich davon ab, wie schwierig die Aufgabe für einen Laien ist. Besteht die Gefahr, dass nahezu kein Bewerber die Aufgabe auch nur im Ansatz lösen kann, sollte man entweder den Schwierigkeitsgrad herunterfahren oder einen Trainability Test durchführen. Ist die Aufgabe für Laien halbwegs zu bewältigen, genügt in der Regel eine herkömmliche Arbeitsprobe. Zwar wird niemand die Aufgabe perfekt lösen, dennoch lassen sich Unterschiede in der Qualität der Lösungsansätze bzw. dem Ausmaß der Problemlösung feststellen, die eine hinreichende Differenzierung der Kandidaten ermöglichen.

Arbeitsproben sind darüber hinaus häufig Bestandteil von *Assessment Centern* (vgl. Abschnitt 7.7). Doch selbst wenn man mehrere Arbeitsproben aneinander reiht, entsteht hierdurch noch kein Assessment Center. Im Kern geht es im Assessment Center ebenfalls um die Simulation der Arbeitswirklichkeit. Die Übungen sind meist jedoch abstrakter als herkömmliche Arbeitsproben. Hinzu kommt, dass auch andere Verfahren wie Leistungstests oder Interviews in ein Assessment Center integriert werden. Der größte Unterschied besteht in der Auswertung. Im klassischen Assessment Center erfolgt die Auswertung nicht übungsweise sondern entlang der Anforderungsdimensionen. Jede Merkmalsdimension wird in mindestens zwei voneinander unabhängigen Übungen beobachtet. Aus dem Mittelwert der in den verschiedenen Übungen gezeigten Leistungen ergibt sich für jede Dimension eine abschließende Bewertung. Arbeitsproben werden hingegen isoliert voneinander ausgewertet. Der beste Kandidat ist der, der die meisten Aufgaben richtig gelöst hat. Dabei interessiert kaum, inwieweit den unterschiedlichen Aufgaben gemeinsame oder unterschiedliche Anforderungsdimensionen zugrunde liegen.

In Erweiterung des Ansatzes von Callinan und Teachout (2000) können wir sieben Kriterien benennen, hinsichtlich derer sich Arbeitsproben voneinander unterscheiden (vgl. Abbildung 7-38). Die *Bandbreite* bezieht sich auf das Ausmaß, in welchem die Arbeitsprobe die Arbeitswirklichkeit umfassend widerspiegelt. Natürlich ist es nicht möglich die Arbeitswirklichkeit 1:1 in der diagnostischen Situation wiederzugeben. Dies ließe sich nur im Rahmen der Probezeit leisten. Eine vollständige Abbildung ist allerdings nicht notwendig, denn nicht alle Arbeitsaufgaben sind in gleicher Weise relevant. Wichtig ist jedoch, dass all diejenigen Arbeitsaufgaben, die eine besondere Relevanz besitzen, simuliert werden. Aufschluss darüber, welche Aufgaben wichtig und welche weniger wichtig sind, gibt die Anforderungsanalyse (vgl. Abschnitt 6.2), insbesondere die Methode der kritischen Ereignisse (Flanagan, 1954).

Der *Realitätsbezug* drückt aus, inwieweit eine Arbeitsprobe die Wirklichkeit realitätsgetreu simuliert. Bei handwerklichen Aufgaben ist eine realitätsgetreue Simulation recht einfach. Der Dreher stellt sich an die Originalmaschine und bearbeitet ein Werkstück, die Sekretärin tippt einen Brief vom Tonband, der Bürobote sortiert die Post. Schwieriger wird es, wenn es um soziale Interaktionen wie etwa Gespräche mit Kunden oder Mitarbeitern geht. Hier wird man zwangsläufig einige Abstriche machen müssen, weil sich z.B. die geschichtlichen Hintergründe einer Interaktion zwischen Vorgesetztem und Mitarbeiter im Rollenspiel nicht realitätsgetreu abbilden lassen.

Das Kriterium der *Spezifität* bezieht sich auf das Abstraktionsniveau der untersuchten Fertigkeiten. Die Erfassung spezifischer Fertigkeiten (z.B. Bedienung einer Maschine) ist meist einfacher als die komplexer Merkmale (z.B. Kommunikationsfähigkeit). Dies liegt schlichtweg daran, dass komplexere Merkmale die Messung mehrerer Indikatoren erfordern. So lässt sich zwar in einer einzigen Arbeitsprobe feststellen, ob ein Bewerber eine bestimmte Maschine bedienen kann, aus einem einzigen Rollenspiel auf die Kommunikationsfähigkeit eines Menschen schließen zu wollen wäre hingegen mehr als gewagt. Die Domäne der Arbeitsprobe sind daher eher einzelne Fertigkeiten denn komplexere Kompetenzen. Will man dennoch allgemeine

Aussagen machen, so muss man sich nach dem Prinzip des Assessment Centers (vgl. Abschnitt 7-7) über mehrere unabhängige Arbeitsproben hinweg ein Urteil bilden. Doch auch innerhalb des Bereiches der Fertigkeiten lassen sich abstraktere und weniger abstrakte Betrachtungen unterscheiden. Interessiert man sich lediglich für die Frage, ob der Bewerber mit Hilfe der Maschine ein geeignetes Werkstück herstellen kann, entspricht dies einer abstrakten Fertigkeit. Schaut man sich hingegen einzelne Arbeitsschritte oder die Bedienung der Werkzeuge genau an, so geht es um weitaus spezifischere Fertigkeiten. Welches Abstraktionsniveau das richtige ist, kann nicht allgemein gesagt werden. Entscheidend ist, welche Aussagen man mit Hilfe der Arbeitsprobe treffen möchte.

Das vierte Kriterium bezieht sich auf den *Erfahrungsbezug* der Arbeitsprobe, also auf die Frage, inwiefern der Proband bereits über einschlägige Berufserfahrung verfügen muss oder es sich auch um einen völligen Laien handeln darf. Üblicherweise setzt man Arbeitsproben für erstere ein. Wie bereits verdeutlicht wurde, ist dies jedoch nicht zwingend notwendig.

Die einzelnen Arbeitsproben können einem sehr unterschiedlichen *Aufgabentypus* angehören, wobei in den allermeisten Fällen Mischungen mehrerer Aufgabentypen vorliegen. Kognitive Aufgaben beziehen sich auf das Wissen der Probanden oder ihre Fähigkeiten zum schlussfolgernden Denken. Rein kognitive Ausgaben sind für Arbeitsproben untypisch und eher eine Domäne der Testverfahren. Allerdings setzt die Bewältigung fast aller Aufgaben natürlich auch kognitive Leistungen voraus. Entscheidet man sich für eine rein mündliche Durchführung der Arbeitsprobe, so haben wir es primär mit einer kognitiven Aufgabe zu tun. Der Prototyp der Arbeitsprobe ist den motorischen Aufgaben zuzurechnen. Der Proband muss in irgendeiner Weise seinen Körper einsetzen, will er etwa unter Zuhilfenahme einer Maschine die Arbeitsaufgabe lösen. Verbale Aufgaben hängen eng mit der vierten Gruppe, den sozialen Aufgaben zusammen. Ein typisches Beispiel wäre ein Rollenspiel, in dem ein Vorgesetzter den Konflikt zwischen zwei Mitarbeitern schlichten oder ein Gespräch zur Regelbeurteilung führen soll.

Die wichtigste Frage im Hinblick auf den *Antwortmodus* ist, ob der Proband tatsächlich Verhalten zeigt oder nur in mündlicher oder gar schriftlicher Form über sein beabsichtigtes Verhalten berichtet. Will man wissen, ob der Proband tatsächlich in der Lage ist, das gewünschte Verhalten zu zeigen, kommt man nicht umhin, sich das Verhalten anzusehen. Hierin liegt eigentlich die ureigenste Bestimmung der Arbeitsprobe. Die direkte Verhaltensbeobachtung ist in den allermeisten Fällen die Methode der Wahl.

Die *Bewertung* kann auf unterschiedlichem Wege erfolgen. Lance et al. (2000) berichten von drei Methoden. Besonders häufig kommen Ratingskalen zum Einsatz, mit denen auf abstraktem Niveau die Qualität der Aufgabenlösung von den Beobachtern eingeschätzt wird (z.B. „Aufgabe nicht gelöst" bis „Aufgabe perfekt gelöst"). Mit dem Einsatz von Ratingskalen ist aber keineswegs zwingend ein hohes Abstraktionsniveau verbunden. Man könnte mit dieser Methode ebenso gut unterschiedliche Merkmalsdimensionen erfassen und die Vorzüge verhaltensverankerter Skalen nutzen (vgl. Abschnitt 4.2.4). Die zweite Methode arbeitet mit konkreten Verhaltensbeispielen. Die Beobachter erhalten Informationen über die optimale bzw. sehr schlechte Lösung der Aufgaben und sollten später auf einer Skala einschätzen, inwieweit die Lösung des Kandidaten eher der einen oder der anderen Seite entsprach. Als dritte

Methode sind Checklisten gebräuchlich. Sie beinhalten eine Reihe sehr konkreter Verhaltenskriterien, wobei die Beobachter jeweils nur entscheiden müssen, ob eine bestimmte Verhaltensweise gezeigt wurde oder nicht (siehe auch Abschnitt 4.2.2). Die Wahl der Bewertungsmethoden hängt letztlich von der Zielrichtung der Arbeitsprobe ab. Im Falle der Personalauswahl mag man sich mit globalen Urteilen zufrieden geben. Dient die Arbeitsprobe hingegen der Personalentwicklung, ist man an spezifischeren Informationen interessiert. Die Checkliste bietet dabei eine besonders gute Basis, spezifische Defizite und damit auch spezifischen Schulungsbedarf aufzudecken.

Bandbreite → Ausmaß, in dem die Proben die Arbeitswirklichkeit umfassend abbilden

Realitätsbezug → Ausmaß, in dem die Proben die Arbeitswirklichkeit realistisch simulieren

Spezifität → Ausmaß, in dem die Proben allgemeine oder spezifische Fertigkeiten erfassen

Erfahrungsbezug → Ausmaß, in dem die Proben Berufserfahrung voraussetzen

Aufgabentypus → kognitiv, motorisch, verbal, sozial

Antwortmodus → tatsächliches Verhalten, mündliche/schriftliche Verhaltensbeschreibung

Bewertungsmodus → Ratingskalen, Beispiele guter/schlechter Leistung, Checklisten

Abbildung 7-38: Variationen von Arbeitsproben

Wie ist es um die Vor- und Nachteile der Methode bestellt? Auf der Seite der Vorteile ist vor allem die *sehr hohe Validität* der Arbeitsprobe hervorzuheben (vgl. Abbildung 7-39). In der Metaanalyse von Schmidt und Hunter (1898) erreicht kein Verfahren eine so hohe Validität wie die Arbeitsprobe (vgl. Abbildung 7-3). Sie ist dabei selbst dem Intelligenztest überlegen. Die hohe Validität geht mit einer *hohen Akzeptanz* unter den Probanden einher (Schuler et al., 1993). Bewerber können ganz unmittelbar einen engen Bezug zwischen dem Messinstrument und der Arbeitswirklichkeit erkennen und die Methode daher als sinnvoll akzeptieren. Dabei erlaubt die Arbeitsprobe vor allem *klare Aussagen über Fertigkeiten* der Probanden. Sofern das Verhalten tatsächlich beobachtet wird und der Proband nicht nur über mögliche Arbeitsschritte berichtet, sieht man schlichtweg, ob er in der Lage ist, eine bestimmte Aufgabe zu lösen oder nicht. Darüber hinaus bietet die Arbeitsprobe einem Bewerber einen *Einblick in die konkrete Arbeitstätigkeit*. Da selbst bei ein und derselben Berufsgruppe nicht jeder Arbeitsplatz in jedem Unternehmen identisch ist, kann dies für den Bewerber eine wichtige Information darstellen. Schließlich geht es bei der Personalauswahl ja nicht nur um eine Entscheidung des potentiellen Arbeitgebers über einen neuen Mitarbeiter. Der Bewerber muss auch für sich selbst entscheiden, ob der angebotene Arbeitsplatz für ihn der richtige ist.

Auf der Seite der Nachteile haben wir weiter oben bereits das Problem der *Berufsanfänger* angesprochen. Klassischer Weise sind Arbeitsproben für Personen mit Berufserfahrung gedacht. Wie bereits dargelegt wurde gibt es jedoch durchaus auch sinnvolle Möglichkeiten, Arbeitsproben mit Berufslaien durchzuführen. Vergleicht man die *Kosten*, die mit der Entwicklung bzw. Durchführung von Arbeitsproben auf der einen Seite und Tests bzw. Fragebögen auf der anderen Seite verbunden sind, so schneidet die Arbeitsprobe in den meisten Fällen schlechter ab. Dies gilt jedoch nur dann, wenn man die Tests und Fragebögen nicht selbst entwickeln muss und sie sich computergestützt durchführen und auswerten lassen. Generell ist bei der Analyse der Kosten immer zu bedenken, dass die Verfahren in aller Regel nicht als Alternativen nebeneinander stehen, sondern einander ergänzen. Mit anderen Worten, die Arbeitsprobe misst andere Personenmerkmale als herkömmliche Tests oder Fragebögen. Die Frage für das Unternehmen darf also nicht lauten „Welches Verfahren ist kostengünstiger?" sondern „Welches Verfahren ist für meine Fragestellung das beste?". Viel gewichtiger ist hingegen der Einwand, dass Arbeitsproben zwar sehr gut spezifische Fertigkeiten, aber kaum allgemeine Kompetenzen oder Potentiale messen. Dies liegt vor allem in der Konzeption der Auswertung begründet. Jede Arbeitsprobe erfasst spezifische Fertigkeiten und steht insofern für sich allein. Will man Arbeitsproben dennoch zur Messung allgemeiner Kompetenzen einsetzen, müssen sie nach dem Prinzip des Assessment Centers miteinander verbunden werden. Demzufolge wird ein abstrakteres Merkmal über mehrere unterschiedliche Übungen hinweg diagnostiziert (vgl. Abschnitt 7.7). Eine natürliche Grenze für den Einsatz der Methode stellen sehr *komplexe und langwierige Arbeitsaufgaben* dar. Je überschaubarer eine Arbeitsaufgabe ist, desto besser eignet sie sich für eine Arbeitsprobe. Die Managementkompetenzen eines Geschäftsführers lassen sich mit einer klassischen Arbeitsprobe kaum erfassen.

Vorteile ↓	Nachteile ↓
• sehr hohe Validität • hohe Akzeptanz bei Probanden • klare Aussagen über Fertigkeiten • liefert für den Bewerber Einblick in die Arbeitstätigkeit	• schwieriger bei Berufsanfängern • höhere Kosten im Vergleich zu Tests oder Fragebögen • Aussagen über allgemeine Kompetenzen/Potentiale sind mit Mehraufwand verbunden • kaum anwendbar bei sehr komplexen, langwierigen Aufgaben

Abbildung 7-39: Zentrale Vor- und Nachteile von Arbeitsproben

Hat man sich für den Einsatz einer Arbeitsprobe als diagnostisches Instrument entschieden, so besteht der erste Konstruktionsschritt in der Durchführung einer *Anforderungsanalyse* (vgl. Abbildung 7-40). Im Gegensatz zu allen anderen Methoden ist das Ziel der Anforderungsanalyse allerdings weniger die Generierung von Merkmalsdimensionen, als vielmehr die Identifikation der zentralen Arbeitsaufgaben inklusive der zugehörigen Lösungsstrategien. Im Falle des Kfz-Mechanikers will man also herausfinden, welche Arbeitsaufgaben für den Erfolg im Beruf besonders wichtig sind und wie eine qualitativ hochwertige Lösung dieser Aufgaben aussieht. Die gewünschten Informationen erhält man z.B. durch Expertenbefragungen nach der Methode der kritischen Ereignisse (vgl. Abschnitt 6.2).

Im zweiten Schritt geht es um die *Konstruktion* der Arbeitsprobe. Da die Arbeitsprobe eine möglichst gute Simulation des Arbeitsalltages darstellen soll, ist auf eine realitätsgetreue Nachbildung der Arbeitssituation zu achten. Eine völlige Gleichheit wird man allerdings wohl nur sehr selten erreichen. Sie ist auch nicht wirklich notwendig. Letztlich kommt es darauf an, dass sich alle zentralen, leistungsrelevanten Besonderheiten, nicht aber jede Kleinigkeit des Arbeitsalltags in der Untersuchungssituation wiederfinden. Welche die zentralen Merkmale der Situation sind, erfährt man aus der Anforderungsanalyse. Da die allermeisten Arbeitstätigkeiten mit mehreren Aufgaben verbunden sind, setzt sich sinnvoller Weise aus mehreren Arbeitsaufträgen zusammen (vgl. Lance et al., 2000). Ein solches Vorgehen empfiehlt sich selbst dann, wenn die Tätigkeit sehr einfach strukturiert ist. Den allgemeinen Standards der Verhaltensbeobachtung folgend, lässt sich die Diagnose so auf ein breit abgesichertes Fundament stellen (vgl. Abschnitt 3.2). Wie bei jeder Verhaltensbeobachtung müssen auch bei der Konstruktion der Arbeitsprobe Beobachtermaterialien erstellt werden. Eine detaillierte Protokollierung des Geschehens wird nur selten angestrebt, so dass die Beobachtermaterialien letztlich aus mehreren verhaltensverankerten Ratingskalen oder Checklisten bestehen (vgl. Abschnitt 4.2).

Anschließend müssen die *Beobachter ausgewählt und geschult* werden. In jedem Falle kommen mindestens zwei Beobachter zum Einsatz. Auch bei diesem Vorgehen folgt man den allgemeinen Standards der Verhaltensbeobachtung (vgl. Abschnitt 3.2). Sofern sich die Arbeitsprobe ausschließlich auf fachliche Fertigkeiten bezieht, sollten die Beobachter Berufsexperten, also z.B. Meister, erfahrene Facharbeiter oder Angestellte sein. Stehen eher soziale Fertigkeiten im Vordergrund, können ggf. zusätzlich auch berufsfremde Beobachter tätig werden. Ein hoher Anteil berufserfahrener Beobachter erhöht sicherlich die Akzeptanz des gesamten Verfahrens – sowohl bei den Probanden als auch im eigenen Unternehmen. Allerdings geht es nicht darum, dass die Beobachter allein vor dem Hintergrund ihrer Erfahrung Alltagsbewertungen vornehmen. Deshalb ist eine Schulung im Umgang mit den Beobachtermaterialien auch bei sehr erfahrenen Experten notwendig. Im besten Falle geschieht dies durch eine aktive Einübung der Beobachterrolle.

Die *Durchführung* der Arbeitsprobe ist recht einfach. Der Proband wird mit der Arbeitsaufgabe konfrontiert und bei der Lösung dieser Aufgabe von mindestens zwei Personen beobachtet. Die Beobachtungen erfolgen unabhängig voneinander. Während der Diagnosephase tauschen sich die Beobachter also untereinander nicht aus. Erst nachdem die letzte Arbeitsprobe abgeschlossen ist, werden die Erkenntnisse zusammengetragen und zu einer abschließenden Bewertung integriert. Letzteres geschieht durch einfache Mittelwertsberechnungen oder eine Diskussion der Beobachter mit anschließender Konsensentscheidung (siehe hierzu auch Abschnitt 7.7.3). Dient die Arbeitsprobe der Personalentwicklung, kann eine Videoaufzeichnung des Arbeitsverhaltens hilfreich sein. Nach Abschluss der Diagnosephase geht man die

Lösungsstrategien Schritt für Schritt mit dem Mitarbeiter durch und erläutert anhand der Videoaufzeichnung etwaige Fehler und Verbesserungsvorschläge. Bei einer erneuten Durchführung der Arbeitsprobe nach einer Trainingsphase lässt sich die Aufzeichnung für eine detaillierte Analyse der Lernfortschritte nutzen.

Wie bei jedem diagnostischen Verfahren, findet nach Abschluss der Diagnosephase eine *Evaluation* statt. Mit Hilfe mathematischer Analysen kann die Validität der Arbeitsprobe sowie die Effizienz des Verfahrens berechnet werden (vgl. Kapitel 5 und 6). Darüber hinaus liefert eine Befragung der Probanden und der Beobachter mitunter wichtige Hinweise für eine Optimierung des Vorgehens. Fassen wir unsere Ausführungen zur Methode der Arbeitsprobe zusammen, so lassen sich die nachfolgend aufgelisteten Standards aufstellen.

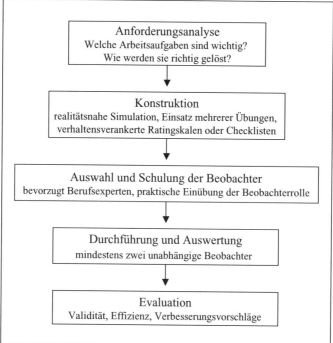

Abbildung 7-40: Diagnostischer Prozess beim Einsatz von Arbeitsproben

Die Standards für die Durchführung von Arbeitsproben sind im nachfolgenden Schaukasten zusammengefasst. Die Basis einer Arbeitsprobe, die zu Personalauswahl eingesetzt wird, bildet eine Anforderungsanalyse. Sie hilft bei der Definition tatsächlich relevanter Arbeitsaufgaben, die später möglichst realitätsgetreu simuliert werden sollen. Die Beurteilung des Arbeitsverhaltens erfolgt nach den grundlegenden Prinzipien der Verhaltensbeobachtung: Definition eindeutiger Beurteilungskriterien, Einsatz von mehreren geschulten Beobachtern und mehreren Arbeitsaufgaben. Die Beobachter sollten zudem über fachliche Kompetenzen im fraglichen Leistungsfeld verfügen. Wie bei jedem personaldiagnostischen Verfahren wird das Vorgehen evaluiert.

> **Standards**
> **für die Durchführung von Arbeitsproben**
>
> - Wird die Arbeitsprobe zur Personalauswahl eingesetzt, beruht sie auf einer Anforderungsanalyse.
> - Die Arbeitspobe stellt eine repräsentative Auswahl wichtiger Arbeitsaufgaben dar.
> - Es existieren eindeutige Kriterien zur Beurteilung des Verhaltens.
> - Der Verhaltensbeobachtung wird der Vorrang gegenüber mündlichen oder schriftlichen Varianten der Arbeitsprobe eingeräumt.
> - Die Proben bilden die Arbeitsrealität in den leistungsrelevanten Merkmalen möglichst naturgetreu ab.
> - Es kommen mehrere Arbeitsproben zum Einsatz.
> - Es liegen eindeutige und verbindliche Bewertungskriterien vor.
> - Die Beobachtung erfolgt durch mindestens zwei unabhängige Beobachter.
> - Die Beobachter wurden zuvor geschult.
> - Die Beobachter sollten möglichst Experten für die fragliche Arbeitstätigkeit sein.
> - Das Verfahren wird evaluiert.

7.7 Assessment Center

Das Assessment Center gehört ohne Zweifel zu den schillerndsten Methoden der Personaldiagnostik. Über ein bis drei Tage hinweg absolvieren die Probanden zahlreiche, primär verhaltensorientierte Übungen und werden dabei von mehreren Personen systematisch beobachtet und hinsichtlich ihrer Leistung beurteilt. Schon an dieser kurzen Schilderung können wir erkennen, dass das Assessment Center (AC) eine sehr zeit- und personalintensive Methode ist. Hinzu kommt, dass sie oft in angemieteten Räumen, außerhalb des Unternehmens durchgeführt wird. Dies geschieht bevorzugt in Hotels, weil hier nicht nur eine reibungslose Versorgung aller Beteiligten in den Pausen sichergestellt ist, sondern auch geeignete Räumlichkeiten in ausreichender Zahl zur Verfügung stehen. Dauert das Assessment Center länger als einen Tag, so muss man in den meisten Fällen schon allein deshalb auf ein Hotel zurückgreifen, weil die beteiligten Personen auf Kosten des Unternehmens übernachten. Das Assessment Center ist somit eine kostspielige Methode. Je nach Ausgestaltung schwanken die Kostenschätzungen zwischen 500 und 2500 Euro pro Teilnehmer (Kleinmann, 2003). Aus all diesen Gründen ist das AC vor allem solchen Personengruppen vorbehalten, denen eine besondere Bedeutung im Unternehmen zukommt, weil sie mehr verdienen als andere, mehr Verantwortung tragen oder Führungsaufgaben übernehmen (vgl. Schuler, Frier und Kaufmann, 1993).

Doch nicht nur das Unternehmen investiert viel, auch die Probanden sind stärker als bei anderen Verfahren gefordert. Während sie bei standardisierten Tests, Arbeitsproben oder Interviews nur sehr wenige Stunden ihrer Zeit investieren müssen, in denen ihnen wiederum nur kurzzeitig Leistung abverlangt wird, bedeutet ein Assessment Center mitunter eine mehrtägige Anstrengung, die von kurzen Pausen unterbrochen wird. Da überrascht es schon fast ein wenig, wenn die subjektiv erlebte Belastung eher moderat ausfällt (Hess & Vossel, 2001). Allerdings unterscheiden sich diesbezüglich erfolgreiche Bewerber signifikant von nicht erfolgreichen. Erstere erleben weniger Belastung als letztere.

Die historischen Wurzeln der Methode liegen im Deutschland der 20er Jahre (Sarges, 1996). Hier wurden Vorläufer unseres heutigen Assessment Centers zur Auswahl von Offizieren für die Wehrmacht eingesetzt. Nach den beiden Weltkriegen geriet die Methode hierzulande in Vergessenheit und kehrte erst in den 70er Jahren nach Deutschland zurück, nachdem sie zuvor vor allem in der amerikanischen Wirtschaft erfolgreich eingesetzt wurde. Seither hat sie sich zunächst in der Wirtschaft, zunehmend aber auch im öffentlichen Dienst als simulationsorientierte Methode der Personaldiagnostik fest etabliert. Dem Simulationsprinzip (Schuler, 2000) folgend bringt man zentrale Arbeitsaufgaben des beruflichen Alltags möglichst realitätsnah in die diagnostische Situation hinein. Die Probanden reden nicht über Verhalten, das sie bisher gezeigt haben oder ggf. zeigen würden, sondern müssen tatsächliches Verhalten zeigen. Biographische Fakten werden nicht im Hinblick auf berufliche Leistung interpretiert, sondern die berufliche Leistung direkt beobachtet. Hierin liegt eine besondere Stärke des Assessment Centers. Insofern ähnelt das AC der Arbeitsprobe, wenngleich der Grad der Realitätssimulation in der Arbeitsprobe meist höher ist. Möglicherweise liegt hierin der entscheidende Grund für die geringere Validität des Assessment Centers (vgl. Abbildung 7-3).

In jüngster Zeit hört man hier und da die Einschätzung, dass die AC-Methode in der Praxis durch kostengünstigere Testverfahren ersetzt wird oder ersetzt werden sollte (z.B. Dohse, 2002). Litzcke (1998) glaubt eher, dass die Verwendung von Assessment Centern zu Auswahlzwecken stagniert, während der Einsatz in der Personalentwicklung zunimmt. Einer Umfrage von Neubauer (2001) zufolge kann von einem rückläufigen Interesse keine Rede sein. Über 50 % der Unternehmen, die das Verfahren bereits einsetzen, beabsichtigen in Zukunft einen verstärkten Einsatz. In einer repräsentativen Umfrage unter deutschen Großunternehmen aus dem Jahr 2003 gaben etwa 50 % der Unternehmen an, z.Z. Assessment Center einzusetzen (Kanning, Pöttker & Gelléri, under review). Überdies findet die Methoden heute in viele Organisationen des öffentlichen Dienstes, wie z.B. Landespolizei, Bundesgrenzschutz, manche Oberlandesgerichte oder der Bundesagentur für Arbeit Verwendung. Selbst im sozialen Bereich werden seit einigen Jahren Assessment Center zur Untersuchung der Entwicklungspotentiale von verhaltensauffälligen oder langzeitarbeitslosen Jugendlichen eingesetzt. Eine ganz andere Frage ist, ob ein „Rückzug des Assessment Centers" zu empfehlen wäre. Hierfür gibt es kaum überzeugende Gründe. Auf der einen Seite sind natürlich die hohen Kosten zu bedenken. Sie können jedoch nur dann sinnvoll bewertet werden, wenn wir auf der anderen Seite den Nutzen des Verfahrens sowie Kosten und Nutzen alternativer Instrumentarien berücksichtigen (vgl. Abschnitt 5.5). Auf der Nutzenseite lassen sich zahlreiche Argumente für die Durchführung von Assessment Centern finden. In der Metaanalyse von Schmidt und Hunter (1998) erzielt das AC eine durchschnittliche Validität von .37 und liegt damit im oberen Mittelfeld personaldiagnostischer Verfahren. Jansen und Stoop (2001) berechnen für ein Assessment Center, dass in einem niederländischen Post- und Telekommunikationsunternehmen eingesetzt wird, eine ähnlich hohe prognostische Validität (.39), die angesichts des Prognosezeitraums von sieben Jahren schon als beachtlich bezeichnet werden kann. In der klassischen AT&T-Studie beträgt die prognostische Validität sogar .46 über einen Zeitraum von 10 Jahren (Sarges, 1996). Sehr viel kurzfristigere Prognosen erzielen mitunter noch höhere Werte (z.B. Borman, 1982). Arthur, Day, McNelly und Edens (2003) überprüfen in einer Metaanalyse die kriterienbezogene Validität einzelner Beobachtungsdimensionen und erzielen dabei Werte zwischen .25 und .39. All diese Zahlen sprechen eine deutliche Sprache, wobei wir natürlich immer berücksichtigen müssen, dass es sich hierbei um Einzelfälle oder Durchschnittswerte handelt. Ein konkretes AC kann durchaus eine deutlich geringere oder höhere Validität erzielen, als dies in den genannten Studien der Fall ist. Die Studien deuten aber eine Richtung an und belegen den prinzipiellen Wert, den ein gut konzipiertes Instrumentarium besitzen kann. Will man die Validität des eigenen Assessment Centers in Relation zu alternativen Verfahren beurteilen, muss man eine eigene Studie durchführen. Als kostengünstigere Alternative wird gern auf computergestützte Test- und Fragebogeninstrumente verwiesen (z.B. Dohse, 2002; Etzel, 2002). Ein Verfahren wird jedoch nicht allein dadurch nützlicher, dass es weniger kostet. Zunächst einmal müsste belegt werden, dass alternative Verfahren eine hinreichende Validität besitzen. Gehen wir einmal davon aus, so stellt sich als nächstes die Frage, ob die empfohlenen Verfahren überhaupt das gleiche messen wie ein Assessment Center. Angesichts der völlig unterschiedlichen Methodik ist dies sehr fraglich. Ein gutes Assessment Center simuliert realitätsnah verschiedene Situationen des Arbeitsalltags und ermöglicht eine unmittelbare Beobachtung des tatsächlichen Verhaltens. Die genannten Testverfahren werden in der Regel nicht arbeitsplatz- oder organisationsspezifisch entwickelt, da eine sorgfältige Konstruktion sehr aufwändig ist (vgl. Kanning, in Druck b). Auch arbeiten sie vorwiegend nach dem Prinzip der Selbstbeschreibung (vgl. Kapitel 3.1) oder verwenden zwangsläufig relativ abstrakte Leistungsaufgaben, die im besten Fall grundlegende Situationen des Berufslebens einfangen. Allein aufgrund dieser sehr unterschiedlichen Herangehensweisen ist mit hoher Wahrscheinlichkeit davon auszugehen, dass Assessment Center und entsprechende Tests Unterschiedliches messen. Aus diesem Grund können sie einander kaum sinnvoll ersetzen – selbst dann nicht, wenn ein bestimmter Test eine höhere Validität haben sollte als ein AC. Hierin liegt eine wichtige Chance. Gerade weil sie einander nicht ersetzen, können sie sich ergänzen (vgl. Abschnitt 6.3). Es geht mithin nicht um ein „entweder oder" sondern eher um ein „sowohl als auch". Dies wird in der Praxis durchaus häufig realisiert, indem das AC erst sehr spät in einem sukzessiven Personalauswahlprozess zum Einsatz kommt (vgl. Abschnitt 6.8). Durch andere, kostengünstigere Verfahren wird die Bewerbergruppe erst einmal stark reduziert, bevor die Erfolg versprechendsten Kandidaten das AC durchlaufen. Auf diesem Wege nutzt man die Vorteile unterschiedlicher Verfahren und setzt die materiellen Ressourcen sehr zielgerichtet ein. Will man die wirtschaftliche Nützlichkeit eines Assessment Centers isoliert, im Vergleich oder in Kombination mit anderen Verfahren der Personaldiagnostik überprüfen, so ist dies eine aufwändige Aufgabe, die neben der Validität und den Kosten z.B. auch die Selektionsrate berücksichtigen muss (vgl. Kapitel 5.5). Assessment Center allein aufgrund ihrer hohen Durchführungskosten grundsätzlich abzulehnen wäre völlig irrational.

Vergleichbar zu einem Interview ist auch das Assessment Center eine *Methode, die für jeden Anwendungsfall spezifisch zugeschnitten wird.* Zwar gibt es grundlegende Prinzipien, die man bei jedem AC beachten sollte, ihren vollen Nutzen entfaltet das AC jedoch erst dann, wenn es ein sinnvolles Zusammenspiel zwischen allgemeinen Prinzipien, einer gelungenen Anforderungsanalyse, der Auswahl und inhaltlichen Gestaltung der Übungen sowie methodisch anspruchsvoller Beobachtungs- und Bewertungsprozeduren gibt. Insofern wäre es sinnlos, ein „fertiges" Assessment Center auf dem Markt erwerben oder anbieten zu wollen. Jedes Unternehmen, das ein Assessment Center bei einer Beratungsfirma einkauft, sollte daher sicherstellen, dass das Verfahren nicht einfach aus der Schublade gezogen, sondern tatsächlich individuell konstruiert wird. Die gelungene Entwicklung und Durchführung eines Assessment Centers setzt weitaus mehr methodisches Know-how voraus, als es auf den ersten Blick scheinen mag. Das AC ist mehr als nur die Aneinanderreihung klassischer Verhaltensübungen, wie etwa Rollenspiele und Gruppendiskussionen.

Assessment Center dienen keineswegs ausschließlich der *Personalauswahl*. Sie können ebenso zur Platzierung sowie zur Personalentwicklung eingesetzt werden. Bei der *Platzierung* unterscheidet sich das Vorgehen nicht bedeutsam von einem Auswahl-AC. Auch hier geht es um die verhaltensbezogene Messung relevanter Personenmerkmale. Im Unterschied zum Auswahl-AC erfolgt im Anschluss jedoch keine Selektion der Kandidaten, sondern eine Selektion passender Arbeitsplätze (vgl. Abschnitt 1.2). Wird ein AC zur *Personalentwicklung* eingesetzt (vgl. Schuler & Stehle, 1991), interessiert man sich weniger für das absolute Messergebnis, als vielmehr für das konkrete Verhalten des Mitarbeiters. Da im AC Arbeitssituationen simuliert werden, besteht die Möglichkeit zu einer sehr differenzierten Auseinandersetzung mit dem Arbeitsverhalten. Die Beobachter, können aus den Übungen konkrete Verbesserungsvorschläge ableiten, die später beispielsweise in einem Verhaltenstraining aufgegriffen werden. Darüber hinaus liefert das Assessment Center die notwendigen Daten zur Evaluation des Trainingserfolges. Zu diesem Zweck durchläuft der Mitarbeiter das AC zweimal, einmal zur Diagnose etwaiger Defizite und ein zweites Mal nach dem Training zur Überprüfung der Lernfortschritte. Auf weitere Anwendungsfelder, wie z.B. Laufbahnplanung, Berufsberatung oder Arbeitsplatzgestaltung verweist Schuler (2000). 73 % der deutschen Großunternehmen, die Assessment Center einsetzen, verwenden sie sowohl zur Personalauswahl als auch zur Personalentwicklung (Kanning, Pöttker & Gelléri, under review).

Häufig wird das Assessment Center auch als Instrument der *Potentialanalyse* eingesetzt (vgl. Baumann-Lorch & Lotz, 1996; siehe auch Abschnitt 1.5). Dabei möchte man wissen, ob ein Bewerber oder ein Mitarbeiter ein hinreichendes Potential mitbringt, so dass er in vielleicht fünf Jahren eine verantwortungsvollere Position erfolgreich ausfüllen könnte (vgl. Abschnitt 1.1.5). Besitzt ein Kandidat das Potential, so kann er die fraglichen Aufgaben zum gegenwärtigen Zeitpunkt zwar noch nicht lösen, weil ihm z.B. das Fachwissen oder die notwendige Übung fehlt. Die vorhandenen Kompetenzen deuten jedoch darauf hin, dass es sich das Fachwissen, sowie die Routine leicht aneignen kann. Für die praktische Durchführung eines Assessment Centers ist es unerheblich, ob man lediglich den Status quo oder ein Potential diagnostizieren möchte. Der Unterschied liegt eher in der Auswahl der Übungen sowie in der Interpretation der Befunde. Bei einem Potential-AC werden die Übungen den Kandidaten in gewisser Weise „überfordern", da sie auf einem Leistungsniveau angesiedelt sind, über das er zum gegenwärtigen Zeitpunkt noch nicht verfügen kann. In einem AC für Hochschulabsolventen müssen die Teilnehmer beispielsweise ein Problem der Mitarbeiterführung bearbeiten, dass sie aufgrund ihrer bisherigen Ausbildung nur suboptimal lösen können. Niemand erwartet daher eine optimale Lösung.

Es geht vielmehr um den Grad der Annäherung an die perfekte Lösung. Interessiert man sich nicht für das Potential, sondern möchte sehen, ob der Proband die zum gegenwärtigen Zeitpunkt notwendigen Kompetenzen mitbringt, ist der Schwierigkeitsgrad der Aufgabe eher geringer. Es wird mithin auch einige Kandidaten geben, die die Ausgaben optimal lösen. Bei der Potentialanalyse steht die prognostische Validität im Vordergrund. Weiß man nicht (aufgrund von Voruntersuchungen), welches Arbeitsverhalten bzw. welche gegenwärtige Leistung eine Prognose im Hinblick auf zukünftiges Verhalten und zukünftige Leistungen ermöglicht, kann man auch keine fundierte Potentialanalyse durchführen. Die Potentialanalyse wird sinnvoller Weise mit Personalentwicklungsmaßnahmen gekoppelt, damit sich die diagnostizierten Potentiale auch möglichst gut entfalten können.

Wir gehen nachfolgend zunächst auf die grundlegende Struktur, sowie den Ablauf eines klassischen Assessment Centers ein. Hierbei wird insbesondere das Problem der Konstruktvalidität diskutiert. Im zweiten Schritt widmen wir uns den Vor- und Nachteilen unterschiedlicher Übungstypen und suchen nach Regeln für eine nützliche Gestaltung derselben. Nachdem im dritten Schritt die Rollen der verschiedenen Funktionsträger, insbesondere der Beobachter dargelegt wurden, gehen wir auf Abwandlungen des klassischen Assessment Centers ein. Hier stellt sich die Frage, inwiefern Innovation immer auch Fortschritt bedeutet. Den Abschluss bilden eine Auseinandersetzung mit dem diagnostischen Prozess der AC-Methode sowie die Formulierung der grundlegenden Standards.

> Das Assessment Center ist ein besonders aufwändiges Verfahren der *Verhaltensbeobachtung*, bei dem Arbeitsaufgaben des beruflichen Alltags in der diagnostischen Situation *simuliert* werden. Die direkte und systematische Verhaltensbeobachtung erschließt Informationsquellen, die in Fragebögen zur Selbstbeschreibung oder abstrakten Leistungstests nicht berücksichtigt werden können. Daher stellt das AC eine wichtige Ergänzung des personaldiagnostischen Methodenspektrums dar. Besonders wichtig ist dabei, dass das Assessment Center auf den jeweiligen Anwendungsfall hin *zugeschnitten* wird. Die *Validität* des Verfahrens ist sehr gut belegt.

7.7.1 Ablauf und Struktur

Der Ablauf eines Assessment Centers hängt von vielen Variablen wie z.B. der Dauer, der Anzahl der Bewerber und Übungen, der Übungsarten sowie den Räumlichkeiten ab. In Tabelle 7-14 geben wir ein Beispiel für den Ablauf eines eintägigen Assessment Centers.

Es beginnt des Morgens mit der *Begrüßung* der Teilnehmer durch einen Vertreter des Unternehmens bzw. durch den Moderator. Der Moderator ist eine Art Zeremonienmeister, der das Assessment Center leitet, indem er die Übungen moderiert, auf die Einhaltung der Verfahrensregeln achtet und als direkter Ansprechpartner der Kandidaten zur Verfügung steht. Er leitet die Beobachterkonferenz, ohne jedoch selbst eine Bewertung der Kandidaten vorzunehmen (vgl. Kapitel 7.7.3). Bei der Begrüßung sollte für eine positive Atmosphäre gesorgt werden. Viele Teilnehmer erscheinen sicherlich mit einer gewissen Beklemmung zum AC, weil sie nicht wissen, was auf sie zukommt oder schon so manches Gerücht und leider auch wahre Geschichten über unseriöse AC-Praktiken gehört haben. Dem gilt es offen zu begegnen, indem der Moderator gleich zu Beginn über den Ablauf des Tages und grundlegende Spielregeln informiert. Eine optimale Information ist gewährleistet, wenn jeder Teilnehmer einen eigenen Ablaufplan erhält, aus dem hervorgeht, wann er zu welcher Übung in welchem Raum erscheinen muss. Dazu gehört auch die Angabe von Wartezeiten und offiziellen Pausen. Sind die Kandidaten mit den Räumlichkeiten nicht vertraut – was der Regelfall sein dürfte – kann man ihnen durch Hinweisschilder an den Räumen eine Orientierung geben. Des Weiteren werden die Assistenten sowie die Beobachter kurz vorgestellt. Die Assistenten unterstützen den Moderator bei der Organisation und haben daher einen direkten Kontakt zu den Teilnehmern. Anders sieht es mit den Beobachtern aus, die ein professionell distanziertes Verhältnis zu den Teilnehmern pflegen. Sie beschränken sich voll und ganz auf ihre diagnostischen Aufgaben. Persönliche Gespräche zwischen Beobachtern und Teilnehmern sind – zumindest im Auswahl-AC – nicht erlaubt. Zu den Spielregeln, über die die Teilnehmer aufgeklärt werden, gehört auch, dass sie ausschließlich in den Übungen und auch nur durch die Beobachter bewertet werden. Die Unsitte mancher Unternehmen, wonach die Bewerber in den Wartezeiten oder beim Mittagessen verdeckt beobachtet werden, ist sowohl aus ethischen wie auch aus methodischen Gründen abzulehnen. Eine solchermaßen zwangsläufig unsystematische Verhaltensbeobachtung, die ohne verbindlich definierte Bewertungskriterien auskommt, steht im völligen Widerspruch zur AC-Methode. Der kostspielige Aufwand wird ja gerade betrieben, um eine systematische und dezidiert anforderungsbezogene Diagnose zu ermöglichen. Alltagsbeobachtungen haben hier nichts zu suchen. Falls das Verhalten bei Tisch tatsächlich einmal zu den Anforderungsdimensionen gehören sollte, so muss hieraus eine offizielle Übung werden, bei der z.B. mehrere Beobachter die Konversation eines Teilnehmers beobachten, der parallel dazu einen Hummer zerlegen muss. Gleiches gilt für den Smalltalk in den Pausen. Ist es wichtig, dass die Kandidaten in unstrukturierten sozialen Situationen, wie z.B. einem Empfang eine gute Figur machen, so wird dies in einer geeigneten Übung systematisch untersucht. Die Entscheidung, welche Informationen über das Verhalten der Teilnehmer wichtig sind und was somit zum Gegenstand der Beobachtung und Beurteilung wird, fällt vor dem Assessment Center und nicht spontan aufgrund von Eingebungen einzelner Beobachter. Weniger eindeutig ist die Frage zu beantworten, ob man den Bewerbern vor dem AC bzw. vor jeder Übung die Anforderungsdimensionen bekannt geben soll. In einer Untersuchung von Kleinmann (1997a) konnte gezeigt werden, dass die Teilnehmer sehr unterschiedliche Hypothesen über den Untersuchungsgegenstand haben. Nicht ein einziger Teilnehmer war in der Lage, alle Anforderungsdimensionen zu erraten, wobei es zwischen den Personen sehr große Unterschiede gab. Das eigentliche Problem besteht nun darin, dass sich die Kenntnis der Anforderungsdimensionen positiv auf das individuelle Abschneiden im AC auswirkt. Wer zutreffend erkennt, welche Anforderungen in einer bestimmten Übung untersucht werden, kann sich darauf einstellen und sein Bestes geben. Wer aber keine oder falsche Hypothesen hat, ist im Nachteil, da er nicht weiß, welches Verhalten von ihm gefordert wird. Im Extremfall konzentriert sich der Kandidat beispielsweise darauf, möglichst keine Anzeichen von Nervosität zu zeigen und kann deshalb die eigentlich wichtigen Kompetenzen, über die er sehr

Standards für spezifische Methoden der Personaldiagnostik

wohl verfügt, nicht optimal zum Einsatz bringen. Im Ergebnis wird er also schlechter bewertet, als er eigentlich ist und dies nur deshalb, weil er falsche Hypothesen über die Anforderungen ausgebildet hat. Dies ist weder im Interesse des Bewerbers noch im Interesse des Unternehmens. Es spricht somit einiges dafür, die Anforderungsdimensionen bekannt zu geben. Nur so kann man gewährleisten, dass die Ergebnisse nicht durch die Fähigkeit zum richtigen „Dimensionenraten" verzerrt werden. Sind die Anforderungsdimensionen bekannt, weiß jeder worauf es ankommt und kann sein Bestes geben. Auf der anderen Seite zeigt eine Studie von Kleinmann (1997a), dass die Validität des Assessment Centers hierdurch auch geringfügig sinken kann. Letztlich ist hier also eine Wertentscheidung des Unternehmens gefordert. Ist man bereit, ggf. geringfügige Einbußen bei der Validität hinzunehmen, schafft dadurch aber faire Ausgangsbedingungen für alle Teilnehmer oder ist man der Meinung, dass das richtige Erraten der Anforderungsdimensionen, Ausdruck einer besonderen Kompetenz des Kandidaten darstellt? Angesichts der bislang sehr spärlichen Belege für eine Validitätsminderung, spricht wohl mehr für die erste Sichtweise.

Tabelle 7-14: Ablauf eines Assessment Centers

Zeit	Programmpunkt	Beobachtungen
08.30 – 09.00	Begrüßung	keine Beobachtung
09.00 – 09.30	Selbstvorstellung	Kandidaten in der Reihenfolge: 1, 2, 3, 4, 5, 6
09.30 – 10.30	Gruppendiskussion	alle Kandidaten zusammen
10.30 – 12.00	Rollenspiel	Kandidaten in der Reihenfolge: 6, 5, 4, 3, 2, 1
12.00 – 13.00	Mittagessen	keine Beobachtung
13.00 – 13.30	Stegreifrede	Kandidaten in der Reihenfolge: 2, 4, 6, 1, 3, 5
13.30 – 15.00	Präsentation	Kandidaten in der Reihenfolge: 4, 1, 5, 2, 6, 3
15.00 – 16.00	Konstruktionsübung	Kandidaten in zwei Gruppen: 1, 4, 5 & 2, 3, 6
16.00 – 16.15	Verabschiedung	alle Kandidaten zusammen
16.15 – 16.30	Pause	-
16.30 – 20.00	Beobachterkonferenz	-

Nach der Begrüßung nehmen alle Beteiligten ihre Plätze in unterschiedlichen Räumen ein. Im Allgemeinen unterscheiden wir fünf *Räumlichkeiten* (vgl. Abbildung 7-41), die je nach Ausgestaltung der Methode ausgeweitet oder reduziert werden können.

Da ist zunächst einmal der eigentliche Übungsraum, in dem die Beobachter das Verhalten der Kandidaten während einer Übung systematisch beobachten und bewerten. Zu diesem Zwecke sitzen die Beobachter in einer Reihe oder im Halbkreis nebeneinander an Tischen. Vor ihnen liegen die Beobachtungsunterlagen, auf die wir später noch ausführlicher eingehen werden. Die Übung läuft vor den Beobachtern ab und zwar so, dass jeder Beobachter einen unverstellten Blick auf den zu beobachtenden Kandidaten hat. Neben den Beobachtern ist der Moderator die ganze Zeit über im Übungsraum anwesend.

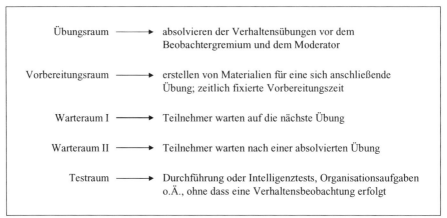

Abbildung 7-41: Räumlichkeiten in einem Assessment Center

Handelt es sich um eine Übung, auf die sich der Teilnehmer vorbereiten muss – also z.B. eine Präsentationsaufgabe – wird er vor der Übung durch einen Assistenten in einen Vorbereitungsraum geleitet. Dort erhält er die Instruktion zur Übung und findet auch Hilfsmittel zur Vorbereitung bzw. Durchführung des Vortrags (z.B. Folien, Flipchartpapier, Stifte). Wenn der Teilnehmer keine Frage mehr hat, verlässt der Assistent den Raum und holt den Teilnehmer wieder ab, wenn die Vorbereitungszeit abgelaufen ist. Anschließend geleitet er den Teilnehmer in den Übungsraum.

Ist eine Übung abgeschlossen und folgt für den Kandidaten nicht unmittelbar die nächste Aufgabe, so muss er in einem Warteraum Platz nehmen. Bei Übungen, in denen die Teilnehmer einzeln auftreten stellt sich das Problem, dass jemand der die Übung bereits absolviert hat, nicht mit anderen, die die Aufgabe noch vor sich haben, über die Inhalte reden darf. Nur so lassen sich gleiche Ausgangsbedingungen für alle Teilnehmer realisieren. Dieses Ziel kann man auf zwei Wegen erreichen. Entweder es gibt zwei Warteräume – einer in dem die Teilnehmer sitzen, die auf die Übung warten und ein zweiter, in dem all diejenigen warten, die die Übung schon absolviert haben – oder man hat einen gemeinsamen Warteraum, in dem ein Assistent darüber wacht, dass keine übungsbezogenen Informationen weitergegeben werden.

In manchen Assessment Centern werden nicht nur Verhaltensübungen sondern auch unterschiedliche Tests eingesetzt. Der wohl bekannteste Test dieser Art ist der Postkorb (siehe Kapitel 7.7.2). Hierbei handelt es sich um eine Organisationsaufgabe, bei der eine Vielzahl von Schriftstücken (der eigentliche „Postkorb") nach bestimmten Kriterien sortiert bzw. bearbeitet werden muss. Bei der Bearbeitung des Tests erfolgt keine Verhaltensbeobachtung. Die Verfahren werden daher in einem gesonderten Raum ohne Beobachter durchgeführt. Die Durchführung und ggf. auch die Auswertung der Testung übernimmt ein Assistent. Da in den allermeisten Fällen jeder Kandidat den Test für sich allein bearbeitet, können mehrere Teilnehmer gleichzeitig im selben Raum sitzen. Der Assistent steht dabei für Fragen zur Verfügung, achtet darauf, dass die Bearbeitungszeit nicht überschritten wird und keiner vom anderen abschaut.

Wie aus Tabelle 7-14 hervorgeht, durchlaufen die Kandidaten in unserem Beispiel-AC über den Tag hinweg sechs Übungen, wobei sie in vieren allein (Selbstvorstellung, Rollenspiel, Stegreifrede, Präsentation) und in zweien gemeinsam mit anderen Teilnehmern (Gruppendiskussion, Konstruktionsübung) auftreten. Bei den Einzelübungen ist die Reihenfolge in der die Teilnehmer auftreten zu berücksichtigen. Damit nicht immer die gleiche Person als erste in den Ring steigen muss, wird die Reihenfolge systematisch variiert.

Schauen wir uns nun einmal das Assessment Center aus der Perspektive eines Teilnehmers an (Tabelle 7-15). Für jeden Teilnehmer ergeben sich kleine Variationen des allgemeinen Ablaufplans, da die Kandidaten bei Einzelübungen nacheinander in den Übungsraum eintreten. Für die gesamte Selbstvorstellung aller Kandidaten sind z.B. 30 Minuten vorgesehen. Für jeden Teilnehmer dauert die Übung jedoch nur 5 Minuten. Kandidat Nr. 1 ist daher bereits um 9:05 Uhr mit der ersten Übung fertig und hat nun 25 Minuten Pause bis die Gruppendiskussion beginnt, an der alle gemeinsam teilnehmen. Wir sehen an diesem einfachen Beispiel, dass die Warte- bzw. Pausenzeiten für jeden Einzelnen sehr viel umfangreicher sind als dies aus dem Übersichtsplan hervor geht. Dasselbe Prinzip wiederholt sich beim Rollenspiel sowie der Stegreifrede. In beiden Fällen ist Kandidat Nr. 1 allerdings nicht der erste, der mit der Übung beginnt. Beim Rollenspiel tritt er als letzter an, in der Stegreifrede auf Platz 4 (vgl. Tabelle 7-14). In beiden Fällen muss Kandidat Nr. 1 wiederum warten, während die anderen Teilnehmer im Übungsraum sind. Im Gegensatz zur Selbstvorstellung ist die Wartezeit allerdings anders verteilt. Generell sollte man darauf achten, dass die Wartezeiten nicht überhand nehmen. Zwar ist es den meisten Kandidaten angenehm, wenn die zwischen den Übungen auch einmal pausieren können. Die Freizeiten summieren sich aber leicht auf einige Stunden pro Tag, was von den meisten wohl als unangenehm erlebt wird. Eine Reduzierung der Wartezeiten kann man erzielen, wenn man Übungen einsetzt, die eine individuelle Vorbereitungszeit benötigen. In unserem Beispiel-AC ist dies bei der Präsentation der Fall. Der eigentliche Vortrag dauert nur 15 Minuten. Hinzu kommen 25 Minuten Vorbereitungszeit, so dass pro Kandidat 40 Minuten einzuplanen sind. Würde man die Vorbereitungs- und Präsentationszeiten aller Teilnehmer einfach hintereinander hängen, so würde die gesamte Übung vier Stunden dauern, wobei allerdings jeder Teilnehmer lediglich 40 Minuten beschäftigt wäre. Hinzu käme, dass die Beobachter mehr als die Hälfte der Zeit nichts zu tun hätten, da während der Vorbereitung keine Beobachtung stattfindet. Eine Reduzierung der Wartezeiten erzielt man nun, indem sich die Vorbereitungszeit des einen Kandidaten mit der Präsentationszeit eines anderen überschneidet. Unser Beispielkandidat geht um 13:45 Uhr in den Vorbereitungsraum. Zu dieser Zeit hält bereits Kandidat Nr. 4 seine Präsentation. Während Nr. 1 den Vortrag hält, bereitet sich Nr. 5 und mit leichter Verzögerung Nr. 2 vor. Insgesamt erreicht man hierdurch eine Verkürzung der gesamten Übungszeit von 4 Stunden auf 1,5 Stunden.

Tabelle 7-15: Ablauf des Assessment Centers aus Sicht des Teilnehmers 1

Zeit	Programmpunkt	Zeit	Programmpunkt
08.30 – 09.00	Begrüßung	13.15 – 13.20	Stegreifrede
09.00 – 09.05	Selbstvorstellung	13.20 – 13.45	Vorbereitung
09.05 – 09.30	Pause	13.45 – 14.00	Präsentation
09.30 – 10.30	Gruppendiskussion	14.00 – 15.00	Pause
10.30 – 11.45	Pause	15.00 – 15.30	Konstruktionsübung
11.45 – 12.00	Rollenspiel	15.30 – 16.00	Pause
12.00 – 13.00	Mittagessen	16.00 – 16.15	Verabschiedung
13.00 – 13.15	Pause		

Versetzen wir uns einmal in die Lage der Assistenten, die dafür sorgen müssen, dass jeweils zur rechten Zeit der richtige Kandidat im Vorbereitungs- bzw. Übungsraum ist, so bekommt man einen kleinen Eindruck davon, wie anspruchvoll die logistische Arbeit in einem Assessment Center sein kann.

Eine andere Möglichkeit, die Freizeiten zu reduzieren stellen Tests oder Fragebogenerhebungen dar. Da die Teilnehmer z.B. bei der Bearbeitung eines Intelligenztests oder einer Planungsaufgabe nicht beobachtet werden, können derartige Übungen unter Aufsicht der Assistenten parallel zu Verhaltensübungen laufen.

Eine Besonderheit ist ferner die Konstruktionsübung. in unserem Beispiel-AC werden Kleingruppen zu je drei Bewerbern gebildet. Treten in einem AC mehrere Übungen auf, in denen nur eine Teilmenge der Kandidaten zusammen arbeitet, müssen die Kleingruppen immer wieder neu zusammengestellt werden. Hierdurch wird sichergestellt, dass ein schwacher Kandidat nicht immer wieder mit einem starken zusammenarbeiten muss oder zwei Teilnehmer, die einander unsympathisch sind, besonders häufig aufeinandertreffen.

Für die Teilnehmer endet unser Assessment Center um 16:15 Uhr nach einer kurzen *Verabschiedung*. Die Verabschiedung erfolgt durch den Moderator oder einen Vertreter des Unternehmens. Man dankt den Kandidaten für die Zeit und Mühe, die sie investiert haben und trifft Absprachen für das weitere Vorgehen. Man muss beispielsweise klären, wann und wie die Teilnehmer über ihr individuelles Abschneiden informiert werden. Meist wird dies nicht mehr am selben Tag möglich sein, da die vielen Beobachtungsergebnisse erst in einer Konferenz aller Beobachter zu einer zusammenfassenden Bewertung eines jeden Kandidaten integriert werden müssen. Dennoch sollte man sich um eine möglichst rasche Rückmeldung bemühen. Beim Auswahl-AC muss man zudem bedenken, dass gute Kandidaten in der Zwischenzeit vielleicht attraktive Angebote bekommen und daher nicht bereit sind, lange auf eine Rückmeldung zu warten. Handelt es sich bei der letzten Übung um eine Einzelübung, die naturgemäß größere Wartezeiten verursacht, kann man die Kandidaten auch einzeln verabschieden. So kann jeder kurz nach seiner letzten Übung nach Hau-

Standards für spezifische Methoden der Personaldiagnostik

se fahren und muss nicht mehr abwarten, bis auch der letzte Teilnehmer die Übung absolviert hat.

Nachdem für die Kandidaten das Assessment Center beendet ist. Setzen sich die Beobachter gemeinsam mit dem Moderator in der sog. *Beobachterkonferenz* (bisweilen auch „Assessorenkonferenz" genannt) zusammen. Ziel der Konferenz ist die Integration der Einzelbeobachtungen und Testergebnisse zu einer Gesamtbewertung eines jeden Kandidaten. Die Konferenz wird durch den Moderator geleitet, der sich dabei jedoch jeglicher Bewertung der Kandidaten enthält. Vielmehr achtet er darauf, dass jeder Beobachter genügend Redezeit erhält, dämpft den Einfluss allzu dominanter Personen und steht als vermittelnde Instanz zur Verfügung, falls ein Streit entsteht. Die Beobachterkonferenz kann leicht mehrere Stunden in Anspruch nehmen. Auf das genaue Procedere gehen wir in Abschnitt 7.7.3 ein, nachdem zuvor die Beobachtertätigkeit erläutert wurde.

Bei manchen Assessment Centern wird auf der Basis der Konferenzergebnisse ein *schriftliches Gutachten* über jeden Kandidaten erstellt. Dies ist z.B. eine Aufgabe der Beobachter. Jedem Beobachter werden zu diesem Zwecke in der Beobachterkonferenz bestimmte Bewerber zugeteilt. Die Ausführlichkeit des Gutachtens hängt letztlich davon ab, welche Funktion es erfüllen soll. Dient es nur als Grundlage für ein Feedbackgespräch, begnügt man sich mit einer Darstellung der Endergebnisse für jede Anforderungsdimension und erläutert ggf. besondere Stärken und Schwächen, die in bestimmten Übungen aufgefallen sind. Wird das Gutachten nach einigen Jahren noch einmal benötigt, ist es ratsam auch die genaue Struktur des Assessment Centers, die Inhalte der Übungen sowie die Bewertungskriterien festzuhalten.

Von großer Bedeutung ist schließlich das *Feedbackgespräch*, das mit jedem einzelnen Bewerber geführt wird. Auch dies übernimmt jeweils ein Beobachter oder ein Mitglied der Personalabteilung, das über den gesamten Ablauf informiert ist. Im Feedbackgespräch werden die Bewertungskriterien sowie das individuelle AC-Ergebnis erläutert. Je konkreter die Rückmeldung ist, desto mehr kann der Kandidat hiervon profitieren. Dies gilt nicht nur für Entwicklungs-AC, bei denen das Unternehmen selbst ein Interesse an einer differenzierten Reflektion der Ergebnisse hat. Schließlich soll das AC als Basis für die weitergehende Entwicklung des Mitarbeiters in Form von Trainingsmaßnahmen o. Ä. dienen. Auch Feedbackgespräche mit abgelehnten Bewerbern sollten nicht zuletzt aus ethischen Gründen für die betroffenen hilfreich sein (vgl. Abschnitt 6.8).

Die *Struktur eines Assessment Centers* ergibt sich aus dem Zusammenspiel der Anforderungsdimensionen und der Übungen, in denen die Leistung der Kandidaten eingeschätzt wird. Tabelle 7-16 gibt die Struktur unseres Beispiel-AC wieder. In der Anforderungsanalyse wurden sechs Merkmalsdimensionen ermittelt, die in sechs Übungen beurteilt werden sollen. Die Auswahl der Übungstypen orientiert sich an den Dimensionen und nicht etwa umgekehrt[21]. D.h. bei jeder einzelnen Dimension überlegt man, mit welcher Übung sie sich bestmöglich untersuchen lässt. Auch wenn

---

[21] Es gibt tatsächlich Organisationen, die sich erst überlegen, welche Übungen sie durchführen wollen und anschließend die zu messenden Merkmale danach aussuchen, ob man sie in den Übungen erfassen kann. Hier wird das Pferd von hinten aufgezäumt. Die Personaldiagnostik dient nicht mehr der Untersuchung relevanter Merkmale, sondern lediglich der Anwendung prestigeträchtiger Methoden.

es bestimmte „Klassiker" unter den Übungstypen gibt (z.B. Gruppendiskussion oder Präsentation) muss nicht jedes Assessment Center diese Übungen enthalten. Das Verfahren wird immer auf den Bedarf des Anwenders zugeschnitten. Erst hierdurch entfaltet sich der personaldiagnostische Nutzen der Methode. Zu einem individuellen Zuschnitt gehört neben der Auswahl passender Übungstypen (z.B. Rollenspiel vs. Präsentation), ihre inhaltliche Ausgestaltung (Auswahl eines Vortragsthemas, Definition einer Rollenspielsituation etc.; vgl. Abschnitt 7.7.2).

Werfen wir nun einen Blick auf das *quantitative Verhältnis* zwischen Dimensionen und Übungen. Jede Dimension wird in mehreren unabhängigen Übungen untersucht. Für die Dimension Rhetorik sind dies die Übungen Selbstvorstellung, Gruppendiskussion und Präsentation (vgl. Tabelle 7-16). Hierin spiegelt sich ein grundlegendes Prinzip der Verhaltensbeobachtung wider, das wir bereits in Abschnitt 3.2 vorgestellt haben. Durch mehrfache, voneinander unabhängige Beobachtungen sollen die Eigenschaften der Person von den Einflüssen der Umgebung getrennt werden. Würde man die Rhetorik eines Kandidaten ausschließlich in der Selbstvorstellung untersuchen, so wäre das Ergebnis der Analyse mit Art und Inhalt der Übung konfundiert. Möglicherweise schneidet ein Kandidat deshalb besonders gut in der Übung ab, weil es ihm sehr leicht fällt, etwas über seine eigene Person zu sagen, oder weil er mit einer entsprechenden Übung gerechnet hat und sich daher zuvor einige wohlformulierte Sätze zurecht legen konnte. Die gleiche Argumentation gilt für jede der anderen Übung. Schneidet ein Teilnehmer im Rollenspiel gut ab, mag dies vor allem am Thema gelegen haben, während ein schlechtes Abschneiden in der Stegreifrede vielleicht auf die sehr ungewöhnliche Situation oder eine momentan große Nervosität zurückzuführen ist. Ein einigermaßen abgesichertes Bild erhält man erst dann, wenn das Verhalten in mehreren verschiedenen Situationen beobachtet wurde. Erbringt der Kandidat durchgängig ähnliche Leistungen, so kann dies kaum mit dem Inhalt einer einzelnen Übung oder irgendwelchen Zufällen zusammenhängen. Je mehr Übungen eingesetzt werden, desto geringer ist insgesamt betrachtet der „störende" Einfluss der Umgebung. Allerdings sind der Anzahl der Übungen ökonomische Grenzen gesetzt. Je mehr Übungen zum Einsatz kommen, desto länger dauert das AC und umso teurer wird die Diagnose. Nun könnte man einwenden, dass unser AC ja ohnehin aus sechs Übungen besteht und man von daher die Rhetorik ganz einfach in allen Übungen beobachten könnte. Zusätzliche Kosten würden hierdurch nicht entstehen. Dagegen sprechen zwei Probleme. Wollte man alle Dimensionen in allen Übungen beobachten, so käme dies einer völligen Überforderung der Beobachter gleich. Je mehr Dimensionen ein und derselbe Beobachter in einer Übung im Blick halten muss, desto geringer wird die Validität (Gaugler & Thornton, 1989). Zum anderen lassen sich manche Dimensionen schlichtweg nicht in allen Übungen beobachten. Die Rhetorik bildet hier eher eine Ausnahme, da alle Übungen in unserem Assessment Center mit Sprache verbunden sind. Ganz anders sieht es mit der Kooperationsfähigkeit oder dem Führungsverhalten aus. Beides lässt sich in Verhaltensübungen kaum einschätzen, wenn nicht auch Interaktionen zu beobachten sind. Betrachten wir das Assessment Center aus der Sicht der Übungen, so stellen wir fest, dass in jeder Übung mindestens zwei Dimensionen eingeschätzt werden. Dies hat rein ökonomische Gründe. Zu viele Dimensionen pro Übung wirken sich negativ auf die Qualität der Diagnose, zu wenige negativ auf die Ökonomie aus. Verdeutlichen wir uns dies am Beispiel des Rollenspiels. In unserem Assessment Center sind insgesamt 1,5 Stunden für die Durchführung der Rollenspielübung vorgesehen (Tabelle 7-14). Würde man nur eine Dimension betrachten, so könnte man pro Kandidat nach Ablauf der Übung nur eine Einschätzung vornehmen. In unserem Beispiel-AC beobachten wir jedoch drei Dimensionen. Pro Einschätzung werden mithin nur 0,5 und nicht 1,5 Stunden investiert.

Tabelle 7-16: Beispiel für die Struktur eines Assessment Centers

Dimension	Übung					
	Selbstvorstellung	Gruppendiskussion	Rollenspiel	Stegreifrede	Präsentation	Konstruktionsübung
Rhetorik	x			x	x	
Kooperation		x				x
Führung		x	x			x
Sensibilität	x		x		x	
Kreativität	x				x	x
Belastbarkeit		x	x	x		

Die in Tabelle 7-16 dargestellte Struktur des Assessment Centers folgt dem sog. *Multitrait-Multimethod-Ansatz* (MTMM-Ansatz; Campbell & Fiske, 1959): Mehrere Merkmale der Bewerber (traits) werden mit mehreren unabhängigen Übungen (methods) erfasst. Erfolgt die Bewertung der Kandidaten in Übereinstimmung mit den Prinzipien dieses Ansatzes, so sollten drei Bedingungen gegeben sein (ausführlicher: Bortz & Döring, 1995):

(1) Die Messungen ein und desselben Merkmals in unterschiedlichen Übungen korrelieren untereinander positiv („konvergente Validität", vgl. Abschnitt 5.3). In unserem Assessment Center sollten also z.B. die Einschätzung der Rhetorik eines Kandidaten in den drei Übungen einen positiven Zusammenhang aufweisen, schließlich wird in jeder Übung das gleiche Merkmal des Kandidaten gemessen.
(2) Die Messungen unterschiedlicher Merkmale in ein und derselben Übung korrelieren untereinander nur geringfügig („diskriminante Validität", vgl. Abschnitt 5.3). In der Übung Selbstvorstellung bedeutet dies, dass die Einschätzungen auf den drei Dimensionen Rhetorik, Sensibilität und Kreativität nur geringfügig – im besten Falle überhaupt nicht korreliert sein dürfen, denn es handelt sich um konzeptionell unterschiedliche Eigenschaften. Ist jemand rhetorisch begabt, so sagt dies nichts über seine Kreativität aus. Ebenso verrät die Kreativität eines Menschen nichts über seine Sensibilität im Umgang mit anderen Menschen. In diesem Fall sollte die Korrelation mithin gleich Null sein. Betrachten wir alternative Dimensionskonstellationen, so können aber auch geringe Korrelationen sinnvoll sein. Dies gilt etwa für den Zusammenhang zwischen Führung, Sensibilität und Belastbarkeit in der Gruppendiskussion. Gute Führungsqualitäten setzen ein gewisses Maß an sozialer Sensibilität voraus. Eine hohe Belastbarkeit sollte sich positiv auf das Führungsverhalten auswirken.

(3) Die Korrelation identischer Merkmale, die in unterschiedlichen Übungen gemessen werden (1) ist höher als die Korrelation unterschiedlicher Merkmale, die in derselben Übung gemessen wurden (2). Selbst dann, wenn wir zugestehen, dass z.B. in der Gruppendiskussion die Messergebnisse der drei Dimensionen aufgrund konzeptioneller Überlegungen untereinander korreliert sind, dürfte der Zusammenhang jedoch nicht so groß sein, wie die Korrelation aller Führungs- oder aller Sensibilitätsmessungen untereinander, denn im ersten Fall werden unterschiedliche Merkmale, im zweiten Falle mehrere Messungen des selben Merkmals miteinander verglichen.

Sind alle Bedingungen erfüllt, kann die *Konstruktvalidität* eines Assessment Centers als gegeben angesehen werden (vgl. Abschnitt 6.3). Zahlreiche Untersuchung belegen nun aber, dass es um die Konstruktvalidität der AC-Methode im Allgemeinen nicht allzu gut bestellt ist (Kleinmann, 1997a, 2003; Lievens, 1998, 2002). Zwar ist die erste Bedingung in der Regel erfüllt, die zweite und dritte aber oftmals nicht. Offenbar sind die Beobachter – aus welchen Gründen auch immer – nicht in der Lage, deutlich zwischen den einzelnen Merkmalsdimensionen zu trennen. In der Konsequenz erhält ein Kandidat der in einer Übung auf einer Dimension schlecht abschneidet auch auf allen übrigen Dimensionen, die in derselben Übung bewertet werden, schlechte Punktwerte. Das gleiche gilt für positive Bewertungen. Interessanterweise hat dieser Missstand keinen Einfluss auf die prognostische Validität (Kleinmann, 1997a; Schuler, 2000). Obwohl die Beobachter scheinbar nicht das leisten, was von ihnen erwartet wird, kommt am Ende dabei dennoch ein sehr brauchbares Ergebnis heraus. Aus pragmatischer Sicht könnte man es also bei der Feststellung des Problems bewenden lassen. Gerade in der Personalauswahl ist man mehr an der Nützlichkeit des Gesamtergebnisses, als an der Konstruktvalidität interessiert. Wird das Assessment Center zum Zwecke der Personalentwicklung durchgeführt, sieht es allerdings schon anders aus. Mit Hilfe des Assessment Centers will man möglichst präzise etwaige Defizite aufdecken. Hier ist es von großem Nachteil, wenn die spezifischen Stärken und Schwächen des Kandidaten in einem Nebel undifferenzierter Globaleinschätzungen untergehen. Darüber hinaus mag es aber auch bei allen übrigen Einsatzgebieten des Assessment Centers nicht so recht befriedigen, wenn die Methode eine Differenziertheit vorgaukelt, die de facto kaum gewährleistet ist. Besonders deutlich wird dies im Feedbackgespräch, wenn man dem Teilnehmer nicht wirklich deutlich machen kann, warum er so oder so abgeschnitten hat. Vieles spricht mithin für den Einsatz von Maßnahmen zur Verbesserung der Konstruktvalidität. Wohl kaum ein Aspekt der AC-Methode ist so umfangreich untersucht worden, wie das Problem der Konstruktvalidität. Daher kennen wir schon heute viele Strategien, die zu einer Linderung des Problems beitragen. Keine dieser Strategien löst für sich allein das Problem. Gleichwohl verspricht die Kombination mehreren Strategien einen maximalen Effekt. In Abbildung 7-42 geben wir einen Überblick über geeignete Maßnahmen (vgl. insb. Kleinmann, 1997a, 2003; Lievens, 2002).

Bereits bei der *Konstruktion des Assessment Centers* können einige Strategien zur Verbesserung der Konstruktvalidität eingesetzt werden. Die *Anzahl der Anforderungsdimensionen* sollte möglichst gering gehalten werden (Gaugler & Thornton, 1989; Lievens & Conway, 2001; Sagie & Magnezy, 1997). Je mehr Dimensionen ein Assessment Center umfasst, desto belastender ist die Aufgabe für die Beobachter, denn sie müssen entsprechend viele verschiedene Verhaltensaspekte zur gleichen Zeit im Blick haben. Im Prinzip ließe sich dieses Problem natürlich auch durch eine größere Anzahl von Übungen oder Beobachtern bewältigen, so dass sich die vielen Beobachtungen besser verteilen. Meist wird hierauf aber aus Kostengründen verzichtet.

AC-Konstruktion
- Anzahl der Dimensionen gering halten
- auf Unabhängigkeit der Dimensionen achten
- abhängige Dimensionen nicht zusammen in einer Übung auftreten lassen
- Dimensionen konkret und arbeitsplatzbezogen definieren
- verstärkt Psychologen als Beobachter einsetzen
- Beobachter intensiv schulen (insbesondere Bezugssystemtrainings)
- Übungen dimensionsbezogen entwickeln
- verstärkte Standardisierung der Übungsbedingungen
- Teilnehmern die Anforderungsdimensionen mitteilen

Beobachtungsprozedur
- auf Beobachterrotation verzichten (?)
- jeder Beobachter ist auf eine oder zwei Dimensionen spezialisiert (?)
- Einsatz von Checklisten zur Beurteilung des Kandidatenverhaltens

Auswertung
- adäquate Analysemethoden zur Berechnung der Konstruktvalidität einsetzen

---

Abbildung 7-42: Maßnahmen zur Verbesserung der Konstruktvalidität

In jedem Falle ist auf eine weitgehende *Unabhängigkeit der Dimensionen* zu achten (Kleinmann, Exeler, Kuptsch & Köller, 1995). Sollen in einer Übung gleichzeitig die Kommunikationsfähigkeit sowie die Führungsstärke der Teilnehmer beurteilt werden, sind positive Korrelationen zwischen beiden Ratings bereits vorprogrammiert, denn Führungsstärke lässt sich ohne Kommunikationsfähigkeit kaum denken. Bei der Einschätzung der Abhängigkeit von Anforderungsdimensionen hilft ein Einschätzungsverfahren, dass Lammers (1997) entwickelt hat. Nun gibt es mehrere Möglichkeiten, wie man diesem Problem begegnet. Die einfachste Lösung besteht darin, dass von vornherein nur solche Dimensionen in das AC aufgenommen werden, die weitgehend unabhängig voneinander sind. Lässt sich dies nicht realisieren, weil die Anforderungsanalyse nun einmal entsprechende Dimensionen ergeben hat, kann man die Dimensionen so auf die Übungen verteilen, dass voneinander *abhängige Dimensionen nicht in der gleichen Übung aufeinander treffen*. Lässt sich auch dies nicht realisieren, müssen die Dimensionen von verschiedenen Beobachtern eingeschätzt werden. Während Beobachter A die Kommunikationsfähigkeit der Probanden einschätzt, konzentriert sich Beobachter B in derselben Übung auf die Führungsstärke. Überdies kann man durch die konkrete Definition der beiden Dimensionen in den Beobachtermaterialien sowie durch die Gestaltung von Checklisten und verhaltensverankerten Ratingskalen die Abhängigkeit der Dimensionen schwächen. Hierzu würde man beispielsweise bei der Dimension „Führungsstärke" alle Aspekte, die mit Rhetorik zu tun haben aussparen. Spiegelbildlich hierzu darf die Dimension „Kommunikationsfähigkeit" nichts beinhalten, was beispielsweise Durchsetzungsfähigkeit symbolisiert. Mit einer solchermaßen künstlichen Trennung der Dimensionen ist kein Informationsverlust verbunden, sofern sämtliche Beurteilungen später in der Beobachterkonferenz zu einem Gesamturteil konvergieren.

Des Weiteren hat sich eine *konkrete, verhaltensbezogene und ggf. arbeitsplatzspezifische Definition der Anforderungsdimensionen* bewährt (Kleinmann, Exeler, Kupsch & Köller, 1995; Lievens, 1998; Woehr, 1992). Sie erleichtert den Beobachtern die Differenzierung der Dimensionen, weil Interpretationsspielräume eingeschränkt werden. Je konkreter die Beschreibung ausfällt, desto weniger ist der Beobachter auf eigene, subjektive Interpretationen angewiesen und greift nicht auf alltagssprachliche, globale Definitionen zurück. Eine Konkretisierung der Dimensionen erleichtert dabei nicht nur die Arbeit der Beobachter, sondern hilft auch den AC-Konstrukteuren dabei, die Abhängigkeit der Anforderungsdimensionen zu reflektieren und ggf. zu korrigieren.

Auf der Seite der Beobachter hat sich der *Einsatz von Psychologen* als vorteilhaft erwiesen (Gaugler, Rosenthal, Thornton & Bentson, 1987; Lievens, 2002; Lievens & Conway, 2001; Sagie & Magnezy, 1997). Wahrscheinlich liegt es an der sehr methodenorientierten Ausbildung der Psychologen, dass es ihnen besonders leicht fällt, alltagstheoretische Konzeptionen der Anforderungsdimensionen auszublenden und sich auf die aktuell gültigen Definitionen zu konzentrieren. Möglicherweise lassen sie sich auch eher auf die Spielregeln des Assessment Centers ein und begreifen die Beobachterrolle als eine rein professionelle Aufgabe. Umso erfreulicher ist es, dass in 75 % der AC-Anwendungen deutscher Großunternehmen tatsächlich auch Psychologen als Beobachter eingesetzt werden (Kanning et al., under review).

Unabhängig von der Frage, welche Personen eingesetzt werden, ist die *intensive Schulung der Beobachter*, eine unabdingbare Voraussetzung für ein anspruchsvolles Assessment Center. Dies gilt nachweislich auch für die Konstruktvalidität (Lievens, 2001; Schleicher, Day, Mayes & Riggio, 2002). Kolk, Born, van der Flier und Olman (2002) konnten zeigen, dass geübte Beobachter validere Urteile fällen als ungeübte. Die Beobachter müssen die Grundprinzipien der AC-Methode verstanden haben, wissen wie sie mit den Beobachtermaterialien umgehen müssen und die Gefahren der unreflektierten Urteilsbildung kennen (vgl. Kanning & Limpächer, 2002). Nur so können sie ihre Rolle gut ausfüllen. Besonders positiv haben sich ferner Bezugssystemtrainings bzw. verschiedene Trainings zur praktischen Einübung der Beobachtungs- und Bewertungsprozedur bewährt (Kleinmann, 2003). Dabei lernen die Beobachter an konkreten Beispielen, die per Video eingespielt werden, welches konkrete Bewerberverhalten wie zu beurteilen ist. Probleme der Zuordnung einzelner Verhaltensäußerungen zu bestimmten Dimensionen lassen sich so bereits im Vorfeld beseitigen.

Ein völlig anderer Ansatz zur Steigerung der Konstruktvalidität bezieht sich auf die *Gestaltung der Übungen* (Haaland & Christiansen, 2002; Lievens, 1998). Da sich die Übungen an die Anforderungsdimensionen anpassen und nicht umgekehrt (s.o.), ist es möglich, die Übungen inhaltlich so zu gestalten, dass das interessierende Verhalten beobachtbar wird. Interessiert man sich beispielsweise für das Konfliktverhalten der Teilnehmer, muss man für genügend Konfliktstoff sorgen. In der Gruppendiskussion oder im Rollenspiel müssen also deutliche Interessengegensätze erzeugt werden. Wenn das fragliche Verhalten dennoch nicht sichtbar wird, sollten die Beobachter auch keine Beurteilung abgeben. Anderenfalls lassen sich die Beobachter in ihrem Urteil von den Leistungen des Kandidaten auf anderen Merkmalsdimensionen leiten, was zwangsläufig zu einer Verringerung der diskriminanten Validität führt.

Damit einher geht eine verstärkte *Standardisierung der Übungsbedingungen*, wozu ggf. auch das Verhalten von Rollenspielern gehört (Lievens, 1998). Je größer die Standardisierung ausfällt, desto größer ist auch die Wahrscheinlichkeit, dass das interessierende Verhalten tatsächlich sichtbar wird und die Beobachter nicht der Versuchung unterliegen, sich von dimensionsfremden Leistungen beeinflussen zu lassen. Man sollte z.B. den Teilnehmern einer Gruppendiskussion nicht ermöglichen, einer absichtlich erzeugten Konfliktsituation etwa durch eine Vertagung des Problems oder der Übergabe an eine imaginäre Entscheidungsinstanz aus dem Weg zu gehen.

Die *Bekanntgabe der Anforderungsdimensionen* trägt ebenfalls zu einer Verbesserung der Konstruktvalidität bei (Kleinmann, 1997b; Kleinmann, Kuptsch & Köller, 1996; Lievens, 1998). Wenn die Teilnehmer wissen, worauf es in den Übungen im Prinzip ankommt, können sie ihr Verhalten zielgerichteter und damit trennschärfer einsetzen. Die Bekanntgabe kann entweder allgemein zu Beginn des Assessment Centers oder unmittelbar vor jeder Übung erfolgen. Die Nennung und ggf. auch die alltagssprachliche Umschreibung der Dimensionen bedeutet natürlich nicht, dass man den Kandidaten im Detail sagt, wie sie sich verhalten sollen.

Schauen wir uns nun die *Beobachtungsprozedur* näher an. Aus der Literatur lassen sich drei Empfehlungen zur Verbesserung der Konstruktvalidität ableiten. Wie Lammers und Holling (2000) zeigen konnten, verbessert sich die Konstruktvalidität, wenn man *auf die übliche Beobachterrotation* verzichtet. Nach den Prinzipien der Beobachterrotation wird ein und dieselbe Person in verschiedenen Übungen und in Bezug auf verschiedene Dimensionen jeweils von unterschiedlichen Personen beobachtet (siehe Abschnitt 7.7.3). In der Regel führt dies dazu, dass z.B. die Führungsstärke des Kandidaten in drei Übungen von verschiedenen Beobachtern eingeschätzt wird. Innerhalb jeder Übung schätzt aber dieselbe Person unterschiedliche Dimensionen ein. Wenn wir einmal davon ausgehen, dass jeder Beobachter trotz Schulung eine individuelle Sichtweise in seine Urteilsbildung einfließen lässt, so hat das Rotationssystem negative Auswirkungen auf die Konstruktvalidität. Die Interkorrelation unterschiedlicher Dimensionen wird dadurch erhöht, dass sie jeweils von demselben Beobachter eingeschätzt werden (vgl. Robie, Osburn, Morris, Etchegaray & Adams, 2000). Dies wirkt sich negativ auf die diskriminante Validität aus. Im Gegensatz dazu wirkt sich die Einschätzung derselben Dimension durch unterschiedliche Beobachter eher negativ auf die konvergente Validität aus. Die Lösung wäre mithin ein Verzicht auf die Beobachterrotation. So ohne weiteres lässt sich dies aber nicht ohne negative Konsequenzen in anderen Bereichen realisieren. Ein völliger Verzicht auf die Beobachterrotation könnte bedeuten, dass alle Beobachter in jeder Übung alles beobachten müssten. Dies käme einer völligen Überforderung des Personals gleich, was sich wiederum in der Qualität der Beobachtungen niederschlägt (Gaugler & Thornton, 1989; Kanning & Leisten, 2004).

Alternativ hierzu könnten sich die Beobachter *auf einzelne Anforderungsdimensionen spezialisieren*, so dass jeder Beobachter über alle Übungen und Teilnehmer hinweg für ein oder zwei Dimensionen zuständig wäre (Robie et al., 2000). Ein solches Vorgehen ist schon eher zu realisieren und dürfte sich u.a. positiv auf die Reliabilität der Messung auswirken. Allerdings müsste man darauf achten, dass jede Dimension von mindestens zwei unabhängigen Beobachtern beurteilt wird. Dies wiederum zieht in den meisten Fällen eine Aufstockung der Beobachterzahl nach sich und verursacht somit zusätzliche Kosten.

Kostengünstig und leicht zu realisieren ist hingegen der Einsatz von *Checklisten* (vgl. Abschnitt 4.2.2), der sich nachweislich positiv auf die Konstruktvalidität auswirkt (Reilly, Henry & Smither, 1990; Lievens & Conway, 2001). Der Grund hierfür liegt vor allem in ihrer äußerst leichten Handhabung. Die Beobachter müssen lediglich protokollieren, ob ein bestimmtes Verhalten aufgetreten ist bzw. wie oft es aufgetreten ist. Die Zuordnung der Verhaltensweisen zu den Anforderungsdimensionen wurde zuvor festgelegt. Im Grunde genommen könnten die Beobachter ihre Aufgabe selbst dann erfüllen, wenn sie die Anforderungsdimensionen nicht einmal kennen würden. Lievens (1998) empfiehlt pro Übung sechs bis zwölf Verhaltensweisen, die auf einer Checkliste einzuschätzen sind.

Will man die Konstruktvalidität eines Assessment Centers ermitteln, sollte man auch über die *mathematischen Analysemethoden* nachzudenken. Kleinmann (1997a) konnte zeigen, dass der klassische Korrelationsansatz (Campbell & Fiske, 1959) gewisse Probleme aufweist. So ist z.B. nicht festgelegt, wie groß der Unterschied zwischen den Koeffizienten konvergenter und diskriminanter Validität sein soll. Neben faktoren- und varianzanalytischen Berechnungsprozeduren liefern vor allem Strukturgleichungsmodelle eine umfassendere Betrachtung des Phänomens (Kleinmann, 1997a; siehe auch Arthur, Woehr & Maldegen, 2000).

Unabhängig von all diesen Strategien darf man darüber hinaus nicht aus dem Auge verlieren, dass menschliches Verhalten immer durch situative Rahmenbedingungen beeinflusst wird. Da sich die Teilnehmer – wie im richtigen Leben – nicht in jeder Übung völlig konsistent verhalten, sondern auf die wahrgenommenen Erfordernisse der jeweiligen Situation reagieren, ist nicht mit sehr hohen Koeffizienten der konvergenten Validität zu rechnen. Allerdings unterscheiden sich die Menschen darin, inwieweit sie sich über verschiedene Situationen hinweg eher stabil oder variabel verhalten (Kuptsch, Kleinmann & Köller, 1998). Das „Problem" der konvergenten Validität ist also zu einem guten Teil nicht hausgemacht, sondern liegt in der Natur der Sache (vgl. Gundlin & Schuler, 1997; Lance, Newbolt, Gatewood, Foster, French & Smith, 2000; Lievens, 2002). Dabei ist zu bedenken, dass die Anforderungsdimensionen mehr oder weniger situationsvariable oder -stabile Merkmale abbilden (Höft & Schuler, 2001).

7.7.2 Übungen

Das Assessment Center ermöglicht die Kombination unterschiedlichster Methoden. Im Zentrum stehen dabei die Methode der Verhaltensbeobachtung. Daneben kommen aber auch Befragungsmethoden und Testverfahren zur Anwendung. Letztere stehen allerdings in gewisser Weise außerhalb des eigentlichen Assessment Centers, da sie sich schlecht in den Multitrait-Multimethod-Ansatz integrieren lassen. So würde man z.B. die Intelligenz der Kandidaten nicht mit zwei unterschiedlichen Testverfahren messen, wohl aber die Kommunikationsfähigkeit in mehreren Übungen durch Befragungen oder Verhaltensbeobachtungen einschätzen. Die Dominanz der Verhaltensbeobachtungsübungen erklärt sich darüber hinaus durch den personellen Aufwand des AC. Steht bereits eine Gruppe geschulter Beobachter zu Verfügung, so käme es einer Verschwendung der Ressourcen gleich, würde man die Kandidaten vor allem mit Fragebögen und Testverfahren beschäftigen. In der Regel werden Fragebögen und Tests daher dem Assessment Center vorgeschaltet. In der sukzessiven Personalauswahl dienen sie zur Vorselektion der Bewerber.

Angesicht der Bedeutung, die den Übungen im AC zukommt, überrascht es, dass es nur sehr wenig Forschung auf diesem Gebiet gibt. Wir werden bei der Darstellung der einzelnen Übungen jeweils auf die spezifischen Erkenntnisse eingehen. Auf einer übergeordneten Ebene beschäftigen sich Bycio und Zoogah (2002) mit der Frage ob sich die Reihenfolge der Übungen auf die Leistung der Kandidaten auswirkt. Sie kommen zu dem Ergebnis, dass die gefundenen Effekte so geringfügig sind, dass sie keine praktische Relevanz besitzen. Kanning und Glötzel (in Vorbereitung) beschäftigen sich mit der Akzeptanz unterschiedlicher Übungen bei den AC-Teilnehmern. Über mehrere Assessment Center hinweg, in denen die Übungen jeweils unterschiedlich ausgestaltet waren, konnten sie nur geringfügige Unterschiede finden. Nach Schuler, Frier und Kaufmann (1993) erzielt die Interviewmethode die besten Ergebnisse.

Wenden wir uns nun den einzelnen Übungen zu. Abbildung 7-43 gibt hierzu einen Überblick (siehe auch Jeserich, 1981; Fisseni & Fennekels, 1995; Obermann, 1991). Über die klassischen Übungsarten hinaus kann jeder Anwender völlig neue Übungen entwickeln. Die bisherigen sowie die nachfolgenden methodischen Überlegungen mögen ihm dabei eine Hilfe sein. Letztlich kommt es aber nicht auf Originalität oder Modernität an, sondern darauf, dass die Verfahren verlässliche Informationen liefern.

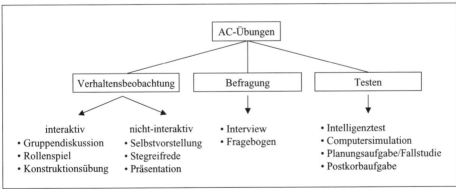

Abbildung 7-43: AC-Übungen im Überblick

Die meisten AC-Übungen lassen sich der *Methode der Verhaltensbeobachtung* zurechnen. Die Teilnehmer müssen vor den Augen des Beobachtergremiums unterschiedlichste Aufgaben bearbeiten, wobei ihr sichtbares Verhalten Gegenstand der Bewertung ist. In den nicht interaktiven Übungen sind sie dabei allein und müssen etwas zum Vortrag bringen. Interaktive Aufgaben setzen demgegenüber mindestens einen Gesprächspartner voraus. Dies kann ein Mitbewerber oder ein Rollenspieler – also eine Person, die selbst nicht bewertet wird, sondern zum AC-Team gehört – sein.

Eine der besonders prominenten interaktiven Übungen ist die *Gruppendiskussion* (Jeserich, 1981; Fisseni & Fennekels, 1995; Obermann, 1991; Reiter, 1995; siehe Abbildung 7-44). Wie die Bezeichnung unschwer erkennen lässt, kommen bei dieser Übung mehrere AC-Teilnehmer (ca. 3 bis 8 Personen) in einer Runde zusammen und diskutieren maximal 30 Minuten ein vorgegebenes Thema. Je größer die Gruppe wird, desto geringer ist der Redeanteil des Einzelnen, es sein denn, man ist bereit, die Dauer der Übung entsprechend auszudehnen. In der Regel dürfte eine Dauer von 45 Minuten das Limit darstellen. Die meisten Themen sind nach 30 Minuten hinreichend diskutiert. Ist die Anzahl der AC-Teilnehmer insgesamt sehr groß (12 Personen oder mehr) empfiehlt sich eine Unterteilung der Gesamtgruppe in mehrere Kleingruppen, denn bei einer solchen Gruppengröße ist eine sinnvolle Diskussion an der sich alle beteiligen können, kaum möglich.

Das Thema der Diskussion sollte einen Bezug zum Arbeitsfeld aufweisen. Beispielsweise könnten Ingenieure, die sich bei einem Automobilkonzern bewerben, über die Zukunft alternativer Antriebe diskutieren. Bei der Wahl des Themas ist immer auf die Zusammensetzung der Gruppe zu achten. Gerade bei der Auswahl von Trainees, kommen häufig Vertreter unterschiedlicher Berufsgruppen zusammen. Wenn sich im Beispielfall des Automobilkonzerns unter den Teilnehmern z.B. nicht nur Ingenieure sondern auch Juristen und Pädagogen befinden, sind die Ausgangsbedingungen der Teilnehmer nicht mehr annähernd gleich. Aufgrund ihrer fachlichen Ausbildung können Ingenieure wahrscheinlich wesentlich mehr und qualitativ besseres zur Diskussion beitragen. Das Auftreten in der Diskussion ist also nicht nur durch Merkmale wie Teamfähigkeit, Durchsetzungsstärke oder Rhetorik gekennzeichnet, sondern wird durch das Fachwissen „konfundiert", was sich wiederum negativ auf die diskriminante Validität auswirkt. Interessiert man sich für das Fachwissen der Bewerber, so kann man dies gezielter in einem Interview oder einem Test untersuchen. Die Themen der Gruppendiskussion sollten möglichst kein spezifisches Fachwissen voraussetzen, sofern die Gruppen fachlich heterogen zusammengesetzt sind. Gruppendiskussionen können geführt oder ungeführt ablaufen. Bei einer geführten Gruppe übernimmt einer der Teilnehmer die Leitung der Diskussion. Wer dies sein soll kann beispielsweise durch eine kurze Abstimmung der Kandidaten zu Beginn der Übung festgelegt werden. Der Diskussionsleiter muss die Gruppe in vorgegebener Zeit zu einem Ziel führen, den Prozess der Entscheidungsfindung moderieren und etwaige Konflikte lösen. Schon anhand dieser kurzen Beschreibung wird deutlich, dass die Rolle des Diskussionsleiters eine völlig andere ist als die der übrigen Teilnehmer. Daher können beide Seiten auch nicht sinnvoll auf denselben Merkmalsdimensionen eingeschätzt werden. Im Grunde genommen durchlaufen der Diskussionsleiter und die Diskussionsteilnehmer unterschiedliche Übungen, was im Widerspruch zum Ziel der Personaldiagnostik steht. Schließlich sollen alle Probanden mit den gleichen Methoden untersucht und hinsichtlich derselben Kriterien bewertet werden (vgl. Kapitel 5). Ein Ausweg könnte in der Rotation der Teilnehmer liegen (vgl. Jeserich, 1981), so dass beispielsweise die Rolle des Diskussionsleiters nach vielleicht 5 Minuten jeweils an einen anderen Teilnehmer übergeht. Hierdurch wird allerdings eine extrem künstliche Situation geschaffen, bei der die eigentliche Diskussion schnell zur Nebensache wird. Es spricht mithin vieles dafür, von vornherein auf geführte Gruppendiskussionen zu verzichten. Interessiert man sich dennoch für das Führungsverhalten jedes Probanden in einer Diskussionsrunde, ist die Rollenspielmethode die bessere Wahl. Die Rolle der Diskussionsteilnehmer übernehmen in diesem Fall Assistenten des Moderators (Rollenspieler). Jeder AC-Teilnehmer bekommt nacheinander die Gelegenheit, sein Führungsverhalten in der gleichen Diskussionsrunde unter Beweis zu stellen. Ein besonderer Vorteil der Rollenspielmethode liegt darin, dass nun auch bestimmte Szenarien gezielt durchgespielt werden können, die in realen Diskussionsrunden nur unkontrolliert auftreten. So könnten sich z.B. einzelne Rollenspieler den Vorschlägen der Führungskraft permanent widersetzen, sich gegenseitig persönlich angreifen oder vornehmlich destruktive Äußerungen tätigen.

Eine Mischung zwischen klassischer Gruppendiskussion und Rollenspielmethode stellt die Gruppendiskussion mit Rollenanweisung dar. Jeder Teilnehmer der Runde erhält vor der Diskussion ein Papier, auf dem steht, welche Position er später vertreten soll. Auf diesem Weg kann man z.B. zwei Gruppen bilden, die für bzw. gegen flächendeckende Tarifverträge für oder gegen die Ausweitung der Produktion des Unternehmens in Billiglohnländer plädieren. Eine solche Rollenanweisung verlangt von den Kandidaten vergleichsweise wenig Rollenübernahmefähigkeit. Sie können im Wesentlichen sie selbst bleiben, müssen aber ggf. eine Position vertreten, die nicht die eigene ist. In anderen Diskussionen wird eine sehr viel weitergehende Rollenübernahme verlangt. Dies ist etwa der Fall, wenn jeder Teilnehmer eine bestimmte Person spielen soll, von der er zuvor erfahren hat, welche Position sie im Unternehmen einnimmt, wie alt sie ist, welche Ausbildung sie hat, welche Meinungen sie vertritt etc. Auch hier stellt sich wieder das Problem der Konfundierung. Ist ein Teilnehmer nicht in der Lage, sich in die Rolle einzufinden, weil sie seiner eigenen Lebenswirklichkeit zu fremd ist, kann sich dies sehr negativ auf sein Verhalten in der Diskussion auswirken. Er findet keine überzeugenden Argumente, weil er seine Position eigentlich für falsch hält oder wirkt unnatürlich, weil er kein guter Schauspieler ist. Hinzu kommt, dass die Ausgangsbedingungen der Teilnehmer sehr unterschiedlich sein können. Der eine hat Glück und darf eine Rolle spielen, in die er sich leicht einfindet, während ein anderer mit seiner Rolle hadert. All dies spricht eher gegen denn für den Einsatz von Rollenanweisungen. Sofern man sich aber dennoch für eine Gruppendiskussion mit Rollenvorgabe entschließt, muss sichergestellt sein, dass bestimmte Rollen nicht zu Bevorzugungen oder Benachteiligungen Einzelner führen. Sollen die Diskutanten beispielsweise untereinander klären, wer von ihnen an den Weihnachtsfeiertagen dienstfrei hat, sind Rollen von Alleinerziehenden oder Familienvätern gegenüber denen von Singles deutlich im Vorteil. Ferner sollte man Rollen, die eine sehr große Rollenübernahmefähigkeit voraussetzen, nicht einsetzen, es sei denn, man möchte mit dem Assessment Center Schauspieler auswählen.

Neben diesen grundlegenden Aspekten unterscheiden sich Gruppendiskussionen dahingehend, ob die Gruppe in einer vorgegebenen Zeit zu einem gemeinsamen Ergebnis kommen muss und ob das Ergebnis präsentiert werden soll (Reiter, 1995). Der Zwang zur Problemlösung kann dabei helfen, die Gruppendiskussion zu forcieren und damit lebendiger zu gestalten. Auch ist hierdurch in vielen Fällen eine gute Abbildung der Realität gewährleistet, denn auch im Berufsleben wird erwartet, dass die Entscheidungsträger in einer vertretbaren Zeit zu einer gemeinsamen Linie finden. Die Aufgabe muss dann allerdings so gestaltet sein, dass sie in der zur Verfügung stehenden Zeit zu bewältigen ist. Eine klare Vorstellung von richtigen vs. falschen Problemlösungen ist für die Bewertung des Diskussionsverhaltens nicht notwendig, denn auch im wahren Leben, erweisen sind Entscheidungen oftmals erst sehr langfristig als richtig oder falsch. Zum Zeitpunkt der Entscheidung genügt es, wenn die Gruppe nach Abwägung aller zur Verfügung stehenden Informationen zu einem vertretbaren Ergebnis gelangt. Die Präsentation der Ergebnisse führt hingegen gerade in größeren Gruppen zu Problemen. Zum einen können nicht alle Teilnehmer die Ergebnisse präsentieren, was wiederum zu ungleichen Untersuchungsbedingungen und Beobachtungsmöglichkeiten führt, zum anderen ist eine Präsentation der Ergebnisse durch mehrere Personen unrealistisch. Interessiert man sich für die Präsentationsfähigkeiten der Teilnehmer, sollte man dies gezielt bei allen Kandidaten in gleicher Weise untersuchen. Hierzu bieten sie unterschiedliche nicht-interaktive AC-Übungen an (s.u.).

Übungstyp
- Interaktionsübung für ca. 3 bis 8 Personen

Dauer
- maximal 30 Minuten

Variationen
- geführt/nicht geführt
- mit/ohne Rollenanweisung
- die Diskussion muss/muss nicht zu einem Ergebnis gelangen
- Das Ergebnis der Gruppendiskussion muss/muss nicht präsentiert werden
- Medieneinsatz erlaubt/nicht erlaubt

Probleme
- Je mehr Teilnehmer, desto geringer der Redeanteil des Einzelnen
- Inhalt der Diskussion könnte einzelne Teilnehmer benachteiligen (Fachwissen)
- geführte Diskussionen führen zu ungleichen Untersuchungsbedingungen
- Rollenanweisungen führen u.U. zu ungleichen Untersuchungsbedingungen
- Ergebnispräsentation führt zu ungleichen Untersuchungsbedingungen
- Ablenkung von der eigentlichen Aufgabe durch Medieneinsatz

Empfehlungen
- Gruppengröße besser gering halten (bis 6 Personen), ggf. Gruppe teilen
- bei fachlich heterogenen Gruppen, keine fachbezogenen Diskussionsthemen
- auf geführte Diskussionen verzichten
- auf Rollenanweisungen verzichten oder auf Gleichwertigkeit achten
- auf Ergebnispräsentationen verzichten
- Medieneinsatz nur dann, wenn er inhaltlich begründet ist

Abbildung 7-44: Kurzporträt Gruppendiskussion

Zur Erleichterung der Diskussion kann man den Teilnehmern den Einsatz von Medien (Flipchart, Metaplankarten, Tafel) erlauben. Dies ist nur dann notwendig, wenn viele Informationen integriert werden müssen. In solchen Fällen kann der Realitätsbezug der Übung durch den Einsatz von Medien erhöht werden. Ist die Aufgabe eher simpel sollte man auf Medien verzichten, damit die Diskutanten nicht vom eigentlichen Thema abgelenkt werden und glauben, es käme vor allem auf eine schöne Visualisierung an. Auch birgt der Einsatz von Medien die Gefahr, dass sich die Teilnehmer gemeinsam vor der eigentlichen Aufgabe drücken, indem sie minutenlang Informationen am Flipchart sammeln, ohne wirklich zu diskutieren.

Neben der Gruppendiskussion stellt das *Rollenspiel* einen Klassiker der AC-Übungen dar (siehe Fisseni & Fennekels, 1995; Jeserich, 1981; Jung, 1995; Kleinmann, 2003; Obermann, 1991). Im Rollenspiel beobachtet man ebenfalls primär das Interaktionsverhalten der Probanden. In aller Regel handelt es sich dabei allerdings um Interaktionen zwischen zwei Menschen: Vorgesetzter und Mitarbeiter, Mitarbeiter und Kunde, zwei Kollegen etc. Meist geht es um Problemgespräche. Der Mitarbeiter muss gegenüber seinem Vorgesetzten eine innovative Idee verteidigen, einen wütenden Kunden beruhigen oder sich mit seinem Kollegen darauf einigen, wer von beiden zu einem bestimmten Termin Urlaub nehmen darf. Die Interaktionsparteien können durch zwei AC-Teilnehmer oder durch einen AC-Teilnehmer, der das Gespräch mit einem Rollenspieler führt, gebildet werden (vgl. Abbildung 7-45).

Übungstyp
- Interaktionsübung für 2 Personen

Dauer
- ca. 10 – 15 Minuten

Variationen
- nur AC-Teilnehmer oder ein Teilnehmer mit einem Rollenspieler
- sehr strenge/liberale Rollendefinition für den AC-Teilnehmer

Probleme
- mangelnde Standardisierung, wenn keine Rollenspieler eingesetzt werden
- sehr strenge Rollenvorgaben reduzieren die Realitätsähnlichkeit der Übung sowie des Teilnehmerverhaltens

Empfehlungen
- Einsatz von geschulten Rollenspielern
- keine strengen Rollendefinitionen für den AC-Teilnehmer

Abbildung 7-45: Kurzporträt Rollenspiel

Im ersten Fall spart man zwar die Kosten für den Rollenspieler ein, der Verlauf des Gespräches ist jedoch völlig offen. Die mangelnde Standardisierung führt dazu, dass die Anforderungen, die an die Teilnehmer gestellt werden, von Spiel zu Spiel variieren können. Während im einen Falle ein heftiger Konflikt entsteht, weil beide Seiten nicht nachgeben wollen, hat es der Kandidat, der eine halbe Stunde später die gleiche

Übung absolviert sehr viel leichter, weil sein Spielpartner gleich zu Beginn nachgibt. Auch können persönliche Beziehungen, die sich in den Pausenzeiten zwischen den Kandidaten aufgebaut haben, den Ablauf in der einen oder anderen Richtung stören. Besonders schwierig wird es, wenn ein AC-Teilnehmer ausfällt und dann entgegen der Planung eine ungerade Teilnehmeranzahl den geplanten Ablauf stört. Damit auch der letzte Kandidat die Übung absolvieren kann, muss nun irgendein Ersatzteilnehmer gefunden werden. Vieles spricht daher von vornherein für den Einsatz von Rollenspielern. Bei einem Rollenspieler handelt es sich um ein Mitglied des AC-Teams, das den Status eines Assistenten hat. Er wurde vor dem Assessment Center für seine Aufgabe geschult, so dass eine standardisierte Untersuchung der Kandidaten sichergestellt ist. In jedem Rollenspiel tritt immer derselbe Spieler auf. Er verhält sich weitestgehend gleich und ist gegenüber den Teilnehmern bislang nicht in anderer Funktion in Erscheinung getreten. Trotz aller Bemühungen wird die Standardisierung im Rollenspiel niemals so perfekt sein wie bei einem Intelligenztest oder einem Fragebogen, denn der Rollenspieler soll ja auch auf die Äußerungen seines Gesprächspartners eingehen. Nur so kann eine gewisse Natürlichkeit der Übung und damit auch ein realitätsähnliches Verhalten der AC-Teilnehmer gewährleistet werden. Der Rollenspieler steht mithin immer vor der schwierigen Aufgabe, einerseits eine Standardisierung zu gewährleisten, andererseits aber auch ein möglichst natürliches Gespräch simulieren zu müssen. Hierzu bedarf es einer intensiven Schulung, in der der Spieler die Übung viele Male mit unterschiedlichen Probekandidaten durchlaufen hat, und – wie bei der Einübung eines Theaterstückes – Rückmeldungen von Seiten des Spielpartners sowie unbeteiligter Beobachter erhält.

Rollenspiele können sich ferner dahingehend unterscheiden, inwieweit sie die Rolle des AC-Teilnehmers vorgeben. Dabei sollte man generell sehr zurückhaltend agieren. Es reicht völlig aus, wenn man seine Rolle grob skizziert und ihm mitteilt, welche Funktion er bzw. der Rollenspieler in der gestellten Situation einnehmen. Letztlich sollen alle Teilnehmer die Freiheit haben, ihre eigenen Kompetenzen, Werthaltungen etc. in die Ausgestaltung der Übung hineinzulegen.

Die vielleicht spektakulärste Interaktionsaufgabe im Assessment Center ist die *Konstruktionsübung*. Wie bei der Gruppendiskussion treten die Teilnehmer in Gruppen an. Im Gegensatz zur Diskussion ist die Übung allerdings durch eine starke motorische Aktivität gekennzeichnet (vgl. Fisseni & Fennekels, 1995; Jeserich, 1981; Kleinmann, 2003; Obermann, 1991). Ein wahrer Klassiker der Konstruktionsübung ist der „Turmbau": die Teilnehmer erhalten unterschiedliche Bastelmaterialien (Pappe, Papier, Kordel, Klebestreifen u.Ä.) und müssen daraus in ca. 30 Minuten einen möglichst hohen, stabilen und ggf. auch ästhetisch ansprechenden Turm bauen. In einer ähnlich gelagerten Übung geht es darum, mit Hilfe der Bastelmaterialien ein rohes Ei so gut zu verpacken, dass es den Sturz aus zwei Meter Höhe unbeschadet übersteht. Aufgrund der starken Aktivität, die diese Übung von den Teilnehmern verlangt, empfiehlt sich eine Gruppengröße von maximal vier Personen. Anderenfalls behindern sich die Teilnehmer leicht gegenseitig. Erfahrungsgemäß sorgen derartige Übungen für eine gewisse Heiterkeit und tragen daher zu einer positiven Stimmung im Assessment Center bei. Hierzu führt man z.B. gemeinsam mit allen Teilnehmern den Eiertest durch und schaut ob die Konstruktionen tatsächlich das halten, was sie versprechen. Natürlich interessiert aus diagnostischer Sicht nicht wirklich, wie gut die Konstruktion einer Gruppe war. Es geht vielmehr um die Art und Weise, wie die Gruppenmitglieder miteinander umgehen und ihre Tätigkeiten untereinander koordinieren. Um den Leistungsdruck zu erhöhen kann man die Teilnehmer glauben machen, dass ihre Konstruktion unmittelbar mit der anderer Gruppen verglichen wird. Besonders glaubwürdig wird dies, wenn die Gruppen parallel zueinander im gleichen Raum arbeiten. Dies lässt sich allerdings nur dann realisieren, wenn viele Beobachter zur Verfügung stehen oder die Gruppen sehr klein sind.

Das zentrale Problem der Konstruktionsübung besteht darin, dass sie das Simulationsprinzip verletzt (vgl. Abbildung 7-46). Kaum eine Berufsgruppe muss in ihrem Alltag derart ungewöhnliche Aufgaben bearbeiten. Dennoch schneidet die Konstruktionsübung in der Einschätzung der Teilnehmer oft nicht schlecht ab, was möglicherweise darauf zurückzuführen ist, dass sie den meisten Kandidaten ganz einfach Spaß macht und man ihr einen symbolischen Alltagsbezug nicht völlig absprechen kann. Wie im Berufsleben erreicht die Gruppe ihr Ziel nur dann, wenn alle miteinander kooperieren. Über die Validität der Konstruktionsübung ist nichts bekannt. Dennoch erscheint es sinnvoll, in der praktischen Anwendung auf die sehr abstrakten Standardübungen zu verzichten, zumal sie informierten Bewerbern aus der Ratgeberliteratur ohnehin bekannt sein dürften. Mit einiger Phantasie lassen sich ähnliche Übungen entwickeln, die einen stärkeren Bezug zum beruflichen Leben aufweisen. So könnte man z.B. die Bewerber in einem Automobilkonzern bitten, mit Hilfe der Bastelmaterialien das Modell für einen Messestand zu bauen.

Übungstyp
• Interaktionsübung für maximal 4 Personen

Dauer
• ca. 20 – 30 Minuten

Variationen
• direkte Konfrontation mit der Leistung anderer Gruppen /
  nur imaginäre /gar keine Konfrontation mit der Leistung anderer Gruppen

Probleme
• sehr geringer Realitätsbezug von Standardübungen wie z.B. „Turmbau"

Empfehlungen
• auf völlig künstliche Standardübungen verzichten
• zumindest ansatzweise Bezug zum Arbeitsplatz herstellen

Abbildung 7-46: Kurzporträt Konstruktionsübung

Neben interaktiven Übungen finden sich in jedem Assessment Center auch *nicht-interaktive Übungen zur Verhaltensbeobachtung* (vgl. Fisseni & Fennekels, 1995; Jeserich, 1981; Kleinmann, 2003; Obermann, 1991). Im Kern sieht es immer so aus, dass der Teilnehmer allein vor den Beobachtern steht und einen Vortrag halten muss. Da sich die Beobachter bei den nicht-interaktiven Übungen nur auf einen Kandidaten konzentrieren müssen, und jeder Kandidat somit gleichzeitig von vielen Personen begutachtet wird, sollte die Beobachtung besonders reliabel ausfallen.

Eine Variante der nicht-interaktiven Übungen, die sinnvoller Weise immer die erste Übung eines Assessment Centers sein sollte, ist die *Selbstvorstellung* (vgl. Abbildung 7-47). Der Kandidat hat dabei die Aufgabe, etwa 5 bis 10 Minuten etwas zu seiner Person vorzutragen: Ausbildungsweg, Hobbies, Gründe der Berufswahl etc. Manche Unternehmen informieren die Bewerber schon vor dem Assessment Center und ermöglichen Ihnen somit eine langfristige Vorbereitung. Andere wiederum konfrontieren die Kandidaten erst kurz vor der eigentlichen Übung über die Aufgabe. Bei einer langfristigen Vorbereitung kann die Leistung nicht zweifelsfrei auf die Kompetenzen des Kandidaten zurückgeführt werden. Die meisten Teilnehmer werden sich in einem solchen Fall mit Freunden beraten und ihren Kurzvortrag mehrfach durchgespielt und optimiert haben. Aus diesem Grunde sollte man auf langfristige Vorbereitungszeiten verzichten.

Die Selbstvorstellung kann durch den Teilnehmer entweder völlig frei gestaltet werden oder muss sich an vorgegebenen Leitfragen orientieren. Bei einer völlig freien Darstellung dürften erfahrene Bewerbern vor allem eingeübte Standardfloskeln von sich geben. Durch gezielte Leitfragen kann man dies vermeiden.

Ob die Teilnehmer ihren Vortrag durch Medieneinsatz (Flipchart, bei längerer Vorbereitungszeit auch Folien) unterstützen dürfen, hängt letztlich von den Anforderungsdimensionen ab. Ist der Umgang mit Medien eine wichtige Kompetenz, so könnte man bereits bei der Selbstvorstellung Medien zulassen.

Übungstyp
- Einzelübung, Vortrag vor dem Beobachtergremium

Dauer
- ca. 5 bis 10 Minuten

Variationen
- mit/ohne (langfristige) Vorbereitung
- mit/ohne Leitfragen
- mit/ohne Medieneinsatz

Probleme
- bei langfristiger Vorbreitung ist nicht sicher, inwieweit der Vortrag tatsächlich allein die Leistungen des Teilnehmers widerspiegeln
- ohne Leitfragen spulen die Teilnehmer ggf. nur ein vorgefertigtes Standardprogramm ab

Empfehlungen
- keine langfristige Vorbereitung
- Einsatz von spezifischen Leitfragen

Abbildung 7-47: Kurzporträt Selbstvorstellung

Zu den für viele AC-Teilnehmer besonders belastenden Übungen zählt die *Stegreifrede* (vgl. Abbildung 7-48; Fisseni & Fennekels, 1995; Jeserich, 1981; Kleinmann, 2003; Obermann, 1991). Der Kandidat wird in den Übungsraum gebeten, hier mit einem bestimmten Thema konfrontiert und muss hierzu anschließend 3 bis 5 Minuten aus dem Stegreif heraus einen Vortrag halten. Ziel der Übung ist eine Überprüfung der kommunikativen Fähigkeiten in belastenden Situationen. Die Inhalte des Vortrags rücken dabei gegenüber der Form in den Hintergrund.

Damit einzelne Kandidaten aufgrund ihrer fachlichen Qualifikation gegenüber den anderen nicht im Vorteil sind, wählt man häufig völlig sinnlose Themen, wie z.B. „Das Ei" oder „Die Bedeutung der Erbsensuppe". Eine andere Variante besteht darin, dass der Teilnehmer zuvor aus einem kleinen Säckchen einen Gegenstand ziehen muss (z.B. Kugelschreiber, Anspitzer etc.) und dann zu seinem Gegenstand einen Vortrag hält. Man kann sich leicht denken, dass die Teilnehmer eines Auswahl-AC wenig Verständnis für derartige Vortragsthemen haben. Gerade hochqualifizierte Bewerber fühlen sich leicht nicht ernstgenommen. Daher sollte man „sinnlose Themen" vermeiden. Die Säckchenmethode ist schon aus dem Grunde abzulehnen, weil jeder Teilnehmer ein unterschiedliches Thema bekommt, was gegen das Standardisierungsprinzip verstößt. Will man verhindern, dass einzelne Kandidaten im Vorteil sind, so sollte man ein Thema wählen, das einerseits etwas mit der beruflichen Wirklichkeit zu tun hat, andererseits aber nach allgemeiner Einschätzung von allen Kandidaten leicht mit Leben gefüllt werden kann. Bei Mitarbeitern einer Bank könnte ein solches Thema z.B. „Der Euro" lauten. Bewerber in einem Automobilkonzern könnten über „Die Bedeutung des Automobils in unserer Gesellschaft" referieren.

Gelegentlich wird den Kandidaten der Einsatz von Medien – vorzugsweise des Flipcharts – ermöglicht. Aus Bewerbersicht ist dies möglicherweise angenehm, da man sich durch das Anschreiben kleine Pausen verschaffen und in gewisser Weise auch vor den Beobachtern „verstecken" kann. Angesichts der Tatsache, dass sich die Medienkompetenz sehr viel besser und realitätsnaher in einer längeren Präsentationsübung beurteilen lässt, sollte man in der Stegreifrede auf Medien verzichten.

Übungstyp
• Einzelübung, Vortrag vor dem Beobachtergremium

Dauer
• ca. 3 – 5 Minuten

Variationen
• „sinnloses"/sinnvolles Thema
• Medieneinsatz

Probleme
• „sinnlose" Themen haben eine geringe soziale Validität
• Medieneinsatz ermöglicht es den Kandidaten „sich zu verstecken"

Empfehlungen
• nur sinnvolle Themen
• alle Kandidaten erhalten das gleiche Thema
• kein Medieneinsatz

Abbildung 7-48: Kurzporträt Stegreifrede

Die dritte und letzte nicht-interaktive Verhaltensübung wird allgemein als *Präsentation* bezeichnet (vgl. Abbildung 7-49; Fisseni & Fennekels, 1995; Jeserich, 1981; Kleinmann, 2003; Obermann, 1991). Auch bei dieser Übung hält der Teilnehmer allein vor den Beobachtern einen Vortrag. Im Gegensatz zu den beiden zuvor beschriebenen Varianten handelt es sich aber um einen vorbereiteten Vortrag.

Der Teilnehmer erhält beispielsweise ein berufsrelevantes Thema, zu dem er die Pro- und Contra-Position diskutieren soll oder muss sich mit einem Problem beschäftigen und eine eigene Lösung erarbeiten. Der inhaltlichen Variation sind hier kaum Grenzen gesetzt. Je nach Umfang der Aufgabe kann die Vorbereitungszeit 15 bis 30 Minuten. Für den eigentlichen Vortrag sind ca. 15 Minuten vorgesehen.

In der Regel wird eine Präsentation mit Medieneinsatz erwartet. Üblich sind Folien, Flipchart oder Metaplankarten, wobei der Kandidat selbst bestimmt, wie und in welchem Umfang er welche Medien einsetzt. Dient die Übung allein der Überprüfung sprachlicher Fähigkeiten, oder steht eine Problemlösung im Vordergrund, kann auch auf Medien verzichtet werden. Dies wäre aber nur dann sinnvoll, wenn in dem fraglichen Arbeitsfeld medienunterstützte Vorträge nicht geläufig sind (z.B. bei Marktleitern im Einzelhandel). Interessiert man sich insbesondere für die Lösung des Problems und tritt demgegenüber die Präsentation in den Hintergrund so haben wir es mit einer reinen Planungsaufgabe oder Fallstudie zu tun (s.u.).

Bei manchen Vorträgen soll sich der Redner vorstellen, dass er die Ergebnisse seiner Überlegungen vor einem Publikum präsentiert. Stehen nicht genügend Assistenten zur Verfügung, so wird dieses Publikum zur Not durch die Beobachtergruppe simuliert. Bei solchen Übungen ist es auch möglich, Nachfragen zu stellen. Falls kein gesondertes Publikum zur Verfügung steht übernimmt der Moderator diese Aufgabe. Die Befragung ist halbstandardisiert: sie nimmt zum einen Bezug auf die Ausführungen des Kandidaten, wobei allen Probanden Fragen zum gleichen Themenbereich gestellt werden. Mit Rückfragen kann z.B. überprüft werden, ob der Referent das Thema durchdrungen hat oder wie er mit Kritik an seiner Position umgeht.

Übungstyp
- Einzelübung, vorbereiteter Vortrag vor dem Beobachtergremium

Dauer
- ca. 15 – 30 Minuten Vorbereitungszeit
- ca. 15 Minuten Vortragszeit

Variationen
- mit/ohne Medieneinsatz
- mit/ohne Rückfragen

Probleme
- ggf. Benachteiligung bestimmter Personengruppen durch die Wahl des Themas

Empfehlungen
- Arbeitsplatz- bzw. Berufsbezug des Themas sicher stellen

Abbildung 7-49: Kurzporträt Präsentation

Grundsätzliche Probleme sind mit der Präsentationsübung kaum verbunden. Wie für alle Übungen gilt, dass die Thematik nicht von vornherein bestimmte Personengruppen benachteiligen darf.

In der Gruppe der *Befragungsübungen* finden sich zwei unterschiedliche Ansätze. Zum einen die schriftliche Befragung mit Hilfe eines Fragebogens oder Computers, zum anderen das Interview (vgl. Abbildung 7-43). Die schriftliche Befragung hat den Vorteil, dass sie zur Überbrückung langer Wartezeiten eingesetzt werden kann und keinen großen Aufwand erfordert. Die Daten werden gewissermaßen „nebenbei" durch die Assistenten erhoben. Die Auswertung erfolgt ebenfalls durch das Assistenzpersonal. Im Vergleich hierzu ist das Interview erheblich aufwändiger, bietet aber weitere Möglichkeiten zur Verhaltensbeobachtung. Wenn man es sich erlauben kann, sollten alle Beobachter dem Interview lauschen. Die Rolle des Interviewers übernimmt dann der Moderator. Ist dies nicht möglich, sollten bei jedem Interview zumindest zwei Beobachter anwesend sein, die sich ausschließlich auf die Protokollierung und Bewertung des Geschehens konzentrieren. Als Interviewer fungieren neben dem Moderator ggf. die Assistenten, nicht aber die Beobachter. Eine Doppelfunktion, bei der eine Person im Interview als Gesprächsführer, im restlichen Assessment Center als Beobachter auftritt, ist zu vermeiden, da hierdurch die professionelle Distanz der Beobachters zum AC-Teilnehmer gefährdet wird (vgl. Abschnitt 7.7.3). Ansonsten gilt für die Gestaltung, Durchführung und Auswertung der Befragungsübungen all das, was wir bereits in den Abschnitten über die Fragebogenmethode (7.3) und das Interview (7.5) gesagt haben.

Die dritte, übergeordnete Gruppe der AC-Übungen umfasst Verfahren, die der *Methode des Testens* zuzuordnen sind. Hierzu zählen neben klassischen Intelligenztests, Computersimulationen, Postkörbe und Planungsaufgaben bzw. Fallstudien. Auf die grundlegenden Prinzipien der ersten beiden Methoden wurde bereits in den Abschnitten 7.2.1 und 7.2.2 eingegangen. Wir beschränken uns im Folgenden daher auf Postkörbe und Planungsaufgaben.

Auch die *Postkorbaufgabe* gehört zu den Klassikern des Assessment Centers (vgl. Dommel, 1995; Fisseni & Fennekels, 1995; Jeserich, 1981; Kleinmann, 2003; Obermann, 1991; Abbildung 7-50). Allerdings ist es um die Reliabilität und Validität dieses Verfahrens schlecht bestellt (Brannick, Michaels & Baker, 1989; Rolland, 1999; Schippmann & Prien, 1990). In den allermeisten Fällen handelt es sich um selbst gestrickte Leistungstests zur Lösung komplexer Aufgaben, insbesondere zur Überprüfung der Organisationsfähigkeit. Der Kandidat wird z.B. auf die folgende Situation eingestimmt: Er ist Mitarbeiter des Unternehmens X und kommt am Freitagabend ins Büro. Es ist niemand mehr anwesend. Am nächsten Tag bricht er zu einer dreiwöchigen Geschäftsreise auf und wird auch vorher niemandem aus dem Unternehmen zu Gesicht bekommen. Auf seinem Schreibtisch liegt der Postkorb, d.h. eine Ansammlung von unbearbeiteten Briefen und Notizen, die er in einer vorgegebenen Zeit (etwa 1 bis 1,5 Stunden) bearbeiten soll. Seine Aufgabe besteht darin, wichtiges vom unwichtigen zu trennen, einen Terminkalender anzulegen, die Briefe an geeignete Kollegen weiterzuleiten, Notizen für die Sekretärin des Vorgesetzten zu schreiben u.Ä. Eine Besonderheit dabei ist, dass er sich erst einmal einen Überblick über die Struktur des Unternehmens verschaffen muss. Schließlich kann er die Briefe nicht vernünftig bearbeiten, wenn er nicht durchschaut, welche Personen im Unternehmen welche Funktionen innehaben und wer die Urheber der Briefe sind. In ihrer ursprünglichen Variante sind Postkörbe immer Paper-Pencil-Aufgaben. Der Postkorb liegt also wirklich in Form von Zetteln auf dem Tisch. Seit vielen Jahren gibt es aber auch computergestützte Postkörbe (Fennekels, 1995a; Roest, Scherzer, Urban, Gangl & Brandstätter, 1989). Leider ist die Entwicklung der Computertechnologie so schnell an diesen Verfahren vorbeigezogen, dass man sie aufgrund des äußeren Erscheinungsbildes (DOS-Programmierung) heute kaum noch einsetzen kann, ohne dabei einen Imageverlust für das Unternehmen zu riskieren. Hinzu kommt, dass die Auswertung nach dem Black-Box-Prinzip erfolgt. Nach der Bearbeitung des Verfahrens berechnet der Computer am Ende zwar ein Ergebnis, wie er dazu kommt, ist für den Anwender jedoch kaum nachvollziehbar.

Das prinzipielle Problem der Postkorbübung besteht darin, dass ohne einen direkten Anforderungsbezug – wer muss in seinem Berufsalltag schon Postkörbe sortieren – Aufgaben zusammengestellt werden, die bestenfalls Plausibilitätscharakter besitzen. Anders als bei klassischen Leistungstests, fehlen sämtliche Grundlagen für einen empirisch begründeten Auswertungsschlüssel. Auch hierbei behilft man sich mit Plausibilitätsbetrachtungen. Wer sich selbst aber schon einmal an der Entwicklung und Auswertung von Postkörben versucht hat, weiß wie schwer es ist, ein gerechtes Auswertungsschema zu finden und wie vielgestaltig die Lösungsansätze der Probanden sein können. Insofern können wir von „selbstgestrickten" Verfahren nur abraten. Die computergestützten Postkörbe weisen – nicht zuletzt aufgrund der einfachen Auswertung – sicherlich in die richtige Richtung, doch auch hier kann eine Anwendung nur empfohlen werden, wenn die Validität des Verfahrens für den konkreten Anwendungsfall empirisch nachgewiesen wurde. Alles in allem spricht z.z. mithin weitaus mehr gegen als für den Einsatz von Postkörben im Assessment Center, zumal sich die Frage stellt, ob sich die interessierenden Fähigkeiten nicht sehr viel reliabler und valider mit einem herkömmlich Intelligenztest erfassen lassen.

Übungstyp
- Einzelübung, kognitive Aufgabe zum komplexen Problemlösen
- keine Verhaltensbeobachtung

Dauer
- ca. 1 – 1,5 Stunden

Variationen
- paper-pencil/computergestützt

Probleme
- Reliabilität und Validität meist nicht gegeben

Empfehlungen
- auf Postkörbe verzichten, sofern ihr Nutzen für den Anwendungsfall nicht empirisch belegt ist

Abbildung 7-50: Kurzporträt Postkorbübung

Die letzte Übungsgruppe umfasst zwei eng miteinander verwandte Übungen, die *Planungsaufgabe* sowie die *Fallstudie* (vgl. Domsch, 1995; Fassheber, 1995; Fisseni & Fennekels, 1995; Jeserich, 1981; Kleinmann, 2003; Obermann, 1991; Abbildung 7-51). Die Grenzen zwischen Planungsaufgabe und Fallstudie sind fließend. Beide Übungen beziehen sich auf kognitive und organisatorische Fähigkeiten, wobei mitunter auch fachliches Wissen vorausgesetzt wird. Beide Aufgabentypen können allein oder in Gruppen durchgeführt werden. Sofern Gruppenarbeit vorgesehen ist, muss sichergestellt sein, dass die Aufgabe komplex genug ist.

Übungstyp
- Einzelübung (auch als Gruppenübung möglich) kognitive Leistungsaufgabe

Dauer
- ca. 30 – 60 Minuten

Variationen
- allein/in Gruppen
- abstrakter Bezug zur Arbeitswirklichkeit /Arbeitsprobe
- Präsentation/ keine Präsentation der Ergebnisse

Probleme
- mitunter fragliche Auswertungsobjektivität
- fehlende Identifizierung der Einzelleistung im Falle einer Gruppenübung

Empfehlungen
- sorgfältige Entwicklung von Bewertungsschlüsseln
- auf Gruppenübungen verzichten

Abbildung 7-51: Kurzporträt Planungsaufgabe/Fallstudie

Im Kern geht es darum, dass die Teilnehmer eine komplexe Aufgabe des beruflichen Alltags lösen müssen. Wirtschaftswissenschaftler könnte man z.B. mit der Gestaltung des Marketing-Mix für ein imaginäres Produkt beschäftigen. Bauingenieure könnten die Entwicklungsphasen eines Großbauprojektes planen. Je nach Umfang der Übung stehen hierzu ggf. mehrere Stunden zur Verfügung. Gruppenübungen bringen es mit sich, dass die Teilnehmer ihre Arbeit untereinander koordinieren müssen. Allerdings steht das Sozialverhalten nicht im Zentrum des Geschehens, zumal die Übung ohne Beobachtung abläuft. Die Ergebnisse werden entweder vor dem Beobachtergremium präsentiert – hier gelten alle Bedenken, die wir bereits im Zusammenhang mit der Präsentation der Ergebnisse aus Gruppendiskussionen geäußert haben – oder von den Assistenten ausgewertet. Das größte Problem bei Gruppenübungen besteht in der Identifizierung der Einzelleistungen der Kandidaten. Dient das Assessment Center der Teamentwicklung, kann man mit diesem Problem vielleicht noch leben. Für ein Auswahl-AC wäre eher von Gruppenaufgaben abzuraten, sofern die Möglichkeit zu einer direkten Beobachtung nicht gegeben ist. Wird das Ergebnis der Übung durch die Assistenten ausgewertet, setzt dies einen durchdachten Bewertungsschlüssel sowie eine eindeutige Identifizierung der Einzelleistungen voraus. Alles in allem spricht mehr für die Einzelvariante als für die Gruppenübung, wenngleich hierdurch mitunter auch ein Stück Realitätsbezug verloren geht. Letztlich nützt aber die schönste, komplexe und realitätsnahe Übung wenig, wenn die Ergebnisse nicht vernünftig auszuwerten sind. Weniger ist hier oftmals mehr.

7.7.3 Funktionsträger

Neben den AC-Teilnehmern gibt es drei Personengruppen, die wir zu den sog. Funktionsträgern zählen. Sie übernehmen professionelle Aufgaben im Assessment Center und tragen dadurch ganz entscheidend zur Qualität der Diagnose bei. Die Rede ist von den Beobachtern, dem Moderator sowie seinen Assistenten (inklusive Rollenspielern). Wenden wir uns zunächst den Beobachtern zu.

Die *Beobachter* sind die eigentlichen Diagnostiker des Assessment Centers. Weder der Moderator noch die Assistenten und Rollenspieler beobachten die Teilnehmer in systematischer Weise oder nehmen eine Bewertung des Verhaltens vor. Dies ist allein die Aufgabe der Beobachter.

Beobachter arbeiten immer in Gruppen, wobei das quantitative Verhältnis zwischen der Anzahl der AC-Teilnehmer und der Anzahl der Beobachter in etwa 2:1 betragen sollte (Obermann, 1992). Die Beobachtergruppe rekrutiert sich für gewöhnlich aus Mitarbeitern der Personalabteilung, Führungskräften des Unternehmens sowie externen Beratungsfirmen. Der (zusätzliche) Einsatz von Psychologen wirkt sich dabei nachweislich positiv auf die Güte der Beobachtungen aus (Gaugler, Rosenthal, Thornton & Bentson, 1987; Lievens, 2002; Lievens & Conway, 2001; Sagie & Magnezy, 1997). Bei der *Auswahl der Beobachter* sollte man sich so weit dies irgend möglich ist nicht von Statuspositionen oder der Funktion, die eine Person innerhalb des Unternehmens einnimmt, leiten lassen, sondern ausschließlich auf die Eignung der Personen achten. Berufserfahrung ist dabei weitaus weniger wichtig als die Bereitschaft, die Sache rational anzugehen, sich an die Verfahrensregeln des Assessment Centers zu halten und sich als gleichberechtigter Partner in das Beobachterteam einzugliedern. Wer dies nicht kann oder möchte ist als Beobachter fehl am Platz. Die bisweilen anzutreffende Regelung, wonach das Beobachtergremium immer aus einem Vorgesetzten (dem sog. Vorsitzenden) und zwei Beisitzern besteht, wobei die Stimme des Vorsitzenden gewichtiger ist als die der Beisitzer, widerspricht grundlegend den Prinzipien einer professionellen Personaldiagnostik. Ein solches Vorgehen steht einer unabhängigen Beobachtung und Bewertung durch mehrere Personen im Wege (siehe auch Abschnitt 2.2).

In jedem Falle müssen die Beobachter zuvor geschult werden (vgl. Abschnitt 3.2). Ziel der Schulung ist es, den subjektiven Einfluss der Beobachter, der beispielsweise von Wahrnehmungs- und Urteilsfehlern (Kanning, 1999), der Persönlichkeit (Bartels & Doverspike, 1997) oder impliziten Eignungstheorien (Neubauer, 1989) ausgehen kann, zu minimieren. Tabelle 7-17 skizziert die Grundbausteine eines solchen Trainings (siehe auch Pulakos, 1986; Woehr & Huffcutt, 1994). In der *Beobachterschulung* lernen die Teilnehmer Grundlegendes über die menschliche Urteilsbildung und die sich hieraus ableitenden Prinzipien der professionellen Personenbeurteilung (vgl. Kanning, Hofer & Schulze Willbrenning, 2004). Hierauf aufbauend werden Ablauf und Struktur des Assessment Centers sowie alle Übungen durchgesprochen. Für Neulinge kann es interessant sein, wenn sie einzelne Übungen aus der Perspektive des AC-Teilnehmers kennen lernen und durchspielen. Neben diesen übergeordneten Themenfeldern steht die Einübung der Beobachterrolle im Zentrum des Trainings (Kleinmann, 2003). Anhand von Videovorlagen üben die Trainingsteilnehmer den Umgang mit den Beobachtermaterialien, insbesondere die Anwendung der verhaltensverankerten Ratingskalen oder Checklisten praktisch ein (vgl. Kanning & Limpächer, 2002) und bilden dabei Bezugssysteme aus. Überdies kann bereits im Training das Vorgehen in der Beobachterkonferenz simuliert werden. Angesichts der Fülle der zu verarbeitenden Informationen wird sehr schnell klar, dass ein anspruchsvolles Beobachtertraining mindestens einen Tag in Anspruch nimmt. Beobachter, die bereits an einer grundlegenden Schulung teilgenommen haben, nun aber in einem neuen Assessment Center eingesetzt werden sollen, können auf die Bausteine 1 und 2 verzichten. Die Teilnahme an einer Schulung muss aufgrund ihrer zentralen Bedeutung auch für Führungskräfte verpflichtend sein. Hierfür sprechen zwei Argumente. Zum einen ist das Assessment Center zu kostspielig, zu komplex und sind die hierin getroffenen Entscheidungen zu wichtig, als dass man sich mit der Qualität von Alltagsbeobachtungen zufrieden geben könnte. Zum anderen stellt die Beobachterschulung eine allgemeine Maßnahme zur Führungskräfteentwicklung dar. Es gibt Hinweise darauf, dass sich die Teilnahme an einer Beobachterschulung mit anschließendem Assessment Center positiv auf die Beobachtungs- und Beurteilungskompetenz im Arbeitsalltag auswirken kann (Lattmann, 1989; Lorenzo, 1984). Die Führungskräfte sind nach der Schulung reflektierter und detailreicher in der Beurteilung von Mitarbeitern. Ihr realitätsangemesseneres Bild von den eigenen Mitarbeitern verändert mittelbar auch das Führungsverhalten.

Tabelle 7-17: Skizze eines Beobachtertrainings

Tag 1		
Uhrzeit	Baustein	Didaktik
9:00 – 10:00	Systematische Fehler der Personenbeurteilung (Halo-Effekt, voreilige Deutung nonverbaler Informationen, soziale Beeinflussung etc.)	- Vortrag - Übung - Reflexion
10:00 – 10:15	Pause	
10:15 – 11:00	Prinzipien der Personaldiagnostik (Objektivität, Reliabilität, Validität; Beobachtungsmethode)	- Vortrag - Diskussion
11:00 – 12:30	Struktur und Ablauf des Assessment Centers (Anforderungsdimensionen, Übungen, MTMM, Rollenverteilung, Verhaltensregeln für Beobachter, Rotation, Beobachterkonferenz, Chronologie)	- Vortrag - Diskussion
12:30 – 13:30	Mittagessen	
13:30 – 16:00	Durchspielen einzelner AC-Übungen	- Übung - Diskussion
16:00 – 16:15	Pause	
16:15 – 18:00	Beobachtermaterialien (Definition der Anforderungsdimensionen, Verhaltensanker, Protokollbögen, Koordination von	- Vortrag - Diskussion - Übung

	Beobachten und Protokollieren, Bewertungsprozedur etc.)	
Tag 2		
9:00 – 12:00	Einübung des Beobachterverhaltens (Beobachtung des Verhaltens imaginärer AC-Teilnehmer anhand von Videos, Überprüfung der Übereinstimmung, Ausbildung von Bezugssystemen; zwischendurch Pause)	- Übung - Diskussion

In den verhaltensbezogenen Einzelübungen wird jeder AC-Teilnehmer von allen Beobachtern beurteilt. In der Gruppenübung geht dies nicht, da kein Beobachter gleichzeitig drei oder vier Kandidaten sorgfältig auf mehreren Dimensionen beurteilen kann. Selbst wenn die Beobachter dies subjektiv nicht wahrnehmen, sind sie doch relativ schnell kognitiv überlastet, was sich negativ auf die Qualität der Urteilsbildung auswirkt. Kanning und Leisten (2004) konnten beispielsweise zeigen, dass Beobachter nur noch rudimentäre, nonverbale Informationen über die AC-Teilnehmer verarbeiten, wenn sie in einer Gruppendiskussion gleichzeitig vier Kandidaten auf drei Dimensionen beurteilen. Die verbalen Äußerungen der Teilnehmer spielten bei der Urteilsbildung keine Rolle. Gaugler und Thornton (1989), fanden eine Abnahme der Beobachtungsqualität bei einer Zunahme der in einer Übung auftretenden Merkmalsdimensionen. Um die Belastung der Beobachter zu reduzieren erfolgt die Beobachtung in Gruppenübungen nach dem Prinzip der *Beobachterrotation* (Kleinmann, 1997). In Abbildung 7-52 wird das Prinzip verdeutlicht.

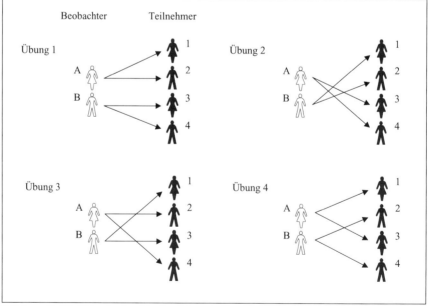

Abbildung 7-52: Prinzip der Beobachterrotation

Zwei Beobachter sollen vier Kandidaten in vier Gruppenübungen beurteilen. In der ersten Übung übernimmt Beobachter A die Kandidaten 1 und 2, in der folgenden Übung die Kandidaten 3 und 4. Bei Beobachter B verhält es sich genau umgekehrt. In Übung 3 und 4 wird die Rotation fortgesetzt wobei nun jeder Beobachter zwangsläufig einen Kandidaten beobachtet, den er auch zuvor schon einmal beurteilt hat. Nicht eingezeichnet in Abbildung 7-52 ist die Rotation der Dimensionen, die zusätzlich zur Beobachterrotation erfolgen kann. Beobachter A wird demnach den Kandidaten 2 zwar zweimal beurteilen, dies geschieht jedoch auf unterschiedlichen Dimensionen.

Die Beobachterrotation bringt mehrere Vorteile mit sich. Zunächst einmal werden die Beobachter entlastet, da sie in jeder Übung nur eine überschaubare Anzahl von Kandidaten und Dimensionen im Blick haben müssen. Zum zweiten ist sichergestellt, dass jeder Kandidat in jeder Übung von mindestens zwei unabhängigen Beobachtern beurteilt wird. Ein dritter Vorteil liegt darin, dass kein Beobachter soviel Einfluss auf die Beurteilung eines Kandidaten nehmen kann, dass von seiner Meinung das Gesamtabschneiden eines Teilnehmers im Assessment Center abhängt. Die Verantwortung wird also auf viele Schultern verteilt. Der Einfluss von individuellen Abneigungen, Beobachtungsfehlern und Vorlieben relativiert sich.

Die Qualität der Beurteilungen ist allerdings nur dann wirklich gewährleistet, wenn sich die Beobachter den *Spielregeln eines professionellen Beobachterverhaltens* unterziehen. Vor der Beobachterkonferenz dürfen sie sich nicht untereinander über die Teilnehmer austauschen. Damit die Beurteilungen sich ausschließlich auf die Leistung in den Übungen beschränken, darf es überdies zwischen Teilnehmern und Beobachtern keine Kontakte außerhalb der Beobachtungssituation geben. Die Beobachter nehmen daher die Pausen getrennt von den Teilnehmern ein und suchen kein persönliches Gespräch. Die Vorstellung, man würde den Bewerber doch erst so richtig in den Pausen bei einem persönlichen Gespräch kennen lernen, widerspricht allen methodischen Prinzipien und führt das gesamte AC ad absurdum. In den Übungen nimmt der Beobachter gegenüber den Kandidaten eine neutrale Position ein, d.h. er beeinflusst sie nicht durch Bemerkungen, Kopfnicken, Lachen, Grimassen o.Ä. in ihrem Verhalten. Da die AC-Teilnehmer eine solche Situation aus ihrem Alltag nicht kennen, werden sie zuvor von dem Moderator über die Verhaltensregeln aufgeklärt. So kann sichergestellt werden, dass sie die mangelnde Rückmeldung in den Übungen nicht als Unfreundlichkeit oder Zurückweisung missdeuten, sondern als Ausdruck eines Bemühens um Objektivität begreifen.

Die *Beobachtungsmaterialien* liefern alle wichtigen Informationen, die ein Beobachter im Verlaufe des Assessment Centers benötigt: Rotationsplan, Definition der Anforderungsdimensionen, Beschreibung der Übungen sowie die eigentlichen Beurteilungsskalen. In der Arbeit der Beobachter kann zwischen Beobachten, Protokollieren und Bewerten unterschieden werden. Im Zuge der Beobachtung wird die neue Information über den Teilnehmer aufgenommen. Anschließend bzw. parallel hierzu fertigt der Beobachter Notizen an, die in komprimierter Form aber ohne Bewertung das Geschehen wiedergeben. Die Aussagen „A unterbricht mehrfach andere Teilnehmer der Gruppendiskussion" ist eine Beschreibung des Teilnehmerverhaltens, während die Aussage „A verhält sich aggressiv gegenüber anderen Teilnehmern der Gruppendiskussion" einer Bewertung gleichkommt. In der Beobachterschulung wird den Beobachtern beigebracht, zwischen Beobachtungen und Bewertungen zu differenzieren. Dies ist weniger banal, als es auf den ersten Blick scheint, denn im Alltag neigen wir sehr viel stärker zur Bewertung denn zur Beschreibung unserer Mitmenschen. In den Beobachtungsmaterialien schlägt sich diese Differenzierung in getrennten Bögen zur Beschreibung und Bewertung der Kandidaten nieder. Abbildung 7-53 gibt ein Beispiel für die Gestaltung der Beobachtermaterialien im Assessment Center. Die Materialien werden auf jede AC-Übung eigens zugeschnitten und lassen sich in drei Abschnitte unterteilen. Im Abschnitt I erfährt der Beobachter alle wichtigen Informationen über die bevorstehende Übung: Übungsdauer, -art, -inhalt, Instruktionen für die Bewerber und schließlich auch die zu messenden Kompetenzdimensionen, die an dieser Stelle noch einmal verbindlich definiert werden können. Letzteres geschieht übungsspezifisch, so dass für den Beobachter deutlich wird, was z.B. Durchsetzungsfähigkeit in einer Gruppendiskussion unter Gleichgestellten oder aber in einem Gespräch mit dem eigenen Vorgesetzten bedeutet. Wird im Assessment Center die Kommunikationsfähigkeit der Kandidaten ermittelt, so findet der Beobachter in seinen Materialien Hinweise darauf, was in der folgenden Übung Kommunikationsfähigkeit im Einzelnen bedeutet (z.B. Wortwahl, Sprechgeschwindigkeit, aktives Zuhören o.Ä.). Den Abschnitt I der Materialien liest sich jeder Beobachter unmittelbar vor der Übung aufmerksam durch. Teil II kommt während der Übung zum Einsatz. Die Beobachter müssen das Verhalten einer der Kompetenzdimensionen zuordnen und handschriftlich skizzieren. Eine 1:1 Protokollierung wird dabei nicht angestrebt, da im Assessment Center im Vergleich zum Forschungsprozess eher globalere Beschreibungen interessieren. Nach der Übung bearbeitet der Beobachter den Abschnitt III der Beobachterunterlagen. Auf der Basis seiner Protokollierung sowie der noch frischen Eindrücke vom Geschehen nimmt er eine Bewertung auf verhaltensverankerten Ratingskalen vor (vgl. Abschnitt 4.2.4). Alternativ hierzu könnten auch Checklisten eingesetzt werden (vgl. Abschnitt 4.2.2) Im Beispielfall existieren zu jeder Kompetenzdimension mehrere Skalen, die verschiedene Facetten der Kompetenz beschreiben. Auf jeder Skala muss der Beobachter eine Bewertung und anschließend über die Subskalen einer Dimension hinweg eine Gesamtbewertung vornehmen. Bei diesem Vorgehen wird die Beobachtung bzw. Protokollierung deutlich von der eigentlichen Bewertung getrennt. Eine Untersuchung von Hennessy, Mabey und Warr (1998) zeigt allerdings, dass hierdurch kein Validitätsgewinn zu erzielen ist. Die Autoren empfehlen daher, auf die Protokollierung zu verzichten und schon während der Übung die Bewertungsskalen auszufüllen. Abgesehen davon, dass eine einzige Untersuchung für derart weitreichende Entscheidungen keine hinreichende Absicherung liefert, gehen ohne Protokollierung wichtige Informationen für das Feedbackgespräch oder die Anfertigung eines schriftlichen Gutachtens verloren. Beide setzen voraus, dass das Verhalten des Kandidaten individuenspezifisch beschrieben wird und damit auch die Bewertung nachvollziehbar begründet werden kann. Insgesamt betrachtet sollte man bei der Entwicklung der Beobachtermaterialien immer die praktische Handhabbarkeit im Auge behalten. In der diagnostischen Phase sollen sich die Beobachter maximal auf das Verhalten der Probanden konzentrieren können. Die Materialien müssen sich daher dem Anwender schnell erschließen, die wichtigsten Informationen übersichtlich darstellen und den Prozess der Protokollierung erleichtern. In jedem Falle empfiehlt sich eine Überprüfung der Beobachtermaterialien im Rahmen einer AC-Simulation.

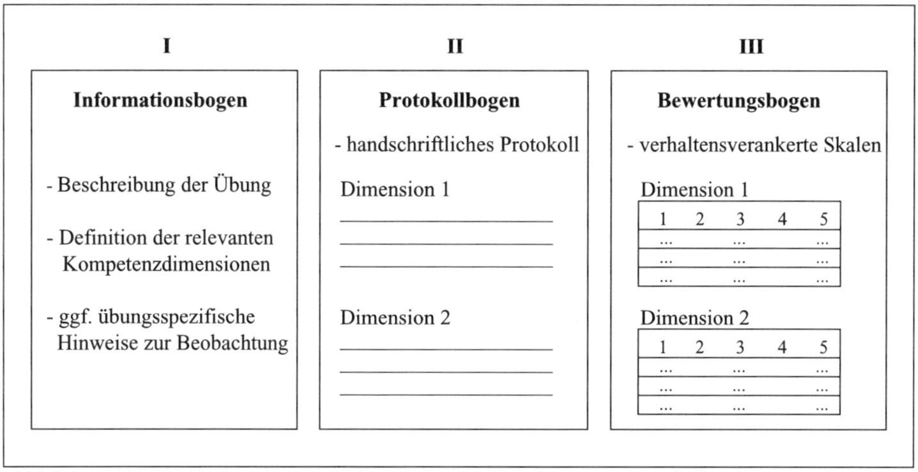

Standards für spezifische Methoden der Personaldiagnostik 469

I	II	III
Informationsbogen	**Protokollbogen**	**Bewertungsbogen**
	- handschriftliches Protokoll	- verhaltensverankerte Skalen
- Beschreibung der Übung	Dimension 1	Dimension 1
- Definition der relevanten Kompetenzdimensionen		1 2 3 4 5
- ggf. übungsspezifische Hinweise zur Beobachtung	Dimension 2	Dimension 2
		1 2 3 4 5

Abbildung 7-53: Beispiel für die Struktur der Beobachtermaterialien im AC

In Abbildung 7-54 sind noch einmal die wichtigsten Maßnahmen zusammengefasst. Sie sind leicht umsetzbar. Die größte Schwierigkeit dürfte für viele Unternehmen die Auswahl der Beobachter darstellen, sofern man sich aus rationalen Gründen gegen einen bestimmten Vorgesetzten entscheiden müsste, diese Entscheidung aber aufgrund des hierarchischen Gefälles nicht durchsetzen kann.

- ausgewogenes Zahlenverhältnis zwischen Teilnehmern und Beobachtern (etwa 2:1)
- Beobachter werden nach Eignung ausgewählt
- alle Beobachter werden umfassend geschult
- geringe kognitive Belastung der Beobachter (max. drei Dimensionen pro Beobachter und Übung; max. zwei zu beobachtende Teilnehmer pro Übung und Beobachter)
- In jeder Übung wird jeder Teilnehmer von mindestens zwei Beobachtern pro Merkmalsdimension begutachtet.
- Beobachterrotation
- professionelles Beobachterverhalten: kein Austausch zwischen den Beobachtern über die AC-Teilnehmer, kein Kontakt zu den Teilnehmern außerhalb der Übungen, neutrale Distanz zu den Teilnehmern
- Einsatz von verhaltensverankerten Skalen oder Checklisten

Abbildung 7-54: Qualitätssichernde Maßnahmen in Bezug auf die Beobachter

Der *Moderator* bildet die zweite wichtige Funktionseinheit im Assessment Center. Ihm obliegt die Leitung der Veranstaltung. Hierbei nimmt er wie alle Funktionsträger eine neutrale Position gegenüber den AC-Teilnehmern ein. Da er selbst keine Bewertungen vornimmt, ist es nicht problematisch, wenn er hier und da in den Pausen Kontakt zu den Teilnehmern unterhält. Vergleichbar zu den Assistenten bemüht er sich um ein insgesamt positives Klima. Es ist von Vorteil, wenn der Moderator schon in der Entwicklung des Assessment Centers und der Beobachterschulung eine maßgebliche Rolle gespielt hat. So ist sichergestellt, dass er bestens über alle Belange informiert ist. Da der Moderator über die Einhaltung der Verfahrensregeln wacht, die Beobachter notfalls zur Ordnung ruft und als Unparteiischer die Beobachterkonferenz leitet, kann es zu Problemen kommen, wenn er selbst Mitglied des Unternehmens ist und im Beobachtergremium sein Vorgesetzter sitzt. In einem solchen Falle wäre es von Vorteil, wenn man einen unternehmensfremden Moderator – beispielsweise den Mitarbeiter einer Beratungsfirma – einsetzt.

Zu Beginn des Assessment Centers übernimmt der Moderator die Begrüßung der Kandidaten (s.o.). Später befindet er sich durchgängig im Übungsraum. Zum Beginn einer Übung instruiert er die Übungsteilnehmer. Aus Gründen der Durchführungsobjektivität geschieht dies in schriftlicher Form. Die Teilnehmer erhalten von ihm einen Bogen Papier, auf dem die Aufgabe erklärt wird. Nachdem die Instruktion durchgelesen wurde, erkundigt sich den Moderator, ob noch Verständnisfragen bestehen und gibt – ggf. nach kurzer Erläuterung – das Startzeichen. Anschließend achtet er auf die Übungsdauer und beendet die Übung nachdem die Zeit abgelaufen ist. Bei manchen Übungen wie z.B. der Gruppendiskussion kann es ratsam sein, einige Minuten vorher das Ende anzukündigen, damit die Teilnehmer zu einem sinnvollen Schluss kommen. Nach der Übung bedankt er sich bei den Kandidaten und übergibt sie in die Obhut der Assistenten. In der Zeit zwischen zwei Übungen haben die Beobachter die Gelegenheit, ihre Beobachtungen anhand der Skalen in Bewertungen umzuwandeln. Bei geübten Beobachtern dauert dies selbst nach einer Gruppendiskussion nur wenige Minuten. Hier zeigt sich im Übrigen, wie gut die Beobachterschulung war und wie durchdacht die Beobachtermaterialien gestaltet wurden. Der Moderator achtet darauf, dass die nächste Übung erst dann beginnt, wenn jeder Beobachter seine Benotungen aus der vorherigen Übung abgeschlossen hat und somit wieder aufnahmefähig ist.

Nach Abschluss der letzten Übung bedankt sich der Moderator bei den Teilnehmern, klärt das weitere Vorgehen und verabschiedet die Kandidaten. Während für Teilnehmer und Assistenten das Assessment Center an dieser Stelle beendet ist, schließt sich für die Beobachter und Moderator die *Beobachterkonferenz* an. Ziel der Konferenz ist es, die unabhängigen Bewertungen der Kandidaten dimensionsweise zu sammeln und innerhalb der Beobachtergruppe einen Konsens über die Gesamtbewertung pro Kandidat und Dimension zu erzielen. Es interessiert dabei nicht, wie ein Kandidat insgesamt in einer einzelnen Übung abgeschnitten hat, denn die Übungen sind ja nur Mittel zum Zweck. Im Zentrum des Interesses stehen die Anforderungsdimensionen. Nun gibt es zwei Möglichkeiten, die Informationen zusammenzutragen. Entweder jeder Beobachter nimmt zunächst für sich allein eine Bewertung des Kandidaten hinsichtlich der Dimensionen vor, bevor die Konferenz beginnt (Kleinmann, 2003) oder aber die Konferenz beginnt sofort und sämtliche Einzelbewertungen werden zusammengetragen. Im zweiten Fall ist die Sache sehr viel komplexer. Nehmen wir einmal an, ein Beobachter habe jeden Kandidaten auf jeder der sechs Anforderungsdimensionen dreimal beobachtet. Bei 10 Teilnehmern wären dies zusammen 180 Benotungen. Wurden fünf Beobachter eingesetzt, so kämen in der Beobachterkonferenz 900 Einzelbewertungen zusammen. Entscheidet man sich hingegen für die erste Variante, so werden in der Konferenz insgesamt „nur" 300 Bewertungen zusammengetragen. Jeder Beobachter entscheidet zunächst für sich allein, welche Bewertung er dem Kandidaten auf den sechs Anforderungsdimensionen gibt. Hierzu nimmt er z.B. den Mittelwert der drei Beobachtungen pro Dimension. Für jeden der 10 Teilnehmer geht er also mit 6 Noten in die Konferenz. Bei fünf Beobachtern macht dies zusammen 300 Bewertungen. Aus Gründen der Übersichtlichkeit spricht also alles für die erste Variante. In der Konferenz werden die Benotungen der Beobachter nun zusammengetragen. Hierzu bietet sich der Einsatz des Overheadprojektors an. Der Reihe nach nimmt man sich jeden AC-Teilnehmer Dimension für Dimension vor. Der Moderator protokolliert auf Zuruf die (fünf) Noten für die erste Dimension in Bezug auf Kandidat 1 (vgl. Abbildung 7-55).

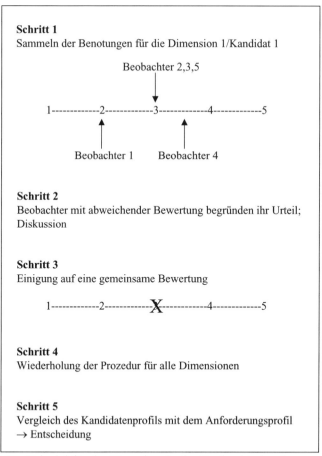

Abbildung 7-55: Beispiel für das Vorgehen in der Beobachterkonferenz

Mit großer Wahrscheinlichkeit wird es zwischen den Beobachtern Abweichungen in der Einschätzung geben. Daher fordert der Moderator die Beobachter auf, ihr Urteil zu begründen. Die Begründung geschieht allein vor dem Hintergrund der festgelegten Bewertungskriterien. Liegt die Mehrheit der Entscheidungen wie in unserem Beispiel eng beieinander, begnügt man sich – um Zeit zu sparen – damit, die Begründungen der abweichenden Voten einzuholen. Abschließend muss man sich in einer Diskussion auf eine gemeinsame Benotung einigen. Der Moderator achtet in dieser Phase darauf, dass jeder zu Wort kommt, kein Beobachter die anderen dominiert und nur sachliche Argumente vorgetragen werden. Beispiele für unsachliche Argumenten wären Beobachtungen, die sich auf die Pausenzeiten beziehen, das „ungute Gefühl" eines Beobachters oder Äußerungen, die die Bewertungskriterien außer Acht lassen. Der Moderator kann dabei Vorschläge zur Einigung machen, beteiligt sich aber nicht an der inhaltlichen Diskussion. Seine eigenen Beobachtungen der Kandidaten bringt er nicht in die Diskussion ein, da sie unsystematisch und ohne expliziten Bezug zu den Bewertungskriterien erfolgt sind. Lässt sich keine Einigung erzielen – was selten vorkommt – bleibt die Möglichkeit einer Mehrheitsentscheidung oder die Berechnung eines Mittelwertes. Die gleiche Prozedur wiederholt sich für jede Dimensionen. Anschließend wird das so Schritt für Schritt entstandene Merkmalsprofil des Kandidaten mit dem Anforderungsprofil verglichen und eine abschließende Entscheidung gefällt (vgl. Abschnitt 6.7).

Nun könnte die Frage aufkommen, ob man nicht von vornherein einfach den Mittelwert der einzelnen Beobachtungen berechnen und damit die aufwändige Beobachterkonferenz einsparen sollte. In der Forschung hat diese Frage eine lange Tradition. Bereits Meehl (1954) diskutiert sie unter dem Stichwort klinische vs. statistische Urteilsbildung. Bei der klinischen Urteilsbildung gelangt man durch Diskussion und implizite Gewichtung der Argumente zu einem Urteil. Bei der statistischen Urteilsbildung berechnet man das Endergebnis. Meehl (1954) konnte eine eindeutige Überlegenheit der statistischen Urteilsbildung nachweisen (siehe auch Ganzach, Kluger & Klayman, 2000). Allerdings bezog er sich seinerzeit nicht auf Assessment Center sondern auf Urteilsbildung im therapeutischen Kontext. Eine Studie von Feldham (1988) zur Validität entsprechender Urteilsprozeduren in Assessment Centern bestätigt eine geringfügige Überlegenheit der statistischen Methoden. Betreibt man das Assessment Center nach den bisher beschriebenen Prinzipien, so ist der Unterschied im Ergebnis beider Vorgehensweisen marginal (Pynes & Bernardin, 1992; Pynes, Bernardin, Benton & McEvoy, 1988), was wahrscheinlich darauf zurückzuführen ist, dass der sehr überlegte, quantitativ-wissenschaftlich ausgereifte Beobachtungs- und Bewertungsprozess im Assessment Center der statistischen Methode sehr nahe kommt. Im Prinzip könnte man also auf die Beobachterkonferenz verzichten und die Gesamtbeurteilung einfach auf rechnerischem Wege ermitteln. In der Praxis hat sich dieser Gedanke bislang nicht durchgesetzt (Boyle, Fullerton & Wood, 1995; Spychalski, Quinones, Gaugler & Pohley, 1997), was möglicherweise darauf zurückzuführen ist, dass ein solches Vorgehen allen Beteiligten zu mechanisch vorkommt. Jeder Beobachter hat das Gefühl, durch einen individuellen Abwägungsprozess den Teilnehmern sowie dem Unternehmen am besten gerecht werden zu können. Das er letztlich – ohne es vielleicht zu merken – in den meisten Fällen zur statistischen Urteilsbildung neigt und ein Urteil fällt, dass dem arithmetischen Mittelwert zumindest sehr nahe kommt (Sackett & Wilson, 1982), spielt offenbar eine untergeordnete Rolle. Neben dem subjektiven Wohlempfinden vieler Beobachter spricht aber noch ein zweites Argument für die Durchführung der Konferenz. Die Beobachterkonferenz bietet die Möglichkeit, in Einzelfällen besondere Umstände berücksichtigen zu können und liefert mitunter wichtige Anregungen zur Verbesserung des Assessment Centers. Man denke beispielsweise nur einmal an störende Zwischenfälle während einer Übung, die einzelne Kandidaten in einen Nachteil setzen, an gesundheitliche Probleme oder extreme Teilnehmer, die die anderen an einer realitätsnahen Darstellung ihrer Fähigkeiten hindern. Auch mag bisweilen erst in der Beobachterkonferenz deutlich werden, dass das System der gewählten Anforderungsdimensionen noch nicht hinreichend ausgereift ist. So macht es z.B. wenig Sinn einen Bewerber einzustellen, der zwar gute Noten erzielt hat, durch sein arrogantes Auftreten – das leider auf keiner Anforderungsdimension berücksichtigt werden konnte – allen Anwesenden aber letztlich völlig ungeeignet erscheint. In diesen und ähnlichen Fällen ist die Beobachterkonferenz unverzichtbar. Sie ist überdies eine wichtige Quelle für Feedbackgespräche und etwaige Gutachten, in denen nicht nur die Endergebnisse stehen, sondern die Ergebnisse anhand von Verhaltensbeispielen begründet werden sollten. Alles in allem spricht also mehr für als gegen die Durchführung einer klassischen Beobachterkonferenz.

Die dritte Gruppe der Funktionsträger stellen die *Assistenten* des Moderators dar. Sie haben sehr wichtige Aufgaben. Ohne ein funktionierendes Assistententeam ist ein großes Assessment Center mit vielen Teilnehmern und z.T. parallel laufenden Übungen nicht durchführbar. Die Assistenten sorgen dafür, dass die Teilnehmer zur rechten Zeit am rechten Ort weilen. Bei manchen Übungen überschneiden sich die Vorbereitungszeiten und Übungszeiten verschiedener Teilnehmer. In diesen Fällen müssen die Assistenten dafür sorgen, dass die Vorbereitung rechtzeitig beginnen kann, gleichzeitig aber die Vorbereitungszeit nicht überschritten wird. Kommen Testverfahren zur Anwendung, so sind die Assistenten für die Durchführung und Auswertung zuständig. Darüber hinaus sorgen sie für eine menschlich angenehme Atmosphäre, ohne jedoch einzelne Teilnehmer zu bevorzugen. Da sie außerhalb der Übungen mehr als jeder andere Funktionsträger in Kontakt zu den Teilnehmern treten sind sie die wichtigsten Ansprechpartner. Ihre logistischen sowie diagnostischen Aufgaben machen es notwendig, dass sie vor dem Assessment Center eine Schulung durchlaufen. Die Schulung ist allerdings weniger aufwändig als die der Beobachter. Sofern die Assistenten testdiagnostisch tätig werden, empfiehlt sich der Einsatz von Psychologiestudenten, die bereits die diagnostische Ausbildung absolviert haben. Für die logistischen Aufgaben können auch andere Praktikanten, Werksstudenten oder ähnliche Personengruppen eingesetzt werden. Häufig übernehmen Assistenten zudem die Funktion von Rollenspielern (s.o.). Gerade in diesem Falle ist eine intensive Schulung unumgänglich. Nur so kann eine standardisierte Durchführung des Rollenspiels gewährleistet werden. Will man vermeiden, dass die Teilnehmer die Rollenspieler nicht so recht ernst nehmen, weil sie sie zuvor als Assistenten kennen gelernt haben, dürfen die Rollenspieler erst nach dem Rollenspiel Assistenzaufgaben wahrnehmen. Ggf. muss also die Anzahl der Assistenten erhöht werden.

7.7.4 Abwandlungen des klassischen Assessment Centers

Das klassische Assessment Center tritt mitunter auch in verschiedenen Abwandlungen auf. Die wohl häufigste Form stellt das *Einzel-AC* dar (Kleinmann, 2003). Im Gegensatz zum klassischen Assessment Center haben wir es dabei nur mit einem einzelnen Kandidaten, der nacheinander durch mehrere Übungen geschleust wird. Gruppenübungen sind nicht möglich, es sein denn man würde mehrere „Rollenspieler" einsetzen. Wie im klassischen AC wird der Kandidat von mehreren unabhängigen Beobachtern beurteilt. Einzel-AC werden aufgrund der Kosten ausschließlich mit Führungskräften durchgeführt. Im Falle der Personalauswahl sind sie vor allem dann sinnvoll, wenn nicht genügend Kandidaten die Vorauswahl bestanden haben, so dass ein klassisches AC aufgrund der zu geringen Teilnehmerzahl nicht durchführbar ist.

Während das Einzel-AC einer abgespeckten Variante des klassischen Assessment Centers gleich kommt, ist das *dynamische Assessment Center* eine völlig eigenständige Methode. Hinter dem Begriff verbergen sich verschiedene Variationsmöglichkeiten (Aldering, 1995; Scholz, 1994). Im Kern geht es immer darum, die Übungen des Assessment Centers nicht isoliert zu betrachten, sondern so miteinander zu verbinden, dass Veränderungsprozesse sichtbar werden. In der extremsten Variante würde das AC nur noch aus einer einzigen Gruppenaufgabe bestehen, die die Teilnehmer über mehrere Tage hinweg bearbeiten. Dabei handelt es sich im Grunde genommen um eine sehr umfangreiche Planungsaufgabe. Die Teilnehmer bearbeiten ein gemeinsames Projekt und müssen zu bestimmten Zeitpunkten Zwischenleistungen abliefern. Wie im richtigen Leben kann sich das Projekt im Laufe der Zeit entwickeln. Durch die Einfälle der Beteiligten sowie gezielten Input des Moderators entwickelt sich die Sache dynamisch weiter. Das dynamische Assessment Center wurde bislang nicht systematisch untersucht. Aus rein diagnostischer Sicht lassen sich jedoch schon jetzt einige grundlegende Probleme aufzeigen. Aufgrund der Vernetzung der Aufgaben kann keine Trennung zwischen den Einflüssen der Personenmerkmale und den Umweltvariablen stattfinden. Die Eigenschaften der Probanden können daher nicht diagnostiziert werden. Dies gilt umso mehr als dass die gesamte Übung durch die Interaktion mit ein und derselben Gruppe gekennzeichnet ist. Würde man zwei Personen austauschen, so würde sich wahrscheinlich die gesamte Interaktion und mit ihr auch das Verhalten der Teilnehmer verändern. Die Individualleistung ist nur schwer von der Gruppenleistung zu trennen und auch eine systematische Beobachtung des gesamten Geschehens ist erschwert. Sofern man nicht weiß, was in der Übung eigentlich geschieht, können nur sehr globale Verhaltensanker eingesetzt werden (siehe Aldering, 1995) was der Beobachtbarkeit der interessierenden Merkmalsdimensionen abträglich ist und letztlich der Validität des Verfahrens schadet. Alles in allem eignet sich das dynamische AC mithin kaum für eine seriöse Individualdiagnostik. Es sollte nicht zu Auswahl- oder Platzierungsentscheidungen eingesetzt werden. Das Potential liegt eher in der Personalentwicklung, genauer gesagt, in der Teamentwicklung.

Ähnlich gelagert ist das *Assessment Center on the job* (Birkhan, 1996). Ziel der Bemühung ist es, die Künstlichkeit der klassischen AC-Übungen dadurch aufzulösen, dass die Beobachtung am Arbeitsplatz erfolgt. Dies ist z.B. in der Projektarbeit und/oder im Rahmen einer Trainee-Ausbildung realisierbar. Allein schon aus diesem

Grund ist das AC on the job nicht für die Auswahl unternehmensexterner Kandidaten geeignet.

Eine interessante Variation schlägt u.a. Obermann (1995; 1996) vor, das sog. *Lernpotential-AC* (Stangel-Meseke, 2001). Häufig soll mit Hilfe des Assessment Centers das Potential zukünftiger Führungskräfte gemessen werden. Beobachtbar ist aber nur das gegenwärtige Verhalten der Kandidaten. Niemand erwartet, dass ein Hochschulabsolvent schon das Verhalten einer erfolgreichen Führungskraft zeigt. Man möchte aber gerne wissen, ob er sein Verhalten im Lauf der Zeit so verändern kann, dass die gewünschte Entwicklung eintritt (vgl. Abschnitt 1.5). Es geht mithin um die Lernfähigkeit des Kandidaten. An die Stelle der Statusdiagnostik (Wie verhält sich der Kandidat heute?) tritt die Prozessdiagnostik (Wieweit kann sich der Kandidat ein anderes Verhalten aneignen?). Im Prinzip geht man in einem Assessment Center, dass die Lernfähigkeit misst wie folgt vor: In einem ersten Schritt wird der Status quo z.B. durch eine Rollenspiel diagnostiziert. Anschließend erhält der Teilnehmer eine individuelle Rückmeldung über mögliche Verbesserungsvorschläge, durchläuft ein kurzes Training oder darf sich mit geeigneter Fachliteratur auseinandersetzen. Im dritten Schritt durchläuft er die gleiche Übung erneut, so dass nun ein entsprechender Lernfortschritt festgestellt werden kann. Aus der Größe des Lernfortschritts wird auf die Lern- und Veränderungsfähigkeit geschlossen (siehe auch Sarges, 1995). Allerdings ist damit zu rechnen, dass ein Teil des Lernfortschritts allein auf die Wiederholung der Übung zurückzuführen ist (vgl. Kelbetz & Schuler, 2002). Der Nutzen dieser Methode der Potentialanalyse steht und fällt natürlich mit der Frage, inwieweit die gezeigte Veränderung tatsächlich ein nützlicher Indikator für zukünftige Veränderungen ist. Die bisherigen Analysen zum dynamischen Testen stimmen eher skeptisch (Wiedl & Guthke, 2003; siehe auch Abschnitt 1.1.5).

7.7.5 Standards

Im Folgenden wollen wir zunächst noch einmal einen kurzen Überblick über den diagnostischen Prozess des Assessment Centers geben, ehe die Standards zusammenfassend dargestellt werden. Eine Umfrage von Krause und Gebert (2003) unter 281 Unternehmen in Deutschland, Österreich und der Schweiz zeigt, dass in der Regel deutlich mehr Aufwand betrieben wird, wenn es sich bei den AC-Teilnehmern um Mitarbeiter des Unternehmens und nicht um organisationsfremde Bewerber handelt (Dauer des Assessment Centers, Anzahl der Beobachter und Übungen, Dauer des Feedbacks etc.). Besonders rational erscheint dies nicht, denn letztlich ist die Einscheidung über die Einstellung eines Bewerbers nicht weniger wichtig als die richtige Platzierung oder Entwicklung der Mitarbeiter.

Am Anfang der Konstruktion eines fundierten Assessment Centers steht wie immer die *Anforderungsanalyse*. Sie definiert die Anforderungsdimensionen des Assessment Centers und hilft bei der inhaltlichen Ausgestaltung der Übungen (vgl. Abbildung 7-56).

Hieran schließt sich die *Konstruktion des Assessment Centers* an. Vor dem Hintergrund der Anforderungsdimensionen müssen geeignete Übungstypen bestimmt und die Inhalte der Übungen festgelegt werden. Damit einher geht die Konstruktion der MTMM-Matrix. Sie legt fest, welche Merkmalsdimensionen in welchen Übungen zu beobachten sind. Darüber hinaus sind die Beobachtungsmaterialien inklusive der Bewertungsskalen sowie ein Rotationsplan zu entwickeln. All dies ist nicht in wenigen Tagen zu schaffen, zumal man alles einmal in Probedurchläufen auf seine Stimmigkeit hin überprüft haben sollte. Dazu muss man das AC allerdings nicht als Ganzes durchführen. Es reicht, wenn jede Übung mitsamt Beobachtung einmal simuliert wurde. Es folgt die *Schulung der Funktionsträger*. Die umfangreichste Schulung erhalten die Beobachter. Gelegentlich lassen sich während der Schulung kleinere Schwächen des Vorgehens erkennen, die dann noch rechtzeitig bereinigt werden können. Die *Durchführung des Assessment Centers* erfolgt gemäß den oben skizzierten Prinzipien. Gleiches gilt für die *Beobachterkonferenz*.

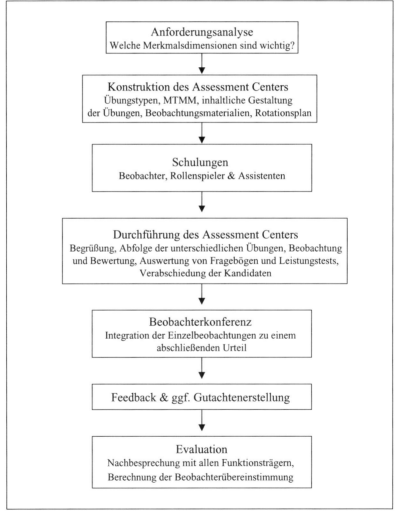

Abbildung 7-56: Der diagnostische Prozess des Assessment Centers

In jedem Fall schließt sich an das Assessment Center ein *Feedback* für die Teilnehmer an. Meist geschieht dies in Form eines persönlichen Gesprächs. Als Feedbackgeber können die Beobachter eingesetzt werden. Dazu wird in der Beobachterkonferenz festgelegt, wer welchem Kandidaten ein Feedback gibt. Nachdem die Bewertungen für einen Kandidaten festliegen überlegen die Beobachter gemeinsam, welche wichtigen inhaltlichen Informationen der Feedbackgeber dem Kandidaten mit auf den Weg geben soll. Sollen darüber hinaus auch *Gutachten* erstellt werden, so ist der Aufwand vergleichsweise gering, wenn dies die jeweiligen Feedbackgeber übernehmen. Auf diese Aufgaben müssen sie ggf. in der Beobachterschulung vorbereitet werden. Alternativ hierzu werden die Gutachten vom Organisationsteam bzw. dem Moderator angefertigt.

Möglichst bald nach dem Assessment Center sollten alle Funktionsträger noch einmal zu einer Evaluationssitzung zusammenkommen. Dabei werden etwaige Schwächen der Verfahren diskutiert und Verbesserungsvorschläge entwickelt. Zuvor hat das Organisationsteam die Beobachterübereinstimmung berechnet. Jeder Beobachter erhält eine Information darüber, inwieweit er das Notenspektrum ausgeschöpft hat, und wie stark er sich in seinen Urteilen von seinen Kollegen unterscheidet. Die Evaluation ist vor allem dann wichtig, wenn das AC in Zukunft noch einmal durchgeführt wird und die Beobachter erneut in ihrer alten Funktion eingesetzt werden sollen.

**Standards
für Assessment Center**

Entwicklung
- Das AC ist auf den konkreten Anwendungsfall eigens zugeschnitten (Anforderungsanalyse, Auswahl der Übungstypen, Inhalte der Übungen, Bewertungskriterien).
- Die Gestaltung des AC (Auswahl und Inhalt der Übungen) folgt der Anforderungsanalyse und nicht umgekehrt.
- Selbstkonstruierte Leistungstests (Postkörbe etc.) werden nur dann eingesetzt, wenn sie den Anforderungen an Objektivität, Reliabilität und Validität Genüge leisten.
- Vor der Durchführung wurden die Übungen sowie die Beobachtungsmaterialien in einem Probedurchlauf getestet.
- Die Anforderungsdimensionen sind so definiert, dass sie in den Übungen durch beobachtbares Verhalten eingeschätzt werden können.
- Die Übungen werden so konstruiert, dass sie die Anforderungsdimension in einer hinreichenden Bandbreite abdecken. Sie ermöglichen die Beobachtung unterschiedlicher Ausprägungen des Verhaltens.
- Die Bewertung des Verhaltens erfolgt nach zuvor festgelegten Kriterien für alle Teilnehmer und durch alle Beobachter einheitlich.
- Die Bewertung erfolgt anhand von verhaltensverankerten Ratingskalen oder Checklisten.

Durchführung
- Der Moderator und seine Assistenten sorgen für ein zwischenmenschlich angenehmes Klima und stehen als Ansprechpartner zur Verfügung.

Standards
für Assessment Center
Fortsetzung

- Die Assistenten wurden für ihre Aufgabe geschult. Dies gilt insbesondere dann, wenn sie die Funktion des Rollenspielers übernehmen.
- Sofern die Assistenten Testverfahren durchführen und auswerten, handelt es sich zumindest um Psychologiestudenten mit abgeschlossener Diagnostikausbildung.
- Bei der Zusammenstellung der Teilnehmergruppen wird darauf geachtet, dass die Leistungsunterschiede zwischen den Teilnehmern nicht extrem groß sind. So können Kontrasteffekte vermieden werden.
- Es wird darauf geachtet, dass keiner der Teilnehmer z.B. aufgrund von Fachwissen, gegenüber den anderen eindeutig im Vorteil ist.
- Zu Beginn werden die Teilnehmer durch den Moderator über den Ablauf, grundlegende Spielregeln etc. informiert.
- Die Anforderungsdimensionen werden den Kandidaten mitgeteilt.
- Es gibt ausreichende Pausenzeiten, wobei allzu lange Wartezeiten z.B. durch Tests oder Fragebögen überbrückt werden.
- Bewerber, die eine Einzelübung bereits absolviert haben, können sich mit den wartenden Kandidaten nicht über die Übung austauschen.
- Bei Einzelübungen wird die Reihenfolge der Kandidaten systematisch variiert.
- Treten mehrere Gruppenübungen auf, wird die Zusammensetzung der Gruppen variiert.
- Die Übungsbedingungen sind für alle Teilnehmer völlig identisch (Vorinformationen, Vorbereitungszeit, Übungsdauer, Hilfestellungen etc.)
- Jede Dimension wird in mindestens zwei unabhängigen Übungen untersucht.
- Eine Beobachtung der Teilnehmer erfolgt ausschließlich in den als solche erkennbaren Übungen. Auf verdeckte und unsystematische Beobachtungen in den Pausen wird verzichtet.
- In jeder Verhaltensübung wird der Kandidat von mindestens zwei unabhängigen Beobachtern beobachtet.
- Durch eine Beobachterrotation wird einerseits eine Überlastung der Beobachter vermieden, andererseits sichergestellt, dass jeder Kandidat von möglichst vielen verschiedenen Beobachtern begutachtet wird.
- In Gruppenübungen begutachtet ein Beobachter maximal zwei Kandidaten auf maximal drei Dimensionen.
- Die Beobachter wurden nach Fähigkeit und Neigung ausgewählt. Sofern möglich werden auch Psychologen als Beobachter eingesetzt.
- Jeder Beobachter hat eine umfassende Schulung durchlaufen.
- Die Beobachter tauschen sich vor der Beobachterkonferenz nicht über ihre Beobachtungen und Bewertungen aus.
- Außerhalb der Übungen gibt es keine persönlichen Kontakte zwischen Beobachtern und Teilnehmern.
- Während der Übung verhalten sich die Beobachter gegenüber den Teilnehmern völlig neutral. Sie enthalten sich jeglichen Kommentars – sowohl verbal als auch nonverbal.

> **Standards**
> **für Assessment Center**
> **Fortsetzung**
>
> - Der Moderator sorgt dafür, dass während des Assessment Centers die Verfahrensregeln eingehalten werden. Im Zweifelsfalle ermahnt er die Beobachter zur Einhaltung der Regeln.
>
> *Auswertung*
> - In der Beobachterkonferenz sorgt der Moderator dafür, dass alle Beobachter zu Wort kommen, keiner die übrigen dominiert und ausschließlich sachlich begründete Entscheidungen fallen.
> - Der Moderator enthält sich wertender Kommentare zu den AC-Teilnehmern, macht in der Beobachterkonferenz aber ggf. Vorschläge zur Einigung der Beobachter.
> - Die Teilnehmer erhalten ein fundiertes Feedback über ihre Leistungen, in dem nicht nur die Beurteilung mitgeteilt, sondern auch anhand konkreter Beispiele begründet wird.
> - Das Assessment Center wird evaluiert. Neben mathematischen Analysen zur Beobachterübereinstimmung sowie der Ausnutzung der Bewertungsskala diskutieren die Funktionsträger Verbesserungsmöglichkeiten, die bei der Durchführung ins Auge gefallen sind.

7.8 Mitarbeiterbefragung

Mitarbeiterbefragungen dienen in erster Linie der Personal- und Organisationsentwicklung. Sie liefern wichtige Informationen über Schwachstellen im Unternehmen und legen die Grundlage für gezielte Interventionen. Dabei geht man implizit von der Annahme aus, dass die Mitarbeiter ein hohes Maß an Expertise für ihren Arbeitsplatz bzw. das Unternehmen besitzen. Erst hierdurch wird die Mitarbeiterbefragung legitimiert. Wenn man glaubt, der Vorgesetzte könnte die Aufgabe genau so gut erfüllen, könnte man sich die Kosten für eine breit angelegte Mitarbeiterbefragung sparen. Themen wie etwa Arbeitszufriedenheit setzen demgegenüber zwangsläufig eine Mitarbeiterbefragung voraus, denn nur die Mitarbeiter selbst können über ihr subjektives Erleben der Arbeitswirklichkeit berichten.

Im Folgenden stellen wir die wichtigsten Punkte, die bei der Durchführung einer Mitarbeiterbefragung zu beachten sind, vor. Eine umfassendere Darstellung findet sich bei Borg (2002), eine Darstellung, die keinerlei Wünsche offen lassen wird bei Borg (2000). Die Ausführungen zur eigentlichen Untersuchungsmethodik lassen sich auch auf die Durchführungen von Kundenbefragungen übertragen.

Am Anfang einer jeden Mitarbeiterbefragung steht zunächst die *Zieldefinition* (vgl. Abbildung 7-58). In Abbildung 7-57 sind einige der wichtigsten Themen der Mitarbeiterbefragung aufgelistet. Die Auswahl der Themen ist jedoch bereits ein Ergebnis der Zielanalyse. Will man z.B. zwei Niederlassungen eines Unternehmens miteinander vergleichen, um den internen Wettbewerb anzukurbeln, so ist das Thema des Vergleiches noch nicht automatisch festgelegt. Neben wirtschaftlichen Kenngrößen kommen viele der in Abbildung 7-57 genannten Themen in Frage. Welches Thema das richtige ist, hängt letztlich davon ab, welche Fragen beantwortet werden und welche Konsequenzen aus der Befragung erwachsen sollen. Soll der Wettbewerb im Hinblick auf mehr Kundenorientierung, bessere Kommunikationsprozesse oder eine verbesserte Arbeitsplatzsicherheit ausgetragen werden? Gibt es irgendwelche Erkenntnisse, die darauf hindeuten, dass die wirtschaftliche Entwicklung des Unternehmens von der Arbeitszufriedenheit abhängt, oder möchte man genau das untersuchen? Die Ziele sind ebenso vielfältig wie die Themen. Erst wenn man weiß, was man eigentlich möchte, kann man auch sinnvoller Weise mit der Planung einer Mitarbeiterbefragung beginnen.

- **Arbeitsbedingungen/-belastung**
  (Lärm, Werkzeuge, Arbeitszeiten, Gesundheitsschutz, Stress etc.)

- **Sozialleistungen**
  (Höhe, Gerechtigkeit, Transparenz des Verteilungssystems etc.)

- **Entwicklungsmöglichkeiten**
  (Aufstiegsperspektiven, Trainingsprogramme, Chancengleichheit etc.)

- **Teamklima**
  (Konflikte, Unterstützung, soziale Kompetenz von Kollegen etc.)

- **Zufriedenheit**
  (allgemein, spezifische Facetten, Ist-Soll-Vergleich, Selbstwert etc.)

- **Vorgesetzte**
  (Motivierung, Anerkennung, Zielsetzung, Gerechtigkeit, Qualifikation etc.)

- **Unternehmensleitung**
  (Klarheit der Strategien, Fachkompetenzen, Integrität etc.)

- **Unternehmenskultur**
  (Entscheidungsprozeduren, Partizipation, Identifikation etc.)

- **Produktivität**
  (Kosten-Nutzen-Denken, Controlling, Verbesserungsvorschläge etc.)

- **Kundenorientierung**
  (Zufriedenheit interner Kunden, Image, Umgang mit Beschwerden etc.)

Abbildung 7-57: Themen einer Mitarbeiterbefragung (in Anlehnung an Borg, 2000)

Sind die Ziele und Themen der Mitarbeiterbefragung definiert, wird eine *Projektgruppe* gebildet (Abbildung 7-58). Neben Experten, die später für die Methodik der Fragebogenentwicklung sowie die Durchführung und Auswertung zuständig sind, und Vertretern der Arbeitgeberseite empfiehlt sich bereits frühzeitig eine Einbindung der Arbeitnehmervertreter. Dies geschieht nicht nur aus formalen Gründen – schließlich muss der Betriebsrat der Befragung zustimmen – sondern auch aus inhaltlichen und organisatorischen Überlegungen.

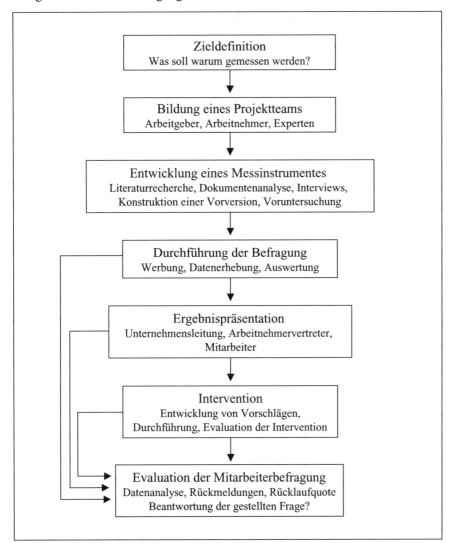

Abbildung 7-58: Der diagnostische Prozess der Mitarbeiterbefragung

Wenn man, davon ausgeht, dass die Mitarbeiter wichtiges Wissen über ihren Arbeitsplatz besitzen, ist es nahe liegend, dass auch die Arbeitnehmervertretung bereits im Vorfeld wertvolle Ideen zum Gesamtprojekt beisteuern kann. Auch wird hierdurch von vornherein der Eindruck vermieden, die Befragung würde in irgendeiner Weise gegen die Mitarbeiter gerichtet sein oder ausschließlich den Interessen der

Vorgesetzten dienen. Die Methodenexperten werden meist aus Beratungsfirmen, Universitäten oder Fachhochschulen rekrutiert. Dies hat mehrere Gründe. Zum einen werden die meisten Unternehmen nicht selbst über das notwendige Methodenwissen verfügen, zum anderen ist es sinnvoll, wenn die zentrale Verantwortung für die Entwicklung, Durchführung und Auswertung bei einer neutralen Institution liegt. Die Experten können auf etwaige Interessengegensätze zwischen Firmenleitung und Arbeitnehmern ausgleichend wirken. Überdies stehen sie für eine objektive Datenauswertung und gewährleisten gegenüber den Mitarbeitern eine anonyme Verrechnung der Daten. Letzteres wird besonders gut realisiert, wenn die Rohdaten nicht an das Unternehmen gehen, sondern im Besitz der Experten verbleiben, bzw. von diesen vernichtet werden. Die Projektgruppe besitzt jedoch nicht nur Aufgaben, die sich auf den Inhalt der Untersuchung beziehen. Nicht zu unterschätzen sind die organisatorischen Arbeiten im Hinblick auf die Werbung, Durchführung von Vor- und Hauptuntersuchungen oder die Rückmeldung der Ergebnisse an die Mitarbeiter. All dies kann von den Methodenexperten allein kaum geleistet werden. Erst die Zusammenarbeit der verschiedenen Gruppen ermöglicht eine methodisch ausgereifte Mitarbeiterbefragung, die auf die spezifischen Bedingungen des Unternehmens zugeschneidert ist.

In der dritten Phase geht es um die *Entwicklung eines Messinstrumentes*. Diese Aufgabe ist sehr anspruchsvoll und beschränkt sich keineswegs auf das Ausdenken von Fragen oder die Formatierung eines ansprechend gestalteten Fragebogens. In vielen Fällen ist erst einmal ein Blick in die einschlägige Fachliteratur sinnvoll. Geht es beispielsweise um die Messung der Arbeitszufriedenheit, kann man aus Forschungsergebnissen, aus Zufriedenheitstheorien oder bereits existierenden Fragebögen wertvolle Anregungen zur Differenzierung des Konzeptes ziehen. Niemand wird ja allein an der Frage interessiert sein, wie zufrieden die Mitarbeiter alles in allem mit ihrer Arbeitstätigkeit sind. Mit einer solchen Information kann man nicht sehr viel anfangen. Viel nützlicher wäre es, nach verschiedenen Facetten der Arbeitszufriedenheit, nach Ursachen oder Motiven der Mitarbeiter zu fragen (z.B. Walter & Kanning, 2003). Eine weitere Quelle können Dokumente des Unternehmens wie etwa die Ergebnisse früherer Untersuchungen, Arbeitsplatzanalysen oder Organigramme darstellen. Die Analyse der Literatur und der Dokumente hilft bei der Vorauswahl geeigneter Variablen. Durch eine qualitative Voruntersuchung, kann diese Auswahl ergänzt werden. Hierzu führt man zunächst einige Interviews mit einem Teil der Mitarbeiter, die später auch befragt werden sollen. Auf der Basis all dieser Informationen wird nun eine erste Fassung des Fragebogeninstruments entwickelt. Dabei sind mehrere Dinge zu beachten (Borg, 2000; Mummendey, 2003; Tränkle, 1983; vgl. Abbildung 7-60).

Man sollte generell sprachlich *einfache Formulierungen wählen und Fremdworte weitestgehend vermeiden*. Dies gilt sowohl für die eigentlichen Items als auch für die Texte drumherum (Einleitung, Instruktion, Verabschiedung). Dabei ist zu Bedenken, dass die Fragebogenkonstrukteure meist ein höheres Bildungsniveau haben als die Befragten. Viele Formulierungen, die ihnen geläufig sind, erleben einfache Mitarbeiter als gekünstelt oder verstehen sie nicht. Die Angemessenheit der Formulierungen untersucht man am besten, indem man den Fragebogen vor der eigentlichen Untersuchung von einigen Vertretern der Zielgruppe durchsehen lässt.

Alle Formulierungen (Instruktionen, Items etc.) sollten möglichst *kurz und präzise* gehalten werden. Kurze und präzise Formulierungen lassen sich nicht nur leichter verstehen, sie wirken sich auch positiv auf die Länge des Fragebogens aus. Borg (2000) empfiehlt, dass die Bearbeitung eines Fragebogens *nicht mehr als ca. 30 Minuten* in Anspruch nehmen sollte. Auch dies wäre ggf. in einer kleinen Vorstudie zu prüfen. Als grobe Regel lässt sich merken, dass man maximal 10 Sekunden für die Bearbeitung eines durchschnittlichen Items benötigt. In einer halben Stunde können die meisten Menschen also gut und gerne 180 Items bearbeiten. Allerdings sind die Unterschiede zwischen den Probanden mitunter erheblich. Extrem lange Bearbeitungszeiten sind meist jedoch weniger ein Problem der Verständlichkeit, als vielmehr Folge der mangelnden Entschlusskraft einzelner Probanden. Manche Probanden geraten über einzelne Items schnell ins Grübeln. Für sie ist der Hinweis, dass man auf die Fragen spontan antworten sollte und für den gesamten Bogen eine bestimmte Zeit (z.B. ca. 15 Minuten) Zeit benötigt, besonders hilfreich. Die Länge des Fragebogens wird für den einzelnen Probanden überdies oft durch Filterfragen reduziert. Derartige Fragen filtern einen bestimmten Teil der Probanden heraus, die die nachfolgenden Fragen beantworten müssen, alle anderen können einen Frageblock überspringen. So mag es z.B. manche Fragen geben, die nur von Meistern oder nur von Personen ausgefüllt werden, die mit ihren Vorgesetzten extrem unzufrieden waren.

In jedem Item wird *nur ein Sachverhalt* angesprochen. Anderenfalls lassen sich ablehnende Angaben der Probanden nicht mehr eindeutig interpretieren. Verdeutlichen wir uns dies an einem Beispielitem: „Ich schätze meinen Vorgesetzten, weil er sich mir gegenüber fair verhält." Kreuzt ein Mitarbeiter bei diesem Item die geringste Stufe auf der Antwortskala an, so dokumentiert er, dass er der Aussage nicht zustimmen kann. Unklar bleibt allerdings, ob er seinen Vorgesetzten generell nicht schätzt, ob sein Vorgesetzter sich ihm gegenüber nicht fair verhalten hat, oder ob er den Vorgesetzten zwar schätzt, dies aber aufgrund anderer Tatsachen. Besser wäre es gewesen, man hätte zwei getrennte Items formuliert: „Ich schätze meinen Vorgesetzten." und „Mein Vorgesetzter verhält sich mir gegenüber fair." Alternativ ließe sich mit Filterfragen arbeiten. In diesem Fall fragt man zunächst danach, wie sehr der Mitarbeiter seinen Vorgesetzten schätzt. Diejenigen Personen, die ein negatives Votum angeben, müssen anschließend mehrere Frage beantworten, mit deren Hilfe die Gründe hierfür aufgeklärt werden: „...weil er mich unfair behandelt.", „... weil er fachlich inkompetent ist.", „...weil er kein offenes Ohr für seine Mitarbeiter hat." etc.

Bei der Formulierung der Items sollte man *auf Verneinungen und insbesondere auf doppelte Verneinungen verzichten*, da diese – auch unabhängig vom Bildungsniveau – immer wieder zu Verwirrung führen. Statt der Frage „Sind Sie mit der Unlaubsregelung im Betrieb nicht zufrieden?" wäre also eine direkte Frage nach der Unzufriedenheit besser. Noch einfacher wäre natürlich die Frage nach der Zufriedenheit. Das Item „Ich bin nicht der Meinung, dass die neue Urlaubsregelung ihren Zweck nicht erfüllt hat." eignet sich eher für ein Quiz, denn für eine Mitarbeiterbefragung.

Extreme Formulierungen führen bevorzugt zu extremen Antworten und schränken daher die Varianz der Ergebnisse mitunter erheblich ein. Eine differenzierte Betrachtung des Phänomens ist dann kaum mehr möglich. Das Item „Ich empfinde Verachtung für meine Kollegen." ist so extrem formuliert, dass nur sehr wenige Mitarbeiter hier voll zustimmen können. De facto wird hierdurch also die Bandbreite der Antwortskala eingeschränkt. Besser wäre die Formulierung: „Ich halte nicht viel von meinen Kollegen.".

Hinsichtlich des Itemformats können wir generell zwischen offenen und geschlossenen Fragen unterscheiden. Bei offenen Fragen kann der Proband völlig frei antworten, muss also selbstständig eine Antwort ausformulieren und aufschreiben. Viele Mitarbeiter, die einfachen Tätigkeiten nachgehen, sind es nicht mehr gewohnt, sich schriftlich auszudrücken oder haben Furcht vor Schreibfehlern. Auch nimmt die Beantwortung eines solchen Items ungleich viel mehr Zeit in Anspruch. Hinzu kommen Schwierigkeiten bei der Auswertung. Zum einen muss man die Handschriften entziffern, zum anderen die Antworten nachträglich in irgendeiner Form kategorisieren, da niemand ein- oder zweihundert offene Meinungsäußerungen inhaltlich sinnvoll verarbeiten kann. Es empfiehlt sich daher *überwiegend geschlossene Fragen* einzusetzen. Den Probanden wird zu diesem Zwecke eine Antwortskala vorgelegt, auf der sie ihre Meinung durch bloßes Ankreuzen bekunden können (vgl. Abbildung 7-59). Offene Fragen bleiben die Ausnahme und werden nur dann eingesetzt, wenn es nicht anders geht, z.B. wenn man sich für Verbesserungsvorschläge der Mitarbeiter interessiert.

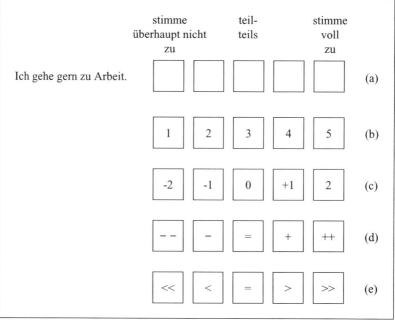

Abbildung 7-59: Bipolare Zustimmungsskalen

Bei allen geschlossenen Items sollte man *möglichst das selbe Antwortformat* wählen. Hierdurch wird die Bearbeitung des Fragebogens ganz erheblich erleichtert. Die Mitarbeiter müssen nur einmal zu Beginn der Befragung verstehen, wie man sein Kreuz setzt und können dann immer nach dem gleichen Schema vorgehen. Ausnahmen bilden natürlich Fragen zur Demographie, wie etwa dem Alter oder der Zugehörig-

Standards für spezifische Methoden der Personaldiagnostik 485

keit zu einer bestimmten Arbeitsgruppe. Besonders bewährt haben sich *fünf- oder siebenfach abgestufte Antwortskalen*. Die mittlere Skalenstufe ermöglicht den Probanden eine neutrale Aussage zu treffen, also beispielsweise sich nicht zu entscheiden, ob sie zufrieden oder unzufrieden sind. Grobere Skalenabstufungen liefern meist wenig interessante, weil kaum differenzierte Informationen, während feiner abgestufte Skalen die meisten Probanden überfordern (vgl. Abschnitt 4.2.4).

- möglichst einfache Formulierungen, Fremdworte vermeiden
- möglichst kurze und präzise Formulierungen
- nur einen Sachverhalt pro Item ansprechen
- keine (doppelten) Verneinungen
- extreme Formulierungen vermeiden („Ich bin immer mit allem zufrieden.")
- überwiegend geschlossene Antwortformate (Statement mit Zustimmungsskala)
- überwiegend identisches Antwortformat (fünf- oder siebenfach gestuft)
- bei numerischen Markierungen negative Vorzeichen vermeiden, besser graphische Markierungen
- Ordnung der Items nach Themenfeldern
- graphisch ansprechendes Design (z. B. mit Schattierung Themenfelder hervorheben), gut lesbarer Druck
- Fragebogen durch Design eher kürzer als länger wirken lassen (z. B. keine Leerseiten, nicht zu dickes Papier)
- nicht umfangreicher als ca. 30 Minuten Bearbeitungszeit

Abbildung 7-60: Tipps zur Gestaltung eines Fragebogens
(in Anlehnung an Borg, 2000)

Die meisten Antwortskalen sind bipolar. Bei einer fünfstufigen Zustimmungsskala sind zwei Stufen für die Ablehnung und zwei Stufen für die Zustimmung reserviert. Die mittlere Skalenstufe dokumentiert Neutralität. In unseren Beispielen (vgl. Abbildung 7-59) sollen die linken beiden Kästchen ausdrücken, dass der Mitarbeiter ungern zur Arbeit kommt, während die rechten dokumentieren, wie gern er zur Arbeit kommt. Um dieses Prinzip anschaulicher zu machen, wird die sprachliche Verankerung der Stufen – mit der die Biopolarität ohnehin nur umständlich auszudrücken ist – oftmals *graphisch unterstützt* (Beispiel d und e). Rohrmann (1978) konnte zudem zeigen, dass manche Probanden sich eher an der sprachlichen, andere hingegen eher an der graphischen Verankerung orientieren. Die graphische Unterstützung kann auf unterschiedlichem Wege geschehen. Eine Nummerierung von 1 bis 5 (Beispiel b) kennzeichnet genau genommen keine Biopolarität, sondern Unipolarität. Wer ganz links ankreuzt, drückt damit also nicht aus, dass er sehr ungern zur Arbeit kommt, sondern sagt lediglich, dass er nicht gern kommt. Der Einsatz von Zahlen mit negativem und positivem Vorzeichen ist hier eine weitaus bessere Lösung (Beispiel c). Manche Menschen könnten hiermit aber Verständnisprobleme haben, weil ein negativer Zahlenraum in ihrer Vorstellung nicht präsent ist. Borg (2000) schlägt daher eine rein graphische Gestaltung vor (Beispiele d und e).

Innerhalb des Fragebogens sollten die *Fragen nach Themengebieten geordnet* auftreten. Dies erleichtert die Bearbeitung des Bogens, da man sich nicht immer wieder auf neue Themen einstellen muss. Eine solche Überlegung steht in der Absicht, die Befragung für die Mitarbeiter so angenehm wie möglich zu gestalten. Man erhofft sich hiervon nicht zuletzt eine möglichst große Rücklaufquote. Dazu gehört auch die *graphische Gestaltung*: ein gut lesbarer Schrifttyp in angemessener Größe, hervorgehobene Überschriften und Beispiele, Verwendung graphischer Elemente, wie z.B. Tabellen, Kreise oder Pfeile etc. Durch den Einsatz von Schattierungen kann die Struktur der Fragenabfolge hervorgehoben werden. Noch ansprechender wären sicherlich farbige Fragebögen, auf die man allerdings aus Kostengründen meist verzichten muss. Bei all diesen Maßnahmen sollte man allerdings den Umfang des Fragebogens nicht aus dem Blick verlieren. Mehr noch, man sollte versuchen, den *Fragebogen so kurz wie möglich erscheinen zu lassen*. Leere Seiten, allzu große Seitenränder oder sehr große Schrift stehen diesen Bemühungen ebenso im Wege wie einseitiger Druck auf besonders schwerem Papier.

Bei der Zusammenstellung der Items stellt sich eine grundsätzliche Frage. Soll man analog zu psychometrischen Messinstrumenten jedes Merkmal mit mehreren Items messen? Hierdurch wird bekanntlich der Messfehler der Untersuchung reduziert (vgl. Abschnitt 5.2). In der Praxis stößt man bei Anwendung dieser Technik schnell auf das Problem der Fragebogenlänge. Soll jedes Konzept mit vielleicht 10 Items gemessen werden, so reduziert dies zwangsläufig die Menge der Konzepte, die mit einem einzigen Fragebogen zu erheben sind. Borg (2000) akzeptiert in einem solchen Fall die Erfassung der Konzepte mit einem einzigen Item. Schließlich wird nicht das Messergebnis eines einzelnen Probanden, sondern immer der Mittelwert über mehrere Probanden – also die durchschnittliche Einschätzung einer Gruppe von Menschen – betrachtet. Hierdurch können sich die Messfehler, die bei der individuellen Beantwortung entstanden sein könnten, ebenso herausmitteln, wie die Messfehler, die im Zuge der Individualdiagnostik bei der Beantwortung eines einzelnen Items entstehen. Dieser Sichtweise ist zuzustimmen. Bezieht sich der Fragebogen allerdings ohnehin nur auf wenige Konzepte, sollte man dennoch zur bewährten Methode greifen. Letztlich ist der Gedanke doch recht unbefriedigend, dass man nichts über die Reliabilität der individuellen Angaben weiß.

Ist die Vorversion des Fragebogens somit fertig gestellt, wird sie in einer Voruntersuchung getestet. Die Teilnehmer an dieser Untersuchung sollten der Gruppe entstammen, für die das Instrument entwickelt wurde. Die Voruntersuchung dient dabei mehreren Zwecken: der Überprüfung der Bearbeitungsdauer, etwaiger Verständnisprobleme bei Instruktionen oder Items sowie Häufigkeitsanalysen, die ggf. auf allzu extrem formulierte Items hindeuten können. Werden Teile des Fragebogens nach den Prinzipien psychometrischer Skalen konstruiert, so ist die Voruntersuchung für die Itemselektion ohnehin unerlässlich (vgl. Abschnitt 6.4).

Nach der Auswertung der Voruntersuchungen und der Umsetzung der sich daraus ergebenden Verbesserungsvorschläge kommt es nun zur *Durchführung der Mitarbeiterbefragung* (vgl. Abbildung 7-58). Will man eine möglichst große Beteiligung sicherstellen, empfiehlt sich eine umfassende Aufklärung der Mitarbeiter. Dies kann z.B. durch Flugblätter, Vorgesetzte oder in Vollversammlungen geschehen. Letzteres ist allerdings so kostspielig, dass es sich nur bei besonders wichtigen Befragungen lohnt und eine Kompletterfassung angestrebt wird. Bei den allermeisten Fragestellungen ist eine Kompletterfassung allerdings nicht notwendig. Wie bei üblichen Umfragen, die z.B. von Meinungsforschungsinstituten durchgeführt werden, reicht eine repräsentative Stichprobe vollkommen aus. Eine annähernde Kompletterfassung könnte z.B. notwendig sein, wenn die Leistung der Vorgesetzten eingeschätzt werden soll, die Verantwortungsbereiche der Vorgesetzten aber sehr klein sind (4-6 Mitarbeiter). Würden sich in diesem Fall nur 50 % der Mitarbeiter beteiligen, wäre die Aussagekraft der Daten ganz erheblich eingeschränkt. Die Aufklärung der Mitarbeiter sollte den Zweck der Untersuchung verdeutlichen und sie darüber zur Teilnahme motivieren. Wichtig ist in diesem Zusammenhang auch der Hinweis auf die Ergebnispräsentation und etwaige Konsequenzen. Nicht wenige Mitarbeiter haben bereits Erfahrungen mit groß angelegten Befragungen gesammelt, von denen sie nach der Bearbeitung des Fragebogens nie wieder etwas hörten. Eine solche Praxis gefährdet zukünftige Aktionen dieser Art. Die Motivation dürfte vor allem dann groß sein, wenn die Mitarbeiter einen individuellen Nutzen erkennen und sehen, dass die Arbeitnehmervertreter von Anfang an mit im Boot waren. Ebenfalls motivierend dürfte der Hinweis auf ein unabhängiges Institut sein, dass die Untersuchung durchführt und für eine fachkundige Auswertung bürgt. In jedem Falle ist die glaubwürdige Zusicherung der Anonymität wichtig.

Die Datenerhebung selbst erfolgt heute in den meisten Fällen noch mit herkömmlichen Fragebögen. Denkbar wären auch Befragungen per Internet oder Intranet, was den Aufwand erheblich reduzieren würde. Voraussetzung hierfür ist allerdings, dass alle Mitarbeiter einen freien Zugang zum Netz haben. Gerade in produzierenden Unternehmen ist dies häufig nicht der Fall. Ein besonderer Vorteil der Netzbefragung besteht darin, dass man tatsächlich eine flächendeckende Befragung sicherstellen kann. Durch den Einsatz von Transaktionsnummern kann überprüft werden, welcher Mitarbeiter den Bogen noch nicht ausgefüllt hat, ohne dass später ersichtlich wäre, von welchem Mitarbeiter ein bestimmter Bogen stammt. Mitarbeiter, die den Fragebogen bislang noch nicht ausgefüllt haben würden per Mail erinnert. Diesen Vorteil erkauft man allerdings mit einem größeren Misstrauen im Hinblick auf die Anonymität der Befragung. Um im Falle einer herkömmlichen Befragung sicherzustellen, dass auch wirklich jeder Mitarbeiter einen Fragebogen erhält, kann man die Bögen mit der Lohnabrechnung verschicken. Die Bearbeitung des Fragebogens sollte selbstverständlich während der Arbeitszeit erlaubt und möglich sein.

Beim Einsatz von Fragebögen stellt sich nun noch die Frage, wie die Bögen wieder eingesammelt werden. Wichtig ist hierbei vor allem die Wahrung der Anonymität. Die Bögen sollten also möglichst nicht durch die Hände des Vorgesetzten gehen. Eine erfolgreich praktizierte Möglichkeit bieten Urnen, die an verschiedenen zentralen Stellen des Unternehmens (Pforte, Speisesaal etc.) aufgestellt werden. Scheut man keine Portokosten, können die Fragebögen per Post an eine unternehmensexterne Institution versendet werden. Jeder Proband erhält dazu mit dem Fragebogen einen adressierten und frankierten Briefumschlag. Die Rückgabe liegt somit völlig außerhalb des Einflussbereiches der Firma. Die Angabe eines Rücklaufzeitraums verspricht eine höhere Rücklaufquote. Wenn nicht sichergestellt ist, dass alle Mitarbeiter den Fragebogen am selben Tag erhalten – und das ist so gut wie immer der Fall – gibt man einen Zeitraum von etwa 10 Tagen an. Nach Ablauf des Zeitraums wird eine allgemeine Erinnerung mit der Bitte, den Fragebogen in den nächsten Tagen abzugeben, verbreitet. So kann sichergestellt werden, dass niemand aus Versehen das Ausfüllen vergisst. Ist der erste Zeitraum zu lang, kann dies viele Mitarbeiter dazu ermuntern, die Sache erst mal zu den Akten zu legen – und dann nie mehr daran zu denken.

Die Auswertung ist eindeutig eine Aufgabe für die Methodenexperten. Üblich sind deskriptivstatistische Auswertungen (Häufigkeiten, Mittelwerte) aber auch inferenzstatistische Berechnungen sind oftmals sinnvoll. Man benötigt sie beispielsweise, um herauszubekommen, ob sich die Werte zweier Arbeitsgruppen signifikant voneinander unterscheiden.

An die Durchführung der Befragung schließt sich die *Ergebnispräsentation* an. Sie besteht gemeinhin aus zwei verschiedenen Präsentationsarten. Zum einen wird ein Anschlussbericht geschrieben, der ggf. von der beratenden Institution verfasst und den Auftraggebern ausgehändigt wird. Zum anderen gilt es, die Ergebnisse graphisch so aufzubereiten, dass sie in Form eines Vortrags vermittelt werden können. Oftmals sind mehrere verschiedene Vorträge mit unterschiedlichen Zielgruppen (Vorstand, Personalabteilung, Betriebsrat, Mitarbeiter etc.) notwendig. Die Kunst des Vortragenden besteht nun darin, die Ergebnisse jeweils so zu vermitteln, dass die unterschiedlichen Adressaten damit auch etwas anfangen können. Dabei wird es sich fast immer nur um Ausschnitte der gesamten Ergebnisse handeln, da die Gesamtergebnisse schlichtweg zu umfangreich sind. Nicht selten wird der Vortragende mit Kritik an den Daten rechnen müssen, insbesondere dann, wenn die Ergebnisse bestimmten Interessengruppen nicht gefallen oder ihren Erwartungen zuwiderlaufen. Bei einer sorgfältigen Planung und Durchführung der Studie kann man dieser Kritik gelassen entgegen sehen. Wenn nicht alle Mitarbeiter in Vorträgen über die Ergebnisse informiert werden können, sollten sie die Gelegenheit haben, sich über Aushänge, Hauszeitschriften oder Intranetseiten zu informieren.

Nach der Ergebnispräsentation muss entschieden werden, welche *Interventionen* daraus erwachsen sollen. Manche Interventionsvorschläge lassen sich vielleicht unmittelbar aus den Ergebnissen ableiten. Andere erfordern eine intensivere Auseinandersetzung mit den Daten. Borg (2000) berichtet von Workshops, in denen man sich gezielt mit derartigen Fragen beschäftigen kann. In manchen Firmen wird sich allerdings die Firmenleitung oder die Personalabteilung eine Entscheidung vorbehalten. Wie auch immer die Entscheidungen herbeigeführt werden, wichtig ist, dass überhaupt Konsequenzen aus der Mitarbeiterbefragung gezogen werden und diese Konsequenzen für die Mitarbeiter sichtbar sind. Anderenfalls hat sich der ganze Aufwand nicht gelohnt. In manchen Fällen wir die Intervention nach einem angemessenen Zeitraum von vielleicht einem Jahr eine erneute Mitarbeiterbefragung nach sich ziehen. Sie dient der Evaluation für die eingesetzten Interventionsmaßnahmen. Hat man beispielsweise Defizite im Führungsverhalten aufgedeckt, so ist eine natürlich Konsequenz hieraus die Schulung der Führungskräfte. Nach einigen Monaten sollte sich dies in der Wiederholungsbefragung positiv auswirken, ansonsten besteht weiterhin Handlungsbedarf. Auch über die in Angriff genommenen Interventionsmaßnahmen werden die Mitarbeiter informiert (Aushänge, Unternehmenszeitschrift etc.)

Neben der Evaluation etwaiger Interventionsmaßnahmen interessiert die *Evaluation der Mitarbeiterbefragung*. Sie kann auf verschiedene Weise geschehen. Zunächst kann man danach fragen, ob die gestellten Ziele tatsächlich erreicht wurden. Hat man die interessierenden Informationen erfolgreich erheben können? Lieferten die Daten nützliche Informationen für die Gestaltung von Interventionsmaßnahmen? Woran hat es möglicherweise gelegen, dass die Ziele nicht erreicht werden konnten und was sollte man beim nächsten Mal besser machen? All dies sind Fragen, die beantwortet sein wollen. Aus der Durchführungsphase und den Ergebnissen lassen sich einige der Fragen beantworten. Mittelwerte in Extrembereichen, bei gleichzeitig geringer Varianz deuten darauf hin, dass die Items möglicherweise zu extrem formuliert wurden (s.o.). Geringe Rücklaufquoten und Kommentare im Fragebogen können Aufschluss über schlechte Informationspolitik, einen zu umfangreichen Fragebogen oder missverständliche Items geben.

Alles in allem erweist sich die Methode der Mitarbeiterbefragung als ein anspruchsvolles Unterfangen. Sie erfordert weitaus mehr methodisches Geschick als nur Kreativität bei der Formulierung von Fragen. Auf der Basis der kurzen Schilderung der wichtigsten Prozesse können wir einige grundlegende Standards benennen (s.u.). Wer sich umfassend informieren will, dem sei das Buch von Borg (2000) empfohlen.

Standards
für die Durchführung von Mitarbeiterbefragungen

- Der Befragung liegt eine gründliche Analyse der Ziele zugrunde.
- Aus den Zielen werden die grundlegenden Themen der Mitarbeiterbefragung abgeleitet.
- Die Vertreter der Arbeitnehmerseite werden frühzeitig eingebunden.
- Vor der Festlegung der Fragebogenstruktur werden die Fachliteratur sowie ggf. unternehmensinterne Dokumente gesichtet. Qualitative Interviews mit Mitarbeitern runden die Vorbereitungsphase ab.
- Die Items werden in einer den Probanden angemessenen, leicht verständlichen Sprache kurz und präzise formuliert.
- Extreme Formulierungen werden ebenso vermieden wie (doppelte) Verneinungen.
- Jedes Item beinhaltet nur einen Sachverhalt.
- Es kommen bevorzugt geschlossene Items zum Einsatz, die unter Zuhilfenahme einer fünf- oder siebenstufigen Skala bearbeitet werden.
- Die Stufen der Skalen werden sowohl verbal als auch graphisch gekennzeichnet.
- Die Items werden nach Themenfeldern geordnet.

Standards
für die Durchführung von Mitarbeiterbefragungen
(Fortsetzung)

- Das Layout des Fragebogens ist ansprechend gestaltet und führt nicht zu einer Überbetonung der Länge.
- Die Befragung dauert maximal 30 Minuten
- Die Teilnahme an der Befragung ist freiwillig.
- Die Befragung ist anonym.
- Der Fragebogen kann während der Arbeitszeit bearbeitet werden.
- Die Rücklaufprozedur unterstreicht die Anonymität der Befragung und ist technisch ohne großen Aufwand für die Probanden zu realisieren.
- Wenn möglich, wird einer computergestützten Messung im Netz der Vorrang gegeben.
- Die Mitarbeiter werden umfassend über die Zielsetzung, das Procedere sowie die möglichen Konsequenzen der Befragung informiert.
- Es wird eine zeitliche Vorgabe für die Bearbeitung des Fragebogens gegeben. Nach Ablauf der Frist werden die Mitarbeiter erneut erinnert.
- Die Datenauswertung wird durch ein unabhängiges Institut vorgenommen.
- Die Ergebnisse werden sowohl in einem schriftlichen Bericht (umfassend) als auch in Präsentationen (in Auszügen) festgehalten.
- Die Präsentationen orientieren sich am Kenntnisstand und Bildungsniveau der Zuhörer.
- Auf der Basis der Ergebnisse werden Interventionsmaßnahmen geplant.
- Allen Mitarbeitern wird die Gelegenheit geboten, sich über die Ergebnisse der Befragung sowie die abgeleiteten Maßnahmen zu informieren.
- Der Erfolg der Interventionsmaßnahmen wird evaluiert.
- Die Mitarbeiterbefragung selbst wird ebenfalls evaluiert.

7.9 Exkurs: Ungeeignete Methoden

Zum Abschluss unserer Diskussion personaldiagnostischer Methoden wollen wir kurz auf einige Verfahren eingehen, die in einer seriösen Personaldiagnostik keinen Platz haben. Gottlob erscheinen sie vielen Laien von vornherein merkwürdig, ja z.T. völlig absurd. Dennoch ist es notwendig, an dieser Stelle explizit auf die grundlegenden Probleme hinzuweisen. Solange es Unternehmen gibt, die ernsthaft mit dem Gedanken spielen, ihr Personal nach dem Tierkreiszeichen oder der Schädelform auszuwählen (vgl. Kapitel 2), solange ist Aufklärung über untaugliche Methoden nicht nur gerechtfertigt, sondern offenbar dringend geboten.

So unterschiedlich die Ansätze im Einzelnen sind, sie haben doch auch viele Gemeinsamkeiten. Die Durchführung, Auswertung und Interpretation unterliegt weitgehend dem Ermessen – oder sollte man sagen der Phantasie? – des Diagnostikers. Dabei mangelt es nicht an Hinweisen zum Procedere, die Spielräume innerhalb dieser Anweisungen sind jedoch mitunter sehr groß. An die Stelle überzeugender, empirischer Validitätsbelege treten Plausibilitätsbetrachtungen, Erzählungen über erfolgreiche Einzelfälle oder schlichtweg Taschenspielertricks. Die „theoretischen" Annahmen, die den Verfahren zu Grunde liegen, sind mehr als fragwürdig. Sie alle versuchen uns vorzugaukeln, dass man mit ihrer Hilfe die „wahre" Persönlichkeit eines Menschen relativ leicht und unverfälscht ergründen könne. Gerade hierin mag für so manchen Personaler eine besondere Versuchung liegen. Wer würde nicht schnell und kostensparend den Bewerber „durchschauen" wollen, statt sich der Mühsal einer wissenschaftlich fundierten Personaldiagnostik zu stellen? Dabei umweht die Methoden der Hauch des Geheimnisvollen, ja mitunter auch des Mystischen. Insofern sind sie für viele Menschen sicherlich reizvoller als jeder Intelligenztest und alle standardisierten Fragebögen zusammen. Nicht zuletzt vermitteln sie dem Anwender das Gefühl, den großen Durchblick zu haben und schmeicheln hiermit dem Selbstwert des „Menschenkenners" (siehe Abschnitt 2.2).

7.9.1 Deutung von Gesichtsausdruck, Schädelform und Körperbau

Die Vorstellung, man könne die Persönlichkeit eines Menschen an seinem körperlichen Erscheinungsbild festmachen, ist Jahrhunderte alt (Amelang & Bartussek, 1997; Schuler & Moser, 1995). Im Laufe der Zeit hat sie sich in verschiedenen Schulen manifestiert, die z.T. bis in unsere Tage hinein Anhänger finden. Dabei lassen sich drei Ansätze unterscheiden, die wir im Folgenden jeweils kurz skizzieren, bevor die wichtigsten Gegenargumente vorgetragen werden.

Schon Aristoteles versuchte die *Gesichtszüge* des Menschen zu deuten und bediente sich dabei bevorzugt eines Vergleiches mit der Tierwelt. Wer Gesichtszüge aufweist, die denen eines Fuchses oder Schafes ähnelten, dem wurden auch die vermeintlichen Eigenschaften eines Fuchses oder Schafes zugeschrieben (vgl. Abbildung 7-61). Eine einigermaßen abgesicherte Diagnose setzt somit zumindest zwei Dinge voraus. Zum einen muss zweifelsfrei eine hohe Ähnlichkeit zwischen den Gesichtszügen des Probanden und den Gesichtszügen eines Tieres festgestellt werden, zum anderen muss man die Eigenschaften des Tieres kennen. Beide Bedingungen sind kaum zu erfüllen. Die Gesichter in können ohne Zweifel entsprechende Assoziationen wecken, doch wie viele Gesichter, die uns in unserem Alltag begegnen, weisen tatsächlich eine große Ähnlichkeit zu bestimmten Tiergesichtern auf? Jeder Leser sei an dieser Stelle ermuntert, einmal in Gedanken die Gesichter seiner Angehörigen, Freunde und Kollegen anzusehen. Ein zusätzlicher Blick in den Spiegel mag den Schluss erhärten, dass Ähnlichkeiten zu Tiergesichtern doch eher selten sind. Und wie ist es um die zweite Bedingung bestellt? Wissen wir um die Eigenschaften der Tiere? Sind Schafe wirklich dümmer als Füchse und Füchse de facto schlauer als Esel? Derartige Zuschreibungen entspringen allein der Phantasie des Menschen. Es handelt sich um Interpretationen, die z.T. über Jahrhunderte – etwa durch Märchen, wie das vom Wolf und den sieben Geißlein – kulturell tradiert sind. Der Gattung wird man damit sicherlich nicht gerecht, ganz abgesehen davon, dass es auch im Tierreich interindividuelle Unterschiede gibt. Jeder der einmal mehrere Haustiere hatte weiß, dass jeder Hund oder jede Katze auch ein Individuum, mit eigenen Charaktereigenschaften ist. Manche Hunde sind ängstlich und unterwürfig, andere hingegen eigensinnig und wieder andere aggressiv. Möglicherweise sind die „Persönlichkeiten" der Tiere nicht viel weniger differenziert als die der Menschen. Wir nehmen sie jedoch als solche nur dann war, wenn wir uns näher mit dem Individuum auseinandersetzen. Ganz ähnlich verhält es sich übrigens mit der Wahrnehmung des menschlichen Gegenübers. Auch hier dominieren stereotype Bilder, solange wir uns nicht dem Einzelnen zuwenden und bereit sind, seine Individualität zur Kenntnis zu nehmen.

Schon aus diesen beiden Gründen ist die Deutung von Menschengesichtern über einen Vergleich mit Tiergesichtern alles andere als seriös. Hinzu kommt das völlige Fehlen einer Begründung für die angenommenen Zusammenhänge. Warum sollten eigentlich fuchsähnliche Gesichtszüge für Schläue und schafsähnliche Gesichtszüge für Dummheit stehen? Welche physiologischen und psychologischen Prozesse sollten die Beziehung zwischen Gesicht und Persönlichkeit begründen? Auf diese Frage gibt es bis heute keine Antwort. Dass es keine empirischen Belege gibt, versteht sich schon von allein. Und dennoch treiben bis heute sog. „Psychophysiognomen" ihr Unwesen und treten als Diagnostiker in internationalen Konzernen auf. Als Beispiel mag hier die Begegnung des Autors mit einem leibhaftigen Psychophysiognomen in der Personalabteilung eines großen Unternehmens dienen. Neben vielen lustigen Deutungen konnte man hier erfahren, dass große Ohrläppchen ein Hinweis auf die materielle Orientierung des Ohrträgers sind. Auch wenn Physiognomen heute wahrscheinlich nicht mehr die Assoziation zu Tiergesichtern wecken, so bleiben doch einfachste Deutungsmuster, die jeglicher Begründung entbehren.

Abbildung 7-61: Deutung von Gesichtern durch Assoziation mit Tiereigenschaften

Ein zweiter Ansatz, der eine enge Beziehung zwischen dem Körperlichen und der Persönlichkeit unterstellt, wurde im Deutschland des 18. Jahrhunderst durch Franz Joseph Gall begründet – die *Phrenologie*. Seiner Überzeugung nach kann jede Eigenschaft des Menschen einem eindeutig lokalisierbaren Hirnareal zugeschrieben werden. Ist eine bestimmte Eigenschaft, wie z.B. Aggressivität, besonders stark ausgeprägt, so sollte das entsprechende Hirnareal sehr groß sein. In der Konsequenz drückt das Gehirn von innen gegen den Schädelknochen und führt zu einer Auswölbung desselben an der jeweiligen Stelle. Weiß man um die Zuordnung der Eigenschaften zu den Hirnarealen, kann man allein anhand der Schädelform die Persönlichkeit des Individuums deuten. Nehmen wir einmal an, der Sitz der Aggressivität läge direkt hinter der Stirn, so sollte man einen besonders aggressiven Menschen an einer stark ausgewölbten Stirn erkennen können.

Eine besondere Spielart der Phrenologie vertrat der Leipziger Physiologe Möbius in seinem vielbeachteten Standardwerk „Über den physiologischen Schwachsinn des Weibes", das 1905 bereits in der 8. Auflage erschien (Nachdruck 1990). Möbius äußert hierin die Überzeugung, dass sich die menschliche Intelligenz in der Größe des Gehirns manifestiere: Je größer das Gehirn, desto intelligenter der Mensch. Da es nun leider vor dem Ableben des Probanden recht schwierig ist, sein Hirngewicht zu messen, bediente sich Möbius kurzerhand der phrenologischen Logik. Ein großes Gehirn benötigt mehr Platz, als ein kleines. Daher muss bei einem großen Gehirn der Schädel des Hirnbesitzers auch entsprechend größer sein. Mit anderen Worten, mit zunehmender Intelligenz steigt der Umfang des Schädels linear an. Die Intelligenz lässt sich daher ganz bequem mit dem Zentimetermaß ermitteln, ohne dass man dem Probanden mit der chirurgischen Säge ein Leid zufügen müsste. Für Frauen – die im Durchschnitt kleinere Schädel haben als Männer – bedeutet dies natürlich...

So phantasiereich manche Einfälle der Phrenologen auch waren, sie entbehren jeglicher Empirie. Mehr noch, die Hirnforschung unserer Tage widerlegt eindeutig ihre Thesen. Die Intelligenz hängt nicht mit dem Volumen oder dem Umfang des Gehirns zusammen. Ansonsten wären übrigens Wale oder Elefanten die intelligentesten Erdenbewohner. Auch lassen sich Eigenschaften des Menschen keineswegs eindeutig bestimmten Hirnarealen zuordnen. Zwar kann man feststellen, in welchen Regionen z.B. emotionale oder kognitive Zentren liegen. Ein klar abgrenzbares Areal der Extraversion, der internalen Kontrollüberzeugung oder des Pädophilie gibt es jedoch nicht. Hinzu kommt, dass immer viele Areale gleichzeitig aktiviert und in netzwerkartigen Strukturen miteinander verbunden sind. Aufbau und Struktur des Gehirns sind somit sehr viel komplexer als sich dies die Phrenologen vorstellten. Und selbst wenn es eindeutige Zuschreibungen gäbe, dann wäre nicht die Größe des Areals für die Ausprägung der Eigenschaft verantwortlich. Völlig absurd ist die Vorstellung, dass große Areale quasi nicht mehr in den Schädel passen und daher Auswölbungen verursachen.

Der dritte körperbezogene Diagnoseansatz hat im Laufe der Geschichte mehrere Dutzend Theoretiker auf den Plan gerufen. Die Rede ist von der *Konstitutionstypologie*. Die Konstitutionstypologie betrachtet den Körperbau des Menschen und schließt hiervon auf die Eigenschaften des Individuums. In Deutschland war der prominenteste Vertreter dieser Gattung Ernst Kretschmer, seines Zeichens Psychiater und Professor in Tübingen. Sein Standardwerk „Körperbau und Charakter" erschien erstmals 1921 und wurde 1967 bereits in der 25. Auflage verlegt. Kretschmer greift auf Schriften des Altertums zurück und unterscheidet drei Körpertypen, denen jeweils spezifische Eigenschaften zugeschrieben werden (vgl. Abbildung 7-62). Der leptosome Körpertypus ist schlank und schmal, hat ein spitzes Gesicht und ein sehniges Oberflächenrelief (Amelang und Bartussek, 1997). Ihm bescheinigt Kretschmer ein ungeselliges Wesen. Menschen mit diesem Körperbau sollen still und sensibel sein. Sie neigen zu schizophrenen Erkrankungen. Der athletische Typus (kräftiges Knochen- und Muskelrelief, große Hände und Füße, mit derbem Gesicht) ist gleichermaßen emotional wie intellektuell nur wenig beweglich. Er neigt zu stereotypen Handlungen. Die dritte Gruppe stellen die Pykniker dar. Der Pykniker hat einen kurzen gewölbten Rumpf, kurze Arme und Beine, eine massiven Hals und ein breites, weiches Gesicht. Er wird als geselliger Typ beschrieben, der zwar gutherzig und heiter ist, aber auch zu Schwermut neigt. Er weist eine besondere Anfälligkeit für manisch-depressive Störungen auf.

Konstitutionstypologien ähnlicher Art hatten in Deutschland vor allem in der Zeit des Nationalsozialismus Konjunktur, da sie sich hervorragend für die vorherrschende Rassenideologie nutzen ließen. In dieser Zeit waren Vermessungen des gesamten Körpers zu scheinbar psychodiagnostischen Zwecken weit verbreitet und dienten u.a. auch zur Auswahl von Eliten[22]. Die Berechnung komplexer mathematischer Formeln nach dem Prinzip „Armlänge geteilt durch Nasenlänge mal Fußgröße" gab dem Ganzen einen wissenschaftlichen Anstrich (vgl. Schlegel, 1957).

Auch die Konstitutionstypologien eignen sich nicht zur Diagnostik. Das Problem beginnt bereits bei der Unterscheidung der drei Typen. Die wenigsten Menschen lassen sich eindeutig einem der drei Typen zuordnen, so dass die Basis für eine Deutung fehlt. Viel gewichtiger ist jedoch das Fehlen überzeugender empirischer Belege für einen nennenswerten und eindeutig interpretierbaren Zusammenhang zwischen Körperbau und Persönlichkeit (Amelang & Bartussek, 1997).

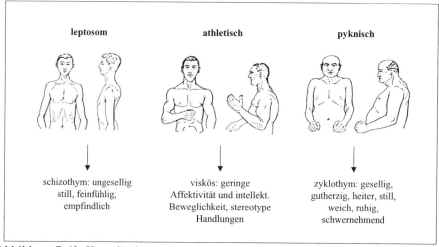

Abbildung 7-62: Konstitutionstypologie nach Kretschmer (1921)

Auch wenn die beschriebenen Ansätze recht skurril anmuten, spielen sie bis heute in der laienhaften Personaldiagnostik eine gewisse Rolle. Zwar wird es nur wenige Unternehmen geben, die tatsächlich einen Psychophysiognomen in ihr Haus lassen, dennoch prägt das Antlitz eines Menschen den Eindruck, den sich Personalverantwortliche von ihm machen. Wir sind hierauf bereits in Kapitel 2 ausführlicher eingegangen. An dieser Stelle sei nur an den Halo-Effekt, der u.a. durch ein attraktives Gesicht oder einen athletischen Körperbau ausgelöst werden kann, erinnert (Schuler und Berger, 1979; Sczesny und Stahlberg, 2002). Besonders beliebt sind auch einfache Deutungen nonverbaler Äußerungen nach dem Modell Samy Molcho (1997): „Sage mir wie ein Bewerber sich bewegt und ich sage dir, welche Persönlichkeit er

---

[22] Interessierte Leser sei der Roman „Der Erlkönig" von Michel Tournier empfohlen.

hat". Das Verführungspotential derartiger Deutungen ist wohl vor allem darin begründet, dass sie so schön einfach sind, scheinbar klare Aussagen ermöglichen und dabei nicht viel Arbeit machen. Zudem können sie auf der Laienpsychologie jedes einzelnen aufbauen und werden daher von den Anwendern ebenso wenig bewusst oder kritisch reflektiert wie die alltäglichen Fehler der Personenbeurteilung (Kanning, 1999). Solange es keine sorgfältig empirisch abgesicherten Erkenntnisse über den Zusammenhang zwischen dem Körperlichen und der Persönlichkeit gibt, haben entsprechende Deutungen in der seriösen Personaldiagnostik, die gleichsam ethisch vertretbare und wirtschaftlich nützliche Aussagen treffen möchte, nichts zu suchen. Selbst dann, wenn sich geringfügige Korrelationen zwischen dem äußeren Eindruck und der Selbstbeschreibung finden lassen (vgl. Borkenau & Liebler, 1992), rechtfertigt dies noch lange nicht den Einsatz entsprechender „Methoden". Bislang fehlt ein schlüssiges, empirisch abgesichertes Interpretationssystem.

7.9.2 Projektive Verfahren

Auch die projektiven Verfahren haben eine lange Tradition. Ihre Grundlage finden sie in der Psychoanalyse bzw. der Tiefenpsychologie – beides Strömungen geisteswissenschaftlichen Denkens, die sich bis heute einer naturwissenschaftlichen Überprüfung ihrer Thesen weitgehend entziehen und daher zu Recht außerhalb der akademischen Psychologie stehen (vgl. Eschenröder, 1986; Kanning, 2001; Zimmer, 1986). Trotz jahrzehntelanger Praxis gibt es bis heute keine „Theorie projektiver Verfahren" (vgl. Amelang & Bartussek, 1997). Das ursprüngliche Anwendungsfeld liegt in der Psychiatrie.

Ziel der projektiven Verfahren ist die Messung *unbewusster* Anteile der Persönlichkeit eines Menschen. Im Zuge der Untersuchung soll der Proband also etwas über sich Preis geben, von dem er selbst nicht weiß, dass es in ihm steckt. Da der Proband über die Ziele der Untersuchung im Unklaren gehalten wird, handelt es sich um eine Form verdeckter Diagnostik.

Die projektiven Verfahren kommen in sehr unterschiedlichem Gewand daher (vgl. Spitznagel, 1995). Bei der bekanntesten Form wird der Proband zunächst mit unstrukturierten oder mehrdeutigen Bildern konfrontiert. Dabei lassen sich zunächst zwei Klassiker unterscheiden (vgl. Abbildung 7-63). Im *Rorschach-Test* (Rorschach, 1921) legt man dem Probanden nacheinander 10 Karten mit „Tintenklecksen" vor. Zu jeder Karte soll er ausführlich beschreiben, was er in der Graphik sieht. Beim *Thematischen Apperzeptions-Test* (TAT, Murray, 1943) handelt es sich um 20 einfache schwarz/weiß Graphiken, auf denen Menschen in einer uneindeutigen Situation schemenhaft abgebildet sind. Der Proband muss zu jeder Bildkarte eine Geschichte erzählen. Leitfragen sind dabei: Was ist auf der Karte zu sehen? Wie ist es zu der Situation gekommen? Wie wird sich die Situation weiter entwickeln? Völlig ohne Bilder kommen sog. „*Satz-Ergänzungs-Verfahren*" aus. In schriftlicher oder mündlicher Form konfrontiert man den Probanden mit unvollständigen Aussagen, die er selbst nach Belieben zu Ende bringen soll (Abbildung 7-63). Geißler (1995) entwickelt eine eigene Variante des klinischen Verfahrens „Sceno-Test" (Staabs, 1978), die für den Einsatz in Unternehmen gedacht ist. Im *Sceno-Test* bekommt jeder Proband eine Reihe von Holzfigürchen und Accessoires, wie man sie aus einer Puppenstube kennt. Die Aufgabe der Patienten – meist Kinder – besteht darin, Situationen aus dem Familienleben nachzustellen. Die Variante von Geißler, die sog. „Szenischen Medien" arbeitet allein mit Holzpüppchen und Bindfäden. Sie wird nicht zur Einzelfalldiagnostik eingesetzt. Mit Hilfe der Materialien sollen vielmehr die Mitglieder von Arbeitsgruppen ihre Beziehungen untereinander visualisieren. Besonders selten dürfte man in der personaldiagnostischen Praxis auf *Mal- oder Zeichnungs-Verfahren* treffen. Hierbei würde man den Probanden bitten, zu einem vorgegebenen Thema ein Bild zu malen. In der Kinder- und Jugend-Psychiatrie, besteht die Aufgabe z.B. darin, die Familie in Gestalt von Tieren aufs Papier zu bringen. Anschließend deutet man die Tiere sowie deren Verhältnis untereinander. Interessant wäre etwa die Frage, warum der Vater als großer Wolf mit spitzen Zähnen, alle anderen Familienmitglieder hingegen als Schafe und Hasen dargestellt sind. Seit vielen Jahren beliebt ist auch der *Lüscher-Farben-Test* (Lüscher, 1989). Er besteht aus insgesamt 16 Farbtafeln – jeweils vier Rot-, Gelb-, Blau- und Grüntöne – die der Proband in der einfachsten Variante nach seinen individuellen Präferenzen waagerecht und senkrecht so in eine Rangreihe bringt, dass alle Tafeln zusammen ein Quadrat ergeben. Aus den waagerechten und senkrechten Farbmustern deutet der „Diagnostiker" dann die Persönlichkeit.

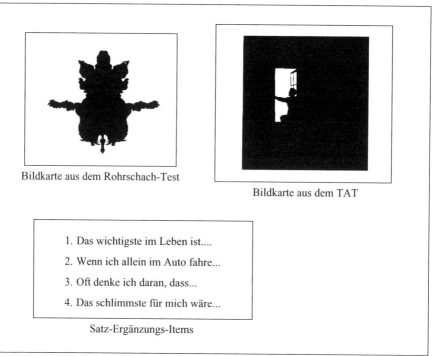

Abbildung 7-63: Beispiele für Items aus projektive Verfahren

Wir wollen es an dieser Stelle einmal bei den skizzierten Beispielen belassen. Wir sehen, die Instrumente unterscheiden sich grundlegend von standardisierten Tests oder Fragebögen, wobei der Phantasie der Autoren scheinbar kaum Grenzen gesetzt sind. Die Urheber derartiger Verfahren gehen davon aus, dass die Probanden bei der Bearbeitung unbewusste Facetten ihrer Persönlichkeit in die Aufgabenlösung hineinprojizieren – daher die Bezeichnung „projektive" Verfahren. Wer also z.B. über eine extrem hohe Leistungsmotivation verfügt, der fände in jedem Tintenklecks eine Herausforderung. Im Satz-Ergänzungs-Test gäbe er beispielsweise an, dass das wichtigste im Leben die Karriere sei, er im Auto ständig darüber nachdenkt, wie er sich verbessern kann und dass schlimmste im Leben der Verlust des Arbeitsplatzes ist. Die Aufgabe des Diagnostikers besteht „nur noch" in der richtigen Deutung der Beschreibungen, und schon kann er sich ein tiefgehendes und vielschichtiges Bild von seinem Gegenüber machen. In Extremfällen, wie dem soeben skizzierten, gehen alle Äußerungen eindeutig in die gleiche Richtung. Die Deutung der Aussagen liegt alltagspsychologisch betrachtet geradezu auf der Hand. Im Regelfall sind die Äußerungen natürlich sehr viel heterogener und weniger extrem. Und dies ist nur der Anfang der Probleme, die man sich beim Einsatz von projektiven Verfahren einhandelt.

Es überrascht nicht, dass Verfahren, die vorgeben, die unbewussten Anteile der Persönlichkeit eines Menschen zu messen, auch die Begehrlichkeiten mancher Unternehmen wecken. Endlich hätte man einen Weg gefunden, den Bewerber zu durchschauen, ja mehr noch, ihn vielleicht sogar besser zu kennen als er sich selbst (vgl. Spitznagel, 1995). Niemand könnte einem mehr was vorspielen. Doch können die skizzierten Methoden tatsächlich das einlösen was sie versprechen?

In der Tat sind projektive Verfahren weniger anfällig für die Tendenz zur sozial erwünschten Selbstdarstellung als Fragebogeninstrumente (Bornstein, Rossner, Hill & Stepanian, 1994). Dies liegt insbesondere daran, dass die Probanden nicht so recht wissen, welche Merkmale mit solchen Verfahren eigentlich untersucht werden. Wenn man nicht weiß worum es geht, kann man sich auch nicht vorteilhaft präsentieren. Hierin liegt jedoch kein wirklicher Vorteil des projektive Ansatzes, denn letzlich wissen nicht einmal die Anwender, welche Merkmale des Probanden mit einem projektive Verfahren tatsächlich erfasst werden.

Bis heute kann niemand belegen, was einen Menschen dazu treibt, in einem Tintenklecks etwas ganz bestimmtes zu sehen. Auch weiß man nicht, ob er nicht morgen oder übermorgen eine völlig andere Aussage treffen würde[23]. Das gleiche gilt für alle übrigen Varianten projektiver Verfahren. Ob sich in den Aussagen der Probanden tatsächlich unbewusste Facetten einer Persönlichkeit spiegeln, ist letztlich reine Spekulation. Es ist also nicht klar, was mit den Verfahren eigentlich gemessen wird. Doch selbst, wenn dieses Problem überzeugend gelöst wäre, bliebe immer noch das große Problem der mangelnden Auswertungs- und Interpretationsobjektivität (vgl. Abschnitt 5.1). Hier darf man sich nicht täuschen lassen. Verfahren wie der Rorschach-Test weisen sehr komplexe Auswertungsoptionen auf und vermitteln leicht den Eindruck einer sehr differenzierten, wissenschaftlichen Betrachtung (vgl. Klopfer & Davidson, 1967). Trotz vielfacher Bemühungen um standardisierte Auswertungsschlüssel, wird man niemals die Objektivität von Leistungstests oder Fragebögen erreichen. Zum einen sind die Antwortmöglichkeiten der Probanden nahezu

---

[23] Untersuchungen zur Reliabilität sind fast nicht möglich, da sich die Probanden aufgrund der geringen Anzahl der Items, sowie der im Vergleich zu Fragebogenitems intensiven Auseinandersetzung meist sehr gut an ihre Antworten erinnern können.

unbegrenzt, was entweder dazu führt, dass die Auswertungskategorien sehr abstrakt gehalten sein müssen oder viele Antworten nicht kategorisiert werden können. Zum anderen bleiben in beiden Fällen vergleichsweise große Entscheidungsspielräume. So erzielt etwa Blickle (1996) nur mit extrem großem Schulungsaufwand eine gute Übereinstimmung zwischen drei Auswertern des TAT. Die Auswerter mussten mehr als 500 Bildkarten deuten und sich immer wieder untereinander austauschen, um zu einer hohen Übereinstimmung in der Diagnose einer Merkmalsdimension (Leistungsmotivation) zu gelangen.

Neben solch messtechnischen Unzulänglichkeiten stellt sich bei projektiven Verfahren immer auch das Problem der Ethik und Akzeptanz. Selbst wenn die Verfahren unbewusste Strukturen aufdecken könnten und diese Informationen auch in irgendeiner Weise für das Unternehmen nützlich wären, muss man sich fragen, ob das Unternehmen so tief in die Intimsphäre des Kandidaten eindringen darf (vgl. Abschnitt 5.6). Eine hohe Akzeptanz kann man den projektiven Verfahren sicherlich nicht zuschreiben. Im ursprünglichen Anwendungsfeld, der Therapie verhaltensauffälliger Menschen, mag dies ganz anderes sein. Hier lässt sich der Patient auf eine intensive Beziehung zum Therapeuten ein, öffnet seine Privatsphäre und kann im Übrigen die Deutungen der Therapeuten auch zurückweisen. Personaldiagnostische Untersuchungen sind völlig anders gelagert. Sie sind durch eine größerer Distanz, geringeres Vertrauen und eine rationale Nutzenorientierung geprägt. Die Persönlichkeit des Menschen darf nur insoweit untersucht werden, wie es nachweislich um die Analyse anforderungsbezogener Kriterien geht. Da man nicht weiß, was projektive Verfahren messen, scheiden sie schon aus sehr grundlegenden Erwägungen aus.

Somit spricht alles gegen den Einsatz projektiver Instrumente in der Personaldiagnostik. Sie können weder im Hinblick auf die grundlegenden Gütekriterien Objektivität, Reliabilität und Validität, noch aus ethischer Perspektive überzeugen. Interessanter Weise hat auch der Gesetzgeber die Problematik dieser Verfahren erkannt und billigt dem Betriebsrat – im Gegensatz zu wissenschaftlich fundierten Instrumenten – grundsätzlich ein volles und nicht nur ein eingeschränktes Mitspracherecht zu (Püttner, 1999). Implizit versucht man so die Verbreitung der Verfahren einzuschränken, weil man sie scheinbar nicht so ohne weiteres verbieten kann.

7.9.3 Graphologie

Auch die Graphologie gehört zu den besonders alten Methoden der Psychodiagnostik, die bis in unsere Zeit hinein überlebt haben. Die Studie von Schuler et al. (1993) zeigt vor allem in Frankreich und den Beneluxstaaten eine weite Verbreitung der Graphologie als personaldiagnostisches Verfahren, wohingegen sie in den USA (Heinze, 1995) und in Deutschland (Schuler et al., 1993) keine besonders große Bedeutung mehr spielt. Dennoch gibt es auch in Deutschland hauptberufliche Graphologen. Graphologische Gutachten der klinischen Psychologie sowie der Personaldiagnostik sind deutlich abzugrenzen von gerichtsrelevanten Gutachten sog. Schriftsachverständiger. Schriftsachverständige beschäftigen sich mit der Frage, ob zwei Schriftproben von der gleichen Person stammen bzw. ob eine Unterschrift gefälscht wurde. Graphologen gehen in ihren Aussagen sehr viel weiter. Sie glauben, dass sie aus der Handschrift eines Menschen etwas über seine Persönlichkeit lesen können. Ähnlich wie bei projektiven Verfahren sollen dabei u.a. auch unbewusste Facetten der Persönlichkeit aufgedeckt werden. Über die Frage, wie die angenommene Beziehung zwischen Persönlichkeit und Handschrift zustande kommen könnte, gibt es keine empirisch abgesicherte Theorie. Dennoch hat man sich im Laufe der Jahrzehnte und Jahrhunderte viele Indikatoren ausgedacht, die Aufschluss über die Persönlichkeit geben sollen: Steilheit der Schrift, Enge und Größe der Buchstaben, Grad ihrer Verbundenheit, Wort- und Zeilenabstand, die Stärke mit der der Stift auf das Papier gedrückt wurde, Ebenmaß, Verteilung des Textes auf dem Blatt u. v. m. (Heiss, 1943; Pokorny, 1968; Wiesner, 1960). Aus der Schriftmenge glaubt man etwas über die Gewissenhaftigkeit eines Menschen ablesen zu können, während die Druckstärke etwas über die Friedfertigkeit verraten soll (Heinze, 1995). Die Beispiele in Abbildung 7-64 mögen dem leichtgläubigen Leser dabei helfen, mehr über sich zu erfahren. Hoffen wir für ihn, dass seine Handschrift dem zweiten Beispiel in Abbildung 7-65 ähnlicher ist als dem ersten. Vergleichbar zur Rorschach-Diagnostik ist die Schriftdeutung jedoch keineswegs so simpel, wie es auf den ersten Blick scheint. Auch hier wird viel Wert auf eine sehr aufwändige, geradezu detailverliebte Auswertung gelegt.

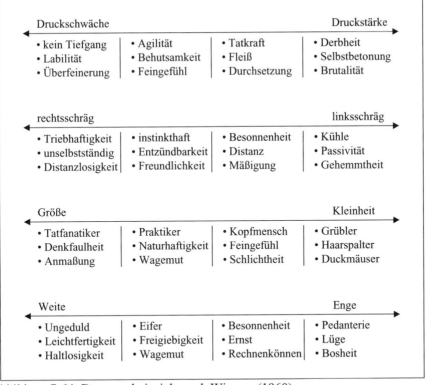

Abbildung 7-64: Deutungsbeispiele nach Wiesner (1960)

Soweit die Hintergründe, wie sieht es nun aber mit den Gütekriterien graphologischer Gutachten aus? Das Problem liegt offenbar weniger im Bereich der Objektivität und Reliabilität. Die meisten Indikatoren lassen sich relativ leicht objektivieren (z.B. Neigungswinkel der Schrift) und führen zu guten bis sehr guten Reliabilitäten (Heinze, 1995). Allerdings ist in diesem Falle eine intensive Ausbildung der Graphologen vorausgesetzt. Während Laien bei der Anwendung standardisierter Fragebögen sicherlich zu den gleichen Ergebnissen gelangen, wie Experten, sind die Unterschiede bei der Schriftdeutung naturgemäß sehr viel größer. Wer die Kriterien nicht umfassend kennt, keine Übung und keine Bezugssysteme aufgebaut hat, kommt zu völlig anderen Ergebnissen als ein Graphologe. In der Praxis müsste man also in jedem Falle einen ausgewiesenen Graphologen einsetzen, will man eine hohe Objektivität und Reliabilität sicherstellen. Das zentrale Problem der Graphologie liegt in der schlechten Validität. Vergleicht man massiv psychisch gestörte Menschen mit unauffälligen Probanden, so lassen sich noch deutliche Unterschiede in der Handschrift feststellen. Dieser Vergleich ist jedoch banal, da man für eine derartige Unterscheidung wahrscheinlich überhaupt kein Messinstrument benötigen würde. In der Personaldiagnostik geht es jedoch um die Differenzierung im Normalbereich des menschlichen Verhaltens. In diesem Falle sinkt die Validität auf Null. Bislang gibt es keine empirisch abgesicherten Belege für einen personaldiagnostischen Nutzen graphologische Gutachten. Hin und wieder finden sich zwar Studien, die wenige und geringe Korrelationen zwischen graphologischen Gutachten und der Ergebnissen von Persönlichkeitsfragebögen aufzeigen (z.B. Guthke, Beckmann & Schmidt, 2002), für die Personaldiagnostik sind sie jedoch weitgehend irrelevant. Niemand in der betrieblichen Praxis möchte mit Hilfe eines solchen Gutachtens das Ergebnis einer Selbstbeschreibung der Kandidaten vorhersagen. Es ist sehr viel valider und kostengünstiger, wenn man den Probanden den Fragebogen direkt vorlegt. Warum sollte man auch etwas schlecht prognostizieren, wenn man es mit einfachen Mittel direkt erfassen kann? Von Interesse ist jedoch die Vorhersage beruflicher Leistung, und dabei versagt das graphologische Gutachten auf ganzer Linie. Schmidt und Hunter (1998) finden in ihrer groß angelegten Metaanalyse eine Validität von .02 (siehe auch Beyerstein & Beyerstein, 1992; Edwards & Armitage, 1992). Gegenüber dem Einsatz eines Intelligenztests besitzt das graphologische Gutachten eine inkrementelle Validität von Null. Doch selbst geringe Validitätskoeffizienten sind nicht zweifelsfrei auf die reine Deutung der Handschrift zurückzuführen. Wie eine Studie von Neter und Ben-Shakhar (1989) verdeutlicht, spielen dabei inhaltliche Deutungen des geschriebenen Textes eine zentrale Rolle. Legt man den Gutachtern beispielsweise einen handschriftlichen Lebenslauf vor, so deuten sie nicht nur die Schrift, sondern auch den Inhalt des Lebenslaufes, was eigentlich nicht Gegenstand des Gutachtens sein sollte. Schließlich gehen die Gutachter ja davon aus, dass sie allein anhand der Schrift die Persönlichkeit deuten können. In der Metaanalyse von Neter und Ben-Shakhar (1989), die auf 17 Einzelstudien basiert, war die Validität der Lebenslaufanalyse erfahrene Graphologen geringer als die völlig ungeübter Psychologen oder Laien. Nahm man ihnen die Möglichkeit zur inhaltlichen Auseinandersetzung mit dem Text, indem sie statt der Lebensläufe nur einen Standardtext in der Originalhandschrift analysieren konnten, so sank die Validität auf Null. In allen Studien wurden übrigens nicht etwa Persönlichkeitsfragebögen, sondern berufliche Leistungsmaße und Vorgesetztenurteile als Validitätskriterium eingesetzt. Mit anderen Worten, die geringe Validität geht völlig oder zumindest doch größtenteils auf das Konto der inhaltlichen Deutung der Texte. Selbst wenn man in der Praxis damit leben könnte, dass die Graphologie nicht das leisten kann, was sie vorgibt – nämlich die valide Deutung der Handschrift – lohnt sich der Aufwand eines graphologischen Gutachtens nicht, denn graphologisch unbedarfte Laien oder Psychologen liefern keine schlechteren Deutungen.

Die Ergebnisse sind somit eindeutig. Es gibt keine rationalen Gründe, die für den Einsatz der Graphologie in der Personaldiagnostik sprechen. Jenseits aller Glaubenssätze spricht vielmehr alles dagegen. Wie bei allen anderen ungeeigneten Methoden können wir auch hier zusätzlich ethische Argumente ins Feld führen. Ein Personaldiagnostikum, das nachweislich nicht valide ist, kann in keinem Falle ethisch gerechtfertigt werden. Da wäre es schon fairer, man würde das Los entscheiden lassen.

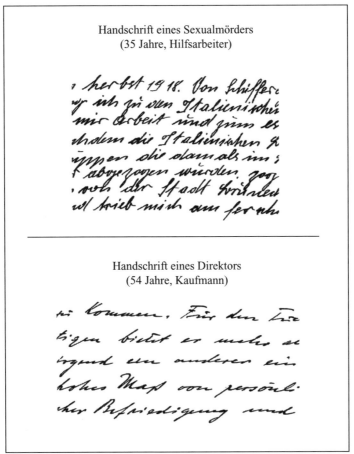

Abbildung 7-65: Schriftbeispiele aus Wiesner (1960)

7.9.4 Namenspsychologie

Während man bei den zuvor diskutierten Methoden noch prüfenswerte Grundannahmen erkennen und seriöse Absichten unterstellen kann, handelt es sich bei der Namenspsychologie um nichts anderes als ausgemachten Blödsinn. Sicherlich wird es kaum jemanden geben, der dieses zarte Pflänzchen der Esoterikkultur kennt. Da an diesem Beispiel aber sehr schön verdeutlicht werden kann, mit welch fadenscheinigen Argumenten und dreisten Tricks so mancher Anbieter auf dem Diagnostikmarkt seine Opfer zu ködern versucht, wollen wir sie dennoch kurz vorstellen.

Die Namenspsychologie wurde nach eigenen Angaben von einer Frau Hoefler begründet, die nebenbei bemerkt keine Psychologin ist. Im Internet finden sich unter der Adresse www.angelika-hoefler.de Informationen über ein nach ihr benanntes „Institut für Namenspsychologie und Namensentwicklung", wo sich der Leichtgläubige fachkundigen Rat holen kann und auch Hinweise auf einschlägige Fachliteratur aus gleichem Hause findet.

Folgen wir dem Grundgedanken der Namenspsychologie, so kann man anhand des Vor- und Zunamens eines Menschen zunächst einmal seine Persönlichkeit analysieren. Doch die Namenspsychologie geht noch sehr viel weiter. Auf der Basis der geheimen Lehre lässt sich ein persönliches „Karmagramm®" erstellen, mit dessen Hilfe man eigene Lebensziele und -aufgaben erkennt, Entwicklungsprozesse vorwegnimmt und zentrale Lebensfragen aus den Bereichen Partnerschaft, Umzug, Namensänderung, Beruf und Finanzen beantwortet bekommt. Ähnliche Analysen werden speziell für Paare, Kindererziehung oder Berufsplanung angeboten. Interessant ist sicherlich auch die 12-Monats-Analyse mit der sich schon einmal ein wenig in die Zukunft blicken lässt. Und das alles für lächerliche 110 Euro pro Analyse. Wer da verständlicherweise gleich mehrfach zulangen möchte, dem sei die kostengünstige Doppelanalyse für nur 195 Euro empfohlen. Doch damit nicht genug, auch Unternehmen dürfen von den Künsten der Frau Hoefler profitieren. Für ein leider nicht näher beziffertes Honorar erhält man nicht nur wertvolle Ratschläge bei personaldiagnostischen Fragen, sondern lernt auch seine Geschäftspartner besser einschätzen. Alles was man hierzu benötigt ist, lediglich der vollständige Name des Subjektes. Ist man auf der Suche nach einem Firmennamen für ein neu gegründetes oder frisch fusioniertes Unternehmen, so kann auch hier die Namenspsychologie wertvolle Hilfe anbieten, denn ein falscher Name bedeutet ein schlechtes Karma und letztlich den wirtschaftlichen Ruin. Ganz ähnlich verhält es sich bei der Wahl eines Produktnamens.

So viele Heilversprechungen schreien geradezu nach überzeugenden, empirischen Belegen für die Nützlichkeit der Analysen. Frau Hoefler enttäuscht uns nicht und legt Beweise vor, die auch den schärfsten Kritikern den Atem verschlagen. Die tiefgründige Wahrhaftigkeit der Namensanalyse lässt sich bereits aus dem Namen ihrer Gründerin ablesen. Doch lassen wir die Meisterin selbst zu uns sprechen:

> „Bei dem Namen Angelika Hoefler steht auf dem 9. Buchstaben das H. Platz 9 ist das Haus der Psychologie. Das H, das nun in dieses Haus eintritt, steht für die Richtigkeit, bringt also diese spezifische Qualität in das Haus der Psychologie. Übersetzt heißt dies, dass die von Angeli-

ka Hoefler entwickelte Namenspsychologie ihre Richtigkeit haben muss." (www.angelika-hoefler.de, August 2003)

Neben dieser entwaffnenden, wenngleich ein wenig zirkulär anmutenden Logik, kann das Institut voller Stolz auf Tausende erfolgreich durchgeführter Analysen zurückblicken – dass jede Analyse automatisch auch eine erfolgreiche war, versteht sich dabei von allein. Nur eine kleine Auswahl dankbarer Menschen, denen Frau Hoefler auf ihrem schwierigen Lebensweg unverzichtbare Dienste leisten konnte, dürfen sich – selbstverständlich anonym – auf den Internetseiten zu Wort melden und die Meisterin lobpreisen. Nicht zuletzt dies spricht für die menschliche Größe der Institutsdirektorin, könnte sie doch ganz unverhohlenen Personenkult betreiben.

Nicht minder interessant sind die Beweise für den Nutzen der Namenspsychologie bei wirtschaftlichen Entscheidungen. Im Jahr 2002 führte die Fusion von AOL und Time Warner nach den Aussagen des Instituts zu einem Verlust von 100 Milliarden US-Dollar. Wie leicht hätten die Verantwortlichen diese Niederlage doch umgehen können, hätten sie nur rechtzeitig der Expertise der ausgewiesenen Namenspsychologin genutzt. Natürlich konnte die Sache nicht gut gehen, denn das Problem liegt ja bereits in den Namen begründet. Hierzu wieder die Analyse von Frau Hoefler, die an Stringenz ihresgleichen sucht:

„Namenspsychologisch logisch: AOL: in sämtlichen 22 Namensschalen, d.h. den nach Erfolg oder Nichterfolg konsultierbaren Aussagekriterien, das Wirkungsfeld 13/Cash. Hinzu kommt im Namenskern, also dem innersten Wesen, der Wert 16/Schwierigkeiten. Und dann Time Warner! In der 4. Namensschale (Arbeit, Geld) der Wert 7/Gewinn, im Namenskern ebenfalls 7, und das Thema 10 = Expansion. AOL Time Warner aber hat das Partner-Thema 13 in der 4. Schale (Zusammen)- Arbeit den hier relevanten Wert 11/Störung. Die Schalen 1 (Energie, Intentionen) und 2 (Wissen, Intellekt) sind zwar mit dem Wert 21 im Wirkungsfeld Erfolg, jedoch belegt der 11er Wert Störung auch die Wirkungsbereiche   10/Expansion,   16/Schwierigkeiten   und 22/Unwägbares." (www.angelika-hoefler.de, August 2003)

Jetzt wissen wir endlich, woran es lag. Über den kleinen Schönheitsfehler, dass die Namensanalyse ex post facto erfolgte, können wir großzügig hinwegsehen. Den Verantwortlichen deutscher Konzerne mag dies eine Mahnung sein, sich in Zukunft nicht mehr leichtgläubig von wirtschaftlichen Kennzahlen leiten zu lassen. Die Wahrheit liegt einzig im Karma.

Im Gegensatz zu den zuvor dargestellten Methoden der Diagnostik erübrigt sich wohl eine ausgiebige Diskussion der „Namenspsychologie". Schließlich wollen wir die Intelligenz unserer Leser nicht beleidigen.

7.10 Fazit

Dem betrieblichen Personaldiagnostiker steht eine sehr breite Vielfalt unterschiedlichster Methoden zur Verfügung. Jede dieser Methoden birgt eigene Chancen, hat aber auch ihre Grenzen. Insofern lässt sich keine prinzipielle Überlegenheit eines einzelnen Verfahrens feststellen. Dennoch führen keineswegs alle Wege zum Erfolg. Der Unterschied zwischen einer qualitativ hochwertigen, einer durchschnittlichen oder fast wertlosen Diagnostik liegt meist im Detail und erschließt sich uns erst bei sorgfältiger Betrachtung. Auch ein Intelligenztest, der an sich ein sehr wertvolles Instrumentarium darstellt, kann seine Aufgabe verfehlen, wenn er im konkreten Anwendungsfall keine Anforderungsrelevanz besitzt, fehlerhaft durchgeführt oder ausgewertet wurde. Aufwändige Verfahren wie etwa ein strukturiertes Interview oder ein Assessment Center erfordern ein hohes Maß an diagnostischem Wissen und Geschick, will man ihre Stärken optimal zum Einsatz bringen. Die Standards, die wir zu den einzelnen Methoden aufgestellt haben, vermitteln gemeinsam mit den grundlegenden Standards der vorangestellten Kapitel zentrale Regeln zur Optimierung des Vorgehens. Dabei versteht es sich leider von allein, dass in der Praxis nur in seltenen Fällen alle Regeln vollständig umgesetzt werden können. Ziel einer seriösen Personaldiagnostik sollte es jedoch sein, die Standards so weit wie möglich zu verwirklichen. Dies gilt gleichermaßen für die Neukonstruktion diagnostischer Instrumente im eigenen Haus als auch für die Bewertung fremder Produkte und Dienstleistungen.

7.11 Vertiefende Literatur

Borg, I. (2000). Führungsinstrument Mitarbeiterbefragung. Göttingen: Verlag für Angewandte Psychologie.

Fisseni, H. J. & Fennekels, G. (1995). Das Assessment Center. Göttingen: Verlag für Angewandte Psychologie.

Kanning, U. P. & Holling, H. (Hrsg.). (2002). Handbuch personaldiagnostischer Instrumente. Göttingen: Hogrefe.

Kleinmann, M. (2003). Assessment Center. Göttingen: Hogrefe.

Sarges, W. (Hrsg.). (2000). Management-Diagnostik. Göttingen: Hogrefe.

Scherm. M. & Sarges, W. (2002). 360°-Feedback. Göttingen: Hogrefe.

Schuler, H. (2000). Psychologische Personalauswahl. Göttingen: Verlag für Angewandte Psychologie.

Schuler, H. (2002). Das Einstellungsinterview. Göttingen: Hogrefe.

Strauß, B. & Kleinmann, M. (Hrsg.). (1995). Computergestützte Szenarien in der Personalarbeit. Göttingen: Verlag für Angewandte Psychologie.

Weuster, A. (1994). Personalauswahl und Personalbeurteilung mit Arbeitszeugnissen. Göttingen: Verlag für Angewandte Psychologie.

8. Personaldiagnostik auf den Punkt gebracht

Am Ende unserer Ausführungen über die wissenschaftlich fundierte Personaldiagnostik ist es nun an der Zeit, ein Resümee zu ziehen. Dabei sollen zwei Fragen diskutiert werden. Zum einen geht es um den Status quo der Personaldiagnostik: Wie ist es um das Verhältnis zwischen Forschung und Praxis in diesem überaus wichtigen Anwendungsfeld der Personalpsychologie bestellt? Zum anderen fragen wir nach den Aufgaben, die Forschung und Praxis in der Zukunft zu bewältigen haben: Wie lassen sich wissenschaftliche Erkenntnisse in der Praxis der Personaldiagnostik besser nutzen? Doch zuvor wollen wir erst einmal die DIN 33430 vorstellen. In ihr werden die wichtigsten Grundsätze einer anspruchsvollen Diagnostik in sehr komprimierter Form zusammengefasst.

8.1 DIN 33430

Es war im Sommer 2002 als die schon lange angekündigte DIN 33430 das Licht der Welt erblickte. Unter dem ein wenig sperrigen Titel *„Anforderungen an Verfahren und deren Einsatz bei berufsbezogenen Eignungsbeurteilungen"* (Normenausschuss Gebrauchstauglichkeit und Dienstleistungen, 2002) wurden grundlegende Qualitätsstandards der Personaldiagnostik festgeschrieben, die im Großen und Ganzen in der Forschung schon seit Jahrzehnten eine Selbstverständlichkeit darstellen, in den meisten Unternehmen aber bis heute bestenfalls im Ansatz beherzigt werden. Ziel der Norm ist eine Qualitätssteigerung in der personaldiagnostischen Praxis. Allerdings beschränkt man sich dabei auf zwei der vier Aufgabenfelder, nämlich auf die *Personalauswahl und -platzierung*. Entwickelt sich alles im Sinne der Norm, so werden eines nicht fernen Tages, Tests und Fragebögen, aber auch Interview- und Beobachtungsmethoden eine Art Gütesiegel tragen, aus dem hervorgeht, dass grundlegende Qualitätsanforderungen erfüllt sind. Ganz ähnlich wird es sich mit Diagnostikern bzw. Personalberatern verhalten, die sich durch ein entsprechendes Zertifikat gegenüber dem Kunden als besonders qualifiziert ausweisen können. All dies hilft den Verantwortlichen in den Unternehmen bei der Realisierung einer wissenschaftlich fundierten Personaldiagnostik.

Schauen wir uns nun die Norm einmal genauer an. Die Aussagen lassen sich in zwei Bereiche gliedern. Zum einen geht es um die Methoden der Personaldiagnostik (siehe Tabelle 8-1), zum anderen um die Qualifikation der Diagnostiker (siehe Tabelle 8-2). In beiden Tabellen geben wir die wichtigsten Aussagen der Norm zusammenfassend wieder (siehe auch Hornke & Winterfeld, 2004).

Tabelle 8-1: Anforderungen an eignungsdiagnostische Verfahren (DIN 33430)

Grundsätzliches
- Es kommen nur solche Verfahren zum Einsatz, die einen *Anforderungsbezug* haben.
- Das Vorgehen sowie das Ergebnis der Anforderungsanalyse wird *dokumentiert* (beteiligte Personen mit Qualifikation, Datenquellen, Methoden).

Auswahl und Zusammenstellung der Verfahren
- Bei jedem Verfahren wird der Anwender wahrheitsgemäß mit allen wichtigen Informationen versorgt, die ihm zum einen eine *kritische Bewertung*, zum anderen eine *richtige Anwendung* des Verfahrens ermöglichen: Zielsetzung und Anwendung des Verfahrens, empirische Untersuchungen, Konstruktionsschritte, Gütekriterien und eingesetzte Analysemethoden, Durchführungsbedingungen, Kontraindikationen etc.
- Die Verfahren besitzen eine *größtmögliche Objektivität* (Durchführungs-, Auswertungs- und Interpretationsobjektivität).
- Die Verfahren besitzen eine *möglichst hohe Zuverlässigkeit* (Reliabilität). Dies gilt auch für die Beurteilerübereinstimmung (z.B. im Interview oder Assessment Center).
- Die Verfahren besitzen eine *möglichst hohe Gültigkeit* (Validität). Bei mehrfacher Anwendung sollte die Validität im Hinblick auf die konkrete Fragestellung überprüft werden.
- Sofern *Normen* zum Einsatz kommen, passt die Normierungsstichprobe zur Anwendungsstichprobe (z. B. Bewerber).
- Die Angaben zur Reliabilität und Validität sowie die Normen werden spätestens alle acht Jahre empirisch überprüft.

Planung der Untersuchung
- Es existieren klare *Regeln zur Durchführung und Auswertung der Verfahren sowie zur abschließenden Eignungsbeurteilung*.
- Alle Vorgehensweisen, Materialien, Entscheidungsregeln etc. werden so dokumentiert, dass später alle Entscheidungen nachvollzogen werden können.
- Die Regeln werden spätestens alle 3 Jahre *überprüft*.

Durchführung
- Der Diagnostiker hält sich an die *Durchführungsregeln*, um eine hohe Durchführungsobjektivität zu gewährleisten (Hierzu gehören z. B. Originalmaterialien, Instruktionen, Protokollierung, Einhaltung von Zeitvorgaben, vorgeschriebene Computerhardware, Hilfsmittel.).
- Die Kandidaten wurden zuvor über den fraglichen Arbeitsplatz *informiert*.
- Die Kandidaten werden über Ziele, Ablauf, Dauer, Funktion der Untersuchungen, Verwendung der Daten, Dauer der Datenspeicherung *informiert*.
- Die Teilnahme an der Untersuchung ist freiwillig.
- Die Kandidaten werden zeitlich, psychisch und physisch *nicht mehr als unbedingt notwendig beansprucht*.

Auswertung
- Die Auswertung läuft nach den zuvor definierten *Regeln* ab.
- Etwaige *Störungen* bei der Durchführung *werden protokolliert*.
- Es werden *nur anforderungsrelevante Informationen* in die Auswertung einfließen.
- Sofern mehrere Diagnostiker ein Urteil abgeben, wird neben dem Gesamtergebnis auch die Streubreite dokumentiert.

> **Interpretation**
> - Die Interpretation orientiert sich an den Grundsätzen der *Objektivität, Unparteilichkeit und Unabhängigkeit* in Bezug auf die Kandidaten.
>
> **Urteilsbildung**
> - Die Urteilsbildung *gibt Antwort* auf die ursprüngliche Fragestellung.
> - Die Urteilsbildung wird anhand der Messergebnisse (gegenüber dem Auftraggeber) *begründet*.

Erläuterung: Die DIN 33430 wird nur in ihren wesentlichen Aussagen wiedergegeben.

Im Bereich der Methoden wird zunächst die Bedeutung der *Anforderungsanalyse* hervorgehoben. Personaldiagnostische Verfahren müssen demzufolge jeweils in Bezug auf die konkrete Aufgabenstellung ausgewählt bzw. neu entwickelt werden (siehe auch Abschnitt 6.2). Als Rechtfertigung für die Auswahl eines etablierten Intelligenztests reicht also nicht der Hinweis darauf, dass Intelligenz im Allgemeinen ein guter Prädiktor beruflicher Leistung ist (vgl. Schmidt & Hunter, 1998). Vielmehr muss die Relevanz der Intelligenzmessung für den konkreten Anwendungsfall, also z.B. eine anstehende Personalauswahl, begründet sein. Damit die Entscheidungen für ein bestimmtes Procedere auch später noch nachvollziehbar sind, ist zudem einen gute Dokumentation der Anforderungsanalyse notwendig.

Ist vor dem Hintergrund der Anforderungsanalyse bekannt, welche Merkmalsdimensionen interessieren, so schließt sich die Phase der Auswahl, Konstruktion und Zusammenstellung des diagnostischen Verfahrens an (vgl. Abschnitt 6.3 und 6.4). Dabei orientiert man sich an den klassischen Qualitätskriterien Objektivität, Reliabilität und Validität, die jeweils möglichst hoch ausgeprägt sein sollten (vgl. Abschnitt 5.1, 5.2 und 5.3). Je nach Fragestellung kann überdies die Berücksichtigung von Normen sinnvoll sein (Abschnitt 5.4). Da sich die Normen langfristig verändern können, sollten sie nicht älter als acht Jahre sein. Anders ausgedrückt, wer selbst Normen entwickelt hat, ist gehalten, ihre Gültigkeit spätestens nach acht Jahre zu überprüfen und ggf. Korrekturen vorzunehmen. Die gleichen Ansprüche stellt die Norm an empirische Überprüfungen der Objektivität, Reliabilität und Validität. Der Hintergrund für diese Forderung ist wohl die Überlegung, dass sich im beruflichen Setting längerfristige Veränderungen ergeben, die Einfluss auf die grundlegenden Gütekriterien eines Verfahrens nehmen können. Man denke hier z.B. an Veränderungen in der Arbeitsplatzgestaltung, die Einführung neuer Techniken oder die Ausweitung des Verantwortungsbereiches bestimmter Mitarbeitergruppen. All dies beeinflusst letztlich die prognostische Validität eines Verfahrens, denn parallel zur Arbeitswirklichkeit verändern sich auch die leistungsrelevanten Personenmerkmale. Ähnlich verhält es sich mit schleichenden Veränderungen, die sich im Laufe der Zeit bei der Durchführung ergeben. Führt man beispielsweise über viele Jahre hinweg immer wieder das gleiche Assessment Center durch, so liegt die Beobachterschulung zwangsläufig lange Zeit zurück. Wichtige Informationen sind bei den Beobachtern inzwischen vielleicht in Vergessenheit geraten und Routinen höhlen die sorgfältig durchdachten Verfahrensregeln aus. Sicherlich gab es auch personelle Veränderungen auf Seiten der Funktionsträger. In einem solchen Fall ist eine Überprüfung der Beobachterübereinstimmung mehr als sinnvoll und sollte nicht nur alle acht Jahre erfolgen. Weniger sinnvoll erscheint es hingegen, alle acht Jahre die innere Konsistenz eines Fragebogens zu überprüfen oder zu schauen, ob der Intelligenztest A auch weiterhin zu .83 mit dem Intelligenztest B korreliert. Unabhängig von der Frage einer kontinuierlichen Überprüfung der Gütekriterien muss der Entwickler alle wichtigen Informationen über sein Instrument so dokumentieren, dass der Anwender die Funktion und Qualität des Verfahrens beurteilen kann. Dies gilt nicht nur für die Gütekriterien, sondern auch für die Zielsetzung des Verfahrens, besondere Bedingungen der Durchführung, etwaige Kontraindikationen und vieles mehr. Bei der Angabe der Gütekriterien reicht es nicht aus, wenn lediglich ein Validitätskoeffizient genannt wird. Wichtig ist ferner die Information über die Datenbasis und die eingesetzten statistischen Methoden.

Hat man sich für ein bestimmtes Vorgehen entschieden, müssen *Regeln für die Durchführung, Auswertung und Interpretation bzw. für die endgültige Entscheidungsfindung* aufgestellt und dokumentiert werden (vgl. Abschnitt 6.5, 6.6 und 6.7). Wie viel Hilfestellung darf der Testleiter einem Bewerber im Intelligenztest geben? Wie werden die Ergebnisse einer Verhaltensbeobachtung zu einer Gesamtbeurteilung integriert? Ist eine Kompensation zwischen verschiedenen Leistungsbereichen erlaubt? All dies sind Beispielfragen, die vor der ersten Durchführung beantwortet sein müssen. Der DIN 33430 folgend sollte die Sinnhaftigkeit des Regelwerks spätestens alle 3 Jahre überprüft werden.

Es versteht sich eigentlich von allein, dass der Diagnostiker die zuvor aufgestellten *Regeln auch tatsächlich einhält*, nicht eigenmächtig abändert oder vielleicht sogar im Nachhinein Daten fälscht. Die Probanden werden vor der Untersuchung *umfangreich informiert*. Neben Informationen über den späteren Arbeitsplatz klärt man sie über Ziele, Ablauf, Dauer, Funktion der Untersuchungen sowie die Verwendung der Daten und die Dauer der Datenspeicherung auf. Auf der Basis all dieser Informationen kann der Proband selbstständig entscheiden, ob er sich einer solchen Untersuchung unterziehen will oder nicht. Die Teilnahme an personaldiagnostischen Untersuchungen ist somit immer freiwillig. Verdeckte Verhaltensbeobachtungen sind nicht zulässig. Überdies lässt man sich in der Durchführung von dem Grundsatz leiten, dass die Probanden nicht mehr als unbedingt notwendig zeitlich, psychisch und physisch beansprucht werden. Alles in allem berücksichtigt man bei der Durchführung sowohl methodische als auch *ethische Standards* (vgl. Abschnitt 5.6).

Die gewonnenen Daten werden nach den festgelegten Verfahrensregeln *ausgewertet, interpretiert und zu einer Entscheidung integriert*. Dabei kommen die vorgegebenen Verfahrensregeln zum Einsatz. Kam es bei der Untersuchung zu Störungen, die zu einer Verzerrung des Messergebnisses führen könnten, werden sie dokumentiert und darüber hinaus in der Einzelfallentscheidung berücksichtigt. Falls sich mehrere Diagnostiker auf ein gemeinsames Urteil einigen müssen – was beispielsweise in der Beobachterkonferenz des Assessment Centers der Fall ist, –werden nicht nur das Konsensurteil, sondern auch die Einzelurteile dokumentiert.

Die DIN 33430 trifft nicht nur Aussagen zu den diagnostischen Instrumenten und ihrer Anwendung, sondern beschreibt auch Kriterien, mit deren Hilfe sich die Qualifikation des diagnostischen Personals beurteilen lässt. Letztlich steht und fällt die Qualität einer personaldiagnostischen Untersuchung mit der Fachkompetenz und Integrität des diagnostischen Personals. Dies gilt gleichermaßen für die Neuentwicklung wie für die Anwendung bereits bestehender Verfahren. Die DIN 33430 beschränkt sich auf eine Auflistung der fachlichen Kompetenzen. Sie sind selbsterklärend und müssen an dieser Stelle nicht weiter kommentiert werden (vgl. Tabelle 8-2).

Tabelle 8-2: Anforderungen an das diagnostische Personal (DIN 33430)

Qualitätsanforderungen an den Diagnostiker
- Der Diagnostiker verfügt über fundierte Kenntnisse zur Eignungsbeurteilung und besitzt Praxiserfahrung im Hinblick auf die Entwicklung, Planung, Gestaltung, Durchführung und Evaluation eignungsdiagnostischer Untersuchungen
- Im Hinblick auf die *Anforderungsanalyse* besitzt der Diagnostiker die folgenden Kenntnisse: Methoden der Arbeits- und Anforderungsanalyse, Verfahren zur Entwicklung eines Anforderungsprofils, Operationalisierung von Eignungsmerkmalen
- Im Hinblick auf *diagnostische Verfahren* besitzt der Diagnostiker die folgenden Kenntnisse: Grundkenntnisse über eignungsdiagnostische Verfahren, statistisch-methodische Grundlagen, Testtheorie, Evaluationsmethodik, Konstruktionsgrundlagen, Einsatzmöglichkeiten, Durchführungsbedingungen, Gütekriterien, Gutachtenerstellung.
- Im Hinblick auf die *Eignungsbeurteilung* besitzt der Diagnostiker die folgenden Kenntnisse: Vorgehensweisen, Beurteilungsprozeduren, Abschätzung der Prognosegüte, Evaluationsstudien, Aussagemöglichkeiten der Eignungsdiagnostik

Qualitätsanforderungen bei der Durchführung von Verhaltensbeobachtungen und Eignungsinterviews
- Der Diagnostiker und seine Assistenten verfügen über folgende Kenntnisse zur Durchführung von *Verhaltenbeobachtungen*: Verständnis der Begriffe „Beobachtung, Beobachtungsmethoden, Operationalisierung von Eignungsmerkmalen, Beobachtungskategorien, Dokumentation, Auswertungsprozedur, Bewertungsmaßstab, Messverfahren, statistische und klinische Urteilsbildung, Beobachterfehler, Gütekriterien.
- Der Diagnostiker und seine Assistenten verfügen über folgende Kenntnisse zur Durchführung von *Eignungsinterviews*: Interviewarten, Handhabung von Leitfäden, Fragetechniken, Beurteilungskriterien, Fragebereiche und rechtliche Zulässigkeit

Erläuterung: Die DIN 33430 wird nur in ihren wesentlichen Aussagen wiedergegeben.

Die DIN 33430 beschreibt alles in allem sehr grundlegende Regeln, die von jedem Anwender diagnostischer Verfahren – also letztlich jedem Unternehmen und jeder Behörde – umgesetzt werden sollten. Dies setzt zwangsläufig eine gewisse Fachkompetenz voraus, die jedoch nicht als Argument gegen die Verwendung der Norm ins Feld geführt werden kann. Kein Unternehmen käme auf die Idee, arbeitsrechtliche Regelungen für sich einfach außer Kraft zu setzen, nur weil das vorhandene Personal nicht über entsprechendes Wissen verfügt oder man nicht bereit ist, einen qualifizierten Juristen einzustellen. Ebenso wenig wäre es legitim, nur deshalb auf eine fundierte Diagnostik zu verzichten, weil im eigenen Hause kein entsprechend qualifiziertes Personal greifbar ist. Stößt man auf personaldiagnostische Defizite, so muss man entweder das vorhandene Personal entsprechend qualifizieren, neues Personal einstellen oder sich externen Rat holen. Bei der Suche nach Defiziten in der eigenen Diagnosepraxis kann die Norm zur Eignungsbeurteilung wertvolle Hilfe leisten.

Aufgrund ihres hohen Abstraktionsgrades hilft sie vor allem bei der Aufdeckung grundlegender Probleme. Bei der Feinanalyse helfen die Standards, die in den vorangestellten Kapiteln aufgestellt wurden. Sie lassen sich wie eine Checkliste einsetzen. Beides, sowohl die Norm als auch die Standards der Personaldiagnostik können darüber hinaus bei der Neugestaltung des personaldiagnostischen Prozesses im Sinne einer Handlungsanleitung wirken.

8.2 Status quo der Personaldiagnostik

Eine wissenschaftlich fundierte Personaldiagnostik ist dadurch gekennzeichnet, dass man sich bei der Planung, Durchführung und Evaluation personaldiagnostischer Untersuchungen von methodischen Prinzipien leiten lässt, die der Forschung entlehnt sind. Überdies berücksichtigt man wissenschaftliche Theorien, Forschungsergebnisse und Messinstrumente. Insgesamt betrachtet geht es also darum, das technologische Potential der Wissenschaft in der Praxis zu nutzen (siehe auch Kanning, 2001). Aber warum sollte man dies tun? Eine wissenschaftlich fundierte Personaldiagnostik ist zum einen für das Unternehmen wirtschaftlich nützlich, zum anderen legt sie die Basis für einen ethisch verantwortlichen Umgang mit den Menschen, die sich als Bewerber oder Mitarbeiter einer Untersuchung unterziehen. Doch schauen wir uns die zahlreichen Vorteile einer wissenschaftlich fundierten Personaldiagnostik einmal im Detail an (vgl. Abbildung 8-1).

Ein wirtschaftlicher *Nutzen für das Unternehmen* ergibt sich bereits aus der *Anforderungsanalyse*. Wer in dieser frühen Phase der Untersuchungsplanung nachlässig handelt und sich allein vom Augenschein und Plausibilitätsbetrachtungen einer einzelnen Person leiten lässt, verpasst von vornherein die Chance auf eine bedarfsgerechte Diagnose. Die Fehler, die an dieser Stelle auftreten, lassen sich später auch durch noch so sorgfältiges Vorgehen nicht mehr ausgleichen. Wer letztlich nicht wirklich weiß, was eigentlich gemessen werden soll, kann nur noch per Zufall eine richtige Auswahl- oder Platzierungsentscheidung treffen.

Das Gleiche gilt für *Bedarfsanalysen*. Ohne eine aussagekräftige Bedarfsanalyse laufen Personal- und Organisationsentwicklungsmaßnahmen oftmals ins Leere. Weiß man nicht, wo genau der Schuh drückt, kommen die Ressourcen bestenfalls zufällig an der richtigen Stelle zum Einsatz. Betreibt man Personalentwicklung nach dem Gießkannenprinzip, so mag man zwar hier und dort einen Treffer erzielen, verschwendet dabei aber unverhältnismäßig viele Ressourcen, weil viel zu viele Mitarbeiter von den Maßnamen nicht profitieren können.

Die wissenschaftlich fundierte Personaldiagnostik liefert die Basis für *rationale Entscheidungen* im Personalsektor. Ohne eine entsprechende Absicherung ist man allein auf die subjektive Meinung oder Intuition einzelner Entscheidungsträger angewiesen und läuft dabei Gefahr, dass die so zahlreichen, systematischen Fehler der menschlichen Urteilsbildung (vgl. Abschnitt 2.3; Kanning, 1999) die Oberhand gewinnen. Wechselt man den Entscheidungsträger aus, erhält man nicht selten ein anderes Urteil. Dies kann nicht die Grundlage des Handelns in einem ernst zu nehmenden Unternehmen sein. So selbstverständlich wie man sich bei technischen Fragen nicht auf Eingebungen der Ingenieure verlässt, sondern nach rationalen Begründungen verlangt, so selbstverständlich sollte man auch im Personalbereich nach rational begründeten Lösungen suchen. Schließlich bilden richtige Personalentscheidungen die wichtigste Voraussetzung für alle weiteren Entscheidungen im Unternehmen, seien sie nun wirtschaftlicher oder technischer Natur. Sitzen im Unternehmen die falschen Mitarbeiter auf wichtigen Positionen oder wurden die Mitarbeiter nicht gezielt weiterqualifiziert, zieht dies zwangsläufig suboptimale Entscheidungen in vielen Sektoren nach sich.

Mit Hilfe personaldiagnostischer Prinzipien lassen sich die *Stärken und Schwächen im eigenen Vorgehen systematisch analysieren*. Zwar macht sich eine sehr schlechte Personaldiagnostik bisweilen von allein bemerkbar, doch hilft die Erkenntnis, dass irgendwo im System ein Fehler stecken muss, noch nicht sehr viel weiter. Erst die systematische Analyse des eigenen Vorgehens, die gezielte Suche nach etwaigen Fehlern und suboptimalen Problemlösungen führt uns auf den richtigen Weg. Mehr noch, die DIN 33430 sowie die Standards der Personaldiagnostik helfen auch dort bei der kritischen Reflexion des eigenen Vorgehens, wo bislang noch kein Problembewusstsein existiert. Und dies ist dringend notwendig, denn eine fehlgeleitete Personaldiagnostik wird oft als solche gar nicht erkannt, weil die Probleme erst Jahre später auftreten und dann auf andere Ursachen zurückgeführt werden. Man denke hier z. B. an Führungsdefizite, die man bevorzugt dem Individuum, nicht aber einer falschen Personalauswahl und -platzierung oder einer mangelhaften Personal- und Organisationsentwicklung zuschreibt.

Dabei dienen die Prinzipien der wissenschaftlich fundierten Personaldiagnostik natürlich nicht nur der Analyse des Ist-Zustandes, sondern liefern zugleich konkrete *Hinweis zur Verbesserung des eigenen Vorgehens*. Überall dort, wo personaldiagnostische Verfahren und Prozesse *neu entwickelt* werden, helfen Forschungsergebnisse und wissenschaftliche Prinzipien von vornherein bei der Vermeidung grundlegender Fehler.

Die Qualitätssteigerung in der Personaldiagnostik führt mittelbar zu einer *Reduzierung der Fehlentscheidungen in den Bereichen Personalauswahl und -platzierung*. Des Weiteren ermöglicht sie eine *gezieltere Personal- und Organisationsentwicklung*. Eine optimierte Diagnostik dürfte in den meisten Fällen daher zu einer *Steigerung des monetären Nutzens* führen.

Allerdings rechnet sich natürlich nicht jede beliebige Verbesserung des diagnostischen Vorgehens. Wissenschaftliche Methoden der Evaluation helfen bei der Abschätzung des Nutzens und liefern die *Grundlage für weitergehende Investitionsentscheidungen* auf diesem Feld. Die Evaluation richtet sich somit niemals gegen die Diagnostiker, sondern hilft ihnen einerseits bei der Dokumentation ihrer Leistung und liefert andererseits ein Bezugssystem zur Optimierung des Vorgehens.

Gelingt es einem Unternehmen, all diese Vorteile offensiv nach außen zu kommunizieren, so erwächst aus der fundierten Personaldiagnostik letztlich auch ein *Imagegewinn* für das Unternehmen. Ein solcher Gewinn ist gerade im Hinblick auf den zukünftigen Arbeitsmarkt nicht zu unterschätzen. Wenn in einigen Jahren immer weniger qualifizierte Bewerber eine Anstellung suchen, wird u. a. das Image des Unternehmens zu einem wichtigen Marktvorteil. Die Personaldiagnostik wirkt auf den Bewerber wie eine Visitenkarte des Unternehmens. Wer schon vor einer etwaigen Einstellung den Eindruck hat, dass in einem Unternehmen vieles nicht so richtig läuft, der wird sich frühzeitig nach einer Alternative umsehen. Ähnlich verhält es sich mit qualifizierten Mitarbeitern, die gute Chancen auf dem Arbeitsmarkt haben. Entsteht bei ihnen der Eindruck, dass die Personal- und Organisationsentwicklungsmaßnahmen des Unternehmens sie nicht wirklich weiterbringen, steigt die Bereitschaft zum Wechsel.

Nutzen für das Unternehmen	Nutzen für Bewerber/Mitarbeiter
• abgesicherte Anforderungsanalysen • abgesicherte Bedarfsanalysen • Rationale Entscheidungsgrundlagen • Aufdeckung diagnostischer Stärken und Schwächen • zielgerichtete Verbesserung einer defizitären Diagnostik • Hilfestellung bei der Neukonzeption diagnostischer Verfahren und Prozesse • Reduzierung von Fehlenscheidungen bei Auswahl und Platzierung • gezielte Personalentwicklung und Organisationsentwicklung • Steigerung des wirtschaftlichen Nutzens • Kontrolle des wirtschaftlichen Nutzens • Imagegewinn	• Schutz vor Willkür • Schutz vor Fehlentscheidungen • Faire Aufstiegschancen • gezielte Förderung • gezielte Verbesserung der Arbeitsbedingungen • monetärer Nutzen • Chance auf mehr Arbeitszufriedenheit

Abbildung 8-1: Nutzen einer wissenschaftlich fundierten Personaldiagnostik

Eine wissenschaftlich fundierte Personaldiagnostik birgt zahlreiche *Vorteile für Bewerber und Mitarbeiter* des Unternehmens. In dem Maße, in dem sich das Unternehmen von rational und empirisch begründeten Entscheidungskriterien leiten lässt, wächst der *Schutz vor Willkür*. Ein Bewerber wird beispielsweise nicht aufgrund von Sympathie eingestellt, sondern weil er Merkmale aufweist, die nachweislich arbeitsrelevant sind. Diese Merkmale wurden in einem objektivierten Diagnoseprozess gemessen, wobei sich der Kandidat einem fairen Wettbewerb gestellt hat. Analog verhält es sich bei der Personalentwicklung. Die Entwicklungsmöglichkeiten werden nicht durch ein Vorgesetztenurteil blockiert oder nach Gutsherrenart gewährt. Die Entscheidung für oder gegen eine bestimmte Förderung fällt in einem nachvollziehbaren und fairen Prozess, in dem jeder Interessent die gleichen Chancen hat.

Damit einher gehen sowohl ein größerer *Schutz vor Fehlentscheidungen* der verantwortlichen Stellen als auch *faire Aufstiegschancen*. An die Stelle der alleinigen Entscheidung des Vorgesetzten tritt ein standardisiertes Verfahren, in dem jeder zeigen kann, welche Potentiale in ihm stecken.

Personalentwicklungsmaßnahmen werden gezielt eingesetzt. Der Mitarbeiter muss sich also nicht in Veranstaltungen langweilen, die ihn unterfordern oder keine wirkliche Relevanz besitzen. Stattdessen besteht eine reelle Chance, dass man ihm Entwicklungsmaßnahmen anbietet, die ihn wirklich weiterbringen. Parallel hierzu legt die Personaldiagnostik das Fundament für eine Organisationsentwicklung, die sich einerseits an die Erfordernisse des Marktes, andererseits an den Bedürfnissen der Mitarbeiter orientiert. Sofern die Ergebnisse der Untersuchungen vernünftig realisiert werden, trägt die Personaldiagnostik mittelbar zu einer *gezielten Verbesserung der Arbeitsbedingungen* bei.

All dies zusammen führt letztlich auch zu einem *monetären Nutzen* für den Mitarbeiter. Er wird seinen Neigungen und Fähigkeiten entsprechend platziert, bietet ihm geeignete Entwicklungschancen und sorgt für eine Arbeitsumgebung, in der er seine Stärken bestens zum Einsatz bringen kann. Existiert zudem ein leistungsbezogenes Belohnungssystem, so ergibt sich hieraus in der Konsequenz ein finanzieller Gewinn. Überdies legt die skizzierte Optimierung des Arbeitsfeldes die Basis für eine Arbeitswirklichkeit, die mit einer *höheren Arbeitszufriedenheit* einhergehen kann.

Wir sehen, die wissenschaftlich fundierte Personaldiagnostik bietet sowohl für das Unternehmen als auch für Bewerber und Mitarbeiter sehr viele Vorteile, zumindest jedoch Chancen. Selbst wenn nicht alle angesprochenen Verbesserungen im Einzelfall eintreten werden – schließlich hängt z.B. der Erfolg von Personal- und Organisationsentwicklungsmaßnahmen nur zum Teil von der zugrunde gelegten Diagnostik ab – trägt eine verbesserte Diagnostik doch ein enormes Potential in sich. Wie sieht es nun aber mit der alltäglichen Praxis aus? Werden die Potentiale der wissenschaftlichen Fundierung in den Unternehmen tatsächlich genutzt? Genaue Untersuchungen zu dieser Frage liegen nicht vor. Doch jeder, der im Personalbereich arbeitet oder einen Blick in den diagnostischen Alltag wirft und das Geschen mit unseren Ausführungen der vorangestellten Kapitel oder der DIN 33430 vergleicht, muss wohl ein ernüchterndes Fazit ziehen. Zwischen Möglichkeit und Wirklichkeit klafft ein ebenso weiter, wie tiefer Graben. Im Kapitel 2 wurden einige Beispiele für diesen Missstand gegeben. Man erinnert sich vielleicht an die Personalverantwortlichen aus zwei Unternehmen, die tatsächlich das Sternkreiszeichen bzw. die Schädelform der Bewerber zur Personalauswahl einsetzen wollten. Sicherlich sind dies extreme Beispiele. Sehr viel üblicher dürfte die unreflektierte Bevorzugung von sympathisch erscheinenden oder gut aussehenden Kandidaten sein. Unstrukturierte Einstellungsgespräche sind ebenso an der Tagesordnung wie Assessment Center, in denen die Bewertungskriterien unklar bleiben und man dem „Bauchurteil" ebenso viel Bedeutung beimisst wie der systematischen Verhaltensbeobachtung. Personalentwicklungsmaßnahmen werden eher selten vor dem Hintergrund diagnostischer Erkenntnisse eingesetzt und noch seltener systematisch evaluiert. Wie kommt es aber zu diesem Missstand?

Die Praxis der Personaldiagnostik wird sehr viel weniger durch wissenschaftliche Erkenntnisse und Methoden als durch andere Faktoren bestimmt, die in den Unternehmen selbst anzusiedeln sind (vgl. Abbildung 8-2). Auf der einen Seite besteht ein Kommunikationsproblem der Wissenschaft gegenüber der Praxis. Auf der anderen Seite ist die Nachfrage der Unternehmen nach wissenschaftlichem Know-how eher gering. Der Wissenschaft gelingt es bestenfalls im Ansatz, ihr Wissen in der Praxis zu verbreiten, weil die Forschung fast unter Ausschluss der Öffentlichkeit stattfindet. Fachpublikationen sind häufig in einer Sprache verfasst, die es dem Laien sehr schwer machen, sie zu verstehen. Hinzu kommt, dass die Publikationsorgane der Wissenschaft ganz andere sind als die der Praxis. Dies hat nicht zuletzt auch damit zu tun, dass entsprechende Publikationen oder gar praktische Aktivitäten der wissenschaftlichen Karriere nicht förderlich sind. In den letzten Jahren ist hier zwar ein

Wandel zu verzeichnen – Wissenschaftler publizieren immer mal wieder auch in „Praktikerzeitschriften" oder schreiben Bücher, die u.a. für die Praxis gedacht sind. Von einer dem Sachverhalt angemessenen Durchdringung der Praxisliteratur mit wissenschaftlichen Inhalten sind wir jedoch noch weit entfernt. Die Unternehmen selbst fragen wissenschaftliches Know-how nur spärlich nach, weil sie die Vorzüge nicht zu schätzen wissen. Hier beißt sich die Katze gewissermaßen in den Schwanz. Im Grunde genommen wartet die Wissenschaft darauf, dass der Kunde selbst ein Produkt nachfragt, von dem er kaum weiß, dass es existiert. Viele unternehmensinterne Bedingungen der Personaldiagnostik sind zudem oft so gestaltet, dass sie einer Nachfrage oder Anwendung wissenschaftlicher Prinzipien eher im Wege stehen (vgl. Abbildung 8-2). Personaldiagnostik wird häufig unter großem Zeitdruck durchgeführt. Innerhalb weniger Wochen soll ein neues Personalentwicklungskonzept auf die Beine gestellt oder das Auswahlverfahren komplett überarbeitet werden. Wer da erst eine empirische Bedarfs- oder Anforderungsanalyse durchführen will, hat schlechte Karten. An eine Entwicklung eigener Fragebögen oder Testverfahren ist schon gar nicht zu denken. Viel lieber greift man auf das Angebot einer Beratungsfirma zurück, die einem versichert, mit dem Produkt X in ähnlich gelagerten Fällen hervorragende Ergebnisse erzielt zu haben. Neben der Zeit ist nicht selten auch das Geld knapp, denn bei den Verantwortlichen fehlt oft das Bewusstsein für die Bedeutung der Personaldiagnostik. Gelänge es den Personalverantwortlichen, ihren Vorgesetzten den monetären Nutzen der Personaldiagnostik zu verdeutlichen, so wäre man vielleicht eher bereit, an dieser wichtigen Ausgangsbasis des Unternehmenserfolgs mehr Geld zu investieren. Solange nicht deutlich wird, dass Investitionen in die Personaldiagnostik mindestens ebenso wichtig sind wie Investitionen in neue Maschinen, in Produktentwicklung oder Werbung wird sich kaum etwas ändern. Ein weiteres Hindernis sind Traditionen. Unzählige Berufsanfänger, die beispielsweise nach einem Psychologiestudium in die Personalabteilungen großer Organisationen einsteigen, haben es bereits erlebt. Niemand interessiert sich für ihre Vorschläge zur Verbesserung der bisherigen Prozesse. Weil sie Berufsanfänger sind, werden sie nicht richtig ernst genommen. Ihre innovativen Vorschläge stören die routinierten Abläufe. Letztlich erwartet man von ihnen nicht Innovation, sondern Anpassung, schließlich ist ja bisher alles gut gelaufen – so glaubt man. Das größte Problem aber liegt in der mangelnden Fachkompetenz des eingesetzten Personals. Scheinbar gilt noch immer die alte Regel „Personal kann jeder" und so treffen wir in deutschen Personalabteilungen auf Vertreter unterschiedlichster Berufsgruppen, die zum überwiegenden Teil niemals in ihrem Leben eine fundierte diagnostische Grundausbildung erfahren haben. Das vorhandene Wissen hat man sich bei alten Hasen abgeguckt, selbst in der alltäglichen Arbeit angeeignet und vielleicht auch noch mal hier und da ein Ratgeberbuch gelesen. Mit einer Mischung aus Alltagspsychologie und learning by doing schreitet man dann zur Tat, in der sicheren Gewissheit, dass etwaige Fehler – dank fehlender Evaluation – ohnehin nicht aufgedeckt werden können. Das mangelnde Fachwissen ist dabei viel zu oft mit einem ebenso unerschütterlichen wie naiven Selbstvertrauen in die eigene Urteilsbildung gepaart. Im Laufe der Jahre tritt an die Stelle der eigentlich notwendigen Fachkompetenz die Berufserfahrung, die ohnehin als Totschlagargument gegen jegliche Kritik von außen dient. Wer zehn Jahre lang unstrukturierte Einstellungsgespräche führt, weiß – so glaubt man –, wer geeignet ist und wer nicht. Selbst zum alten Hasen gereift, sieht er dem Bewerber die Eignung gewissermaßen an der Nasenspitze an oder – noch besser – erfasst die ganze Wahrheit rein intuitiv. Zu allem Überfluss stehen der Nachfrage nach einer wissenschaftlich fundierten Personaldiagnostik auch diverse Machtinteressen entgegen. Viele Vorgesetzte, aber auch so mancher Mitarbeiter der Personalabteilung möchte allein darüber entscheiden, wer eingestellt, besonders gefördert oder abgeschrieben wird. Ein objektivierendes Verfahren steht diesen Interessen nicht nur im Weg, es entmachtet den Entscheidungsträgern zumindest graduell.

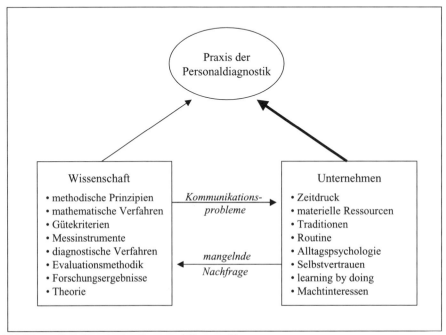

Abbildung 8-2: Praxis der Personaldiagnostik

8.3 Aufgaben für die Zukunft

Die skizzierte Diskrepanz zwischen den Möglichkeiten einer wissenschaftlich fundierten Personaldiagnostik und dem diagnostischen Alltag in vielen Unternehmen stellt einen Missstand dar, den es zu bewältigen gilt. Beide Seiten, sowohl die Wissenschaft als auch die Praxis können dazu beitragen, dass in Zukunft die Potentiale besser genutzt werden (vgl. Abbildung 8-3).

Auf Seiten der Wissenschaft ist eine verstärkt *praxisbezogene Ausbildung* der Studierenden zu fordern (vgl. Kanning, 2001). Neben methodischen Idealen müssen die Studierenden lernen, das Wissen auch so anzuwenden, dass es in der Praxis akzeptiert wird. Dies bedeutet immer auch, dass man Abstriche an der Verwirklichung des Ideals zulassen kann. Vielen Studierenden werden im Studium aber so anspruchsvolle Methodenstandards vermittelt, dass sie sich fast schon nicht mehr trauen, solche Abstriche zuzulassen. Sobald sie vom Ideal abweichen müssen, erscheint ihnen die Arbeit völlig wertlos. Praktische Personaldiagnostik ist jedoch kein Alles-

oder-Nichts-Prozess. Eine realistische Perspektive besteht darin, möglichst viele wissenschaftliche Prinzipien umzusetzen – je mehr desto besser. Selbst dann, wenn sich nicht alles verwirklichen lässt, erzielt man immer noch eine höhere Qualität, als hätte man gleich zu Beginn resigniert.

Vergleichbar zur Medizin müssen die Hochschulen flächendeckend und in allen Anwendungsfeldern *Fortbildungen für Praktiker* anbieten. Nur so kann gewährleistet werden, dass neue Erkenntnisse ohne jahrzehntelange Verzögerung und eine Verwässerung durch Ratgeberliteratur einen direkten Weg in die Personalabteilungen finden. Darüber hinaus bieten entsprechende Seminare die Möglichkeit, vorhandenes Wissen aufzufrischen. Auch hierin liegt eine wichtige Aufgabe, denn vieles geht im Laufe der Jahre einfach verloren. Die Fortbildung sollte sich sowohl an Fachkollegen als auch an fachfremde Berufsgruppen richten. Zwar ist es schön, wenn in Zukunft verstärkt Psychologen in Personalabteilungen die diagnostischen Aufgaben übernehmen, allein schon aufgrund der Vielzahl der Stellen werden es aber immer auch andere Berufsgruppen sein müssen, die in ihrem Studium keinerlei Diagnostikausbildung absolvieren konnten. Hinzu kommen Kleinunternehmen, die keinen eigenen Diagnostiker einstellen können.

Des Weiteren muss die Wissenschaft mit ihren Erkenntnissen sehr viel *offensiver in der Öffentlichkeit auftreten*. Dies gilt bei weitem nicht nur für die Personaldiagnostik (vgl. Kanning, 2001), aber eben auch für sie. Solange man nur im stillen Kämmerlein vor sich hinforscht und die fehlende Rezeption der Forschungsergebnisse in der Praxis bejammert, wird sich nichts ändern. Die Forschung muss von sich aus aktiv werden. Ein wichtiger Weg der schon heute beschritten wird, sind Kooperationen zwischen Unternehmen und Forschungseinrichtungen. Dies darf aber nicht dazu führen, dass man lediglich als kostengünstiger Dienstleister auftritt. Vielmehr sollten die Kontakte auch zur Aufklärung genutzt werden. Die Wissenschaft hat dabei hervorragende Möglichkeiten weil sie – anderes als Unternehmensberatungen – nicht darauf angewiesen ist, dem Kooperationspartner etwas zu verkaufen. Selbst dann, wenn sie nichts verkauft, kann sie etwas Sinnvolles leisten, indem sie die Verantwortlichen des Unternehmens z.B. auf Schwachstellen im Diagnoseprozess aufmerksam macht. Universitäten und Fachhochschulen sollten mithin nicht der Versuchung erliegen, einfach nur die Praxis der Unternehmensberatungen zu kopieren, sondern ihre Freiheit aktiv nutzen. Weitere Möglichkeiten bieten Medienauftritte von Wissenschaftlern in denen die Defizite deutlich beim Wort genannt und gleichzeitig Perspektiven zur Verbesserung aufgezeigt werden. Auch ließe sich über einen Preis für methodisch anspruchsvolle Diagnostik nachdenken, der gemeinsam mit einem etablierten Fachjournal der Praxis ausgeschrieben werden könnte.

Eng verbunden mit dem öffentlichen Auftreten der Wissenschaft ist die Frage der Publikationspraxis. Hier lässt sich noch sehr viel verbessern. Will man erreichen, dass wissenschaftliches Know-how verstärkt zur Kenntnis genommen wird, so muss man wissenschaftliche Ergebnisse entsprechend aufbereiten. Konkret bedeutet dies, dass Wissenschaftler viel häufiger als bisher ihre Forschungsergebnisse nicht nur in wissenschaftlichen Fachzeitschriften, sondern zusätzlich in *Praxiszeitschriften* publizieren. Der wissenschaftlichen Reputation schadet eine verkürzte Darstellung der Fakten – die in Praxiszeitschriften gefordert wird – keineswegs, solange sie die wissenschaftliche Publikation nicht ersetzt, sondern ergänzt. Weiterhin sind Buchpublikationen von Bedeutung, in denen Forschungsbefunde zusammenfassen dargestellt werden. In beiden Fällen ist eine *verständliche Sprache* der Schlüssel zum Erfolg.

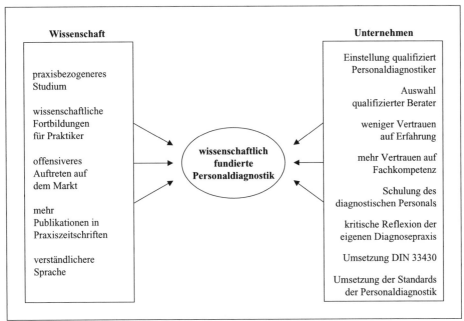

Abbildung 8-3: Wichtige Aufgaben für die Zukunft

Der Einfluss der *Unternehmen* auf die Qualität ihrer Personaldiagnostik ist weitaus größer als der der Wissenschaft. Die Wissenschaft kann nur werben, auf Probleme aufmerksam machen und Lösungsvorschläge anbieten. Die Entscheidungen für oder gegen eine Verbesserung des bisherigen Vorgehens fallen in den Unternehmen.

Wichtig wäre zunächst einmal die verstärke Einstellung *fachlich qualifizierter Personaldiagnostiker* (vgl. Abbildung 8-3). Die fachliche Qualifikation ergibt sich nicht aus der Berufserfahrung sondern in erster Linie aus einer fundierten Diagnostikausbildung. Man sollte daher *weniger auf die Erfahrung als auf die fachliche Kompetenz der Diagnostiker vertrauen*. Optimal ist eine Kombination hoher Fachkompetenz mit einschlägiger Erfahrung. Besonders prädestiniert für diese Aufgabe sind Psychologen mit einer Schwerpunktausbildung in Personal-, Wirtschafts- oder Organisationspsychologie. Eine wirklich fundierte Personaldiagnostik ist ohne eine „formale" Ausbildung auf den Gebieten empirische Forschung, mathematischer Verfahren, Methoden des Befragens, Testens und der Verhaltensbeobachtung sowie grundlegende Kenntnisse über Verhalten und menschliche Urteilsbildung nicht möglich. Die Unternehmen müssen den Versuchungen einer vermeintlich kostengünstigen und schnellen Kurzschlussdiagnostik nach dem Prinzip „Menschenkenner" widerstehen. Zwar werden hierdurch kurzfristig höhere Kosten für entsprechend qualifiziertes Personal entstehen, diese dürften sich in den allermeisten Fällen sehr schnell amortisieren.

Nun werden sicherlich nicht alle Unternehmen entsprechendes Personal sofort einstellen können. Gerade kleinere Unternehmen verfügen gar nicht über die hierzu notwendigen Ressourcen oder betreiben Diagnostik viel zu selten, als dass sich die Einstellung eines professionellen Diagnostikers lohnen würde. Nach wie vor wird man also aus gutem Grunde die Dienste externer Berater in Anspruch nehmen. Bei der *Auswahl eines Beraters* sollte man sich allerdings von den gleichen Kriterien leiten lassen wie bei der Einstellung eines Diagnostikers. Ob der Berater in der Vergangenheit 10 oder 100 Assessment Center entwickelt hat, ob er 20 oder 500 Einstellungsgespräche führt, ob er in einer kleinen Beratungsfirma oder einem weltweit tätigen Unternehmen arbeitet, ist weitgehend unwichtig. Wichtig ist hingegen die Qualität seiner Arbeit. Die DIN 33430 sowie die Standards der Personaldiagnostik helfen den Unternehmen dabei, die Qualität der Anbieter zu beurteilen.

Das in den Personalabteilungen bereits vorhandene *Personal muss im Sinne einer wissenschaftlich fundierten Personaldiagnostik geschult werden*. Sofern dies nicht im eigenen Unternehmen möglich ist, empfiehlt sich eine Kooperation mit Hochschulen. Hier erhält man die Informationen gewissermaßen aus erster Hand. Die Schulung sollte sich sowohl auf die Grundausbildung als auch den Ausbau vorhandener Kompetenzen beziehen.

Steht entsprechend geschultes Personal zur Verfügung, ist es ein Leichtes, die *Qualität der eigenen Diagnosepraxis regelmäßig zu hinterfragen*. Bei der Analyse sowie bei der sich anschließenden *Überarbeitung oder Neukonzeption* des Vorgehens bilden sowohl die DIN 33430 als auch die Standards der Personaldiagnostik eine wichtige Basis.

Zum Schluss bleibt noch der Hinweis darauf, dass selbstverständlich auch eine wissenschaftlich fundierte Personaldiagnostik keineswegs vollkommen ist. Viele Fragen können bislang nur unbefriedigend beantwortet werden und von völlig treffsicheren Prognosen beruflicher Leistung sind wir noch sehr weit entfernt. Dennoch gibt es keine besseren Basis diagnostischen Handelns. Hier verhält es sich mit der Personaldiagnostik wie mit jeder anderen wissenschaftsbezogenen Praxis. Es bleiben immer mehr Fragen als Antworten. Auch beispielsweise die Medizin kann heute nicht alle Krankheiten heilen und wahrscheinlich wird sie dies nie können. Dennoch birgt die Anwendung des derzeitigen Wissens weitaus mehr Chancen als Risiken. So unvollkommen die Erkenntnis auch sein mag, mit dem medizinischen Wissen von heute können wir viel mehr Gutes tun als jemals zuvor. Das Gleiche gilt für die wissenschaftlich fundierte Personaldiagnostik. Sie ist keineswegs perfekt, den Alternativen aber bei weitem überlegen.

Personaldiagnostik ist eine ebenso wichtige wie anspruchsvolle Aufgabe, die man in kompetente Hände legen muss. Ebenso wenig wie man im Automobilbau auf die Idee käme, die Konstruktion eines neuen Motors den Informatikern oder den Marketingexperten zu überlassen, so wenig sollte man die Personaldiagnostik in die Hände von Menschen legen, die für diese Aufgabe nicht hinreichend qualifiziert sind. Mit den Standards der Personaldiagnostik haben wir den Versuch unternommen, die wichtigsten Grundlagen einer wissenschaftlich fundierten Personaldiagnostik und damit zugleich die Qualifikation von Personaldiagnostikern zu beschreiben. Hierin liegt der Ausgangspunkt für eine Personaldiagnostik, die gleichermaßen dem Unternehmen sowie den betroffenen Menschen dient.

8.4 Vertiefende Literatur

Häcker, H., Leutner, D. & Amelang, M. (1998). Standards für pädagogisches und psychologisches Testen. Supplement 1/1998 der Diagnostica und Zeitschrift für Differentielle und Diagnostische Psychologie. Göttingen: Hogrefe.

Kanning, U. P. (2001). Psychologie für die Praxis: Perspektiven einer nützlichen Forschung und Ausbildung. Göttingen: Hogrefe.

Normenausschuss Gebrauchstauglichkeit und Dienstleistungen (Hrsg.). (2002). Anforderungen an Verfahren und deren Einsatz bei berufsbezogenen Eignungsbeurteilungen (DIN 33430). Berlin: Deutsches Institut für Normung.

Glossar

Adaptives Testen
Beim Adaptiven Testen werden die Aufgaben, die ein einzelner Proband zu bearbeiten hat, auf sein individuelles Leistungsniveau zugeschnitten. Dies geschieht in etwa nach dem folgenden Prinzip: Durch die Beantwortung der ersten Aufgaben wird das ungefähre Leistungsniveau des Probanden geschätzt. In Abhängigkeit hiervon werden nun eher leichtere bzw. eher schwerere Aufgaben verabreicht. Nachdem auch diese Aufgaben bearbeitet wurden, erfolgt in Abhängigkeit vom Ergebnis erneut eine Selektion der anschließend zu bearbeitenden Aufgaben. Der Vorteil des Adaptiven Testens liegt in der Durchführungsökonomie. Jeder Proband muss nur einen Teil der prinzipiell zur Verfügung stehenden Aufgaben bearbeiten und zwar genau denjenigen Teil, der für die Messung seines individuellen Leistungsniveaus relevant ist. Bislang existieren nur wenige Adaptive Tests. Aus praktischen Gründen sind sie meist computergestützt.

Anforderungsanalyse
Die Anforderungsanalyse dient zur Definition derjenigen Merkmale (Einstellungen, Fähigkeiten und Fertigkeiten etc.) über die ein Arbeitsplatzinhaber verfügen muss, um die an ihn herangetragenen Aufgaben erfolgreich erfüllen zu können. Zur Durchführung stehen unterschiedliche Methoden wie z.B. standardisierte Fragebögen oder die Methode der Kritischen Ereignisse zur Verfügung.

Anforderungsprofil
Das Anforderungsprofil beschreibt mit Hilfe von Merkmalsdimensionen und Merkmalskategorien, über welche Merkmale (Fähigkeiten, Fertigkeiten etc.) ein Arbeitsplatzinhaber verfügen sollte. Es kann dabei sowohl die Minimalanforderungen als auch ein Ideal beschreiben. Hierzu bedient es sich sog. „Cut-off-Werte". Das Anforderungsprofil ist das Ergebnis einer Anforderungsanalyse.

Arbeitsprobe
Diagnostisches Verfahren, bei dem im Rahmen der Testung möglichst exakt dasjenige Verhalten überprüft wird, welches für den Erfolg am Arbeitsplatz relevant ist. Die Qualität der getroffenen Aussage hängt neben der Passung zwischen Arbeitsprobe und tatsächlichen Arbeitsanforderungen vor allem von der Zuverlässigkeit der Beurteilung im konkreten Leistungsfalle ab.

Arbeitszeugnis
Jeder Arbeitsgeber ist gesetzlich verpflichtet seinem Mitarbeiter nach dem Ausscheiden aus dem Beschäftigungsverhältnis ein Arbeitszeugnis auszustellen. Aus eine vollständigen Zeugnis geht hervor, mit welchen Tätigkeiten der Mitarbeiter beauftragt war, wie er sie erfüllt hat und wie der Arbeitgeber die Leistungen insgesamt

einschätzt. Das Arbeitzeugnis kann sich neben fachlichen Qualifikationen auch auf das Sozialverhalten des Mitarbeiters beziehen. Die Analyse von Arbeitzeugnisse zum Zwecke der Personalauswahl wird erschwert durch den Einsatz von „Geheimsprache" (→) und diversen Verschleierungstechniken (→). Durch beide Methoden versucht der Arbeitgeber auf verstecktem Wege eine negative Bewertung des Mitarbeiters vorzunehmen. Eine explizit negative Bewertung eines Mitarbeiters im Arbeitszeugnis ist nicht zulässig.

Aufgabenschwierigkeit
In Leistungstests macht die Aufgabenschwierigkeit eine Aussage darüber, mit welcher Wahrscheinlichkeit ein bestimmtes Item von einer bestimmten Personengruppe richtig gelöst werden kann. Bei der Testkonstruktion werden solche Aufgaben eliminiert, die von sehr vielen oder von sehr wenigen Personen richtig gelöst werden. Handelt es sich um Fragebögen so bezieht sich die Aufgabenschwierigkeit auf die Tendenz der Probanden weiter oben oder weiter unten auf der Einstufungsskala ihr kreuz zu machen.

Assessment Center
Aufwändiges diagnostisches Verfahren, bei dem die zu beurteilenden Personen unterschiedliche Übungen vor einem Beobachtergremium absolvieren müssen. Zu den klassischen Übungen gehören Gruppendiskussion, Stegreifrede und Präsentation. Der Vorteil gegenüber anderen Verfahren besteht darin, dass das Verhalten direkt beobachtet wird und nicht erst aus Fragebogen- oder Interviewdaten erschlossen werden muss. Dabei wird jedes interessierende Personenmerkmal von mehreren unabhängigen Beobachtern in mehreren unabhängigen Verhaltensübungen eingeschätzt. Das Assessment Center ist ein zeit- und ein kostenintensives Verfahren.

Attribution
Der Begriff der Attribution benennt ein Verhalten, bei dem einem bestimmten Ereignis eine Ursache zugeschrieben wird. Menschen neigen dazu, das Verhalten anderer Personen eher in deren Persönlichkeit als in den äußeren Umständen der Situation zu sehen (internale vs. externale Attribution). Ferner bevorzugen sie selbstwertdienliche Attributionen: Positive Ereignisse werden der eigenen Person, negative Ereignisse hingegen anderen Menschen, der Umwelt oder dem Schicksal zugeschrieben. Systematische Attributionsverzerrungen sind eine wichtige Basis für Fehlbeurteilungen.

Augenscheinvalidität
Die Augenscheinvalidität gibt an, ob und inwieweit ein Messinstrument per Augenschein in der Lage ist, ein bestimmtes Merkmal zu messen. Im Gegensatz zu anderen Formen der Validität (→) wird bei der Ermittlung der Augenscheinvalidität kein mathematischer Kennwert berechnet.

Bedarfsanalyse
Die Bedarfsanalyse dient der Planung von Personal- oder Organisationsentwicklungsmaßnahen. Es handelt sich dabei um einen Oberbegriff für sehr vielfältige Analysemethoden wie z.B. Mitarbeiterbefragung, Arbeitsplatzanalyse, Diagnose der Fähigkeiten und Fertigkeiten der Mitarbeiter. So ergeben sich z.B. über einen Vergleich

zwischen den (zukünftigen) Anforderungen des Arbeitsplatzes und den vorhandenen Kompetenzen der Mitarbeiter Hinweise auf notwendige Maßnahmen zur Schulung des Personals. Die empirische Analyse von Problemen am Arbeitsplatz sowie die Antizipation zukünftiger Entwicklungen liefert eine Grundlage für technische oder organisatorische Veränderungen der Arbeitsplätze sowie des Unternehmens insgesamt.

Befragungsmethode
Neben der Beobachtung und dem Testen gehört die Befragung zu den drei grundlegenden Methoden der Personaldiagnostik. Die Fragen werden mündlich oder schriftlich vorgelegt. Im Vordergrund steht die Beschreibung und weniger die Beobachtung eines Verhaltens, wenngleich beides auch miteinander kombiniert werden kann. Die Methode ist sehr breit einsetzbar und dient der Diagnose von Kompetenzen, Einstellungen, Verhaltensweisen und Verhaltenskonsequenzen (z.B. Arbeitsleistung).

Beobachtungsmethode
Die Bezeichnung „Beobachtungsmethode" ist ein Sammelbegriff für unterschiedlichste Formen der Verhaltensbeobachtung. Neben der Befragung und dem Testen gehört sie zu den drei grundlegenden Methoden der Personaldiagnostik. In der klassischen Beobachtungssituation wird ein Kandidat von mehreren unabhängigen und zuvor geschulten Beobachtern nach bestimmten Kriterien beobachtet. Anschließend erfolgt die Bewertung des Verhaltens.

360°-Beurteilung
Bei der 360°-Beurteilung (synonym: „360°-Feedback") wird ein Mitarbeiter – bevorzugt eine Führungskraft – gleichzeitig von mehreren Personengruppen hinsichtlich derselben Merkmalsbereiche eingeschätzt. Bei Führungskräften gehört zu einer solchen „Rundumbewertung" die Befragung von Vorgesetzten, Kollegen, Kunden und Mitarbeitern. Zusätzlich kann auch eine Selbsteinaschätzung der Zielperson eingeholt werden. Die 360°-Beurteilung dient insbesondere der Personalentwicklung (→) aber auch der Leistungsbeurteilung (→).

big five
Universell gültiges Persönlichkeitsmodell, demzufolge fünf Persönlichkeitsdimensionen unterschieden werden: Extraversion, Emotionale Labilität, Gewissenhaftigkeit, Offenheit für neue Erfahrungen und Soziale Verträglichkeit. Die Sinnhaftigkeit dieser Unterscheidung konnte in mehreren Untersuchungen, die auch in unterschiedlichen Kulturen durchgeführt wurden, bestätigt werden.

Biographischer Fragebogen
Instrument der Personaldiagnostik, mit dessen Hilfe Persönlichkeitsmerkmale des Kandidaten indirekt über biographische Daten erhoben werden. Der Proband muss im Gegensatz zum Persönlichkeitsfragebogen keine Einschätzung der eigenen Person abliefern, sondern lediglich Fakten aus der eigenen Vergangenheit berichten. Der Biographische Fragebogen wird jeweils arbeitsplatzspezifisch entwickelt.

Checklistentechnik
Neben anderen Methoden dient die Checklistentechnik zur Messung von Personenmerkmalen. Sie wird insbesondere bei der Verhaltensbeobachtung angewendet. Grundlage der Messung ist eine Liste von Verhaltensweisen. Im einfachsten Falle muss lediglich entschieden werden, ob eine bestimmtes Verhalten aufgetreten ist oder nicht. Komplexere Checklisten lassen die Häufigkeiten auszählen und nehmen bei der Berechnung eines Gesamtwertes Gewichtungen der einzelnen Verhaltensweisen vor.

Computergestützte Problemlöseszenarien
Computergestützte Problemlöseszenarien konfrontieren den Probanden mit komplexen, kognitiven Leistungsaufgaben, die untereinander stark vernetzt sind und sich in Abhängigkeit vom Antwortverhalten dynamisch verändern. Eine beliebte Aufgabe ist beispielsweise die Leitung eines Unternehmens dessen Entwicklung in vielen Parametern (Mitarbeiterzahl, Lohnkosten, Produktivität, Kundenzufriedenheit etc.) simuliert wird.

Cut off
Der Cut-off-Wert definiert auf einer Anforderungsdimension bei welcher Merkmalsausprägung ein Bewerber als geeignet oder nicht geeignet gelten kann. Liegen mehrere Anforderungsdimensionen vor, so ergibt sich über die Festlegung der Cut-off-Werte ein Anforderungsprofil.

Diskontinuierliche Merkmalsdimensionen
Im Gegensatz zu kontinuierlichen Merkmalsdimensionen weisen diskontinuierliche (oder „diskrete") Merkmalsdimensionen natürliche Abstufungen auf. Dies gilt beispielsweise für das Geschlecht, bei dem sich der Natur folgend nicht fünf oder sechs, sondern genau zwei Abstufungen finden lassen. Kontinuierliche Dimensionen, wie etwa die Körpergröße oder die Intelligenz werden im Rahmen der Messung hingegen in künstlich geschaffenen Kategorien unterteilt (z. B. Zentimeterabschnitte oder Punktwerte auf der IQ-Skala).

Diskriminante Validität
Die diskriminante Validität eines Messinstrumentes ist gegeben, wenn zwischen dem zu validierenden Instrument anderen Instrumenten, die völlig andere Merkmale erfassen kein mathematischer Zusammenhang belegen lässt. Beispielsweise sollte zwischen einem Fragebogen zur Messung der sozialen Kompetenz und einem Intelligenztest kein bedeutsamer Zusammenhang bestehen. Ist dies der Fall, so wird über die diskriminante Validität belegt, dass der neue Fragebogen ein eigenständiges Merkmal misst. Die diskriminante Validität ist eine Fassette der Konstruktvalidität.

Einstellungen
Einstellungen können als Werthaltungen eines Menschen gegenüber seiner eigenen Person und seiner Umwelt (Mitmenschen, Arbeitsplatz etc.) verstanden werden. Einstellungen steuern bedingt das Verhalten des Individuums.

Eliminierungsprinzip
Messung können durch vielfältige Störeinflüsse beeinträchtigt werden. Das oberste Ziel einer jeden Untersuchung ist es, die fraglichen Störeinflüsse zu eliminieren. Ist dies nicht möglich, so bleibt immer noch der Versuch, sie über alle Untersuchungen hinweg konstant zu halten (Konstanthaltungsprinzip →).

Entscheidungsregeln
Entscheidungsregeln legen im Rahmen der Personalauswahl fest, wie multidimensionalen Ergebnisse der Diagnose zu einem Gesamturteil integriert werden. Die Notwendigkeit zur Definition entsprechender Regeln ergibt sich aus der Tatsache, dass nur in den seltensten Fällen ein Bewerber auf allen interessierenden Merkmalsdimensionen in gleicher Weise sehr gute oder schlechte Ergebnisse erzielt. Eine wichtige Frage ist dabei, ob eine geringe Ausprägung auf einzelnen Dimensionen durch hohe Ausprägungen auf anderen Dimensionen kompensiert werden können.

Erwartungsgeleitete Urteilsbildung
Menschen neigen dazu, mit bestimmten Erwartungen (Hypothesen) auf andere Menschen oder Situationen zuzugehen. In ihrer Wahrnehmung gleichen sie die Realität häufig an ihre Erwartungen an und nehmen dadurch die Realität verzerrt wahr, ohne dies jedoch zu merken. Je häufiger eine Hypothese in der Vergangenheit als bestätigt erlebt wurde, desto größer ist die Wahrscheinlichkeit, dass sie auch in Zukunft verifiziert wird. Hierdurch wiederum erhöht sich die Wahrscheinlichkeit für eine verzerrte Urteilsbildung.

Evaluation
Der Begriff der Evaluation bezieht sich auf unterschiedliche Methoden, mit deren Hilfe die Qualität einer Maßnahme (z.B. Auswahlverfahren oder Training) empirisch untersucht wird. Die Evaluation ist wichtig, um beispielsweise zu ermitteln, ob ein Personalauswahlverfahren tatsächlich in der Lage ist, die besten Mitarbeiter auszuwählen. Ebenso bedeutsam ist die Evaluation von Maßnahmen der Personal- und Organisationsentwicklung. Sie bildet die Grundlage zur Verbesserung der eingesetzten Maßnahmen.

Evaluationskriterium
Das Evaluationskriterium definiert, im Hinblick auf welches Merkmal die Qualität eines diagnostischen Verfahrens oder der Erfolg einer Entwicklungsmaßnahme bewertet werden soll. Beispielsweise könnte man sich fragen, ob ein bestimmtes Auswahlverfahren die spätere Produktivität eines Mitarbeiters oder auch die Zufriedenheit der Kunden mit der Leistung des Mitarbeiters vorhersagen kann. Je nach Auswahl des Kriteriums resultiert eine unterschiedliche Bewertung. Zu einer umfassenden Einschätzung empfiehlt sich der Einsatz von mehreren Kriterien.

Faktorielle Validität
Die faktorielle Validität ist eine spezielle Form der Konstruktvalidität, bei der mit Hilfe der mathematischen Methode der Faktorenanalyse nachgewiesen wird, ob ein Messinstrument tatsächlich diejenigen Faktoren beinhaltet, die es beinhalten sollte. Beispielsweise sollten sich in einem Fragebogen, der vorgibt das Persönlichkeitskon-

zept der sog. „big five" widerzuspiegeln, die Items zu genau fünf Faktoren gruppieren lassen. Ist dies gegeben, so kann dem Test eine hohe faktorielle Validität bescheinigt werden. Die faktorielle Validität ist eine Spielart der Konstruktvalidität.

Fähigkeiten
Oberbegriff, für abstrakte Kompetenzen eines Menschen, die ihn mehr oder minder gut in die Lage versetzen unterschiedliche Aufgaben des Lebens zu bewältigen. Fähigkeiten wie z. B. Intelligenz oder Durchsetzungsstärke sind aller Wahrscheinlichkeit nach sowohl durch biologische Faktoren als auch durch Sozialisationseinflüsse determiniert.

Feedback
Ein Feedback erfolgt nach der Diagnosephase. Dabei wird ein Bewerber bzw. ein Mitarbeiter in Form eines Gespräches oder ggf. auch schriftlich über seine individuellen Ergebnisse informiert. Bei Bedarf wird überdies das diagnostische Vorgehen erläutert und eine etwaige Entscheidung, die aus der Diagnose erwachsen ist, begründet.

Fertigkeiten
Im Gegensatz zu den Fähigkeiten (→) handelt es sich bei den Fertigkeiten um sehr konkrete Kompetenzen eines Menschen, die erlernt wurden (z. B. schriftliches Addieren, Bedienung einer Maschine). Das Ausmaß in dem bestimmte Fertigkeiten erworben werden können hängt neben der Qualität der Lernumgebung auch von den grundlegenden Fähigkeiten des Menschen ab. Wer beispielsweise weit unterdurchschnittlich intelligent ist wird wahrscheinlich auch bei optimaler Schulung komplexe Maschinen nicht bedienen können.

Geheimsprache
Die „Geheimsprache" ist eine Methode, die in Arbeitszeugnissen (→) eingesetzt wird. Durch scheinbar positive Formulierungen wird dem kundigen Leser in verschlüsselter Weise vermittelt, dass der Mitarbeiter de facto keine guten Leistungen erbracht hat. Beispiel: „Herr X konnte nach Vorgaben völlig selbständig arbeiten." bedeutet, dass Herr X überhaupt nicht selbständig arbeiten konnte. Der Einsatz derartiger Techniken ist problematisch, weil man zu einen nicht weiß, ob der Verfasser eine einsprechende Geheimsprache angewendet hat und zum anderen nicht sichergestellt ist, dass der Leser die Sprachen richtig dechiffrieren kann.

Halo-Effekt
(vom engl. halo = Heiligenschein). Systematischer Fehler der Personenbeurteilung, bei dem ein einzelnes Merkmal der Person die Bewertung der gesamten Person überstrahlt. So gelten z.B. attraktive Menschen häufig auch als besonders intelligent oder sozial verträglich.

Inhaltsvalidität
Die Inhaltsvalidität ist ein Spezialfall der Augenscheinvalidität (→), bei dem zur Bestimmung der Validität das Urteil von Experten eingeholt wird. Die Inhaltsvalidität ist vor allem dann gegeben, wenn im Zuge der Messung das interessierende

Merkmal selbst erfasst wird, Messung und Kriterium also völlig deckungsgleich sind. Dies gilt z. B. für sorgfältig konzipierte Arbeitsproben. In diesem Fall erübrigt sich die Berechnung weiterer Validitätsarten.

Inkrementelle Validität
Die inkrementelle Validität macht eine Aussage darüber, inwieweit der zusätzliche Einsatz eines bestimmten Messinstrumentes über die bereits eingesetzten Verfahren hinaus einen Validitätsgewinn liefert. Besitzt das Instrument eine inkrementelle Validität, so steigt die gemeinsam erzielte Validität aller eingesetzten Verfahren durch das hinzugezogene Verfahren signifikant an.

Innere Konsistenz
Die innere Konsistenz ist eine Form der Reliabilität (→). Sie drückt aus, inwieweit die einzelnen Items eines Messinstrumentes (bzw. einer Skala des Instrumentes) untereinander zusammenhängen. Je höher der zugehörige Koeffizient ausfällt, desto höher ist auch die Reliabilität des Verfahrens.

Intelligenzquotient
Der Intelligenzquotient ist ein allgemeines Maß für die intellektuelle Leistungsfähigkeit eines Menschen. Die meisten Intelligenzverfahren sind so konstruiert, dass eine durchschnittliche Intelligenz einem Wert zwischen 85 und 115 entspricht. Ein Wert von 130 und darüber gilt als Indikator für intellektuelle Hochbegabung.

Integritätsfragebögen
Integritätsfragebögen erfassen die persönlichkeitsbezogenen Grundlagen kontraproduktiven Verhaltens (→). Sie fragen danach, inwieweit eine Person integer oder dazu neigt das eigene Unternehmen z. B. durch Diebstahl oder Absentismus zu schädigen. Sie dienen der Personalauswahl und -platzierung. Ihre Validität ist gut belegt.

Interaktion
Von einer Interaktion sprechen wir, wenn zwei oder mehr Menschen wechselseitig aufeinander Einfluss nehmen. Dies ist z. B. immer der Fall, wenn ein Gespräch geführt wird. Eine Beeinflussung setzt jedoch nicht voraus, dass sich die Personen Aug in Aug gegenüber stehen.

Internet Recruitment
Der Begriff bezieht sich auf die Anwerbung und Vorauswahl von Bewerbern mit Hilfe des Internets. Die Bewerber können ihre Bewerbungsunterlagen in digitalisierter Form einreichen. Häufig kommen dabei formalisierte Bewerbungsformulare zum Einsatz. Manche Firmen bieten überdies bereits im Internet Tests und Fragebogeninstrumente an, mit deren Hilfe der Anteil derjenigen Bewerber, die später zu einem persönlichen Gespräch eingeladen werden, weitere reduziert wird.

Kompetenzen
Unter den Kompetenzbegriff fallen sowohl Fähigkeiten als auch Fertigkeiten und das Wissen eines Menschen. Kompetenzen werden im Laufe der Sozialisation in Ausbildungssituationen erworben. Häufig wird zwischen Fach-, Methoden-, Sozial- und

Selbstkompetenzen unterschieden. Kompetenzen versetzen den Menschen in die Lage, zumindest potentiell bestimmte Aufgaben bewältigen zu können. Sie stellen jedoch keine Garantie dafür dar, dass die Aufgabenbewältigung auch immer und zu jeder Zeit befriedigend abläuft. Hierfür sind verschiedene Rahmenbedingungen verantwortlich, die neben den Kompetenzen auf das Verhalten eines Menschen in einer konkreten Situation einwirken (Gesundheit, Unterstützung durch andere, Arbeitswerkzeuge etc.). Im Rahmen der Personaldiagnostik interessiert man sich immer nur für einige wenige Kompetenzen, die für bestimmte berufliche Tätigkeiten von besonderer Relevanz sind.

Konfidenzintervall
Aufgrund von Messfehlers, mit dem jedes Messinstrument behaftet ist, kann einer Person niemals exakter Messwertwert zugewiesen werden. Das Konfidenzintervall (auch: „Vertrauensintervall") beschreibt einen Bereich, in dem die tatsächliche Merkmalsausprägung einer untersuchten Person mit einer sehr hohen Wahrscheinlichkeit (zwischen 95 % oder 99 %) liegt. Das Konfidenzintervall wird auf der Grundlage der Reliabilität berechnet. So könnte z.B. einer Person, die in einem Intelligenztest einen IQ von 107 erzielt, mit 99-prozentiger Wahrscheinlichkeit eine Intelligenz zugeschrieben werden, die in einem Bereich zwischen 104 und 110 liegt.

Konstanthaltungsprinzip
Das Konstanthaltungsprinzip entstammt der experimentalpsychologischen Methodenlehre. Ist man nicht in der Lage, Störeinflüssen, die sich auf das Ergebnis einer Untersuchung auswirken, zu beseitigen (Eliminierungsprinzip →), so versucht man sie zumindest über alle Untersuchungen hinweg konstant zu halten. Auf diesem Weg werden alle Untersuchungsergebnisse durch einen konstanten Wert verzerrt, was für die Vergleichbarkeit der Messergebnisse einzelner Probanden jedoch kein Problem darstellt. Das gleiche Prinzip lässt sich auch in der Personaldiagnostik anwenden.

Konstruktvalidität
Die Konstruktvalidität macht eine Aussage darüber, inwieweit ein Messinstrument das zugrundeliegende theoretische Modell tatsächlich widerspiegelt. Die Konstruktvalidität kann auf sehr unterschiedlichen Wegen berechnet werden. Eine Möglichkeit von vielen stellt die Berechnung der faktoriellen Validität (→) dar.

Kontraproduktives Verhalten
Unter der Bezeichnung kontraproduktives Verhalten werden all jene Verhaltensweisen eines Mitarbeiters zusammengefasst, die das eigene Unternehmen in irgendeiner Weise schädigen. Hierzu zählt z. B. Diebstahl, Absentismus, Sabotage oder Mobbing. Die Bereitschaft zum kontraproduktiven Verhalten wird mit Hilfe von Integritätsfragebögen (→) gemessen.

Konvergente Validität
Die konvergente Validität eines Messinstrumentes ist gegeben, wenn sich mittlere bis hohe Korrelationen zu verwandten Messinstrumenten belegen lassen. Beispielsweise sollte ein neu konstruierter Intelligenztest keine negativen oder fehlenden Zusam-

menhänge zu anderen Intelligenztests aufweisen. Die konvergente Validität ist eine Facette der Konstruktvalidität.

Korrelation
Die Korrelation stellt ein sehr weit verbreitetes mathematisches Verfahren dar, das eine Aussage über den Zusammenhang zweier Variabeln (z. B. Merkmale oder Messinstrumente) ermöglicht. Dabei wird sowohl die Richtung des Zusammenhangs als auch seine Stärke ausgedrückt. Der berechnete Korrelationskoeffizient kann Werte zwischen −1.0 („Je größer A, desto kleiner B.") und +1.0 („Je größer A, desto größer B." bzw. „Je kleiner A, desto kleiner B.") annehmen. Das Vorzeichen gibt die Richtung des Zusammenhangs an, während sich der Zahlenwert auf die Stärke des Zusammenhangs bezieht. Je größer der absolute Wert ausfällt, desto stärker ist auch der Zusammenhang zwischen den beiden Variablen.

Kriterienbezogene Validität
Bei der Berechnung der kriterienbezogenen Validität wird die Qualität eines Messinstrumentes über den Zusammenhang mit unterschiedlichen Kriterien berechnet (Korrelationen). Zu unterscheiden ist die innere und die äußere kriterienbezogene Validität. Bei Ersterer bildet das Kriterium ein anderes Messinstrument. Beispielsweise könnte man einen neuen Intelligenztest validieren, indem den Probanden neben dem neuen Verfahren ein anderer Intelligenztest vorgelegt wird. Ein positiver mathematischer Zusammenhang beider Messungen spricht für die Validität des neuen Verfahrens. Bei der Berechnung der äußeren Validität verlässt man den Bereich der psychologischen Messinstrumente und sucht ein anderes Kriterium. Zur Berechnung der äußeren kriterienbezogenen Validität eines Intelligenztests könnte man z.B. Schul- oder Examensnoten aber auch den Erfolg im Beruf heranziehen.

Kritische Differenz
Die Kritische Differenz ist ein Zahlenwert, der angibt, wie weit zwei Werte auf einer Skala (z.B. Testergebnisse unterschiedlicher Bewerber) auseinanderliegen müssen, damit der Unterschied als statistisch signifikant gelten kann. Die Kritische Differenz hängt von der Reliabilität des Messinstrumentes ab und spiegelt die Sensibilität des Messinstrumentes wieder. Je kleiner die kritische Differenz ist, desto sensibler kann das Instrument auf kleine Unterschiede präzise diagnostizieren.

Leistungsbeurteilung
In vielen zumal größeren Unternehmen findet eine regelmäßige Beurteilung der Mitarbeiter im Hinblick auf die gezeigte Arbeitsleistung statt. Meist begnügt man sich dabei mit einfachen Ratingskalen, wobei die einzuschätzenden Konzepte nur unzureichend definiert wurden. Ein besonders Verfahren zur Messung der Leistung stellt die 360°-Beurteilung (→) dar.

Lernfähigkeitstest
Der Lernfähigkeitstest ist mehrstufiges Verfahren mit dessen Hilfe das Lernpotential eines Probanden ermittelt werden soll. In Phase 1 wird der Proband mit eine Aufgabe konfrontiert, die er nicht vollständig lösen kann. Hieran schließt sich eine Phase der Lerntrainings an, in dem er sich die notwendigen Fertigkeiten aneignen könnte. An-

schließend muss die Aufgabe erneut bearbeitet werden. Aus der Leistungsdifferenz zwischen der ersten und zweiten Messung wird auf die Lernfähigkeit geschlossen.

Maximalleistung
Die Maximalleistung eines Mitarbeiters oder Bewerbers ergibt sich, wenn die Person optimal motiviert ist und alle Rahmenbedingungen sehr günstig gestaltet sind. Dies ist in vielen Auswahlsituationen der Fall. Die Maximalleistung ist von der „Durchschnittleistung" oder „Alltagsleistung" zu unterscheiden, die deutlich geringer ausfällt.

Merkmalsdimensionen
Mit Hilfe von Merkmalsdimension werden die Eigenschaften eines Menschen (Persönlichkeitsmerkmale, Fertigkeiten etc.) auf einem Kontinuum abgebildet. Ein Merkmal kann demzufolge mehr oder weniger stark ausgeprägt werden. Das Kontinuum wird zur besseren Übersichtlichkeit in eine überschaubare Menge von Abschnitten eingeteilt, so das beispielsweise fünf oder neun Stufen einer Merkmalsausprägung unterschieden werden.

Merkmalskategorien
Im Gegensatz zu Merkmalsdimensionen (→) teilen Merkmalskategorien das Kontinuum in zwei abschnitt und nehmen somit eine eher grobe Einteilung vor. Sinnvoll ist die z. B. wenn im Rahmen eines Anforderungsprofils lediglich unterschieden wird, ob eine Bewerber die allgemeine Hochschulreife besitzt oder nicht, wobei die Abiturnote keine Rolle spielt.

Messfehler
Unabhängig vom eingesetzten Verfahren (Fragebogen, Test, Interview, Verhaltensbeobachtung etc.) ist jede Messung mit Fehlern behaftet. Je kleiner der Fehler ist, desto aussagekräftiger ist die Messung. Die Größe des Messfehlers wird durch die Reliabilität ausgedrückt. Sie bildet die Grundlage zur Berechnung des Konfidenzintervalls.

Messinstrument
Ein Messinstrument dient der systematischen Erfassung von Personenmerkmalen, wie z.B. Intelligenz, Führungsqualifikation oder Leistungsmotivation. Als Beispiel können wissenschaftliche Fragebögen oder Testverfahren dienen. Im Zuge der Messung werden die Personenmerkmale durch Zahlenwerte ausgedrückt (= Quantifizierung), so dass anschließend z.B. eine mathematische Verrechnung der Befunde möglich wird.

Messung
Im Zuge einer Messung wird den Merkmalen einer Person (z.B. Intelligenz oder soziale Kompetenz) eine Position auf einer oder mehreren Dimensionen zugeordnet und mit einem Zahlenwert versehen. Der Zahlenwert drückt dabei die Ausprägung des jeweils gemessenen Merkmals aus. Hierdurch besteht die Möglichkeit zu einer differenzierten Betrachtung des Einzelnen sowie zu einem differenzierten Vergleich

zwischen unterschiedlichen Individuen. Gleichzeitig wird die Basis für weitergehende mathematische Analysen gelegt.

Multitrait-Multimethod-Ansatz
Der MTMM-Ansatz ist ein personaldiagnostisches Vorgehen, bei der in einem Verfahren mehrere Merkmale der Kandidaten mit mehreren unterschiedlichen Methoden untersucht werden. Als Prototyp kann das Assessment Center gelten. Der MTMM-Ansatz wird u.a. zur Überprüfung der Konstruktvalidität (→) eingesetzt.

N
Mit dem Buchstaben N wird die Größe einer Stichprobe gekennzeichnet. Die Aussage „N = 1000" bedeutet, dass eine Stichprobe von 1000 Personen untersucht wurde.

Normierung
Im Zuge der Testentwicklung erfolgt häufig – aber nicht immer – auch eine Normierung der Rohwerte. Dabei wird das Testverfahren einer großen Stichprobe von Personen vorgelegt und deren Testergebnisse ermittelt. Auf der Basis dieser Daten ist es später dann möglich, eine einzelne Person in Relation zu dieser Stichprobe (der sog. Normierungsstichprobe) zu bewerten. Es sind somit z.B. Aussagen darüber möglich, ob eine konkrete Leistung in einem Intelligenztest in Bezug auf eine bestimmte Subpopulation (beispielsweise Männer im Alter zwischen 20 und 30 Jahren) als mehr oder minder durchschnittlich zu gelten hat. Im Kontext organisationspsychologischer Fragestellungen ist die Normierung allerdings weitaus weniger bedeutsam als in anderen Anwendungsfeldern der Psychologie. Hier wird man in aller Regel eher daran interessiert sein zu erfahren, ob ein Bewerber den konkreten Anforderungen eines Arbeitsplatzes gerecht werden kann oder nicht. Wie seine Leistung im Verhältnis zur Leistung der Gesamtbevölkerung zu sehen ist, interessiert in diesem Zusammenhang meist nicht. Sinnvoller können hingegen unternehmensspezifische Normen sein, die aber erst im Rahmen einer empirischen Studie entwickelt werden müssten.

Normierungsstichprobe
Als Normierungsstichprobe wird diejenige Personengruppe bezeichnet, anhand derer eine statistische Norm berechnet wurde (→ Normierung). Beim Einsatz von Normen in der praktischen Personaldiagnostik ist es wichtig, die Zusammensetzung der Normierungsstichprobe zu kennen. So wäre es z. B. wenig aussagekräftig, wenn ein Hochschulabsolvent im Einstellungstest einen Intelligenzquotient (→) von 130 erzielt, als Normierungsstichprobe jedoch nur Hauptschüler herangezogen würden. Aufgrund der geringeren Leistungsniveaus der Normierungsstichprobe erscheint die Leistung des Bewerbers in einem positiv verzerrten Licht. Die Normierungsstichprobe muss also inhaltlich zu den später untersuchten Probanden passen.

Objektivität
Die Objektivität eines Messinstrumentes bezieht sich auf die Frage, inwieweit die Ergebnisse einer Messung durch das Verhalten des diagnostischen Personals verfälscht werden. Zu unterscheiden sind Durchführungs-, Auswertungs- und Interpretationsobjektivität. Im Gegensatz zu anderen Qualitätsmerkmalen (Reliabilität und

Validität) gibt es keinen Koeffizienten, der das Ausmaß der Objektivität ausdrückt. Ein Messinstrument ist dann besonders objektiv, wenn die Durchführungsbedingungen für alle Probanden gleich sind, die Auswertung sowie die Interpretation der Ergebnisse nach verbindlichen Regeln abläuft. Die Untersuchung sowie ihr Ergebnis ist insgesamt als unabhängig von der Person des eingesetzten Diagnostiker. Zwei unterschiedliche Diagnostiker würden im selbst Fall zu demselben Ergebnis gelangen.

Operationalisierung
Die Operationalisierung besagt, auf welche Weise ein abstrakten Personenmerkmal in einer konkreten Messung (→) definiert werden soll. So könnte man z. B. die soziale Kompetenz eines Verkaufleiters in einem Assessment Center (→) über seine Fähigkeit, einen Produkt vorteilhaft anzupreisen operationalisieren. Alternativ hierzu könnte „soziale Kompetenz" auch bedeuten, dass der Verkaufsleiter einen Streit zwischen zwei Mitarbeitern gut lösen kann. Vor der Operationalisierung hängt mithin ab, was letztlich konkret gemessen wird.

Organisationsentwicklung
Oberbegriff für unterschiedlichste Maßnahmen mit deren Hilfe die (wirtschaftliche) Funktionstüchtigkeit einer Organisation optimiert werden soll. Im Kern geht es dabei um die Veränderung von Strukturen und Prozessen wie z. B. den konkreten Arbeitsbedingungen der Mitarbeiter. Ein wichtiges Ziel der Organisationsentwicklung ist es, die Arbeitsbedingungen so zu gestalten, das sie den Bedürfnissen der Mitarbeiter möglichst weitgehend entsprechen.

Parallelform
Von manchen standardisierten Testverfahren existieren zwei weitestgehend identische Fassungen, von denen eine als „Parallelform" der jeweils verbleibenden bezeichnet wird. Der Unterschied besteht oftmals nur in der Reihenfolge der Aufgaben und/oder in geringfügig anderen Formulierungen. In Einzelfällen handelt es sich aber auch um unterschiedliche Aufgaben, die jedoch die gleichen teststatistischen Gütekriterien erfüllen. Beide Parallelformen müssen sehr hoch miteinander korrelieren (> .90), um ihren Sinn erfüllen zu können. Häufig werden beide Parallelformen durch Buchstaben oder Zahlen voneinander unterschieden (z.B. Form A und Form B). Der Sinn solcher Parallelformen erschließt sich, wenn man gleichzeitig viele Personen testen oder aber ein und dieselbe Person dem gleichen Testverfahren zweimal hintereinander aussetzen möchte. Im ersten Falle können die Probanden nebeneinander gesetzt werden. Abwechselnd wird nun die Form A bzw. B ausgeteilt. Der Vorteil eines solchen Vorgehens liegt darin, dass die Probanden nicht voneinander abschreiben können. Gäbe es keine Parallelformen, müsste man entweder die Probanden nacheinander testen oder aber zwischen den Personen entsprechend so viel Platz lassen, dass niemand vom anderen abschreiben kann. Testwiederholungen an ein und derselben Person kommen in der organisationspsychologischen Praxis eher selten vor. Falls dies dennoch der Fall sein sollte (z.B. zur Überprüfung eines Trainingserfolgs), verringert der Einsatz von Parallelformen das Problem, dass sich der Proband möglicherweise an sein ursprüngliches Antwortverhalten erinnert und nur noch die alten Antworten wiedergibt, statt sich mit jeder Aufgabe erneut auseinander zu setzen. Bei Leistungstests kann der Einsatz von Parallelformen das Problem des Lernef-

fektes, der mit der ersten Testdurchführung verbunden sein kann, reduzieren helfen. Die Testwiederholung ist umso weniger anfällig für die geschilderten Probleme, je größer der Zeitraum zwischen beiden Messungen ausfällt.

Personalauswahl
Die Personalauswahl kann als Prototyp der angewandten Personaldiagnostik aufgefasst werden. Zumindest denken wohl die meisten Menschen vor allem an die Personalauswahl, wenn sie das Wort Personaldiagnostik hören. Ziel der Personalauswahl ist es, aus eine Reihe von Bewerbern diejenigen auszuwählen, die am besten den Anforderungen des zu besetzenden Arbeitsplatzes gewachsen sind. Die Auswahl ist in der Regel ein mehrfach abgestufter Selektionsprozess (→ sukzessive Personalauswahl). Grundvoraussetzung für eine gelungene Personalauswahl ist eine Anforderungsanalyse (→).

Personalentwicklung
Oberbegriff für unterschiedlichste Methoden, die dazu dienen, die Qualifikation der Mitarbeiter so zu verändern, dass sie die Aufgaben ihres Arbeitsplatzes besser gewachsen sind. Hierzu gehören vor allem Trainingsmaßnahmen zur Vermittlung neuen Fachwissens sowie Verhaltenstrainings.

Personalplatzierung
Die Personalplatzierung ähnelt der Personalauswahl (→). Allerdings wird geht es nicht darum, aus einer größeren Menge von Bewerbern diejenigen herauszufiltern, der am besten zu einem bestimmten Arbeitsplatz passen. Vielmehr geht es umgekehrt darum für einen bereits eingestellten Mitarbeiter einen möglichst passenden Arbeitsplatz zu finden.

Persönlichkeit
Der Begriff der Persönlichkeit bezieht sich auf Verhaltensweisen, die von einer Person in unterschiedlichen Situationen in sehr ähnlicher Weise bzw. in gleichen Situationen über die Zeit hinweg ohne große Veränderungen gezeigt werden. Die Persönlichkeit bildet in gewisser Weise die Konstante des Verhaltens eines Menschen über die zeit und über verschiedene Situationen hinweg. Persönlichkeit ist prinzipiell veränderbar, wenn auch ggf. nur sehr langsam. Die Persönlichkeit ist multidimensional, d.h. bei jedem Menschen können mehrere Persönlichkeitsdimensionen unterschieden werden, die überdies bei jedem Menschen unterschiedlich ausgeprägt sind. Zu den bekanntesten Persönlichkeitsdimensionen gehören die sog. „big five"(→).

Potentialanalyse
Bei der Potentialanalyse beschäftigt man sich mit der schwierigen Aufgabe der Prognose der Leistungsfähigkeit eines Menschen über lange Zeiträume hinweg. Misst man das Potential, so möchte man beispielsweise erfahren, ob sich ein Mitarbeiter in den nächsten fünf oder zehn Jahren so weiterentwickeln wird, dass er eine Führungsaufgabe übernehmen kann. In der Praxis wird der Begriff meist unreflektiert für jedwede Diagnostik allgemeiner Kompetenzen genutzt. Letztlich kann man jedoch nur

von einer Potentialanalyse sprechen, wenn die prädiktive Validität (→) der eingesetzten Verfahren hinreichend belegt ist.

Power-Tests
Im Gegensatz zu Speed-Tests spielt bei Power-Tests die Zeit, in der eine Aufgabe gelöst wird, keine Rolle. Den Probanden wird folglich für die Bearbeitung der verschiedenen Aufgaben eines Leistungstests ausreichend Zeit eingeräumt. Die Leistung der Probanden wird allein über die Anzahl der richtig gelösten Aufgaben definiert. Dabei unterscheiden sich die Aufgaben in ihrer Schwierigkeit. Darüber hinaus sind Mischungen zwischen Speed- und Power-Tests möglich. In diesem Falle unterscheiden sich die Aufgaben ebenfalls in ihrer Schwierigkeit, zusätzlich wird aber nur eine begrenzte Bearbeitungszeit ermöglicht.

Prozentrang
In vielen Testverfahren wird zur Normierung (→) der Ergebnisse die Prozentrangskala eingesetzt. Bei der Berechnung des Prozentranges wird der Testwert des Kandidaten in einen Wert zwischen 1 und 99 transformiert. Als Grundlage für die Berechnung dient die Normierungsstichprobe (→). Ein Prozentrang von 40 bedeutet, dass 40% der Probanden aus der Normierungsstichprobe einen Wert aufweisen, der entweder identisch oder geringer ist als der des getesteten Kandidaten. Umgekehrt bedeutet dies aber auch, dass 60% einen höheren Wert erzielt haben.

Rangordnungstechnik
Bei einer Rangordnung werden Bewerber, Mitarbeiter oder Gruppen von Mitarbeitern im Hinblick auf die Ausprägung eines bestimmten Merkmals (z.B. Leistung) in eine Rangreihe gebracht. Rangplatz 1 markiert die beste, Ranglatz 2 die zweitbeste Merkmalsausprägung usw. Ein Problem der Rangordnung besteht darin, das man leicht die absolute Merkmalsausprägung aus dem Blick verliert. So könnte es z.B. sein, dass ein Bewerber zwar den Rangplatz 1 einnimmt, absolut betrachtet aber immer noch nicht hinreichend qualifiziert ist. Dies ist der Fall, wenn das Leistungsniveau der Bewerber insgesamt sehr niedrig ausfällt.

Referenzen
Referenzen sind Fürsprachen von ehemaligen Vorgesetzten, die ein Bewerber seinen Bewerbungsunterlagen beilegt. Im Gegensatz zu Arbeitszeugnissen (→), die gesetzlich vorgeschrieben sind, stellen Referenzen eine freiwillige Leistung des Arbeitgebers dar. Referenzen entfalten vor allem dann eine nennenswerte Validität, wenn der Diagnostiker mit dem Referenzgeber ein offenes Gespräch führen kann.

Reliabilität
Die Reliabilität eines Testverfahrens drückt aus, inwieweit ein Messinstrument in der Lage ist, zuverlässig – also wenig beeinträchtigt durch etwaige Messfehler – ein bestimmtes Merkmal zu messen. Das Ausmaß der Reliabilität wird auf empirischem Wege ermittelt. Es wird ausgedrückt durch den Reliabilitätskoeffizienten.

Reliabilitätskoeffizient
Der Reliabilitätskoeffizient drückt das Ausmaß der Zuverlässigkeit eines Testverfahrens als Zahlenwert aus. Denkbar sind Werte zwischen 0 (völlig unzuverlässig) und 1 (hypothetisch größte Zuverlässigkeit). Bei gängigen Fragebögen oder Leistungstests sind Werte zwischen ungefähr 0.7 und 0.9 (für die innere Konsistenz, →) üblich und auch ausreichend, um eine Anwendung in der Praxis zu rechtfertigen.

Retest-Reliabilität
Die Retest-Reliabilität drückt aus, inwieweit ein Messinstrument, das zweimal hintereinander den gleichen Personen vorgelegt wurde, jeweils zum gleichen Ergebnis führt. Die Berechnung der Retest-Reliabilität ist nur bei solchen Verfahren sinnvoll, die ein Merkmal messen, das sich nicht kurzfristig verändert. So ist sie z.B. bei Persönlichkeitsfragebögen ein wichtiger Indikator für die Zuverlässigkeit der Messung, nicht aber bei Fragebögen, welche die momentane Stimmung einer Person erheben sollen. Die Aussagekraft des Reliabilitätskoeffizienten ist im Falle der Retest-Reliabilität umso größer, je länger der Zeitraum zwischen der ersten und zweiten Messung ist. Die Dauer eines als sinnvoll zu bezeichnenden Zeitraumes ergibt sich aus der angenommenen Veränderbarkeit des gemessenen Merkmals. Je stabiler das Merkmal ist, desto größer sollte auch der überprüfte Zeitraum sein.

Sequentielle Personalauswahl
Synonym für „sukzessive" Personalauswahl (→).

Signifikant
Der Begriff „signifikant" kennzeichnet, inwieweit ein Forschungsergebnis nicht durch den Zufall zustande gekommen ist. So ist beispielsweise ein Validitätskoeffizient (→) nur dann ernst zu nehmen, wenn er auch signifikant von dem Wert 0 verschieden ist. Einer allgemein akzeptierten Konvention zufolge wird ein Ergebnis dann als signifikant bezeichnet, wenn es mit einer mindestens 95-prozentigen Wahrscheinlichkeit nicht durch Zufallseinflüsse zu erklären ist.

Situative Tests
Situative Tests arbeiten nach dem Prinzip der Simulation. Die Probanden werden mit Situationen aus dem Berufsalltag konfrontiert und sollen angeben, wie sie sich in einer solchen Situation verhalten würde, bzw. wie man sich verhalten sollte. Die Antworten werden vor dem Hintergrund einer Anforderungsanalyse unternehmensspezifisch bewertet. Situative Tests bedienen sich mitunter der Videotechnik, können aber auch papiergestützt oder in Form eines Interviews ablaufen.

Speed-Tests
Im Gegensatz zu Power-Tests (→) spielt bei Speed-Tests die Geschwindigkeit, mit der die Testaufgaben bearbeitet werden, eine zentrale Rolle. In der Regel handelt es sich um einfache Aufgaben, die im Prinzip jeder Mensch mit einer durchschnittlichen Intelligenz richtig lösen kann, wenn ihm zur Bearbeitung genügend Zeit gelassen würde. In Speed-Tests wird die Leistung des Probanden gemessen über die Anzahl der Aufgaben, die in einer vorgegebenen, eng begrenzten Zeit richtig gelöst

werden. Dabei können z.B. bei Konzentrationstest auch alle Items identisch sein (z.B. d2-Test).

Split-half-Reliabilität
Die Split-half-Reliabilität stellt einen besonderen mathematischen Weg dar, auf dem der Zusammenhang der einzelnen Items eines Messinstrumentes überprüft wird. Sie weist große Verwandtschaft mit dem Maß der inneren Konsistenz (→) auf. Zur Berechnung werden die Items einer Skala in zwei Gruppen eingeteilt. Der berechnete Koeffizient gibt an, wie stark die beiden künstlich erzeugten Itemgruppen zusammenhängen. Je höher der Wert ausfällt, desto höher ist auch die Reliabilität des Verfahrens.

Stabilität
Die Bezeichnung „Stabilität eines Tests" ist ein Synonym für die Retest-Reliabilität (→).

Standardisierung
Ein Messinstrument kann mehr oder minder standardisiert sein. Die Standardisierung drückt aus, inwieweit Durchführung, Auswertung, Befundintegration und Interpretation für das diagnostische Personal eindeutig und verbindlich festgelegt sind. Anzustreben ist ein möglichst hoher Grad an Standardisierung, damit alle Personen, die das Verfahren durchlaufen, den gleichen Bedingungen ausgesetzt sind und so ein Maximum an Vergleichbarkeit gewährleistet ist. Die Standardisierung reduziert den Einfluss systematischer Fehler der Urteilsbildung.

Standardnorm
Vergleichbar zur Prozentrangnorm (→) oder dem Intelligenzquotienten (→), kann ein individuelles Testergebnis auch über die Berechnung eines sog. „Standardwertes" normiert, also in eine Beziehung zu einer größeren Stichprobe von Personen gesetzt werden. Die Interpretation erfolgt analog zum Intelligenzquotienten. Dabei liegt der Bereich dessen, was als normal bzw. durchschnittlich bezeichnet wird, allerdings zwischen 90 und 110 Punktwerten.

Strukturiertes Interview
Im Gegensatz zu unstrukturierten Interviews werden beim strukturierten Interview sowohl die Fragen als auch die Abfolge im Vorhinein festgelegt. Hierdurch wird die Vergleichbarkeit zwischen mehreren Bewerbern erhöht. In aller Regel besteht ein direkter Anforderungsbezug und auch die Bewertung der Antworten erfolgt standardisiert. All dies trägt dazu bei, dass die Validität strukturierter Interviews über der unstrukturierter Befragungen liegt.

Sukzessive Personalauswahl
Bei der sukzessiven Personalauswahlstrategie nähert man sich den endgültigen Auswahlentscheidung in mehreren aufeinander aufbauenden Diagnosephasen. So wird z.B. bereits nach der Sichtung der Bewerbungsunterlagen ein Teil der Bewerber abgelehnt. In der nächsten Phase wird die Bewerberpopulation Schritt für Schritt weiter reduziert, bis am Ende diejenigen die geeignetsten Kandidaten übrig bleiben.

Testen
Neben der Befragung und Beobachtung gehört die Methode des Testens zu den drei grundlegenden Methoden der Personaldiagnostik. Beim Testen wird der Proband mit einer Reihe von Leistungsaufgaben konfrontiert, die unter standardisierten Bedingungen bearbeit werden müssen. Oft erfolgt die Bearbeitung der Aufgaben unter Zeitdruck. Es wird eindeutig zwischen richtigen und falschen Lösungen unterschieden. Den Prototyp der Testmethode stellt die Intelligenzmessung dar.

Testtheorie
Die Testtheorie beschreibt die mathematischen Grundannahmen einer Messung. Sie nimmt damit entscheidenden Einfluss auf die Testentwicklung. Die meisten der heute geläufigen Tests und Fragebögen folgen der sog. klassischen Testtheorie. Nur vergleichsweise wenige Verfahren folgen den Prinzipien der probabilistischen Testtheorie.

Trainability-Test
(→ Lernfähigkeitstest)

Typologie
Auf der Grundlage eines oder mehrerer Merkmale wird eine Person einer bestimmten Kategorie (Typ) zugeordnet. Typologien bieten nur die Möglichkeit einer sehr groben Differenzierung zwischen mehreren Personen und werden daher den individuellen Merkmalsmustern des Einzelnen nicht gerecht. Darüber hinaus lassen sich viele Personen häufig nicht eindeutig einer Kategorie zuordnen. Typologien sind aus diesen Gründen aus der modernen Psychologie weitestgehend verschwunden und werden durch dimensionsbezogene Betrachtungen ersetzt (→ Messung).

Validität
Die Validität gibt an, inwieweit ein Messinstrument tatsächlich das misst, was es messen soll. Es gibt verschiedene Formen der Validität. Meist wird sie über den sog. Validitätskoeffizienten ausgedrückt.

Validitätskoeffizient
Der Validitätskoeffizient drückt das Ausmaß der Validität eines diagnostischen Verfahrens in Form eines Zahlenwertes aus. Die Werte schwanken theoretisch zwischen − 1.0 und + 1.0. Je höher der absolute Zahlenwert ausfällt, desto höher ist auch die Validität. Negative Validitätskoeffizienten sind nur dann Ausdruck für die Qualität des Verfahrens, wenn hierdurch nachgewiesen wird, dass ein Messinstrument in einer negativen Beziehung zu konträren Merkmalen steht. Beispielsweise sollte sich zwischen der sozialen Kompetenz eines Polizisten und der Anzahl der gegen ihn eingereichten Beschwerden von Bürgern ein negativer Zusammenhang nachweisen lassen.

Verschleierungstechniken
Verschleierungstechniken kommen in Arbeitszeugnissen (→) zum Einsatz. Sie helfen dem Verfasser dabei, negative Bewertungen eines Mitarbeiters, die er aufgrund gesetzlicher Bestimmungen nicht explizit formulieren darf, auf indirekte Weise zu

vermitteln. Beispielsweise werden im Zeugnis belanglose Tätigkeiten und Qualifikationen des Bewerbers aufgebauscht, während die eigentlich wichtigen Qualifikationen nur sehr knapp abgehandelt werden. Der Einsatz von Verschleierungstechniken ist problematisch, da der Leser des Arbeitzeugnisses sich nie sicher sein kann, ob tatsächliche eine bestimmte Technik intendiert war und wenn ja, welche.

Wahrnehmungstäuschungen
Eine (visuelle) Wahrnehmungstäuschung liegt vor, wenn eine Person etwas zu sehen glaubt, was objektiv so nicht vorhanden ist. Alle Menschen unterliegen Wahrnehmungstäuschungen. Schon einfache geometrische Figuren können oft nicht korrekt erfasst werden. Die Wahrnehmungstäuschungen illustrieren die Unvollkommenheit der menschlichen Urteilsbildung.

Literatur

Aldering, C. (1995). Projektleiter-Assessment: Beispiel eines dynamisierten Assessment Centers. In W. Sarges (Hrsg.), Weiterentwicklung der AC-Methode (S. 167-177). Göttingen: Verlag für Angewandte Psychologie.
Amelang, M. & Bartussek, D. (1970). Untersuchungen zur Validität einer neuen Lügen-Skala. Diagnostica, 16, 103-122.
Amelang, M. & Bartussek, D. (1997). Differentielle Psychologie und Persönlichkeitsforschung (4. überarb. und erw. Aufl.). Stuttgart: Kohlhammer.
Amelang, M. & Zielinski, W. (1997). Psychologische Diagnostik und Intervention. Berlin: Springer.
Amthauer, R. (1972). Test zur Untersuchung des praktisch-technischen Verständnisses (PTV). Göttingen: Hogrefe.
Amthauer, R., Brocke, B., Liepmann, D. & Beauducel, A. (1999). Intelligenz-Struktur-Test 2000. Göttingen: Hogrefe.
Anastasi, A. (1976). Psychological testing (4th. Ed.). New York: Macmillan.
Anbar, M. & Raulin, M. (1994). Psychological assessment using simulations with unrestricted natural language input. Journal of Educational Computing Research, 11, 339-346.
Anderson, J. R. (1988). Kognitive Psychologie. Heidelberg: Spektrum der Wissenschaft.
Anderson, N. H. (1965). Primacy effect in personality impression formation using a generalized order effect paradigm. Journal of Personality and Social Psychology, 2, 1-9.
Anderson, N., Born, M. & Cunningham-Snell, N. (2001). Recruitment and selection: Applicant perspectives and outcomes. In N. Anderson, D. S. Ones, H. K. Sinangil & C. Viswesvaran (Eds.), Handbook of industrial, work and organizational psychology (pp. 199-218). London: Sage.
Antoni, C. (1996a). Teilautonome Arbeitsgruppen: Ein Königsweg zu mehr Produktivität und einer menschengerechten Arbeit? Weinheim: Beltz.
Antoni, C. (1996b). Gruppenarbeit in Unternehmen: Konzepte, Erfahrungen, Perspektiven. Weinheim: Beltz.
Argyle, M. (1996). Körpersprache und Kommunikation. Paderborn: Jungfermann.
Argyle, M., Alkema, F. & Gilmour, R. (1971). The communication of friendly and hostilie attitudes by verbal and nonverbal signals. European Journal of Social Psychology, 1, 385-402.
Argyle, M., Salter, V., Nicholson, H., Williams, M. & Burgess, P. (1970). The communication of inferior and superior attitudes by verbal and nonverbal signals. British Journal of Social and Clinical Psychology, 9, 222-231.
Arthur, W. Jr., Day, E. A., McNelly, T. L. & Edens, P. S. (2003). A meta-analysis of the criterion-related validity of assesment center dimensions. Personnel Psychology, 56, 125-154.

Arthur, W. Jr., Woehr, D. J. & Maldegen, R. (2000). Convergent and discriminant validity of assessment center dimensions: A conceptual and empirical reaxamination of the assessment center construct-related validity paradox. Journal of Management, 26, 813-835.

Asch, S. E. (1946). Forming impressions of personality. Journal of Abnormal and Social Psychology, 41, 258-290.

Asch, S. E. (1951). Effects of group pressure upon the modification and distortion of judgement. In J. Guetskow (Eds.), Groups, leadership, and men (pp. 177-190). Pittsburg: Carnegie Press.

Atkins, P. W. B. & Wood, R E. (2002). Self versus others ratings as predictors of assessment center ratings: Validation evidence for 360-degree feedback programs. Personnel Psychology, 55, 871-904.

Avermaet E. van (2002). Sozialer Einfluss in Kleingruppen. In W. Stroebe, K. Jonas & M. Hewstone (Hrsg.), Sozialpsychologie (S. 451-495). Berlin: Springer.

Backhaus, K., Erichson, B., Plinke, W. & Weiber, R. (1994). Multivariate Analysemethoden (7. Aufl.). Berlin: Springer.

Bargh, J. A. & Chartrand, T. L. (1999). The unberable automaticity of being. American Psychologist, 462-479.

Baron-Boldt, J., Funke, U. & Schuler, H. (1989). Prognostische Validität von Schulnoten: Eine Metaanalyse der Prognose des Studien- und Ausbildungserfolgs. In R. S. Jäger, R. Horn & K. Ingenkamp (Hrsg.), Test und Trends: Jahrbuch der pädagogischen Diagnostik Bd. 7 (S. 11-21). Weinheim: Beltz.

Barrick, M. R. & Mount, M. K. (1991). The big five personality dimensions and job performance: A meta-analysis. Personnel Psychology, 44, 1-26.

Bartam, D. (2000). Internet recruitment and selection: Kissing frogs to find princes. International Journal of Selection and Assessment, 8, 261-274.

Barthel, E. & Schuler, H. (1989). Nutzenkalkulation eignungsdiagnostischer Verfahren am Beispiel eines biographischen Fragebogens. Zeitschrift für Arbeits- und Organisationspsychologie, 33, 73-83.

Bartels, L. K. & Doverspike, D. (1997). Assessing the assessor: the relationship of assessor personality to leniency im assessment Center ratings. Journal of Social Behavior and Personality, 12, 179-190.

Bastians, F. & Runde, B. (2002). Instrumente zur Messung sozialer Kompetenz. Zeitschrift für Psychologie, 210, 186-196.

Baumann, U., Laireiter, A. & Thiele, C. (1994). Erfassung interpersoneller Beziehungen mittels Tagebuchmethode. In D. Bartussek & M. Amelang (Hrsg.), Fortschritte der Differentiellen Psychologie und Psychologischen Diagnostik (S. 365-375). Göttingen: Hogrefe.

Baumann-Lorch, E. & Lotz, J. (1996). Potential-Assessment für das obere Management. In W. Sarges (Hrsg.), Weiterentwicklung der Assessment Center-Methode (S. 189-204). Göttingen: Verlag für Angewandte Psychologie.

Bandura, A. (1971). Analysis of modeling processes. In A. Bandura (Eds.), Psychological Modeling (pp. 1-62). Chicago: Aldine.

Beck, C. (2002). Professionelles E-Recruitment: Strategien, Instrumente, Beispiele. Neuwied: Luchterhand.

Beck, K. & Krumm, V. (1998). Wirtschaftskundlicher-Bildungstest. Göttingen: Hogrefe.
Becker, T. E. & Colquitt, A. L. (1992). Potential versus actual faking of a biodata form: An analysis along severar dimension of item type. Personnel Psychology, 45, 389-406.
Becker-Carus, C. (1981). Grundriß der Physiologischen Psychologie. Heidelberg: Quelle & Meyer.
Ben-Shakhar, G. & Elad, E. (2003). The validity of psychophysiological detection of information with the guilts knowledge tests: A meta-analytic review. Journal of Applied Psychology, 88, 131-151.
Benson, P. G., Buckley, M. R. & Hall, S. (1988). The impact of rating scale format on rater accuracy: An Evaluation of the mixed standard scale. Journal of Management, 14, 415-423.
Bergmann, C. & Eder, F. (1999). Allgemeiner Interessen-Struktur-Test/Umwelt-Struktur-Test. Göttingen: Beltz.
Bernardin, H. J. & Beatty, R. W. (1984). Performance appraisal: Assessing human behaviour at work. Boston: Kent.
Berry, D. S. (1990). Vocal attractiveness and vocal babyshiness: Effects on stranger, self, and friend impression. Journal of nonverbal behavior, 14, 141-154.
Beyerstein, B. L. & Beyerstein, D. F. (1992). The write stuff: Evaluatins of graphology, the study of handwriting analysis. Amherst, NY: Prometheus.
Bierhoff, H.-W. (2000). Sozialpsychologie – Ein Lehrbuch. Stuttgart: Kohlhammer.
Birkhan, G. (1996). Assessment Center vor Ort (on-the-job). In W. Sarges (Hrsg.), Weiterentwicklung der AC-Methode (S. 109-127). Göttingen: Verlag für Angewandte Psychologie.
Blaine, B. & Crocker, J. (1993). Self-esteem and self-serving biases in reaction to positive and negative events: An integrative review. In R. F. Baumeister (Ed.), Self-esteem. The puzzle of low self-regard (pp. 55-85). New York: Plenum.
Bless, H., Bohner, G. & Schwarz, N. (1992). Gut gelaunt und leicht beeinflussbar? Stimmungseinflüsse auf die Verarbeitung persuasiver Kommunikation. Psychologische Rundschau, 43, 1-17.
Bless, H. & Fiedler, K. (1999). Förderliche und hinderliche Auswirkungen emotionaler Zustände auf kognitive Leistungen im sozialen Kontext. In M. Jerusalem & R. Pekrun (Hrsg.), Emotion, Motivation und Leistung (S. 9-29). Göttingen: Hogrefe.
Blickle, G. (1996). Kodierung des Leistungsmotivs mit dem Inhaltsschlüssel nach McClelland, Atkinson, Clark und Lowell. Forschungsberichte des Fachbereichs 8: Psychologie Universität Koblenz-Landau.
Bodenhauser, G. V., Kramer, G. P. & Süsser, K. (1994). Happiness and stereotypic thinking social judgment. Journal of Personality and Social Psychology, 66, 621-632.
Bohner, G. (2002). Einstellungen. In W. Stroebe, K. Jonas & M. Hewstone (Hrsg.), Sozialpsychologie (S. 265-315). Berlin: Springer.
Borg, I. (2000). Führungsinstrument Mitarbeiterbefragung. Göttingen: Verlag für Angewandte Psychologie.
Borg, I. (2002). Mitarbeiterbefragung – kompakt. Göttingen: Hogrefe.
Borkenau, P. & Liebler, A. (1992). Trait inferences: Source of validity at zero acquaintance. Journal of Personality and Social Psychology, 62, 645-657.

Borkenau, P. & Ostendorf, F. (1993). NEO-Fünf-Faktoren-Inventar (NEO-FFI). Göttingen: Hogrefe.
Bormann, W. C. (1982). Validity of behavioral Assessment for predicting military recruiter performance. Journal of Applied Psychology, 67, 3-9.
Bornstein, R. F., Rossner, S. C., Hill, E. L. & Stepanian, M. L. (1994). Face validity and fakability of objective and projective measures of dependency. Journal of Personality Assessment, 63, 363-386.
Bortz, J. (1999). Statistik für Sozialwissenschaftler (5. Aufl.). Berlin: Springer.
Bortz, J. & Döring, N. (1995). Forschungsmethoden und Evaluation für Sozialwissenschaftler. Berlin: Springer.
Boudreau, J. W. (1991). Utility analysis for decisions in human resource management. In M. D. Dunnette & L. M. Hough (Eds.), Handbook of Industrial and Organisational Psychology (pp. 621-745). Vol. 2. 2nd ed. Palo Alto: Consulting Psychologists Press.
Boyle, S., Fullerton, J. & Wood, R. (1995). Do assessment/development centers use optimum evaluation procedures? A survey, of practice in UK organiszations. International Journal of Selection and Assessment., 3, 132-140.
Brackwede, D. (1980). Das Bogus-Pipeline-Paradigma: Eine Übersicht über bisherige experimentelle Ergebnisse. Zeitschrift für Sozialpsychologie, 11, 50-59.
Brähler, E., Holling, H., Leutner, F. & Petermann, F. (2002). Brickenkamp Handbuch psychologischer und pädagogischer Tests. Göttingen: Hogrefe.
Brannick, M. T., Michaels, C. E. & Baker, D. P. (1989). Construct validity of inbasket scores. Journal of Applied Psychology, 74, 957-963.
Brickenkamp, R. (1990). Die Generelle Interessen-Skala (GIS). Handanweisung. Göttingen: Hogrefe.
Brickenkamp, R. (2002). Test d2 Aufmerksamkeits-Belastungs-Test. Göttingen: Hogrefe.
Brodbeck, F. C., Anderson, N. & West, M. (2001). Teamklima Inventar (TKI). Göttingen: Hogrefe.
Brogden, H. E. (1949). When testing pays off. Personnel Psychology, 2, 171-183.
Brogden, H. E. & Taylor, E. K. (1950). The dollar criterion - Applying the cost accounting concept to criterion construction. Personnel Psychology, 3, 133-154.
Brühl, N. & Winkel, S. (2002). Hogrefe TestSystem. In U.P. Kanning & H. Holling (Hrsg.). Handbuch personaldiagnostischer Instrumente (S. 469-476). Göttingen Hogrefe.
Bruner, J. S. & Postman, L. (1951). An approach to social perception. In W. Dennis & R. Lippitt (Eds.), Current trends in social psychology (pp. 71-118). Pittsburg: University of Pittsburg Press.
Bruns, I. (2002). Studie zu Electronic-Recruitment: Zielgruppenspezifische Erfahrungen und Anforderungen an das Online-Bewerbungsangebot deutscher Unternehmen. Personal, 5/2002, 16-19.
Büssing, A. & Bissels, T. (1998). Different forms of work-satisfaction: Concept and qualitative research. European Psychologist, 3, 209-218.
Buhrmester, D., Furman, W., Wittenberg, M. T. & Reis, H. T. (1988). Five domains of interpersonal competence in peer relationships. Journal of Personality and Social Psychology, 55, 991-1008.
Bungard, W. (1992). Qualitätszirkel in der Arbeitswelt. Göttingen: Hogrefe.

Bungard, W., Holling, H. & Schultz-Gambard, J. (1996). Methoden der Arbeits- und Organisationspsychologie. Weinheim: Psychologie Verlags Union.

Burnett, J. R. & Motowidlo, S. J. (1998). Relations between different sources of information in the structured selection interview. Personnel Psychology, 51, 963-983.

Bycio, P. & Zoogah, B. (2002). Exercise order and assessment center performance. Journal of Occupational and Organisazational Psychology, 75, 109-114.

Callinan, M. & Robertson, I. T. (2000). Work sample testing. International Journal of Selection and Assessment, 8, 248-260.

Campbell, D. T. & Fiske, D. W. (1959). Convergent and discriminat validation by the mulitrait-multimethod matrix. Psychological Bulletin, 56, 81-125.

Campion, M. A., Palmer, D. K. & Campion, J. E. (1997). A review of structure in the selection Interview. Personnel Psychology, 50, 655-702.

Champion, C. H., Green, S. B. & Sauser, W. I. Jr. (1988). Development and evaluation of shortcut-derived behaviorally anchored rating scales. Educational and Psychological Measurement, 48, 29-41.

Chan, D. & Schmitt, N. (1997). Video-based versus paper-and-pencil method of assessment in situational judgment tests: Subgroup differences in test performance and face validity perceptions. Journal of Applied Psychology, 82, 143-159.

Chapman, D. S. & Webster, J. (2003). The use of technologies in the recruiting, screening, and selection process for job candidates. International Journal of Selection and Assessment, 11, 113-120.

Christiansen, N. D., Goffin, R. D., Johnston, N. G. & Rothstein, M. G. (1994). Correcting the 16PF for faking: Effects on criterion-related validity and individual hiring decisions. Personnel Psychology, 47, 847-860.

Cialdini, R. B. (2002). Die Psychologie des Überzeugens. Bern: Huber.

Clapham, M. M. (1998). A comparison of assessor and self dimension ratings in an advanced management assessment center. Journal of Occupational and Organizational Psychology, 71, 193-203.

Clevenger, J., Pereira, G. M., Wiechmann, D., Schmitt, N. & Harvey, V. S. (2001). Incremental validity of situational judgement tests. Journal of Applied Psychology, 86, 410-417.

Cober, R. T., Brown, D. J., Levy, P. E., Cober, A. B. & Keeping, L. M. (2003). Organizational web sites: Web site content and style as determinants of organizational attraction. International Journal of Selection and Assessment, 11, 158-169.

Conrad, W., Baumann, E. & Mohr, V. (1980). Mannheimer Test zur Erfassung des physikalisch-technischen Problemlösens. Göttingen: Hogrefe.

Conway, J. M. & Huffcutt, A. L. (1997). Psychometric properties of multisource performance ratings: A meta-analysis of subordinate, supervisor, peer, and self-ratings. Human Performance, 10, 331-360.

Cortina, J. M., Goldstein, M. B., Payne, S. C., Davison, H. K. & Gilligan, S. W. (2000). The incremental validity of interview scores over and above conitive ability and conscientiousness scores. Personnel Psychology, 53, 325-351.

Craik, F. I. M. & Lockhart, R. S. (1972). Levels of processing: A framework for memory research. Journal of Verbal Learning and Verbal Behavior, 11, 671-684.

Cronbach, L. J. & Gleser, G. C. (1965). Psychological tests and personnel decisions. Urbana, IL: University of Illinois Press.

Crowne, D. P. & Marlowe, D. (1960). A new scale of social desirability independent of psychopathology. Journal of Consulting Psychology, 24, 249-354.

Dalessio, A. T. (1994). Predicting insurance agent turnover using a video-based situational judgment test. Journal of Business and Psychology, 9, 23-33.

Deters, J. (1999). Video-Bewerbung als Instrument der Personalauswahl und des Personalmarketings bei Gruner & Jahr: Ein Erfahrungsbericht. In A. Thiele & B. Eggers (Hrsg.), Innovatives Personalmarketing für High Potentials (S. 75-89). Göttingen: Verlag für Angewandte Psychologie.

Dick, J. (2002). Online-Assessments als Personalmarketinginstrument. In L. Hünninghausen (Hrsg.), Die Besten gehen ins Netz. Report: E-Recruitment: Innovative Wege bei der Personalauswahl (S. 117-133). Düsseldorf: Symposion.

Diemand, A. & Schuler, H. (1991). Sozial erwünschtes Verhalten in eignungsdiagnostischen Situationen. In. H. Schuler & U. Funke (Hrsg.), Eignungsdiagnostik in Forschung und Praxis (S. 242-248). Göttingen: Hogrefe.

Dietrich, M., Goll, M., Pfeiffer, G., Tress, J., Schweiger, F. & Hartmann, F. (2000). Handlungsorientiertes Testverfahren zur Erfassung und Förderung beruflicher Kompetenzen – hamet 2, Vorversion. Berufsbildungswerk Waiblingen.

Dörner, D. (1989). Die Logik des Mißlingens: Strategisches Denken in komplexen Situationen. Reinbek: Rowohlt.

Dohse, T. (2002). Psychologische Eignungstests unter die Lupe genommen. Personalmagazin, 7/2002, 58-62.

Dommel, N. A. (1995). Postkörbe. In W. Sarges (Hrsg.), Managementdiagnostik (S. 582-585). Göttingen: Hogrefe.

Domsch, M. (1995). Fallstudien. In W. Sarges (Hrsg.), Managementdiagnostik (S. 602-608). Göttingen: Hogrefe.

Dunckel, H. (Hrsg.). (1999). Handbuch psychologischer Arbeitsanalyseverfahren. Zürich: vdf Hochschulverlag.

Eder, F. & Bergmann, C. (1999). Allgemeiner Interessen-Struktur-Test/Umwelt-Struktur-Test (AIST/UST). Göttingen: Hogrefe.

Edwards, A. D. & Armitage, P. (1992). An experiment to test the diskriminanting ability og grapjology. Personality and Individual Differences, 13, 69-74.

Edwards, A. L. (1953). Edwards personal preference schedule. New York: Psychological Corporation.

Elke, G. (1999). Organisationsentwicklung. In D. Graf Hoyos & D. Frey (Hrsg.). Arbeits- und Organisationspsychologie. Ein Lehrbuch (S. 449-467). Weinheim: Psychologie Verlags Union.

Ellingson, J. E., Sackett, P. R. & Hough, L. M. (1999). Social desirability comparisons in personality measurement: issues of applicant comparison and construct validity. Journal of Applied Psychology, 84, 155-166.

Ellis, A. P. J., West, B. J., Ryan, A. M. & DeShon, R. P. (2002). The use of impression management tactics in structures interviews: A function of question type. Journal of Applied Psychology, 87, 1200-1208.

Eschenröder, C. T. (1986) Hier irrte Freud: Zur Kritik der psychoanalytischen Theorie und Praxis (2. überarb. Aufl.). München: Psychologie Verlags Union.
Etzel, S. (1999). Multimediale, computergestützte diagnostische Verfahren: Neue Perspektiven für die Managementdiagnostik. Aachen: Shaker.
Etzel, S. (2002). Pro facts. Herzogenrath: ProFacts Gbr.
Eysenck, H. J. (1983). Eysenck-Persönlichkeits-Inventar. Göttingen: Hogrefe.

Fahrenberg, J., Hampel, R. & Selg, H. (2001). Freiburger Persönlichkeitsinventar (FPI-R). Göttingen: Hogrefe.
Fassheber, P. (1995). Fallstudien. In W. Sarges (Hrsg.), Managementdiagnostik. Göttingen: Hogrefe.
Fay, E. (1992). Über die Übbarkeit der Leistung in einem Durchstreichverfahren zur Messung der Konzentrationsfähigkeit. Diagnostica, 38, 301-311.
Feldham, R. (1988). Assessment Center decision making: Judgemental vs. mechanical. Journal of Occupational Psychology, 61, 237-241.
Fennekels, G. P. (1999). Multidirektionales Feedback – MDF. Göttingen: Hogrefe.
Fennekels, G. P. (1995a). PC-OFFICE 1.0. Postkorb zur Diagnose von Führungsverhalten. Göttingen: Hogrefe.
Fennekels, G. P. (1995b). Qualitative Führungsstilanalyse – QFA. Göttingen: Hogrefe.
Fennekels, G. P. & D'Souza, S. (1999). MFA – Management Fallstudien. Göttingen: Hogrefe.
Fennekels, G. P. (2002). Multidirektionales Feedback – 360° (MDF-360°). Göttingen: Hogrefe.
Festinger, L. (1954). A theory of social comparison processes. Human Relations, 7, 117-140.
Fiske, S. T. & Taylor, S. E. (1991). Social cognition (2nd. Ed.). New York: McGraw-Hill.
Fisseni, H. J. (1997). Lehrbuch der psychologischen Diagnostik. Göttingen: Hogrefe.
Fisseni, H. J. & Fennekels, G. (1995). Das Assessment Center. Göttingen: Verlag für Angewandte Psychologie.
Fittkau-Garthe, H. & Fittkau, B. (1971). FVVB - Fragebogen zur Vorgesetztenverhaltensbeschreibung. Göttingen: Hogrefe.
Flanagan, J. C. (1954). The critical incident technique. Psychological Bulletin, 51, 327-358.
Fliegel, S., Groeger, W. M., Künzel, R., Schulte, D. & Sorgatz, H. (1998). Verhaltenstherapeutische Standardmethoden (4. Aufl.). Weinheim: Psychologie Verlags Union.
Forbes, R. J. & Jackson, P. R. (1980). Non-verbal behaviour and the outcome of selection interviews. Journal of Occupational Psychology, 53, 65-72.
Forgas, J. P. (1987). Soziale Interaktion und Kommunikation. Weinheim: Psychologie Verlags Union.
Fortmann, K., Leslie, C. & Cunningham, M. (2002). Cross-cutual comparison of the Reid integrity scale in Latin America and South Afrika. International Journal of Selection and Assessment, 10, 98-108.
Frey, S. (1999). Die Macht des Bildes: der Einfluss der nonverbalen Kommunikation auf Kultur und Politik. Göttingen: Huber.

Friedrichs, J. (1985). Methoden der empirischen Sozialforschung. Opladen: Westdeutscher Verlag.
Frieling, E. & Graf Hoyos, C. (Hrsg.). (1978). Fragebogen zur Arbeitsanalyse (FAA): Deutsche Bearbeitung des „Position Analysis Questionnaire" (PAQ). Handbuch. Bern: Huber.
Frieling, E. & Sonntag, K. (1999). Lehrbuch Arbeitspsychologie. Bern: Huber.
Frintrup, A. & Renner, T. (2002). Online-Personalauswahl bei Credit Suisse Financial Services. Personal, 5/2002, 28-31
Funke, J. (1993). Computergestützte Arbeitsproben: Bergriffsklärung, Beispiele sowie Entwicklungspotentiale. Zeitschrift für Arbeits- und Organisationspsychologie, 37, 119-129.
Funke, U. (1993). Computergestützte Eignungsdiagnostik in komplexen dynamischen Szenarios. Zeitschrift für Arbeits- und Organisationspsychologie, 37, 109-118.
Funke, U. (1995). Szenarien in der Eignungsdiagnostik und im Personaltraining. In B. Strauß & M. Kleinmann (Hrsg.), Computergestützte Szenarien in der Personalarbeit (S. 145-216). Göttingen: Verlag für Angewandte Psychologie.
Funke, U. & Schuler, H. (1998). Validity of stimulus and response components in a video test of social competence. International Journal of Selection and Assessment, 2, 115-123.

Ganzach, Y., Kluger, A. N. & Klayman, N. (2000). Makin decisions from an Interview: Expert measures and mechanical combination. Personnel Psychology, 53, 1-20.
Gaschok, J. (2002).Wiener Testsystem. In U. P. Kanning & H. Holling (Hrsg.). Handbuch personaldiagnostischer Instrumente (S. 485-491). Göttingen: Hogrefe.
Gaugler, B. B. & Thornton, G. C. (1989). Numer of Assessment Center dimensions as a determinant of assessor accurarcy. Journal of Applied Psychology, 74, 611-618.
Gaugler, B. B., Rosenthal, D. B., Thornton, G. C. & Bentson, C. (1987). Meta analysis of assessment center validity. Journal of Applied Psychology, 72, 493-511.
Gaul, D. (1990). Rechtsprobleme psychologischer Eignungsdiagnostik. Bonn: Deutscher Psychologen Verlag.
Gawonski, B., Alshut, E., Graefe, J., Nespethal, J., Ruhmland, A. & Schulz, L. (2002). Prozesse der Urteilsbildung über bekannte und unbekannte Personen: Wie der erste Eindruck die Verarbeitung neuer Informationen beeinflusst. Zeitschrift für Sozialpsychologie, 33, 25-34.
Gazzaniga, M. S., Ivry, R. B. & Magnum, G. R. (1998). Cognitive neuroscience: The biology of mind. New York: Norton & Company.
Geake, A., Oliver, K. & Farrell, C. (2001). The application of 360 degree feedback: A survey. Thames Ditton: SHL.
Gebert, D. (1993). Interventionen in Organisationen. In H. Schuler (Hrsg.), Lehrbuch Organisationspsychologie (S. 481-494). Bern: Huber.
Geißler, J. (1995). Szenische Medien. (kein Verlag; zu beziehen über die Testzentrale, Göttingen, Hogrefe Verlag).

Giegler, H. (1985). Rasch-Skalen zur Messung von Arbeits- und Berufszufriedenheit, Betriebsklima und Arbeits- und Berufsbelastung auf Seiten der Betroffenen. Zeitschrift für Sozialpsychologie, 16, 13-28.

Gifford, R., Ng, C. F. & Wilkinson, M. (1985). Nonverbal cues in the employment interview: Links between applicant qualities and interviewer judgement. Journal of Applied Psychology, 70, 729-736.

Gittler, G. (1990). Dreidimensionaler Würfeltest (3 DW). Göttingen: Hogrefe.

Glasl, F. (1990). Konfliktmanagement: Ein Handbuch zur Diagnose und Behandlung von Konflikten für Organisationen und ihre Berater. Bern: Haupt.

Göritz, A. S. & Moser, K. (2002). Personalmarketing im Internet – Eine Untersuchung des Auftritts der 100 größten deutschen Unternehmen. Zeitschrift für Personalpsychologie, 1, 141-148.

Goffin, R. D., Rothstein, M. G. & Johnston, N. G. (1996). Personality testing and the assessment center: Incremental validiy for managerial selection. Journal of Applied Psychology, 81, 746-756.

Goffin, R. D. & Woods, D. (1995). Using personality testing for personnel selection: Faking and test-taking induction. International Journal of Selection and Assessment, 3, 227-236.

Goleman, D. (1995). Emotional intelligence: Why it can matter more than IQ. New York: Bantam Books.

Gordon, T. (1979). Managerkonferenz: Effektives Führungstraining. Hamburg: Hoffmann & Campe.

Greenwald, A. G. & Breckler, S. J. (1985). To whom is the self presented? In B. R. Schlenker (Ed.), The self and social life (pp. 126-145). New York: McGraw-Hill.

Grewe, W. & Wentura, D. (1997). Wissenschaftliche Beobachtung in der Psychologie. Weinheim: Psychologie Verlags Union.

Groß-Engelmann, M. (1999). Kundenzufriedenheit als psychologisches Konstrukt. Lohmar: Josef Eul.

Gulliksen, H. (1950). Theory of mental tests. New York: Wiley.

Gundlin, A. (2001). Förderung von Innovationen. In H. Schuler (Hrsg.), Lehrbuch der Personalpsychologie (S. 289-515). Göttingen: Hogrefe.

Guldin, A. & Schuler, H. (1997). Konsistenz und Spezifität von AC-Beurteilungskriterien: Ein neuer Ansatz zur Konstruktvalidierung das Assessment Center-Verfahrens. Diagnostica, 43, 230-254.

Guthke, J., Beckmann, J. F. & Schmidt, G. (2002). Ist an der Graphologie doch was dran? Zeitschrift für Personalpsychologie, 1, 171-176.

Guthke, J. & Wiedl, K. H. (1996). Dynamisches Testen: Zur Psychodiagnostik der intraindividuellen Variabilität. Göttingen: Hogrefe.

Gwaronski, B., Alshut, E., Grafe, J., Nespethal, J., Ruhmland, A. & Schulz, L. (2002). Prozesse der Urteilsbildung über bekannte und unbekannte Personen: Wie der erste Eindruck die Verarbeitung neuer Informationen beeinflusst. Zeitschrift für Sozialpsychologie, 33, 25-34.

Haarland, S. & Christians, N. D. (2002). Implication of trait-activation theory for evaluating the construct validity of assessment center ratings. Personnel Psychology, 55, 137-163.

Häcker, H., Leutner, D. & Amelang, M. (1998). Standards für pädagogisches und psychologisches Testen. Supplement 1/1998 der Diagnostica und Zeitschrift für Differentielle und Diagnostische Psychologie. Göttingen: Hogrefe.

Hänsgen, K. D. (2000). Hogrefe TestSystem. Göttingen: Hogrefe.

Hakstian, A. R., Farrell, S. & Tweed, R. G. (2002). The assessment of counterproductive tendencies by means of the California Psychological Inventory. International Journal of Selection and Assessment, 10, 58-85.

Halpert, J. A., Wilson, M. L. & Hickman, J. L. (1993). Pregnancy as a source of bias in performance appraisals. Journal of Organiszational Behavior, 14, 649-663.

Harris, M. M. & Schaubroeck, J. (1088). A meta-analysis of self-supervisor, self-peer, and peer-supervisor ratings. Personnel Psychology, 41, 43-62.

Harvey-Cook, J. E. & Taffer, R. J. (2000). Biodatda in professional entry-level selection: Statistical scoring of common format applications. Journal of Occupational and Organizational Psychology, 73, 103-118.

Hassebrauck, M. & Niketta, R. (Hrsg.). (1993). Physische Attraktivität. Göttingen: Hogrefe.

Hedge, J. W. & Teachout, M. S. (1992). An interview approach to work sample criterion measures. Journal of Applied Psychology, 77, 453-461.

Heinze, B. (1995). Graphologie. In W. Sarges (Hrsg.), Managementdiagnostik. (S. 470-474). Göttingen: Hogrefe.

Heiss, R. (1943). Die Deutung der Handschrift. Hamburg: H. Coverts Verlag.

Hennessy, J., Mabey, B. & Warr, P. (1998). Assessment center observation procedures: An experimental comparison of traditional, checklist and coding methods. International Journal of Selection an Assessment, 6, 222-231.

Henss, R. (1998). Gesicht und Persönlichkeitseindruck. Göttingen: Hogrefe.

Hell, W., Fiedler, K. & Gigerenzer, G. (Hrsg.). (1993). Kognitive Täuschungen. Heidelberg: Spektrum.

Heller, K. A., Kratzmeier, H. & Lengfelder, A. (1998). Matrizen Test Manual, Bd. 1 & 2. Ein Handbuch mit deutschen Normen zu den Standard Progressive Matrices. Weinheim: Beltz.

Herrnstein, R. J. & Murray, C. (1994). The bell curve. Intelligence and class structure in American life. New York: Free Press.

Hess, M. & Vossel, G. (2001). Stress, Ressourcen und Copingverhalten im Assessment Center: Reaktionen der Teilnehmer. Zeitschrift für Arbeits- und Organisationspsychologie, 45, 202-210.

Höft, S. & Funke, U. (2001). Simulationsorientierte Verfahren der Personalauswahl. In H. Schuler (Hrsg.), Lehrbuch der Personalpsychologie (S. 135-173). Göttingen: Hogrefe.

Höft, S. & Schuler, H. (2001). The conceptual basis of assessment center ratings. International Journal of Selection and Assessment, 9, 114-123.

Hofbauer, H. & Winkler, B. (1999). Das Mitarbeitergespräch als Führungsinstrument. München: Hanser.

Hofmann, K. & Kubinger, K. D. (2001). Herkömmliche Persönlichkeitsfragebogen und objektive Persönlichkeitstests im „Wettstreit" um (Un-)Verfälschbarkeit. Report Psychologie, 26, 298-304.

Hoffmann, C. & Thornton, G. C. III (1997). Examining selection utility where competing predictors differ in adversive impact. Personnel Psychology, 50, 455-470.

Hoffrage, U. (1993). Die Illusion der Sicherheit bei Entscheidungen unter Unsicherheit. In W. Hell, K. Fiedler & G. Gigerenzer (Hrsg.). Kognitive Täuschungen (S. 73-97). Heidelberg: Spektrum.
Holling, H. (1998). Utility Analysis Of Personnel Selection. An Overview and Empirical Study Based on Objective Performance Measures. Methods of Psychological Research, Vol. 3, No. 1.
Holling, H. (2002). Monetäre Nutzenanalyse. In U. P. Kanning & H. Holling (Hrsg.), Handbuch personaldiagnostischer Instrumente (S. 545-556). Göttingen: Hogrefe.
Holling, H. & Gediga, G. (1999). Evaluationsforschung. Göttingen: Hogrefe.
Holling, H., Jütting, A. & Nienaber, C. (1999). Konstruktion von Bewertungsfunktionen mittels Conjoint Measurement. In H. Holling, F. Lammers & R.D. Pritchard (Hrsg.). Effektivität durch Partizipatives Produktivitätsmanagement (S. 155-178). Göttingen: Verlag für Angewandte Psychologie.
Holling, H. & Kanning, U. P. (1999). Hochbegabung: Forschungsergebnisse und Fördermöglichkeiten. Göttingen: Hogrefe.
Holling, H., Kanning, U. P. & Hofer, S. (2003). Das Personalauswahlverfahren „Soziale Kompetenz" (SOKO) der Bayerischen Polizei. In L. v. Rosenstiel & J. Erpenbeck (Hrsg.), Handbuch Kompetenzmessung (S. 126-139). Stuttgart: Schäffer Poeschel.
Holling, H., Lammers, F. & Pritchard, R. D. (Hrsg.). (1999). Effektivität durch Partizipatives Produktivitätsmanagement. Göttingen: Verlag für Angewandte Psychologie.
Holling, H. & Liepmann, D. (2003). Personalentwicklung. In H. Schuler (Hrsg.), Lehrbuch Organisationspsychologie (S. 345-383). Bern: Huber.
Hollmann, H. & Reitzig, G. (1995). Referenzen und Dokumentenanalyse. In W. Sarges, (Hrsg.), Managementdiagnostik (S. 465-470). Göttingen: Hogrefe.
Holtgraves, T., Eck, J. & Lasky, B. (1997). Face management, question wording, and social desirability. Journal of Applied Social Psychology, 27, 1650-1671.
Horn, R. (1983). Leistungsprüfsystem (L-P-S). Göttingen: Hogrefe.
Horn, R. & Wallasch, R. (1984). Differentieller Fähigkeitstest. Weinheim: Beltz.
Hornke, L. & Winterfeld, U. (Hrsg.). (2004). Eignungsbeurteilung auf dem Prüfstand: DIN 33430 zur Qualitätssicherung. Heidelberg: Spektrum
Hosoda, M., Stone-Romero, E. F. & Coats, G. (2003). The effects of physical attractiveness on job-related outcomes. A meta-analysis of experimental studies. Personnel Psychology, 56, 431-462.
Hossiep, R. (1995). Berufseignungsdiagnostische Entscheidungen. Göttingen: Hogrefe.
Hossiep, R., Turck D. & Hasella, M. (1999). BOMAT-advanced – Bochumer Matrizentest: Handanweisung. Göttingen: Hogrefe.
Hossiep, R. & Paschen, M. (2003). Bochumer Inventar zur berufsbezogenen Persönlichkeitsbeschreibung (BIP). Göttingen: Hogrefe.
Hossiep, R., Paschen, M. & Mühlhaus, O. (2000). Persönlichkeitstests im Personalmanagement. Göttingen: Verlag für Angewandte Psychologie.
Hough, L. M. (1992). The "big five" personality variables – construct confusion: Description versus pediction. Human Performance, 5, 19-156.
Hough, L. M. (1998). Effects of intentional distortion in personality measurement and evaluation of suggested palliatives. Human Performance, 11, 209-244.

Hough, L. M. & Oswald, F. L. (2000). Personnel Selection: Looking toward the future – remembering the past. Annual Review in Psychology, 51, 631-664.
Howard, A. & Choi, M. (2000). How do you assess a managers's decision-making abilities? The use of situational inventories. International Journal of Selection an Assessment, 8, 85-88.
Huffcut, A. I. & Arthur, W. Jr. (1994). Hunter and Hunter (1994) revisited: Interview validity for entry-level jobs. Journal of Applied Psychology, 79, 184-190.
Huffcutt, A. I., Conway, J. M., Roth, P. L. & Stone, N. J. (2001). Identification and meta-analytic assessment of psychological constructs measures in employment interviews. Journal of Applied Psychology, 86, 897-913.
Hünninghausen, L. (Hrsg.). (2002). Die Besten gehen ins Netz. Report E-Recruitment: Innovative Wege bei der Personalauswahl. Düsseldorf: Symposion.
Hunter, J. E. & Hunter, R. F. (1984). Validity and utility of alternative predictors of job performance. Psychological Bulletin, 96, 72-98.

Irle, M. & Allehoff, W. H. (1984). Berufs-Interessen-Test II (BIT II). Göttingen: Hogrefe.

Jansen, P. G. W. & Stoop, B. A. M. (2001). The dynamics of assessment center validity: Result of a 7-year study. Journal of Applied Psychology, 86, 741-753.
Jäger, O. A. & Althoff, K. (1994). Wilde-Intelligenz-Test (WIT): Ein Strukturdiagnostikum. Göttingen: Hogrefe.
Jäger, O. A., Süß, H.-M. & Beauducel, A. (1997). Berliner Intelligenzstruktur-Test (BIS). Göttingen: Hogrefe.
Jäger, R. S. (1990). Computerdiagnostik – in Überblick. Diagnostica, 36, 96-114.
Jäger, R. S. (1995). Modifikations-, Selektions- und Mischstrategien. In R. S. Jäger & F. Petermann (Hrsg.), Psychologische Diagnostik (S. 119-123.). Weinheim: Beltz.
Jäger, R. S. & Petermann, F. (1995). Psychologische Diagnostik: Ein Lehrbuch (3., korrigierte Aufl.), Weinheim: Beltz.
Jeserich, W. (1981). Mitarbeiter auswählen und fördern. München: Hanser.
Jones, E. E. & Sigall, H. (1971). The bogus pipeline: A new paradigm for measuring affect and attitude. Psychological Bulletin, 76, 349-364.
Judge, T. A., Heller, D. & Mount, M. K. (2002). Five-factor model of personality and job satisfacion: A meta-Analysis. Journal of Applied Psychology, 87, 530-541.
Jung, P. (1995). Rollenspiele. In W. Sarges (Hrsg.), Managementdiagnostik (S. 591-595). Göttingen: Hogrefe.

Kanfer, F. H., Reinecker, H. & Schmelzer, D. (2000). Selbstwertmanagement-Therapie. Berlin: Springer.
Kannheiser, W. (1995). Erfassung der Anforderungen einer konkreten Position. In W. Sarges (Hrsg.), Managementdiagnostik (S. 141-150). Göttingen: Hogrefe.
Kanning, U. P. (1999). Die Psychologie der Personenbeurteilung. Göttingen: Hogrefe.
Kanning, U. P. (2000). Selbstwertmanagement: Die Psychologie des selbstwertdienlichen Verhaltens. Göttingen: Hogrefe.

Kanning, U. P. (2001). Psychologie für die Praxis: Perspektiven einer nützlichen Forschung und Ausbildung. Göttingen: Hogrefe.

Kanning, U. P. (2002a). Soziale Kompetenz – Definition, Strukturen und Prozesse. Zeitschrift für Psychologie, 210, 154-163.

Kanning, U. P. (2002b). Soziale Kompetenzen von Polizeibeamten. Polizei und Wissenschaft, 3, 18-30.

Kanning, U. P. (2002c). Tipps für die Anwendung nicht-standardisierter Methoden. In U. P. Kanning & H. Holling (Hrsg.), Handbuch personaldiagnostischer Instrumente (S. 493-543). Göttingen: Hogrefe.

Kanning, U. P. (2003a). Diagnostik sozialer Kompetenzen. Göttingen: Hogrefe.

Kanning, U. P. (2003b). Selbstwertmanagement. In Günter F. Müller (Hrsg.), Selbstverwirklichung im Arbeitsleben (S. 59-84). Lengerich: Pabst.

Kanning, U. P. (2003c). Computergestützte Messung sozialer Kompetenzen in der Personalauswahl. In T. Stäudel (Hrsg.). Wirtschaftspsychologie: Ein Fach etabliert sich. Bericht über die 9. Tagung der Gesellschaft für angewandte Wirtschaftspsychologie 2003, Hochschule Harz Wernigerode (S. 7-17). Hochschule Harz: Harzer Hochschultexte.

Kanning, U. P. (2003d). Sieben Anmerkungen zum Problem der Selbstdarstellung in der Personalauswahl. Zeitschrift für Personalpsychologie, 2, 193-195.

Kanning, U. P. (in Druck a). Soziale Kompetenz. Göttingen: Hogrefe.

Kanning, U. P. (in Druck b). Computergestützte Personalauswahl beim Bundesgrenzschutz. Zeitschrift für Arbeits- und Organisationspsychologie.

Kanning, U. P., Hofer, S. & Schulze Willbrenning, B. (2004). Professionelle Personenbeurteilung: Eine Trainingsmanual. Göttingen: Hogrefe.

Kanning, U. P. & Holling, H. (Hrsg.). (2002). Handbuch personaldiagnostischer Instrumente. Göttingen: Hogrefe.

Kanning, U. P. & Holling, H. (in Druck). Potentialbeurteilung. In E. Gaugler, W. A. Oechsler & W. Weber (Hrsg.), Handwörterbuch des Personalwesens. Stuttgart: Schäffer-Poeschel.

Kanning, U. P. & Glötzel, V. (in Vorbereitung). Soziale Validität verschiedener AC-Übungen im Vergleich.

Kanning, U. P., Grewe, K., Hollenberg, S. & Stein, M. (under review). Applicants reactions to different types of situational judgment items.

Kanning, U. P. & Kuhne, S. (under review). Social desirability in a multimodal personnel selection test.

Kanning, U. P. & Leisten, K. (2004). Selektive Verarbeitung nonverbaler Informationen durch AC-Beobachter. Poster präsentiert auf dem 44. Kongress der Deutschen Gesellschaft für Psychologie in Göttingen.

Kanning, U. P. & Limpächer, S. (2002). Beobachten will gelernt sein: Training für AC-Beobachter der DaimlerChrysler AG. Management und Training, 4/2002, 14-17.

Kanning, U. P., Pöttker, J. & Golléri, P. (under review). Assessment Center Praxis deutscher Großunternehmen: Ergebnisse einer repräsentativen Umfrage.

Kanning, U. P. & Schnitker, R. (in Druck). Übersetzung und Validierung einer Skala zur Messung des organisationsbezogenen Selbstwertes. Zeitschrift für Personalpsychologie

Kanning, U. P. & Walter, M. (2003). Systematisches Training sozialer Kompetenzen: Vermittlung wissenschaftlich gesicherter Lerninhalte in einem Führungskräftetraining nach empirischer Bedarfsanalyse. Personalführung, 4/2003, 38-42.

Kanning, U. P. & Winter, B. (2004). Outdoor-Training zwischen Anspruch und Wirklichkeit. Personalführung 5/2004, 64-69.

Kauffeld, S. (2004). Der Fragebogen zur Arbeit im Team. Göttingen: Hogrefe.

Kauffeld, S., Grote, S. & Frieling, E. (2000). Die Diagnose beruflicher Handlungskompetenz – Das Kassler-Kompetenz-Raster. In Geißler, K.-H. (Hrsg.), Handbuch Personalentwicklung (S. 1-22). Köln: Verlagsgruppe Deutscher Wirtschaftsdienst.

Kelbetz, G. & Schuler, H. (2002). Verbessert Vorerfahrung die Leistung im Assessment Center? Zeitschrift für Personalpsychologie, 1, 4-18.

Kersting, M. (1999). Diagnostik und Personalauswahl mit computergestützten Problemlöseszenarien? Göttingen: Hogrefe.

Kersting, M. & Kluge, A. (2001). Innovative eignungsdiagnostische Instrumente und Trainingstools – warum sie häufig scheitern. Wirtschaftspsychologie, 2, 77-86.

Kirkpatrick, D. L. (1960). Techniques for evaluating training programs. Journal of the American Society of Training Directors, 14, 13-18, 28-32.

Klein, W. M. (1997). Objective standards are not enough: Affective, self-evaluative, and behavioral responses to social comparison information. Journal of Personality and Social Psychology, 72, 763-774.

Kleinmann, M. (1997a). Assessment Center: Stand der Forschung – Konsequenzen für die Praxis. Göttingen: Verlag für Angewandte Psychologie.

Kleinmann, M. (1997b). Transparenz der Anforderungsdimensionen: Ein Moderator der Konstrukt- und Kriterienvalidität des Assessment Centers. Zeitschrift für Arbeits- und Organisationspsychologie, 41, 171-181.

Kleinmann, M. (2003). Assessment Center. Göttingen: Hogrefe.

Kleinmann, M., Exeler, C., Kuptsch, C. & Köller, O. (1995). Unabhängigkeit und Beobachtbarkeit von Anforderungsdimensionen im Assessment Center als Moderator der Konstruktvalidität. Zeitschrift für Arbeits- und Organisationspsychologie, 39, 22-28.

Kleinmann, M., Kuptsch, C. & Köller, O. (1996). Transparency: A necessary requirement for the construct validity of assessment centers. Applied Psychology: An International Review, 45, 67-84.

Kleinmann, M. & Strauß, B. (1998). Validity and application of computer simulated szenarios in personnel assessment. International Journal of Selection and Assessment, 6, 97-106.

Kleinmann, M. & Strauß, B. (1996). Konstrukt- und Kriteriumsvalidität des Assessment Centers: Ein Spannungsfeld. In W. Sarges (Hrsg.), Weiterentwicklung der Assessment Center-Methode (S. 1-16). Göttingen: Verlag für Angewandte Psychologie.

Klopfer, B. & Davidson, H. H. (1967). Das Rorschach-Verfahren. Bern: Huber.

Kluge, A. N. & DeNissi, A. (1996). The effects of feedback interventions on performance: A historical review, a metaanalysis, and a preliminary feedback intervention theory. Psychological Bulletin, 119, 354-284.

Kolk, N. J., Born, M. P., van der Flier, H. & Olman, J. M. (2002). Assessment Center procedures: Cognitive load during the observation phase. International Journal of Selection and Assessment, 10, 271-278.

Konradt, U. & Sarges, W. (2003). E-Recruitment und E-Assessment. Göttingen: Hogrefe.

Krampen, G. (1991). Fragebogen zu Kompetenz- und Kontrollüberzeugungen (FKK). Göttingen: Hogrefe.

Krause, D. E. & Gebert, D. (2003). Unterschiede in der Durchführung zwischen internen und externen Assessment Center – Eine empirische Analyse. Zeitschrift für Arbeits- und Organisationspsychologie, 47, 87-94.

Kretschmer, E. (1921). Körperbau und Charakter. Berlin: Springer.

Kreuscher, R. (2000). Lebenslaufanalyse – kürzer als das Rauchen einer Zigarette. Personalwirtschaft, 10, 64-68.

Kubinger (1993). Testtheoretische Probleme der Computerdiagnostik. Zeitschrift für Arbeits- und Organisationspsychologie, 37, 130-137.

Kubinger, K. D. (1995). Einführung in die psychologische Diagnostik. Weinheim: Beltz.

Kuptsch, C., Kleinmann, M. & Köller, O. (1998). The cameleon effect in assessment centers: The influence of cross-situational behavioral consistency on the convergent validity of assessment Centers. Journal of Social Behavior and Personality, 13, 103-116.

Lammers, F. & Holling, H. (2000). Beobachterrotation und Konstruktvalidität des Assessment Centers. Zeitschrift für Differentielle und Diagnostische Psychologie, 21, 270-278.

Lammers, F. (1997). Ein Verfahren zur Schätzung subjektiver Ähnlichkeiten von Beurteilungsdimensionen. Zeitschrift für Arbeits- und Organisationspsychologie, 41, 91-93.

Lammers, F. & Frankenfeld, V. (1999). Effekte gezielter Antwortstrategien bei einem Persönlichkeitsfragebogen mit „forced-choice"-Format. Diagnostica, 45, 65-68.

Lance, C. E., Johnson, D., Bennett, W. Jr. & Harville, D. (2000). Good news : Work sample administrators global performance judgment are (about) as valide as we have suspected. Human Performance, 13, 253-277.

Lance, C. E., Newbolt, W. H., Gatewood, R. D., Foster, M. R., French, N. R. & Smith, D. E. (2000). Assessment center exercise factors cross-situational specificity, not method bias. Human Performance, 13, 323-353.

Latham, G. P., Saari, L. M., Pursell, E. D. & Campion, M. A. (1980). The situational interview. Journal of Applied Psychology, 65, 422-427.

Latham, G. P. & Wexley, K. N. (1977). Behavioral observation scales for performance appraisal purpose. Personnel Psychology, 30, 255-268.

Lattmann, C. (1989). Das Assessment Center-Verfahren als Mittel zur Beurteilung der Führungseignung. In Lattmann, C. (Hrsg.), Das Assessment Center-Verfahren der Eignungsbeurteilung. Heidelberg: Physica.

Leary, M. R. (1995). Self-presentation: Impression management and interpersonal behavior. Madison Wis.: Brown & Benchmark.

Leiber, H. (1978). Bildungsmotivationstest (BMT). Göttingen: Hogrefe.

Lemke, S. G. (1994). Transfermanagement. Göttingen: Hogrefe.
Lienert, G. (Hrsg.). (1965). Konzentrations-Leistungs-Test (KLT). Göttingen: Hogrefe.
Lienert, G. A. (1967). Die Draht-Biege-Probe (DBP). (2. erw. Aufl.). Göttingen: Hogrefe.
Lienert, G. & Raatz, U. (1998). Testaufbau und Testanalyse (6. Aufl.). Weinheim: Psychologie Verlags Union.
Lienert, G. & Schuler, H. (1994). Revidierter Allgemeiner Büroarbeitstest (ABAT-R). Göttingen: Hogrefe.
Lievens, F. (1998). Factors which improve the construct validity of assessment centers: A review. International Journal of Selection and Assessment, 6, 141-152.
Lievens, F. (2001). Assessor training strategies and their effects on accurarcy, interrater reliability, and discriminant validity. Journal of Applied Psychology, 86, 255-264.
Lievens, F. (2002). Trying to understand the different piece of the construct validiy puzzel of assessment centers: An examination of Assessor and assessee effects. Journal of Applied Psychology, 87, 675-686.
Lievens, F. & Conway, J. M. (2001). Dimension and exercise variance in assessment center scores: A large evaluation of multitrait-multimethod studies. Journal of Applied Psychology, 86, 2-12.
Lievens, F., De Corte, W. & Brysse, K. (2003). Applicants perceptions of selection procedures : The role of selection information, belief in tests, and comparative anxiety. International Journal of Selection and Assessment, 11, 67-77.
Lilli, W. & Frey, D. (1993). Die Hypothesentheorie der sozialen Wahrnehmung. In D. Frey & M. Irle (Hrsg.), Theorien der Sozialpsychologie, Band I: Kognitive Theorien (2. Aufl.) (S. 49-78). Göttingen: Hogrefe.
Lindemann, M. & Sundvik, L. (1998). Acquaintanceship and the discrepancy between supervisor and self-assessment. Journal of Social Behavior and Personality, 13, 117-126.
Litzcke, S. (1998). Das Assessment Center als System zur Verteilung knapper Ressourcen. Zeitschrift für Politische Psychologie, 6, 57-70.
London, M. & Smither, J. W. (1995). Can mulit-sourde feedback change perceptions of goal accomplishment, self-evaluation, and performance-related outcomes? Personnel Psychology, 48, 803-839.
Lorenzo, R. V. (1984). Effects of assessorship on managers proficiency in acquiring, evaluating, and communicating information about people. Personnel Psychology, 37, 617-634.
Lowman, R. L. (1998). The ethical practice of psychology in organizations. Washington: American Psychological Assoziation.
Lüscher, M. (189). Die Lüscher-Farben zur Persönlichkeitsdeutung und Konfliktlösung. München: Mosaik.

Maas, P. (1991). Arbeits- und Anforderungsanalyse. In H. Schuler & U. Funke (Hrsg.), Eignungsdiagnostik in Forschung und Praxis (S. 256-259). Stuttgart: Verlag für Angewandte Psychologie.
Mabe, P. A. III & West, S. G. (1982). Validity of self-evaluation of ability: A review and meta-analysis. Journal of Applied Psychology, 67, 280-296.

Machwirth, U., Schuler, H. & Moser, K. (1996). Entscheidungsprozesse bei der Analyse von Bewerbungsunterlagen. Diagnostica, 42, 220-241.

Mael, F. A. (1991). A conceptual rationale for the domain and attributes of biodata items. Personnel Psychology, 44, 763-792.

Marcus, B. (2000). Kontraproduktives Verhalten im Betrieb. Göttingen: Verlag für Angewandte Psychologie.

Marcus, B. (2003). Das Wunder sozialer Erwünschtheit in der Personalauswahl. Zeitschrift für Personalpsychologie, 2, 129-132.

Marcus, B. (2003). Persönlichkeitstests in der Personalauswahl: Sind „sozial erwünschte" Antworten wirklich nichts wünschenswert? Zeitschrift für Psychologie, 211, 138-148.

Marcus, B., Funke, U. & Schuler, H. (1997). Integrity Tests als spezielle Gruppe eignungsdiagnostischer Verfahren: Literaturüberblick und metaanalytische Befunde zur Konstruktvalidität. Zeitschrift für Arbeits- und Organisationspsychologie, 41, 2-17.

Marcus, B. & Schuler, H. (2001). Leistungsbeurteilung. In H. Schuler (Hrsg.), Lehrbuch der Personalpsychologie (S. 397-431). Göttingen: Hogrefe.

Marlowe, C. M., Schneider, S. L. & Nelson, C. E. (1996). Gender and attractivenss bias in hiring decisions. Are more experienced managers less biased? Journal of Applied Psycholgy, 81, 11-21.

Marschner, G. (1981). Büro-Test (BT). Göttingen: Hogrefe.

Martinko, M. J., Gundlach, M. J. & Douglas, S. C. (2002). Towards an integrative theory of counterproductive workplace behavior: A causal reasoning perspective. International Journal of Selection and Assessment, 10, 36-50.

Maurer, T. J., Mitchell, D. R. D. & Barbeite, F. G. (2002). Predictors of attitudes toward a 360-degree feedback system and involvement in post-feedback management development activity. Journal of Occupational and Oganizational Psychology, 75, 87-107.

Maurer, T. J., Andrews, K. D., Solamon, J. M. & Troxtel, D. D. (2001). Interviewee coaching, preparation strategies, and response strategies in relation to performance in situational employment interviews: An extension of Maurer, Solamon, and Troxtel (1998). Journal of Applied Psychology, 86, 709-717.

McDaniel, M. A. & Nguyen, N. T. (2001). Situational judgement Tests: A review of practice and constructs assessment. International Journal of Selection and Assessment, 9, 103-113.

McDaniel, M. A., Morgeson, F. P., Finnemagan, E. B., Campion, M. A. & Braverman, E. P. (2001). Use of situational judgement tests to predict job performance: A clarification of the literature. Journal of Applied Psychology, 86, 730-740.

Meehl, P. E. (1954). Clinical vs. statistical prediction: A theoretical analysis and a review of the evidence. Minneapolis: University of Minnesota Press.

Meijer, R. R. & Nering, M. L. (1999), Computerized adaptive testing: Overview and Introduktion. Applied Psychological Measurement, 23, 187-194.

Mehrabian, A. & Weiner, M. (1967). Decoding inconsistent communication. Journal of personality and Social Psychology, 6, 109-114.

Meyer, G. J., Finn, S. E., Eyde, L. D., Kay, G. G., Moreland, K. L., Dies, R. R., Eisman, E. J., Kubiszyn, T. W. & Reed, M. (2001). Psychological Testing and Psy-

chological assessment: A review of Evidence and issues. American Psychologist, 56, 128-165.
Meyer, J. (Hrsg.). (1996). Benchmarking: Spitzenleistungen durch lernen von den besten. Stuttgart: Schäffer Poeschel.
Milgram, S. (1988). Das Milgram-Experiment: Zur Gehorsamsbereitschaft gegenüber Autorität. Reinbek: Rowohlt.
Miller, R. L. (1977). Preference for social vs. non-social comparison as a mean of self-evaluation. Journal of Personality, 45, 343-355.
Möbius, P. J. (1990). Über den physiologischen Schwachsinn des Weibes. München: Matthes & Seitz.
Molcho, S. (1997). Körpersprache im Beruf. München: Goldmann.
Moosbrugger, H. & Heyden, M. (1997). FAKT – Frankfurter adaptiver Konzentrations-Test. Bern: Huber.
Moosbrugger, H. & Oehlschlägel, J. (1996). Frankfurter Aufmerksamkeits-Inventar: FAIR. Bern: Huber.
Moser, K. (1995). Vergleich unterschiedlicher Wege der Gewinnung neuer Mitarbeiter. Zeitschrift für Organisationspsychologie, 39, 105-114.
Moser, K., Galais, N. & Kuhn, K. (1999). Selbstdarstellungstendenzen und beruflicher Erfolg selbständiger Handelsvertreter. In L. v. Rosenstiel & T. Lang-von Wins (Hrsg.), Existenzgründung und Unternehmertum (S. 181-195). Stuttgart: Schäffer-Poeschel.
Moser, K. & Rhyssen, D. (2001). Referenzen als eignungsdiagnostische Methode. Zeitschrift für Organisationspsychologie, 45, 40-46.
Moser, K. & Zempel, J. (2001). Personalmarketing. In H. Schuler (Hrsg.), Lehrbuch der Personalpsychologie (S. 63-87). Göttingen: Hogrefe.
Motowidlo, S. J. & Burnett, J. R. (1995). Aural and visual sources of validity in structured employment interviews. Organizational Behavior and Human Decision Processes, 61, 239-249.
Motowidlo, S. J., Dunnette, M. D. & Carter, G. W. (1990). An alternative selection procedure: The low-fidelity simulation. Journal of Applied Psychology, 75, 640-647.
Mount, M. K., Witt, L. A. & Barrick, M. R. (2000). Incremental validity of empirically keyed biodata scales over GMA and the five factor personality constructs. Personnel Psychology, 53, 299-323.
Mummendey, H. D. (1995). Psychologie der Selbstdarstellung. Göttingen: Hogrefe.
Mummendey, H. D. (2003). Die Fragebogenmethode. Göttingen: Hogrefe.
Murray, H. A. (1943). Thematic Apperception Test. Cambridge: Harvard University Press.
Musch, J., Rahn, B. & Lieberei, W. (2001). BPM Bonner Postkorb-Module. Die Postkörbe CaterTrans, Chronos, Minos und AeroWings. Handanweisung. Göttingen: Hogrefe.
Nerdinger, F. W. (1995). Motivation in Organisationen. Stuttgart: Kohlhammer.
Nerdinger, F. W. (2001). Motivation. In H. Schuler (Hrsg.), Lehrbuch der Personalpsychologie (S. 349-371). Göttingen: Hogrefe.
Neter, E. & Ben-Shakhar, G. (1989). Personality and Individual Differences, 10, 737-745.

Neubauer, R. (1989). Implizite Eignungstheorien im Assessment Center (AC). In C. Lattmann (Hrsg.), Das Assessment Center-Verfahren der Eignungsbeurteilung (S. 191-221). Heidelberg: Physica.

Neubauer, R. (2001). Assessment Center – Studie 2001. Arbeitskreis-AC. Abgerufen 09.03.2004, von http://www.arbeitskreis-ac.de/projekte/ac-studie/acindex.htm

Neuberger, O. (1995). Führen und geführt werden (5. Aufl.). Stuttgart: Enke.

Neuberger, O. (1998). Das Mitarbeitergespräch: Praktische Grundlagen für erfolgreiche Führungsarbeit. Leonberg: Rosenberger.

Neuberger, O. (1999). Mobbing: Übel mitspielen in Organisationen. München: Rainer Hampp Verlag.

Neuberger, O. & Allerbeck, M. (1978). Messung und Analyse der Arbeitszufriedenheit. Bern: Huber.

Neumann, G. A., Edwards, J. E. & Rajau, N. S. (1989). Organizational development interventions: A meta-analysis of their effects on satisfaction and other attitudes. Personnel Psychology, 42, 461-483.

Nicholson, R. A. & Hogan, R. (1990). The construct validity of social desirability. American Psychologist, 45, 290-292.

Niketta, R. (1993). Das Stereotyp der physischen Attraktivität. In M. Hassebrauck & R. Niketta (Hrsg.), Physische Attraktivität (S. 163-200). Göttingen: Hogrefe.

Normenausschuss Gebrauchstauglichkeit und Dienstleistungen (Hrsg.). (2002). Anforderungen an Verfahren und deren Einsatz bei berufsbezogenen Eignungsbeurteilungen (DIN 33430). Berlin: Deutsches Institut für Normung.

Obermann, C. (1992). Assessment Center: Entwicklung, Durchführung, Trends. Wiesbaden: Gabler.

Obermann, C. (1995). Qualitätsstandards und Entwicklungstrends von Assessment Centern. In W. Sarges (Hrsg.), Managementdiagnostik (739-746). Göttingen: Hogrefe.

Obermann, C. (1996). Assessment Center als Prozessdiagnostik. In W. Sarges (Hrsg.), Weiterentwicklung der AC-Methode (S. 87-95). Göttingen: Verlag für Angewandte Psychologie.

Olesch, G. (2002). Ganzheitliches E-Cruitment. Personal, 5/2002, 12-15.

Ones, D. S. & Viswesvaran, C. (1998). The effect of social desirability and faking on personality and integrity assessment for personnel selection. Human Performance, 11, 245-269.

Ones, D. S. & Viswesvaran, C. (2001). Integrity tests and other criterion focused occupational personality scales (COPS) used in personnel selection. International Journal of Selection and Assessment, 9, 31-39.

Ones, D. S., Viwesvaran, C. & Reiss, A. D. (1996). Role of social desirability in personality testing for personnel selection: The red herring. Journal of Applied Psychology, 81, 660-679.

Owens, W. A. (1976). Background data. In M. D. Dunnette (ed.), Handbook of industrial and organizational psychology (pp. 609-64). New York: Wiley.

Paivio, A. (1986). Mental representations: A dual coding approach. New York: Oxford University Press.

Paton, N. (2002). E-recruitment does it work? Personnel Today, 3/2002, 1-4.

Paulus, P. B. (Eds.). (1989). Psychology of group influence. Hillsdale, NJ: Erlbaum.
Petermann, F. (2003). E-Cruiting. Integriertes Bewerbermanagement beim Otto versand. In U. Konradt & W. Sarges (Hrsg.), E-Recruitment und E-Assessment (S. 229-240). Göttingen: Hogrefe.
Ployhart, R. E. & Ehrhart, M. G. (2003). Be careful what you ask for: Effects of response instructions an the construct validity and reliability of situational judgment tests. International Journal of Selection and Assessment, 11, 1-16.
Poganatz, F. (2002). Fragebogen zur Arbeitsanalyse (FAA). In U. P. Kanning & H. Holling, (Hrsg.), Handbuch personaldiagnostischer Instrumente (S. 104-109). Göttingen: Hogrefe.
Pokorny, R. R. (1968). Psychologie und Handschrift. Basel: Ernst Reinhardt Verlag.
Pritchard, R. D., Kleinbeck, U. & Schmidt, K.-H. (1993). Das Management System PPM. München: Beck.
Püttner, I. (1999). Rechtsfragen beim Einsatz von psychologischen Tests. Personalführung, 4/99, 54-57.
Pulakos, E. D. (1986). The Development of Traing programs to increase accuracy with differnet rating tasks. Organizational Behavior and Human Decision Processes, 38, 76-91.
Pulverich, G. (1996). Rechts-ABC für Psychologinnen und Psychologen. Psychologisches Berufsrecht in Stichworten. Bonn: Deutscher Psychologen Verlag.
Pynes, J. & Bernardin, H. J. (1992). Mechanical vs- consensus-derived assessment center ratings: A comparison of job performance validities. Public Personnel Management, 21, 17-28.
Pynes, J., Bernardin, H. J., Benton, A. L. & McEvoy, G. M. (1988). Should assessment Center dimension ratings be mechanicalls-derived? Journal of Business and Psychology, 2, 217-227.

Quinones, M. A., Ford, J. K. & Teachout, M. S. (1995). The relationship between work experience and job performance: A conceptual and meta-analytic review. Personnel Psychology, 48, 887-910.

Rauchfleisch, U. (1992). Diagnostik, Ethik, Macht und Verantwortung. In U. Imoberdorf, R. Kaeser & R. Zihlman (Hrsg.), Psychodiagnostik heute (S. 19-26). Stuttgart: Hirzel.
Rauen, C. (2001). Coaching: Innovative Konzepte im Vergleich. Göttingen: Hogrefe.
Rauen, C. (Hrsg.). (2002). Handbuch Coaching. Göttingen: Hogrefe.
Regnet, E. (2001). Konflikte in Organisationen. Göttingen: Verlag für Angewandte Psychologie.
Reilly, R. R., Henry, S. & Smither, J. W. (1990). An examination of the effects of using behavior Checklists on the construct validity of assessment center dimensions. Personnel Psychology, 43, 71-84.
Reinecker, H. (1998). Selbstmanagement. In J. Margraf (Hrsg.). Lehrbuch der Verhaltenstherapie (S. 525-540). Berlin: Springer.
Reis, H. T. & Wheeler, L. (1991). Studing social interaction with the Rochester Interaction Record. In M. P. Zanna (Ed.), Advances in experimental social psychology (pp. 269-318). Sab Diego, CA: Academic Press.

Reiter, M. (1995). Gruppendiskussionen. In W. Sarges (Hrsg.), Managementdiagnostik (S. 596-602). Göttingen: Hogrefe.
Richman-Hirsch, W. L., Olson-Buchanan, J. B. & Drasgow, F. (2000). Examining the impact of administration medium on examinee perceptions and attitudes. Journal of Applied Psychology, 85, 880-887.
Richter, M. (1994). Organisationsentwicklung. Bern: Verlag Paul Haupt.
Richter, P., Rudolf, M. & Schmidt, C. F. (1996). Fragebogen zur Analyse belastungsrelevanter Anforderungsbewältigung (FABA). Frankfurt: Swets Test Services.
Robertson, I. T. & Smith, M. (2001). Personnel selection. Journal of Occupational and Organizational Psychology, 74, 441-472.
Robie, C., Osburn, H. G., Morris, M. A., Etchegaray, J. M. & Adams, K. A. (2000). Effects of the rating process on the construct validity of assessment center dimension evaluations. Human Performance, 13, 355-370.
Rodà-Leger, P. (1998). Testsystem zur Erfassung von Denk- und Kommunikationsstilen in der Führungskräfte-Entwicklung. Frankfurt/Main: Swets Test Services.
Roest, F., Scherzer, A., Urban, E., Gangl, H. & Brandstätter, C. (1989), Mailbox '90. Ein computergestütztes Test- und Trainingsverfahren zur Personalentwicklung. Wien und Weinheim: SciCon und Beltz Test.
Rohrmann, B. (1978). Empirische Studien zur Entwicklung von Antwortskalen für die sozialwissenschaftliche Forschung. Zeitschrift für Sozialpsychologie, 9, 222-245.
Rolfs, H. (2001). Berufliche Interessen. Göttingen: Verlag für Angewandte Psychologie.
Rolland, J. P. (1999). Construct validity of in-basket dimensions. European Journal of Applied Psychology, 49, 251-259.
Rorschach, H. (1921). Psychodiagnostik. Leipzig: Bucher.
Rosenstiel, L. v. (1999). Entwicklung von Werthaltungen und interpersonaler Kompetenz – Beiträge der Sozialpsychologie. In K. Sonntag (Hrsg.), Personalentwicklung in Organisationen. Psychologische Grundlagen, Methoden und Strategien (S. 99-122). Göttingen: Hogrefe.
Rosenstiel, F. v. (2000). Potentialanalyse und Potentialentwicklung. In L. v. Rosenstiel & T. Lang-von Wins (Hrsg.), Perspektiven der Potentialbeurteilung (S. 3-25). Göttingen: Verlag für Angewandte Psychologie.
Rosenstiel, L. v. (2001). Führung. In H. Schuler (Hrsg.), Lehrbuch der Personalpsychologie (S. 317-347). Göttingen: Hogrefe.
Rosenstiel, L. v. & Lang-von Wins, T. (Hrsg.). (2000). Perspektiven der Potentialbeurteilung. Göttingen: Verlag für Angewandte Psychologie.
Rosenthal, R. & Jacobson, L. (1971). Pygmalion im Unterricht. Weinheim: Betz.
Ross, L. D. (1977). The intuitive psychologist and his shortcomings: Distortions in the attribution process. In L. Berkowitz (Ed.), Advances in Experimental Social Psychology, Vol. 10. New York: Academic Press.
Rost, J. (1996). Lehrbuch Testtheorie Testkonstruktion. Bern: Huber.
Russel, C. (2001). A longitudinal study of top-level executive performance. Journal of Applied Psychology, 86, 560-573.
Rust, U. & Parages, V. (2002). E-Recruitment in nationaler und internationaler Perspektive. Personal, 5/2002, 24-27.

Sackett, P. R., Burris, L. R. & Callahan, C. (1989). Integrity testing for personnel selection: An update. Personnel Psychology, 42, 41-59.

Sagie, A. & Magnezy, R. (1997). Assessor type, number of distinguishable dimension categories, and assessment center contruct validity. Journal of Occupational and Organizational Psychology, 70, 103-108.

Salgado, J. F. (1997). The five factor model of personality and job performance in the European community. Journal of Applied Psychology, 82, 30-43.

Salgado, J. F., Moscoso, S., de Fruyt, F., Anderson, N., Bertua, C. & Rolland, J. P. (2003). A meta-analytic study of general mental ability validity for different occupations in the European Community, Journal of Applied Psychology, 88, 1068-1081.

Salgado, J. F., Viswesvaran, C. & Ones, D. S. (2001). Predictors used for personnel selection: An Oveview of constructs, methods and techniques. In N. Anderson, D. S. Ones, H. K. Sinangil & C. Viswesvaran (Eds.), Handbook of industrial, work and organizational psychology (pp. 165-199). London: Sage.

Sarges, W. (1995). Lernpotential-AC. In W. Sarges (Hrsg.), Managementdiagnostik (728-739). Göttingen: Hogrefe.

Sarges, W. (1996). Die Assessment Center-Methode: Herkunft, Kritik und Weiterentwicklung. In W. Sarges (Hrsg.), Weiterentwicklung der Assessment Center-Methode (S. 6-15). Göttingen: Verlag für Angewandte Psychologie.

Sarges, W. (2000). Diagnose von Managementpotential für eine sich immer schneller und unvorhersehbar ändernde Wirtschaftswelt. In L. v. Rosenstiel & T. Lang-von-Wins (Hrsg.), Perspektiven der Potentialbeurteilung (S. 107-128). Göttingen: Verlag für Angewandte Psychologie.

Sarges, W. & Wottawa, H. (Hrsg.). (2001). Handbuch wirtschaftspsychologischer Testverfahren. Lengerich: Papst

Sarris, V. (1990). Methodologische Grundlagen der Experimentalpsychologie 1: Erkenntnisgewinnung und Methodik. München: Reinhardt.

Sarris, V. (1992). Methodologische Grundlagen der Experimentalpsychologie 2: Versuchsplanung und Stadien. München: Reinhardt.

Schaarschmidt, U. & Fischer, A. (1999). Inventar zur Persönlichkeitsdiagnostik in Situationen. Frankfurt am Main: Swets & Zeitlinger.

Scherm, M. (Hrsg.). (2003). 360-Grad Beurteilungen: Diagnose und Entwicklung von Führungskompetenz. Göttingen: Hogrefe.

Scherm. M. & Sarges, W. (2002). 360°-Feedback. Praxis der Personalpsychologie, Band 1. Göttingen: Hogrefe.

Schiff, W., Arnone, W. & Cros, S. (1994). Driving assessment with computer-video scenarios: More is sometimes better. Behavior Research Methods, Instruments & Computers, 26, 192-194.

Schippmann, J. S. & Prien, E. P. (1990). Reliability and validity of in-basket performance measures. Personnel Psychology, 43, 837-860.

Schlegel, W. S. (1957). Körper und Seele. Stuttgart: Enke.

Schleicher, D. J., Day, D. V., Mayes, B. T. & Riggio, R. E. (2002). A new frame for frame-of-refrence trainings: Enhancing the construct validity of assessment centers. Journal of Applied Psychology, 87, 735-746.

Schmale, H. & Schmidtke, H. (1995). Berufseignungstest BET. Göttingen: Huber.

Schmalt, H.-D., Sokolowski, K. & Langens, T. (2000). Das Multi-Motiv-Gitter für Anschluss, Leistung und Macht. Manual. Frankfurt: Swets Test Services.
Schmidt, F. L. & Hunter, J. E. (1998). The validity and utility of selection methods in personnel psychology: practice and theoretical implications of 85 years of research findings. Psychological Bulletin, 124, 262-274.
Schmitt, N., Oswald, F. L., Kim, B. H., Gillespie, M. A., Ramsay, L. J. & Yoo, T.-Y. (2003). Impact of elaboration on socially desirable responding and the validity of biodata measures. Journal of Applied Psychology, 88, 979-988.
Schneewind, K. A. & Graf, J. (1998). 16-Persönlichkeits-Faktoren-Test (16 PF-R). Göttingen: Hogrefe.
Scholz, G. (1994). Das Assessment Center: Konstruktvalidierung und Dynamisierung. Göttingen: Verlag für Angewandte Psychologie.
Schorr, A. (1995). Stand und Perspektiven diagnostischer Verfahren in der Praxis. Ergebnisse einer repräsentativen Befragung westdeutscher Psychologen. Diagnostica, 41, 3-20.
Schuhfried, G. GmbH (Hrsg.). (2001). Wiener Testsystem: Testmanual. Wien: Dr. G. Schuhfried GmbH.
Schuler, H. (Hrsg.). (1991a). Beurteilung und Förderung beruflicher Leistung. Stuttgart: Verlag für Angewandte Psychologie.
Schuler, H. (1991b). Leistungsbeurteilung – Funktionen, Formen und Wirkungen. In H. Schuler (Hrsg.). Beurteilung und Förderung beruflicher Leistung (S. 11-40). Stuttgart: Verlag für Angewandte Psychologie.
Schuler, H. (1992). Das Multimodale Einstellungsinterview. Diagnostica, 38, 281-300.
Schuler, H. (1993). Social validity of selection situations: A concept and some empirical results. In H. Schuler, J. L. Farr & M. Smith (Eds.), Personnel selection and assessment: Individual and organizational perspectives (pp. 11-26). Hillsdale NJ: Erlbaum.
Schuler, H. (2000a). Psychologische Personalauswahl. Göttingen: Verlag für Angewandte Psychologie.
Schuler, H. (2000b). Das Rätsel der Merkmals-Methoden-Effekte: Was ist „Potential" und wie lässt es sich messen? In L. v. Rosenstiel & T. Lang-von-Wins (Hrsg.), Perspektiven der Potentialbeurteilung (S. 53-71). Göttingen: Verlag für Angewandte Psychologie.
Schuler, H. (2001). Arbeits- und Anforderungsanalyse. In H. Schuler (Hrsg.), Lehrbuch der Personalpsychologie (S. 42-61). Göttingen: Hogrefe.
Schuler, H. (2002). Das Einstellungsinterview. Göttingen: Hogrefe.
Schuler, H. & Barthelme, D. (1995). Soziale Kompetenz als berufliche Anforderung. In B. Seyfried (Hrsg.), Stolperstein Sozialkompetenz. Was macht es so schwierig sie zu erfassen, zu fördern und zu beurteilen? Berichte zur Beruflichen Bildung Bd. 179 (S. 77-116). Bielefeld: Bertelsmann.
Schuler, H. & Berger, W. (1979). Physische Attraktivität als Determinante von Beurteilung und Einstellungsempfehlung. Psychologie und Praxis, 23, 59-70.
Schuler, H., Diemand, A. & Moser, K. (1993). Filmszenen: Entwicklung und Konstruktvalidierung eines neuen eignungsdiagnostischen Verfahrens. Zeitschrift für Arbeits- und Organisationspsychologie, 37, 3-9.

Schuler, H., Frier, D. & Kaufmann, M. (1993). Personalauswahl im Europäischen Vergleich. Göttingen: Verlag für Angewandte Psychologie.
Schuler, H. & Funke, U. (1993). Diagnose beruflicher Eignung und Leistung. In H. Schuler (Hrsg.), Lehrbuch Organisationspsychologie (S. 235-283). Bern: Huber.
Schuler, H. & Höft, S. (2001). Konstruktorientierte Verfahren der Personalauswahl. In H. Schuler (Hrsg.), Lehrbuch der Personalpsychologie (S. 94-133). Göttingen: Hogrefe.
Schuler, H. & Marcus, B. (2001). Biographieorientierte Verfahren der Personalauswahl. In H. Schuler (Hrsg.), Lehrbuch der Personalpsychologie (S. 175-212). Göttingen: Hogrefe.
Schuler, H. & Moser, K. (1995). Geschichte der Managementdiagnostik. In W. Sarges (Hrsg.), Managementdiagnostik (S. 32-42). Göttingen: Hogrefe.
Schuler, H. & Prochaska, M. (2001). Leistungsmotivationsinventar. Dimensionen berufsbezogener Leistungsorientierung. Göttingen: Hogrefe.
Schuler, H. & Schmitt, N. (1987). Multimodale Messung in der Personalpsychologie. Diagnostica, 33, 259-271.
Schuler, H. & Stehle, W. (1991). Assessment Center als Methode der Personalentwicklung. Göttingen: Verlag für Angewandte Psychologie.
Schuler, H. & Stehle, W. (1992). Biographische Fragebogen als Methode der Personalauswahl. Göttingen: Verlag für Angewandte Psychologie.
Schultz, D. P. & Schultz, S. E. (2002). Psychology and work today (8. Ed.). New Jersey: Prentice Hall.
Schwertfeger, B. (2001). Vorauswahl im Netz. Management & Training, 4, 20-22.
Sczesny, S. & Stahlberg, D. (2002). Geschlechtsstereotype Wahrnehmung von Führungskräften. Wirtschaftspsychologie, 9, 35-40.
Silvester, J., Anderson, N., Haddleton, E., Snell-Cunningham, N. & Gibb, A. (2000). A cross-modal comparison of telephone and face-to-face selection Interviews in graduate recruitment. International Journal of Selection and Assessment, 8, 16-21.
Simon, H. & Homburg, C. (1998). Kundenzufriedenheit: Konzepte – Methoden – Erfahrungen: Wiesbaden: Gabler.
Sinar, E. F., Reynolds, D. H. & Paquet, S. L. (2003). Nothing but net? Corporate images and web-based testing. International Journal of Selection and Assessment, 11, 150-157.
Smiderle, D., Perry, D., Cronshaw, S. F. (1994). Evaluation of video-based assessment in transit operator selection. Journal of Business and Psychology, 9, 3-22.
Smith, M., Farr, J. L. & Schuler, H. (1993). Individual and organizational perspectives an personnel procedures: Conclusions and horizons for future. In H. Schuler, J. L. Farr & M. Smith (Eds.), Personnel selection and assessment: Individual and organizational perspectives (pp. 333-351). Hillsdale NJ: Erlbaum.
Smith, P. C. & Kendall, L. M. (1963). Retranslation of expections: An approach to the construction of unambiguos anchors for rating scales. Journal of Applied Psychology, 47, 149-155.
Snyder, C. R. (1985). Collaborative companions: The relationship of self-deception and excuse making. In M. Martin (Ed.), self-deception and self-understanding (pp. 35-51). Lawrence KS: University of Kansas Press.
Sonntag, K. (1999a). Ermittlung tätigkeitsbezogener Merkmale: Qualifikationsanforderungen und Voraussetzungen menschlicher Aufgabenbewältigung. In K. Sonn-

tag (Hrsg.), Personalentwicklung in Organisationen (S. 157-179). Göttingen: Hogrefe.
Sonntag, K. (Hrsg.). (1999b). Personalentwicklung in Organisationen. Göttingen: Hogrefe.
Sonntag, K. & Schaper, N. (2001). Wissensorientierte Verfahren der Personalentwicklung. In H. Schuler (Hrsg.), Lehrbuch der Personalpsychologie (S. 241-263). Göttingen: Hogrefe.
Sonntag, K. & Stegmaier, R. (2001). Verhaltensorientierte Verfahren der Personalentwicklung. (S. 265-287). Göttingen: Hogrefe.
Spitznagel, A. (1995). Projektive Verfahren. In W. Sarges (Hrsg.), Managementdiagnostik (S. 515-525). Göttingen: Hogrefe.
Spychalski, A. C., Quinones, M. A., Gaugler, B. B. & Pohley, K. (1997). A survey, of assessment center practice in organiszations in the United States. Personnel Psychology, 50, 71-90.
Staabs, G. v. (1978). Der Sceno-Test. Bern: Huber.
Stangel-Meseke, M. (2001). Das modifizierte Lernpotential-AC und seine Anwendung in der Praxis. In W. Sarges (Hrsg.), Weiterentwicklungen der Assessment-Center-Methode (S. 10-123). Göttingen: Verlag für Angewandte Psychologie.
Steck, P. (1997). Psychologische Testverfahren in der Praxis. Diagnostica, 43, 267-284.
Stephan, U. & Westhoff, K. (2002). Personalauswahlgespräch im Führungskräftebereich des deutschen Mittelstandes: Bestandsaufnahme und Einsparungspotential durch strukturierte Gespräche. Wirtschaftspsychologie, 9, 3-17.
Stock, R. (2001). Der Zusammenhang zwischen Mitarbeiter- und Kundenzufriedenheit. Wiesbaden: Deutscher Universitäts-Verlag.
Stokes, G. S. & Cooper, L. A. (2001). Content/contruct approach in life history from development for selection. International Journal of Selection and Assessment, 9, 138-151.
Stoner, J. A. F. (1961). A comoarison of individual and group decision involving risk. Unpublished master's thesis. Massachusetts Institute of Technology.
Stoskopf, C. H., Glik, D. C., Baker, S. L., Ciesla, J. R. & Cover, C. M. (1992). The reliability and construct validity of a behaviorally anchored rating scale used to measure nursing assistant performance. Evaluation Review, 16, 333-345.
Strauß, B. & Kleinmann, M. (Hrsg.). (1995). Computergestützte Szenarien in der Personalarbeit. Göttingen: Verlag für Angewandte Psychologie.
Stricker, L. J. (1982). Interpersonal competence instrument: Development and preliminary findings. Applied Psychology Measurement, 6, 69-81.
Stumpf, H., Angleitner, A., Wieck, T., Jackson, D. N. & Beloch-Till, H. (1984). Deutsche Personality Research Form (PRF). Göttingen: Hogrefe.

Tajfel, H. (Ed.). (1978). Differentiation between social groups. London: Academic Press.
Taylor, H. C. & Russel, J. F. (1939). The relationship of validity coefficients to the practical effectiveness of tests in selection: Discussion and tables. Journal of Applied Psychology, 23, 565-578.
Tedeschi, J. T., Lindskold, S. & Rosenfield, P. (1985). Introduction to social psychology. St. Paul: West.

Tennen, H. & Affleck, G. (1990). Blaming others for threatening events. Psychological Bulletin, 108, 209-232.
Tett, R. P., Jackson, D. N. & Rothstein, M. (1991). Personality measures as predictors of job performance: A meta-analytic review. Personnel Psychology, 44, 703-742.
Tewes, U. (1991). Hamburg-Wechsler-Intelligenztest für Erwachsene – Revision 1991 (HAWIE-R). Bern: Huber.
Thiele, A. & Eggers, B. (Hrsg.). (1999). Innovatives Personalmarketing für High-Potentials. Göttingen: Verlag für Angewandte Psychologie.
Thomas, A. (Hrsg.). (1996). Psychologie interkulturellen Handelns. Göttingen: Hogrefe.
Thorndike, E. L. (1920). A constant error in psychological ratings. Journal of Applied Psychology, 4, 25-29.
Todt, E. (1967). Differentieller Interessen-Test (DIT). Bern: Huber.
Tränkle, U. (1983). In H. Feger, J. Bredenkamp (Hrsg.), Datenerhebung, Enzyklopädie der Psychologie, Themenbereich B, Serie I, Band 2 (S. 222-301). Göttingen: Hogrefe.
Trautner, H. M. (1992). Lehrbuch der Entwicklungspsychologie. Göttingen: Hogrefe.

Ulich, E. (2002). Arbeitspsychologie. Stuttgart: Schäffer Poeschel.

van Velsor, E., Leslie, J. B. & Fleenor, J. W. (1997). Choosing 360: A guide to evaluating multi-rater feedback instructions for management development. Greensboro, NC: Center for Creative Leadership.
Villanova, P., Bernardin, H. J., Johnson, D.L. & Dahmus, S. A. (1994). The validity of a measure of job compatibility in the prediction of job performance and turnover of motion picture theater personnel. Personnel Psychology, 47, 73-90.
Viswesvaran, C. & Ones, D. S. (1999). Meta-analyses of fakability estimates: Implications for personality measurement. Educational and Psychological Measurement, 59, 197-210.
Viswesvaran, C., Ones, D. S. & Hough, L. M. (2001). Do impression management scales in personality inventories predict managerial job performance ratings? International Journal of Selection and Assessment, 9, 277-289.
Vollmer, R. (2002). Bevorzugte Wege bei der Stellensuche. Personal, 5/2002, 20-22.

Wagener, D. (2001). Personalauswahl und -entwicklung mit komplexen Szenarios. Wirtschaftspsychologie, 2, 69-76.
Wagner, D. (1995). Arbeitszeitmodelle. Göttingen: Verlag für angewandte Psychologie.
Walter, M. & Kanning, U. P. (2003). Wahrgenommene soziale Kompetenzen von Vorgesetzten und Mitarbeiterzufriedenheit. Zeitschrift für Arbeits- und Organisationspsychologie, 47, 152-157.
Wechsler, D. (1955). Die Messung der Intelligenz Erwachsener. Bern: Huber.
Weekley, J. A. & Jones, C. (1997). Video-based situational testing. Personnel Psychology, 50, 25-49.

Weekley, J. A. & Ployhart, R. E. (2002). Situational Judgment: Antecedents and relationships with performance. www.gmu.edu/departments/psychology/ ployhart/REPPapers/SIOP%Weekley%20Ployhart.pdf (30.09.2003)
Weinert, A. B. (1998). Organisationspsychologie: Ein Lehrbuch. Weinheim: Psychologie Verlags Union.
Weuster, A. (1994). Personalauswahl und Personalbeurteilung mit Arbeitszeugnissen. Göttingen: Verlag für Angewandte Psychologie.
Wiedl, K. H. & Guthke, J. (2003). Dynamische Untersuchungsverfahren in der Personalauswahl. In H. Holling & Hamborg, K.-C. (Hrsg.), Innovative Personal- und Organisationsentwicklung (S. 88-109). Göttingen: Hogrefe.
Wiesner, R. (1960). Mensch und Leistung in der Handschrift: Aus der Praxis der Betriebsgraphologie. Basel: Ernst Reinhardt Verlag.
Wilz, G. & Brähler, E. (Hrsg.). (1997). Tagebücher in Therapie und Forschung: Ein anwendungsorientierter Leitfaden. Göttingen: Hogrefe.
Wirtz, M. & Caspar, F. (2002). Beurteilerübereinstimmung und Beurteilerreliabilität. Göttingen: Hogrefe.
Woehr, D. J. (1992). Performance dimensions assessibility: Implications für rating accurarcy. Journal of Organizational Behavior, 13, 357-367.
Woehr, D J. & Huffcutt, A. L. (1994). Rater training for performance appraisal: A quantitative review. Journal of Occupational and Organizational Psychology, 67, 189-205.
Wottawa, H. (2000). Perspektiven der Potentialbeurteilung: Themen und Trends. In L.v. Rosenstiel & T. Lang-von-Wins (Hrsg.), Perspektiven der Potentialbeurteilung (S. 27-51). Göttingen: Verlag für Angewandte Psychologie.
Wottawa, H. & Amelang, M. (1985). Testknacker. Report Psychologie, 10, 6-9.
Wottawa, H. & Oenning, S. (2002). Von der Anforderungsanalyse zur Eignungsbeurteilung: Wie praktikabel ist die neue DIN 33430 bei der Bewerberauswahl? Wirtschaftspsychologie, 9, 43-56.
Wottawa, H. & Thierau, H. (1998). Lehrbuch Evaluation. Bern: Huber.
Wottawa, H. & Woike, J. K. (2002). Internet-Recruitment und -Assessment: Eine Chance, die Wirtschaftspsychologen nutzen sollten! Wirtschaftspsychologie 1/2002, 33-38.

Zapf, D. (1999). Mobbing in Organisationen: Überblick zum Stand der Forschung. Zeitschrift für Arbeits- und Organisationspsychologie, 43, 1-25.
van der Zee, K. I., Bakker, A. B. & Bakker, P. (2002). Why are structured interviews so rarely used in personnel selection. Journal of Applied Psychology, 87, 176-184.
Zimmer, D. E. (1986). Tiefenschwindel: Die endlose und beendbare Psychoanalyse. Reinbek: Rowohlt.

Anhang

DEUTSCHE NORM   Juni 2002

Anforderungen an Verfahren und deren Einsatz bei berufsbezogenen Eignungsbeurteilungen

DIN 33430

ICS 03.100.30

Job related proficiency assessment

Vorwort

Diese Norm wurde vom Arbeitsausschuss 4.4 „Psychologische Eignungsdiagnostik" im Normenausschuss Gebrauchstauglichkeit und Dienstleistungen (NAGD) erarbeitet.

Fortsetzung Seite 2 bis 24

Normenausschuss Gebrauchstauglichkeit und Dienstleistungen (NAGD)
im DIN Deutsches Institut für Normung e. V.

© DIN Deutsches Institut für Normung e.V. · Jede Art der Vervielfältigung, auch auszugsweise, nur mit Genehmigung des DIN Deutsches Institut für Normung e. V., Berlin, gestattet.
Alleinverkauf der Normen durch Beuth Verlag GmbH, 10772 Berlin

Ref. Nr. DIN 33430:2002-06
Preisgr. 12   Vertr.-Nr. 0012

DIN 33430:2002-06

Inhalt

Seite

Vorwort 1
Einleitung 3
1 Anwendungsbereich 3
2 Normative Verweisungen 4
3 Begriffe 4
4 Qualitätskriterien und -standards für Verfahren zur berufsbezogenen
   Eignungsbeurteilung (Auswahl, Zusammenstellung, Durchführung und
   Auswertung) 6
4.1   Grundsätze 6
4.2   Auswahl und Zusammenstellung der Verfahren 6
4.2.1 Verfahrenshinweise 6
4.2.2 Objektivität 6
4.2.3 Zuverlässigkeit 7
4.2.4 Gültigkeit 7
4.2.5 Normwerte; Referenzkennwerte 7
4.3   Planung der Untersuchungssituation 8
4.4   Durchführung 8
4.5   Dokumentation 8
4.6   Auswertung, Interpretation und Urteilsbildung 8
4.6.1 Auswertung 8
4.6.2 Interpretation 9
4.6.3 Urteilsbildung 9
5 Verantwortlichkeiten 9
6 Qualitätsanforderungen an den Auftragnehmer und die Mitwirkenden 10
6.1   Qualitätsanforderungen an den Auftragnehmer 10
6.2   Qualitätsanforderungen zur Durchführung von Eignungsinterviews,
       Verhaltensbeobachtungen und -beurteilungen 11
7 Leitsätze für die Vorgehensweise bei berufsbezogenen Eignungsbeurteilungen 12
7.1   Anforderungsbezug 12
7.2   Informationen über den Arbeitsplatz 12
7.3   Vorauswahl 12
7.4   Gesetzliche Vorgaben 12
7.5   Untersuchungssituation 13
Anhang A (normativ) Anforderungen an Verfahrenshinweise 14
Anhang B (informativ) Glossar 18

DIN 33430:2002-06

Einleitung

Berufsbezogene Eignungsbeurteilungen werden z. B. in Zusammenhang mit der Berufswahl, der Bewerberauswahl und der Berufslaufbahnplanung abgegeben.

Die vorliegende Norm beschreibt Qualitätskriterien und -standards für berufsbezogene Eignungsbeurteilungen sowie Qualifikationsanforderungen an die an der Eignungsbeurteilung beteiligten Personen.

Eignungsbeurteilungen und Personalentscheidungen sind voneinander zu unterscheiden. Nur die Eignungsbeurteilung ist Gegenstand dieser Norm. Personalentscheidungen bleiben in der Hand der Personalverantwortlichen in Unternehmen, Betrieben, Institutionen oder Verwaltungen.

Diese Norm dient

— Anbietern von Dienstleistungen (organisationsinterne und -externe Auftragnehmer im Sinne dieser Norm) als Leitfaden für die Planung und Durchführung von Eignungsbeurteilungen;

— Auftraggebern in Organisationen als Maßstab zur Bewertung externer Angebote im Rahmen berufsbezogener Eignungsbeurteilungen;

— Personalverantwortlichen bei der Qualitätssicherung und -optimierung von Personalentscheidungen und

— dem Schutz der Kandidaten vor unsachgemäßer oder missbräuchlicher Anwendung von Verfahren zu Eignungsbeurteilungen.

Damit trägt die Norm bei

— zur Verbreitung von wissenschaftlich und fachlich fundierten Informationen über Verfahren zur Eignungsbeurteilung;

— zur fachgerechten Entwicklung und zum sachgerechten Einsatz von Verfahren zur Eignungsbeurteilung;

— zur kontinuierlichen Verbesserung der Verfahren zur Eignungsbeurteilung.

Durch die Anwendung der Norm können Fehlentscheidungen sowie daraus erwachsende negative ökonomische, soziale und individuelle Folgen vermieden werden, wie sie nicht selten aufgrund minderwertiger Eignungsbeurteilungen getroffen werden.

1 Anwendungsbereich

Diese Norm enthält Festlegungen und Leitsätze für Verfahren und deren Einsatz bei berufsbezogenen Eignungsbeurteilungen. Sie bezieht sich auf:

— die Planung von berufsbezogenen Eignungsbeurteilungen;

— die Auswahl, Zusammenstellung, Durchführung und Auswertung von Verfahren;

— die Interpretation der Verfahrensergebnisse und die Urteilsbildung;

— die Anforderungen an die Qualifikation der an der Eignungsbeurteilung beteiligten Personen.

DIN 33430:2002-06

ANMERKUNG   Durch die Festlegungen und Leitsätze ergeben sich indirekt auch Hinweise für die sach- und fachgerechte Entwicklung von Verfahren. Die Kriterien zur Auswahl, Anwendung und Auswertung von Verfahren zur berufsbezogenen Eignungsbeurteilung beruhen auf dem Stand von Wissenschaft und Technik.

Der Wert eines Verfahrens zur Eignungsbeurteilung kann nur im Rahmen seiner spezifischen Anwendung beurteilt werden. Daher ist die Norm nicht zur isolierten Bewertung der Qualität eines Verfahrens geeignet.

Medizinische Diagnostik ist nicht Gegenstand dieser Norm.

2 Normative Verweisungen

Diese Norm enthält durch datierte oder undatierte Verweisungen Festlegungen aus anderen Publikationen. Diese normativen Verweisungen sind an den jeweiligen Stellen im Text zitiert, und die Publikationen sind nachstehend aufgeführt. Bei datierten Verweisungen gehören spätere Änderungen oder Überarbeitungen nur zu dieser Norm, falls sie durch Änderung oder Überarbeitung eingearbeitet sind. Bei undatierten Verweisungen gilt die letzte Ausgabe der in Bezug genommenen Publikation (einschließlich Änderungen).

[1] Bürgerliches Gesetzbuch (BGB)

[2] Strafgesetzbuch (StGB)

3 Begriffe

Für die Anwendung dieser Norm gelten die folgenden sowie in Anhang B näher bestimmten Begriffe.

3.1
Anforderungsanalyse
Ermittlung von personrelevanten psychischen und psychophysischen Voraussetzungen – einschließlich dessen, was für die berufliche Zufriedenheit bedutsam ist – für den zu besetzenden Arbeitsplatz, das Aufgabenfeld, die Ausbildung bzw. das Studium oder den Beruf, für das/den die Eignung eines Kandidaten festgestellt werden soll

ANMERKUNG   Absehbare zukünftige Entwicklungen in Technik, Wirtschaft, Gesellschaft sowie innerhalb der Organisation sollten in einem weiteren Schritt analysiert werden, um abzuschätzen, ob sich möglicherweise Tätigkeiten, Umfeldbedingungen oder Organisationsmerkmale verändern.

3.2
Arbeitsanalyse
Methode der Identifizierung der an einem Arbeits-/Ausbildungsplatz oder in einem Beruf auszuführenden Aufgaben oder der auszuübenden Tätigkeiten, ihrer Ausführungsbedingungen sowie ihrer psychischen, physischen und sozialen Umfeldbedingungen und Organisationsmerkmale

3.3
Eignung
eine Person ist für einen Beruf, eine berufliche Tätigkeit oder eine berufliche Position geeignet, wenn sie über diejenigen Merkmale verfügt, die Voraussetzung für die jeweils geforderte berufliche Leistungshöhe sind

ANMERKUNG   Wesentlich für die Eignung ist auch, ob ein Beruf, eine berufliche Tätigkeit oder eine berufliche Position andererseits Merkmale aufweist, die mit den Erwartungen einer Person übereinstimmen und somit die Voraussetzungen für die berufliche Zufriedenheit sind.

Es lassen sich drei Gruppen von Personenmerkmalen unterscheiden, die zusammengefasst als Eignungsmerkmale bezeichnet werden: bildungsbiografische Merkmale, psychologische und medizinische Merkmale (siehe B.16 Eignungsmerkmale).

4

DIN 33430:2002-06

3.4
Eignungsbeurteilung
Wahrscheinlichkeitsaussage darüber, ob die zu beurteilende Person einerseits den gegenwärtigen und künftigen berufsbezogenen Anforderungen gerecht wird und andererseits in dem Beruf auch zufrieden sein wird

ANMERKUNG   Dabei werden berufsbezogene Anforderungen und Charakteristika des Berufs mit individuellen Ausprägungen von Personenmerkmalen verglichen.

3.5
Gültigkeit
Genauigkeit, mit der ein Verfahren tatsächlich das misst oder vorhersagt, was es messen oder vorhersagen soll (z. B. ein Merkmal oder eine Verhaltensweise einer Person)

ANMERKUNG   Die Gültigkeit kann nach unterschiedlichen Verfahrensweisen bestimmt werden (siehe B.20 Gültigkeit ff., dort werden Orientierungswerte zur Gültigkeit von eignungsbeurteilenden Verfahren aufgeführt).

Der Vergleich der Gültigkeit von zwei oder mehr Verfahren kann sich nicht auf die numerische Höhe der Gültigkeitskoeffizienten beschränken. Die Gültigkeit ist auch anhand der Qualität der jeweils zugrunde liegenden empirischen Untersuchungen zu bewerten, mit denen sie bestimmt wurde. Qualitätsmerkmale von Gültigkeitsuntersuchungen sind beispielsweise: Größe, Repräsentativität (für die Zielgruppe) und Aktualität der Untersuchungsgruppe sowie vor allem die Angemessenheit des Untersuchungsansatzes für das zu messende Merkmal.

3.6
Mitwirkende
Personen, die unter Anleitung, Fachaufsicht und Verantwortung des Auftragnehmers Verfahren zur Eignungsbeurteilung durchführen oder auswerten

ANMERKUNG   Dies meint auch Personen, die Büro- und Verwaltungstätigkeiten im Rahmen der Eignungsbeurteilung ausüben. Die persönliche Haftung bei der „Verletzung von Personengeheimnissen" (§ 203 StGB) erstreckt sich auch auf die Mitwirkenden („Gehilfen im Beruf").

3.7
Normwerte
Vergleichswerte (z. B. Mittelwerte, Standardabweichungen, Prozentränge), die anhand einer Vergleichsgruppe (Referenzgruppe, z. B. Bewerber bestimmter Alters-, Bildungs- oder Berufsgruppen) empirisch ermittelt wurden, und mit denen die vorliegenden Ergebnisse der Kandidaten verglichen werden (siehe B.39 Referenzgruppe)

3.8
Objektivität
Grad, in dem die mit einem Verfahren zur Eignungsbeurteilung erzielten Ergebnisse unabhängig vom Auftragnehmer und seinen Mitwirkenden sowie von weiteren irrelevanten Einflüssen sind

ANMERKUNG   Zu unterscheiden ist zwischen der Objektivität der Durchführung, Auswertung und Interpretation.

3.9
Verfahren
praxiserprobte und wissenschaftlich abgesicherte Erkenntnismittel, die in standardisierter Weise zur Eignungsbeurteilung eingesetzt werden

ANMERKUNG   Dazu gehören insbesondere Eignungsinterviews, biografische Fragebögen, berufsbezogene Persönlichkeitsfragebögen, Assessment Center, Arbeitsproben sowie Tests.

3.10
Vorgehensweise
Gesamtheit aller Maßnahmen, die mit der Eignungsbeurteilung zusammenhängen. Sie umfasst alle Prozeduren, angefangen von der Planung der Eignungsbeurteilung über die Auswahl der eingesetzten Verfahren bis hin zur Ergebnismitteilung und Bewährungskontrolle (siehe B.20 Gültigkeit ff.).

DIN 33430:2002-06

3.11
Zuverlässigkeit
Grad der Genauigkeit eines Verfahrens, mit dem es das gemessene Merkmal erfasst

ANMERKUNG Anhand der Zuverlässigkeit kann die Wahrscheinlichkeit bestimmt werden, mit der die wirkliche Ausprägung des betreffenden Merkmals einer Person vom beobachteten bzw. gemessenen Ergebnis abweicht. In Anhang B werden zusätzliche Orientierungswerte hinsichtlich der Zuverlässigkeit von eignungsbeurteilenden Verfahren aufgeführt (siehe B.52 Zuverlässigkeit).

Neben der numerischen Höhe eines Zuverlässigkeitskoeffizienten sind die Ergebnisse auch vor dem Hintergrund der Qualität der Untersuchungen zu bewerten, mit denen die Zuverlässigkeit bestimmt wurde. Qualitätsmerkmale solcher Untersuchungen sind beispielsweise: Größe, Repräsentativität (für die Zielgruppe), Aktualität der Untersuchungsgruppe sowie vor allem die Ergebnisse von unabhängigen Vergleichs- und Wiederholungsuntersuchungen.

4 Qualitätskriterien und -standards für Verfahren zur berufsbezogenen Eignungsbeurteilung (Auswahl, Zusammenstellung, Durchführung und Auswertung)

4.1 Grundsätze

Für die berufsbezogene Eignungsbeurteilung dürfen nur solche Verfahren eingeplant werden, die nachweislich einen Bezug zu den Anforderungen haben (siehe B.1 Anforderungsanalyse; siehe auch 7.1).

Für die Auswahl sind die nachstehend aufgeführten Kriterien zu beachten. Zusätzlich sind auch die Besonderheiten der jeweiligen Eignungsbeurteilung zu berücksichtigen.

ANMERKUNG Solche Besonderheiten sind z. B. die Anzahl offener Stellen sowie die Anzahl und Qualifikation der Kandidaten (siehe B.9 Basisrate). Dies dient einer sachgerechten Kosten-Nutzen-Einschätzung (siehe B.29 Kosten-Nutzen-Relation).

4.2 Auswahl und Zusammenstellung der Verfahren

4.2.1 Verfahrenshinweise

Zu jedem Verfahren der Eignungsbeurteilung ist darzulegen, wie es zu handhaben ist. Die Verfahrenshinweise müssen den Anwender in die Lage versetzen, das Verfahren kritisch zu bewerten und ordnungsgemäß anzuwenden. Insbesondere müssen die Vorschriften für eine objektive Durchführung, Auswertung und für die Interpretation eindeutig erläutert werden.

In den Verfahrenshinweisen für standardisierte Verfahren zur Eignungsbeurteilung müssen:

— die Zielsetzungen und Anwendungsbereiche benannt werden;

— relevante empirische Untersuchungen nachvollziehbar beschrieben werden;

— Konstruktionsschritte in angemessener, ausführlicher und verständlicher Weise dargestellt werden;

— alle Gütekriterien und eingesetzten Analysemethoden nachvollziehbar dokumentiert werden.

Soweit möglich sollten die Verfahrenshinweise auch Angaben zur Verfahrenspflege, zu Studien anderer Autoren bzgl. des Verfahrens sowie Hinweise auf seine Rezensionen enthalten. Weitere Qualitätsstandards für Verfahrenshinweise werden im normativen Anhang A beschrieben.

4.2.2 Objektivität

Die zur Eignungsbeurteilung eingesetzten Verfahren müssen eine größtmögliche Durchführungs-, Auswertungs- und Interpretationsobjektivität besitzen (siehe B.35 Objektivität). Die Verfahren, ihre Materialien und die dem Verfahren beigefügten Instruktionen für den Kandidaten sowie die Vorgehensweise bei der

DIN 33430:2002-06

Eignungsbeurteilung müssen so beschaffen sein, dass die Ergebnisse so wenig wie möglich durch den Kandidaten selbst verfälscht werden können.

4.2.3 Zuverlässigkeit

Die eingesetzten Verfahren müssen eine der jeweiligen Art des Verfahrens und der angestrebten Aussage entsprechende möglichst hohe Zuverlässigkeit aufweisen.

ANMERKUNG 1 Der erforderliche Grad der Zuverlässigkeit richtet sich u. a. nach dem untersuchten Merkmal, der Bedeutsamkeit der angestrebten Entscheidung sowie den jeweiligen Anwendungs- und Untersuchungsbedingungen.

ANMERKUNG 2 In Anhang B werden Orientierungswerte zur Zuverlässigkeit von Verfahren zur Eignungsbeurteilung aufgeführt (siehe B.52 Zuverlässigkeit).

Sofern der Ausprägungsgrad von Personmerkmalen aufgrund von mündlich gewonnenen Informationen bzw. Verhaltensbeobachtungen eingeschätzt wird (z. B. Teamfähigkeit aufgrund einer Assessment Center-Übung), ist sicherzustellen, dass verschiedene Interviewer bzw. Beurteiler bei gleicher Beobachtungsgrundlage möglichst übereinstimmen. Es muss dokumentiert werden, nach welchen Gesichtspunkten in Bezug auf die Zuverlässigkeit die Verfahren zur Eignungsbeurteilung ausgewählt wurden.

4.2.4 Gültigkeit

Die eingesetzten Verfahren müssen eine für die Fragestellung möglichst hohe Gültigkeit (Validität) aufweisen. Grundsätzlich muss die Gültigkeit des Verfahrens aufgrund von empirischen Analysen zur Konstrukt-, Kriteriums- oder Inhaltsvalidität nachgewiesen werden (siehe B.20 Gültigkeit ff.). Die Art der Gültigkeitsbestimmung muss dem Zweck des Verfahrens und der vorliegenden Fragestellung angemessen sein.

Auch die Ergebnisse von unabhängigen Vergleichs- und Wiederholungsuntersuchungen sind zu berücksichtigen.

ANMERKUNG Der erforderliche Grad der Gültigkeit richtet sich u. a. nach dem untersuchten Merkmal, der Bedeutsamkeit der angestrebten Entscheidung sowie den jeweiligen Anwendungs- und Untersuchungsbedingungen. Zur Orientierung hinsichtlich der Kriteriumsgültigkeit verschiedener Verfahren dient B. 20 Gültigkeit ff.

Es muss dokumentiert werden, nach welchen Gültigkeitsgesichtspunkten die Verfahren zur Eignungsbeurteilung ausgewählt wurden.

Bei wiederholtem Einsatz von Verfahren in gleichartigen Eignungsuntersuchungen sollte die bei der entsprechenden Fragestellung erreichte Gültigkeit der Verfahren ermittelt werden.

4.2.5 Normwerte; Referenzkennwerte

Sofern für die Eignungsbeurteilung Verfahren eingesetzt werden, die den Vergleich mit Normwerten vorsehen, müssen diese der Fragestellung und der Referenzgruppe (siehe B.39 Referenzgruppe) der Kandidaten entsprechen.

Die Angemessenheit der Normwerte ist spätestens alle 8 Jahre zu prüfen.

Sollten zwischenzeitlich empirische Untersuchungen aufzeigen, dass die Normwerte die jeweilige Referenzgruppe nicht zutreffend beschreiben, so sind vor Ablauf dieser Frist Neunormierungen vorzunehmen. Ein Aktualisierungsbedarf von Normwerten ergibt sich z. B., wenn sich die durchschnittliche Ausprägung des Eignungsmerkmals (z. B. EDV-Kompetenz) in der Referenzgruppe ändert.

Wird das Verfahren auf unterschiedliche Art und Weise (Papier-Bleistift Version bzw. computergestützt) vorgegeben, muss die Übertragbarkeit der Normwerte von einer Vorgabeart auf die andere nachgewiesen sein, oder es müssen gesonderte Normwerte vorliegen.

DIN 33430:2002-06

4.3 Planung der Untersuchungssituation

Die berufsbezogene Eignungsbeurteilung ist sorgfältig zu planen, indem alle Aspekte der Durchführung und Auswertung der Verfahren zur Eignungsbeurteilung vorab festgelegt werden. Es sind Regeln festzulegen und zu dokumentieren, anhand derer die Ergebnisse zur Eignungsbeurteilung führen; in wiederholten Auswahlprogrammen sind diese Regeln spätestens alle drei Jahre zu überprüfen.

Wenn Verfahren oder Teile davon in unterschiedlicher Reihenfolge durchgeführt werden, ist darauf zu achten, dass keinem der Kandidaten daraus Vor- oder Nachteile erwachsen.

Bei allen Verfahren ist der Umgang mit vorhersehbaren Nachfragen zu regeln. Bei Verfahren zur Eignungsbeurteilung, die auf mündlich gewonnenen Informationen bzw. Verhaltensbeobachtungen basieren (z. B. Eignungsinterviews, Arbeitsproben, Assessment Center), müssen den Beurteilungskategorien vorab Beispielaussagen und Beispielverhaltensweisen der Kandidaten zugeordnet werden.

Bei schriftlichen Tests muss vorab geklärt werden, wie bei der Auswertung mit nicht bearbeiteten Items u. A. umgegangen wird.

Schon bei der Planung der Vorgehensweise muss mit dem Auftraggeber vereinbart werden, wie den Kandidaten das Ergebnis vermittelt wird.

4.4 Durchführung

Der Auftragnehmer muss die Objektivität der Durchführung der Verfahren gewährleisten. Dazu hat er die in den Verfahrenshinweisen enthaltenen Vorgaben und Empfehlungen zur Vorbereitung, zum Material und dessen Einsatz, die mündlichen Aufgabeninstruktionen, die vorgeschriebenen Protokollierungen und Zeiten sowie die Regeln zum Umgang mit Nachfragen zu beachten. Zur Gewährleistung der Objektivität müssen die Originalmaterialien verwendet werden.

Bei computergestützten Verfahren sind auch die in den Verfahrenshinweisen genannten technischen Vorgaben (z. B. Hardware wie Bildschirm, Hilfsmittel) einzuhalten. Die Anweisungen bzw. Erläuterungen an die Kandidaten müssen verständlich, eindeutig und möglichst standardisiert erfolgen.

Es ist dafür zu sorgen, dass – soweit wie möglich – Verfahrensergebnisse nicht durch Betrug und/oder Täuschung verfälscht werden. Sollte von den Verfahrenshinweisen und den Durchführungsvorgaben abgewichen werden, ist dies festzuhalten und bei der Interpretation zu berücksichtigen.

4.5 Dokumentation

Die Auswahl und Zusammenstellung der Verfahren sowie das Vorgehen bei der Eignungsbeurteilung sind vom verantwortlichen Auftragnehmer so darzustellen, dass die Eignungsbeurteilung von dem Auftraggeber nachvollzogen werden kann. Hierzu gehörten die Dokumentation der Instruktionen, Verfahrenselemente (z. B. der Fragen und des Leitfadens für das Eignungsinterview, verwendete Aufgabenstellungen, Angaben zu technischen Installationen, Einstufungsskalen, Beurteilungsbögen) sowie der Einstufungshilfen/Regeln für die Ableitung der Eignungsbeurteilung.

4.6 Auswertung, Interpretation und Urteilsbildung

4.6.1 Auswertung

Die Auswertung hat sich nach den vorher festgelegten Vorschriften zu richten. Abweichungen von den Verfahrenshinweisen oder der geplanten Durchführung durch Störungen oder Verfälschungen sind zu berücksichtigen.

Es dürfen nur Informationen zu anforderungsrelevanten Eignungsmerkmalen ausgewertet werden. Sofern mehrere Beobachter ein Urteil abgeben, sind das Gesamtergebnis und die Streubreite festzuhalten.

DIN 33430:2002-06

4.6.2 Interpretation

Die Festlegung der Regeln zur Interpretation der Verfahrensergebnisse und zur abschließenden Beurteilung erfolgt durch den verantwortlichen Auftragnehmer; sie kann nicht an Mitwirkende delegiert werden.

Die Ausprägung der interessierenden Merkmale ist im Hinblick auf die Referenzgruppe zu bewerten.

Interpretation und Eignungsbeurteilung haben sich nach den Grundsätzen der Objektivität sowie der Unparteilichkeit und Unabhängigkeit in Bezug auf die Kandidaten zu richten.

Es ist festzuhalten, inwieweit Verfahrensergebnisse zu gleichsinnigen oder sich widersprechenden Interpretationen führen.

Bei standardisierten Verfahren (siehe B.49 Verfahren, standardisierte) dürfen nur dann Interpretationen von Subtestwerten, Messwertdifferenzen, Profilen oder Reaktionen auf Itemebene vorgenommen werden, wenn hierfür die Gültigkeit (siehe B.20 Gültigkeit ff.) gesondert nachgewiesen ist. Dies gilt auch, wenn aus einem Verfahren einzelne Teile (Verhaltensübungen, Subtests u. Ä.) herausgegriffen werden.

4.6.3 Urteilsbildung

Die Eignungsbeurteilung muss Antwort auf die in der Auftragserteilung gestellten Frage geben.

Bei der Darstellung ist darauf einzugehen, auf welche Verfahrensergebnisse sich die Eignungsbeurteilung stützt. In die Urteilsbildung können auch sachdienliche Informationen aus anderen Quellen einbezogen werden (z. B. Bewerbungsunterlagen). Alle Aussagen müssen belegt werden. Die Darstellung muss sprachlich für den Auftraggeber verständlich sein.

Bei computergestützten Verfahren mit automatischer Klassifikation und/oder Textbausteinen für die Befundinterpretation und Eignungsbeurteilung trägt der Auftragnehmer in jedem Fall die Verantwortung für die Richtigkeit des übermittelten Befundes. Die Kandidaten sind darauf hinzuweisen, dass der Befund automatisiert erstellt wurde.

5 Verantwortlichkeiten

Der Auftragnehmer ist hauptverantwortlich für die Planung und Durchführung der gesamten Eignungsbeurteilung, für die Auswertung und Interpretation der Ergebnisse sowie für den Bericht an den Auftraggeber.

Bei der Durchführung kann Teilverantwortung auf Mitwirkende übertragen werden. Nicht delegierbar sind jedoch die:

— Auswahl und Zusammenstellung von Verfahren zur Eignungsbeurteilung;

— Planung der Untersuchungssituation;

— Festlegung der Beurteilungsregeln und

— Festlegung der Interpretationsregeln.

Der Auftragnehmer muss die Fachaufsicht über die Tätigkeit der Mitwirkenden aktiv und nachweislich wahrnehmen. Er muss sicherstellen, dass alle von ihm eingesetzten Mitwirkenden aufgabenspezifisch geschult und eingewiesen wurden. Er hat weiter zu gewährleisten, dass die Mitwirkenden so qualifiziert sind, wie es zur Durchführung der Verfahren zur Eignungsbeurteilung erforderlich ist.

DIN 33430:2002-06

6 Qualitätsanforderungen an den Auftragnehmer und die Mitwirkenden

6.1 Qualitätsanforderungen an den Auftragnehmer

Der im Sinne dieser Norm qualifizierte Auftragnehmer benötigt fundierte Kenntnisse von Eignungsbeurteilungen und – soweit möglich – angeleitete Praxiserfahrungen in Entwicklung, Planung, Gestaltung und kontrollierter Durchführung von Verfahren zur Eignungsbeurteilung sowie deren Evaluation.

Der Auftragnehmer muss die zur Beantwortung der Fragestellung vorhandenen bzw. verfügbaren Verfahren und Prozesse sowie deren Qualität und Einsatzvoraussetzungen kennen. Weiterhin muss er Kenntnisse über die den Eignungsmerkmalen zugrunde liegenden Konstrukte (siehe B.28 Konstrukt) haben. Er muss Qualitätsstandards und qualitätssichernde Maßnahmen einhalten sowie die rechtlichen Rahmenbedingungen berücksichtigen.

Im Einzelnen werden erwartet:

a) zu Anforderungsanalysen

— Kenntnisse der Arbeits- und Anforderungsanalyse;

— Kenntnisse von Methoden zur Analyse von Arbeitsanforderungen;

— Kenntnisse von Verfahren zur Darstellung der Ergebnisse in Form eines Anforderungsprofils;

— Kenntnisse über Methoden zur Operationalisierung von Eignungsmerkmalen;

b) zu Verfahren

— Grundkenntnisse über Verfahren der Eignungsbeurteilung;

— statistisch-methodische Grundlagen;

— Testtheorien (klassische Testtheorie und Item-Response-Theorien), Messtheorien;

— Evaluationsmethodik einschließlich Kosten-Nutzen-Aspekten;

— Konstruktionsgrundlagen;

— Einsatzmöglichkeiten;

— Durchführungsbedingungen;

— Gütekriterien;

— Gutachtenerstellung;

c) zu Eignungsbeurteilungen

— Kenntnisse der Vorgehensweisen in der Eignungsbeurteilung;

— Kenntnisse über verschiedene Strategien der Eignungsbeurteilung;

— Beurteilungsprozeduren (verfahrens- und prozessbezogen);

DIN 33430:2002-06

— Abschätzung der Prognosegüte von berufsbezogenen Eignungsbeurteilungen und darauf aufbauenden Entscheidungen;

— Kenntnisse der Ergebnisse einschlägiger Evaluationsstudien;

— Geltungsbereiche von Eignungsbeurteilungen.

Der Auftragnehmer hat dem Auftraggeber die o. a. Qualifikation und seine regelmäßige fachliche Fortbildung nachzuweisen.

6.2 Qualitätsanforderungen zur Durchführung von Eignungsinterviews, Verhaltensbeobachtungen und -beurteilungen

Wer als Auftragnehmer oder Mitwirkender an der Durchführung und Auswertung von Eignungsinterviews (siehe B.17 Eignungsinterview) oder an Verhaltensbeobachtung und -beurteilung beteiligt ist, benötigt Kenntnisse über Rahmenbedingungen von Verfahren zur mündlichen Informationsgewinnung, über einschlägige Evaluationen sowie über die folgenden Themenbereiche:

a) zu Verhaltensbeobachtungen und -beurteilungen

— „Beobachtung": Begriff und Verständnis;

— Systematik der Beobachtung;

— Operationalisierungen von Eignungsmerkmalen;

— Definition und Abgrenzung von Beobachtungseinheiten;

— Registrierung und Dokumentation der Beobachtungen;

— Auswertung/Bewertung der Beobachtungen;

— Bezugsmaßstab;

— Rating-/Skalierungsverfahren;

— Formen der Urteilsbildung (statistisch und nicht-statistisch);

— Beobachtungsfehler/-verzerrungen;

— Gütekriterien (Objektivität, Reliabilität – auch Übereinstimmung –, Gültigkeit);

b) zu Eignungsinterviews

— Interviewklassifikationen;

— Handhabung von Interviewleitfäden;

— Fragetechniken, Formulierungstechniken;

— interviewbezogene Beurteilungskriterien;

— Fragebereiche und ihre rechtliche Zulässigkeit.

Zu Verfahren der mündlichen Informationsgewinnung können Sachverständige hinzugezogen werden, um fachliche Kenntnisse und Fertigkeiten der Bewerber zu erkunden. An die hinzugezogenen Personen werden keine Qualifikationsanforderungen in o. a. Sinn gestellt, wenn diese Sachverständigen mit qualifizierten Personen i.S.d. Norm zusammenarbeiten.

DIN 33430:2002-06

7 Leitsätze für die Vorgehensweise bei berufsbezogenen Eignungsbeurteilungen

ANMERKUNG   Die Qualität einer Eignungsbeurteilung hängt wesentlich von dem sachgerechten und professionellen Einsatz der Verfahren durch qualifizierte Anwender ab. Die Qualitätsvorteile hieraus werden aber nur dann voll wirksam, wenn bestimmte – im Folgenden als Empfehlungen beschriebene – Rahmenbedingungen und Voraussetzungen gewährleistet sind.

7.1 Anforderungsbezug

Eine Arbeits- und Anforderungsanalyse (siehe B.1 Anforderungsanalyse; B.3 Arbeitsanalyse) sollte die Basis einer Eignungsbeurteilung sein.

Die Anforderungsanalyse sollte die Merkmale eines Arbeitsplatzes, einer Ausbildung bzw. eines Studiums, eines Berufs oder einer beruflichen Tätigkeit ermitteln, die für den beruflichen Erfolg und die berufliche Zufriedenheit bedeutsam sind. Aus der Anforderungsanalyse sollten diejenigen Eignungsmerkmale (siehe B.16 Eignungsmerkmale) mitsamt ihren Ausprägungsgraden abgeleitet werden, die zur Erfüllung der Anforderungen nötig sind.

Es sollte deutlich werden, aufgrund welcher Überlegungen sie aus der Anforderungsanalyse abgeleitet wurden. Dabei können u. a. schon vorhandene Unterlagen wie z. B. Tätigkeits-, Stellen-, Aufgaben- oder Funktionsbeschreibungen verwertet werden, wenn sich zwischenzeitlich keine bedeutsamen Veränderungen der Anforderungen ergeben haben.

Bei berufsberatenden Aufgabenstellungen sollten zusätzlich Ergebnisse von Berufsanalysen berücksichtigt werden. Die Arbeits- und Anforderungsanalysen sollten nachvollziehbar dokumentiert werden, indem die beteiligten Personen, deren Qualifikationen, die herangezogenen Quellen und die eingesetzten Analyse- und Auswertungsverfahren sowie die Ergebnisse beschrieben werden.

7.2 Informationen über den Arbeitsplatz

Nach Möglichkeit sollten den Kandidaten vorab Informationen über den Arbeitsplatz und die Aufgaben angeboten werden, für die sie sich beworben haben, z. B. durch Besichtigungen, Informationsmaterial oder durch Gespräche mit Betriebsangehörigen; dies gilt sinngemäß auch für die Eignungsbeurteilung bei Ausbildungs- und Studienplätzen.

7.3 Vorauswahl

Die Vorgehensweise der Vorauswahl sowie die dafür definierten Auswahl-Kriterien sind vorab festzulegen. Die Vorauswahlkriterien sollten aus dem Anforderungsprofil abgeleitet werden.

ANMERKUNG   Bei der Vorauswahl lässt sich das Risiko verringern, geeignete Personen irrtümlich zurückzuweisen, wenn diese Vorauswahl von zwei Beurteilenden unabhängig vorgenommen wird.

7.4 Gesetzliche Vorgaben

Für Eignungsuntersuchungen gelten gesetzliche Vorgaben, z. B. Schweigepflicht, Datenschutzbestimmungen und Mitwirkungsrechte.

Die Teilnahme an Verfahren zur Eignungsbeurteilung ist prinzipiell freiwillig; die Kandidaten müssen ihre Teilnahme vorab ausdrücklich erklären. Dies gilt auch für die Teilnahme an der Überarbeitung bzw. Neuentwicklung von Verfahren, die nicht für den Beurteilungsprozess herangezogen werden.

DIN 33430:2002-06

7.5 Untersuchungssituation

Die Kandidaten sollten bei der Einladung schon Hinweise zum Ablauf der Eignungsuntersuchung und zur Freiwilligkeit der Teilnahme erhalten. Zu Beginn der Untersuchung sollten sie in geeigneter Form aufgeklärt werden über:

— Ziele, Ablauf, Dauer und Funktion der Untersuchung;

— an der Untersuchung mitwirkende Personen, deren Berufsausbildung und Qualifikation sowie deren Funktion im Verfahren;

— mögliche Folgen mangelnder Kooperation;

— Art der zu erhebenden Daten, ihre Verwendung sowie Ort, Form und Dauer der Aufbewahrung;

— Personen, die von den Ergebnissen Kenntnis erhalten.

Sofern die Untersuchungssituation auch der Weiterentwicklung eines Verfahrens dient, sollte darauf besonders hingewiesen werden.

Die Kandidaten sollten die Möglichkeit haben, sich mit dem Auftragnehmer über die Untersuchung austauschen zu können.

Die Kandidaten sollten zeitlich, psychisch und körperlich nicht mehr beansprucht werden als für den Untersuchungszweck erforderlich ist. Pausen, Wartezeiten und deren Mindestdauer sollten vorab festgelegt und den Kandidaten mitgeteilt werden.

Die Untersuchungsbedingungen sollten es den Kandidaten einerseits ermöglichen, ihr anforderungsbezogenes Potenzial zeigen zu können und andererseits verhindern, Verfahrensergebnisse durch Betrug und/oder Täuschung zu erzielen. Hierzu gehört auch eine angemessene räumliche und sächliche Ausstattung der Untersuchungsumgebung.

DIN 33430:2002-06

Anhang A
(normativ)

Anforderungen an Verfahrenshinweise

A.1 Allgemeines

Die Verfahrenshinweise müssen dem Anwender der Verfahren und in Sonderfällen auch Außenstehenden zugänglich sein. Sie sollten bei Bedarf berichtigt, ergänzt oder überarbeitet werden, um die Anwender auf dem neuesten Stand zu halten; es ist anzugeben, was an der Ausgangsversion verändert wurde und warum. Sofern empirische Belege für die Leistungsfähigkeit des Verfahrens zur Eignungsbeurteilung zitiert werden, die noch nicht veröffentlicht sind, müssen diese auf Anfrage zur Verfügung gestellt werden. Alle Quellen, die vom Autor bzw. Vertreiber des Verfahrens zur Eignungsbeurteilung in den Verfahrenshinweisen zitiert werden, müssen zugänglich sein.

Entwickler, Herausgeber oder Verleger der Verfahren müssen auf Nachfrage des Auftragnehmers alle ihnen nach Herausgabe der Verfahrenshinweise bekannt gewordenen zusätzlichen Informationen zur Verfügung stellen, die zur Beurteilung der Tauglichkeit eines Verfahrens zur Eignungsbeurteilung erforderlich sein können, sofern sie nicht allgemein zugänglich sind.

Die zum störungsfreien Einsatz der Verfahren zur Eignungsbeurteilung notwendigen situativen Rahmenbedingungen sind zu charakterisieren. Mögliche Störungen und deren Auswirkungen sind zu benennen. Es ist anzugeben, wie und in welchem Ausmaß potenzielle Störungen kompensiert werden können. Die entsprechenden kompensatorischen Maßnahmen sind zu beschreiben.

Neben äußeren apparativen oder personenbedingten Störungen ist auch der mögliche Einfluss weiterer Faktoren auf die Verfahrensbearbeitung und auf das Verfahrensergebnis zu benennen. Hierzu zählen u. a. Effekte von Bearbeitungsstrategien und Trainingseffekte.

In den Verfahrenshinweisen ist anzugeben, mit welchen Verfälschungsmöglichkeiten zu rechnen ist. Es ist auszuführen, wie dem durch die Art der Verfahrensvorgabe und -durchführung – sowie ggf. auch bei der Auswertung – entgegengewirkt werden kann. Darüber hinaus ist durch den Vertrieb der Verfahren bzw. der dazugehörigen detaillierten Informationen sicherzustellen, dass einer Verzerrung der relativen Rangordnung von Kandidaten durch unterschiedlichen Zugang zu Vorinformationen, Kenntnis einzelner Items u. a. soweit als möglich entgegengewirkt wird (Verfahrensschutz).

Die Darstellung von empirischen Untersuchungen, wie z. B. Normierungsuntersuchungen, muss das Jahr der Datenerhebung, deskriptive Statistiken sowie den Stichprobenplan und die Teilnehmerquoten enthalten, damit das Verfahren hinsichtlich seiner Angemessenheit für das aktuelle Vorhaben bewertet werden kann.

Falls die Handhabung des Verfahrens zur Eignungsbeurteilung besondere Qualifikationen erfordert, sollten diese in den Verfahrenshinweisen genannt werden.

A.2 Wahrheitsgetreue Information

Alle Informationen in Publikationen, auch in Kurzdarstellungen oder Werbematerialien für ein Verfahren, müssen wahrheitsgetreu und auf Anforderung belegbar sein. Die Vertreiber und Anwender von Verfahren zur Eignungsbeurteilung haben Werbestrategien zu vermeiden, die nahe legen, dass ein Verfahren mehr oder anderes leistet, als aufgrund der empirischen bzw. theoretischen Grundlagen des Verfahrens zur Eignungsbeurteilung belegt werden konnte.

A.3 Aufwand und Zeitbedarf

Die Verfahrenshinweise haben Informationen zu liefern, aus denen der Anwender den Aufwand (z. B. Material, Personal, Räumlichkeiten) für die Anwendung abschätzen kann.

DIN 33430:2002-06

Darüber hinaus muss aus den Verfahrenshinweisen ersichtlich sein, welche zeitliche Belastung für den Kandidaten und den Anwender der Verfahren entsteht (Vorbereitungs-, Durchführungs- und Auswertungszeiten).

A.4 Zielsetzung der Verfahren

Die Verfahrenshinweise müssen Angaben zu Zielsetzungen der Verfahren enthalten, die es dem Anwender ermöglichen, seinen Beitrag zur Eignungsbeurteilung zu erkennen (z. B. etwa Zustands- oder Veränderungsmessung, inkrementelle Beiträge zur Urteilsverbesserung).

Sind missbräuchliche Anwendungen eines Verfahrens zur Eignungsbeurteilung naheliegend, sollte die Verfahrenshinweise diesbezüglich spezifische warnende Hinweise enthalten.

Falls eine bestimmte Verfahrensanwendung nicht bzw. nicht mehr gerechtfertigt werden kann, muss dies der Fachöffentlichkeit bekannt gegeben und auf Anfragen hin deutlich gemacht werden.

Die Autoren und/oder Anbieter von Verfahren zur Eignungsbeurteilung müssen in regelmäßigen Abständen (spätestens alle 8 Jahre) nachweisen, dass das Instrument für den intendierten Anwendungsbereich gültig (siehe B.20 Gültigkeit ff.) geblieben ist.

Wenn das Verfahren nicht oder noch nicht der Zielsetzung einer Eignungsbeurteilung entspricht, sondern nur für eine Erprobung oder für Forschungszwecke zu verwenden ist, muss das explizit angegeben werden.

A.5 Theoretische Grundlagen psychometrischer Verfahren

Die theoretischen Grundlagen von psychometrischen Verfahren zur Eignungsbeurteilung müssen ausführlich beschrieben werden; die Grundkonzeption muss ohne zusätzliche Sekundärliteratur in der Verfahrenshinweise erkennbar sein. Modifikationen theoretischer Vorstellungen durch den Autor sind besonders deutlich zu machen.

Sofern die Verfahrenshinweise sich auf eine empirische Arbeit beziehen, müssen diese eine kritische Würdigung der Ergebnisse hinsichtlich ihrer theoretischen und methodischen Grundlagen ermöglichen. Die Dokumentation solcher Arbeiten hat den üblichen Kriterien für wissenschaftliche Publikationen zu entsprechen.

A.6 Zuverlässigkeit (Reliabilität)

Es ist anzugeben, nach welcher Methode die Zuverlässigkeit bestimmt wurde. Die Angemessenheit der herangezogenen Methode ist für verschiedene Typen von Eignungsbeurteilungen beispielhaft zu erläutern.

Gibt es Erkenntnisse darüber, dass sich die Zuverlässigkeitswerte bzw. Standardmessfehler für verschiedene (sozio-)demografische Gruppen (z. B. nach Alter, Geschlecht, Ausbildung, Nationalität) maßgeblich voneinander unterscheiden, sollten die Werte für alle Gruppen ausdrücklich genannt werden, für die das Verfahren empfohlen wird.

In den Verfahrenshinweisen muss beschrieben werden, wie die zur Zuverlässigkeitsbestimmung herangezogenen Untersuchungsgruppen zusammengesetzt waren.

Sofern Eignungsmerkmale erfasst werden sollen, für die eine zumindest partielle Zeit- und Situationsstabilität angenommen wird, reicht die Angabe von Zuverlässigkeitswerten aus einer einmaligen Verfahrensvorgabe (z. B. interne Konsistenz) nicht aus. In diesem Fall ist die Retestreliabilität zu bestimmen oder durch einen geeigneten Untersuchungsplan zu schätzen. Das gewählte Vorgehen ist zu begründen.

Die Geltung aller Zuverlässigkeitskennwerte muss in regelmäßigen Zeitabständen (mindestens alle 8 Jahre) überprüft werden.

DIN 33430:2002-06

A.7 Gültigkeit

Die Gültigkeitshinweise und die dazu eingesetzten statistischen Analysemethoden sind in den Verfahrenshinweisen bzw. in einer Auftraggebern, Kandidaten und interessierten Fachvertretern zugänglichen Publikation zu dokumentieren.

Es ist deutlich zu machen welche empirischen Nachweise der Inhalts-, Kriteriums- und/oder Konstruktgültigkeit (siehe B.20 Gültigkeit ff.) eine Anwendung des Verfahrens zur Eignungsbeurteilung rechtfertigen. Dabei sind die Fragestellung und die Zielgruppe zu berücksichtigen. Außerdem ist zu begründen, warum welche Methode der Gültigkeitsanalyse angewendet wurde.

Es ist anzugeben, welche Gültigkeitswerte für

— welches Verfahrensergebnis;

— in Bezug zu welchem Bewährungskriterium;

— für welche Referenzgruppe;

— in welcher Situation;

— in welcher Untersuchung und

— zu welchem Zeitpunkt erzielt wurden.

Darüber hinaus ist zu informieren, ob und – wenn ja – warum für manche Untersuchungsteilnehmer Ergebnisse fehlen.

Von den als Gültigkeitsbeleg geltenden Untersuchungen müssen einige relativ aktuellen Datums sein (nicht älter als 8 Jahre). Bei einer wesentlichen Änderung des Verfahrens zur Eignungsbeurteilung müssen neue Gültigkeitsbelege erbracht werden.

Werden zur Bestimmung der Gültigkeit Methoden der statistischen Adjustierung angewandt, wie Minderungskorrektur oder Variabilitätskorrektur, sind sowohl die ursprünglich erhaltenen wie auch die korrigierten Kennwerte aufzuführen. Weiter sind alle im Zusammenhang mit der Adjustierung verwendeten Statistiken zu nennen. Neben statistisch optimierten Schätzungen (z. B. multiple Regression) sind stets auch die einfachen Schätzungen anzugeben. Die Angabe statistisch optimierter Gültigkeitswerte ist nur statthaft, sofern diese optimierten Schätzungen an einer anderen Personengruppe aus dem Geltungsbereich des Verfahrens zur Eignungsbeurteilung repliziert werden konnten (siehe B.30 Kreuzvalidierung) und insofern die statistische Optimierungsprozeduren in handlungsleitende Beurteilungsregeln umgesetzt werden.

Wird der Gültigkeitsanspruch damit begründet, dass Gültigkeitshinweise aus anderen Untersuchungen in Anspruch genommen werden (Validitätsgeneralisierung), ist ausführlich darzustellen und zu begründen:

— welche Befunde generalisiert werden können (Darstellung der entsprechenden Studien, Literaturübersichten und Metaanalysen);

— weshalb (und in welchem Ausmaß) sich die Gültigkeitshinweise übertragen lassen, die sich aus den der Gültigkeitsgeneralisierung zugrunde gelegten Studien ergeben.

Dabei ist vor allem auf die Ähnlichkeit zwischen den vorliegenden Studien und der vorliegenden Fragestellung einzugehen (z. B. Vergleichbarkeit der Charakteristika der untersuchten Gruppen, des Verfahrens zur Eignungsbeurteilung, des Kriteriums usw.).

Gibt es Hinweise darauf, dass das Verfahren gruppenspezifische (z. B. geschlechtsspezifische) Ergebnisse liefert, so sollte für jede der Gruppen empirisch untersucht und dokumentiert werden, wie sich das auf mögliche Entscheidungen auswirkt. Die bei den Analysen zugrunde gelegte Fairness-Auffassung ist zu explizieren und die Wahl eines bestimmten Fairness-Modells ist zu begründen. Gegebenenfalls ist anzugeben, für welche Gruppe das Verfahren zur Eignungsbeurteilung nicht als Entscheidungsgrundlage genutzt werden darf. Gruppenspezifische Normierungen müssen begründet und in ihren Effekten beschrieben werden.

DIN 33430:2002-06

A.7.1 Konstruktgültigkeit

Das interessierende Konstrukt (siehe B.28 Konstrukt) muss von anderen Konstrukten klar abgrenzbar und in einen theoretischen Rahmen eingebettet sein. Das Konstrukt und diesbezüglichen empirisch-psychologischen Forschungsergebnisse sind so zu beschreiben, dass sie ohne Sekundärliteratur verstehbar sind. Verfahrensrelevante theoretische Alternativen sind ebenso darzustellen wie solche empirische Ergebnisse, die den zugrunde gelegten Annahmen widersprechen.

Aufgrund von inhaltlichen Überlegungen und empirischen Ergebnissen ist darzulegen, wie sich das fragliche Konstrukt zu ähnlichen (konvergente Gültigkeit) und unähnlichen Konstrukten (diskriminante Gültigkeit) verhält.

A.7.2 Kriteriumsgültigkeit

Bei der Gültigkeitsanalyse des Verfahrens zur Eignungsbeurteilung ist zu beschreiben, warum die in der Analyse verwendeten Kriterien sowie seine Operationalisierungen angemessen sind. Die inhaltliche und technische Qualität der Kriterienmaße ist ausführlich darzustellen. Die Angemessenheit des Designs (retrograd, konkurrent oder prädiktiv) der Gültigkeitsanalyse wie auch die demografischen Merkmale (z. B. Bildungsstand, Alter, Berufserfahrung usw.) der Untersuchten sind zu erläutern.

Sofern die Kriteriumsgültigkeit anhand einer Studie aufgezeigt wird, in der Eignungsbeurteilungen die Grundlage für Auswahl- und/oder Klassifikationsentscheidungen sind, so sollte die Kriteriumsgültigkeit auch unter entscheidungstheoretischen Gesichtspunkten diskutiert werden (z. B. Empfehlungen zu cut-off-Werten, Information zur Entscheidungsgüte, Reflexion der Rahmenbedingungen).

Sofern Kriteriumsgültigkeiten vergleichbarer Verfahren für gleiche oder ähnliche Anwendungsbereiche vorliegen, sollten diese in die Verfahrenshinweise mit aufgenommen werden.

A.7.3 Inhaltsgültigkeit

Der im Verfahren abgebildete Inhaltsbereich und seine Bedeutung für die vorgesehene Eignungsbeurteilung sind zu beschreiben. Daraus sollte hervorgehen, dass die den Inhaltsbereich definierenden Merkmale tatsächlich wesentliche Determinanten für das erwünschte Verhalten in den in Frage stehenden Ausbildungs-, Tätigkeits- und Berufsbereichen darstellen. Auch muss dargestellt werden, wie das Verfahren anhand von Regeln für die Erzeugung des Itemuniversums und von Regeln für eine systematische Zusammenstellung der Itemstichprobe (= Verfahren zur Eignungsbeurteilung) konstruiert wurde.

Wurde von Experten beurteilt, ob das Verfahren den definierten Inhaltsbereich repräsentiert, müssen der fachbezogene Ausbildungsstand, die Erfahrung und die Qualifikation dieser Experten beschrieben werden. Ebenso ist zu erläutern, wie die Experten zu einer Einschätzung gekommen sind. Dabei ist anzugeben, inwieweit Expertenbeurteilungen übereinstimmten.

DIN 33430:2002-06

Anhang B
(informativ)

Glossar

B.1 Anforderungsanalyse

Ermittlung von personrelevanten psychischen und psychophysischen Voraussetzungen für den zu besetzenden Arbeitsplatz, das Aufgabenfeld, die Ausbildung bzw. das Studium oder den Beruf, für das/den die Eignung eines Kandidaten festgestellt werden soll – einschließlich der Merkmale, die für die berufliche Zufriedenheit bedeutsam sind

ANMERKUNG Absehbare zukünftige Entwicklung in Technik, Wirtschaft, Gesellschaft sowie innerhalb der Organisation sollten in einem weiteren Schritt analysiert werden, um abzuschätzen, ob sich möglicherweise Tätigkeiten, Umfeldbedingungen oder Organisationsmerkmale verändern.

B.2 Angemessenheit

Verhältnis zwischen der Fragestellung, dem Aufwand des Verfahrens (z. B. Belastung des Bewerbers sowie der Organisation, Verfahrenskosten) und dem sich absolut und relativ aus der Anwendung des Verfahrens ergebenden Nutzen (siehe B.29 Kosten-Nutzen-Relation).

ANMERKUNG Ein angemessenes Verfahren der Eignungsbeurteilung beachtet darüber hinaus grundlegende ethische (z. B. kein unberechtigtes Eindringen in die Privatsphäre einer Person) und rechtliche (z. B. Datenschutz-) Vorschriften.

B.3 Arbeitsanalyse

Methode der Identifizierung der an einem Arbeits-/Ausbildungsplatz oder in einem Beruf auszuführenden Aufgaben oder der auszuübenden Tätigkeiten, ihrer Ausführungsbedingungen sowie ihrer psychischen, physischen und sozialen Umfeldbedingungen und Organisationsmerkmale

B.4 Assessment Center

systematisches Verfahren um (Verhaltens-)Leistungen festzustellen, bei dem von mehreren geschulten Beobachtern gleichzeitig mehrere Kandidaten beobachtet und beurteilt werden. Dabei werden unterschiedliche Verfahren der Eignungsbeurteilung (situative Übungen, Arbeitsproben, psychometrische Tests) bezüglich vorher definierter Anforderungen eingesetzt

B.5 Auftrag

gemäß §§ 662–676 BGB ein Vertrag zwischen zwei Parteien, durch dessen Annahme sich der Auftragnehmer verpflichtet, ein ihm übertragene Aufgabe für den Auftraggeber zu besorgen

ANMERKUNG Der Auftragnehmer führt den Auftrag vertragsgemäß aus und handelt entsprechend den Vereinbarungen mit dem Auftraggeber. Ein Auftrag im Sinne der Norm liegt auch vor, wenn Auftragserteilung und -erledigung vollständig innerhalb ein und derselben Organisation erfolgen.

B.6 Auftragnehmer

Person, die sich verpflichtet, für einen Auftraggeber eine berufsbezogene Eignungsbeurteilung im Sinne dieser Norm durchzuführen

B.7 Auswahlrate (-quote)

siehe B.9 Basisrate

DIN 33430:2002-06

B.8 Auswertungsobjektivität

siehe B.35 Objektivität

B.9 Basisrate

Anteil der in Bezug auf das interessierende Merkmal potenziell Geeigneten innerhalb der unausgelesenen Bewerberpopulation; im Gegensatz dazu gibt die Auswahlrate den Anteil der aufgenommenen Bewerber im Verhältnis zur Bewerberzahl insgesamt an (auch Selektionsquote genannt)

B.10 berufsbezogene Eignungsbeurteilung

alle wissenschaftlichen und praktischen Bemühungen, berufliche Situationen zu Personen (Platzierung) oder Personen zu beruflichen Situationen (Auswahl) gedanklich systematisch zuzuordnen, um die Leistung und Zufriedenheit mit dem Beruf zu optimieren

ANMERKUNG 1 Sie besteht in einer Wahrscheinlichkeitsaussage darüber, ob die zu beurteilende Person einerseits den gegenwärtigen und künftigen berufsbezogenen Anforderungen gerecht werden und andererseits in dem Beruf auch zufrieden sein wird. Dabei werden berufsbezogene Anforderungen (siehe B.1 Anforderungsanalyse) und Charakteristika des Berufs mit individuellen Ausprägungen von Personmerkmalen verglichen.

ANMERKUNG 2 Es wird zwischen berufswahl- und auswahlunterstützender Eignungsbeurteilung unterschieden. Die berufswahlunterstützende Eignungsbeurteilung hilft in erster Linie den Kandidaten bei der Entscheidung für einen Beruf oder eine Klasse von Berufen, wohingegen die auswahlunterstützende Eignungsbeurteilung Organisationen bei Personalentscheidungen unterstützt.

Hinzu kommen

— karrierebegleitende Eignungsbeurteilungen;

— Beurteilungen im Kontext der beruflichen Rehabilitation;

— Beurteilung von Potenzialen für neue Aufgaben und Positionen, aber auch im Zusammenhang von Outplacement.

Von besonderer Bedeutung für das Vorgehen der Eignungsbeurteilung sind die mit der Personalentscheidung verbundenen weiteren Randbedingungen.

Diese umfassen u. a.:

— die Zahl der Bewerber für einen Ausbildungsplatz oder eine Position in einer Organisation und das Verhältnis von Bewerberzahl und Stellenangebot;

— den Anteil der für diese Position Geeigneten (siehe B.9 Basisrate).

B.11 biografischer Fragebogen

Fragebogen, mit dem objektive Informationen (z. B. Lebenslauf, bisherige Karriere, frühere Tätigkeiten) und subjektive Einschätzungen (z. B. berufliche Erfahrungen, bevorzugte Arbeitsweisen, berufliche Ziele, Einschätzung der eigenen Fähigkeiten, Einstellungen zu beruflichen Aufgaben) bezüglich der für die Fragestellung bedeutsamen Merkmale erfragt werden

B.12 Daten

alle verfügbaren Informationen über eine Person (z. B. biografische Daten, Interviewdaten und Testwerte), die vor der Eignungsbeurteilung vorliegen

DIN 33430:2002-06

B.13 Dokumentation

das (zumeist schriftliche) möglichst objektive Festhalten von Vorgängen, Geschehnissen bzw. Abläufen und/oder das Zusammenstellen, Ordnen und Nutzbarmachen von Dokumenten

B.14 Durchführungsobjektivität

siehe B.35 Objektivität

B.15 Eignung

eine Person ist für einen Beruf, eine berufliche Tätigkeit oder eine berufliche Position geeignet, wenn sie über diejenigen Merkmale verfügt, die Voraussetzung für die jeweils geforderte berufliche Leistungshöhe sind. Wesentlich ist für die Eignung auch, ob ein Beruf, eine berufliche Tätigkeit oder eine berufliche Position Merkmale aufweist, die Voraussetzung für die berufliche Zufriedenheit einer Person sind

ANMERKUNG Die Merkmale setzen sich zusammen aus vorhandenen Interessen, Eigenschaften, erlernten Fertigkeiten, Kenntnissen, körperlichen Gegebenheiten und der Fähigkeit, spezifische Anforderungen innerhalb einer bestimmten Zeitspanne erlernen zu können. Für eine erfolgreiche und zufrieden stellende Berufstätigkeit ist das Ausmaß der Übereinstimmung mit den Anforderungen bedeutsam.

B.16 Eignungsmerkmale

es lassen sich drei Gruppen von Personmerkmalen unterscheiden, die zusammengefasst als Eignungsmerkmale bezeichnet werden: bildungsbiografische Merkmale, psychologische und medizinische Merkmale. Bildungsbiografische Merkmale sind Kenntnisse, Fertigkeiten und berufliche Erfahrungen

ANMERKUNG Beispiele für psychologische Merkmale sind Bedürfnisse, Werthaltungen, Interessen, Fähigkeiten, tätigkeitsfeldbezogene Leistungsmotivation, Temperamentsmerkmale, psychische Belastbarkeit, Beispiele für medizinische Merkmale neurovegetativer Belastbarkeit, Gesundheitszustand und Körperkraft.

B.17 Eignungsinterview

mündliches Verfahren, das ein umfassendes Bild über Leistungsstand, Kenntnisse, Passung und Potenziale des Bewerbers zu erheben gestattet

ANMERKUNG Das Eignungsinterview geht über Wissensprüfungen oder erkundende bzw. informierende Gespräche hinaus. Es zeichnet sich dadurch aus, dass es systematisch, regelgeleitet und strukturiert anhand eines anforderungsbezogenen Leitfadens durchgeführt wird.

B.18 Einwilligung

vom Untersuchten erteilte Zustimmung, am eignungsbeurteilenden Verfahren teilzunehmen

ANMERKUNG Sie setzt eine ausführliche Information über den Zweck der Verfahren, die beteiligten Personen und ihre Qualifikationen sowie die mögliche Verwendung und die Weitergabe der Ergebnisse voraus.

B.19 Fairness

Chancengleichheit für Angehörige verschiedener (z. B. ethnischer, soziokultureller, geschlechtsspezifischer) Gruppen bei der Eignungsbeurteilung, wobei Fairness nach einem normativ gesetzten externen Kriterium beurteilt wird

B.20 Gültigkeit (Validität)

Genauigkeit, mit dem ein Verfahren tatsächlich das misst oder vorhersagt, was es messen oder vorhersagen soll (z. B. ein Merkmal oder eine Verhaltensweise einer Person); die Gültigkeit kann nach unterschiedlichen Verfahrensweisen bestimmt werden (siehe B.20 Gültigkeit ff.).

ANMERKUNG Der Vergleich der Gültigkeit von zwei oder mehr Verfahren kann sich nicht auf die numerische Höhe der Gültigkeitskoeffizienten beschränken. Die Gültigkeit ist auch anhand der Qualität der jeweils zugrunde liegenden empirischen Untersuchungen zu bewerten, mit denen sie bestimmt wurde. Qualitätsmerkmale von Gültigkeitsunter-

DIN 33430:2002-06

suchungen sind beispielsweise: Größe, Repräsentativität (für die Zielgruppe) und Aktualität der Untersuchungsgruppe sowie vor allem die Angemessenheit des Untersuchungsansatzes für das zu messende Merkmal. Auch die Ergebnisse von unabhängigen Vergleichs- und Wiederholungsuntersuchungen sind zu berücksichtigen.

B.21 Gültigkeit, Kriteriums-

Grad der Übereinstimmung des mit einem eignungsbeurteilenden Verfahren erzielten Ergebnisses einer Person mit der Ausprägung dieser Person in einem empirisch ermittelten Kriterium (siehe B.31 Kriterium), z. B. Ausbildungs-, Berufserfolg

ANMERKUNG   Erfahrungsgemäß ergeben sich bei Gültigkeitsuntersuchungen je nach Berufsfeld und gewähltem Erfolgskriterium Werte zwischen r = 0.30 – 0.55.

B.22 Gültigkeit, inhaltliche

bei der inhaltlichen Gültigkeit geht es darum festzustellen, inwieweit die einzelnen Elemente (Items) eines Verfahrens eine repräsentative und prototypische Stichprobe eines zugrunde gelegten Gegenstandsbereiches darstellen

ANMERKUNG   Sie setzt eine eindeutige Definition des zu erfassenden Gegenstandsbereichs (z. B. Kenntnissen, Einstellungen, Erlebnisweisen, Verhaltensweisen) voraus. Für inhaltsgültige Verfahren ist aufzuzeigen, wie die Elemente des Verfahrens aus der Grundgesamtheit denkbarer Elemente abgeleitet wurden.

B.23 Gültigkeit, Konstrukt-

aufgrund theoretischer – sachlogischer und begrifflicher – Erwägungen und anhand von entsprechenden empirischen Untersuchungen wird entschieden, ob ein Verfahren ein interessierendes Konstrukt (siehe B.28 Konstrukt) nachvollziehbar abbildet und es mit seinen Operationalisierungen von anderen Konstrukten hinreichend abgegrenzt

B.24 Verfahrenshinweise

Anleitung für den Anwender, wie mit dem eignungsbeurteilenden Verfahren umzugehen ist, um gültige Ergebnisse zu erhalten; außerdem geben die Verfahrenshinweise Informationen über alle theoretischen und empirischen Grundlagen des eignungsbeurteilenden Verfahrens einschließlich seiner Interpretation

ANMERKUNG   Die Verfahrenshinweise liefern Hinweise zu den Inhalten und zum angemessenen Einsatz, indem sie über die Verfahrensdurchführung, -auswertung, Kennwerte für mögliche Referenzgruppen, Interpretation von Ergebnissen sowie über Gütekriterien informieren. Dargestellt sind außerdem die Grundlagen und das Vorgehen der Verfahrensentwicklung. – Alternative Bezeichnungen: Verfahrensbeschreibung, Instruktion, Manual, Handbuch, Handanweisung.

B.25 Interpretationsobjektivität

siehe B.35 Objektivität

B.26 Item

einzelner Bestandteil eines Verfahrens (z. B. einzelne Frage oder Aufgabe, auf die die Kandidaten zu reagieren haben)

B.27 Klassifikation

Feststellung der (mehr oder weniger wahrscheinlichen) Zugehörigkeit von Personen zu einer oder mehreren Personengruppen, Kategorien (z. B. Arbeitsplätzen) und/oder Maßnahmen (z. B. Entwicklungsmaßnahmen) aufgrund von einschlägig gewonnenen Informationen

B.28 Konstrukt

gedankliches Konzept, das aus Überlegungen und Erfahrungen abgeleitet worden ist, um beobachtbares Verhalten zu erklären, z. B. Intelligenz, Angst

DIN 33430:2002-06

B.29 Kosten-Nutzen-Relation

Abwägen der Wirtschaftlichkeit eines eignungsbeurteilenden Verfahrens und/oder Vorgehens. Es werden die Kosten bzw. der erforderliche Aufwand dem vermuteten oder erfahrbaren Gewinn (z. B. finanziell, informativ) gegenübergestellt

B.30 Kreuzvalidierung

Übertragung von einer an einer Untersuchungsgruppe empirisch ermittelten Auswertungs- bzw. Gewichtungsmethode (z. B. multiple Regression) auf eine andere Gruppe, um zu überprüfen, ob sich beide Male gleichsinnige Ergebnisse zeigen

ANMERKUNG   Ohne eine Kreuzvalidierung ist die Anwendung derartiger Auswertungs- bzw. Gewichtungsmethoden nicht sinnvoll. Der bloße Bericht multipler Korrelationen ist unzureichend.

B.31 Kriterium

Maßstab, anhand dessen das infrage stehende Personmerkmal im Alltag beurteilt wird (z. B. Produktivitätsrate, Leistungsrate, Berufserfolg)

ANMERKUNG   Das Kriterium selber darf keine beiläufige, unsystematisch und unkontrolliert erhobene Information sein, sondern unterliegt seinerseits den Anforderungen an Gültigkeit und Zuverlässigkeit.

B.32 Messung

Kennzeichnung von Merkmalsausprägungen durch Zahlen, wobei die dabei verwendeten numerischen Beziehungen zwischen den Zahlen die empirischen Beziehungen zwischen Merkmalsträgern wiedergeben.

B.33 Mitwirkende

Personen, die unter Anleitung, Fachaufsicht und Verantwortung des Auftragnehmers Verfahren zur Eignungsbeurteilung durchführen oder auswerten bzw. an Durchführung und Auswertung beteiligt sind

ANMERKUNG   Dies meint auch Personen, die Büro- und Verwaltungstätigkeiten im Rahmen der Eignungsbeurteilung ausüben. Die persönliche Haftung bei der „Verletzung von Personengeheimnissen" (§ 203 StGB) erstreckt sich auch auf die Mitwirkenden („Gehilfen im Beruf").

B.34 Normwerte (gelegentlich auch „Normen" genannt)

vergleichswerte; Werte (z. B. Mittelwerte, Standardabweichungen, Prozentränge), die anhand einer Referenzgruppe (siehe B.39 Referenzgruppe), z. B. Bewerber bestimmter Alters-, Bildungs- oder Berufsgruppen, empirisch ermittelt wurden und mit denen die vorliegenden Ergebnisse der Kandidaten verglichen werden

B.35 Objektivität

Grad, in dem die bei einem Verfahren zur Eignungsbeurteilung erzielten Ergebnisse unabhängig von jeglichen Einflüssen außerhalb der untersuchten Person sind

ANMERKUNG   Dazu zählen Einflüsse durch den Auftragnehmer und seine Mitwirkenden, situative Bedingungen, die Art der Auswertung usw. Zu unterscheiden ist zwischen: Durchführungs-, Auswertungs- und Interpretationsobjektivität.

B.36 Parallelform

auf einer Testtheorie basierende psychometrisch gleichwertige weitere Form des Verfahrens zur Eignungsbeurteilung

B.37 Profil

gleichzeitige (häufig grafische) Darstellung von Ergebnissen einer Person in einem oder mehreren eignungsbeurteilenden Verfahren

DIN 33430:2002-06

B.38 psychometrisch

Quantifizierung psychologischer Merkmale (wie z. B. Fähigkeiten, Begabungen, Leistungen, Persönlichkeitseigenschaften, Fertigkeiten und Kenntnissen) aufgrund von eindeutigen Vorschriften und testtheoretischen Annahmen

B.39 Referenzgruppe

diejenige Gruppe, der der Kandidat/Ratsuchende hinsichtlich wesentlicher Merkmale in Bezug auf die Fragestellung gegenwärtig angehört oder zukünftig angehören soll oder möchte und mit der er daher verglichen wird (siehe B.34 Normwerte)

B.40 Reliabilität

siehe B.52 Zuverlässigkeit

B.41 Rohwert

Ergebnis bei einem eignungsbeurteilendem Verfahren, das noch nicht auf Referenzgruppen (siehe B.39 Referenzgruppe) bezogen ist oder noch nicht sonstigen Transformationen unterzogen wurde

ANMERKUNG   Der Rohwert wird bei standardisierten Verfahren (siehe B.49 Verfahren, standardisierte) gewöhnlich durch die Auszählung richtiger Antworten ermittelt.

B.42 Test

siehe B.49 Verfahren, standardisierte

B.43 Testtheorie

Menge gedanklicher Annahmen über die Beziehung zwischen einer individuellen Merkmalsausprägung und einem aufgrund eines eignungsbeurteilenden Verfahrens festgestellten Ergebnisses

ANMERKUNG   Eine Testtheorie ist Grundlage für die Erstellung und Beurteilung von eignungsbeurteilenden Verfahren.

B.44 Transparenz

Ausmaß, in dem für den Kandidaten aus der Beschaffenheit eines eignungsbeurteilenden Verfahrens dessen Messfunktion, Auswertung und Interpretation ersichtlich ist

B.45 Validierung

Überprüfung der Gültigkeit (siehe B.20 Gültigkeit ff.)

B.46 Variable

quantitative Größe, die jeden Wert aus einer spezifizierten Zahlenmenge annehmen kann

B.47 Varianz

Variabilitätsmaß; die durchschnittliche quadrierte Abweichung vom Mittelwert z. B. der Referenzgruppe (siehe B.39 Referenzgruppe)

B.48 Verfahren zur Eignungsbeurteilung

praxiserprobte und wissenschaftlich abgesicherte Erkenntnismittel, die in standardisierter Weise zur Eignungsbeurteilung eingesetzt werden

ANMERKUNG   Dazu gehören insbesondere Eignungsinterviews, biografische Fragebögen, berufsbezogene Persönlichkeitsfragebögen, Assessment Center, Arbeitsproben sowie Tests. Die Ergebnisse nach dem Stand der

DIN 33430:2002-06

Wissenschaft sorgfältig konstruierter und evaluierter eignungsbeurteilender Verfahren liefern Hinweise auf Kenntnisse, Erleben und Verhalten von Kandidaten. Ihre Konstruktion, Evaluation und ihr standardisierter Einsatz sowie wissenschaftlich fundierte Auswertung und Interpretation sichern die Begründbarkeit von Eignungsbeurteilungen.

B.49 Verfahren, standardisierte

Sammlung von Fragen oder Aufgaben, die gemäß einer wissenschaftlich akzeptieren Inhalts- und Testtheorie erstellt und im Blick auf eine Referenzgruppe (siehe B.39 Referenzgruppe) empirisch fundiert und normiert wurden

ANMERKUNG Standardisierte Verfahren werden nach festgelegten Regeln durchgeführt, ausgewertet und interpretiert. Sie erfüllen von der Verfahrensidee her alle Voraussetzungen, dem Stand der Wissenschaft und Technik der Eignungsbeurteilung zu entsprechen.

B.50 Vorgehensweise

Gesamtheit aller Maßnahmen, die mit der Eignungsbeurteilung zusammenhängen

ANMERKUNG Sie umfasst alle Prozeduren, angefangen von der Planung der Eignungsbeurteilung über die Auswahl der eingesetzten Verfahren bis hin zu Ergebnismitteilung und Bewährungskontrolle.

B.51 Zumutbarkeit

Ausmaß, in dem ein Test (absolut und relativ zu dem aus der Anwendung des Verfahrens resultierenden Nutzen) eine Überbeanspruchung der getesteten Person in zeitlicher, psychischer (insbesondere ‚energetisch'-motivational und emotional) sowie körperlicher Hinsicht vermeidet (siehe B.2 Angemessenheit)

B.52 Zuverlässigkeit (Reliabilität)

Grad der Genauigkeit bzw. Messfehlerfreiheit eines Verfahrens, mit dem es das gemessene Merkmal erfasst

ANMERKUNG Anhand der Zuverlässigkeit kann der Standardmessfehler berechnet werden. Aus dem Standardmessfehler kann unter festzusetzendem Fehlurteilsrisiko (Wahrscheinlichkeit) für jede Person bestimmt werden, inwieweit ihre wirkliche Ausprägung im gemessenen Merkmal vom beobachteten empirischen Ergebnis abweicht. Erfahrungsgemäß ergeben sich bei Zuverlässigkeitsuntersuchungen je nach gewählter Verfahrensklasse und Art der Zuverlässigkeit Werte zwischen $r = 0.70 - 0.85$.

B.53 standardisierter Einsatz; standardisierte Weise

Verfahren werden dann standardisiert eingesetzt, wenn sie unter vergleichbaren Bedingungen und nach festgelegten Regeln durchgeführt und ausgewertet werden

B.54 Operationalisierungen

Bezeichnung beobachtbarer Verhaltensweisen und -indikatoren, die aus einem theoretischen Konstrukt abgeleitet sind. Aus der Menge und Art der beobachteten Verhaltensweisen kann auf das Vorliegen und die Ausprägung des Konstruktes geschlossen werden

ANMERKUNG Operationalisierungen sind notwendig, um die nicht direkt beobachtbaren Eignungsmerkmale einer Beurteilung zugänglich zu machen.

Stichwortverzeichnis

Anforderungsanalyse 226f
- arbeitsanalytische Methode 231ff
- intuitive Methode 229f
- personenanalytische Methode 233f

Anforderungsprofil 229, 272f
Anschreiben 319ff
Arbeitsprobe 424ff
Arbeitszeugnisse 330ff
Arbeitszufriedenheit 36, 49
Assessment Center 171, 266, 433ff
- AC on the job 474
- dynamisiertes AC 474f
- Einzel-AC 474
- Lernpotential-AC 475f

Attribution 64f
Ausbildungszeugnisse 327

Beeinflussung 68ff
Befragung 89, 92ff
Beobachter 463ff
Beobachterschulung 109f, 464
Beobachterübereinstimmung 177
Beobachtung 89, 90, 102ff
- Beobachtungskategorien 105f
- Beobachtungskontext 196f
- offene vs. verdeckte Beobachtung 108f
- Selbst- vs. Fremdbeobachtung 105
- Systematik 107f
- teilnehmende Beobachtung 108

Berufserfahrung 55ff
Berufsinteressen 34f
Bewerbungsformulare 359
Bewerbungsmappe 316ff
Bewerbungsunterlagen 314ff
biographischer Fragebogen 392ff

Checklistentechnik 141
computergestützte Diagnostik 123ff
critical incident technique 235ff

cut off 272ff
- mulpiple cut off 274f
- singulärer cut off 278f

Datenauswertung 261ff
Datenerhebung 256ff
diagnostischer Prozess 221ff
DIN 33430 505ff, 569ff
Dokumentenanalyse 169, 242, 263

Einstellungen 33ff, 246
Effektivität 208ff, 293f
Effizienz 205ff, 294
Eliminierung 260
Emotionen 70
Entscheidungsfindung 268ff
Entscheidungsregeln 270, 343
erster Eindruck 67
erwartungsgeleitete Urteilsbildung 66
Ethik 214ff
Evaluation 292ff

Fähigkeiten 36f
Fallstudie 463f
Feedback 288
Fertigkeiten, 37, 38
Forced-Choice-Technik 83
Fragebogen 170, 250f, 262, 243, 379ff
Fragetypen 414ff
fundamentaler Attributionsfehler 64

Gruppendiskussion 452ff
Gruppenpolarisation 69
Gültigkeit 182ff, 251

Halo-Effekt 62
Homogenität 180

Integritätsfragebögen 387ff
Internet Recruitment 350ff

Interview 170, 244, 265, 268, 407ff

klassische Testtheorie 173
Kompensation 276
Kompetenzen 36ff, 246
- Fachkompetenz 40
- Methodenkompetenz 40, 41
- Selbstkompetenz 42, 50
- soziale Kompetenz 41
Konstanthaltung 260
Kontrastgruppenmethode 389
Konstruktionsübung 456f
Korrelation 183
kritische Differenz 283f
Kundenzufriedenheit 36, 49

Lebenslauf 323ff
Leistung 48f, 55ff
Leistungsmotivation 35f
Leistungstest 243, 360ff
Lichtbild 316f
Lügendetektor 389

Merkmalsdimensionen 228
Merkmalskategorien 228
Messfehler 158ff, 173f, 178f
Messung 133
- kategorial 136
- dimensional 137
Methode der kritischen Ereignisse 235ff
Mitarbeiterbefragung 479ff
Moderator 470ff
multimediale Diagnostik 126ff
multiple choice 120

nonverbale Informationen 61f
Normalverteilung 199
Normierung 196ff, 252f
Normen 197f, 282f
- IQ-Skala 200
- Prozentrangskala 200f
- Stanine-Skala 200
- T-Skala 200
- Z-Skala 200

Objektivität 164ff, 181
- Auswertungsobjektivität 167
- Durchführungsobjektivität 166
- Interpretationsobjektivität 167
Operationalisierung 342
Organisationsentwicklung 14, 23ff, 271, 290ff

Persönlichkeitsfragebögen 379ff, 394
Personalauswahl 12, 15ff, 269
- sukzessiv 287ff
Personaldiagnostik 11f
Personalentwicklung 13, 19ff, 270, 290ff
Personalplatzierung 13, 18f, 269
Planungsaufgabe 463f
Postkorb 366f, 461f
Potentialanalyse 28ff
Präsentation 460f
Problemlöseszenarien 365ff

Quantifiierung 136ff

Rankingtechnik 145ff
Ratingtechnik 152ff
Referenzen 331f
Reliabilität 174, 250
- Chronbachs Alpha 176
- innere Konsistenz 175ff
- Retest-Reliabilität 176f
- Split-half-Reliabilität 176
Reliabilitätskoeffizient 174
Rollenspiel 455ff

Selbstdarstellung 76ff
Selbstvorstellung 457f
selbstwertdienliche Attribution 64
selektive Wahrnehmung 59f
Simulation 128ff, 425
situative Items 128
situative Tests 371ff
soziale Vergleiche 68
Standardisierung 258ff
Stegreifrede 458f
Sympathie 238

Tagebuchmethode 110ff

Taylor-Russel-Tafeln 209ff
Telefoninterview 96, 407
Test 170, 250f, 262, 360ff
- Powertest 118
- Speedtest 118
Testen 92, 115ff, 361ff
Testkonstruktion 254ff
Trainierbarkeit 86
Untersuchungsdesign 301

Validität 182ff, 253, 312ff
- Augenscheinvalidität 185, 188
- diskriminante Validität 189f
- faktorielle Validität 189
- Inhaltsvalidität 185f, 188
- inkrementelle Validität 191
- Konstruktvalidität 188f, 446ff
- konvergente Validität 189
- kriterienbezogene Validität 186ff, 188
- prognostische Validität 187f
- soziale Validität 192
Validitätskoeffizient 184, 193f
Vergessen 60
Verhalten 44ff, 247
Verhaltensbeobachtung 245, 265, 268
Verhaltenskonsequenzen 48ff, 247
verhaltensverankerte Skalen 155f
Verschleierungstechniken 334ff
Vertrauensintervall 177

Wertentscheidungen 249
Wissen 37, 38

Zuverlässigkeit 173ff

360°-Beurteilung 399ff

Verzeichnis der Standards

Anforderungsanalyse
- arbeitsplatzanalytisch 233
- intuitiv 230
- personenanalytisch 236

Arbeitsproben 433
Assessment Center 477, 478, 479
Auswahl/Konstruktion von Messinstrumenten 256
Auswahl von Untersuchungsmethoden 247
Auszähltechnik 141

Beobachtungsmethode 115
Befragungsmethode 102
360°-Beurteilung 407
Bewerbungsunterlagen 349
biographische Fragebögen 398

Checklistentechnik 145
computergestützte Prolemlöseszenarien 371

Datenauswertung 268
Durchführung diagnostischer Untersuchungen 261

Ethik 218
Effizienz 214
Entscheidungsfindung 285
Ergebnisrückmeldung (Feedback) 290
Evaluation 305

Gültigkeit (Validität) 196

Integritätsfragebögen 392
Internet Recruitment 359
Interviewmethode 424

Leistungstests 365

Mitarbeiterbefragung 489, 490

Normen 205

Objektivität 172

Persönlichkeitsfragebögen 386

Rankingtechnik 151
Ratingtechnik 157

situative Tests 378

Testmethode 122

Zuverlässigkeit (Reliabilität) 181

Personenverzeichnis

Adams, K. A. 449
Affleck, G. 65
Aldering, C. 474
Alkema, F. 61
Allehoff, W. H. 382
Allerbeck, M. 34, 36
Alshut, E. 67
Amelang, M. 16, 82, 86, 164, 216, 249, 311, 313, 380, 491, 493, 494, 495, 519
Amthauer, R. 117, 200, 260, 363
Anastasi, A. 191
Anbar, M. 127
Anderson, J. R. 40
Anderson, N. H. 67, 153, 192
Anderson, N. 361, 408
Andrews, K. D. 86
Antoni, C. 23, 290, 291
Argyle, M. 61, 62, 316, 319
Armitage, P. 500
Arnone, W. 128
Arthur, W. Jr. 420, 435, 450
Asch, S. E. 67, 68
Atkins, P. W. B. 401
Avermaet E. van 68, 69

Backhaus, K. 147
Bakker, A. B. 422
Bakker, P. 422
Baker, D. P. 461
Baker, S. L. 156
Bandura, A. 68
Barbeite, F. G. 399
Bargh, J. A. 113
Baron-Boldt, J. 327, 329
Barrick, M. R. 114, 380, 381, 393
Bartam, D. 350, 352, 353, 356, 357
Bartels, L. K. 464
Barthel, E. 211
Barthelme, D. 42

Bartussek, D. 82, 249, 311, 313, 380, 491, 493, 494, 495
Bastians, F. 121
Baumann, U. 110
Baumann-Lorch, E. 436
Beatty, R. W. 84
Beauducel, A. 117, 200, 260
Beck, C. 350
Beck, K. 363
Becker, T. E. 85
Becker-Carus, C. 59
Beckmann, J. F. 500
Bennett, W. Jr. 425
Ben-Shakhar, G. 390, 500
Benson, P. G. 156
Benton, A. L. 472
Bentson, C. 448, 464
Berger, W. 63, 318, 494
Bergmann, C. 34, 382
Bernardin, H. J. 35, 84, 472
Berry, D. S. 63
Bertua, C. 361
Beyerstein, B. L. 500
Beyerstein, D. F. 500
Bierhoff, H.-W. 33
Bissels, T. 36
Birkhan, G. 474
Blaine, B. 65
Bless, H. 70
Blickle, G. 498
Bodenhauser, G. V. 70
Bohner, G. 33, 70
Borg, I. 95, 158, 289, 479, 480, 482, 483, 485, 486, 488, 489, 504
Borkenau, P. 62, 380, 382, 495
Bormann, W. C. 67, 435
Born, M. P. 192, 448
Bornstein, R. F. 497
Bortz, J. 103, 107, 108, 133, 145, 147, 149, 151, 152, 161, 293, 307, 418, 445

Boudreau, J. W. 211
Boyle, S. 472
Brackwede, D. 81
Brähler, E. 110, 117, 242, 243, 364, 367, 381, 383
Brandstätter, C. 125, 462
Brannick, M. T. 461
Braverman, E. P. 126, 371
Breckler, S. J. 77, 80
Brickenkamp, R. 117, 118, 363, 382
Brocke, B 117, 200, 260
Brodbeck, F. C. 153, 383
Brogden, H. E. 211
Brown, D. J. 355
Brühl, N. 124
Bruner, J. S. 66, 325
Bruns, I. 350, 352, 353, 355, 358, 359
Brysse, K. 192
Buckley, M. R. 156
Büssing, A. 36
Buhrmester, D. 42
Bungard, W. 95, 292, 293, 299
Burgess, P. 61
Burnett, J. R. 61, 62
Burris, L. R. 388
Bycio, P. 451

Callahan, C. 388
Callinan, M. 364, 425, 426, 427
Campbell, D. T. 445, 450
Campion, J. E. 212, 418
Campion, M. A. 126, 212, 371, 372, 418
Caspar, S. 109, 177, 181
Carter, G. W. 126
Champion, C. H. 156
Chan, D. 127
Chapman, D. S. 353, 354
Chartrand, T. L. 113
Choi, M. 372
Christians, N. D. 448
Christiansen, N. D. 78, 80, 82, 448
Cialdini, R. B. 68
Ciesla, J. R. 156
Clapham, M. M. 288, 401
Clevenger, J. 372
Coats, G. 63

Cober, A. B. 355
Cober, R. T. 355
Colquitt, A. L. 85
Conrad, W. 363
Conway, J. M. 420, 446, 448, 450, 464
Cooper, L. A. 393, 397
Cortina, J. M. 420
Cover, C. M. 156
Craik, F. I. M. 60
Crocker, J. 65
Cronbach, L. J. 211, 286
Cronshaw, S. F. 181
Cross, S. 128
Crowne, D. P. 82
Cunningham, M. 388
Cunningham-Snell, N. 192, 408

Dahmus, S. A. 35
Dalessio, A. T. 128
Davidson, H. H. 420, 497
Davison, H. K. 420
Day, E. A. 435
Day, D. V. 448
DeCorte, W. 192
DeNissi, A. 406
DeShon, R. P. 76
Deters, J. 317
Dick, J. 184, 352
Diemand, A. 78, 79, 127
Dies, R. R. 184
Döring, N. 103, 107, 108, 133, 145, 147, 151, 152, 161, 293, 307, 418, 445
Dörner, D. 58, 88, 114
Dohse, T. 434, 435
Dommel, N. A. 461
Domsch, M. 463
Douglas, S. C. 387
Doverspike, D. 464
Drasgow, F. 127
D'Souza, S. 126
Dunckel, H. 229, 231
Dunnette, M. D. 126

Eck, J. 84
Edens, P. S. 435
Eder, F. 34

Edwards, A. D. 500
Edwards, A. L. 83
Edwards, J. E. 24
Eggers, B. 15, 213
Ehrhart, M. G. 371
Eisman, E. J. 184
Elad, E. 390
Elke, G. 24
Ellingson, J. E. 78, 90
Ellis, A. P. J. 76
Erichson, B. 147
Eschenröder, C. T. 495
Etchegaray, J. M. 449
Etzel, S. 125, 126, 364, 435
Exeler, C. 447, 448
Eyde, L. D. 184
Eysenck, H. J. 82

Fahrenberg, J. 82, 152, 382
Farr, J. L. 192
Farrell, S. 390, 399
Fassheber, P. 463
Fay, E. 86
Feldham, R. 472
Fennekels, G. P. 123, 124, 126, 130, 152, 206, 245, 262, 367, 383, 405, 451, 452, 455, 456, 457, 458, 460, 461, 462, 463, 504
Festinger, L. 68
Fiedler, K. 58, 70
Finn, S. E. 184
Finnemagan, E. B. 126, 371
Fiske, D. W. 445, 459, 450
Fiske, S. T. 61
Fisseni, H. J. 16, 132, 164, 186, 214, 216, 217, 218, 219, 249, 253, 307, 451, 452, 455, 456, 457, 458, 460, 461, 463, 504
Fittkau, B. 383
Fittkau-Garthe, H. 383
Flanagan, J. C. 144, 234, 374, 422, 427
Fleenor, J. W. 403, 406
Fliegel, S. 106
Forbes, R. J. 410, 411
Ford, J. K. 57
Forgas, J. P. 61, 319

Fortmann, K. 388
Foster, M. R. 450
Frankenfeld, V. 84
Frier, D. 96, 309, 331, 433, 451
French, N. R. 450
Frey, D. 66, 319, 325
Frey, S. 35, 61
Friedrichs, J. 103, 105, 107, 108, 418
Frieling, E. 40, 45, 231
Frintrup, A. 350
de Fruyt, F. 361
Fullerton, J. 472
Funke, J. 426
Funke, U. 128, 228, 229, 327, 329, 365, 366, 369, 387

Galais, N. 78
Gangl, H. 125, 462
Ganzach, Y. 472
Gaschok, J. 124
Gatewood, R. D. 450
Gaugler, B. B. 444, 446, 448, 449, 464, 466, 472
Gaul, D. 215, 217, 218
Gazzaniga, M. S. 59
Geake, A. 399
Gebert, D. 290, 475
Gediga, G. 22
Geißler, J. 495
Gelléri, P. 434, 436
Gibb, A. 408
Giegler, H. 36
Gifford, R. 62
Gigerenzer, G. 58
Gillespie, M. A. 393
Gilligan, S. W. 420
Gilmour, R. 61
Gittler, G. 206, 362
Glasl, F. 25, 45
Gleser, G. C. 211, 286
Glik, D. C. 156
Glötzel, V. 411
Göritz, A. S. 213
Goffin, R. D. 78, 80, 81, 82, 380
Goldstein, M. B. 420
Goleman, D. 41

Gordon, T. 412
Grafe, J. 67
Green, S. B. 156
Greenwald, A. G. 77, 80
Grewe, K. 373
Grewe, W. 89, 102, 103, 109
Groeger, W. M. 106
Groß-Engelmann, M. 36, 49
Grote, S. 40
Gulliksen, H. 173
Gundlach, M. J. 387
Gundlin, A. 290, 450
Guthke, J. 31, 475, 500
Gwaronski, B. 67

Haarland, S. 448
Haddleton, E. 408
Häcker, H. 164, 216, 519
Hänsgen, K. D. 362, 364
Hakstian, A. R. 390
Hall, S. 156
Halpert, J. A. 63
Hampel, R 82, 152
Harris, M. M. 401
Harvey, V. S. 372
Harvey-Cook, J. E. 344, 345
Harville, D. 425
Hassebrauck, M. 318
Hedge, J. W. 425, 426
Heinze, B. 498, 499
Heiss, R. 499
Hennessy, J. 468
Henss, R. 61
Hell, W. 58
Heller, D. 380, 381
Heller, K. A. 363
Henry, S. 450
Herrnstein, R. J. 211
Hess, M. 433
Hickman, J. L. 63
Hill, E. L. 497
Höft, S. 365, 450
Hofbauer, H. 288
Hofer, S. 49, 58, 88, 98, 101. 109, 288, 337, 373, 464
Hoffmann, C. 211

Hoffrage, U. 58
Hofmann, K. 84
Hogan, R. 78
Hollenberg, S. 373
Holling, H. 19, 21, 22, 29, 37, 49, 117, 200, 211, 229, 231, 242, 243, 249, 290, 292, 293, 299, 362, 373, 381, 395, 449
Hollmann, H. 328
Holtgraves, T. 84
Homburg, C. 36
Horn, R. 363
Hornke, L. 505
Hosoda, M. 63, 64
Hossiep, R. 86, 153, 193, 200, 234, 253, 303, 305, 362, 380, 382
Hough, L. M. 78, 79, 82, 113, 309, 381
Howard, A. 372
Hoyos, C. 231
Hünninghausen, L. 350
Huffcutt, A. L. 109, 420, 464
Hunter, J. E. 29, 120, 191, 211, 242, 310, 311, 312, 313, 314, 326, 338, 360, 388, 393, 420, 429, 434, 500, 507
Hunter, R. F 211, 314

Irle, M. 382
Ivry, R. B. 59

Jackson, D. N. 195
Jackson, P. R. 410, 411
Jacobson, L. 67
Jäger, O. A. 117, 362, 363
Jäger, R. S. 12, 123, 132, 161, 164, 219, 249, 253, 307
Jansen, P. G. W. 29, 187, 434
Jeserich, W. 451, 452, 453, 455, 456, 457, 458, 460, 461, 463
Johnson, D. 35, 425
Johnston, N. G. 78, 80, 82, 380
Jones, C. 126, 128, 373
Jones, E. E. 81
Judge, T. A. 380, 381
Jütting, A. 49, 455

Kanfer, F. H. 42, 105
Kannheiser, W. 229

Kanning, U. P. 6, 12, 26, 29, 37, 41, 42, 49, 51, 58, 61, 65, 71, 76, 79, 81, 85, 86, 88, 94, 95, 98, 101, 102, 105, 109, 114, 117, 120, 121, 127, 128, 134, 135, 161, 180, 181, 200, 229, 231, 233, 242, 243, 244, 245, 249, 260, 288, 291, 297, 333, 337, 340, 356, 362, 373, 377, 379, 381, 395, 406, 411, 412, 434, 435, 436, 448, 449, 451, 464, 465, 466, 482, 494, 495, 504, 510, 515, 516, 519
Kauffeld, S. 40, 383
Kaufmann, M. 96, 309, 331, 433, 451
Kay, G. G. 184
Keeping, L. M. 355
Kelbetz, G. 86, 475
Kendall, L. M. 156
Kersting, M. 125, 126, 366, 368, 369
Kim, B. H. 393
Kirkpatrick, D. L 295, 298
Klayman, N. 472
Klein, W. M. 69
Kleinbeck, U. 292
Kleinmann, M. 73, 215, 253, 365, 366, 433, 438, 439, 446, 447, 448, 449, 450, 455, 456, 457, 458, 460, 461, 463, 465, 466, 470, 474, 504
Klopfer, B. 497
Kluge, A. 366, 368, 369, 406
Kluger, A. N. 406, 472
Köller, O. 448, 449, 450, 477
Kolk, N. J. 192, 448
Konradt, U. 129, 350
Kramer, G. P. 70
Krampen, G. 383
Krause, D. E. 475
Kretschmer, E. 493, 494
Kreuscher, R. 169, 315
Kubinger, K. D. 84, 123, 124, 128, 129, 164, 219
Kubiszyn, T. W. 184
Künzel, R. 106
Kuhn, K. 78
Kuhne, S. 82
Kuptsch, C. 447, 448, 449, 450

Laireiter, A. 110
Lammers, F. 84, 292, 447, 449
Lance, C. E. 425, 428, 431, 450
Lang-von-Wins, T. 51
Lasky, B. 84
Latham, G. P. 126, 156, 372, 378
Lattmann, C. 465
Leary, M. R. 76
Leiber, H. 382
Leisten, K. 61, 449, 466
Lemke, S. G. 298
Leslie, C. 388, 403, 406
Leutner, D. 164, 519
Leutner, F. 216, 242, 243
Levy, P. E. 355
Liebler, A. 62, 495
Lievens, F. 109, 192, 193, 446, 448, 449, 450, 464
Lienert, G. 90, 92, 116, 118, 162, 164, 173, 174, 219, 249, 253, 276, 307, 363
Liepmann, D. 19, 21, 22, 117, 200, 260, 290
Lilli, W. 66, 325
Limpächer, S. 448, 465
Lindemann, M. 401
Lindskold, S. 76, 79
Litzcke, S. 434
Lockhart, R. S. 60
London, M. 401
Lorenzo, R. V. 465
Lotz, J. 436
Lowman, R. L. 214, 215
Lüscher, M. 496

Maas, P. 236
Mabe, P. A. III 401
Mabey, B. 468
Machwirth, U. 169, 271, 315, 345
Mael, F. A. 394
Magnezy, R. 446, 448, 464
Magnum, G. R. 59
Maldegen, R. 450
Marcus, B. 48, 79, 234, 243, 315, 387, 388, 389, 395, 397, 398, 421
Marlowe, C. M. 63
Marlowe, D. 82, 318

Marschner, G. 363
Martinko, M. J. 387
Maurer, T. J. 86, 399, 406
Mayes, B. T. 448
McDaniel, M. A. 126, 371, 372, 374
McEvoy, G. M. 472
McNelly, T. L. 435
Meehl, P. E. 472
Mehrabian, A. 61
Meijer, R. R. 124
Meyer, G. J. 184
Meyer, J. 193, 279, 292
Michaels, C. E. 461
Milgram, S. 68
Miller, R. L. 69
Mitchell, D. R. D. 399
Möbius, P. J. 493
Molcho, S. 61, 494
Moosbrugger, H. 117, 363
Moreland, K. L. 184
Morgeson, F. P. 126, 371, 372
Morris, M. A. 449
Moscoso, S. 361
Moser, K. 15, 78, 127, 169, 192, 210, 213, 271, 288, 297, 315, 331, 337, 338, 491
Motowidlo, S. J. 61, 62, 126, 127
Mount, M. K. 114, 380, 381, 393
Mühlhaus, O. 86, 380
Mummendey, H. D. 33, 76, 79, 81, 83, 85, 89, 92, 101, 152, 153, 162, 482
Murray, C. 211
Murray, H. A. 495
Musch, J. 367

Nelson, C. E. 63
Nerdinger, F. W. 34, 35
Nering, M. L. 124
Nespethal, J. 67
Neter, E. 500
Neubauer, R. 434, 464
Neuberger, O. 20, 34, 36, 45, 46, 288
Neumann, G. A. 24
Newbolt, W. H. 450
Ng, C. F.
Nguyen, N. T. 372, 374

Nicholson, H. 61
Nicholson, R. A. 78
Nienaber, C. 49
Niketta, R. 62, 318, 319

Obermann, C. 211, 451, 452, 455, 456, 457, 458, 460, 461, 463, 464, 475
Oehlschlägel, J. 117
Oenning, S. 270, 278
Olesch, G. 350, 357
Oliver, K. 399
Olman, J. M. 192, 448
Olson-Buchanan, J. B. 127
Ones, D. S. 78, 79, 101, 114, 309, 379, 380, 387, 388
Osburn, H. G. 449
Ostendorf, F. 380
Osterloh, B. 35
Oswald, F. L. 309, 393
Owens, W. A. 393

Paivio, A. 61, 316
Palmer, D. K. 212, 418
Paquet, S. L. 355
Parages, V. 352, 358
Paschen, M. 86, 153, 200, 253, 380
Paton, N. 350, 352
Paulus, P. B. 68
Payne, S. C. 420
Pereira, G. M. 372
Perry, D. 181
Petermann, F. 132, 161, 164, 219, 242, 243, 249, 253, 307, 350
Plinke, W. 147
Ployhart, R. E. 371, 372
Pöttker, J. 434, 436
Poganatz, F. 231
Pohley, K. 472
Pokorny, R. R. 499
Postman, L. 66, 325
Prien, E. P. 461
Pritchard, R. D. 292
Prochaska, M. 34, 35, 152
Püttner, I. 215, 498
Pulakos, E. D. 464
Pulverich, G. 215

Pursell, E. D. 126, 372
Pynes, J. 472

Quinones, M. A. 57, 472

Raatz, U. 90, 92, 116, 118, 162, 164, 173, 174, 219, 249, 253, 276, 307
Rajau, N. S. 24
Ramsay, L. J. 393
Rauchfleisch, U. 214
Rauen, C. 90, 291
Raulin, M. 127
Reed, M. 184
Regnet, E. 25, 45
Reilly, R. R. 450
Reinecker, H. 42, 105
Reiss, A. D. 79, 101, 112, 114
Reiter, M. 452, 453
Reitzig, G. 328
Renner, T. 350
Reynolds, D. H. 355
Rhyssen, D. 331, 337, 338
Richman-Hirsch, W. L. 127
Richter, M. 24, 383
Riggio, R. E. 448
Robertson, I. T. 309, 364, 425, 426
Robie, C. 449, 450
Rodà-Leger, P. 383
Roest, F. 125, 367, 462
Rohrmann, B. 485
Rolfs, H. 34
Rolland, J. P. 361, 461
Rorschach, H. 495
Rosenfield, P. 76, 79
Rosenstiel, L. v. 12, 19, 20, 51
Rosenthal, D. B. 67, 464
Rosenthal, R. 448
Ross, L. D. 64
Rossner, S. C. 497
Rost, J. 90, 92, 116, 124, 125, 161
Roth, P. L. 420
Rothstein, M. G. 78, 80, 82, 195, 380
Ruhmland, A. 67
Runde, B. 121
Russel, C. 211
Russel, J. F. 209, 210, 211

Rust, U. 352, 358
Ryan, A. M. 76

Saari, L. M. 126, 372
Sackett, P. R. 78, 388, 473
Sagie, A. 446, 448, 464
Salgado, J. F. 113, 309, 361, 364, 379, 380
Salter, V. 61
Sarges, W. 29, 95, 99, 129, 206, 350, 362, 381, 395, 399, 403, 405, 406, 434, 435, 475, 504
Sarris, V. 260, 299
Sauser, W. I. Jr. 156
Schaarschmidt, U. 382
Schaper, N. 19, 290
Schaubroeck, J. 401
Scherm, M. 95, 99, 399, 403, 405, 406, 504
Scherzer, A. 125, 462
Schiff, W. 128
Schippmann, J. S. 461
Schlegel, W. S. 494
Schleicher, D. J. 448
Schmale, H. 363
Schmalt, H.-D. 382
Schmelzer, D. 42, 105
Schmidt, G. 500
Schmidt, F. L. 29, 120, 191, 242, 310, 311, 312, 313, 314, 326, 338, 360, 388, 393, 420, 429, 434, 500, 507
Schmidt, K.-H. 292
Schmidtke, H. 76
Schmitt, N. 127, 313, 314, 372, 393, 395
Schneewind, K. A. 382
Schneider, S. L. 63
Schnitker, R. 76
Scholz, G. 474
Schorr, A. 379
Schuhfried, G. 362, 364
Schuler, H. 34, 35, 48, 51, 63, 78, 79, 86, 92, 95, 96, 97, 99, 106, 126, 128, 132, 141, 143, 145, 148, 152, 158, 162, 164, 169, 181, 192, 193, 208, 211, 216, 228, 229, 234, 243, 246, 248, 253, 259, 271, 286, 307, 309, 310, 313, 314, 315, 318,

327, 329, 331, 337, 377, 378, 382,
387, 393, 395, 397, 398, 407, 408,
411, 413, 414, 417, 418, 420, 421,
424, 429, 433, 434, 436, 446, 450,
451, 475, 491, 494, 498, 504
Schulte, D. 106
Schultz, D. P. 346
Schultz, S. E. 346
Schultz-Gambard, J. 293, 299
Schulz, L. 67
Schulze Willbrenning, B. 49, 58, 88, 98, 101, 109, 288, 337, 464
Schwarz, N. 70
Schwertfeger, B. 129, 350
Sczesny, S. 61, 62, 494
Selg, H. 82, 152
Sigall, H. 81
Silvester, J. 408
Simon, H. 36
Sinar, E. F. 355
Smiderle, D. 128, 181, 377
Smith, D. E. 450
Smith, M. 192, 309
Smith, P. C. 156
Smither, J. W. 401, 450
Snell-Cunningham, N. 408
Snyder, C. R. 77, 80
Solamon, J. M. 86
Sonntag, K. 19, 21, 22, 45, 51, 229, 231, 290
Sorgatz, H. 106
Spitznagel, A. 495, 497
Spychalski, A. C. 472
Staabs, G. v. 495
Stahlberg, D. 61, 62, 494
Stangel-Meseke, M. 475
Steck, P. 379
Stegmaier, R. 19, 290
Stehle, W. 393, 395, 436
Stein, M. 373
Stepanian, M. L. 497
Stephan, U. 211, 258, 267, 285, 407, 422
Stock, R. 36, 49
Stokes, G. S. 393, 397
Stone, N. J. 420

Stoner, J. A. F. 69
Stone-Romero, E. F. 63
Stoskopf, C. H. 156
Stoop, B. A. M. 29, 187, 434
Strauß, B. 215, 365, 366, 504
Stricker, L. J. 127
Stumpf, H. 382
Süß, H.-M. 117
Süsser, K. 70
Sundvik, L. 401

Taffer, R. J. 344, 345
Tajfel, H. 68
Taylor, E. K. 211
Taylor, H. C. 209, 210, 211
Taylor, S. E. 61
Teachout, M. S. 57, 425, 426, 427
Tedeschi, J. T. 76, 79
Tennen, H. 65
Tett, R. P. 195
Tewes, U. 118, 120, 259
Thiele, A. 15, 213
Thiele, C. 110
Thierau, H. 293
Thomas, A. 119
Thorndike, E. L 62, 325
Thornton, G. C. 211, 444, 446, 448, 449, 464, 466
Todt, E. 382
Tränkle, U. 89, 92, 482
Trautner, H. M. 37
Troxtel, D. D. 86
Tweed, R. G. 390

Ulich, E. 45
Urban, E. 125, 462

van der Flier, H. 192, 448
van der Zee, K. I. 422
van Velsor, E. 403, 406
Villanova, P. 35, 381
Viswesvaran, C. 78, 79, 101, 114, 309, 379, 380, 387, 388
Vollmer, R. 352, 353
Vossel, G. 433

Walter, M. 26, 49, 482
Warr, P. 468
Webster, J. 353, 354
Wechsler, D. 249
Weekley, J. A. 126, 128, 372, 373
Weiber, R. 147
Weiner, M. 61
Weinert, A. B. 34
Wentura, D. 89, 102, 103, 109
West, B. J. 76
West, M. 153
West, S. G. 401
Westhoff, K. 211, 258, 267, 285, 407, 422
Weuster, A. 5, 76, 99, 330, 332, 334, 336, 504
Wexley, K. N. 156
Wheeler, L. 112
Wiechmann, D. 372
Wiedl, K. H. 31, 475
Wiesner, R. 499, 501
Wilz, G. 110
Wilkinson, M. 62
Williams, M. 61
Wilson, M. L. 63, 473
Winkel, S. 124
Winkler, B. 288
Winter, B. 291, 297
Winterfeld, U. 505
Wirtz, M. 109, 177, 181
Witt, L. A. 393
Woehr, D. J. 109, 448, 450, 464
Woike, J. K. 350
Wood, R E. 401, 472
Woods, D. 81
Wottawa, H. 5, 6, 12, 76, 86, 206, 270, 278, 293, 350, 362, 381, 395

Wagener, D. 368
Wagner, D. 35, 291
Yoo, T.-Y. 393

Zapf, D. 45
Zee, K. I. 422
Zempel, J. 15, 192, 211, 213, 288, 297
Zielinski, W. 16
Zimmer, D. E. 495
Zoogah, B. 451

Buchtipps

Heinz Schuler (Hrsg.)
Beurteilung und Förderung beruflicher Leistung

(Reihe: Wirtschaftspsychologie)
2., vollständig überarbeitete und erweiterte Auflage 2004,
XIII/381 Seiten, geb.,
€ 39,95 / sFr. 69,90
ISBN 3-8017-1604-X

Der Band zeigt Möglichkeiten zur Beurteilung und Förderung beruflicher Leistung auf, u.a. werden Beurteilungsverfahren, das Vorgehen bei Beurteilungsgesprächen und Möglichkeiten des Trainings der Leistungsmotivation dargestellt.

Uwe Peter Kanning
Stefan Hofer / Birgit Schulze Willbrenning
Professionelle Personenbeurteilung

Ein Trainingsmanual

2004, 426 Seiten, inkl. CD-ROM,
€ 49,95 / sFr. 86,–
ISBN 3-8017-1799-2

Das Trainingsmanual vermittelt grundlegendes Know-how zur professionellen Personenbeurteilung. Die beiliegende CD enthält alle notwendigen Trainingsmaterialien.

Uwe Peter Kanning
Heinz Holling (Hrsg.)
Handbuch personaldiagnostischer Instrumente

2002, 595 Seiten, geb.,
€ 59,95 / sFr. 99,–
ISBN 3-8017-1443-8

Das Buch stellt zahlreiche personaldiagnostische Verfahren im Detail vor, vermittelt die notwendigen Grundlagen zu ihrer erfolgreichen Anwendung und richtet sich dabei an all diejenigen, die in der Praxis der Personalarbeit tätig sind.

Uwe Peter Kanning
Diagnostik sozialer Kompetenzen

(Reihe: Kompendien Psychologische Diagnostik, Band 4)
2003, 138 Seiten,
€ 19,95 / sFr. 33,90
ISBN 3-8017-1641-4

Soziale Kompetenzen bilden die Basis für Wohlergehen und Erfolg im zwischenmenschlichen Bereich. In der Wirtschaft zählen soziale Kompetenzen daher zu Recht zu den sog. Schlüsselqualifikationen. Der Band gibt einen praxisnahen Einblick in die unterschiedlichsten Methoden zur Diagnose sozialer Kompetenzen.

Heinz Schuler (Hrsg.)
Organisationspsychologie – Grundlagen und Personalpsychologie

(Enzyklopädie der Psychologie,
Serie »Wirtschafts-, Organisations- und Arbeitspsychologie«, Band 3)
2004, XXXI/1250 Seiten,
Ganzleinen, € 169,– / sFr. 267,–
(bei Abnahme der gesamten
Serie € 149,– / sFr. 235,–)
ISBN 3-8017-0569-2

Der Band beschäftigt sich mit neueren Entwicklungen und Methoden der Organisationspsychologie sowie mit verschiedenen Themen aus dem Bereich der Personalpsychologie, z.B. Berufswahl, Personalauswahl.

Friedemann W. Nerdinger
Motivation von Mitarbeitern

2003, VIII/98,
€ 19,95 / sFr. 33,90
ISBN 3-8017-1484-5

Die Motivation von Mitarbeitern ist einer der entscheidenden Erfolgsfaktoren und zählt daher zu den wichtigsten Führungsaufgaben. Der Band informiert über aktuelle Erkenntnisse zur Motivation und sich daraus ergebende Konsequenzen für die Motivierung von Mitarbeitern.

Hogrefe

Hogrefe Verlag

Rohnsweg 25 • 37085 Göttingen
Tel.: 05 51 - 4 96 09-0, Fax: -88
E-Mail: verlag@hogrefe.de
Internet: www.hogrefe.de

Praxis der Personalpsychologie

hrsg. von Heinz Schuler, Rüdiger Hossiep, Martin Kleinmann und Werner Sarges

Martin Scherm / Werner Sarges
360°-Feedback

Band 1 2002, VI/88 Seiten,
€ 19,95 / sFr. 33,90
(Im Reihenabonnement
€ 15,95 / sFr. 27,80)
ISBN 3-8017-1483-7

Der Band beschreibt fundiert und praxisorientiert Konzepte für die erfolgreiche Durchführung von Feedback-Prozessen.

Christopher Rauen
Coaching

Band 2: 2003, VI/101 Seiten,
€ 19,95 / sFr. 33,90
(Im Reihenabonnement
€ 15,95 / sFr. 27,80)
ISBN 3-8017-1478-0

Der Band bietet einen fundierten Einstieg in die Praxis des Coachings. Er beschreibt den »state of the art« des Coachings.

Martin Kleinmann
Assessment-Center

Band 3: 2003, VI/82 Seiten,
€ 19,95 / sFr. 33,90
(Im Reihenabonnement
€ 15,95 / sFr. 27,80)
ISBN 3-8017-1493-4

Das Buch stellt alle notwendigen Vorüberlegungen, Ablaufschritte und Folgeprozesse zur Durchführung und Implementierung von Assessment-Center-Verfahren dar.

Friedemann W. Nerdinger
Kundenorientierung

Band 4: 2003, VI/97 Seiten,
€ 19,95 / sFr. 33,90
(Im Reihenabonnement
€ 15,95 / sFr. 27,80)
ISBN 3-8017-1476-4

Der Band zeigt die Hintergründe kundenorientierten Verhaltens auf und beschreibt das konkrete Vorgehen, um kundenorientiertes Verhalten der Mitarbeiter zu sichern.

Rolf van Dick
Commitment und Identifikation mit Organisationen

Band 5: 2004, VI/83 Seiten,
€ 19,95 / sFr. 33,90
(Im Reihenabonnement
€ 15,95 / sFr. 27,80)
ISBN 3-8017-1713-5

Anhand von Beispielen werden Maßnahmeempfehlungen und konkrete Hinweise gegeben, wie Manager Identität und Image von Unternehmen gestalten können und wie Identifikation von Mitarbeitern bei Fusionierungsprozessen gemanagt werden kann.

Torsten M. Kühlmann
Auslandseinsatz von Mitarbeitern

Band 6: 2004, VI/115 Seiten,
€ 19,95 / sFr. 33,90
(Im Reihenabonnement
€ 15,95 / sFr. 27,80)
ISBN 3-8017-1495-0

Die Auslandsentsendung von Mitarbeitern ist mittlerweile ein fester Bestandteil der Personalarbeit in international tätigen Unternehmen. Das Buch behandelt Schritt für Schritt die Aufgaben im Zusammenhang einer Entsendung.

Hogrefe

Hogrefe-Verlag
Rohnsweg 25 • 37085 Göttingen
Tel.: 05 51 - 4 96 09-0, Fax: -88
E-Mail: verlag@hogrefe.de
Internet: www.hogrefe.de